ପଦ୍ମାବତ

ଜାୟସୀ କୃତ

ପଦ୍ମାବତ

ଅନୁବାଦିକା

ଆଶାମଞ୍ଜରୀ ମହାନ୍ତି

ବ୍ଲାକ୍ ଈଗଲ୍ ବୁକ୍ସ
ଭୁବନେଶ୍ୱର, ଓଡ଼ିଶା

BLACK EAGLE BOOKS
Dublin, USA

ପଦ୍ମାବତ / ଜାୟସୀ

ଅନୁବାଦ: ଆଶାମଞ୍ଜରୀ ମହାନ୍ତି

ବ୍ଲାକ୍ ଇଗଲ୍ ବୁକ୍ସ : ଭୁବନେଶ୍ୱର, ଓଡ଼ିଶା ● ଡବଲିନ୍, ଯୁକ୍ତରାଷ୍ଟ୍ର ଆମେରିକା

BLACK EAGLE BOOKS

USA address:
7464 Wisdom Lane
Dublin, OH 43016

India address:
E/312, Trident Galaxy, Kalinga Nagar,
Bhubaneswar-751003, Odisha, India

E-mail: info@blackeaglebooks.org
Website: www.blackeaglebooks.org

First Edition: 2013

First International Edition Published by
BLACK EAGLE BOOKS, 2025

PADMABAT
JAYASI
Odia translated by **Ashamanjari Devi**

Edited by: **Dr. Priyadarshini Mohanty**
Cell: 7008433482
Copyright © **Dr. Priyadarshini Mohanty**

All rights reserved. No part of this publication may be reproduced, stored in a retrieval system, or transmitted, in any form or by any means, electronic, mechanical, photocopying, recording or otherwise without the prior permission of the publisher.

Cover & Interior Design: Ezy's Publication

ISBN- 978-1-64560-760-1 (Paperback)

Printed in the United States of America

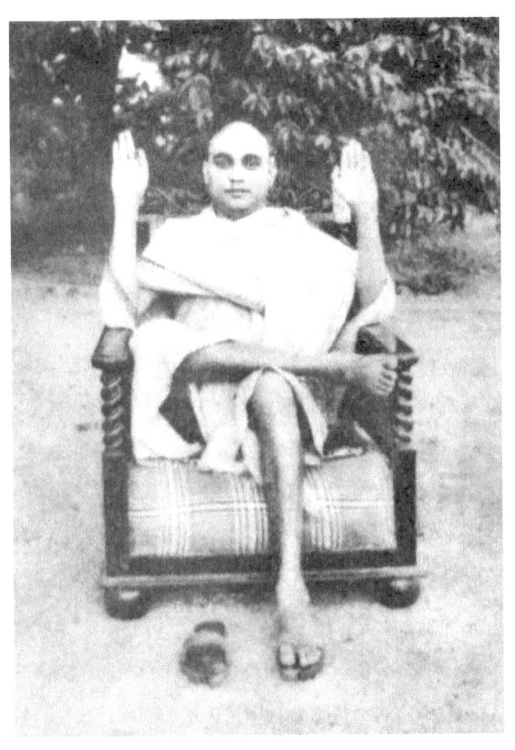

ଓଁ ବିଶ୍ୱପ୍ରଣବ ଦେବାୟ ପ୍ରଣବୋହତ୍ୟଶ୍ରମାୟ ବୈ ।
ନମସ୍ତେ ଗୁରବେ ସାକ୍ଷାତ ବେଦାନ୍ତ ଭାସ୍କରାୟ ଚ ॥

ଉତ୍ସର୍ଗ

ହେ ବିଶ୍ୱପ୍ରଣବ ! ତମ ପାଶୁ କରିଛି ଶ୍ରବଣ
ବହୁ ଶ୍ୟାମ ହେବେ ପ୍ରଭୁ ସ୍ୱୟଂଭୂ ବ୍ରାହ୍ମଣ।
ସେଲାଗି ବ୍ରହ୍ମେ ସ୍ଫୁରିଣ ପ୍ରଭୁ ସନାତନ
ନିଳାଦ୍ରୀ ବିହାରୀ ହରି ସେ ରାଧା ରମଣ।
ଶ୍ରୀକ୍ଷେତ୍ରେ ରଚିବେ ଲୀଳା ପ୍ରଭୁ ନାରାୟଣ
କେତେ ଜ୍ଞାନୀ, କବି, ସନ୍ଥ ଲେଖିଛନ୍ତି ପୂର୍ବେ।
ଅବତରିଲେ ଶ୍ରୀକ୍ଷେତ୍ରେ ଜଗନ୍ନାଥ ରୂପେ
ପଦ୍ମାବତ କାବ୍ୟ କଥା ଶୁଣି ମନେ ମନେ।
ଭାବିଲି ଜାୟସୀ କାଳିଦାସ ସମ କେହ୍ନେ ?
ହେ ଗୁରୁଦେବ ! ପାଇ ମୁହିଁ ନିର୍ଦ୍ଦେଶ ତବ
ଚମତ୍କୃତ ହେଲି ପାଠେ ପଦ୍ମାବତ କାବ୍ୟ।
ସହସ୍ର ଦଳରେ ଖେଳେ ଅରୂପା ମାଧୁରୀ
ରାଧାର ଅରୂପ କ୍ରୀଡ଼ା ଜ୍ୟୋସ୍ନା ପଡ଼େ ଝରି।
କିଞ୍ଜଳକ କେଶର ମଧ୍ୟେ ଭକ୍ତ ମଧୁପ
ମୋ ଦୃଷ୍ଟି ଦର୍ଶନେ ଦେଖେ ଖେଳୁଛି ସତତ।
ରାଧାର ସ୍ୱରୂପ ପାଇଁ ଭବେ ଅବତୀର୍ଣ୍ଣ
ଶ୍ରୀକ୍ଷେତ୍ରରେ ବିଜେ ସ୍ୱୟଂ ପ୍ରଭୁ ନାରାୟଣ।
ଅରୂପ ମାଧୁରୀ ରାଧା ସହସ୍ର ଦଳରେ
ପଦ୍ମାବତ ହୋଇ ଖେଳେ ଅମୃତ ଜଳରେ।
ନୀଳାଚଳେ ଜଗନ୍ନାଥ ଦେଖନ୍ତି ଏ ରୂପ
ରଚୟତି କାବ୍ୟ କବି ଅମୃତ ସ୍ୱରୂପ।
ଅତୁଲ୍ୟ ଏ ରମ୍ୟ କାବ୍ୟ କରି ବିରଚନ
ଜାୟସୀ ଯଥାର୍ଥେ କାଳିଦାସଙ୍କ ସମାନ।
ତବ ପାଦପଦ୍ମେ ଏହା ସମର୍ପଣ କରି
ପ୍ରଣିପାତ କରୁଛି ମୁଁ ଶ୍ରୀପାଦ କିଙ୍କରୀ।

ଜାୟସୀ ଓ ପଦ୍ମାବତ

'ପଦ୍ମାବତ' ସୁଫି ସନ୍ଥକବି ଜାୟସୀଙ୍କର ଏକ ଅନବଦ୍ୟ ରଚନା। ତାଙ୍କର ଏହି ରଚନାରେ ସିଏ ପାର୍ଶୀ ମନସବୀ ପଦ୍ଧତି ଅନୁସରଣ କରିଛନ୍ତି। ତାଙ୍କର ପ୍ରାୟ କୋଡ଼ିଏଟି ରଚନାବଳୀ ମଧ୍ୟରେ 'ପଦ୍ମାବତ' ସର୍ବସମ୍ମତ ଭାବେ ଶ୍ରେଷ୍ଠ ବୋଲି ବିବେଚିତ।

ତାଙ୍କର ଜନ୍ମସ୍ଥାନ ବିଷୟରେ ମତୈକ୍ୟ ନ ଥିଲେ ମଧ୍ୟ କବିଙ୍କର ଜନ୍ମସ୍ଥାନ ଜାୟସ ବୋଲି ଧରିନିଆ ହୋଇଛି। ଗ୍ରନ୍ଥର ପ୍ରାରମ୍ଭରେ ଆଲ୍ଲା, ମହମ୍ମଦ, ତତ୍କାଳୀନ ବାଦଶାହା ତଥା ନିଜର ଗୁରୁ ପରମ୍ପରାର ଉଲ୍ଲେଖ କରିଛନ୍ତି। ସେଥିରୁ ଅନୁମିତ ହୁଏ ତାଙ୍କର ଜନ୍ମ ୧୫୦୦ ଖ୍ରୀଷ୍ଟାବ୍ଦର ପାଖାପାଖି। ବାଲ୍ୟକାଳରୁ ସେ ପିତାମାତାଙ୍କୁ ହରାଇଥିଲେ। କେତେକଙ୍କ ମତରେ ସିଏ ଅବିବାହିତ ଥିଲେ। ଆଉ କେତେକଙ୍କ ମତରେ ସିଏ ବିବାହିତ ଥିଲେ ଏବଂ ଗୋଟିଏ ପୁତ୍ରର ଜନକ ଥିଲେ। ଗୁରୁ ପରମ୍ପରାରେ ତାଙ୍କର ଦୃଢ଼ ବିଶ୍ୱାସ ଥିଲା। ଶେଖ୍ ମୋହିଉଦ୍ଦିନ ତାଙ୍କର ଗୁରୁ ଥିଲେ। ତାଙ୍କର ମୃତ୍ୟୁ ସମୟ ସମ୍ବନ୍ଧରେ ମଧ୍ୟ ମତୈକତା ନାହିଁ। କାହା ମତରେ ଏହା ୧୬୩୯ ଖ୍ରୀଷ୍ଟାବ୍ଦ ଏବଂ ଆଉ କେତେକଙ୍କ ମତରେ ଏହା ୧୬୫୯ ଖ୍ରୀଷ୍ଟାବ୍ଦ।

ପଦ୍ମାବତର ରଚନା କାଳ ଖ୍ରୀ.୧୫୪୦ ବୋଲି କୁହାଯାଏ। ଏହି କାବ୍ୟରେ ଶେରଶାହଙ୍କ ନାମ ଉଲ୍ଲେଖ ରହିଛି। ତେଣୁ ଏହାର ରଚନା ଶେରଶାହଙ୍କ ସମକାଳୀନ ବୋଲି ଧରାହୋଇଛି। ରାଜସ୍ଥାନରେ ରତ୍ନସେନଙ୍କ ବୀରତ୍ୱ, ପଦ୍ମିନୀଙ୍କ ସତୀତ୍ୱ ଏବଂ ଗୋରା-ବାଦଲଙ୍କ ସ୍ୱାମୀ ଭକ୍ତିର ଗାଥା ଅତ୍ୟନ୍ତ ଲୋକପ୍ରିୟ। ଏହି ଗାଥାର ପ୍ରାଚୀନ ରୂପ କ'ଣ ଥିଲା କହିବା କଷ୍ଟକର। "ଗୋରା-ବାଦଲ ରା କବିଉ" ନାମରେ ଗୋଟିଏ ଗୀତିକାବ୍ୟ ଉପଲବ୍ଧ ଯାହାର ଲେଖକ ବା ରଚନା ସମୟର ଉଲ୍ଲେଖ କେଉଁଠାରେ ନାହିଁ। କିନ୍ତୁ ଏହା ପ୍ରାଚୀନତମ ବୋଲି ଧରାଯାଏ। ଏତଦ୍ ବ୍ୟତୀତ ହେମରତନଙ୍କ ରଚନା (୧୬୪୫ ଖ୍ରୀ.) ଜଟମଲଙ୍କ "ଗୋରାବାଦଲ କୀ ବାତ" (୧୬୫୯) ମଧ୍ୟ ଉପଲବ୍ଧ। ରାଜସ୍ଥାନ ଇତିହାସରେ ରତ୍ନ ସିଂହ ଓ ଆଲ୍ଲାଉଦ୍ଦିନଙ୍କ ଉଲ୍ଲେଖ ଅଛି।

ଆଲ୍ଲାଉଦ୍ଦିନଙ୍କ ଚିତ୍ତୋର ଆକ୍ରମଣ (୧୩୦୩-୦୪) ସହ ପଦ୍ମାବତୀଙ୍କର ରୂପ ସୌନ୍ଦର୍ଯ୍ୟ ଜଡ଼ିତ କି ନାହିଁ ନିଶ୍ଚିତ ରୂପେ କହି ହେବନାହିଁ। Dr Manmohan Gautamଙ୍କ ମତରେ ଜାୟସୀ ଅବଧର ପ୍ରଚଳିତ ପଦ୍ମାବତୀ ରାଣୀ ଓ ହୀରାମନ୍ ଶୁକ ଲୋକକଥା ସହିତ ରାଜସ୍ଥାନର ଐତିହାସିକ ତଥ୍ୟକୁ ନିଜ କଳ୍ପନାରେ ସଜାଇ ଏହାର ରଚନା କରିଛନ୍ତି।

ପଦ୍ମାବତ ୧୬ଶ ଶତାବ୍ଦୀର ଅବଧର ପ୍ରଚଳିତ ଜନଭାଷାରେ ରଚିତ। ଏଥିରେ ଲୋକୋକ୍ତି, ସୁକ୍ତି ତଥା ଢଗର ବ୍ୟବହାର ହୋଇଛି। ଏଥିଯୋଗୁ ପଦ୍ମାବତର ଭାଷା ପ୍ରବହମାନ, ଅର୍ଥପୂର୍ଣ୍ଣ ଏବଂ ପରିପକ୍ୱ (ବାସୁଦେବ ଶରଣ ଅଗ୍ରୱାଲ)। ଏହି କାବ୍ୟ ରଚନା ଗୋଟିଏ ଛନ୍ଦରେ ଲେଖା ଏବଂ ନାୟିକା ନାମାନୁସାରେ ଗ୍ରନ୍ଥର ନାମକରଣ ହୋଇଛି। କଥାବସ୍ତୁ ମଧ୍ୟ କାଳ୍ପନିକ। ଏହା ମସନବୀ ପଦ୍ଧତିର ବିଶେଷତା। ଭାରତୀୟ କାବ୍ୟଶାସ୍ତ୍ର ଅନୁସାରେ କାବ୍ୟ ଧର୍ମ, ଅର୍ଥ, କାମ, ମୋକ୍ଷ ମଧ୍ୟରୁ ଅନ୍ତତଃ ଗୋଟିଏ ଉଦ୍ଦେଶ୍ୟ ସାଧନ କରୁଥିବା ଉଚିତ। ପଦ୍ମାବତ କାବ୍ୟରେ କାମ ଓ ମୋକ୍ଷର ସାଧନ ଉଦ୍ଦେଶ୍ୟ ପ୍ରତିଫଳିତ। ଏତଦ୍ ବ୍ୟତୀତ ଗୁଣସମ୍ପନ୍ନ ନାୟକ, କାବ୍ୟରେ ବର୍ଣ୍ଣନା, ଶୈଳୀରେ ଅଳଙ୍କାର ତଥା ସାଙ୍କେତିକତା ଆଦିରେ ଉକ୍ତ କାବ୍ୟ ଭୂଷିତ। ଏଣୁ 'ପଦ୍ମାବତ'କୁ ସଫଳ ମହାକାବ୍ୟ ହିସାବରେ ଗ୍ରହଣ କରିନିଆହୋଇଛି। ବର୍ଣ୍ଣନା ଶୈଳୀରେ ବାହ୍ୟ ପ୍ରକୃତି ବର୍ଣ୍ଣନ, ମାନବ ପ୍ରକୃତିର ପରିସ୍ଥିତି ସଂଘର୍ଷରେ ତା'ର କ୍ରିୟାଶୀଳ ମାନସିକ ସ୍ଥିତିର ବିଶ୍ଳେଷଣରେ ଜାୟସୀ ସଫଳ ହୋଇଛନ୍ତି। ଏହା ତାଙ୍କର ନିବିଡ଼ ଅନୁଭୂତିକୁ ଦର୍ଶାଏ। ପଦ୍ମାବତୀର ଐତିହାସିକତା ନାହିଁ। ସୁଫି ସାଧନାର ମର୍ମ ବୁଝାଇବାକୁ ପ୍ରେମକଥାର ରୂପ ଦିଆହୋଇଛି। କବିଙ୍କ ବକ୍ତବ୍ୟ ଅନୁଯାୟୀ ଏହା କଳ୍ପିତ କାବ୍ୟ ଏବଂ ଆଧାତ୍ମିକ ପ୍ରେମରସରେ ପ୍ରସ୍ତୁତ କରାଯାଇଛି। ପ୍ରେମରସରେ, ବିରହ ଏକ ଅବିଚ୍ଛେଦ୍ୟ ଅଙ୍ଗ। ପଦ୍ମାବତର ବିରହ ବର୍ଣ୍ଣନରେ ରସଶାସ୍ତ୍ର, ସୁଫି ସିଦ୍ଧାନ୍ତ, ଲୋକ ଭାବୁକତା ଏହାକୁ ଅଧିକ ଅନୁପମ କରି ଗଢ଼ିତୋଳିଛି। ବିରହରେ ଆଧାତ୍ମ ଭାବର ଉଦ୍ରେକ ନାଗମତୀ ମୁଖରେ ଜାୟସୀ ସୁନ୍ଦର ଭାବରେ ଫୁଟାଇଛନ୍ତି। ବାରମାସର ବିରହ ଅନୁଭୂତି, ଋତୁ ପରିବର୍ତ୍ତନର ବର୍ଣ୍ଣନା ଅତ୍ୟନ୍ତ ଜୀବନ୍ତ। ସାଧକ ଈଶ୍ୱରପ୍ରେମର ଏକାକୀ ଅଧିକାରୀ ନୁହେଁ। କେବଳ କୃପାର ପ୍ରାର୍ଥୀ ମାତ୍ର। କାରଣ ଈଶ୍ୱର ଘଟ ଘଟରେ ସମାନ ଭାବରେ ପୂରି ରହିଛନ୍ତି। ସେ ସର୍ବବ୍ୟାପକ। ଏହା ସମସ୍ତ ସୃଷ୍ଟିରେ ପ୍ରସାରିତ ଏବଂ ପ୍ରତିଟି ସୃଷ୍ଟି ସେଥିରେ ବାନ୍ଧି ହୋଇଛନ୍ତି। ପ୍ରେମ ବ୍ରହ୍ମାକାର ଏବଂ ତାହାର ଅନ୍ତଃସ୍ଥଳ ବିରହ। ପଦ୍ମାବତୀ ବାରବର୍ଷରୁ ବିରହ ସନ୍ତାପ ଭୋଗିଛନ୍ତି। ରତ୍ନସେନ ମଧ୍ୟ ବିରହର ଦଶ ଅବସ୍ଥା-ଅଭିଳାଷା, ଚିନ୍ତା, ସ୍ମୃତି, ଗୁଣକଥନ, ଉଦ୍‌ବେଗ, ପ୍ରଳାପ, ବ୍ୟାଧି, ଉନ୍ମାଦ,

ମୂର୍ଚ୍ଛା ଓ ମରଣର ଅନୁଭୂତି ପାଇଛନ୍ତି। ଏ ସମସ୍ତର ବର୍ଣ୍ଣନା ବିଭିନ୍ନ ସ୍ଥାନରେ ଚିତ୍ରିତ। ଏଇ ବିରହ ମଧ୍ୟରେ ପ୍ରେମର ମଧୁର ରସ ପ୍ରାପ୍ତି ହୁଏ। କାରଣ ଏହି ପ୍ରେମ ଦ୍ୱିପକ୍ଷୀୟ। ପଦ୍ମାବତର ପ୍ରେମ ଗାଥା ସୁଫି ପ୍ରେମର ଅଭିବ୍ୟକ୍ତି। ନିଶ୍ଚିତ ରୂପେ ପଦ୍ମାବତର ମର୍ମ ଗୂଢ଼ ଏବଂ ରହସ୍ୟାତ୍ମକ। ଏଣୁ ଜାୟସୀ କହିଛନ୍ତି- ଯିଏ ଜ୍ଞାନ ଚକ୍ଷୁରେ ଦେଖିବ ତା'ର ଆଧ୍ୟାତ୍ମିକ ପ୍ରେମରସର ଅନୁଭୂତି ହେବ। କିନ୍ତୁ ଲୌକିକ ଦୃଷ୍ଟିରେ ଦେଖିଲେ ସାଧାରଣ ଲୋକ ଲାଗି ଏହା ସାଧାରଣ ପ୍ରେମକଥା।

ପଦ୍ମାବତ କାବ୍ୟରେ ଜୀବନ ଦର୍ଶନ ସୁସ୍ପଷ୍ଟ ଭାବରେ ପ୍ରତିଫଳିତ। ଜୀବନର ନଶ୍ୱରତା କଥା ବାରମ୍ବାର ଉଲ୍ଲେଖ ହୋଇଛି। କବିଙ୍କ ଦୃଷ୍ଟିରେ ମରଣର ସାଧନା ହିଁ ଏଥିରୁ ମୁକ୍ତିର ପଥ। କାରଣ ମୃତ୍ୟୁଲାଭ ପରେ ପୁନର୍ବାର ମୃତ୍ୟୁ ହୋଇପାରେନା। ଏଣୁ ସାଧୁର ମୁଖ୍ୟ ଲକ୍ଷଣ ମରଣ ଲଭିବା। ରତ୍ନସେନ ଓ ପଦ୍ମାବତୀ ଉଭୟ ପ୍ରେମର ସାଧକ ଏବଂ ପ୍ରେମ ଦ୍ୱାରା ମୃତ୍ୟୁକୁ ଜଣିବାକୁ ଚାହିଁଛନ୍ତି। ଜାୟସୀ ଭୃଙ୍ଗ ଓ କୀଟର ସମ୍ପର୍କକୁ ଗୁରୁ ଶିଷ୍ୟର ମାନ୍ୟତା ଦେଇଛନ୍ତି। କୀଟ ଭୃଙ୍ଗରେ ପରିଣତ ହୋଇ ନବ କାୟା ଲାଭ କରୁଛି। ରତ୍ନସେନ ଓ ପଦ୍ମାବତୀ କୀଟର ଜୀବନ ପରିତ୍ୟାଗ କରି ଭୃଙ୍ଗରେ ପରିଣତ ହେବାକୁ ଚାହୁଁଛନ୍ତି।

କବି ପୁନଶ୍ଚ ହଠ ଯୋଗର ପଥ ମରଣ ଲାଭର ମାଧ୍ୟମ ରୂପେ ଦର୍ଶାଇଛନ୍ତି। ସିଂହଳ ଗଡ଼ ମନୁଷ୍ୟ ଶରୀରର ପ୍ରତୀକ। ସେଥିରେ ଇଡ଼ା ଓ ପିଙ୍ଗଳା ନାଡ଼ି ନୀର ଓ କ୍ଷୀର ନଦୀ। କଞ୍ଚନ ବୃକ୍ଷ ହେଉଛି ଚେତନାବଲ୍ଲୀ। ଏହା ପାତାଳରୁ (ମୂଳଧାର) ଆକାଶ (ସହସ୍ରାର) ପର୍ଯ୍ୟନ୍ତ ଲମ୍ବିଛି। ଆତ୍ମାନୁଭବ ସେହି ବୃକ୍ଷର ଫଳ ଅଟେ। ଏହାର ସେବନରେ (ପ୍ରାପ୍ତିରେ) ପ୍ରାଣୀର ଜରା-ମରଣ ଭୟ ଦୂର ହୁଏ। ଜାୟସୀ ସିଂହଳ ଗଡ଼ର ଦୁର୍ଭେଦ୍ୟତା ବର୍ଣ୍ଣନା କରି ସେଥିରେ ଆରୋହଣର ପଥ ନିର୍ଦ୍ଦେଶ କରିଛନ୍ତି। ଶରୀରର ମୁଖ୍ୟ ନବଦ୍ୱାର ଗଡ଼ର ନବଦ୍ୱାର ଅଟେ। ପଞ୍ଚପ୍ରାଣ ପଞ୍ଚ କୋଟପାଳ ଅଟନ୍ତି। ଏବଂ ବ୍ରହ୍ମରନ୍ଧ୍ରକୁ ଦଶମଦ୍ୱାର ଭାବେ ଦର୍ଶାଇଛନ୍ତି। ସୁନ୍ଦର କୁଣ୍ଡ, ମୂଳଧାର ଚକ୍ର ଏବଂ ସୁଷୁମ୍ନା ହେଉଛି ପଥ। ପିପୀଲିକା ସଦୃଶ ଗତିରେ ସହସ୍ରାର ଚକ୍ର ଭେଦ ସମ୍ଭବ।

ମୃତ୍ୟୁର ସାଧନା ପ୍ରେମମାର୍ଗରେ ମଧ୍ୟ ସମ୍ଭବ ବୋଲି ଜାୟସୀ ଦର୍ଶାଇଛନ୍ତି। ଇନ୍ଦ୍ରିୟ ଏବଂ ମନରୁ ଚେତନାର ପ୍ରତ୍ୟାହାରରେ ସମାଧି ଅବସ୍ଥା ଆସିଥାଏ। କବିଙ୍କର ବକ୍ତବ୍ୟ ଅନୁଯାୟୀ ଉକ୍ତ ଅବସ୍ଥା ବିରହର ତୀବ୍ରତାରେ ମଧ୍ୟ ଆସିଥାଏ। କାରଣ ସେତେବେଳେ ଇନ୍ଦ୍ରିୟ ଓ ମନର ଚେତନା ଲୁପ୍ତ ହୁଏ। ଏହା ପ୍ରେମର ଦଶମ ଅବସ୍ଥା ଯାହାକୁ ମରଣ ମଧ୍ୟ କୁହାଯାଏ। ଏହି ମରଣର ଆସ୍ୱାଦନ ଯାହାର ହୋଇଛି, ତାହାର ପୁନଃ ମରଣର ଭୟ ଦୂରୀଭୂତ ହୋଇଛି। ଏହି ଅବସ୍ଥାକୁ ପରମସୁଖ ରୂପେ ଅଭିହିତ

କରିଛନ୍ତି। ଏଣୁ ଜାୟସୀଙ୍କ ମତରେ ପ୍ରେମର ମାର୍ଗ ମୁକ୍ତିର ମାର୍ଗ ଅଟେ, ଯାହାକି ସାଧକକୁ ଇହ ଓ ପରଲୋକରେ ସିଦ୍ଧି ଓ ମୁକ୍ତି ପ୍ରଦାନ କରେ। ପ୍ରେମ ହିଁ ଏକମାତ୍ର ଦିବ୍ୟ ତତ୍ତ୍ୱ ମନୁଷ୍ୟ ପାଖରେ ଅଛି। ଅନ୍ୟଥା ସିଏ କେବଳ ମୁଠାଏ ପାଉଁଶ। ଜାୟସୀଙ୍କ ଦୃଷ୍ଟିରେ ସୃଷ୍ଟିର ସମସ୍ତ ସୌନ୍ଦର୍ଯ୍ୟ ପ୍ରେମର ସ୍ୱରୂପ ଅଟେ। ଏହା ମୁକ୍ତା ଭଳି। ଏହା ଆନ୍ଦୋଳିତ ହେଲେ ପ୍ରେମୀ ସାଧକର ଚକ୍ଷୁ ରୂପକ କଉଡ଼ିଆ ପକ୍ଷୀ ତା'ର ହୃଦୟ ସମୁଦ୍ରରେ ତାକୁ ଚଞ୍ଚୁ ମାରେ। ହୃଦୟ କମଳ ହେଉଛି ସୌନ୍ଦର୍ଯ୍ୟର କ୍ଷେତ୍ର। ଦେଖିବାକୁ ଏହା ଅତି ନିକଟରେ। ମାତ୍ର ପ୍ରାପ୍ତ କରିବା ଅତ୍ୟନ୍ତ ଦୁଷ୍କର। ପ୍ରେମଲୋକ ଜ୍ୟୋତିର୍ମୟ ଅଟେ। ଏହାର ଦର୍ଶନ ଲାଭରେ ଇହଲୋକ ଅନ୍ଧକାରମୟ ଲାଗେ। ପ୍ରେମର ମାର୍ଗ ହେଉଛି ଜୀବନ ଉତ୍ସର୍ଗର ମାର୍ଗ। ଏହାର ପ୍ରାପ୍ତି ଲାଗି ତ୍ୟାଗୀ ହେବାକୁ ପଡ଼େ। ରତ୍ନସେନ ତ୍ୟାଗୀ ହୋଇ ପଦ୍ମାବତୀଙ୍କୁ ପ୍ରାପ୍ତ ହେଲେ। ମାତ୍ର ଶରୀର ଆସକ୍ତି ପ୍ରେମ ମାର୍ଗରେ ବାଧା ଉପୁଜାଏ। ତେଣୁ ଏହା ଦୁଷ୍କର ଅଟେ। କେବଳ ପ୍ରାଣ ଉତ୍ସର୍ଗରେ ଏହା ସମ୍ଭବ ହୁଏ। ଏଣୁ କାୟାର ନବଦ୍ୱାର ଏବଂ ପଞ୍ଚ ବିକାର ଉପରେ ସଂଯମ ଆବଶ୍ୟକ। କିନ୍ତୁ ବିଷୟ ଏଥିରେ ବାଧକ ହୋଇ ବିନାଶର କାରଣ ହୁଏ।

ଜାୟସୀ ଭୋଗବାଦର ବିରୋଧୀ। ଇନ୍ଦ୍ରିୟ ପ୍ରଲୋଭନରେ ପ୍ରାଣୀ ଦୁର୍ଗତିକୁ ପ୍ରାପ୍ତ ହୁଏ। ମନୁଷ୍ୟ ପକ୍ଷୀ ସ୍ୱରୂପ ଅଟେ ଏବଂ କାଳ ବ୍ୟାଧ ଅଟେ। ବିଷୟାସକ୍ତ ମନୁଷ୍ୟ ସହଜରେ ବୁଦ୍ଧି ଭ୍ରଷ୍ଟ ହୁଏ। ଫଳରେ ସିଏ କାଳ ରୂପୀ ବ୍ୟାଧ ଜାଲରେ ପଡ଼ି ଛଟପଟ ହୁଏ। ନିର୍ମଳ ବୁଦ୍ଧି ରହିତ ମନୁଷ୍ୟକୁ ଈଶ୍ୱର ଉଡ଼ିବାର (ମୁକ୍ତିର) ଶକ୍ତି ଦେଇଛନ୍ତି। ମାତ୍ର ତା ସହିତ ଲୋଭ, ତୃଷ୍ଣା, ଗର୍ବ, ଅହଂକାର ମଧ୍ୟ ଦେଇଛନ୍ତି। ଫଳରେ ସିଏ ସଦା ସର୍ବଦା କାଳବ୍ୟାଧ କବଳରେ ରହିଥାଏ। ଏଣୁ ଇନ୍ଦ୍ରିୟ ସଂଯମ ହିଁ ଏଥିରୁ ମୁକ୍ତ ହେବାର ଉପାୟ।

ପ୍ରେମ ସାଧନାରେ, ଜାୟସୀ କାମକୁ ନିଷିଦ୍ଧ କରି ନାହାଁନ୍ତି। କାମର ଉଦ୍ରେକ ପ୍ରେମ ସହିତ ହେବା ସ୍ୱାଭାବିକ ବୋଲି ସିଏ ଧରିନେଇଛନ୍ତି। ଏହା ତାଙ୍କ କାବ୍ୟରେ ବର୍ଣ୍ଣିତ। ମାତ୍ର କାମର ଲାଳସାକୁ ପ୍ରୋତ୍ସାହନ ସିଏ ଦେଇନାହାନ୍ତି। କାମକୁ ନିୟନ୍ତ୍ରଣରେ ରଖିଥିବା ନାରୀକୁ ସିଏ କାମିନୀ ସତୀ ଆଖ୍ୟା ଦେଇଛନ୍ତି।

ଜାୟସୀ ସତ୍ୟ ନିଷ୍ଠା ଉପରେ ଗୁରୁତ୍ୱ ଆରୋପ କରିଛନ୍ତି। ସୃଷ୍ଟି ସତ୍ୟ ଉପରେ ତିଷ୍ଠି ରହିଛି। ସତ୍ୟରେ ଲକ୍ଷ୍ମୀ ପ୍ରାପ୍ତ ହୁଅନ୍ତି ଏବଂ ସତ୍ୟବାଦୀ ହିଁ ପୁରୁଷ ଅଟେ। ସତ୍ୟ ହିଁ ପ୍ରାଣୀର ମୁକ୍ତି।

ପରମେଶ୍ୱର ଏବଂ ପ୍ରାଣୀର ସମ୍ବନ୍ଧକୁ ଜାୟସୀ ପତିପତ୍ନୀ ରୂପେ ଅଭିହିତ କରିଛନ୍ତି। ପତ୍ନୀ ଯେପରି ସ୍ୱାମୀର ସେବାରେ ସତର୍କତା ଅବଲମ୍ବନ କରେ, ଜୀବ ମଧ୍ୟ

ପରମେଶ୍ୱରଙ୍କ ସେବାରେ ସତର୍କତା ଅବଲମ୍ବନ କରିବା ଉଚିତ। ସମସ୍ତ ସୃଷ୍ଟି ତାଙ୍କ ଦୃଷ୍ଟିରେ ଜଡ଼ ଓ ରୂପହୀନ। ସେଥିରେ ଜୀବନର ସତ୍ତା ଓ ରୂପ ସୌନ୍ଦର୍ଯ୍ୟର ଆବିର୍ଭାବ କେବଳ ସ୍ରଷ୍ଟାଙ୍କ ପ୍ରତିଛାୟା କେବଳ। ସୃଷ୍ଟିର ସମସ୍ତ ପ୍ରାଣୀ, ଗ୍ରହ, ନକ୍ଷତ୍ର, ସୂର୍ଯ୍ୟ, ଚନ୍ଦ୍ର, ପ୍ରେମ ଓ ବିରହରେ ଅଭିଭୂତ।

ଜାୟସୀଙ୍କର ମରଣ ସାଧନା ଅଦ୍ୱୈତ ବେଦାନ୍ତ ମୂଳକ। ତତ୍ତ୍ୱମସିରେ ସିଏ ବିଶ୍ୱାସୀ। ସିଦ୍ଧି ଅବସ୍ଥା, ଅଦ୍ୱୈତ ସିଦ୍ଧି ବୋଲି ତାଙ୍କର ସିଦ୍ଧାନ୍ତ ଅଟେ। ତାଙ୍କ ଅନୁସାରେ, ଗୁରୁ ବିରହର ଅଗ୍ନି ସୃଷ୍ଟି କରିଥାଆନ୍ତି। ଶିଷ୍ୟ ତାହାକୁ ପ୍ରେମର ଅଗ୍ନିରୂପେ ପ୍ରଜ୍ୱଳିତ କରେ। ପୁରୁଷ ଓ ନାରୀର ସମ୍ପର୍କ ବ୍ରହ୍ମ ଏବଂ ଜୀବନ ସମ୍ପର୍କ।

ପ୍ରେମର ସାଧନା ଲାଗି ସୁଖର ତ୍ୟାଗ ପ୍ରୟୋଜନ ବୋଲି ସିଏ କହିଛନ୍ତି। ମାତ୍ର ଗୃହୀମାନଙ୍କୁ ଜୀବନ ପ୍ରତି ଉଦାସୀନ ରହିବାକୁ ସିଏ କହିନାହାନ୍ତି। ସମସ୍ତ ପ୍ରଲୋଭନ ପ୍ରତି ସଜାଗ ରହିବାକୁ ଉପଦେଶ ଦେଇଛନ୍ତି। ପ୍ରେମ ସାଧନର ଚାରିଟି ପ୍ରମୁଖ ଉପାଦାନ କର୍ମ, ଧର୍ମ, ସତ୍ୟ ଓ ନିୟମ। ମନୁଷ୍ୟର ମନ ହିଁ ତାର ବନ୍ଧନ କିମ୍ବା ମୋକ୍ଷର କାରଣ ହୋଇଥାଏ। ମନକୁ ବିନାଶ କରିବା କଷ୍ଟସାଧ। କେବଳ ଜ୍ଞାନ ରୂପକ ଶିଳାରେ ନିରନ୍ତର ଘର୍ଷଣରେ ବିଲୀନ ହେଇପାରେ।

ଯୋଗ - ପ୍ରେମମାର୍ଗକୁ ଜାୟସୀ ଦକ୍ଷିଣମାର୍ଗ ରୂପେ ବର୍ଣ୍ଣନା କରିବା ସହ ଏହାର ସମର୍ଥନ କରିଛନ୍ତି। ତାଙ୍କ ମତରେ ପ୍ରେମ ଦିବ୍ୟ ଅଟେ। ସମ୍ଭୋଗର ମାନସିକତା ବା ବାସନାରହିତ ନରନାରୀଙ୍କର ପ୍ରେମ ମଧ୍ୟ ଦିବ୍ୟ ବୋଲି ତାଙ୍କ ମତ। ପ୍ରେମ ଲାଗି ଜୀବନୋତ୍ସର୍ଗର ଭାବନା ରହିଲେ ମନୁଷ୍ୟର ଜୀବନ ସାର୍ଥକ ଓ ପବିତ୍ର ହୁଏ। କିନ୍ତୁ ପୁରୁଷ ଓ ନାରୀ ପ୍ରେମର ସ୍ୱାଭାବିକ କାମକୁ ସିଏ ନିଷିଦ୍ଧ କରିନାହାନ୍ତି। ଏହାର ବିହିତ ସ୍ଥାନ ରହିଛି।

ବସ୍ତୁତଃ ଜାୟସୀ କାବ୍ୟର ସିଦ୍ଧାନ୍ତରେ ସୁଫି ମତର ପ୍ରତିପାଦନ କରିଛନ୍ତି ଏବଂ ସେଥିରେ ହିନ୍ଦୁ ଦର୍ଶନର ସିଦ୍ଧାନ୍ତ ମଧ୍ୟ ସମାବେଶ କରିଛନ୍ତି।

ସୁଫି ଦର୍ଶନ ମନୁଷ୍ୟର ଚାରିଟି ଅବସ୍ଥାକୁ ମାନ୍ୟତା ଦିଏ। ୧-ନଫ୍ସ (ଇନ୍ଦ୍ରିୟ), ୨-ରୁହ (ଆତ୍ମା), ୩-କଲ୍ବ (ହୃଦୟ), ୪- ଅକ୍ଲ (ବୁଦ୍ଧି)। ଆଲମେ ନାସୁତ୍ ଭୌତିକ ଜଗତକୁ ବୁଝାଇଥାଏ। ଏଥିରେ ନଫ୍ସ ବା ଇନ୍ଦ୍ରିୟର ପ୍ରାଧାନ୍ୟତା ଥାଏ। ଆଲମେ ମଲକୁତ୍ ଚିତ୍ତ ଜଗତ ଅଟେ ଯେଉଁଥିରେ ଆତ୍ମାର ଅଭାବ ଥାଏ। ଆଲମେ ଅବରୁତ୍ ଆନନ୍ଦମୟ ଜଗତ ଅଟେ। ଏଥିରେ କଲ୍ବ ଅର୍ଥାତ୍ ହୃଦୟର ପ୍ରସାର ଥାଏ। ଆଲମେ ଲାହୁତ୍ ହେଉଛି ସତ୍ୟ ଜଗତ ଯେଉଁଥିରେ ବୁଦ୍ଧି ପ୍ରତିଷ୍ଠିତ।

ସୁଫି ସାଧକ ଉପରୋକ୍ତ ଜଗତକୁ ଗୁରୁଙ୍କ ସହାୟତାରେ କ୍ରମଶଃ ପାରିହୁଏ।

ଏଣୁ ସୁଫି ମତରେ ଗୁରୁ ପରମ୍ପରାର ମହତ୍ତ୍ୱ ରହିଛି । ଗୁରୁ ପ୍ରଦର୍ଶିତ ପଥ ଅନୁସରଣ କରି ସାଧକ ପ୍ରେମପନ୍ଥୀ ହୋଇ ସାଧନାରେ ଅଗ୍ରସର ହୁଏ । ଶରିଅତ୍, ତରିକତ୍, ହକୀକତ୍ ଏବଂ ମାରିଫତ୍ ଦ୍ୱାରା ଜମାଲ (ପ୍ରେମମୟୀ ପ୍ରକୃତି)ର ଅନୁସରଣ କରି ଲକ୍ଷ୍ୟ ସାଧନ କରେ । ପ୍ରକୃତ ପ୍ରେମମାର୍ଗରେ ଯାଇ ସିଏ ସଂସାର ତ୍ୟାଗ କରେ ଏବଂ ପ୍ରେମୀକୁ ପ୍ରାପ୍ତ ହୁଏ । ମାତ୍ର ପ୍ରେମୀକୁ ପ୍ରାପ୍ତ ହେବା ସତ୍ତ୍ୱେ ଶଇତାନ ତାକୁ ବିଛେଦ କରାଏ । ମାତ୍ର ସାଧକ ପୁନଃ ପ୍ରଚେଷ୍ଟାରେ ନିଜର ଲକ୍ଷ୍ୟ ସାଧନ କରେ ।

'ପଦ୍ମାବତ'ରେ ଜାୟସୀ ଚିତ୍ତୋରକୁ ନାସୁତ୍ (ଭୌତିକ ଜଗତ / ଶରୀର) ବୋଲି ଇଙ୍ଗିତ କରିଛନ୍ତି । ଏଠରେ ନଫ୍ସ (ଇନ୍ଦ୍ରିୟ)ର ପ୍ରାଧାନ୍ୟ ରହିଛି । ରତ୍ନସେନ ଶୁକପକ୍ଷୀ ନ ଆସିବା ପର୍ଯ୍ୟନ୍ତ ଚିତ୍ତୋର ଛାଡ଼ି ଯାଇପାରି ନାହାନ୍ତି । ଏହା ହେଉଛି ନଫ୍ସ ସ୍ଥିତି । ଶୁକପକ୍ଷୀର ଆଗମନରେ ରାଜାଙ୍କ ଚୈତନ୍ୟୋଦୟ ହେବାରୁ ଚିତ୍ତୋର (ଆଲମେ ନାସୁତ) ଛାଡ଼ି ଚାଲି ଯୋଗୀ ହେଇଯାଉଛନ୍ତି ଅର୍ଥାତ୍ ସେ ଆଲମେ ମଲକୁତ୍‌ରେ ପ୍ରବେଶ କରୁଛନ୍ତି । ଜାୟସୀ ସିଂହଳକୁ ଆଲମେ ଜବରୁତ୍ (ଆନନ୍ଦମୟ ଜଗତ) ବୋଲି କଳ୍ପନା କରିଛନ୍ତି କାରଣ ଏଠାରେ ହିୟ ବା ହୃଦୟର ବିସ୍ତାର ରହିଛି । ଏଠାରେ ରତ୍ନସେନ ପଦ୍ମାବତୀଙ୍କୁ ପ୍ରାପ୍ତ ହୋଇଛନ୍ତି । ଆଲମେ ଲାହୁତ୍ ସତ୍ୟ ଜଗତ ଅଟେ । ଏଥିରେ ବୁଦ୍ଧି (ଅକ୍ଲ) ପ୍ରତିଷ୍ଠିତ । ଅର୍ଥାତ୍ ପଦ୍ମିନୀ(ପଦ୍ମାବତୀ) (ବୁଦ୍ଧି) ସତୀପଣରେ ସତ୍ୟର ପରାକାଷ୍ଠା ଦର୍ଶାଇଛନ୍ତି । ଜାୟସୀ କାବ୍ୟର ସମାପ୍ତି ସତ୍ୟ ପ୍ରତିଷ୍ଠାରେ କରିଛନ୍ତି । ସମଗ୍ର ଗ୍ରନ୍ଥରେ ସତ୍ୟର ମହତ୍ତ୍ୱକୁ ସେ ଦର୍ଶାଇ ପ୍ରଶଂସା କରିଛନ୍ତି ।

କାବ୍ୟରେ ଶୁକ ପକ୍ଷୀ ହିଁ ଗୁରୁ । ନାଗମତୀ ସଂସାର ମୋହମାୟାର ପ୍ରତୀକ ଯାହାକୁ ରାଜା ତ୍ୟାଗ କରୁଛନ୍ତି । ସୁଫି ମତବାଦରେ ଶଇତାନର ଆବିର୍ଭାବ ଅନିବାର୍ଯ୍ୟ ଏବଂ ତାର କାମ ହେଲା ବିଛେଦ ଘଟାଇବା । ରାଘବ ଚେତନ ଏବଂ ଆଲ୍ଲାଉଦ୍ଦିନଙ୍କର ଶଇତାନ ଭୂମିକା ସ୍ପଷ୍ଟ । ହିନ୍ଦୁ ଅଦ୍ୱୈତ ମତବାଦର ଏହା ମାୟା ଅଟେ । କବୀର ଏହାକୁ ଠଗୀ ବୋଲି କହିଛନ୍ତି । ଏହା ଭକ୍ତ ଓ ଭଗବାନଙ୍କ ମଧ୍ୟରେ ପ୍ରତିବନ୍ଧକ ଅଟେ ।

ଅନେକଙ୍କ ମତରେ ଜାୟସୀଙ୍କର ରଚନା ଅଶ୍ଳୀଳ । ମାତ୍ର ଜାୟସୀଙ୍କର ଏହି ଆଧ୍ୟାତ୍ମିକ ପ୍ରେମରସ କାବ୍ୟ ଦୂରଦୃଷ୍ଟିସମ୍ପନ୍ନ ଲୋକଙ୍କ ଲାଗି ନିକଟ ଏବଂ ନିକଟ ଦୃଷ୍ଟିଥିବା ଲୋକଙ୍କ ଲାଗି ଦୂର । ଏହାହିଁ ତାଙ୍କରି ନିଜସ୍ୱ ବକ୍ତବ୍ୟ ।

(୧) ପଦ୍ମାବତ - ମାତା ପ୍ରସାଦ ଗୁପ୍ତା- ୧୯୬୩
ପ୍ରଥମ ସଂସ୍କରଣ
(୨) ପଦ୍ମାବତ ଭାଷ୍ୟ - ଡ. ମନମୋହନ ଗୌତମ- ୧୯୮୩
ନବୀନ ସଂସ୍କରଣ

ମୋ କଥା ପଦେ...

ମୋ ବୋଉ ୧୯୬୦ ମସିହାରେ ଚାଲିଗଲା । ମୋ ଜୀବନରେ ବିପର୍ଯ୍ୟୟ ଘଟି ଅନେକ କିଛି ଓଲଟପାଲଟ ହେଇଗଲା ଏବଂ ୧୯୬୨ ମସିହାରେ ମୁଁ କଟକ ଆସିଲି । ସେହି ସମୟରେ ରାଣୀହାଟ ହାଇସ୍କୁଲରେ ହେଡ୍‌ମାଷ୍ଟର ଶ୍ରୀ ବାଞ୍ଛାନିଧି ଶତପଥୀ ଆମ ଘରକୁ ପ୍ରାୟ ସବୁଦିନ କିଛି ସମୟ ଲାଗି ଆସୁଥିଲେ । ମୋ ବିଷୟରେ ସମସ୍ତ କଥା ଜାଣିବା ପରେ, ମାଟ୍ରିକ୍ୟୁଲେସନ ପରୀକ୍ଷା ଦେବା ଲାଗି ମତେ କହିଲେ । ଗଣିତ ଶିକ୍ଷକ ରାମ ବାବୁ ଅଛନ୍ତି ଏବଂ ମୁଁ ଇଂରାଜୀ ତତେ ପଢ଼ାଇଦେବି, ତୁ ପରୀକ୍ଷା ଦବୁ । ମୋର ସାନ ଭଉଣୀ ଜଲି ଓ ଲିଲଇ ସେଇ ସ୍କୁଲରେ ପଢୁଥାଆନ୍ତି । ମୋର ଅସ୍ଥିର ମନ ନେଇ ମୁଁ ପରୀକ୍ଷା ଦେବାକୁ ଅନିଚ୍ଛୁକ ହେଲି । ମୋର ମାଉସୀ ଯିଏକି ତତ୍କାଳୀନ ଶିକ୍ଷପତି ନବକିଶୋର ମହାନ୍ତିଙ୍କ ପତ୍ନୀ, ମତେ ହିନ୍ଦୀ ପଢ଼ି ପରୀକ୍ଷା ଦେବାକୁ ପ୍ରବର୍ତ୍ତାଇଲେ । କାରଣ ହିନ୍ଦୀ ପଢ଼ିବା ପରେ ସ୍କୁଲରେ ଶିକ୍ଷକତା କରିବାର ସୁଯୋଗ ଅପେକ୍ଷାକୃତ ସହଜ ଥିଲା । ମୋ ମାଉସୀଙ୍କ ପିଲାମାନେ ସେତେବେଳେ ପୁରୀ ଜିଲ୍ଲା ସ୍କୁଲରେ ପୂର୍ବତନ ହିନ୍ଦୀ ଶିକ୍ଷକ ଶ୍ରୀରାମଚନ୍ଦ୍ର ଦାଶଙ୍କ ପାଖରେ ପଢୁଥାନ୍ତି । ସେମାନଙ୍କ ସହ ବସି ପଢ଼ିବାକୁ ମୋର ଇଚ୍ଛା ହେଲା ନାହିଁ । ତେଣୁ ମୁଁ ରାଷ୍ଟ୍ରଭାଷା ଭବନରେ ହିନ୍ଦୀ ପଢ଼ିବାକୁ ଗଲି । ମାଉସୀ ମୋର ସମସ୍ତ ବହିର ଖର୍ଚ୍ଚ ବହନ କଲେ ।

ହିନ୍ଦୀ ଶିକ୍ଷକଙ୍କ ସହାୟତାରେ ରତ୍ନ ପରୀକ୍ଷା ଲାଗି ଫର୍ମ ପୂରଣ କଲି । ତାଙ୍କ ପାଖରେ ମୁଁ ରତ୍ନ ପରୀକ୍ଷା ଲାଗି ପଢ଼ିଲି । ମାତ୍ର ସେ ପାରିଶ୍ରମିକ ନବାଲାଗି ସମ୍ମତ ହେଲେ ନାହିଁ । କହିଲେ- "ଗୁରୁ ପ୍ରସାଦ" ମୋର ଶିକ୍ଷକ ଥିଲେ । ମୁଁ ପାରିଶ୍ରମିକ ନେବି ନାହିଁ । ମୁଁ ତାଙ୍କ ପାଖରେ ପଢ଼ିବାକୁ ଅସମ୍ମତ ହେଲି । ତେଣୁ ସେ କେବଳ ଚାଳିଶ ଟଙ୍କା ମାତ୍ର ଟୋକନ୍ ହିସାବରେ ଗ୍ରହଣ କଲେ । 'ପଦ୍ମାବତ' ଗ୍ରନ୍ଥଟି 'ରତ୍ନ' ପରୀକ୍ଷା ଲାଗି ପାଠ୍ୟ କ୍ରମରେ ଥିଲା । ମୁଁ ୧୯୬୫ ମସିହାରେ ରତ୍ନ ପରୀକ୍ଷା ପାଶ୍ କଲି । 'ପଦ୍ମାବତ' ବହିଟି ମୋ ପାଖରେ ରହିଗଲା । ତା'ପରେ ମୋର ତାଙ୍କ ସହିତ

ଆଉ ସାକ୍ଷାତ୍ ହୋଇ ପାରିନି। ଯଦିଓ ମୁଁ ତାଙ୍କୁ ସାକ୍ଷାତ କରିବାକୁ ତିନିଥର ମନୁ ମାଉସୀ ସହିତ ଯାଇ ଫେରିଛି। ପରେ ତାଙ୍କ ପାଖରୁ ଚିଠିଟିଏ ପାଇଲି ମୋର ସାର୍ଟିଫିକେଟ୍ ସହିତ। ପରୀକ୍ଷାରେ ଆଶାନୁରୂପ ଫଳ ହୋଇନଥିବାରୁ ସିଏ ଦୁଃଖ ପ୍ରକାଶ କରିଥିଲେ।

ମୋର ବଡ଼ ଭାଇ ଅମତ ହେବାରୁ ମୋର ଚାକିରି କରିବା ହେଲା ନାହିଁ। ପରବର୍ତ୍ତୀ କାଳରେ ମୋର ପୁତୁରା ବୋହୂକୁ ଭାଷାକୋଷ, ଭାଷା ବିଜ୍ଞାନ ଓ କିଛି ପ୍ରବନ୍ଧମାଳା ଦେଇଦେଲି। ସୁଫି କବି ଜାୟସୀଙ୍କ ରଚିତ ପଦ୍ମାବତ କାବ୍ୟଟିର ଭାଷା ଅବଧର ଜନଭାଷା, ଯାହା ସାଧାରଣ ଲୋକଙ୍କ ପାଇଁ ବୁଝିବା କଠିନ। ଏହାର ଗଦ୍ୟାନୁବାଦ ଶ୍ରୀମାତା ପ୍ରସାଦ ଗୁପ୍ତା କରିଥିଲେ। କୁହାଯାଏ ଯେ ଜାୟସୀ କବି ହିସାବରେ କାଳିଦାସଙ୍କ ସହ ତୁଳନୀୟ। ଏଣୁ କୌତୂହଳ ବଶତଃ ମୁଁ ତାଙ୍କୁ ପୁଣିଥରେ ପଢ଼ିଲି ଜାଣିବାକୁ ଯେ, ସିଏ କିପରି କାଳିଦାସଙ୍କ ସମକକ୍ଷ। ପଢ଼ିବା ପରେ ମୋର ଆଗ୍ରହ ହେଲା ଯେ ମୁଁ ଏ ବହିଟି ଓଡ଼ିଆରେ ଅନୁବାଦ କରିବି। ମୋର ଅନ୍ତର ଭିତରୁ ମୁଁ ମୋର ଗୁରୁଦେବଙ୍କ ପ୍ରେରଣା ପାଇଲି। ମନରେ ଭାବିଥିଲି, ହୁଏତ ଛ'ମାସ ମଧ୍ୟରେ ଏହାର ଅନୁବାଦ ସାରିପାରିବି। ମାତ୍ର ଏହା ଖୁବ୍ କଷ୍ଟକର ଥିଲା। ୨୦୦୪ରେ ମୋର ସ୍ୱାମୀଙ୍କ ମୃତ୍ୟୁପରେ ମୁଁ ମୋର ବଡ଼ ଝିଅ ଓ ଜ୍ୱାଇଁଙ୍କ ପାଖକୁ ଆମେରିକା ଚାଲିଗଲି। ପୁଣି ଥରେ ୨୦୦୬ ମସିହାରେ ଅନୁବାଦ କରିବା ଆରମ୍ଭ କଲି। ଏଥିରେ ମୋର ସାନ ଭଉଣୀ ଶ୍ରୀମତୀ ଶାନ୍ତି ମଞ୍ଜରୀ ଦାସ ମତେ ଉତ୍ସାହ ଓ ପ୍ରେରଣା ଦେଇଥିଲେ। ମୋର ଦୃଷ୍ଟି ଶକ୍ତି ହ୍ରାସ ହୋଇଥିବା ଯୋଗୁ ଅନୁବାଦ କାର୍ଯ୍ୟ ଶିଥିଳ ଏବଂ ମନ୍ଥର ହୋଇଗଲା। ୨୦୦୮ରେ ମୋର କନିଷ୍ଠ ପୁତ୍ର ଶତ୍ରୁଦମନକୁ ଲେଖାର ସଂଶୋଧନ କରିବାକୁ କହିଲି। ତା'ର ଗୃହଜଞ୍ଜାଳ ମଧ୍ୟରେ ସିଏ ଏ ସୂକ୍ଷ୍ମ ଜିନିଷରେ କେତେବା ସମୟ ଦେଇପାରିବ! ମୋର ଦୃଷ୍ଟି ଶକ୍ତି ୨୦୧୧ ମସିହା ବେଳକୁ ପ୍ରାୟ ଚାଲିଗଲା। ତେଣୁ ଉପଯୁକ୍ତ ସଂଶୋଧନ କରିବାରେ ମୋର ଅସୁବିଧା ସୃଷ୍ଟି ହେଲା। ସାନପୁଅର ସାହାଯ୍ୟ ସତ୍ତ୍ୱେ ଏହାର ସଂଶୋଧନ କାର୍ଯ୍ୟ ବିଳମ୍ବ ଘଟିଲା। ଏହି କାର୍ଯ୍ୟରେ ମୋର ମଧ୍ୟମା କନ୍ୟା ଦୂରଦର୍ଶିନୀର ସହଯୋଗ ଅନେକ। ମୋର ଝିଆରୀ ଇତି ଏବଂ ଝିଆରୀ ଜ୍ୱାଇଁ ବିଷ୍ଣୁପ୍ରସନ୍ନ ଏହାର ମୁଦ୍ରଣ ଦାୟିତ୍ୱ ନେଇ ଏ ଗ୍ରନ୍ଥର ଆତ୍ମପ୍ରକାଶରେ ସମ୍ପୂର୍ଣ୍ଣ ସହଯୋଗ କରିଛନ୍ତି। ମୁଁ ତାଙ୍କ ପାଖରେ କୃତଜ୍ଞ। ମୋର କନ୍ୟା ଓ ଜାମାତାମାନେ ତଥା ପୁତ୍ର, ପୁତ୍ରବଧୂ, ନାତି, ନାତୁଣୀ ସମସ୍ତଙ୍କର ପ୍ରେରଣା, ସହଯୋଗ ଓ ବିଭିନ୍ନ ଭାବରେ ସହାୟତା ଦ୍ୱାରା ଏହି ବହିଟିର ଆତ୍ମପ୍ରକାଶକୁ ସମ୍ଭବ କରିଛନ୍ତି। ରଞ୍ଜନ ବାବୁ ଏହାର ଡି.ଟି.ପି. କାର୍ଯ୍ୟ ନିଜର ମୂଲ୍ୟବାନ ସମୟ ଦେଇ ସମାପନ କରିଥିବାରୁ ତାଙ୍କୁ ମୋର ଆନ୍ତରିକ ଧନ୍ୟବାଦ।

ମୋ ପାଖରେ ଥିବା ବହିଟିର କିଛି ଅଂଶ ନଷ୍ଟ ହେଇଥିବାରୁ ସେତକର ଅନୁବାଦରେ ସମସ୍ୟା ସୃଷ୍ଟି ହେଇଥିଲା। ଭାରତ ଭୂ-ବୈଜ୍ଞାନିକ ସର୍ବେକ୍ଷଣ, ଓଡ଼ିଶା ଶାଖାର ହିନ୍ଦୀ ଅଫିସର ଶ୍ରୀମତୀ କବିତା ପଣ୍ଡା ପଦ୍ମାବତ ଭାଷ୍ୟର କପିଟିଏ ଦେବାରୁ ସେତକ ଅଂଶର ଅନୁବାଦ ସମ୍ଭବ ହେଲା। ଏହା ଶ୍ରୀ ଶିଶିର ଚନ୍ଦ୍ର ରଥ, ଭାରତ ଭୂ-ବୈଜ୍ଞାନିକ ସର୍ବେକ୍ଷଣଙ୍କ ପ୍ରଚେଷ୍ଟାରୁ ସମ୍ଭବ ହେଇଥିଲା। ମୁଁ ଉଭୟଙ୍କ ନିକଟରେ କୃତଜ୍ଞ।

ପଦ୍ମାବତର ଅନୁବାଦ ସମୟରେ ଶାରୀରିକ ଅକ୍ଷମତା ଓ ଦୃଷ୍ଟି ଶକ୍ତି କ୍ଷୀଣତା ବାଧକ ହେଇଥିଲା। ସ୍ୱତଃସ୍ଫୂର୍ତ୍ତ ଭାବରେ ଯାହା ମନରେ ଆସିଲା, ମୁଁ ସେହିଭଳି ଲେଖିଲି। ସମଗ୍ର ବହିଟି ତେଣୁ ଗୋଟିଏ ଛନ୍ଦରେ ଲେଖା ହୋଇ ପାରିନାହିଁ। ଆଶା କରୁଛି ସୁଧୀଜନେ ଏହି ଦୋଷ ତ୍ରୁଟିକୁ ଉପେକ୍ଷା କରି ବହିଟିକୁ ପଢ଼ିବେ। ମୋର ଶିକ୍ଷକ ଶ୍ରୀରାମଚନ୍ଦ୍ର ଦାଶ କେବେ ଯଦି ଏ ବହିଟି ଦେଖନ୍ତି ସିଏ ଖୁସି ହେବେ ବୋଲି ମୋର ଆଶା।

ଜାୟସୀ କଥିତ ପ୍ରୀତି ଭାଗବତ
ପଦ୍ମାବତ ଶ୍ରେଷ୍ଠ ସ୍ଥାନ
ଅବଶ୍ୟ ଲଭିବ ଯେତେ ଦିନ ଯାଏ
ପଢ଼ି ଶୁଣୁଥିବେ ଜନ।।

ହେ କାବ୍ୟ ନାୟକ ଜାୟସୀ! ଏ ଶୁଚି ସୁରୁଚି, ପ୍ରଣୟ ବିଧୁରା ବଧୂର କରୁଣ ଲଳିତ ମୂର୍ଚ୍ଛନା ସର୍ବଦା ବିଶ୍ୱ ଚିତ୍ତରେ ଆନ୍ଦୋଳିତ ହେଉଥିବ। ଭାରତୀୟଙ୍କ ପରି ତୁମେ ପିଣ୍ଡ ବ୍ରହ୍ମାଣ୍ଡ ଏକତ୍ର କରିଛ, ହେ ସାଧୁ ସନ୍ଥ ଜାୟସୀ! ତୁମକୁ ଶତ ଶତ ପ୍ରଣାମ।

ଶତ୍ରୁଦମନର ସଂଶୋଧନ କାର୍ଯ୍ୟରେ ଯଦି କିଚି ତ୍ରୁଟି ଥିବ ସଜ୍ଜନମାନେ ତାକୁ କ୍ଷମା କରିଦେବେ। ଆଶା କରୁଛି ପାଠକମାନଙ୍କ ପାଖରେ ଅନୁବାଦଟି ଆଦୃତ ହେବ। ଗ୍ରନ୍ଥର ଅନୁବାଦରେ ଯେଉଁମାନେ ପ୍ରେରଣା ଓ ଉତ୍ସାହ ଦେଇଛନ୍ତି ଏବଂ ବିଭିନ୍ନ ଭାବେ ସାହାଯ୍ୟର ହାତ ବଢ଼େଇଛନ୍ତି, ଈଶ୍ୱର ସେମାନଙ୍କୁ ଯଶ, ଶ୍ରୀ ଏବଂ ଆୟୁଷ ପ୍ରଦାନ କରନ୍ତୁ।

- ଆଶାମଞ୍ଜରୀ

ଆଶାମଞ୍ଜରୀ ମହାନ୍ତି

ସମ୍ପାଦକଙ୍କ ଲେଖନୀରୁ

"ପଦ୍ମାବତ" କାବ୍ୟର ଓଡ଼ିଆ ଅନୁବାଦର ପ୍ରକାଶନ ୨୦୧୩ ମସିହାରେ ହୋଇଥିଲା। ଅନୁବାଦିକା ୰ଆଶାମଞ୍ଜରୀ ମହାନ୍ତିଙ୍କ ଦେହାନ୍ତ ୨୦୧୫ ଜାନୁଆରୀରେ ଘଟିଥିଲା। ବୟାସାଧିକ୍ୟ, ଦୃଷ୍ଟିଶକ୍ତିହୀନତା, ଦୁର୍ବଳତା ଆଦି ବିପରୀତ ଓ ସଂଘର୍ଷମୟ ପରିସ୍ଥିତି ମଧ୍ୟରେ, ଟର୍ଚ୍ଚଲାଇଟ ଓ ଲେନ୍ସର ସହାୟତାରେ ଏହାକୁ ସିଏ ସମ୍ପୂର୍ଣ୍ଣ କରିଥିଲେ। ପରିସ୍ଥିତିକୁ ନେଇ, ଅନୁବାଦର ପ୍ରକାଶନ ତରବର ହୋଇ କରାହୋଇଥିଲା। ଏଣୁ ବହିଟିରେ ଅନେକ ମୁଦ୍ରଣଗତ ତ୍ରୁଟି ରହିଯାଇଥିଲା। ସମ୍ପ୍ରତି ଏଥିରେ ଆବଶ୍ୟକ ତଥା ଉଚିତ୍ ସମ୍ପାଦନା କରିବାକୁ ଚେଷ୍ଟା କରାଯାଇଛି।

୰ଆଶାମଞ୍ଜରୀ ମହାନ୍ତି ମୋର ମାତା ଥିଲେ। ତାଙ୍କର ତଥାକଥିତ ବିଦ୍ୟାଳୟର ଶିକ୍ଷାଗତ ଯୋଗ୍ୟତାର ପ୍ରମାଣପତ୍ର ନଥିଲା। କିନ୍ତୁ ତାଙ୍କର ପିତା ୰କୁଳମଣି ମହାନ୍ତିଙ୍କ ଦତ୍ତ ସଂସ୍କାର ଓ ଶିକ୍ଷା ତାଙ୍କର ଥିଲା। ୧୯୪୪ ମସିହାରେ ତାଙ୍କର ବିବାହ ସ୍ୱନାମଧନ୍ୟ କବି ୰ଗୁରୁପ୍ରସାଦ ମହାନ୍ତିଙ୍କ ସହ ହେଇଥିଲା। ବିବାହୋତ୍ତର ଜୀବନରେ ତାଙ୍କ ଶ୍ୱଶୁର ୰ଶ୍ରୀରାମଚନ୍ଦ୍ର ମହାନ୍ତିଙ୍କ ପ୍ରେରଣାରେ, କାଳିଦାସଙ୍କ ରଚିତ "କୁମାର ସମ୍ଭବ"ର ଓଡ଼ିଆ ପଦାନୁବାଦ କରିଥିଲେ। ପଚାଶ ଦଶକରେ ସିଏ ଗୁରୁଦେବ ପରମହଂସ ବିଶ୍ୱପ୍ରଣବ ଅତ୍ୟାଶ୍ରମୀଙ୍କ ଠାରୁ ଦୀକ୍ଷା ଗ୍ରହଣ କରିଥିଲେ। ଗୁରୁଙ୍କ ପ୍ରେରଣା ଓ ଆଶୀର୍ବାଦରୁ ତାଙ୍କର ଆଧ୍ୟାତ୍ମିକ ଚେତନା ଓ ସ୍ୱାଭାବିକ କବିତ୍ୱର ପରିସରର ଅନେକ ବୃଦ୍ଧି ଘଟିଥିଲା। ତାଙ୍କର ଅନେକ ଲିଖିତ କବିତା ସେଇ ପଚାଶଦଶକ ଏବଂ ପୂର୍ବରୁ ସୃଷ୍ଟ। ସେସବୁର ପ୍ରକାଶନ ବା ପ୍ରଚାରର ଅବକାଶ ସିଏ ପାଇନଥିଲେ। ବିଶ୍ୱପ୍ରଣବ ସ୍ୱାମୀଙ୍କ ଦ୍ୱାରା ରଚିତ କେତେକ ଆଧ୍ୟାତ୍ମିକ ପୁସ୍ତକର ଅନୁବାଦ ମଧ୍ୟ ସିଏ କରିଛନ୍ତି। "ପଦ୍ମାବତ" କାବ୍ୟ ଅନୁବାଦର ପୃଷ୍ଠଭୂମି ସିଏ "ମୋ କଥା ପଦେ"ରେ ଲେଖିଛନ୍ତି ଯାହାକି ପଦ୍ମାବତ କାବ୍ୟର ପ୍ରାରମ୍ଭରେ ରହିଛି। ଗୁରୁଙ୍କର ଆଶୀର୍ବାଦରୁ ପ୍ରାପ୍ତ ବିବର୍ଦ୍ଧିତ

ଜ୍ଞାନ ଓ ଶକ୍ତି ସହାୟତାରେ, ଅନୁବାଦରେ ନିଜର ସ୍ୱତଃସ୍ଫୁର୍ତ୍ତ ଭାବଧାରାକୁ ଅନୁସରଣ କରିଛନ୍ତି। ଏଣୁକରି ତାଙ୍କର ବିସ୍ତାରିତ ଭାବଧାରା କେତେକ ପଦ୍ୟାଂଶରେ ଦେଖିବାକୁ ମିଳେ। ତାଙ୍କର ପରିସ୍ଥିତି ବିଚାରକୁ ନେଇ, ଅନୁବାଦର ସ୍ୱାଦ ଆସ୍ୱାଦନ କରିବାକୁ ସୁଧୀପାଠକଙ୍କୁ ଅନୁରୋଧ। ବିଶେଷ ଭାବରେ ସିଂହଳ ଦ୍ୱୀପର ବର୍ଣ୍ଣନା, ସିଂହଳ ଗଡ଼ ବର୍ଣ୍ଣନାରେ ଆଧ୍ୟାତ୍ମିକତା, ରାଣୀ ନାଗମତୀଙ୍କ ମୁଖରେ ଋତୁବର୍ଣ୍ଣନା ଓ ବିରହ ବେଦନା ଉଲ୍ଲେଖନୀୟ। ସାଧାରଣ ମଣିଷର ଜୀବନର ବିଭିନ୍ନ ସ୍ୱାଭାବଜ ଦୁର୍ବଳତା କାବ୍ୟରେ ପରିସ୍ଫୁଟ। ଯେପରି କ୍ରୋଧ, ଅସହିଷ୍ଣୁତା, ହିଂସା, ସ୍ୱାର୍ଥପରତା, ଅହମିକା, ଛନ୍ଦ କପଟ, ଦମ୍ଭ, କଳିତକରାଳ ବିଭିନ୍ନ ଅଂଶରେ ପ୍ରତିଫଳିତ। ସର୍ବଶେଷରେ ବାଦଶାଙ୍କର ମନୁଷ୍ୟଜୀବନର କ୍ଷଣସ୍ଥାୟିତ୍ୱ, ବ୍ୟର୍ଥତାର ଅନୁଭୂତି ଶ୍ମଶାନରେ ଘଟିବା ବିଚାର୍ଯ୍ୟ। ଜାୟସୀଙ୍କ ସୃଷ୍ଟ "ପଦ୍ମାବତ" କାବ୍ୟ ତାଙ୍କର ଶ୍ରେଷ୍ଠ ରଚନା ଭାବେ ବିବେଚିତ। ସନାତନ ଧର୍ମୀୟ ବେଦ, ପୁରାଣ ସମ୍ବନ୍ଧରେ ତାଙ୍କର ଜ୍ଞାନ ଥିଲା ଏବଂ ସେ ଏହାକୁ ସମ୍ମାନ କରୁଥିଲେ। ଗୁରୁ ପରମ୍ପରାରେ ବିଶ୍ୱାସୀ, ତାଙ୍କର ସଂକୀର୍ଣ୍ଣ ଧର୍ମଗତ ଚିନ୍ତାଧାରା ନଥିଲା। ଈଶ୍ୱରଙ୍କ ସୃଷ୍ଟ ପ୍ରକୃତିକୁ ସିଏ ସମ୍ମାନ ଦେଉଥିଲେ। ପଦ୍ୟାଂଶ ୫୫୧ରେ ଜଳର ମହତ୍ତ୍ୱକୁ ସିଏ ପ୍ରତିପାଦିତ କରିଛନ୍ତି। ବର୍ତ୍ତମାନ ସମୟର ପରିପ୍ରେକ୍ଷୀରେ ଏହାର ଗୁରୁତ୍ୱ ଉପଲବ୍ଧ ହୁଏ।

ମୋର ଆଶା ଓ ବିଶ୍ୱାସ ଏହି ଅମୂଲ୍ୟ କାବ୍ୟର ଭାବାତ୍ମକ ଅନୁବାଦକୁ ପାଠକରି, ପାଠକ ଆନନ୍ଦିତ ହେବେ। ମୋର ମଧ୍ୟ ଆଶା କାବ୍ୟଟିର ପରିସ୍ଥିତି ମଧ୍ୟରେ କୃତ ଅନୁବାଦ ପାଠକଙ୍କୁ ଜୀବନର ସତ୍ୟତା ଦର୍ଶାଇବା ସହ ଶାନ୍ତି ପ୍ରଦାନ କରିବ।

ଡା. ପ୍ରିୟଦର୍ଶିନୀ ମହାନ୍ତି

॥ ୧ ॥

ସେଇ ଏକ ଈଶ୍ୱରର କରଣୀ,
ଯିଏ ସରଜିଲା ଏହି ଧରଣୀ।
ସେଇ ଆଦି ଜ୍ୟୋତିକୁ ନମ କରି,
ଲେଖି ଲେଖନୀ ଦେବି ଧନ୍ୟ କରି।
ମହମ୍ମଦ ରୂପେ ଆଦିଜ୍ୟୋତି ସେ,
ଧନ୍ୟ କରିଗଲେ ଧରା ବିଶେଷେ।
କ୍ଷିତି, ଆପ୍, ତେଜ, ନଭ, ଅନଳ,
ପଞ୍ଚ ମହାଭୂତେ କଲେ ସାକାର।
ସପ୍ତଦ୍ୱୀପ ତ୍ରିଭୁବନ(ର) ବ୍ରହ୍ମାଣ୍ଡ,
କରି ସରଜିଲେ, ଚଉଦ ଖଣ୍ଡ।
ଦିନ, ଦିନକର, ଶଶୀ, ଯାମିନୀ,
ନଭେ ରଚିଲେ ଗ୍ରହ ତାରା ଶ୍ରେଣୀ।
ଆତପ ଶୀତ ଛାୟାରେ ନରମି,
ମେଘେ ବିଜୁଳି ଖଞ୍ଜିଲେ ବିରାମି।

ଜାତି ଜାତି କରି ସରଜିଲା ଧରି ତାହାବିନୁ ଅନ୍ୟ ନାହିଁ।
ପହିଲୁ ତା ପାଦେ ମୋ ଶିର ନୁଆଁଇ କଥା ବଖାଣିବି ମୁହିଁ॥

॥ ୨ ॥

ହିମବନ୍ତ, ପାରାବାର, ଅପାର,
ସୁମେରୁ ଶିଖରୀ ଗିରି ପାହାଡ଼।
କେତେ ନଦ, ନଦୀ, ନାଳ, ଝରଣା,
କେତେ ମୀନ, ମାଛ, ମଗର ନାନା।
ଶଙ୍ଖ, ଶାମୁକା, ମୋତି ଓ ପ୍ରବାଳ,
ଅଗଣିତ ନଗ ନାନା ପ୍ରକାର।
ବିଶ୍ୱେ ଖଚିତ ଶିଳାମୟ ସ୍ତର,
କାହିଁ ଗୈରିକ ଧୂସର ପ୍ରସ୍ତର।

କାହିଁ ତରୁବର ତାଳ ଖଜୁରି,
ଔଷଧି ବନେ ଲତା ଜଡ଼ି ମୂଳି।
ବନ ପରବତେ, ଭରି ଭୂଖଣ୍ଡ,
ବହୁ ଅରଣ୍ୟେ ରଖିଲେ ଶ୍ୱାପଦ।
ତଦୁପରି ପକ୍ଷୀକୁଳ କୂଜନ,
ଇଚ୍ଛାରେ ଉଡ଼ନ୍ତି ଭୂମି ଗଗନ।
ଶ୍ୱେତ, ଶ୍ୟାମଳ, ରକତ ପୀତ ବର୍ଣ୍ଣ,
ସର୍ଜିଲେ, କ୍ଷୁଧା, ନିଦ୍ରା ଓ ବିଶ୍ରାମ।
ଭୋଜ୍ୟ ତାମ୍ବୁଳ, ପତ୍ର ପୁଷ୍ପ ରଚି,
ବହୁ ଔଷଧେ, ବହୁ ରୋଗ ସଞ୍ଚି।
(ପୁଣି) ଭଳି ଭଳି ମହୌଷଧି ବହୁତ,
ରୋଗ ଜାତି ଜାତି କେତେ ବିଚିତ୍ର।

ପୁଣି ଅନ୍ତରୀକ୍ଷ ସରଜିଲେ ଦେବ ଆକାଶକୁ କରି ଛାତ।
ବିନା ଖମ୍ବେ ଖଞ୍ଜି ଦେଲା ଆକାଶକୁ ତାଙ୍କ କଉଶଳୀ ହାତ।।

।। ୩ ।।

ସବୁରି ପରେ ମାନବ ଜୀବନ,
ଦେଇ ଗଢ଼ିଲା, ଭରି ବଡ଼ପଣ।
ଅନ୍ନ ସରଜିଲା ପରା ତା' ପାଇଁ,
ଭୋଜନ ପାଇ ସୁଖେ ସେ ରହଇ।
ରାଜା ଥାପିଲା ଘୋଡ଼ା, ହାତୀ ଦେଇ,
ରାଜ୍ୟ ପାଳିଲା, ରାଜ ଚିହ୍ନ ନେଇ।
ସର୍ବ ବିଳାସରେ ରହି ସେ ରାଜା,
କାରେ ଦାସ କଲା, କାରେ ପରଜା।
ବହୁ ପଦାର୍ଥ ଦେଇ ମାନବକୁ,
ଗର୍ବେ ମତ୍ତ କଲା ସର୍ବ କାଳକୁ।
ଅତୃପ୍ତ ତହିଁ ହେଲା ସେ ମାନବ,

ଯେତେ ପାଏ ସେତେ ତାର ଅଭାବ।
କ୍ରୀଡ଼ା କଉତୁକ ଲୀଳା ରଚିଲ.
ସଙ୍ଗେ ଚିନ୍ତା ଦ୍ୱନ୍ଦ୍ୱ, ଦୁଃଖ ଭରିଲା।
ଜୀବନ ପାଇ ସର୍ବେ ହେଲେ ସୁଖୀ,
ମୃତ୍ୟୁ ପାଇ ପୁଣି ନିରାଶି ଦୁଃଖୀ।
କିଏ ଭିକ୍ଷୁକ କିଏ ହେଲା ଧନୀ,
ସୁଖେ ଦୁଃଖେ ଭରିଦେଲା ଅବନୀ।
କାର ବଢ଼ିଯାଏ ବହୁ ସମ୍ପତ୍ତି,
କିଏ କାନ୍ଦି ମରେ ପାଇ ବିପତ୍ତି।

କାହାକୁ ଗଢ଼ିଲେ ନିରାଶ୍ରିତ କରି, କା'କୁ କରି ବଳିୟାର।
ନିଜେ ଗଢ଼ି ତୋଳି, ନିଜେ ଭାଙ୍ଗି ବନ୍ଦି (କରି) ଭସ୍ମ କୁଢ଼ କରିସାର।।

।। ୪ ।।

ଚନ୍ଦନ କସ୍ତୁରୀ, ବେଣୀ ବିଳାସ
ଭୀମସେନୀ ଚିନି ବାସ ବିଶେଷ।
ଚୂଆ ଚନ୍ଦନେ ଅଙ୍ଗ ବାସ ଗୋଳି
କର୍ପୂର ଭରି ଚତୁଃସମ କରି।
ନାଗ ମୁଖରେ ବିଷ ଦେଲେ ଭରି
ଦଂଶନେ ମନ୍ତ୍ରେ ରଖିଲେ ନିବାରି।
ଆଖୁ ମିଠା ରସେ ଭରି ରହିଛି
କଟୂ ଫଳ ଲତା ଦଳେ ଖେଳୁଛି।
ଫୁଲେ ମଧୁଭରି କରି କୋମଳ
ପାନେ ପ୍ରଜାପତି, ମକ୍ଷୀ ଭ୍ରମର।
ଛାତେ ଲଗାଇ ମହୁଫେଣା କଲେ
ବୁଦ୍ଧି ବଳେ ତା ମାନବ ହରିଲେ।
ଭ୍ରମର ପତଙ୍ଗ ପକ୍ଷୀ ବହୁତ
ଚିତା, ମୂଷା, ପିମ୍ପୁଡ଼ି ତା ସହିତ।

ବହୁ ପ୍ରକାରେ ଜୀବ କଲେ ସୃଷ୍ଟି
କେତେ ମାଟି ଖୋଳି ଗର୍ତ୍ତେ ରହନ୍ତି।
ଭୂତ ପ୍ରେତ ଆଦି ବହୁ ରାକ୍ଷସ
ଦେବ ଦୈତ୍ୟ ନିର୍ମାଣିଲେ ଅଶେଷ।
କେତେ ଚାଣ୍ଡାଳପକ୍ଷ ଆଦି କରି
ଗୋଟି ଗୋଟି ସରଜିଲେ ବିଚାରି।

ବୁଝି ବିଚାରି ଭାଗ କଲେ, ଅଠର ସହସ୍ର ଜୀବ ଜୀବନ
ସର୍ଜନା ସମାପି ସାରନ୍ତେ, ଭୋଗ୍ୟ ରଖିଲେ, ଦେବାକୁ ଭୋଜନ।

॥ ୫ ॥

ସେଇ ଏକା ଧନପତି ସଂସାରେ
ଯେତେଦେଲେ ତା' ଭଣ୍ଡାର ନସରେ।
ଏଇ ସଂସାରେ ଯେତେ ଜୀବ ଛନ୍ତି
ହସ୍ତୀ ଠାରୁ ପିମ୍ପୁଡ଼ି ଜୀବ ଟିକି।
ସବୁକୁ ଭୋଜନ ଦେଇ ସତତ
ରାତ୍ର ଦିନ ବାଣ୍ଟେ ନୋହି ବିରତ।
କିଏ ମିତ୍ର, କିଏ ଶତ୍ରୁ ସମାନେ
ଏକ ଦୃଷ୍ଟି ଦେଇ ଥାଏ ଯତନେ।
ପକ୍ଷୀ, ପତଙ୍ଗ, ଯେ ଜୀବ ଯେଉଁଠି
ଗୁପ୍ତେ ରହୁ ବା ପ୍ରକାଶେ କେଉଁଠି।
କେହି ନଥାନ୍ତି ଭୋକେ, ତା ଆଶରେ
ଯେତେ ଛନ୍ତି ଜୀବ କୂଳ ସଂସାରେ।
ସବୁ ପ୍ରକାରେ ଭୋଗ ଓ ଜୀବିକା
ଜୀବେ ଭୁଞ୍ଜାଇ, ସେ ନ ଭୁଞ୍ଜେ ଏକା।
ତା'ର ଦେବାରେ ଭୋଗୀ ହୁଏ ଜୀବ
ଭୋଗ ସାଥେ ଜୀବିକାର ଦରଦ।

ଶ୍ୱାସ ପ୍ରଶ୍ୱାସେ ସେ ହୁଏ ଆଶାୟୀ
ସେତେ ନିର୍ମମ କାରେ ଆଶା ନାହିଁ।

ଯୁଗ ଯୁଗ ଧରି, ଦିଏ ହସ୍ତଭରି, ସରେ ନାହିଁ ତା' ଭଣ୍ଡାର।
ତା ଦାନ ନେଇ ଦିଅନ୍ତି ଯେ ଜନ, ସେ ଦାନ ତ ସେହି ଦାତାର।।

॥ ୬ ॥

ଆଦି ସମ୍ଭୂତ ପୁତ୍ର ଚକ୍ରବର୍ତ୍ତୀ
ତା'ର ଶ୍ରୀପଦେ କରୁଛି ପ୍ରଣତି।
ଆଦ୍ୟେ ଯାହାର ସବୁ ରାଜ୍ୟଥିଲା
ଅନ୍ତ ହେଲେବି ତା' ରାଜ୍ୟ ରହିଲା।
ସଦା ସର୍ବଦା ରାଜ୍ୟ ସେ ପାଳନ୍ତି
ଯାରେ ଇଚ୍ଛା ତାରେ ରାଜା କରନ୍ତି।
ଯିଏ ଛତ୍ରବାନେ କରେ ନିଃଛତ୍ର
ଛତ୍ରଦାନେ ପାଳେ ସଦା ନିରେକ୍ଷ।
ତା'ର ସମକକ୍ଷ ନାହିଁ କେଉଁଠି
ସେତ ପର୍ବତକୁ ଚୂର୍ଣ୍ଣ କରେଟି।
ପିମ୍ପୁଡ଼ିକୁ କରେ ହସ୍ତୀ ସମାନ
ନଷ୍ଟ କରେ ବଜ୍ର ତୃଣ ସମାନ।
ସେ ଯେ କି ବସ୍ତୁ ନ ଜାଣନ୍ତି କେହି
ଜାଣେ ସିଏ ସେ ମନ ଚିତ୍ତ ଦେଇ।
ତୃଣକୁ କରଇ ପୁଣି କୁଳିଶ
କେହି ନ ଜାଣନ୍ତି ତା'ର ଉଦ୍ଦେଶ୍ୟ।
ତାର ଚିନ୍ତନ ଯେଉଁଥିରେ ଥାଇ
ତାହା କରଇ ସେ ଅଦୃଶ୍ୟ ହୋଇ।
ଦିଏ କାହାକୁ ସେ ଭୋଗ, ଭୋଜନ
କିଏ ଭିକ୍ଷା କରେ ସଦା ଭ୍ରମିଣ।
ସବୁ ନଷ୍ଟକରି କରେ ଅସ୍ଥିର, ନ ମାନଇ ସେ ରୋଧିବା କା'ର।
ଭାଙ୍ଗି ଦିଏ ବଳି, ଗଢ଼େ ପୁଣି ତୋଳି ସଜାଇ ଶୋଭାସମ୍ଭାର।

॥ ୭ ॥

ଅଲେଖ ଅରୂପ ଅବର୍ଣ୍ଣ ସେଇ
ସବୁ ସେ କରଇ କାହାର ନୋହି।
ସର୍ବ ସମ୍ବନ୍ଧ ତା' ସାଥେ ସବୁରି
କା'ର ସମ୍ବନ୍ଧୀ ନୁହେଁ (ସେ) ଅବତରି।
ସେ'ତ ସମସ୍ତ ନରମି ନୀରବ
ସବୁ ପୂରି ଅଛି ତାର ଗରଭ।
ସୃଷ୍ଟି ରୂପେ ସେ ହୋଇଛି ପ୍ରକଟ
ପୁଣି ନିଜକୁ କରିଛି ଗୁପତ।
ସବୁ ଜୀବ ଠାରେ ପୂରି ରହିଛି
ପାପୀ ଦେଖେ ନାହିଁ, ଧର୍ମୀ ଦେଖୁଛି।
ମାତା ପିତା ନାହିଁ, ନାହିଁ ସନ୍ତାନ
ନାହିଁ ସାଙ୍ଗ ସାଥୀ, ନାହିଁ ସ୍ୱଜନ।
କାହିଁରୁ ଜନମ ନୋହିଛି ସେ'ତ
ବିଶ୍ୱେ ନାହିଁ କେ ତା'ରୁ ନୋହିଛି ଜାତ !
ଯେତେ ଦେଖୁଅଛ ତୁମ ଚକ୍ଷୁରେ
ସବୁ ରଚନା ତାହାରି ବିଧିରେ।
ଯେବା ଯେଉଁଠି ରହିଛି ଯେ ଜୀବ
ସବୁ ସେହି ତ କରିଛି ସମ୍ଭବ।
ମାତ୍ର ସମ୍ଭବି ନାହିଁ ସେ କାହିଁରୁ
ଆଦ୍ୟରୁ ରହିଛି, ଥିବ ଅନ୍ତରୁ।
ତା'ର ଇଚ୍ଛାରେ ରହିଛି ସଂସାର
ସେ'ତ ସନାତନ ସତ୍ୟ ଆଧାର।
କିଏ ବଡ଼ ବୋଲି ଗର୍ବ କରେତ।
ଅନ୍ଧ ବାତୁଳ ପରାଏ ସେହିତ।
କିଛି ଦିନ ଧନ୍ଦା କରି ମରନ୍ତି
ଆପେ ବଡ଼ ପଣେ ନାଶ ଯାଆନ୍ତି।
ସେହି ଜ୍ୟୋତିଷ୍ମାନ ଜଗତ କାରଣ ସେ'ତ ବ୍ରହ୍ମ ସନାତନ।
ଅଜ୍ଞାନେ ଅଦୃଶ୍ୟ ଜ୍ଞାନ ନେତ୍ରେ ଦିଶେ ସ୍ଥିର କରିଥିଲେ ମନ।।

|| ୮ ||

ସାଧି ଜ୍ଞାନରେ ଦେଖିବୁ ଈଶ୍ୱର
ଶ୍ରଦ୍ଧାବନ୍ତ ଜ୍ଞାନ ଲଭେ ସତ୍ୱର।
ଯାହା ପୁରାଣ ଧର୍ମ ଗ୍ରନ୍ଥବେଦେ
ଲେଖା ହୋଇଅଛି ବହୁ ବିଶଦେ।
ଜୀବ ନଥାଇ ସେ ହେଲା ତୋ ସ୍ୱାମୀ
ସଦା କର୍ମ କରେ ତାର କରଣି।
ହାତ ନାହିଁ କାମ କରେ ନିୟତ
ଜିହ୍ୱା ନଥାଇ ବଚନ କହେ ତ।
ଶରୀର ନାହିଁ ହଲିବା ପାଇଁକି
ଇଚ୍ଛା କଲେ ଦୋହଲାଏ ସଭିଙ୍କି।
କର୍ଣ୍ଣ ବିନୁ ସବୁ କଥା ଶୁଣଇ
ଚକ୍ଷୁ ନଥାଇ (ସେ'ତ) ଜଗତ ଦେଖଇ।
ହୃଦ ନାହିଁ ସୁବିଚାର ସର୍ବଦା
ସମେ ତୁଳନା କରଇ ବସୁଧା।
କେଉଁ ବିଶେଷଣେ ଭୂଷିତ କରି
ବୁଝାଇବି, ମୁଁ ତୁମକୁ ବିଚାରି।
ସେ'ତ ରୂପବନ୍ତ ଏକା ବିଶ୍ୱର
ତାର ରୂପେ ସୁଶୋଭିତ ନିଖିଳ।
ତାହା ବିନୁ ନାହିଁ କାହିଁ ଆସ୍ଥାନ
ସେ'ତ ରେଖାହୀନ, ରୂପ ବିହୀନ।
ନିର୍ମଳ ନାମ ମାତ୍ରକ ଉଚ୍ଚାରି
ସର୍ବେ ପାଇବେ ପଥ ଅବା ଫେରି।

କେଉଁ ଅଭିନବେ ପୂରିଛି ସେ ଜୀବ ମଧ୍ୟରେ ଗୁପତେ ରହି।
ଦୃଷ୍ଟିବନ୍ତ ଜନ ନିକଟେ ଦେଖଇ, ଅନ୍ଧକୁ ଅଦୃଶ୍ୟ ହୋଇ।।

॥ ୯ ॥

କି ଅମୂଲ୍ୟ ରତ୍ନ ସେ'ଯେ ଦେଇଛି
ତା'ର ମୂଲ୍ୟ କି ମାନବ ବୁଝିଛି ?
ଜିହ୍ୱା ଦେଇଛି ରସ ଭୋଗ ପାଇଁ
ଦନ୍ତ ଲାଗି ଶୋଭନୀୟ ହସଇ।
ସୃଷ୍ଟି ଦେଖିବାକୁ ନେତ୍ର ଖଞ୍ଜିଲା
ଶ୍ରବଣ ପାଇଁ (ସେ'ଯେ) କର୍ଣ୍ଣବିଳ କଲା।
କଣ୍ଠ ଦେଲା କହିବାକୁ ବଚନ
କର ପଲ୍ଲବେ ତା ବାହୁ ବନ୍ଧନ।
ଗମନ ଲାଗି ଚରଣ ଦେଇଛି
ଦଶ ଇନ୍ଦ୍ରିୟେ ଜୀବେ ଖେଳାଉଛି।
ଏହି ଇନ୍ଦ୍ରିୟମାନେ ଯା'ର ନାହିଁ
ତାହା କଷ୍ଟ ଅନୁଭବି ବୁଝାଇ।
ତା ଯଉବନ ମୂଲ୍ୟ କେ ବୁଝିବ
ବୃଦ୍ଧ ହେଲେ ଅନୁଭବେ ଜାଣିବ।
ସୁସ୍ଥ ଶରୀରର ମର୍ମ କେ ଜାଣେ
ରୋଗେପଡ଼ି ରୋଗୀବୁଝେ ଆପଣେ।

ସର୍ବ ବସ୍ତୁତତ୍ତ୍ୱ ଈଶ ସେହିଟି ଜଳେ, ସ୍ଥଳେ ଘଟରେ ପୂରି।
ନିତ୍ୟ ବାସସ୍ଥାନ, ସର୍ବତ୍ର ପ୍ରମାଣ ସର୍ବ ଆଳୟ ତାହାରି।।

॥ ୧୦ ॥

ଅତି ଅପ୍ରମେୟ କର୍ତ୍ତା କରଣୀ
କେହିଭାଷାରେ ନ ପାରିବେ ବର୍ଣ୍ଣି।
ସାତ ଆକାଶକୁ କାଗଜ କରି
ସାତ ସିନ୍ଧୁ ଜଳେ ଧରିତ୍ରୀଭରି।
ସେହି କାଳିରେ, ବନସ୍ପତି ଶାଖା
ଲେଖନୀ ରୂପେ, ଧରିବୁ ଯଦି ତା।

ଯେତେ ମାନବ କେଶ ଲୋମସହ
କେତେ ବିହଙ୍ଗ ପକ୍ଷ ସମୁଚ୍ଚୟ ।
କେତେ ଧରଣୀ ଧୂଳି ବାଲି କଣା
ମେଘ ବିନ୍ଦୁ ଓ ତାର ଅକଳଣା ।
ସର୍ବେ ଅସମର୍ଥ ରୂପ ବର୍ଣ୍ଣନେ
ଲେଖନୀ ରହିବ ମସି ବିହୁନେ ।
ଅଥଳ ସମୁଦ୍ର ତା ଗୁଣ ରାଶି
ପୂର୍ଣ୍ଣ ନ ହେବ ଲେଖି ଦିବାନିଶି ।
ସର୍ବ ଗୁଣର ପ୍ରମାଣ ଆପେ ସେଇ
ଏହା ଜାଣି ନରେ ଗର୍ବ କର ନାହିଁ ।
ଯେ ବାତୁଳ ସେ ଗର୍ବ କରୁଥାଇ
ଅଳପ ଜାଣି ବହୁତ ଭାବଇ ।

ଗୁଣବନ୍ତ ସେଇ, ଅନନ୍ତ ଅଶେଷ ଯାହା ମାଗ, ତା ଦିଅଇ ।
ତାର ଯଶଗୁଣ ଯେ ନରେ ଦିଅଇ ସେ ଜଗତ ଉଦ୍ଧାରଇ ।।

।। ୧୧ ।।

ଜ୍ୟୋତି ନିର୍ମଳ ସୁସିଦ୍ଧ ପୁରୁଷ
ଚନ୍ଦ୍ରକଳା ପରି ହେଲା ପ୍ରକାଶ
ଆଦି ଜ୍ୟୋତି ସୃଜିଲେ ସୃଷ୍ଟିକର୍ତ୍ତା
ମହମ୍ମଦ ହସ୍ତେ ସମର୍ପିଲେ ତା ।
ସେହି ଜ୍ୟୋତି ଧରି ଆପଣା ହସ୍ତେ
ପଥ ଦେଖାଇଲେ ଲୋକେ ନିରତେ ।
ଯଦି ଏ ଜ୍ୟୋତି ପୁରୁଷ ନଥାନ୍ତେ
ଲୋକେ ଅନ୍ଧକାରେ ପଥ ଭୁଲନ୍ତେ ।
ଦୈବ ଏହାଙ୍କୁ ରେଖାଙ୍କିତ କରି
ମନ୍ତ୍ରେ ଅବସ୍ଥାନ କଲେ ବିଚାରି ।
ଆପଣାର କଳା ଦେଇ ଈଶ୍ୱର

ତାରିବାକୁ ପେଷିଥିଲେ ସଂସାର।
ଇହ ଲୋକ ପରଲୋକ ଉଭୟ
ତାର ନାମ ଧରି ହେବେ ଅଭୟ।
ତା ନାମ ନନେଲେ ନରକେ ବାସ
କୁକର୍ମ ବରଜି ରଖ ବିଶ୍ୱାସ।
କର୍ମ ଅକର୍ମ ଯମର ଆଳୟେ
ସବୁ ଲେଖା ହୋଇ ପ୍ରତ୍ୟକ୍ଷେ ରହେ।
ଆପଣା ଜନଙ୍କ ଦୁଃଖ ନିବେଦନ କରେ ବିନୟୀ।
ପ୍ରଭୁ ପାଶୁ ଆଜ୍ଞା ଘେନି ଜଗତ ଉଦ୍ଧାରିଲେ ସେଇ।।

॥ ୧୨ ॥

ମହମ୍ମଦଙ୍କ ଥିଲେ ଚାରି ମିତ୍ର
ଉଭୟ ଲୋକେ ସେ ଥିଲେ ପୂଜିତ।
ଅବୁ ବକର ସତ୍ୟନିଷ୍ଠ ଜ୍ଞାନୀ
ଲୋକ ଧର୍ମ ତା'ର ହେଲା କରଣି।
ଏହି ପଦବୀରେ ହୋଇ ଭୂଷିତ
ଖିତାବି ଉମର ହେଲେ ପ୍ରସିଦ୍ଧ।
ସେହି ରଚିଲେ ନ୍ୟାୟ ସୁବିଚାର
ହେଲା ଲୋକମୁଖେ ବହୁ ପ୍ରଚାର।
ଉସମାନ୍ ସେ ପଣ୍ଡିତ ବିଦ୍ୱାନ
ଲିପିବଦ୍ଧ କଲେ ଧର୍ମ କୋରାନ।
ଲୋକେ ଶୁଣିଲେ ହୁଅନ୍ତି ପ୍ରସନ୍ନ
ପ୍ରଭୁ ଭକ୍ତ ସେ ଜ୍ଞାନୀ ସମାନ।
ସିଂହ ସଦୃଶ ଚତୁର୍ଥ ଖଲିଫା
ସମ୍ମୁଖ ଯୁଦ୍ଧେ ପ୍ରବୀଣ ସେ ଏକା।
ଏକପଥ, ମତ, ଏକ କଥାରେ
ସର୍ବେ ଲୋକ ଶିକ୍ଷା ହିତ ବିଚାରେ।
ଯେଉଁ ବଚନ କରିଲେ ନିୟମ
ଇହ ପରଲୋକେ କରେ କଲ୍ୟାଣ।

ଧର୍ମ କୋରାନ ଦେଇଥିଲେ ଧାତା
ସହଧ୍ୟାୟୀ ଥିଲେ ଚାରି ସନ୍ଥତା।
ଭୁଲି ଗଲେ କିଏ ନିୟମ ପାଳନ କୋରାନ ଶୁଣାଇ କରି।
ଏହି ଖଲିଫାଏ ଅଶାନ୍ତି ତାହାକୁ ଅପଥୁ ପଥକୁ ବରି।।

।। ୧୩ ।।

ଶେରଶାହା ସୁଲତାନ ଦିଲ୍ଲୀର
ଛତ୍ରପତି ସେ ଭାରତ ଭାସ୍କର।
ସୁଲେମାନ ଅଙ୍ଗୁରୀୟ ତା'ହାତେ
ବିଧି ବଡ଼ ପଣ ଦେଲା ତା ସାଥେ।
ସବୁ ନୃପତିଙ୍କ ମଥା କିରିଟୀ
ତାର ଶ୍ରୀପୟରେ ଲୋଟି ଯାଏଟି।
ସୂର୍ଯ୍ୟ ସମାନ ଚଉଦିଗ ବ୍ୟାପି
ତା'ର ପ୍ରତାପ ଦିଅଇ ସନ୍ତାପି।
ସପ୍ତ ଦ୍ୱୀପ ନବ ଖଣ୍ଡ ମେଦିନୀ
ଛତ୍ର ଚାମର, ସିଂହାସନ ଘେନି।
ସିକନ୍ଦର ସମ ଜିଣିଲା ପୃଥ୍ୱୀ
'ସୁଲେମାନ' ମୁଦି (ଯେ) ତା ହାତେ ଅଛି।
ସେ ଲାଗି ହୋଇଛି ସେ ଚକ୍ରବର୍ତ୍ତୀ
ମୁଠିଭରି ସବୁରିକୁ ରଖିଛି।
ଯେତେ ରାଜ୍ୟ ରାଜନ ଛତ୍ରପତି
ତା'ରେ ଅବନତ ଶିରେ ରହନ୍ତି।

ବୀର, ଶେରଶାହ, ଶୁଭାଶିଷ ନିଅ ମହମ୍ମଦ ଜାୟସୀର।
ଯୁଗ ଯୁଗ ଧରି ସ୍ୱ ଆୟତ୍ତ କରି ପାଳ ଅବନୀ ବିଶାଳ।।

ଟିପ୍ପଣୀ: ସୁଲେମାନ ଅଙ୍ଗୁରୀ- କୁହାଯାଏ କି ସୁଲେମାନଙ୍କ ପାଖରେ ଥିବା ମୁଦ୍ରିକା ସହାୟତାରେ, ସିଏ ଜୀନ୍‌ମାନଙ୍କୁ ବଶ କରି ରଖିଥିଲେ। ନିଜର ପ୍ରୟୋଜନ ମୁତାବକ ସିଏ ସମସ୍ତ ବସ୍ତୁ ହାସଲ କରୁଥିଲେ।

।। ୧୪ ।।

ଏବେ ପୃଥ୍ୱୀପତି ରାଜ ଶେରଶା
ବର୍ଣ୍ଣନା କରୁଛି (ତା) ରାଜ୍ୟ ବ୍ୟବସ୍ଥା ।
ସେନା ସଜାଏ ଯଦି ସେ ନୃପତି
ପୃଥ୍ୱି ସହି ନପାରେ ତା ବଢ଼ତି-
ହୟ, ହାତୀ ସୈନ୍ୟ ଦଳ ଚଳିଲେ
ପର୍ବତ ଚୂରି, ଉଡ଼ଇ ଧୂଳିରେ ।
ଧୂଳି ଉଡ଼ି ଘନ ଅନ୍ଧାର କରେ
ରଜନୀକି ଗ୍ରାସ କରେ ରବିରେ ।
ସେଇ କାରଣେ ମାନବେ ବିହଗେ
ଗୃହେ ନୀଡ଼େ ରହନ୍ତି ଉଦ୍‌ବେଗେ ।
ଯେବେ ମହୀମଣ୍ଡଳ ପଙ୍କପରେ
ଛାଇଗଲେ ସୈନ୍ୟ ତହିଁ ଦର୍ପରେ ।
ସାତ ଦ୍ୱୀପ ଧରା ହୁଏ ଛ'ଖଣ୍ଡ
ଆଠ ଖଣ୍ଡ ହୁଏ ସପ୍ତ ବ୍ରହ୍ମାଣ୍ଡ ।
ସେନା ଚଳିଲେ ଆକାଶ ଦୋହଲେ
ଇନ୍ଦ୍ର ଭୟେ ଥରେ ଅମର ପୁରେ ।
ପାତାଳେ ଥିଲେ ବି ଭୀତ ବାସୁକି
ଶିର ନମିତେ ରହେ ସେ ତରକି ।
ସୁମେରୁ ଧ୍ୱସ୍ତ ହୁଏ ସେହିକ୍ଷଣି
ସିନ୍ଧୁ ଶୁଖଇ, ଘନ ଅରଣ୍ୟାନୀ ।
ଭାଙ୍ଗିରୁଜି ମିଶି ଯାଏ ଧୂଳିରେ
ଜଳ ନମିଳେ ଚଳନ୍ତା ସୈନ୍ୟରେ ।
ପୃଷ୍ଠ ସେନାନୀ ନ ପାଇ ସଲିଳ
ଜଳ ପଙ୍କ ମଧ୍ୟ ନହୁଏ ଗୋଚର ।
ତଥାପି ସେ ସୈନ୍ୟ ଗମେ ଅଗ୍ରତେ
ଜଗତ ଦେଖି ଚାହିଁଥାନ୍ତି ଚକିତେ ।
ଯେଉଁ ରାଜନର ଶିର, ଶେରଶାର ଶ୍ରୀପାଦରେ ନ ଲୋଟଇ ।
ସିଂହ ଶୂର ସେହି ତା ରାଜ୍ୟ ନାଶଇ ଧୂଳିରେ ମିଶାଇ ଦେଇ ।।

॥ ୧୫ ॥

ଏବେ ତା ନ୍ୟାୟ ବିଚାର ବର୍ଣ୍ଣିବି
ନାହିଁ ଭୟେ ପିପୀଲିକା ଧାର ବି।
କେହି ନ ଆଗୁଳେ ଯିବାପଥକୁ
ସ୍ୱାଧୀନେ ଚଳାଏ, ସାନ ଜୀବକୁ।
ନୌଶେରୱାଁ ପରି ନ୍ୟାୟ ଶାସନ
ଅସମାନ ନୁହେଁ ଗୋଟିଏ ଗୁଣ।
ତା'ଠାରୁ ବଳନ୍ତେ ଦିଲ୍ଲୀ ଶାସନ
ଲୋକ ମୁଖେ ଶୁଣା ତା'ର ପ୍ରମାଣ।
ସମଦୃଷ୍ଟି ତା'ର ସର୍ବ ଜୀବରେ
ଅତି ନ୍ୟାୟବନ୍ତ ସର୍ବ ଉପରେ।
ଖଲିଫା ଉମର ତାଙ୍କଠୁ ବଳି
କାମ ତାଙ୍କର କିଂବଦନ୍ତୀ କରି।
ନିଜକୁ ରଖିଲେ କାଳ କାଳକୁ
କେହି ନ ଭୁଲନ୍ତି ଲୋକ କଥାକୁ।
ନାକର ନୋଥ ପଥେ ପଡ଼ିଥିଲେ
କେହି ନ ଦେଖନ୍ତି ଆଡ଼ ଆଖିରେ।
ସ୍ୱର୍ଣ୍ଣ ପଡ଼ିଥିଲେ ପଥ ପ୍ରାନ୍ତରେ
ପାନ୍ଥ ଚାଲିଯାଏ ଆଡ଼େଇ ତା'ରେ।
ସିଂହ ଧେନୁ ସାଥେ କରେ ଗମନ
ଏକ ଘାଟେ ପାଣି ପିଅନ୍ତି ଶୁଣ।
କ୍ଷୀର ନୀର ଥିଲେ କରେ ଅଲଗା
ଦରବାରେ ନୀତି ରଖେ ସର୍ବଦା।
ଧର୍ମେ ନୀତି, ନିୟମେ ଗତି କରେ
ସତ୍ୟ ଭାଷଣଥାଏ ତା ସାଥିରେ।
ବଳବାନ, ବଳହୀନ ଏକତ୍ର
କରି ସମାନ ଦେଖଇ ତା ନେତ୍ର।

ଯେତେ ଦିନଯାଏ ଗଙ୍ଗା ଯମୁନାରେ ସ୍ରୋତ ବହେ ଅବିରତ।
ଆହେ ଶେରଶାହା, ସାରା ଧରିତ୍ରୀରେ ତୋଳି ଆଶୀର୍ବାଦ ହାତ।

ସେତେଦିନ ରହୁ ଜୀବିତ ସର୍ବଦା ସତ୍ୟ, ଧର୍ମ ନ୍ୟାୟ ଘେନି।
ରାଜ ଛତ୍ର ତୋର ସୁଶୋଭିତ ହୋଇ ରହୁ ସମଗ୍ର ମେଦିନୀ।।

■

॥ ୧୬ ॥

ଏବେ ତା' ରୂପ ବର୍ଣ୍ଣିବି କେମନ୍ତ
ଜଗତ ତା' ରୂପ ଦେଖି ମୋହିତ।
ଚକିତେ ଦେଖେ ଚତୁର୍ଦ୍ଦଶୀ ଚାନ୍ଦ
ତା'ଠୁ ଉଜ୍ଜ୍ୱଳ ରାଜ ମୁଖ ଚନ୍ଦ୍ର।
ଅନୁପମ ମୁଖ ନାହିଁ ଉପମା
ଦେଖିଲେ ନ ଲାଗେ ପାପ କାଳିମା।
ଏହି ଜଗତ ତା ପାଦେ ନମଇଁ
ଆଶିଷ ଦିଏ ବହୁ ରୂପେ ରହି।
ଧରିତ୍ରୀରୁ ଯେହ୍ନେ ତପନ ତାପେ
ଶୂନ୍ୟ କରିଦିଏ ସର୍ବ ସ୍ୱରୂପେ।
ତା'ରୂପ ସମ୍ମୁଖେ ବିଶ୍ୱ ସୁଷମା
ସବୁ ଲୁପ୍ତ ହୁଏ ନୋହି ଭରଣା।
ତା ମଥା ମଣି କାନ୍ତିରେ ଅଧିକ
ତ୍ରୈଲୋକ୍ୟ ରୂପ ନୁହେଁ ସମକକ୍ଷ।
ଶଶୀ ରୂପ ତା'ର ପାଶେ ମଳିନ
ଅନ୍ୟ ସ୍ୱରୂପ ହୋଇଯାଏ ଶୂନ୍ୟ।

ସମଗ୍ର ମେଦିନୀ ହୁଏ ଲୁବ୍ଧ ଦେଖି ସମ୍ମୁଖେ ତାହାର ଆସି।
ଶେଷେ ପରିତୋଷେ ନମଃ ନମଃ କରି କରନ୍ତି ତାହାକୁ ସ୍ତୁତି।।

■

।। ୧୭ ।।

ପୁଣି ବିଧାତା କରିଛି ବଡ଼ ଦାନୀ
ବଳୀ, ବିକ୍ରମ, ହାତୀମ୍ କର୍ଣ୍ଣ ପୁଣି।
ତ୍ୟାଗୀ ଥିଲେ, ଦାନୀ ଥିଲେ ଜଗତରେ
ନୁହେଁ 'ଶେରଶା' ଠୁ ବଳି କେ ଉଚ୍ଚରେ।
ସମୁଦ୍ର ବି ତା ରତ୍ନ ଓ ମଣି ମୋତି
ସୁମେରୁ ସହ ଦାନେ କ୍ଷୀଣ ହୁଅନ୍ତି।
ଦଶ ଅଶ୍ୱମେଧ ଯଜ୍ଞ ଅତୀତରେ
ଯେ'ବା କରିଥିଲେ, ଦାନେ ପୁଣ୍ୟ ନରେ।
ଶେର ପରି କେ କଦାପି ସମ ନୁହେଁ
ଦାନେ ପୁଣ୍ୟେ, ତା ସମାନେ ନାହିଁ କିଏ।
ସମୁଦ୍ର ପାରି ସୁଦୂର ରାଇଜରେ
ତା ଦାନ ପଣ ଯଶ ଚଉଦିଗରେ।
ତା'ର ଦରବାର ଦାନବୀର ନାମେ
ସଦା ବାଜୁଥାଏ ବାଦ୍ୟ ରାତ୍ର ଦିନେ।
ଲୋକ ମୁଖେ ପ୍ରକଟିତ ହେଲା ତହିଁ
ଶେର ଦରବାରେ ସ୍ୱର୍ଣ୍ଣ ବରଷଇ।
ଯାହା ପାଇଁ ଦୂର ହୁଏ ଦରିଦ୍ରତା
ଅନ୍ୟ ଦେଶେ ବ୍ୟାପିଯାଏ ଯଶଗାଥା।
ଯଦି ଥରେ କିଏ ଯାଏ ମାଗିବାକୁ
ତା'ର ସମ୍ମୁଖ ଦାନେ, ତା ଜୀବନକୁ।
ଅନ୍ନ ବସ୍ତ୍ର ଊଣା ନୁହେଁ ସୁଖୀ ହୋଇ
ଜୀବ ଥିବା ଯାକ ମନ ସୁଖେ ଥାଇ।

ଅତୀତରେ କେହି ନଥିଲେ କି କେବେ, ଭବିଷ୍ୟତେ ଜାତ କେ ନୋହିବେ।
ବର୍ତ୍ତମାନେ ତା'ର ସମଚକ୍ରବର୍ତ୍ତୀ, କ୍ଷୀତି ପତି, କେହି ନାହିଁ ଭବେ।।

॥ ୧୮ ॥

ସୟଦ ଅଶରଫ ପୀର ମୋର
ପ୍ରିୟତମ ମୋ ଅଧ୍ୟାତ୍ମ ମାର୍ଗରେ।
ପଥ ପ୍ରଦର୍ଶକ, ଜ୍ୟୋତି ଜଳାଇ
ମୋର ହୃଦୟେ ପ୍ରେମ ଭରିଦେଇ।
ଆଲୋକିତ କଲେ ଅନ୍ଧାର ନାଶି
ଅଜ୍ଞାନ ତେଜି ସୁଜ୍ଞାନ ପ୍ରକାଶି।
ଦୀକ୍ଷା ଦେଇ ହେଲେ ମୋର ନାବିକ
ତାଙ୍କ ବୋଇତେ ବସିଲି ସେବକ।
ଆହୁଲା ମାରି ଦି ହାତେ ଚଳାଇ
ତୀରେ ଉତ୍ତାରିଲେ ମତେ ସେ ନେଇ।
ଗୁରୁ କର୍ଣ୍ଣଧାର ଯାହାକୁ ମିଳେ
ଭବ ସିନ୍ଧୁ ପାରିହୁଏ ସତ୍ୱରେ।
ମୋର ବିପତ୍ତିରେ ସେ'ତ ସହାୟ
ଦୁଇ ହାତ ଟେକି ଦିଏ ଅଭୟ।
ମୋର ପାପ ଯାକ ତା'ର ସମୁଦ୍ରେ
ଦେଇ, ଶୁଦ୍ଧ ହେଲି ତା'ର ପ୍ରସାଦେ।
'ହସ୍ତ ଗିରି' ସେ ବିପତ୍ତି ସମୟେ
ଘନ ବିପତ୍ତି ହରି, ଅଭୟେ।
ଚିରି ସମ୍ପ୍ରଦାୟ ସେ (ଜାହାଙ୍ଗୀର) ଅଶରଫ ପୀର
ଚନ୍ଦ୍ରଠାରୁ ନିଷ୍କଳଙ୍କ (ଅତି) ଉଜ୍ଜ୍ୱଳ।

ଜଗତର ସ୍ୱାମୀ ଗୁରୁ ଜାହାଙ୍ଗୀର ମୁଁ ତାଙ୍କ ସେବକ ହୋଇଛି।
ଘୋର ବିପତ୍ତିରେ 'ହସ୍ତଗିରି' ଦେଇ ଅଭୟ ଆଶ୍ରା ମୁଁ ପାଇଛି।।

॥ ୧୯ ॥

ତାଙ୍କ ଗୃହରେ ରତ୍ନ ସମ ଜ୍ୟୋତି
'ହାଜୀ ଶେଖ୍' ନାମେ ଥିଲେ ସମ୍ଭବି।
ବହୁ ଭାଗ୍ୟବାନ ପୁଣି ସଜ୍ଜନ
କେତେ ଅଜ୍ଞାନୀକୁ ଦେଲେ ପ୍ରଜ୍ଞାନ।
ଜ୍ୟୋତି ଉଜ୍ଜ୍ୱଳ ଦୀପ ଶିଖା ଧରି
ଲୋକେ ଜ୍ଞାନ ଦେଉଥିଲେ ବିତରି।
ଶେଖ ମୁବାରକ, ଶେଖ କମାଲ
ପଥ ପ୍ରଦର୍ଶକ ଦୁହେଁ ନିର୍ମଳ।
ଦଇବ ଦୁହିଁଙ୍କି କଲା ବିଖ୍ୟାତ
ରୂପ, ଗୁଣ, ଜ୍ଞାନେ ପୂତ ପବିତ୍ର।
ଦୁହେଁ ଅଚଳ ଧ୍ରୁବ ସମରହି
ସୁବିବେକ ପଣେ, ଲୋକେ ଚଳାଇ।
ସୁମେରୁ ଅଥବା କିଷ୍କିନ୍ଧ୍ୟା ଗିରି
ତାଙ୍କ ବଡ଼ତି ଠୁ ନୁହଁନ୍ତି ବଳି।
ତାଙ୍କୁ ଈଶ୍ୱର ରୂପ ଗୁଣ ଦେଇ
ଦୁଇଜଗତର ଧାରଣା ନେଇ।
ଦୁହେଁ ଖମ୍ବ ସଦୃଶ ବିଧାତାର
ଟେକି ଧରିଲେ ସେ ଧରଣୀ ତଳ।
ଖମ୍ବ ଲାଗି ସୃଷ୍ଟି ସ୍ଥିର ରହିଲା
ଜଗତେ କିରତୀ ତାଙ୍କ ବଢ଼ିଲା।
ତାଙ୍କୁ ଦେଖିଲେ କେ ନମ କରଇ
ଶରଧାରେ କିଏ ଚରଣ ଛୁଇଁ।
ନିର୍ମଳ ଶରୀର ପାପୁ ମୁକତି
ପାଇ ଭବେ ଲୋକେ ସୁଖୀ ହୁଅନ୍ତି।
କହେ ଜାୟସୀ ଆନନ୍ଦ ଉଲ୍ଲାସେ
ମୁର୍ଶୀଦା ପୀର ମୋ ଚିତ୍ତ ବିଶ୍ୱାସେ।
ଯହିଁ ଥିବି ମୁଁ ତା ନାମ ସ୍ମରଣେ
ଭୟ ତେଜି ସମ୍ପାଦିବି କରମେ।
ଯେଉଁ ନାବଟିରେ ଆହୁଲା ରହିଛି, ବାହେ ସୁଦକ୍ଷ ନାବିକ।
ସେ ନାବର ଯାତ୍ରୀ ଶୀଘ୍ର କୂଳ ପାଇ ଓହ୍ଲାଇବ ଭୁଲି ଦକ।

।। ୨୦ ।।

ନାବର ନାବିକ ମୋହିଉଦ୍ଦିନଙ୍କୁ
 ସେବଇ ମୁଁ ଭକ୍ତି ଭରେ।
ଯା'ର ଯାତ୍ରୀ ଦଳ ନାବଟି ଚାଲିଛି
 ଅପାର ସମୁଦ୍ର ପରେ।
ଶେଖ ବୁରୁହାନ ଅଗ୍ରତେ ଚାଲନ୍ତି,
 ଜ୍ଞାନୀ ପଥ ପ୍ରଦର୍ଶକ।
ଅଲହଦ ଥିଲେ ତାହାଙ୍କ ଗୁରୁ
 ତେଜସ୍ୱୀ ପୃଥ୍ୱୀ ବିଖ୍ୟାତ।
ସେ ଥିଲେ ପ୍ରଜ୍ଞାନୀ ସୈଦ ମହମ୍ମଦ
 ବ୍ରହ୍ମ ସତ୍ତା ଯା'ର ଖେଳ।
ତାଙ୍କ ଅନୁଗାମୀ ଥିଲେ ଅଲହଦ
 ଗୁରୁ ଭକ୍ତି ଯାର ମୂଳ।
ତାଙ୍କ ଗୁରୁଥିଲେ ଶେଖ୍ ଦାନିଏଲ
 ଯାହାଙ୍କୁ ପ୍ରସନ୍ନ ହୋଇ।
ହଜରତ ଖ୍ୱାଜା, ସୈଦରାଜେ ସଙ୍ଗେ
 ସାକ୍ଷାତ କରିଲେ ନେଇ।
ମୋହିଉଦ୍ଦିନଙ୍କ କାବ୍ୟ ଶକ୍ତି, ମତେ
 ମିଳିଛି ଆଶିଷ ପାଇଁ।
ଏହି ପ୍ରେମକାବ୍ୟ ବର୍ଣ୍ଣନା କରୁଛି
 ତାଙ୍କରି ପ୍ରେରଣା ନେଇ।
ତାଙ୍କରି ସେବକ ମୁଁ, କରୁଛି ପ୍ରାର୍ଥନା
 ଦିଅ ମତେ ଆଶୀର୍ବାଦ।
ତବ କୃପା ବଳେ, ମୁଁ ଯେହ୍ନେ ପାଇବି
 ଈଶ୍ୱର ଦର୍ଶନ ଲାଭ।

ଜାୟସୀଙ୍କ ଏହି ଗୁରୁ ପରମ୍ପରା ଶ୍ରବଣ କରିଲେ ଜନ।
ଜାଣିବେ ସକଳ ବ୍ରହ୍ମସତ୍ତା ଖେଳେ ଏମାନେ ଥିଲେ ମହାନ।

॥ ୨୧ ॥

ଏକ ନେତ୍ରେ ଦେଖେ, ଅନ୍ୟଟି ଅନ୍ଧ
କାବ୍ୟ ଲେଖିଲେ କବି ମହମ୍ମଦ।
ପଢ଼ି ଶୁଣି, ଲୋକେ ହୋନ୍ତି ଉଲ୍ଲାସ
କାବ୍ୟ ପଢ଼ି ଗୁଣୀ, ହୁଏ ମୋହିତ।
ଚନ୍ଦ୍ରମା ପରି, କଳଙ୍କ ଦେଇଭରି
ବିଧି ଗଢ଼ିଛି, ଏକ ନେତ୍ର କରି।
ଏକ ନେତ୍ର ଧରି ଜଗତ ଦେଖି
ନକ୍ଷତ୍ର ମଧ୍ୟେ ଶୁକ୍ର ଉଦିଛି କି !
ଚୂତ ବକୁଳ ନ ଫୁଟିବା ଯାକେ
ସୁବାସରେ କି ଚଉଦିଗ ମହକେ ?
ସମୁଦ୍ର ପାଣି ଲୁଣି ଲାଗଇ ବୋଲି
ସେ'ତ, ଅଥଳ, ଅପାର ଥାଏ ପୂରି।
ବିଧି ତ୍ରିଶୂଳେ ସୁମେରୁ ଭାଙ୍ଗିଲେ
କଞ୍ଚନ ଗିରି ଛୁଇଁ ଆକାଶରେ।
ଅଙ୍ଗାର ନପଡ଼ିଲେ ଉହ୍ମେଇରେ
କେବେ ସୁବର୍ଣ୍ଣ କି ଶୁଦ୍ଧ ହୋଇପାରେ ?
ମୋର ଏକ ନେତ୍ର - ଦର୍ପଣ ତୁଲ୍ୟ
ତହିଁ ଜଗତକୁ ଦେଖେ ନିର୍ମଳ।

ସେହି କାରଣରୁ ସବୁ ରୂପବନ୍ତ ମୋ ଚରଣ ଛୁଇଁ ହୁଅନ୍ତି ଖୁସି।
ଆନନ୍ଦେ ଦେଖନ୍ତି, ମୋ ରୂପ ନୟନେ ମୁଁ ତାଙ୍କର ଅତି ପ୍ରିୟ "ଜାୟସୀ"।

ଟିପ୍ପଣୀ: କଞ୍ଚନଗିରି: ତ୍ରିଶୂଳ ଆଘାତରେ ସୁମେରୁ ନଷ୍ଟ ହୋଇ କଞ୍ଚନଗିରି ହେବା କଥା ଅଜ୍ଞାତ। ସମ୍ଭବତଃ ଏହା ଲୋକକଥା ହୋଇପାରେ।

॥ ୨୨ ॥

ଚାରି ସାଥି ଥିଲେ ମହମ୍ମଦଙ୍କର
ଜୀବନର ଅନ୍ତଯାକେ ସହଚର।
'ୟୁସୁଫ ମଲ୍ଲିକ' ବିଦ୍ୱାନ ବିଜ୍ଞାନୀ
ଗୁପତ ବାକ୍ୟର ଭେଦ ଥିଲେ ଜାଣି।
'ସାଲାର୍ କାଦ୍ଦନ' ଥିଲେ ଦୁଜା ସାଥି
ଅସି ଧାରଣରେ ପ୍ରବୀଣ ସେ ଅତି।
'ସଲୋନି ମିଆଁ' ସିଂହ ସଦୃଶ ଥିଲେ
ଖଡ୍‌ଗ କୌଶଳେ ଯୁଦ୍ଧେ ଲଢୁଥିଲେ।
'ବଡ଼ ଶେଖ ଥିଲେ ସେ ସାଥୀ ଚତୁର୍ଥ
ବଡ଼ ସିଦ୍ଧ ସେ ଥିଲେ ବୋଲି କଥିତ।
ଅନ୍ୟ ସିଦ୍ଧମାନେ ତାଙ୍କୁ ମାନ୍ୟକରି
ପ୍ରଣମନ୍ତି ତାଙ୍କ ଆଦେଶ ଆଦରି।
ଚଉଦ ଗୁଣେ ଥିଲେ ଏ ବିଶାରଦ
ଏକ ପ୍ରାଣେ ମନେ ଯେ ସର୍ବେ ସୁହୃଦ।
ଈଶ ଗଢ଼ିଲେ ଚାରିଙ୍କୁ ସମକରି
ମିତ୍ରପଣେ କେ ନ ଥିବେ ଜଗତ ଭରି।
ଚନ୍ଦନ ବୃକ୍ଷ ପାଶେ ଯେ ଦ୍ରୁମ ଥାଇ
ତାର ବାସ ଘେନି ସେ ଚନ୍ଦନ ହୋଇ।

କବି କହୁଛନ୍ତି ଚାରି ମିତ୍ର ଯଦି ମୋ ସଂସାର କାମେ ସାଥି ଥିଲେ।
କିଏ ଭାଙ୍ଗିବ ଆମ ସାଥି ଯୋଡ଼, ମୃତ୍ୟୁ ପରେ ସଙ୍ଗୀ ହେବୁ ସ୍ୱର୍ଗରେ।

॥ ୨୩ ॥

ଜାୟସ ନଗର, ଏକ ଧର୍ମ ସ୍ଥାନ
ତହିଁ ଜାଣିଥିଲି, ଯେଉଁ ବ୍ୟାଖ୍ୟାନ।
ବ୍ୟାଖ୍ୟା କଲି ଯେତେ ଆନନ୍ଦ ମନେ
ଭାଷା ଅଧୁରା କି ପୂରା, ନ ଜାଣେ।

ତେଣୁ ବିଦ୍ୱାନଙ୍କୁ କରେ ମିନତି
ଏଥି ଥିବ ଯାହା ଦୋଷ କି ତ୍ରୁଟି।
ଆପଣା, ଶୁଦ୍ଧ ଶବଦେ ପୂରଣ
କରି, ପଢ଼ିବେ, ଦୋଷ ନ ଘେନିଣ।
ସବୁ କବିଙ୍କର ମୁଁ ଅନୁଚର
ତବଲା ତାଳରେ କଲି ବିଚାର।
ତାଳ ତାନ ସାଥେ ହୃଦ ଭଣ୍ଡାରେ
କଳ୍ପନାର ରଚିମୟ କାବ୍ୟରେ।
ତାଳତାନେ ଜିହ୍ୱାକୁ କୁଞ୍ଚି କାଠି
କରି ଫିଟାଇଲି ହୃଦ ସମ୍ପତ୍ତି।
ଜିହ୍ୱା ରତ୍ନସେନ ଓ ପଦ୍ମାବତୀ
କଥା ତାଳେ ତାନ ଦେଇ ନାଚନ୍ତି।
ଯା'ର ବିରହ ବିଧୁର କାହାଣୀ
କ୍ଷୁଧାର୍ତ୍ତ ରହି ଭଣିଲି ସେ ବାଣୀ।
ମହମ୍ମଦ କହେ ଯେ ପ୍ରେମ କବି
ରକ୍ତ ମାଂସହୀନ ଦେହେ ଥିଲେ ବି।

ତା ରୂପ ଦେଖିଲେ, ହସନ୍ତି ଉଚ୍ଚରେ, ଏତ ଲୋକାଇତ ଚଳଣି।
ତା କବିତା ଗୁଣ, ପଢ଼ିଲେ, ଶୁଣିଲେ, ମର୍ମଭେଦେ ଅଶ୍ରୁ ଚାହାଣି।।

।। ୨୪ ।।

ସନ ନ ଶହ ସତ ଚାଳିଶିରେ
କଲେ କବି କାବ୍ୟ ରଚନା।
ସିଂହଳ ଦ୍ୱୀପୁ ପଦ୍ମାବତୀ କନ୍ୟା
ବରି ଆଣିଲେ ରତ୍ନସେନା।
ଦିଲ୍ଲୀ ସିଂହାସନେ ଆଲ୍ଲାଉଦ୍ଦିନ
ସେ'ଥିଲେ ରାଜେଶ୍ୱର, ପୁଣି।
ପଦ୍ମାକୁ ଦେଖିଣ, ରାଘବ ଚେତନ

ଗୋପନେ ସେ କହିଲା ଜାଣି।
ଶୁଣି ତା ବର୍ଣ୍ଣନ ଦିଲ୍ଲୀ ସୁଲତାନ
ଘେରିଲା ସେ ଚିତ୍ତୋର ଗଡ଼
ହିନ୍ଦୁ ତୁରକୀରେ ଲଢ଼େଇ ଲାଗିଲା
ଘନ ଘୋର! କି ଭୟଙ୍କର!
ଆଦିଠାରୁ ଅନ୍ତଯାଏ କାହାଣୀ
ବଖାଣି ଥିଲେ କବି ଥାଇଁ
ନିଜ ଭାଷା ଦେଇ ଚୌପାହି ଛନ୍ଦେ
କାବ୍ୟକୁ ରଖିଲେ ସଜାଇ।
ଯେ କାବ୍ୟ ଅଟେ ନାରଙ୍ଗ ସଦୃଶ
ରସିକ ଲୋକର ସମ୍ମୁଖେ
ବେରସିକ ପାଇଁ କଣ୍ଟା ଭିତରେ
ଯେପରି ସେ ଫୁଲଟି ଲାଗେ।
ନାରଙ୍ଗର ଆବରଣ ଖୋଲି ଦେଲେ
ଯେ ରସ ପାଇବ ରସିକ
ଅଜ୍ଞାନୀ ଜନ ନପାଏ ସେ ସୁଖ
ସେ'ତ ମୂର୍ଖ ଅବିବେକ।
ରସିକ ଜ୍ଞାନୀ ଦୂରେ ଥିଲେ ପୁଣି
ପିମ୍ପୁଡ଼ି ଯେପରି ଗୁଡ଼କୁ।
ଆସି ଲାଗିଯା'ନ୍ତି ମରମେ ବୁଝନ୍ତି
ସୁକାବ୍ୟର ଅନୁଭବକୁ।

ଦୂରବନ ଖଣ୍ଡୁ ଆସନ୍ତି ଭ୍ରମରେ କମଳ ବାସନା ପାଇ।
ବୁଝଇ କେବେ କି ମଣ୍ଡୁକ ତା ବାସଥିଲେ ବି ନିକଟେ ରହି।।

■

॥ ୨୫ ॥

ସିଂହଳ ଦ୍ୱୀପର କଥା ବଖାଣିବି
ରାଜଜେମା ପଦ୍ମାବତୀ
ପୂର୍ବ ବର୍ଣ୍ଣନା ମୁଁ ଭିନ୍ନ ଭାବେ କହି
କରାଇବି ଅବଗତି ।
ଦର୍ପଣ ସମାନ ବର୍ଣ୍ଣନା ଯାହାର
ପ୍ରତିଚ୍ଛବି ହେଇ ପଡ଼େ
ଶ୍ରୋତା ଓ ପାଠକେ ଦେଖନ୍ତି ଯେପରି
ଜୀବନ୍ତ ଘଟୁଛି ଆଗେ ।
ଧନ୍ୟ ସେହି ଦ୍ୱୀପ, ଈଶ୍ୱର ସର୍ଜ୍ଜନା
ଯେ ରାଜ୍ୟେ ରମଣୀ ଗଣେ
ଅନିନ୍ଦ୍ୟ ସୁନ୍ଦରୀ ସହଜେ ସରବେ
ରାଜ ଜେମା ମୁଖ୍ୟପଣେ ।
ସାତ ଦ୍ୱୀପ ସର୍ବେ ବର୍ଣ୍ଣନା କରନ୍ତି
ତା' ତୁଲ୍ୟ ନଥିବ କାହିଁ
ଯହିଁ ଦୀପ ଜଳେ, ପଦ୍ମିନୀ-ପ୍ରଦୀପ
ଉଜ୍ଜ୍ୱଳ କରଇ ମହୀ ।
ଦୀପକ ଦ୍ୱୀପଟି ନାମଟି ଯାହାର
ସେ ଦ୍ୱୀପେ ଆଲୋକ ନାହିଁ
ଶରଣ ଦ୍ୱୀପଟି ଅତି ହିଁ ନିଉନ
ଶରଣ ମାଗେ କି ରହି ।
ଜମ୍ବୁ ଦ୍ୱୀପ ତାର ସଦୃଶ ନୁହଁଇ
ଲଙ୍କା ତାର ପ୍ରତି ଛାୟା
ନର ଖାଦକଙ୍କ ମଧୁ ସ୍ଥଳୀ ଦ୍ୱୀପେ
ଯହିଁ ଭୟେ କମ୍ପେ କାୟା
କୁଶଦ୍ୱୀପ ଭରା ଘନ ଅରଣ୍ୟରେ
ଅଗମ୍ୟ ହୁଅଇ ପଥ

ସର୍ବ ଦ୍ୱୀପ ପରେ ରାଜେନ୍ଦ୍ର ସିଂହଳ
ଯହିଁ ଭରେ ମନୋରଥ।
ସୃଜନ ଆଦ୍ୟରୁ ସପ୍ତଦ୍ୱୀପ ଯାକ ପାଶେ ପାଶେ ମର୍ତ୍ତେ ଥିଲେ ବି ରହି
ସିଂହଳ ସମୀପେ ଗୋଟିଏ ବି ଦ୍ୱୀପ ତା'ର ଅନୁରୂପ ନଥିଲେ କେହି।

■

॥ ୨୬ ॥

ସିଂହଳ ଦେଶ ରାଜା ଗନ୍ଧର୍ବ ସେନ
ସର୍ବ ସୁଗୁଣରେ ଭୂଷିତ ରାଜନ।
ଲଙ୍କାର ରାଜା ରାବଣର କୁକର୍ମ
ପୂର୍ବେ ଶୁଣିଥିଲୁ ସେ ରାମାୟଣ।
ରାଜ୍ୟ ମଧ୍ୟରେ ତାର ବଳଭବ
ଛପନ କୋଟି ରାଇଜର ସାଜ।
ଷୋଳ ସହସ୍ର ଅଶ୍ୱ ବାଜି ଶାଳା
ହୟ ରହିଥିଲେ ବହୁ ଗୁଣେ ଭରା।।
ଶ୍ୟାମ କର୍ଣ୍ଣ, ବଲଖି ତୋଖାର ସ୍ଥାନୀ
ଚଳନ୍ତି ସଦା ସଇସ ଆଦେଶ ମାନି।
ଗଜ ଶାଳାରେ ସାତ ସହସ୍ର ଗଜ
ଥିଲେ ସିଂହଳୀ ହସ୍ତୀ, ରାଜାର ସାଜ।
ଏହି ପ୍ରକାରେ ସେ ରାଜା ବଳୀୟାର
ଅବା କଇଳାସେ ଦେବ ମହେଶ୍ୱର।
ଅଶ୍ୱପତି ମଧ୍ୟେ ସେତ 'ଶିର ମୁକୁଟ'
ଗଜପତି କରନ୍ତି ଶିର ଆନତ।
ଅଙ୍କୁଶ ପ୍ରଭାବେ ଗଜ ଯେମନ୍ତ ରହି
ଏସମ ପ୍ରତାପୀ ରାଜା ଥିଲେ ସେହି।
ନରପତି (ମଧ୍ୟେ) ନରେନ୍ଦ୍ର ନାମେ ପ୍ରସିଦ୍ଧ
ଭୂପତି ମେଳେ ଥିଲେ ସେ ଦ୍ୱିତୀୟ ଇନ୍ଦ୍ର।
ଏପରି ନରେଶ ଚକ୍ରବର୍ତ୍ତୀ ରାଜା, ସକଳ ନୃପତି ତାହାରି ପାଶେ।
ନତଶିର ହୋଇ ରହିଥାନ୍ତି ସଦା ରାଜ ଅନୁଗ୍ରହ ଆଶେ।।

|| ୨୭ ||

ଯାତ୍ରୀ ଯାଏ କିଏ ଯଦି ବା ସିଂହଳ
ଶିବ ଲୋକ ଗଲାକି କୈଳାସପୁର।
କେତେ ଆମ୍ର କୁଞ୍ଜ ତା'ର ଚଉପାଶେ
ଧରା ଜଳୁ ଉଠି, ଆକାଶ ପରଶେ।
ଉଚ୍ଚ ତରୁବର ଛାୟା ଅନ୍ଧକାର
ନିଶା ଆବୋରିଛି ଆକାର ପ୍ରକାର।
ମଳୟ ଗିରିସମ ସେ ସୁରଭିତ
ଅବା ଚନ୍ଦନ ବଣ ହୋଇଛି ଜାତ।
ସଘନ ଛାୟାରେ ଲାଗେ ନାହିଁ ତାପ
ଜ୍ୟେଷ୍ଠ ମାସରେ ବି ଶୀତର ପ୍ରକୋପ।
ସେହି ଘନତରୁ ଛାୟା ଅନ୍ଧକାର
ସୁନୀଳ ଗଗନ ଦିଶଇ ଶ୍ୟାମଳ।
ରୌଦ୍ରେ ତପିତ ପଥିକ ତହିଁ ଗଲେ
ସୁଖ ବିଶ୍ରାମରେ ଦେହ ତାପ ଭୁଲେ।
ସେ ସ୍ଥାନୁ ଫେରିବାକୁ ଇଚ୍ଛା ନ ହୋଇ
ଏ ଶୀତଳ ସୁଖ ମିଳିବ ବା କାହିଁ ?

ଘନ ଅମ୍ବର ଶ୍ୟାମ ସୁଗଭୀର ବର୍ଣ୍ଣି ପାରେ ନାହିଁ ଭାଷା।
ସକଳ ଋତୁର ଫୁଲ ଫଳ ଭରି ଶୋଭୁଛି ବାସନ୍ତୀ ଯୋଷା।।

|| ୨୮ ||

ବହୁତ ରସାଳ ଫଳେ ସୁଗଠିତ
ଅତି ଫଳ ଭାରେ ତରୁ ଅବନତ।
ପଣସ ଫଳିଛି ଉଚ୍ଚଶାଖା ଯାକେ
ଚେର ପିଣ୍ଡ ପାଖୁ ବୃକ୍ଷ ଶେଷ ଶିଖେ।
ଉଚ୍ଚ ବନସ୍ପତି ସଦା ଛାୟା ଘନ
ଆବୃତ କରିଣ ଦିଶେ ସୁଶୋଭନ।

କ୍ଷୀରକୋଳି ଗଛ କେତେ ଅଛି ତହିଁ
ତାର ସ୍ୱାଦ ମିଠା ଭୁଞ୍ଜିଲେ ଜାଣଇ।
ଉଚ୍ଚ ଉଚ୍ଚ ତରୁ ଶାଖେ କେତେ ଫଳ
ମନ ଲୋଭା ଅଟେ ସୁସ୍ୱାଦୁ ତାହାର।
ଜାମୁ, ଜାମ୍ବିଳ, ଖରହରି ଓ ତାଳ
ନାରିକେଳ ଯାହାର ନାମ ଶ୍ରୀଫଳ।
ସେହି ଅଟବୀ ସତେ ଅମରାବତୀ
ତହିଁ ପ୍ରବେଶିଲେ ଆସଇ ତୃପତି।
ମହୁ ଫୁଲେ ଭଗ୍ନସୁସ୍ୱାଦୁ ସୁବାସ
ଭୋଜ୍ୟ ପାଇଁ ସବୁ ରହିଛି ସତତ।

ଗୁଆ, ଜାଇଫଳ, ଫଳେ ଅନେକ-ଫଳେ ସୁନିବିଡ଼ ବନ ଯେତେକ।
ଖଜୁରୀ, ସପୁରୀ, ତେନ୍ତୁଳିର ବୃକ୍ଷ ପାଶେ ହସେ ଜାମୁ କୋଳିବଣ।।

■

॥ ୨୯ ॥

ଦେଖ ସଘନ ସୁନ୍ଦର ବୃକ୍ଷ ଶାଖେ
କେତେ ଯେ ବିହଗ ତହିଁ ନୀଡ଼ ରଚେ।
ବଡ଼ି ଭୋରେ ବୁଲ୍‌ବୁଲ୍ ରୁହି, ରାଇଁ
ସାଥେ ଡାହୁକ ଡାକଇ କାହିଁ, ଥାଇ।
କପୋତ ଗୁମୁରୁଛି, "ମୁଁ ଏକା ରହି"
ଅଜଣା ପକ୍ଷୀର ସ୍ୱର ଶୁଭୁଥାଇ।
ବଣି, ଶୁଆ, ସାରୀ କେତେ ଚଉକତି
ପାରାବତ ଚକ୍କର କାଟନ୍ତି।
ପପିହା ବୋଲେ ଉଲ୍ଲାସେ "ପ୍ରିୟପ୍ରିୟ"
ଉନ୍ମତ୍ତ ଗୁଡ଼ୁରୁ ମନେ ନାହିଁ ଭୟ।
କୋଇଲିର ମର୍ମାହତ କୁହୁ କୁହୁ ଡାକ
ଭୃଙ୍ଗରାଜ ନିବେଦନ କରେ ବ୍ୟଥା ବଚନ ଅନେକ।
ଦହି ଦହି କହୁଥାଏ ମହୁରିଆ ପକ୍ଷୀ

ସାଥିବିନୁ ଦଗ୍ଧ ହୁଏ ସେହୁ ନିରନ୍ତର ଡାକି।
ହରଡ଼ ଚଢ଼େଇ ଘୋଷେ ନିଜ ପରାଜୟ
ମୟୂର କଣ୍ଠରୁ ଆସେ ଦମ୍ଭ ପରିଚୟ।
ବାୟସ କଣ୍ଠର ରବେ ବନ କୋଳାହଳ
ଭରିଯାଏ, ତରୁଲତା, ଉଲ୍ଲସିତ ଗଗନ ମଣ୍ଡଳ।

ଯେତେ ପକ୍ଷୀ ନାମ କହିଲି ମୁଁ ତା ଠାରୁ ଅନେକ ଅଛନ୍ତି ତହିଁ।
ସେ ସବୁ ବିହଗେ, ଆପଣା ଭାଷାରେ ଈଶ୍ୱରଙ୍କ ନାମ ନିଅନ୍ତି ରହି।

॥ ୩୦ ॥

ବନ ପାଖ ଚଲାପଥେ ତଡ଼ାଗ ଓ କୂପ
ପାବଛ୍ଛ ଲମ୍ବିଛି ତା'ର ଜଳର ସମୀପ।
ଜଳ ପାନକରି ତୃଷ୍ଣା ମେଣ୍ଟାଇବ ପାନ୍ଥୁ
ପାବଚ୍ଛେ ଓହ୍ଲାଇ ଯାଇ ଜଳର ସମୀପ।
ସ୍ଥାନେ ସ୍ଥାନେ ଜଳକୁଣ୍ଡ କରିଛି ନିର୍ମାଣ
ତୀର୍ଥ ଶୁଦ୍ଧଜଳେ ପୂର୍ଣ୍ଣ ରହିଅଛି ପୁଣ।
ଚଉପାଶେ ମଣ୍ଡପ ଯେ କେତେ ମଠବାଡ଼ି
ନିପୁଣ ସେ କାରିଗରେ ଦେଇଛନ୍ତି ଗଢ଼ି।
ଜାପକ, ତାପସ ପୁଣି ସିଦ୍ଧ ଓ ସନ୍ନ୍ୟାସୀ
ଋଷିବର ଅଟେ କିଏ, କିଏ ରାମଦାସୀ।
କିଏ ପୁଣି ମାସାନ୍ତକ ନିବାସ ପାଇଁକି
ସେଇ ବିପିନରେ ନିଜ ଆଶ୍ରୟ ନେଇଛି।
ଦିଗମ୍ବର, ବ୍ରହ୍ମଚାରୀ କେ ନାକ ଜପଇ
କନା କଉପୁନି ଧରି ଯୋଗୀ କିଏ ହୋଇ।
ସିଦ୍ଧ ଯୋଗୀ ନିରାଶ୍ରିତ ତହିଁ କେ ଅଛଇ
ମାହେଶ୍ୱରୀ ଜଙ୍ଗମ ଓ ଜୈନ ସାଧୁ କେହି।
ଖେବରା, ସେବରା ସର୍ବେ ପୂଜନ୍ତି ନିୟତ
ଶକ୍ତି ଉପାସକ ପୁଣି କିଏ ଅବଧୂତ।

ପୁଣି ଥିଲେ ବାନପ୍ରସ୍ଥି ଯେତେକ ସାଧକ
ସକଳେ କରନ୍ତି ସ୍ତୁତି ବିଭୂର ମହତ୍ତ୍ୱ।

ଉତ୍ତମ ଯୋଗୀ, ପରମ ପଥର ପଥୁକୀ, ସିଦ୍ଧ ସାଧକ ଅବଧୂତେ।
ଯେ ଯାହା ଭାବେ, ଆସନେ, ପ୍ରାଣାୟାମେ, ପରମାତ୍ମା ଧ୍ୟାନେ ମଗ୍ନ ସତତେ।।
(**ଟିପ୍ପଣୀ:** ଏହି ଛନ୍ଦରେ ଜାୟସୀଙ୍କ ଧର୍ମ ସହିଷ୍ଣୁତାର ପରିଚୟ ମିଳେ)

■

॥ ୩୧ ॥

ମାନ ସରୋବର ଏକ ଅଛି ତହିଁ
ସୁଗଭୀର ସମୁଦ୍ର କି ଅଛି ରହି।
ମୋତି ପରି ଜଳ ସ୍ୱଚ୍ଛ ସୁନିର୍ମଳ
ସ୍ୱାଦେ ଅମୃତ କି ବାସରେ କର୍ପୂର।
ଲଙ୍କା ରାଇଜରୁ ଶୀଳାଖଣ୍ଡ ଆଣି
ସରସୀ ପାବଛ଼ ଛନ୍ତି ନିର୍ମାଣି।
ଖମ୍ବ ଶିଢ଼ି ଉଠି ବୁଲି ଚଉକତି
ଯହିଁ ସରୋବରେ ଉତ୍ତରି ଚଢ଼ନ୍ତି।
ରକ୍ତ କମଳେ ଭରା ସରସୀ ସାରା
ଫୁଟି ଶୋଭୁଥାଏ ସହସ୍ର ପାଖୁଡ଼ା।
ଶିପୁ ମୋତି ଖସି ଭାସେ ଜଳ ପରେ
ହଂସ ମିଥୁନ ଖୁମ୍ପି ଭକ୍ଷନ୍ତି ତା'ରେ।
(ପୁଣି) ଉଲ୍ଲାସେ ଖେଳୁଥାନ୍ତି ସରସୀ ଜଳେ
ଲହରୀ ଦୋଳୁଥାଇ ଧୀରେ ସମୀରେ।
କନକ ପକ୍ଷୀର ଦଳ ଲାଗେ ଚିତ୍ରସମ
ନେତ୍ରପଥେ ଦିଶନ୍ତି କି ଅନୁପମ।

ଚଉପାଶେ ତୀରେ ସୁଦୀର୍ଘ ଦ୍ରୁମର ଶାଖା ପ୍ରଶାଖାରେ ମିଷ୍ଟ ଫଳ।
ଦେଖିଲେ ପଥିକ ମନହୁଏ ଖୁସି, ଭୁଲେ ଦୁଃଖ କଷ୍ଟ କ୍ଷୁଧା ତା'ର।

■

।। ୩୨ ।।

ଏହି ମାନସରୋବର ଜଳ ପାଇଁ
ଯାଆନ୍ତି ଯେତେ ନାଗରୀ ସାଥୀହୋଇ।
ସମସ୍ତଙ୍କ ଅଙ୍ଗ ବାସେ ପଦ୍ମ ସମ
ସାଥେ ଭ୍ରମନ୍ତି ଭ୍ରମରେ ଅନୁକ୍ଷଣ।
କେଶରୀ କଟୀ ଓ ସାରଙ୍ଗ ନୟନ
କୋକିଳ ବାଣୀ କି ମରାଳ ଗମନ।
ଆସନ୍ତି ସେମାନେ ଦଳ ଦଳ ହୋଇ
ଚରଣର ଛନ୍ଦେ ନୂପୁର ବାଜଇ।
ମେଘ ମେଦୁରିତ କାନ୍ତିକି କୁନ୍ତଳ
ବେଣୀ ଲମ୍ବିଅଛି କଟୀ ପାଦ ତାଳ।
ହାସ୍ୟେ ଦର୍ଶନେ କି ବିଦ୍ୟୁତ ଚମକେ
ଅତୀବ ରମଣୀୟ ଲାଗେ ବିଶେଷେ।
ସୁବର୍ଣ୍ଣ କଳସଟି କାଖେ ଆଦରି
ଗମନେ ସେପଥେ ଫେରନ୍ତି ନାଗରୀ।

ଅକସ୍ମାତେ ଦେଖି, ପଥର ପଥୁକି ଚମକି, ଚକିତେ ସେ ଚାହେଁ କ୍ଷଣେ।
ସତେ ବା କଟାରି ଘେନି ନେତ୍ରେ ନାରୀ ହାଣନ୍ତି ପଥିକେ ତତ୍‌କ୍ଷଣେ।।

।। ୩୩ ।।

ବହୁ ହ୍ରଦ ପୁଣି ତହିଁ ଅଛି ଯାହା
ବର୍ଣ୍ଣିପାରେ ନାହିଁ ଭାଷାରେ ମୁଁ ତାହା।।
ତାର ତୀର ଘାଟର କଳନା ନାହିଁ
କୁମୁଦ କହ୍ଲାର ଖେଳୁଛନ୍ତି ଯହିଁ।
ଲାଗଇ ନଭେ ଉଦି ତାରା କି ହସେ
ନୀଳ ନଭ କୋଳୁ କି ଖସିଛି ସତେ।
ସରୋବରୁ ବାଷ୍ପେ ଜଳ ନିଏ ହରି
ପାଲଟି ବାରିଧାରା ପଡ଼ଇ ଝରି।

ବିଜୁଳି ପରି ଜଳେ ସଫରୀ ଖେଳେ
ଚମକି କିରଣେ ବୁଡ଼େ ନୀଳ ଜଳେ।
ଦଳ ଦଳ ପକ୍ଷୀ ବହୁ ପ୍ରକାରର
ଶ୍ୱେତ, ପୀତ, ରକ୍ତ ବିଚିତ୍ର ବର୍ଣ୍ଣର।
ସାରଙ୍ଗେ କ୍ରୀଡ଼ନ୍ତି ତାହାର ତଟରେ
ବିରହୀ ନିଶୀଥେ, ମିଳି ଦିବସରେ।
ତହିଁ ମଧ୍ୟରେ ସାରସ ପକ୍ଷୀ ଥାଇ
ଉଲ୍ଲାସେ ଆବେଗେ ସେ ରବ କରଇ।
ଲଭିଲୁ ଜୀବନେ ଆମେ ଯେତେ ସୁଖ
ମୃତ୍ୟୁର କବଳେ ନାହିଁ ଆମ ଦୁଃଖ।
କେଁଣ୍ଟ୍ବା, ସୋନ, ଢେକ ଲେଦି ଆଉ ବକ
ବିହଙ୍ଗ ଅଛନ୍ତି ତହିଁ ଅଗଣିତ।
ସରୋବରେ ମୀନ ଖେଳନ୍ତି ଅନେକ
ରତ୍ନ ଭରା ଜଳେ ଜଳେବା ଦୀପକ।

ସେଇ ସରୋବରେ ଯେଉଁ ଦକ୍ଷ ବୁଡ଼ାଳି ବୁଡିବ।
ସେଇ "ମରଜୀବି" ମୋତି ଅମୂଲ୍ୟ ସମ୍ପଦ ଲଭିବ।।

(**ଟିପ୍ପଣୀ:** ମରଜୀବି– ଆକ୍ଷରିକ ଅର୍ଥରେ ମରିକରି ବଞ୍ଚିବା, ଏଠାରେ ମୁକ୍ତା ସଂଗ୍ରହକାରୀ ବୁଡ଼ାଳି।)

।। ୩୪ ।।

ଫଳର ବଗିଚା ଯେତେ ସିଂହଳ ଦ୍ୱୀପର
ଅମୃତ ସଦୃଶ ଫଳେ ସଦା ଭରପୂର।
ସଯତନେ ରହିଥାଏ ସେ ବାଟିକା ସବୁ
ଜଗି ରହିଥାନ୍ତି ଯହିଁ ସଦା ଜଗୁଆଳ।
ବିଭିନ୍ନ ପ୍ରକାର କେତେ ଫଳିଥାଏ ଲେମ୍ବୁ
ବାଦାମ, ଜମ୍ବିଳ ପୁଣି ବରକୋଳି ସବୁ।

ଗଲଗଲ, ତୁରଞ୍ଜ ଓ କେତେ ଦ୍ରାକ୍ଷାଫଳ
ଲେମ୍ବୁ, ବେତସ, ନାରଙ୍ଗୀ ପୁଣି ସଦା ଫଳ।
କଇଁଥ ଓ ହରପାର ଭରି ଖଟାଫଳେ
ଭରି ରହିଥାଏ ସଦା ସବୁ ଉଦ୍ୟାନରେ।
କର୍ମାକ, କଦଳୀ, ଘଉରୀ, ତୁତ, କରୌଦା
ନିକୁଞ୍ଜିକା, ଶଙ୍ଖଦ୍ରାବ ପୁଣି କରମଙ୍ଗା
କୂପେ ତହିଁ ପାଣିତୋଳା ଯନ୍ତ୍ର ଲାଗି ଥାଇ
ଘଡ଼ା ବନ୍ଧା ରହିଥାଏ ଜଳ ଭରା ପାଇଁ।

ଖଣ୍ଡ ସାର ମିଶାଇ କୂପର ଜଳେ ସିଞ୍ଚାହୁଏ ବୃକ୍ଷେ ସବୁ, ରସାଳ ହୁଏ ଫଳ।
ସେ ଅମୃତ ସିଞ୍ଚନେ, ହସି ଉଠେ ବୃକ୍ଷରାଜି ମଥାକରେ ଅବନତ ଫଳ ଭାରେ।।

।। ୩୪ ।।

ଫଳ ବଗିଚାର ଚଉପାଶରେ
ପୁଷ୍ପ ବାଟିକାର ଶୋଭା ଉଛୁଳେ।
ଯହିଁ ବୃକ୍ଷ ଉଦ୍ୟାନରୁ ଚନ୍ଦନ
ସଦା ଆମୋଦେ ଭରେ ଉପବନ।
ବହୁ ପୁଷ୍ପ ଭରା ଘନ ଅନ୍ତରାଳେ
କୁଞ୍ଜ କଟୀର ଉଦ୍ୟାନ ମଧ୍ୟରେ।
କୁନ୍ଦେ, କେତକୀ, ଚମ୍ପା କୁରୁବକ
ଚାମେଲି, ଗୋଲାପ, କଦମ୍ବ, କୁବ୍ଜକ।
ସୁଗନ୍ଧିତ, ବକାବଳୀ, ଅଶୋକେ
ଶାଖା ବିମଣ୍ଡିତ ପୁଷ୍ପ ସ୍ତବକେ।
ବକାବଳୀ ଫୁଲେ ଗନ୍ଧର୍ବ ପୂଜା
ପାଇଁ ଜନଗଣ ଲୋଡ଼ନ୍ତି ସଦା।
ଶୃଙ୍ଗାରହାର, ନାଗେଶ, ସେବତୀ
ସୋନଜର୍ଦ୍ଦ ପୁଷ୍ପଜାତି ମାଳତୀ।

ଶତପାଖୁଡ଼ା, ନେଓ୍ୱାରୀ, ମୌଳି ଶ୍ରୀ
କନିଅର ଆଦି କେତେ ରହିଛି ।

ମଧୁ ମାଧବୀକା ବହୁ ପୁଷ୍ପେ ସଦା ସୁମଣ୍ଡିତା ସେ ଉଦ୍ୟାନେ ।
ଧରାଶ୍ରୀ ମାଧୁରୀ ସୁଗନ୍ଧ ଅଶୋକେ ଖେଳେ ମୃଦୁ ସମୀରଣେ ।।

।। ୩୬ ।।

ଏବେ ବର୍ଣ୍ଣିବି ସିଂହଳ ନଗର
ଉଚ୍ଚ ଅଟେ ଯା'ର ପ୍ରବେଶ ଦ୍ୱାର ।
ଧନ୍ୟ ରାଜା ସେ ବଇଭବ ଭରା
ଗଗନ ଚୁମ୍ବି ସଉଧ ଖଞ୍ଜିଲା ।
ରାଜା ଆଉ ରଙ୍କ ସର୍ବେ ଆନନେ
ତହିଁ ନିବାସନ୍ତି ନିର୍ଭୟ ଭାବେ ।
ସ୍ୱ ଗୃହେ ଚନ୍ଦନ ବେଦୀ ନିର୍ମାଣି
(ତହିଁ) ଅଗୁର, ମେଦ, କେତକୀର ଖଣି ।
ସମସ୍ତ ବେଦୀ ଚନ୍ଦନ ଖମ୍ବରେ
ପିଠି ଭରା ଦେଇ ମନ ମୋଦରେ ।
ସଭାପତି ବସନ୍ତି ସଭାକରି
ମନେ ହୁଏ ଅବା ସରଗପୁରୀ ।
ଯେତେ ପଣ୍ଡିତ ଗୁଣି ଜ୍ଞାନୀ ଲୋକ
ଭାଷନ୍ତି ସର୍ବଦା ଭାଷା ସଂସ୍କୃତ ।
ଐହିକ ଓ ପାରତ୍ରିକ ବିଚାର
ସତେ ଲାଗେ ଅବା କୈଳାସପୁର ।

ଗୃହେ ଗୃହେ ନାରୀ, ସୁଶ୍ରୀ ମନୋହରି ପଦ୍ମିନୀ ରମଣୀ କୁଳ ।
ଯେତେ ଦେଖୁଥିଲେ ବି, ରହିଯାଏ ବାକି ନେତ୍ର କରି ଆକୁଳ ।।

।। ୩୭ ।।

ଚାଲ ଯିବା ଏବେ ସିଂହଳ ହାଟକୁ
ନବ ସିଦ୍ଧି ଦାତ୍ରୀ ଲକ୍ଷ୍ମୀ ନିବାସକୁ।
କନକ ହଟେ କୁଙ୍କୁମର ପ୍ରଲେପ
ଲେପି ବସିଛନ୍ତି ଅସଂଖ୍ୟ ବଣିକ।
ତାଙ୍କ ହସ୍ତେ ରୂପା କଡ଼ା କଙ୍କଣ
ଚିତ୍ର କଳାରେ ସାଜି ଦିଶେ ଘଟଣ।
ରତ୍ନ ପଦାର୍ଥ ମୋତି, ମାଣିକ ହୀରା
ଅଦ୍ଭୁତ ଜ୍ୟୋତି, ପ୍ରବାଳ ଅଛି ଭରା
ଧବଳ ଶିରୀରେ ହାଟ ଘର ମଣ୍ଡି
ତହିଁ ବସିଛନ୍ତି ବଣିକେ ବିନୋଦି।
ଭରି ତହିଁ କର୍ପୂର ବେଣା କସ୍ତୁରୀ
ଅଗୁର ଚନ୍ଦନ ସହିତ ସଜାଡ଼ି।

ହାଟେ ବିକା କିଣା, ନ ହୁଅଇ ଗଣା, କେତେ ବୈଶ୍ୟ ବେପାରି ରହି।
ମୂଳଧନ କା'ର ବୁଡ଼ିଯାଏ ପୁଣି ଖାଲି ହାତେ ଫେରେ ହତାଶ ହୋଇ।।

(**ଟିପ୍ପଣୀ:** କନକ ହାଟକୁ ଜାୟସୀ ସାଧନା ଲୋକର ପ୍ରତୀକ ଭାବରେ ବ୍ୟବହାର କରିଛନ୍ତି। ଜୀବନର ସଦୁପଯୋଗ ବା ଦୁରୁପଯୋଗ ହିଁ ବେପାର ହାନି ଲାଭ।)

■

।। ୩୮ ।।

ପୁଷ୍ପ ବିପଣୀ ସିଂହଳ ଦେଶର
ବର୍ଣ୍ଣନା ମୁହିଁ କରିବି ଏଥର।
ଗଣିକାଏ ସାଜି ତହିଁ ସୁନ୍ଦରୀ
ତାମ୍ବୂଳ ମୁଖୀ, ଅଙ୍ଗ ସ୍ୱର୍ଣ୍ଣ ପରି।
କର୍ଣ୍ଣେ ଜଡ଼ଉତ ତାଟକ ଦୀପ୍ତି
ହାତେ ବାଜେ ବୀଣା କୁଟିଳ ନେତ୍ରୀ।

ବୀଣା ଗୁଞ୍ଜନ ଆଖିର ଚାହାଣି
ପଥ ପ୍ରାନ୍ତର ଜନେ ନିଏ ଟାଣି ।
ଭ୍ରୂଲତା ନଚାଇ ଧନୁ ସାୟକେ
ବାଣ ମାରଇ, ଛାତିରେ ପଲକେ ।
ସତେ ନେବ ପ୍ରାଣଶରୀରୁ କାଢ଼ି
ଯେ ବା ଦେଖଇ, ନପାରଇ ଫେରି ।
କାଞ୍ଚୁଲି ମଧ୍ୟେ ପଶା ଗୋଟି ସମ
ଅର୍ଦ୍ଧ ପଣତେ ଦିଶେ ଅନୁପମ ।
କେତେ ପଥିକ ଖେଳି ନିଶାଜୋରେ
ପୁଞ୍ଜି ହରାଇ ହା ହୁତାଶେ ଫେରେ ।।
ଦୂରେ ଯେ ରହେ, ଚେଟଙ୍କୁ ଲଗାଇ
ଆନ ରସିକକୁ ଆଣେ ରସାଇ ।
ଯେତେ ଧନଥିଲେ ଅଣ୍ଟିରେ ତା'ର
ବେଶ୍ୟା ହରିନିଏ, ବୁଦ୍ଧି ଜୀବର ।

ଗ୍ରାହକ ଯେତକ ହାରନ୍ତି, ପୁଣି ନଫେରନ୍ତି ସେଇ ପଥେ ।
କିଏ ବା କାହାକୁ ନ ଚିହ୍ନିଲା ପରି ମୁଖେ ଭାବ ପ୍ରକଟେ ।।

।। ୩୯ ।।

ସୁରଭିତ ପୁଷ୍ପେ ମାଳାକୁ ଗୁନ୍ଥି
ପତ୍ରେ ଫୁଲେ ସଜାଇ ରଖିଛନ୍ତି ।
କର୍ପୂର ବାସ ସୁଗନ୍ଧିତ ଦ୍ରବ୍ୟ
ବସିଛନ୍ତି ବଣିକେ ଅଭିନବ ।
କାହିଁ ବସି ପୁଣି ପଣ୍ଡିତଗଣ
ଧର୍ମ କଥାକୁ କରନ୍ତି ବ୍ୟାଖ୍ୟାନ ।
ହାଟେ ନୃତ୍ୟଗୀତ କୌତୁକ କାହିଁ
କାହିଁ ଛଳ ତାମସା ଚାଲିଥାଇ ।

କାହିଁ କାଠ ପିତୁଳୀର ନର୍ତ୍ତନ
ମେଳି ହୋଇ ଦେଖନ୍ତି ବହୁଜନ।
କାହିଁ ଇନ୍ଦ୍ରଜାଲିକ ଯାଦୁକରୀ
ଚକ୍ଷୁ ବନ୍ଧନେ ଦେଖାଏ ଚାତୁରୀ।
କୁହୁକ କରି କୃଷ୍ଟେ ଶୁଭ୍ରକରେ
ଠକ ବିଦ୍ୟାରେ କେ ଠକେ କାହାରେ।
ବହୁ ମିଥ୍ୟାବାଦୀ ଚୋର ଚପଟ
ଧୂର୍ତ୍ତଙ୍କର ଲୀଳା, ବାଚାଳନାଟ।
କେହି ଉନ୍ମତ୍ତ ଯେହିବା ଦେଖଇ
କେତେ ଗଣ୍ଠିକଟା ଯାନ୍ତି ଦୂରେଇ।

ଗଣ୍ଠିକଟା କେତେ, କେତେ ତଣ୍ଟିକଟା, ଯେ ବିବେକୀ ସେ ସଜାଗ।
ତା ପୁଞ୍ଜି ତା ପାଖେ, ରହିଲା ଅଣ୍ଟିରେ, ଦୁର୍ଦ୍ଦଶା ସେ ନ ଭୋଗିବ।।

।। ୪୦ ।।

ସିଂହଳ ଗଡ଼କୁ ଦେଖ ଏଥର
କିବା ବର୍ଣ୍ଣନା କରିବି ଏହାର।
ନାଗରାଜା ବାସୁକି ପୃଷ୍ଠରେ
ମୂଳଦୁଆ ଧରିଛି କି ସୁସ୍ଥିରେ।
ଇନ୍ଦ୍ରଲୋକ ପରେ ରଖିଣ ଦୃଷ୍ଟି
ନିର୍ମାଣିଛି ସେହି ଗଡ଼ି ବିଶେଷି।
ଚାରିପାଶେ ଖାଇ ଅତି ଗଭୀର
ଦେଖି ତା ବଇରୀ ହେବ ଅଧିର।
ଜଙ୍ଘ କମ୍ପିଯାଏ ଦୃଷ୍ଟି ପଡ଼ିଲେ
ଲୋକ ଖସି ଯିବ ସାତ ପାତାଳେ।।
ମଧ୍ୟେ ଗଡ଼ା ନବତଳ ପ୍ରାସାଦ
ବାସ୍ତୁ ଗଢ଼ିଛି ନବଦ୍ୱାର ଅଦ୍ଭୁତ।

ଆରୋହଣ କରେ (ଯିଏ) ନବତଳକୁ
ବ୍ରହ୍ମ ମଣ୍ଡଳରେ ପାଏ ନିଜକୁ।
ଆବୃତ କରି ପରକୋଟା କଞ୍ଚନେ
ରତ୍ନ ଶୀର୍ଷଦେଶେ ଖଞ୍ଜା ଯତନେ।
ଚଉଦିଗ ଚମକଇ ଆଭାରେ
ବିଜୁଳିକି ମାରେ ତାରା ମଣ୍ଡଳେ।
ଲଙ୍କା ଗଡ଼ରୁ ସେ ଉଚ୍ଚ ଅଟଇ
ମନ ଥକିଯାଏ ଉର୍ଦ୍ଧ୍ୱକୁ ଚାହିଁ।

ଉଚ୍ଚ ଶୀର୍ଷ ତା'ର ସ୍ୱର୍ଗେ କି ଆକାଶ, ସୁମେରୁ ଅଛି କି ଦଣ୍ଡାୟମାନ।
ବିଶାଳ ପ୍ରସାର ବସୁନ୍ଧରା ଦେଖି, ଆପେ ଫେରି ଆସେ ମନ ନୟନ।।

■

।। ୪୧ ।।

ସେହି ସୁଉଚ୍ଚ ସୌଧର ପାର୍ଶ୍ୱ ଦେଇ
ରବି, ଶଶୀଙ୍କର ବିମାନ ଚଳଇ।
ଯେଣୁ ସେ ସୌଧର ଶିଖର ଦେଶରେ
ରଥ ତାଙ୍କ ବାଜି ଭଗ୍ନ ହୋଇପାରେ।
ନବପୁର ଦ୍ୱାରେ ପଦାତିକ ଦଳେ
ଏକ ସହସ୍ର ଜଗିଥାନ୍ତି ବିଧିରେ।
ପଦଚାର କରି ପାଞ୍ଚ କଟୁଆଳ
ଶତ୍ରୁଙ୍କୁ ଜଗିବାରେ ସଦା ତତ୍ପର।
ପୁର ଦ୍ୱାରେ ପାଦ ଦେଲେକ କମ୍ପନେ
ପ୍ରତି ଦ୍ୱାରୁ ପବି ପଡ଼ଇ ତକ୍ଷଣେ।
ଦ୍ୱାର ଦେଶେ ଗଢ଼ା ପ୍ରସ୍ତରର ସିଂହ
ଜୀବ ପାଇ ଅବା ହୁଏ ମୂର୍ତ୍ତିମନ୍ତ।
ଆଗୁଳନ୍ତି ପଥ କରି ସ୍କନ୍ଧ ସ୍ଫୀତ
ଗର୍ଜନ୍ତି ଆଗତେ କରି ଭୟଭୀତ।

ଜିହ୍ୱା ଲହଲହ, ବୁଲାଇ ଆଖିକୁ
ଝାମ୍ପ ମାରି ଅବା ଧରିବ ବେକକୁ।
ସେ ଲାଗି କୁଞ୍ଜରେ ଦୂରୁ ଦେଖି ମହା-
ଭୟରେ ପଳାନ୍ତି ନ ପାଇଣ ରାହା।
ପାବଚ୍ଛ ଚମକେ କନକ ଶିଳାର
ଊର୍ଦ୍ଧ୍ୱଗାମୀ ହୋଇ ଗଡ଼ର ଉପର।
ଏହିପରି ନବପୁର ଦ୍ୱାର ଅଟେ
ରୋଧେ ଦ୍ୱାର ବଜ୍ର ପାଷାଣ କବାଟେ।

ସତ୍ୟର ତୀକ୍ଷ୍ଣ ଶକ୍ତି ଲଗାଇ ମାନସେ ଯଦିବା କିଏ ସେ ଯାଏ ତହିଁ,
ସେ ସିନା ବୁଝିବ ସେ ରାଜ୍ୟ ବାରତା, ଅଦ୍ଭୁତ ସୁରକ୍ଷା କାହାପାଇଁ।।

।। ୪୨ ।।

ନବପୁର ପରେ ଦୁଆର ଦଶ
ବିରାଜେ ତହିଁ ପରେ କାଳପୁରୁଷ।
ଗଣି ଗଣି ରଖୁଥାଏ ଘଡ଼ାକୁ
ଯାହା ପୂରି ଯାଏ ସେହି ସମୟକୁ।
ଘଡ଼ା ପୂରିଗଲେ ମାରେ ମୁଗୁର
ଘଡ଼ି ଘଡ଼ି ଡାକେ ତା' ରଖୁଆଳ।
ସେଇ ପ୍ରହାରେ ଯାଏ ଜଗତ କମ୍ପି
ଘଡ଼ିକେ ଅବା କାଳ ନିଏ ଡାକି।
କଞ୍ଚାମାଟି ଗଡ଼ା କୁରାଳ ଚକ୍ରେ
ଫେରି ସ୍ଥିର ହୋଇ କି ସୁସ୍ଥେ ନିମିଷେ।
ଏକ ଘଡ଼ିରେ ଯେ ଘଡ଼ା ପୂରଇ
ଅନ୍ୟ ଘଡ଼ିକେ ସେ ଶୂନ୍ୟ ହୁଅଇ।
ପ୍ରତି ପ୍ରହରେ ଡାକ ଶୁଣିଲେ ବି
ନିଷ୍ଠୁର ଜୀବ, ଜାଗିଛି କେବେ କି ?

ଜଳ ଘଡ଼ି ପରି ଜୀବ ଆମର
ଦେହ ଯନ୍ତ୍ରେ ଲାଗିଛି ପରିସର।
ଭରିଲେ ଜଳ ଘଡ଼ି ଯାଏ ଢଳି
ପୁଣି ଶୂନ୍ୟ ଘଡ଼ି ଘରେ ଉଛୁଳି।

(**ଟିପ୍ପଣୀ:** ଉକ୍ତ କାବ୍ୟାଂଶରେ କବି ଜୀବନର ଅନିତ୍ୟତା ବିଷୟରେ ସୂଚାଇଛନ୍ତି।)

।। ୪୩ ।।

ନୀର, କ୍ଷୀର ନାମେ ନଦୀ ଦୁଇଟି
ଏଇ ଗଡ଼ ମଧ୍ୟ ଦେଇ ବହୁଛି।
ଦ୍ରୌପଦୀଙ୍କ ତୁଲ୍ୟ ସୁନ୍ଦରୀ ନାରୀ
ଆଣୁଥାନ୍ତି ଜଳ କଳସ ଭରି।
ମୋତି ଚୂର୍ଣ୍ଣେ ଭରା ଜଳକୁଣ୍ଡରେ
ଢାଳନ୍ତି କର୍ପୂରେ ଭରା ପଙ୍କରେ।
ଅମୃତ ତୁଲ୍ୟ ସେ ସଲିଳ ପାନେ
ରାଜା ବୃଦ୍ଧ ନୋହି ଥାଇ ଜୀବନେ।
କାଞ୍ଚନ ତରୁ ତହିଁ ଅଛି ଏକ
ଚେର ପାତାଳୀ, ଶାଖା ଛୁଇଁ ସ୍ୱର୍ଗ।
କପିଳାସ ପୁର କି ଇନ୍ଦ୍ରଲୋକ,
କଳ୍ପତରୁ ସମ ରଖଇ ଟେକ।
ତା'ର ଫଳ ପତ୍ର ଯେହୁ ଭୁଞ୍ଜଇ
ଯୁବା ରହେ ସଦା ବୃଦ୍ଧ ନ ହୋଇ।
ସେ ଫଳ ଖାଇ ବ୍ୟାଧି ନାଶ ଯାଏ
ପ୍ରାପ୍ତି ଲାଗି ତା ରାଜା ରଙ୍କ ହୁଏ।
ଏ ବୃକ୍ଷ ପତ୍ର ଚନ୍ଦ୍ରମା ସଦୃଶ
ଅଗଣିତ ତାରା ପୁଷ୍ପେ ବିକାଶ।
(ଏ) ଦ୍ରୁମ ଜ୍ୟୋତିରେ ସଦା ଦୀପ୍ତିମନ୍ତ
ନଗର ଉଜ୍ଜ୍ୱଳ-ସାରା ଜଗତ।।

ଏଇ ଅମୃତ ଫଳ ଖାଇଥାଏ ସେହି ତପୀ, ଥାଏ ଦୁର୍ବାର ତପ ଦାହି।
ଜରା ବ୍ୟାଧି ଶୂନ୍ୟ, ଅତୁଟ ଯୌବନ ପାଇ ହୁଏ ସୁଖୀ, ତା'ର ମୃତ୍ୟୁ ନାହିଁ।।

(**ଟିପ୍ପଣୀ:** ଏହି ଛନ୍ଦରେ ହଠଯୋଗ ତତ୍ତ୍ୱ ସମ୍ବନ୍ଧୀୟ ନିର୍ଦ୍ଦେଶ ରହିଛି। ମାନବ ଶରୀର ଗଡ଼ ସ୍ୱରୂପ। ଗଡ଼ର ନଦୀ ଦ୍ୱୟ କ୍ଷୀର ଓ ନୀର ଇଡ଼ା ଓ ପିଙ୍ଗଳା ନାଡ଼ି ଅଟନ୍ତି। ମୋତି ଚୂର୍ଣ୍ଣ କୁଣ୍ଡ ସୁଷୁମ୍ନା ନାଡ଼ି। କାଞ୍ଚନ ବୃକ୍ଷ-ଚେତନା ବଲ୍ଲୀ। ଏହା ପାତାଳ ଅର୍ଥାତ୍ ମୂଳାଧାର ଚକ୍ରଠାରୁ ଆକାଶ ତଥା ସହସ୍ରାର ପର୍ଯ୍ୟନ୍ତ ବ୍ୟାପ୍ତ। ଗଡ଼ର ଉଜ୍ଜ୍ୱଳତା। (ଶରୀରର ଚେତନା) ତାହାରି ପରିପ୍ରକାଶ। ଏହା ଏଇ କଳ୍ପତରୁ ସଫଳ ଆତ୍ମାନୁଭବ। ଏହା ଭକ୍ଷଣ କଲେ ଜରା ମୃତ୍ୟୁର ଭୟ ନଥାଏ। ଏହା କଠୋର ତପସ୍ୟା ବଳରେ ପ୍ରାପ୍ତ ହୁଏ। ଏହାରି ଲାଗି ଭର୍ତ୍ତୃହରି ରାଜା ରାଜ୍ୟତ୍ୟାଗ କରିଥିଲେ। ଏହାର ପ୍ରାପ୍ତିରେ ପ୍ରାଣୀ ଶାରୀରିକ ତଥା ମାନସିକ ବ୍ୟାଧିର କଷ୍ଟ ଅନୁଭବ କରେ ନାହିଁ।)

॥ ୪୪ ॥

ତହିଁ ରହିଛନ୍ତି ଚାରି ଅଧିପତି
ଅଶ୍ୱ, ଗଜପତି ଗଡ଼, ନରପତି।
ଶୁଭ୍ର ସଉଧ ସୁବର୍ଣ୍ଣରେ ନିର୍ମାଣ
କରି, ସୁଖେ ରହିଛନ୍ତି ନୃପଗଣ।
ପରଶ ପତରେ ଗଢ଼ା ରାଜଦ୍ୱାର
ଧନବନ୍ତ, ରୂପବନ୍ତ, ଶୂର ନର
ସର୍ବଦା ସୁଖ ବିଳାସେ ମତ୍ତ ହୋଇ
ଦୁଃଖ, କଷ୍ଟ, ଚିନ୍ତା କିଛି ନ ଲାଗଇ।
ସର୍ବ ଗୃହଦ୍ୱାରେ ଅଛି ଚଉପାଢ଼ି
ଖେଳନ୍ତି କୁମରେ ତହିଁ ପଶା ପାଲି।
ସେପରି ଖେଳାଳି ନାହିଁ ଆଉ କେହି
ଅସି ଯୁଦ୍ଧେ ତାଙ୍କ ସମକକ୍ଷ ନାହିଁ।
ଭାଟଗଣେ କୀର୍ତ୍ତି ବର୍ଣ୍ଣନା କରନ୍ତି
ଭେଟି ମିଳେ ହୟ ସିଂହଳର ହସ୍ତୀ

ପୁଷ୍ପୋଦ୍ୟାନ ଭରା ସକଳ ଭୁବନେ।
ଚୁଆ ଚନ୍ଦନ ବାସ ବହେ ପବନେ।

ନବ ନବ ପତ୍ର, ପୁଷ୍ପେ ଆଚ୍ଛାଦିତ କରି ଫୁଲ ବାରୀ।
ରୂପବତୀ ବାସନ୍ତିକା ବାରମାସ ଥାଏ ଅନୁସରି।।

■

॥ ୪୫ ॥

କବି କହୁଛନ୍ତି, ସିଂହଳ ଦେଶର
ରାଜଦ୍ୱାର ପରି କାହିଁ
ପରିକ୍ରମା କରି ବିଶାଳ ବସୁଧା
ତା ସମ ଦେଖିଲି ନାହିଁ।
ସେହି ସିଂହ ଦ୍ୱାରେ ରହିଛନ୍ତି ବନ୍ଧା
ସିଂହଳୀ ହସ୍ତିକ ସଦା
ନୟନେ ଲାଗଇ ପର୍ବତ ସମାନ
ତହିଁ ରହିଛନ୍ତି ଉଭା।
ବିଭିନ୍ନ ରଙ୍ଗର ସମାବେଶ ତହିଁ
ଶ୍ୱେତ, କୃଷ୍ଣ, ପୀତ, ରକ୍ତ
କିଏ ବା କପିଶ କିଏ ବା ଶ୍ୟାମଳ
ବହୁ ବର୍ଣ୍ଣରେ ବିଚିତ୍ର।
ସତେ ବା ପୃଷ୍ଠରେ ଉର୍ଦ୍ଧ୍ୱେ ଧରିଛନ୍ତି
ଗଗନକୁ ଶିର ପରେ
ଏକକୁ ଆରେକ ମହାବଳ ସେ ଯେ
ଧୁରନ୍ଧର ଉଗ୍ରତାରେ।
ଗିରି ଓ ପର୍ବତ, ପାହାଡ଼ ସମେତ
ଚୂର୍ଣ୍ଣ କରନ୍ତି କ୍ଷଣିକେ
ଅଟବୀ, ପାଦପ କରି ଶୁଣ୍ଢାଘାତ
ତୁଣ୍ଡେ ଭରନ୍ତି ପଲକେ।
ଦୁଇଟି ପ୍ରକାର ଭେଦରେ ସେମାନେ

ମତ୍ତହସ୍ତୀ-ସାଧାରଣ
ଯାହାକୁ ଯେମନ୍ତ ବ୍ୟବହାର ଜାଣି
କରନ୍ତି ରକ୍ଷକ ଗଣ।
ଧରିତ୍ରୀ ଧାରଣେ ଅସମର୍ଥ ହୁଏ
ପାଦପାତେ ହସ୍ତୀ ଯୂଥ
ପ୍ରତି ପାଦ ପାତେ ଦୋଳାୟିତ ହୁଏ
ଅସ୍ଥିର ହୋଇ ସତତ।

ଗମନ୍ତେ କରୀ କୁଳ, କମ୍ପଇ ଭୂ ମଣ୍ଡଳ, କଚ୍ଛପ ପୃଷ୍ଠ ଦ୍ରବୀଭୂତ।
ପାତାଳ ବିବରରେ, ବାସୁକି ଶଙ୍କିତରେ, ସହସ୍ର ଫଣା କରେ ମୁକ୍ତ।।

।। ୪୭ ।।

ରାଜ ଦ୍ୱାରେ ବାଜୀଶାଳେ ଅଶ୍ୱ ଯେତେ।
ସର୍ବେ ସୁଯୋଗ୍ୟ କୁଳୀନ ବହୁମତେ।
ଲୀଲ ଓ ସମନ୍ଦ ଅଶ୍ୱ ପ୍ଲୁତଗତି
ଜଗତ ଜାଣଇ ତାଙ୍କର ଯା ରୀତି।
ହାଂସୁଲ ଓ ଭ୍ରମର କିଆହ ଚାଲ
ଜଗତ ବଖାଣେ ହୋଇ ଉତ୍‌ଫୁଲ୍ଲ।
ଗୁର୍‌ରା, କୋହାହ, ବୁଲାହର ପଂକ୍ତି
ଲଗାମ କଷିଲା ମାତ୍ରେ ସେ ଧାବନ୍ତି।
ଉତ୍ସାହିତ ଯଦି ହୁଅନ୍ତି ସେ ବାରେ
ଧାବନ୍ତି ଆକାଶ ଛୁଇଁବାକୁ ଶିରେ।
ଯଦି ସେ ପାଆନ୍ତି ସଙ୍କେତ ଆଦେଶେ
ବିନା ଚାବୁକରେ ଗମନ୍ତି ନିମିଷେ।
ସମୁଦ୍ର ଉଲ୍ଲଙ୍ଘିଣ ଆସନ୍ତି ତୀର
ଉତ୍ତରନ୍ତେ ପାଦେ ନ ଲାଗେ ସଲିଳ।
ସ୍ଥିର ନରହି ତୋବଡ଼ା ମୁହେଁ ଥିଲେ
ଚର୍ବଣ, କରନ୍ତି ଚଣା (ଅତି) ଆନନ୍ଦରେ।

ପୁଚ୍ଛ ଟେକି କ୍ଷଣ କରେ ସେ ଧାବନ୍ତି
ସେ'ତ ମନ ତୁରଙ୍ଗ କବି କୁହନ୍ତି।

ଦୁର୍ଗମ ପଥ ସପତ ସାଗର ନୟନ ପଲକେ ଗମନ୍ତି ହୟ।
ବହୁ ବାଧାବିଘ୍ନ ସହି ଉତ୍ତରନ୍ତି ତିଳେ ହେଲେ ନରଖିଣ ଭୟ।।

(**ଟିପ୍ପଣୀ:** ପ୍ରେମୀ-ଅଭିନନ୍ଦନ ଗ୍ରନ୍ଥ ପୃ-୮୧ରେ ମଧ୍ୟଯୁଗୀୟ ପ୍ରସିଦ୍ଧ ଘୋଡ଼ାମାନଙ୍କର ଜାତିର ବର୍ଣ୍ଣନା ରହିଛି।)

॥ ୪୭ ॥

ସଭା ଗୃହକୁ ଦେଖି କବି ବିସ୍ମିତ
ଇନ୍ଦ୍ରସଭାକୁ ଦେଖୁଛନ୍ତି ନିଶ୍ଚିତ।
ଧନ୍ୟ ସେ ରାଜା, ସଜାଇଛି ତା ରାଜ୍ୟ
ପୁଷ୍ପିତ ଉଦ୍ୟାନେ ଭରା ଚଉଦିଗ।
ମୁକୁଟ ଶିରରେ ରାଜନ୍ୟ ମଣ୍ଡଳୀ
କରୁଥାନ୍ତି ସଭା ବାଜେ ଭେରୀତୂରୀ।
ସଦା ସର୍ବଦା ଦ୍ୱାରେ (ବୀର) କାହାଳୀ ବାଜେ
ରାଜନ୍ୟ ମଣ୍ଡଳୀ କରିଥାନ୍ତି ବିଜେ।
ପାଟ ସିଂହାସନେ ବସେ ଶିରୋମଣି
ଛତ୍ର ଚାମର ବିଞ୍ଚନ୍ତି ଦାସେ ପୁଣି।
ସର୍ବେ ରୂପବନ୍ତ ନୃପତି ମଣ୍ଡଳ
ସତେ 'ସରୋବରେ' ବିକଚ କମଳ।
ସମ୍ମାନିତ ନୃପରେ ଗୃହ ଗହଳି
ସଂଦର୍ଶନେ ସଭା ମନ ଉଠେ ପୂରି।
କର୍ପୂର ଚନ୍ଦନ ଓ ମେଦ କସ୍ତୁରୀ
ସଉରଭ ରସେ ରହିଛି ସଞ୍ଚରି।
ମଳୟ ଅନିଳ ସେ ଗୃହ ମଧ୍ୟରେ
ରତ୍ନ ସିଂହାସନକୁ ପରଶି ଖେଳେ।

ଆସୀନ ନୃପତି ତହିଁ ଗଉରବେ
ଶୁଭ୍ରତମ ଛତ୍ର ଶିରପରେ ଶୋଭେ।
ଉତ୍ପଳର ସମ ସଭା କି ପୁଷ୍ପିତ
ତହିଁ ସୂର୍ଯ୍ୟସମ ରାଜା ଦୀପ୍ତିମନ୍ତ।

ଗୌରବ ଦୀପ୍ତ, ପ୍ରତାପୀ ଭୂପତି ସେ ଗନ୍ଧର୍ବସେନ ସିଂହଳରେ।
ଚଉଦିଗେ ବ୍ୟାପି (ଯା) ଯଶ ବୀରତ୍ୱ, ଭୟେ ଶତ୍ରୁ ମଥାନତ କରେ।।

।। ୪୮ ।।

ରାଜମନ୍ଦିର କି କୈଳାସପୁରୀ
ଦେଖି ନୟନ ନ ଆସଇ ଫେରି।
କ୍ଷିତି ମଣ୍ଡିଛି କି ଧବଳ ସୌଧ
ଆକାଶ ଛୁଇଁ ଛୁଏଁ କି ବଉଦ।
ସପ୍ତ ଭୂମିଜ ସେ'କି ବହୁବିଧ
ସୁବର୍ଣ୍ଣେ ଗଠିତ ସର୍ବ ପ୍ରାସାଦ।
କୁଞ୍ଚି କୁଞ୍ଚିକା ଗିରି ଶ୍ରେଣୀପରି
ଶିଳ୍ପୀ ବିଶ୍ୱକର୍ମା କଲା ବିଚାରି।
ହୀରା ଇଟାରେ କର୍ପୂର ମିଳାଇ
ପର୍ବତ (ସ୍ତର) କି ଗଡ଼ ଆକାଶ ଛୁଇଁ।
ଖମ୍ବ ମଣି ମାଣିକରେ ଜଡ଼ିତ
କେତେ ରୂପ ଚିତ୍ର ତହିଁ ଖୋଦିତ।
କେତେ ଚିତ୍ର ଶିଳ୍ପ ଭିନ୍ନରୀତିରେ
ତହିଁ ଖୋଦିତ ଅଛି ସ୍ତରେ ସ୍ତରେ।
ପର୍ବତେ ଚଢ଼ି ଆକାଶ ସତେକି
ଧରିତ୍ରୀ ଛୁଇଁ ସଉଧର ଦୀପ୍ତିରେ
ସୂର୍ଯ୍ୟ ଚନ୍ଦ୍ର ତାରା ମିଳିତ ହେଲେ।

ବହୁ ବର୍ଣ୍ଣେ ବର୍ଣ୍ଣିଳ ସେ ସଉଧ
ଦେଖି ବିସ୍ମିତରେ ଚାହେଁ ଜଗତ।
ଏକ ଖଣ୍ଡ ପରେ ଆରୋହୀ ଉଠିଲେ ଅପର ପ୍ରାସାଦ ଦିଶେ।
ଆରୋହୀ ବୁଝିବ ସପ୍ତ ବୈକୁଣ୍ଠ ଓହ୍ଲାଇଛି ଏ ଧରା ଦେଶେ।

॥ ୪୯ ॥

ରାଜମହଲ ଅନ୍ତଃପୁର ଗାଥା
ଶୁଣିଲେ ବଢ଼ିବ ଲୋକେ ଶରଧା।
ସେ'ତ ଇନ୍ଦ୍ରପୁରୀ କି ଶିବଲୋକ
ତହିଁ ଅପସରା ଛନ୍ତି ଅନେକ।
ଷୋଳ ସହସ୍ର ପଦ୍ମିନୀ ରମଣୀ
ଏକ ବଳି ଏକ ସୁନ୍ଦର ମଣି।
ସୁନ୍ଦରୀ ସୁ ନାରୀ ପ୍ରମଦାଗଣ
ପାନ ଫୁଲେ ଭୁଞ୍ଜି ରଖନ୍ତି ପ୍ରାଣ।
ପାଟ ସିଂହାସନେ ବସନ୍ତି ଆସି
ରାଣୀ ଚମ୍ପାବତୀ, ପାଟ ମହିଷୀ।
ନବ ବୟସୀ, ସୁନ୍ଦରୀ ସୁବେଷା
ସର୍ବ ରାଣୀଙ୍କର ସେ ଶିରୋଭୂଷା।
ପ୍ରତିଦିନ ନବ ନବ ସୁବେଶେ
ନବ ବୟସୀ ସୁନ୍ଦରୀ ବିଳସେ।
ସର୍ବ ସୁନ୍ଦରୀ ରାଣୀମାନେ ତହିଁ
ରହି ତୋଷନ୍ତି ସ୍ତୁତି ବାକ୍ୟ କହି।
ବାଛି ବାଛି ସର୍ବ ଦ୍ୱୀପୁ ସୁନ୍ଦରୀ
ନାରୀ ରଖିଛି ରାଜା ପୁରଭରି।
ଦ୍ୱାଦଶ ପ୍ରକାରେ ସୁକାନ୍ତି ନାରୀ
ଉଜ୍ଜ୍ୱଳ କରାନ୍ତି ରାଜେନ୍ଦ୍ରପୁରୀ।
ସିଂହଳ ଦ୍ୱୀପରେ ଯେତେ ଦେଶସ୍ଥିତ ସମସ୍ତେ ସେ ରାଣୀ ରୂପେ ମୋହିତ।
ଥିଲେ ବି ଅନେକ ଅନିନ୍ଦ୍ୟ ସୁନ୍ଦରୀ, ଚମ୍ପାବତୀରୁ କେ ନୁହେଁ ଅଧିକ।।

।। ୫୦ ।।

ଚମ୍ପାବତୀ ଭାଗ୍ୟ କି ଉଚ୍ଚ ଦେଖ
ସେ'ତ ସୁଦ୍ଧ ସୁବର୍ଣ୍ଣର ପ୍ରତୀକ
ତାର ସ୍ୱଚ୍ଛ ହୃଦୟକୁ ନିରେଖି
ସ୍ୱର୍ଗ ଲୋକୁ ଦୀପ୍ତି ଆସିଲା ଖସି ।
ଚମ୍ପାବତୀ କରେ କାମନା ମନେ
କନ୍ୟା ରତ୍ନ ତାରେ ମିଳୁ ଯେସନେ ।
ଯାହା ରହିଛି କପାଳ ଲେଖନ
ଅବଶ୍ୟ ଫଳିବ ସମୟେ ଜାଣ ।
ପିତା ମସ୍ତକ ମଣି ଦୀପ୍ତି ଭରି-
କ୍ରମେ ପିତା ଦେହେ ଗଲା ସଞ୍ଚରି ।
କାନ୍ତ କାମିନୀ ସହବାସ ଫଳେ
ଦୀପ୍ତି ଭରେ ପାଟରାଣୀ ଉଦରେ ।
ରାଜାଙ୍କ ଦେହୁ ଦିପ୍ତୀ ଖସି ଖରେ
ରାଣୀ ଗର୍ଭେ ସେ ରହିଲା ଆଦରେ ।
ଝୀନ ବାସେ ଯେହ୍ନେ ଦୀପ ଦିଶଇ
ରାଣୀ ମୁଖ ଜ୍ୟୋତି ନିତି ବଢ଼ଇ ।
ରାଜ ମନ୍ଦିର ସୁବର୍ଣ୍ଣ ଚନ୍ଦନେ
ଲିପା ହୋଇ ଶୋଭା ଦିଶେ ନୟନେ ।

ସେ'ତ ଶିବଲୋକୁ ଜ୍ୟୋତି ଆସି ଖସି, ଅବତରିବ ରାଣୀଙ୍କ ଉଦରୁ ।
ଲାବଣ୍ୟମୟୀ ରୂପଧରି ଅପୂର୍ବ ସିଂହଳ ଦ୍ୱୀପରେ ଶିବ ଦୟାରୁ ।।

।। ୫୧ ।।

ପୂର୍ଣ୍ଣ ଦଶମାସେ ଗର୍ଭୁ ଅବତରି
ଧରା ପରଶିଲା ଲାବଣ୍ୟ କୁମାରୀ ।
ମ୍ଳାନ ପଡ଼ିଗଲା ଆଦିତ୍ୟ ଆଲୋକ
କନ୍ୟା ଜ୍ୟୋତି ଭରିଲା ସିଂହଳ ଦ୍ୱୀପ ।

ସେ ଜ୍ୟୋତିରେ ରାଜମନ୍ଦିର ଉଛୁଳି
ରାତ୍ରୀ ନରହିଲା ଶିବଲୋକ ଭଳି।
ଶେଷେ ପୂର୍ଣ୍ଣିମାର ଶଶୀ ଲଜ୍ଜା ପାଇ
ପ୍ରତିଦିନ ସେ କ୍ଷୀଣ କଳା ହୁଅଇ।
ଯାମିନୀରେ ଜନ୍ମ ନେଲା ଯେଣୁ କନ୍ୟା
ତା ଜ୍ୟୋତିରେ ହିଁ ମ୍ଳାନ ଚନ୍ଦ୍ର ଜୋଛନା।
(ତେଣୁ) ଦୁଇ ଦିନ ଅମାବାସ୍ୟା ପ୍ରତିପଦ
ଲଜ୍ଜାରେ ଛପି ମୁହଁ ଲୁଚାଏ ସେ'ତ।
ଦ୍ୱିତୀୟାରେ (ପୁନଃ) ଜନ୍ମ ନିଏ ସେ ଚନ୍ଦ୍ରମା
ବିଧାତା ଦୟାରେ (ଯେଣୁ) ପୋଛେ ତା କାଳିମା।
ଶିଶୁ କନ୍ୟା ଅଙ୍ଗ ଗନ୍ଧ ସୁଗନ୍ଧରେ
ଭ୍ରମନ୍ତି ଭ୍ରମରେ ଆସି ଦଳେ ଦଳେ।
ପଦ୍ମ ସୁଗନ୍ଧରେ ଏକତ୍ରିତ ହୋଇ
କନ୍ୟା ଚଉପାଶେ ବୁଲୁଥାନ୍ତି ରହି।
ଜଗତେ ନାହିଁ ତା ରୂପର ତୁଳନା
ଶିବ ଲୋକର ସେ ଲାବଣ୍ୟ ଲଳନା।

ଧନ୍ୟ ସେ ଦେଶ, ଧନ୍ୟ ସେ ନରେଶ, ଧନ୍ୟ ଗୋ ପାଟ ମହିଷୀ।
ଉଦରେ ଆଦରେ ଦଶମାସ ରହି ନେଲା କନ୍ୟା ଜନ୍ମ ଯହିଁ ଆସି।।

।। ୫୨ ।।

ଷଷ୍ଠୀ ପୂଜାକଲେ ଅନ୍ତଃପୁର ନାରୀ
କେଳ କଉତୁକେ ବିତାଇ ସର୍ବରୀ।
ଜାତକ ବିଚାରକ ଜ୍ୟୋତିଷ ଗଣେ
କନ୍ୟା ଜନମ ଶୁଭ ରାଶି କଥନେ।
ସୂର୍ଯ୍ୟଙ୍କ ପରଶମଣି ସଂଯୋଗରେ
ହୀରା ପରବତ ହୋଇଲା ଧରାରେ।
ସେହି ଜ୍ୟୋତି ନେଇ ଜଗତ ଉଦ୍ଦୀପ୍ତ

ତହୁଁ ଅଧିକ ଏ କୁମାରୀ ନିଶ୍ଚିତ।
ବତିଶ ଗୁଣ ଲକ୍ଷଣେ କନ୍ୟା ପାଇଁ
ସିଂହଳ ରାଜନ ଗଲେ ଧନ୍ୟ ହୋଇ।
ଏହି କନ୍ୟା ହୀରା ଲଗା ରତ୍ନପରି
ପ୍ରେମୀ ଆସିବ ସୁଦୂର ଦ୍ୱୀପଛାଡ଼ି।
ଗନ୍ଧର୍ବ ସେନା ଗୃହେ ଏ କନ୍ୟା ଜାତ
ଜମ୍ବୁ ଦ୍ୱୀପେ ଯିବ, ଯମଦ୍ୱାର ସେ'ତ।
ଏହି ରମା ଜନ୍ମ ବତିଶ ଲକ୍ଷଣେ
ରାବଣ ହରିବ ଅନୁରାଗୀ ପଣେ।

ତା ରୂପ ଅନଳେ ପତଙ୍ଗପରି, କେତେ ପ୍ରେମୀ ଯିବେ ଜଳି ତହିଁ।
ଅନ୍ତଃସାର ଶୂନ୍ୟ ସର୍ବ ତ୍ୟାଗୀ ଯୋଗୀ ଲଭିବ, ଭବିଷ୍ୟ ଅନ୍ୟଥା ନୋହି।।

।। ୫୩ ।।

ଆଶିଷ ଦେଲେ- ଗଲେ ଜ୍ୟୋତିଷଗଣ
ହାତେ ରଖିଲେ କୋଷ୍ଠୀ ଗନ୍ଧର୍ବସେନ।
ପାଞ୍ଚ ବରଷେ କନ୍ୟା ପୁରାଣ ପଢ଼ି
ବିଦୂଷୀକନ୍ୟା, ଗୁଣେ ଆୟସୀ ପରି।
ରୂପେ ଲକ୍ଷ୍ମୀ ପୁଣି ଗୁଣେ ସରସ୍ୱତୀ
ଦୈବ ଦେଲାକି ସ୍ୱର୍ଗ ସିଂହଳେ ଥାପି।
ସପତ ଦ୍ୱୀପୁ ଯେତେ ରାଜ ପୁତ୍ରଗଣ
କନ୍ୟାର ସମକ୍ଷ ନୋହି ଫେରନ୍ତି ପୁଣ।
ରୂପ ଗୁଣେ ଅନୁପମ (ସେ) ଅଭିନବ
କନ୍ୟା ସମ ସ୍ୱାମୀ କିଏ ଅବା ହେବ।

ନରେଶ କହନ୍ତି, "ଶିବ ଲୋକରେ ମୁଁ ଇନ୍ଦ୍ରସମ ଅଟେ ସମ୍ମାନରେ।
କାହାକୁ କହିବି ମୋ କନ୍ୟା ପାଇଁକି, ଧନ୍ୟ ଯେ କରିଛି ଧରିତ୍ରୀରେ।"

॥ ୫୪ ॥

ବାର ବରଷରେ କନ୍ୟା ପୁଷ୍ପବତୀ
ଅବଗତ ହେଲେ ଦ୍ୱୀପ ଅଧିପତି।
ସପ୍ତମହଲର ଧବଳ ସଉଧେ
ସଖି, ସହଚରୀ ମେଳେ ସେ ବିନୋଦେ।
ରହି ବିହରନ୍ତି ସଖୀ ଲାବଣ୍ୟବତୀ
କମଳକୁ ବେଢ଼ି କୁମୁଦିନୀ ପଂକ୍ତି।
ନହୁଲି ବୟସ କୁମାରୀଗଣ
ରାଜଜେମାର ସ୍ନେହୀ ସଜନୀଗଣ।
ସତେ ଆସିଲା କାହୁଁ ଶୁକପକ୍ଷୀ
ରକ୍ତବର୍ଣ୍ଣ ନେତ୍ର, ମୁଖ ଦିଶେ ଜ୍ୟୋତି।
ହେମ ବର୍ଣ୍ଣ ଅଙ୍ଗ କହେ ବେଦ କଥା
ସୁବର୍ଣ୍ଣେ ସୁଗନ୍ଧ ସୁମିଶ୍ରଣେ ଯଥା।
ରତନ ଚଞ୍ଚୁକୁ ବିସ୍ତାରି କିଞ୍ଚିତେ
କନ୍ୟାକୁ ଶିଖାଇଲା ବେଦ ବେଦାନ୍ତେ।
ରାଜକନ୍ୟା ପଢ଼େ ନିର୍ଭୟେ ବେଦ
ହୀରାମଣି ନାମେ ଜଗତ ବିଖ୍ୟାତ।
ବହୁବେଦ ଶାସ୍ତ୍ର ଚର୍ଚ୍ଚା ସେ କରନ୍ତି
ଅତି ମୋଦ ଭରେ ଭଜନ ଶୁଣନ୍ତି।

ଅତି ଅଦଭୁତ, ବ୍ରହ୍ମା ଶୁଣି ବେଦ, ମୋଦ ଭରେ ମଥା ଦୋହାଲୁଥାନ୍ତି।
ସେ ଆତ୍ମିକ ଭାବ ବୁଝିଥାଏ ଯେ'ତ, ସେ ଯତି, ସନ୍ନ୍ୟାସୀ ଯୋଗୀ କାହାନ୍ତି ?

■

॥ ୫୫ ॥

ପୁଷ୍ପ ବାଟିକା ପରି ପଦ୍ମାବତୀ
ଉନ୍ମେଷିତ କଢ଼ି, କୁସୁମ ଫୁଟି।
ତନୁ ଶାଖାରେ ପୁଷ୍ପ ସୁକୋମଳ

ସୁଗନ୍ଧେ କରି ଭ୍ରମରେ ଆକୁଳ।
ମଳୟ ଗିରି ପରି ପୃଷ୍ଠେ ଚଢ଼ି
ସର୍ପପରି କି ବେଣୀ ଅଛି ଜଡ଼ି।
ଭୂରୁ ଧନୁ ତାର ନେତ୍ର ଚାହାଣି
ବାଣ ମାରିବ ବା ଲାଗେ ତକ୍ଷଣି।
ଦ୍ୱିତୀୟା ଶଶୀକି ଲଲାଟ ପଟ
ଚପଳତା ମୃଗ ନେତ୍ରରେ ଦେଖ।
ମୁଖ ପଦ୍ମେ ଶୁକ ଚଞ୍ଚୁ ନାସିକା
ଦେଖି ସାରା ବିଶ୍ୱ ମୋହିତ ଏକା।
ଅଧର ମାଣିକ ଦନ୍ତ କି ହୀରା
ସ୍ୱର୍ଣ୍ଣ ଜମ୍ବୁଫଳ ହୃଦୟେ ଯୋଡ଼ା।
କେଶରୀ କଟୀ ଗଜର ଗମନ
ଲୀଳା ଛନ୍ଦେ ସଜ୍ଜା ତାର ଯୌବନ।

ଦେବତା, ମାନବ ସୃଷ୍ଟି ତହିଁ ପଡ଼ି, ହୁଏ ଧରା ପରେ ଅବନତ
ସନ୍ନ୍ୟାସୀ, ଯୋଗୀ, ଯତି, ଊର୍ଦ୍ଧ୍ୱକୁ ଚାହିଁ ସାଧୁଥାନ୍ତି ଭରାତପ।।

ଦୁର୍ଲ୍ଲଭ ଦେହ ତାହାର ବ୍ୟାପିଛି ଧରିତ୍ରୀ ଆକାଶ ଭରି,
ସେ ନୈସର୍ଗିକ ରୂପ ଦେଖିବାକୁ ଅବା ଊର୍ଦ୍ଧ୍ୱ ଦୃଷ୍ଟି ଥାନ୍ତି କରି।।
(**ଟିପ୍ପଣୀ:** ଜାୟସୀ ସଙ୍କେତରେ କହିଛନ୍ତି - ସମସ୍ତ ସାଧନାର ଲକ୍ଷ ଈଶ୍ୱରଙ୍କ ସୌନ୍ଦର୍ଯ୍ୟର ସାକ୍ଷାତ କରିବା।)

॥ ୫୫ ॥ (କ)

ଦିନେ ବିଶ୍ୱାସେ କହେ ପଦ୍ମାବତୀ
"ଶୁକ ଶୁଣ ତୁ, ଅନୁଭବେ ନିତି।
ଅପଘନେ ମୋର ଅତନୁ ତାପ
ଦିନୁ ଦିନୁ ବଢ଼େ ତନୁ ସନ୍ତାପ।
ମୋର ବିବାହ ପାଇଁ ପିତାଙ୍କର

କେବେ ନହୁଏ ମାନସେ ବିଚାର।
ପିତା ଭୟେ ମାତା ରହେ ମଉନ
ସଦା ସର୍ବଦା ମନ ଦୁଃଖେ ଜାଣ।
ବିବାହ ଲାଗି ରାଜପୁତ୍ର ଯେତେ
ଯୋଗ୍ୟ ନୁହଁନ୍ତି ପିତାଙ୍କର ନେତ୍ରେ।
ମୋର ଯୌବନ ଜାହ୍ନବୀ ସଲିଳ
କୂଳ ଲଂଘିବାକୁ ହୁଏ ଉଚ୍ଛଳ।
ଅଙ୍ଗ ଅବୟବେ ଜାଗେ ଅତନୁ
ଦହନ ଦାହେ ଜଳେ ସାରା ତନୁ।"
ହୀରାମଣି କହେ ବୁଝାଇ ଜ୍ଞାନ
"ଭାଗ୍ୟ ଲେଖନ କେ କରିବ ଆନ।
ଯଦି ଆଦେଶିବୁ (ଖୋଜି) ସାରା ପୃଥିବୀ
ତୋର ତୁଲ୍ୟ ବର ଆଣି ମୁଁ ଦେବି।
ମୋର ଫେରନ୍ତା ପାଦ ସରଣୀକୁ
ଚାହିଁ ସମ୍ଭାଳିବୁ ସଦା ନିଜକୁ।"
ତହିଁ ଅନ୍ତରାଳେ କେହି ଦୁର୍ଜ୍ଜନ
ଥାଇ ଶୁଣୁଥିଲା ତାଙ୍କ କଥନ।
ଯାଇ ବାର୍ତ୍ତା ଦିଏ ରାଜା ଅଗ୍ରତେ
ଶୁକ, ପଦ୍ମା ନ ଜାଣିଲେ କିଞ୍ଚିତେ।

ସେଦିନ କାଳ ଜଗିବସେ ରାଜଗୃହେ ସଦା, ସେ କାଳମାର୍ଜ୍ଜାର ସତତ।
ଜୀବନ ସଙ୍କଟେ ହୀରାମଣି ସେହିଦିନୁ ମୁକ୍ତି ଖୋଜୁଥାଏ ଅବିରତ।।

।। ୫୬ ।।

ଶୁଣିଲେ ନୃପତି ଯେବେ ଶୁକ କଥା
ମନେ ଗୁପତେ ଭାଳନ୍ତି, ପୋତି ମଥା।
"ଶୁକ ପକ୍ଷୀଠାରୁ ସେ ମନ୍ତ୍ରଣା ପାଇ
ପ୍ରେମୀ ଅନୁରାଗୀ ହେବ ଚନ୍ଦ୍ରପାଇ।

ଯାକୁ ମାରି ନିଷ୍କଣ୍ଟକ କରି ପୁରୀ
ପ୍ରେମୀ କବଳରୁ ରଖିବି ଦୁଲାଳୀ।”
ରାଜାଙ୍କ ଆଦେଶେ ଭୃତ୍ୟ ଗଲେ ଖୋଜି
ଭୁଆ ପରି, ଛକି ଛକି ବେଳ ବୁଝି।
ନାପିତ ଯେ ଏକ, ଶୁକ ଶତ୍ରୁ ଥିଲା
ପାଶେ ରାଜାଙ୍କର ସବୁ ଜଣାଇଲା।।
ଶୁକକୁ ଲୁଚାଇ ରଖି ପଦ୍ମାବତୀ
ପିତାଙ୍କୁ ବୋଧିବେ ବୋଲି ଭାଳୁଛନ୍ତି।
ଭୃତ୍ୟରେ ପାଶକୁ ଡାକି କହେ କନ୍ୟା
ପିତାଙ୍କୁ ଯାଇ ମୋ ଲାଗି କର ଜଣା।
“ପିତାଙ୍କ ଆଦେଶେ କର ଶିରେ ଧରି,
କହେ କରଯୋଡ଼ି, ଅନୁରୋଧ କରି।
ପକ୍ଷୀ ଜାତି ମୂର୍ଖ, ନୁହେଁ ଜ୍ଞାନବନ୍ତ
ଖାଇବା, ଉଡ଼ିବା, ଖାଲି ଜାଣନ୍ତିତ।
ଅନ୍ୟ ପଢ଼ାଇଲେ ତାହା କହେ ତୁଣ୍ଡେ
ରତ୍ନ, ମଣି, ମୋତି ଦେଖାଇଲେ ଦଣ୍ଡେ
ନଦେଖେ ସେ ଚକ୍ଷୁରେ। ଦେଖିଲେ ଫଳ,
ଦ୍ରାକ୍ଷା ଡାଳିମ୍ବ ଇତ୍ୟାଦି ପ୍ରିୟ ତା’ର।”

ଦ୍ରାକ୍ଷା, ଡାଳିମ୍ବ ଫଳ ସେ ଦେଖିଲେ, ପତ୍ର ଗହଳ ଶାଖାରୁ ଉତୁରି,
ଚଞ୍ଚୁରେ ଧରି, ତରୁବରେ ବସିଣ, ଖାଦ୍ୟ ଖାଇ ପୁଣି ଯାଏ ଉଡ଼ି।।

॥ ୫୭ ॥

ବୋଲଇ ସେ ଶୁକ ନିରୋଳାରେ ଯାଇ।
“ଶୁଣ ତୁ ପଦ୍ମିନୀ ଯାହା ମୁଁ କହଇ!
ମୋର ମୋତି ସମଗୁଣେ, କଳା ଲାଗେ
ପୋଛି ବି (ଏ) କଳ୍ମଷ କହ କେଉଁ ଭାବେ।
ବନେ ଫେରିବି ମୁଁ ମତେ ଦିଅ ଆଜ୍ଞା
ଦାସକୁ ମାରିଲେ ସ୍ୱାମୀ, ରଖେ (କେ) ଅବା।

କାଳ ମାର୍ଜାରୀ ନାଚେ ମୋ ଚଉପାଶେ
ପ୍ରାଣ ମୋ ହରିବ କେବେ ଅଚାନକେ।
ବହୁ ଆଦର, ଭୋଜନ ଯତନରେ
ପାଶେ ତବ ଥିଲି ଅତି ସନ୍ତୋଷରେ।
ପୁଛିଲେ କିପରି କହିବି ମୁଁ ତାହା
ସୁଖମୟ ଦିନ ସରିଅଛି ଯାହା।
କେତେ ଦୁଃଖୀ ହୋଇ ଯିବି କେଉଁ ବନେ।
ତୁମ ଉପକାର ଶୁଝିବି କେସନେ।
ଯିଏ ନିଷ୍ଠୁର ସେ ମାରେ ଦୟାହୀନ
ପ୍ରଭୁ ଭୟ ନାହିଁ, ନିର୍ଭୟ କାରଣ।"

ଶତ୍ରୁ ହୋଇ, ଶତ୍ରୁ ପଡ଼ୋଶୀ ହେଲେ କି ପ୍ରୀତି କି ପାରିବ କରି,
ନିର୍ଦ୍ଦୟରେ ରାଜା ଆଦେଶ କରିଲେ, ସେବକେ ମାରିବେ ଧରି।

॥ ୫୮ ॥

ସ୍ନେହେ ଦୟାବହି କହେ ପଦ୍ମାବତୀ
"ତୁ ମୋ ଜୀବ ପକ୍ଷୀ ଗଲେ କି ବଞ୍ଚିବି।
ଆରେ ହୀରାମଣି ଜୀବନ ନାଟିକା
ବିଚ୍ଛେଦରେ ତୋର ମୋ ଜୀବନ ଏକା।
ଗଲେ କି ଜୀବନ ତୋତେ ନ ଛାଡ଼ିବି
ତୋର ମୋର ସ୍ନେହ, ଧର୍ମ ପ୍ରୀତି ଭାବି।
ମୁହିଁ ମାନବୀ ପ୍ରାଣୀ, ବିହଗ ତୁହି
ସତ୍ୟ ପ୍ରୀତି ଯାହା ଜୀବ ସାଥେ ଯାଇ।
ସମେ ସୂରଗ ମର୍ତ୍ତ୍ୟ ତା ପାଶେ ଥାଏ
ଦୁଃଖ ସୁଖ ତାର ଏକ ହୋଇ ରହେ।
ଜୀବନ ସ୍ରୋତ ମାନେନା ବାଲି ବନ୍ଧ
ପ୍ରେମୀ କେବେ ନ ଜାଣଇ ଭଲ ମନ୍ଦ।
ପ୍ରେମର ପର୍ବତ ସ୍କନ୍ଧେ ଯେହୁ ବହେ,

ବନ୍ଧନ ତୁଟାଇଲେ, ପଥେ ସେହୁ ପଡ଼େ।
ପ୍ରେମର ପଥିକ ପଥ ଭୁଲେ ନାହିଁ”
ସଂଶୟ ମନେ ତହୁଁ ଶୁକ ଭାଳଇ।

କର୍ଣ୍ଣଧାର ଯଦି ଶତ୍ରୁ ହୋଇ ବସେ, ବିଶାଳ ଜଳଧି-ଜଳ ଶୟନେ,
ଶୂନ୍ୟକୁ ଚାହିଁଣ, ହତାଶ ନୟନେ, ବୁଡ଼ିଯାଏ ତରୀ ଜଳ ଅୟନେ।

॥ ୪୯ ॥

ଏକ ପୂଣ୍ୟ ତିଥିରେ କିଶୋରୀ ସର୍ବେ
ସ୍ନାନେ ଗଲେ ମାନସରୋବର ତୀର୍ଥେ
ସର୍ବେ ମେଳ ହୋଇ କରିଲେ ଗମନ
ପଥେ ଗମେ ସତେ ପୁଷ୍ପର ଉଦ୍ୟାନ।
ପଦ୍ମା ସଖୀ ଯୂଇ, ଜାଇ ଓ ମଲ୍ଲିକା
କିଏ ଚମ୍ପା କି, ସୁନ୍ଦର କଳିକା।
କୁରୁବାକ କେତକୀ ଓ କନିଅର
କିଆ କେଶରୀ ପୁଣି ଚୂତ ବଉଳ।
ଗୋଲାପ, ତମାଳ, କୁଙ୍କୁମ କେଶରୀ
ସୋନ ଦରଜ ପୁଣି କାମିନୀ, ବେଲି।
ହାର ଶୃଙ୍ଗାର ଓ ମାଳତୀ, କୁମୁଦ
ସାଥୀରେ କୁବ୍ଜକ, ହେନା, ଶତବର୍ଗ।
କଣ୍ଟା ଫିରିକି, ମରୁଆ ବ୍ରଜମଲ୍ଲୀ
ନାଗେଶ୍ୱର ଫୁଲ କାଠଚମ୍ପା ଧରି।
ସେତ ସହଚରୀ କୁମୁଦଙ୍କ ଦଳ
ରାଜ ଦୁଲାଳୀ ସେତ ରାଣୀକମଳ।

ମନ୍ଦ ସୌରଭେ ସମୀର ଚଳଇ, ତରୁଣୀ ତନୁ ସୁବାସରେ।
ସରଗେ ଦେଖନ୍ତି ମର୍ତ୍ତ୍ୟର ସୁଷମା, କାମବିଦଗ୍ଧ ଗନ୍ଧର୍ବ ଦଳେ।

।। ୬୦ ।।

ସର୍ବ ସୁନ୍ଦରୀ ଏ ସରସୀ ନୀରେ
କେଳି କଲେ ହର୍ଷ ଉଲ୍ଲାସ ଭରେ।
ପଦ୍ମିନୀକୁ ବୋଲନ୍ତି ସଖି ଦଳେ
"ଯିବା ଖେଳି ମନଭରି ସକଳେ।
ପିତା ଘର ଚାରିଦିନ ପାଇଁକି
ଖେଳ କଉତୁକ ଖୁସି ଯାହାକି।
ରହିବା ଯେତେଦିନ ପିତୃ ଗୃହେ
ମନ ଆନନ୍ଦେ ଖେଳିବା ସଭିଏଁ।
ଭବିଷ୍ୟେ ଯିବା ଯେବେ ଶାଶୁଘର
ତହିଁ କି ପାଇବା ଏହି ସରୋବର।
ଶାଶୁ ନଣନ୍ଦ(ଙ୍କ) ପରାଭବ ପାଇ
ଗୃହେ ଫେରିବା, ତୁମ ହାତେ ନାହିଁ।
ଶ୍ୱଶୁର ନିଷ୍ଠୁର, ଛାଡ଼ିବ (କି) ସତେ!
ହାତ ଯେ ଧରିବ ଆମ, ତା ଚିତ୍ତେ
ପ୍ରେମ ସୋହାଗ ଥିବ (ଅବା) ଦୁଃଖ ଦେବ
ଜାଣୁନା, ଭାଗ୍ୟ କି ପରୀକ୍ଷା ନେବ।
ଏଣୁ ଖେଳିବା ସଜନୀଏ ମିଳି
ସରସୀ ଜଳେ ଯେତେ ମନଭରି।"

ସୁଖରେ ବା ଦୁଃଖରେ ରଖି ସ୍ୱାମୀ ଆମ ଲାଞ୍ଛନା କି ଅପମାନ ଦେଇ,
ରଖିବ ଅବା ପ୍ରେମେ, ସୋହାଗିନୀ କରି ଆପଣା ପାଶୁ ଦୂରେଇ ନ ଦେଇ।"

■

।। ୬୧ ।।

ସରୋବର ତୀରେ ପଦ୍ମ କିଶୋରୀ
ଜୁଡ଼ା ଫିଟାଇ କେଶ ଦେଲା ମେଲି।
ଶଶୀ ମୁଖ ତନୁ ମଳୟ ବାସେ
ନାଗେ ବେଢ଼ିଲେକି ସୁଗନ୍ଧ ଆଶେ।

ଲୋଟେ କୁନ୍ତଳ ଅଙ୍ଗ ଆବୃତ କରି
ବାସ ଲାଗି ନାଗେ ଆସନ୍ତି ଘେରି।
କେଶ ମୁକୁଳା, ମୁଖେ ଅଛି ପଡ଼ି
ମେଘ ଘନ କି ଅମ୍ବର ଆବୋରି।
ଅବା ଚନ୍ଦ୍ରକୁ ରାହୁ ଅଛି ଗ୍ରାସି
ଚନ୍ଦ୍ର ଗ୍ରହଣ ସତେକି ଲାଗିଛି।
ଦିବା ସମୟେ ସୂର୍ଯ୍ୟ ଗଲେ ଛପି
ତାରା ମେଳରେ ଚନ୍ଦ୍ର ଉଦିଲେକି।
ଭ୍ରମେ ଚକୋର ଚାହେଁ ଶଶୀ ବୋଲି
କଳା ବାଦଲେ ଖେଳେ ଲୁଚକାଳି।
ବିଜୁଳୀ ଖେଳଇ ହସିଲେ ଦିନ
ପୀକ ଭାଷ ତୁଲ୍ୟ କହେ ବଚନ।
ଭୁରୁ ଧନୁ ଧରି ଗଗନେ ଦେଖେ
ଚପଳେ ଘୁରେ କି ଖଞ୍ଜନ ପାଶେ।
ନାରାଙ୍ଗ କୁଚେ ମଧୁକର ଲୋଭେ
ତାର ଚଉପାଶେ ଘୁରେ, ସ୍ୱଭାବେ।
ତରଙ୍ଗୀତ କରେ ସରସୀ ଜଳ
ଆହ୍ଲାଦେ ଖେଳନ୍ତି କିଶୋରୀ ଦଳ।

ସରସୀ ଘନରସ ଉତ୍ସାହେ ତରଙ୍ଗୀତ ପଦ ପରଶେ ସୁଖ ପାଏ।
ଅପଘନେ ଖେଳି ତାର ଛୁଇଁ ଆସେଫେରି, ସୁ ଅଙ୍ଗେ ପ୍ରସରି ଦୋଳୁଥାଏ।

॥ ୬୨ ॥

ଛିଟ ଶାଢ଼ୀ ସବୁ ତଟରେ ରଖି
ସରୋବରେ ପଶି ସମସ୍ତ ସଖି।
ପାଦୁ ତନୁଲତା ଜଳେ ବୁଡ଼ାଇ
ଲତା ଭାସେ କି ଦେହ ଦୋହଲାଇ।
ନବ ବସନ୍ତେ ନୂତନ କଳିକା

ବିକଶିବ ଫୁଲ ରସେ ଭରିତା।
ନବ ପଲ୍ଲବ ପରି କୁମାରୀଏ
ଦେହ ଦୋଳାୟିତ ଦଳ ପ୍ରବାହେ।
ଘନ କୁନ୍ତଳ ବିଷ ନାଗ ସମ
ଚନ୍ଦ୍ରମୁଖେ ବେଢ଼ି କରାଏ ଭ୍ରମ।
ତାରାଗଣ ମଧ୍ୟେ ଚନ୍ଦ୍ରମା ଦେଖି
ଚକୋର କାନ୍ଦେ ଚଞ୍ଚୁ ମୁଖ ଟେକି।
କାହିଁ ରହିଅଛ ମୋ ପ୍ରିୟତମ
ଯାମିନୀ ଆସିନି ବିରହ ପୁଣ।
ଚନ୍ଦ୍ର ଉଦୟେ ରହେ ମୁଁ ବିରହେ
ରାତ୍ରି ଯାପଇ ବନ ବିନିମୟେ।
ଏବେ ଦିବସେ ଉଦିଛି ଚନ୍ଦ୍ରମା
କାହିଁ ଅଛ ତୁମେ ମତେ ଅଜଣା।।

ରାତ୍ରିର ଆକାଶେ, ଚନ୍ଦ୍ରମା ସିନା ହସେ, ଏବେ ଦିବସେ ଉଦିଛି ଚନ୍ଦ୍ରମା।
ସନ୍ତାପେ କାନ୍ଦନ୍ତି ସାରଙ୍ଗ ଯୁଗଳ, ଦେଖି ଅନାହୂତ ଭାଗ୍ୟ ବିଡ଼ମ୍ବନା।

॥ ୬୩ ॥

ସଭିଏ ଖେଳନ୍ତି ଥାଇ ମଝି ଜଳେ
ହଂସ ଯୁଗ ଦେଖେ ଲାଜେ ରହି ତୀରେ।
ପଦ୍ମିନୀ ବୋଲଇ ଆଜି ବାଜି ରଖି
ଆସଲୋ ଖେଳିବା ଜଳେ ସର୍ବେ ସଖୀ।
ଯେହୁ ହାରିବ ଦେବ ଗଳାର ହାର
ଚନ୍ଦ୍ର, ତାରା ସାକ୍ଷୀ ରହିବେ ଆମର।
ଶ୍ୟାମା ସଙ୍ଗତେ ଶ୍ୟାମଳୀ ହୁଅ ଯୋଡ଼ି
ଗୋରୀ ସଙ୍ଗତରେ ଖେଳୁଯିଏ ଗୋରୀ।
କା'ର ବଡ଼ପଣ କା'ର ସାନପଣ
ଖେଳ ଭୁଲି ସବୁ ମାନ ଅପମାନ।

ଏ'ତ ପ୍ରେମରସ କ୍ରୀଡ଼ା ଯିଏ ଖେଳେ
(ହୁଏ) ଧନ୍ୟ ସେ ଉଚ୍ଚ ନୀଚ ଭାବ ନଥିଲେ।।
ଯା'ର ଯେପରି ଇଚ୍ଛା ସେ, ଖେଳୁ ରହି
ପ୍ରେମ ପରିଣାମ, ପ୍ରେମ ସଦାଥାଇ।

କହନ୍ତି ଜାୟସୀ, ପ୍ରିତି ମହୀୟସୀ, ଯେ ଯେତେ ଉଚ୍ଛ୍ୱସି ଖେଳେ।
ପରିଣାମ ପ୍ରେମ ରହସହିଁ ରହିବ, ଅସୂୟା ରହିତ ହେଲେ।।

(**ଟିପ୍ପଣୀ:**- କବି ଏହି ଛନ୍ଦରେ ଇଙ୍ଗିତ କରୁଛନ୍ତି- ସଂସାରରେ ଜନ୍ମ ହୋଇ ପରସ୍ପର ସହ ସଦ୍‌ଭାବ ରଖି ମିଳିମିଶି ଚଳିବା ଉଚିତ୍। ଏହା ପରସ୍ପର ସହ ପ୍ରେମଭାବ ରଖି ସମ୍ଭବ ହୋଇପାରିବ ଏବଂ ପରେ ଶୋଚନା କରିବାକୁ ପଡ଼ିବ ନାହିଁ।)

॥ ୭୪ ॥

ଏକ ସେ ସଜନୀ ଖେଳ ଜାଣିନାହିଁ
ତା'ର ଗଳା ହାର ହଜିଗଲା କାହିଁ।
ଗୃହେ ପ୍ରବେଶେ ପୁଚ୍ଛିବେ ଆସି ମତେ
କେହ୍ନେ ବୁଝାଇ କହିବି କଥା ସତେ।
ସର୍ବେ ଖେଳି ସାରି ଖୁସି ମନେ ଯିବେ
ଶୂନ୍ୟ ଗଳା ନେଇ ଯିବି କେଉଁଭାବେ ?
ଅଶ୍ରୁ ଭରିଲା ତାର ଶାମୁକା ନେତ୍ରେ
ମୁକ୍ତା ହୋଇ ସେ ଝରିପଡ଼େ ସନ୍ତପ୍ତେ।
ଏକ ସଖି କହେ, "ତୁ ନିରୀହ ପିକ
ଗୃହେ ନ ବୋଧିଲେ ହେବୁ ଅବିବେକ।
ପଦ୍ମା ଅଙ୍ଗେ ଅଙ୍ଗେ ରଖି କିଛି କ୍ଷଣ
ଶୀତଳ ହୋଇବା ମଳୟ ପବନ।
ପଶି ସରସୀ ଜଳେ ତାପ ହରିବ
ସରସୀର ଜଳୁ ହାର ଉଦ୍ଧରିବ।
ଯଦି ହୃଦୟ ଖୋଲି କାନ୍ଦି ପାରିବୁ

ଜଳରେ ବୁଡ଼ି ଖୋଜି ତାକୁ ପାଇବୁ।
ସର୍ବେ ଖେଳସାରି ବୁଡ଼ି ଏକସାଥେ
ମିଳି ସେ ଖୋଜନ୍ତି ହାର କେତେ ମତେ।
ମଳୟ ଅନିଳ ସରୋବର ଜଳୁ
ଶୀତଳ ହୁଅନ୍ତି ହୃଦୟ ଜ୍ୱାଳାରୁ।
କିଏ ପୁଣି ବ୍ୟସ୍ତ ବିବ୍ରତ ହୁଅନ୍ତି
ହାତେ ଗୋଡ଼ି ଗେଣ୍ଡା ଧରି କେ ଉଠନ୍ତି।
ବୁଡ଼ି ବୁଡ଼ି ଖୋଜି ସରସୀ ଜଳର
ଏକ ପୁଣି ମାଣିକ ମୋତି ରତ୍ନର।

କାହା ଭାଗ୍ୟ ଅଛି ଖେଳ ପୂର୍ଣ୍ଣତାରେ, ଏହି ସରୋବରୁ ମିଳଇ ଭଲେ।
ଖୋଜିବା ଉଦ୍ୟମ ରଖିଥିଲେ ଜାରି, ନିଶ୍ଚିତ ମିଳିବ, କେ କହେ କା'ରେ।।

(**ଟିପ୍ପଣୀ:-** ଜାୟସୀଙ୍କ ଅନୁସାରେ, ମନୁଷ୍ୟର ପ୍ରଥମେ ଦିବ୍ୟ ଅନୁଭୂତି ଥିଲା ଯାହା ଅଜ୍ଞାନତା ହେତୁ ସିଏ ତାହା ବିସ୍ମୃତ ହେଲା। ସାଧକମାନଙ୍କର ପ୍ରଚେଷ୍ଟାରେ ମାନବତାକୁ ମୂଲ୍ୟବାନ ଏବଂ ମୂଲ୍ୟହୀନ ତତ୍ତ୍ୱ ପ୍ରାପ୍ତି ହେଇଛି। ମାତ୍ର ସମସ୍ତେ ଦିବ୍ୟ ଅନୁଭୂତି ପ୍ରାପ୍ତ ହୋଇ ପାରିନାହାଁନ୍ତି। କେବଳ ସେହି ପରମାତ୍ମାଙ୍କ ରୂପ ସ୍ରୋତର ଆଶ୍ରୟ ନେଲେ ତାହା ଅନାୟାସରେ ପ୍ରାପ୍ତି ହେବ।

।। ୬୫ ।।

ମନ ଦୃଢ଼ତାରେ ଯା ବାଞ୍ଛା କରଇ
ଏ ସରସୀ ସଳିଳୁ ସବୁ ମିଳଇ।
ପରଶମଣି ଛୁଇଁଲେ ଚରଣରେ
ମନ ଦିବ୍ୟରୂପେ ମଜ୍ଜଇ ସତ୍ତ୍ୱରେ।
ପଦ୍ମିନୀର ଅଙ୍ଗବାସେ ଖେଳି ଖେଳ
ମଳୟ ପବନ ଦୋଳେ ଲହରୀର।
ସନ୍ତାପ ପଶିଲା ଶାନ୍ତ ହେଲା ଜଳ
ଭାସି ଉଠିଲା ସେ ଜଳେ ଗଳାହାର।
ସଜନୀଏ କହେ ତାର ପାଶେ ଆସି

"ପରଶମଣି ସ୍ପର୍ଶରେ ପାପ ନାଶି।
ପୁଣ୍ୟ ଦଶାରୁ ହାର ମିଳିଲା ତୋର"
ଦେଖି ତା ଆନନ୍ଦିତ ମନ ପଦ୍ମାର।
ଶଶୀ ରୂପକୁ ନିରେଖି କୁମୁଦିନୀ
ବିକଶିତ ହୋଇ ଉଠଇ ତକ୍ଷଣି।
ଯେଉଁ ପଦାର୍ଥର ଅଙ୍ଗେ ଯେ ଲାବଣ୍ୟ
ସେହି ରୂପରେ ପ୍ରତିଭାତ ଜୀବନ।
ଯେ ଯାହା ଇଚ୍ଛିଲା ମିଳିଗଲା ତାହା
ଶଶୀ ଦର୍ପଣୁ ତା ଦିଶେ ପ୍ରତିଚ୍ଛାୟା।
ଯେବା ଦେଖିଲା ପଦାର୍ଥ ଯେ ପ୍ରକାର
ସେ'ତ ଉଜ୍ଜ୍ୱଳ କରିଛି ପୁଷ୍ପସାର।
ଯା'ର ନିର୍ମଳ ହୃଦୟ ଥିଲା ରହି
ଦୀପ୍ତି ଉଚ୍ଛୁଳିଲା ଶତେ ଗୁଣେ ତହିଁ।

ଉଲ୍ଲସିତ ହେଲେ, ଯେ ଯାହା ଦେଖିଲେ ହଂସର ସ୍ୱରୂପ ବିକଶିତ।
ଦର୍ଶନ ଜ୍ୟୋତିରେ ଉପଲବ୍ଧି କଲେ, ଦିବ୍ୟଦୀପ୍ତି ହୀରା ଯୁକ୍ତ।।

(**ଟିପ୍ପଣୀ:-** କବିଙ୍କର ବକ୍ତବ୍ୟ ଏହି ଯେ ମୂଳତଃ ପରମାତ୍ମା ଏକମାତ୍ର ରୂପବାନ। ରୂପ ସୃଷ୍ଟିର ନିଜସ୍ୱ ନୁହେଁ। ସୃଷ୍ଟି ଜଡ଼। ସେଥିରେ ସେହି ରୂପର (ପରମାତ୍ମା) ଛାୟା ପଡ଼ି ରୂପର ବିକାଶ କଲା। ସେହି ରୂପକୁ ସୃଷ୍ଟି ପ୍ରାପ୍ତ ହେଲା ଯେତେବେଳେ ସୃଷ୍ଟି ଦର୍ପଣର ସ୍ୱରୂପ ହେଇ ତା'ର ସମ୍ପର୍କରେ ଆସିଲା, ସେହିପରି ସାଧକ ଯେ ପର୍ଯ୍ୟନ୍ତ ଦର୍ପଣ ଭାବକୁ ସିଦ୍ଧ ନ କରିଛି, ତାଙ୍କର ଛବିକୁ (ପରମାତ୍ମାଙ୍କ ଛବି) ଧାରଣ କରିବାର କ୍ଷମତା ପ୍ରାପ୍ତ ହେବନାହିଁ।)

॥ ୬୬ ॥

ପଦ୍ମାବତୀ ଯେବେ ଥିଲେ ସ୍ନାନେ ରତ
ମହଲେ ମାର୍ଜାରୀ ଦେଖି ଶୁକ ଭୀତ।
ଅତର୍କିତେ ଯାଏ ଉଡ଼ି ଡେଣା ମେଲି
ଦୂର ବନାନ୍ତରେ ଯାଏ ଉଡ଼ି ଉଡ଼ି।

ଯେତେ ବିହଙ୍ଗ ଥିଲେ ସେ ବିଟପୀରେ
ସର୍ବେ ଆଦରରେ ମିଳିଲେ ପାରୁଶରେ ।
ଶାଖା ଗହଳରୁ ଆଣି ପକ୍ୱ ଫଳ
ପାଶେ ରଖି ପକ୍ଷୀଏ କଲେ ଆଦର ।
ଧନ୍ୟ ତୁ ବିଧାତା ତୋର ଦାତା ପଣ
ରକ୍ଷା କରେ ଜୀବେ ତୋର ଖାଦ୍ୟ ଦାନ ।
କେଉଁ ଶିଳା ତଳ ପତଙ୍ଗଟିଏ ବି
ଖାଦ୍ୟ ବିନା ନ ରହେ ତୋ ଦୟାଲାଗି ।।
ଯିଏ ଯହିଁଥାଇ ତତେ ସୁମରିଲେ
ଖାଦ୍ୟ ଦେଇ ପ୍ରାଣ ରଖୁ ନିର୍ଭୟରେ ।
ତୋ ବିଚ୍ଛେଦେ ପେଟେ ଭୋକ ଥିଲା ଲୋକ
ରହେ ମନ ଦୁଃଖେ କରି କେତେ ଖେଦ ।
ଖାଦ୍ୟ ନ ପାଇ ସେ ଭାବଇ ଈଶ୍ୱର
କ୍ଷୁଧାର ତୃପ୍ତିରେ ଈଶ୍ୱର ହୁଁ ଦୂର ।

କବି କହନ୍ତି ଏଥି ଖାଦ୍ୟରେ ହେଲେ ତୃପ୍ତି ଭୁଲେ ସେହି ଈଶ୍ୱର ଭଜନ ।
ସତେକି ଦେଖିଥିଲା ସ୍ୱପନେ ଈଶ ଲୀଳା ସେ ଆମ ଜୀବନ ଜୀବନ ।।

(**ଟିପ୍ପଣୀ:** କବି ଏହି ଛନ୍ଦରେ ଇଙ୍ଗିତ କରିଛନ୍ତି କି କାଳର କବଳିତ ହେବା ପୂର୍ବରୁ, ମନୁଷ୍ୟ ପରମାର୍ଥ ସାଧନରେ ନିଜକୁ ନିୟୋଜିତ କରିବା ଉଚିତ । ଦୁଃଖ ତାକୁ ସର୍ବଦା ଈଶ୍ୱର ସ୍ମରଣ କରାଏ । ଏଣୁ ଦୁଃଖକୁ ଅଙ୍ଗୀକାର କରିବା ଉଚିତ ହେବ । ସୁଖ ତାହାକୁ ଈଶ୍ୱର ବିସ୍ମୃତ କରାଇଥାଏ ।)

॥ ୬୭ ॥

ସାଥୀ ସହଚରୀ ସହ ଯେତେବେଳେ
ପଦ୍ମା ଯେବେ ଜଳକ୍ରୀଡ଼ା କରୁଥିଲେ ।
ସହସା ଭଣ୍ଡାର ରକ୍ଷୀ ତହିଁ ଆସି
ପଦ୍ମାରେ ଜଣାଏ ଘଟଣା ବିଶେଷି ।

"ତୁମେ ସ୍ନାନ ପାଇଁ ଆସିଥିବା ବେଳେ
ସେ ଗୃହେ ମାର୍ଜାରୀ ଦେଖିଣ ଭୟରେ।
ଉଡ଼ିଗଲା ଶୁକ ଜଣା ନାହିଁ କିଛି
ଶୂନ୍ୟ ପଞ୍ଜୁରୀ ଯେ ଖୋଲା ପଡ଼ିଅଛି।"
ବାର୍ତ୍ତା ଶୁଣି ଅସ୍ତମାନ ସୂର୍ଯ୍ୟ ପରି
ରାଜକନ୍ୟା ମୁଖ ଗଲା କି ମଉଳି।
ତାରାପରି ଝଡ଼ିପଡ଼େ ଅଶ୍ରୁ ବିନ୍ଦୁ
ସର ବନ୍ଧ ଭାଙ୍ଗି ବହିଲାକି ସିନ୍ଧୁ।
କମଳ ବା ବୁଡ଼ିଗଲେ ସେ ଜଳରେ
ମଧୁପ ଗଲାକି (ଉଡ଼ି) ନିଶବଦେ ଦୂରେ।
ଅଶ୍ରୁ ଉଛୁଳି ନୟନୁ ଆସେ ଝରି
ତୀର ଲଂଘି ବହେ ସରସୀ ଲହରୀ।
କେଶୁ ଝରେ ଜଳ ମୁକ୍ତାବିନ୍ଦୁ ହୋଇ
ସଖି ସଜନୀରେ ଡାକି ସେ କହଇ।
"ଖୋଜଲୋ ସଖିଏ, ଦେଇ ମନ ଦୃଷ୍ଟି
ହୀରାମଣି ଶୁକ ରହିଲା କେଉଁଠି?"
ସ୍ୱର୍ଗେ ଗଲା (ଉଡ଼ି) ଅବା ନିବିଡ଼ ଅରଣ୍ୟେ
ବସୁମତୀ ତେଜିଗଲା (କେଉଁ) ସେ ଅଗମ୍ୟେ?

ନିବିଡ଼ ଅରଣ୍ୟ ମଧ୍ୟେ ଯଦି ହେଲା ଲୁକ୍କାୟିତ, ସ୍ୱର୍ଗେ ଗଲା ଜୀବ ଶୂନ୍ୟ କରି,
ତୁମେ ବା ପାଇବ କାହୁଁ ଖୋଜିଲେ ତାହାକୁ, ପବନ ବି ତାରେ ନ ପାରିବ ଧରି।।

॥ ୬୮ ॥

ସଖୀଗଣେ ବୁଝାନ୍ତି ରାଜକନ୍ୟାକୁ
ଯେ ଯିବ, ସେ'କି ଯାଏ ଫେରିବାକୁ।
ଯେତେଦିନ ପିଞ୍ଜରାରେ ଥିଲା ବନ୍ଦି
ତୁମ ପାଶେ ମନ ଥିଲା ଅବରୋଧି।
ବନ୍ଦି ଗୃହରୁ ମୁକୁଳି ଗଲା ଉଡ଼ି

ବନ୍ଦି ହେବାକୁ କି ଆସିବ ବାହୁଡ଼ି ?
ଯେଉଁ ପିଞ୍ଜରାରେ ଦଶଦ୍ୱାର ଥିଲା
କେମନ୍ତେ ବଞ୍ଚିବ ମାର୍ଜାରୀ ଜଗିଲା ।
ଏଇ ଧରିତ୍ରୀ ଯାହାରେ ଧରିନିଏ
କଠିନ କୁକ୍ଷୀ ଚିରି ଆସିବ କିଏ ?
ଯହିଁ ନାହିଁ, ଦିନ ରାତି, ବାୟୁ ଗନ୍ଧ
ତହୁଁ ବାହୁଡ଼ିବା ଅତି ଅସମ୍ଭବ ।

କାହିଁ ଲୋକାତୀତ, ଅଦ୍ଭୁତ ଅନନ୍ତ, ବନ ବନାନ୍ତ ବା ଭୁବନରେ ।
ଶୁକ ଜୀବନ ବା ରହିଛି କେଉଁଠି, ମିଳିବ କି ଏହି ଧରଣୀରେ ।।

(**ଟିପ୍ପଣୀ:-** ଜାୟସୀ ସଙ୍କେତରେ କହୁଛନ୍ତି- ଜୀବାତ୍ମା ଦିବ୍ୟ ଏବଂ ଏହା ଶରୀର ରୂପକ ପିଞ୍ଜରାରେ ଆବଦ୍ଧ । ଏଥିରୁ ମୁକ୍ତ ହୋଇ ସିଏ ଦିବ୍ୟ ଲୋକକୁ ଯାଏ ଯାହାକି ଭୌତିକ ତତ୍ତ୍ୱର ଉର୍ଦ୍ଧ୍ୱରେ ଏବଂ ପୁନର୍ବାର ସେଇ ଶରୀରକୁ ଫେରି ଆସେ ନାହିଁ। ପିଞ୍ଜରାରେ ଦଶଦ୍ୱାର, ଶରୀର ଦଶ ଦ୍ୱାର ଅଟେ । ମାର୍ଜାରୀ କାଳ ଅଟେ ।

।। ୬୯ ।।

ସେଇ ବନସ୍ତରେ କେତେଦିନ ସୁଖେ,
ବାସକଲା ପରେ ଦିନେ ଶୁକ ଦେଖେ ।
ଆସୁଅଛି ବ୍ୟାଧ, ପାଦ ଚାପି ଚାପି
ପାଦପର ଶାଖା ଫଳେ ଭାରି ଅଛି ।
ଶିରେ ବୋହିଛି ଚାଲେ ଧୀରେ ଧୀରେ
ମିଳିଲା ସେ ଯାଇ, ସେଇ ବନସ୍ତରେ ।
ତାକୁ ଦେଖି ଭୟେ ବିହଗେ କାନନେ
ଆତଙ୍କିତ ହୋଇ, ବିଚାରନ୍ତି ମନେ ।
କାଳାନ୍ତର ଏ ବନସ୍ତେ ଅଛୁ ରହି
ତରୁବର ଦେଖିନାହୁଁ ଚାଲୁଥାଇ ।

ନିଶ୍ଚୟ କିଛି ଅନିଷ୍ଟ ଅଛି ରହି
ବିହଙ୍ଗମ ସର୍ବେ ଉଡ଼ି ଗଲେ କାହିଁ।
ଅଠାକାଠି ଧରି ବ୍ୟାଧ ଆସେ ଧୀରେ
ଶୁକ ନ ଜାଣଇ ଚଳନ୍ତା ଶାଖାରେ।
ଫଳ ଲୋଭେ ତହିଁ ଶୁକ ରହେ ବସି
ରହି ନୀରବରେ ବ୍ୟାଧ ଧରେ ଆସି।
ହୀରାମଣି (କାଠି) ଖେଞ୍ଚା ପାଇ ବୃକ୍ଷ ଶାଖେ
ବ୍ୟାଧ ହାତେ ପଡ଼େ ଧରା (ଅତି) ମନ ଦୁଃଖେ।
ପାଞ୍ଚ ଅଠା ଲଗା ପାଞ୍ଚ କାଠି ମାରି
ଓଲଟିଲା ଶୁକ, ଜୀବନେ ନ ମରି।

ବ୍ୟାଧ ଅଠାକାଠି, ଲାଗି ଶୁକ ପକ୍ଷୀ ହୀରାମଣି ଓଲଟି ପଡ଼ିଲା କ୍ଷଣକରେ।
ଅଠାକାଠି ଅଠା ତା'ର ଡେଣା ଚାପିଧରେ, ଝୁଲି ସେ ରହିଲା ଅବଶ ଦେହରେ।।

।। ୭୦ ।।

ପକ୍ଷୀ- ପଣ୍ଡିତ, ସୁଖେ କେଳି କରି
ବ୍ୟାଧ ହସ୍ତେ ପଡ଼ି ହେଲା ବିଚାରି।
ଡେଣା ଭାଙ୍ଗି, ଡୋଲିରେ ସେ ରଖିଲା
ଶୁକ, କେତେ ପକ୍ଷୀ ତହିଁ ଦେଖିଲା।
କଳରବେ ସେ ରୋଦନ କରନ୍ତି
ବିଷଧାନ ଖାଇ, ବିଧିକୁ ନିନ୍ଦନ୍ତି।
"କାହିଁ ବିଧାତା, ବିଷଧାନ କଲୁ
ତାକୁ ଖାଇ ଆମେ ବୁଦ୍ଧିକୁ ହାରିଲୁ।
କ୍ଷୁଧା ପ୍ରାଣୀର ଯଦିତ ନଥାନ୍ତା
ଶିକାରୀ କିପାଇଁ ଜୀବ ଧରନ୍ତା ?
ମାୟା ବଳେ ପ୍ରଫୁଲ୍ଲିତ ହୃଦୟ
ବ୍ୟାଧ ହସ୍ତେ ପଡ଼ି ଭାଙ୍ଗିଲା ମୋହ।
ଆମେ ବିଷଧାନ ଖାଇ ଭୋଳରେ

ବୁଦ୍ଧି ହୁଡ଼ିଲା, ପଡ଼ିଲୁ ଜାଲରେ।
ଶୁକ ତୁ ଜ୍ଞାନୀ, ଅତି ଗୁଣବନ୍ତ
ଏ ମୋହ ଜାଲେ ପଡ଼ିଲୁ କେମନ୍ତ ?"

ଅତି ଅସଂଯତ ପ୍ରାଣୀଙ୍କର ମନ, ରହେ ସେ ବିଷୟେ ବୁଡ଼ି।
ଦେଖି ସେ ପାରେନା କାଳ ବ୍ୟାଧଜାଲ, ପଥ ଯାଉଥାଏ ହୁଡ଼ି।।

॥ ୭୧ ॥

ଶୁକ ବିଳପଇ ନିଜକୁ ଧିକ୍କାରି
"ତୁମ ଭଳି ମୁହିଁ ବୁଦ୍ଧି ଦେଲି ହାରି।
କଦଳୀ ବନେ ସୁଖେ ସଂସାର କରି
ନିଶ୍ଚିନ୍ତେ ଥିଲି, କାଳ ହେଲା ବଇରି।
କଦଳୀ ସାଥିରେ ଥିଲା ବରକୋଳି
ନରମ ପଲ୍ଲବେ କଣ୍ଟା ଦେଲା ଚିରି।
ସୁଖର କୁଞ୍ଜ ଥିଲା ଫାନ୍ଦ ମୋହର
ଫଳ ପୁଷ୍ପ ଭୋଜ୍ୟ ଥିଲା ଯା ପ୍ରଚୁର।
ସେ'ତ ବିଷ ହେଲା ବ୍ୟାଧର କବଳେ
ବ୍ୟାଧ ଅଠାକାଠି ଧରିଲା ଚତୁରେ।
ଯେବେ ବ୍ୟାଧ ଖେଞ୍ଚା ଶରୀର ଛୁଇଁଲା
ବାସ୍ତବ ବୋଧରେ ଚେତା ମୋ ପଶିଲା।
ଅଗ୍ରତେ ମୃତ୍ୟୁ ଭୟ ଅଛି ନଜାଣି
ଧନ ଜୀବ ପାଇଁକି ଲୋଭ କାରେଣି।
ସୁଖେ ରହି ଚରିଲୁ ବିଷର ଚାରା
ମନେ ନ ଛୁଇଁଲା ପାପର ପସରା।
ବ୍ୟାଧର ଫାନ୍ଦେ ଭୁଲି ଫାଶେ ପଡ଼ିଲୁ
ଗଳା ଫାଶ (ନ) ଖୋଲିବ ଆମ ବୁଦ୍ଧିରୁ।"
ଅରଣ୍ୟ ରୋଦନେ କି ଫଳ ମିଳିବ, ବ୍ୟାଧ ଜାଲେ ପଡ଼ି ରହି।
ଗର୍ବେ ମତ୍ତ ହୋଇ ଅଜ୍ଞାନ ଗ୍ରାସିଲା, ବିଧିର ବିଧାନ ଏହି।।

|| ୭୨ ||

ହୀରାମଣି କଥା ଶୁଣି ପକ୍ଷୀଗଣେ
ଅଶ୍ରୁ ପୋଛିଲେ ମଉନ ରହି କ୍ଷଣେ।
"ହାଏରେ ବିଧାତା! କଲା ଯଦି ପକ୍ଷୀ
ଶୁଦ୍ଧ ବୁଦ୍ଧି ତା'ରେ ନ ଦେଲା କାହିଁକି ?
ପକ୍ଷ ଦେଲେ ଯଦି ନିଜ ରକ୍ଷାପାଇଁ
ସମବୁଦ୍ଧି ତା'ରେ ନଦେଲେ କିମ୍ପାଇ।
ଖାଦ୍ୟ ଲୋଭେ ବୁଦ୍ଧି ବୃତ୍ତି ଗଲା ହଜି
ବିପଦ ପଡ଼ିଲା ନପାରିଲୁ ବୁଝି।
ହୀରାମଣି ଶୁକ ହେଲେ ବି ବିଜ୍ଞାନୀ
ପଡ଼େ କାଳ ମାର୍ଜାର କବଳେ ପୁଣି।
ବୁଦ୍ଧି ଭ୍ରମ କରି ତିତିର ଚଢ଼େଇ
ଗଳା ଖୋଲି ଡାକେ ଅରଣ୍ୟ କମ୍ପାଇ।
ବ୍ୟାଧ ଫାଶରେ ସେ ଦେଲା ନିଜ ଗଳା
ମନ୍ଦବୁଦ୍ଧି ହେତୁ ନିଜେ ବନ୍ଦୀ ହେଲା।
ବୁଦ୍ଧି ହୀନ ପକ୍ଷୀ କଳକୂଜନରେ
ବନ ଭୂମି ଭରୁଥିଲୁ ସରଗରେ।
ବ୍ୟାଧ ପାଦ ଥାପି ଥାପି ନୀରବରେ
ଫାଶେ ବାନ୍ଧି ନେଲା ବିହଗ ସକଳେ।
ଯେବେ ବିହଗର ପକ୍ଷ ଗଜୁରିଲା
ନିରବେ ନିରେଖି ବ୍ୟାଧ ପିଛା କଲା।
ଜାଲେ ଖାଦ୍ୟ ଦେଇ ଛପିଲା ଲୁଚି
ଲୋଭେ ଖାଇ ଖାଦ୍ୟ, ପ୍ରାଣ ଦେଲୁ ମୂର୍ଚ୍ଛି।
ନିଜ ଦୋଷେ ଆମେ ଲୋଭ ମୋହେ ପଡ଼ି
ଗଳାରେ ବାନ୍ଧିଲୁ ଫାଶ ଦଉଡ଼ି।
ନିଜ ତୃଷ୍ଣା, ଲୋଭ, ଗର୍ବ ଓ ପ୍ରମାଦ
କାରଣୁ ହୁଏ ପ୍ରାଣୀ କାଳର ବଶ।
ଏବେ କାନ୍ଦି କାନ୍ଦି କହିଲେ କି ହେବ, କାଳ ବିତାଇବା ଖାଲି ସାର।
ହେ ପକ୍ଷୀ ରାଜନ! ହୋଇବା ମଉନ, ମଉନ ହିଁ ଆମ ପ୍ରତିକାର।।"

।। ୭୩ ।।

ବିଭୋର ଗଡ଼ରେ, ରାଜା ଚିତ୍ରସେନ
ଚିତ୍ରକୂଟ ନଗେ, ନଗର ନିର୍ମାଣ।
କଲେ, ଦର୍ପୀ ରାଜା ଗୁଣବନ୍ତ ଥିଲେ
ଖ୍ୟାତ ଥିଲେ ସେହି ଅବନୀ ମଣ୍ଡଳେ।
ଚିତ୍ର ବିଚିତ୍ର ସୁଦୃଢ଼ ପରକୋଟ
ଚିତ୍ତୋର ନାମେ ସେ ଗଡ଼ ପ୍ରକଟିତ।
ତା ପୁତ୍ର ରତ୍ନସେନ ମଣ୍ଡିଲା କୁଳ
ସୂର୍ଯ୍ୟ ସମ ଦୀପ୍ତିମନ୍ତ ଅତି ସମୁଜ୍ଜଳ।
ଧନ୍ୟ ଜନନୀ, ତାର ଜନ୍ମ ଭୂମି
ବୀର ପ୍ରସବିନୀ ଚିତ୍ତୋର ଅବନୀ।
ଧନ୍ୟ ଜନନୀ, ପୁତ୍ର ତାହାପରି
ପ୍ରସବୀ, ଦେଲା ଧରାଧନ୍ୟ କରି।
ପଣ୍ଡିତ ଜ୍ୟୋତିଷ ଦେଖି ସାମୁଦ୍ରିକ
ବିବେଚନା କରି, କହିଲେ ଗଣକ।
ଯେଣୁ ଭାଲେ ତାର ଶୋଭେ ରମ୍ୟରତ୍ନ
ସନ୍ତୋଷେ ନାମ ତା ଦେଲେ ରତ୍ନସେନ।
ଜନ୍ମ ଜାତକ ଦେଖି ଗଣକେ ତା'ର
ଚନ୍ଦ୍ର ସୂର୍ଯ୍ୟ (ସମ) ଜ୍ୟୋତି ହେବ ଏହାର।
ମାଳତୀ ଲାଗି ଭ୍ରମର ଯେଉଁପରି
ବିୟୋଗୀ ହେଲା, ଏ ହେବ ସେପରି।
ସିଂହଳ ଦ୍ୱୀପେ ଯିବ ସିଦ୍ଧ ହୋଇବ
ରାଜକନ୍ୟା ଘେନି ଗଡ଼କୁ ଫେରିବ।
ବିକ୍ରମ ପରି ସେ ପରାକ୍ରମୀ ହୋଇ
ହୋଇବ ଭୋଗୀ ଭୋଜ ସମାନ ସେହି।।
ସର୍ବ ଶାରୀରିକ ଶକୁନ ବିଚାରି, ଜନ୍ମ ପତ୍ରିକା ଦେଲେ ଲେଖି।
ବତିଶ ଲକ୍ଷଣେ ପରଖି ଦେଖିବେ, ଆଶୁ ଭବିଷ୍ୟତ ତା ସାକ୍ଷୀ।।

॥ ୭୪ ॥

ସେଇ ଚିତ୍ତୋର ଗଡ଼ର ବଣିକେ
ବଣିଜ ଆଶେ ସେ ଗଲେ ବିଦେଶେ।
ଯାଇ ପହଞ୍ଚିଲେ, ସିଂହଳ ଦ୍ୱୀପ
ଦରିଦ୍ର ଦ୍ୱିଜ ସଙ୍ଗେ ଥିଲା ଏକ।
ତାଙ୍କ ସହଯାତ୍ରୀ ହେଲା (ସେ) ବ୍ରାହ୍ମଣ
ଥିଲା ଦରିଦ୍ର ସମ୍ପତ୍ତି ବିହୀନ।
ଋଣ କରି କିଛି ସଙ୍ଗରେ ନେଲା।
ବାଣିଜ୍ୟେ ଲାଭେ ଶୁଝିବ ଭାବିଲା।
ଅତି ଦୁର୍ଗମ ପଥ ପାରି ହୋଇ
ସିନ୍ଧୁ ଲଂଘି, ମିଳେ ସେ ସ୍ଥାନେ ଯାଇ।
ତହିଁ ହାଟ ଦେଖି ହେଲେ ଚକିତ
ଧନୀ ବଣିକ(ଙ୍କ) ବିକା କିଣାହାଟ।
ଅଳ୍ପ ଧନ ଯାର, ନାହିଁ ତା ସ୍ଥାନ
ଅନ୍ୟ ମୁଖେ ଚାହିଁ ରହେ ମଉନ।
ଲକ୍ଷ, କୋଟିରେ ଯହିଁ ପଡ଼େ ଡାକ
ଧନହୀନ ତହିଁ ହୁଏ ନିର୍ବାକ।
ଦୀନ ଦ୍ୱିଜ ପାଶେ ପୁଞ୍ଜି ଅଭାବ
ହତାଶ ମନେ ସେ ଭାବେ ଫେରିବ।

ବିକା କିଣା ହାଟେ ତହିଁ ବହୁତ ଗ୍ରାହକ, ସର୍ବେ ଯହିଁ ଧନିକ ଶ୍ରେଣୀ।
ଦରିଦ୍ର ବ୍ରାହ୍ମଣ, ନିଜ ପୁଞ୍ଜି ଉଜାଡ଼ିଣ, ହେଲା ମାତ୍ର ସେ ପଥଶ୍ରମୀ।।

॥ ୭୫ ॥

ଅହରହ ହୁଏ ସନ୍ତାପିତ ଦ୍ୱିଜ
"କାହୁଁ ଆସି ଏ ହାଟେ ପାଇଲି ଲାଜ।
ଗୃହକୁ ଫେରିଲେ ପୁଚ୍ଛିବ ଘରଣୀ
କି ଉତ୍ତର ଦେବି ଜାଣି ମୁଁ ପାରୁନି।

ସାହୁକାର ଋଣ କିପରି ଶୁଝିବ
କି କହିବି ଯଦି ପଥ ଓଗାଳିବ ?
ମରିବାକୁ ଅବା ଆସିଥିଲି ଏଥି
ପୂର୍ବଜନ୍ମ ପୁଣ୍ୟ (ମୋର) ସରି ଯାଇଛି କି ?
ଏକାକୀ ପାନ୍ଥ ମୁଁ, ମଧ୍ୟରେ ସମୁଦ୍ର
ପଥରେ କିପରି, ପର୍ବତର ବନ୍ଧ।

ବିଧାତାରେ ମତେ ଦେବୁ କି ଆହାର ? ନ ମରି ବଞ୍ଚିବି କେଉଁପରି।
କାନ୍ଦି ମରେ ଦୁଃଖୀ ନିର୍ଦ୍ଧନ ବ୍ରାହ୍ମଣ, ପଥ ଖୋଜି ଯାଏ ଅନୁସରି।।

।। ୭୬ ।।

ଏହି ସମୟେ ବ୍ୟାଧ ମିଳିଲା ତହିଁ
ସୁବର୍ଣ୍ଣ ଶରୀର ଶୁକପକ୍ଷୀ ନେଇ।
ବ୍ୟାଧ ଭାବୁଥାଏ ହାଟ ଦେଖି ମନେ
ରତ୍ନ ବିକା କିଣା ଚାଲିଛି ସଘନେ।
ରତ୍ନ ବିକା କିଣା କରୁଛନ୍ତି ଲୋକେ
ବ୍ୟାଧ ବିହଙ୍ଗ ବିକିବ କେମନ୍ତେ ?
ଭାବି ମନ ମାରି, ବସିଥିଲା ବ୍ୟାଧ
ଦ୍ୱିଜ ମିଳିଲା ତହିଁ ଦେଖ ତା ଯୋଗ।
ଶୁକକୁ ପୁଚ୍ଛଇ ବ୍ରାହ୍ମଣ ବିଚାରି
"ତୁ ଗୁଣୀ କି ମୂର୍ଖ, କହ କିପରି।
ଯେ ଗୁଣ ଅଛି, କହ ଗୋପ୍ୟ ନକରି
କୁହ ତୁ ମତେ ହୃଦୟ ଖୋଲି କରି।
ବିଚାରେ ଦ୍ୱିଜ ସ୍ୱଜାତି, ଆମେ ଦୁହେଁ
ସ୍ୱଜାତି ବୋଲି, ପୁଛେ ମୁଁ ସେନେହେ।
ତୁମେ ପଣ୍ଡିତ ହୁଅ ଅବା ମୂରୁଖ
ମୁଁ ଅଟେ ବେଦ ଜ୍ଞାନୀ ଦ୍ୱିଜ ବିଶେଷ।

ନିଜ ଗୁଣ ହୃଦେ ନରଖ ଗୁପତେ
ବେଦ ଜ୍ଞାନ ଥିଲେ କହ ତୁ ମତେ।"

ପଢ଼ି ଯେ ଶୁଣାଏ ବେଦ ବେଦାନ୍ତରେ, ତା ଠାରୁ ଅଧିକ ଜ୍ଞାନୀ।
ଆଗ୍ରହେ ଶୁଣେ ଯେ ପରମ ଶ୍ରଦ୍ଧାରେ, ଉଚ୍ଚତର ସେହି ପୁଣି।।

॥ ୭୭ ॥

ଶୁକପକ୍ଷୀ ତହୁଁ କହେ ବୁଝାଇ
"ଗୁଣ ଥିଲା ମୋର, ଅଛି ହଜାଇ।
ଏବେ କେଉଁ ଗୁଣ ମୋର ବା ଅଛି
ଗଳେ ଫାଶ ବାନ୍ଧି ବନ୍ଦି ହୋଇଛି।
ଆହେ ଯଜମାନ, ପୁଣ୍ୟ ଗୋସାଇଁ
ହାଟେ ବିକର ହେବି ଆସିଛି ମୁହିଁ।
ପଣ୍ଡିତ ଯେହୁ ସେ ଆସେକି ହାଟେ
ପଢ଼ିଛି ଯେତିକି, ଭୁଲିଛି ସେତେ।
ଗ୍ରୀବା କଣ୍ଠି ମୋ ରକ୍ତ ଶ୍ୟାମ ବର୍ଣ୍ଣ
କଣ୍ଠେ ରହିଛି, ଦେଖୁଛି ନୟନ।
ଦୁଇ ଗ୍ରୀବା କଣ୍ଠି ଦେଖି ବିଚାରେ
ଜାଣେ ନାହିଁ ଯିବି କେଉଁ ପଥରେ।
ପଢ଼ି ଶୁଣି ମୁହିଁ ଯେତେ ଦେଖୁଛି
ଦୁଇ ଫନ୍ଦା ପିନ୍ଧି କଷ୍ଟେ ପଡ଼ିଛି।

ମୋ ଲାଗି ଜଗତ ଘନ ଅନ୍ଧକାର, କୁହେଳିକା ଭରା ଚଉଦିଗରେ।
ଗୋପନେ ଅଛି କା ବିବେକ ବିଜ୍ଞତା, ବୁଦ୍ଧି ହଜୁଅଛି ପଥ ମଧ୍ୟରେ।

ଟିପ୍ପଣୀ:- ଉକ୍ତ ଛନ୍ଦରେ ଦୁଇଟି ମାର୍ଗ କଥା କୁହାଯାଇଛି, ଶୁକପକ୍ଷୀର ଗ୍ରୀବାରେ ଦୁଇଟି କଣ୍ଠି ଅର୍ଥାତ୍ ପ୍ରବୃତ୍ତି ଓ ନିବୃତ୍ତି ମାର୍ଗକୁ ସୂଚାଉଛି କିମ୍ବା ସତ୍‌ମାର୍ଗ ଏବଂ ଅସତ୍ ମାର୍ଗକୁ ଇଙ୍ଗିତ କରୁଛି। ଶୁକପକ୍ଷୀ ସଂସାରୀ ପ୍ରାଣୀ ଭାବେ ଦର୍ଶାଯାଇଛି।

॥ ୭୮ ॥

ଶୁକ ଉତ୍ତର ଶୁଣି କହେ ଦ୍ୱିଜ
"ଆରେ ବ୍ୟାଧ ! ତୁ ନିଷ୍ଠୁର ପୁରୁଷ !
ପାପ ପୁଣ୍ୟ ଭୟ ନାହିଁ କି ତୋର
ନିତି ପକ୍ଷୀକୁଳ କରୁ ଶିକାର ।"
ସେହି ନିର୍ଦ୍ଦୟ ବ୍ୟାଧ କହେ ଶୁଣି
"କିଏ ନିର୍ଲ୍ଲଜ କହୁଛି ବଖାଣି ।
ନିତ୍ୟ ପରା ମାଂସଭୋଜୀ ସେ ସିନା
ଭୋଜ୍ୟ ନ ରୁଚେ ଯା'ରେ ମାଂସ ବିନା ।
ଜନମ ମରଣେ କାନ୍ଦନ୍ତି ପଡ଼ି
ହେଲେ ସୁଖ ଭୋଗ ନଥାନ୍ତି ଛାଡ଼ି ।
ଜୀବନ ମରଣ ଜାଣି ନିଶ୍ଚିତ
ପର ମାଂସେ କରେ ଶରୀର ପୁଷ୍ଟ ।
ଯଦି ପର ମାଂସଭୋଜୀ ନଥାନ୍ତେ
ବ୍ୟାଧ କି ଧରନ୍ତା ପକ୍ଷୀ ବନସ୍ତେ ?
ପରିଶ୍ରମ ବ୍ୟାଧ କରଇ ନିତି
ଉଦର ପୋଷଣେ ପକ୍ଷୀ ଧରନ୍ତି ।
ପକ୍ଷୀ ନ ଧରେ (ସେ) ମନେ ଲୋଭ କରି
ମାଂସ ଭକ୍ଷଣେ, ନୁହେଁ ସେ ଶିକାରୀ ।"
ଶୁକ ମୁଖୁ ବେଦ ଭେଦ ଶୁଣନ୍ତେ
ଦ୍ୱିଜ କିଣିଲା ବିହଗ ନିଶ୍ଚିନ୍ତେ ।

ବିହଗକୁ ଧରି, ନିଜ ସହଯାତ୍ରୀ ମେଳେ ଚିତ୍ତୋର ଗଡ଼ ମୁଖେ ଚାଲିଲା ଦ୍ୱିଜ ।
ଉଦିଛି ତାହାର ଭାଗ୍ୟ, ସସ୍ନେହେ ଧରି ହସ୍ତେ, ଗୁଣୀ ଓ ପଣ୍ଡିତ ହୀରାମଣି ଶୁକ ।

॥ ୭୯ ॥

ତେଜି ଦେହ ଶିବଲୋକ ଗଲେ ଚିତ୍ରସେନ
ସିଂହାସନ ଆରୋହଣ କଲେ ରତ୍ନସେନ ।

ଲୋକ ମୁଖେ ପ୍ରଚାରିତ ହେଲା ଛାଏଁ ଛାଏଁ
ସିଂହଳରୁ ଫେରି ଆସିଛନ୍ତି ବଣିଜାଏ।
ବଇଦୂର୍ଯ୍ୟ, ହୀରା, ନୀଳା, ମାଣିକ୍ ଓ ମୋତି
ଭେଟି ଧରି ସୌଦାଗରେ ରାଜାଙ୍କୁ ଭେଟନ୍ତି।
ଦରିଦ୍ର ବ୍ରାହ୍ମଣ ଏକ ଶୁକପକ୍ଷୀ ଧରି
କଞ୍ଚନ ବରନ ଦେହ, ରୂପରେ ସୁନ୍ଦରୀ।
ଗ୍ରୀବା ଦେଶ ଅଟେ ତା'ର ରକ୍ତ ଶ୍ୟାମ ବର୍ଣ୍ଣ
ଦୁଇ କର୍ଣ୍ଣ ଦିଶେ ତା'ର ଅତୀବ ଶୋଭନ।
ପକ୍ଷରେ ତାହାର ରକ୍ତ ବର୍ଣ୍ଣେ ଅଛି ଲେଖା
ଜ୍ଞାନ ଓ ବିଜ୍ଞାନ ତହିଁ ଅଙ୍କିତ ଅଛିବା।
ଅତୀବ ସୁନ୍ଦର ତା'ର ମନୋରମ ନେତ୍ର
ମଥାରେ ତିଳକ ଶୋଭେ, ସ୍କନ୍ଧେ ଉପବୀତ।
ସାକ୍ଷାତ ବିଦ୍ୱାନ ସେ'ତ ବ୍ୟାସ, ସହଦେବ
ଆଗତ ଭବିଷ୍ୟ କଥା ପୁଛିଲେ କହିବ।
ଶୋଭା ଦିଶେ ଚଞ୍ଚୁ ତା'ର ଲୋହିତ ବର୍ଣ୍ଣରେ
ଖୋଲିଲେ ଲାଗଇ ସତେ ଅମୃତ କି ଝରେ।
ରସ ପୂରିଥାଏ ତାର ବଚନ ଶ୍ରବଣେ
ଶ୍ରୋତା ଶିର ହଲୁଥାଏ ଜ୍ଞାନ ଆସେ ମନେ।

ରାଜ ମନ୍ଦିରରେ ଏ ଶୋଭିବ ନିଶ୍ଚିତ, ଏହି ଦୁର୍ଲ୍ଲଭ ଶୁକପକ୍ଷୀ।
ଗୌରବ ଭାଜନ ହେବେ ନରରାଣ, ରାଜଗୃହେ ଅମୂଲ୍ୟ ରତ୍ନ କି।।

।। ୮୦ ।।

ରାଜା ଆଦେଶ ମାତ୍ରେ ତାଙ୍କ ସେବକେ
ପେଷିଲେ ବ୍ରାହ୍ମଣଙ୍କୁ ତାଙ୍କ ସମ୍ମୁଖେ।
ସେ ଦ୍ୱିଜ ହସ୍ତ ତୋଳି କରେ ଆଶିଷ
"ହେ ରାଜା! ଯଶସାଥେ ଲଭ ଆୟୁଷ।"

ସେ ସ୍ୱର୍ଣ୍ଣ କାରକରେ କହଇ ଦ୍ୱିଜ
"ଏ ଶୁକ ମୋ ଜୀବନୁ ଲାଗେ ଅଧିକ।
ମାତ୍ର ଜୀବ ଘାତକ ଅଟେ ଜଠର
ଯା'ପାଶେ ଯୋଗୀ ଯତି ନମନ୍ତି ଶିର।
ଶଯ୍ୟା ଅଭାବେ ନର ଭୂମି ଅୟନେ
ହସ୍ତେ ମସ୍ତକ ରଖି ରଚେ ଶୟନ।
ମାନବ ବଞ୍ଚିରହେ ହେଲେ ବି ଅନ୍ଧ
ମୂକ ହେଲେ ବି ବଞ୍ଚିଥାଏ ମାନବ।
ବଧିର କର୍ଣ୍ଣ ପାଇଁ ନ ଶୁଣେ ଗିର
ତଥାପି ବଞ୍ଚି ରହେ ଜୀବନ ତା'ର।
ମାତ୍ର ଉଦର ଜ୍ୱାଳା ନୁହଁଇ ସହି
ପ୍ରାଣ ହନ୍ତକ ଗୁଣ ତା'ଠାରେ ଥାଇ।
କ୍ଷୁଧା ସମ୍ଭାଳି ସେହି ବଞ୍ଚି ନପାରେ
ବୁଲେ ଯାଚକ ହୋଇ ସକଳ ଦ୍ୱାରେ।
କ୍ଷୁଧା ତୃଷ୍ଣାରେ ସଦା ହୁଏ ଆକୁଳ
ସନ୍ତୋଷ ନହୋଇ ରହେ ସଦା ଅସ୍ଥିର।"

ଜଠର ଅଗ୍ନିରେ ମାନବ ଅତିଷ୍ଠ, ଭ୍ରମୁଥାଏ ସେ ସାରା ଧରିତ୍ରୀ।
ଉଦର ତା ଯଦି ଶତ୍ରୁ ନ ସାଜନ୍ତା, ସେ କି ଆଶାୟୀ ହୁଅନ୍ତା ନିତି।।

।। ୮୧ ।।

"ବଡ଼ ଭାଗ୍ୟବାନ ଅଟୁ ତୁହି ରାଜା
ରୂପ ଗୁଣେ ନାହିଁ କେ ତୋପରି ଦୁଜା।
କାହା ପାଶେ କିଏ ଆଶା କରିଯାଏ
ଆଶା ଯେ ନକରେ ଦୃଢ଼େ ମୌନ ରହେ।
ବିନା ପୁଛିବାରେ ଯଦି ବୋଲେ କେହି
ଅର୍ଥବାନ ବାକ୍ୟ ନିରର୍ଥକ ହୋଇ।

ବେଦ ଭେଦ ମନ୍ତ୍ର ଗୁଣ ଜାଣିକରି
(ବିନା) ପ୍ରଶ୍ନେ ସହଦେବ ନ କହନ୍ତି ଖୋଲି।
ଗୁଣିଜନ ନ କହେ ଆପଣା (ର) ଗୁଣ
ଜାଣି ଥାଅ ରାଜା ଏ ସତ୍ୟ ବଚନ।
କିଣା ବିକା କଥା ସିନା ତୁହି ଜାଣୁ
ଆପେ ନ କହିଲେ ପରତେ ନମଣୁ।
ଚାରି ବେଦେ ମୁହିଁ ପଣ୍ଡିତ ଅଟଇ
ସମ୍ମୁଖେ ତୋ ହୀରାମଣି ନାମ ବହି।

ସୁଦୂର ଅତୀତେ ପଦ୍ମାବତୀ ପାଶେ ସିଂହଳ ଦ୍ୱୀପରେ ଥିଲି ମୁଁ ରହି।
ହେଉ ତୋ ସୌଭାଗ୍ୟ ଆଶିଷ କରେ ମୁଁ, ପଦ୍ମାବତୀ ସାଥେ ଦେବି ଭେଟାଇ।।"

॥ ୮୨ ॥

ଶୁକର ବୟାନ ଭାରତୀ ଶ୍ରବଣେ
ଦେଲେ ଲକ୍ଷେ ମୁଦ୍ରା ବିପ୍ରକୁ ତକ୍ଷଣେ।
ଯାଚକ ଆଶିଷ କରି ଗଲା ଗୃହେ
ଶୁକକୁ ପାଳିଲେ ରାଜା ଅତି ସ୍ନେହେ।
ଶୁକ ବୋଲିବା କିବା ବର୍ଣ୍ଣିବି ମୁହିଁ
ହୀରାମଣି ନାମ ଯୋଗ୍ୟ ତାକୁ ଚାହିଁ।
ବାକ୍ୟ ବୋଲନ୍ତେ, ମଣି ମାଣିକ୍ୟ ଝରେ
ନତୁବା ସେ ରହିଥାଏ ମଉନରେ।
ଶୁକ ବୋଲୁଥିଲେ ତା'ର ମୁଖ ଦେଖି
ଶବ୍ଦ ମୁକ୍ତା କରି ମାଳ ଗୁନ୍ଥିଛି କି।
ରାଜା ହୃଦୟେ ସେ ହାର ଦେଇ ଗଲେ
ଆଦ୍ୟେ ମାରି, ଅମୃତେ ବଞ୍ଚାଇଲା ଭଲେ।
ସ୍ୱୟଂ ଗୁରୁ ସତେ, ରାଜା ତାର ଶିଷ୍ୟ
ସୂର୍ଯ୍ୟ ଚନ୍ଦ୍ର ପ୍ରୀତି ଗାଥା କହେ ସେତ।

ଶୁଣି ପ୍ରେମେ ରସାଣିତ ରାଜାମନ
ମଥାପିଟେ, ପୁଣି ଶୁଣେ ସେ ବୟାନ।

କ୍ରମେ ଲୋକମୁଖେ ଶୁଣନ୍ତି ସର୍ବେ, ଅତି ଗୁଣୀ ପକ୍ଷୀ ନୁହେଁ କେବେ ଭଲ।
ନୃପତିକୁ କେବେ ପାଗଳ କରିବ ସେ, ରାଜ ମହଲକୁ ହେବ କାଳ।।

॥ ୮୩ ॥

ରତ୍ନସେନ ପାଟରାଣୀ 'ନାଗମତୀ'
ଅତି ସୁନ୍ଦରୀ ମୋହିନୀ ରୂପବତୀ।
ତ୍ରୈଲୋକ୍ୟ ମୋହିନୀ ରୂପେ ଗୁଣ ସେହି।
ଶୃଙ୍ଗାର କରେ ଦର୍ପଣେ, ମୁଖ ଚାହିଁ।
ଦିନେ ନୃପତି ଗଲେ ପାରିଧି କରି
ରାଣୀ ସୁବେଶେ, ପୁଚ୍ଛନ୍ତି ସ୍ନେହ ଭରି।
"କହ ହୀରାମଣି ମୋପରି କି ଜଣେ
ରୂପସୀ ରମଣୀ ଅଛି ତ୍ରିଭୁବନେ ?
କଷଟି ପଥର ସିନା ସୁନାଦେଖି
ସୁନା ଭଲ, ଭେଲ ସିନା ପରଖନ୍ତି।
ସତ୍ୟ କହିବୁରେ ଶୁକ ମନଖୋଲି
ସିଂହଳେ କି ଅଛି ମୋ ସମ ସୁନ୍ଦରୀ ?

ମୁହିଁ ରୂପବତୀ, ସୁନ୍ଦରୀ ରୂପସୀ, ମୋ ପରି କେ ଅଛି ଧରିତ୍ରୀରେ।
ରାଜା ରାଣ ତୋତେ, ସତ୍ୟ ତୁ କହିବୁ, କହ ତାମ୍ରଚୂଡ଼ ପ୍ରବୃତ୍ତିରେ।।"

॥ ୮୪ ॥

ନାଗମତୀ ମୁଖ ଚାହିଁ ହସି ଶୁକ
ପ୍ରସନ୍ନେ କହଇ ବାକ୍ୟ ସମୁଚିତ।
"ଯେଉଁ ସରସୀରେ ନାହିଁ ରାଜହଂସ
ବଗୁଲି ହୁଏ ତହିଁ ରାଜହଂସ ବେଶ।

ଗର୍ବ ଅହଂକାର ତ ଭଲ ନୁହଁଇ
ଚନ୍ଦ୍ର ରୂପକୁ ପରା ରାହୁ ଗ୍ରାସଇ।
କିଏ ଲାବଣ୍ୟବତୀ ନୁହେଁ କି ଜାଣି
ଲାବଣ୍ୟବତୀ ଯେ କାନ୍ତ ସୁହାଗିନୀ।
ସିଂହଳୀ ସୁନ୍ଦରୀ ତୁଲ୍ୟ କାହିଁ ରାଣୀ
ଦିବା ସଙ୍ଗତେ କି ତୁଲ୍ୟ ଯାମିନୀ।
ପୁଷ୍ପସମ କୋମଳ, ସୁଗନ୍ଧାନାରୀ
ସୁବର୍ଣ୍ଣ ସମ ଅଙ୍ଗ ଶୋଭା ତାହାରି।
ମସ୍ତକ ସାଥେ ତୁଲ୍ୟ ନୁହେଁ ପଦଦୁଇ
ଅବିଚାରି ରାଣୀ, ଗର୍ବ କରନାହିଁ।"

କଟା ଘା'ରେ କେ ଲବଣ ଲେପିଲା, କ୍ଷଣକେ ମୁଖ ତାର ରୁକ୍ଷ ହୋଇଲା।
ନାଗମତୀ ରାଣୀ, ତ୍ରୈଲୋକ୍ୟ ମୋହିନୀ, ମୁଖେ ଈର୍ଷାୟୀତ ଭାବ ଫୁଟିଲା।।

॥ ୮୫ ॥

ରାଣୀ କ୍ରୋଧଭରି ମନେ ଭାବି କହେ
"ଏହି ଶୁକପକ୍ଷୀ ମନ୍ଦ ବାକ୍ୟ କୁହେ।
ରାଜା କେବେ ଯଦି ଏକଥା ଶୁଣିବେ
ପଦ୍ମିନୀ ଲାଗି ଯୋଗୀ ନିଶ୍ଚୟ ହେବେ।
ଏଇ ବିଷବଲ୍ଲୀ ନୋହୁ ଅଙ୍କୁରିତ
ବଞ୍ଚି ରହିଥିଲେ କରିବ ଅନିଷ୍ଟ।
ଏହି ତାମ୍ରଚୂଡ଼ ପ୍ରଭାତରେ କେବେ
ଶୁଣାଇବ ମତେ ରାଜା ଯୋଗୀ ହେବେ।"
ଧାମିନୀ ଧାତ୍ରୀକି ଅବିଳମ୍ବେ ଡାକି
କହେ- "ମନ୍ଦ ବୁଦ୍ଧି ଅଟେ ଏହିପକ୍ଷୀ।
ଯା'ର ପାଶେ ଥିଲା ସେ ପାଳିତ ହେଇ
ତା'ରେ ତ୍ୟାଗକଲା, ଅବିଶ୍ୱାସୀ ସେହି।
ପେଟ କଥା ତା'ର ମୁଖରେ ନଥାଏ

ଅବଗୁଣୀ ଶୁକ (ଦଶ) ହାଟେ ବିକିହୁଏ।
ଗୃହେ ନ ରଖିବ କୁଭାଷୀ ଶୁକକୁ
ଗୋପନରେ ନେଇ ହତ୍ୟା କର ତାକୁ।
ଶୁକ ରାଜାଙ୍କର ମତିଭ୍ରମ କରି
କରିବ ତାହାଙ୍କୁ ନିଶ୍ଚେ ଦେଶାନ୍ତରୀ।
"ମୁହିଁ ନାଗମତୀ, ମୟୂର ହେବ ସେ ଦିନେ ମତେ ଗ୍ରାସୀ ଆଣି ପଦ୍ମିନୀ।
ରାଜାଙ୍କୁ ଭୁଲାଇ ଯୋଗୀ କରିନେବ, ମୋ ଲାଗି ଆଣିବାକୁ ସପତଣୀ।"

■

॥ ୮୬ ॥

ଶୁକ ମାରିବାକୁ ନେଲା ଯେଉଁ ଦାସୀ
ଦୟାଳୁ ସେ ଅତି, ଭାବେ ବସି ବସି।
"ପୂର୍ବ ଜନ୍ମେ ଥିଲା ଏ ପଣ୍ଡିତ ଜ୍ଞାନୀ
ପକ୍ଷୀ ଜନ୍ମ ନେଇ ହୁଏ ହିନିମାନୀ।
ଗତ ଜନମରେ ଜ୍ଞାନ ତା ରହିଛି
ଏଣୁ ସେ ବିଦ୍ୱାନ ଜ୍ଞାନୀ ବୋଲାଉଛି।
ନାଗମତୀର ବୁଦ୍ଧି ନାଗୁଣୀ ପରି
ସ୍ୱାମୀ ସନ୍ତୋଷରେ ବିଷ ଦିଏ ଭରି।
ଏ ଶୁକ କେବା କଦାପି ନ ହୋଇବ
ନାଗମତୀ ମିଥ୍ୟା ଭୟେ ମରୁଥିବ।
ସ୍ତିରୀ ନ ଦେଖିଲେ ସ୍ୱାମୀର ସନ୍ତୋଷ
ସ୍ୱାମୀ ପ୍ରୀତି ହାରିବ ନ ହୋଇ ବଶ।
ରାଜା ନିଶ୍ଚେ ଏବେ ମୃଗୟାରୁ ଫେରି
ଶୁକକୁ ଖୋଜିବେ କାହିଁ ଗଲା ବୋଲି।
ଅଶ୍ୱବ୍ୟାଧି ଯୋଗୁ ମାଙ୍କଡ଼ ମରିଲେ
ଶୁକ ମାରି ସେ ଦଶା ଭୋଗିବି ଭଲେ।"
"ଯେତେ ଲୁଚାଇଲେ ହତ୍ୟା ଆଉ ପାପ, ଲୁଚି ନପାରଇ କେବେ।
ବିନାଶ କରିବ ଶେଷରେ ଅବଶ୍ୟ, ସତ୍ୟ ପ୍ରକଟାଇ ଭବେ।"

■

॥ ୮୭ ॥

ଗୁପତେ ରଖିଲା ସେ ଦାସୀ ହୀରାମଣିକୁ
ପାରିଧିକୁ ଫେରି ରାଜା ଆସିଲେ ରାଜ୍ୟକୁ।
ପୁଛିଲେ ରାଣୀଙ୍କୁ ରାଜା 'ଶୁକ ଗଲା କାହିଁ' ?
ରାଣୀ ବୋଲେ "ପଣ୍ଡିତରେ ଭୁଆ ଗଲା ଖାଇ"।
ପୁଛିଲି ମୁଁ ସିଂହଳର ପଦ୍ମିନୀ ରମଣୀ
କେଉଁ ପରି ରୂପବତୀ କହତୁ ବଖାଣି।
ଶୁକ କହେ "ତୁ ନାଗୁଣୀ ତାଙ୍କ ସମ ନୋହୁ
ସେମାନେ ଦିବସ ହେଲେ, ତୁ ଅଟୁ ରଜନୀ।
ସେମାନେ ବାସନ୍ତୀ ଯୋଷା, ତୁ ମସ୍କରବନ
ତୋ ପତି ଉଲ୍ଲୁକସମ ରଜନୀ ରମଣ।"
ନାଗମତୀ କହେ "ଶୁକ ଅତି ନୀଚ ପକ୍ଷୀ
ଛୋଟମୁଖେ ବଡ଼ କଥା କହେ ଅବିବେକୀ।
ରକ୍ତମୁଖା ଦିଶେ ସେହି ବିନା ଭୋଜନରେ
ଲୋହିତ ବି ଦିଶୁଥାଇ ଭୋଜନ ସରିଲେ।"

ଯେଉଁ ଆଭରଣ ପିନ୍ଧିଲେ, ଶ୍ରବଣେ କ୍ଷତ ହୁଏ ତାକୁ କେ ପିନ୍ଧିବ।
ସ୍ୱର୍ଣ୍ଣ ଆଭରଣ ହେଲେ ବି ତାର କ୍ଷତ ପୀଡ଼ା ବ୍ୟଥା କେ ବୁଝିବ।।

॥ ୮୮ ॥

ବ୍ୟଥା ବେଦନାରେ ରାଜା ହେଲେ ଘରି
ବିକ୍ରମ ସମ ଅନୁଶୋଚନା କରି।
ରାଣୀଙ୍କୁ ବୁଝାଇ କୁହନ୍ତି ରାଜନ
"ହୀରାମଣି ଥିଲା ଜ୍ଞାନୀ ତୁହି ଜାଣ।
ତା ବାକ୍ୟ ଥିଲା ସଦା ଅମୃତେ ଭରି
ପାଣ୍ଡିତ୍ୟରେ ତା'ର କିଏ ହେବ ସରି।
ବଚନରେ ତା'ର କଷ୍ଟ ହୁଏ ଦୂର
ନିର୍ଦ୍ଦୋଷ ବିହଗ ଦୋଷକୁ ନ ଧର।

ପଣ୍ଡିତ ଯେ ସଦା ଅଟଇ ବିବେକୀ
(ସେ) ଛଳନାର କାର୍ଯ୍ୟ କେବେ କରିବ କି ?
ପଣ୍ଡିତର ଜିହ୍ୱା ଶୁଦ୍ଧ ବାକ୍ୟ କହେ
ବୁଦ୍ଧିହୀନ ବାକ୍ୟ କେବେ ହେଁ ନ କହେ।
ସଦ୍‌ବୁଦ୍ଧି ଦେଇ ସପଥେ ଚଳାଏ
କୁପଥରେ ସେହୁ କେବେ ହେଁ ନ ଯାଏ।
ରକ୍ତିମ ଆଭା ମଣ୍ଡେ ମୁଖ ଜ୍ଞାନୀର
ହତ୍ୟାକାରୀକୁ ସିନା ତାହା ରୁଧିର।
ପ୍ରାଣପ୍ରିୟ ଶୁକ (କୁ) ଆଣ ମୋ ସମ୍ମୁଖ
ନତୁବା ତା ସାଥେ ହୁଅ ଭସ୍ମୀଭୂତ।

ପତିର ଆଦେଶ ଅବଜ୍ଞା କରିଲେ ସୌଭାଗ୍ୟ ପାଇବ ନାହିଁ।
ଅବିଶ୍ୱାସ ଥରେ ଆସିଲେ ବିଶ୍ୱାସେ ପତି ପତ୍ନୀ ସୁଖ ନାହିଁ।।

ଟିପ୍ପଣୀ:- ବିକ୍ରମ ସମ ଅନୁଶୋଚନା - କୁହାହେଇଛି କି ବିକ୍ରମାଦିତ୍ୟଙ୍କୁ ତାଙ୍କର ପୋଷା ଶୁଆ ଥରେ ଅମୃତ ଫଳଟିଏ ଆଣି ଦେଲା। ଫଳଟିକୁ ବଗିଚାରେ ଗଛ ଲଗେଇବାକୁ ସିଏ ମାଳିକୁ ଦେଲେ। ଗଛ ହୋଇ ଫଳ ଫଳିଲା ପରେ ଗଛତଳେ ପଡ଼ିଥିବା ପାଚିଲା ଫଳଟିଏ ମାଳି ରାଜାଙ୍କୁ ଆଣିଦେଲା। ଦୁର୍ଭାଗ୍ୟକୁ ସେ ଫଳଟିକୁ ସର୍ପ ଦଂଶନ କରିଥିଲା। ରାଜା ରାଣୀଙ୍କୁ ସେ ଫଳଟି ଦେବାରେ ସିଏ ଗୋଟିଏ କୁକୁରକୁ ଦେଲେ ପରୀକ୍ଷା ଉଦ୍ଦେଶ୍ୟରେ। କୁକୁର ଫଳଟି ଖାଇ ମରିଯିବାରୁ ରାଜା କ୍ରୋଧିତ ହୋଇ ଶୁଆଟିକୁ ମାରିଦେଲେ। ବୃଦ୍ଧମାଳି ଗଛରୁ ଆଉ ଗୋଟିଏ ଫଳ ତୋଳି ନିଜର ବୃଦ୍ଧା ସ୍ତ୍ରୀକୁ ଦେଇଥିଲା। ସେ ଫଳ ଖାଇବା ପରେ ସିଏ ତରୁଣୀରେ ପରିଣତ ହେଲା। ରାଜା ଏ ଘଟଣା ଜାଣିବା ପରେ ଶୁଆକୁ ମାରି ଦେଇଥିବାରୁ ଅନୁଶୋଚନା କଲେ।

॥ ୮୯ ॥

ପତିର ରୋଷକୁ ଦେଖି ନାଗବତୀ
ଚନ୍ଦ୍ରମୁଖ (ତା) ସତେ ରାହୁ ଗ୍ରାସିଲାକି।
ସ୍ୱାମୀର ବିରୋଧୀ କର୍ମ କରି ସାରି
ଦୁର୍ଭାଗ୍ୟକୁ ସେ ଯେ ଆଣିଛି ହକାରି।
"କ୍ଷୁଦ୍ର ମୋର ଦୋଷ ଘେନା କଲେ ପତି
ଏଥିପାଇଁ ମତେ ତୁଚ୍ଛ ମଣୁଛନ୍ତି।
ପତିକୁ ନିଜର ବୋଲି ସେ ବୋଲଇ
ତା'ଠାରୁ ବଳି କେ ମିଥ୍ୟାବାଦୀ ନାହିଁ।
ବାସ୍ତବରେ ପ୍ରିୟ ପତିର ସେ ହୁଏ
ପତି ରୋଷ ଭୟେ ସଦା ମରୁଥାଏ।"
ଦାସୀ ପାଶେ ଅବିଳମ୍ବେ ସେ ମିଳଇ
"ସ୍ୱାମୀ ସେବା ମୋର ବିଫଳ" କହଇ।
"ମୋ ସୁବର୍ଣ୍ଣରୁ ଭିନ୍ନ କରି ଶୀଶାକୁ
କେଉଁ ସୁନାରୀ ଶୁଦ୍ଧ କରିବ ତାକୁ।
ମୋ ପ୍ରୀତି ସୁବର୍ଣ୍ଣକୁ ଏକତ୍ର କରି
ପୂର୍ବ ପ୍ରୀତିକୁ କି ଦେବ ପୂର୍ଣ୍ଣ କରି!!
ରୂପ ଗର୍ବେ ପଡ଼ି ସ୍ୱାମୀ ସେବା ଭୁଲି
କ୍ଷୁଦ୍ର ଦୋଷ ପାଇଁ, ଦୁର୍ଭାଗ୍ୟ ଆଣିଲି।"

"ବଞ୍ଚିତ କରି ସ୍ୱାମୀ ବିଶ୍ୱାସ, ନିଜ ଦୋଷେ ମୁହିଁ ନିଜେ ଗଲି ସରି।
ମୋ ପ୍ରତି ସୋହାଗ ଉଜାଡ଼ି, ପତି ପାଦେ ମୋର ଛନ୍ଦିଲେ ରୋଷ ବେଢ଼ି।"

॥ ୯୦ ॥

ଦାସୀ ରୋଷ ଭରେ କହେ ଝିଙ୍ଗାସି
ଭାଗ୍ୟ ସୁଖ ଭୋଗ, ରାଣୀ ଦେଲ ପୋଛି।
ରୋଷ ନ କର ଗୋ ରାଣୀ ସୋହାଗୀ
କ୍ରୋଧୀ ତା ଜୀବନେ ହୁଏ ହତଭାଗୀ।

କ୍ରମ ରସହୀନ ଆସେ ପ୍ରୀତିରେ
ରସହୀନ ପ୍ରୀତି, ସୌଭାଗ୍ୟ ହରେ।
ହଳଦୀ ରସ ହୀନତା ପାଇଁକି
ହଳଦୀ ରୂପ ତାର ନୁହେଁ କି ?
ଦିଏ ଚିତ୍ତ ଯିଏ ତାକୁ ମିଳଇ
ସ୍ୱାମୀ ଅନୁଗତାର ଆପଦ ନାହିଁ।
ଦ୍ୱିତୀୟା ତିଥି ଚନ୍ଦ୍ରମା ଯେସନ
ଚିରଦିନ ରହିଥାଏ ଅମଳିନ।
ରହିଥାଏ ସେ ନିର୍ମଳ ତେସନ
ସ୍ୱାମୀ ପାଦେ ଦେଇ ଚିତ୍ତ, ତନୁ ମନ।।

ଜୀବନେ ସେ ନାରୀ ହୁଏ ସଦା ଧନ୍ୟ, ପୂର୍ଣ୍ଣ କରେ ସ୍ୱାମୀ ମନୋରଥ।
ରୋଷ ଅଭିମାନ ଭୁଲି ଋଜୁତାରେ, ଜୀବନ ବିତାଏ ଅବିରତ।

(**ଟିପ୍ପଣୀ:-** ଜାୟସୀ ଏହି ଛନ୍ଦରେ ଇଙ୍ଗିତ କରିଛନ୍ତି କି ପତି ପରମେଶ୍ୱର ତଥା ପତ୍ନୀ ଜୀବାତ୍ମା। ଚାହିଁବା ମାତ୍ରେ ପରମେଶ୍ୱରଙ୍କ କୃପା ପ୍ରାପ୍ତି ହୁଏ ନାହିଁ। ଚିତ୍ତରେ ତାଙ୍କ ସହ ଏକାତ୍ମତା ହେବା ଜରୁରି ଏବଂ ଦତ୍ତଚିତ୍ତ ହୋଇ ଗର୍ବହୀନ ହେବା ଆବଶ୍ୟକ।

■

॥ ୯୧ ॥

ରାଣୀ ହାରିଗଲେ ଭାଗ୍ୟ ପଶା ଖେଳେ
ଦାସୀ ପାଖୁ ଶୁକ ଆଣି ରାଜାଙ୍କୁ ଦେଲେ।
ବୋଲେ, "ମାନ ସାରି ଯାହା ଗର୍ବ କଲି
ଆପଣା ସେବା ଫଳ ଆପେ ହାରିଲି।
ବୃଥାରେ ଭାବିଥିଲି ମୋର ପିରତି
ସ୍ୱାମୀକୁ ବାନ୍ଧିଛି ମୁଁ ନିବିଡ଼େ ଅତି।
ନତଶିର ହୁଏ ଯେ ତବ ଅଗ୍ରତେ
ଉଭା ହୋଇଲେ ଶିରଛେଦ ତ୍ୱରିତେ।
ପାଟରାଣୀ ହେଉ, ହେଉ ଅବା ଦାସୀ

ତୁମ କୃପାବାରି ଯା ଠାରେ ବରଷି।
ସେ ହୋଇଥାଏ ଅତି ପ୍ରିୟ ତୁମର
ଭ୍ରମେ ରହିଥିଲି, ଅଛ ହୃଦେ ମୋର।
ଜ୍ଞାନୀ ବରରୁଚି ଅବା ଭୋଜ ନୃପତି
ଜ୍ଞାନ ଗରିମା ଧନେ, ନ ପାରେ ଜିତି।

ତୁମକୁ ପାଇବା ତେବେ ସମ୍ଭବିବ, ସମର୍ପରେ କାୟା, ମନ, ବଚନ।
ମିଳି ମିଳାଇବ, ମାନ ଅପମାନ, ସର୍ବଭୂତେ ଦେଖୁ ଥିବ ସମାନ।"

ଟିପ୍ପଣୀ: ଜାୟସୀ ଉକ୍ତ ଛନ୍ଦରେ ଈଶ୍ୱର ପ୍ରାପ୍ତିର ମାର୍ଗ, ସାଧନାରେ ନିଜକୁ ସମ୍ପୂର୍ଣ୍ଣ ଭାବେ ନିୟୋଜିତ କରିବାକୁ କହିଛନ୍ତି। ପାଣ୍ଡିତ୍ୟ ତଥା ଲୌକିକ ସମୃଦ୍ଧିରେ ଈଶ୍ୱର ପ୍ରାପ୍ତି ହୁଏନାହିଁ।

॥ ୯୨ ॥

ବୋଲନ୍ତି ନୃପତି "ଶୁକ ! କହ ତୁହି ସତ
ସତ୍ୟରେ ତିଷ୍ଠିଛି ସିନା ବିଶାଳ ଜଗତ।
ସତ୍ୟର ବିହୁନେ, ସାରା ସୃଷ୍ଟି ହେବ ଲୟ
ଶିମିଳି ତୁଳାର ବୃନ୍ତ ଛାଡ଼ିଲା ପରାୟ।
ଅସତ୍ୟ ମଣିଷ ଅଟେ ଶିମିଳିର ଫଳ
ଅନ୍ତର ତୁଳାରେ ଭରା ଉପରେ ସୁନ୍ଦର।
ସତ୍ୟର ଭାଷଣେ ମୁଖ ରକ୍ତିମାରେ ଭରେ
ସତ୍ୟ ଯହିଁ ଥାଏ ତହିଁ ଧର୍ମ ଜୟ କରେ।
ସାରା ସୃଷ୍ଟି ସତ୍ୟରେ ତ ବାନ୍ଧି ହୋଇଅଛି
ସତ୍ୟ ପଦତଳେ ଲକ୍ଷ୍ମୀ ଦାସୀ ବୋଲାଉଛି।
ଯାର ପାଶେ ସତ୍ୟ ରୂପୀ ସାହସ ରହିଛି
ନିଶ୍ଚିତ ରୂପେ ଯେ ଜନସିଦ୍ଧି ଲଭିଅଛି।
ସତ୍ୟବାସୀ ହୁଅଇ ସତ୍ ପୁରୁଷ ସଦା
ପୌରୁଷହୀନ ମାନବ ପାଇଥାଏ ନିନ୍ଦା।

ସତ୍ୟର ଗୌରବେ ସତୀ ନାରୀ ଅଗ୍ନି ଜାଳି
ବିସର୍ଜି ନିଜକୁ ତହିଁ ପ୍ରାଣ ଦିଏ ବଳି।
ଦୁଇ ଲୋକେ ଯଶ ପାଇ ହୁଅନ୍ତି ସେ ଧନ୍ୟ
ସତ୍ ପୁରୁଷେ ସହାୟ ସଦା ଦେବଗଣ।
ଧର୍ମକୁ ଛାଡ଼ନ୍ତି ଯେହୁ ସତ୍ୟ ନାଶ କରି
ମାନବ ସମାଜେ ସେ'ତ ହୁଏ ମିଥ୍ୟାଚାରୀ।

ସତ୍ୟ କହିବୁରେ ହୀରାମଣି ଶୁକ, ତୁହି ଅଟୁ ଜ୍ଞାନୀ ପଣ୍ଡିତ ପ୍ରବର।
କହିବୁ ତୁ ସତ୍ୟ ଏଣୁ ନ ରଖିଲେ ଡର, ଏ ଘଟଣାରେ ଅନ୍ୟାୟ କାହାର ?"

॥ ୯୩ ॥

ଶୁକ ବୋଲେ -
"କହିବି ମୁଁ ସତ୍ୟ କେବେ ମିଥ୍ୟା ନୁହେଁ
ଅସତ୍ୟ କଥା ମୁଁ କେବେହେଁ ନ କୁହେ।
ସିଂହଳ ଦ୍ୱୀପ ରାଜା ମନ୍ଦିରୁ ଶିଖି
ଏଥି ମୁଁ ଆସିଛି ହୀରାମଣି ପକ୍ଷୀ।
ରାଜାର ନନ୍ଦିନୀ ନାମ ପଦ୍ମାବତୀ
ପଦ୍ମଗନ୍ଧା ସେ ଯେ ଅଟେ ଚନ୍ଦ୍ରମୁଖୀ।
ଅଙ୍ଗର ସୁଗନ୍ଧ ମଳୟ ଚନ୍ଦନ
ବାର ବର୍ଣ୍ଣର ଶ୍ରେଷ୍ଠ କନକ ବର୍ଣ୍ଣ।
ଅନ୍ୟ ଯେତେ ନାରୀ ସିଂହଳ ଦ୍ୱୀପର
ରୂପ ସୌନ୍ଦର୍ଯ୍ୟରେ ସର୍ବେ ଛାୟା ତାର।
କଣ୍ଠେ ମୋର ଯେଉଁ କଣ୍ଠସୂତ୍ର ଅଛି
ତା'ର ସେବା ଫଳେ ତାହା ମୁଁ ପାଇଛି।
ଛାର ପକ୍ଷୀ ମୁହିଁ ପଢ଼ିବି କା ଠାରୁ
ବିହଙ୍ଗ ମାତ୍ର ମୁଁ ଜୀବହୀନ ଅତି
ଥିବା ଯାକେ ଜୀବ, ତାରେ ଭାଳୁଥିବି।
ଜୀବଗଲା କାଳ ତା'ର ନାମ ନେବି
ଋଣ ତା ଜୀବନେ ଶୁଝି ନ ପାରିବି।

ମୋର ରକ୍ତ ମୁଖ, ଦେହ ହରିତ ବର୍ଣ୍ଣ, ଘେନି ମୁଁ ଯିବି ସ୍ୱର୍ଗପୁର।
ଦେଖାଇବି ପରମେଶ୍ୱର ସମ୍ମୁଖେ, ତା ସ୍ନେହେ ପାଳିତ ଏ ଶରୀର।"

ଟିପ୍ପଣୀ:- ବାରବର୍ଣ୍ଣ: ଜାୟସୀଙ୍କ ସମୟରେ ସୁବର୍ଣ୍ଣର ଶୁଦ୍ଧତା ଅନୁଯାୟୀ ବାର ପ୍ରକାର ଭେଦର ଚଳଣି ଥିଲା। ବିଭିନ୍ନ ସ୍ଥାନରେ ଏହି ବାର ପ୍ରକାର ସୁବର୍ଣ୍ଣର ନମୁନା ସହ ସେ ସବୁର ରେଖାର ନମୁନା (କଷଟି ପଥର ଉପରେ) ମଧ୍ୟ ରଖା ହେଉଥିଲା। ସେଥିରୁ ସୁବର୍ଣ୍ଣର ବିଶୁଦ୍ଧତା ଜାଣି ହେଉଥିଲା। ଏହାର ବିବରଣୀ ଆଇନ-ଏ-ଆକବରୀରେ ଦେଖିବାକୁ ମିଳେ।

॥ ୯୪ ॥

ପଦ୍ମାବତୀ ରୂପ ଗୁଣ କହେ ଶୁକ
ଭ୍ରମର ସମ ସେ ରାଜା ବିମୋହିତ।
"ସେହି ଦ୍ୱୀପ କଥା କହ ତୁ ବଖାଣି
ପତଙ୍ଗ ସମ ମୁଁ ହେଉଛି ତା ଶୁଣି।
ସେହି କନକବତୀ ସଙ୍ଗେ ତୁ ରହି
ହୀରାମଣି ନାମେ ପୁଣ୍ୟ କଲୁ ଦେହୀ।
କିଏ ତହିଁ ରାଜା ଉତ୍ତୁଙ୍ଗ ସେ ଦ୍ୱୀପ
କମଳେ ମିଳିବି ମୁଁ ହୋଇ ମଧୁପ।
ସାତଦ୍ୱୀପ, ପାରି ହୋଇ ସମୁଦ୍ର
ସିଂହଳେ ଯିବି ମୁଁ ମନେ ବହି ମୋଦ।
ସେଇ ସାଗରର ତରଙ୍ଗେ ଦୋହଲି
ପଦ୍ମାବତୀ ଘେନି ଫେରିବି ସ୍ୱପୁରୀ।
ଶୁକ ସେ କି ଅଳି ପ୍ରେମିକ ପାଇଛି
ଅବା ସେ କଳିକା, ଅଛୁଆଁ ରହିଛି।
ଅନ୍ୟ ରମଣୀଙ୍କ କଥା, କହପୁଣି
ତା'ର ସାଥି ସହଚରୀଙ୍କ କାହାଣୀ।"
ସେ ରାଜଜେମା କଥା କେହ ବିହଗ
ଅନୁରାଗେ ଭରେ ନୃପତିର ଅଙ୍ଗ।

କହେ ରାଜା "ସେଇ ଦେଶେ ମତେ ନେବୁ
ମୋର ଅଗ୍ରତେ ତୁ ପଥ ଦେଖାଇବୁ।
ଦୁର୍ଗମ ପଥ, ସପତ ସାଗର ପାରିହେବି ରାଜକନ୍ୟା ପାଇଁ।
ସକଳ ବେଦନା ଭୁଲିବି ପଲକେ (ତା) ପଦ୍ମମୁଖ ମଧୁପ ହୋଇ।"

॥ ୯୫ ॥

ଶୁକ କହେ, "ରାଜା କି ବର୍ଣ୍ଣିବି ମୁହିଁ
ମର୍ତ୍ତେ ଅମର୍ତ୍ତ ଧାମ ଅଟେ ବା ସେହି।
ଯେ ଅବାଗଲା ତହୁଁ, ଫେରିଲା ନାହିଁ
ସର୍ବସୁଖ ପାଇ ରହିଗଲା ତହିଁ।
ଛତିଶ ଜାତି ଘରେ ଘରେ ପଦ୍ମିନୀ
ରହିଛନ୍ତି ଅପରୂପ ଶୋଭା ଘେନି।
ବର ବର୍ଣ୍ଣିନୀ ଅପଘନ ଗନ୍ଧେ
ସଦା ବସନ୍ତ ରହେ ସେ ଦ୍ୱୀପେ ମୋଦେ।
ରୂପବତୀ ବାସନ୍ତିକା ଶୋଭେ ତହିଁ
ଅନେକ ବର୍ଣ୍ଣର ପୁଷ୍ପ ବାସୁଥାଇ।
ସେଇ ପୁଷ୍ପରଙ୍ଗ, ବାସ ପବନରେ
ରମଣୀଙ୍କ ଅଙ୍ଗୁ ଆସେ ନିରନ୍ତରେ।
ଗନ୍ଧର୍ବ ସେନ ସେ ଦ୍ୱୀପେ ରାଜ୍ୟ କରେ
ରାଜକନ୍ୟା ପଦ୍ମାବତୀ ତା ମନ୍ଦିରେ।
ରୂପେ ଜ୍ୟୋତିର୍ମୟୀ, ଗୁଣରେ ପ୍ରବୀଣା
ବିଧି ଗଢ଼ିଛି ତା'ରେ ନକରି ଊଣା।
ଚତୁର୍ଦ୍ଦିଗୁ ଯେତେ ରାଜପୁତ୍ରଗଣ
ଆସନ୍ତି ପଦ୍ମାରେ କରିବେ ବରଣ।
ସୂର୍ଯ୍ୟ ତେଜେ ଚନ୍ଦ୍ର ଲୁଚିଯିବା ପରି
ଜ୍ୟୋତିହୀନ ହୋଇ ଲାଜେ ଯା'ନ୍ତି ଫେରି।"
ପଦ୍ମାବତୀର ରୂପ ଦୀପ୍ତିରେ, ସବୁ ରାଜପୁତ୍ର ଉଦ୍ଦୀପ୍ତ ଯୁବା,
ବୁଦ୍ଧି, ରୂପରାଶି ହଜାଇ ବସନ୍ତି, ରୂପ ଇନ୍ଦ୍ରଜାଲେ ପାଷାଣ ଅବା।

॥ ୯୬ ॥

ଶୁକ ପାଶୁ ଶୁଣି ପଦ୍ମା ରୂପଗୁଣ
ନକ୍ଷତ୍ର ମଣ୍ଡଳେ ସୂର୍ଯ୍ୟ ପ୍ରଭାସମ।
ତେଜଦୀପ୍ତ ହୋଇ ରାଜା ରତ୍ନସେନ
କହନ୍ତି ଶୁକରେ "ହେ ପଣ୍ଡିତ! ଶୁଣ।
କହ ପୁନର୍ବାର ରାଜକନ୍ୟା କଥା
ହୃଦେ ଚିତ୍ର ଲେଖି, ରହିଥିବ ସଦା।
ମୁଁ ତ ସୂର୍ଯ୍ୟ ସେ ଚନ୍ଦ୍ରମା ଛପି ଯାଇ
ଚିତ୍ର ସମ ମୋର ହୃଦେ ଅଛି ରହି।
ନିଷ୍ପ୍ରଭ ଯେପରି ଜଳ ବିନା ମୀନ
ଅବା କାୟା ଯେବେ ହୁଏ ରକ୍ତହୀନ।
ଏବେ ସୂର୍ଯ୍ୟ ରୂପୀ ରତ୍ନସେନ ମନେ
ହୁଏ ପ୍ରେମବୀଜ ଅଙ୍କୁରିତ କ୍ରମେ।
ଶଶୀ ରହେ ଯଦି ଆକାଶ ମଣ୍ଡଳେ
ସତ୍ୱରେ ମିଳିବି ସୂର୍ଯ୍ୟ ହୋଇ ତାରେ।
ସେହି ସୁବାସିତ ପଦ୍ମେ ମନ ମୋର
ମଧୁବ୍ରତ ପରି ଚୁମ୍ବେ ବାରମ୍ବାର।
ସହସ୍ର କଳା ସାଥେ ଅଟେ ମୁଁ ପ୍ରେମୀ
ଯହିଁ ଦୃଷ୍ଟି ଯାଏ ଦେଖଇ ପଦ୍ମିନୀ।
ଚଉଦ ଭୁବନ, ତ୍ରୈଲୋକ୍ୟ ତା ପରେ
ଯାହା ସତ୍ୟ ଅଟେ, ଆସେ ମୋ ବିଚାରେ।

ଏବେ ମନ ମୋ ବିଚାରେ ଜାଣୁଅଛି, ଇହ ପରଲୋକ ପ୍ରୀତି ପରି।
ଲଳିତ ଲାବଣ୍ୟ, କୋମଳ ରଜୁତା, ରୂପେ ବିମୋହିତ ବିଶ୍ୱଭରି।।"

॥ ୯୭ ॥

ଶୁକ କହେ ପୁଣି "ଶୁଣ, ହେ ରାଜନ
ପ୍ରେମେ ବିହ୍ୱଳ ନ ହୁଅ କଦାଚନ।
ପ୍ରେମ ପାଇଁ ସିନା ନିନ୍ଦା ଅପମାନ
ବ୍ୟଥା ଓ ବେଦନା, ଭୋଗିବ କଷଣ।
ପ୍ରେମର ପାଶେ ଯଦି ପଡ଼ିବ ଥରେ
ସେ ବନ୍ଧନ ନ ତୁଟଇ ସହଜରେ।
ପ୍ରେମ ପାଇଁ ଯଦି କେ ଜୀବନ ଦିଏ
ସେହି ତ୍ୟାଗ ତାର ଶୋଭାକୁ ବଢ଼ାଏ।
ଶରାଟ କ୍ଷୁଦ୍ର ଜୀବ, ଜୀବନ ପାଇଁ
ବହୁ ରୂପ ଧରେ ବର୍ଣ୍ଣ ପାଲଟାଇ।
କ୍ଷଣେ ପ୍ରତି କ୍ଷଣେ ରଙ୍ଗ ବଦଳାଏ
ଶ୍ୱେତ, ସବୁଜ କେବେ ଲୋହିତ ହୁଏ।
ମୟୂରୀ ମନଦୁଃଖେ ବନ ମଧ୍ୟରେ
ପ୍ରେମିକକୁ ତା ଖୋଜି ବୁଲେ ମନରେ।
ପ୍ରେମ ନାଗପାଶ ପଡ଼ିଛି ପକ୍ଷରେ
ବନ୍ଦି ହୋଇ ତେଣୁ ଉଡ଼ି ସେ ନପାରେ।
କେକା ରବେ ତେଣୁ ବଣ ଦିଏଭରି
ରୋଷେ ଖାଇଦିଏ ନାଗକୁ ସେ ଧରି।
ପାଶା ଚିହ୍ନ ଥାଏ ପ୍ରେମୀର ଗଳାରେ
ପଣ୍ଡୁକ ଓ ଶୁକ କଣ୍ଠେ ଯେ ପ୍ରକାରେ।"

ତିତିର ପକ୍ଷୀର କଣ୍ଠେ ସେଇ ପାଶ ଚିହ୍ନ, ଅବରୋଧି ରହିଥାଏ ପର ଶ୍ୱାସ।
ଡାକୁଥାଏ ଅବିରତ ହୃଦୟ ଆବେଗେ, ଛାଡ଼ିବାକୁ ମୁକ୍ତିପାଇଁ ଶେଷ ନିଶ୍ୱାସ।।

॥ ୯୮ ॥

ଦୀର୍ଘ ଶ୍ୱାସ ଛାଡ଼ି କହନ୍ତି ରାଜନ
"ଶୁକ ତୁ ନ କହ ନିରାଶ ବଚନ ॥
ଭଲେ ସେ କଠିନ ହେଉ ବା କୋମଳ
ପ୍ରେମର ପଥେ ଯାଏ ପ୍ରେମ ପାଗଳ ।
ଇହ ଜଗତେ ବା ହେଉ ପରଲୋକେ
ଦୁଃଖ ସନ୍ତାପକୁ ଭୁଲି ରହେ ସୁଖେ ।
ଦୁଃଖ, ଗଞ୍ଜଣାରେ ପ୍ରେମମଧୁ ଥାଏ
ଲଜ୍ଜା, ଅପମାନ ମୃତ୍ୟୁକୁ ବି ସହେ ।
ପ୍ରେମୀ ଜାଣେ ତାର ସ୍ୱାଦ ମଧୁରତା ।
ଭୀରୁ ସେ ନ ଜାଣେ ପ୍ରେମ ଆତୁରତା ।
ଯେ ନବରିଛି କେବେ ପ୍ରେମର ପଥ
ଜନ୍ମ (ତା) ଅସଫଳ ନୀରସ ଜଗତ ।
ଜୀବନ ମୋ ପ୍ରେମ ପଥେ ସମର୍ପିଲି
ସାହା ହୁଅ ଶୁକ ଶରଣ ପଶିଲି ।
କହ ତୁ ପ୍ରେମର ଯାହା ଗୂଢ଼ ତତ୍ତ୍ୱ
ତୋ ବିନୁ ସେ କଥା କିଏ ସେ କହିବ ?
କର ତୁ ବର୍ଣ୍ଣନା ରୂପ ଅନୁପମ
ଈଶ୍ୱର ଚାହିଁଲେ ହୋଇବ ମିଳନ ।"

ପ୍ରେମୀ ରହିଥାଏ ଦୁଃଖୀ ସଦା ପ୍ରିୟତମ ବିରହ ବ୍ୟଥାରେ ।
ଅନୁଭବେ ସେହି ଶାନ୍ତି, ପ୍ରେମର ଲାବଣ୍ୟ, ମିଳନର ପରେ ॥

॥ ୯୯ ॥

ଶୁକ କହେ "ରାଜନ ତା'ର ଶୃଙ୍ଗାର
ବର୍ଣ୍ଣିବି ମୁଁ କିବା ତା ଶୋଭା ଅପାର।
ମସ୍ତକରେ ତାର କସ୍ତୁରୀ ଅଳକ
କବରୀରେ କିବା ବାସୁକି ନିହିତ।
ମାଳତୀ କେଶର ରାଣୀ କନ୍ୟା ସିଏ
ଅଙ୍ଗେ ବାସ ମୋଦେ, ସର୍ପ ଘେରି ରହେ।
ଯେବେ ସେ କୁନ୍ତଳ ରାଶି ମୁକ୍ତ କରେ
ଆକାଶ, ପାତାଳ ଘୋଟେ ଅନ୍ଧକାରେ।
କୋମଳ, କୁଟିଳ, ଭରା କଳାକେଶ
କଳା ଗରଳ ଲହରେ କିବା ସେତ।
ମଳୟଗିରି ଚନ୍ଦନ ସୁବାସରେ
ଅଙ୍ଗେ ଆମୋଦେ ବିହରି ଶିରେ ଚଢ଼େ।
ତାର କୁଞ୍ଚିତ କେଶ ପ୍ରେମ ଶୃଙ୍ଖଳ
କାହା ଅଙ୍ଗେ ଶୋଭିବାକୁ ନିତ୍ୟ ଚଞ୍ଚଳ।
ହେ ରାଜା! ସେ କେଶେ ଫାନ୍ଦ ପରି
ଶିର ଗ୍ରୀବା ଘେରି ନାଗେ ଥାନ୍ତି ଜଡ଼ି।"

ଏହି ହେଲା ପରିଣାମ, ଅଷ୍ଟକୁଳ ନାଗ ସେ କନ୍ୟା କେଶେ ଛନ୍ଦି ହୋଇ।
କେଶ ଫାନ୍ଦ ତଳେ ଦୋହଲି ଖେଳନ୍ତି, ଅଙ୍ଗ ବାସ ବିମୋହିତ ହୋଇ।।

ଟିପ୍ପଣୀ:- ଅଷ୍ଟକୁଳ ନାଗ: ମହାଭାରତ ତଥା ସଂସ୍କୃତ କାବ୍ୟରେ ନାଗକୁଳର ପ୍ରସିଦ୍ଧ ଆଠଟି ରାଜାଙ୍କର ଉଲ୍ଲେଖ ରହିଛି- ବାସୁକି, ତକ୍ଷକ, କୁଳକ, କର୍କୋଟକ, ପଦ୍ମ, ଶଙ୍ଖଚୂଡ଼, ମହାପଦ୍ମ ଏବଂ ଧନଞ୍ଜୟ।

।। ୧୦୦ ।।

"ଏବେ ସୀମନ୍ତର କଥା କହୁଛି
ସିନ୍ଦୂର ଯହିଁ ଏବେ ନ ଲାଗିଛି ।
ସିନ୍ଦୂର ବିହୁନେ ଦିଶେ ସୀମନ୍ତ
ରାତ୍ରୀ କାଳେ ଚିହ୍ନିତ ବନ ପଥ ।
ସୀମନ୍ତ ଦେଖି ଲାଗଇ ମନରେ
କନକ ରେଖା କଷଟି ପଥରେ ।
ଅଥବା ଘନ କୃଷ୍ଣ ବଉଦରେ
ଦାମିନୀ ଚମକଇ ଅନ୍ତରାଳେ ।
ମେଘ ଅନ୍ତରାଳେ ରଶ୍ମି ସୂର୍ଯ୍ୟର
ଯମୁନା ଜଳେ (କି) ସରସ୍ୱତୀ ଧାର ।
ରୁଧିରେ ପୂର୍ଣ୍ଣ ତରବାରି ଧାର
ମସ୍ତକ ଚିରି ତ୍ରିବେଣୀ ଉପର ।
ତ୍ରିବେଣୀ ସଙ୍ଗମେ ଯେହ୍ନେ ସାଧୁ ସନ୍ଥେ
ମଥାରେ ଚାଳନ୍ତି ଖଣ୍ଡାକୁ ଏମନ୍ତେ ।
ଝରିଯିବ ଯେପରି ଧାରା ରୁଧିରର
ଲଲାଟେ ଲଗାଇବେ ରକ୍ତର ସିନ୍ଦୂର ।
ମୋତି ଯହିଁ ଭରା ତା ସୀମନ୍ତରେ
ଲାଗେ ଗଙ୍ଗାସ୍ରୋତ ଯମୁନା ନୀରେ ।"

ଅଳକ ପାମର ଆଭରଣ ଯୋଗୁ ରାତ୍ରୀକାଳେ ଆକାଶ ଗଙ୍ଗା ।
ଉଦିତ ହୋଇଲେ ତାରା ଗହଣରେ ସର୍ବେ କରନ୍ତି ରାଜକନ୍ୟା ସେବା ।।

।। ୧୦୧ ।।

ଏବେ ତା କପାଳ ବର୍ଣ୍ଣନା କରିବି
ଦ୍ୱିତୀୟା ଚନ୍ଦ୍ରମା, ସେହି ବା ସତେକି ।
ଏତେ ଦୀପ୍ତି କିନ୍ତୁ ନାହିଁ ଶଶଧରେ
ସହସ୍ର ଦୀପ୍ତିରେ ସୂର୍ଯ୍ୟ ତହିଁ ଖେଳେ ।

ଅସ୍ତଗିରି ଅନ୍ତରାଳେ ଚନ୍ଦ୍ର ସୂର୍ଯ୍ୟ
ଲୁଚନ୍ତି, ଲଲାଟୁ ନଳିଭଇ ତେଜ।
କଳଙ୍କିତ ଚନ୍ଦ୍ର, ସେ'ତ ନିଷ୍କଳଙ୍କ
ଉଦିତ ଚନ୍ଦ୍ର ନୁହେଁ ତା ସମକକ୍ଷ।
ପୁଣି ଚନ୍ଦ୍ରମାକୁ ରାହୁ ସିନା ଗ୍ରାସେ
ରାହୁବିନା ତା ଲଲାଟ ତେଜ ଦିଶେ।
ଦିଶେ ଲଲାଟ ଚିତା ତା ଅନୁପମ
ବାଳଇନ୍ଦୁ ସିଂହାସନେ ଧ୍ରୁବସମ।
ଅବା ସ୍ୱର୍ଣ୍ଣ ସିଂହାସନେ ରାଜାବସି
ସବୁ ଶୃଙ୍ଗାର ଅସ୍ତ୍ର, ହସ୍ତେ ରଖିଛି।
ଲଲାଟେ ତିଳକ, କେ ଦେଖିବ ଶୋଭା
ଯହିଁ ବନ୍ଧ ଜୁଡ଼ାବନ୍ଧା ମନୋଲୋଭା।
ଅସ୍ତ୍ର ଯାହା ଶୋଭେ ରାଜାଙ୍କ ହସ୍ତରେ
ଖଡ୍ଗ, ଧନୁ, ଚକ୍ର, ବାଣ ଏକାଧାରେ।
ସେଇ ଅସ୍ତ୍ର ହସ୍ତେ ରହେ ସୁସଜ୍ଜିତ
ସ୍ୱର୍ଗ ଭୁଲୋକକୁ କରିବ ଆଘାତ।

ଏମନ୍ତ ଶ୍ରବଣେ ନୃପତି, ପଡ଼ିଗଲେ କ୍ଷିତି, ମୂର୍ଚ୍ଛିତ ହୋଇ କିଛିକ୍ଷଣ।
ଚେତା ପାଇ ଉଠି, ଶୁକରେ କହନ୍ତି, "ସେ ଅସ୍ତ୍ରତ ନେବ ମୋର ପଞ୍ଚପ୍ରାଣ।"

॥ ୧୦୨ ॥

"ଭ୍ରୁଲତା ଶାୟକେ ତୀକ୍ଷ୍ଣ ଶର ଯୋଖି
ଯେ ଦେଖଇ ସମ୍ମୁଖେ ସେ ଯାଏ ଶଙ୍କି।
ଯେଉଁ ଦିଗେ ଦେଖେ, ବିଷ ବାଣ ଦେଇ
ଅବା ମାରେ ସିଏ, ଅଜାଣତେ ରହି।
କେଉଁ ହତ୍ୟାକାରୀ କାଳ, କେତେ କାଳ
ଲାଗି ଗଢ଼ିଥିଲା ଏଇ ଧନୁତୀର।
ଏହି ଧନୁ ଥିଲା କୃଷ୍ଣ ହସ୍ତେ ରହି

ରାଘବ ରାମ ବି ଧରିଥିଲେ ନେଇ।
ଏଇ ଧନୁଧରି ରାବଣ ମାରିଲେ
କୃଷ୍ଣ ଧରିପୁଣି କଂସକୁ ତାରିଲେ।
ଅର୍ଜୁନ ଭେଦିଲେ ରାଧା ଚକ୍ର ବଳି
ଲାଭ କରିଥିଲେ ଦ୍ରୁପଦ ଦୁଲାଳୀ।
ଏହି ଧନୁରେ ମଲା ସହସ୍ରବାହୁ
ପର୍ଶୁରାମ ହାତେ ଧରିଥିଲା ଯହୁଁ।
ସେ ଧନୁ ଚିହ୍ନିଲି ମୁହିଁ ତା ପାଶରେ
ଧନୁର୍ଦ୍ଧାରୀ ହୋଇ (ସେ) ବଧେ ଜଗତରେ।
ତା ଭ୍ରୂଲତାର ସମକକ୍ଷ ସେ ନାହିଁ
ଅପ୍ସରା ଲୁଚନ୍ତି ତହୁଁ ଲଜ୍ଜାପାଇ।
ଏଇ ଭ୍ରୂଲତା କି ରହେ ଶତ୍ରୁସରି
ଯା ଭୟେ ଲୁଚନ୍ତି ଗୋପେ ବ୍ରଜନାରୀ।"

ଏଥିପାଇଁ ଗଗନ ମଣ୍ଡଳେ ଉଦେ ବର୍ଣ୍ଣିଳ ଯେ ଶକ୍ରଚାପ।
ତୃଷା ଆବୋରିତ କ୍ଷଣକ ପାରେବି, ଏ ଭ୍ରୂଲତା ପାଶେ ସେ ଅସ୍ତମିତ।।

।। ୧୦୩ ।।

"ତା ବକ୍ର ନୟନ ରମ୍ୟ ଶୋଭା ବଳେ
ଉପମିତ ନୁହେଁ, କାହିଁ ତ୍ରିପୁରରେ।
ଦୁଇ ନୟନ ଉତ୍ତାଳେ ଜାଗେ ଅବା
ସମୁଦ୍ର ତରଙ୍ଗ ପରି ଘେନି ପ୍ରଭା।
ରକ୍ତ କମଳ ପରେ କି ଭ୍ରମର
ପକ୍ଷ ମେଲି ମଧୁ ଲୋଡ଼େ ମଧୁକର।
ମତ୍ତ ମଧୁପ ସେ ମଦେ ଅନୁସରି
ପୁଣି ଚାହେଁ ଦୂରେ ଯିବ ସେ ବାହୁଡ଼ି।
ନୟନ ତୁରଗ ଲଗାମ ବିହୀନ
ଚାହେଁ ସ୍ପର୍ଶିବକି ସୁଦୂର ଗଗନ।

ତାହାର ନୟନ ବାତେ ଦୋଳାୟିତ
ଆକାଶ ପରଶି ଧରାରେ ପତିତ।
ନେତ୍ର ଘୂରୁଥିଲେ, ଜଗତ ଭ୍ରମଇ
କ୍ଷଣକେ ଦେବକି କ୍ଷିତି ଓଲଟାଇ।
ନେତ୍ର କମ୍ପନରେ ପବନ ଗତିକୁ।
ମନ୍ଥି ଦୋହଲାଇ ପରଶେ ଧରାକୁ।
ଅଳି ଚକୋର କି ସେ ନୟନ ଦୁଇ
ନେତ୍ର ଅଳି କୃଷ୍ଣ ପ୍ରତିମା କି ହୋଇ।
ତାର ନୟନ କି ଖଞ୍ଜରୀଟ ପକ୍ଷୀ
ମୃଗୀ ନେତ୍ର ହୁଏ ଚପଳ ନିରେଖି।
ସାଗର ତରଙ୍ଗେ କରଭର ଖେଳ
ନେତ୍ର ନର୍ତ୍ତନରେ ଦେଖଇ ଅପର।
ଭଲେ ଦୁଇ ନେତ୍ର କି ପୟୋଧି ପରି
ମାଣି ମାଣିକ୍ୟରେ ଖେଳେ କି ଲହରୀ।"

ଚକ୍ଷୁ ସମୁଦ୍ର ତରଙ୍ଗେ ହୋଇ ଲୁବ୍ଧ ଦୋଳାୟିତେ ଯାଏ ଖେଳି।
ତା ସ୍ରୋତ ଭ୍ରମରେ କରି ନିରୀକ୍ଷଣ ଯୁବା ପ୍ରାଣ ଯାଏ ମରି।।

।। ୧୦୪ ।।

"ନେତ୍ର ପଲକର କେଶ କି ବର୍ଣ୍ଣିବି
ଦୁଇ ସେନା ଜଗିଛନ୍ତି ଶର ଯୋଖି।
ରାମ, ରାବଣ ବାହିନୀ ଦୁଇ ତୀରେ
ମଧ୍ୟେ ନେତ୍ର ପାରାବାର ରହି ଖେଳେ।
ସେହି ବିଷ ତୀରେ ସର୍ବେ ବିଦ୍ଧ ହୋଇ
ଘାରି ହେଉଥାନ୍ତି, ମୃତ୍ୟୁ ହୁଏ ନାହିଁ।
ଗଗନ ମଣ୍ଡଳେ ଯେତେକ ନକ୍ଷତ୍ର
ସମସ୍ତ ତାହାର ଧନୁରୁ ନିର୍ଗତ।
ଧରିତ୍ରୀ ସମଗ୍ର ତାର ବାଣେ ବିଦ୍ଧ

ସେ ସବୁରୁ ସାକ୍ଷୀ ସମସ୍ତ ପାଦପ।
ମାନବ ଶରୀରେ ଯେଉଁ ରୋମାବଳୀ
ଭେଦିଛି ତୀରକି ଧନୁରୁ ବାହାରି।
ତାର ନୟନର ପକ୍ଷ୍ମର ଆଘାତ
କରେ ସାରା ନବମଣ୍ଡଳକୁ ବିଦ୍ଧ।

ଘନ ଅରଣ୍ୟର ଯେତେକ ଶ୍ୱାପଦ, ନଭମଣ୍ଡଳର ଯେତେ ପକ୍ଷୀଗଣ।
ଧରିଛନ୍ତି ଦେହେ ଯେତେ ଲୋମ ପରି, ସବୁ ଅଟେ ତାର ପଲକ ବାଣ।।

।। ୧୦୪ ।।

"ନାସିକା ବର୍ଣ୍ଣନ ନ ପାରଇ କହି
କି ତୁଳନା ଖଡ୍‌ଗର ସହ ସେଇ?
ଖଡ୍‌ଗର ତନୁ ହୋଇଅଛି କ୍ଷୀଣ
ଦେଖି ନାସିକାର ତା ମୁଖେ ଶୋଭନ।
ପ୍ରବାଳର ସମ ନାସିକା ଶୁକର
ତିଳ ପୁଷ୍ପଠାରୁ ତା ନାସା କୋମଳ।
ବିଦ୍ରୁମ କଠିନ, ତିଳ, ପୁଷ୍ପପରି
ତାର ନାସିକାର ଶୋଭା ତହୁଁ ବଳି।
ନାସା ବେସର ଦେଖିଲେ ହୁଏ ମନେ
ଶୁକ୍ର ତାରା କିବା ଉଦିତ ସେ ସ୍ଥାନେ।
ପୁଷ୍ପ ଯେତେ ସବୁ, ପ୍ରସ୍ଫୁଟିତ (ଏ) ଆଶେ
ଆଘ୍ରାଣିତ ହେବେ ରହି ନାସା ପାଶେ।
ଅଧର ପରେ ଦନ୍ତ ପଂକ୍ତିକୁ ଦେଖ
ଡାଳିମ୍ବ ଦାନା ସାଥେ, ଅଞ୍ଜନ ନେତ୍ର।
କେଉଁ ଶୁକ ପକ୍ଷୀ ନଯିବ ବା ମୋହି
ଆପଣା ନାସିକା ରୂପ ଭୁଲି ଯାଇ।
ଖଞ୍ଜନ ନେତ୍ର ସାଥେ ଡାଳିମ୍ବ ଦାନା
କରୁଥାନ୍ତି କ୍ରୀଡ଼ା ହୋଇ ଆନମନା।

ସତେ ଅବା ନାସା ଲାଗେ ଶୁକପକ୍ଷୀ
ଭକ୍ଷିବ ଡାଳିମ୍ବଦାନା, ଚାହେଁ ନିରେଖି।
ନାସା ଦୁଇ ପାଶେ ତା ଖଞ୍ଜନ ନେତ୍ର
ତାରେ ପାଇବାକୁ ସଦା କ୍ରୀଡ଼ାରତ।"
ସେ ଅଧର ଅମୃତ ରସର ଲୋଭେ ଶୁକପକ୍ଷୀ ନାସିକା ହୋଇ।
ତାର ସୁଗନ୍ଧ ଘ୍ରାଣେ ନିଶ୍ୱାସରେ ମତ୍ତହୋଇ, ପାଶ ନ ଛାଡ଼ଇ।।

।। ୧୦୬ ।।

"ସୁରଙ୍ଗ ଅଧର, ସୁଧାରସ ଭରେ
ଲାଜେ ବିମ୍ବଫଳ ବନ ମଧ୍ୟେ ଫଳେ।
ଦିପହର ପୁଷ୍ପ (ପରି) ରକ୍ତ ବର୍ଣ୍ଣ ହୋଇ
ଭାଷିଲେ, ଅଧରୁ ଫୁଲ ଝରୁଥାଇ।
ଦଶନ ଦୃଶ୍ୟ କି ହୀରା ବା ପ୍ରବାଳ
ରକ୍ତାଭ ଅଧରେ ପ୍ରତିବିମ୍ବ ତା'ର।
ତା'ର ସ୍ମିତ ମୁଖେ ବିଶ୍ୱ ଆଲୋକିତ
ମଧୁ ମାଧୁରୀରେ ଭରଇ ଦିଗନ୍ତ।
ନାଗବଲ୍ଲୀ ରସେ ଭଗ୍ନ ତା ଅଧର
ମଞ୍ଜିଷ୍ଠା କି ଲାଳିମା କରେ ବିସ୍ତାର।
ଅନ୍ୟ ପୁଷ୍ପରାଜି ରକ୍ତ ରାଗ ଭୁଲି
ମଳିନ ଦିଶନ୍ତି, ପାରୁଶେ ତାହାରି।
ସେହି ଅଧରରେ, ବିଧାତା ଅମୃତ
ଭରି ରଖିଛି ସିନା, ଅଛି ଅଭୁକ୍ତ।"

କାହାଲାଗି ଏ ପଦ୍ମିନୀ ଫୁଟିଛି, କିଏ ବା ସେ ମଧୁକୁ ନେବ ଲୁଟି।
କିଏ ସେ ଭ୍ରମର ହେବ ଚିତ୍ତ ଚୋର, ସେ ମଧୁ ଲଗନ ଆସିବ କି ?

॥ ୧୦୭ ॥

ଦନ୍ତ ପଂକ୍ତି ତା, ଚଉକ ହୀରା ପରି
ବିଧାତା ସରଜି ଅଛି, କି ବିଚାରି
ପାନ ବୋଳ ଶ୍ୟାମ ରଙ୍ଗ ଦନ୍ତେ ଅଛି
ସ୍ମିତ ହାସେ ସୁଷମାକୁ ନୁହେଁ ଲକ୍ଷି।
ଦନ୍ତ ପଂକ୍ତି ତାର ଏପରି ଝଟକେ
ଚମକେ ଦାମିନୀ ଭାଦ୍ରବ ନିଶୀଥେ।
ହୀରା କାନ୍ତି ପରି ଦିଶେ ଦନ୍ତାବଳୀ
ଅବା ଦନ୍ତ ଶୋଭା ହୀରା ନେଲା ହରି।
ବିଧାତା ଯେ ଦିନ ଗଢ଼ିଲା ଏ ଜ୍ୟୋତି
ହେଲା ପ୍ରତିଭାଷ ସେ ଜ୍ୟୋତିରେ ସୃଷ୍ଟି।
ସୂର୍ଯ୍ୟ ଚନ୍ଦ୍ର ଗ୍ରହ ତାରକା ମଣ୍ଡଳୀ
ମଣି ଓ ମାଣିକ, ରତ୍ନ ମୁକ୍ତାବଳୀ।
ଧନ୍ୟ ତାର ସୃଷ୍ଟି ଧନ୍ୟ ସେ ଈଶ୍ୱର
ଧନ୍ୟ କରି ଭବେ ସେ ରମଣୀ ବର।
ସେ ଜ୍ୟୋତିର ଛିଟା ପଡ଼ିଅଛି ଯହିଁ
ସେ କାନ୍ତି ଝଲକେ ଉଜ୍ଜ୍ୱଳ ଦିଶଇ।
ତା ସମାନ ନୁହେଁ ବିଦ୍ୟୁତ ଚମକ
ସାରା ସଂସାରରେ ସେଇ ଜ୍ୟୋତି ଏକ।

ଡାଳିମ୍ବ ଫଳ ନୁହେଁ ତାର ସମସରି, ଲଜ୍ଜା ବଶେ ପାଚି ଫାଟିପଡ଼େ।
ସେ ଜ୍ୟୋତି ଫୁଟନ୍ତେ, ସବୁ କାନ୍ତି ମ୍ଳାନ, ସୃଷ୍ଟି ଆଭା ଯେଣ ତାର ଜ୍ୟୋତିରେ।

॥ ୧୦୮ ॥

"ତା ମଧୁ କଥନ ବାଚା ଏବେ ଶୁଣ
ଯାର ଶ୍ରବଣେ ମନ ହୁଏ ପ୍ରସନ୍ନ।
ଜିହ୍ୱାରେ ଚାତକ ତାର କୋକିଳର
ସ୍ୱର କି ରଖିଛି ଭରି କଣ୍ଠେ ତାର।
ବୀଣା ଓ ବଇଁଶୀର ମଧୁର ସ୍ୱର
କେବେହେଁ ସମକକ୍ଷ ନୁହେଁ ତାହାର।
ଷଡ଼ରତୁ ମଧ୍ୟେ ପିକା ଚକ୍ରବାକ
ଶୁଣାନ୍ତି ସ୍ୱର ବରଷା ମଧୁ ମାସ।
ପଦ୍ମିନୀ କଣ୍ଠର ଶୁଣି ମଧୁ ସ୍ୱର
ଲଜ୍ଜାରେ ଲୁଚନ୍ତି ପତ୍ରର ଗହଳ।
ତା ପ୍ରୀତି ଭରା ବାକ୍ୟ ଶୁଣିବ ଯିଏ
ଦୋଳାୟିତ ସେହି ମତ୍ତଭରେ ହୁଏ।
ବାକ୍ୟେ ତାର ଋକ, ଯଜୁଃ, ସାମ ବେଦ,
ଅଥର୍ବ ସଙ୍ଗେ ରହି ବତାଏ ଭେଦ।
ଅମର କୋଷ, ଗୀତା, ପିଙ୍ଗଳ ଭାରତ
ଶ୍ରବଣେ ଚାରିବେଦ ଇନ୍ଦ୍ର ଚକିତ।
ଶାଶ୍ୱତୀ ଶାସ୍ତ୍ରରେ ଜିଣେ ନାହିଁ କେହି
କଣ୍ଠାଭରଣ ଓ ବ୍ୟାକରଣ ଗାଇ।
ପିଙ୍ଗଳ, ଛନ୍ଦ ଶାସ୍ତ୍ର, ଭାରତ, ପୁରାଣ
ଶୁଣି ବିସ୍ମୟେ ସ୍ତମ୍ଭିତ ହୁଏ ପ୍ରାଣ।"

ବେଦ ରହସ୍ୟର ବର୍ଣ୍ଣନା ଶୁଣିଲେ ଆଶ୍ଚର୍ଯ୍ୟ ଚକିତ ଲାଗେ,
ବିଦ୍ୱାନ ଶୁଣିଲେ ତୀର ବିଦ୍ଧ ହୁଏ, ବିଶିଖ (ଯାଏ) ଛପିକି ହୃଦେ॥

॥ ୧୦୯ ॥

"ଗଣ୍ଡ ମଣ୍ଡଳର କି ଉପମା ଦେବି
ସେ ଯୁଗ୍ମ ନାରଙ୍ଗ ଫାଳ।
କପୋଳ ମଧ୍ୟରେ ଆରକ୍ତିମ ଆଭା
ଦର୍ଶନେ ମନ ଅଧୀର।
ପୁଷ୍ପ ପରାଗରେ ମିଶାଇ ଅମୃତ
ଟିପା ଟି ଗୈରିକ ବର୍ଣ୍ଣ।
କେ ଲେଖି ଦେଇଛି, ଗଣ୍ଡପତ୍ର ଲେଖା
ରଖି ବାମେ ତିଳ ଚିହ୍ନ।
ସେ ତିଳ ନିରେଖି, ଜଗତ ଯୁବାଙ୍କ
ତିଳେ ତିଳେ ଜାଳେ ପ୍ରାଣ।
ସତେ କି ସେତିକି ସମ୍ମୁଖେ ରହିଛି
ବିରହର ଅଗ୍ନିବାଣ।
ଗୁଞ୍ଜ ଫଳ ମୁଖ, ସେ ଲାଗି କଳଙ୍କ
କଳାରେ ରହିଛି ଭରି।
ନିରେଖି ଏ ତିଳ ଚିହ୍ନ ଜଳିଯାଇ
ନିଜେ ହେଲା କୃଷ୍ଣ କାଳି।
ସମ୍ମୁଖେ ଅଥବା ସେ ତିଳ ଚିହ୍ନଟି
ବିରହର ଶର ଯୋଖି।
ସେହି ସେ ବିଶିଖ କିଞ୍ଚିତେ ଅଧିକ
କାଳ ମୃତ୍ୟୁ ଆଣେ ଡାକି।
ଯାହାର କଟାକ୍ଷେ ମରନ୍ତି ନିରତେ
ଦୁଇ ଲକ୍ଷ ଯୁବା ଲୋକ।
ସମୟ ତାହାକୁ ନିଶ୍ଚିହ୍ନ କରେନା
ସେ ତିଳ ହୋଇ ପ୍ରମୁଖ।"

କାଳ ସମ ସଦା ରହି ଅଛି ତିଳ ଚିହ୍ନ ତାର, ଘାରି ସାରାଜଗତ।
ସେହି କ୍ଷଣେ ମାତ୍ର, ନେତ୍ରେ ଯାହା ଦିଶେ, ମନେ ହୁଏ ଅପରୂପ।।

॥ ୧୧୦ ॥

"ସୂକ୍ତି ପରି ଦୁଇ କର୍ଣ୍ଣରେ ତାହାର
ଯୁଗଳ କୁଣ୍ଡଳ ଦୁଇ
ଦୀପ୍ତି ତାର ଦିଶେ ପ୍ରଦୀପ ସମାନ
ବିଦ୍ୟୁତ କି ଚମକଇ ।
ମଣି ଜଡ଼ିତ ଏ କୁଣ୍ଡରେ ରହିଛି
ଚନ୍ଦ୍ର ସୂର୍ଯ୍ୟ ଅବା ଖଞ୍ଜି
ଅପଲକ ନେତ୍ରେ ଚାହିଁ ହୁଏ ନାହିଁ
ପଲକେ ରହଇ ମଜ୍ଜି ।
ଖୁଣ୍ଟିଆ ଦିଶୁଛି ଶାମୁକା ମଧ୍ୟରେ
ନକ୍ଷତ୍ରାବଳୀର ଜ୍ୟୋତି
ସେ ଜ୍ୟୋତି ପରଶେ ସୌଦାମିନୀ ହସେ
ଦୂର ଗଗନରୁ ନିତି ।
ମସ୍ତକେ ଉତ୍ତରୀ ଦିଅନ୍ତେ କୁମାରୀ
ଚମକି ଚାହେଁ ବିଦ୍ୟୁତ
ଦୋଳାୟିତ ହୋଇ ଦୁଇ କର୍ଣ୍ଣେ ଢଳି
କରିଦିଏ ଆଚମ୍ବିତ ।
ଦୁଇ ଦିଗେ ଢଳି କର୍ଣ୍ଣ ଆବେଷ୍ଟନୀ
ଧ୍ରୁବ ତାରା ସମ ଦିଶେ
ସକଳ ନୟନ ଅନ୍ତରାଳେ ରହି
ଅଦ୍ଭୁତ ଦ୍ୟୁତି ପ୍ରକାଶେ ।
ଏ ସମୟେ ସର୍ବ ଦୈବତ ସ୍ୱରଗେ
ସଶଙ୍କିତ ମନେ ଭାବେ
ସିଂହଳ ଦ୍ୱୀପର ଏକାନ୍ତି କଳାକି
ହ୍ରାଦିନୀ ନାଶିବ ଲବେ ।
ତା କର୍ଣ୍ଣ କୁଣ୍ଡଳ କାନ୍ତିରେ ଲାଗେକି
ନକ୍ଷତ୍ର ମଣ୍ଡଳୀ ମିଳି
ରାଜକନ୍ୟା ସହ ସେବାରେ ନିମଗ୍ନ

ରହିଛନ୍ତି ପରିକଳି ।
ସୁଧାଂଶୁ ତପନ କର୍ଣ୍ଣ ଆଭୂଷଣ
ହୁଅନ୍ତି ଯଦି ବାଳାର
ଏ ମର୍ତ୍ତରେ ଅବା କି ଉପମା ଅଛି
ଭାଷା ଦେବି ଲଳନାର ।"

ସୂର୍ଯ୍ୟ, ଚନ୍ଦ୍ର, ତାରାବଳୀ ବିଭୂଷିତା, ଅପରୂପ ଯୋଷା ।
ସେ ସୌନ୍ଦର୍ଯ୍ୟ ପାଇବାକୁ ମାନବର ପ୍ରବଳ ଜିଗୀଷା ।।

।। ୧୧୧ ।।

ଉତ୍ତମ କଥନ ଶୁକ ବିହଙ୍ଗମ
ରାଜାଙ୍କୁ କହେ ବିସ୍ତାରି
ସେ ସିଂହଳ କନ୍ୟା ଗ୍ରୀବାର ବର୍ଣ୍ଣନା
"ଶୁଣ ରାଏ ହେତୁ କରି ।।
ସ୍କନ୍ଧର ଉପରେ କନ୍ଦଳ ରହିଛି
କ୍ରୌଞ୍ଚ ଗ୍ରୀବା ସମ ଦେଖ
କ୍ରୌଞ୍ଚ ପକ୍ଷୀ ପରି ଦିଶିଲେ କି ହେବ
ତାଠାରୁ ବଳି ଅଧିକ ।
ସୁନ୍ଦର ସୁଠାମ ତା ଠାଣି ଦେଖିଲେ
ଈର୍ଷାୟିତ ହେବ ପକ୍ଷୀ
କ୍ରୌଞ୍ଚର ଉପମା ଉର୍ଦ୍ଧ୍ୱରେ ବାମାର
ଗଳ କଣ୍ଠ ଶୋଭା ଅତି ।
ମୃଣାଳରେ ଅବା ଲାଗିଛି ସେ ଗ୍ରୀବା
ଇଚ୍ଛାକୃତ ଢଳୁଥାଏ
କୁନ୍ଦରେ କୁନ୍ଦି ବା ଲାଗିଛି ତା ଗଳ
ସୁଠାମ ଠାଣିରେ ମୋହେ ।
ମୟୂରୀ ଅଥବା ଠକି ଯାଇଅଛି

ଚକିତେ ହୋଇଛି ଉଭା
ଅଥବା କପୋତ ପକ୍ଷୀଟିଏ କାହୁଁ
ସ୍ଫୀତ ବକ୍ଷେ ପାଏ ଶୋଭା।
ତା ଠାରୁ ଅଧିକ ସୁନ୍ଦର ସେ କଣ୍ଠ
କୁରାଳ ଚକ୍ରରେ ବୁଲି
ସଯତନ କରି ଦେଇଛି ସଜେଇ
କୁରାଲ ଚକ୍ର ଚାତୁରୀ।
ଅଥବା ଲଗାମ ଦିଆ ଅଶ୍ୱଟିର
ଗ୍ରୀବା ସମ ସେ ଦିଶଇ
ମୟୂର, କୁକ୍କୁଟ ହାରି ତା ପାଶରେ
ଉଷା ଓ ପ୍ରଦୋଷ ଯାଇ।
କେଉଁ ଦୂରାନ୍ତରେ କରି କେକାରବ
ଶ୍ରବଣେ ଶୁଭେ ରୋଦନ
ସେ ଗ୍ରୀବା ଶୋଭନ ନୁହେଁ ମର୍ତ୍ତ୍ୟସମ
ଅମର୍ତ୍ତ୍ୟରେ ଅନୁପମ।
ପୁଣି ସୁନ୍ଦରୀର ଗଳା ଦେଶେ ଅଛି
ତ୍ରିବଳୀ ରେଖା ଅଙ୍କିତ
ତାମ୍ବୂଳ ରସକୁ ପାନ କଲା ବେଳେ
ନେତ୍ରେ ଦିଶଇ ଅଧିକ।
ଏହି କଣ୍ଠ ଶୋଭା ବିଧାତା ନିର୍ମାଣି
କାହା ପାଇଁ ଛନ୍ତି ରଖି
କଣ୍ଠ ଶ୍ରୀ ସଂଲଗ୍ନ ମୁକ୍ତା କଣ୍ଠହାର
ସେ ଶୋଭା ଦ୍ୱିଗୁଣ କରି।"

କିଏ ଜାଣେ ଭାଗ୍ୟବାନ କିଏ, କଣ୍ଠରେ ଯା'ର ହେବ ସଂଲଗ୍ନ ପ୍ରୀତି ଭରେ।
କିଏ ଅବା ସେ ପୁରୁଷ ସିଂହ ତପସ୍ୟା କରିଛି ପାଇବ ବା ଜନ୍ମାନ୍ତରେ।।

॥ ୧୧୨ ॥

"ପୁଣି ତା'ର ବାହୁ ଯୁଗଳ ବର୍ଣ୍ଣିବି
ସ୍ୱର୍ଣ୍ଣ ଦଣ୍ଡ ପରି ଯାହା ଲାଗଇ
କୁନ୍ଦରେ ଗଢ଼ି ମଣିବନ୍ଧ ତାର
ତଥି ଉପରେ କେ ଅଛି ସଜାଇ।
ଯୁଗ୍ମ ରମ୍ଭାବୃକ୍ଷେ ଖମ୍ବ ପରି ତାର
ଭୁଜ ମଧ୍ୟେ ଖଞ୍ଜା ହସ୍ତ ପଲ୍ଲବ
ରକ୍ତାଭ ଦିଶଇ ପ୍ରଭାତ ସୂର୍ଯ୍ୟର
ଯେହ୍ନେ ଆରକ୍ତିମ ଶୋଭା ବିଭବ।
ଅରୁଣାଭ ଶୋଭ ପରି ସେ ନୁହଁଇ
ସୂର୍ଯ୍ୟେ ରହିଥାଏ ଛପି ଉତ୍ତାପ।
ସୁଶୀତଳ ଏହି ହିମର ପରଶ
କେତେ ହୃଦୟର ରକ୍ତେ ରଞ୍ଜିତ।
ସେହି ଅଙ୍ଗୁଳିରେ ରହିଛି ମୁଦ୍ରିକା
ଯହିଁ ହୀରା ସଯତନେ ଉଜ୍ୱଳେ
ସେ ରତ୍ନମୁଦ୍ରିକା କରିଛି ନିଷ୍ପ୍ରାଣ
ଜଗତର ପ୍ରାଣ ରଖି ମୁଷ୍ଟିରେ।
ତା'ର ବାହୁବନ୍ଧ କଙ୍କଣ ଓ ତାଡ଼ି
ପରିଧାନେ କି ମନୋରମ ଦିଶେ।
ସେହି ହସ୍ତ ଦଣ୍ଡ ଗତିରେ ମନୁର
ନୃତ୍ୟ ତାରକାରେ ଗତି ବିଳସେ।
ତା' ଭୁଜ ଯୁଗଳ ଅନୁରୂପ ନୋହି
କ୍ଷୀଣ ହୋଇ ଯାଇଛି ସେ ମୃଣାଳ
ସଲିଳ ତଳପେ ଉଭାରହେ ସଦା
ଶତ ଛିଦ୍ର ଅଙ୍ଗ ରହିଛି ତା'ର।"
ସେ ଛିଦ୍ର ଜାଲରେ ଦୀର୍ଘ ଶ୍ୱାସ ନିଏ କି ଅବସୋସେ।
ଉପମା ବିହୀନ ସେ'ତ ଅନୁପମ, ଏ ବିଶାଳ ବିଶ୍ୱେ।।

॥ ୧୧୩ ॥

ସେ ଶୁକ ବିହଗ କରଇ ବର୍ଣ୍ଣନା
ସିଂହଳ କନ୍ୟାକୁମାରୀ
"ତା ବକ୍ଷୋଜ ବାର୍ତ୍ତା କରିବି ନରେଶ
ଶୁଣ ହେ ଶ୍ରବଣ ଡେରି ।
ସେ ରାଜକୁମାରୀ ହୃଦୟ ଥାଳିରେ
କୁଚ ଯୁଗ ଲଡୁ ସମ
ଅନୁନୟ କରି ରହିଲା ପରାଏ
ଲାଗେ ମନେ ଅନୁକ୍ଷଣ ।
କିଏ ବା ଯୁଗଳ, ସ୍ୱର୍ଣ୍ଣ ବିଲ୍ୱ ଫଳ
ନିର୍ମାଣି କୁନ୍ଦରେ ରଖେ
କି ଅବା ଯୁଗଳ ରତ୍ନ କଳସରେ
ସୁଧା ରଖି ଚାହିଁ ଦେଖେ ।
ରତ୍ନ ଢାଙ୍କୁଣିରେ ଆବୃତ କରିଛି
ସେ ଯୁଗ୍ମ କୁଚ ରତନ
ମନେ ହୁଏ ଯେହ୍ନେ କେତକୀ କଣ୍ଟରେ
କୃଷ୍ଣ ଅଳି ଅନୁକ୍ଷଣ ।
ଭେଦ କରି କୁଚ ଅଗ୍ର ଅବତରି
ବାହାରି ଆସିବା ପାଇଁ
ସର୍ବଦା ପ୍ରୟାସେ ରହିଛି ମଗନ
ଷଟପଦ ମୋକ୍ଷ ହୋଇ ।
ଯୌବନର ହେତୁ ତା'ର ପରିକ୍ରମା
ସ୍ଥିର ହୋଇ ରହେ ନାହିଁ ।
ଉଲ୍ଲସିତ ହୋଇ କା ହୃଦ ମଧ୍ୟରେ
ଆପଣାକୁ ଦେବ ନେଇ ।
କି ଅବା ଏ ଦୁଇ ଅଗ୍ନିଶର ପରି
ସଦା ରହିଛି ସଜ୍ଜିତ
ଦୃଢ଼ ବନ୍ଧନରେ ଆବୃତ ନଥିଲେ

ସଂସାର କରନ୍ତା ହତ।
କି ଅବା ଏ ଦୁଇ ଉତ୍ତୁଙ୍ଗ ନାରଙ୍ଗ
ପ୍ରହରୀ ଜଗିଛି ଯାହା
ରାଜାର ବାଟିକା-ସଦୃଶ ଏ କନ୍ୟା
ସ୍ପର୍ଶିବ କିଏ ବା ତାହା।
ଏଥିରେ ଗୋପନେ ରହିଛି ଡାଳିମ୍ବ
ଦନ୍ତର ବିଦ୍ୟୁତ ଛଟା।
ଅଧର ଦ୍ରାକ୍ଷାରେ ରହିଛି ଅମୃତ
ସୁରତି ଗୋପନ ବାର୍ତ୍ତା।
ଏହା କାହାପାଇଁ ଅଛି ସୁରକ୍ଷିତ
କିଏ ହେବ ଉପଯୋଗୀ
କେତେ କେତେ ରାଜା ରାଜେନ୍ଦ୍ର ସହିତେ
ମସ୍ତକ ପିଟି ମରନ୍ତି।
କେହି ହେଲେ ତାକୁ ସ୍ପର୍ଶ ନ କରିଲେ
ଅନୁଶୋଚନାରେ ଜଳି
ରହିଗଲେ ସିନା ଅପାରଗ ଭଳି
ରହିଲେ ଭୂତଳେ ପଡ଼ି।"

"ହେ ରାଜା! କାହାର ବା ଯୋଗ୍ୟ ଏ ରମଣୀ, ଅଦୃଶ୍ୟ ଲେଖନୀ ବିଧାତା କରେ।
ମର୍ତ୍ତ୍ୟେ ବା ଅମର୍ତ୍ତ୍ୟେ, କେ ବର ବର୍ଣ୍ଣିବାକୁ ପାଇବ ଆପଣା ସାଧନା ବଳେ।"

॥ ୧୧୪ ॥

ପୁଣି ପ୍ରବୋଧି କହେ ହୀରାମଣି
ସିଂହଳ କନ୍ୟାର ରୂପ କାହାଣୀ।
"ସେହି ତରୁଣୀର କୁକ୍ଷୀ ଆକୃତି
କୋମଳ ପତ୍ର ସଦୃଶ ଦିଶୁଛି।
ତହିଁ ଚନ୍ଦନ ପ୍ରଲେପି ନିରତେ
କେଶର କୁଙ୍କୁମ ରଙ୍ଗ ଉକୁଟେ।

କନ୍ୟା ପଦ୍ମିନୀ ନ କରେ ଆହାର
କ୍ଷୀର ପାନୀୟ ନ ରୁଚେ ବାଳାର।
ତାର ତୁଣ୍ଡ ଭରେ ପାନ ପୁଷ୍ପରେ
ଭୋଜନ ପଦାର୍ଥେ ଜିହ୍ୱା ନଧରେ।
ନାଭି ଦେଶରୁ ଲୋମାବଳୀ ଉର୍ଦ୍ଧ୍ୱେ
କଳା ନାଗୁଣୀ କି ଯାଏ ଅବାଧେ।
ସ୍କନ୍ଧରେ ମୟୂରୀ ଗ୍ରୀବାକୁ ଦେଖି
ଯୁଗଳ କୁଚ ମଧ୍ୟେ ଅଛି ଛପି।
ଅବା ଚନ୍ଦନ ଖମ୍ବକୁ ଅଗ୍ରତେ
ଦେଖି, ସୁବାସେ ମୋହିତ ହରଷେ।
ମୟୂର ଭୟ ମନରୁ ନିବାରି
ସେହି ନାଗ କେ ଛନ୍ଦିଛି ଆଗୁଳି।
କିବା ପ୍ରବାହିଣୀ ଯମୁନା ବହେ
ପ୍ରୟାଗ, ଅରୈଲ ମଧ୍ୟରେ ଯାଏ।
ନାଭି ପଦ୍ମ କାଶୀ କୁଣ୍ଡ ସଦୃଶ
କେବା ପ୍ରବେଶିବ ତାର ସମ୍ମୁଖ।
ମୃତ୍ୟୁ ଯହିଁଥାଏ ତାର ଲୀଳାରେ
କେତେ ରାଜପୁତ୍ର ତା ଆଶାରେ।
ଯାଇ କାଶୀ କୁଣ୍ଡେ ମଥା ଲଣ୍ଡିତ
କରି କରତେ ହୁଅନ୍ତି ମୁଣ୍ଡିତ।
ଅଗ୍ନି କୁଣ୍ଡରେ ତପ୍ତ ହେଇଗଲେ
ତା ଧୂମଘୋରେ ବହୁକ୍ଷତ୍ରୀ ମଲେ।
ହେଲେ ସେ ବାଳାର ମନେ ଆଘାତ
ତାଙ୍କ ମୃତ୍ୟୁରେ ନହୁଏ ବ୍ୟଥିତ।
ଯେଣୁ ସେ ଶୁଦ୍ଧ ସ୍ୱର୍ଗୀୟ ସୁନ୍ଦରୀ
ଆଶାହୀନ ଥିଲା ସେ ବରନାରୀ।"

କେ ଅବା ଆଣିବ ତା ମନେ ପ୍ରୀତିର କରୁଣ ବିଦେହ ବେଦନା।
କେଉଁ ଯୁବା ଅବା ସିଦ୍ଧ ମନ୍ତ୍ରବଳେ ତା ମନେ ସୃଜିବ କାମନା।।

।। ୧୧୫ ।।

ଅକଳନ୍ତି ରୂପ ବର୍ଣ୍ଣନ ଶୁକର
    ରାଜ ନନ୍ଦିନୀର ରୂପ
ସ୍ୱକର୍ଣ୍ଣେ ସକଳ ଶ୍ରବଣେ ବିହ୍ୱଳ
    ଜମ୍ବୁଦ୍ୱୀପର ଅଧିପ ।
କହଇ ବିହଗ, "ଶୁଣ ହେ ଭୂପତି !
    କୁମାରୀ ପୃଷ୍ଠ ଚରିତ
ବଇରୀ ପରାଏ ରଖେ ସେ ବେଣୀକୁ
    ଆଡ଼ କରି ତା ପଶ୍ଚାତ ।
ପୃଷ୍ଠ ପଟୁ ବେଣୀ-ବାଣର ଚାଳକ
    ଶରୀରେ ପୀଡ଼େ ଆଘାତେ
ଜର୍ଜରିତ ହୁଏ ସଦା ସେ କାମିନୀ
    ପୃଷ୍ଠେ ବହି ଅବିରତେ ।
ଦୋଳାୟିତ ବେଣୀ ଦୃଷ୍ଟିରେ ପଡ଼ିଲେ
    ଲାଗେ କି ସ୍ୱର୍ଗ ଅପ୍ସରା
ବହୁ ସୁଷମାରେ ସୁଶୋଭିତ ହୋଇ
    ଚଳିଯାଏ ଦୂରେ ପରା ।
ପୃଷ୍ଠଭାଗେ ତାର କୃଷ୍ଣସର୍ପ ପରି
    ମଳୟ ଶିଖରୀ ଶୀର୍ଷେ
ଊର୍ଦ୍ଧ୍ୱକୁ ଉଠୁଛି ଆରୋହଣ କରି
    ସେ କଳା ନାଗୁଣୀ ଆପେ ।
ଶିହରିତ ବେଣୀ ଲହରୀ ଭାଙ୍ଗୁଛି
    ଚଢୁଅଛି ବାରମ୍ବାର
ଚୋଲି ପରି ତାକୁ ଆବୃତ କରିଛି
    ଶୁଭ୍ର ପଣତ ପଦ୍ମାର ।
କିଏ ଜାଣେ ଏହି ବେଣୀ ବନ୍ଧା ହୋଇ
    କାହା ପାଇଁ ରହିଅଛି
କନ୍ୟା ଅଙ୍ଗ ସଙ୍ଗ ଚର୍ଚ୍ଚିତ ଚନ୍ଦନ

ବେଣୀ ନାଗ ଆଘ୍ରାଣୁଛି।
କୃଷ୍ଣବର୍ଣ୍ଣ ସର୍ପ ମସ୍ତକେ କେବଳ
ଶ୍ରୀକୃଷ୍ଣ କୌଶଳ କରି
ଆରୋହୀ ଥିଲେ ସେ, ସେତେବେଳେ କିନ୍ତୁ
ସେ ହେଲା ମୁକ୍ତ ନିସ୍ତରି।
ଏ ବେଣୀ ଭୁଜଙ୍ଗ କନ୍ୟାର ଶିରରେ
ରହିଛି ଯେଣୁ ବନ୍ଧନେ
ସେ ଲାଗି ଶୀର୍ଷରୁ ମୁକୁଳିବେ କେହ୍ନେ
ଅସମ୍ଭବ ଲାଗେ ମନେ।
ଚପଳ-ଚିକୁର ନିବଦ୍ଧ ବେଣୀ କି
ଦେଖିଲେ ଲାଗଇ ଭ୍ରମ
କୃଷ୍ଣ ଭୁଜଙ୍ଗିନୀ ଧରିଛି ମୁଖେ ବା
କନ୍ୟା କମଳ ଲପନ।
ଅବା ସୁଧାଂଶୁକୁ ରାହୁ ଗ୍ରାସି ଅଛି
ପଶ୍ଚାତ ଭାଗୁ ବିଶେଷେ
କୁଟିଳ କଟାକ୍ଷ ଖଞ୍ଜନ ନେତ୍ର ତା
ତହିଁ ମୋହନୀୟ ଦିଶେ।।
କ୍ଷେତ୍ରୀ କୁଳୋତ୍ତମ ଯଶ ଅଭିମାନ
ରଖିବ ସେହି ମହୀରେ
କେବଳ ସେ ସିନା ଦେଖିବ ସୌଭାଗ୍ୟ
ମଣି ଅଛି ଯାର ଶିରେ।"

ଯେ ଦେଖିବ ନେତ୍ରେ ଲଭିବ ନିଶ୍ଚିତ ଚତୁଃବର୍ଗ ଭୋଗ ଭାଗ୍ୟ।
ଛତ୍ର, ଚାମର, ସିଂହାସନ ସହିତେ ଦୁର୍ଲ୍ଲଭ ଦିବ୍ୟ ସଂଯୋଗ।।

॥ ୧୧୬ ॥

ପୁଣି ଶୁକ କହେ, "ଶୁଣ ନୃପତି !
କରିବି ବର୍ଣ୍ଣନା ତା'ର ମୁଁ କଟୀ।
ତାର କଟୀ ତୁଲ ନାହିଁ ବିଚାରେ
ଅପୂର୍ବ ସେ'ତ ଅଖିଳ ମହୀରେ।
କଟୀ ସମକକ୍ଷ ନୁହେଁ ସିଂହର,
ଖ୍ୟାତି ଥିଲେ ବି ବିରୁଡ଼ି କଟୀର।
ସେତ ଈର୍ଷାୟିତ ହୋଇ ଦଂଶନେ
ପୀଡ଼ାଦିଏ ସର୍ବେ ପିଙ୍ଗଳ ବର୍ଣ୍ଣେ।
ଆପଣାର ଅଙ୍ଗ କରି ବିକୃତ
କ୍ରୋଧେ ମରୁଥାଏ ସେହି ସତତ।
ମୃଣାଳ ଦଣ୍ଡକୁ କଲେ ଦି'ଖଣ୍ଡ
ସୂକ୍ଷ୍ମ ଭାବେ ହୋଇଥାଏ ଅଖଣ୍ଡ।
ସେହିପରି ଊର୍ଦ୍ଧ୍ୱ ଅଂଶ ନିମ୍ନର
ଅଂଶେ ଜଡ଼ିତ ହୋଇଛି, ବିଚାର।
ତନ୍ତୁପରି କଟୀ କୋମଳ ଅତି
ହୃଦୟ ଅନୁଭବେ ଯା ପ୍ରତୀତି
କଟୀ ପ୍ରଭାବିତ କରେ ପୁଂସକୁ
ଗତି କରେ ଅକାଳରେ ସ୍ୱର୍ଗକୁ
ପାଦ ପାତେ ଯେ ଛିନ୍ନ ହେବା ସାର
କଟୀ କିପରି ସହେ ତନୁ ଭାର।
କଟୀ ସୂତ୍ରେ ବନ୍ଧା ଯେଉଁ କିଙ୍କିଣି
ଗମନେ କରଇ ବୀଣାର ଧ୍ୱନି।
ମନେ ଲାଗଇ ସେ କିଙ୍କିଣି ବୀଣା
ପାଶେ ରଖି ବା ଏ ରାଜ ଦୁଲଣା।
ଛ'ରାଗ ସହ ଛତିଶ ରାଗିଣୀ
ଗତି କଲେ ବାଜୁଥାଏ କିଙ୍କିଣି।
କେତେ ରାଜପୁତ୍ର ରାଜେନ୍ଦ୍ର ଆସି

ଧ୍ୱନି ଶୁଣି ପ୍ରାଣ ଦେଲେ ବିସର୍ଜି ।
ସେହିଧ୍ୱନି କି ଇନ୍ଦ୍ର ନୃତ୍ୟାଙ୍ଗନୁ
ପ୍ରତିଧ୍ୱନି ଆଣେ ମର୍ତ୍ତ୍ୟେ ଗଗନୁ ।

ତା'ର କଟୀର ସମକକ୍ଷ କେଶରୀ ନ ହୋଇ, ଗଲା ଘନ ଅରଣ୍ୟେ ।
ସେଇ କ୍ରୋଧ ବଶେ ମନୁଷ୍ୟ ମାରଇ, ମାଂସଖାଏ, ସନ୍ତୋଷ ରକ୍ତ ପାନେ ।।

।। ୧୧୭ ।।

"ତା ନାଭି କୁଣ୍ଡରୁ ମଉମଳୟର
ସୁଗନ୍ଧିତ ଗନ୍ଧ ସାର
ପ୍ରସରି ଯା, ସେ କ୍ଷଣ କେ ଗମ୍ଭୀର
(ତା) ନାଭିସିନ୍ଧୁ ଚକ୍ରାକାର
ଚକ୍ରାକାରେ ବୁଲି ଗହ୍ୱରେ ଗମ୍ଭୀରେ
ଅପହଞ୍ଚ ଘୂର୍ଣ୍ଣିବାୟୂ
ବହୁ ଜଳଚକ୍ରେ ସମାନ ନକରି
ଗମନ୍ତି ଅମ୍ବରେ ସେହୁ ।
ମଳୟଜ ବନେ ମୃଗୀ ପଦଚିହ୍ନ
ପରାଏ ଏ ନାରୀ ଗତି
କେଉଁ ଭୋଜରାଜ ପାଇବାକୁ ସଜ
ହୋଇଛନ୍ତି ହୋଇ ବ୍ରତୀ ।
କି ଅବା ତାପସ କରିଅଛି ତପ
ହିମାଳୟ ଶିଖେ ଯାଇଁ
ଶ୍ରେଷ୍ଠତମ କ୍ଷତ୍ରୀ କିଏ ବା ଲଭିବ
ଭାଗ୍ୟବିଧି ଲେଖାପାଇଁ ।
ଅପଘନୁ ତାର ପଦ୍ମର ସୁରଭି
ସଦା କରେ ସଞ୍ଚରଣ
ବାରିଧି ତରଙ୍ଗ ପରି ଝିନବସ୍ତ୍ର

ଖେଳେ ନୀଳ ପ୍ରହରଣ।
ପରିଧାନ ବସ୍ତ୍ର ଚମକି ଝୁଲି
ରତ୍ନମାଣିକର ଝରା।
କନ୍ଦର୍ପ ବିଶିଖେ ରୂପ ସଜ୍ଜାଦେଇ
ଉଭା କାମଦେବ ପରା।।
ସେ ଅଟେ ଅବିଦ୍ଧ ବିକଚ ପୁଷ୍କର
ସୁକୁମାରୀ କନ୍ୟାବାଳା
କେଉଁ ଭୃଙ୍ଗ ଲାଗି ଏ ଅଛି ଉଦ୍ଦିଷ୍ଟ
ସଂସାର ଯା ପାଇଁ ଭୋଳା
ସାରା ସଂସାରକୁ ତା ଅଙ୍ଗ ସୁଗନ୍ଧ
କରୁଅଛି ଉତ୍ତେଜିତ
ଲୁବ୍ଧ ମଧୁଲିହ ଅସଂଖ୍ୟ ଭ୍ରମନ୍ତି
ଗନ୍ଧେ ହୋଇ ଆକୁଳିତ।
ସେ ନାଭି ବନ୍ଧକୁ ତେଜି ନ ଚଳନ୍ତି
ପ୍ରଲୁବ୍ଧ ମଧୁପଗଣ
ବିଶ୍ୱ ସୃଜିବାରେ ଦୁର୍ଲ୍ଲଭ ପଦାର୍ଥ
ଏତ ଚତୁର୍ମୁଖ ଅବଦାନ।"

ପୂତ ପବିତ୍ର ସେ ଲଳିତ ତନିମା କୈଳାସ ବାସିନୀ ସେହି ତ।
ଶ୍ରବଣେ ରାଜାର ମରମ ବିଦାରେ ଅଶ୍ରୁ ଝରଇ ଅବିରତ।।

॥ ୧୧୮ ॥

ବିହଙ୍ଗମ ଶୁକ କହେ ପୁଣି "ନୃପ!
ଶ୍ରବଣେ ଶୁଣିଲ ଯାହା
ଅତି ଅନୁପମ ବିସ୍ମୟ ବର୍ଣ୍ଣନ
ଶୁଣି ଅନୁଭବ ତାହା।
ରାଜକୁମାରୀର ନିତମ୍ବ ସୁନ୍ଦର
ସେ ଲାଗି କଟୀର ଶୋଭା।

ବଢ଼େ ଶତ ଗୁଣେ ଗଜଗମନୀର
ଗତି କରେ ମନୋଲୋଭା ।
ଜଘନ ଯୁଗଳ ସୁଚାରୁ ସୁନ୍ଦର
ଓଲଟ ରମ୍ଭା ବୃକ୍ଷର
ଗଣ୍ଡି ପରି ଦିଶେ କେ ଯେହ୍ନେ ଖଞ୍ଜିଛି
ନିଖୁଣ କରି ଅଙ୍ଗର ।
ରକ୍ତପଦ୍ମ ପରି ଚରଣ ତାହାର
ପାଟବସ୍ତ୍ର ଶୋଭା ପାଏ
ଯାହାର ସେ ପଦ ବସୁଧା ପରଶ
କଦାପି କରି ନଥାଏ ।
ଅମର ନିକରେ ହସ୍ତେ ପଦ୍ମପାଦ
ଦୋଳନ୍ତି ଉଲ୍ଲାସ ଭରେ
ଯେଉଁ ଭୂମି ପରେ ପଦ୍ମପାଦ ପଡ଼େ
ଚିହ୍ନ ବି ଚମକେ ଖରେ ।
ସକଳ ଦେବତା ମସ୍ତକ ଛୁଆଁଇ
ଆପଣାକୁ ଧନ୍ୟ ମଣେ
କେଉଁ ଭାଗ୍ୟବାନ ଯୋଗ୍ୟ ହେବ ଅବା
ତା ପଦଶିର ଧାରଣେ ।
ତା ପାଦ ନୂପୁର ଚମକିତ ହୁଏ
ଚନ୍ଦ୍ର ସୂର୍ଯ୍ୟର ଜ୍ୟୋତିରେ
ଚଳନ୍ତେ ମଞ୍ଜୀର ଧ୍ୱନୀ ଗୁଞ୍ଜରିତ
ଗଜ ଗମନୀ ଗତିରେ ।
ଚରଣ ଝୁଣ୍ଟିଆ ନକ୍ଷତ୍ର ତାରକା
ପରି ସମୁଜ୍ଜ୍ୱଳ ଅତି
କିଏ ଅଛି ଅବା ସାରା ବସୁଧାରେ
ତା ସାଥେ କରିବ ପ୍ରୀତି ।
ନଖ ଠାରୁ ଶିଖ ପର୍ଯ୍ୟନ୍ତ ପଦ୍ମାର
ସୁଷମା ଅଛି ଯା ପୂରି

ମୋର ରସନାରେ ନାହିଁ ତାର ଭାଷା
ଲେଖନୀ ଅଗ୍ରତେ ଧରି।

"ମୋ ଦୃଷ୍ଟି ଉପମାଦିଗ ଦିଗନ୍ତରେ ବିଶାଳ ଏ ବିଶ୍ୱମ୍ଭରା।
କାହିଁ ନ ଦେଖୁଛି ଦୁର୍ଲ୍ଲଭ ବସ୍ତୁ ଯା ସେ'ତ ନିରୁପମା ବାଳା।"

॥ ୧୧୯ ॥

ପଦ୍ମାବତୀ କନ୍ୟା ରୂପର ବର୍ଣ୍ଣନା
ଶ୍ରବଣେ ଶୁଣି
ମୂର୍ଚ୍ଛିତ ହୋଇଲେ ସତ୍ୟବ୍ରତ ରାଜା
ଲୋଟି ଧରଣୀ।
ଅତର୍କିତେ ଅଂଶୁଘାତେ ଅବା ନୃପ
ପାଇ ଆଘାତ
ପ୍ରେମ ଆଘାତର କଷ୍ଟ ସେହି ବୁଝେ
ଯେ ଅନୁରକ୍ତ।
ପ୍ରୀତିର ଅପାର ବାରିଧିରେ ପଡ଼ି
ତରଙ୍ଗଘାତେ
ଅତିଷ୍ଠ ହୋଇଲେ ଅତିଶୟ ହୋଇ
ଅଚେତ ସତେ।
ବିରହ ଭଉଁରୀ ଚକ୍ର ମଧ୍ୟେ ପଡ଼ି
ଘୂର୍ଣ୍ଣନ କାଟି
ଅପାର ବାରିଧି ତରଙ୍ଗରେ ବୁଡ଼ି
ପୁଣି ଉଠନ୍ତି।
ଶ୍ୱାସ ଅବା ଅବରୁଦ୍ଧ ହୋଇଯାଏ
ବାତୁଳ ପରି
ବାରମ୍ବାର ଉଠି ପୁଣି ଲୋଟିଯାନ୍ତି
ଭୂମି ଆଦରି।
କ୍ଷଣେ ଆସ୍ୟ ଦିଶେ ପିଙ୍ଗଳ ବର୍ଣ୍ଣ

ଶୁଭ୍ର କ୍ଷଣକେ
କେବେ ପୁଣି କ୍ଷଣେ ସଚେତ ହୁଅନ୍ତି
ତନ୍ଦ୍ରା ପଲକେ।
ପ୍ରେମର ଏ ଅଟେ ଦଶମ ଅବସ୍ଥା
ନିମିଷେ ନର
କାଳ ହରେ ନାହିଁ ଜୀବିତ ଥିଲେ ବି
ବ୍ୟଥା କାତର।
ଜୀବନ ହରିବା ପାଇଁ କି ପ୍ରାଣତା
ଛୁରିକା ଚାଳେ
ପ୍ରାଣତ ଯାଏନା ଘୁଙ୍ଗା ସମଥାଇ
ତ୍ରାହି ସୁମରେ।
ଏହି ବିଡ଼ମ୍ବନ, ଦେଖି ବନ୍ଧୁଜନ
କୁଟୁମ୍ବ ଯେତେ
ସକଳେ ହୁଅନ୍ତି ବ୍ୟଥିତ ବିବ୍ରତ
ଆସନ୍ତି ଯେତେ।
ତ୍ରାହି ତ୍ରାହି ଭାଷା ନାହିଁ କରେ ଅଭିନୟ
ଦୁର୍ବହ ବିରହାନଳେ ଜୀବ ନୁହେଁ କ୍ଷୟ।

ଟିପ୍ପଣୀ: ଦଶମ ଅବସ୍ଥା: କାମର ଦଶମ ଅବସ୍ଥା କୁହାଯାଇଛି। ଏହା ମୃତ୍ୟୁ ଅଟେ। ଭାରତୀୟ ଶାସ୍ତ୍ରାନୁସାରେ କାମର ଦଶଟି ଅବସ୍ଥା। ଅଭିଳାଷ, ଚିନ୍ତା, ସ୍ମରଣ, ଗୁଣଗାନ, ଉଦ୍‌ବେଗ, ପ୍ରଳାପ, ଉନ୍ମାଦ, ବ୍ୟାଧି, ଜଡ଼ତା, ମରଣ।

॥ ୧୨୦ ॥

ଶୁକର କଥନେ ରାଜା ହତ ଜ୍ଞାନେ
ଭୂତଳେ ପଡ଼ନ୍ତେ ତହିଁ
କେହିତ ନ ଜାଣେ କି କଥା ଘଟିଲା
ଭାଳନ୍ତି ଚକିତ ହୋଇ।
ପ୍ରବୀଣ ସେବକ, ସ୍ୱ କୁଟୁମ୍ବ ଯାକ

ଭୂପତିଙ୍କ ହିତକାରୀ
ଅବିଳମ୍ୱେ ତହିଁ ହୋଇଲେ ମିଳିତ
ଚିତ୍ତୋର ଅଧିପେ ଘେରି।
ଶୁଣି ମନ୍ତ୍ର ଯନ୍ତ୍ରୀ ବୈଦ୍ୟ ଔଷଧୀଶ
ସକଳେ ଆସିଲେ ତହିଁ
କେତେ ବିଜ୍ଞ ଲୋକ ପାଶକୁ ହକାରି
ବୁଝନ୍ତି ଉଦ୍‌ଗ୍ରୀବ ହୋଇ।
ଯେତେ ଗଡ଼ପତି କରନ୍ତି ମିନତି
"ହେ ରାଜା! କହ କିପାଇଁ
ଏପରି ତୁମର ଅବସ୍ଥା ହୋଇଛି
କି ବେଦନା ଅଛ ସହି।"
ଶକ୍ତି ବାଣେ ଅବା ହେଲେ ଅଚେତନ
ଲକ୍ଷ୍ମଣଙ୍କ ଦଶା ପରି
ଭୂତଳରୁ ଭୂପେ ଧରନ୍ତି ବଇଦେ
ଧମନୀ ପରୀକ୍ଷା କରି।
ନିକଟରେ ନାହିଁ ଔଷଧି ଉଦ୍ୟାନ
ଅଥବା ଗନ୍ଧମାର୍ଦ୍ଦନ
ହନୁମାନ ଅବା ଶ୍ରୀରାମ ନାହାନ୍ତି
କିଏ ଦେବ ଜୀବଦାନ।
ତବ ଯାଚନାରେ ଉଦଧି ଆସିବ
ସୁମେରୁ ଆସିବ ଏଥି
ଦଶ ଲକ୍ଷ ମୁଦ୍ରା ଦେବୁ ଦୂତ ପେଷି
ଯେ ସ୍ଥାନେ ସେ ବାଳୀ ଅଛି।
ସେହି ଉଦ୍ୟାନରୁ ଫଳ ଦାନ ମାଗି
ଅବସାଦ ମେଣ୍ଟି ଯାଉ
ପ୍ରୀତିର ଏହାତ ଦଶମ ଅବସ୍ଥା
ରଜାଙ୍କ ଲକ୍ଷଣ ଏହୁ।
ପ୍ରୀତିରେ ବିବଶ ହୋଇଛନ୍ତି ଭୂପ
ଫଳଦାନ ଆଶାକରି

ସେ ବାଟିକାମଧ୍ଯୁ ସୁରଭି ଫଳକୁ
ଆଣିବା ସକଳେ ମିଳି ।

ଧୃତି ବଳେ ସିନା ସାଧଇ ବିଭୁ ପଦେ ପ୍ରାର୍ଥନା ।
ସକଳ ଯାଚନା ଭରଇ ଈଶ ଦାଦା କରୁଣା ।।

॥ ୧୨୧ ॥

ଅଚେତ ଶରୀରେ ଚେତନା ଆସିଲା
ଜୀବନ ଆସିଛି ଫେରି ।
କିନ୍ତୁ ଏ ଚେତନା ବୈରାଗ୍ୟ ଆଣିଛି
ବିଭବ ଭୋଗରୁ ତାରି ।
ତାଙ୍କ ଦଶାଥିଲା ପାଗଳ ପରାଏ
ପାଗଳ ନିଦ୍ରାରୁ ଉଠି
ଉଚ୍ଚ ସ୍ୱରେ ସେହି ରୋଦନ କରନ୍ତି
ଜନ୍ମିତ ଶିଶୁ ପରିଟି ।
ଅଶ୍ଳୀଳ ଭାଷାରେ କହନ୍ତି କାତରେ
"ମୁଁ ଥିଲି ଅମର ପୁରେ
ଏ ମର୍ତ୍ତ୍ୟ ପୁରୀକୁ କିପରି ଆସିଲି
କେ ମତେ ଆଣିଲା ବଳେ ।
ମୋ ସୁଖ ନିଦ୍ରାରୁ ଜାଗରୂକ କରି
ମତେ କେ ଆଣିଲା ଧରି
ସମସ୍ତ ପ୍ରକାର ସୁଖନିଦ୍ରା ମୋର
ଅକାଳେ ବିନାଶ କରି ।
ମୋର ଶୂନ୍ୟ ଦେହ ରହିଛି ଏଠାରେ
ମୋ ଜୀବନ ଅବଶେଷ
ସକଳ ସୁଖରୁ ବିଧାତା ବଞ୍ଚିତ
କରି କଲା ସର୍ବନାଶ ।
ଏ ଶୂନ୍ୟ ଶରୀର କେତେଦିନ ଅବା

ବଞ୍ଚିବ ଜୀବ ବିହୁନେ
ଏ ଜୀବନ ଯମ ନେଲେ ଭଲହେବ
ନିଃସଙ୍ଗ ନକରି କ୍ଷଣେ।
ମୋ ଅଙ୍ଗର ଏହି ସାଢ଼େ ତିନି ହାତ
ଅବୟବ-ସରୋବରେ
ମୋ ହୃଦ କମଳ ବିକଶିଛି ତହିଁ
ମୋ ନୟନ ସମ୍ମୁଖରେ।
ନିକଟରେ ସେ'ତ ରହିଛି ଦୃଷ୍ଟିରେ
ହାତ ଅପହଞ୍ଚ ତହିଁ।
ପ୍ରସାରିଲେ ହସ୍ତ ହୁଅଇ ତରସ୍ତ
ଆକଣ୍ଠ ସଲିଳେ ଥାଇ।"
ଅର୍ଥ ବୁଝାଗଲେ ବୁଦ୍ଧିମନ୍ତ ନରେ
ଦୁଃସାଧ୍ୟ ପ୍ରୀତି ଭାବନା
ରୂପବତୀ କେଉଁ କାମିନୀ ପ୍ରୀତିରେ
ପଥହରା ଭୂପ ସିନା।

ସକଳେ କରନ୍ତି ଚିନ୍ତା ମହୀପତି ମାନସୀ ନାୟିକା।
କିପରି ହୋଇବ ଲବ୍ଧ ଦୁଃସାଧ୍ୟ ରହିଛି ଅଦେଖା।।

॥ ୧୨୨ ॥

ଦର୍ଶକ ଯେତେକ, ବୋଧନ୍ତି ଅନେକ
ରାଜାଙ୍କୁ ଦେଖି ସଚେତ।
"ହେ ରାଏ ତୁମ୍ଭେ ତ ଅବିବେକି ନୁହଁ
ଭାବ ସ୍ଥିର କରି ଚିତ୍ତ।
କାଳର ଯା ସତ୍ୟ ଧ୍ରୁବ ଚିରକାଳ
ଯୁଦ୍ଧ କି ସମ୍ଭବ ତହିଁ।
କାକ ସାଥେ କେବା କରିବ ସଂଗ୍ରାମ
ବିଜୟ ଲଭିବା ପାଇଁ।

ସେ ଲାଗି ଗୋବିନ୍ଦ ଗୋପୀଙ୍କୁ ଭୁଲାଇ
ମଥୁରା କଟକ ଗଲେ।
କାଳ ସଙ୍ଗେ ଯୁଦ୍ଧ, ଜଗତେ ଜନମି
କରିଛି କେବା ଭୂତଳେ।
ପ୍ରେମର ନାମଟି ମଧୁର ଶୁଣନ୍ତେ
ଶ୍ରବଣେ ଉନ୍ମାଦ ଆଣେ।
ପଶ୍ଚାତେ ଜୀବନ ଆକୁଳିତ ହୁଏ
ନ ପାଇ ପରଶ କ୍ଷଣେ।
ସାଢ଼େ ତିନିହାତ ଶରୀରଟି ଦିଶେ
ସୁମେରୁ ପରି ଅଚଳ
ତା' କନ୍ଦରେ ଯେତେ ବକ୍ର ପଥ ରେଖା
ପାରିହେବା ସୁଦୁଷ୍କର।
ସୁଦୂର ଗଗନେ, ପ୍ରସାରିତ ଦୃଷ୍ଟି
ନୟନେ ଗୋଚର ହୁଏ।
ତା'ଠାରୁ ଅଧିକ ପ୍ରେମ ଧ୍ରୁବ ଜ୍ୟୋତି
ଅଦୃଶ୍ୟ, ଅଦୃଷ୍ଟେ ଥାଏ।
ଶିର ବଳି ଦେଇ ପ୍ରଥମେ ପ୍ରେମରେ
ପରେ ପଥ ଅତିକ୍ରମି।
ଧ୍ରୁବତାରା ଠାରୁ ଉର୍ଦ୍ଧ୍ୱ ପ୍ରେମତାରା
ପ୍ରେମିକ ପାରିବ ଜିଣି।
ଆପଣ ତ ରାଜା, ସୁଖ ସଉଭାଗ୍ୟେ
ଭବ୍ୟ ଭୋଗ କର ନିତି
କଣ୍ଟକିତ ପଥ ପ୍ରୀତିର ସାନିଧ୍ୟ
ବିରହର ଦୁଃଖ ଅତି।
ଅସାଧ୍ୟ ସାଧନା ପ୍ରୀତିର ଧାରଣା
କାମିନୀ କାମନା କରି
କିପାଇଁ ନରେଶ ହେଉଛ ଅବଶ
ତେଜି ରାଜ୍ୟ ସୁଖ ଶିରି।"

ଦୁଃଖଦ ସରଣୀ ପ୍ରୀତିର ପଥିକ ଗମନ୍ତେ କଣ୍ଟକ ଆବୃତ ପଥ।
ସେ ସିନା ଲଭିବ ନିଃସଙ୍କୋଚେ ସହି ପ୍ରୀତିର ଅମୃତପାତ୍ର।।

॥ ୧୨୩ ॥

ଶୁକ ପକ୍ଷୀ କହେ, "ହେ ରାଜା ତୁମେ କର ବିଚାର
ପିରତି କରିବା କଠିନ କାର୍ଯ୍ୟେ, ହେ ମହୀପାଳ।
ତୁମେ ଅଟ ସେହି ମଧୁପ, ପଦ୍ମେ ପ୍ରୀତି ଜଣାଇ
ଅପାରଗ ହୋଇଯାଇଛ କୁମୁଦିନୀକି ପାଇ।
ଉପଭୋଗି ହୋଇ ନଳିନୀ, ଜାଣେ ସେଇ ଭ୍ରମର
କିପରି ପ୍ରୀତିରେ ବେଦନା, ମୁକ୍ତି ନାହିଁ ଯାହାର।
ସିଂହଳ ଗମିବା ଅୟନ ଅତିଶୟ ବିପଦ
ରାଜ୍ୟଥାଟ ସୈନ୍ୟ ବଳରେ ନ ହେବ ଉପଲବ୍ଧ।
କେବଳ ସେ ପଥେ ଯିବାକୁ ସକ୍ଷ୍ୟ ସନ୍ନ୍ୟାସୀ ତପୀ
ଅଥବା ବୈରାଗୀ, ଯତି ବା ଯୋଗୀ ଲଭନ୍ତି ଶକ୍ତି।
ଐଶ୍ୱର୍ଯ୍ୟ ଭୋଗି କିଏସେ ତାହାକୁ କରିବ ସାଧ
ତ୍ୟାଗୀ ହୋଇ ସର୍ବ ସମ୍ପଦୁ କିମ୍ବା ସାଧନ୍ତା ଯୋଗ।
ମନେରଖି ଆହେ ନରେନ୍ଦ୍ର ଭୋଗ ଯୋଗ ଏକତ୍ର।
ସିଦ୍ଧ ନହୁଅଇ କଦାପି, ଜାଣେ ସୁସ୍ଥିର ଚିତ୍ତ
ତୁମେ ରାଜା, ତେଣୁ ତୁମର ଇଚ୍ଛା ନହେବ ପୂର୍ଣ୍ଣ
ସାଧନା ତପସ୍ୟା ବିହୁନେ ଯୋଗ ହୁଏ ଅପୂର୍ଣ୍ଣ।
ସେଇ ଏକା ସିଦ୍ଧି ଲଭିବ, ଯିଏ ଆପଣା ଶିର
ଛେଦନ କରିବ, ଅଭ୍ୟାସେ ମରି, ହେବ ଅମର।

ଭୋଗ ବିଳାସର ଐଶ୍ୱର୍ଯ୍ୟ ନିକର ଏହି ପଥର ଯାତନା।
ସକଳ ତେଜିବୁ, ପ୍ରାଣ ବିସର୍ଜିବୁ ଲଭିବୁ ଦିବ୍ୟ କାମନା।।

।। ୧୨୪ ।।

ଶୁକ ବିହଗ ବିସ୍ତାରିଲା ଯୋଗ କରି ବର୍ଣ୍ଣନା
ଆଦ୍ୟ କଥା ଶୁଣି ବିଚାରି ରାଜା କରି ସାଧନା।
ଦଧି ମନ୍ଥନର ବିନା ଉପୁଜି ପାରେ କି ଘୃତ ?
ପ୍ରେୟ ସଫଳ ହେବକି ହୋଇଲେ ଅସ୍ଥିର ଚିତ୍ତ ?
ପ୍ରୀତିର ପର୍ବତଶ୍ରେଣୀକୁ କରି ବଜ୍ର ସମାନ
ବିଶ୍ୱସୃକ ଗଢ଼ିଛନ୍ତି ବା ପରୀକ୍ଷାରେ ପ୍ରମାଣ।
ଗିରି ଆରୋହଣ କରେ ଯେ ସେହି ସମର୍ପେ ଶିର
ଶୂଳି ଅଗ୍ରମୁନେ ବଢ଼ିବ ତହିଁ ନୋହି କାତର।
ଚୋର ପାଏ ଦଣ୍ଡ କିମ୍ବା ସୁଫି ମନସୁର ଭଳି।
ଉପମାନ ଯୋଗ୍ୟ ସେମାନେ ଚଢ଼ି ପ୍ରୀତି ଶିଖରୀ
ତୁମେ ରାଜେନ୍ଦ୍ର ରାଜ୍ୟର, ପିନ୍ଧି ପାରକି କନ୍ଥା।
ରାଜସିକ ଗୁଣ କାରଣୁ ଯୋଗୀ ହେବ ଅଯଥା।
ତୁମ ଅଙ୍ଗେ ଭରି ରହିଛି ଦଶ ଇନ୍ଦ୍ରିୟ ଚୋର
ମଦ, ମାୟା, କାମ, କ୍ରୋଧ ତୃଷ୍ଣା ସଙ୍ଗତେ ତା'ର
ଚକ୍ଷୁ, କର୍ଣ୍ଣ, ଜିହ୍ୱା, ନାସିକା ତ୍ୱଚା ପଞ୍ଚ ବଇରୀ
ସର୍ବଦା ଶ୍ରୀ ଅଙ୍ଗେ ବସନ୍ତି ଅର୍ଥ ଅନର୍ଥ କରି।
ଏ ଶରୀର ରୂପୀ ନଗରେ ନବଦ୍ୱାର ମୁକୁଳା
ଏ ଚୋର ସକଳେ ଲୁଣ୍ଠନ୍ତି, କ୍ଷଣେ ନକରି ହେଳା।
ତେଣୁ ହେ ଭୂପତି ସଜାଗ ହୁଅ ଅଜ୍ଞାନ ତେଜି
ବିଭାବରୀ ବିତି ଯାଇଛି ଉଷା ଉଠୁଛି ଜାଗି।
ଲୁଣ୍ଠିତ ଦ୍ରବ୍ୟକୁ ସଙ୍ଗତେ ଘେନି ସକଳ ଚୋର
ପଳାୟନ ପରେ କି ଅବା ଧନ ଥିବ ଭୂପାଳ।
ସେ ଲାଗି ସର୍ବଦା ଆଚରି ଯୋଗ କର ସାଧନା
ହେ ରାଜା ! ହେ ପ୍ରୀତି ପଥିକ, ପଥ ଭୁଲି ଯାଅନା।

ତୋ ଜୀବ କାଳର ଆହ୍ୱାନେ ନୋହୁ ଧୃତି ଚର୍ଚ୍ଚିତ।
ଦୁର୍ଲ୍ଲଭ ପ୍ରୀତିର ମାଧୁରୀ ତୋତେ ହେବ ପ୍ରାପତ।।

ଟିପ୍ପଣୀ: ମନସୁର ହଲ୍ଲାଜ: ସୁଫି ସନ୍ଥ ସର୍ବଦା ଅନ୍ - ଅଲ୍ - ହକ୍ ଅର୍ଥାତ୍ "ମୁଁ ହିଁ ସତ୍ୟ" କହୁଥିଲେ। ସେଥିପାଇଁ ତାଙ୍କୁ ଶୂଳୀ ଦିଆହେଇଥିଲା।

॥ ୧୨୪ ॥

ଶୁକ ବିହଗର ପ୍ରେମର ସାଧନା
ବିସ୍ତାର ଶୁଣି
ସଜାଗେ ଶରୀରେ ଚେତନା ପ୍ରସରେ
ସେ ନରମଣି।
ପ୍ରେମରେ ମୋହିତ ଚକ୍ଷୁର ପଲକ
ହେବାରୁ ସ୍ଥିର
ହେଲଣ ଢଳଢଳ ମୁକ୍ତା ପ୍ରବାଳ ସେ
ନୟନ ତଳ।
ଅଶ୍ରୁ ହୁଏ ମୁକ୍ତା, ପ୍ରବାଳ ରକତ
ଲୋଚନେ ଭରେ
ଗୁଡ଼ ଖାଇ ଘୁଙ୍ଗା ମଗ୍ନ ହୁଏ ଯେହ୍ନେ
ନିଜ ଚିତ୍ତରେ।
ରାଜ ଅପଘନେ ଜ୍ୟୋତି ଚମକିଲା
ମାନସ ନେତ୍ରେ
ସିଂହଳ ଦ୍ୱୀପକୁ ସାକ୍ଷାତେ ଦେଖିଲେ
ଆପଣା ଗାତ୍ରେ।
ଅନ୍ଧାର ଆବୋରି ରହିଥିଲା ଦ୍ୱୀପ
ଅବଲୋକନେ
ଅଜ୍ଞାନ ଅମା କି ଦୂର ହୋଇଗଲା
ସତୀ ଆଗମେ।
କୁହନ୍ତି ରାଜେନ୍ଦ୍ର, "ମୋର ଭାଗ୍ୟ ମନ୍ଦ
ହୋଇଛି ଦୂର
ଅସ୍ଥିର ସଂସାରେ ରହିବୁ କିମ୍ପାଇଁ
ହୋଇ ନିଶ୍ଚଳ।

ବିଚ୍ଛେଦ ଭାବନା, ଗୁରୁ ଦେବେ ସିନା
ଶିଷ୍ୟ ହୃଦରେ।
ପ୍ରକୃତ ଶିଷ୍ୟ ହିଁ ସେ ଜ୍ଞାନ ପ୍ରଦୀପ
ଉଦ୍ଦୀପ୍ତ କରେ।
ଏବେ ମୁଁ ପତଙ୍ଗ ଭୃଙ୍ଗୀ ପରି ହୋଇ
ହେବି ମୁଁ ସିଦ୍ଧ
ଯେପରି ପତଙ୍ଗ, ଭୃଙ୍ଗୀ ଯାତନାରେ
ପାଲଟେ ଭୃଙ୍ଗ
ମୋର ପୂର୍ବାପର ଭୁଲି ପରିସର
ନୂତନ ରୂପେ
ହେବି ମୁଁ ଅଳିନ୍ଦ ବୁଲି ପୁଷ୍ପବୃନ୍ଦ
ବନ ପାଦପେ।
ପୁଛିବି ଅନେକ କୁସୁମ ପାରୁଶେ
ପଦ୍ମ ବାରତା
ମିଳନେ ସମର୍ପି ସମସ୍ତ ଯୌବନ
ନକରି ବୃଥା।
ଯେପରି କେତକୀ କଣ୍ଟକ ପୁଷ୍ପରେ
ବିହ୍ୱଳ ହୋଇ।
କଣ୍ଟକ କଣ୍ଟାରେ ଅଙ୍ଗ ବିସର୍ଜଇ
ଜୀବନ ଦେଇ।"
ନବ ଉତ୍ସାହରେ ଉଭାହେଲେ ନୃପ
ଭୂମି ଶୟନୁ
ସକଳ ଦୁଶ୍ଚିନ୍ତା ଅପସରି ଦୂରେ
ନିର୍ଭୟ ମନୁ।

ଏପରି ମାନସେ ଭାବିଲେ ନୃପତି ନିଶ୍ଚଳ ମନେ।
"ଗୁରୁ ଆଜ୍ଞାପାଳି ନିଶ୍ଚିତ ମୁଁ ଯିବି ସିଂହଳ ସ୍ଥାନେ।।"

॥ ୧୨୬ ॥

ରାଜ୍ୟ ତେଜି, ରାଜା ହେଲେ ଯୋଗୀ ବେଶ
କରେ କେନ୍ଦରା ଧରନ୍ତି ରାଜେଶ।
ଅଚେତ ଦେହ, ପୁଣି ମନ ବାଉଳା
ଶିରେ ଜଟା ବାନ୍ଧେ ନକରି ହେଳା।
ଚନ୍ଦ୍ର ମୁଖେ, ଅଙ୍ଗେ ଭସ୍ମସାର ବୋଳି
ମ୍ଳାନ ଦିଶେ ଅଙ୍ଗ ପଙ୍କ ମାଟିପରି।
ଯୋଗ ପଟ୍ଟ ଆଉ ରୁଦ୍ରାକ୍ଷର ମାଳି
ମେଖଳା, ଶୃଙ୍ଗୀ, ଚକ୍ର ଓ ଧନ୍ଦାଳି।
କନ୍ଥା ପହରଣ, ହସ୍ତେ ଧରି ଦଣ୍ଡ
କର୍ଣ୍ଣେ ମୁଦ୍ରା "ଗୋରଖ" ବୋଲେ ତୁଣ୍ଡ।
କଣ୍ଠେ ଜପ ମାଳା, ହସ୍ତେ ଉଦପାନ
ପାଦରେ କଠଉ ସ୍କନ୍ଧେ ବ୍ୟାଘ୍ର ଚର୍ମ।
ରକ୍ତାଭ ନୟନ, ହସ୍ତରେ ଖପର
ରାଜା ଯୋଗୀ ବେଶେ ଧରିଲା ଥାଳ।
କେନ୍ଦରା ବାଜେ ହସ୍ତେ ତୋଳି ଝଙ୍କାର
ଯୋଗୀ ବେଶେ ଭିକ୍ଷା ମାଗେ ଭୂପାଳ।

ହୃଦୟେ ଗୋପନେ ରହିଛି ଯତନେ ପଦ୍ମାବତୀ ଲାଭ ଚିନ୍ତାକରି।
ଯେତେ ଦିନ ଯାଏ ଅପୂର୍ଣ୍ଣ କାମନା, ବିଯୋଗୀ ହୋଇବେ ଛତ୍ରଧାରୀ।

॥ ୧୨୭ ॥

ଗଣକେ କହନ୍ତି-ଶୁଭ ବେଳା ଦେଖି
ଅନୁକୂଳ କଲେ କାର୍ଯ୍ୟ ହେବ ସିଦ୍ଧି।
ଗଣକଙ୍କ ବାଣୀ ଶୁଣି ରତ୍ନସେନ
ଅସ୍ଥିର ଚିତ୍ତରେ ସେହୁ ବୋଲନ୍ତି ବଚନ।
ପ୍ରେମପନ୍ଥୀ ଯୋଗୀ ନ ଦେଖଇ ବେଳା
ଦେଖୁଥାଏ ଜ୍ଞାନୀ ସିଦ୍ଧି ପାଇଁ ବେଳା।

ପ୍ରେମ ପଥେ କାୟା, ହୁଏ କ୍ଷୀଣ ଅତି
ରକ୍ତହୀନ ଦେହୁ ଅଶ୍ରୁଝରେ ନିତି।
ପଣ୍ଡିତେ ଭୁଲନ୍ତି- ଯେବେ ଆସେ କାଳ
ପୁଚ୍ଛି ବୁଝେ ସେ'କି ଦିବା ଶୁଦ୍ଧି ବେଳ ?
ସତୀ ଚିତା ଆରୋହଣେ ଶୁଭକ୍ଷଣ
ପଚାରି କରେ କି (ସେ) ଚିତା ଅରୋହଣ।
ଅବା ଗୃହ କର୍ମ ସାରିଯାଏ ଚଳି
ଉସ୍ମ ହେବ ସ୍ୱାମୀ ସାଥେ ଚିତାରେ ଜଳି।
ଗଙ୍ଗା ଗତି ପାଇଁ ପ୍ରାଣ ବିସର୍ଜନ
କରିଛି କି କେହି ଖୋଜି ଶୁଭକ୍ଷଣ ?
ନାହିଁ ମୋର ଘରଦ୍ୱାର, ଏ ମୋ କାୟା
ଅନ୍ତିମ ଘଡ଼ିରେ ନ ରହିବ ତାହା।
ବନର ପକ୍ଷୀ ମୁଁ, ମୋର ପକ୍ଷମେଲି
ବନାନ୍ତରେ ଉଡ଼ି ଯିବି ଖେଳି ଖେଳି।

"ମୋ ପଥରେ ମୁହିଁ ଯାଉଛି ନ ରହି, ମୋ ଆଶା କରିବି ପୂରଣ।
ତୁମେ ଗୃହସ୍ଥଳୀ ଯାଅ ଅନୁସରି ବାନ୍ଧନାହିଁ ମତେ ଅକାରଣ।।"

।। ୧୨୮ ।।

ରାଜାଙ୍କ ଗମନ ବାର୍ତ୍ତା ପ୍ରସାରଣ
ନାଗରା ବଜାଇ କହଇ ଚର।
"ଭୂପତି ଆଦେଶ କରି କାର୍ଯ୍ୟରତ
ହୁଅ ଏକତ୍ର ପଦାତିକ ଦଳ।
ଯେତେ ରାଜକୀୟ ଭୃତ୍ୟ କର୍ମଚାରୀ
ସକଳେ ଚଳିବେ ସୁଦୂର ଦେଶେ
ସିଂହଳ ଯାତ୍ରାକୁ ସମ୍ବଳ ସହିତ।
ସଜ ହେଇ ସର୍ବେ ଆସ ନିମିଷ
ତହିଁ ନ ମିଳିବ ପ୍ରୟୋଜନ ଦ୍ରବ୍ୟ।

ଆପଣା ସ୍ୱାଧୀନେ ଚଳିବା ପାଇଁ
ସମ୍ବଳ ନଥିଲେ ସ୍ୱପାଶରେ କିଛି
ଅବଶେଷେ ଧୂଳି ଖାଇବ ତହିଁ।
ନୃପ ଚଳିଯିବେ ତାପସ ବେଶରେ
ତୁମେ ସର୍ବେ ସାଥେ ହୁଅ ମିଳିତ।
ଅଶ୍ୱ ଅରୋହଣ ବଇଭବ ଭୁଲି
ନମ୍ରହୋଇ ରହ ସଚେତ ଚିତ୍ତ।
ଅଗ୍ରତେ ଚଳିବେ ସକଳ ସେନାନୀ
ପଶ୍ଚାତେ ଚଳିବେ ସେବକ ଥାଟ।
ରାଜ ପଟୁଆରେ ହୁଅ ସମ୍ମିଳିତ
ଚଳିଯିବା ପାଇଁ ସୁଦୂର ପାନ୍ଥ।"
କବି କହୁଛନ୍ତି "ହେ ମନୁଷ୍ୟଗଣ !
ସର୍ବଦା ଆପଣା ସ୍ୱାର୍ଥକୁ ଧରି।
ଭାବନାରେ ମୁଗ୍ଧ ହୋଇ ରହିଅଛ
ଉତ୍ସାହିତ ହୋଇ ଦିବା ଶର୍ବରୀ।"

ଚିତ୍ତକୁ ସଚେତ କରି ବରି ନିଅ, ଆପଣାର ସ୍ଥାନ କର ତୁ ଉଚ୍ଚ।
ପଶ୍ଚାତେ ଶୋଚନା କିବା ଅବସୋସ ନଭାବି ଜୀବନ ନ କର ତୁଚ୍ଛ।।

।। ୧୨୯ ।।

ଅଶ୍ରୁମୁଖୀ ରାଜମାତା ବିନୟରେ
ପୁତ୍ରକୁ ବୁଝାନ୍ତି ଅତି ସ୍ନେହ ଛଳେ।
"ପୁତ୍ର ମୋର ତୁହି ଅଟୁ ଛତ୍ରଧାରୀ
ନିତି ପାଦେ ତୋର ଆସ୍ଥାନ ଆବୋରି।
ଖଟିଥାନ୍ତି ଲକ୍ଷ୍ମୀ ପରି ନବଲକ୍ଷ -
ସୁନ୍ଦରୀ ରମଣୀ, ଭୋଗୀ ପାଉ ସୁଖ।
ଏତେ ସୁଖ ଛାଡ଼ି ହେଉ ତୁ ଭିକାରୀ
ଯେଉଁ ଅଙ୍ଗ ଶୋଭେ ତୋ ଚନ୍ଦନ ବୋଳି।

ସେଇ ଅଙ୍ଗେ ବୋଳି ପାଉଁଶ ଓ ଧୂଳି
ସାଧିବୁ କିପରି ତପ ଯୋଗୀ ପରି।
ରୌଦ୍ର ତାପ ସହି ଛାୟାହୀନ ପଥେ
ଚାଲିବୁ କିପରି ବାଟ ନଗ୍ନ ପାଦେ।
କ୍ଲାନ୍ତ ଦେହେ ଯିବୁ ନିଦ୍ରା ଭୂମିଗତେ
ଗୁଦୁଡ଼ି କମ୍ବଳ ଘୋଡ଼ି ହୋଇ ସାଥେ।
ପଥଶ୍ରମେ ତୁହି କ୍ଷୁଧାତୁର ହେବୁ
ରୁଖା ଶୁଖା ଖାଦ୍ୟ କିପରି ଖାଇବୁ ?
ରାଜ୍ୟ ପରିଗ୍ରହ, ଦଣ୍ଡପାଟ ଘେନି
ସୁଖେ ଭୋଗ କର ପାଳି ଏ ମେଦିନୀ।
ଏ ସୁଖ ସଂସାରେ ଘୋର ଅନ୍ଧକାର ଭରି
ପୁତ୍ର ମୋର ନ ହୁଅରେ ତୁହି ଦେଶାନ୍ତରୀ।"

॥ ୧୩୦ ॥

ବୋଲନ୍ତି ରାଜନ ମାତାଙ୍କୁ ବୁଝାଇ
"ମୋର ସ୍ନେହ ତେଜ ଅବୋଧ ନହୋଇ।
ଏଇ ମୋର କାୟା ଦିନେ ଅନ୍ତ ହେଲେ
ଜଳି ଭସ୍ମ ପାଲଟିବ ଭୂମିତଳେ।
ଚୂଆ ଚନ୍ଦନ ଲେପ ବାସ ମୋ ଦେହେ
ଗରଳ ସମ ବଇରୀ, ସହି ନୁହେଁ।
ହାତ, ପାଦ ତୁଲେ ପୁଣି ଥାଇ ଆଖି
ଶ୍ରବଣ ସହିତେ ମୋ କର୍ମର ସାକ୍ଷୀ।
ମୋର କର୍ମଯେତେ ସମ୍ପାଦିଛି ମୁହିଁ
ସବୁ ହେବେ ସାକ୍ଷୀ, ମୋକ୍ଷ ହେବି ନାହିଁ।
ଦଶ ଇନ୍ଦ୍ରୀ ସଙ୍ଗେ ଦେହେ ରୋମାବଳୀ
ସବୁ ସାକ୍ଷୀ ହେବେ ଶେଷ କାଳେ ମିଳି।
ଯଦି ରାଜ୍ୟ ଭୋଗେ ଏତେ ସୁଖ ଭରା
ରାଜା ଗୋପୀଚାନ୍ଦ କିମ୍ପା ଯୋଗୀ ହେଲା।

ସୃଷ୍ଟିର ରହସ୍ୟ ବିହଙ୍ଗ ଦୃଷ୍ଟିରେ
ଦେଖି, ଆଶ୍ରା ନେଲେ କଜରୀ ବନରେ।
ସିଂହଳ ଦ୍ୱୀପେ ମୁଁ ଯାଉଛି ଗୋ ମାତା
ଆଶୀର୍ବାଦ ଦିଅ ନ କରି ଗୋ ଚିନ୍ତା।
ଗୁରୁ ଉପଦେଶେ ହେବି ଦେଶାନ୍ତରୀ
ରାଜାପାଟ ସୁଖ ଭୋଗ ଦୂର କରି।"

ଏହିପରି ରାଜା ସର୍ବ ଭୋଗ୍ୟ ବସ୍ତୁ ବିସର୍ଜିତ କରି ମନୁ।
ମାତାଙ୍କୁ ବୁଝାଇ ଗମନ୍ତି ସମ୍ମୁଖେ ଚିତ୍ତୋର ରାଜଭବନୁ।।

ଟିପ୍ପଣୀ: ଗୋପୀଚାନ୍ଦ- ବଙ୍ଗଳାର ଜନୈକ ରାଜା, ଯିଏ ଗୋରଖନାଥଙ୍କ ଉପଦେଶରେ ଯୋଗୀ ହୋଇଥିଲେ।

।। ୧୩୧ ।।

ଅନ୍ତଃପୁରେ ନାଗମତୀ ଅଶ୍ରୁମୁଖୀ
ଦୁଃଖଭରେ ସ୍ୱାମୀକୁ ବୋଲଇ ସତୀ।
"କିଏ ଦେଲା ବନବାସ ହେ ପ୍ରାଣେଶ
ସଙ୍ଗେ ମତେ ନିଅ, ଅବା ଦିଅ ବିଷ।
ମୋର ପ୍ରୀତିପଣ ନୁହେଁ ଅସାରତା
ରାମବନେ ଗଲେ, ସଙ୍ଗେ ଘେନି ସୀତା।
ଯହିଁ ଯିବ ତୁମେ, ଥିବି ସଙ୍ଗକରି
ପଦ ସେବା କରି ଦିବା ବିଭାବରୀ।
ହେ ସ୍ୱାମୀ! ସୁନ୍ଦରୀ ହେଲେ ବି ପଦ୍ମିନୀ
ମୋର ସାଥେ ଯୋଗ୍ୟ ନୁହେଁ ଅଛି ଜାଣି।
ପୁରୁଷର ଦୃଷ୍ଟି ପଡ଼ିଲେ ତା ପରେ
ହତାଶାରେ ଫେରେ ଶୂନ୍ୟ ନିରାଶରେ।"
ସବୁ ରାଣୀ ମିଳି ସ୍ୱାମୀକୁ ବୋଲନ୍ତି
"ଦେଶାନ୍ତରୀ ନ ହୁଅ ହେ ପ୍ରିୟପତି।

କର ରାଜ୍ୟଭୋଗ ମନ କରି ସ୍ଥିର
ସୌଭାଗ୍ୟ ଆମର ନହେଉ ଅନ୍ତର।
କେତେ ମତେ କାନ୍ଦି କରନ୍ତି ମିନତି
ଶ୍ରୀପଦରେ ରାଜରାଣୀ ଯେତେଛନ୍ତି।

କ୍ରୋଧ ଭରେ ରାଜା କହନ୍ତି ଧିକ୍କାରି
"ବିପତ୍ତି ପଡ଼ିବ ସଙ୍ଗେ ଗଲେ ନାରୀ।"

॥ ୧୩୨ ॥

ସକ୍ରୋଧେ ଭାଷନ୍ତି ନୃପତି
"ଶୁଣ ତୁ ନାଗମତୀ !
ବୁଦ୍ଧି ହୀନ ସଦା ସର୍ବଦା
ଅଟନ୍ତି ନାରୀଜାତି।
ଯେହୁ ମାନବ ସ୍ତ୍ରୀ ବଚନେ
କାର୍ଯ୍ୟ କରଣେ ରତ
ସେହି ମହାମୂର୍ଖ ଜଗତେ
ଦୁଃଖ ପାଏ ସତତ।
ସଙ୍ଗେ ନେଲେ ସୀତାଙ୍କୁ ରାମ
ରାବଣ ନେଲା ହରି
ବହୁ ଦୁଃଖ କଷ୍ଟ ଭୋଗିଲେ
ସିଦ୍ଧି ନଥିଲେ କରି।
ସ୍ୱପ୍ନ ସମ ଅଟେ ସଂସାର
ଯୁବା ଯୁବତୀ ସଙ୍ଗ।
କେବଳ ସଂଯୋଗ ବାରେ
ପରେ ହୁଏ ବିଯୋଗ।
ବିଚ୍ଛେଦର ପରେ ସାକ୍ଷାତ
ଲାଗେ ଅଦେଖା ପରି
(ସର୍ବେ) ଅଚିହ୍ନା, ପରିଚୟହୀନ

ଆନେ ଯାଆନ୍ତି ଚଳି।
ହେ ଅବୋଧ ନାରୀ ଶୁଣ ତୁ
ଭର୍ତ୍ତୃହରି ରାଜନ
ଷୋଳ ଶତ ରାଣୀ ସ୍ତନାଗ୍ରେ
ପାଦ କରେ ସେବନ
ସକଳ ରାଜ ବନିତାଙ୍କୁ
ତୁଚ୍ଛ କରି ବିବେକୀ
ଯୋଗୀ ହୋଇ ସଙ୍ଗେ ନନେଲେ
ଚଳିଗଲେ ଏକାକୀ।
ଯୋଗୀ ହେବ ନର ରାଜ୍ୟେ ବା
ନାରୀ କି ପ୍ରୟୋଜନ।
ଗୁରୁପଦ ଧ୍ୟାଇ ନିରତେ
ତପ ସାଧନେ ମନ।
ଗରମ ଖାଦ୍ୟ ନ ଲୋଡ଼େ ସେ
ଖାଏ ଶୁଖିଲା ଭାତ
ଅନ୍ତଃପୁର ଚଳନ୍ତି ତେଜି
ସ୍ଥିର କରି ଚିତ୍ତ।"

ଶୂନ୍ୟ ହାହାକାର କ୍ରନ୍ଦନ ଧ୍ୱନି ସକଳ ଭୁଲି।
ପଶ୍ଚାତେ ନଚାହିଁ ରାଜା ଚଳନ୍ତି ରାଜ୍ୟୁ ବାହାରି।।

।। ୧୩୩ ।।

ରୋଦନ କରନ୍ତି ମାତା "ରତ୍ନସେନ ଯାଏ
ଯୋଗୀ ହୋଇ, ସୃଷ୍ଟି କରି ଅନ୍ଧକାର ପ୍ରାଏ।
କେଉଁ ଅଜଣା ବଣ, ଗିରି, ପାହାଡ଼, ଘାଟି
ମୋର ପୁତ୍ରକୁ ମନ୍ତ୍ରବଳେ ନିଅଇ ଡାକି।
କରି ରାଜ୍ୟ ଅନ୍ଧକାର-ମନ ଅନ୍ଧକାର
କରିଯାଏ ଯୋଗୀ ହୋଇ ଦେଶୁ ଦେଶାନ୍ତର।"

ସସ୍ତ୍ରରାଣୀ ଭୂମି ଧରି କରନ୍ତି ରୋଦନ
ଅପସାରି ହସ୍ତଚୁଡ଼ି କଣ୍ଠ ଆଭରଣ।
"କାହାଲାଗି ଆମେ ଏବେ ଶୃଙ୍ଗାର କରିବା
କାହାଲାଗି, ଏବେ ଖାଦ୍ୟ ସମ୍ଭାର ସାଜିବା।
ହୀନ ପ୍ରାଣ କିମ୍ପା ଯାଉନାହିଁ ପିଣ୍ଡ ଛାଡ଼ି
କାହାପାଇଁ ରଖିବୁ ଏ ଶରୀର ସମ୍ଭାଳି।
ସ୍ୱାମୀ କରି ପରିତ୍ୟାଗ ଗଲେ ଯୋଗୀ ହୋଇ
ଷୋଳ ସହସ୍ର ରାଣୀଙ୍କୁ ବଇଧବ୍ୟ ଦେଇ।"
କୁଟୁମ୍ବ ବୁଝାନ୍ତି ତାଙ୍କୁ ଧୀର କଥା ଛଳେ
ଘଡ଼ି ଘଡ଼ି ବିତିଗଲା ବ୍ୟର୍ଥ କ୍ରନ୍ଦନରେ।

ସକଳ କାମିନୀ ରାଜାର ବନିତା ଅଚେତନ ହୋଇ ପଡ଼ନ୍ତି ତଳେ।
ଶ୍ମଶାନ ହେଲା କି ରାଜ ଅନ୍ତଃପୁର ହୃଦୟ ବିଦାରି ଧ୍ୱନି ଶୂନ୍ୟରେ।।

■

।। ୧୩୪ ।।

ଶିଙ୍ଗା ବଜାଇ, ଅଗ୍ରତରେ ଚଳନ୍ତି ରାଜା
ପଶ୍ଚାତେ ଚାଲନ୍ତି ଚକିତେ ସାମନ୍ତ ସଜା।
ମୋହ ମାୟା ତେଜି, ତେଜି ରାଜ ସିଂହାସନ
ସଙ୍ଗେ ଚଳୁଥାନ୍ତି ରାଜା-ରାଜପୁତ୍ର ଗଣ।
ଷୋଳ ସସ୍ର ରାଜପୁତ୍ର ସହଯାତ୍ରୀ ଥିଲେ
ସର୍ବେ ଯୋଗୀ ହୋଇ ରାଜା ସାଥେ ଗଲେ।
କୁଟୁମ୍ବଙ୍କ ମାୟା ତେଜି ହୋଇଲେ ସେ ଯତି
ସାମନ୍ତ ରାଜାଏ ଛାଡ଼ି ରାଜ୍ୟ-ରାଜନୀତି।
ଚଳିଗଲେ ରତ୍ନସେନ ଏକ ମୁଖ ହୋଇ
ନଗରୁ ନଗର ଭ୍ରମି ଗ୍ରାମୁ ଗ୍ରାମେ ଯାଇ।
ସ୍ଥାନୁ ସ୍ଥାନ ଚଳନ୍ତି ସେ ନରହନ୍ତି କ୍ଷଣେ
ରାଜ ନବର ରହେ ପଡ଼ି ଶ୍ମଶାନ ଯେହ୍ନେ।
ମନ୍ଦିର, ଉଦ୍ୟାନ, ମଠ ଛାଡ଼ି ଗଲେ ରାଜା

ପାସୋରିଲେ, ମୋହମାୟା ଛାଡ଼ିଦେଲେ ଲଜ୍ଜା ।
ଅଗ୍ରତେ ଚଳନ୍ତି ନୃପ ଏକ ମନ ହୋଇ
ପଦ୍ମାବତୀ ନାମ ମାତ୍ର ସ୍ମରଣେ ଆସଇ ।
ଯାହାଲାଗି ହେଲେ ଯୋଗୀ ସେହୁ ରାଜ୍ୟ ତେଜି
ମାତା, ବନିତା, ବୈଭବ ସମସ୍ତ ବରଜି ।
ମନେ ଭାବେ ରାଜାଘର ବୈଭବ କାହାର
ଏ ଜୀବନ, କାୟା ସବୁ ଅଟଇ ତାଙ୍କର ।

ବିଂଶ କୋଶ ଯାକେ ଦିଶନ୍ତି ସତେବା ଗୈରିକ ଭୂଷଣରେ ।
ଚଉଦିଗ ଘେରି କିଂଶୁକ ପୁଷ୍ପ ବା ଦୋଳାୟିତ ହୁଏ ବନାନ୍ତରେ ।।

।। ୧୩୫ ।।

ଚଳେ ରତ୍ନସେନ ବିଧି ଯୋଗେ ପଥେ
ଦହି ମାଛ ବିକାଳି ଯାନ୍ତି ଅଗ୍ରତେ ।
ତରୁଣୀଏ ଜଳ କୁମ୍ଭ, କାଖେ ଘେନି
ନଦୀ ତୀରୁ ଫେରୁଥାନ୍ତି ଜଳ ଆଣି ।
ଶିର ଭୂଷା ଗୁନ୍ଥି ମାଳାକାର ବଧୂ
ପଣ୍ୟ କରିବାକୁ ଚଳେ ଗୃହ ମଧ୍ଯୁ ।
ନାଗ ମସ୍ତକେ ଖଞ୍ଜନ ପକ୍ଷୀ ଆସି
କ୍ଷଣେ ଉଡ଼ଇ ପୁଣି ଶିରେ ଯାଏ ବସି ।
ବାମ ପାଶୁ ମୃଗ ଯାଏ ଦକ୍ଷିଣକୁ
ଶକୁନ ଉଡ଼ିଗଲା ବାମ ପାର୍ଶ୍ୱକୁ ।
ଦୀର୍ଘ କାକଳୀ କରେ ତିତିର ପକ୍ଷୀ
ଶଙ୍ଖଚିଲ ନଭେ କାଟୁଥାଏ ଚକ୍ରୀ ।
କୃଷ୍ଣ ବୃଷ ଦକ୍ଷିଣେ ଛାଡ଼େ ବୋବାଳି
ବାମ ପାର୍ଶ୍ୱେ ଉଡ଼ିଯାଉଛି ବାଦୁଡ଼ି ।
ଶିବା ଗମଇ ବାମୁ ଦକ୍ଷିଣ ପଟେ

ବାମେ ଚକ୍ରବାକ ଖେଳେ ନଦୀତଟେ।
ହଂସ, ମିଥୁନ ଗଗନେ ଦିଗନ୍ତରେ
ଉଡୁଥିଲେ ଦକ୍ଷିଣକୁ ଦଳେ ଦଳେ।
ମନାସେ ଯେ ଯାହା, ଏ ଶୁଭ ଲକ୍ଷଣ
ଦେଖା ଦେଲେ ପୂର୍ଣ୍ଣ ହୁଏ ମନସ୍କାମ।

ଏହି ଶୁଭ ବାକ୍ୟେ କହିଛନ୍ତି ବ୍ୟାସ, ନିଶ୍ଚିନ୍ତରେ ଅଷ୍ଟସିଦ୍ଧି ହେଲେ।
ମନୋରଥ ପୂର୍ଣ୍ଣ ହୁଏ ଯଦି ଯାତ୍ରାକାଳେ, ଏ ଶୁଭ ଲକ୍ଷଣ ଦର୍ଶନ ମିଳେ।।

।। ୧୩୬ ।।

ପୁଣି ଉଚ୍ଚେ ବାଜି ଉଠେ ଘୋର ଶିଙ୍ଗାନାଦ
ଅଗ୍ରତେ ରହିଣ ରାଜା ଚାଲୁଥାନ୍ତି ପଥ।
ଆପଣା ମଧ୍ୟରେ ସର୍ବେ ହୋନ୍ତି କଥାବାର୍ତ୍ତା
"ଆଜି ପ୍ରୟାଣରେ ସର୍ବେ କିଛି ପଥ ଯିବା।
କାଲିର ପ୍ରୟାଣେ ଯିବା ବନ୍ଧୁର ପଥେ
ଏଇ ଦୂର ପରବତ ଶିଳା ଘାଟି ପାଖେ।
କେତେ ଗିରିଗୁହା ଖାଲ କନ୍ଦର ଓ ଖମା
ନଦୀ, ନାଳ, ଝର, ଘନ ବନ ଶ୍ୟାମଳିମା।
ଯାତ୍ରା ପଥେ କାହିଁ ବା ଭେଟିବା ଚୋର ଡାକୁ
ସମ୍ମୁଖ ପର୍ବତ ଶ୍ରେଣୀ ଘାଟି ପଛ ପଟୁ।
ସାହସୀ ପୁରୁଷ କିଏ ଯିବ ଆଗେ ଆଗେ
କାହିଁ ଅବା ହନୁମାନ ଦଳ ଖିଙ୍କାରିବେ।
ଜଣା ନାହିଁ ଆଗ କିଏ ଅବା ଯିବ ଚାଲି
କିଏ ବା ବସିବକି ଯାଇ ପଥଭୁଲି।
ମନେ ବିଚାରି, ସଜାଗ ରହିଥାଅ ସର୍ବେ
ଏବେ ଏଠୁ ଯିବା ପାଇଁ ଉଠନାହିଁ ଅଗ୍ରେ।"
ସହସା ଉଠନ୍ତି ନୃପ ଆଗଭର ହୋଇ
ପ୍ରତିଦିନ ଦଶ କୋଶ ଯିବେ ଅବା ବାହି।

ଦିନେ ହେଲେ ନରହିବେ ଏକସ୍ଥାନ ମାଡ଼ି, ଅଗ୍ରେ ଯିଏ ଅତିକ୍ରମେ।
ଭାବେ ସେ କେବେ କି ପଥ ନ ସରୁଣୁ, କ୍ଳାନ୍ତି ଭରେ ରହିବାକୁ କ୍ଷଣେ।।

॥ ୧୩୭ ॥

ରାଜା ଯେଉଁ ପଥେ ଯାନ୍ତି ବିଧିବସେ
ଆପଣା ଭିତରେ କଥା ହୁଅନ୍ତି ସେ।
"ସ୍ଥିର ଦୃଷ୍ଟି ରଖି ପଥ ଯାଅ ବାହି
ଉଚ୍ଚୁ ନୀଚେ ପଡ଼ି ପ୍ରାଣ ଯିବ କାହିଁ।
ସର୍ବେ ପାଦୁକା ପିନ୍ଧିଣ ଯାଅ ଆଗେ
କଣ୍ଟା କି କଙ୍କର ନ କାଟିବ ପାଦେ।
ଏହି ବନଖଣ୍ଡ ପାରିହେବା ପାଇଁ
ଦଣ୍ଡକ ଅରଣ୍ୟ ଆମେ ଆସିଥାଇଁ।
ଘନ ପଳାଶର ବଣ ଦେଖ ଆଗେ
ପଥ ହୁଡ଼ିଲେ ମରିବା ସିନା ସର୍ବେ।
କଣ୍ଟକିତ ପଥ ଛାଡ଼ି ଦୂରେ ଦେଖି
ସୁଗମ ପଥ ଖୋଜି ଚାଲ ନିରେଖି।
ନଭାବି ନଦେଖି ଯଦି ଯିବ ତହିଁ
ଝାଡ଼ କଣ୍ଟାରେ କନ୍ଥା ଚିରିବ କାହିଁ।
ଦକ୍ଷିଣକୁ ଗଲେ ପାଇବ ବିଦର୍ଭ
ବାମେ ଯଦି ଯିବ 'ଚନ୍ଦେରୀ' ପଡ଼ିବ।
ଦ୍ୱନ୍ଦ୍ୱ ଆସେ ଏବେ କେଉଁ ପଥେ ଯିବା
ଗଲେ ଅବା କେଉଁ ସ୍ଥାନେ ପହଞ୍ଚିବା।
ଲୋକ ମୁଖେ ଶୁଣା ଏକ ପଥ ଯାଇ
ସିଂହଳ ଦ୍ୱୀପରେ ଶେଷେ ପହଞ୍ଚଇ।"

"ଅପର ପଥଟି ଲଙ୍କା ଯିବା ପଥ, ଜଣାନାହିଁ କେଉଁ ପଥେ ଯିବା।
ଦୁଇପଥ ଦେଖି ଭ୍ରମ ହୁଏ ଜାତ, ଭାବି ଚିନ୍ତି ସିନା ଅଗ୍ରସର ହେବା।"

॥ ୧୩୮ ॥

କହଇ ତକ୍ଷଣି ହୀରାମଣି ଶୁକ
"ଅଗ୍ରେ ରହେ ସିନା ପଥ ପ୍ରଦର୍ଶକ।
ପକ୍ଷ ନାହିଁ ଯା'ର ସେ'କି ପାରେ ଉଡ଼ି
ନଦୀ ତଟର ପଳାଶ, ସାଖୁ ପରି।
ପଡ଼ିବେ ସର୍ବେ ନଦୀ ଗର୍ଭ ସ୍ରୋତେ
ଚିତ୍ତୋର ନୃପତି ଯୋଗୀଙ୍କ ସହିତେ।
ଅନ୍ଧେ ଯଦି ଅନ୍ଧେ ପଥ କଢ଼ାଇବେ
ପଥ ଭୁଲି ଯାଇ ଉଭୟ ମରିବେ।
ଚାହିଁ ଯଦି କାର୍ଯ୍ୟ କରିବ ସମ୍ପନ୍ନ
ହେ ରାଜନ! ମୋର ଉପଦେଶ ମାନ।
ବିଜୟ ନଗର ବିଜୟ ଗଡ଼କୁ
ଛାଡ଼ି ଦେଇ ପଛେ ଚାଲିବ ଆଗକୁ।
ଗୋଲକୁଣ୍ଡା ଆଉ ଅନ୍ଧକାର ଭରା
ଖଟୋଲା ବାମେ ଛାଡ଼ି ଚଳିବ ପରା।
ଦକ୍ଷିଣ ଦିଗରେ ତେଲେଙ୍ଗାନା ଅଟେ
ଖଟଙ୍ଗାଗଡ଼ ରାଜ୍ୟ ଉତ୍ତର ପଟେ।
ମଧ୍ୟେ ରତ୍ନପୁର ଆଗେ ମହାନଦୀ
ଘାଟି ଝାଡ଼ଖଣ୍ଡ ବାମଦିଗେ ରଖି।
ଆଗେ ପଡ଼ିବ ଓଡ଼ିଶା ଯେଉଁ ସ୍ଥଳେ
ରଖି ବାମ ଦିଗେ ଚଳିବ ସତ୍ୱରେ।"

"ଦକ୍ଷିଣ ମାର୍ଗରେ ଘୂରି କିଛି ପଥ ଗଲେ ବେଳା ଭୂମି ପରେ ଉତୁରିବ।
ମୋ କଥା ମାନିବୁ, ଅନ୍ୟଥା ନୋହିବୁ, ଯାତ୍ରା ତୋର ଶୁଭ ହେଉଥିବ।"

॥ ୧୩୯ ॥

ପ୍ରତିଦିନ ପଦଯାତ୍ରା ଚାଲିବାରେ
ରାଜ ଗମନ୍ତି, ନ ରହି କ୍ଷଣକରେ।
ମୃଗ ଅରଣ୍ୟରେ ବିଶ୍ରାମ କରିଲେ
କୁଶ ଶଯ୍ୟା କରି ଶୁଭ୍ର ଚାଦରରେ।
ତକିଆ କରପଟେ ଭୂମି ଆଦରି
ଭୁଜେ ଶିର ଥାପି ଶୁଅଇ କୁଶଳୀ।
ଯେଉଁ କାୟା ବାସମୟ ସୁକୋମଳ
ତହିଁରେ ଲେପନ୍ତି ବାରମ୍ବାର ଛାର।
ଦଶକୋଶ ଦୂର ଚାଲିଲା ଉତ୍ତାରେ
ନିତ୍ୟ ସେ ନିଶିଥେ ଭିଜନ୍ତି ଶିଶିରେ।
ମୁକ୍ତ ଗଗନ ତଳେ ନିଦ୍ରାରେ ଶୋଇ
ରାଜପୁତ୍ର ଗଣେ ଘେରିଥାନ୍ତି ରହି।
ତହିଁତ ରାଜନ ନ ଶୁଏ ଏକାକୀ
କେବେ ନ ପଡ଼ଇ ପଲକ କାହିଁକି ?
ବନ ଅନ୍ଧକାରେ ରାତ୍ରିର ଅନ୍ଧାରେ
ଭାଦ୍ର ମାସ ଏ ବିରହେ ଦେହ ଥରେ।
ଯା'ର ହୃଦୟ ପ୍ରୀତିରେ ଅଭିଭୂତ
ତହିଁ କ୍ଷୁଧାର ବିରାମ ନ ଆସେ ତ।
ଯାପି ଯାମିନୀ, ମଉନେ ଶେଷ ଯାକେ
ହାତେ ବାଜଇ କିଙ୍ଗିରି ଅନୁଗ୍ରତେ।
ପଞ୍ଚ ତନ୍ତୁରେ କିଙ୍ଗିରି ବାଜୁଥାଏ
ଦେହ ଶିହରିତ (ଧ୍ୱନି) ପଞ୍ଚଭୂତେ ରହେ।
ରାଜା ଅନିମେଷେ, ଚାହିଁଥାଏ ଦୂରେ
ପଦ୍ମାବତୀ ରାଜ୍ୟ, ସିଂହଳ ଦ୍ୱୀପରେ।
ସମୁଦ୍ରର ଶୁକ୍ତି ଚାହେଁ ବା ଗଗନେ ସ୍ୱାତୀ ନକ୍ଷତ୍ରର ଜଳ ପାଇଁ।
ଅଥବା ଚାତକ ଆକାଶେ ଦେଖଇ ବାରି ବିନ୍ଦୁପାନେ ଯିବ ଜୀଇଁ।।

॥ ୧୪୦ ॥

ମାସେ ପଥଯାତ୍ରା ପରେ ପଥ ଶେଷେ
ଆସି ମିଳନ୍ତି, ସମୁଦ୍ର ତଟ ଦେଶେ।
ରତ୍ନସେନ ରାଜା, ଯୋଗୀ ହେବା ଦେଖି
ଗଜପତି ରାଜା, ପଥେ ଆସି ଭେଟି।
ବହୁ ମାନ୍ୟକରି, କୁହନ୍ତି ରାଜନେ
ନିଜ ଅତିଥି ହେବାକୁ ବହୁ ମାନ୍ୟେ।
"ଆପଣେ ହୋଇ ଯୋଗୀ, କଟକ ଧରି
କେଉଁ ଦ୍ୱୀପେ ଯିବ ମିତ୍ର କ୍ରୀଡ଼ା କରି।
ମୋର ଅନୁରୋଧ ରଖି, ମୋ ଆତିଥ୍ୟ
ଘେନି ରାଜନ, ରହଣି କର ମିତ୍ର।"
ରାଜା ଉତ୍ତରେ କୁହେ "ହେ ଗଜପତି !
ତୁମେ ଆମେ, ଅଟୁ ଦୁହେଁ ଏକସାଥି।
କିନ୍ତୁ ଭାବନା ଆମର ଭିନ୍ନ ରୂପେ
ଆତିଥ୍ୟ ବୁଝନ୍ତି ସିନା ଇହଲୋକେ।
ଲୋକାୟିତ ବ୍ୟବହାରେ ନାହିଁ ଅନ୍ତ
ଯେ'କି ସନ୍ନ୍ୟାସୀ, ତାରେ ନଦିଅ କଷ୍ଟ।
ତୁମ ସହଯୋଗ, ସହାୟକ ହେବ
ଦେଇ ଜଳଯାନ ସାହାଯ୍ୟ କରିବ।
କଟକ ସହ ଯିବି ସିଂହଳ ଦ୍ୱୀପେ
ଆଗତେ ବୋଇତ ଫେରାଇବି ତୋତେ।
ଏଇ ଉପକାର ତୋର ଶୁଝି ଦେଇ
ନ ଫେରେ ଯଦି ଆଉ ସାକ୍ଷାତ କାହିଁ ?

"ଯଦି ଯାଏ ମରି ସେଇ ପ୍ରେମ ଦ୍ୱାରେ, ନମଲେ ବାହୁଡ଼ିବ ତୋର ଦ୍ୱାରେ।
ଯଦି ମୁଁ ନ ଫେରେ ଫେରାଇବି କାହୁଁ, ଜଳଯାନ ତୋର ପାଶରେ।"

॥ ୧୪୧ ॥

କହେ ସେ ଗଜପତି ବିନୟ କରି
"ଶୁଭ ଇଚ୍ଛାରେ ଯାହା କଲ ବିଚାରି।"
ନୂତନ ନିର୍ମିତ ଅନେକ ବୋଇତ
ରାଜା ଆଦେଶରେ ହୋଇଲା ଏକତ୍ର।
ସାଜି ସଯତନେ, ରଖି ଯୋଗୀଗଣେ
ଯଥା ଯୋଗ୍ୟ ସ୍ଥାନେ ବସନ୍ତି ଆପଣେ।
କହନ୍ତି ଗଜପତି ରାଜାଙ୍କୁ ଚାହିଁ
"ମିତ୍ର ମୋର କଥା ଶୁଣ ମନଦେଇ।
ପୁଷ୍ପ ସିନା ସେହି ଯାହା ଶିବ ଶିରେ
ଲାଗଇ ନିରତେ ସେବା ଭକ୍ତିଭରେ।
ମାର୍ଗ ଅତ୍ୟନ୍ତ କଠିନ, କେଉଁ ପରି
ସାତ ସିନ୍ଧୁ ପାରିହେବ ନାବଧରି।
ସେତ ଅସୁର, ଅପାର, ଭୟଙ୍କର
ତହିଁ ଘଡ଼ିଆଳ, ମତ୍ସ୍ୟ ଓ ମଗର।
ନାନା ଭୟଙ୍କର ଜଳ ଜନ୍ତୁ ତହିଁ
ଛୁଇଁ ଆକାଶ ଭଉଁରୀ ଖେଳେ ରହି।
ତୁମେ ଦିବ୍ୟ ଭୋଗେ ରହିଥିବା ରାଜା
ଦୁଃଖ କି ସହିବ ଯହିଁ ମୃତ୍ୟୁ ଖଞ୍ଜା।
ସିଂହଳକୁ ଯାତ୍ରା କରେ ସେହି ଏକା
ନରଖେ ଯେ ନିଜ ଜୀବନେ ଭରସା।
କ୍ଷାର, କ୍ଷୀର, ଉଦଧି, ଦଧି ଓ ସୁରା
ଜଳ, କିଳିକିଳା, ଅକଳିତ ପରା।"

"ଏ ସାତ ସମୁଦ୍ର ଭୟଙ୍କର ରୁଦ୍ର ସୁନ୍ଦର ସିଂହଳ ଦ୍ୱୀପ ପାଇଁ।
ବୋଇତରେ ଚଢ଼ି ପ୍ରାଣହାତେ ଧରି ଲଙ୍ଘିଯିବ ଅନିଶ୍ଚିତ ହୋଇ।"

।। ୧୪୨ ।।

ରତ୍ନସେନ କହେ "ଆହେ ଗଜପତି
ମନ ସିନା ଶିବ, ପୁଣି ସେହି ଶକ୍ତି।
ପ୍ରେମ ପାଗଳର ପ୍ରାଣ କାହିଁ ଥାଏ
ଶିର ରଖି ବାଜି, ଏପଥେ ଆଗାଏ।
ମୃତ୍ୟୁ ଆସିଲେ ବା କି କରିବ ତାର
ସୁଖ ଭୁଲି, ଦୁଃଖ ସମ୍ବଳ ଯାହାର।
ଏଣୁ, ସିଂହଳ ପ୍ରୟାଣ କରୁଅଛି
ମଧୁପ ଯାଏ କି ପଦ୍ମକୁ ମୁରୁଛି।
ଯିଏ ପ୍ରେମ ପାରାବାର ଦେଖୁଥାଇ
ଏ ସିନ୍ଧୁ ତା ପାଶେ, ଜଳ ବିନ୍ଦୁହୋଇ।
ମୋହର ସତ୍ୟ ଏ ସପ୍ତ ସମୁଦ୍ରକୁ
ଆବୃତ କରିଛି ମନ ହୃଦୟକୁ।
ପର୍ବତ ଗିରିମାଳା ଯଦିବା ଗୁରୁ
ଧରି ରହିଛି ଧରା ଆଦ୍ୟକାଳରୁ।
ଯେଉଁ ସତ୍ୟ ରହିଅଛି ସୁରକ୍ଷିତ
ଜୀବନ ଗଲେ ବି ଫେରି ନାହିଁ ସେତ।
ଯାର ପ୍ରେମଲାଗି, ହେଲି ମୁହିଁ ଯୋଗୀ
ପ୍ରାଣ ଗଲେ ମଧ ଲେଉଟି ନଯିବି।

ପ୍ରେମ ରଜ୍ଜୁହସ୍ତେ ଧରି ସେ ଚତୁରୀ ନଚାଇ ନଚାଇ ନିଏ ମତେ।
ସେ ଲାଗି ଜୀବନ ମୋ ଗଲେ ବା ରହିଲେ ଏ ଶିର ରହିବ ତାର ହସ୍ତେ।

■

।। ୧୪୩ ।।

"କାହିଁ ଥଳ କୂଳ, ଜଳଧି ଉତ୍ତାଳ
ଏହି ସେ ପୟୋଧି ପ୍ରେମ ସିନ୍ଧୁ।
ଯଦି ବା ପଡ଼ିଛି, ଏ ସିନ୍ଧୁ ଗରଭେ

ଅଧିକ କି କଷ୍ଟ ହେବ ବନ୍ଧୁ?
ଗଭୀର ସାଗର, ଅବଗାହି, ପାର
ତୀରେ ପହଞ୍ଚିବି, ହଂସପରି
ପଦ୍ମାବତୀର ମୁଁ ପ୍ରୀତିର ଭିଖାରି
ଗଙ୍ଗା ସାଗରରୁ ଦୃଷ୍ଟି ଏଡ଼ି।
କନ୍ଥା ଗୁଦୁଡ଼ି ମୁଁ ବାନ୍ଧିଛି ଶରୀରେ
ସେ ମିଳିବ ଯହିଁ, ତହି ଯିବି
ଯଦିବା ସମୁଦ୍ରେ, ମରି ପଡ଼ିଥିବି
ଜଳସ୍ରୋତ ପାଶେ ନ ହାରିବି।
ସେହି ଜଳଶକ୍ତି ବହିନେବ ମୋରେ
ଯହିଁ ମୋ ପ୍ରେୟସୀ ଥିବ ରହି
ନିର୍ଭୟ ପ୍ରେମିକ ଯିବ ପାଶେ ତାର
ତା ଚଲାପଥରେ ମୃତ ହୋଇ।
ଏ ହୃଦୟ ଭଗ୍ନ, ତା ପିରତି ଜଳେ
ସୁଗଭୀର ସିନ୍ଧୁ ରୂପ ନେଇ
ତେଣୁ ମୁଁ ନିର୍ଭୟ, ଭୟ ଶୂନ୍ୟ ମନେ
ନିଶ୍ଚିତ ଏ ପଥେ ଯିବି ମୁହିଁ।
ଏ ଭାରା ଧରିତ୍ରୀ, ମୋ ଦେହେ ଲୋଟଇ
ପ୍ରୀତି ସାଗର ସେ ସୁଗଭୀର
ନେତ୍ର ମୋର କଉଡ଼ିଆ ପକ୍ଷୀ ହୋଇ
ରତ୍ନ ଲୁଟିବାକୁ ସେ ଚପଳ।
ପ୍ରେମ ସିନ୍ଧୁରୁ ମୁଁ ମୁକ୍ତା ଲୁଟିନେବି
ଆକାଶେ ପରଶି ଯିବି ଦୂରେ
ଜଳରେ ମୋ କାୟା ଛାୟା ଦୃଶ୍ୟ ହେବ
ପଦ୍ମାଜ୍ୟୋତି ଘେନି ମୋ ଚଞ୍ଚୁରେ।

ଦିବସ ରଜନୀ ଯା' ପାଇଁ ତୃଷା
ଭୟ ଶୂନ୍ୟ ହେଲେ ପୂରିବ ଆଶା।

॥ ୧୪୪ ॥

ବିରହ ଦୁଃଖ ନୁହେଁ ମୋର ଭୁଲି
ଜନ୍ମ ମରଣ ଥାଏ ସଙ୍ଗ କରି।
ଲଜ୍ଜା, ସରମ, ଭୟ ତାର ନାହିଁ
ଜଳ, ଅନଳ, ସେତ ବୁଝେ ନାହିଁ।
ଅଗ୍ନି ଦେଖିଲେ ନିଜେ ବା ଜଳଇ
ଜଳ ଦେଖିଲେ, ପଡ଼େ ଯାଇ ତହିଁ।
ବାଚାଳ ନ ବୁଝିବ ବା କିପରି,
ଯେତେ ବୋଧିଲେ ନଥାଏ ଆଚରି।
ମସ୍ତ୍ୟ, ମଗର ଭୋଜ୍ୟ ନୁହେଁ ସେହି
ସିଂହ, ଶାର୍ଦ୍ଦୂଳ ଖାଇବେ କିମ୍ପାଇ ?
ଶୁଷ୍କ କାଷ୍ଠ ଗଡ଼ ପରି ସେ ଦିଶେ
କାଟି ଲହରୀ, ଭାସିଯିବ ଶେଷେ।
ତା'ର ଧ୍ୟାନ ମାତ୍ର ତୀରେ ଲାଗିବ
ଶୁଷ୍କ କାଷ୍ଠକୁ କିଏ ବା ଭକ୍ଷିବ ?
ତାର ସାଥି ଏକା, ହୋଇବ ସେହି
ତା ଜୀବନକୁ ସମର୍ପିଛି ଯହିଁ।
କାୟା, ମାୟା ନାହିଁ ତାର କେଉଁଠି
ସଂସାରେ ଦାନ ସବୁ ସେ ଦେଇଛି।

କେଉଁ ସତ୍ୟପାଇଁ ଦଇବ ତାହାକୁ କୁଶଳେ ତୀରେ ଲଗାଇବ।
ଅଥଳ ଜଳରେ ବୋଇତେ ଭାସୁଛି ଧ୍ୟାନ ତାର ଭଗ୍ନ ନହୋଇବ।

॥ ୧୪୫ ॥

ଭାବ ସଂସାରେ ଦାନ ଦେବା ଲୋକ
ଯଶ ଜଗତେ କରଇ ଅନେକ।
ଦାନ, ଜପ, ତପ ଆଦି ଯେତେକ
ପରମାର୍ଥିକ ଜଗତେ, ତା ଟେକ।

ଏକ ଦେଲେ ଦଶଗୁଣ ପାଇବ
ଦାନୀ, ମୁଖ ଦେଖନ୍ତି ଲୋକ ସର୍ବ ।
ଇହ ଲୋକ, ପରଲୋକ ପାଇଁକି
ଦେଇଥିଲେ, ପାଇଥାନ୍ତି ତହିଁକି ।
ଏଣେ ଦେଇଥିଲେ ତେଣେ ପାଇବ
ନ ଦେଲେ, କିବା ସଙ୍ଗେ ଘେନି ଯିବ ?
ଇହଲୋକେ ଦାନ ସ୍ୱର୍ଗ ନିଶୁଣି
ସୁସ୍ପେ ଗମେ ଦାତା ସେ ସ୍ଥାନେ ପୁଣି ।
ଦୀପ ଜଳିଲେ ମନ୍ଦିର ଆଲୋକ
ଅନ୍ଧକାର ନାଶି ହେବ ଉଦ୍ଦୀପ୍ତ ।
ଅନ୍ଧାର ହେଲେ ଚୋର ପଶିନେବ
ଉଜ୍ଜ୍ୱଳ ଆଲୋକେ ଧର୍ମ ଚାହିଁବ ।
କର୍ଣ୍ଣ, ହାତୀମ, ବଡ଼ ଦାନୀ ଥିଲେ
ଦାନ ଧର୍ମେ ସଂସାର ତ୍ୟାଗ କଲେ ।
ଯିଏ ଦିଏ, ସିଏ ପାଏ ସର୍ବଦା
ଆପଣା ପଥକୁ କରେ ସ୍ୱଚ୍ଛତା ।

ମରଣ ସମୟେ କେହିବି ମର୍ତ୍ତ୍ୟରୁ ବୋହି ନ ନିଅନ୍ତି ବଇଭବ ।
ମୃତ୍ୟୁ ସମୟେ ବି ଯାହା ଦାନ ଦେବ ସେହିତ ସଙ୍ଗତେ ସାଥି ହେବ ।।

।। ୧୪୬ ।।

ଗଜପତି ରାଜା ବୁଝିଗଲେ ନିଜେ
ଦାନେ ସତ୍ୟ ନିଷ୍ଠ ରତ୍ନସେନ ନିଶ୍ଚେ ।
ତା'ର ଅଙ୍ଗ କନ୍ଥା ମଧ୍ୟ ନୁହେଁ ତାର
ପ୍ରେୟସୀ ପଦେ ଜୀବନ ପଣ ଯାର ।
ତେଣୁ ସେ ସର୍ବଦା ଭୟଭ୍ରାନ୍ତି ଭୁଲି
ସଦା ଚାଲୁଥାନ୍ତି, ଲକ୍ଷ ପଥ ଧରି ।
ଥିଲେଟି ସାହସ, ସିଦ୍ଧି ନିଶ୍ଚେ ମିଳେ

ରାଜ୍ୟ ତେଜି ରାଜନ ନିଶ୍ଚିତେ ଚଳେ ।
ଗଜପତି ଦେଲେ ବୋଇତ ତକ୍ଷଣି
ନୂତନ ସାଜରେ, ସଜାଇ ସେକ୍ଷଣି ।
ସକଳ ଶିଷ୍ୟଙ୍କୁ ଘେନି ସେ ନରେଶ
ଦ୍ରୁତ ଚଢ଼ି ଗମନ୍ତି ସମୁଦ୍ର ଦେଶ ।
ଧନ୍ୟ ସେ ପୁରୁଷ ଯେ ପ୍ରେମ ପଥିକ
ପ୍ରାପ୍ତି କରିଥାଏ ସେହି ଶିବଲୋକ
ସୁଖ, ଶାନ୍ତି, ସନ୍ତୋଷ ଲଭନ୍ତି ତହିଁ
ପ୍ରଗତି ପଥେ ପ୍ରେମ ଲଭନ୍ତି ଯହିଁ ।
ପୁଣି ନ ଫେରନ୍ତି ସେ ଧୂଳି ମାଟିକି
ଜୀବନ କ୍ଷଣିକ ସ୍ୱପ୍ନକୁ ନିରେଖି ।

ସେ ଲାଗି କବି ମହମ୍ମଦ ଭାଷନ୍ତି "ଜୀବନ ମରଣ ବରେ ଯିଏ
ସେ କି କେବେ ମରେ ଯଶ ଶରୀରରେ ଲୋକ ମୁଖେ ସାଧୁ ସେହୁ ହୁଏ ।"

॥ ୧୪୭ ॥

ଗଜ ଯୋଚି ରଥେ ଯେପରି ଯାଏ
ସିନ୍ଧୁ ତରଙ୍ଗେ, ବୋଇତ ଭସାଏ ।
ମନ ବେଗ ପରି ଦ୍ରୁତ ଗମଇ
ଉଚ୍ଚେ, ନିଚ୍ଚେ, ସମେ କାହିଁ ଚଳଇ
ଆକାଶ ଛୁଇଁ କେଉଁଠି ଲହରୀ
ତୀର ଭୂମିପରେ ଯାଏ ପ୍ରସରି ।
ନେତ୍ରେ ଦେଖିବି ନ ଦେଖିଲା ପରି
ଦମ୍ଭେ ବସଇ ନରେଶ ବିଚାରି ।
ତହିଁ ମତ୍ସ୍ୟ ଏକ ଉଠେ ପଳାଶୀ
ଜଳେ ହିଲ୍ଲୋଳୁ, ଦେବ କି ସେ ଗ୍ରାସି ।
ଧବଳ ଗିରି ପରି ଦିଶେ ମତ୍ସ୍ୟ-
ଲାଞ୍ଜ ପିଟେ ଛୁଇଁ ଅବା ସ୍ୱର୍ଗ ମଞ୍ଚ ।

ଭୟେ କୁମାରେ କୁହନ୍ତି ରାଜାଙ୍କୁ
"ସମୁଦ୍ର ଚହ୍ଲା ଉଠେ ଉପରକୁ।
ସର୍ବେ ସତର୍କ ରୁହ", କହେ ରାଜା
"ଫେରିଲେ କି ଆସିବା ଏଥି ଦୁଜା।"
କୁମାରେ ବୋଲନ୍ତି ତୁ ଆମ୍ଭଗୁରୁ
ତୋ ଶିଷ୍ୟ, ନାଥ! ଆମେ କିମ୍ପା ଭାଳୁ?

ପଥ ଅପଥରେ ଥାଉବା ଯେଠାରେ ଶ୍ରୀଗୁରୁ ଚରଣ ପଡ଼େ ଯହିଁ।
ଶିଷ୍ୟର ଧରମ କରିବ ପ୍ରଣାମ ପାଦ ଚିହ୍ନେ ନତଶିର ହୋଇ।।

।। ୧୪୮ ।।

କୁମାରଙ୍କ କଥା ଶୁଣି ନାବିକ
ହସି କହେ ସେ, "ଶୁଣ ହେ ସାଧକ!
ସିନ୍ଧୁ ଜଳ କଥା, କୂପ ମଣ୍ଡୂକ
ବଡ଼ ତା ପାଇଁ, ସେହି ଅନ୍ଧକୂପ।
ଏତ ଚହ୍ଲା ମାଛ, ଅତି ନଗଣ୍ୟ
ଦେଖିଲେ ରୋହି, ଜାଣିବ କାରଣ।
ଯାର ମୁଖ, ସହସ୍ର ଚହ୍ଲା ମାଛ
ଗିଳିଦିଏ ନିର୍ବିବାଦେ ନିର୍ଭୀକ।
ତହିଁ ଉପରେ ସିନ୍ଧୁ ରାଜପକ୍ଷୀ,
ଉଠେ ଗଗନେ ଛାୟା ତାର ବ୍ୟାପି।
ସହସ୍ର ଯୋଜନ, ପର୍ଯ୍ୟନ୍ତ ପଡ଼େ
ଚଞ୍ଚୁ ବିସ୍ତାରି, ଚାହ୍ଲା ମାଛ ଧରେ।
ସହସ୍ର, ଚାହ୍ଲା ଧରି ତା ଚଞ୍ଚୁରେ
ନିଜ ଶାବକଙ୍କୁ ଦିଏ ସତ୍ୱରେ।
ତା'ର ସ୍ୱରରେ ବାରିଧି ଗରଜି
ଉଛୁଳି ପଡ଼େ, ସିନ୍ଧୁ ତଟେ ବାଜି।

ପକ୍ଷ ମେଲିଲେ ସହସ୍ର ଯୋଜନ
ଛାୟା ମେଲିଲେ ସହସ୍ର ଯୋଜନ
ଛାୟା ବିସ୍ତାରେ, ସୂର୍ଯ୍ୟ ଆଚ୍ଛାଦିଣ।
ଯିଏ ସାଧିପାରେ ନିର୍ଭୟ ମନେ
ଲକ୍ଷେ ଲୋକରେ ଥାଏ ଅବା ଜଣେ।"

ଏ ମହାସଙ୍କଟ ପାରିହେଲେ ପଥ ମଙ୍ଗଳ କୁଶଳ ପାଇଥାଏ।
ସତ୍ୟ ଧର୍ମ କର୍ମ ନିୟମରେ ରହି ଏ ମୃତ୍ୟୁ ମୁଖରୁ ତରିଯାଏ।।

।। ୧୪୯ ।।

ବୋଲନ୍ତି ରାଜନ, "ପ୍ରେମ ସେହି କରେ
କାହିଁ କୁଶଳ, କ୍ଷେମ ତ ନ ବିଚାରେ।
ତୁମେ ଯାଅ ତରି, ମତେ ସାଥେ ତାରି
ବୋଇତ ନିଅ ଚାଲି ପାରୁଛ ଯେପରି।
ନିଜ କୁଶଳେ ମୋ ନାହିଁତ ଶୋଚନା।
ଜନ୍ମ ନୋହିଛି ଯେ, ତା କୁଶଳ ସିନା।
ଯନ୍ତ୍ର ପଦ୍ମ ପରି ପୃଥିବୀ ଆକାଶ
ତା ମଧ୍ୟେ ଜୀବନ ଅତିହିଁ ନିରକ୍ଷ।
ଏବେ ତା ମଧ୍ୟରେ କୁଶଳ ମୋହର
ପ୍ରେମ ପଥ ପାନ୍ଥ ଚାହେଁ ମୁଁ ନିସ୍ତାର।
ଏସ୍ଥାନେ ମଧୁର, ମୃଦୁଳ ମରୁତ
କାହୁଁ ଆସିବ ସେ କରିବ ଚକିତ।
ଯଦି ହୃଦୟରେ ରହିଅଛି ସତ୍ୟ
ନେତ୍ରେ ଉଦୟ ସେ ଜ୍ୟୋତି ତାର ନିତ୍ୟ।
ସେଥି ଲାଗି ସେ ମତ୍ସଜୀବୀ ସମୁଦ୍ରେ
ବୁଡ଼ି ରତ୍ନ ଖୋଜି ପାଏ ତା ଗରଭେ।

ସେହି ପ୍ରକାରେ ମୁଁ ମସ୍ଜୀବୀ ହୋଇ
ବାରିଧିରେ ବୁଡ଼ି ପଦ୍ମିନୀ ଖୋଜଇ।
ଶୁଭ ମୁହୂର୍ତ୍ତର ଆଗମନ ହେଲେ
ପଦ୍ମିନୀ ରତ୍ନ ଖୋଜି ପାଇବି ହେଲେ।
ସପ୍ତପାତାଳ, ଭେଦି ବିଷ୍ଣୁ ଯେପରି
ମତ୍ସ୍ୟ ରୂପେ ବେଦକୁ ଥିଲେ ଉଦ୍ଧାରି।
ସେହି ପରି ମୁଁ ସପ୍ତ ସ୍ୱର୍ଗ ଆକାଶେ
ଚଢ଼ି ଗମିବି ପଦ୍ମାବତୀ ସକାଶେ।"

"ଯେ ପର୍ଯ୍ୟନ୍ତ ମିଳି ନ ଥିବ ପଦ୍ମିନୀ ସେ ପର୍ଯ୍ୟନ୍ତ ନିରନ୍ତର।
ଅମ୍ବରେ ଚଢ଼ି ଦିଗନ୍ତେ ଘୂରିବା ହେବ ନାହିଁ ଅବାନ୍ତର।"

॥ ୧୫୦ ॥

ଯା'ର ହୃଦୟେ, ସତ୍ୟ ପ୍ରତିଷ୍ଠିତ
ସେହି ସାଗର ଲଙ୍ଘଇ ସତତ।
ଯଦି ମାନସେ ସତ୍ୟର ଉଦୟ
ଭୀରୁ ବୀର ହୁଏ, ହୁଏ ନିର୍ଭୟ।
ସତ୍ୟ ସଙ୍ଗେ ଥିଲେ ସମ୍ଭାଳି ନିଏ
ସତ୍ୟ ସେହି ଯେହୁ କୂଳେ ଲଗାଏ।
ସତ୍ୟ ଆଗପଛ, ଦେଖି ପାରଇ
କାହିଁ ମଗର, ହିଂସ୍ର ଜନ୍ତୁଥାଇ।
ଉଚ୍ଚେ ଲହରୀ ଉଠେ ଭୟଙ୍କର
ଆକାଶେ ସ୍ପର୍ଶି ଲେଉଟେ ପାତାଳ।
ବୋଇତ ଦୋହଲେ, ପିଟେ ଲହରୀ
କେବେ ତଳେ କେବେ ଉପରେ ଚଢ଼ି।
ସତ୍ୟ ନିଷ୍ଠାରେ, ଅତି ଦୃଢ଼ କରି
କାନ୍ଧେ ଧରିଛି ରାଜା ମେରୁ ଗିରି।

କ୍ଷାର ସମୁଦ୍ର ପାରି ହୋଇ ଆସି
କ୍ଷୀର ସମୁଦ୍ରେ ପଶିଲେ ବିଳସି।

ସାତ ସମୁଦ୍ରର ସଲିଳ ପ୍ରବାହ ସେ ସ୍ଥାନେ ମିଶିଛି ଏକତ୍ର ହୋଇ।
ବିଭିନ୍ନ ରୂପ ତା ହୁଅଇ ଗୋଚର ନିରୀକ୍ଷଣ କରି ଦେଖିଲେ ତହିଁ।।

॥ ୧୫୧ ॥

କ୍ଷୀର ପାରାବାରେ ଭାସେ ବୋଇତ
ଦୁଗ୍ଧ ଗୁଣେ ସ୍ୱାଦୁ ଜଳ ସେହିତ।
ତହିଁ ରତ୍ନ ମଣି, ମାଣିକ୍ୟ ମୋତି
ଉଚ୍ଚେ ତରଙ୍ଗର ପରେ ଭାସନ୍ତି।
ଦେଖି ଦର୍ଶକେ, ଲୋଭେ ବଶ ହେବେ
ଯୋଗୀ ଯୋଗ ଭ୍ରଷ୍ଟ ହୋଇ ଚାହିଁବେ।
କ୍ରୋଧ ବଶେ ରାଜା ତାରେ ଫିଙ୍ଗଇ
ସାଧୁ ସନ୍ଥର ଏ ଯୋଗ୍ୟ ନୁହିଁଇ।
ଯେହୁ ରାଜା, ରାଜ୍ୟ ପାଇଁ ଏ ଦ୍ରବ୍ୟ
ଶୋଭା ସମ୍ପଦ ଘେନି ରହିଥିବ।
ପାନ୍ଥ ପଥର, ଏ ଦ୍ରବ୍ୟ ଘାତକ
ଚୋର, ଖଣ୍ଟ ଲୁଟି ଜୀବନ ଯିବ।
କ୍ରମେ ଗଲେ ଲଘି କ୍ଷୀର ସମୁଦ୍ର
ଦଧି ସମୁଦ୍ରେ ହେଲେ ଉପନୀତ।
ଦ୍ରୁତ ଗତିରେ ଯାଉଛି ବହିତ୍ର
ସର୍ବ ସାଧକେ କରି ଉଲ୍ଲସିତ।

ପ୍ରେମ ମତି ଯାର ହେଉଛି ଭୀଷଣ ବିହ୍ୱଳ ସରଳ ପଥେ।
ରୌଦ୍ରଛାୟା ସମ ଜାଣୁଛି ବାତୁଳ ସପ୍ତ ସିନ୍ଧୁ ଉପଗତେ।।

।। ୧୫୨ ।।

ଦଧି ସିନ୍ଧୁ ଦେଖି ବିଦଗ୍ଧ ରାଜା
ପ୍ରେମୀ, ସହେ ପ୍ରେମ ଦହନ ସଦା।
ଯିଏ ପ୍ରେମିକ ସେ ସିନା ପାରିବ
ଦଧି ମନ୍ଥି ଘୃତ ତହୁଁ କାଢ଼ିବ।
ବିନ୍ଦୁଏ ଦହିରେ ଜମଇ କ୍ଷୀର
ବିନ୍ଦୁଏ କାଞ୍ଜି କରେ କ୍ଷୀରୁ ନୀର।
ଯହିଁ ପ୍ରେମ ମଥିତ ହୃଦ ନାହିଁ
ଟାଣି ନ ପାରେ ହୃଦ-ପାତ୍ର ତହିଁ।
ଶ୍ୱାସ-ରୂପ ରଜ୍ଜୁରେ ବାନ୍ଧି ହୋଇ
ଦଧି ମନ୍ଥିବ ମନ ଦଣ୍ଡ ହୋଇ।
ହୃଦୟ ମଥିତ ହୋଇ ଘନଘନ
ପ୍ରେମ ଅମୃତ ଝରିବ ତକ୍ଷଣ।
ଦରଦୀ ହୃଦୟ ଯାହାର ନାହିଁ
ପ୍ରେମ ଅନୁଭବ ଆସିବ କାହିଁ ?
ହୃଦୟରେ ଯାର ପ୍ରେମ ନଥାଏ
ପ୍ରେମ ଅନଳେ ଦେଖି ଭୟ ପାଏ।
ପ୍ରେମ ଅନଳେ ଯେହୁ ଥାଏ ପୋଡ଼ି
ଜନ୍ମାନ୍ତରେ ସେ, ମିଳନ୍ତି ବାହୁଡ଼ି।
ଅସତ୍ୟ ଲୋକ କାହିଁ କେବେ ହେଲେ
ସତ୍ୟେ ନରହି ଦୁଃଖକୁ ଆବୋରେ।
ଦଧି ସମୁଦ୍ର ପାରିହବା ପରେ
ପ୍ରେମ ପାଗଳ ରାଜା ମନେ ଭାଳେ।

ତା ଶିରେ ମୁକୁଟ ବନ୍ଧା ହେଇ ଅବା ଅନଳେ ଶିର ତା ଜଳି ଯାଉ।
ପ୍ରେମ ପଥ ପାନ୍ଥ ଅଗ୍ରଗତି ବିନା ଅତିରିକ୍ତ କିଛି ନ ଜାଣ ଆଉ।।

■

॥ ୧୫୩ ॥

ସିନ୍ଧୁ ଅପାର, ଉଦଧି ସମୁଦ୍ର
ତହିଁ ମିଳିଲେ ଆସି ଯୋଗୀବୃନ୍ଦ।
ସ୍ୱର୍ଗ, ଧରିତ୍ରୀ ଅଥବା ଅନଳେ
ଜଳି ଏହା ହେଉଛି ତଥିପରେ।
ସିନ୍ଧୁରୁ ଜନ୍ମି ଯେ ଅନଳ ହେଲା
ବିନ୍ଦୁଏ ପଡ଼ି ଲଙ୍କା ଜାଳିଦେଲା।
କିନ୍ତୁ ସୃଷ୍ଟିରେ ବିରହର ବହ୍ନି
ସଦା ଜଳଇ ବୁଝେ ତା ମରମୀ।
ଯ ତହିଁ ପଡ଼ି ଜଳୁଥାଏ ସଦା
ପୃଷ୍ଠେ ନ ଚାହେଁ, ଅଗ୍ରେ ଦେଖେ ସଦା।
ଖଡ୍ଗର ଧାର ତୀକ୍ଷ୍ଣ ଅଟେ ସିନା
ତହୁଁ ବଳିଟି ବିରହ ଯନ୍ତ୍ରଣା।
ନଥାନ୍ତା କଷ୍ଟ ଯଦି ପ୍ରୀତି ପଥେ
ସର୍ବେ ପ୍ରାପତ ହୋନ୍ତେ ଇଚ୍ଛାମତେ।
ରାଜା ବୋଇତ ଯାଏ ସେଇ ପଥେ
ପ୍ରେମୀର ରୋମ ନ ଜଳେ କିଞ୍ଚିତେ।
ଜଳନ୍ତା କଡ଼େଇରେ ତୈଳ ପରି
କଲ୍ଲୋଳ ଜଳ ତହୁଁ ବଳି କରି।
ସେ ଉଲ୍ଲୋଳେ ରାଜା ଅଟେ ନିର୍ଭୟ
ସେତ ତା' ପାଇଁ ମଧୁର ମଳୟ।

ରତ୍ନସେନ ମନେ ସଦା ଉଦ୍‌ବେଳିତ ପ୍ରେମ ସିନ୍ଧୁ ଅପାର।
ଏ ମହା ସମୁଦ୍ର ବିନ୍ଦୁ ପରି, ଯହିଁ ହୁଏ ଲୀନ ହୃଦେ ତାର।।

॥ ୧୫୪ ॥

ସୁରା ସମୁଦ୍ରେ ଭୂପତି ଉପଗତ
ମହୁ ପୁଷ୍ପ ଦିଶଇ ଜଳ ଆବର୍ତ୍ତ।
ସେହିଜଳ ପାନେ ଲୋକେ ନିଶାଘାରେ
ସ୍ଥିର ନରହଇ ମଦେ ଶିର ଟଳେ।
ମାତ୍ର ଯେ ପ୍ରେମିକ ନିଶାରେ ଉନ୍ମତ୍ତ
ମହୁଲ ମଦେ କି ସେ ହେବ ଆସକ୍ତ !
ଶ୍ରୀଗୁରୁ କରୁଣା ଲଭି ଯେଉଁଜନ
ପ୍ରେମ ଦ୍ରାକ୍ଷା ରସ କରିଛି ସେବନ।
ବଦରି ବାବୁଲ ଫଳ ସମମାୟା
ତୁଟାଇଛି ସେହି ତୁଚ୍ଛ କରି କାୟା।
ପ୍ରେମ ଅନଳେ ଶରୀର ଅଛି ଜାଳି
ଅସ୍ଥିଖଣ୍ଡ ତାର କାଠ ବାଂଶପରି।
ତାର ଚକ୍ଷୁଜଳ ଯେସନ ମଦିରା
ଦୀପାଲୋକ ଭଳି ଶୁଭ୍ରାଲୋକେ ଭରା।
ଅସ୍ଥି ଜଳାଇଛି କାଠ ବାଂଶ ପରି
ପ୍ରେମାନଳେ ଅଙ୍ଗତାର ଅଛି ଜାଳି।
ଅଶ୍ରୁଜଳେ ଆର୍ଦ୍ରକରି ନିଜ ଅଙ୍ଗ
ଅଶ୍ରୁମୟ କରେ ନିଶିଦିବା ଭାଗ।
ବିରହ ଶଳାକା ମୁନେ କ୍ଷୁର୍ଣ୍ଣ କରି
ଅଙ୍ଗୁ ଶୋଣିତ ଅଶ୍ରୁ ସଲିଳେ ଭରି।
ମହମ୍ମଦ କବି କିନ୍ତୁ କହେ "ଶୁଣ
ବିରହ ବିଧୁର ଯେତେ ପ୍ରେମୀଗଣ।

ପ୍ରେମ ମଦିରାରେ ଜାଳେ ଯେ ପ୍ରଦୀପ ଆପଣାକୁ ଦିବା ରାତି।
ପତଙ୍ଗ ସମ ସେ ଜଳିଥାଏ ନିଜେ ବୁଝେ ସେ ପ୍ରେମର ରୀତି।।"

।। ୧୫୫ ।।

ସୁରା ସମୁଦ୍ରରୁ କିଳକିଳା ସିନ୍ଧୁ
ଦୂରୁ ଜାଣିଲେ ସର୍ବେ ତାର ନିନାଦୁ।
ତହିଁ ପ୍ରବେଶ ନରେଶ ସାଥିସାଥେ
ପ୍ରଳୟ କି ଅବା ଦେଖନ୍ତି ସାକ୍ଷାତେ।
ସେ ସିନ୍ଧୁ କଲ୍ଲୋଳ ଉତ୍ତୁଙ୍ଗେ ଉଠଇ
ଶୂନ୍ୟ ଶବଦରେ ଆକାଶ କମ୍ପଇ।
ପର୍ବତ ସମ ଉଲ୍ଲୋଳ ଉର୍ଦ୍ଧ୍ୱେ ଉଠେ
ଲକ୍ଷେ ଯୋଜନ ବିସ୍ତାରି ସିନ୍ଧୁ ଘାଟେ।
ଜଳତରଙ୍ଗ ଧରିତ୍ରୀ ସ୍ପର୍ଶ କରି
ଗଗନ ପ୍ରସରି ଲେଉଟଇ ବାରି।
ଅତି ଭୟଙ୍କର ଜଳର ମନ୍ଥନ
ସତେ ବା ଗ୍ରାସକରେ ଲକ୍ଷେ ଯୋଜନ।
କୁରାଳ ଚକ୍ର କି ଅବା ତହିଁ ଘୂରେ
ଘୂରି ଆବର୍ତ୍ତରେ ମିଶେ ଜଳଧିରେ।
ମୃତ୍ୟୁ ସମୟ ଏ ପ୍ରଳୟର କାଳ
ଭୟେ ହତବୁଦ୍ଧି ତହିଁ ଯୋଗୀଦଳ।

ସର୍ବ ଚେତନାକୁ ଭୟ ହରିନିଏ ଭୀମ ଭୟଙ୍କର ପାରାବାର।
ସିନ୍ଧୁରୂପ ଦେଖି ହୁଅନ୍ତି ତଟସ୍ଥ ପ୍ରଚଣ୍ଡ ଦାରୁଣ ଜଳଧିର।।

■

।। ୧୫୬ ।।

ନରେନ୍ଦ୍ରକୁ ଡାକି ଶୁକ କହଇ
ସିନ୍ଧୁ ଭୀଷଣ କ୍ରୂର କାଳ ଏହି।
ଗୁରୁ ଆଦେଶ ଶିରୋ ପରେ ଧରି
ଏ ସଙ୍କଟରୁ ଜୀବ ଯାଏ ତରି।
ସିଂହଳଦେଶ ପଥ ସିନା ଏହି

ମଧ୍ୟ ପଥ ତା ଦୁର୍ଗମ ଅଟଇ।
ପ୍ରସ୍ଥ ତା ତିରିଶ ସସ୍ର ଯୋଜନ
ମଧ୍ୟଭାଗ ଯାର ଅତି ସଂକୀର୍ଣ୍ଣ।
ଖଡ୍‌ଗ ଧାରୁ ବଳି ପ୍ରବାହ ଅଟେ
କେଶରୁ ଅଧିକ ସୂକ୍ଷ୍ମ ପ୍ରକଟେ।
ତୀକ୍ଷ୍ଣ ସ୍ରୋତ ଗତି ଅତି ପ୍ରଖର
ନାଗ ମସ୍ତକ ପଡ଼ି ହୁଏ ଚୂର।
ଏଇ ସ୍ରୋତ ଧାରା ମୃତ୍ୟୁ, ଜୀବନ
ଆଶା ନିରାଶା ସନ୍ଧି ପ୍ରଶ୍ନ ଚିହ୍ନ।

ସର୍ବ ବୁକୁ ଧୃତି ତୁଟାଏ ସେ ଭୀମ ଭୀଷଣ ପାରାବାର।
ସର୍ବ ଚେତନାକୁ ଭୟ ହରିନି, ପ୍ରଚଣ୍ଡ ଦାରୁଣ ବାରିଧିର।।

॥ ୧୫୭ ॥

ବୋଇତ କାହାର ଚଳେ ଅତି ଖରେ
ଚମକି ଗମେ କେ ବିଜୁଳି ବେଗରେ।
ତୁରଙ୍ଗମ ସମ କେହୁ କରେ ଗତି
ଥକ୍କା ବଳଦର ପରି କେ ଗମନ୍ତି।
ରଥପରି କାର ଗତି ଅଟେ ଲଘୁ
ଗରୁ ହେବାରୁ କିଏ ଭିଡ଼େ ପଛୁ।
ପିମ୍ପୁଡ଼ି ପରିକେ ରଙ୍ଗୁଥାଏ ଧୀରେ
ମଝି ଦରିଆରେ କିଏ ପଥ ହୁଡ଼େ।
ବୃନ୍ତଚ୍ୟୁତ ପତ୍ର ପରିକା ନାବଟି
ଚାଲଇ ଭାସି ଭାସି ଲହରୀ କାଟି।
ପବନର ଝାଙ୍କ ଲାଗେ ବୋଇତରେ
ଜଳ ମଗ୍ନ କେହୁ ପଡ଼ି ଆବର୍ତ୍ତରେ।
ମଝି ଦରିଆରେ ହେବ କିଏ ସାଥୀ
ମରଣକୁ ଡରି ସର୍ବେ ହତବୁଦ୍ଧି।

ଭୂପତି ତରଣୀ ଅଗ୍ରେ ହୀରାମଣି
ପଥ ପ୍ରଦର୍ଶକ ସେ ଚତୁର ଶୁକ।
ଆଗପଛ ହୋଇ ଭାସଇ ବୋଇତ
ନିଶି ଅପସରି ଆସିବ ପ୍ରଭାତ।

ସର୍ବେ ଏକତ୍ର ହୋଇ ପ୍ରଭାତରେ ସମ୍ମିଳିତ ହେଲେ ତଟ ଦେଶରେ।
ମାନସରୋବର ରହିଛି ସେଠାରେ ଦେଖି ଉଲ୍ଲସିତ ସର୍ବେ ଅନ୍ତରେ।।

■

॥ ୧୫୮ ॥

ମାନସରୋବରରେ ନିରେଖି ବିହ୍ୱଳ
ରାଜ ହୃଦୟେ ବିକଶିତ କମଳ।
ତପନ ଉଦୟେ ଆଲୋକିତ ଦିଗ
ବିସ୍ମରି କାଳରାତ୍ରୀ, ନିରାଶା ଦୁଃଖ।
ସତ୍ୟ ନିଷ୍ଠ ଯେହୁ ସେହି ସିଦ୍ଧି ପାଏ
ସତ୍ ସାହସରେ ଗୌରବ କମାଏ।
ଅସ୍ତୁ ଅସ୍ତୁ କହି ସର୍ବେ ଆନନ୍ଦଝରେ
ମାନସରୋବର ଦେଖି ହର୍ଷଭରେ।
"ବିଧାତା ଆମକୁ ଦେଲା ଦିବ୍ୟ ଚକ୍ଷୁ
ସ୍ୱର୍ଗର ସୁଷମା ଭବେ ଦେଖିବାକୁ।
ଦେଖି ମାନସରୋବରେ ଦେଖି ପଦ୍ମଦଳ
ମଧୁପାନେ ନେତ୍ର ହୋଇଛି ଭ୍ରମର।
ଜଳ ମଧ୍ୟେ କ୍ରୀଡ଼ାରତ ହଂସ ଗୋଷ୍ଠୀ
ଚଞ୍ଚୁରେ ଭକ୍ଷନ୍ତି ରତ୍ନ ହୀରା ମୋତି।
ସଙ୍କଳ୍ପ କରିଣ ମନେ ରତ୍ନସେନ
ଅଳି ହୋଇ କଲେ ନେତ୍ରେ ମଧୁପାନ।

■

ସାହସ ଅଭାବେ ଘୁଣଖିଆ ପୋକ ଶୁଷ୍କ କାଷ୍ଠ ଖାଉଥାଏ।
କମଳ ଫୁଲର ସ୍ୱପ୍ନ ତା ପାଇଁ ଦୁରୂହ, ନୀରସ ଜୀବନ ବିତାଏ।।

■

॥ ୧୫୯ ॥

ନୃପତି ବୋଲନ୍ତି "ହେ ଗୁରୁ ଶୁକ
କେଉଁ ଦେଶେ ଏ ଆଦିତ୍ୟ ଉଦିତ।
(ଏ) ମୃଦୁ ମଳୟ, ପରିମଳମୟ।
କୋମଳ ସ୍ପର୍ଶ ଅନୁଭବେ ଦେହ।
ଯାତ୍ରାକାଳୁ, ଅନଳର ସନ୍ତାପ
ହୃଦେ ଚନ୍ଦନ କରେକି ପ୍ରଲେପ।
ଯାତ୍ରା କାଳୁ (ଏ) ଅବଧି ବାୟୁ ଅଗ୍ନି
ଆମ ଜୀବନ, ଦେହ, ଦହନ୍ତି ଜାଣି।"
ସୂର୍ଯ୍ୟ ଉଦୟ ଦିଗ ପରିମଳ
ଆଲୋକେ, ଅପସରେ ଅନ୍ଧକାର।
ଲାଗେ ଗଗନେ ଉଠିଛି ନୀରଦ
ବିଜୁଳି ରେଖା ଚମକେ, ଶବଦ।
ଶଶୀ ଉଠେ ପୁଣି ତଥି ଉପରେ
କୃତ୍ତିକା (ଦି) ନକ୍ଷତ୍ର, ଚଉପାଶରେ।
ଦକ୍ଷ ଦିଗେ କଞ୍ଚନଗିରି ଦିଶେ
ଅବଲୋକେ ରାଜା ଅତି ହରଷେ।
ସ୍ଥାନେ ସ୍ଥାନେ ଉଦେ ନକ୍ଷତ୍ରମାଳା
ଚଉଦିଗେ କି ପ୍ରଦୀପ ଜଳିଲା।
କଞ୍ଚନ ଶୈଳେ ରାଜେ ରତ୍ନରାଜ
ମନୋରମ ଦୃଶ୍ୟ ଶୁଭ୍ର ନୀରଜ।

॥ ୧୬୦ ॥

ଶୁକ କହେ, "ରାଜା ତୁ ଯଶବର୍ଦ୍ଧନ
ବିକ୍ରମାଦିତ୍ୟ ସମ ତୋ ପରାକ୍ରମ।
ହରିଶ୍ଚନ୍ଦ୍ର ପରି ଅଟୁ ସତ୍ୟବାଦୀ
ଗୋପୀ ଚନ୍ଦ୍ରକୁ ତୁ ଯୋଗେ ଅଛି ଜିତି।

ତୋର ବିରହ କଷଣ ସହିବାରେ
ଭର୍ତ୍ତୃହରିଙ୍କୁ ଜିତିଲୁ ସାଧନାରେ।
ଗୋରଖନାଥ, ବରଦ ହସ୍ତଦୁଇ
ତୋତେ ସର୍ବଦା ଆବୃତ ଅଛି ରହି।
ତୁହି ଗୋରଖନାଥ, କଲା ଯେପରି
ଗୁରୁ ମଛେନ୍ଦ୍ରକୁ ଯେହ୍ନେ ଦେଲା ପରି।
ପ୍ରେମେ ବିହ୍ୱଳ, ପୃଥ୍ୱୀ ଗଗନ ଦୁଇ
ପ୍ରେମ ଫାଶରେ ବନ୍ଧନ କଲୁ ତୁହି।
ସେଥିଲାଗି ସିଂହଳର, ଶିବଲୋକ
ତୋତେ ଦୃଶ୍ୟମାନ ହେଲା ମନେରଖ।
ଯେଉଁ ମେଘ ଲୋକ ତୁ ଦେଖୁ, ସିଂହଳ
ଗଡ଼, ଆକାଶକୁ ଛୁଇଁଛି ତା ଚୂଳ।
ବିଜୁଳି ପରାଏ ଝଟକୁଛି ଯାହା
ସ୍ୱର୍ଣ୍ଣ ପରକୋଟା, ଗଡ଼ ଘେରିଛି ତା।
ତଥି ଉପରେ କୃତ୍ତିକା ମାଳା ଘେରି
ରାଜମନ୍ଦିର ଦିଶେ ଚନ୍ଦ୍ରମା ପରି।
ତହିଁରେ ଜଡ଼ିତ ମଣି, ରତ୍ନମାନ
ଝଟକେ, ଦିଶଇ ନକ୍ଷତ୍ର ସମାନ।
ଅନ୍ୟ ନକ୍ଷତ୍ର ଭଳି ତା ଚଉପାଶ
ଘେରି ଅଛି ବହୁ ରାଣୀଙ୍କ ନିବାସ।
ନଭ ସରୋବରେ ଶଶୀ-କମଳିନୀ
ଘେରି ରହିଛନ୍ତି ସଖୀ କୁମୁଦିନୀ।"
"ଏଥି ଲାଗି ଶଶୀ-କମଳିନୀ ବାସ
ଘେନି ଧୀର ମଳୟ ବାସରେ।
ଚନ୍ଦନ ଲେପନ- କରଇ ବିହ୍ୱଳେ,
ତୁହି ରବି ତୋର ଭ୍ରମର ଅଙ୍ଗରେ।"

ଟିପ୍ପଣୀ:- ଗୋପୀଚନ୍ଦ୍ର-ବଙ୍ଗଳାର ଜଣେ ରାଜା ଯିଏ ଯୋଗୀ ହୋଇଯାଇଥିଲେ। ଭର୍ତ୍ତୃହରି-ଉଜ୍ଜୟିନୀର ଜଣେ ରାଜା ସିଏ ବୈରାଗୀ ହୋଇଥିଲେ। ଗୋରଖନାଥ- ଜଣେ ପ୍ରସିଦ୍ଧ ଯୋଗୀ। ମଚ୍ଛିନ୍ଦ୍ରନାଥ-ଗୋରଖନାଥଙ୍କର ଗୁରୁ।

॥ ୧୬୧ ॥

"ରାଜ ଉଆସ ଛୁଇଁଛି ଗଗନ
ଭେଦ ନପାଏ, ଦେଖି ତା ନୟନ।
ସମେ ବିଜୁଳି (କି) ତହିଁ ବୁଲେ ଚକ୍ର
ଯମ କଟାରି ସେ ପ୍ରାଣ ଘାତକ।
ମନେ ସାଧ କରି ଯେହୁ ଦଉଡ଼େ
ଗଣ୍ଡି-ମୁଣ୍ଡ ତାର ଦି'ଭାଗେ ଛିଡ଼େ।
ଚନ୍ଦ୍ର, ସୂର୍ଯ୍ୟ ନକ୍ଷତ୍ର ତାରାଗଣ
ଭୟେ ଅନ୍ତରୀକ୍ଷେ ଗମନ୍ତି ଜାଣ।
ବଳେ ପବନ ବି ପଶିଲେ ତହିଁ
ଚକ୍ରାଘାତେ ପଡ଼ି ତଳେ ବହଇ।
ଅନଳ ଉଠିଲେ, ଲିଭେ ନିମିଷେ
ଧୂମ ଉଠି, ଫେରି ଭୂମିରେ ମିଶେ।
ଜଳ ଉଠନ୍ତେ ନ ଛୁଇଁ ଶିଖର
କାନ୍ଦି କାନ୍ଦି ସେ ବରଷାଏ ନୀର।

ରାବଣ ପରଖିବାକୁ ଗଲା ତହିଁ ଦଶଶିର ଗଲା ଛିଡ଼ି।
ଶଙ୍କର ସମ୍ମୁଖେ ହେଲେ ନତ ମସ୍ତକ ଆନ ଯୋଗୀ ପାରିବ କରି।।

॥ ୧୬୨ ॥

"ଯେଉଁ ଶୁଭ୍ର ସୌଧ ଦିଶେ ଶୀର୍ଷରେ
ତହିଁ ରାଜା କନ୍ୟା ନିବାସ କରେ।
ସହୀ ସଜନୀ ଗଣେ ବେଷ୍ଟିତ ହେଇ
କ୍ରୀଡ଼ା କୌତୁକେ ଦିବସ ବିତଇ।
ଅଳି ନପଶେ ଯିବକି ବିହଗ
ସଦା ସଖୀଗଣ ଥା'ନ୍ତି ସଜାଗ।
ସିଦ୍ଧମନ୍ତ୍ର ଦେବୀ, ଜପି ମଣ୍ଡପେ
ସର୍ବ ଶୁଭ ହେବ ତୋର ସାକ୍ଷାତେ।

କଞ୍ଚନ ମେରୁ ଯା ଦେଖି ନୟନେ
ଶିବଙ୍କ ମନ୍ଦିର ଅଛି ସେ ସ୍ଥାନେ।
ମାଘ ମାସ ଅମା ପକ୍ଷ ବିତିଲେ
ଶିବ ପୂଜନ୍ତି ଶ୍ରୀପଞ୍ଚମୀ ହେଲେ।
ପ୍ରଜା ଓ ପାଟକ ସର୍ବଦା ତହିଁ
ଶିବାର୍ଚ୍ଚନା ସର୍ବେ କରନ୍ତି ଯାଇଁ।
ଜପ, ହବନ ହୁଏ ତହିଁ ଯାଗ
ଆଶୁତୋଷ ତୋଷନ୍ତି ଲୋକ ସର୍ବ।
ସେହି ମଣ୍ଡପେ ତୁମେ ରୁହ ଯାଇ
ମନ୍ତ୍ର ଜପିବ ଏକାନ୍ତରେ ରହି।
ଶମ୍ଭୁ ପୂଜିବାକୁ ରାଜ ଦୁଲାଳୀ
ତହିଁ ଆସିବ ସଖି ସଙ୍ଗେ ମିଳି।
ପ୍ରଥମ ଦର୍ଶନେ ଦେଖିବୁ ତହିଁ
ନୟନ ନୟନେ ଦେବୁ ମିଳାଇ।
ତହିଁ ନିଶ୍ଚିତ ହେବ ଶୁଭ ତୋର
ମୋର ଆଦେଶ କରି ସଦାଚାର।"

"ତୁମେ ଶିବପୀଠେ କର ଆଗମନ ମନ୍ତ୍ର ଜପ କର ନିରନ୍ତର।
ମୁହିଁ ଯାଉଛି ପଦ୍ମାବତୀ ଭବନକୁ" କହି ଚଳିଲା ବିହଙ୍ଗ ପ୍ରବର।।

।। ୧୬୩ ।।

ରାଜା ଭାଳନ୍ତି "ଦେଖିଲେ ପ୍ରିୟତମା
ଗିରି ଆରୋହୀ ଯିବି ମୁଁ ସ୍ୱର୍ଗ ସୀମା।
ସେହି ସ୍ୱରୂପେ ତା ଦର୍ଶନ ନିମିତ୍ତ
ଶିର ବଳି ଦେଇ ଯିବି ମୁଁ ନିଶ୍ଚିତ।
ଯହି ମୋ ପ୍ରେୟସୀ, ତହିଁ ଯିବି ବଳେ
ସେହି ଉଚ୍ଚସ୍ଥାନେ ଜପି ଏକାନ୍ତରେ।
ପୁରୁଷ ଅଟେ ସଦା ଉଦାର ମନା

ଉଚ୍ଚ ଅଭିଳାଷେ କରଇ ସାଧନା।
ଉଚ୍ଚ ଆସନରେ ଶ୍ରୀଗୁରୁ ଅର୍ଚ୍ଚନା
ଉତ୍ତମ ଧ୍ୟାନ, ଧାରଣାରେ ବନ୍ଦନା।
ଊର୍ଦ୍ଧ୍ୱକୁ କଲେ ଗତି, ଅତି ଊର୍ଦ୍ଧ୍ୱେ ଯାଇ
ବୁଦ୍ଧି ହୁଏ ସୂକ୍ଷ୍ମ ଶୁଦ୍ଧ ଜ୍ଞାନ ପାଇ।
ଉତ୍ତମ ସଙ୍ଗତ ଯେହୁ ଥାଏ କରି
ସଦା ସର୍ବଦା ସେ ହୁଏ ସଦାଚାରୀ।
ଏଣୁ ସତ୍‌ସଙ୍ଗ ସଦା କରୁଥିବ
ମହତ କାର୍ଯ୍ୟରେ ପ୍ରାଣବଳି ଦେବ।
ଉଚ୍ଚ ହେବା ପାଇଁ ସଦା କର ଇଚ୍ଛା
ଉଚ୍ଚ ମନ ଘେନି କର ଉଚ୍ଚ ଆଶା।"

ଉଚ୍ଚ ସାଧୁମନ ଦୃଢ଼ ହୁଏ ସ୍ଥିର, ମରଣ ବା ଯଦି ଆସିଯାଏ।
ତଥାପି ଉତ୍ତମ ସଙ୍ଗ ନ ତେଜିବ ଏହି ଆପ୍ତକଥା ଶାସ୍ତ୍ର କହେ।।

।। ୧୬୪ ।।

ହୀରାମଣି ଶୁକ, ଏ ପ୍ରସଙ୍ଗ ସାରି
ଉଡ଼ି ଚାଲିଗଲା ରାଜକନ୍ୟା ପୁରୀ।
ପର୍ବତ ଚଢ଼ି ରାଜା ଦେଖନ୍ତି ତହିଁ
ରାଜ ମନ୍ଦିର, କୈଳାସ ସମ ହୋଇ।
ଚାରି ଦ୍ୱାରେ ଉଭା ଖମ୍ବ ଚତୁଷ୍ଟୟ
ଶୋଭଇ ଦ୍ୱାରେ ଦ୍ୱାରେ ଦେବ ବିଗ୍ରହ।
ସୁବର୍ଣ୍ଣ ମଣ୍ଡପ ଶୁଦ୍ଧ ଶିବାଳୟ
ପୂଜି ସମ୍ଭାରେ ଭରା ପବିତ୍ରମୟ।
ଚାରିକାଞ୍ଚନ ଖମ୍ବକୁ ଯେହୁଛୁଏଁ
ପାପ ଶୂନ୍ୟ ହୋଇ ସେ ପୁଣ୍ୟ କମାଏ।
ଶଙ୍ଖ, ଘଣ୍ଟ, ମାର୍ଦ୍ଦଳ ବାଜଇ ତହିଁ
ପୂଜାପାଠ ଜପ-ଯଜ୍ଞ, ଚାଲୁଥାଇ।

ଶିବ ମଣ୍ଡପରେ ଯେତକ ଶ୍ରଦ୍ଧାଳୁ
ସର୍ବେ ଭାବୁଛନ୍ତି ତାଙ୍କ ଆଶା ପୂରୁ।

ଯାହା ଆଶାକରି ମରମେ ମନାସେ, ସିଦ୍ଧି ଲାଭ କରେ ତହିଁ ନର।
ଆଶୁତୋଷ ନାମେ ବିରାଜିତ ସଦା ସତ୍ୟ ଶିବ ଶମ୍ଭୁ ଶ୍ରୀ ଶଙ୍କର।।

॥ ୧୬୫ ॥

ବିଂଶ ସହସ୍ର ଚେଲା ସଙ୍ଗତ ଘେନି
ବାତୁଳ ସେ ରାଜା ରତ୍ନସେନ।
ଚଉଦ୍ୱାର ବୁଲି ଦେଖଇ ମଣ୍ଡପ
କରନ୍ତୁ ପୂର୍ବ ଦ୍ୱାରେ ଆସ୍ଥାନ।
ସମ୍ମୁଖେ ଶିବଙ୍କ ବିଗ୍ରହ ଦେଖଇ
ଭକ୍ତି ଭରେ ଶିର କରେ ନତ।
ଆରମ୍ଭଇ ସ୍ତୁତି ବହୁତ ବିନୟେ
"ଜୟ ଜୟ ଶମ୍ଭୁ ଉମାନାଥ।
ନମଃ ନମଃ ଶିବ ପାର୍ବତୀ ବଲ୍ଲଭ
ଜଗତ କାରଣ ମହାଦେବ।
ଆହେ ବୃଷଧ୍ୱଜ, ତ୍ରୈମ୍ବକ ଭୈରବ
ଧରାଧର ପତି ସୁତାଧବ।
ସ୍ୱୟଂଭୂ ପରମ ତୁହି ନାରାୟଣ
ସୃଷ୍ଟି, ସ୍ଥିତି, ଲୟ ଭୂତପତି।
ବ୍ରହ୍ମ ପରାତ୍ପର ଜଗତ ଈଶ୍ୱର
ଜୟ ହେ ଗଙ୍ଗାଧର ଧୂର୍ଜଟୀ।
ମୁହିଁ ତ ନିର୍ଗୁଣ, ତୋ ଗୁଣ ମହିମା
କି ସ୍ତୁତି କରିବି ଭାଷାହୀନ
ମୋର ରସନାରେ କାହିଁ ସେ ଶକତି
ତୋ ଗୁଣ ଗାୟନେ ହେବି କ୍ଷମ।
ଶୁଣିଛି ଦୟାଳୁ କୃପାଳୁ ଭବ ତୁ

ତୋ କରୁଣା ବଳେ ପଦ୍ମାବତୀ।
ରାଜକନ୍ୟା ସୋହାଗିନୀ ପ୍ରେମିକ ମୁଁ
ତା ପାଇଁ ଯାତନା ମୋ ମିନତି।"

ବହୁ ପ୍ରକାରେ ବିନତି କରଇ ଭୂମିସ୍ପର୍ଶ କରି ହୋଇ ନତଶିର।
"ଆତୁରେ କରୁଣା କର ଆଶୁତୋଷ ଅଭିଳାଷ ମୋର ପୂର୍ଣ୍ଣକର।"

॥ ୧୬୬ ॥

ରାଜା ବହୁତ ବିନୟେ ସ୍ତୁତି କରି
କରଯୋଡ଼ି ହସ୍ତେ ଉଭା ଦଣ୍ଡଧାରୀ।
ନୃପ ଚକିତେ ଶୁଣେ ଆକାଶବାଣୀ
ମାନବ ମଧ୍ୟେ ସ୍ୱର୍ଗୀୟ ପ୍ରେମଭଣି।
"ମାନବ ଶରୀରର ବା କେଉଁ ମୂଲ୍ୟ
ଧୂଳିରେ ମିଶିବ ହୋଇ ସମତୁଲ।
ପ୍ରେମହିଁ ବିରହ-ମିଳନ ସଂଯୋଗ
କେବେ ବା ଆତୁର କେବେ ରାଜଭୋଗ।
ଯେହ୍ନେ ମଧୂଛତ୍ରେ ହିତ ଓ ଅହିତ
ମଧୁ ଭକ୍ଷି ହୁଏ ଜୀବ ଆନନ୍ଦିତ।
ମଧୁ ମକ୍ଷିକା ଦଂଶନେ ବିଷଘାରେ
ଶେଷେ ମୃତ୍ୟୁ ମୁଖେ ପଡ଼ଇ ଅଚିରେ।
କିନ୍ତୁ ସତ୍ୟବନ୍ତ ଲୋକ ସତ୍ୟ ପାଳି
ସତ୍ୟ ଶରଣାଗତିକୁ ନିଏ ସେ ଆଦରି।
ସେବା କରଇ ମନ ବଚନ ଦେହେ
ସେବା ଫଳେ ଦେବତା ପ୍ରସନ୍ନ ହୁଏ।"
ଶ୍ରବଣେ ସନ୍ତୋଷ ମନେ ନୃପମଣି
ପଦ୍ମାବତୀ ନାମ ମନେ ମନେ ଗୁଣି।
ବସଇ ପୂର୍ବ ଦ୍ୱାରେ ଆସନ ପାତି
ପ୍ରଲେପୀ ଘନ କରି ଅଙ୍ଗେ ବିଭୂତି।

ମନେ ଭାଳେ ଭୂପ ମୃତ୍ୟୁ ପରେ ଦେହ
ମାଟି ହୋଇବ ଏହା ସତ୍ୟ ନିଶ୍ଚୟ।
କେବା ମନେ ଭାବେ ମାଟି ମୂଲ୍ୟହୀନ
(କିନ୍ତୁ) ବହୁ ମୂଲ୍ୟ ଦ୍ରବ୍ୟ ମାଟି ହୁଏ ଜାଣ।
ଯେଉଁ ଜ୍ଞାନୀ ଲୋକ ସଂସାରକୁ ତ୍ୟାଗୀ
ମୃତ୍ତିକା ପରାଏ ରହେ ଅନୁଭବୀ।
ଜଗତର ସବୁ ଯେତେ ମୋହମାୟା
ତୁଚ୍ଛ ମାଟିପରି ବରଜଇ ତାହା।
ଯଦ୍ୟପି ଜାଣେ ସେ ହେବ ସ୍ଥୂଳରୂପ
ଉପଲବ୍ଧ ଜ୍ଞାନ ଅଙ୍ଗ ତାର
ଅମୂଲ୍ୟ ମୃତ୍ତିକା ପାଲଟେ କ୍ଷଣକେ
ଦୁର୍ଲ୍ଲଭ ମାନବ ଜୀବର।

■

।। ୧୬୭ ।।

ପୂର୍ବ ଦ୍ୱାରେ ସିଂହ ଛାଲ ବିଛାଇ
ତହିଁ ଏକଲୟ ରଖି ଦେଖଇ।
ପଦ୍ମାବତୀ ନାମ ରସନାଗ୍ରତେ
ଭୂପ ଜପିଥାଏ ରହି ନିରତେ।
କେନ୍ଦରା ହସ୍ତେ ବାଜୁଥାଏ ରହି
ରାତ୍ର ଦିବସ ଏକାଧାର ହୋଇ।
ଶିଙ୍ଗା ଫୁଙ୍କୁଥାଏ ଉଷା ପ୍ରଦୋଷେ
ବିରହ ବହ୍ନି ଜଳେ ନିର୍ବିଶେଷେ।
କୋକନଦ ପରି ଚକ୍ଷୁ ଦିଶଇ
ନିଶି ଦିବସରେ ଏକାନ୍ତେ ରହି।
ଚନ୍ଦ୍ରକୁ ଯେହ୍ନେ ଚାହିଁଛି ଚକୋର
କୁଣ୍ଡଳ ଧରି ଧରିତ୍ରୀରେ ଶିର
ଦେଇ ଭାଳଇ, "କାହିଁ ତା ପୟର

ତା'ର ଚରଣେ ମୁଁ ହେବି ପାଦୁକା
ସତ୍ୟ ମୂରତି ସେହି ମୋର ଏକା।
ଜଟା ମୁକୁଳିତ କରେ ତା ଲାଗି
ତାର ପ୍ରବେଶ ପଥେ ଉପଯୋଗୀ।
ଚଉଦିଗେ ଚାହିଁ ଭାବେ ମାନସେ
ଉଡ଼ିଯିବି ବାୟୁ ସାଥେ ତା ପାଶେ।"

"ଦିବସ ଯାମିନୀ ଏ ବିରହ ବହ୍ନି ଜଳୁଛି ମୋ ତନୁ ଦହି।
ସମୀରେ ସଞ୍ଚରି ଯିବି ଅନୁସରି ତା' ପଦ କମଳ ଛୁଇଁ।।"

।। ୧୬୮ ।।

ରତ୍ନସେନ ପ୍ରେମ ଯୋଗ ପ୍ରୟୋଗେ
ପଦ୍ମାବତୀ ଅଙ୍ଗେ ବିରହ ଜାଗେ।
ନିଶି ଆଗମନେ ନିଦ୍ରା ନଆସେ
ଶଯ୍ୟାପରେ କେ କଣ୍ଟକ ଆରୋପେ।
ଚନ୍ଦନ ଚୀର ଲାଗେ କି ଅନଳ
ଗୁରୁ ବିରହେ ଜଳେ ତନୁତଳ।
କଳ୍ପ ତୁଲ୍ୟ ଲାଗେ ଦୀର୍ଘ ଯାମିନୀ
ପ୍ରତି ମୁହୂର୍ତ୍ତ ଯୁଗଭଳି ମଣି।
ଜେମା ଭାବେ ବୀଣା ଧ୍ୱନି ଝଙ୍କାରେ
ରାତ୍ରି ଯାପିବି ଭୁଲି ବିରହରେ।
ବୀଣା ଗୁଞ୍ଜନେ ନିଶୀଥ ରଜନୀ
ମୁଖରିତ ହୁଏ ନଭ ଧରଣୀ।
ମୃଗ ସୁଧାଂଶୁ ରଥର ସାରଥୀ
ଲୁବ୍ଧ ହୋଇ ଶୁଣେ ରହେ ଥମକି
ତେଣୁ ଦୀର୍ଘହୁଏ ଯାମ ଅତୀବ
ଅନିଦ୍ର ନେତ୍ରେ ନ ଆସଇ ନିଦ
ତେଣୁ ସିଂହ ଛବି ଆଙ୍କେ ଦୁଲାଳୀ

ଭୟେ ମୃଗ ଯିବ ବିମାନେ ଚଳି।
କାମେ ଜଳି ଉଜାଗରେ ତ୍ରିଯାମା
ପୁଣି ଶୂନ୍ୟେ ଚାହିଁ ଭାଷେ ନବୀନା।
କମଳ ରସ ଗ୍ରାହୀ କେ ମଧୁପ
ଆସ ସତ୍ୱର ବିରହିଣୀ ପାଶ।
ଲୋଟଣୀ ପାରା ପରି ଶୂନ୍ୟ ଖସି
ଆସ ସଙ୍ଗମେ ମୋ ଦୁଃଖ ବିନାଶି।
ପ୍ରେମ ପ୍ରଦୀପ ହୋଇ ତୁମେ ଆସ
ପତଙ୍ଗ ହୋଇ ଦେବି ତହିଁ ଝାସ।
ଭୃଙ୍ଗୀ କୀଟ ପରି ଧରି କବଳେ
ଶଲଭ ରୂପେ ପାଲଟାଅ ବଳେ।"

"ବିରହ ବହ୍ନିରେ ଜଳେ ମୁଁ ସତତ ଏ ମୋର ପ୍ରିତୀଶ ଆସ ଏଥି।
ତୁମ ବିନା କିଏ ଚନ୍ଦନ ପ୍ରଲେପି ଶୀତଳିବ ଦେହ ଦେବ ଶାନ୍ତି।"

ଟିପ୍ପଣୀ: ଭୃଙ୍ଗୀ: ଏକଜାତୀୟ କୀଟ। କୁହାଯାଏ କି ଏହା ଅନ୍ୟ କୀଟକୁ ସାଥିରେ ଧରି ଉଡୁଥାଏ ଯେପର୍ଯ୍ୟନ୍ତ ତାକୁ ଭୃଙ୍ଗୀ କୀଟରେ ପରିଣତ ନ କରିଛି।

॥ ୧୬୯ ॥

ବିରହ-ବନ, ଲତା ତରୁ ଦଳେ
ଯହିଁ ଘନ ହୋଇ ଛାୟା ସଞ୍ଚରେ।
ପବନ କହେ ଗୋପନ ବାରତା
ପତ୍ରେ ମର୍ମରେ ପ୍ରିୟ ମଧୁ ଗାଥା।
କେଉଁ ଦିଗେ ଯିବ ବୁଝି ପାରେନା
ଅଙ୍ଗୁ ପ୍ରସରେ ମାଳତୀ ବାସନା।
କେଉଁ ବନ ଦେଶୁ ଏବା ଆସିଲା
କସ୍ତୁରୀ ମୃଗସମ ସେ ବାଉଳା।।
ବିରହ ବନେ ଧନ୍ଦି ହୋଇ ବୁଲେ
ନିଜ ବାସ ନିଜେ ବୁଝି ନପାରେ।

ସେ'ତ କମଳିନୀ ତା ବାସ ପାଇଁ
ଭୃଙ୍ଗ ଆସିବ କାହୁଁ ମଧୁ ପାଇଁ।
କାହୁଁ କିଏ ବା, ସେ ମଧୁପ ଆଣି
ତନୁ ତାପ ତା ମେଣ୍ଟାଇବ ପୁଣି।
ଅନଙ୍ଗ ଦାଗ ପଦ୍ମିନୀ ଶରୀରେ
ଦିଶେ, ଗଭୀର ହଳଦୀ ରଙ୍ଗରେ।
ପ୍ରେମ ପୀଡ଼ିତ, ଦିଶେ ପୀତରଙ୍ଗ
ସୂର୍ଯ୍ୟ-ପ୍ରେମୀର ପ୍ରତି ଅନୁରାଗ
ପାଇଁ ଚାହେଁ ସେ ଶୂନ୍ୟକୁ ଅଳସୀ
ଧାତ୍ରୀ ପୁଚ୍ଛେ ତାହାକୁ ନିରେଖି।
"ରକ୍ତିମ ଦୀପ୍ତିରେ କମଳ କିଇଁ
ପୁଷ୍ପବତୀ ହେଲୁକି ହୃଦ ଖୋଲି।
ତୋର ହୃତ-ପଦ୍ମ, ପଦ୍ମ କେଶର
ପରି, ପୀତରଙ୍ଗ ହେଲା ସତ୍ୱର।
ଯେଉଁ ସ୍ଥାନେ ତୁ ରହିଛୁ ନିରତେ
ପଶେନା ବାୟୁ, ତହିଁ କଦାଚିତେ।
ମଧୁପ ଯହିଁ ନଆସଇ ଭୟେ
ଅନ୍ୟ କେ ଆସିବ ତହିଁ ନିର୍ଭୟେ ?"

"ତୁ କିନ୍ତୁ ଦିଶୁଛୁ ବନୁ ବନାନ୍ତରେ ସିଂହ ଦେଖି ହରିଣୀର ପରି।
ପୁଣି ପାଶୋରିବା ପରି ରହି ରହି ଚାହୁଁ ସିଂହ ଭୟେ ଉଠୁ ଥରି।"

॥ ୧୭୦ ॥

ଧାତ୍ରୀ କି ଉତ୍ତରେ ପୁଣଇ ପଦ୍ମିନୀ
"ଭଲ ହେବ ସିଂହ ଭକ୍ଷିଲେ ଜାଣି।"
ଆବେଗେ କହେ ପୁଣି ସେ ଆତୁରେ
"ବାଳିକା ମୁଁ ଥିଲି, ଥିଲି ସୁସ୍ଥିରେ।
ଶୁଣିଲି ନବ ବସନ୍ତ ଆସିଛି

ମନୋରମ ଦିଶେ କାନନ ଭୂମି
ପୁଣି ମୁଁ ଦେଖେ ସେ ବନେ ପଶିଛି
ମଦମତ୍ତ ହସ୍ତୀ, ଉନ୍ମତ୍ତ ଠାଣି।
ବାଳିକା ଅଟେ ଯୌବନ ବାଟିକା
କିଏ ବା କେଉଁ ପରି ରଖିପାରେ
ଯୌବନ କୁଞ୍ଜର ଭ୍ରମଇ କ୍ରୂର
ତନୁରେ ଶାଖା ଚିରି ମର୍ମ ସ୍ଥଳେ।
ଭାବୁଥିଲି ମନେ ମୋ ଅପଘନେ
ଯଉବନ ରସର ଭୋଗ ଲାଗି।
କିନ୍ତୁ ଯୌବନ ଅଟେ ହୁତାଶନ
ସନ୍ତାପ ବିରହେ ଜ୍ୱଳନ ଲାଗି।
ଏ ଯୌବନ ଦେହ, ଅତି ଦୁର୍ବହ
ଅଟେ ଗରୁ ପୁଣି ଅଚଳ ଗିରି।
ଯୌବନ ଭାର ସହି ନୁହେଁ ତେଣୁ
ବିରହ ବହ୍ନିରେ ନିରତେ ଜଳି।
ଯୌବନ ପରି ମଦମତ୍ତ ଜୀବ
କାହିଁ ଦେଖାନାହିଁ ସଚରା ଚରେ
ଅତି ଉନ୍ମତ୍ତ କରେ ଅଣାୟତ୍ତ
ଅତିହିଁ ଉଦ୍ଧତ, ବଳେ ସେ ମାରେ।
ମାତଙ୍ଗମାନେ ଅଙ୍କୁଶ ଯାତନା
ଅଙ୍କୁଶ ନମାନଇ ଯଉବନ।
ଅତି ଦୁର୍ବହ ବିରହ ଅନଳ
ଅଦୃଶ୍ୟ ଜଳ, ମୋ ତନୁ ମନ।
ଭରା ଭାଦ୍ରବ ଜାହ୍ନବୀ ପ୍ରବାହ
ତରଙ୍ଗରେ ବସୁନ୍ଧରାରେ ଲୋଟେ।
ଯୌବନ-ଗଙ୍ଗା ପ୍ରବାହ ତେସନ
ତନୁ ତୀର ଲଙ୍ଘିବାକୁ ସେ ଛୁଟେ।
ହେ ଧାତ୍ରୀ! ଅଥଳ ଗର୍ଭ ବାରିଧିରେ ପଡ଼ି ପାଉନାହିଁ ଥଳ କୂଳ।
ଚଉଦିଗେ ଚାହେଁ କିଏ ଉଦ୍ଧାରିବ ସିନ୍ଧୁ ମଧ୍ଯୁ ଲଗାଇବ ତୀର।।

॥ ୧୭୧ ॥

ଧାତ୍ରୀ କହୁଛି ସଧୀରେ ବୁଝାଇ
"ତୁହି ଚତୁରୀ, ସୁଜ୍ଞାନୀ ଜାଣଇ।
ସିନ୍ଧୁ କି ଆସେ ସ୍ରୋତସ୍ୱିନୀ ପାଶେ
ନଦୀଏ ଆସନ୍ତି ତା ଅଙ୍କ ପାଶେ
ଊର୍ଦ୍ଧ୍ୱ ଦୃଷ୍ଟିରେ ଦେଖିବୁ ସବିତା
ନତ ଦୃଷ୍ଟିରେ ତେଜ, ନ ଦିଶେ ତା।
ହାତେ ନ ଆସେ ସବିତା କଦାପି
ହୃଦ ଦାପଇ, ତା ଦୀପ୍ତି ସମାପି।
ଯାହା ସାଥେ ବିଧି କରେ ଯୁଗଳ
ସେହି ସିନା ହେବ ତୋର ମଙ୍ଗଳ।
ଯୌବନ-ତୁରଗ ଲଗାମ ଧରି
ଯହିଁ ତହିଁ ନ ଛାଡ଼ିବୁ ବିହରି।
ଯୌବନ ହସ୍ତୀ ଆୟତ୍ତ ନହେଲେ
ଜ୍ଞାନ ଅଙ୍କୁଶେ ସାଧିବୁ ତୁ ବଳେ।
ଏବେ ପ୍ରୀତି କ୍ରୀଡ଼ା ତୋତେ ଅଜଣା
ବିପଦ ହେଲେ ହେବୁ ପଥ ବଣା।
ଶୁଭ ସମୟକୁ ପ୍ରତୀକ୍ଷା କର
ପ୍ରୀତି ଶୁଦ୍ଧ ଗୁଣେ ମିଳେ ସତ୍ୱର।"
ବାରିଧି ବକ୍ଷରେ ଜଳ ଶଯ୍ୟାପରେ ଜଳ ବିନ୍ଦୁ ଶକ୍ତି ପରି।
ସ୍ୱାତୀ ନକ୍ଷତ୍ରକୁ ଚାହିଁ ତପକରେ ତା ବିନୁ ନ ଭକ୍ଷେ ଅନ୍ୟ ବାରି।।

ଟିପ୍ପଣୀ:- ଉକ୍ତ ଛନ୍ଦରେ କବି ପ୍ରେମ ଓ ବାସନା ମଧ୍ୟରେ ଅନ୍ତର ସ୍ପଷ୍ଟ କରିଛନ୍ତି। ସିଏ ପ୍ରେମରେ କାମକୁ ଅଯଥାର୍ଥ କହି ନାହାଁନ୍ତି। ମାତ୍ର କାମ ସତ୍ୟ ଦ୍ୱାରା ନିୟନ୍ତ୍ରିତ ହେବାର ଔଚିତ୍ୟ କହିଛନ୍ତି। ପର ଦୁଇଟି ଛନ୍ଦରେ ମଧ୍ୟ ଏହା ସେ ଦର୍ଶାଇଛନ୍ତି।

॥ ୧୭୨ ॥

କହଇ ପଦ୍ମାବତୀ "ହେ ଧାତ୍ରୀ ଶୁଣ !
ମୋର ଜୀବନ ଯୌବନ ଘୃତ ସମ ।
ବିରହ ଅନଳେ ହୁଏ ବିଚଳିତ
କିପରି ସେ ଅଗ୍ନି ହେବ ନିର୍ବାପିତ ।
ସହି ସିନା ହେବ କରତ ଚାଳନା
କରିବ ଶରୀର ଦୁଇଖଣ୍ଡ ସିନା ।
ହେଲେ ବିରହର ଅଗ୍ନିର ଦହନ
ସହି ନ ପାରଇ ମୁଁ ତାର ଜ୍ୱଳନ ।
ବିରହ ସମୁଦ୍ର ଭଳେ ଉଚ୍ଛୁଳଇ
ମର୍ଯ୍ୟାଦାକୁ ଲଙ୍ଘି, ବ୍ୟଥିତ କରଇ ।
ସେହି ଭରା ସିନ୍ଧୁ ଆପଣଶ ଆବର୍ତ୍ତେ
ପକାଇ ଜୀବନ ଲହରୀ ଆଘାତେ ।
ବିରହର ନାଗ ଚଢ଼ିଛି ମୋ ଶିରେ
ଦଂଶନରେ ବିଷ ଚରଇ ଶରୀରେ ।
ଚନ୍ଦନରେ ଯେଣୁ ବିଷ ମିଶିଥାଇ
ବିରହ ଜ୍ୱଳନ ସଦା ବଢୁଥାଇ ।
ଯଉବନ ପକ୍ଷୀ ପାଇଁ ଏ ବିରହ
ବ୍ୟାଧ ସମ ଅଟେ ଅତୀବ ନିର୍ଦ୍ଦୟ ।
ଯଉବନ ମୃଗୀ ବନେ ବୁଲୁ ଥାଇ
ବିରହ କେଶରୀ ଭୟେ ଥରୁ ଥାଇ ।
ରୂପବତୀ ମୋ ସୁବର୍ଣ୍ଣ ଯଉବନ
ଦେଇ ସେ ବିଧାତା କଲା ଶିରୀହୀନ ।
ଶୁଭ୍ର ଜାହ୍ନବୀ ଯଉବନ ଜଳକୁ
ବିରହର ମସୀ ଗୋଳିକରେ ତାକୁ ।
ଫୁଲକୁ ଯେସନେ ବିନ୍ଧଇ ଭ୍ରମର
ଶୁକ ଚଞ୍ଚୁ ଯେହ୍ନେ କାଟୁଥାଏ ଫଳ
ଏହି ବିରହ ବେଦନାର ଆଘାତ

ମୋର ମନ ପ୍ରାଣ କରଇ ନିପାତ।
ଯେବେ ଏ ଯୌବନ ପୂର୍ଣ୍ଣ ଚନ୍ଦ୍ର ହେଲା
ରାହୁ-ବିରହ ରୂପେ ତାକୁ ଗ୍ରାସିଲା।"

କ୍ରମେ କ୍ରମେ ଶଶୀ କ୍ଷୟ ହେଲା ଅତି ଅମା ଅନ୍ଧକାରେ ମିଶିଗଲା।
ଅକୁହା ଅଜଣା ତା କଷ୍ଟ କଷଣ ଅନ୍ତରେ ତାର ରହିଗଲା।।

॥ ୧୭୩ ॥

କନ୍ୟା କଥା ଶ୍ରବଣେ ଧାତ୍ରୀ ଭାଷେ
ମନେ ବିଚାରୀ ବୋଧେ ସ୍ନେହ ବଶେ।
"ତୋ ନେତ୍ର ଚଉଦିଗେ ଚକ୍ର ପରି
ପୁଣି ବାହୁଡ଼ି ନ ପଶେ କିଶୋରୀ।
ଯଦି ଯୌବନ ତୋ ଅଙ୍ଗେ ଉତ୍ପନ୍ନ
ସତୀ ଧର୍ମକୁ କର ତୁ ପାଳନ।
ଚପଳ ମନକୁ ତୋ ସ୍ଥିର ରଖ
ସତ୍ୟ ପ୍ରହରୀ ହେଉ ତୋ ବିବେକ।
ସାଧି ପାରିଲେ ଗିରିସମ ଦୁଃଖ
କ୍ଷଣକେ ହରି ଦେଇଥାଏ ସୁଖ।
କେଶଟିଏ ବି କ୍ଲେଶ ନ ଦିଅଇ
ସତୀ ପତିର ପ୍ରେମେ ବ୍ରତୀ ହୋଇ।
ଶ୍ୱାସ, ପ୍ରଶ୍ୱାସ ରୋଧି ପତି ଯୋଗୀ
ଯେହ୍ନେ ଆତ୍ମାରେ ରହନ୍ତି ସଂଯୋଗୀ।
କନ୍ଦର୍ପ ବନ୍ଧେ ଯେହ୍ନେ ସତୀ ନାରୀ
ପ୍ରାଣୁ ବିରହ ଜ୍ୱାଳା ହିମ କରି।
ପତି ପ୍ରେମରେ ଚିତାର ଅନଳ
ଜ୍ୱାଳା ଉପଶମୀ କରେ ଶୀତଳ।
ଯୌବନ ହେଲେ ଚତୁର୍ଦ୍ଦଶୀ ଚନ୍ଦ୍ର

ବିରହ ରହୁ ଗ୍ରାସ କରେ ଅଙ୍ଗ।
ଯେଉଁ କାମିନୀ କାମ ଜୟକରେ
ସତୀ ବ୍ରତେ ଖ୍ୟାତି ଲଭେ ସଂସାରେ।
ଦେବତା ପୂଜି ସତୀ ବ୍ରତ କର
ଦେବ ପ୍ରସନ୍ନେ ହେବ ତୋ ମଙ୍ଗଳ।
ବସନ୍ତ ପଞ୍ଚମୀ ଶିବ ପୂଜନେ
ଯିବ ତୁ ମଣ୍ଡପେ ଦେବ ଅର୍ଚ୍ଚନେ।
ସେହି ସମୟରେ ସର୍ବ ବାଳାଏ
ଶିବ ପୂଜନ୍ତି ଭକ୍ତି ବିନିମୟେ।
ମନ୍ଦିରେ ତୁ ଯିବୁ ପୂଜିବୁ ଶିବ
ଦେବ ପ୍ରସନ୍ନେ ତୋ ଶୁଭ ହୋଇବ।"
ଜୀବ ଜନ୍ମବେଳେ ଜଗତ ମଣ୍ଡଳେ ପାଇଥାଏ ଜୀବନ ସତ୍ୱ।
ପତି ସେବାଫଳ, ଦେବତା ପ୍ରସନ୍ନେ ପ୍ରିତି ସୁଖ ସୁନିଶ୍ଚିତ।

॥ ୧୭୪ ॥

ମୁହୂର୍ତ୍ତ ବିତାଏ ପଦ୍ମା ଯୁଗ ପରି
ଜ୍ୱାଳା ସହୁଥାଏ ଆଶା ଅନୁସରି।
ନାହିଁ ନିଦ୍ରା, ନାହିଁ କ୍ଷୁଧା, ନାହିଁ ଆଶା
ବିରହ-କତୁରୀ କାଟେ ହୃଦ-ବସା।
ଅପଘନ ରୋମୁ, ରୋମ କାଟେ କୀଟ
ସେଇ ସ୍ୱେଦ ସ୍ରୋତେ ବିଷଘାରେ ନିତ୍ୟ।
(ସେ କହେ) "ଫୁଟନ୍ତା ତଇଳ କଡ଼େଇରେ ପଡ଼ି
ମୃତ୍ୟୁତ ନ ହୁଏ ଦୁର୍ବିଷହ ଜଳି।
ମୋର ପ୍ରିୟ, ମୋର କାନ୍ତ ହେ ପିୟୂଷ
କରଗୋ ଶୀତଳ ମତେ ହୃଦୟଶ।
କୁହ କେଉଁ ଦେବତା ଚରଣ ପୂଜି
ତୁମ ପ୍ରୀତି ଆଲିଙ୍ଗନେ ଯିବି ହଜି।

ସୁମେରୁ ସଦୃଶ ହିମମୟ ତୁମେ
ହୃଦେ ରଖ ମୋତେ ଘନ ଆଲିଙ୍ଗନେ।
ଯୌବନର ଗୋପନ ସେ ଫଳ କାମ
ଶ୍ୱାସ ରୂପେ ଉଚ୍ଛ୍ୱସିତ ହୁଏ ଜାଣ।
ସେହି ଊର୍ଦ୍ଧ୍ୱଶ୍ୱାସ ଏବେ କ୍ଷୀଣ ହୋଇ
ଶୂନ୍ୟ ଆକାଶରେ ଯାଉଛି ମିଳାଇ।
ଯଦି ଯୌବନ ସଂଯୋଗ ହେବାପରେ
ଏ ତନୁ ମୋର ଗତାୟୁ ହୋଇ ପଡ଼େ,
ନଷ୍ଟ ଭୋଗାୟତନର ଅପଘନେ
କେବେ ଯୌବନ ଆସିବ କେଉଁସ୍ଥାନେ?"
କୁହନ୍ତି କବି ଦୁର୍ଦ୍ଦମ ସେ ଯୌବନ
ସର୍ବଦା ଅକାର୍ଯ୍ୟ କରଇ ସାଧନ।

ଧନ୍ୟ କୁଳବନ୍ତି ରମଣୀ ସେ ସିନା କୁଳ ଅଭିମାନ ରଖିଥାଏ।
ଲଜ୍ଜା ଆବରଣେ ମର୍ଯ୍ୟାଦା ନ ଲଘେ କୁଳାଚାର ମାନି ରହିଥାଏ।।

।। ୧୭୫ ।।

ଅତି ଦୁଃଖେ ଭାଳୁଥିଲା ପଦ୍ମିନୀ
ପହଞ୍ଚେ ଅକସ୍ମାତେ ହୀରାମଣି।
ହରାଇବା ରତ୍ନ ରଙ୍କ କି ପାଏ
ସ୍ନେହେ ହୃଷଦ ଲଗାଇ କାନ୍ଦି କହେ।
ଚକ୍ଷୁ ତୁଟି ଲୁହ ଲହରୀ ପରି
ରୁଦ୍ଧ କଣ୍ଠର ଆସେ ବକ୍ଷୁଝରି।
ଶବାଧାରୁ କି ଜାଗିଲା ମୃତକ
ଅଶ୍ରୁ ଝରାଇ ନରହି କ୍ଷଣକ।
ଅଶ୍ରୁ ଶୁଷ୍କ ହେଲା ସଜନୀଗଣେ
ହସି ପୁଚ୍ଛନ୍ତି ହୋଇ ଜଣେ ଜଣେ।

"ହେ ରାଣୀ! ବିଚ୍ଛେଦ ପରେ ମିଳନ
ହେଲେ, ହର୍ଷ ବଢ଼ି ହୁଏ ଦିଗୁଣ।
ବିଚ୍ଛେଦର ପରେ, ମିଳନେ ତୋର
ଅଶ୍ରୁ କି ଲାଗି ବହେ ଝରଝର?"
ଶୁଣି ପଦ୍ମିନୀ କଥା ସଖୀଙ୍କର
ଅନାବିଳ ମନେ ଦିଏ ଉତ୍ତର।
"ଅଗସ୍ତି ତାରା ଗଗନେ ଉଦିଲେ
ନଦୀ, ନାଳ ଶୁଷ୍କ ହଏ ସେବେଳେ।
ଦୁଃଖିନେତ୍ରେ ବିଚ୍ଛେଦର ବାରିଦ
ବାଷ୍ପ ହୋଇ ଶୁଖେ ନେତ୍ର ଅମ୍ବୁଦ।
ସ୍ୱଜନେ ଅଗସ୍ତି ଋଷି ସଦୃଶେ
ଆସି ମିଳିଲେ ବିୟୋଗୀର ପାଶେ
ବାଷ୍ପ ବାରି ରୂପେ ଲହରୀ ପରି
ଅବିରତ ପଡ଼େ ଲୋତକୁ ଝରି।
ଦୁଃଖ ଭାର ତହିଁ ହୁଏ ଲାଘବ
ପ୍ରେମ ଜାଣେ ସିନା ତା ଅନୁଭବ।"

ଅବଶ୍ୟ ଦୁଃଖରେ ସୁଜନ ଦେଖିଲେ ନୟନୁ ନୀର।
ଅବାରିତ ବହେ ଅତୀବ କାତରେ ହୋଇ ଅସ୍ଥିର।।

■

॥ ୧୭୬ ॥

କିଛି କ୍ଷଣ ପରେ ପୁଚ୍ଛେ ପଦ୍ମାବତୀ
"ସ୍ୱର୍ଣ୍ଣ ପିଞ୍ଜରାକୁ ଶୂନ୍ୟ କରି
କାହିଁ ଉଡ଼ି ଗଲୁ ଆରେ ହୀରାମଣି!
କି ସହଣୀ କଷ୍ଟ ମନେ ଭରି।"
କହେ ଶୁକ, ଶୁଣ ଶୁଣ ରାଜସୂତା
ସୁବର୍ଣ୍ଣ ପିଞ୍ଜରାର କକ୍ଷଣ
ବୃକ୍ଷ ନୀଡ଼ଠାରୁ ସେ ନୁହେଁ ସୁଖଦ

ବନ୍ଦି ହୋଇ ରହିବା ଜୀବନ।
ପକ୍ଷୀ ଶାବକର ପକ୍ଷ ଉପୁଜିଲେ
ଭାବଇ ସେ ଉଡ଼ିବ ଶୂନ୍ୟେ ରହି
ରହି ବନ୍ଦିଘର ପଞ୍ଜୁରି ଭିତରେ
ମାର୍ଜାରୀ ଭୟରେ ମରୁଥାଇ।
ସେ ଲାଗି ଉଡ଼ି ମୁଁ ଗଲି ବନ ବାସେ
ବ୍ୟାଧ ଧରିନେଲା କରି ଭାର
ଭାଗ୍ୟ ବସେ ମତେ କ୍ରୟ କଲା ଦ୍ୱିଜ
ନେଲା ଜମ୍ବୁଦ୍ୱୀପେ, ଗୃହେ ତାର।
ତହିଁ ଦେଖିଲି ମୁଁ ବିଚିତ୍ର ସେ ରାଜ୍ୟ
ଚିତ୍ତୋର ଦୁର୍ଗ ସେ ଅନୁପମ
ଜମ୍ବୁ ଦ୍ୱୀପେ ସାର, ଚିତ୍ତୋର ନଗର
ସେ ଦେଶର ରାଜା ଚିତ୍ରସେନ।
ଧାର୍ମିକ ପ୍ରବର, ସେ ପ୍ରଜା ବତ୍ସଳ
ଶେଷକାଳେ ପୁତ୍ରେ ରାଜ୍ୟଦେଇ
ଆପଣେ ଚଳିଲେ ଶେଷେ ଶିବ ଲୋକେ
ପୁତ୍ର ରତ୍ନସେନ, ରାଜାତହିଁ।

ପୁତ୍ରରେ। ସମର୍ପି ରାଜ ସିଂହାସନ
ଚିତ୍ରସେନ ଗଲେ ସ୍ୱୟମ୍ଭୁ ସଦନ।

॥ ୧୭୭ ॥

"ଯେଉଁ ଦେଶେ ରାଜା ହେଲେ ରତ୍ନସେନ
ସେ ରାଜ୍ୟର ଅବା କି ଦେବି ବର୍ଣ୍ଣନ।
ଧନ୍ୟ ପିତା ମାତା, ବଂଶ ଗୋତ୍ର ତାର
ଯହିଁ ରତ୍ନସେନ ଉଜ୍ଜଳଇ ପୁର।
ମୋଠାରେ ରାଜାର ବଳିଲା ଆଗ୍ରହ
ରାଜପୁରେ ନେଲେ କରି ମତେ କ୍ରୟ।

ବତିଶ ଲକ୍ଷଣେ, ଯୁବା ପୁରୁଷ ସେ
ସୌମ୍ୟ ସୁଦର୍ଶନ ରୂପବନ୍ତ ଦିଶେ।
ସେ ଅଟେ ପୁରୁଷର ସିଂହ ରୂପ ଦେଖି
ଭାବିଲି ସେ ହେବ ତୋର ମନଲାଖି।
ତୁହି ଶଶୀ, ପ୍ରେମିକା ହୁଅ ବା ନ ହୁଅ
ସେହି ସୂର୍ଯ୍ୟ ସମ ପ୍ରେମୀ ନିଶ୍ଚୟ।
ରନ୍ କହିଲେ ରହା କରେ ଥାଇ
ସୁମେରୁ ମଧ୍ୟରେ କଞ୍ଚନ ରୁହଇ।
ଯେଉଁ ପ୍ରକାରେ ବିଧାତା କରେ ଯୋଡ଼ି
ମଧ୍ୟସ୍ଥ ପଣେ ମୁଁ ଭାବିଲି ବିଚାରି।
ବିଧିର ବିଧାନ ନ ହୁଅଇ ଆନ
ନିଶ୍ଚିତ ହେବୁ ତୁହି ତା'ର ସମାନ।

■

॥ ୧୭୮ ॥

ପଦ୍ମାବତୀ ରୂପ ବର୍ଣ୍ଣନା ଭୂପତି
ଶୁଣି ରୋମାଞ୍ଚିତ ଉଠିଲେ ପୁଲକି।।
"ତୁହି କଞ୍ଚନ କଳିକା ଲାଗି ସଦା
ଅତି ଗାଢ଼ ପ୍ରେମେ, ଅଭିଭୂତ ରାଜା।
ମାଳତୀ କୁସୁମେ ଅଳି ହୁଏ ବାଇ
କରିଲା ରାଜ୍ୟ ସେ ତ୍ୟାଗ ବିୟୋଗୀ ହୋଇ।
ଭୂପ କହେ "ମୁଁ ପତଙ୍ଗ ପରି ହେବି
ସିଂହଳକୁ ଯାଇ ଦୀପରେ ଜଳିବି।"
ମାତା ଗୁରୁ ବାକ୍ୟ କିଛି ନମାନିଲା
ପ୍ରେମ ପଥ ଖୋଜି, ରାଜ୍ୟ ସେ ତେଜିଲା।
ଏକାକୀ ନଛାଡ଼ି, ଷୋଷ ସସ୍ର ଆସି
ରାଜା, ରାଜା ପୁତ୍ର ହୋଇଲେ ସନ୍ନ୍ୟାସୀ।
ମହାଦେବ ପୀଠେ ଅଛନ୍ତି ସେ ରହି

ରାଜା ହୋଇଛି ଯୋଗୀ, ପ୍ରେମିକ ହୋଇ।
ସେଇ ପ୍ରେମିକ ସୂର୍ଯ୍ୟ, ପ୍ରେମିକା ଲାଗି
ଊର୍ଦ୍ଧ୍ୱେ ଚାହିଁଛି ଦିବସ ନିଶି ଜାଗି।
ଚକୋର ଚାହେଁ, ଯେସନେ ଚନ୍ଦ୍ର ପାଇଁ
ତେସନ ରାଜା, ତୋ ପଥ ଅଛି ଚାହିଁ।
ତୁହି ଅଟୁ ସ୍ୱଚ୍ଛ ସରସୀ ପୁଷ୍କର
ସେ ଅଟେ କମଳ କଳିକା ଭ୍ରମର।
କମଳ ପରି ସୁଗନ୍ଧ ଅଙ୍ଗ ଲାଗି
ଭୂପ ତୋର ଲାଗି ଆଜି ପ୍ରେମ ଯୋଗୀ।"

ମୁହିଁ ମିଳାଇଛି ବିଧିବଶେ ଏହା ତୋର ଅନୁରୂପ ଯୁବା ସେହି।
ସୂର୍ଯ୍ୟସମ ସେହି, ତୁ ପରଶମଣି, ଘଟକ ପ୍ରତୀକ ସିନା ମୁହିଁ।।

।। ୧୭୯ ।।

ହୀରାମଣି ମୁଖୁ ଶୁଣି ପଦ୍ମାବତୀ
'ରତ୍ନ' ନାମ ଶ୍ରବଣେ ପ୍ରସନ୍ନ ଅତି।
ସୂର୍ଯ୍ୟ ପ୍ରକାଶେ ଯେହ୍ନେ ପ୍ରସ୍ତର ହୀରା
ଜ୍ୟୋତି ଶତଗୁଣେ, ତାର ବଳିଗଲା।
କାମେ ତନୁମନ ବେପଥୁରେ ପୂରି
ଗଲେ ବି ବ୍ୟାଜେ କହଇ କୋପକରି।
ଅଭିମାନେ ଭଗ୍ନ ଗୋପ୍ୟ କଥନର
ଭାଷେ ରାଜଜେମା ତାର ସଦୁତ୍ତର।
ଜଳାଇ ଅନଳେ କଷଟି ପାଷାଣେ
କଷି ସୁବର୍ଣ୍ଣକୁ ସ୍ୱର୍ଣ୍ଣକାର ଜାଣେ।
କଞ୍ଚନ କି କାଚରେ ଶୋଭନ ଦିଶେ
ରତ୍ନେ ସିନା ସ୍ୱର୍ଣ୍ଣ ଖଞ୍ଜିଲେ ବିକଶେ।
ମୂଲ୍ୟବାନ ସେହି ହୀରା ପଥରରେ
ଯୋଡ଼ି ପାରଇ ସ୍ୱର୍ଣ୍ଣକାର କୁଶଳେ।

କିଏ ସେ ମୋ ଲାଗି ବୁଝାଇ କହିବ
ମୋର ଲାଗି ସିଂହ ମୁଖେ ହସ୍ତ ଦେବ।
କେବା କହିବ ମୋ ପିତାଙ୍କ ସମ୍ମୁଖେ
ନ କରିଣ ଭୟ ପରାଣ ଆତଙ୍କେ।
ମୋର ପିତାଙ୍କ ଆଗେ ସ୍ୱର୍ଗର ଇନ୍ଦ୍ର
ଭୟରେ ନକରେ ବିବାହ ସମ୍ବନ୍ଧ।

"ପାତାଳରେ ଯହିଁ ବାସୁକି ରହେ ଭୟଭୀତ ଶଙ୍କିତ ହୋଇ।
ମର୍ତ୍ତ୍ୟରେ କିଏ ବା ସମର୍ଥ ଆଣିବାକୁ ଯୋଗ୍ୟବର ମୋର ପାଇଁ।।"

■

।। ୧୮୦ ।।

ଶୁଣି ହୀରାମଣି କହେ "ହେ ରାଣୀ!
ତୋର କଞ୍ଚନ ଅଙ୍ଗ କାନ୍ତି ଜାଣି।
ସେ'ତ ସୂର୍ଯ୍ୟ ସମ ପୁରୁଷ ନଗ
ଖଞ୍ଜିଲେ କାଞ୍ଚନ ସଙ୍ଗେ ଶୋଭିବ।
ବିରହ ବଜ୍ର ଅଗ୍ନି ଯହିଁ ଲାଗେ
ପ୍ରଚଣ୍ଡେ ଜଳେ ଉର୍ଦ୍ଧ୍ୱେ ଦ୍ରୁତ ବେଗେ।
ଦ୍ରବ୍ୟରେ ଯଦି ଲାଗଇ ଅନଳ
ଜଳି ଜଳି ଛାର ହୁଏ ସତ୍ୱର।
ଢାଳିଲେ କୂପ ଜଳ ଲିଭିଯାଇ
କିନ୍ତୁ ବିରହ ଦାହ ନ ଲିଭଇ।
ସୂର୍ଯ୍ୟ ଅତିଷ୍ଠ ବିରହ ଅନଳେ
କିନ୍ତୁ ବିରହ ଅଗ୍ନି ନାହିଁ ମରେ।
ସୂର୍ଯ୍ୟ ଦିବା ନିଶି ତପତ ହୁଏ
କ୍ଷଣେ ନଭେ କ୍ଷଣେ ପାତାଳ ରହେ।
ଏହି ପ୍ରକାରେ ଜ୍ୱଳନ ସୂର୍ଯ୍ୟର
କାହିଁ ଜଗତ ଜୀବ ତହିଁ ଛାର।

ଧନ୍ୟ ସେ ଜୀବ ଯେ ସହେ ଦହନ
ଯେତେ ପୋଡ଼େ ସେତେ କରେ ଗୋପନ।
ଅଦୃଶ୍ୟ ଜଳେ ହୃଦୟ ପ୍ରଦେଶେ
ରୂପ ଶ୍ୟାମ ବର୍ଣ୍ଣ ଅଙ୍ଗାର ଦିଶେ।
କିନ୍ତୁ ବୁଝାଇ ନ କହେ କଷଣ
ଦୁଃଖେ ଭରା ଏ ପ୍ରେମିକ ଜୀବନ।
ପୁଣି କହେ ସେ ବିଦଗ୍ଧ ପ୍ରଣୟୀ
କିବା ସନ୍ଦେଶ ତାରେ ଦେବି ମୁହିଁ।"

"ଦୁର୍ବିଷହ ପ୍ରୀତି ହୁତାଶନେ ଜଳି ଯା ଲାଗି ମୁଁ ମୃତସମ।
ତା ସାଥେ ମିଳନେ ବୁଝାଇବି ମୁହିଁ ସେ ବହ୍ନି କରାଳ ଦହନ।"

॥ ୧୮୧ ॥

ଶୁକ ମୁଖ ଶ୍ରବଣେ ପ୍ରୀତି ବାଣୀ
ଦୂତେ ତାମ୍ବୂଳ ଦିଏ ଜେମାମଣି।।
ପାନ ରସେ ତା ଚଞ୍ଚୁ ଆରକ୍ତିମ
କନ୍ୟା କହେ "ତୁ ମମତା ବିହୀନ।
ସେତ ପକ୍ଷମେଲି ଉଡ଼େ ଗଗନେ
ଫେରିବାକୁ ବେଳହୀନ ଲଗନେ।
ପରଦେଶୀ ତୁ ଚପଳ ବିହଗ
କାର ଶକ୍ତି ନାହିଁ ତୋତେ ରୋଧିବ।
ଅଦ୍ୟ ଦିବସେ ରହତୁ ମୋ ପାଶେ
କାଲି ଗମିବୁ ଭୂପତି ପାରୁଶେ।
ଆଜି ରହିବୁ ରଖି ଅନୁରୋଧ
ଶକ୍ତି କାରକେ କାଲି ଆଗୁଳିବ।
ଶୁକ କହେ ରାଣୀ ତୁମ ପାଶରେ
ଅବଶ୍ୟ ରହିବି ଅତି ଆଦରେ।

ଯେଣୁ ରାଜାଙ୍କୁ ଦେଇଛି ବଚନ
ବାକ୍ୟ ରଖି ମୋର ଯିବି ବହନ।
କ୍ରୌଞ୍ଚ ପକ୍ଷୀ କି ଚାହିଁଛି ପଲକେ
କ୍ରୌଞ୍ଚୀ ଆସିବ ବା ତାର ସମୀପେ।
ଜଳ ବିନା କି ମୀନ ରହେ ସ୍ଥଳ
ବୃକ୍ଷା ଶାଖେ ଝୁଲେ ରସାଳ ଫଳ।
ମୀନ ରସାଳେ ଯଦି ପ୍ରୀତି ହୁଏ
ଅତି ଅଦ୍ଭୁତେ ମିଶନ୍ତି ସେ ଦୁହେଁ।

ଶାଖାରୁ ଓହ୍ଲାଇ ରସାଳ ଆସଇ ଝଷ ଆସେ ଜଳୁ ଏକକାଳେ।
କଡ଼େଇରେ ପଶି, ଚୁଲ୍ଲୀରେ ନିବେଶି ମିଳନ ତାଙ୍କର ରନ୍ଧନ ଶାଳେ।।

■

।। ୧୮୨ ।।

ଦିବା ବିଭାବରୀ, ଯହିଁ ଏକକରି
ଯୋଗ ଲୟେ ବସିଛନ୍ତି ରାଜା
ପ୍ରତୀକ୍ଷା ବିବଶ-ହୋଇ ନିର୍ନିମେଷ
ପ୍ରେୟସୀର ପଥ ଚାହିଁ ସଦା।
ପ୍ରେମରସ ଭାର, ସନ୍ଦେଶ ସାଥିରେ
ଘେନି ପ୍ରବେଶିଲା ହୀରାମଣି
ସମ୍ବୋଧି ରାଜାରେ କୁହଇ ବିଧିରେ
ଗୁରୁ ନିର୍ଦ୍ଦେଶ, ଗୋରଖ ବାଣୀ।
"ସିଦ୍ଧ ହେଲା ନିଷ୍ଠେ-କେତେ ସ୍ନେହବଶେ
ରାଜା ମୋତେ ମନ୍ତ୍ର ଥିଲେ ଦେଇ।
ଆଦି ଗୋରଖର ଏକ ଶବ୍ଦ ଭାଷା
ଏକ ଶବ୍ଦେ ଗଲା ବାକ୍ୟ ହୋଇ।
ଭୃଙ୍ଗ ଗୁରୁ ହୋଇ, ପତଙ୍ଗ ଚେଲାକୁ
ଭକ୍ଷି କରେ ପୁଣି ନବରୂପ
ମୃତ୍ୟୁ ବେଳେ ସେହି ଭୃଙ୍ଗ ରୂପ ଦେଖି

ପାଏ ଗୁରୁ ଦୟା ଅନୁରୂପ
ଜୀବନ-ଶରୀର ଦୁହିଁଙ୍କି ଦିଅଇ
ଅଭିନବ ଗୁରୁ ରୂପ ତତ୍ତ୍ୱ
ମଧୁପ ହୋଇ ସେ, କରେ ମଧୁପାନ
ବସନ୍ତ ବିହାରେ ହୋଇ ମତ୍ତ।
ତହୁଁ କମଳର କଳିକା ବିକଶେ
ସୂର୍ଯ୍ୟ ତାପେ, ବାସ ପବନରେ
କେଉଁ ବନ ଦେଶୁ, ମଧୁପ ଆସଇ
ମଧୁ ଲୁଟେ, ଗୁରୁ କୃପା ବଳେ।"

"ଗୁରୁ କୃପାବଳେ ଦୁର୍ଲ୍ଲଭ ଯା ଭବେ
ସମସ୍ତ ସୁଲଭ ତାର ଅଶ୍ୱ ଲବେ।"

।। ୧୮୩ ।।

ଦୈବ! ଦୈବ! କରି ରାଜା ରତ୍ନସେନ
ଶୁକ ବାକ୍ୟେ, ମୋହମୁକ୍ତ କଲେ ମନ।
ଆସଇ ଶ୍ରୀ ପଞ୍ଚମୀ ଧରା ପରଶି
ନବ ବସନ୍ତର ଉଲ୍ଲାସେ ଉଲ୍ଲସି।
ବନ ନୟନୁ ଶିଶିର-ବନ ବହି
ଉଷସୀ ମରୁତେ ଭୂତଳେ ଝରଇ।
ଛାୟା ତଳେ ବସି ନୁହେଁ ବେଶିକ୍ଷଣ
ତାପ ସହି ନୁହେଁ, ଛାୟା ଲାଗି ମନ।
ସିଂହଳ ଦ୍ୱୀପରେ ଯେତେ ସାଥି ସହି
ସକଳରେ ଡାକି ପଦ୍ମିନୀ କୁହଇ।
"ଏ ନବ ବସନ୍ତ ସମୟଲୋ ସହୀ
ରୂପବତୀ ଧରିତ୍ରୀ ଆବେଗମୟୀ।
ଘନପାଦପୁ ଫଳିତ ପତ୍ରଝରେ
ଆସିଛି ନବ ବସନ୍ତ ଧରିତ୍ରୀରେ।

ଶାଖା ଶାଖାରେ କୋମଳ ପତ୍ରାବଳୀ
ଯହିଁ ଦୋଳାୟିତ ଶୋଭେ କମ୍ର କଳି।
ବହୁ ଶ୍ୟାମଳ ସୁଷମା ରୂପ ନେଇ
ଋତୁରାଜ ଧରଣୀରେ ବିଳସଇ।
ଆଜି ଶ୍ରୀ ପଞ୍ଚମୀ ସର୍ବ ଶୁଭଦିନ
ଶଙ୍କର ପୂଜିବା ଗୋ ସଜନୀଗଣ !"

"ଏକ ମେଳ ହୋଇ ସଖି ସଜନିଏ ଶିବ ମନ୍ଦିର ଯିବା ଚଳି।
ମାଧବ ଋତୁରେ ମହାଦେବ ପୂଜି ମନ ମାନସିକ ପୂର୍ଣ୍ଣକରି।।"

॥ ୧୮୪ ॥

ପଦ୍ମାବତୀ ଆଜ୍ଞା ନାଗରୀ ଚାର
ଡଫଲି ନିନାଦେ କଲା ପ୍ରଚାର।
"ସିଂହଳ ବାସିନୀ ସର୍ବ ସଜନୀ
ତନୁ ବାସ ସାଜି ଆସ ରମଣୀ।
ଜେମା ଚଳିବେ ଶିବ ପୂଜା କରି
ଆସ ସଜନୀ ସାଙ୍ଗ ସାଥୀ ମିଳି।
କମଳ କଳିକା ପରି ପଦ୍ମିନୀ
ମାଳତୀ ପୁଷ୍ପ ପୁଷ୍ପିତ ହେଲାଣି।
ତାରା ମଣ୍ଡଳ ବସ୍ତ୍ର ଚୋଳା କରି
କନ୍ୟା ଦିଶଇ ପୂର୍ଣ୍ଣଚନ୍ଦ୍ର ସରି।
ଦଶସସ୍ର ଅମାତ୍ୟ କନ୍ୟା ସାଥେ
ରାଜକନ୍ୟା ଚଳେ ମନ୍ଦିର ପଥେ।
ପାଟ, ପତନି, ଶାଢ଼ି ସର୍ବେ ପିନ୍ଧି
ଚୂଆ, ଚନ୍ଦନ ଗନ୍ଧ ଉଠେ ଭେଦି।
ସର୍ବ ରମଣୀ ଅପଘନ ବାସେ
ମଧୁପ ବେଢ଼ି ଆସନ୍ତି ସମୀପେ।

ପାନ, ଫୁଲ, ସିନ୍ଦୂରେ ମଣ୍ଡି ହୋଇ
କଳ-କଲ୍ଲୋଳେ ଗମନ୍ତି ପଥ ବାହି।
ଦେଖନ୍ତେ ଲଗେ କି ଚଳେ ଉଦ୍ୟାନ
ବହୁପୁଷ୍ପିତ ପୁଷ୍ପେ ମନୋରମ।
ଋତୁ ମାଧବ ଦେଖି ହୁଏ ମୁଗ୍ଧ
ଚାରୁ କାମିନୀଙ୍କ ତନୁଶ୍ରୀ ଭେଦ।

ରାଜକନ୍ୟା ଜଳିଯାନ୍ତି ଶମ୍ଭୁ ଆଳେ ଶିବ ପୂଜା ବେଳ ଜାଣି।
ଛତିଶ ପାଟକ କୂଳବଧୂ କନ୍ୟା ଆପଣା ସଙ୍ଗତେ ଘେନି।।

।। ୧୮୫ ।।

ସୁନ୍ଦରୀ ତରୁଣୀ ଚାରୁ ତନୁ ସାଜି
ସର୍ବେ ଗଲେ ବେଳଜାଣି।
ଛତିଶ ପାଟକ କୁଳବଧୂ କନ୍ୟା
ଆପଣା ସଙ୍ଗତେ ଘେନି।
ଗଉଡ଼, ପାଟରା ରମଣୀ ସମସ୍ତେ
ଆନନ୍ଦେ ଉଲ୍ଲାସ ହୋଇ
ପଥ ବାଙ୍କ ବୁଲି ସହସ୍ର ବ୍ରାହ୍ମଣୀ
ସେ ଦଳେ ମିଳିଲେ ଯାଇ।
ଅଗ୍ରେ ଚାଲୁଥିଲେ ଯେଉଁ ନାଗରୀଏ
ଗଜ ଗତି କରି ଗଲେ
ପଶ୍ଚାତେ ତାଙ୍କର, ମରାଳ ଗତିରେ
ମିଳିଲେ ଅପର ଦଳେ
ଚନ୍ଦେଲୀନ ନାରୀ, ଠକ ଠକ ଚାଲି
ପାଦେ ମାପି ଚାଲେ ମହୀ
ଚୌହାନ ନାରୀ, ଝନତ୍କାର କରି
ଗରବେ ଅବା ଗମଇ।

ସ୍ୱର୍ଣ୍ଣକାର ନାରୀ, ସ୍ୱର୍ଣ୍ଣ ଆଭରଣେ
ଚଳିଯାନ୍ତି ସୋହାଗରେ।
କଳକଣ୍ଠୀ ନାରୀ, ପ୍ରୀତି ମଧୁବୋଳି
ଭାଷଇ ବଚନ ଧୀରେ
ବାନିନୀ କୂଳ ସ୍ତ୍ରୀ ଉଲ୍ଲାସେ ଚଳନ୍ତି।
ସୀମନ୍ତେ ସିନ୍ଦୂର ଭରି
କାୟସ୍ଥିନୀ ନାରୀ ଗମ୍ଭୀରେ ଚାଲନ୍ତି
ଆଭିଜାତ୍ୟ ଗର୍ବ କରି।
ପାଟୁଆଣି ଯାନ୍ତି, କଉତୁକ ରଙ୍ଗେ
ଚୋଲି ଦିଶେ ବାସ ତଳେ
ବରଉଣୀ ଦଳ, ଯାନ୍ତି ଦଳ ଦଳ
ଓଷ୍ଠ ରଞ୍ଜିତ ତାମ୍ବୂଳେ।

ଏପରି ସର୍ବ ପାବନୀ ରମଣୀ ହସ୍ତେ ପୁଷ୍ପ ଡାଲାଧରି
ସଖିଏ ଚଳନ୍ତି ରାଜଜେମା ସାଥେ ଆଶୁତୋଷ ପୂଜାକରି।।

॥ ୧୮୬ ॥

ସର୍ବ ଜନନୀ ସାଥେ କମଳ କଳି
ଶିବ ଅର୍ଚ୍ଚନା ଲାଗି ଗମନ୍ତି ମିଳି।
ଫଳ ତୋଳିବା ଆଶା ରଖି ମନରେ
ବାଟିକା ପଥେ ସର୍ବେ ଗମନ୍ତି ଭଲେ।
ପରସ୍ପରେ ସେ କରନ୍ତି ନମସ୍କାର
ବାର୍ତ୍ତାଳାପେ ଭାଷନ୍ତି, "ଭାଗ୍ୟ ଆମର।
ମନ ଉଲ୍ଲାସକାରୀ ଏହି ପରବ
ସର୍ବେ ମନାନ୍ତି ରହି ଏହି ଉତ୍ସବ।
ମନୋରା, ଝୁମୁକାକୁ ଏକତ୍ର କରି
ଉଲ୍ଲାସ ଚିତ୍ତେ କ୍ରୀଡ଼ା କରିବା ମିଳି।

ଅଭିନୟ ଆଚରି ତନୁ ନର୍ତ୍ତନେ
ସକଳ ସଜନିଏ ନାଚ ଏ ସ୍ଥାନେ।
ଅବିର ଖେଳି ହୋଲି ଜାଳିବା ସର୍ବେ
ବିହ୍ୱଳ ହୋଇ ସର୍ବ ଅବଳା ଗର୍ବେ।
ତାପରେ ସେହି ଛାର କରି ପରାଗ
ଅପଘନେ ଲେପିବା ହୋଇ ସରାଗ।
କେବଳ ଆଜି ଦିନ ମନ ପୂରାଇ
ସକଳ ଆଶା ପୂର୍ଣ୍ଣ କରିବା ସହୀ।
ଏମନ୍ତ ସୁଯୋଗ କି ଆସିବ ବାରେ
ଖେଳଗୋ ସଜନୀ ଏ ଶ୍ରୀ ପଞ୍ଚମୀରେ।
ଶ୍ୱଶୁରାଳୟେ ଆମ ଜୀବ ବନ୍ଧନେ
କିପରି ବା ଆସିବୁ ଏ ଉପବନେ।"

ବିଶ୍ୱେଶ୍ୱରଙ୍କର ପୂଜାର୍ଚ୍ଚନା ସାରି ଗୃହେ ବାହୁଡ଼ିବା ସହୀ।
ତେଣୁ ମନଇଚ୍ଛା ଖେଳଲୋ ସଜନୀ ଶ୍ରୀପଞ୍ଚମୀ ଦିନ ପାଇଁ।।

ଟିପ୍ପଣୀ:- ମନୋରା: ବର୍ଷା ଋତୁ ଶେଷହେବା ପରେ ସ୍ତ୍ରୀ ଲୋକଙ୍କ ଦ୍ୱାରା ପାଳିତ ହେଉଥିବା ଏକ ଉତ୍ସବ।
ଝୁମକ: ଏକ ପ୍ରକାର ଗୀତ। ଏହା ଗାଇବା ସମୟରେ ଅଙ୍ଗଭଙ୍ଗୀ ମଧ୍ୟ କରାହୁଏ।

॥ ୧୮୭ ॥

ସଜନୀ ସର୍ବେ ଶିବ ପୂଜା ଲାଗି
ଫଳ ପୁଷ୍ପ ତୋଳନ୍ତି ଅନୁରାଗୀ।
କେବା ଶାଖା ନୋଇଁ ରସାଳ ତୋଳେ
ଜାମୁ ଗହଳରୁ କେ ଫଳ ଝାଡ଼େ।
କିଏ ନାରଙ୍ଗ ତୋଳେ କେ କୁରଞ୍ଜୀ
କିଏ ଡାଳିମ୍ବ ଦ୍ରାକ୍ଷା କିଏ ନିଞ୍ଜୀ।

କ୍ଷୀରକୋଳି ସଦା ଫଳ କେ ଖୋଜି
ଖାଏ ପଣସ ବଡ଼ହଲ ଭାଙ୍ଗି।
ଜାଇଫଳ, ଜମ୍ବିଳ ଓ ଲବଙ୍ଗ
ଡାଲା ଭରି ତୋଳେ ଭରି ସରାଗ।
ସୁପାରି କରମଙ୍ଗା କେ ତୋଳୁଛି
ନାରିକେଳ ତେନ୍ତୁଳି କେ ଧରିଛି।
କିଏ ବିଜୌର ମହୁଲ ଖଜୁରୀ
ଆଣେ କସୌନ୍ଦ ହରପାର ବଡ଼ି।
ତୋଳେ କିଏ ବରକୋଳି, ହରିଡ଼ା
କିଏ ପୁଣି ଆଣେ ଅଁଳା, ବାହାଡ଼ା
ଦୂରେ ଗଲେ କିଏ ପାଏ ସଅଳ
କଦଳୀ କାନ୍ଧି କେବା ଲିମ୍ବ ଫଳ।

କରି ମନୋବାଞ୍ଛା ନିଜ ନିଜ ଇଚ୍ଛା ଅନୁରୂପେ ତୋଳନ୍ତି ଫଳ।
କାହାପାଇଁ ବିଷ କା ପାଇଁ ଅମୃତ ଘନ ବନ, ପତ୍ର, ଫୁଲ।।

ଟିପ୍ପଣୀ: କବି ଫଳ ସଂଗ୍ରହ ମାଧ୍ୟମରେ ମନୁଷ୍ୟ ଜୀବନର ସାଧନା ଏବଂ ତାର ଫଳ ପ୍ରାପ୍ତିର ବିଭିନ୍ନତାର ପ୍ରସଙ୍ଗ ଉଲ୍ଲେଖ କରିଛନ୍ତି। କିଏ ସଫଳତା ସହଜରେ ପ୍ରାପ୍ତ କରେ ତ କିଏ କଷ୍ଟ ସ୍ୱୀକାର କରି ପ୍ରାପ୍ତ ହୁଏ। କିଏ ଆଶାତୀତ ସଫଳତା ପାଏ ତ କିଏ ସର୍ବସ୍ୱ ହାରେ।

■

।। ୧୮୮ ।।

ପୁଷ୍ପ ପାଇଁ ସର୍ବେ ପୁଷ୍ପ ଉଦ୍ୟାନେ
ଯାଆନ୍ତି ଚଳି ପ୍ରଫୁଲ୍ଲିତ ମନେ।
ସଦ୍ୟ ବିକଶିତ ପୁଷ୍ପ ସକଳେ
ଧରି ତୋଳନ୍ତି ମନ ଆନନ୍ଦରେ।
ଯିଏ ଯେଉଁ ଫୁଲ ପାଇଁ ଆଶାୟୀ
ସେଇ ପୁଷ୍ପ ବୃକ୍ଷ ତଳେ ମିଳଇ।

କିଆ, କେତକୀ ସଙ୍ଗତେ ନେବରୀ
ଆଣେ ଚମ୍ପା, ମାଳତୀ ଗୁଚ୍ଛକରି।
ଶତାବରୀ କରନା ଓ ଚାମେଲି
ନାଗେଶ୍ୱରୀ କୁନ୍ଦ ବରନା ଧରି।
ସୋନାଜରଦ ଗୋଲାପ, ଗୁଲାଲ
ତୋଳି ରଖି କରେ ମନ ପ୍ରଫୁଲ୍ଲ।
କିଏ ସୁଦର୍ଶନ କିଏ କୁବ୍ଜକ
କିଏ କଦମ୍ବ ତଳେ, ମାରଇ ସ୍ୱେଦ।
ଗୁଲବକାବଲୀ, ରୂପ ମଞ୍ଜରୀ
ମୌଳି ଶ୍ରୀ, ଶେଫାଳିକା ଗୁଣଗୌରୀ।
ଚନ୍ଦନ ଫୁଲ କେ ହସ୍ତରେ ଧରି
ଅଜଣା ବିଟପେ ଚାହେ ନିରୋଳି।
କିଏ ପୁଷ୍ପ କେବା ତୋଳୁଛି ପତ୍ର
ପରଶେ ଯହିଁ କି ଯାହାର ହସ୍ତ।
ହାର ବସ୍ତ୍ର କାର କଣ୍ଟକେ ଲାଗେ
କରୁ ରକ୍ତ ସ୍ରବେ ଭିଡ଼ିଲେ ଆଣ୍ଟେ।

ତଥାପି ସେ ଖୋଜେ ଫଳ, ପୁଷ୍ପ, ପତ୍ର ଗହନ ପାଦପବନ ତଳେ।
ଦେବ ପୂଜା ଲାଗି ଯେହେତୁ ଉଲ୍ଲାସେ ଭରିଛି ଗୋପନ ମରମରେ।।

॥ ୧୮୯ ॥

ଏହି ପ୍ରକାରେ ପତ୍ର ପୁଷ୍ପ ଫଳେ
ହସ୍ତ ଝୁଲାରେ ଝୁଲାଇ ସକଳେ।
ଶ୍ରୀପଞ୍ଚମୀ ଗୀତ ଗାଇଲେ ମିଳି
ବାଜିଲା ଡଫଲି, ମର୍ଦ୍ଦଳ, ଭେରୀ।
ଶଙ୍ଖ ଦୁନ୍ଦୁଭି, ଢୋଲ, ଶିଙ୍ଗା, ଝାଞ୍ଜ
ତୁରୀ, ମହୁରୀ, ମୁରଲୀ, ମୃଦଙ୍ଗ।

ଶବ୍ଦେ ଆକାଶ ପୃଥିବୀ ପ୍ରସରେ
ବାଦ୍ୟ ବାଜଇ ଭିନ୍ନ ଭିନ୍ନ ସୁରେ।
ରଥେ ଚଳିଗଲେ ପୂଜା ମଣ୍ଡପେ
ରାଜଜେମା ସାଥେ ସଖୀ ସମସ୍ତେ।
ନବ ବସନ୍ତେ, ନବୀନା ସୁନ୍ଦରୀ
ଦଳ ଗମନ୍ତି କଉତୁକ କରି।
ସିନ୍ଦୂର ଧୂଳିରେ ଖେଳନ୍ତି ସର୍ବେ
ଶ୍ରୀ ପଞ୍ଚମୀ ନୃତ୍ୟ ସଙ୍ଗୀତ ସାଥେ।
ଅମ୍ବର ଅବିର ରଙ୍ଗେ ରଞ୍ଜିତ
ରଙ୍ଗେ ଧରା ଦୂର୍ବାଦଳ ଦୋଳିତ।

ଅନନ୍ତ, ଅବନୀ ଆରକ୍ତିମ ରାଗେ ସୁରୁଚିର ଦିଶେ ଅତି।
ବନ, ଦ୍ରୁମ, ଲତା, ପତ୍ର, ପୁଷ୍ପ ଶାଖା ଝଳେ ଅନୁପମ କାନ୍ତି।।

।। ୧୯୦ ।।

ଏହିପରି ନବ, ବସନ୍ତ ଉତ୍ସବେ
ମତ୍ତ ହୋଇ ସର୍ବବାଳୀ
ଶିବ ପୀଠେ ଯାଇ ପ୍ରବେଶ ହୋଇଲେ
ପଦ୍ମିନୀ ରାଜଦୁଲାଳୀ
ସର୍ବ ଦେବତାଏ, ନିର୍ନିମେଷ ନେତ୍ରେ
ଦେଖନ୍ତି ରାଜ ସୂତାରେ
ଦେଖିଲେ ପଲକେ, ପାପ ଅପସରେ
ଶୁଦ୍ଧ ସତ୍ତ୍ୱ ଉଦୟରେ।
କିଏ କହେ "ଏଇ ଅପ୍ସରା ମଣ୍ଡଳୀ
ଶୂନ୍ୟ କରି ଶିବଲୋକ।
ଆସିଛନ୍ତି ଏଥି, କଳୁଷ ବିନାଶି
ହରିବାକୁ ଆମ ଶୋକ।"
ସୁଧାଂଶୁ ଅବା ହୋଇଲେ ଉଦୟ

ନକ୍ଷତ୍ର ତାରକା ସାଥେ
କିଏ କହେ ଅବା "ପୁଷ୍କର ବାଟିକା
ପୁଷ୍ପ ଭାରେ ଗମେ ପଥେ।"
ଏହିପରି ସର୍ବେ ଭାଷନ୍ତି ଉଲ୍ଲାସେ
ନିଜ କଥା ଗଲେ ଭୁଲି
ସହଜେ ସମସ୍ତେ, ଅତି ରୂପବତୀ
ସୁଖ, ସଉଭାଗ୍ୟ ପୂରି।
ସେଥିପାଇଁ ସର୍ବ ସୁନ୍ଦରୀ ପ୍ରଦୀପ -
ପରି ଜଳନ୍ତି ମହୀରେ
ଦର୍ଶନେ ସକଳେ ଚେତନା ହରାନ୍ତି
ମୃଗ ଯେହ୍ନେ-ଅଗ୍ନିଜାଳେ।
ଭ୍ରମର ପରି କେ ଚମ୍ପା ସୁବାସରେ
ତେଜିଦିଏ ଅପଘନ
ଜଳନ୍ତା ପ୍ରଦୀପେ ଅର୍ଦ୍ଧ ଦଗ୍ଧ ତାପେ
କମ୍ପେ ପତଙ୍ଗ ସମାନ।
ସତେ କି ଲାଗଇ ବେପଥୁରେ ଭରି
ପ୍ରେମେ ଲୁବ୍ଧ କଳେବର
ଅର୍ଦ୍ଧ ଦଗ୍ଧ ହୋଇ ଭୂତଳରେ ଶୋଇ
କମ୍ପୁଥାଏ ବାରବାର।

ବିଷେ ଜର୍ଜରିତ ହୋଇ ସର୍ବେ ହତଜ୍ଞାନ।
ଜାଙ୍ଗଳିକ କାହିଁ ଦେବାକୁ ଜୀବନ!

॥ ୧୯୧ ॥

ଯାଇଁ ମଣ୍ଡପ ଅଙ୍ଗନେ ପଦ୍ମିନୀ
ଗମ୍ଭୀରାରେ ପ୍ରବେଶିଲା ସେକ୍ଷଣି।
ସ୍ୱୟଂ ଶିବ ବିଗ୍ରହ ମନେ ଭୟ
ଅତର୍କିତେ ଜାଗେ ପ୍ରାଣ ସଂଶୟ।

କେଉଁ ପଥେ ଯିବେ ଅବା ବାହାରେ
ସର୍ବ ଲଳନା ଘେରିଛନ୍ତି ଦ୍ୱାରେ।
ଆଦ୍ୟେ ପ୍ରଣାମ କରିଦିଏ ପୂଜା
ପାଦେ ନିବେଦନ କରେ ସେ ଦୂଜା।।
ତୃତୀୟ ବାର ସେ କଲା ପ୍ରଣାମ
ଭରିଦେଲା ଫଳ ପୁଷ୍ପେ ଶ୍ରୀ ଲିଙ୍ଗ।
ଶିବ ଶ୍ରୀଅଙ୍ଗେ ପ୍ରଲେପି ଚନ୍ଦନ
ଲବଣୀ, କ୍ଷୀରରେ କଲା ସ୍ନାହାନ।
ଅତି ଆତୁରେ ଦଣ୍ଡିନି କରି
ସଜଳ ନୟନେ ଜେମା କୁହଇ।
"ବିବାହିତା ମୋର ସଖୀ ସଜନୀ
ହେ ଦେବ! ମୁହିଁ ରହେ ଏକାକିନୀ।
ମୋ ପାଇଁ ନାହିଁକି ଯୋଗ୍ୟପୁରୁଷ
କୁହ ସର୍ବଦାତା ଦେବ ମହେଶ।
ଅଟଇ ଅବା କି ମୁହିଁ ନିର୍ଗୁଣ
ପ୍ରଭୁ କୃପାକର ମୋର ମାଗୁଣି।
ମୋ ଯୋଗ୍ୟ ପୁରୁଷ ମତେ ଦିଅ ଇଚ୍ଛି
କଳସ ଥାପି, ବାଞ୍ଛା ମୁଁ କରୁଛି।
ମୋର ଯଦ୍ୟପି ପୂର୍ଣ୍ଣ ହେବ ଆଶା
କରୁଣା କରି ଦେବ ବିଶ୍ୱଦାତା।
ଆଶୁତୋଷ ନାମ ହେବ ସାର୍ଥକ
ହେ ଶିବ! ପିନାକୀ ଲଜ୍ଜା ତାରକ!
ଯେବେ ପୂର୍ଣ୍ଣ ହେବ ମୋର ବାସନା
କଳସ ଜଳେ କରିବି ଅର୍ଚ୍ଚନା।"

ଶିବତ ଆସ୍ଥାନେ ହୋଇଛନ୍ତି ସ୍ଥାଣୁ କେ ନେବ ତାର ଯାତନା।
ସ୍ତମ୍ଭିତ ହୋଇଲା ସେ ରାଜନନ୍ଦିନୀ ପୂର୍ଣ୍ଣ କି ହେବ ପ୍ରାର୍ଥନା!

■

॥ ୧୯୨ ॥

କେତେ ନିବେଦନ କରଇ ଜେମା
କର ଯୁଗେ ଉଭା ଲୋଳ ନୟନା
କିଏ ସେ ଉତ୍ତର ଦେବ ବା ତହିଁ
ଦେବତା ରହିଛି ଗୁପତ ହୋଇ।
ମଣ୍ଡପରେ ସ୍ପଷ୍ଟ ଶୁଭେ ଶବଦ
ଶୁଣୁଥିବା ଲୋକେ ହେଲେ ସ୍ତବଧ।
ଦର୍ଶନେ ତୋ ଦେବେ ଅଚେତ ହୋଇ
ଅଚେତନ ହେଲେ ସେ ଧରାଶାୟୀ।
ଯେହ୍ନେ ପାରାବତ କାଟିବା ପରି
ଦେବେ ରହିଛନ୍ତି ଭୂମି ଆବୋରି।
ଯେତେକ ବ୍ରାହ୍ମଣ ବାରିକ ତହିଁ
ସର୍ବେ ଜୀବ ଶୂନ୍ୟ ରହିଲେ ହୋଇ।
ପୂଜା ଦ୍ରବ୍ୟ ହେଲା ଜହରପରି
ରାଜନନ୍ଦିନୀ ହେଲା କାଳ ସରି।
ସେ ରୂପବତୀ କି ଯେ ଦେଖୁଥାଇ
ସର୍ବ ଦଂଶିଲା ପରି ଯାଏ ରହି।
ବିଷାଦେ ପଦ୍ମିନୀ କହଇ ଦୁଃଖେ
ବିରୂପାକ୍ଷ ପୂଜା ଶିବ ମଣ୍ଡପେ।
ଶିରେମାରି କର କରେ ପ୍ରଳାପ
ହେଲା ଏପରି ହିତେ ବିଦାରିତ।

ମୃତ ସମ ସିନା ହେଲା ସେ ମୋ ଲାଗି ଯା ପାଦେ ଗଲି ମୁଁ ଶରଣ।
ପ୍ରଳପଇ, ଅଙ୍ଗେ ଜୀବନାହିଁ, ସତେ ଭୂମି ପରେ ଅଚେତନ।।

॥ ୧୯୩ ॥

ଏହି ସମୟେ ସଖୀ ଏକ ଆସି
ହସି କହଇ ସଜନୀରେ ଡାକି ।
"କଉତୁକ ବଡ଼ ଲାଗେ ଏକଥା
ପୂର୍ବଦ୍ୱାରେ ଏକ ଯୋଗୀ ଅବସ୍ଥା ।
କେଉଁ ଦେଶରୁ ଆସିଅଛି ସେହି
ତନ୍ତ୍ର ମନ୍ତ୍ର ସିଦ୍ଧ କରିବା ପାଇଁ ।
ଗୁଡ଼ ଖାଇ ଘୁଙ୍ଗା ସମ ବିବଶ
ବତିଶ ଲକ୍ଷଣ ଯୁକ୍ତ ପୁରୁଷ ।
ଦଶ ଲକ୍ଷଣେ ମିଶ୍ରିତ ପ୍ରେମିକ
ସିଦ୍ଧ ସମାଧି ସାଧୁଛି ତାପସ ।
ବତିଶ ସହସ୍ର ତା ଶିଷ୍ୟ କୁମର
ସିଦ୍ଧ ମନ୍ତ୍ର ଦାନେ ସେ ଗୁରୁବର ।
ମୃତ୍ୟୁକୁ ଜାଣେ ଏକ ବାକ୍ୟପରି
ଦିଶଇ ଯୋଗୀ ଗୋପୀଚନ୍ଦ୍ର ଭଳି ।
ଅବା ଭର୍ତ୍ତୃହରି, ପିଙ୍ଗଳା ପାଇଁ
ଗଲେ କଜ୍ଜଳୀ ବନେ ଯୋଗୀ ହୋଇ ।
ପରଦେଶୀ ଯୁବା, ଯୋଗୀ ବେଶରେ
ଆସି ମିଳିଛି ସିଂହଳ ଦ୍ୱୀପରେ ।
ମାତ୍ର ଲାଗେ ଏ ଯୁବା ପ୍ରୀତି ପାଇଁ
ରାଜପୁତ୍ର ଆସି ଅଛି ଯୋଗୀ ହୋଇ ।"

କୌତୂହଳେ ସଖୀ ସଙ୍ଗତେ ପଦ୍ମିନୀ ଗଲେ ସେ ସ୍ଥାନେ ଚଳି ।
ଏକାନ୍ତ ମନରେ ତାରେ ନିରେଖିବା ପାଇଁ ଆଗ୍ରହ ଭରେ ସୁନ୍ଦରୀ ।।

।। ୧୯୪ ।।

ସଖୀ ପାଶୁ ଶୁଣି ରାଜଜେମା ମଣି
ଆରୋହିଣ ରଥେ ତହିଁ
ଯେଉଁଠାରେ ଯୋଗୀ, ତପ ସାଧୁଅଛି
ମଠ ପୂର୍ବ ଦ୍ୱାରେ ରହି।
ଯେତେ ବି ଦେଖିଲେ ସର୍ବ ସଜନୀଏ
ଯୁବକୁ, ଯୋଗୀ ତାପସ
ଏକଲୟ ତାର ହୁଏନି ବିଲୟ
ଚକ୍ଷୁ ଦିଶେ-ନିର୍ନିମେଷ।
ସ୍ୱର୍ଗରୁ ଆସିଲେ ଅପସରା ଅଥବା
କପିଳାସ ତେଜି ପୁଣି
ଯୋଗୀ ସମ୍ମୁଖରେ ରାଜାର ଦୁଲାଳୀ
ହୁଏ ଭରା ଜେମାମଣି।
ଯୋଗୀ ସମ୍ମୁଖରେ ସୁଦୃଷ୍ଟିରେ ପଡ଼େ
ରାଜନନ୍ଦନୀର ନେତ୍ର
ଦୃଷ୍ଟି ଭେଦେ ମଧୁ ପ୍ରୀତି ରହିଗଲା
ସେ ନଳିନୀ ନୟନପାତ୍ର।
ନୟନେ ନୟନ ବିନିମୟ ହେଲା
ଜୀବ ଶୂନ୍ୟ, ଦେହକରି
ଗୋରଖ ଚେଲା ସେ ଅଚେତନ ହୋଇ
ବସୁଧା ପଡ଼େ ଆଦରି।
କିନ୍ତୁ କିଙ୍କରୀ ତା କରୁଥିଲା କରେ
କରୁଣ ବିଳାପ ଧ୍ୱନି
ଦୂର ଦିଗନ୍ତୁ ଗୁଞ୍ଜରିତ ହୋଇ
ଭରି ବିଶାଳ ଅବନୀ।
ଯାହାପାଇଁ ଯାର ମନ ରସିଥାଏ
ନ ହୁଅଇ ଅବକ୍ଷୟ
ଶୟନ, ସ୍ୱପନେ, ନିଶି ଜାଗରଣେ

ମରଣେ କି ଏକଲୟ।
ଏହି କାରଣରୁ ତପସ୍ୱୀ ଯୋଗୀଏ
ଏକାଗ୍ରତା ବ୍ରତ, ତପ
ସାଧନ୍ତି ପ୍ରୀତିରେ, ପ୍ରେମ ଶିକୁଳିରେ
ବାନ୍ଧନ୍ତି ଜଡ଼ ପଦାର୍ଥ।

ଅତି ଆଚମ୍ବିତେ ସ୍ତମ୍ଭିତ ହେଲା ସେ ତରୁଣୀ।
ଅଲକ୍ଷିତେ ତା ଚିତ୍ତମନ, ପ୍ରାଣ କେ ନେଲା ଜିଣି।।

।। ୧୯୫ ।।

ସଖୀ, ଗହଣୁ ଶୁଣିଥିଲା ଯାହା
ରସବତୀ ଜେମା ମଣି
ତା'ର ଲାଗିଥିଲା ଅତି ରସବନ୍ତ
ତପି, ଶତ ସୂର୍ଯ୍ୟ ଜିଣି।
ଆପଣାର କରି ପ୍ରେମ ନିବେଦିଲା
ଚନ୍ଦନ ଲେପିଲା ହୃଦେ।
ଚେତି ଚାହିଁବ ବା ଯୋଗୀ ଚାରୁମୁଖ
ପ୍ରୀତି ମଧୁବୋଲା ମୋଦେ।
ଶୀତଳ ପ୍ରଲେପ, ନୁହେଁ ଅନୁଭବ
ଅଚେତ ସେ ଚେତାଶୂନ୍ୟ
ବୁଲେ ଅନ୍ତରୀକ୍ଷେ କେଉଁ ଗ୍ରହ କକ୍ଷେ
ଘଟେ ନଫେରେ ଜୀବନ।
ତହୁଁ ସେ ତୁରୀ, ହୋଇଲା ଆତୁରୀ
ପତ୍ର ଲେଖେ ସ୍ୱର୍ଣ୍ଣାକ୍ଷରେ
ଭିକ୍ଷା ମାଗି ଅବା, ନ ଆସଇ ଯୋଗୀ
ନିଦ୍ରା ଯାଅ ଏତେବେଳେ।
କେଉଁ ପରି ତୁମେ, କ୍ଷୁଧା ମେଣ୍ଟାଇବ
ଆହେ ଅଜଣା, ତପୀବର

ସତ୍ୟ ଯେବେ ତୁମେ ସୂର୍ଯ୍ୟସମ ପ୍ରେମୀ
ଚନ୍ଦ୍ରମାକୁ ପ୍ରେମକର।
ସପ୍ତଗିରି ତୁଲ୍ୟ ସପତ ସଉଧ
ସିଂହଳ ଦୁର୍ଗ ଶିଖରେ
ହୋଇବ ଉଦିତ, କେ ଦିବ୍ୟ ଆଦିତ୍ୟ
ପଦ୍ମା ସୁଖଦର୍ଶନରେ।
ଆପଣା ସଖୀରେ, କହେ ଗୋପନରେ
ଗୋପ୍ୟ ରଖ ଏହି ସ୍ଥାନ
ମୋ ଏଥି ଆସିବା, ଜାଣିଲେ ଜଗତ
ଦୀପାନଳେ ଦେବପ୍ରାଣ।
ସମ୍ମୁଖେ ଯେ ମୋର ଆସନ୍ତି ଯେ ଜନ
ପ୍ରାଣ ହରନ୍ତି ତକ୍ଷଣେ
ଏଇ ପାପଭରେ ମୋ ଶିରେ ବୋହିଛି
ନିରୁପାୟ ମୁଁ ଜୀବନେ।
ଏହିହତ୍ୟା ପାପ, ମୋ ଶିରୁ ଉତାରି
କରି ମତେ ମଧୁମୟ,
କିଏ ସେ କରିବ, ମୋ ପ୍ରାଣ ଶୀତଳ
ଭୟ ଭୀତି (କରି) ବିନିମୟ।"

ଆପଣାର ଭାଗ୍ୟ ନିନ୍ଦି ଚଳେ ରାଜବାଳା।
"ଗୋପ୍ୟରଖ ଏ ସ୍ଥାନକୁ ମୋ ସଙ୍ଗିନୀ ପରା।।"

॥ ୧୯୬ ॥

ରଥ ଚଢ଼ି, ସଜନୀଙ୍କୁ ସଙ୍ଗେ ଘେନି
ଫେରି ଆସନ୍ତି ଉଆସେ ଜେମାମଣି।
ସେତ ଜୀବନ ହରିଛି ରୂପଧରି
ଦେବ ମାନବେ, ହେତୁରେ ନ ବିଚାରି।
ଚେତା ହୀନ ସେ ଅଚେତ ଅଙ୍ଗଧରି

ମୃତକକୁ ଘେନି, କେ କି ଆସେ ଫେରି ।
ଜୀବ ଥିଲା ସିନା ସର୍ବେ ଆପଣାର
ମୃତ ଘଟ କି ରହିଛି ଘରେ କାର ।
ପ୍ରିୟ ଜନ ପାଶେ କିଛି କ୍ଷଣ ପାଇଁ
ମୋହେ ମୃତକକୁ କାନ୍ଦି ଧରିଥାଇ ।
ସେ'ତ ନ ଶୁଣେ ଶ୍ରବଣେ ଜ୍ଞାତି ଲୋକ
ଶ୍ମଶାନେ ଦାହ କରନ୍ତି ପୋଛି ଶୋକ ।
ଶରୀର ତହିଁ ପାଲଟେ ଭସ୍ମ ସ୍ତୂପ
ଶୁଦ୍ଧ ହୁଅନ୍ତି ତାର କୁଟୁମ୍ବ ଲୋକ ।
ସେ'ତ ଶକ୍ତିହୀନ କିଏ ଶକ୍ତି ଦେବ
ବଳେ ଗର୍ଜନ କରିବ ପାଇ ଦମ୍ଭ
ଆରେ ଜୀନ କାହିଁ ତୋର ଶୌର୍ଯ୍ୟଅଛି
କାହିଁ ଛପିଗଲା ଭୀମ ରୂପ ନାଶି ।

ପ୍ରୀତି ମଧୁଭାଷେ କୋମଳ ଆଶ୍ୱାସେ ପ୍ରଣୟିନୀ କେବା ବୋଧ ଦେବ ।
ଶକ୍ତି, ଶୌର୍ଯ୍ୟ ବୀର୍ଯ୍ୟ କ୍ଷଣକେ ଭୂପତି ପାଇ ଉଠିବ, ପୁରୁଷ ପୁଙ୍ଗବ ।।

।। ୧୯୭ ।।

ବହୁ ଉତ୍ସାହ, ଆବେଗ ମନରେ
ରାଜ ଭବନେ ସିଂହାସନ ପରେ ।
ବସି ପଦ୍ମିନୀ ଡାକି କହେ ସଖୀ
"କାଲି ନିଶିରେ ନୀଳକଣ୍ଠ ପୂଜି ।
ନିଶି-ସପନେ ଦେଖିଲି ସଜନୀ
କେମନ୍ତେ ପୁହାଇଲି ମୋର ରଜନୀ ।
ସେହି ସ୍ୱପନେ ଦେଖିଲି ନିଯୋଗୀ
ସେହି ଯୋଗୀ ନୁହେଁ, ସେ ରାଜଭୋଗୀ ।
ମୁଁ ତାର ହୋଇଲି ଶଶୀ ପ୍ରେମିକା
ସିଂହଳ ଦ୍ୱୀପ, ପୂର୍ବାକାଶେ ଏକା ।

ପଶ୍ଚିମରୁ ସୂର୍ଯ୍ୟ ପ୍ରେମୀ ଉଦୟେ
ସିଂହଳ ଦ୍ୱୀପ କରିଲା ବିଜୟେ।
ସେହି ସୂର୍ଯ୍ୟ ଆସି ମୋର ଭବନେ
ଯୁଗଳେ ବାନ୍ଧି, ପିରତି ବନ୍ଧନେ।
ପ୍ରୀତି ଭାଷଣେ, ସେ ସ୍ୱପ୍ନ ମାଧୁରୀ
ମିଳନ ମଧୁରେ ସେ ମଧୁଭରି।
ହେଲା କନ୍ଦଳ, ଦ୍ୱନ୍ଦ୍ୱ ଦିନରାତି
କମ୍ପି ଉଠିଲା ସିଂହଳ ଧରିତ୍ରୀ।
ରାମ ଆସିଲେ ଲଙ୍କା ଗଡ଼ ଘେରି
(ରାବଣ) ରମଣ ଆସିଲେ, ରମଣ କରି।
ଲଙ୍କାଗଡ଼ ତରୁଣୀ ତନୁପରେ
ଅନୁପମ ରୀତି ସେ କରିଗଲେ।
ତାପରେ ଯାହା ହେଲା କହିନୁହେଁ
କଥା ନିଷିଦ୍ଧ, ଗୋପ୍ୟ କଥାଟିଏ।
ଅବା ପାର୍ଥ ରାଧାବୋଧ କରିଲେ
ସଙ୍ଗୋପନେ ସେ ଅନୁଭୂତି ଦେଲେ।
ମତେ ଲାଗିଲା ସର୍ବ ଲଙ୍କା ଜାଳି
ହନୁ ଦେଲା କି ସବୁ ମାଟି କରି।
ଅଗ୍ନି ଲଗାଇ ପ୍ରିୟା ତନୁମୟ
ପ୍ରିୟ ଅନୁରକ୍ତି, ଉଦ୍ଦୀପ୍ତ ସହ।
ମୋର ପୁଷ୍ପୋଦ୍ୟାନ ବିଧ୍ୱଂସ କରି
ଅଙ୍ଗ ଅବୟବେ, ମର୍ଦ୍ଦନ ସାରି।
ନଖ ଛେଦନେ ଖିନ୍ନ ଭିନ୍ନ ଦେହ
ଗାଢ଼ ଚୁମ୍ବନେ, ତପ୍ତ ତନୁ-ରୁହ।
ଶେଷ ପ୍ରହରେ ନିଶୀଥେ ସେ କ୍ଷଣେ
ସ୍ୱପ୍ନ ତେଜି ମୁଁ ଉଠିଲି ତକ୍ଷଣେ।”

“କହ ଗୋ ସଜନୀ! କି ସୂଚନା ଏହା କିବା ସଙ୍କେତ ଭବିଷ୍ୟତ।
କେଉଁ ପ୍ରକାରେ, ସ୍ୱପ୍ନ ସିଦ୍ଧ ହେବ ଆକୁଳ ମୋ ପ୍ରାଣ ଅବିରତ।।

॥ ୧୯୮ ॥

ସକଳ ସଜନୀ ଭାଳି ଭାଷନ୍ତି
"ଶୁଣ ରାଜ ଜେମା ଦେଇ ତୁ ମତି।
ପୂଜିଲୁ ମଣ୍ଡପେ ସେ ଆଶୁତୋଷ
ତୋର ସେବାରେ ସଦାଶିବ ତୋଷ।
ତୋର ସ୍ୱପ୍ନରେ ସେ ସୂର୍ଯ୍ୟ ପୁଙ୍ଗବ
ଶଶୀ ତୁ ଅଟୁ, ଏ ତୋର ସଂଯୋଗ।
ତୋତେ ସପନେ ମିଳାଇଲେ ଦେବ
ପରସ୍ପରେ ପ୍ରୀତି ଭାବ ବଢ଼ିବ।
ପଶ୍ଚିମ ଖଣ୍ଡ ରାଜ ବଂଶୀ କେହି
ସେଇ, ଆସିବ ସ୍ୱାମୀ ତୋର ହୋଇ।
ତୋଲାଗି ତୋ ପିତା ରାବଣ ସମ,
ଶତ୍ରୁ ହେବ କରି ତା ସାଙ୍ଗେ ରଣ।
ବିଭା ହୋଇବେ ସୂର୍ଯ୍ୟ ଶଶୀ ମିଳି
ହେବ ମଙ୍ଗଳ, ଯୁଦ୍ଧ ଯିବ ସରି।
ଅନିରୁଦ୍ଧ ଉଷା ପରି ମିଳନ
ସ୍ୱାମୀ ତାର ସିନା ମୀନକେତନ।
ବାଣାବୀର ବୈଭବ ହେଲା ଊଣା
କ୍ଷଣକେ ତାର ଗର୍ବ ହେଲା ଚୂନା।
ପୂର୍ବୁ ଲେଖି ଅଛି ଯାହା ବିଧାତା
ତାହା କି ଅବା କିରବ ଅନ୍ୟଥା।"

"ଆଶୁ ଭବିଷ୍ୟତେ, ତୋ ଭାଗ୍ୟ ଭୁଞ୍ଜିବୁ ଫଳ, ଫୁଲ, ପାନରସ ଭୋଗ।
ଧୈର୍ଯ୍ୟ ଧର ଜେମା, ନ ହୁଅ ବିମନା ଏହା ବିଧାତାର ସୁସଂଯୋଗ।।"

।। ୧୯୯ ।।

ଗମନ୍ତେ ପଦ୍ମାବତୀ ଘେନି ସଜନୀ ସାଥି
ଚେତନା ଶୂନ୍ୟ ତପୀ ଶରୀରେ
ଚେତନା ଆସେ ଫେରି, ସ୍ମୃତି ଆସେ ଉଛୁଳି
ଅନ୍ତର ଶୂନ୍ୟ କରି ପ୍ରସରେ।
ରାଜା ଭାବନ୍ତି ବସି, ଚଉଦିଗକୁ ଦୃଷ୍ଟି
ଦେଇ ଦେଖନ୍ତି ଦୂର ଦୂରକୁ
ନୟନ ଯାଏ ତହିଁ, ତହିଁ ଶୂନ୍ୟ ଲାଗଇ
ବ୍ୟଥା ବେଦନା ଭରେ ମନକୁ।
ହସ୍ତେ ଚକ୍ଷୁ ମନ୍ଥିଣ, ସ୍ୱଚ୍ଛ କରେ ନୟନ
କ୍ରମେ ବୁଝଇ ଦେଖି ସକଳ
"ନାହିଁ (ଶ୍ରୀ) ପଞ୍ଚମୀ ଦିନ, ମଣ୍ଡପ ପୂଜା ହୀନ
ନାହିଁ ସଜନୀ ସଖି ଗହଳ।
ପୁଷ୍ପିତ ପୁଷ୍ପରାଜି ବଲ୍ଲୀ-ତନୁ ବରଜି
ଧରଣୀରେ ପଡ଼ି ଯେହ୍ନେ ଶୁଖେ
ବାଟିକା ଶୁଷ୍କ ବୃକ୍ଷେ ଶୁଷ୍କ ହୋଇ କ୍ଷଣକେ
ବ୍ରତତୀ ମଉନେ ସୂର୍ଯ୍ୟ ତାପେ।
ସେ ନବରତୁରାଜ ମାଧବ ତନୁ ସାଜ
ନୂତନ ରୂପେ ମୋର ମାନସ।
କକ୍ଷଣ ଦେବ ଫେଡ଼ି ଉଲ୍ଲାସେ ଅଙ୍ଗ ଭରି
ଜୀବନ କରିଦେବ ସରସ।
ସାରା ଧରିତ୍ରୀ ଧରି ଅନ୍ଧକାର ଆବୋରି
(କାହିଁ) ଛପିଲା ସେ ଚପଳା କିଶୋରୀ
ତା ଛାୟା ସୁଶୀତଳ, ମୁଁ ସିନା ଧୂପ ଜାଳ
ସନ୍ତାପ ପାବକେ ଯାଏ ଜଳି"
ସହସା ଦେଖେ ତପୀ- ଚନ୍ଦନେ ଲେଖା ଲିପି
ତା ବକ୍ଷେ ସଯତନେ ବିରାଜେ
ମିଳନ ବିଚ୍ଛେଦର, ବିଧି ବିଧାନ ସାର

ନିୟତି, ନିୟମିତ ସରଜେ।
ବକ୍ଷେ କର ମାରି କାନ୍ଦେ ଭୂତଳେ ପଡ଼ି
"ଗଭୀର ନିଦ୍ରାରେ ମୁଁ ଶାୟିତ
ତେଣୁ ମୋର ମାନସୀ, ଏ ଛାତିତଳେ ଛପି
ଆକୁଳ କରେ ପ୍ରାଣ ନିରତ"
"କେ ଆଣି ମିଳାଇବ ସାଥେ"
ଭାବେ ଆକୁଳ ଯୋଗୀ ସନ୍ତାପେ।

।। ୨୦୦ ।।

ଜଳ ବିହୁନେ ଯେହ୍ନେ ହୁଏ ଝଷ
ଅଗ୍ନି ନିବେଶେ ହୁଏ ଛଟପଟ।
ତେହ୍ନେ ହୁଅନ୍ତି ଚିତ୍ତୋର ଭୂପତି
ବଜ୍ରାଗ୍ନି ସମ ଜଳେ ବକ୍ଷଲିପି।
ବକ୍ଷ ଜ୍ୱଳନ କେବେ ସହି ନୁହେଁ
ବନାଗ୍ନିପରି ଜଳି ଜଳି ଯାଏ।
ସର୍ବଜନ ବନାନ୍ତ ଦଗ୍ଧକରି
ସିଂହ ବନେ ବହ୍ନିଯାଏ ସଞ୍ଚରି।
ସେ ଘନ ବନେ ଜୀବଜନ୍ତୁ ଯେତେ
ସର୍ବେ ସନ୍ତୁଳି, ହତ ହୋନ୍ତି କେତେ।
ସେ'ତ ଜଳୁଥିଲା ସେ ବନେ ରହି
ଚର୍ମ ଆସନେ ତପସ୍ୟାରେ ଥାଇ।
"ରାଜ ତନୁଜା ହସ୍ତ ସ୍ପର୍ଶ ଲିପି।
ସ୍ପର୍ଶେ ହେଲି ମୁଁ ଅଚେତନ ଅତି।
ତାର ହସ୍ତ ସ୍ପର୍ଶ କଲା ବିହ୍ୱଳ
ଲେଖି ନ ଥିଲେ ହୁଅନ୍ତା ମଙ୍ଗଳ।
କାମ କନ୍ଦଳା, ଦ୍ୱିଜ ପୁତ୍ର ଯେହ୍ନେ
ଦୁଷ୍ମନ୍ତ, ଶକୁନ୍ତଳା ହି କାନନେ।
ନଳ, ଦମୟନ୍ତୀ ସହ ସମୟେ

ମିଳିତ ହେଲେ ପ୍ରୀତି ବିନିମୟେ।
ତେଣୁ ପ୍ରୀତି ଲିପି ଲେଖି ପଦ୍ମିନୀ
ମୋର ମାନସେ ଛପିଛି ତରୁଣୀ।
ରୂପବତୀ ସେ ବାସନ୍ତୀ ସୋହାଗି
ପ୍ରତୀକ୍ଷା କରେ ଗୋପନେ ମୋ ଲାଗି।
ସେ ଯେ ଶୋଭାମୟୀ ବସନ୍ତ ପୁଷ୍ପ
ଅଳି ହେବି ମୁଁ ତାପାଇଁ ନିଶ୍ଚିତ।"

ଶ୍ରୀ ଗୁରୁ ଗୋରଖ, କାରୁଣିକ ଦକ୍ଷ ହୋଇଥିଲେ ସୁଖୀ ସଂସାରେ।
ରାଜକନ୍ୟା ପଦ୍ମା ପାଇବି ନିଶ୍ଚିତ ବହୁ ଶ୍ରମ ସାର୍ଥକରେ।।

।। ୨୦୧ ।।

କାନ୍ଦି ଲୋଟନ୍ତି ରତ୍ନସେନ ରାଏ
ଉଠିଣ ପୁଣି ଗଡ଼ନ୍ତି ଅଥୟେ।
ରାଜା କହେ "କାହିଁ ସେ ଋତୁରାଜ
କୋଇଲି କୁହୁ ଶୁଣେ ନାହିଁ ଆଜ।
ସେଇ ସୁନ୍ଦରୀ ପୁଷ୍ପବତୀ କାହିଁ ?
ନେତ୍ରେ ପଡ଼ି ଯେ ଗଲା ଦୁଃଖ ଦେଇ।
ସେଇ ମୂରତି କାହିଁ ଗଲା ଛପି
ଦୃଷ୍ଟିରେ ତା'ର ମୋ ପ୍ରାଣ ବିଲୋପି।
ବସନ୍ତ ଆଗମେ କଣ୍ଟକ ବୃକ୍ଷେ
ନେତ୍ରେ ନ ଦିଶେ ରୁଚିର ପ୍ରତ୍ୟକ୍ଷେ।
ପଦ୍ମା ବାସନ୍ତିକା ସୁଷମାମୟୀ
ମୋର ପାଶେ ଆସିଗଲା ଉଭାଇ।
ତହୁଁ ଅଧିକ ଲାଭ କିବା ମୋର
ଋତୁ ବସନ୍ତେ ଯେହ୍ନେ ଦ୍ରୁମଦଳ।
ପତ୍ର ଝରିଯାଏ ମଧୁ ପାଦପୁ
ପୁଷ୍ପଝରାଇ ଅଶ୍ରୁରୂପେ ନେତ୍ରୁ।

ତେହ୍ନେ ରୂପବତୀ ନବ ବାସନ୍ତୀ
ଦର୍ଶନ ଦେଇ ଗଲା କାହିଁ ଛପି।
ମଧୁ ଦ୍ରୁମରୁ ଅଶ୍ରୁରୂପେ ଝରେ
ଝରା ଫୁଲ ପରି ମୁହିଁ ଆତୁରେ।
ପଦ୍ମିନୀ ରୂପ ବସନ୍ତ ସୁନ୍ଦରୀ
ପାଶେ ଆସନ୍ତେ ଗଲା ଅପସରି।
ହର୍ଷ ବଦଳେ ମଧୁ ପୁଷ୍ପସମ
ନୟନବନ ଝରେ ଅନୁକ୍ଷଣ।
ମୋର ଜୀବନ ବସନ୍ତ ସମ୍ଭାର
ସର୍ବ କ୍ଷୟ କରି ହେଲା ଅନ୍ତର।
ପୁଣି ନବ ବସନ୍ତେ ବନସ୍ଥଳୀ
ନବ ନବ ରୂପେ ଯିବ ସଞ୍ଚରି।"

କିନ୍ତୁ ସେହି କେବେ ଭାବିଥିଲା ମନେ ସୁରୁଚିର ନବ ରୂପେ।
ଉଦ୍ଦାମ ଉଲ୍ଲାସେ ପଲ୍ଲବିଲେ ଶାଖା ପତ୍ର ଝରିବ ପରିତାପେ।।

।। ୨୦୨ ।।

ଅଶ୍ରୁଳ ନୟନେ, ରୋଷାକୁଳ ନେତ୍ରେ
ଡାକି ଭାଶେ ତାର ବିଗ୍ରହ ସମୀପେ।
"ଆରେ ମ୍ଳେଚ୍ଛ ତୁ ହତ୍ୟାକାରୀ ଶଙ୍କର
ଅକାରଣେ ବନ୍ଦିଲି ତୋର ପୟର।
ନଉକାରେ ଯେବେ ପଝାରି ବସାଇ
କୂଳରେ ଲଗାଏ ନାବ ତୀରେ ନେଇ।
ତୁହିତ ପାଷାଣ ତୋତେ ନାବ କଲି
ବାରିଧି ମଧ୍ୟେ ଜଳ ମଗ୍ନହେଲି।
ପାଷାଣୁ କି ହୁଏ ବୀଜ ଅଙ୍କୁରିତ
ଶିଳାକି ତରଳି ସଲିଳ ସଂଘାତ
ପାଗଳ ସିନା ଅର୍ଚ୍ଚନା କରେ ଶିଳା

ଜୀବନ ଶୂନ୍ୟ କି ବୁଝେ ଜୀବ ଲୀଳା।
ସିଂହକୁ ନାବ କଲେ ଅଥଳ ଜଳେ
ତୀରେ ପ୍ରବେଶଇ ସେହି ଅବହେଳେ।
ଯଦ୍ୟପି ମେଷ ପୁଚ୍ଛ ହସ୍ତରେ ଧରି
ସେ କି ସମର୍ଥ ଅଥଳ ସିନ୍ଧୁତରୀ ?"
"ତୁ ତ ସୃଷ୍ଟି ନାଶକାରୀ କାରଣ
ତୋରେ ଅକାରଣେ ଗଲି ଶରଣ।"

॥ ୨୦୩ ॥

ଶଙ୍କର ଭାଷନ୍ତି "ଶୁଣ ଆରେ ଭୂପ !
ଆଦ୍ୟେ ଦେବତାଏ ହେଲେ ବଜ୍ରାହତ।
ଯେହୁ ବଜ୍ରାଘାତେ ମୃତ୍ୟୁକୁ ବରିଛି
ମୃତ ଜୀବ କେବେହେଁ ଦୟା କରେକି ?
ରାଜାର ତନୁଜା ଅଲୌକିକ ରୂପେ
ସଜନୀଙ୍କ ମେଳେ ଚଳିଲା ମଣ୍ଡପେ।
ତାର ଚଉପାଶେ ରମଣୀୟ ଦୀପ୍ତି
ପୂର୍ଣ୍ଣ କରି ତନୁ ଅପରୂପ କାନ୍ତି।
ସେ ସ୍ୱର୍ଗୀୟ ଜ୍ୟୋତି ଅନଳେ ପଡ଼ି
ସର୍ବ ଦେବତା ଜଳୁ ପତଙ୍ଗ ପରି।
ଯମ କଟାରି କି ତା ଲୋଚନ ଘୂରେ
ତା'ର କଟାକ୍ଷରେ ମରିଲୁ ସକଳେ।
ମୋର ପ୍ରାଣ ଘେନି ଯମ ଗଲା ଚଳି
କୈଳାସ ଭୁବନେ ଅବା ସ୍ୱର୍ଗପୁରୀ।
ମୁହୁଁ ମୃତପ୍ରାୟ ହୋଇ ଶ୍ୱାସହୀନ
ହୃଦୟ ମୋହର ହେଲା ହୀନ ପ୍ରାଣ।
ବୈଦ୍ୟ ଯହିଁ ଉପବାସେ ଥିଲା ରହି କେ ଦେବ ଭରସି।
"ନିର୍ଦ୍ଦୋଷରେ କରୁ ଦୋଷୀ ବୃଥା ଅଭିଯୋଗ କରୁରେ ତାପସ।"

॥ ୨୦୪ ॥

ଭୂପ ମନେ ଭାବେ "ଏତ ମୋର ଦୋଷ
ଏଥି ଲାଗି ଦୋଷୀ ନୁହେଁ ଆଶୁତୋଷ।
ମୋର ସାହା କାୟା କଲା ନାହିଁ ଦୟା
ମୋର ପାଶେ ଆସି ଫେରିଗଲା ପ୍ରିୟା।
ନେତ୍ରେ ଦେଖି ପାଶେ ନ ଜଣାଇ ପ୍ରୀତି
ଗଭୀର ନିଦ୍ରାରେ ହେଲି ଜଡ଼ମତି।
ଯଦି ଯୋଗୀ ହେଇ ନ ପାରିଲି ଧରି
ପ୍ରୀତି ଜଣାଇ ଫେରିଗଲା ସୁନ୍ଦରୀ।
ମୋର ମାନସୀ ନିରାଶେ ଗଲା ଯେ ଚଳି
ନବ ବସନ୍ତ ଧରାଶ୍ରୀ ନେଲା ସେ ହରି।
ଫୁଗୁ ଲେପି ଦେହେ ଜାଳିବି ମୁଁ ହୋଲି
ସତୀ ଜଳିଲା ପରି ଯିବି ମୁଁ ଜଳି।"

ହୋଲିର ସଙ୍କଳ୍ପ ମନେ ଭାବି ଭୂପ ରାଶିକୃତ କାଷ୍ଠମାନ।
ମଣ୍ଡପ ସମ୍ମୁଖେ କରିଲା ଏକତ୍ର ଜାଳିବାକୁ ହୁତାଶନ।।

॥ ୨୦୫ ॥

କକନୁ ପରିକା ସଜାଇ ଚିତା
ବିସର୍ଜିବ ଜୀବ, ଚିତାରେ ବୃଥା।
କରୁଣ ବିଳାପେ ଗୀତ ଗାଇଲେ
ଅଗ୍ନି ଜଳିବ ତହିଁରୁ ସତ୍ୱରେ।
ସର୍ବେ କୁହନ୍ତି "ଦେବସ୍ଥାନେ ଥାଇ
ବିଡ଼ମ୍ବନା କାର୍ଯ୍ୟ ନ କର ତୁହି।
ବିରହ-ବଜ୍ରାଗ୍ନି କେବେ ନ ଲିଭେ
ଆଦିତ୍ୟ ହେଲେ ବି ତହିଁ ଜଳିବେ।
ରଜା ଯଦି ବସେ ଜାଳି ବଜ୍ରାଗ୍ନି
ଆକାଶ ପାତାଳ ବ୍ୟାପିବ ବହ୍ନି।

ସେ ଅଗ୍ନି ସ୍ଫୁଲିଙ୍ଗ ଯଦି ପଡ଼ିବ
ମଠ ପର୍ବତ ଫାଟି ଜଳି ଯିବ।
ସେହି ଅନଳେ ସବୁ ହେବେ ଧ୍ୱଂସ
ସାଉଁଟିଲେ ବି ନମିଳିବ ଭସ୍ମ।
(ହେ) ବିଧାତା! ଏଥି ସାହା ହୁଅ ଆସି
ବିରହୀ ରାଜା ପ୍ରାଣ ବିସର୍ଜୁଛି।"
ଜାୟସୀ ଭାଷନ୍ତି ଏକଥା ସତ୍ୟ
"ଅନଙ୍ଗ ଅଗ୍ନିକି ସର୍ବେ ଶଙ୍କିତ।"

ସ୍ୱର୍ଗ ଭୟଭୀତ, ପାତାଳ କମ୍ପିତ ଧରାଶ୍ରୀ ହୋଇବ ବିକରାଳ।
ଧନ୍ୟ ସେ ବିରହୀ ହୃଦେ ବହିଥାଇ ବିଶ୍ୱ ଧ୍ୱଂସ କାମାନଳ।।

॥ ୨୦୬ ॥

ସେଇ ପରବତେ ହନୁମାନ ଥିଲା
ରାମ ଦୂତ ହୋଇ ଲଙ୍କା ଜାଳିଥିଲା।
ତହିଁ ବସି ଏବେ ଲଙ୍କା ରକ୍ଷା କରେ
ଛ ମାସେ ଉଠି ଥରେ କୁହାଟ ମାରେ।
ବିୟୋଗୀ ଅଗ୍ନିରେ ଅଧାଜଳା ହେଇ
ଲଙ୍କାରୁ ପଲଙ୍କାକୁ ଗଲାପଳାଇ।
ଯହିଁ ରହିଥିଲେ ପାର୍ବତୀ, ଈଶ୍ୱର
ତହିଁ ଜଣାଇଲା ସମ୍ବାଦ ସତ୍ୱର।
"ହେ ଈଶ୍ୱର! ତପ ମଣ୍ଡପରେ ବସି
ଯୋଗୀ ରତ୍ନସେନ ଅଗ୍ନି ଜାଳୁଅଛି।
ଯେତେକ ମର୍କଟ ତହିଁ ଥିଲେ ରହି
ତାଙ୍କ ମୁଖ ଜଳେ ରକ୍ତମୁଖ ହୋଇ।
କାହିଁ ଗଲେ ସର୍ବେ ପତ୍ତା ନମିଳିଲା
ରହିଲେ ଯେତେକ ମୁଖ କଳା ହେଲା।
ମୁଁ ସିନା ଲଙ୍କାଗଡ଼ ଥିଲି ଜଳାଇ

ଅଗ୍ନି ତାପ ଜ୍ୱାଳା ଦେଉଛି ବିରହୀ।
କନକ ମଣ୍ଡପ (ଜଳି) ଚିହ୍ନ ନରହିବ
କଳା-କଷଟି ପଥର ପାଲଟିବ।
ପ୍ରତିକାର କର! ପ୍ରଭୁ ମହାଦେବ
ବିଳମ୍ବିତ ହେଲେ ସୃଷ୍ଟି ନାଶ ଯିବ।
କିଏ ଅବା ଅଛି ଜଣେ, ସେ ବିରହୀ
ପାଦ ଆବୋରି ତାକୁ ଦେବ ବୁଝାଇ!"
ସ୍ତୁତି କରି ନିବେଦିଲା ହନୁମନ୍ତ ବୀର
"କର ହେ ଶମ୍ଭୁ ପିନାକୀ ଯାର ପ୍ରତିକାର!"

॥ ୨୦୭ ॥

ପ୍ରଭୁ ମହାଦେବ ସେ ସ୍ଥାନେ ଆସି
"କାହିଁ" ? ପୁଛନ୍ତି କଇଳାସବାସୀ।
ବୃଷ ଆରୋହୀ, ଯୋଗୀ ବେଶ ହୋଇ
ଅଙ୍ଗେ ଗୁଦୁଡ଼ି, ହାଡ଼ମାଡ଼ ବହି।
ମସ୍ତକର ମାଳା କଟୀରେ ଛନ୍ଦି
ଶେଷନାଗ ବାସୁକି କଣ୍ଠେ ବାନ୍ଧି।
ପରିଧାନେ ଗଜ ଚର୍ମ କଟୀରେ
ଭସ୍ମ ଭୂଷିତ ସର୍ବାଙ୍ଗ ସୁଚିରେ।
ଆବଦ୍ଧ ଜଟା ଶିଖୁ ଗଙ୍ଗାଝରେ
ଭାଲେ ଅର୍ଦ୍ଧଚନ୍ଦ୍ର ରାଜେ ରୁଚିରେ।
ଗଳେ ରୁଦ୍ରାକ୍ଷ, ପଦ୍ମବୀଜ ମାଳା
କରେ ଘେନି, ଭାଲ ତ୍ରିନେତ୍ର ଭୋଳା।
ହସ୍ତେ ଡମ୍ବରୁ, ଚାମର ଘଣ୍ଟା
ଘେନି ସଙ୍ଗତେ ମାହେଶ୍ୱରୀ ମାତା।
ଶାଖା ମୃଗ ଶାବକ ସମଦିଶେ
ହନୁମନ୍ତ ଚଳି ଯାଏ ପଶ୍ଚାତେ।
ବୋଲନ୍ତି, "ଶୁଣ ତାପସ ପ୍ରବର

ଚିତା ନଜାଳି, ରୁହ ହୋଇ ସ୍ଥିର।
ଗୋପ୍ୟ ନକରି କହ ତୁହି ସତ୍ୟ
ମରୁ ଯାହା ପାଇଁ ତାହାରି ଶପଥ।
କିବା ତପସ୍ୟା ନ ପାରିଲୁ କରି
ଯୋଗ ଭ୍ରଷ୍ଟ ହେଲୁ କି ଆବିଚାରି।"

"ଏଇ ବୈରାଗ୍ୟର କାରଣ କହ ତୁ ଶୁଣିବି ମୁଁ ହେତୁ କରି।
ମୁହିଁ ଦେବ ଦେବ ବିଶ୍ୱପତି ଶିବ ଆସିଛି କଇଳାସ ଛାଡ଼ି।"

॥ ୨୦୮ ॥

କରେ ଅନୁଯୋଗ, "ଯୋଗୀ କିଏ ତୁମେ
ଅତର୍କିତେ ଆସିଅଛ ଏ ସ୍ଥାନେ।
ମୋର ମରଣକୁ କର ପ୍ରତିହତ
ମୋର ମୃତ୍ୟୁରେ ତୁମେ କିମ୍ବା ଭୀତ।
ବିଳମ୍ବ ହେଉଛି ମୋର ଲାଗେ ବାଧା
ଦୁଃଖାଗ୍ନିରେ ମୁଁ ଦଗ୍ଧ ହୁଏ ସଦା।
ବାରେକ ମୃତ୍ୟୁରେ ସବୁ ହେବ ଶେଷ
ପୁଣି ନଥିବ ମନୋରଥ ତୋଷ।
ଭର୍ତ୍ତୃହରି ରାଜା ପିଙ୍ଗଳାର ଲାଗି
ରାଜ୍ୟ ବରଜୀ ହେଇଥିଲା ଯୋଗୀ।
ପଦ୍ମାବତୀ ଲାଗି ମୁହିଁ ରାଜ୍ୟ ତେଜି
ଏ ଅଗ୍ନି ଜଳାଇ ଜଳିବି ଆଜି।
ବିଳମ୍ବ ହେଲେ ବଜ୍ରାଗ୍ନି ଦିଏ ଦୁଃଖ
କହୁ କହୁ ଅନଳ ଉଠେ ମୁଖ।
ଅବିଳମ୍ବେ ମହେଶ ନଥିଲେ ରୋଧି
ଜଳି ଜଗତ ନଥାନ୍ତା ଅବଧି।
ତୋର ନାମେ ଏ ମନ୍ଦିରେ ରହି ମୁହିଁ
ଯୋଗ ସାଧିଲି ପଦ୍ମାବତୀ ପାଇଁ।

ଏଥି ଆସି ସେ'ତ ପୂଜା କରିଗଲା
ଦୁର୍ବହ କଷଣ ଦେଇଗଲା।"

"ସେ ଲାଗି ଆଦ୍ୟରୁ ମୃତ୍ୟୁ ବରିନେବି, ମୋ ପାଇଁ ମରଣ ଶ୍ରେୟ।
ଅନ୍ୟ ପ୍ରତିକାର ନାହିଁତ ମୋ ପାଇଁ ମରଣେ ହେବି ବିଲୟ।"

।। ୨୦୯ ।।

ପାର୍ବତୀ ଭାବନ୍ତି ମନେ "ମାୟା ରୂପ ଧରି
ପରୀକ୍ଷା କରିବି ତପୀ ସତ୍ୟ କି ଦୋଚାରି।
ଏତ ଶ୍ରେଷ୍ଠତମ ପ୍ରେମ ହେବ ଯୋଗୀ ଲାଗି"
ରୂପବତୀ ଅପ୍ସରା ହୋଇଲେ ଉମାଦେବୀ।
ଭାଷନ୍ତି ଦେବୀ ଶଙ୍କରୀ "ଶୁଣ ତପିବର
ତ୍ରିଲୋକେ ନଥିବ କେହି ମୋ ସମ ସୁନ୍ଦର।
ପ୍ରୀତି ପାଇଁ ଆସିଅଛି ମୁହିଁ ତବ ପାଶେ
ରୂପବନ୍ତ ଅଟ ତୁମେ ପ୍ରଣୟ ବିଳାସେ।
ପଦ୍ମାବତୀ କାମିନୀକୁ ଯାଅ ଭୁଲି ମନୁ
ମୃତ୍ୟୁ ନକର ବରଣ ବିରହ ଦହନୁ।
ଇନ୍ଦ୍ର, ଶିବଲୋକେ ସୁଖେ କର ତୁ ବିହାର
ମୋ ପ୍ରେମରେ ମଜ୍ଜି ତୁମେ ଦୁଃଖ କର ଦୂର।"

ମାୟାବିନୀ ରୂପେ ମୋହିନୀ ସ୍ୱରୂପେ ଉଭା ହୋଇଲେ ଶଙ୍କରୀ।
ଆଡ଼କରି ମୁଖ କହନ୍ତି ତାପସ "କିଏ ତୁହି ଅପସରି" ?

।। ୨୧୦ ।।

ଭାଷନ୍ତି ରତ୍ନସେନ ତପୀ ପ୍ରବର
"ହେ ରଙ୍ଗବତୀ ନାରୀ ତୋ ସାଥେ ମୋର।
କଦାପି ପରନାରୀ ମିଳନ ପାଇଁ
ମୋ ମନେ ଇଛା କେବେ ଜାଗଇ ନାହିଁ।

ପଦ୍ମିନୀ ନାମ ଧରି ବରି ମରଣ,
ତୋ ପରି ନାରୀର ମୁଁ ନୁହେଁ କାରଣ।
ଶିବଲୋକ ବିହାର ନୁହେଁ ମୋ ଆଶା
ପଦ୍ମିନୀ ପାଇଁ ମୋର ସଦା ପିପାସା।
ସିଂହଳ ରାଜଜେମା ପଦ୍ମିନୀ ମୋର
ଶିବଲୋକଠୁ ବଳି ଦୁର୍ଲ୍ଲଭ ସାର।
ମୁଁ ଯେବେ ଅନଳରେ ନାଶିବି ପ୍ରାଣ
କୈଳାସେ ରୋଳଗୋଳ ହେବ ଭୀଷଣ।
ଇନ୍ଦ୍ର, ଶିବଲୋକରେ ନାହିଁ ମୋ ଆଶା
ସିଂହଳ ରାଜା କନ୍ୟା ପାଇଁ ପିପାସା।
ମୋ ପାଇଁ ପଦ୍ମାବତୀ କୈଳାସ ଶିଖ
ତା ରୂପ ଗୁଣ ଦ୍ୱାରେ ମୁହିଁ ଯାଚକ।
ତାର ସନ୍ଦେଶ ଯିଏ ଦେବ ମୋ ପାଶେ
ସେ ହେବ ଶ୍ରେଷ୍ଠତମ ମୋର ମାନସେ।
ଇହ ପରଲୋକରେ ତା ସମ କେହି
ଉପକାରୀ ହୋଇବ ଜଗତେ କାହିଁ।
ସେ ମତେ ପ୍ରୀତିକରୁ ନକରି ତହିଁ
ତା ପ୍ରୀତି ଅଭିଳାଷେ ଆଶାୟୀ ମୁହିଁ।"

"ତା ସମ ପ୍ରିୟତମା-ବାଞ୍ଛିତ ମନୋରମା ପାଦେ ମୁଁ ବିସର୍ଜିବି ପ୍ରାଣ।
ତା ପାଇଁ ଜୀବନ ଦେଇ ଧନ୍ୟ ହୋଇବି ମୁହିଁ, ତୁ ନୁହେଁ ତୁଲ୍ୟ ତା ସମାନ।"

॥ ୨୧୧ ॥

ଭାଷନ୍ତି, "ଶୁଣ ଦେବ ଶିବ
ଏ'ତ ଶ୍ରେଷ୍ଠ ଯୋଗୀବର
ଏ ଯତି, ତାପସ, କରିଅଛି ଶେଷ
ଶୁଦ୍ଧ, ସତ୍ୟ ସଦାଚାର।
ବିଶୁଦ୍ଧ ସୁବର୍ଣ୍ଣର ଦୀପ୍ତିରେ ଭରିଛି

କଷଟି ଶିଳା ଘର୍ଷଣେ
ଅଶ୍ରୁଳ ନେତ୍ର ତା ପ୍ରେମ ଅଭିଳାଷେ
ଅଙ୍ଗ ଶୋଭେ ପୀତ ବର୍ଣ୍ଣେ।
ଆହେ ମହେଶ୍ୱର, ତୁମରି ଆଶ୍ରାରେ
ରାମ ଜିତିଲେ ରାବଣ
ତବ ଆଶ୍ରାଧରି, ଅସଫଳ ହେଲେ
ନିଶ୍ଚେ ଲଭିବ ମରଣ।
ଏହି ହତ୍ୟା ଦୋଷ, ଲାଗିବ ତୁମକୁ
ଏ ଜନ୍ମେ, ଏ ସିଦ୍ଧ ଯୋଗୀ
ମୃତ୍ୟୁ ହେଲେ ତାର ହତ୍ୟା ତବ ଶିରେ
ଘେନି ହେବ ଅପରାଧି।
ରଖ ମୋ ମିନତି ଆହେ ଭୂତପତି
ଯାହା ସେ ଯାଚନା କରେ
ତବ ପ୍ରସନ୍ନରୁ ସର୍ବ ସମ୍ଭବିବ
ମରଣୁ ତରିବ ହେଳେ।"

"ସିଦ୍ଧ ଗୋଟିକା ଦେଇ ରଖ ଜୀବ
ଆହେ ଆଶୁତୋଷ ପ୍ରଭୁ ଅନନ୍ତ।"

॥ ୨୧୨ ॥

ମହାଦେବ ନାମ ଶୁଣି ରତ୍ନସେନ,
ଦେଖେ ସେ ସିଦ୍ଧ ପୁରୁଷ
"ମୋର ଏ ଦାରୁଣ ଦୁଃଖ ଉପଶମେ
ହୋଇଛନ୍ତି ଉପନୀତ।
ସିଦ୍ଧ ପୁରୁଷର, ଅଙ୍ଗ ଅବୟବେ
ମକ୍ଷି କୀଟ ନ ବସଇ
ନୟନ ନିମେଷ, ଥାଏ ନିର୍ନିମେଷ
ଅପଲକ ରହିଥାଇ।

ଶରୀର ପଶ୍ଚାତେ ଛାୟା ନାହିଁ ଦିଶେ
ଛାୟାହୀନ କାୟା ତାର
କେବେ ପ୍ରକଟିତ, କେବେ ବା ଗୁପତ
ହୁଅନ୍ତି ସେ ବାରମ୍ବାର ।
ବୃଷଭ ବାହନେ, ବସିଛନ୍ତି ସିଦ୍ଧ
ଭସ୍ମ ବିଲପିତ ଅଙ୍ଗ
ଅଥବା ଗିରିଜାପତି ଏ ଶଙ୍କର
ବରଜି କୈଳାସ ନଗ ।
ବିକ୍ରମାଦିତ୍ୟ, ଭୋଜରାଜ ଯାହାଙ୍କୁ
ମନ୍ତ୍ର ତନ୍ତ୍ର ସାଧନାରେ
ମୋକ୍ଷ ଲଭିଗଲେ ପରମ କାଳକୁ
ଶିବ ଲୋକ ସାୟୁଜ୍ୟରେ ।
କେତେ କେତେ ସିଦ୍ଧ ଗଲେ ଇହଲୋକୁ
ଗୁରୁ ଗୋରଖ ଦର୍ଶନେ
ଇହଲୋକେ ଯଶ ପରଲୋକେ ବାସ
ମିଳନ୍ତି ଉଭୟସ୍ଥାନେ ।"

ବିନୟେ ନମି ପାଦେ କହଇ ଭୂପତି
"ଏ ସନ୍ତାପୁ ଉଦ୍ଧାର ହେ ଭୂତପତି !"

॥ ୨୧୩ ॥

ଅଗ୍ରତେ ଅଛନ୍ତି ଉଭା ଚନ୍ଦ୍ର ଚୂଡ଼ାମଣି
ଚିହ୍ନିଲେ ରାଜନ, ପାଦେ ନମନ୍ତି ସେକ୍ଷଣି ।
"ହେ ଦେବ ଦୁଃସହ ଦୁଃଖ ସହିନାହିଁ ପାରେ
ଅନଳେ ବିସର୍ଜି ପ୍ରାଣ ଶ୍ରେୟ ମନେ କରେ ।
ଶ୍ରୀ ଚରଣ ଧରି ହସ୍ତେ କରଇ ଗୁହାରି
ଜନ୍ମଦେଲେ ପିତାମାତା ବାଲ୍ୟରୁ ବିଚାରି ।
କି ପାଇଁ ରଖିଲେ ଗଳେ ପ୍ରେମ ଫାଶ ବାନ୍ଧି

ପ୍ରାଣ ହୁଏ ଦଗ୍ଧିଭୂତ ଶ୍ୱାସ ଦିଏ ରୁନ୍ଧି ।
ଯହିଁ କି ମୁଁ ପାନ୍ଥ ହେଲି ପ୍ରିୟା ପଥଧରି
ପାରୁଶେ ପାଇବି ପ୍ରିୟା, ରଖି ନ ପାରିଲି ।
ରତ୍ନମାଳା ମଧ୍ୟୁ ଯେହ୍ନେ ପଦକଟି ହାରି
ପୁନର୍ବାର ନ ପାଇ ମୁଁ ପ୍ରାଣ ଦିଏ ଜାଳି ।"
ଅଶ୍ରୁ ଧୌତ କରି ରାଜା ମହେଶ ଚରଣ
ଅସ୍ଥିର ହୋଇ ଲୋଟଇ, କରି ନିବେଦନ ।
"ଅବନୀ ଅମ୍ବର ମିଳି ଯୁଗଳ ମିଳନ
ମୁହିଁ ଏକାନ୍ତ ଜୀବନ ଯାପେ ଅକାରଣ ।"
ତପୀ କାନ୍ଦେ ଅବିରତ "ଅଶ୍ରୁନଦୀ ନାଳେ
ଊର୍ଦ୍ଧ୍ୱ ତରଙ୍ଗ ପ୍ରବାହେ ସମୁଦ୍ରରେ ମିଳେ ।
ସୂର୍ଯ୍ୟ ଉତ୍ତାପେ ନେତ୍ରାମ୍ବୁ ବାଷ୍ପ ହୋଇ ଭାସି
ବାରିଦୁ ବର୍ଷୁକ ମେଘ ଧରିତ୍ରୀ ଭରୁଛି ।
ସାଗରୁ ଉଠିଲା ଜଳି ବଡ଼ବା ଅନଳ
ତରଙ୍ଗ ଆଘାତେ ଫାଟି ଜଳେ ମୋ ହୃଦର ।
ଏ ସାଗର ଉଦ୍‌ବେଳିତ ହୋଇଥାଏ ଯହିଁ
ଉଚ୍ଚ ପର୍ବତ ଶିଖର ଯାଏ ଦ୍ରବି ହୋଇ ।"
ଅନୁତାପେ କାନ୍ଦେ ରାଜା ମାଂସ ଦେହୁ ଝରେ
ମାଂସ ଯାଏ ଗୋଳି ହୋଇ ନେତ୍ର ଅଶ୍ରୁ ନୀରେ ।
ପ୍ରତି ଲୋମ, ଲୋମକୂପେ ଭରିହୋଇ ପୁଣି
ଅବିରତେ ଝରିଯାଏ ଲୋତକ ଉଜାଣି ।
ସାଗର କଲ୍ଲୋଳ ଘାତେ ବଜ୍ରସମ ବକ୍ଷ
ଛିନ୍ନ କରି ଜଳେ ଅଗ୍ନି ବଡ଼ବା ପ୍ରତ୍ୟକ୍ଷ ।
ଏ ସମପ୍ରୀତି ଫାନ୍ଦେ ନ ପଡ଼ ହେ କେହି ନରେ,
ଆଦ୍ୟରୁ ସତର୍କ କରି ଜାୟସୀ ଭାଷଇ ।
"ପଡ଼ିଲେ ନିଶ୍ଚୟ ମୃତ୍ୟୁ ଯଦି ହେଲେ ତରଳିବ
କରାଳ ମୃତ୍ୟୁ, ସାଗରେ ଅବଶ୍ୟ ମିଳଇ ।"

॥ ୨୧୪ ॥

ପ୍ରବୋଧନା ଦେଇ ଭାଷନ୍ତି ଦେବ
"ଅଶ୍ରୁ ପୋଛି ଶୁଣ ତପୀ ପୁଙ୍ଗବ।
ଦୁଃଖ ଯେ ସହେ ଅନ୍ତେ ହୁଏ ସୁଖୀ
ଏ'ତ ବିଧିର ବିଧାନ ରହିଛି।
ସିଦ୍ଧ ହେଲୁ ତୁ ତୋର କାୟା ତନୁ
ଶୁଭ୍ର ଆଲୋକ ଆସେ ଅନ୍ଧକାରୁ।
ସିଦ୍ଧ ହେଲୁ ତୁହି ହେଲୁ ତୁ ଈଶ୍ୱର
କାୟା ଦର୍ପଣୁ ପଙ୍କ ହେଲା ଦୂର।
ଆରେ ପଥୁକୀ! ତୁହି ପରଦେଶୀ
ଏବେ ନିୟମେ ରହ ତୁ ପ୍ରବାସୀ।
ଯଦି ପାରିବୁ ସିନ୍ଧି ତୁହି କରି
ରାଜ ସିନ୍ଧୁକୁ ରତ୍ନ ନେବୁ ହରି।
ଚୋର ଯଦି ବିବର ନ କରିବ
ରାଜ ଭଣ୍ଡାରୁ ରତ୍ନ କେ ହରିବ।
ସିନ୍ଧି କରି ଯଦି ହେବୁ ବିଫଳ
ସିନ୍ଧି ଗର୍ଭେ ଲୋଟି ଯିବ ତୋ ଶିର।
ଏଇ ସିଂହଳ ଗଡ଼ର ପ୍ରାସାଦ
ସପ୍ତଭାଗ ହୋଇ ସ୍ୱର୍ଗେ ବାରିଦ।
ଗଗନ ମାର୍ଗେ ତହିଁ ଗତି କରି
ଅସଫଳ ହେଲେ ନ ଆସନ୍ତି ଫେରି।"

"ପ୍ରାଣ ଘେନି କେହି ଫେରିନାହିଁ ତହୁଁ ଜିତିଲେ ବି ସେହି ସ୍ତରେ।
ସେ ଦୁର୍ଗମ ପଥେ ଯିବୁ ତୁ କିପରି ପଦ୍ମାବତୀ ଲାଗି କେଉଁ ବଳେ।"

।। ୨୧୫ ।।

"ସେ ଗଡ଼ ଚକ୍ର ଅତି-ଅତି ଦୁର୍ଗମ
ଯେମନ୍ତ ତୋର ଅଙ୍ଗ ନୁହେଁ ସୁଷମ।
ଏ ତୋର କାୟା ତାର ଛାୟା ଯେପରି
ଏକାଗ୍ର ଲୟରେ ପରଖ ବିଚାରି।
ସଂଗ୍ରାମ କରି ଦୁର୍ଗ ନ ପାରେ ଜିତି
ଶରୀର ସାଧନେ କି ମୋକ୍ଷ ପ୍ରାପତି ?
କେବଳ ଆତ୍ମଜ୍ଞାନେ ଲଭନ୍ତି ଜ୍ଞାନୀ
ଅନ୍ୟଥା ସାଧନାରେ ନପାରେ ଜାଣି।
ଶରୀରେ ଯେହ୍ନେ ନବଦ୍ୱାର ରହିଛି
ସେ ଦୁର୍ଗେ ତେହ୍ନେ ମୁଖ୍ୟ ଦ୍ୱାର ନବଟି।
ପଞ୍ଚବାୟୁ ଚାଳିତ ଶରୀର ଧରି
ସେ ଦୁର୍ଗ ଜଗିଛନ୍ତି ପାଞ୍ଚ ପ୍ରହରୀ।
କାୟାର ଦଶଦ୍ୱାର ରହସ୍ୟମୟ
ସେ ବ୍ରହ୍ମରନ୍ଧ୍ର ଲାଗି ଏକାନ୍ତ ଶ୍ରେୟ।
ଚେତନା ଶକ୍ତିବଳେ ଗମନ୍ତି ତପୀ
ଅଗମ୍ୟ ଦଶଦ୍ୱାର ସାଧନ୍ତି ବ୍ରତୀ।
କେବଳ ସେହି ଭୋଜ ଜାଣେ ସାଧକ
ପିପୀଲିକା ଗତିରେ ହୋଇ ପଥିକ।
ଚକ୍ର ଭେଦ କରନ୍ତି ସାଧନ ବଳେ
ପିପୀଲିକା ଗତିରେ ଯିବ ନିଶ୍ଚଳେ।
ଶରୀରେ ମୂଳାଧାର ଚକ୍ର ସଦୃଶ
ସେ ଦୁର୍ଗ ନିମ୍ନ ଦେଶେ ଅଛି କଳସ।
ମଧ୍ୟେ ରହିଛି ଗୁପ୍ତେ ସୁଷୁମ୍ନା ମାର୍ଗ
ଅତି ଦୁରୂହ ପଥ ସତର୍କ ଯିବ।
ଚୋର ଯେପରି ସିନ୍ଧି କରେ ବିଚାରି
ଦ୍ୟୂତ କ୍ରୀଡ଼ାରେ ପଣ ଯେମନ୍ତ କରି।
ଦ୍ୟୂତ କ୍ରୀଡ଼ାରେ ଯେହ୍ନେ ଖେଳେ ଜୁଆଡ଼ି

ଅବା ଖୋଜେ ମୁକ୍ତା ଜଳଧି ବୁଡ଼ି।
ତୁହି ସେହିପରି ମୂଳାଧାରେ ପଶି
ଖୋଜି ସୁଷୁମ୍ନା ଧରିଥିବୁ ଆକର୍ଷି।
ସେହି ସରଣୀକୁ ତୁହି ଅନୁସରି
ବ୍ରହ୍ମରନ୍ଧ୍ରକୁ ଯିବୁ ଧିଷଣା ଧରି।
ସିଂହଳ ଦୁର୍ଗ ଯାହା କାୟା କଞ୍ଚକ
ଜୟକରି ପାଇବୁ ପରମ ସୁଖ।"

"ସିଂହଳ ଦୁର୍ଗ ସେ ତୋ କାୟା କଞ୍ଚକ ଜୟ କର ଜ୍ଞାନ ବଳେ।
ପରମସୁଖ ତୁ ପାଇବୁ ନିଶ୍ଚିତ ଏକାଗ୍ରତା ସଦାଚାରେ।"

ଟିପ୍ପଣୀ:- ଏହି ଛନ୍ଦରେ କବି ସାଙ୍କେତିକ ଭାବେ ଚୋରକୁ ସାଧକ ରୂପେ ଦର୍ଶାଇ ବ୍ରହ୍ମପ୍ରାପ୍ତିର ରାସ୍ତା ଦର୍ଶାଇଛନ୍ତି। ଚୋର ପ୍ରେମ-ମାର୍ଗର ପଥିକ ସିନ୍ଧି କରିବାରେ ଅର୍ଥ କୃଚ୍ଛ ସାଧନା ଦ୍ୱାରା ବ୍ରହ୍ମରନ୍ଧ୍ର ପର୍ଯ୍ୟନ୍ତ ଚେତନାର ଉତ୍ଥାନ କରିବା ଦ୍ୱାର-ବ୍ରହ୍ମରନ୍ଧ୍ରର ଦ୍ୱାର ଗଡ଼ର ସପ୍ତଖଣ୍ଡ-ଶରୀରର ଷଡ଼ଚକ୍ର ଏବଂ ସହସ୍ରାର। ଏହି ସପ୍ତଖଣ୍ଡର ଚଢ଼ିବା - ବ୍ରହ୍ମ ସତ୍ତା ଲାଭ କରିବା।

॥ ୨୧୬ ॥

"ବ୍ରହ୍ମ ରନ୍ଧ୍ର ଅଟେ ଦଶମ ଦ୍ୱାର
ତାଳ ବୃକ୍ଷ ପରି ଉଚ୍ଚତା ତାର।
ଓଲଟି ଦେଖିବୁ ନିରେଖି ନେତ୍ର
ଦଶ-ଇନ୍ଦ୍ରିୟକୁ କରି ଏକତ୍ର।
ଅନ୍ତଃର୍ମୁଖୀ ଯେ ମନକୁ କରିବ
ନିଶ୍ଚିତ ତା' ତାରେ ଦୃଶ୍ୟ ହୋଇବ।
ଖୋଜି ଦେଖିବୁ ଶ୍ୱାସ ରୁଦ୍ଧ କରି
ପ୍ରାଣାୟାମେ ଚିତ୍ତ ସ୍ଥିର ତୁ କରି।
ଶ୍ରୀକୃଷ୍ଣ ଯେହ୍ନେ ମନ ଶ୍ୱାସ ରୁନ୍ଧି
କାଳୀୟ ଦର୍ପ ଗଞ୍ଜିଲେ ବିନୋଦି।

ଯଦି ମରୁ ତୁ, ଅହଂଭାବ ତୋର
ନଷ୍ଟ ହେବ, ତୁ ହୋଇବୁ ଅମର।
ଲୋକାଚାରେ ଉଚିତ ବ୍ୟବହାର
କରି, ଗୋପନେ ସାଧି ଯୋଗତୋର।
ଅହଂ-ଅହଂଭାବ ଯିବୁ ପାସୋରି
ପୂର୍ଣ୍ଣ ବ୍ରହ୍ମ ତୁ ହୋଇବୁ ନିସ୍ତରି।
ଜୀବ ଗଲେ ଥରେ, କି ପୁନର୍ବାର
କାହିଁ ମୃତ୍ୟୁ କି ବରିଛି ସଂସାର।
ଏହି ଜ୍ଞାନେ ହେବୁ ତୁ ଗୁରୁଦେବ
ଦୃଶ୍ୟ ସଂସାର ତୋ ମଧ୍ୟେ ରହିବ।
ସେଇ ଗୁରୁ, ସେ ଶିଷ୍ୟ ଭାବ ଏକ
ଭିନ୍ନ ନୁହେଁ, ରୂପ ତାର ଅନେକ।
ତୁହି ସ୍ୱୟଂ ମୃତ୍ୟୁ, ସ୍ୱୟଂ ଜୀବନ
ସ୍ୱୟଂ ତନୁ-ପ୍ରାଣ ତୋ ନୁହେଁ ଭିନ୍ନ।"

ଯାହା ସର୍ଜନାରେ ଦେଖୁ ଅଛୁ ଅତିରିକ୍ତ ଆଉ ସତ୍ତା ନାହିଁ ଭିନ୍ନ।
ଏ ବିଶ୍ୱ-ଜଗତ, ହେଲେ ଗୁଣାତୀତ ଏକରୁ ଦ୍ୱିତୀୟା ନାହିଁ ଆନ।।

॥ ୨୧୭ ॥

ତପେ ସିଦ୍ଧ ହେଲେ ତହୁଁ ଭୂପତି
ଶିବ ପ୍ରସାଦେ ସିଦ୍ଧ ହେଲେ ଯତି।
ନିର୍ଭୟ ହୋଇ, ଗଣେଶ ପ୍ରଣମୀ
ଘେରି ଗଲେ ଗଡ଼ ଯୋଗୀଏ ପୁଣି।
ସର୍ବ ସୁନ୍ଦରୀ ପଦ୍ମିନୀ ରମଣୀ
ସୌଧୁ ଦେଖୁଥିଲେ ତାଙ୍କ କରଣୀ।
ଗଡ଼ ଘେରି ସାରି ଶିବ ମଣ୍ଡପେ
ଯାଇଁ ରହିଲେ, ନିର୍ଭୟେ ନିଃଶଙ୍କେ।
ଚୋରି ପାଇଁ ଯେହ୍ନେ ଉନ୍ମତ୍ତ ଚୋର

ତେହ୍ନେ ଘେରିଲେ ଦୁର୍ଗ ଯୋଗୀଦଳ।
ସର୍ବ ଦୃଷ୍ଟି ଅଲକ୍ଷେ ରହି ତପୀ
ଦୁର୍ଗ ମଣ୍ଡଳିତ କରିଲେ ବ୍ୟାପୀ।
ପ୍ରକୃତ ଚୋର ଯେ ଗୋପନେ ରହି
ଚୋରି ଉଦ୍ୟମେ ସଫଳ ହୁଅଇ।
ନତୁବା ସଙ୍କଟେ ଜୀବନ ଯିବ
ଗୁପତେ ରହି ଦ୍ରବ୍ୟ କରେ ଠାବ।
ଦୁର୍ଗ ଅବରୋଧ ବାର୍ତ୍ତା ଶ୍ରବଣେ
ଦ୍ୱାର ରୋଧିଲେ ସର୍ବ ଚାରଗଣେ।
ରାଜାଙ୍କୁ ସମ୍ବାଦ ଦେଲେ ପ୍ରହରୀ
ଯଦି କୌତୁକେ ବେଢ଼ିଛନ୍ତି ପୁରୀ।
କେଉଁ ଦେଶୁ ଯୋଗୀମାନେ ପ୍ରବେଶି
ଅଦ୍ଭୁତେ ଦୁର୍ଗ କିମ୍ପା ଘେରିଛନ୍ତି।
ରାଜାଜ୍ଞା ଦେଲେ ଶୀଘ୍ର ପୁଛ ଯାଇ
ଦୁଷ୍ଟ ଭିକ୍ଷୁକ ଦଳ ଏ କିମ୍ପାଇଁ।
କେଉଁ ଦେଶୁ ଆଗତ ସର୍ବତପୀ
ଦୂତ ପେଶି ବୁଝାଅ ସର୍ବ ଯତି।

ଦୁଇ ଦୂତ ଯାଇ ପ୍ରବୋଧିଲେ ନକରନ୍ତୁ ଦୁଷ୍ଟେ ଅତ୍ୟାଚାର।
"କେଉଁ ଦେଶୁ ତୁମେ ଆସିଛ ଯୋଗୀଏ ବୃଥାରେ ନ କର ଅହଂକାର।"

॥ ୨୧୮ ॥

ଦୁଇ ପ୍ରହରୀ ଗଲେ ଯଦି ପାଶେ
ପ୍ରଣମି କୁହନ୍ତି ରାଜା ଆଦେଶେ।
"ତୁମେ ବଣିକ, କିବା ଯୋଗୀ ହୁଅ
ଦୁର୍ଗ ନ ରୋଧି, ନିଜ ପଥେ ଯାଅ।
କାହା ନିର୍ଦ୍ଦେଶେ ଏହି କର୍ମ ଭାଳି
ପ୍ରାଣ ଧରି କି କୌତୁକ କରି।

ଇନ୍ଦ୍ର ସମାନ ରାଜା ପରାକ୍ରମୀ
ଆମ ସିଂହଳ ଦେଶ ଧରା ସ୍ୱାମୀ।
ରାଜା ରୋଷ ଦେଖି ଲୁଚଇ ରବି
ଅନ୍ୟ କ୍ରୋଧ କଥା କିବା କହିବି।
ଯଦି ବଣିକ ହୁଅ ପଣ୍ୟକରି
ଆପଣା ପଥେ ଯାଅ ଶୀଘ୍ର ଫେରି।
ଭିକ୍ଷୁକ ହୁଅ ଯଦି ଭିକ୍ଷା ଘେନ
ସିଂହଳ ତେଜି ଯାଅ ତପୀ ଗଣ।
ଏହି ସ୍ଥାନେ ବି ସ୍ୱର୍ଗ ଦେବେ ହାରି
ଭୟେ ଫେରନ୍ତି ଆପଣା ନଗରୀ।
ଦେବଙ୍କଠାରୁ ତୁମେ କି ଅଧିକ
କ୍ରୋଧ ନକରି ଯାଅ ନିଜ ଲୋକ।
ରାଜା ଆଦେଶେ ଶୀଘ୍ର ଯାଅ ଚଳି
ଭିକ୍ଷା ଘେନି ଦ୍ୱାରୁ ଯାଅ ବାହୁଡ଼ି।"

"ଆମ୍ଭ ବାକ୍ୟ ମାନି ରାଜଭିକ୍ଷା ଘେନି ବିଳମ୍ୱ ନ କରି ତେଜ ଏ ସ୍ଥାନ।
ଦେଶ ପରିକ୍ରମା କରି ଫେରିଯାଅ ନତୁବା ଏ ସ୍ଥାନେ ଯିବ ଜୀବନ।"

॥ ୨୧୯ ॥

ଦୂତ ବଚନେ ତପୋଧନ ଭାଷେ
"ମୁହିଁ ଯାଚକ ରାଜଦ୍ୱାର ଦେଶେ।
ଭିକ୍ଷା ଯାଚନା କରେ ରାଜକନ୍ୟା
ଜେମା ପ୍ରଦାନ କରିବେ ମଣିମା।
ଖର୍ପର ଥାଳ ଧରି ହସ୍ତେ ମୋର
ରାଜ କରୁ ଭିକ୍ଷା ନେବି କେବଳ।
ରାଜଦ୍ୱାର ବିନା ନ ଯିବି କାହିଁ
ଯହିଁ ମୋ ଯାଚନା ମିଳି ପାରଇ।
ଅଙ୍ଗେ ସିନା ମୋର ଜୀବନ ନାହିଁ

ରାଜସୂତା ତନୁ ମଧ୍ୟେ ଅଛଇ।
ମୋର ତନୁ ଏବେ ଜୀବନ ହୀନ
ଦୂତେ ! ରାଜାଙ୍କୁ ଜଣାଅ ବହନ।
ମୋର ଯାଚନା ଜଣାଅ ରାଜାରେ
ଭିକ୍ଷା ମିଳିଲେ ଯିବି ନିଜ ଘରେ।
ଯତି ଯାଏ ସେ ଦ୍ୱାରେ ଥାଳ ଘେନି
ଯହିଁ ପୂର୍ଣ୍ଣ ହୁଏ ତାର ମାଗୁଣି।"

"ଯଦି ଭିକ୍ଷାଶୀ ରହିଥାଏ ସୁଦୃଢ଼ ଅନ୍ୟତ୍ର କାହିଁ ସେହି ଯିବ।
ଭୂପତି ପାରୁଶେ ନମ୍ର କରି କୁହ ମୋର କାମନା ଅଭିନବ।"

॥ ୨୨୦ ॥

ଏହି ଉତ୍ତରେ ଦୂତେ ଗଲେ ଲାଗି
ଦଶନ ଦାବି, ଭାଷନ୍ତି, "ହେ ଯୋଗୀ !
ଯେହ୍ନେ ପେଷିଲେ ଭୋଜ୍ୟ ଯବଧାନ
ସାଥେ ପେଷେ ଘୁଣ ପୋକ ବହନ।
ତେହ୍ନେ ବାର୍ତ୍ତା ଶ୍ରବଣେ ଆମ ରାଜା
ତୁମ ସାଥେ ଦେବେ ଆମ୍ଭଙ୍କୁ ସଜା।
ତୁମ୍ଭ ଯୋଗ୍ୟ ଯାଚନା କର ଯତି
ବାସବ ସମ ଆମ୍ଭ ଏ ଭୂପତି।
ତାର ତନୟା ଆଶାକରି ଚିତ୍ତେ
ତୁମ୍ଭ ଯୋଗ୍ୟ ନୁହେଁ ଏ କଦାଚିତେ।
ତନ୍ଦ୍ରା ଘାରୁଛି ଧରିତ୍ରୀ ଶୟନେ
ଆକାଶେ ଭାସ ସ୍ୱପ୍ନ ଆହରଣେ।
ନୃପତି କର୍ଣ୍ଣଗତେ ଏ ବାରତା
ସିଂହଳ ହସ୍ତୀ କୁଦିବେ ଅଯଥା।
ଗୋଳା ବର୍ଷିବ ଯିବ ସର୍ବେ ଜଳି
ଗହମ ରୁଟି ସମ ଦଶାକରି।

ଯେଉଁ ସ୍ଥାନକୁ ନ ଗମଇ ଦୃଷ୍ଟି
ହସ୍ତ ପ୍ରସାରି ମାଗ ତହିଁ ମୁଷ୍ଟି।
ଅଗ୍ରେ ନିରେଖି ପାଦେ ଗମ ଯଦି
ଶିର କଟିବ ଶୂନ୍ୟେ ଅବଲୋକୀ।
ରାଜକନ୍ୟା ଯାହାର ଯୋଗ୍ୟ ହେବ
ସିଂହାସନେ ବସି ସେ ନୃପହେବ।"

ରମ୍ୟନାରୀ ସଦା ରାଜବଂଶ ଯୋଗ୍ୟ ଜଗତ ଜାଣେ ପ୍ରବାଦ।
"ମର୍କଟ ଦନ୍ତେ ବିଦାରିତ ହୋଇଛି ଅଯଥା ଯୋଗୀ ସାଧକ ପୁଙ୍ଗବ।।

ଟିପ୍ପଣୀ:- (ଏପରି କଥା ରହିଛି କି- ଜଣେ ବଣିକର ସୁନ୍ଦର କନ୍ୟାଟିଏ ଥିଲା। ଜଣେ ଯୋଗୀ ସେ ରୂପରେ ବିମୋହିତ ହୋଇ ତାକୁ ପାଇବା ଲାଗି କୁଟବୁଦ୍ଧି କଲା। ସିଏ ବଣିକକୁ କହିଲା ଏଇ କନ୍ୟା ଯୋଗୁ ତାର ଭାଗ୍ୟ ବିପର୍ଯ୍ୟୟ ଘଟିବ। ତେଣୁ ତାକୁ ସିନ୍ଦୁକରେ ଭରି ନଦୀରେ ଭସେଇ ଦିଅ। ବଣିକ ସେପରି କଲା। ଜଣେ ରାଜପୁତ୍ର ନଦୀରେ ସିନ୍ଦୁକ ଦେଖି ତାକୁ କୂଳକୁ ଆଣି ଖୋଲି କନ୍ୟାକୁ ଦେଖିଲା ଓ ତାକୁ ରାଜନବରକୁ ନେଇଗଲା। ସିନ୍ଦୁକରେ ମାଙ୍କଡ଼ଟିଏ ରଖି ପୁଣି ଭସେଇଦେଲା। ପରେ ଯୋଗୀ ସେ ସିନ୍ଧୁକକୁ ଉଦ୍ଧାରକରି ଖୋଲି ଦେବାରୁ, ମାଙ୍କଡ଼ ବାହାରି ତାକୁ କାମୁଡ଼ି ଦେଲା।)

।। ୨୨୧ ।।

ଶୁଣି ଦୂତଙ୍କ କ୍ରୋଧିତ ବଚନ
କହେ ନରେଶ ଯୋଗୀ ରତ୍ନସେନ।
"କପି ଦନ୍ତାଘାତେ ମଲେ ତାପସ
ଶୁଣି ଭୀତ ନୁହେଁ ମୁହିଁ ରାଜେଶ।
ତଥାପି ଯୋଗ କରେ ସେ ସାଧନ
ସେହି ତା ପଥ ନାହିଁ ଆଉ ଆନ।
ସିଦ୍ଧି ପ୍ରାପ୍ତି ଯାଏ ନଛୁଡ଼େ ପଥ
ଯାତ୍ରା କରେ ସେ ହୋଇ ଦୃଢ଼ଚିତ୍ତ।

ଦୃଷ୍ଟି ସ୍ଥିର ରଖି ହାତ ପରଖେ
ଅଲକ୍ଷେ ବି କାହିଁ, ନାହିଁ ଅଟକେ।
ସିଂହଳୀ ହସ୍ତୀ ରାଜା ପାଶେ ଥିଲେ
ଗୁରୁ ଅତି ଗୁରୁ ଅଛି ମୋ ତୁଲେ।
ଅସ୍ତି ନାସ୍ତିରେ ସେ'ତ ଏକା ପରି
ପଦାଘାତେ ଦିଏ ପର୍ବତ ଚୂରି।
ଗର୍ବ କରେ ଖର୍ବ ସେ, ଦୁର୍ଗ ଭାଙ୍ଗି
ନୂତନ ରାଜ୍ୟ ଗଢ଼େ ମନଲାଖି।
ନବୀନ ହେଲେ ବି ସେ ହୁଏ ନଷ୍ଟ
କାଳ କବଳେ ହୁଅଇ ବିଧ୍ୱସ୍ତ।
ପାଶେ ନ ରୁହନ୍ତି କେ ଅନ୍ତକାଳେ
ସତକର୍ମ ଖାଲି ଯାଏ ସାଥିରେ।
କ୍ରୋଧହୀନ ହେବା ଯୋଗୀ ଉଚିତ
ସେଥିଲାଗି ମୁଁ ରୋଷହୀନ ଚିତ୍ତ।

ଯୋଗତନ୍ତ୍ର ସିନା ସଲିଳ ସଦୃଶ ଅତି ସୁଶୀତଳ ଶାନ୍ତ।
ରୋଷାଗ୍ନି ତାହାର ପାରୁଶେ ଗମିଲେ ହେବ ତହିଁ ନିର୍ବାପିତ।।

।। ୨୨୨ ।।

ବାହୁଡ଼ି ଗଲେ ଚାର, ଭୂପତି ପାଶେ
ଅତି ଅପ୍ରିୟ ବାର୍ତ୍ତା, ସଭା ସମୀପେ।
କହନ୍ତି ସବିନୟେ, ସର୍ବ ବିସ୍ତାରି
ଅଗ୍ନି ସମାନ ନୃପ ଉଠିଲେ ଜଳି।
ଯେତେ ସଭାସ୍ଥ ରାଜା ରାଜକୁମାରେ
ଅମର୍ଷ ଅହଙ୍କାରେ ଭାଷନ୍ତି ଖରେ।
"ଏସମ ଯୋଗୀଙ୍କୁ କରିବି ବିନାଶ
ଅଦ୍ୟାବଧି ରଖିଅଛି ସୁରକ୍ଷିତ।"
ଯୁଦ୍ଧ ପାଇଁକି ସର୍ବେ ହୁଅନ୍ତି ଏକ

ପ୍ରବୋଧି ବୃଦ୍ଧ ମନ୍ତ୍ରୀ କୁହନ୍ତି ସତ।
"ଏ କାର୍ଯ୍ୟ ଅନୁଚିତ ହେ ମହୀପାଳ
ଭିକ୍ଷୁକ ସଙ୍ଗେ ଯୁଦ୍ଧ ନୁହେଁ ରୁଚିର।
ହାରିଲେ ଲଜ୍ଜାହେବ ମରଣୁ ବଳି
ଜିତିଲେ କି ଗୌରବ କହ ବିଚାରି।
ଯଦି ତାପସ ଗଣେ ଦୁର୍ଗ ଆବୃତ
ଅନଶନେ ସର୍ବଦା ଥାଆନ୍ତି ସେ'ତ।
ଖାଦ୍ୟବିନା ରହନ୍ତୁ ସକଳେ ତହିଁ
ଅବଶେଷେ ମରଣ ବରିବେ ରହି।"

କାହା ମୁଖେ ଅଛି ଦୁର୍ଲ୍ଲଭ ସେ ଦନ୍ତ ପାଷାଣ ଖାଇବ ଚୂରି।
ଆପେ ଆପେ ସର୍ବେ ଅପସରି ଯିବେ କ୍ରୀଡ଼ା କଉତୁକ ସାରି।।

।। ୨୨୩ ।।

"କେହି କାହୁଁ ନ ଆସନ୍ତି, ଦୂତେ ଗଲେ କାହିଁ"
ଭାଳନ୍ତି ତାପସ ତହିଁ ସନ୍ତାପିତ ହୋଇ।
"ଆକାଶେ ଛୁଇଁ, ରାଜାର ଧବଳ ସଉଧେ
କି ଅବା ଘଟଣା ଘଟେ ମୋର ଅଜାଣତେ।
ଥିଲେ ମୋ ବିହଗ ପକ୍ଷ ଯାଆନ୍ତି ବା ଉଡ଼ି
ପାଦରେ ପବନ ଥିଲେ ଯାଆନ୍ତି ସଞ୍ଚରି।
ଦେଖନ୍ତି ମୋ ପ୍ରିୟତମା ବାତାୟନ ପାଶେ
ମୋ ପଥକୁ ଚାହିଁଛି କି ମୋ ସମ ସନ୍ତାପେ।"
ପଦ୍ମିନୀ କଥା ଭାଳନ୍ତେ ନେତ୍ରେ ଅଶ୍ରୁ ଆସେ
ରକ୍ତଝରି ଅଶ୍ରୁରୂପେ ନେତ୍ରୁ ଝରିଆସେ।
ଶୁକକୁ ହକାରି ରାଜା କୁହନ୍ତି ସେ କ୍ଷଣି
"ପ୍ରିୟା ପାଶେ ପତ୍ର ଘେନି ଯାଅ ହୀରାମଣି!"
ପଦ୍ମିନୀ ପ୍ରତି ଭାଳନ୍ତେ ଅଶ୍ରୁ ଝରିଆସେ
ବିରହ ବହ୍ନିର ତାପେ ନେତ୍ରାମ୍ବୁ ବରଷେ।

ନେତ୍ରୁ ଅଶ୍ରୁ ଢଳି ଯହୁଁ ପଡ଼ନ୍ତେ ଭୂତଳ
ସାଧବ ବୋହୂର ଅଙ୍ଗ ଲୋହିତ ରୁଚିର।
ସେ ଶୋଣିତ ଲେଖା ହେତୁ ପତ୍ରିକା ବାହକ
ଶୁକ ଚଞ୍ଚୁ ରକ୍ତ ବର୍ଣ୍ଣ ହେଲା ପରଶ ମାତ୍ରକ।
କର୍ଣ୍ଣ ଦେଶେ ବାନ୍ଧିବାରୁ ସେ ପତ୍ରିକା ଲେଖା
କଣ୍ଠ ଆବୃତ କରିଲା କୃଷ୍ଣବର୍ଣ୍ଣ ରେଖା।
ସେ କୃଷ୍ଣବର୍ଣ୍ଣର ଚିହ୍ନ ଗଳେ ରହିଥାଇ
କାରଣ କନ୍ଦର୍ପ ତାପ ଦାହଥିଲା ତହିଁ।
ନେତ୍ର କାଳ ମସୀ ରୂପେ ଆଣି ରତ୍ନସେନ
ଚକ୍ଷୁ ପତାର କେଶେ ଲେଖନ୍ତି ବହନ।
ରୋଦନେ ଅନର୍ଗଳ ଅଶ୍ରୁ ଝରିଥିବା ହେତୁ
କେହି ନବର୍ତ୍ତନ୍ତି ତହୁଁ ଅଗ୍ନିଦାହ ଝାସୁ।
ଯେ ହେତୁ ତା ମଧ୍ୟେ ଥିଲା ବିରହର ଭାଷା
କରୁଣ ବିଳାପ ଧ୍ୱନି ପ୍ରଣୟ ପିପାସା।

ସେ ଲାଗି ପତ୍ରିକା, ହୀରାମଣି ଏକା ହେଲା ସନ୍ଦେଶ ବାହକ।
ଚଳିଲା ଆକାଶ ମାର୍ଗରେ ବିହଗ ପଦ୍ମିନୀ ସୌଧ ସମୀପ।।

।। ୨୨୪ ।।

"ମୋର ଅନୁନୟ ପ୍ରବୋଧି ବୋଲିବୁ
ବିହଗ ମୋ ପ୍ରେୟସୀରେ।
ଏ ପୂଜା ମଣ୍ଡପେ ଆସି ତା ପୂଜା ସମୟେ
କେତେ ବିମୋହିତ ହେଲେ।
ମୋ ବକ୍ଷେ ଆଲେଖି ଗନ୍ଧସାର ଲିପି
ସ୍ନେହେ ତା ଅତୁଟ ହୋଇ।
ବିଷ ପ୍ରଲେପ ବା ଘାରେ ଦିବା ନିଶି
ଦେହେ ଦହେ ରହି ରହି।
କେତେ ଦିନ ଅବା ଏ ଶୂନ୍ୟ ମଣ୍ଡପେ

ଜଳୁଥିବ ମୋ ଜୀବନ।
ଅସରନ୍ତି ଦିନ - ହରେନି ଜୀବନ
ଆଶାଖାଲି ଅକାରଣ।
ମୋ ନେତ୍ର ଭିକାରୀ କେବେ କେଉଁପରି
ମାଗିବାକୁ ଶିଖି ନାହିଁ।
ସେ ଲାଗି ସମ୍ମୁଖେ ତୋ ନୟନ ବିଷେ
ଆହତ ହୋଇଛି ମୁହିଁ।
ତୋ ନୟନ ବିଷେ ମୋର ନେତ୍ର ପଟେ
ବିଷ ଶର ଅଛି ଲାଖି।
କେତେ ଦିନ ଅବା ମୋ ପ୍ରାଣ ଘାରିବ
ନ ମାରି - ଜୀବନ ରଖି।"

"ପୁଣି ମୋ ହୃଦୟେ, ଲେଖିଲୁ ନିର୍ଦ୍ଦୟେ ଅଲିଭା ଲିପି କିପରି।
କେତେ ଦିନ ଅବା ପଡ଼ି, ଜଳୁଥିବି ଏ ଦେହ ଅନଳେ ପୋଡ଼ି।"

॥ ୨୨୫ ॥

"ତୋର ନୟନ ବିଷ ଶର ଆଘାତେ
ଲୋଚନୁ ବହେ ମୋର ଶୋଣିତ ଯେତେ।
ସେ ଶ୍ରୋତେ ଭରିଗଲା ସାରା ସଂସାର
ଅନୁଭବୀ ବୁଝିବ ଦୁଃଖ ମୋହର।
ଯେ ସୁଖୀ, ବୁଝିବକି ଦୁଃଖ ବେଦନା
ବ୍ୟଥିତ ସିନା ଜାଣେ, ଅନ୍ୟ ଜାଣେନା।
ଦୁଃସହ ଏ ଦୁର୍ବହ ବିରହ ଗାଥା
କାହା ସମୀପେ କହି ହରିବି ବ୍ୟଥା।
ଶ୍ରବଣେ ଶୁଣେ ଯେହ୍ନୁ, ହୁଏ ସେ ଛାର
ସେ ଅନଳେ ଜଳିଲା ବନସ୍ତ ଘୋର।
ଚକ୍ଷୁ ଶୋଣିତ ଅଶ୍ରୁ ସର୍ବଦା ଝରି
ପୂର୍ଣ୍ଣ କରିଲା ସର୍ବ ବାରିଧି ବାରି।

ଏ ପତ୍ରିକା ଲେଖିଛି ଅଶ୍ରୁ ଲୋହିତେ
ସେ ବହ୍ନି ଦାହେ ଜଳି ଶ୍ୟାମ ଏ ଦିଶେ।
ବାର୍ତ୍ତାର ବହ୍ନିଧରି ଏହି ପତ୍ରିକା
ମୋ ଦୁଃଖେ ଦୁଃଖୀ ଶୁକ, ବାହକ ଏକା।
ବିଶେଷେ ମର୍ମାହତ ମୁହିଁ ମରମେ
ପତ୍ର ସଙ୍ଗତେ ତବ ପାଶେ ନ ଗମେ।"

"ଯଦି ମୁଁ ଗମନ୍ତି ଏ ପତ୍ର ସଙ୍ଗତେ ହେ ପ୍ରିୟା ତୋ ସମୀପେ।
ନିଶ୍ଚୟ ଭାଷନ୍ତି ମୋ ଅନ୍ତର ବେଦନା ପ୍ରବୋଧନ୍ତି ସବିଶେଷେ।"

॥ ୨୨୬ ॥

ସୁବର୍ଣ୍ଣ ସୂତ୍ରର ପ୍ରଣୟ ପତ୍ରିକା
ଗୁନ୍ଥି କଣ୍ଠ ଦେଶେ ଧରି
ଶୂନ୍ୟେ ଉଡ଼ିଯାଏ, ହୀରାମଣି ଶୁକ
ଦୂର, ପଦ୍ମାବତୀ ପୁରୀ।
ପ୍ରଣୟୀର ପରି ପ୍ରେୟସୀର ଦଶା
ହୋଇଛି ବା ସମତୁଲ।
ସୂର୍ଯ୍ୟ ପାଇଁ ଯେହ୍ନେ ଚାହିଁ ରହିଥାଏ
ନଳିନୀ ହୋଇ ଆତୁର।
ଧୈର୍ଯ୍ୟ ତାର ଥିଲା ସେତେଦିନଯାଏ
ପ୍ରୀତି କି ଜାଣି ନଥିଲା।
ପ୍ରିୟ ପାଇଁ ଯେବେ ମନ ଉଚ୍ଛୁଳିଲା
ଧୈର୍ଯ୍ୟ ବନ୍ଧ ଭାଙ୍ଗିଗଲା।
ଆକଣ୍ଠ ଜଳରେ ଥାଇ କମଳିନୀ
ପିପାସାରେ ଯେହ୍ନେ ମରେ
ନୟନ ଜଳ ତା ବାଷ୍ପ ହୁଏ ଶୂନ୍ୟେ
ପ୍ରେମୀ ସୂର୍ଯ୍ୟ ପ୍ରତୀକ୍ଷାରେ।
ପ୍ରିୟ ଭାବନାରେ ଉଲ୍ଲସିତ ହୁଏ

କଥନେ ବେପଥୁ ଜାତ।
ପ୍ରିୟା ପାଇଁ ସଦା, ଅନୁରାଗ ମନେ
ମରମେ-ସୁଖ ନାହିଁ ତ।
ଅଗୁରୁ ଓ ଗନ୍ଧ ସାର ଶରୀରକୁ
ଦଗ୍ଧ ସଦା କରୁଥାଏ
ପରିଧାନ ବସ୍ତ୍ର, ଅପଘନେ ରହି
ଅଗ୍ନିସମ ଜଳୁଥାଏ।
ପ୍ରିୟତମ କଥା-କାହାଣୀ ଶୁଣିଲେ
ହୁତାଶନେ ଘୃତ ସମ
ଉଚ୍ଛ୍ୱସିତ ଶିଖା ଦୀପ୍ତି ମୁଖେ ଦିଶେ
କ୍ଷଣେ ହୁଏ ଅବସାନ।
କୋଇଲି ପରାଏ ଭାଷୁଥାଏ ସଦା
ପ୍ରିୟ, ପ୍ରିୟ କହୁଥାଇ।
ଶୁଷ୍କ ମୁଖେ ତାର। ନୟନ-ଚକୋର
ପ୍ରିୟ ରଥ ନିହାରଇ।

ପ୍ରିୟର ଲଳିତ ଭାବ ଭାବେ ମୁଗ୍ଧ ସେ ଆବେଶେ।
ଦିଗନ୍ତକୁ ଚାହିଁ ରହେ ବାତାୟନ ପାଶେ।।

॥ ୨୨୭ ॥

ବ୍ୟଥା ବେଦନା ମନେ ସେ ରାଜସୂତା
ଦିଗନ୍ତେ ଦୃଷ୍ଟିଦେଇ ଦେଖଇ ଏକା।
ସେହି ସମୟେ ଆସି ମିଳିଲା ଶୁକ
ପଦ୍ମାକୁ ଲାଗେ ଯେହ୍ନେ ତୃଷାର୍ତ୍ତ ଲୋକ
ପ୍ରଚଣ୍ଡ ସୂର୍ଯ୍ୟତାପ ଗଲା ପାସୋରି
"ଭଲେ ଆସିଲୁ ଶୁକ ମୋ ଦୁଃଖହାରି।
ଉଚ୍ଚ ପର୍ବତ ଶିଖ ପ୍ରାଚୀର ହୋଇ
ଆମ ଯୁଗଳ ମଧ୍ୟେ ସର୍ବଦା ରହି

ବିରହ ସଙ୍କଟରୁ ନ କରେ ପାରି
କିନ୍ତୁ ମିଳନେ ମନ ନିବିଡ଼ ଭାରି।
ତୃଷାର୍ତ୍ତ ଜାଣେ ସିନା ସଲିଳ ସୁଖ
ଜଳେ ଜୀବ କି ଜାଣେ ଉଦକ ତତ୍ତ୍ୱ।
ପ୍ରବୋଧି କହେ ଶୁକ "ଶୁଣ ଗୋ ରାଣୀ!
ଅତୀବ ଅନୁଚିତ ପ୍ରୀତି କରଣୀ।
ଶିବ ପୀଠରେ ଯେଉଁ ଦେଖିଲୁ ଯୋଗୀ।
ତୋ ପାଇଁ ହୋଇଲା ସେ ଦୁଃଖୀ ବିୟୋଗୀ।
ପୂଜା ପ୍ରଣାମୀ ପରେ ତା ପାଶେ ଗମି
ତପୀ ପାଶେ ପ୍ରବେଶିଲୁ ତକ୍ଷଣି।
ତୋର କଟାକ୍ଷେ ତପୀ କଲୁ ଜର୍ଜର
ନିସ୍ତେଜ ହୋଇ ଯୋଗୀ ପଡ଼େ ଭୂତଳ।"

"କେବଳ ସଙ୍କେତେ କହଇ ତାପସ ତୋ ପାଇଁ ଭୋଗେ କଷଣ।
ବିୟୋଗ ବହ୍ନିରେ ଜଳୁଅଛି ସଦା ସେଇ ତପୋଧନ ପରାଣ।।"

॥ ୨୨୮ ॥

"ତୋର ନେତ୍ରବାଣ ତୋର ଲୋମ କୂପେ କୂପେ
ଫୁଟି, ରକ୍ତ ନିଗାଡ଼ିଲା ଝରି ଆପେ ଆପେ।
ପ୍ରତି ଲୋମକୂପୁ ରକ୍ତ ଅବିରତ ଝରି
ଅଶ୍ରୁ ହୋଇ ଚକ୍ଷୁ ମଧ୍ୟେ ଯାଏ ତାର ଭରି।
ଯୋଗୀ କନ୍ଥା ଆର୍ଦ୍ରକରେ ସେଇ ଅଶ୍ରୁଧାରା
ପ୍ରଭାତେ ଉଦିତ ସୂର୍ଯ୍ୟ ରକ୍ତ ବର୍ଣ୍ଣ ହେଲା।
ପଳାଶ ମଞ୍ଜରୀ ଫୁଟେ ରକ୍ତରେ ରଞ୍ଜିତ
ମଞ୍ଜିଷ୍ଠା ପତ୍ରରେ, ରକ୍ତ ବାନ୍ଧିଛି ଜମାଟ।
ସାରା ବସୁଧାର ମାଟି ହେଲା ରକ୍ତେ ଗେରୁ
ଘନ ବିପିନର ଯେତେ ଦ୍ରୁମ, ଲତାତରୁ।
ଯୋଗୀ ସନ୍ନ୍ୟାସୀ କଉପୀନ ଗେରୁ ହେଲା

ଯଦି ତାପସ ବସ୍ତ୍ର ବି ରକ୍ତାଭ ଦିଶିଲା ।
ଉଦୟ ଅସ୍ତ ସୂର୍ଯ୍ୟର ରଙ୍ଗେ ଖେଳି ହୋଇ
ବନ ପାହାଡ଼ ପାଷାଣେ ପଡ଼ିଲା ଉଚ୍ଛୁଳି ।
ସତୀ ବସ୍ତ୍ର ପରିଧାନେ, ସ୍ୱାମୀ ଚିତା ପରେ
ରକ୍ତିମାରେ ଭରିଗଲା, ଜଳି ତା ଅନଳେ ।
ସାରା ଆକାଶ ରକ୍ତିମ ଆଭାରେ ରଞ୍ଜିତ
ପର୍ବତ ହୋଇଲା ଆର୍ଦ୍ର ଇଙ୍ଗୁଦୀ ଶୋଭିତ ।
ଚକ୍ରବାକ, ପରଭୃତ ଚକ୍ଷୁ ଦିଶେ ନାଲି
ଦୟାର୍ଦ୍ର ସ୍ନେହେ ଅଶ୍ରୁ ଢାଳି କାନ୍ଦେ ଉଚ୍ଛୁଳି ।
ତୁମେ କିନ୍ତୁ ଚାହିଁଲନି ବାରେ ନେତ୍ରଢ଼ାଳି
ନିର୍ମମ ନିର୍ଦ୍ଦୟ ତୁମେ ହେ ରାଜକୁମାରୀ ।"
"ସନ୍ତାପେ ହୃଦ ମୋର ଜଳେ ବିରହେ
ଶୁକ ତୋ କଟୁ ବାକ୍ୟ ଅସହ୍ୟ ହୁଏ ।"

■

॥ ୨୨୯ ॥

"ଧରା ମଣ୍ଡନ ନ କରୁ ଋତୁରାଜ
ରଙ୍ଗେ ଖେଳି ନାଲି କରୁ ତନୁ ସାଜ ।
ପର ଶୋଣିତେ ସୀମନ୍ତକୁ ଭରି
ତୁହି ମନ୍ଦିରୁ ଉଆସେ ଗଲୁ ଚଲି ।
ଅଦୃଶ୍ୟେ ତୋର ସେ ତାପସ ମାନସେ
ଅନ୍ତର୍ଦାହକୁ ଈଶ ଜାଣନ୍ତି ସେ ।
କହେ ସନ୍ତାପିତେ ନ ରଖି ଜୀବନ
ବାରମ୍ବାର ଦହେ ମୋର ଅପଘନ ।
ବାରେକ ମୃତ୍ୟୁକୁ ମୁଁ ବରଣ କରି
ବିରହ ବହ୍ନି ତାପୁ ଯିବି ମୁଁ ତରି ।"
ଭାବି ଏହା ସେହୁ ହୁତାଶନ ଜାଳି
ଲମ୍ଫ ଦେବାକୁ ସହସା ଗଲା ଚଳି ।
ଶିବ ପାର୍ବତୀ ଏ ସମ୍ବାଦ ଶ୍ରବଣେ

ଆସି ମିଳିଲେ ସେ ସ୍ଥାନେ ତତକ୍ଷଣେ।
ଚିତା ନିର୍ବାପିତେ, ଦେଲେ ସିଦ୍ଧ ମନ୍ତ୍ର
ଯାହା ମାର୍ଗରୁ ଆମାର୍ଗ ଲଭେ ସ୍ୱର୍ଗ।
ଯିଏ ଯାତନା ସହି ପାତାଳେ ଯାଏ
ସେହି ସିଦ୍ଧି ଲାଭେ ସ୍ୱର୍ଗ ପ୍ରାପ୍ତି ହୁଏ।
ମତ୍ସ୍ୟଜୀବୀ ସିନ୍ଧୁ ବୁଡ଼େ ରତ୍ନ ପାଇଁ
ରୁଦ୍ଧ ଶ୍ୱାସେ ସିନ୍ଧୁ ନୀରେ ପଡ଼େ ଡେଇଁ।
ଯେବେ ସିଦ୍ଧି ଲଭି ହୁଅଇ ସଫଳ
ମୃତ୍ୟୁ ଆଦରିବ ହୋଇଲେ ବିଫଳ।

ଅବାରିତ ବାରି, ରୋଦନେ ସେ ସାରି ବିୟୋଗୀ ଲେଖିଛି ଏ ପତ୍ର।
ମୃତ୍ୟୁ ବା ଜୀବନ ପାଇବ ରାଜନ ରାଜା ଦେଶେ ଭାଗ୍ୟ ଅଭିପ୍ରେତ।।

।। ୨୩୦ ।।

ଏତେ କହି ଶୁକ ପତ୍ରିକା ଫେରି
କଣ୍ଠରୁ ତଳେ ରଖିଲା ବିଚାରି।
ତପ୍ତ ଲୌହ ପରି, ସୂତ୍ର ସୁବର୍ଣ୍ଣ
ଜଳି ହୋଇଛି ଘନ ଶ୍ୟାମ ବର୍ଣ୍ଣ।
"ତୋର ଲାଗି ଅଙ୍ଗ ତାର କଙ୍କାଳ
ଦେହ ମାଂସ ଝଡ଼ି ଜଳି ଅଙ୍ଗାର।
କାନ୍ଦି ଶୁକ କହେ ଯୋଗୀ ଖବର
ଲୋତକେ ରକ୍ତ ହେଲା ଚଞ୍ଚୁ ତାର।
"ଯୋଗୀ ଶ୍ୱାସରୁ ଉଠଇ ଅନଳ
ଜାଳେ ଶାଖା ପ୍ରଶାଖା ତରୁବର।
ମୋର କଣ୍ଠେ ରହି ଲିପି ଜଳିଲା
ଖୋଲି ରଖିଲି, ଏ ପ୍ରାଣ ରହିଲା।
ତୋ' ପାଇଁ ତା କାୟା ଜଳେ ଏପରି
ବିରହ ବହ୍ନି ସଦା ରହେ ଜଳି।

ଏହା କି ପ୍ରକାରେ ଅବା ଥମିବ
ବିରହ ଅନଳ ପୁଣି ଲିଭିବ।
ଜଳ ଗହଳୁ ମୀନ ଆଣି ଧରି
ଜଳ ମୀନକୁ ଜାଳିଲୁ ଏପରି।
ତୋ'ପାଇଁ ତପୀ ଅଙ୍ଗ ଭସ୍ମକରେ
ତୁହି ନିର୍ଦ୍ଦୟ ନ ଚାହିଁଲୁ ତିଳେ।"

ପ୍ରୀତିର ଅନଳେ ତନୁମୋର ଜଳେ, ବାହାରେ ରଖେ ଗୋପନ।
ଏ'ତ ବିଡ଼ମ୍ବନା କାହା ଆଗେ କହିବି କରି ଦୁଃଖ ନିବେଦନ।।

।। ୨୩୧ ।।

କହେ ପଦ୍ମିନୀ "ଶୁଣ ହୀରାମଣି!
ତାର ପ୍ରୀତିରେ ମୁଁ ଅନୁରାଗିଣୀ।
ମଧୁ ମିଳନ ପାଇଁ ତା ଅଭିଳାଷ
ମରି ଜୀଇଁବା ଜାଣିନି ତାପସ।
ସେତ ପ୍ରେମର ମରମ ଜାଣିନି
ଭୁଲା ମନ ତା ନିର୍ଭୟ ହୋଇନି।
ମରି ଜାଣିଲେ ପ୍ରୀତି ହୁଏ ଯୋଡ଼ି
ପ୍ରୀତି ରଙ୍ଗେ କେବେ ପାରିନି ବୁଡ଼ି।
ମଳୟ ଗିରି ବୃକ୍ଷ ବାସ ଘେନି
ସୂର୍ଯ୍ୟସମ ନଭେ ଉଦେ ହୋଇନି।
ତା' ଶରୀରେ କେତକୀ କଣ୍ଟା ଲାଗି
କେବେ ଜାଣିନି, କଷ୍ଟ ଅନୁଭବୀ।
ଉତ୍ତପ୍ତ ଆଲୋକେ ପ୍ରଦୀପେ ଜଳି
ମୃତ୍ୟୁ ବରିନାହିଁ ପତଙ୍ଗ ପରି।
ଭ୍ରମର ପରି ବର୍ଣ୍ଣ ହୋଇ ନାହିଁ
କମଳ ବନେ ଉଡ଼ି ବୁଲିବା ପାଇଁ।
ଭୃଙ୍ଗୀ କୀଟ ପରି ରୂପ ପାଲଟି

ସେ'ତ ନ ଜାଣେ ମରି ଜିଇଁବାଟି।
ପ୍ରୀତି ଅନଳେ, କ୍ଷୀର ନୀର ପରି
ଓତଃପ୍ରୋତେ ପଡ଼ିନାହିଁ ଉଚ୍ଛୁଳି।
କ୍ଷଣକ ଲାଗି ପ୍ରିୟପ୍ରୀତି ପାଇଁ
ପ୍ରାଣ ମୂର୍ଚ୍ଛି ତା ପ୍ରୀତି ଦେଇନାହିଁ।

ପ୍ରିୟତମ ନାମ ଶୁଣି ଜୀବନ ସେ ପୁଣି ପ୍ରତିଟି ଜିନିଷ ଅନୁରାଗେ।
ହୁତାଶନେ ଅବା ସଲିଳ ମଧ୍ୟକୁ ଝାସିନି ନିଜକୁ ଭାବାବେଗେ।।

।। ୨୩୨ ।।

ତଦନନ୍ତେ ଧନୀ ସ୍ୱର୍ଣ୍ଣ ସ୍ୟାହି ଘେନି
ସାତ୍ତ୍ୱିକ ଭାବନା ମନେ ଆଣି
କାଗଜେ ଲେଖଇ, ମନ ଅନୁଯାୟୀ
ପ୍ରୀତି ପୂର୍ଣ୍ଣ ଅନୁରାଗ ବାଣୀ।
ଲେଖୁ ଲେଖୁ ତାର କଞ୍ଚୁକି ଭିଜିଲା
ଘର୍ମେ ଅତି ଭାବାବେଗ ହୋଇ
"ସୁବର୍ଣ୍ଣ ସାଥିରେ ସୋହାଗ ହୋଇଲେ
ମୋ ସଙ୍ଗତେ ସାଥିହେବୁ ତୁହି।
ଶୁଦ୍ଧ ରତ୍ନ ପରି ନିର୍ମଳ ହୋଇଲେ
ମୋତିମାଳା ମଧ୍ୟେ ବିରାଜିବ
ସେହିପରି ତୋର ଶୁଭ୍ରମନ ହେଲେ
ମତି ସୁଖଦାୟୀ ଭାବ ହେବ।
ମଠ ମଣ୍ଡପକୁ ସଜନୀ ମେଳରେ
ଅନୁରାଗୀ ମନେ ଗଲି ମୁହିଁ
ସେତେବେଳେ କିମ୍ପା ଆପଣା ପାଶକୁ
ଆବେଗରେ କୋଳେ ନେଲୁ ନାହିଁ।
ମୋ ନୟନ ବାଣେ ହେଲୁ ତୁ ଅବଶ
ସଖୀଗଣ ଯୋଗୁ କଲି ଲାଜ

ନ କହି ବଚନ, ଚନ୍ଦନ ଲେପିଲି
ଲେଖିଲି ତୋ ବକ୍ଷେ ପ୍ରୀତିଭାବ।
ଭାବିଲୁ ତୁ ଅବା, ଚେତି ଚାହିଁବୁ କି
ଭାବ ବିନିମୟେ ହେବୁ ସୁଖୀ।
ସୁସୁପ୍ତିରେ କାହିଁ ପ୍ରୀତି ସମ୍ଭବିବ
ସେ ଲାଗି ଫେରିଲି ହୋଇ ଦୁଃଖୀ।
ସୂର୍ଯ୍ୟ ସମହୋଇ ସିଂହଳ ଦୁର୍ଗକୁ
ଆରୋହୀ ଆସିବୁ ମୋର ପାଶେ
ରାହୁ ଗ୍ରାସିଲେ ବି ଉଦ୍ଧାର ପାଇବୁ
ପ୍ରାଣ ତୋର ଦେବୁ ମୋର ଆଶେ।"

"ଯେତେବେଳେ ସୀତାପାଶେ ସୀତାପତି ଥିଲେ, ଭୁକ୍ତି ତୋର ନେଲୁନାହିଁ।
ଏବେ ମୁଁ ବନ୍ଦିନୀ ସୀତା ପରି ଫାଶେ ବନ୍ଦି ଭାବେ ଅବା ମରିବଇଁ।।"

॥ ୨୩୩ ॥

"ହେ ପ୍ରେମିକସୂର୍ଯ୍ୟ ତୁ-ରାହୁ ପରି ଗ୍ରାସି
ଉଠିବୁ ତୁହି ସିଂହଳ ଗଗନେ
ରାହୁ ପରି ଶିର କଟାଇ ପାରିବୁ
ପ୍ରିୟାର ପ୍ରୀତି ଲାଗି ଯତନେ।
ପ୍ରୀତି ରସ ଭୋଗି ପ୍ରଣୟୀ ପାଇଁକି
ବହୁ ପ୍ରବାଦ ତ ଅଛି ଭବେ।
ସ୍ୱପ୍ନାବତୀ ପାଇଁ ପାତାଳେ ଗମିଲେ
ବିକ୍ରମାଦିତ୍ୟ ବଇରାଗେ।
କରରେ କଙ୍କଣ ପିନ୍ଧି କଲେ ଗାନ
କରୁଣତା ଗୀତି ଗାଇ ଗାଇ।
ସଦାବୃଚ୍ଛ ହେଲେ ମୁଗ୍ଧାବତୀ ପାଇଁ
ବିୟୋଗୀ, ବିଚ୍ଛେଦ ତନୁ ଦହି।
କଞ୍ଚନପୁରକୁ ମୃଗାବତୀ ପ୍ରେମେ

ବାଚାଳ ପ୍ରେମିକ ରାଜପୁତ୍ର।
ସନ୍ନ୍ୟାସୀ ବେଶେ ଯାଇଥିଲେ ଅତୀତେ
ଅଦ୍ୟାବଧି ଲୋକେ ସୁବିଦିତ।
ରାଜପୁତ୍ର ମନୋହର ସେହିପରି
ମଧୁ ମାଳତୀର ପ୍ରୀତି ପାଇଁ।
ଦୁର୍ବହ କଷଣ ଯୋଗୀ ହୋଇ ସହି
ଅନ୍ତଃକାଳେ ମିଳିଥିଲେ ସେହି।
ଅନିରୁଦ୍ଧ ଉଷା ଅନ୍ତଃପୁରେ ଯାଇ
ନିଶିଥରେ ଥିଲା ପ୍ରେମ କରି
ଏହିପରି କେତେ ଦୃଷ୍ଟାନ୍ତ ରହିଛି
ପୃଥିବୀରେ ଆଦ୍ୟକାଳୁ ଭରି।
ରାଜାର ଦୁଲାଳୀ, ପଦ୍ମିନୀ ନାରୀ ମୁଁ
ସପ୍ତସୌଧ ନଭେ ମୋ ନିବାସ
ସେ ସପ୍ତଗଗନ ଲଙ୍ଘି ଆଗମନ
ଯେ ପ୍ରେମୀ ଆସିବ ତା ସହିତ
କରି ପ୍ରେମ ଭାବ ହେବି ଅର୍ଦ୍ଧ ଅଙ୍ଗ
ହେବି ପ୍ରଣୟିନୀ ସୁନିଶ୍ଚିତ।
ଏ ପ୍ରୀତି ପତ୍ରିକା ପଢ଼ି ପ୍ରିୟ ମୋର
ଦୁଃଖ ଭୁଲି ହୁଅ ଦୃଢ଼ ଚିତ୍ତ।"
ଏସ୍ଥାନେ ଜାୟସୀ ସଙ୍କେତ କରନ୍ତି
ଗୂଢ଼ ବ୍ରହ୍ମସତ୍ତା ଗୁପ୍ତତତ୍ତ୍ୱ
ଷଡ଼ଚକ୍ର ପରେ ସହସ୍ରାର ଦଳେ
ସପତ ସଉଧେ ବିକଶିତ।

ସହସ୍ର ଦଳର ପଦ୍ମ ଉନ୍ମେଷିତ ଷଟ୍‌ପଦ ଯହିଁ ପ୍ରଜ୍ଞାନ।
ନିର୍ବିକଳ୍ପ ସମାଧିରେ ବସି ତହିଁ ବ୍ରହ୍ମଜ୍ଞାନୀ ସତ୍ତା ହୁଏ ଲୀନ।।

॥ ୨୩୪ ॥

"ତବ ପତ୍ରିକା ଲିପି ପାଠ କରି
ଲାଗଇ ତୁମ ସାକ୍ଷାତ ପାଇଲି।
ଆହେ ତାପସ ! ପ୍ରିୟତମ ଯୋଗୀ
କେତକୀ ଫୁଲେ ହୋଇଛ ସୋହାଗୀ।
ଅଙ୍ଗରେ ଯଦି କଣ୍ଟକ ବିନ୍ଧିବ
ପ୍ରୀତି ଅନୁଭବି କଷ୍ଟ ସହିବ।
ପତଙ୍ଗ ପରି ପ୍ରଦୀପ ଅନଳେ
ପ୍ରେମୀ ଜଳିବାକୁ ଭୟ ନ କରେ।
ରତ୍ନ ବୁଡ଼ାଳି ଯେହ୍ନେ ସମୁଦ୍ରକୁ
ଝାସଦେଇ ସେ ନ ଡରେ ମୃତ୍ୟୁକୁ।
ରକ୍ତିମ ହେବ ଜଳି ମୋ ପ୍ରଣୟେ
ବତୀ ଜଳେ ଯେହ୍ନେ ତଇଳ ସ୍ନେହେ।
ସ୍ୱାତୀ ନକ୍ଷତ୍ର ଜଳ ବିନ୍ଦୁ ପାଇଁ
ଶାମୁକା ଯେହ୍ନେ ପ୍ରତୀକ୍ଷା କରଇ।
ଚାତକ ପକ୍ଷୀକୁ ଲାଗିଲେ ତୃଷା
ଜୀମୂତ ଜଳହିଁ ତାର ଭରସା।
ଚାହେଁ ଆକାଶ ଦିବସ ଶର୍ବରୀ
ତା'ର ତୃଷା ହରେ ବାରିଦ ବାରି।
ସାରସ ପକ୍ଷୀ ଯୁଗଳ ଯେପରି
ଏକ ବିଚ୍ଛେଦେ ଅନ୍ୟ ଯାଏ ମରି।
ନିଶି ଆଗମନେ ଚକ୍ରବାକ-ବାକୀ
ବିରହେ ବିତାନ୍ତି ଉଷା ନିରେଖି।
ଚକୋରୀ ପରି ଦୃଷ୍ଟି ଦେଇ ଦେଖ
ଚନ୍ଦ୍ର ନିରେଖି ବିତାଏ ନିଶୀଥ।
ସରୋବରରେ ଫୁଟି ଥିବା କମଳେ
ସୂର୍ଯ୍ୟସମ ପ୍ରୀତି ରଖ ନିରୋଳେ।
ତୋର ବିଚ୍ଛେଦେ ମୋର ତନୁମନ

ତୋ ପରି ସହେ ନିରତେ କଷଣ।
ଯଦି କରିପାରୁ ଏପରି ପ୍ରୀତି
ରାଧାଭେଦ କରି ନେବୁ ଦ୍ରୌପଦୀ।"

ଗାଢ଼ ପ୍ରଣୟର ଉପମା ଦେଇଛି ପଦ୍ମିନୀର ସବୁତ୍ତର।
ପତ୍ର ପଢ଼ି ରାଜା ଶତ ସୂର୍ଯ୍ୟ ସମ ଦୀପ୍ତିରେ ଦିଶେ ସୁନ୍ଦର।।

।। ୨୩୫ ।।

କନ୍ଦର୍ପର ତାପେ ଉତ୍ତପ୍ତ ହୋଇ ନରେଶ
ବିରହ ବହ୍ନିରେ ଜଳି ହୋଇଲେ ପାଉଁଶ।।
ମୂର୍ଚ୍ଛିତ ସେ ଧରାଶାୟୀ ନିସ୍ତେଜ ଦେହରେ
ବିସର୍ଜି ଜୀବନକୁ ପ୍ରିୟାପଦ୍ମ ପାଦରେ।
ସୁଷୁମ୍ନା ପିଙ୍ଗଳା ମଧ୍ୟେ ସମାଧିସ୍ଥ ହୋଇ
ତ୍ରାଟକ କରି ଉର୍ଦ୍ଧ୍ୱକୁ ରହିଥିଲେ ଚାହିଁ।
ଜଳ ବିନ୍ଦୁ ଯେସନେ ମିଳାଏ ପାରାବାରେ
ନିଶ୍ଚିହ୍ନ ହୋଇଲେ ତେହ୍ନେ ପଦ୍ମିନୀ ଅଙ୍ଗରେ।
ବ୍ରହ୍ମ ସ୍ୱରୂପିଣୀ ସେଇ ପଦ୍ମାବତୀ ନାରୀ
ଆପଣେ ଅଦୃଶ୍ୟ ହେଲେ ସତ୍ତାକୁ ଆଦରି।
ରଙ୍ଗ ଯେଉଁପରି ସଲିଳେ ହୁଏ ମିଶ୍ରିତ
ଭୂପତି ସେଭାବେ ବ୍ରହ୍ମେ ହେଲେ ତଦ୍‌ଗତ।
ନିରେଖି ହୀରାମଣି ଅଶ୍ରୁ ସଜଳ ନେତ୍ରେ
ଭାବଇ ପ୍ରିୟାର ଲାଗି ଭାବାବେଶ ସାଥେ।
"ନିର୍ଜୀବ ଏ ନରସାଇଁ ଜୀବ ଶୂନ୍ୟ ଦେହ
ସଞ୍ଜିବନୀ ସୁଧା ଆଣି ଦେବି ମୁଁ ନିଶ୍ଚୟ।"

ସଞ୍ଜୀବନୀ ମୂଳ ଆଣଇ ସତ୍ୱର ରସ ଭରିଲା ମୁଖରେ।
ପର୍କ୍ଷ୍ୟ ପରି ପକ୍ଷ ମେଲାଇ, ବ୍ୟଜନ ଚାଲିଲା ଥାଇ ପାଶରେ।।

॥ ୨୩୬ ॥

ସଞ୍ଜୀବନୀ ରସ ପାଇ ପଲକେ
ରାଜ ସଂଜ୍ଞା ପାଇ ଉଠିଲା ଆପେ।
"କେଉଁ ଦିଗୁ ଏ ବସନ୍ତ ପବନ
ମୋର ଦେହେ ଦେଲା ନବ ଜୀବନ।
କୁକ୍ଷି ଭରି ପ୍ରାଣ ଯାଏ ସଞ୍ଚରି"
ଦେଖି, ନମେ ଶୁକ ଶିର ସଞ୍ଚାଳି।
ହାତେ ପତ୍ରିକା ଦେଲା ସେ ଆଦରେ
ବଖାଣି କହିଲା ସର୍ବ ସଧୀରେ।
କହେ ଶୁକ "ରାଜା ଶୁଣ ସନ୍ଦେଶ
ଯା କହିଲା ପଦ୍ମାବତୀ ଅବଶ୍ୟ।
ଗୁରୁ ପଦ୍ମାବତୀ ଶୁଭ ଦୃଷ୍ଟିରେ
ଉପଯୁକ୍ତ ହେଲୁ ସହ୍ୟ ଶକ୍ତିରେ।
'ତୁ ଭ୍ରମର ତାର' ସେହି କେତକୀ
ଉତ୍ତର ବାର୍ତ୍ତାରେ ଲିପି ଲେଖିଛି।
ମୁହିଁ ମଧ୍ୟମ ସନ୍ଦେଶ ବାହକ
ବାର୍ତ୍ତାବହ ପକ୍ଷୀ ଓ ସଂଯୋଜକ।
ତାର ଶ୍ୱାସ ସାଥେ ନେତ୍ର ବିଛାଇ
ତାର ପଥକୁ ରହିଛି ଅନାଇ।
ବିରହାନଳେ ଦେହ ଦଗ୍ଧକରି
ଯାହା ଦୁଃସହ, ସହିଲୁ ଯେପରି।
ତୋର ଗୁରୁ ସେ ଜାଣିଛି ସକଳ
ଏଇ ଭୂର୍ଜ ପତ୍ରେ ଲେଖି ଉତ୍ତର।
ନିର୍ଦ୍ଦେଶ ଦେଲା ଯିବୁ ତାର ପାଶେ
ତୋତେ ସିଦ୍ଧ କରିବାକୁ ବିଶେଷେ।"
    ହେ ମୋର ପ୍ରିୟତମ ବରେଣ୍ୟ
ମୋ ପ୍ରୀତି ପ୍ରଣୟୀ ତୁମରି ଆଗମନ ପାଇଁ କରିଛି ପ୍ରତୀକ୍ଷା।
    ନୟନ ଅୟନେ ମୋ ତୁମରି ଶୁଭ ପାଦ
ପରଶ ମୋ ହୃଦ ସିଂହାସନେ ଆସ୍ଥାନ କରିବ ସଖା।।

■

॥ ୨୩୭ ॥

ଶୁକ ପାଶରୁ ପଦ୍ମାବତୀ ସନ୍ଦେଶ
ଶ୍ରବଣେ ଲାଗଇ ସତେ କେଉଁ ଦେଶୁ
ଫେରି ବସନ୍ତ ପବନ ସଞ୍ଚରଇ
ବିକଶିତ କରି ଶରୀର ଅବଶୁ।
ହନୁମନ୍ତ ପରି ଉଠଇ କ୍ଷଣକେ
ତେଜ ସାମର୍ଥ୍ୟ ଭରିଗଲା ବଦନେ
ସୂର୍ଯ୍ୟ ସମ ଦୀପ୍ତିମନ୍ତ ଦିଶି ସେହୁ
ଉଦୟ ହେବ ସେ ପ୍ରଭାତ ଗଗନେ।
ଚକ୍ରବାକ ପାଇଲା କି ଚନ୍ଦ୍ର ସୁଧା
ଶୁଦ୍ଧ ଶୁଖଦାୟୀ ପ୍ରଜ୍ଞାନ ପିପାସା
ପଦ୍ମିନୀକୁ ପାଇବାକୁ ନାହିଁ ବାଧା
ହୃଦେ ସ୍ଥାପି ଭୂପ ଚଳେ ସ୍ମରି ଈଶ।
କେଉଁ ଦୂର, ଦୂରାନ୍ତର ଏ ପବନ
ପରଶେ ଅଙ୍କୁରିତ ହୋଇଲା ପକ୍ଷୀ
ମୃତ ପତଙ୍ଗ କି ପାଇଲା ଜୀବନ
ପୁନର୍ବାର ଉଡ଼ିବାକୁ ଡେଣାଟେକି।
ରାଜା ଜାଗିଲା ଭୁଲି ବିମର୍ଷ ଭାବ
କନ୍ଥା, ଛିନ୍ନବାସ ସବୁ ଗଲା ଚିରି
ଯାହା ଯୋଗୀ ବେଶ ପାଇଁ ବଇଭବ
ସମସ୍ତ ଯାଏ ଅଳପକେ ଉଜୁଡ଼ି।
କହେ, "ଯହିଁ ଥାଉ, ବିପଦ ନ ମାନି
ତହିଁ "ଯିବି ଯହିଁ ଅଛି ପ୍ରିୟତମା
ମର୍ତ୍ତ୍ୟେ, ଅମର୍ତ୍ତ୍ୟେ ପାତାଳେ ଅବା ଥାଇ
ଯଦି ପାଦେ ଆସିବାକୁ କହେ ରାମା।
ଏପରି ପ୍ରେରଣା ପାଇ ପ୍ରଣୟ ଉଚ୍ଛ୍ୱାସେ।
ଅଶେଷ ଧୃତି ପାଇ ଚଳିଲା ବିଶ୍ୱାସେ।।

।। ୨୩୮ ।।

ଉତ୍‌ଫୁଲ୍ଲିତ ମନେ ଭାବେ ଭୂପତି
"ମହେଶ ପ୍ରଦର୍ଶିତ ମାର୍ଗେ ମୁଁ ଗତି
କରିବି ସୁନିଶ୍ଚିତ, ଚପଳେ ଚାଣ୍ଡେ"
ପଡ଼ିଲା ଲମ୍ଫ ଦେଇ ଗଭୀର କୁଣ୍ଡେ।
ପ୍ରୀତି ପାଗଳ ଚକ୍ଷୁହୀନ ସଦୃଶ
ଅଗ୍ରେ ଥିଲେ ବି ସିନ୍ଧୁ କରେ ପ୍ରବେଶ।
ଭବିଷ୍ୟେ କି ଘଟିବ ନ ଭାବେ କିଛି
ସଙ୍କଟେ ପଡ଼ିଥାଏ ପ୍ରାଣ ମୁରୁଛି।
ଶ୍ରୀଗୁରୁ ମଚ୍ଛେନ୍ଦ୍ରଙ୍କୁ କରି ସ୍ମରଣ
ସେ ଗୁପ୍ତ ମାର୍ଗରେ କଲା ଆରୋହଣ।
ଅବରୁଦ୍ଧ ନିଶ୍ୱାସ ସଂଯତ ମନେ
ମନେ ଭାଳଇ ଗୁରୁ ବିଷମ କ୍ଷଣେ।
ଅବଶ୍ୟ ଶିଷ୍ୟଙ୍କୁ କରନ୍ତି ସହାୟ
ନିଶ୍ଚିତ ମନେ ଏହା କରେ ନିଶ୍ଚୟ।
କାରଣ ମୀନ ନିଜ ଶିଶୁକୁ ରକ୍ଷା
କଚ୍ଛପ କରେ ଯେହ୍ନେ ଅଣ୍ଡଜର ରକ୍ଷା।
କଚ୍ଛପ ପରି ଗୁରୁ ଶିଷ୍ୟ ପଶ୍ଚାତେ
ହୁଅନ୍ତି ସହାୟକ, ଗଲେ ଅପଥେ।
ସମୁଦ୍ରେ ଝାସ ଦେଲା ପରି ସେ କ୍ଷଣେ
ବିଷମେ କୁଣ୍ଡେ କୁଦି ପଡ଼େ ବହନେ।
ଦର୍ଶନେ ଦେଖେ ତହିଁ ଜଳେ ପ୍ରଦୀପ
ସ୍ୱର୍ଗକୁ ଅବା ତାର ପରଶେ ହସ୍ତ।
ସେହି ମାର୍ଗରେ ଯେତେ ବିଷମ ଦ୍ୱାର
ସମସ୍ତ ମୁକ୍ତ ହେଲା ପ୍ରବେଶେ ତାର।
ପ୍ରବଳ ଉତ୍ସାହରେ ଆରୋହେ ପଥ
ଆରୋହଣେ ବିଳମ୍ବ ହେଲା ପ୍ରଭାତ।

ପ୍ରହରୀ ଦେଖି ଉଚ୍ଚେ କହେ ହକାରି
ଚୋର ଆରୋହିଛି ଦୁର୍ଗର ଦେହଳି।

ଗୁରୁପଦ ସୁମରି କରେ ଯା ଶିଷ୍ୟ
ଅନ୍ତେ ତା ଶୁଭ ଫଳ ହେବ ଅବଶ୍ୟ।

॥ ୨୩୯ ॥

ଏ ବାରତା ଯହୁଁ ଶୁଣିଲେ ରାଜନ
ପାର୍ଶ୍ୱ ପଣ୍ଡିତଙ୍କୁ, କି ବ୍ୟବସ୍ଥା ପାଇଁ
ପୁଚ୍ଛନ୍ତି, କି ଦଣ୍ଡ ଦେବା ବିଚାରିଣ
"କହ, ପଣ୍ଡିତ ! ଏ ଯୋଗୀ ଚୋର ପାଇଁ।
ବେଦ ବେଦାନ୍ତକୁ ଅବଗତ କରି
ପ୍ରେମିକ ଯୋଗୀ, ଏ ଭ୍ରମର-ବୃତ୍ତିରେ
ରାଜଜେମା ମାଳତୀର ପ୍ରୀତି ଲାଗି
ସିନ୍ଧି କରି ଚଢୁଥିଲା ରାତ୍ରି ବେଳେ।
ଯେସନେ ଭ୍ରମର ପଦ୍ମଦଳେ ମରେ
ଯୋଗୀ-ଚୋର ସିନ୍ଧି ଏକଇ ପ୍ରକାର
ଶୂଳିରେ ଚଢ଼ିଲେ ମୋକ୍ଷ ଲାଭ କରେ
ଜୀବନ ଘେନି ଯୋଗୀ ଖେଳିଛି ଖେଳ।
ଶୂଳି ଦଣ୍ଡେ, ଦୋଷ ନ ଲାଗେ ତହିଁରେ"
ଶୂଳି ଦାତାକୁ, କହେ ପଣ୍ଡିତ ଜ୍ଞାନୀ
ଅବିବେକୀ ରାଜା ହୃଦୟ ନିର୍ଦ୍ଦୟେ
ଗର୍ବେ ଫୁଲି ଉଠେ ଦମ୍ଭେ ଅଭିମାନୀ।
"ଚୋର ଭେଦ ଜାଣି ସିନ୍ଧି କରିଥାଏ
ରାଜ ଭଣ୍ଡାର-ମଞ୍ଜୁଷା ଲୁଟିବାକୁ
ମଣି ମାଣିକ ଓ ରତ୍ନ ହରିନିଏ
ଚୋର ଯୋଗ୍ୟ ଶୂଳି ସିନା ତାପସକୁ।"

ନିର୍ଦ୍ଦୟ କଠିନ ସିଂହଳ ରାଜନ
ପଣ୍ଡିତଙ୍କ ବାକ୍ୟ ଅବିବେକୀ ପଣେ
ଶୂଳି ଆଜ୍ଞା ଦ୍ୟନ୍ତି ଅହମିକା ମଦେ
ଶୂଳି ବିଦ୍ଧକର ତପୀଙ୍କୁ ବହନେ ।

ଗର୍ବେ ଅଭିମାନେ ରାଜା ଥିଲେ ଅହଙ୍କାରୀ ।
ଅବିବେକୀ ପଣେ ତେଣୁ କହେ ଦିଅ ଶୂଳି ।।

।। ୨୪୦ ।।

କିନ୍ତୁ ବୁଦ୍ଧିମାନ ବୃଦ୍ଧ ମନ୍ତ୍ରୀ ଯାଇଁ
ରାଜାଙ୍କୁ ପ୍ରବୋଧି ଭାଷନ୍ତି ବୁଝାଇ ।
ଏହି ଯୋଗୀ ଚୋର ହେଉ ବା ନହେଉ
ନିଶ୍ଚିତ ସିଦ୍ଧ ପୁରୁଷ, ଅଟେ ଏହୁ ।
ନ ଜାଣନ୍ତି ଭ୍ରମେଣ ଦିବା ଶର୍ବରୀ
ଯହିଁ ଇଚ୍ଛା, ତହିଁ କି ଯାଆନ୍ତି ଚଳି ।
ଆପଣାର ଶିର ନୁଆଁଇ ନିର୍ଭୟେ
ଖଡ଼୍‌ଗାଘାତକୁ ଚାହାଁନ୍ତି ଆଗ୍ରହେ ।
ମୃତ୍ୟୁ ଭୟ ନ ଲାଗେ ବଧ ଭୂମିକି
କୁଣ୍ଠିତ ନହୋଇ ଗମନ୍ତି ତହିଁକି ।
ପିପୀଲିକା ସମାନ ମୃତ୍ୟୁ ପଥରେ
ମରଣେ କିଏ କାହାଲାଗି ନଭାଳେ ।
ଯେ କି ଚଢ଼ିଛି ଗୁପ୍ତେ ସିଂହଳ ଗଡ଼େ
ମରଣକୁ କି ସେ କେବେ ଭୟକରେ ।
ଜମ୍ବୁକ ଗଣେ ବେଷ୍ଟନ କରି ବନେ
ରାଜାରେ ନ ଶୋଭଇ ଜନ୍ତୁ ମାରଣେ ।
ସିଂହ ପରି ଶିକାର ସିନା ଯଥାର୍ଥେ
ତପୀଙ୍କ ସାଥେ ଯୁଦ୍ଧେ କିବା ମହତ ।
ପାରଦ କର୍ତ୍ତନେ ଯେହ୍ନେ ଅସମ୍ଭବ

ତପଶୀଳର ନଥାଏ ମୃତ୍ୟୁ ଯୋଗ।
ବହୁ ପ୍ରକାରେ ସେ ଛଦ୍ମ ଆଚରଣେ
ଶ୍ରୀକୃଷ୍ଣ ବଧିଥିଲେ ଦାନବଗଣେ।
ସିଦ୍ଧଙ୍କର ଦୃଷ୍ଟି ଶକୁନି ସମାନ
ସର୍ବଦା ଗଗନେ କରେ ବିଚରଣ।"

ଛଳେ ବଳେ ସିନା ଶତ୍ରୁକୁ ସାଧିଲେ ସଂସାରେ ମିଳେ ଯଶମାନ।
ଯଦି ସାଥେ କ୍ଷେତ୍ରୀସମରେ ହାରିଲେ ଲଜ୍ଜା ମରଣରୁ ବଳି ଜାଣ।।

।। ୨୪୧ ।।

ବୃଦ୍ଧ ମନ୍ତ୍ରୀ ବାକ୍ୟ ରାଜା ନଶୁଣିଲେ
ଯୁଦ୍ଧ ସାଜ ବୋଲଇ ରୋଷେ ଆଦେଶିଲେ।
"ଯିଏ ଯହିଁ ଅଛ ହୁଅ ଏକତ୍ରିତ
ଆକ୍ରମଣ ଲାଗି ସଜ ହୋଇ ଆସ।
ରାଜ୍ୟ ପ୍ରାନ୍ତ ଘେର, କଉଶଳେ ଛକି
ଯୋଗୀଙ୍କ ଦଳକୁ, ଓଗାଳ ଝପଟି।"
ଚବିଶ ଲକ୍ଷ ଛତ୍ରପତିଙ୍କ ସାଜେ
ଛପନ କୋଟି ସେନା ଚଳନ୍ତି ସାଥେ।
ଦ୍ୱାବିଂଶ ସସ୍ର ସିଂହଳୀ ଗଜହସ୍ତୀ
ବାଜେ ରଣ ବାଦ୍ୟ, ଗର୍ଜନ କରନ୍ତି।
ଗିରି, ପର୍ବତ ପାହାଡ଼ ଗଲା କମ୍ପି
ତଳୁ ଧୂଳି ଉଠି ଉର୍ଦ୍ଧ୍ୱେଗଲା ବ୍ୟାପି।
ସେନାଙ୍କ ପ୍ରତାପେ ସମସ୍ତ ଜଗତ
ବାସବ, ବାସୁକି ହେଲେ ଭୟଭୀତ।
ଭୟଭୀତ ଜଗତ ହେଲା ଭୂକମ୍ପ
କଚ୍ଛପ ଶଙ୍କିତ ତୁଟିବ କି ପୃଷ୍ଠ!
ଛତ୍ରପତିଙ୍କର ଛତ୍ରେ ପରିବୃତ
ହୋଇ, ଲୁଚିଗଲା ସୂର୍ଯ୍ୟ ଓ ଆକାଶ।

ଇନ୍ଦ୍ର ସମ କୋପ କରି ଯହୁଁ ରାଜା ସମରେ ଚଳିଲେ ସୈନ୍ୟ ଧରି।
ଦିବସରେ ଅନ୍ଧକାର ଘନ ହେଲା ଅର୍ଦ୍ଧଯାମ କି ଅଥବା ବିଭାବରୀ।।

■

।। ୨୪୨ ।।

ସମର କଟକ ମଦମତ୍ତ ହସ୍ତୀ
ଦେଖି ରତ୍ନସେନ ସାଥୀଏ ଭାଷନ୍ତି।
"ଏହି ସୈନ୍ୟଦଳ ଆସେ ଆମ ପାଶେ
କରିବେ ସେ ଯୁଦ୍ଧ ନିଶ୍ଚେ ଆମ ସାଥେ।
କ୍ରୀଡ଼ା ଛଳେ ରାଜେନ ତୁ ହେଲୁ ଯୋଗୀ
ତୋର ସେବକ, ଆମେ ତୋ ଅନୁରାଗୀ।
ସ୍ୱାମୀଙ୍କ ଉପରେ ପଡ଼ିଲେ ସଙ୍କଟ
ଯେଉଁ ସେବାକାରୀ କରଇ କପଟ।
ସେ'ତ କୃତଘ୍ନ ସେବକ ସର୍ବ କାଳେ
ସ୍ୱାମୀ ପ୍ରାଣ ତେଜେ ତାର ଛଳନାରେ।
ସେହିତ ଅଟଇ ପ୍ରକୃତ ସେବକ
ପ୍ରାଣ ବଳିଦେଇ ରଖେ ସ୍ୱାମୀ ଟେକ।
ଆମେ ଅନୁମାନେ ଯାହା ଥିଲୁ ଭାବି
ଆସି ହେଲା ଉପସ୍ଥିତ ଆମ ଲାଗି।
ବଚନ ଦେଇଛି ଆମେ ପ୍ରାଣ ଦେବୁ
ବଚନ ରହିବ, ପ୍ରାଣ ବିସର୍ଜିବୁ।
ସତ୍ୟ ଲାଗି ସୁମେରୁ ବି ଟଳି ନାହିଁ
ଆଦେଶ ଦିଅନ୍ତୁ ଯୁଦ୍ଧେ ଯିବା ପାଇଁ।
ଚକ୍ର ଚଳାଇବୁ, ପ୍ରାଣ ଯିବା ତକ
ସତ୍ୟ ପାଳିବୁ ନହେବୁ ସଶଙ୍କିତ।

କୌତୁକ କରି, ଖେଳିବୁ ସତ୍ୟ ପାଳି ପ୍ରାଣ ବାଜି ରଖିବୁ ସକଳେ।
ସତ୍ୟ ଆମର ସାକ୍ଷୀ, ପରୀକ୍ଷା କର ଏଥି ନଦେବୁ ପଛଘୁଞ୍ଚା ପ୍ରାଣ ଆକୁଳେ।।

■

॥ ୨୪୩ ॥

ରାଜା ରତ୍ନସେନ କହେ, "ଆହେ ଶିଷ୍ୟ!
ସର୍ବେ ସିଦ୍ଧି ହୁଅ ଘେନି ମୋ ଆଶିଷ।
ପ୍ରେମର ଦୁଆରେ ତୁମେ ଯେ ଅତିଥି
ପ୍ରେମୀ କ୍ରୋଧ ଭୁଲି କରଇ ପିରତି।
ଯହିଁ ନତଶିର ହୋଇବା ନିଶ୍ଚିତ
ପ୍ରେମ ରଙ୍ଗ ତହିଁ ନିତ୍ୟ ବିକଶିତ।
ମୋର ହୃଦୟରେ ପ୍ରେମ ଜାତ ହୁଏ
ସଲିଳ ପରି ଦ୍ରବି ସେ ବହି ଯାଏ।
ସେହି ରସେ ଯେଉଁ ରଙ୍ଗଦେବ ଗୋଳି
ସେହି ରଙ୍ଗେ ସୁଶୋଭିତ ହେବ ମିଳି।
ଯଦି ଯୁଦ୍ଧ କରି, ପ୍ରେମ ମିଳୁଥାଏ
ପ୍ରେମୀ ତପ କରି କିମ୍ବା କଷ୍ଟ ସହେ।
ଏହା ସତ୍ୟ ଜାଣି, ଯୁଦ୍ଧ କର ନାହିଁ
ଖଡ୍ଗ ସମ୍ମୁଖେ ଜଳ ପ୍ରବାହେ ବହି।
ଜଳ ସ୍ରୋତେ, ଅସୀଧାର ଅବନତ
ତେଜି ଖଡ୍ଗ, ଖଡ୍ଗୀ ହୁଏ ଅଭିଭୂତ।
ଅନଳ ସଲିଳେ ଲିଭିବ ନିଶ୍ଚିତ
ରୋଷ ବହ୍ନି ଜଳେ ହେବ ନିର୍ବାପିତ।।"

"ମୁହିଁ ପ୍ରେମ ପଦେ, ପ୍ରେମ ପରିଣୟେ ଶିର ଢାଳି ପ୍ରାଣ ଦେଇଅଛି।
ଏ ପ୍ରୀତି ନିର୍ବାହେ, ଶିର ଦେବା ପରେ ପ୍ରୀତି କ୍ରୀଡ଼ା ଲାଗି ଜାଗେ ଶକ୍ତି।।"

॥ ୨୪୪ ॥

ସାଥେ ଥିଲେ ଯେତେ ତରୁଣ ଶିଷ୍ୟ
ଗୁରୁ ନିର୍ଦ୍ଦେଶରେ ଯୁଦ୍ଧୁ ବିରତ।
ସେତ ବିୟୋଗୀ, ଦୁଃଖ ପରେ ଦୁଃଖ
ଯେତେ ସହିଲେ ବି, ନୁହେଁ ବିମୁଖ।

ଆପଣାକୁ ନକରେ ବିଚଳିତ
"ଜନ୍ମ-ମରଣ ବିଶ୍ୱେ ହୁଏ ନିତ୍ୟ।
ପ୍ରେମ ନାଗ ଫାଶ କଣ୍ଠରେ ବାନ୍ଧି
କି ଶୋଚନା ହର୍ଷ ବିଷାଦ ଲାଗି।
ଯେ ନିରପେକ୍ଷ ଆଶ୍ରା ପ୍ରିୟତମେ
ମୋ ପ୍ରାଣ ସମର୍ପିଛି, ପ୍ରେମୀ ପଣେ।
ମାରୁ, ଅବା ତାରୁ, ଆଶ୍ରା ମୋ ସେହି
ମୃତ୍ୟୁ ବରିବି ଏ ନାମ ଜପୁଥାଇ।"
ହସ୍ତରେ କେନ୍ଦରା ଘେନି ବଜାଏ
ଗାଇ ପ୍ରୀତି ଗୀତି ନିଜକୁ ବୁଝାଏ।
"ଆପଣା ଗଳେ ଫାଶ ଲଗାଇଛି
ପ୍ରେମ ଲାଗି ଜୀବ ଦିଏ ମୁରୁଛି।
ରୋଷେ, ଅମର୍ଷ ଭୁଆପଣରେ ଭୁଲି
ଗଳେ ଫାଶ ଦେଇ ପ୍ରୀତି ମୁଁ କଲି।
କ୍ରୀଡ଼ା ରଙ୍ଗେ ରଙ୍ଗୀ ହୋଇ ଖେଳୁଛି
ମହୀମଣ୍ଡଳେ ତା ରୂପ ଦେଖୁଛି।
ଦୃଶ୍ୟେ ବା ଅଦୃଶ୍ୟେ ରହିଛି ବିଶ୍ୱେ
ଚର୍ମ ଚକ୍ଷୁ ନ ଦେଖେ ଜ୍ଞାନ ଦିଶେ।"

ଦର୍ଶନ ଯାହାର ପାଇବା ପାଇଁକି ଜନ୍ମ ଜନ୍ମାନ୍ତ ଯୋଗୀପତି।
ଦାରୁଣ ଯାତନା ସହି ସ୍ଥିର ମନା ଦୁର୍ଲ୍ଲଭ ଆତ୍ମାରେ ଦିଏ ମତି।।

।। ୨୪୫ ।।

ଭାଷନ୍ତି ନରେଶ, "ମୁହିଁ ଯେ ପର୍ଯ୍ୟନ୍ତ
ଜାଣି ନଥିଲି ପଦ୍ମାବତୀ ଗୁରୁ
ଶତ ଯବନିକା ଆମ ମଧ୍ୟେ ଥିଲା
ଅନୁଭବେ ବାଧା ଗଲା ଅନ୍ତରୁ।
ସେ ଦିନୁ ଜୀବନ ଯୌବନ ତାରୁଣ୍ୟ
ତନୁ ମନ ଧ୍ୟାନ ସମସ୍ତ ସେହି

ବୃଥା ଅହଂଭାବ, ଯା ମାନସେ ଥିବ
ଗୁରୁ ଶିଷ୍ୟ ଭେଦ, ଆଚରେ ସେହି।
ସିଦ୍ଧ ଯେ ହୋଇବ, ଗୁରୁ ଶିଷ୍ୟଭାବ
ଦ୍ୱିଧା ତାର ନାହିଁ କେବଳ ଏକ
ଗୁରୁ ଏକା ମାରେ ଗୁରୁହିଁ ନିସ୍ତାରେ
ଅନ୍ୟ ଜନ୍ମ ଜୀବ, ମୃତ୍ୟୁ ବାହକ।
ଶୂଳିରେ ମାରୁ ବା ହସ୍ତୀ ପାଦେ ଦଳୁ
ତହିଁକି ଦୁଶ୍ଚିନ୍ତା ନାହିଁଟି ମୋର
ବାରଣ ସ୍କନ୍ଧରେ ଆରୋହୀ ଶ୍ରୀଗୁରୁ
ପ୍ରତ୍ୟକ୍ଷ ଦେଖନ୍ତି ସର୍ବ ସଂସାର।
ଗୁରୁ 'ଅସ୍ତି' ଅଛି, ସଂସାର ନାହିଁଟି
ଅସ୍ତି, ନାସ୍ତି ଭେଦେ ଗୁରୁହିଁ ନିଜେ
ଅସ୍ତିରେ ଅଛିଇ, ନାସ୍ତିରେ ନାଶଇ
ଏପରି ସିନା ସେ ସୃଷ୍ଟି ସରଜେ।
ମୁହିଁ ମାତ୍ର ସତ୍ୟ, ସକଳ ଅସତ୍ୟ
ମୀନ ଯେହ୍ନେ କେହି କରେ ସଲିଳେ
ଜଳ ହିଁ ତାହାର ଜୀବନର ସତ୍ତା
ଏହି ତତ୍ତ୍ୱ କି ସେ ବୁଝଇ ତିଳେ?
ସେହିପରି ମୂର୍ଖ ଅନ୍ଧ ଏ ମାନବ
ଅଜ୍ଞାନେ ରହଇ ସର୍ବଦା ମତ୍ତ
ଶ୍ରୀ ଗୁରୁ ମୋହର ତୁରଗେ ଆରୋହୀ
ମୋ ପାଇଁ ସର୍ବଦା କରନ୍ତି ହିତ।
ସେ ହୟ ସଇସ, ବସିଛି ଉପରେ
ମତେ ବସାଇଛି, ଅଶ୍ୱ ଉପରେ।
ପୁତ୍ତଳିକାସମ ନଚାଏ ବାହାରେ
ଅନ୍ତରାଳେ ଟାଣଇ, ଯନ୍ତ୍ର ଶିରେ।"

"ଗୁରୁ ପିତା ମାତା, ଗୁରୁ ଜାୟା ଯାତା, ଗୁରୁ ମୋ ପ୍ରୀତି ପ୍ରଣୟୀ।
ପଦ୍ମାପାଦେ ତେଣୁ ମୋର ଚିତ୍ତ ମନ ଦେହ ସବୁ ସମର୍ପିଛି ନେଇ।"

॥ ୨୪୬ ॥

ରତ୍ନସେନ କହେ "ମୋ ଗୁରୁ ପଦ୍ମିନୀ
ଯା ପାଇଁ ଏ କ୍ରୀଡ଼ା, ଏ ଯୋଗତନ୍ତ୍ର।
ତେଜି ତା ଦ୍ୱାର ମୁଁ ନ ଯିବି କଦାପି
ଅନ୍ୟ ଦ୍ୱାରେ ହେବାକୁ ଅଭ୍ୟାଗତ।
ସେ ଦିନ ସଫଳ ହେବ ଯାତ୍ରା ମୋର
ଦେଖିବି ତାହାକୁ, ତା ପାଦ ତଳେ।
ମୋ ପ୍ରାଣ ଉଜାଡ଼ି ଦେବି ମୁଁ ପଲକେ
ମୋ ଶିର ଲୋଟାଇ ତା ଚରଣରେ।
ହୃଦ ସିଂହାସନେ ବସାଇଟି ତାରେ
କେବା ଅଛି ତାରେ କରିବ ଭିନ୍ନ।
ନବ କଳେବର ଲଭିବି ଉଲ୍ଲାସେ
ତା ପଦ ପରଶେ ହୋଇ ନବୀନ।
ସେ ମୋର ଜୀବଠୁ ଅଧିକ ସହଜେ
ତା ଲାଗି ଜୀବନ ତେଜି ମୁଁ ଧନ୍ୟ
ଯଦି ସେ ମାଗିବ ଏ ମୋର ଜୀବନ
ଧନ୍ୟ ମୁଁ କରିବି ମୋର ମରଣ।
ତାର ଖଡ୍ଗ ଅଗ୍ରେ ଗ୍ରୀବା ନତ କରି
ମୋ ଯାତନା ପ୍ରେମ ଦୁଆରେ ତାର।
ଦର୍ଶନ ତାହାର ପ୍ରଦୀପ ସମାନ
ପତଙ୍ଗ ମୁଁ ହେବି ସେ ଅନଳର।
ମୋ ଶିର ଉପରେ ତା ଅସ୍ତ୍ର ଚାଳିଲେ
ସନ୍ତୋଷେ ମରିବି, ନୋହିବି ଭୀତ।
ବିକୃତ ନୋହିବ କେଉଁ ଅବୟବ
ସ୍ଥିର ଅପଘନ ନେତ୍ର ସହିତ।
ବିପୁଳ ପ୍ରଶାନ୍ତି ଜାଗେ ତପୀ ଅପଘନେ।
ସ୍ମିତ ମୁଖେ ଦୃଷ୍ଟି ରଖେ ମୃତ୍ୟୁ ଆଗମନେ।।

॥ ୨୪୭ ॥

ରାଜକନ୍ୟା ଥିଲା ପଦ୍ମିନୀ ରମଣୀ
ଚନ୍ଦ୍ରମା ସଦୃଶ ଥିଲା ତା ଜ୍ୟୋତି।
ହସିଲେ ସତେ ବା ଝରିପଡ଼େ ଫୁଲ
କାନ୍ଦିଲେ ଭୂତଳେ ଝରେ କି ମୋତି।
ପିତା ଅଭିମାନ, ଦେଇଛି ହଜାଇ
ହସ ଅଶ୍ରୁ ତାର ଅବଶ ଦେହୁ।
ପିତୃ ଅହମିକା ବେଷ୍ଟିତ କରିଛି
ତା ପ୍ରତି ମୁହୂର୍ତ୍ତ, ଦୁଃଖ କେ ସହୁ।
ବିସ୍ମିତ କୁମାରୀ ଶୁଣିଲା ଶ୍ରବଣେ
ସୂର୍ଯ୍ୟ ପ୍ରେମିକରେ ଗ୍ରାସିଛି ରାହୁ।
ଜନ୍ମଦାତା ତା'ର ବଇରୀ ହୋଇଛି
ଅନ୍ଧକାରେ ସୂର୍ଯ୍ୟ ଦିଶିବ କାହୁଁ।
ତା ଭାଗ୍ୟ ଆକାଶେ, ଅଗସ୍ତି ଉଦିଛି
ଶୁଷ୍କ କରି ହର୍ଷ-ସରସ ବାରି।
ନିରଶ୍ରୁ ରୋଦନ ଘାରି ଅପଘନ
ଶିରା-ପ୍ରଶିରାରେ ଭରେ ଉଚ୍ଛୁଳି।
ପିତା ଭୟେ ସିନା ନ ଭାଷେ ବଚନ
ଅବସନ୍ନ ମନ ତନୁ ତରୁଣୀ।
ଯାମିନୀରେ କାହିଁ ବିକଶିତ ହେବ
ପ୍ରଭାତ କାଳ ସରୋଜ ନଳିନୀ।
ଅଙ୍ଗେ ଅବତରି ଶ୍ୱେତ ବର୍ଣ୍ଣ ଆଭା
ମନ ଚକ୍ର ଘୂରେ ଚେତନା ହାରି।
ରୋମେ, ରୋମେ ଜାଗେ ପ୍ରିୟର ଯାତନା
ବିନ୍ଧି ଶତ ଶଲ୍ୟ, ବେଦନା ଭରି।

ବେଦନା ହତ ଚିତ୍ରିତ କନକ ଲତିକା ପରି।
ଅଚେତନ ରାଜକନ୍ୟା କଷ୍ଟ ସହି ନ ପାରି।।

॥ ୨୪୮ ॥

ବହୁ ଚତୁରୀ ନକ୍ଷତ୍ର ମଣ୍ଡଳୀ
ଥିଲେ ରାଜକନ୍ୟା ସଖୀ, ସଜନୀ।
କମଳ କଷ୍ଟ ଜାଣନ୍ତି କୁମୁଦେ
ଅଶ୍ରୁ ନୟନେ କରନ୍ତି ଭାଳେଣି।
କ୍ରମେ ଅନୁଭବି ସର୍ବ ସଖୀଏ
ବିରହ କାଳ କଷଣ କରାଳ
ଏହି ଦୁର୍ବହ ଦୁଃଖ କେ ନ ସହୁ।
ବରଂ ମୃତ୍ୟୁ ବରଣୀୟ ରୁଚିର
ମୃତ୍ୟୁ ବାରେ ସିନା ମାରି ନିସ୍ତାରେ
ବିରହ ଘାରେ ସଦା ଅନୁକ୍ଷଣ
ଜ୍ୱଳନ ପରେ ଜ୍ୱଳଇ ଉଗ୍ରହୋଇ
ଯେତେ ସୃଷ୍ଟି କରେ ବଜ୍ରାଗ୍ନି ବାଣ।
ବିରହ ବ୍ୟଥା ଶର ପାରେ ଶର-
ମାରି ବ୍ୟାଧି ସୃଷ୍ଟି କରେ ନିରତ
ଶଲ୍ୟ କ୍ଷତ ପରେ ଶଲ୍ୟ ଆରୋପି
କାଳାନ୍ତ ମୃତ୍ୟୁ ଠାରୁ ଯାହା ଶକ୍ତ।
ଆମ ଅପଘନେ ଯେବେ ଯୌବନ
ତନୁଶ୍ରୀ ଶୋଭନ କଲା ଅଧିରେ
ହନୁମନ୍ତ ପରି ବିରହ ବହ୍ନି
ଜାଳି ଆରୋହିଲା ଶିର ବିଧିରେ।

ଏହି ବିରହ ହନୁମାନ ଆସି ପଦ୍ମିନୀ ଅଙ୍ଗେ ଜ୍ୱଳାଏ ପ୍ରତାପେ।
ଭସ୍ମ ହେଲେବି ଜୀବନ ନ ତେଜି ଜୀବ ପାଇ ପୁଣି ଜଳେ ସନ୍ତାପେ।।

॥ ୨୪୯ ॥

ନକ୍ଷତ୍ର ସଖୀଏ ଏ ଅବସ୍ଥା ଦେଖି
କୁମୁଦ ପୁଷ୍ପେ କେ ଅଙ୍ଗେ ପରଶେ
କେ ଚନ୍ଦନ ଗୋଳି, ଲିପେ ଅପଘନେ
କେହ୍ନୁ ଲୋତକ ନୟନୁ ବରଷେ।
କେ ମୁଖେ ଦିଅଇ ସୁବାସିତ ଜଳ
କିଏ ପଣତ ଅଧିରେ ସଂଚାଳେ
ଯେତେକ ପ୍ରକାରେ ଆଚରିଲେ ସେବା
ପଦ୍ମା ଅଚେତ, ଅଙ୍ଗ ତା ନ ଚଳେ।
ବିଷେ ଘାରିଦେଇ କିଏ ବା ମାରିଛି
ନିଶବଦେ ସ୍ଥିର ତାର ଶରୀର
ହାତେ ପରଖନ୍ତି ନାସା ପବନ
ପ୍ରାଣ ପକ୍ଷୀ କି ଛାଡ଼ିଛି ପିଞ୍ଜର।
ହୃଦୟେ ପ୍ରବେଶି ବିରହ କରାଳ
ଜୀବନ ଯାତନା କରୁଛି ଭାରି
ବସିଥିବା ହେତୁ କର ମୁଷ୍ଟିକରେ
ପୁଣି ପ୍ରସାରି ଦିଏ ମୁକ୍ତ କରି।
ଅବରୁଦ୍ଧ କରି ଥିବାରୁ ରସନା
ବାଣୀ ନ ଆସଇ ଆନନେ
ପୁଣି କନ୍ଦର୍ପ ଶରେ ବିଦ୍ଧ ହୋଇ
ଅସ୍ଥିର ହୁଅଇ ତନୁ କମ୍ପନେ।

ରାହୁ ବା ଗ୍ରାସିଛି ଚନ୍ଦ୍ରମାର ମୁଖ ଘେରି ରାଜଜେମା, ଚତୁଃପାର୍ଶ୍ୱେ।
ସମ୍ମିଳିତ ହୋଇ ସଖୀଏ ରୋଦନ୍ତି ଘନ ଅନ୍ଧାର ନିଶୀଥେ।।

॥ ୨୫୦ ॥

ଚାରିଘଡ଼ି ପରେ ରାହୁର ଛାୟା ସେ
ଚନ୍ଦ୍ରକୁ ଛାଡ଼ି ଗଲା ଅପସରି
ଶ୍ୱାସ ଫେରି ଆସି ଚକ୍ଷୁ ଗଲା ଖୋଲି
ଚେତନା ପାଇଲା ରାଜଦୁଲାଳୀ।
ସଖୀଏ ନୟନୁ ଅଶ୍ରୁ ପୋଛି ସାରି
ପ୍ରବୋଧେ କହନ୍ତି ରାଜସୂତାରେ
"ସଖୀ! ତୁହି ଜ୍ୟୋତି, ଗଗନର ଶଶୀ
କିମ୍ପା ରହିଥିଲୁ ଘନ ଅନ୍ଧାରେ।
ଗଜଗମନୀ ତୋର ଧୀର ଗତିରେ
କିବା ଅକଳେ ପଡ଼ିଗଲୁ ରହି
ତୁ ଅଟୁ କୋକିଳ-ମଧୁର ଭାଷିଣୀ ତୁ
ବ୍ୟାଧ ଫାଶେ କି ପଡ଼ିଗଲୁ ତୁହି?
କେଶରୀ କଟୀ ତୋ, ହେ ରାଜକୁମାରୀ
କେଶରୀକୁ ଜିଣିଥିଲୁ ଗରବେ
ଏବେ କେଉଁପରି ହାରିଲୁ ତା ପାଶେ
ଅଚେତନ ରହିଥିଲୁ ନୀରବେ।
ହେ ସଖୀ! କମଳ କଳିକା କୋମଳ
ପୂର୍ବାଶା ପଥେ, ପ୍ରଭାତ ଆସିଛି।
ତୋ ଭାନୁ ଉଦୟେ, ଜଗ ଉଦିୟାନ
ତୋ ପଦ୍ମ ନୟନ ମୁଦ୍ରିତ ରହିଛି।"

ଘନ ତିମିର କି ଦୂର ହୋଇଗଲା ଭାନୁ ଶବଦେ।
ନେତ୍ର ଖୋଲେ ବାଳା ଚଉଦିଗ ଚାହେଁ ମନ ବିଷାଦେ।।

।। ୨୫୧ ।।

ଭାନୁ ନାମ ଶୁଣି ଜାଗେ ସହସା
ବିକଶେ, କି ପଦ୍ମ ତପନ ତାପେ
ମଧୁ ଆଶେ କି ପାଶେ ଆସେ ଅଳି
ମୁଖବାସ ସମୀରରେ ପ୍ରକଟେ।
ସେତ ଚନ୍ଦ୍ରମା କି ଉଦେ ଆକାଶେ
ଖଞ୍ଜ ନୟନେ କ୍ଷଣେ ଚାହିଁ ଦିଶେ
ଭାଷା ମୁଖେ ନାହିଁ ବିରହେ ବୋଲି
କମ୍ପେ ଶରୀର ଘନ ଦୀର୍ଘ ଶ୍ୱାସେ।
ସମୁଦ୍ର ତଳେ ତରଙ୍ଗ ଯେପରି
ଉଠେ ବିରହ ଦଗ୍ଧ ତା ଶରୀରେ
ନେତ୍ର ସାଗରୁ ଅସଂଖ୍ୟ ଲହରୀ
ଭୂମି ଆର୍ଦ୍ର କରି ଲୋତକ ଝରେ।
"ବହୁ କଷ୍ଟେ ଦୁଃଖ ତରଙ୍ଗ ଏଡ଼ିକି
ବହେ ନିରତେ ଢେଉ ଆସେ ରହି
ସେହି ସିନ୍ଧୁ ଆବର୍ତ୍ତରେ ପଡ଼ି
ସଖୀ-ଅଥଳେ ନିମଜ୍ଜିଲି ମୁହିଁ।
ହେ ସଖୀ ! ଜହର ଦିଅ ଗୋ ମତେ
କିନ୍ତୁ ଗର୍ଭେ ପ୍ରାଣ ଯଦି ଥିଲେ ବି
ଲାଗେ ନ ପୁଣ, ନମରି ରହିବି
କେଉଁ ଉପାୟେ ଏଥୁ ନିସ୍ତରିବି।"
କ୍ଷଣେ ଅଚେତ, କ୍ଷଣେ ଚେତ ଚାହେଁ
କର ଲେଉଟାଏ ନୋହି ବିରତି
କହେ ବହୁ କଷ୍ଟ 'ହେ ସଖୀ ଗଣ
ହୀରାମଣିକୁ ଆସ ଘେନି ଏଥି।

ଏଇ ବିରହ-ଗ୍ରହଣ ଲାଗି ମୁହିଁ ପ୍ରାଣ ନଯାଇ ରହିଛି ଶରୀରେ।
ହୀରାମଣିକୁ ମୋ ପାଶ ଘେନି ଆସ କହି ଅଚେତନ ପଡ଼େ ମହୀରେ।।

॥ ୨୫୨ ॥

ପୁରଇନି ନାମେ ଦାସୀ ଝଟତି
ହୀରାମଣିକି ଆଣି ରଖେ ତଥି।
ବୈଦ୍ୟ ଦେଖି ରୋଗୀ କି ପାଏ ପ୍ରାଣ
ରାଜନନ୍ଦିନୀ ଦିଶଇ ତେସନ।
ମେଲି ସେ ନୟନ କହଇ ବଚନ
ପିକ ବଧୂସ୍ୱର ପଞ୍ଚମ ତାନ।
"ଶୁଣ ହୀରାମଣି ପଦ୍ମା ହୃଦୟ
କେଶରୀ ବରନ ହଳଦୀମୟ
କିମ୍ବା ହୃଦୟେ ପ୍ରେମ ଅଙ୍କୁରିତ
ପ୍ରେମିକ ସୂର୍ଯ୍ୟ ଯଦି ରାହୁଗ୍ରସ୍ତ !"
ଦାସୀ ପଦ୍ମପତ୍ରେ ଧୀରେ ସଞ୍ଚାଳି
ନେତ୍ର ଖୋଲି ଦେଖେ କମଳ କଳି।
ଦୁଃଖ ଅବରୋଧି ଅଳପ ଭାଷଇ
"ହୃଦବନ୍ତ ପୁଂସ ମଉନ ରହଇ।
(ମାତ୍ର) ଅଳ୍ପ କଥନେ, କର୍ମ କରେ ଶେଷ"
କହୁଁ କହୁଁ ପୁଣି ହୁଏ ଅଚେତ।
କର ଲେଉଟାଇ, (ପୁଣି) କହେ ସେ ବାଣୀ
ସୁଗମ୍ଭୀର ପୁଂସ (ପାରେ) ଜଗତ ଜିଣି।

ପ୍ରାଣ ଗଲେ ମଧ୍ୟ ବଚନ ନ ଯାଏ କର୍ମଠ ପୁରୁଷ ଅଟେ ସେହି।
ଏକ ଲକ୍ଷ ରଖି କରେ ସେ ସାଧନ କର୍ମ କକ୍ଷଣ ଦିଏ ଓଲଟାଇ।।

॥ ୨୫୩ ॥

ପୁଣି ସଚେତନ କହେ ସେ ଆବେଗେ
"ଏ ଦାରୁଣ ଦୁଃଖ ମୁହିଁ ଦିନ ରାତି-
ସହେ, କିବା ବୁଝାଇବି, କାହା ପାଶେ
ଏ ତାତିରେ ଜଳି ଝରିଯିବ କ୍ଷିତି।

ଏ ମୋର ଅନ୍ତର ହନୁମନ୍ତ ପରି
ବିରହ ପାଟକେ ଜଳାଇଣ ଲଙ୍କା
ଲଙ୍କା ପୋଡ଼ି ସାରି ଅନଳ ଲିଭିଲା
ମାତ୍ର ଏ ବ୍ରଜାଗ୍ନି, ଅଟେ ପ୍ରାଣ ରଙ୍କା।
ଏତ ଜ୍ୱାଳାମୁଖୀ ଗିରି ଲେଲିହାନ
ଶିଖା ଉଠି, ଅଙ୍ଗ ଅବୟବ ଜାଳେ
ତହୁଁ ମାଂସ କାଟେ ତିଳ ତିଳ, ଜାଣ
ରକ୍ତ ଅଶ୍ରୁ ହୋଇ ଅନୁକ୍ଷଣେ ଝରେ।
ଏତ ଅଦ୍ଭୁତ ହନୁର କରଣୀ
ବେଳେ ମାରି ବେଳେ ଦିଏ ଜୀବନ
ଘନ ଗର୍ଜନରେ କରେ ସିଂହଠାଣି
ସିଂହଠାରୁ ବି ଅତିଶୟ ଦୁର୍ଦ୍ଦମ।
ତିଳ ତିଳ କରି ତନୁ ମାଂସ କାଟି
ଶଳାକାରେ ଗୁନ୍ଥି ସଦା ରଖିଥାଏ
ମାଂସ ଖଣ୍ଡୁ ଝରେ, ଯେଉଁ ରକ୍ତ ନିତି
ପୂରି ନୟନ ଲୋତକେ ଝରୁଥାଏ।
ଏହି ଦହନରୁ ଉତ୍ତମ ମରଣ
ଶାନ୍ତି ତ ପାଇବ ମୋ ପ୍ରାଣ ନିମିଷେ
ଏପରି ଦୁର୍ଦ୍ଦମ ପ୍ରଚଣ୍ଡ କୁଳିଶେ
ଅବିଳମ୍ବେ ସମ୍ପିଯିବ ସେ ହତାଶେ।"
ଲକ୍ଷ ମଳୟ ଗିରିର ସମୀରଣ
ଭରି ସପତ ସିନ୍ଧୁ ଜଳ ସହିତେ
ସିଞ୍ଚି ଲିଭାଇ ନପାରିବ ଏ ଦାହ
ଦ୍ୱିଗୁଣେ ଅନଳ ଜଳିବ ନିରତେ।"

ନିଶ୍ଚିତେ ଜଳିବ ଦିବା ବିଭାବରୀ ଶୟନେ ଅବା ଅଶୟନେ।
ପ୍ରତି ଅବୟବେ ବହି ନିରବଧି ପ୍ରଚଣ୍ଡ ଉଗ୍ର ହୁତାଶନେ।।

॥ ୨୫୪ ॥

ପଦ୍ମିନୀକୁ ପରଖି ସେ ହୀରାମଣି
ବିଚାରେ "ପ୍ରୀତି ନିଶା ଘାରିଛି ରାଣୀ !"
ପ୍ରବୋଧି କହେ ଶୁକ "ହେ ରାଜ କନ୍ୟା !
ପ୍ରୀତି ଲତାରେ ଛନ୍ଦି ହେଉ ବିମନା।
ପ୍ରୀତି କରିବା କା'ର ନୁହେଁ ଉଚିତ
ଛନ୍ଦିଲେ ପ୍ରୀତି ଲତା ଦୁଃଖ ବହୁତ।
କଦାପି ମୁକ୍ତି ମିଳେ ନାହିଁ ପ୍ରୀତିରୁ
ଦୁର୍ବହ କଷ୍ଟ ସହେ କଷଣ ଗରୁ।
ଅଙ୍କୁରିତ ହୋଇଲେ ସେ ପ୍ରୀତି ବଲ୍ଲୀ
ଆଦ୍ୟେ ଲାଗଇ ସୁଖ ଅନ୍ତିମେ ଜଳି
ଦୁଃଖ ହିଁ ଦୁର୍ବିପାକେ ପୀଡ଼ିତ ପ୍ରାଣୀ
ବୃଦ୍ଧିରେ ମର୍ମଦାହ ଦିଏ ସେ ଆଣି।
ସେ ଦାହେ ସ୍ୱର୍ଗ ମର୍ତ୍ତ୍ୟ ପାତାଳ ସହ
ହୁଅଇ ଭସ୍ମୀଭୂତ ନାହିଁ ସନ୍ଦେହ।
ଏ ଅମର ବଲ୍ଲୀ କେ କଲା ରୋପଣ
ଜୀବନେ ନାହିଁ ମୁକ୍ତି, ନାହିଁ ମରଣ।
ପ୍ରତି ବ୍ରତତୀ ବୃଦ୍ଧି ହୁଏ ଯେ ସ୍ଥାନେ
ଅନ୍ୟ ଲତିକା ତହିଁ ନାହିଁ ଜନମେ।
ପ୍ରୀତି ବଲ୍ଲୀରେ ଛନ୍ଦି ହେଲେ ବର୍ଦ୍ଧିତ
କେବଳ ପ୍ରିୟ ସାଥେ ହେଲେ ମିଳିତ,
ଶୀତଳ ଶାଖା ଛାୟା ପାଇ କ୍ଷଣକେ
ଦ୍ରାକ୍ଷା ଫଳ ଭକ୍ଷଇ ଆତ୍ମ ସନ୍ତୋଷେ।"

ହୀରାମଣି ଭାବେ କିପରି ବୋଧିବ ରାଜକୁମାରୀ।
ପ୍ରଣୟ ସଙ୍କଟେ ପଡ଼ି ସେହିତ ଜୀବନ ଧରି।।

॥ ୨୫୫ ॥

ଶୁକ ପାଦ ଧରି କହେ ପଦ୍ମାବତୀ
"ତୁହି ସଂଯୋଜକ ହୋଇଛୁ ମୋ ସାଥୀ
ସେ ଲାଗି ପ୍ରିୟର ପ୍ରୀତି ଛାୟା ଘନ
ସଦା ଅନୁଭବେ ମୋର ଅପଘନ।
ମୋର ଦାରୁଣଏ ଦୁଃସହ ବେଦନା
ତୋତେ କରିବାକୁ ଲଜ୍ଜା ଲାଗେ ସିନା।
ନ କହିଲେ ମୋ ଜୀବ ନିଶ୍ଚିତେ ଯିବ
ବାଧଇ ଶ୍ରବଣେ ମୋ ଦୁଃଖଦ ଭାବ।
ମୋର ଏକ ପାଶେ ବହ୍ନି, ଅନ୍ୟ ପାଶେ
ଘନ ଶୀତାର୍ତ୍ତ ବଳୟ ଘେରି ବସେ।
ଉଦେଗିରି ଆରୋହଣେ ସୂର୍ଯ୍ୟ ପ୍ରେମୀ
ମାର୍ଗ ପାସୋରେ, ରାହୁ ଗ୍ରାସିଲା ଜାଣି।
କରିଲେ ଯେଣୁ ବନ୍ଦି ଗନ୍ଧର୍ବ ସେନ
ଚନ୍ଦ୍ର ମ୍ଳାନ ହେଲା ଜଳେ ତକ୍ଷଣ।
ଦୂରେ ଥିବା ବେଳେ ମୋର ପ୍ରିୟତମ
ଜୀବିତ ଥିଲି, ମୃତ୍ୟୁ ନ ହେଲା ମମ।
ନିକଟରେ ଥାଇ ଏବେ ଦୂର ପରି
ମୁହିଁ ସନ୍ତାପରେ ମରୁଛି ଆତୁରି।
ଅନ୍ତରେ ମୋହର ପ୍ରିୟର ନିବାସ
ସଂଯୋଗ ଲାଗି ମୁହିଁ କରେ ସନ୍ତାପ
ତେଣୁ ଭୋଗେ ମୁହିଁ ଦଶମ ଅବସ୍ଥା
ତୁହିତ ଏକାନ୍ତ ମୋ ସାହା ଭରସା।
ନଳ ରାଜାଙ୍କୁ ଦମୟନ୍ତୀ ସଙ୍ଗତେ
ହଂସ ଦୂତ ମିଳାଇଲା ସୁନିଶ୍ଚିତେ।
ତୁହି ସୂର୍ଯ୍ୟ ସାଥେ ମିଳାଇବୁ ଶଶୀ
(ଯେଣୁ) ହୀରାମଣି ନାମ ସୁବିଦିତ ଅଛି

ମୋ ପ୍ରାଣ ସଞ୍ଜୀବନୀ ରହିଛି ଦୂରେ
ଅଙ୍ଗ ମୋ ବିଦ୍ଧ ହୁଏ ଅନଙ୍ଗ ଶରେ।"

ବିଳମ୍ବ ନ କରି ଚଳ ତୁ ବହନ ସୂର୍ଯ୍ୟ ଦର୍ଶାଇବୁ ମତେ ଆଣି।
ନଚେତ ନିଶ୍ଚିତ ମୋ ଜୀବନ ଯିବ ଏକଥା ମରମେ ରଖଜାଣି।।

ଟିପ୍ପଣୀ:- ଦଶମ ଅବସ୍ଥା- ପ୍ରେମର ଦଶମ ଅବସ୍ଥା-ମୃତ୍ୟୁ।

।। ୨୫୬ ।।

ମଥା ନୁଆଁଇ ଭୂମିରେ, କହେ ଶୁକ
"ତୁହି ସିଂହାସନେ ବସି ଭୋଗ ସୁଖ।
ତୋ ବିରହ ରୋଗର ସେ ଜାଙ୍ଗଳିକ
ଆଣି ତାକୁ ମିଳାଇବି ତୋର ନିକଟ।
ତୋ ପରି ଯନ୍ତ୍ରଣା ସେ'ତ ଭୋଗୁଥାଇ
ନିକଟେ ଥାଇବି ଦୂରେ ଅଛି ରହି।
ତୋହପରି କଷ୍ଟ ସହଇ ଅଶେଷ
ତୋର ପିତା ଭୋଗ କରେ ରାଜସୁଖ।
ବ୍ରାହ୍ମଣ ପୂଜି ସେ ମାରେ ଯୋଗୀ ସନ୍ଥ
ଦ୍ୱିଜ ବେଦପାଠୀ ଯୋଗର ବିରୋଧୀ।
ତାଙ୍କ ବିଚାରେ ଯୋଗୀ ମାରଇ ନିନ୍ଦି
ଗଡ଼ ସିଂହଦ୍ୱାରେ, ଗଡ଼ ନିରୀକ୍ଷକ
ସଜାଗ ବସିଥିଲା, ପ୍ରେମ ଲୁବ୍ଧକ।
ସୁଡ଼ଙ୍ଗ ଭେଦି, ଗମନ କଲା ବେଳେ
ପଥ ଭୁଲିଗଲା, ରାତ୍ରି ପ୍ରଭାତରେ।
ରାଜାରେ ଜଣାଇ, ରକ୍ଷୀ ଚୋର କହି
ଧରି ବିଚାରେ ଶୂଳି କି ଦେଲା ନେଇ।
ତେଣୁ ଅତି ଦୁର୍ବିଷହ ଦୁଃଖେ ପଡ଼ି
ପଡ଼ିଛି ସଙ୍କଟେ ପ୍ରାଣ ତା ଏପରି।
ତୁମେ ଜୀବନ, ତୁମ ଅଙ୍ଗ ହିଁ ଯୋଗୀ

ଅଙ୍ଗେ ଜନ୍ମିଲେ ବ୍ୟାଧି ଜୀବ ବି ଭୋଗି।
ତୁମ୍ଭ କାୟାର ମଧ୍ୟେ ଜୀବନ ଧରି
ପ୍ରବେଶି, ନବରୂପେ ସେ ତପଚାରୀ
ଅଦୃଶ୍ୟେ ରହିଅଛି, ସେ ଲାଗି କାଳ
ଅନ୍ୱେଷି ପାଏ ନାହିଁ କରି କରାଳ।"

ତୋ ତନୁର ଅନ୍ତରାଳେ ଜୀବିତ ସେ ତପୀ,
ସନ୍ଧାନ ପାଏ ନା ତେଣୁ କ୍ରୂର କାଳମତି।।

ଟିପ୍ପଣୀ– ପରକାୟା ପ୍ରବେଶ ସିଦ୍ଧି ସମ୍ପର୍କିତ ବିଶ୍ୱାସ ମଧ୍ୟଯୁଗରେ ଲୋକଙ୍କର ଥିଲା। ସେ ଯୁଗର ସାହିତ୍ୟରେ ଏହାର ଉଲ୍ଲେଖ ମଧ୍ୟ ଦେଖିବାକୁ ମିଳେ।

॥ ୨୪୭ ॥

ଶୁକପକ୍ଷୀ ଯେବେ ଏ କଥା କହିଲା
ରତ୍ନସେନ ଗ୍ରହ ସଙ୍କଟ ପଡ଼ିଲା।
ପଦ୍ମା କହେ "ଏତ କୃଷ୍ଣ ମୁଖ ହୋଇ
ଆଚ୍ଛାଦିଲା ତନୁ ବହୁଦୁଃଖ ଦେଇ।
ଯଦି ମୋ ସ୍ନେହେ ଏ ଯୋଗୀ ମରଇ
ଜୁଇରେ ଜଳିବୁ ଆମେ ଶବ ହୋଇ।
ପରେ ସ୍ୱର୍ଗେ ରହିବୁ ଏକତ୍ର ସାଥେ।
ଯଦି ଜୀବିତ ରହେ ତା' ସେବାକରି
ମୋର ଜୀବନ ଯୌବନ ଦେବି ସାରି।
ଯୋଗୀ ମରନ୍ତେ, ତା ଜୀବ ପଛେ ପଛେ
ପାରାବତ ପରି ଉଡ଼ିଯିବି ସାଥେ।
(ହେ) ଗୁରୁ! ପରକାୟା ପ୍ରବେଶ କିପରି ?
କେଉଁ ପନ୍ଥାରେ ଏ ସାଧିବି ଆଚରି।
କେଉଁ ସାଧନାରେ ଗୁରୁ ହୁଏ ଶିଷ୍ୟ
ଗୁରୁ ପୁଣି ଶିଷ୍ୟ ହୁଅଇ ଅବଶ୍ୟ

ଗୁରୁ ଅଭିନ୍ନତା, ଶିଷ୍ୟ ସିଦ୍ଧି ବଳେ
କାଳ ସନ୍ଦିହାନ, କାହାର ଛଳେ?

ଗୁରୁ କୃପା କଲେ, ଶିଷ୍ୟ ଭେଦପାଏ ଗୁରୁର ଅଶେଷ କୃପାଲଭି
ଅନନ୍ତ, ଅବ୍ୟକ୍ତ, ହୁଏ ଏକୀଭୂତ ପରାଜୟେ କାଳ ଯାଏ ଦ୍ରବି।

॥ ୨୫୮ ॥

ଭାଷେ ଶୁକ "ହେ ରାଣୀ! ରତ୍ନସେନ
ତାରେ ଶିଷ୍ୟ ରୂପେ କରି ଗ୍ରହଣ।
ନବରୂପେ ପରକାୟା ପ୍ରବେଶ
ସିଦ୍ଧିବଳେ ଅଭିନବ ବିକାଶ।।
କରି ସିଦ୍ଧ କିମ୍ଭାକର ଅନୁଯୋଗ
ଶିବ ପୀଠେ ଦେଖିକଲେ ଅନୁରାଗ।।
ଦର୍ଶନେ ତବ ତାର ଚିତ୍ତ ହଜି
ତବ ଅନ୍ତରେ ରହିଲା ନିମଜ୍ଜି।।
ତୁମେ ଫେରିଲ ରାଜାର ଉଆସେ
ଯତ୍ନେ ତା ଜୀବ ରଖି ନିଜ ପାଶେ।।
ଫଳେ ସେ ହେଲା ଅଙ୍ଗ, ତୁମେ ଜୀବ
ଅଙ୍ଗକି ଜାଣଇ ଆତପ ଶୀତ।।
ଜୀବ ଅନୁଭବଇ ଦୁଃଖ ସୁଖ
ଦୁଃଖ ତା ତୁମେ ନେଲ ଦେଇ ସୁଖ।।
ତା ଶୁଦ୍ଧ କାୟାର ତୋ ପ୍ରତିଛବି
କାଳ ସଶଙ୍କିତ ତୋରେ ବିଲୋକି।।
ତା କାୟାରେ ଦେଖି ତୋର ସ୍ୱରୂପ
ମୃତ୍ୟୁ ବରେ ନାହିଁ ହୁଏ ଜୀବିତ।।
ନପାଏ ଅନ୍ତରେ ଯାଏ ଅନ୍ୟତ୍ର
ନମଃ ନମଃ କରି ହୁଏ ବିଲୁପ୍ତ।।
ତେଣୁ ଯୋଗୀବର ମୃତକ ଶରୀର

ବାରମ୍ବାର ଚେତି ଉଠୁଥାଇ ।।
ଏ ଗୋପନ ସୂତ୍ର, ନ ଭେଦି ନିରସ୍ତ
ଅବସନ୍ନ କାଳ ଅବଶେଷେ ।।
ପରକାୟା ରୂପ ପ୍ରବେଶି ତାପସ
ଅମର ହୋଇଅଛି ଗୁରୁ ପାଶେ ।।

।। ୨୫୯ ।।

ଯୋଗୀର କରଣୀ, ଶୁଣି କମଳିନୀ
ସୂର୍ଯ୍ୟ କିରଣେ କି ମୁକୁଳିତ ।
ସୂର୍ଯ୍ୟ ପରଶରେ, ହିମ ଝରି ପଡ଼େ
ଶୀତ ବିନିମୟେ ପ୍ରଫୁଲ୍ଲିତ ।
କହେ ସେ ଆବେଗେ "କେବା ବିନାଶିବେ
ସେ କି ତହିଁ ଲେମ୍ବୁ ରସ ହୋଇ
କ୍ଷାର କରିଦେବ, ସକଳ ରସକୁ
ଅକରଣୀୟ ଯା ତାର ପାଇଁ ।
ମୋ ଆଦେଶ, ଯାଇ କହତୁ ବୁଝାଇ
ମୋ ଆଜ୍ଞା ପାଳିବ କରି ସତ
ହେଉ ସେ ଯତୀଶ, ଧରି ଶୁଦ୍ଧ ବେଶ
ରାଜ୍ୟ ବାସୀ ଅଗ୍ରେ ପ୍ରକଟିବ ।
ତା'ର ବଧ ପାଇଁ ଯିବ ସେ ଆଗେଇ
ସେ ଶୂଳ ଫୁଟିବ ମୋ ନୟନେ
ତା ଘଟର ଜୀବ, ନ ହେଉ ସ୍ତବଧ
ଜୀବ ମୋ ଘଟୁ, ଯିବ ତକ୍ଷଣେ ।"
ତେଣୁ କହେ ପଦ୍ମା "ହୃଦ ସିଂହାସନେ
ହୁଅ ରାଜା, ଇହ-ପରକାଳେ
ଜୀବନରେ ଆମେ, ଯଦିବା ବଞ୍ଚିବା
ପାଳିବା ଧରଣୀ ସୁବିଚାରେ ।
ଯଦି ମରୁ! ତେବେ ଉଭୟେ ମରିବା

କିଏ ବା ସହିବ ଭିନ୍ନ ହୋଇ
ପିତା ଅଭିମାନ-ବ୍ୟଥା ଅପମାନ
ସବୁ ସହିବି ମୁଁ ତବ ପାଇଁ
ତବ ପାଇଁ କିଛି ନୋହୁ ଅମଙ୍ଗଳ
ମୋ ପିତାର ସ୍ନେହ-ଛଳନାରେ
ଯାହା ସହିବାକୁ ହେବି ସମର୍ଥ ମୁଁ
ତୁମ କଷ୍ଟ ନ ସହିବି ତିଳେ।"

ଦମ୍ଭେ କହଇ ଦୁହିତା "ପିତା ଅହଙ୍କାର।
ନିବାରି କରିବି ତବ ଜୀବନ ଉଦ୍ଧାର"।

॥ ୨୬୦ ॥

ସେ ସ୍ଥାନେ ଆସିଲେ ରାଜ୍ୟ ବାସୀ ଯେତେ
ଆଦ୍ୟରେ ଗୁରୁକୁ ଆଣିଲେ ଧରି।
ରୂପ ଦେଖି ସର୍ବେ ହୁଅନ୍ତି ଚକିତ
ଆହା, ଆହା ବାଣୀ ତୁଣ୍ଡେ ଉଚ୍ଚାରି।
କିଏ କହେ, "ଏହି ନୁହେଁତ ତାପସ
ରାଜକୁମାର କେ ହୋଇ ବିୟୋଗୀ
ଭୋଜ ରାଜ ପରି, ପ୍ରେମ ଯୋଗୀ ହୋଇ
ପିଙ୍ଗଳା ପାଇଁକି ସର୍ବସ୍ୱ ତ୍ୟାଗୀ।"
ଯେ ବେଳେ, ତୂର୍ଯ୍ୟ ବାଜିଲା ଶୂଳି ପାଇଁ
ହସି ଉଠେ ବନ୍ଦି, ଶୂଳି କି ଦେଖି
ହସେ ବିଜୁଳି କି ଚମକି ଚାହିଁଲା
ବିସ୍ମିତ କରି ସେ ରାଜ୍ୟବାସୀଙ୍କି।
ଦଶନ ପଂକ୍ତି କି ବିକଶିତ କରେ
ନିର୍ଭୟ ବନ୍ଦିର ସହାସ୍ୟ ମୁଖ
ସରବେ ପୁଚ୍ଛନ୍ତି, "କହତୁ ବନ୍ଦିରେ
ଜାତି, ବଂଶ, ସ୍ଥାନ, ତୋର ପୌରୁଷ।

ଯହିଁ ଶୂଳି ସ୍ଥାନେ ଝରଇ ଲୋତକ
ତହିଁ ତୁ ହସୁଅଛୁ ନିର୍ଭୟରେ
ତ୍ରିକାଳରେ ଯାହା ଦେଖା ଶୁଣା ନାହିଁ
ସକଳ ସତ୍ୟ ତୁହି ପ୍ରକାଶ ବାରେ।"

କ୍ଳେଶ ନାହିଁ, କଷ୍ଟ ନାହିଁ, ନାହିଁ କାତରତା।
ଉଦ୍ଦୀପ୍ତ ଦିଶଇ ତନୁ ନାହିଁ ଅସ୍ଥିରତା।।

॥ ୨୬୧ ॥

ଯୋଗୀ କହେ "କିମ୍ବା ପୁଚ୍ଛ ମୋ ଜାତି
କାହିଁ ପାଇବି ସନ୍ଦେହ ନୃପତି ?
ମୁଁ ତ ତପସ୍ୱୀ ଯୋଗୀ ଓ ଭିକ୍ଷୁକ
ଯୋଗୀ ପାଇଁ ଜାତି ନୁହେଁ ଅଧିକ।
କଟୁ ବାକ୍ୟ ଶୁଣି ନୁହେଁ କ୍ରୋଧିତ
ପୃଷ୍ଠେ ପ୍ରହାରେ ନପାଏ ଆଘାତ।
ଯେ କି ଲାଜ, କ୍ରୋଧ ଭୁଲି ଭିକାରି
ଜାତି ସମ୍ମାନ ଭୁଲି ପଥଚାରୀ।
ପୁଣି ପୁଚ୍ଛନ୍ତି, ଜନ୍ମ ବଂଶ, ନାମ
ଏତ ଅଦ୍ଭୁତ କାମନା ରାଜନ।
ଶୂଳି ଦେଖି ହସିଲି କାହିଁ ପାଇଁ
ତା ଶ୍ରବଣ କର ହେ ମନ ଦେଇ।
ଯେ ଜୀବ ମୃତ୍ୟୁ ଦ୍ୱାରେ ପ୍ରତୀକ୍ଷାରେ
କିମ୍ବା ନ ହସି କାନ୍ଦିବ ବିଫଳେ।
ଆଜି ଆପଣା ସ୍ନେହ ଭୁଲି ଯାଇ
ପୃଥ୍ୱୀ ଛାଡ଼ିବି ଶୂନ୍ୟେ ଯିବା ପାଇଁ।
କାୟା ପିଞ୍ଜରୁ ବନ୍ଧନ ତୁଟିବ
ଜୀବ ବିହଗ କାହିଁ ଉଡ଼ିଯିବ।
ବିଚ୍ଛେଦେ ପ୍ରାଣ ଉଠଇ ପୁଲକି

ସିଦ୍ଧ ପାଶେ ସଦା ପ୍ରୀତି ରହିଛି।
ଆଜି ପୂର୍ଣ୍ଣ ହେବ ମୋର ଜୀବନ
ମୁଖେ କାନ୍ତି ଧରି କରି ଗମନ।
ଏବେ ଶୀଘ୍ରତରେ ଦଣ୍ଡିତ କର
ବୃଥା କଥନେ କିବା ହେବ ଫଳ?"

"କିମ୍ପାଇ ରାଜନ ପୁଚ୍ଛ ଜାତି, ବର୍ଣ୍ଣ, କୁଳ ମାନ ସମାଚାର।
ଯା ପାଇଁ ତିଆରି ସକଳ ଐଶ୍ୱର୍ଯ୍ୟ ସେ ମୋର ମୁଁ ତାର।"

॥ ୨୬୨ ॥

ଘାତକ ଯୋଗୀରେ କହେ ତକ୍ଷଣେ
"ଇଷ୍ଟ ସ୍ମରଣ କର ମନେ ମନେ।।
ଏବେ ତୋତେ ମୁଁ କେତକୀ କଣ୍ଟକେ
ମାରିବି ଭ୍ରମର ପରି ଦଣ୍ଡକେ।"
ଭାଷେ ତାପସ "ତାରେ ମୁଁ ସ୍ମରଣ-
କରେ ଶ୍ୱାସେ, ପ୍ରଶ୍ୱାସେ ସର୍ବକ୍ଷଣ।।
ମୃତ ଜୀବିତ, ତହିଁ କିଛି ନାହିଁ
ତା ନାମ ସର୍ବଦା ଉଚ୍ଚାରୁ ଥାଇ।।
ମୋର ଶରୀରେ ଯେତେ ରକ୍ତବିନ୍ଦୁ
ପଦ୍ମାବତୀ ନାମ ଜପନ୍ତି ଆଦ୍ୟୁ।
ଜୀବନ ମୋର ମୁଁ ତା ପାଇଁ ଦେବି
ମୃତ୍ୟୁ ନହେଲେ, ତା ପାଇଁ ବଞ୍ଚିବି।।
ରହିଲେ ଜୀବିତ ମୋର ଶୋଣିତେ
ତା ନାମ ଉଚ୍ଚାରୁଥିବି ଉଷତେ।।
ମରିବି ଯଦି, ଜପୁଥିବି ନାମ
ପ୍ରତି ରୋମେ ରୋମେ ତାର ଆସ୍ଥାନ।।
ପ୍ରତି ଲୋମକୂପୁ ତା ନାମ ନୀର
ଝରି ଆର୍ଦ୍ର କରେ ମୋର ଶରୀର।।

ପ୍ରତି ଅସ୍ଥିଖଣ୍ଡ ତା ନାମ ରଟେ
ଶିରା, ପ୍ରଶିରାରେ ଶୁଦ୍ଧ ପ୍ରକଟେ।।
ଧ୍ୱନି ମର୍ମରି ଉଠେ ବାରମ୍ବାର
ପଦ୍ମିନୀ, ନାମ ଧ୍ୱନି ସୁମଧୁର।।
(ତା) ବିରହ ଖାଏ ମଜ୍ଜା ମାଂସ ମୋର
ଛାଞ୍ଚ ରୂପେ ରଖିଛି ଅସ୍ଥି କଙ୍କାଳ।

"'ଚାନ୍ଦି' ପରି ତାର ରୂପ ପ୍ରକଟିତ ତା ସ୍ୱର୍ଗୀୟ ପ୍ରତିମା ଖୋଦିତ ତହିଁ।
ଦେଖି ସେ ମୂରତି ମୋହିତ ମୁଁ ଅତି ଭେଦାଭେଦ ଭୁଲି ଯାଇଛି ମୁହିଁ।"

॥ ୨୬୩ ॥

ଏହି କଥନେ ନେତ୍ର କରି ନତ
ରତ୍ନସେନ ରାଜା ସ୍ଥିର ନିଶ୍ଚିନ୍ତ।।
ଦଶୌନ୍ଧୀ ଭାଟ, ରାଜାଙ୍କୁ ତକ୍ଷଣେ
କଟାରି ହସ୍ତେ, ରୋଷ ବହି ମନେ।।
(କହେ) "ପୁଂସ ସିନ୍ଦୁକରେ ବନ୍ଦି ନ ହୋଇ
କୃଷ୍ଣ କୋପେ କଂସ ହତ କରଇ।
ଘୁଙ୍ଗା କେବେ କି ବଜାଏ ବଇଁଶୀ" ?
ଗନ୍ଧର୍ବ ସେନ, ଆସ୍ଥାନେ ପହଞ୍ଚି।।
ତହିଁ ଯେତେ ଥିଲେ ରାଜନ୍ୟ ବର୍ଗ
କାହିଁ ନ ଚାହିଁ, କହେ ହୋଇ ଉଗ୍ର।।
ବାମ ହାତେ ସେ ଆଶୀର୍ବାଦ କରି
ଗନ୍ଧର୍ବ ସେନଙ୍କୁ କହେ ହକାରି।।
"ହେ ରାଜନ! ତୁହି ଗନ୍ଧର୍ବସେନ
ଅଭିମାନ ତେଜି ମୋ କଥାମାନ।।
ମୁହିଁ ମହେଶ ମୂରତି ଜାଣିବୁ
ଏଥିଲାଗି ମୋ କଥା ତୁ ମାନିବୁ।।

ବିୟୋଗୀ ଜଳ, ତୁ ଅଟୁ ଅନଳ
ଜଳ ଅନଳେ କାହିଁ ଯୁଦ୍ଧ ଖେଳ ।।
ଜଳ ପରଶେ ଅଗ୍ନିଯାଏ ଲିଭି
ବିବେକ ପଣେ ଏହା ତୁହି ଭାବି,
ଭିକ୍ଷାଶୀ ତପୀରେ ଭିକ୍ଷା ଦେଇ ତୁ
ଯାହା ମୁଁ କହେ ମନେ ବିଚାରିବୁ ।।
ଭିକ୍ଷାଥାଳେ ତା ଭିକ୍ଷାଦାନ କରି
ଜ୍ଞାନୀ ହୁଅ ନୃପ ଯୁଦ୍ଧ ନକରି ।"

କହେ ମଣ୍ଡନ ଥିବା ଭାଟ "ଶୁଣ ରାଟ ମନେ ଧର ହେତୁ କରି ।
ତେଜି ଅଭିମାନ ଭିକ୍ଷାକର ଦାନ ସଂଗ୍ରାମକୁ ପରିହରି ।।"

॥ ୨୬୪ ॥

ପୁଣି କହେ ଭାଟ, "ଶୁଣ ସମ୍ରାଟ !
ସାମାନ୍ୟ ଏ ଯତିରେ ଭାବ ନାହିଁ ।
ଜାଣି ଏ ଭେଦ, ନ କର ବିବାଦ
ଭୋଜ ରାଜନ ସମ ପୂଜ୍ୟ ଏହି ।।
ଯଦି ଏ ସ୍ଥାନେ ଲାଗିବ ସଂଗ୍ରାମ
ମହାଭାରତୁ ବଳି ହେବ କର୍ମ ।।
ମହେଶ ଘଣ୍ଟା ଶବଦ ଶ୍ରବଣେ
ବିଧି ମିଳିବେ ଆସି ତତକ୍ଷଣେ ।।
ଅମରେ ଆସିବେ ସ୍ୱର୍ଗକୁ ତେଜି
ଆସିବେ ତେବେ ଆସ୍ଥାନ ବରଜି ।।
ସଙ୍କଟେ ପଡ଼ି କରିଲେ ଗୁହାରି
ବିଷ୍ଣୁ ଆସିବେ ସୁଦର୍ଶନ ଧରି ।।
ଫଣା ଆନତ କରି ଶେଷନାଗ
ତେଜି ପାତାଳ ଏ ଯୁଦ୍ଧେ ମିଳିବ ।।

ତେତିଶ କୋଟି ଦେବତାଙ୍କ ସାଥେ
ଶିବଲୋକୁ ଆସିବେ ନବନାଥେ।।
ଚଉରାଶି ସିଦ୍ଧ ଘେନିଣ ସଙ୍ଗତେ
ପ୍ରଥମଙ୍କ ଗଣେ ଶିବ ଆସିବେ।।
ଛପନ କୋଟି ବୈଶ୍ୱାନର ଜଳି
ଗର୍ଜିବେ ବର୍ଷୁକ ମେଘ ଉଚ୍ଛୁଳି।।
ତେତିଶ କୋଟି ଦେବ ଅସ୍ତ୍ର ଧରି
ତୃତୀୟ ବଜ୍ର ମାରିବେ ବିଦାରି।"

ଯେତେ ମେରୁ ଗିରି ଭୂକମ୍ପନେ ଥରି ଧରାଧର ପଡ଼ିଯିବେ ଟଳି।
ଗୃଧ୍ର ଗରୁଡ଼ ଆକାଶେ ବିହରିବେ ଦିବସ ହେବ ଶର୍ବରୀ।।

ଟିପ୍ପଣୀ: ନବନାଥେ- ନାଥ ସମ୍ପ୍ରଦାୟର ନଅଜଣ ପ୍ରମୁଖ ଯୋଗୀ। ଚଉରାଶି ସିଦ୍ଧ- ସିଦ୍ଧ ସମ୍ପ୍ରଦାୟର ଚଉରାଶୀ ସିଦ୍ଧ ଯୋଗୀ।

॥ ୨୬୫ ॥

ଗନ୍ଧର୍ବ ସେନ ବଚନ କହେ କ୍ରୋଧେ
"କେଉଁ ଦେଶ ଦ୍ୱିଜ ଏ କହୁଛି ଦମ୍ଭେ।।
ବାମ ହସ୍ତେ ସେହୁ ଆଶିଷ କରଇ
ସଦାଚାର, ଲୋକାଚାର ନ ଜାଣଇ।।
କିପରି ଏ ଯୋଗୀ ସିନ୍ଧି କରି ପଶେ
ଲୁଚି ଛପି କରି ଗଡ଼ରେ ପ୍ରବେଶେ।।
ଇନ୍ଦ୍ର ଭୟେ ନାମେ, ମୋତେ ମଥା ନଇଁ
କୃଷ୍ଣ ଡରୁଥାଏ, କାଳୀନାଥ ହୋଇ।।
ପାତାଳରେ ବଳୀ ବାସୁକି ଶଙ୍କିତ
ମନ୍ଦର ପର୍ବତ ମେରୁଗିରି ନତ।।
ଧରିତ୍ରୀ ଭୟଭୀତ, ଆକାଶେ ମେଘ
ବିଜୁଳି ଚମକି ରହଇ ସ୍ତବଧ।।

ପୃଷ୍ଠରେ ଯାହାର ରହିଛି ପୃଥିବୀ
ସେହି କଚ୍ଛପ ଡରଇ ଦୂରୁ ଦେଖି।।
ମୁହିଁ ଇଚ୍ଛାକଲେ ଦେବତା ନାଗଙ୍କୁ
ହତ କରିବଇଁ କ୍ଷଣକେ ସଭିଙ୍କୁ।।
ଏହି ଯୋଗୀ ଛାର କେତେକ ମାତର
ଶୂଳି ମୃତ୍ୟୁ ଦଣ୍ଡ ଯୋଗ୍ୟ ଏହାର"।
ଭାଟ କହେ "ତୁମ ପରି କେଉଁଜୀବ
ଜଗତ ଦେଖାଏ ଦମ୍ଭ, କରେ ଗର୍ବ!
ଯୋଦ୍ଧା ପଣେ ଥିଲା ଭୀମ ଅତିଗର୍ବୀ
କୁମ୍ଭକର୍ଣ୍ଣ ଶିରଖୋଳେ ଗଲା ଦ୍ରବି।।
କୃଷ୍ଣଙ୍କୁ ସୁମରିଲା, ରଖିଲେ ମୁରାରି
କାଳିନ୍ଦୀ ହ୍ରଦରୁ ହେଳେ ହେଲା ପାରି।।
ଭୀମଠାରୁ ବଳି ତୁମେ କି ରାଜନ?
କିମ୍ବା ବୃଥା କର ଏତେ ଅଭିମାନ?"

"ଭିକ୍ଷାଶୀଙ୍କୁ କନ୍ୟା ଦିଅ ହେ ରାଜନ ମନୁ ତେଜି ଅଭିମାନ।
ପଶ୍ଚାତେ ପାଇବୁ ସକଳ ଐଶ୍ୱର୍ଯ୍ୟ ଯଶ ଶିର କୁଳ ମାନ।।"

॥ ୨୬୬ ॥

ପୁଣି କହେ ଭାଟ, "ଶୁଣ ତୁ ସମ୍ରାଟ
ଦଶଶିର ପାଶୁ, ତୁହିକି ତୁଙ୍ଗ
ବିଂଶ ଭୁଜ ତାର, ଦଶାସ୍ୟ ବଦନ
ସ୍ୱର୍ଣ୍ଣମୟ ଥିଲା ତା ଲଙ୍କା ଦୁର୍ଗ।।
ସୂର୍ଯ୍ୟ ହୋଇଥିଲେ ସୂପକାର ତା'ର
ପାଚନ କରନ୍ତି କିରଣେ ଜାଳି
ରଜକ କର୍ମ କରୁଥିଲେ ଅନଳ
ମଳିନ ବସ୍ତ୍ରକୁ ଧବଳ କରି।।

ପବନ ଦେବତା ଝାଡ଼ୁ ଦେଉଥିଲେ
ସଜାଇ ରାଜଦ୍ୱାରେ ପ୍ରତିଦିନ
ଶୁକ୍ରାଚାର୍ଯ୍ୟ ଥିଲେ ଦ୍ୱାରରକ୍ଷା କରି
ଚନ୍ଦ୍ର ଶୀତଳ କରୁଥିଲେ ମନ ।।
ପଲଙ୍କ ବାଡ଼ରେ ବାନ୍ଧିଲା ମୃତ୍ୟୁକୁ
ଅତୀବ ଦୁର୍ଦ୍ଦାନ୍ତ ସେ ଦୁର୍ବିନୀତ
ଗୋଟି ଗୋଟି ଅବା କେତେ ମୁଁ କହିବି
ସର୍ବ ଦେବତାଏ ତା ପାଦେ ନତ ।।
ସେ ସମ ଦୁର୍ଦ୍ଦାନ୍ତ ଲବେ ହେଲା ଅନ୍ତ
ରାମ ତାପସର ଅକାଟ୍ୟ ବାଣେ
ଦଶକୋଟି ପୁତ୍ର ନାତି ଗହଣରୁ
କାନ୍ଦିବାକୁ କେହି ନ ଥିଲେ ଜଣେ ।।
ସେଥିପାଇଁ ଗର୍ବ ନକରିବା ଭଲ
ଛୋଟ ଯାକୁ ଭାବ ସେ ଏକ ବେଳେ
ଦଇବ ଦେଇଥିଲେ ଜୟ ପତ୍ର ତାରେ
ସର୍ବ ଜୟୀ ହୁଏ ସେ ଅବନୀରେ" ।।

ଅହଙ୍କାରୀ ଜନ ଜଗତେ ହୀନ
ଅନ୍ତେ ଅହଙ୍କାର ତାରେ କରେ ନିଧନ ।।

।। ୨୬୭ ।।

ରାଜା ରୋଷ ଦେଖି କହେ ବୋଧିଣ
ଭାଟ ବୁଝାଇ କହେ, "ହେ ରାଜନ !
ଭାଟ ଜନ୍ମଇ ଶିବ କଳା ଘେନି
ସର୍ବ ଭୂପତି ପାଶେ ସେ ଅଗ୍ରଣୀ ।।
ଭାଟ ସ୍ୱାମୀର ସଦା କରେ ହିତ
ସ୍ୱାମୀ ମୃତ୍ୟୁରେ ରୁହେନି ଜୀବିତ ।।

କ୍ରୋଧିତ ତା'ପ୍ରତି ନୁହନ୍ତି କେହି
ଭାଳନ୍ତି ସକଳେ ଉଦାର ହୋଇ"
ବୋଲନ୍ତି ରାଜନ ତା ମୁଖେ ଚାହିଁ
"ମୃତ୍ୟୁର ମଞ୍ଚାକୁ ଯିବୁକି ତୁହି
ଅର୍ଥହୀନ କଥା କହି ଅନର୍ଥ
କିମ୍ବା ମରଣକୁ କରୁ ଆହୂତ।
ନିରର୍ଥକ ବାକ୍ୟ କହି କଳଙ୍କ
ତୋର ବଂଶରେ ଲଗାଉ କଲ୍ମଷ।
ମୁହିଁ ନୃପତି ବାମ ହସ୍ତେ ମତେ-
ଆଶୀର୍ବାଦ କରୁଅଛୁ କେମନ୍ତେ ?
ତୋତେ ବଧିବି ନାହିଁ ମୁଁ ନିଶ୍ଚିତ
ଭାଷିବୁ ଯାହା, ଶିର କରି ନତ।
ଏ ଯତି ତାପସ ତୁ ଅଟୁ ଭାଟ
ସମ୍ଭବ କିପରି ହେଲା ବନ୍ଧୁତ୍ୱ ?"

"ଏହି ତପଚାରୀ ଛଳନାରେ ପଡ଼ି ତୁ କିମ୍ବା ଭୁଲିଲୁ ପଥ।
ବନ୍ଧୁ ପଣ କରି ମତି ଭ୍ରମ ହେଲୁ ମରଣେ ହେଉ ଆଗତ।।"

■

।। ୨୬୮ ।।

କହେ ଭାଟ "ଶୁଣ ଗନ୍ଧର୍ବସେନ
ସତ୍ୟ କହିବି ମୁଁ ଅନ୍ୟଥା ନୁହେଁ।
ପୃଷ୍ଟେ ବଜ୍ରର ପତନ ହେଲେ ବି
ମିଥ୍ୟା ନକହିବି ଜୀବନ ଭୟେ।।
ମୃତ୍ୟୁକୁ ନଡରେ ଭାଟ ସଦା କାଳେ
ସ୍ୱାମୀ ମଲେ, ମରେ ସେ ହାତଧରି।
କଟାରି ସେ ଭୁଷି, ହୃଦୟେ ତକ୍ଷଣେ
କ୍ଷଣକେ ମରଇ ସ୍ୱଧର୍ମ ପାଳି।।
ଜମ୍ବୁ ଦ୍ୱୀପ ଦେଶେ, ଚିତ୍ତୋର ଗଡ଼ ସେ

ଚିତ୍ରସେନ ନାମେ ରାଜେନ୍ଦ୍ର ଥିଲେ
ସେ ପ୍ରଜା ବତ୍ସଳ-ରାଜାର ତନୟ
ପିତୃ ଅନ୍ତେ ରାଜ୍ୟମଣ୍ଡଳ କଲେ ।।
ପିତାଠୁ ଉଦ୍ଦୀପ୍ତ, ଧର୍ମ ସତ୍ୟ ନିଷ୍ଠ
ଚୌହାନ ବଂଶର ରୂପ ଓ ଗୁଣେ
ଖଡ୍ଗ ଚାଳିବାରେ ଅଚଳ ସୁମେରୁ
ରଣ-ରଙ୍କା ସେ କ୍ଷେତ୍ରୀଯୁଦ୍ଧ ପଣେ ।।
ସେ ରାଜା ପ୍ରାସାଦୁ, ଯାଚିତ ଯା ନିଏ
ଘେନି ଦାନ ସାରା ଜୀବନ ଚଳେ
ଅନ୍ୟକୁ ଦେଇଛି, ଅନ୍ନ ବସ୍ତ୍ରଦାନ
ଅସରା ସେ ଦାନ କଦା ନ ସରେ ।।
ସୂର୍ଯ୍ୟସମ ଦାନୀ ରତ୍ନସେନ ରାଏ
ଦକ୍ଷ କରେ ମୁଁ ତାରେ ଆଶୀର୍ବାଦ
ତା ବ୍ୟତୀତ କାରେ କରିନି କଲ୍ୟାଣ
ମୋ ଦକ୍ଷିଣ ହସ୍ତ ଉଠାଇ ଉର୍ଦ୍ଧ୍ୱ ।।
ମୁଁ ତାହାର ଭାଟ, ସେ ମୋ ସମ୍ରାଟ
ଶୁଭନାମ ମୋ ଅଟେ ମହାପାତ୍ର
ଜୀବନ କରିଛି ତା ପାଇଁ ଉତ୍ସର୍ଗ
କେବଳ ରଖିଛି ପିଣ୍ଡଟି ମାତ୍ର ।।

"ଅସତ୍ୟ ନ ଭାଷେ ମୋ ଜୀବନେ
ହେ ଶ୍ରେଷ୍ଠ ରାଜନ କର ଅବଧାନ କନ୍ୟା ଦାନ କର ରାଜେନ୍ଦ୍ର ପଣେ ।"

।। ୨୬୯ ।।

"ଶୁଣ ମୋ ମିନତି ଆହେ ମହୀପତି
ତାପସ ପାଇଁକି ମୋ ଅନୁରୋଧ
ଆଦ୍ୟରେ ଶ୍ରବଣ କଟୁ ଲାଗିଲେ ବି
ଅନ୍ତରେ ପାଇବୁ ତା ମଧୁସ୍ୱାଦ ।

ସେ ଲାଗି ହେ ରାଜା ! ଗନ୍ଧର୍ବସେନ ତୁ
ଜଗତେ ପୂଜିତ ସକଳ ସ୍ଥାନେ
ଚଉଦ ଗୁଣରେ ନର ଦେବ ତୁହି
ଦୂତ ବାକ୍ୟ ତୁ ରଖ ପ୍ରୀତି ମନେ
ତୋର ପାରାବତ, ହୀରାମଣି ଶୁକ
ସେ ଦେଶେ ସେ ରାଜା ପ୍ରାସାଦେ ରହି
(ତୋ) କନ୍ୟା ରୂପ ଗୁଣ ବଖାଣିଲା ଯହୁଁ
ଶୁଣି ରାଜନ ଗଲା ଯୋଗୀହୋଇ।
ତୋର ହୀରାମଣି, କହିବ ବୁଝାଇ
ଯାହା ସେ ଦେଖିଛି ସେ ଦେଶ ଗାଥା
ଯୋଗୀ କି ଭିକ୍ଷୁକ, ରାଜା କି ସମ୍ରାଟ
ପ୍ରମାଣ କରିବ ତା ଅଭିଜ୍ଞତା।।
ମୋର କଟୁ ବାକ୍ୟ ମଧୁର ହୋଇବ
ଶୁକ ସାକ୍ଷୀ ତୋର କହିବ ଯାହା
ରତ୍ନ ପରୀକ୍ଷକ, ରତ୍ନରେ ପରଖ
ଯତନେ ବାନ୍ଧିବୁ ପଣତେ ତାହା।।
ତୋର କନ୍ୟା ଅଛି ପରିଣୟ ଯୋଗ୍ୟ
ରତ୍ନସେନ ହାତେ ଦିଅ ତୁ ଦାନ
ପରେ ରତ୍ନସେନ ପଣତେ ବାନ୍ଧିବୁ
ଭୁଲି ଅହଂକାର ତୋ ଅଭିମାନ।।
ରତ୍ନ ଲୁଚେ ନାହିଁ ପରଖି ଜାଣିଲେ
କଷଟି ପାଷାଣେ ସୁବର୍ଣ୍ଣ କଷି
ବୈଶ୍ୟ ବଣିକର ନୟନେ ପଡ଼ଇ
ଶୁଦ୍ଧ ସୁବର୍ଣ୍ଣ କି ଖାଦ ମିଶିଛି"।।

କନ୍ୟାଦାନ ଦେଇ, ପ୍ରେମ ଭିକାରିକୁ ସତ୍‌ପାତ୍ରରେ ଦାନେ ବଢ଼ଇ ପୁଣ୍ୟ।
ଅକ୍ଷୟ ହେଉ ତୋ ଯଶ, ଏ ଜଗତେ ଲଭ, ତୁ ସତ୍ୟର ଦୁର୍ଲ୍ଲଭ ମାନ।।

ଟିପ୍ପଣୀ: ଚଉଦଗୁଣ: -ବିଦ୍ୟା ଚଉଦଟି ବୋଲି, ଜଣାଶୁଣା: ଚାରିବେଦ, ଛଅ ବେଦାଙ୍ଗ ପୁରାଣ, ମୀମାଂସା, ନ୍ୟାୟ ତଥା ଧର୍ମ।

।। ୨୭୦ ।।

ହୀରାମଣି ନାମ ମାତ୍ର ଶ୍ରବଣେ
କ୍ରୋଧିତ ରାଜା ଶାନ୍ତ ତତ୍‌କ୍ଷଣେ
ଭାବିଲେ ସେ ଶୁକ କହିବ ସତ୍ୟ
ସେ'ତ ବେଦଜ୍ଞାତା ଶ୍ରେଷ୍ଠ ପଣ୍ଡିତ ।।
ରାଜାଙ୍କ ଆଦେଶେ ଏକ ନୁହଁଇ
ଧାବନ୍ତି ଦଶ ସସ୍ର ବ୍ୟଗ୍ର ହୋଇ ।।
ପିଞ୍ଜରା ଫେଡ଼ିଲେ ନୃପତି ପାଶେ
ସ୍ତୁତି କରି ଶୁକ ରାଜାଙ୍କୁ ତୋଷେ ।।
ସ୍ତୁତି ଶ୍ରବଣେ ଉଲ୍ଲାସ ନୃପତି
ଅନୁଭବ କଲେ ଅପାର ତୃପ୍ତି ।।
ଜଳନ୍ତା ଅଗ୍ନିସମ ରାଜ ରୋଷ
ହିମ ହେଲା ପାଇ ଜଳ ପରଶ ।।
ପୁଷ୍ପ ଉଦ୍ୟାନ କି ରାଜା ହୃଦୟ
ଚାରୁ ବଦନ ଶୋଭେ ଅତିଶୟ ।।
ସହାସ୍ୟେ ପୁଚ୍ଛନ୍ତି ଶୁକେ ରାଜନ
"ତୋ ଅଙ୍ଗ କିମ୍ବା ହଳଦୀ ବର୍ଣ୍ଣ ।।
ରକ୍ତବର୍ଣ୍ଣ ଚଞ୍ଚୁ ହେଲା କିପରି
କହ ସକଳ ଗୋପନ ନକରି ।।
ତୁହି ବେଦଜ୍ଞ କହିବୁ ପ୍ରବୋଧି
କିମ୍ବା ସିଦ୍ଧି କଲା ତପୀ କୁବୁଦ୍ଧି ।।"

"ସତ୍ୟ କଥା ସବୁ କହିବି ବୁଝାଇ, ସତ୍ୟବନ୍ତ ସେହି ତପୀ ।
ସହସ୍ର ଦଳରେ ଖେଳୁଛି ପଦ୍ମିନୀ ସେ ଯିବ ମଧୁ ବିଲୋକି ।।"

।। ୨୭୧ ।।

ଅମୃତ ତୁଲ୍ୟ ବାଣୀ ଭାଷେ ଶୁକ
ସ୍ତୁତି ବଚନେ, ଭୂପଙ୍କୁ ବିଶେଷ
"ହେ ମୋ ବସୁଧା ପତି ତୁ ବାସବ-
ସମାନ! ଘେନ ମୋର ଆଶୀର୍ବାଦ।।
ହେ କ୍ଷିତୀଶ! ତୋତେ କ୍ରୋଧିତ ଦେଖି
ମଉନେ ମୁଁ ଥିଲି ଶଙ୍କିତେ ଅତି।।
ତଥାପି ସଚ୍ଚା ଅଟେ ସେବକ
ସ୍ୱାମୀ ହିତରେ କହେ ସତ୍ୟ ବାକ୍ୟ।।
ପ୍ରଭୁ ପାଇଁ ଅମୃତ ଫଳଆଣି
ସଞ୍ଚିତ କରେ, ସ୍ୱଧର୍ମେ ଅଗ୍ରଣୀ।।
ଭୋଜ ରାଜ ସୁଧା ଫଳ ଯଦ୍ୟପି
ଭୁଞ୍ଜି ନ ଥିଲେ, ହେ ସ୍ୱାମୀ ତଥାପି।।
ମୁହିଁ ସେବକ ତୁମେ ମୋର ସ୍ୱାମୀ
ଅନ୍ୟ ସ୍ୱାମୀର ସେବକ ମୁଁ ପୁଣି।।
ଜୀବ ଥିବା ଯାକେ କରିବି ସେବା
ରଖି ସଂସାରେ, ଜୀବ ଦେଲା ଯେବା
ସେହି ରାଜ୍ୟର ଆସ୍ଥାନ ହୃଦୟେ
ପୂଜ୍ୟ ହେବ ସେ ଦେବ ସମ ରାଏ।।
ତୁହି ଏକ ମାତ୍ର ମୋର ମରମେ
ଭାବି ସ୍ମରଣ କରେ ଅନୁକ୍ଷଣେ।।
ସେହି ସୌଭାଗ୍ୟ ଭୋଗି ଯେ ବିହଗ
ରକ୍ତମୁଖେ, କାନ୍ତି ରୁଚିର ହେବ।।
ତୋର ପ୍ରସାଦୁ ମୋ ନେତ୍ର, ଶ୍ରବଣ
ଧୀ ଶକ୍ତି ସହିତ ଶୁଦ୍ଧ ବଚନ
ମୁହିଁ ଲଭିଛି ମୋର ଆଦ୍ୟ ସ୍ୱାମୀ
ସେବାରେ ତୋ ଥିବି ସଦା ନୃମଣି।।"

"ସଦା ଆଶୀର୍ବାଦ ଦେଇ କହିବି ବଚନ ସତ୍ୟ ଯାହା ଅନୁଧ୍ୟେୟ।
ଅବିଳମ୍ବେ ତୋର ସର୍ବ ଶୁଭ ହେବ କଟିବ ସର୍ବ ସଂଶୟ।।"

■

॥ ୨୭୨ ॥

"ଯେଉଁ ସେବକ ସ୍ୱାମୀର ଶୁଭ କରେ
ଜିହ୍ୱାରୁ ତାର ସଦା ଅମୃତ ଝରେ ।।
ହିତୈଷୀ ସେବକ ସ୍ୱାମୀ କଲେ ରୋଷ
ଜାଣିବ, ଏ ତାର ନିଜ କର୍ମ ଦୋଷ ।।
ସେହି ନିର୍ଦ୍ଦୋଷ ସ୍ୱାମୀର ରୋଷ ଦେଖି
ଗୋପ୍ୟ ସେ ଯାଏ ପୁରକୁ, ଜୀବ ରଖି ।।
ଯଦି ପକ୍ଷୀ ହଏ କାହିଁ ସ୍ଥିର ହୋଇ
ରହି ପାରିବକି କହ ହେ ଗୋସାଇଁ ।।
ଥିବାରୁ ଡେଣା ଗଲି ସୁଦୂରେ ଉଡ଼ି
ବନ ଗହନରୁ ବ୍ୟାଧ ନେଲା ଧରି ।।
ଜମ୍ବୁ ଦ୍ୱୀପ ଦ୍ୱିଜ, ବ୍ୟାଧ ପାଶୁ କିଣି
ଚିତ୍ତୋର ଭୂପତିଙ୍କୁ ବିକନ୍ତି ଆଣି ।।
ପରିକ୍ରମା କରିଥିଲି ସାତଦ୍ୱୀପ
ଜମ୍ବୁ ଦ୍ୱୀପର ଚିତ୍ତୋର ଗଡ଼ନୃପ ।।
ସେ ରାଜ ଗୃହରେ ଥିଲି ସୁଖ ପାଇ
ତୋର ରାଜ୍ୟପରି ସେ ରାଜ୍ୟ ଦିଶଇ ।।
ତହିଁ ରତ୍ନସେନ ଥିଲେ ନରପତି
ମୋର ଦୁଜା ସ୍ୱାମୀଙ୍କୁ ଆଣିଲି ଏଥି ।।
ତୋର ହିତ ଲାଗି ଆହେ ମୋର ସ୍ୱାମୀ
ଗୋପନେ ଯୋଗୀ ବେଶେ ରଖିଲି ଆଣି ।
ତୋର ଦୁଲାଳୀର ଏ ସୁଯୋଗ୍ୟ ବର
ସତ୍ୟ କଥନରେ, ମିଥ୍ୟା ନାହିଁ ମୋର
ସେଥି ଯୋଗୁ ମୋର ମୁଖ ହେଲା ନାଲି
ଅଙ୍ଗ ହଳଦୀ, ବିକ୍ରମ କଥା ଭାଳି ।"

"ସେଥିଲାଗି ମୁହିଁ ହୋଇଛି ରକ୍ତମୁଖ ।
ବିକ୍ରମ କଥା ହେଜି ହେଲି ହଳଦୀ ଅଙ୍ଗ ।।"

।। ୨୭୩ ।।

ପ୍ରଥମେ ଭାଟ ଥିଲା ସତ କହି
ହୀରାମଣି ସାକ୍ଷୀ ଦେଲା ବୁଝାଇ ।।
ରାଜାଙ୍କ ରୋଷ ତେଣୁ ହେଲା ଶାନ୍ତ
ଅବିଳମ୍ବେ ବନ୍ଦି ଯୋଗୀ ହେଲା ମୁକ୍ତ ।।
ପୁଚ୍ଛିଲା ପରେ ଜାତି କୁଳ ବଂଶ
ଚୌହାନ ବଂଶଜ ଶୁଣି ସନ୍ତୋଷ ।।
ବନ୍ଦିହୋଇ ବି ରତ୍ନସେନ ନୃପ,
ଦୀପ୍ତିରେ ମ୍ଲାନ ନୋହି, ଥିଲା ଅଧିକ ।।
ହୀରାପରି ଦାନ୍ତ ତାମ୍ବୂଳ ରଙ୍ଗେ
ରଙ୍ଗୀ ହୋଇ ହସେ, ବିଦ୍ୟୁ ଚମକେ ।।
ଯେ ମୁଦ୍ରା ଗୋପ୍ୟ କରିଥିଲା କର୍ଣ୍ଣ
ଉତାରନ୍ତେ ଦିଶେ ରାଜନନ୍ଦନ ।।
ଦୁର୍ଦମ ଅଶ୍ୱ ବାଜୀଶାଳୁ ଆଣି
ବନ୍ଦିକୁ ପରଖଇ ନୃପମଣି ।।
ତହିଁ ଆରୋହୀ ଦୃଢ଼େ ରତ୍ନସେନ
ଛତିଶ କୁଳ ରାଜ୍ୟରେ ଭ୍ରମଣ
ସାରି ଉତରନ୍ତେ ହୟ ପୃଷ୍ଠରୁ
ସର୍ବେ ପ୍ରଶଂସନ୍ତି, ସଭା ସ୍ଥଳରୁ ।।
ଏହି ତାପସ ବତିଶ ଲକ୍ଷଣେ
ବିଭୂଷିତ ଅଛି ସୂର୍ଯ୍ୟ ସମାନେ ।।

ଦ୍ୱାଦଶ ବର୍ଣ୍ଣର ସ୍ୱର୍ଣ୍ଣ ସିନା ଏହି କି ଅବା ଅଧିକ ହେବ ପରଖି ।
କଷଟି ପାଷାଣେ କି ଲାଭ ହେବ ବା ଏହା ଅନୁଚିତ କର୍ମ ନୁହେଁ କି ?

ଟିପ୍ପଣୀ: ଦ୍ୱାଦଶ ବର୍ଣ୍ଣ ସ୍ୱର୍ଣ୍ଣ: ଜାୟସୀଙ୍କ ସମୟରେ ବାର ପ୍ରକାର ସୁବର୍ଣ୍ଣ ସବୁଠାରୁ ଉତ୍କୃଷ୍ଟ ବୋଲି ଧରା ହେଉଥିଲା ।

॥ ୨୭୪ ॥

ସୂର୍ଯ୍ୟସମ ରତ୍ନସେନ ସହିତ
ପଦ୍ମିନୀ ସହ ସଂଯୋଗ ବିହିତ ।।
ଦେଖି ସର୍ବ ଲୋକ ମୁଖୁ ସଂଜାତ
ଅସ୍ତୁ ! ଅସ୍ତୁ ଭାଷା ହେଲା ଆଗତ ।।
ସର୍ବେ ବୋଲନ୍ତି "ସିଂହଳ ସୁବଂଶ
ସହ ଉଦ୍ଦୀପ୍ତ ଚିତ୍ତୋରର ଅଙ୍ଗ" ।।
ବର ଭାଲେ ତିଳକ ଦେଲେ ଲେଖି
ସର୍ବେ ମିଳିଣ ସ୍ୱାଗତ କରନ୍ତି ।
ମିଳିତ ହେବେ ଅମୃତ ମୁହୂର୍ତ୍ତେ
ପୁଣି ଭାଷନ୍ତି ହୋଇ ଉଚ୍ଛ୍ୱସିତେ ।।
ଉଷା ଅନିରୁଦ୍ଧେ ଦେବ ଜୟମାଳା
ଅନ୍ୟଥା ନୁହେଁ ବିଧି ଯା କରିଲା ।।
ଅଦ୍ୟ ଅନିରୁଦ୍ଧ ସମ ରତ୍ନସେନ
ଉଷା ସାଥେ ହେବ ପାଣି ଗ୍ରହଣ ।।
ଯେହ୍ନେ ଆକାଶେ ସବିତା ସରସେ
ପଦ୍ମ ପୁଷ୍ପିତ ହୋଇଛି ହରଷେ ।।
ବନ ଗହନେ ଥିଲେ ବି ଭ୍ରମର
କମଳ ରସେ ହୁଅନ୍ତି ବିଭୋର ।।
ପଶ୍ଚିମ ଚିତ୍ତୋର ଦୁର୍ଗ ତରୁଣ
ପୂର୍ବ ସଂହଳ ତରୁଣୀ ମିଳନ ।।
ହେବ ଦୈବ ଅନୁକୂଳ ବିଧାନେ
କନ୍ୟା ମିଳନ ଏ ରାଜ ଭବନେ ।।
ବହୁ ଦର୍ପେ ଅଭିଳାଷେ ଜଡ଼ିତ
ପ୍ରାଣୀ କଳ୍ପନା ସଦା ନୁହେଁ ସତ୍ୟ ।।
ଯାହା ବିଧାତାର ନିର୍ଦ୍ଦେଶ ଥାଏ
କାଳେ ସଭିଙ୍କୁ ଏ ପ୍ରାପତ ହଏ ।।

ତେଣୁ ଆନନ୍ଦିତ ହେବେ ସ୍ୱର୍ଗ ନିବାସୀ, ଦୈତ୍ୟ ଦାନବେ ହେବେ ମନ ଦୁଃଖୀ ।
ଏବେ ବାଣାସୁର ଗର୍ବ ହୋଇଲା ହତ, ଲେଖିଛି ବିଧି କରି ସମୁଚିତ ।।

।। ୨୭୫ ।।

ଲଗ୍ନ ନିବାରଣ କରନ୍ତି ରାଜନ
ଶୁଭ ପରିଣୟ ଲାଗି ଆୟୋଜନ,
ରାଜ, ରାଜପୁତ୍ର ସକଳ ଅମାତ୍ୟ
ଛତିଶ ପାଟକ ପ୍ରଜା ପରିଜନ ।।
ଗରିବ ଅମୀର ସର୍ବ ପ୍ରଜାକୂଳ
ସକଳ ଜନଙ୍କୁ କବି ଆପ୍ୟାୟିତ,
ପଚାଶ କୋଟି ବାଜଣା ବାଜୁଅଛି
ଲୋକେ ଲୋକାଚାର ନୃତ୍ୟ ଓ ସଙ୍ଗୀତ ।।
କୈଳାସ ଧବଳ ଗୃହକି ସାଜିଛି
ପ୍ରବେଶ ଦ୍ୱାରେ ଶୋଭେ ତୋରଣ ମାଳା,
ଦ୍ୱାରେ ରମ୍ଭା ବୃକ୍ଷ ଶୁଭଦ କଳସ
ଶୁକ୍ଳ ଧାନ ଉପରେ ସ୍ଥାପିତ ହେଲା ।।
କମଳିନୀ ଶଶୀ ସୂର୍ଯ୍ୟ ରତ୍ନସେନ
ଉଦୀୟାନ ଭାନୁ ସମ ଶୋଭମାନ,
ଶଙ୍କର ପୂଜନେ ରାଜାର ଦୁଲାଳୀ
ଲଭିଲା ସ୍ୱହସ୍ତେ ଦେବ ବରଦାନ ।।
କନ୍ୟାକୁ ସାଜିଲେ ସକଳ ସଜନୀ
ମାଙ୍ଗଳିକ ଗୀତ ଗାଇ ସୁମଧୁରେ,
ମଣି ମାଣିକ୍ୟର ଶୋଭନ ମଣ୍ଡପେ
ସଞ୍ଜୀନୀ ଧ୍ୱନି ଗୁଞ୍ଜରି ମନେ ମରେ ।।
ବରଯାତ୍ରୀ ଦଳ ସେ ପଥେ ଆସିବେ
ରଙ୍ଗ ପାଛୋଡ଼ାରେ ଶୋଭେ ବାଟ ସାରା,
ରଙ୍ଗମୟ ଦିଶେ ହାଟ ବାଟ ସବୁ
କଇଳାଶ ହେଲା କି ସଂହଳ ଧରା ।
ଉଲ୍ଲସିତ ମନ ହୁଅଇ ଉଛନ୍ନ ଗମନ ଲାଗି ।
ବରଯାତ୍ରୀ ଗଣେ ନ ରହନ୍ତି କ୍ଷଣେ ସଙ୍ଗତେ ସାଜି ।।

।। ୨୭୬ ।।

ହୀରା ମୋତି ସୁଶୋଭିତ ବସନ
ଭଣ୍ଡାରୁ ଆସେ ଅଙ୍ଗ ଆଭରଣ।
ରାଜ ଯୋଗୀଙ୍କ ଯେତେ ଚେଲା ଥିଲେ
ସର୍ବେ ବିନୟେ ଗୁରୁଙ୍କୁ କହିଲେ-
"ଯେ ଲାଗି ତପ ଯୋଗ ଥିଲ ସାଧି
ତା ପାଶେ ଯିବ ହୋଇ ଉପଯୋଗୀ।।
ଦେହୁ ବିଭୂତି ପୋଛି ଶୁଦ୍ଧ ହୁଅ
ଚତୁଃସମ ବୋଲି ଅଙ୍ଗ ସଜାଅ।।
(କର) କର୍ଣ୍ଣୁ ସ୍ଫଟିକ ମୁଦ୍ରାକୁ ମୋଚନ
ସ୍ୱର୍ଣ୍ଣ କୁଣ୍ଡଳେ ଭର ଦୁଇ କର୍ଣ୍ଣ।।
ସୁଗନ୍ଧ ତୈଳ ଦିଅ ଜଟା ଖୋଲି
ସଜ ହୁଅ କେଶ ବିନ୍ୟାସ କରି।।
ମୁକୁଟ ମଣ୍ଡିତ ଶିର ନିରେଖି
ବୀର ବେଶେ ଦେଖିବେ ରାଜ୍ୟବାସୀ।।
ଛିଣ୍ଡା କନ୍ଥା ଫିଙ୍ଗି ବହନ ଅଙ୍ଗୁ
ପାଟବସ୍ତ୍ରରେ ମଣ୍ଡିହୁଅ ପ୍ରଭୁ।।
ଯାହା ଲାଗି ଏତେ ତପ କଷଣ
ପାଇ ତାରେ ସୁଖି କର ଜୀବନ।
ପାଦୁକା ଖୋଲି, ଶିରେ ଛତ୍ରଟେକି
ଚକ୍ର ଅଶ୍ୱେ ବସ ଶୁଭ ବେଳ ଦେଖି।"

ମନରୁ ବିଷାଦ ହେଉଥିଲା ଗତ ମନେ ଅଶେଷ କାମନା।
ତପୀ ହୃଦୟରେ ହୁଏ ପ୍ରତିଘାତ ଶଶୀ ମୁଖୀ ସୁଲୋଚନା।।

।। ୨୭୭ ।।

ସଜ ହୋଇ ରାଜା ଯାଏ ବର ବେଶେ
ବାଦ୍ୟ ବାଜେ ଖରତରେ।
ସ୍ୱର୍ଣ୍ଣ ରଥ ପୁଣି ସଜା ହୋଇଅଛି
ରକ୍ତ ରଙ୍ଗ ପତନୀରେ।।
ସିଂହଳ ବାସୀଏ ଦୁଇପଥ ଧାରେ
ଦେଖନ୍ତି ହରଷ ମନେ
ନମଃ ନମଃ କରି ପଥେ ରହିଥାନ୍ତି
ଦେଖଣାହାରି ଅୟନେ।।
କାମ ଉଦ୍ଦୀପକ ବାଦ୍ୟ ଶବଦରେ
ହସ୍ତୀ, ଅଶ୍ୱ, ହର୍ଷ ନାଦ
ରତ୍ନସେନ ରାଜା ରଥେ ବିଜେ କଲେ
ମନରୁ ହରି ବିଷୋଦ।
ସୂର୍ଯ୍ୟ ରତ୍ନସେନ ଶଶୀ କି ପଦ୍ମିନୀ
ସଖୀକୁଳ ତାରା ଶ୍ରେଣୀ
ଶଶୀ ସୂର୍ଯ୍ୟ ପାଶେ ମଶାଲ ପରିକି
ଜଳନ୍ତି ସର୍ବ ସଜନୀ।।
ଆକାଶ ଆଚ୍ଛାଦି ଲାଲ ଛତ୍ର ଉଡ଼େ
ଇନ୍ଦ୍ରଲୋକ ଦେବଗଣ
ଉଭା ହୋଇ ଅବା, ଶୂନ୍ୟ ସଦନରେ
ଦେଖନ୍ତି ବର ଗମନ।।
ଇନ୍ଦ୍ରଲୋକ ଅପ୍ସରାଏ ଲୋଟି ପଡ଼ି
ଗାଆନ୍ତି ଧବଳ ଗୃହେ।
ମଙ୍ଗଳ ଗୀତରେ ଗୁଞ୍ଜେ ଦିଗନ୍ତ
ସ୍ୱର୍ଗ କି ଧରା ଓହ୍ଲାଏ।।
ଦିବସେ ହୃଦୟ ତପ୍ତ ହୋଇଥିଲା
ରାତ୍ରୀ ସୁଶୀତଳ ହୋଇ

ମଙ୍ଗଳ ସ୍ଥାନକୁ ବିଜେ କରୁଥିଲେ
ତପୀ (ରାଜା) ବୀର ବେଶ ହୋଇ।।
ଯେ ବାଦ୍ୟ ସଂଗ୍ରାମ ଲାଗି ବାଜୁଥିଲା ବରକୁ ସ୍ୱାଗତ କରେ ସେ।
ମଙ୍ଗଳ ବିଧି ଆଚରିବା ପାଇଁ ଶୁଭେ ସେ ନିନାଦ ସରସେ।।

॥ ୨୭୮ ॥

ଧବଳ ସୌଧ ଛାତେ ହୋଇ ଉଭା
ପଦ୍ମିନୀ ପୁଚ୍ଛେ "ହେ ସଖୀ! କିଏ (ଏ) ଯୁବା
ସୂର୍ଯ୍ୟ ସମ ଏ ପ୍ରେମିକ କିଏ ସେ
ପ୍ରେୟସୀ ଶଶୀ ପାଶେ ଆଜି ଆସେ।।
ବରଯାତ୍ରୀ ମଧ୍ୟେ ସେ ତପଚାରୀ
ସିଦ୍ଧ ଯୋଗୀ କି ହୋଇବ ସଂସାରି।
କେଉଁ ପରଦେଶ ପ୍ରେମିକ ଆସି
ସିଂହଳ ଦେଶୁ କନ୍ୟାନିଏ ବାଛି।।
ସିନ୍ଧି ଖୋଳିଲା ବାଜି ରଖି ଶିର
ପ୍ରୀତି କ୍ରୀଡ଼ନେ ସେତ ବଳିୟାର।।
କାହା ବଚନେ ପିତା ଅଭିମାନୀ
କନ୍ୟାଦାନ କରେ ବଚନ ମାନି।।
ଦଇବ କାରେ ଦେଲା ଜୟାଶିଷ
ଜୟମାଳା ଗଳେ ନିଏ ପ୍ରେମିକ।।
ଧନ୍ୟ ପୁରୁଷ, (ଏ) ନୁହେଁ ପଦାନତ
ନକରେ ତାର ଶିର ଅବନତ
ଯେହ୍ନୁ ସ୍ୱଧର୍ମ ପାଳି ପରଦେଶେ
ପ୍ରମାଣିଛି ସେ ସତ୍ୟବ୍ରତୀ ବେଶେ।।
ଏହି ସର୍ବଜୀତ ବୀର ବରକୁ
ମତେ ସନ୍ତୋଷେ ଦେଖାଅ ତାହାକୁ।"
"ବରଯାତ୍ରୀ ଦଳ ଜନବାସେ ଯିବା ପୂର୍ବରୁ ଦେଖା ଗୋ ମତେ ସଖୀ।
ସେ ସତ୍‌ପୁରୁଷ ଦର୍ଶନେ ମୁଁ ତୋଷ, ଅନ୍ତରେ ନିରେଖି ହେବି ସୁଖୀ।।"

॥ ୨୭୯ ॥

ଯେବେ ସଖୀଏ ଦେଖାନ୍ତି ପଦ୍ମିନୀ
ଭୁଜେ ବାହୁଟି ଚମକେ ସେକ୍ଷଣି।
ସଜନୀ ବୋଲନ୍ତି, "ଆଗୋ ଜେମାମଣି!
ସେ'ତ ସୂର୍ଯ୍ୟ, ତୁ ଅଟୁ ନିଶାମଣି।।
ସୂର୍ଯ୍ୟ ଦୀପ୍ତି କି ଲୁଚିବ କେଉଁଠି?
ଦେଖି ପଦ୍ମିନୀ ଉଲ୍ଲସିତ ମତି।।
ସଖୀଏ କୁହନ୍ତି, "ସେତ ଦୀପ୍ତିମନ୍ତ
ତାର ପ୍ରତିଛାୟା ଏହି ଜଗତ।।
ସୂର୍ଯ୍ୟ ଉଦୟେ ଦିଶଇ ଲୋହିତ
ସେହି ପ୍ରକାରେ ଶିରେ ଶୋଭେ ଛତ୍ର।।
ମଧ୍ୟେ ସେ ସମାସୀନ ବୀର ପରି
ବରଯାତ୍ରୀ ଚାଲନ୍ତି ଅନୁସରି।।
ଶୁଭ ଲକ୍ଷଣେ କରି ସୁଗଠିତ
ବିହି ଗଢ଼ିଛି କରି ରୂପବନ୍ତ।।
ସେ'ତ ସୁବର୍ଣ୍ଣ ବିମାନ ଆରୋହୀ
ଏହି ମଣ୍ଡପେ ଆସେ ତ୍ୱରା ହୋଇ।।
ଦିପ୍ତୀକାନ୍ତ ମଣି ଶିରେ ମଣ୍ଡିତ
ସମ୍ମୁଖୁ ନ ଦେଖେ ତେଣୁ ଜଗତ।।
ସେ'ତ ଦର୍ପଣ ତୁଲ୍ୟ କାନ୍ତି ଯୁକ୍ତ
ନିର୍ମଳ ଶୁଦ୍ଧ ପୁଣି ରୂପବନ୍ତ।"

"ଧନ୍ୟ ସେହିସଦା ଜଗତେ କାମିନୀ, ଏସମ ପ୍ରତି ଗ୍ରହଣ କରି ନାରୀ।
ତୋର ଅଭିଳାଷ ପୂର୍ଣ୍ଣ ଏବେ ହେଲା, ଚାହୁଁଥିଲୁ ସ୍ୱାମୀ ଯେଉଁଭଳି।।"

॥ ୨୮୦ ॥

ବରଯାତ୍ରା ଦଳ ହୋଇ ମଣ୍ଡିତ
ବରବେଶେ ରତ୍ନସେନ ଆଗତ ॥
ବିଭୂଷଣ, ଅଳଙ୍କାର ଭୂଷଣେ
ମିଳନ ଲାଗି ଶଶୀ ଭବନେ ॥
ନେତ୍ରେ ଦର୍ଶନେ ପଦ୍ମିନୀ କୁମାରୀ
ମଦନ ଲାଳସେ ଉଠେ ତନୁ ଭରି ॥
ଗୋପନେ ଅଙ୍ଗେ ଅନଙ୍ଗ ପରଶେ
ଅଷ୍ଟ ବିକାରେ ବଦନ ବିକଶେ ॥
ବକ୍ଷେ ଉରଜ ଉଠେ ସ୍ୱେଦେ ଜଡ଼ି
ସ୍ମିତ ହାସ୍ୟେ ଆନନେ କାନ୍ତି ଭରି ॥
କାଞ୍ଚୁଲା ତଳୁ ଉଚ୍ଛ୍ୱସିତ ଉଠି
କୁଚ ଯୁଗଳ ବନ୍ଧନ ଯାଏ ତୁଟି ॥
ବାହୁ କମ୍ପନେ କରରୁ କଙ୍କଣ
ଚୁଡ଼ି ସହିତରେ ହୁଏ ବିଚୂର୍ଣ୍ଣ ॥
କଟୀ ବନ୍ଧନୁ ମୁକୁଳେ ବସନ
କାମେ କମ୍ପିତ ବେପଥୁ ବଦନ ॥
ରାମ ଲକ୍ଷ୍ମଣ ସହିତେ ନିରେଖି
ଅଧୋବଦନେ ଲାଜେ ରହେ ସଖି ॥
ଭାବେ ଭାଷନ୍ତି କବି ଏହି ସ୍ଥାନେ
ଅଗ୍ରେ ନିରେଖି ସଜନୀ ଗହଣେ ॥
କ୍ଷଣକ ପାଇଁ ସଙ୍କୋଚେ ମଉନ
କନ୍ଦର୍ପ ଶରେ ଜାଳେ ଅପଘନ ॥
ରାବଣ-ରମି ଦିଏ ଲଙ୍କା ଜାଳି
ତରୁଣୀ ତନୁ, କଟୀ ଲଙ୍କାସରି ॥
କମ୍ପେ ଚନ୍ଦ୍ର, ସୂର୍ଯ୍ୟବାହୁ ବନ୍ଧନେ
ମୀନକେତନ ଶରେ ଅପଘନେ।

ଭାବ ନାଶେ ବିରହ କାମଶରେ
ଭାଷେ ବାଚାଳେ ମୌନ ରହେ ପରେ ॥
ରସ ରସେ ଶୃଙ୍ଗାର ନିଏ ହରି
ରସ ବିନୋଦେ ତରୁଣୀ କିଶୋରୀ ॥
ଭାବନା ବସେ ସେ ଘନ ନିଶୀଥେ
ରାଜ ତନୟା ସଂଜ୍ଞାହୀନ ଦିଶେ ॥

ଭାବନା ଭାବ ବସେ, ମନରହେ ବିବଶେ, ଅତନୁ ଦହେ ମର୍ମ ଗହନେ।
ଉଲ୍ଲାସେ ଉଚ୍ଛ୍ୱସିତ ଚେତନା ପରାହତ, ଅଚେତ କନ୍ୟା ଧରା ଶୟନେ ॥

॥ ୨୮୧ ॥

ସଂଜ୍ଞାହୀନ ରାଜକନ୍ୟାକୁ ଦେଖି
ଚକିତ ସକଳ ସଜନୀ ସଖୀ ॥
ଚେତା ନିମନ୍ତେ ସଲିଳ ଅଧରେ
ତୃଷା ନିବାରି ପୁଛନ୍ତି ଆଦରେ ॥
"ରୂପକାନ୍ତ ତୋ ପ୍ରିୟତମ ଦେଖି
କିମ୍ବା ମୂର୍ଚ୍ଛିତ ହେଲୁ, କହ ସଖି !"
ଚେତି ଭାଷେ ରାଜସୂତା ସଜନୀ
ବିବାହ ବୋଲି କହେ ଯାହା ଶୁଣି ॥
ମନେ ଭାବେ ମୁଁ ଏ ଭରା ନିଶୀଥେ
ଚନ୍ଦ୍ର ଗ୍ରହଣେ ରାହୁ ସମ ଆସେ ॥
ଦିଗନ୍ତ ଭରି ବାଜେ ଯେଉଁ ବାଦ୍ୟ
ସାଥେ ଆସେ ପ୍ରିୟ ମୋର ସାନିଧ୍ୟ ॥
ବରଯାତ୍ରୀ ସହ ସର୍ବେ ଏକତ୍ରେ
ଶ୍ୱଶୁ ଗୃହକୁ ନେବାକୁ ନିଶ୍ଚିତେ ॥
ମୋର ଭବିଷ୍ୟ ଭାବି ଦୁଃଖୀ ହୋଇ
ସନ୍ତାପ ମନେ ମୁଁ ହୃଦେ ଭାଳଇ ॥

ଅଣଫେରା ପଥ ଶ୍ୱଶୁରାଳୟ
ମତେ ଘେନି ଯିବେ ତହିଁ ନିଶ୍ଚୟ
ପାଣି ଗ୍ରହଣ ପରେ ବରଯାତ୍ରୀ
ସହ ବରକନ୍ୟା ଚଳି ଯିବେଟି।
ତୁମ ସାଥେ ମୋ ସାକ୍ଷାତ ସଜନୀ
ବିଚ୍ଛେଦ ବେଳ ଆସି ମିଳିଲାଣି
ପ୍ରିୟ ସାଥେ ପରିଣୟ ବନ୍ଧନ
ଏ ଜନ୍ମରେ ନୋହିବ ବିମୋଚନ।

"ପିତା, ମାତା ସଖୀ ସ୍ୱଜନ ବରଜି, ଜନ୍ମଭୂମି ତେଜି ଦୂରେ।
ସଂସାର ଭାବ ଭାବି ସନ୍ତାପିତେ ମୁଁ ଅଚେତ ଥିଲି ମହୀରେ।।"

ଟିପ୍ପଣୀ: ଉକ୍ତ ଛନ୍ଦରେ ଜାୟସୀ ଜୀବର ମୃତ୍ୟୁର ସଙ୍କେତ ଦେଇଛନ୍ତି, ଆତ୍ମା କନ୍ୟା। କନ୍ୟା ପରମାତ୍ମା ରୂପୀ ବରସହ ମିଳନ ଲାଗି ସଂସାର ତ୍ୟାଗ କରୁଛି। ମୃତ୍ୟୁ ବିବାହ ଅଟେ ଶବ ସହ ବାଜୁଥିବା ବାଦ୍ୟ ବିବାହ ବାଦ୍ୟ। ବର ଗୃହରୁ କନ୍ୟା ଫେରିଆସେ ନାହିଁ ଅର୍ଥାତ୍ ମୃତ୍ୟୁ ଲୋକରୁ କେହି ଫେରେ ନାହିଁ।

।। ୨୮୨ ।।

ବାଦ୍ୟ ବଜାଇ ବରଯାତ୍ରୀ ପ୍ରବେଶି
ଚିତ୍ରଶାଳା ମଣ୍ଡପେ ବସନ୍ତି ଯାଇଁ
ଫୁଲ ଚନ୍ଦନ ସିନ୍ଦୂରରେ ପ୍ରଲେପି
କୁସୁମ ବାଟିକା କି ତହିଁ ଶୋଭଇ।
ତା ମଧ୍ୟସ୍ଥଳେ ସୁବର୍ଣ୍ଣ ସିଂହାସନ
(ସୁବର୍ଣ୍ଣ) ଖମ୍ବ ପଂକ୍ତି ମଧ୍ୟେ ବର ସମାସୀନ
ମଣି ମାଣିକ୍ୟରେ ପ୍ରଦୀପ ଜ୍ୱଳନେ
ଧ୍ରୁବ ପରି ସ୍ଥିର ତାପସ ମଉନେ।
ବିହଗ ପରି ଚପଳ ଯେ ତାପସ
ସୁମେରୁ ସଦୃଶ ଦୃଢ଼ ସ୍ଥିର ହୋଇ

ମନ ଗହନରେ ଭାବନା ଅଶେଷ
ଶରୀରେ ଉଦିତ ସୂର୍ଯ୍ୟ ଆଭା ନେଇ।
ଭାବଇ "ଯେତେ କଷ୍ଟ ଥିଲି ଭୋଗି
ବିଧି ଭାଗ୍ୟଶାଳୀ କରିଅଛି ମତେ,
ସୂର୍ଯ୍ୟ ଆସିଛି, ଶଶୀ ପ୍ରେୟସୀ ଲାଗି
ମଧୁ ମିଳନ ହୋଇବ ଏ ନିଶୀଥେ।

"ବାସବ ତୁଲ୍ୟ ମୁଁ ବର ବେଶ ସାଜି କୈଳାସ ସଦୃଶ ଏ ରାଜ ଉଆସେ।
ଆସିଛି ମୁଁ ଅପ୍ସରାଙ୍କ ସାଥେ ବିହରିଣ ମାତି ମଧୁ ନିଶୀଥେ ॥"

■

॥ ୨୮୩ ॥

ସୁବର୍ଣ୍ଣର ଗିନା, ଥାଳି, ପାନପାତ୍ର
ଥାଳିଆ ଓ ତାଟିଆ ସକଳ।
ମୋତି ମାଣିକ ଖଚିତ କାନ୍ତି
ମନୋହର ତା ଉଦ୍ଦୀପ୍ତ ॥
ସହସା ହେଲା କି ଉଦେ
ଆକାଶରେ ନକ୍ଷତ୍ର ମଣ୍ଡଳ।
ଚନ୍ଦ୍ର ସୂର୍ଯ୍ୟ ଏକ ସାଥେ ଶୂନ୍ୟ-
ପଥେ ହେଲେ ବା ଉଦିତ
ସେ ଜ୍ୟୋତି ନିରେଖି ସର୍ବେ ହେଲେ
ମଗ୍ନ, ହେଲେ ବି ବିସ୍ମିତ ॥
ସେ ଜ୍ୟୋତିରେ ମ୍ଳାନ ହେଲା
ମଶାଲ ଓ ଜ୍ୱଳନ୍ତ ପ୍ରଦୀପ
ଅନ୍ଧ ହେଲା ଚକ୍ଷୁଷ୍ମାନ, ବିରଳ
ସେ ଦୀପ୍ତି ସୁଦର୍ଶନେ।
ଭାଗ୍ୟବାନ ପୁରୁଷକୁ ମିଳେ
ସିନା ଅମର୍ତ୍ତ୍ୟ ଏ ଦୃଶ୍ୟ।

ନତୁବା ଏ ଦୃଶ୍ୟ କାହିଁ ଦେଖିଥିବେ
ସାଧାରଣ ଜନେ ॥

ରାଜାର ବିଭବ ଆଉ ରାଜ ବଡ଼ପଣ।
ସିଂହଳ ରାଜେନ୍ଦ୍ର ପଦେ ଏ ସର୍ବ ପ୍ରମାଣ ॥

॥ ୨୮୪ ॥

ଆରମ୍ଭ ହେଲା ପରଷା, ପରମାନ୍ନ, ଖେଚେଡ଼ି, କାନିକା
ମସଲା କର୍ପୂର ଗନ୍ଧେ ଚଉଦିଗ ହେଲା ଆମୋଦିତ,
ଝାଲରରେ ରନ୍ଧାଖାଦ୍ୟ, ସଯତନେ ତହିଁ ହେଲା ରଖା
ଘିଅ ମିଶା ଅନ୍ନ ସଙ୍ଗେ, ଶୁଭ୍ର ମଣ୍ଡ ଧୋଇନିଏ ପାପ ॥
ପୁରି, ଲୁଚି, ସୌହାରି ଯାହାବା କିଛି ପରଷିବା ବେଳେ
କୋମଳ ଗରମ ଥିଲା, ସ୍ୱାଦ ଯାର ଯେ ଭୁଞ୍ଜେ ସେ ଜାଣେ ॥
ବାଉନ ପ୍ରକାର ଖାଦ୍ୟ ସେ ସ୍ଥାନକୁ ଆସିଲା ସତ୍ୱରେ
ଯେ ଖାଦ୍ୟ ନଥିବେ ଭୁଞ୍ଜି କେବେ କେହି ନ ଦେଖି ନୟନେ
ଖଣ୍ଡର, ଖଣ୍ଡୁରି କାଟି, ଶହେ ଏକ କାଠ ନଉତିରେ
ସେ ସ୍ଥାନେ ରଖିଲେ ଯତ୍ନେ, ପରଷିବା ଆଚାର ସହିତ
ବହୁବିଧ ମିଷ୍ଟାନ୍ନ, ଦୁଗ୍ଧ ଦହି ମଧୁରୁ ପ୍ରସ୍ତୁତିରେ
ସାହୁକାରେ କାରିଗରି, କି ବର୍ଣ୍ଣିବି ଭାଷାରୁ ଅତୀତ।
ସୁବାସିତ ସମସ୍ତ ଖାଦ୍ୟ ସମ୍ଭାର ଥିଲା ସୁକୋମଳ
ରସନା ପରଶ ମାତ୍ରେ ସାଥେ ସାଥେ ଯାଏ ସେ ମିଳାଇ
ସେ ଖାଦ୍ୟରୁ କଣିକାଏ ଭାଗ୍ୟବସେ ଯେ କରେ କନ୍ଦଳ
ସହସ୍ର ପ୍ରକାର ସ୍ୱାଦ ଅନୁଭବେ ସେ କ୍ଷଣକ ପାଇଁ।।

॥ ୨୮୫ ॥

କେଶର ବର୍ଣ୍ଣର ଜଳ ସୁବାସିତ, ସିଞ୍ଚି ସର୍ବ ଅତିଥି ଶରୀରେ
ବିଦା କଲେ ଅତିଥିଙ୍କୁ, ପାନ, ପାନୀୟରେ କରି ତୃପ୍ତି
ବିବାହ ମଣ୍ଡପ ଦିଶେ ସୁଉଚ୍ଚରେ ପରଶେ କି ଗଗନ ମଣ୍ଡଳେ

ସୁଦୃଶ୍ୟ ତୋରଣ ବନ୍ଧା ମୁଖଶାଳା ଦିଶଇ ସୁରୁଚି ॥
ସେ ମଣ୍ଡପେ ରାଜା ରତ୍ନସେନ ରତ୍ନପିଢ଼ା ପାତି ପାତିଲେ ଆସ୍ଥାନ,
ସୁବର୍ଣ୍ଣ କଳସେ ଭରି ଗଙ୍ଗାଜଳ ମାଙ୍ଗଳିକ ଲାଗି
ଇନ୍ଦ୍ରରୂପ ବର ପାସେ ଅପ୍ସରା ସଦୃଶ ବଧୂ ବସାନ୍ତେ ତକ୍ଷଣ,
ବରବଧୂ ଦୁଇ ହସ୍ତେ ଏକ ଗ୍ରନ୍ଥି ବାନ୍ଧିଲେ ସଂଯୋଗୀ ॥
ଉଚ୍ଚ ସ୍ୱରେ ବେଦ ବାଣୀ, କନ୍ୟା ରାଶି ବର ରାଶି ଉଚ୍ଚାରି ପଣ୍ଡିତେ।
ଇହ ପରକାଳେ ଅଚ୍ଛେଦ୍ୟ ସେ ସପ୍ତସୂତ୍ରରେ ବନ୍ଧନ,
ବନ୍ଦନ କରିଲେ ଦ୍ୱିଜ ସର୍ବେ ମାଙ୍ଗଳିକ ବୋଲି ଉଚ୍ଛ୍ୱସିତ କଣ୍ଠେ
ଲାଜାଞ୍ଜଳି ଦିଏ ବଧୂ ଜୀବନ ଯୌବନ ମୃତ୍ୟୁ କରି ସମର୍ପଣ ॥
ସେ ଉଦ୍ଦୀପ୍ତ ସୂର୍ଯ୍ୟ ଦେଖେ ଚନ୍ଦ୍ରମାକୁ ଆପଣାର ସତ୍ତାଯାଏ ଭୁଲି
'ଚନ୍ଦ୍ରମା' ଦେଖଇ ସୂର୍ଯ୍ୟେ, ଆପଣାରେ ଯାଇଛି ପାସୋରି
ତଦନନ୍ତେ ସର୍ବେ ମଜ୍ଜିଗଲେ ତହିଁ ରାଜୋଚିତ ଆଚାର ସମ୍ଭାର
କି ବର୍ଣ୍ଣିବି ଯଉତୁକ, ରାଜଯୋଗ୍ୟ ଅକ୍ଷୟ ଭଣ୍ଡାର ॥

॥ ୨୮୬ ॥

ପୁର ନାରୀ ସର୍ବେ ଏକତ୍ରିତ ହେଲେ
ବେଦୀ ଚତୁଃପାର୍ଶ୍ୱ ସ୍ଥାନେ
କୌତୁକ ଦେଖନ୍ତି ଉଲ୍ଲସିତ ନେତ୍ରେ
ବରକନ୍ୟା ସମ୍ପ୍ରଦାନେ ॥
ବିବାହ ମଣ୍ଡପେ, ଦ୍ୱିଜେ ମିଳି ଶୁଦ୍ଧେ
କଲେ ଗୋତ୍ର ଉଚ୍ଚାରଣ
ବର ବଧୂ ପାଇଁ, ପଦ୍ମିନୀ ନାରୀଏ
ଗାୟନ୍ତେ ମଙ୍ଗଳ ଗାନ ॥
ରାଜକନ୍ୟା ହାତେ ମଙ୍ଗଳମାଳାଏ
ଦେଲେ ସଜନୀଏ ଆଣି
ବରଗଳେ ବଧୂ ଦିଏ ସୁଯତନେ
କନ୍ୟା ଗଳେ ଦିଏ ସ୍ୱାମୀ ॥
ତାପରେ ଅଞ୍ଜଳି ଭରି ଲାଜାଞ୍ଜଳି

ଦିଏ ଅନଳେ ଅରପି
ଆପଣା ଯୌବନ ଜୀବନ ମରଣେ
ତନୁ ମନ କରି ସାକ୍ଷୀ ॥
ତଦନ୍ତେ ଯୁଗଳ ହେଇ ହସ୍ତଧରି
ହସ୍ତ ଗଣ୍ଠି ଯୋଗ କରି
ବାନ୍ଧିଲେ ବ୍ରାହ୍ମଣେ ସ୍ମରି ନାରାୟଣେ
ସୁଦୃଢ଼ ବନ୍ଧନେ ଧରି ॥
ସପ୍ତବାର କଲେ ପ୍ରଦକ୍ଷିଣ ହୋମ
ଗଇଁଠାଳ କାନ୍ଧେ କରି
କିଏ ବା କରିବ ବିଚ୍ଛେଦ ତାହାଙ୍କୁ
ଯାରେ ସାହା ହର ଗୌରୀ ॥
ପରିଣୟ ପରେ ବୁଲି ବୃତ୍ତାକାରେ
କଲା ବେଳେ ପ୍ରଦକ୍ଷିଣ
ମୋତି ମାଣିକର ପୁଷ୍ପ ବରଷିଲେ
ସେବେଳେ ସଜନୀଗଣ ॥
ସପ୍ତପଦୀ ପରେ ମଧ ଏକନିଷ୍ଠ ହୋଇ
ବନ୍ଧଥିଲା ଗଇଁଠାଳ
ଅମରାବତୀର ଆଶିଷ କି ଅବା
ଝରେ ବର ବଧୂଶିର ।
ସହକାର ଶାଖେ ଦୋଳୁଅଛି ସୁଖେ ନବଜାତ ଚୂତ ପୁଷ୍ପ ।
ପତ୍ର ଗହଳରୁ ଶୁଭେ ପିକ ବଧୂ ତା ମଧୁସ୍ୱର ଆଳାପ ॥

॥ ୨୮୭ ॥

ବିବାହ ପର୍ବର ଶେଷେ, ରତ୍ନସେନ ପାଶେ ଆସି ସିଂହଳ ନରେଶ
ସମାଦର କରି ବୋଲନ୍ତି ସେ ବିନୟ ବଚନ ।
"ଆଜିଠାରୁ ଏ ଦେଶର ତୁମେ ହେଲ ସର୍ବମାନ୍ୟ ପୂଜିତ କ୍ଷିତୀଶ
ମୁଁ ଅଟେ ତବ ସେବକ,
କ୍ଷମା କର ମୋର ଯେତେ ଦୋଷ ଆଉଦଣ୍ଡ ଅପମାନ ॥

ମାନବ ଯେ ଭାବିଥାଏ ବିଧାତାର ଅନୁକୂଳ ନୁହେଁ
ଚିତ୍ତୋର ରାଜ୍ୟ ନରେଶ ହୁଅ ଏ ସିଂହଳ ଦେଶର ପ୍ରଜା ପାଳକ
ଜମ୍ବୁ ଦ୍ୱୀପ ବହୁଦୂର, ଏ ରଜ୍ୟର ପ୍ରଜାପାଳି ରହ ତୁ ସଦୟେ।"
ନତଜାନୁ ହୋଇ ଭାଷେ ରତ୍ନସେନ-
"ହେ ମୋର ଜୀବନ ଦାତା ଶରୀର ରକ୍ଷକ।
ମୋ ଜିହ୍ୱା ନ ପାରେ ବର୍ଣ୍ଣି ତୋ ଦୟାର ନିଦର୍ଶନ, ଦୁର୍ଲ୍ଲଭ ମହାନ।
ଭସ୍ମ ତଳୁ ନିସ୍ତରିଲି ଜୀବନ ଯୌବନ, ଲଭିଲି ସୌଭାଗ୍ୟ ଅନେକ।
ନହେଲେ ତ ତୋ ପଦର ଧୂଳି ଥିଲି, ବିସ୍ମରଣ ଥିଲା ମୋର ଅନ୍ତିମ ଜୀବନ ॥
ତୁହି ମୋ ଜୀବନ ଦାତା, ମୋ ଭାଗ୍ୟ ବିଧାତା
ତବ ଅନୁଗ୍ରହ ମୋର ଶିରୋଧାର୍ଯ୍ୟ, ନୋହିବ ଅନ୍ୟଥା।"

■

॥ ୨୮୮ ॥

ସିଂହଳ ଦ୍ୱୀପର ରାଜା ସେଇ ସପ୍ତଶୁଭ୍ର ସୌଧ
ଜାମାତାଙ୍କୁ କଲେ ସମ୍ପ୍ରଦାନ, ଯାହା-
ସମ୍ପୂର୍ଣ୍ଣ ବିଭବରେ ଶିବଲୋକ ହେବ ସମସରି।
ଦୁଇ ସହସ୍ର ସଖୀଗଣ ମଣ୍ଡଳିତ
ଗ୍ରହ, ତାରା ନକ୍ଷତ୍ର ସମାନ-
ଚଳିଲେ ଉଚ୍ଚ ପ୍ରାସାଦେ, ସୂର୍ଯ୍ୟଛାୟା
ଅପହଞ୍ଚ କରି ॥
ପରିହାସେ ସଖୀଗଣ ରତ୍ନସେନେ କହିଲେ-
"ହେ ସୂର୍ଯ୍ୟ! ତୁ ଏବେ ଗମନ କର ଅସ୍ତଗିରି।
ନିର୍ମଳ ଶଶୀରେ ସେ ସ୍ଥାନେ ଦେଖିବୁ ତାରେ
ଆମ ରାଜା, ରାଜନ ସମାଜେ।
ରାଜପୁତ୍ର, ରାଜା ନ ହୋଇଲେ ଯୋଗୀ କେହି ଏଥି,
ତେଣୁ ରାଜା ସମର୍ପିଲେ ତୋ ସମ ଯୋଗୀରେ ॥
ଏ ଧବଳ ଗୃହ କଲେ ଦାନ ତୋରେ
ତୋର ଯୋଗୀ ବେଶ ଭସ୍ମ ସବୁ
ଧୌତ କଲା ଏଇ ସପ୍ତ ସୁଖଦ ପ୍ରାସାଦ।

ସପ୍ତରଙ୍ଗେ ବର୍ଣ୍ଣିଳ ଏ ଶୋଭନୀୟ
ଏ ସପ୍ତ କୈଳାସ।
ତୁ ଦେଖିଲେ ତୋ ଚକ୍ଷୁରୁ
ପାପ ସର୍ବ ହୋଇବ ବିନାଶ।"

■

॥ ୨୮୯ ॥

ଏ ସପ୍ତ ସୌଧ ନିବାସ, ସପ୍ତଦିବ୍ୟ କୈଳାସ ସଦୃଶ
ସପ୍ତରାଗେ ସଭାଗୃହ, ସପ୍ତବର୍ଣ୍ଣ ଭବ୍ୟ ସୁଶୋଭନ।
ମୋ ଭାଷାରେ କି ବର୍ଣ୍ଣିବି ବିଶ୍ୱକର୍ମା ସ୍ୱହସ୍ତ ବିନ୍ୟାସ
ଅନୁପମ ସୁକୌଶଳେ ସ୍ଥପତି ଯା କରିଛି ନିର୍ମାଣ ॥
ହୀରକ ଇଟାର ଭିତ୍ତିରେ ଗଜମୋତି ଚୂର୍ଣ୍ଣର ପ୍ରଲେପ
ଶୁଷ୍କ ଚୂଆ ଗନ୍ଧସାଗରେ କର୍ପୂରର ବାସେ ସୁରଭିତ।
ମୋତିରୁ ନିର୍ମଳ ଦିଶେ, ସ୍ୱଚ୍ଛ ଶୁଭ୍ର ଜ୍ୟୋତିରେ ଉଦ୍ଦୀପ୍ତ
ମୂଲ୍ୟବାନ ରତ୍ନଶିଳା ସ୍ୱର୍ଣ୍ଣସାଥେ ଖମ୍ବରେ ଖଚିତ।
ସେ କାନ୍ତି ମଳିନ କରେ ମଶାଲ ଓ ଶତ ଶତ ଜ୍ୱଳନ୍ତ ପ୍ରଦୀପେ
ତହିଁ ପୁଣି ମୁକୁର ପରାଏ ଦିଶେ, ଛାୟା ମୂର୍ତ୍ତି କରେ ପ୍ରତିଭାତ ॥
ସପ୍ତ ସୌଧର ବର୍ଣ୍ଣିଳ ସେ ଦୃଶ୍ୟ ଧବଳ ଛାତପରେ
ରବି ରଶ୍ମି କମ୍ପନେ ଦୃଷ୍ଟିପଥ ହୁଏ ଦୋଳାୟିତ
ସମୁଦ୍ର ତରଙ୍ଗେ ପୁଣି ଆକାଶର ପ୍ରାନ୍ତ ଉପକୂଳୁ
ସପ୍ତବର୍ଣ୍ଣ ବିରଳଏ ଶୋଭା ଖେଳି ଖେଳି ହୁଏ ପ୍ରଶମିତ ॥
ବିସ୍ମିତ ହୁଅନ୍ତି ଲୋକେ, ଅତର୍କିତେ ଦେଖି ସ୍ୱର୍ଣ୍ଣ ବିଭା
ନଭଶ୍ଚୁମ୍ବି ପ୍ରାସାଦର ଦୁର୍ଲ୍ଲଭ ଏ କୌଶଳ ସ୍ଥପତି
ଦୈବତ ଦୁର୍ଲ୍ଲଭ ଦାନେ, ତପସ୍ୟାର ସିଦ୍ଧିଦ ପ୍ରତିଭା
ଲଭିଲେ ପ୍ରଲୁବ୍ଧ ରାଜା ଅପ୍ସରୀ କି ପଦ୍ମା ପ୍ରତିମୂର୍ତ୍ତି ॥

ଏହିପରି ସପ୍ତ ସୁରମ୍ୟ ଭବନେ ନିବସନ୍ତି ରତ୍ନସେନ ରାଏ।
ତପସ୍ୟାର ଲବ୍ଧ ପଦ୍ମିନୀ ସଙ୍ଗତେ ଭବିଷ୍ୟ ସୁଖ ଆଶାଏ ॥

■

॥ ୨୯୦ ॥

ସେ ଗୃହେ ପ୍ରବେଶ କରି, ରତ୍ନସେନ ଦେଖନ୍ତି ସେ ସ୍ଥାନେ
ପାଷାଣ ପ୍ରତିମା ସବୁ, ସାରି ସାରି ହୋଇଛନ୍ତି ଉଭା
ସତେକି ସଜୀବ ମୂର୍ତ୍ତି, ଭିନ୍ନ ଭିନ୍ନ ସେବାର ଯତନେ
ଇଚ୍ଛାରେ ଅଛନ୍ତି ରହି, ବର ବଧୂ ସେବିବେ ଅଥବା ।
କେ ହସ୍ତେ ଧରିଛି ତହିଁ, ଚନ୍ଦନର ଗିନା, ଅନ୍ୟ କିଏ
ସିନ୍ଦୂର ସଂପୁଟେ ଭରି ସୀମନ୍ତରେ ଦେବାକୁ ସିନ୍ଦୂର
କେ ଧରିଛି କସ୍ତୁରୀ, କୁଙ୍କୁମ ସତେ (ଅବା) ବିଳମ୍ବ ନ ସହେ
କେ ଧରିଛି କସ୍ତୁରୀ ଓ ସମୀର ତ ମେଦ ସୁଗନ୍ଧରେ ଭରିଛି ସମୀର ।
କେ ଧରିଛି ଖିଲି ପାନ ବିଡ଼ା, ବାସୁଛି ତାମ୍ବୂଳ କା ହାତେ
ଭିନ୍ନ ଭିନ୍ନ ପ୍ରକାରେ ସୁଗନ୍ଧିତ ଦ୍ରବ୍ୟେ ଗୃହ ଭରା
ଚଉଦିଗ କରି ଆମୋଦିତ ବସିଛି ବା ବିପଣି ପସରା
ଉଲ୍ଲାସେ ଉତ୍ସାହେ ସର୍ବେ ଚାହିଁଛନ୍ତି ସ୍ୱାମୀନୀ ନିମନ୍ତେ ।
ମଝିରେ ରହିଛି ଗୃହେ ସୁଶୋଭିତ ରତ୍ନ ସିଂହାସନ
ସେ ଶୋଭା ବଳୟ ଘେରି, ଶତଗୁଣେ ହରେ ପ୍ରାଣୀ ମନ ।

■

॥ ୨୯୧ ॥

ସପ୍ତରାଗେ, ଭବ୍ୟ ସୌଧ କୈଳାସର ଶୟନ ଆଳୟେ
ଚତୁର୍ଦ୍ଦିଗେ ଖଞ୍ଜିଅଛି, ବହୁ ରତ୍ନ, ମାଣିକ୍ୟ ବହୁତ
ମୋତି ମାଣିକ ପ୍ରଦୀପ, ଜଳେ ତହିଁ ନୁହନ୍ତି ବିଳୟ
ଅଖଣ୍ଡ ଜ୍ୟୋତିର ଜାଳେ, କେବେ ବି ସେ ନୁହେଁ ନିର୍ବାପିତ ।
ରକ୍ତ ରଙ୍ଗ ଚନ୍ଦ୍ରାତାପ, ଉର୍ଦ୍ଧ୍ୱେ ରହି ଅତି ସୁଶୋଭନ
ତଳେ ପୁଣି ପଲଙ୍କର, ଶଯ୍ୟା ପରେ ବିଛାଇଛି ନିର୍ମଳ ଚାଦର
ସେ ପଲଙ୍କ ଶେଯ ଅତି ରମଣୀୟ, ଅତି ମୂଲ୍ୟବାନ
ତକିଆ, କର ତକିଆ, ଗାଲ ମୁଚାରିକା ତହିଁ ସମାହାର ॥
ରେଶମ କନାରେ ବନ୍ଧା, ସୁଖଦାୟୀ କମ୍ର ଓ କୋମଳ
ସେ ପଲଙ୍କ, ସୁପାତି ବିନ୍ୟାସ ଦୁର୍ଲ୍ଲଭ ବସ୍ତୁରେ ସୁସଜ୍ଜିତ
କାହାପାଇଁ ଥିଲା ଏହା- କାହାର ବା ହେବ ମଧୁବନ ସ୍ଥଳ ॥

ନୟନେ ଦେଖିଲେ ଯାହା ଦ୍ରବି ହୋଇ ହୁଏ ସଙ୍କୁଚିତ
ସେ ଶେଯେ ପଡ଼ିଲେ ପାଦ, ପଞ୍ଚଶରେ ହେବ ମର୍ମହତ ॥

॥ ୨୯୨ ॥

ରତ୍ନସେନ ମନେ, ଅନେକ ଆଶାରେ-
ପ୍ରବେଶି, ଶୟନ ଗୃହରେ ତହିଁ
ନ ଦେଖିଲେ ସର୍ବ ସଖୀ, ସଙ୍ଗ ମେଳେ,
ତାହାର ଚନ୍ଦ୍ରମା ତହିଁରେ ନାହିଁ ॥
ମନୋଭାବ ତାଙ୍କ, ଜାଣି ସଜନୀଏ
କୁହନ୍ତି "ହେ ସୂର୍ଯ୍ୟ! କର ଶ୍ରବଣ
ଆମ୍ଭ କୁଳାଚାର, ଏ ଦେଶେ ସଂସ୍କାର
ବର ବଧୂ ହସ୍ତୁ ଖୋଲି ବନ୍ଧନ
ଶରୀର ମାର୍ଜନ ପରେ ଆଭୂଷଣେ
ବିଭୂଷିତ କରି ଦିବ୍ୟ ଶୃଙ୍ଗାରେ
ଅନ୍ତେ ତାକୁ, ଆଣି ସଙ୍ଗେ ମିଳାଇବୁ
ତମ ସଙ୍ଗ ଲାଭ, ପ୍ରୀତି ସାଦରେ" ॥
ମନରେ ଭାବନ୍ତି ନିରାଶେ ନରେଶ
ଏ ଚତୁରୀ ନାରୀଗଣ, ଚାତୁରୀ
ସାରଙ୍ଗ ମୁଖରୁ ଅବା ସ୍ୱାତି ବିନ୍ଦୁ
ଚାତକୀ ଆଶାକି ଗଲା ମଉଳି ॥
ଯା ବଳେ ଆଣିଲି, ସ୍ୱର୍ଗ ଅପସରୀ
ସେ ସିଦ୍ଧ ଗୁଟିକା, ମନ୍ତ୍ର ବିଶେଷ
କପଟୀ ଲୋକର ଗରଳ ମୋଦକ
ଖାଇ ବୁଦ୍ଧିଗଲା, ଗଲା ବିବେକ।"
ଭାବି-ମୁହ୍ୟମାନ କିନ୍ତୁ ରତ୍ନସେନ
ପ୍ରେମିକ ପ୍ରବଣ, ପ୍ରୀତି ରମଣ।
ସେ ଭବ୍ୟ ଭବନ ଲାଭେ ସତେ ଅବା
କି ଘନ ଘୋର ଗହନ ଅରଣ୍ୟ।

ଶୁଷ୍କ ନେତ୍ରେ ନାହିଁ ଅଶ୍ରୁ, ନାହିଁ ହସ
ନୀରସ ବଦନ, ମରିଛି ମନ
ହସ ଅଶ୍ରୁ ନିରୋଧନେ ଅନ୍ତର୍ଦାହେ
ସୁଖ ଆଶା ମରେ, ମର୍ମ କଷଣ ॥

॥ ୨୯୩ ॥

ଏହିପରି ତପ ଜପ କରୁ କରୁ ଚାରି ଯୁଗ ପରି ଗଲାଦିନ
ସନ୍ଧ୍ୟା ବା ଆସିବ ଘେନି, ଚାରି ଯୁଗ ରଜନୀ ମହାନ।
ସନ୍ଧ୍ୟା ପରେ ପୁଣି ସଜନୀଏ, ଆସି କଲେ ସେ ଗୃହେ ଚହଳ
ମଣ୍ଡନ ଦେଖି ତରୁଣେ, ପରିହାସେ ପୁଚ୍ଛନ୍ତି ପ୍ରଶନ ॥
"ହେ ଚେଲା ! ତୋ ଗୁରୁ କାହିଁ ? ଏକାକୀ ତୁ ବସିଛୁ କିପରି ?
ଯେ ଧାତୁ ଅର୍ଜନ କଲୁ, ହଜାଇଲୁ ହେଲୁ ହତଶିରି
ଯେ "ଲୋନା ବିରଓ୍ୱା" ଦେଇ, ଅନ୍ୟଧାତୁ ସୁବର୍ଣ୍ଣ ଓ ରୂପା
କରିଦେଇ
ସେ ସୁବର୍ଣ୍ଣ ପ୍ରୀତି ରୂପ ମୋହ, ଲାବଣ୍ୟ ଚାତୁରୀ,
ପ୍ରୀତିରେ ମୋହେ ଜଗତ, ପାରଦ ଓ ହରିତାଳ ପାଇଁ
ସେ ଜ୍ୟୋତି ହୁଏ ଉଜ୍ଜ୍ୱଳ, ତୋ ଗନ୍ଧକ ରହିଲା ବା କାହିଁ ?
ସୁବର୍ଣ୍ଣ ଶରୀର ହୁଏ, ରୁପା ଏଠି ରୂପର ତୁଳନା
ପ୍ରୀତିର ପାରଦ ଆଉ ହରିଦ୍ରା ସଂଯୋଗେ ଲାବଣ୍ୟ ଯେ ଫୁଟେ
ପ୍ରାଣ ପାତେ ଶୁଦ୍ଧ ପ୍ରେମୀ, ସେ ଧାତୁରେ ଅର୍ଜିଥାଏ ସିନା ॥
ଏ ସ୍ଥଳେ ଏ ଉପଲକ୍ଷର ସଜନୀଏ କୁହନ୍ତି ବିରହୀ ନିକଟେ
"ଯାତ ଯାମ ପାକଦ୍ରବ୍ୟ ଖାଦକ ତୁ ହେ ତପୀ ପ୍ରବର !
ତୋ ପଦ୍ମିନୀ କି ରଖିଲୁ ଗୁପତେ ଆମ୍ଭ ସଖୀ ଚନ୍ଦ୍ର ସମୁଜ୍ଜ୍ୱଳ"।
ଚନ୍ଦ୍ରମା ଗୋପନ ହେତୁ ଏ ଜଗତେ ବ୍ୟାପିଲା ଗାଢ଼ ଅନ୍ଧକାର
ଉଜ୍ଜ୍ୱଳ ଚନ୍ଦ୍ରମା ସିନା ଜୋଛନାରେ ତମ କରେ ଦୂର ॥
ନେତ୍ର ତୋ କଉଡ଼ିଆ ପକ୍ଷୀ ହୃଦୟ ତୋ ଗଭୀର ବାରିଧି
ତୋ ଗୁରୁ ସେ ସିନ୍ଧୁ ମଧ୍ୟେ ମୋତି ସମ ଜ୍ୟୋତି ବିନ୍ଦୁନିଧି
ଅସ୍ଥିର ମନ ତୋ ଶିର ଯେ ପର୍ଯ୍ୟନ୍ତ ମୃତ୍ୟୁଭୟ ଭୁଲି

ମଜ୍ଜି ନାହିଁ ହୃଦୟ ସମୁଦ୍ରେ ସେ ପର୍ଯ୍ୟନ୍ତ ପାଇବୁ କିପରି ?
ଅପରୂପେ ଉଦ୍ଭାସିତ ହେବ ବିନ୍ଦୁ ତୋ ନୟନ ଗୋଚର
ତେବେ ତୁ ପାଇବୁ ତାରେ ଜ୍ୟୋତି ବିନ୍ଦୁ, ପାଇବୁ ନିସ୍ତାର ॥"

॥ ୨୯୪ ॥

ରତ୍ନସେନ ଭାବନ୍ତି ସଖୀଙ୍କୁ ଚାହିଁ
"କି ପ୍ରଶ୍ନ ପୁଚ୍ଛ ମତେ ଉତ୍ତର ପାଇଁ ॥
ଚକ୍ରବ୍ୟୂହରେ ଅଭିମନ୍ୟୁ ସଦୃଶ
ମଧ୍ୟେ ପଡ଼ିଛି ମୁହିଁ ହୋଇ ବିବଶ ॥
ପଦ୍ମାବତୀକୁ ମୋର ସହିତେ ଆଣି
ସୁଧା ଦର୍ଶାଇ ମତେ ବିଷ ଦେଲଣି ॥
ଅବିଶ୍ୱାସିନୀ ତୁମ୍ଭମାନଙ୍କ ସହ
କି ଅନୁଭବ କଥା କହିବି କହ ॥
ଯେ ମରେ ସିନା ଜାଣେ ଅଙ୍ଗ କଷଣ
ପ୍ରାଣ ଅଭାବେ ପୀଡ଼ା କେଡ଼େ ଦାରୁଣ ॥
ଗନ୍ଧକ ସହ ପାରଦ ସଂଯୋଗରେ
ହରାଏ ସତ୍ତା ବଦ୍ଧ ପାରଦ ହେଲେ ॥
ସୁଗନ୍ଧା ପଦ୍ମିନୀକୁ ନ ପାଇ ମୁହିଁ
ବଦ୍ଧ ପାରଦ ବିନା ନପାରେ ସହି ॥
ଉତ୍ତାପ ହରିତାଳ ଦୁର୍ମୂଲ୍ୟ ଦ୍ରବ୍ୟ
ହରାଇ ଏ ଜୀବନ ଅଙ୍ଗେ ନଥିବ ॥
ଯା ପାଶେ ସିଦ୍ଧ ଗୋଟି ଅଛି ଅଭାବ
କି ଧାତୁ କଥା ତୁମ୍ଭେ କିମ୍ପା ପୁଛିବ ।
ମୁଁ ଗଙ୍ଗାଧାତୁ ପରି ଦିଶେ ବିଷମ
ବାହାରେ ଦେଖ ଯାହା ଅନ୍ତରେ ଭିନ୍ନ ।
ଅଭ୍ରକୁ ରସ ସଙ୍ଗେ କରି ଆବୃତ
ରସ ସିନ୍ଦୂର କରିଥିଲି ମିଶ୍ରିତ ॥
ରକ୍ତ ରାଗ ସିନ୍ଦୂର ତହୁଁ ଲିଭାଇ

ବିଚ୍ଛେଦ ବହ୍ନି ପୁଣି ଦେଲ ଜଳାଇ।
ଯଦି ମୋ ଅଙ୍ଗେ କିଛି ଥିବ ବା ତେଜ
ତେବେ ମୁଁ ବୁଝାଇବି ହୋଇ ସମର୍ଥ ॥
ମୋର ପଦ୍ମିନୀ ସହ ମିଳନ ବେଳେ
ବିରହାନଳେ ତାରେ ଜାଳିଲ ହେଳେ ॥"

ବିରହ ବହ୍ନିରେ କନ୍ଦର୍ପ ଜ୍ୱଳନ ମିଳନେ ତା ସାଥେ ହେବ ହତ।
ନତୁବା ମୋର ପ୍ରାଣ ପାତେ ହେବ ସେ ଅନଳ ନିର୍ବାପିତ ॥

॥ ୨୯୫ ॥

ତପୀ କଥନେ ସଜନୀଏ ଶୁଣି
ହସି ଉଠନ୍ତି ସକଳ ସଜନୀ ॥
ଦିଶେ ନକ୍ଷତ୍ର କି ଉଦେ ଆକାଶେ
ଦିବ୍ୟ ଜ୍ୟୋତି ଦିଶିଲା ସେ ନିବାସେ ॥
ହସି ଭାଷନ୍ତି ପରି ହାସେ ସଖୀ
"ସୌଧ ଶୀର୍ଷେ ଛପି ଅଛି ତୋ ଶଶୀ ॥
ତୁହି ଆଶା କଲେ ପାଇବୁ କାହିଁ
ଆମେ ଅଜ୍ଞାତ ତା ଦର୍ଶନ ପାଇଁ ॥
ଖୋଜି କହିବୁ, ତୋ ଲାଗି ମନାଇ
କୃପା କରନ୍ତୁ ପରଦେଶୀ ପାଇଁ ॥
ହତ୍ୟା ଦୋଷ ଘେନିବୁ ରାଜଜେମା
ଦୟା ଲାଗୁଛି ତୋ ଦୁଃଖକୁ ସିନା ॥
ତୁ ତପୀ ତପସ୍ୟା କରିବୁ ବସି
କଷ୍ଟ ନିବାରିବେ ପ୍ରଭୁ ପ୍ରବେଶି ॥
ରାଜ୍ୟ କଥାରେ ବଳାନା ତୋ ମନ
ସେ ତ ମଣ୍ଡିଛି ଦ୍ୱାଦଶ ଭୂଷଣ ॥
ବିଭୂଷଣ ନାମ ଅଛି ଅନେକ
ଶୁଣିତ ନଥିବୁ, ତୁ (ଅଟୁ) ତପୀ ଲୋକ ॥"

ଦ୍ୱାଦଶ ପ୍ରକାରେ ଅଛି ଆଭୂଷଣ ତନୁ ଶ୍ରୀ ଭୂଷଣେ ହୁଅନ୍ତି ତରୁଣୀ ।
ଦ୍ୱାଦଶ ସ୍ଥାନରେ ସଯତନେ ଦେବୁ ଅପରୂପ କରି ନବ କାମିନୀ ॥

॥ ୨୯୬ ॥

"ସର୍ବାଗ୍ରେ ଶରୀର ମାର୍ଜନା କରିବ,
ଚନ୍ଦନ ପ୍ରଲେପି ପରେ
ସୀମନ୍ତେ ଭରିବ ସୀମନ୍ତ ସିନ୍ଦୂର
ରକ୍ତ ବର୍ଣ୍ଣେ ମସ୍ତକରେ ॥
ଦେବୁ ଲଲାଟରେ ତିଳକ ଟୋପାଟି
ନୟନେ କଜ୍ଜ୍ୱଳ ଦେଇ
କୁଣ୍ଡଳ କର୍ଣ୍ଣରେ ଘେନି ପିନ୍ଧାଇବ
ତାମ୍ବୂଳ ମୁଖେ ରଞ୍ଜାଇ ॥
ନାସିକାରେ ଦେବ ରତନ ବସଣି
ନାକ ଫୁଲ ଅଭିନବ
କଣ୍ଠ ଆଭରଣ ମଣ୍ଡିବ ଗଳାରେ
କଙ୍କଣ ହସ୍ତେ ଶୋଭିବ ॥
କଟୀସୂତ୍ର ଦେଇ କ୍ଷୀଣ କଟୀ ପରେ
କ୍ଷୁଦ୍ର ଘଣ୍ଟିକା ପିନ୍ଧାଇ
ଚାଲନ୍ତେ ବାଜିବ ଅତି ସୁମଧୁର
ସମସ୍ତଙ୍କ ମନ ମୋହି ॥
ପାଦରେ ପାହୁଡ଼, ପାଉଁଜି ବଳୟ
କଡ଼ା ଓ ନୂପୁର ସାଥେ
ଦେବ ସଯତନେ, ଚାଲିଲେ ଚରଣ
ବାଜୁଥିବ କେତେ ମତେ ॥
ଦ୍ୱାଦଶ ଭୂଷଣେ ଆବରଣ ଏହା
ଶରୀର ଦ୍ୱାଦଶ ସ୍ଥାନେ
ଷୋଡ଼ଶ ପ୍ରକାର ଶୃଙ୍ଗାର ରଚନା
କର ଅଙ୍ଗ ସୁଯତନେ ॥

ଚାରି ଦୀର୍ଘ, ଚାରିଲଘୁ ସ୍ଥାନ ପାଇଁ
ଯେ ସ୍ଥାନେ ଯାହା ଶୋଭନ
ଚାରି ଭରା ଅଙ୍ଗ, କ୍ଷୀଣ ଅବୟବ
ଚତୁର୍ଥ ସ୍ଥାନ ମଣ୍ଡନ ॥
କରି ସମାପନ ଆଣିବୁ ଏ ସ୍ଥାନ
ତାପରେ ତବ ପାରୁଶ
ଆଣି ମିଳାଇବୁ ହେ ରତ୍ନ ତାପସ
ଏ ଆଳୟେ ତବ ପାଶ ॥

॥ ୨୯୭ ॥

ଭିନ୍ନ ଭିନ୍ନ ଆଭୂଷଣେ ବିଭୂଷଣ ହୁଅନ୍ତେ ଜେମା ପଦ୍ମିନୀ
ଦୈବ ଅବା କରିଲା ତାହାକୁ ପୂର୍ଣ୍ଣିମାର ଚନ୍ଦ୍ରମା ରଜନୀ ॥
ଆର୍ଦ୍ର ବସ୍ତ୍ର ପାଲଟିଲା ବେଳେ ବସ୍ତ୍ରହୀନ ଅଙ୍ଗ (ତାର) ଦେଖି
ଲୁଚିଲେ ଆଦିତ୍ୟ ଉତ୍କଣ୍ଠାରେ ଦୂର ମେଘ ଅନ୍ତରାଳେ ଛପି ॥
ପତ୍ରାବଳୀ ରଚନାରେ, ଚାରୁ ଦିଶେ ସିମନ୍ତେ ଭରା ସିନ୍ଦୂର
ମୋତି ମାଣିକ୍ୟରେ ସଜାଇଲା ଅଳକା ମଣ୍ଡିତ କରି ଶିର ॥
ସୀମନ୍ତ ଅଳକ ପଦକେ ଦିଶଇ ଆକାଶୁ ନକ୍ଷତ୍ର ଗୋଟି
ଖସି ପଡ଼ିଛି କି, ସ୍ଥିର ହୋଇ ରହି ଆପଣା ଶୋଭା ପ୍ରକଟି ॥
ମୁଖମଣ୍ଡଳର ପତ୍ରାବଳୀ ମଧ୍ୟେ ଚନ୍ଦନ ଚିତ୍ର ଦିଶଇ
ସୁନୀଳ ଆକାଶେ ସାରସଦଳ କି ଗମନ୍ତି ସୁଦୂର କାହିଁ।।
ଲଲାଟ ପରେ ତିଳକ ଶୋଭଇ ଦ୍ୱିତୀୟା ଶଶୀ ମଧ୍ୟରେ
ତାରାଟିଏ ରହି ଦିଏ ସେ ବଢ଼ାଇ ଶୋଭା ଗୁଣ ଅଧିକରେ ॥
କର୍ଣ୍ଣ କୁଣ୍ଡଳର ପାଶେ ଶୋଭାପାଏ, ଖୁଣ୍ଟିଆ କର୍ଣ୍ଣ ଭୂଷଣ
କୃତ୍ତିକା ନକ୍ଷତ୍ର ମାଳାକି ଦିଶଇ ସୁଶୋଭିତ କରି କର୍ଣ୍ଣ ॥
ରତ୍ନ ଆଭରଣେ ରମ୍ୟ ସେ ଦିଶଇ ସୁନ୍ଦରୀ ରାଜ ଅବଳା
ସ୍ୱର୍ଗୀୟ ବିଭୂତି ଭାଷାରେ ବର୍ଣ୍ଣନା କେ କରି ପାରିବ ଭଲା ॥
ଲଲାଟ ସୀମନ୍ତ ଶୋଭାରେ ଆକାଶ ଦିଶଇ ଦର୍ପଣ ସମ।
ସେ ଦର୍ପଣେ ଦିଶେ, ନକ୍ଷତ୍ର ଚନ୍ଦ୍ରମା ଶତ ଗୁଣେ ଅନୁପମ ॥

॥ ୨୯୮ ॥

ନୟନ ଯୁଗଳେ, କଜ୍ଜ୍ୱଳ ପ୍ରଲେପି
ଚପଳେ ବାଙ୍କ ଚାହାଣୀ
ଦେଖିଲେ ଲାଗଇ ଶରତ ଋତୁରେ
ଖଞ୍ଜନ ବିହଗ ଠାଣି ॥
ଧନୁପରି ବଙ୍କା ଭ୍ରୂଲତା ଦ୍ୱୟରେ
ତୀର ପରିକି ଇକ୍ଷଣ
ଚକିତେ ଚମକି ହୃଦେ ଘାତ ଦିଏ
ଦେଖିଲା ଯୁବକ ପ୍ରାଣ ॥
ନାସାର ବେଶର ଶୋଭନୀୟ ଦିଶେ
ସତେକି ଚନ୍ଦ୍ରମା ପାଶେ
ଶୁକ୍ର ତାରାଟିଏ ଦିଶଇ ସୁଚାରୁ
ଦେଖିଲେ ଆନନ୍ଦ ଆସେ ॥
ଦ୍ୱିପ୍ରହର ଫୁଲ ପରି ତା ଅଧର
ଅଧିକେ ହୁଏ ରଞ୍ଜିତ
ତାମ୍ବୂଳ ଚର୍ବଣେ ପାନ ଓ କୁସୁମ
କାନ୍ତି ହୁଏ ଏକତ୍ରିତ ॥
ଲଲାଟେ ତାର ଚୂର୍ଣ୍ଣ କୁନ୍ତଳ କି
ନାଗୁଣୀ ସମ ଦୋଳିତ
ଚାରୁ ଚାଟୁ ମନ୍ତ୍ର ବଶ କରି ଯୁବା
ତା ଅଙ୍କେ ହେବ ଶାୟିତ ॥
କପୋଳ ଉପରେ ତିଳ ଚିହ୍ନ ଦିଶେ
ପଦ୍ମେ କି ବସିଛି ଅଳି
ଯେ ଯୁବା ତାହାକୁ ଦେଖିବ ନୟନେ
(ତା) ବକ୍ଷେ ଯିବ ଭେଦ କରି।
ଦିବ୍ୟ ରୂପ ଶୋଭା ଶୃଙ୍ଗାର ନିରେଖି
ବିରହୀ ପଳାଏ ଦୂରେ
କାରଣ ତା ପ୍ରାଣ ଘାତକ ସେ ଅଟେ
ଅପରୂପ କାମ ଶରେ ॥

॥ ୨୯୯ ॥

ଭାଷନ୍ତି ଜାୟସୀ "କି ବର୍ଣ୍ଣନା ଦେବି ମୁହିଁ
ଆଭୂଷଣ ହାର କଥା କହିତ ନୁହଁଇ।
ଦେଖିଲେ ଲାଗୁଛି ଚନ୍ଦ୍ର ନକ୍ଷତ୍ରର ମାଳା
ଗ୍ରୀବା ସୁବେଷ୍ଟିତ କରି ଶୋଭନ ଦିଶିଲା ॥
ସୁଝୀନ ବସନ ପୁଣି, କାଞ୍ଚିଦାମ ତାର
ହୀରା ଓ ଅମୂଲ୍ୟ ରତ୍ନେ ଝୁଲାଇ ଝାଲର।
ତାର କୃଷ୍ଣ ରୋମାବଳୀ ଥିଲା କରି ଗୋପ୍ୟ
ନାଗୁଣୀ ଭଳି ଯା ଥିଲା ଦଂଶନେ ନିଶ୍ଚିତ ॥
କାଞ୍ଚୁଲା ମଧ୍ୟରୁ ଦିଶେ ଉନ୍ନତ ଉରଜ
ଶ୍ରୀଫଳ ସଦୃଶ ଯାହା ଥିଲା ମନେ ହେଜ।
ସ୍ୱାମୀର ହୃଦୟ ପରଶେ ଥିଲା ଆଶାୟୀ
ଭୁଜରେ ତାଡ଼ ତାଟକ ବଳୟ ଝୁଲାଇ ॥
ତାହାର ନୀବି ବନ୍ଧନ କମଳ କଳିକା
ବନ୍ଧନ ସଦୃଶ ଥିବା ଦିଶୁଥିଲା ରେଖା।
ଯାହାକି ବରଟା କଟୀ ପରି ଦୁଇଭାଗେ
ସୁରୁଚି ଦିଶଇ ଅତି ଚାହିଁଲେ ସରାଗେ ॥
କଟୀରେ କିଙ୍କିଣି ବନ୍ଧା ସୁବର୍ଣ୍ଣ ସୂତ୍ରରେ
ଚଳନେ ଛତିଶ ରାଗିଣୀ ଧ୍ୱନିରେ ଭରେ।
ଏ ସମସ୍ତ ଆଭୂଷଣ ଉଲ୍ଲସିତ ଥିଲେ
ସ୍ପର୍ଶ ସୁଖ ପାଇବାକୁ ଆଲିଙ୍ଗନ ବେଳେ
ପାଦରେ ପାହୁଡ଼ ବିଛା, ଚରଣ ଝୁଣ୍ଟିଆ
"ସେଦିନ ଭୋଗିବୁ ଆମେ ରୂପବନ କାୟା।
ପଦ୍ମାବତୀକୁ କୁହନ୍ତି ତୋର ହୃଦୟରେ
ଆମକୁ କ୍ଷଣକ ଲାଗି ଧରିବୁ ସାଥିରେ।
ତବ ଯୁଗଳ ଆନନ୍ଦ କ୍ଷଣିକ ସୁଖରେ
ନିସ୍ତରିବୁ ପାଇ ଆମେ, ଅନୁଭବି ତାରେ।"

■

॥ ୩୦୦ ॥

ଦ୍ୱାଦଶ ପ୍ରକାର ଆଭରଣ ପିନ୍ଧି
ଷୋଡ଼ଶ ଶୃଙ୍ଗାର ପରେ
ସେ ବର ରମଣୀ, ଶୋଭାକୁ ବଳିତ
କାହିଁ ନ ଥିବ ସଂସାରେ ॥
ତାହାର ଉପମା ନିଜେ ଅଟେ ସିନା
ଅନ୍ୟର ନାହିଁ ତୁଳନା
କାର୍ଯ୍ୟ ସମାପନେ କହନ୍ତି ସଖୀଏ
"ଶୁଣ ଗୋ ହେ ରାଜକନ୍ୟା!
ତୋ ପାଇଁ ଯେ ଜନ ମୂର୍ଚ୍ଛିଲା ଜୀବନ
କର ତାରେ ଅନୁଗ୍ରହ
ଆମ୍ଭର ମିନତି, ରଖ ଗୋ ପଦ୍ମିନୀ
ବିଳମ୍ବ ନ କରି ଯାଅ ॥"
କ୍ଷଣେ ଉଭା ହୋଇ, ଭାବେ ସେ କୁମାରୀ
"ବିତିଲା ବାଲ୍ୟ କୌତୁକେ
ତରୁଣୀ ବୟସ ମନେ ମତ୍ତ ହୋଇ
କିଛି ବି ଜାଣିନି ଚିତ୍ତେ ॥
ସେହି ପରଦେଶୀ ହସ୍ତ ଧରି ମୋର
ପୁଛିବେ ଯଦି ସଧୀରେ
ସ୍ନେହ କି ଦରବ ପ୍ରୀତି କି ପରଶ
ଅନୁଭବିଚ କି ବାରେ ?
ବୁଝିନାହିଁ ମୁହିଁ ସ୍ନେହ କି ଦରବ
ଶୁଭ୍ର ଅବା କି ଶ୍ୟାମଳ
ଲୋହିତ କି ପୀତ, ଅବା କେଉଁ ବର୍ଣ୍ଣ
ଜାଣେ ନାହିଁ ମନ ମୋର ॥
ସ୍ୱାମୀ ମୋର ଶୌର୍ଯ୍ୟ, ବୀର ବଳବନ୍ତ
ସୁଦର୍ଶନ ସୁପୁରୁଷ।

ଶଯ୍ୟାତଳ ପରେ ତା ପାଶେ ମିଳିଲେ
କି ଭାବେ ହେବି ବିବଶ!"

ଅପରିଚିତ ପୁରୁଷ, ପ୍ରଥମେ ମୋ ହସ୍ତ ସ୍ପର୍ଶକଲେ।
କି ଭାବ ଅନୁଭବିବି, ସୁଖ ଅବା ଅଜଣା ଭୟରେ ॥

॥ ୩୦୧ ॥

ନକରି ଗମନ, କନ୍ୟାର ବିମନ
ଦେଖନ୍ତେ ଭାଷନ୍ତି ସହୀ
"ଏକି ବିଡ଼ମ୍ବନା, କରୁତୁ ବିଳମ୍ବ
ପତି ପାଶେ ଯିବା ପାଇଁ ॥
କେଉଁ କଳିକା କି ନଭାବେ ମନେ ସେ
ମଧୁପ ଆସୁ ତା ପାଶେ
ତରୁଶାଖା କେବେ, ଫଳ ଗୁରୁ ଭାରେ
ଭାଙ୍ଗି ପଡ଼େ କି ଅବଶେ?
ପିତା, ମାତା, ସ୍ୱାମୀ ହାତେ ସମର୍ପିଲେ
ସେ ପୂଜ୍ୟ ଜୀବନ ସାରା
ଜୀବନ ଯୌବନ ମୃତ୍ୟୁ ସହବାସେ
ସ୍ୱାମୀ ନ ତେଜେ ଅବଳା ॥
ତୋ ପତି ଆଦେଶେ, ଆଣିଅଛୁ ତୋତେ
ପାଶେ ତାର ନେବା ପାଇଁ
ସେ ଆଦେଶ କିବା ନ ପାଳିବୁ ତୁହି
ସ୍ୱାମୀ ସଙ୍ଗ ହେବା ପାଇଁ ॥
ତୋର କିଛି ଅବା ମାନ ଅଭିମାନ
ଥିଲେ ମାନସ ପଟରେ
ସେ ସବୁ ଅବଶ୍ୟ, ଉଭାଇ ଯିବଟି
ସ୍ୱାମୀ ସ୍ନେହ ସରାଗରେ ॥

ଯାଅ ଏବେ ତୁହି ସ୍ୱାମୀ ସମୀପକୁ
ତନୁ ମନ ଯଉବନ
ସକଳ ସମର୍ପି ଦେବୁ ଅକପଟେ
ସଫଳ କରି ଜୀବନ ॥"

॥ ୩୦୨ ॥

ରାଜକୁମାରୀର ପାଦ ଗତି ଦେଖି
ମରାଳୀ ଗଲା ସୁଦୂରେ
ଗଜେନ୍ଦ୍ର ମସ୍ତକେ ଥୋଇ ହସ୍ତେ ଧୂଳି
ଆଚ୍ଛାଦିଲା ଲଜ୍ଜାଭରେ ॥
କ୍ଷୀଣୁ କ୍ଷୀଣତର ହୋଇଲା ଚନ୍ଦ୍ରମା
ଲୁଚିଲା ଗଗନେ କାହିଁ
ଦନ୍ତ ପଂକ୍ତି ଶୋଭା ନିରେଖି ବିଦ୍ୟୁତ
କ୍ଷଣକେ ଗଲା ମିଳାଇ ॥
ତା ନେତ୍ର ନୃତ୍ୟରେ ଖେଳା ଖଞ୍ଜରୀଟା
ଚପଳତା ଗଲା ହଜି
ତା ମଧୁ ବଚନ, ଶୁଣି ପିକବଧୂ
କୂଜନ ଦେଲା ବରଜି ॥
ତା ଗ୍ରୀବା ଶୋଭାରେ, ମୟୂରୀ ଲାଜରେ
କଳାପେ ରହିଲା ଛପି
କଟୀ ନିରେଖିଲା କେଶରୀ ଲାଜରେ
ବନସ୍ତେ ରହିଲା ପଶି ॥
ଧନୁ ପରି ଭ୍ରୁରୁ ଶୋଭାରେ ସରମେ
ନଭେ ଲୁଚେ ଶକ୍ରଚାପ
ପୃଷ୍ଠ କୃଷ୍ଣ ବେଣୀ ଦେଖି ସରମରେ
ପାତାଳେ ବାସୁକୀ ଗୋପ୍ୟ ॥
ଖଣ୍ଡାଧାର ନାସିକା ବିଚାରି
ଖୋଳରେ ଲୁଚେ ଖନଗ

ଅଧର ଅମୃତ ବଳିଗଲା ପରା
ସ୍ୱର୍ଗ ଅମୃତର ସ୍ୱାଦ ॥
ସୁନ୍ଦର ଦ୍ୱିବାହୁ ଦେଖିଣ ମୃଣାଳ
ସଲିଳରେ ଯାଇ ଲୁଚେ।
ଓଲଟ ରମ୍ଭା କି ଜାନୁ ଶୋଭା ଦେଖି
କଦଳୀ ବର ନିବାସେ ॥
ସ୍ୱର୍ଗ ଅପସରା ଗଲେ ଅପସରି
ସରମେ ଆକାଶ କୋଣେ
ତା ଶୋଭା ନିରେଖି ଯେତେ ଯେତେ ଜୀବ
ଲୁଚିଲେ ମରି ସରମେ ॥
ମର୍ତ୍ତ୍ୟେ ବା ଅମର୍ତ୍ତ୍ୟେ ଯେତେ ଯେତେ ଜୀବ
ଲୁଚିଲେ ମରି ସରମେ
ସେ ପଦ୍ମିନୀ ନାରୀ ଶୋଭା ଉପମାରେ
କେ ଯୋଗ୍ୟ ନୋହିଲା ଜଣେ ॥

ମର୍ତ୍ତ୍ୟ ବା ଅମର୍ତ୍ତ୍ୟରେ ସରମରେ ଲୁଚିଲେ ଯେତେ ଯେତେ ଜୀବ।
ପଦ୍ମିନୀ ନାରୀର ଶୋଭା ଉପମାରେ ଜଣେ ହେଁ ନୋହିଲା ଯୋଗ୍ୟ ॥

॥ ୩୦୩ ॥

ଚନ୍ଦ୍ରମା କୁ ଘେନି ତାରକା ସଖୀଏ
ସୂର୍ଯ୍ୟ ପାଶେ ହେଲେ ଯାଇଁ
ସେ ପରଶମଣି ଦେଖି ରତ୍ନସେନ
ପଡ଼ିଲେ ମୂର୍ଚ୍ଛିତ ହୋଇ।
ଷୋଳକଳା ଶଶୀ, ସହସ୍ର କଳାର
ସୂର୍ଯ୍ୟ କରି ପରାହତ
ପରିହାସେ ଚାହିଁ, କୁହନ୍ତି ସଜନୀ
"ହେ ସୂର୍ଯ୍ୟ! ହୁଅ ସଚେତ।

ତୁମେ ଯୋଗୀ ସିନା, ଭୋଗୀ ନୁହଁ କେବେ
ଏ କନ୍ୟାର ଯୋଗ୍ୟବର
ଗଙ୍ଗା ନୀର ପରି ଶୁଦ୍ଧ ଆମ ସଖୀ
ତା ସାଥେ ହୁଅ ନିର୍ମଳ ॥
ଶୁଖିଲା କୁରକୁଟା ଖାଦ୍ୟ ଖାଇ ତପୀ
ହେଲୁ ତୁ ଅତି ଅବୋଧ
ଏବେ ତୋର ଗୁରୁ ଆସିଛି ତୋ ପାଶେ
ଉଠି ଗୁରୁପାଦ ସେବ ॥
ହୁଅ ତୁ ଜାଗ୍ରତ, ହେ ତାପସ ଶିଷ୍ୟ
ଗୁରୁ ସେବା ଅନୁରାଗୀ
ଗୁରୁ ଗୋରଖ ଏ ତୋ ପାରୁଶେ ଉଭା
କରପାଦ ସେବା ଜାଗି ॥"

॥ ୩୦୪ ॥

ଗୁରୁ ଗୋରଖର ନାମ ଶୁଣି ଶିଷ୍ୟ
ଉଠି ଚାହିଁଲା ନିମିଷେ
ଅଚେତ ଶରୀରେ ଚେତନା ପ୍ରସାରି
ସଚେତ ହୁଏ ହରଷେ ॥
ରାମା ସମ୍ମୁଖରେ ଦେଖି ତା ରମଣ
ସରାଗେ ତା ହସ୍ତଧରି
ଶେଯ ସୁପାତିରେ ବସାଇଲା ନେଇ
ସେ ଦିଏ କର ନିବାରି ॥
"ମୋ ହସ୍ତ କାହିଁକି ଧରହେ ଭିକ୍ଷୁକ
ଶୁଖା ଖାଦ୍ୟ ଖିଆ ତପୀ,
ମୋ ଆନନ ଆଡ଼ କରି ମୁଁ ବସିଛି
ଦୁର୍ଗନ୍ଧ ନସହୁ ଅଛି ॥
ରାହୁ ଗ୍ରହ ସମ, ମୋତେ ଲାଗ ତୁମେ

ସେ ଲାଗି କମ୍ପେ ମୋ ଦେହ
ଏ ଆକାଶ ଗୃହେ, ଆସିଛ କିମ୍ପାଇ
ମୋତେ ତ ଲାଗେ ସନ୍ଦେହ ॥
ଏ ମୋର ଭବନେ ଯୋଗୀ ଭିକାରିର
କେବେ ବି ଯାଏ ନା ଦେଖା
ଦ୍ୱାରେ ଉଭା ରହି, ମାଗ ଭିକ୍ଷା ତବ
ଯାହା କର ମନେ ବାଞ୍ଛା।"

॥ ୩୦୫ ॥

ଉତ୍ତରେ କହନ୍ତି ରାଜା ରତ୍ନସେନ
"ତୋ ପାଇଁ ତେଜିଲି ରାଜ୍ୟ ମୋ ସଦନ।
ହେଲି ମୁଁ ଭିକ୍ଷୁକ ହେଲି ତପଚାରୀ
ହୃଦୟ ଚିତ୍ତରେ ତୋ ପ୍ରୀତି ସୁମରି ॥
ମାଳତୀ ଫୁଲରେ ପାଗଳ ଭ୍ରମର
ସେପରି ସଖୀ ମୁଁ ଉପାସକ ତୋର ॥
ତୋ ପ୍ରୀତି ଅନଳେ ହେଲି ମୁଁ ପତଙ୍ଗ
ପ୍ରାଣପାତ କରି ଲଭିବାକୁ ସଙ୍ଗ ॥
କେତକୀ କଣ୍ଟକେ ଯେହ୍ନେ ଷଟ୍‌ପଦ
ଅଚିରେ କରଇ ସ୍ୱଦେହକୁ ବିଦ୍ଧ,
ଯେ ମୃତ୍ୟୁ ଲଭିଥାଏ ସେ, ପୁନର୍ବାର
ବରଣ କରେ ମୃତ୍ୟୁ, ସେ'ତ ଅମର ॥
ବହୁ କ୍ଲେଶ କଦନ ଜୀବନେ ସହି
ଯଦିବା ମଧୁବ୍ରତ ପଦ୍ମ ଲଭଇ ॥"

ବିଷ ପ୍ରସୂନ ଜଳେ ବିସର୍ଜି ଦିଏ ହେଲେ ନିଃଶଙ୍କେ ମୃତ୍ୟୁ ଭୟ ବରଜି।
ସେହି ପଙ୍କଜମୁଖୀ ହୃଦେ ରଖି ସୁଗନ୍ଧ ରସେ ଦିଏ ନିମଜ୍ଜି ॥

॥ ୩୦୬ ॥

"ଆପଣା ପ୍ରଶଂସା କେବେ ହେଁ ସ୍ୱମୁଖେ
ପାଇଛି କି କାହିଁ କେବେ ଶୋଭା
ମୁଁ ଅଟଇ ରାଣୀ, ତୁହିତ ଭିକ୍ଷୁକ
ତୋ ସାଥେ ମୋ କି ସମ୍ବନ୍ଧ ଅବା ?
ତୋହପରି ଛଦ୍ମବେଶୀ, ଏହିପରି
କେତେ ଯୋଗୀ କରନ୍ତି ନାଟକ
ଆପଣାକୁ ତୁହି ଭିନ୍ନ ବୋଲି କହୁ
କେମନ୍ତେ ତୁ, ଭାବୁ ଅବିବେକ ॥
ଶ୍ୱାସ ଅବରୁଦ୍ଧ କରି, ତୋହପରି
କେତେ ସନ୍ଥ, ତପୀ ଯୋଗୀଜନେ
ଗମନ୍ତି ଆକାଶ ପଥେ, ସଶରୀରେ
ଯେ ଯହିଁକି ଇଚ୍ଛନ୍ତି ସେ ସ୍ଥାନେ ॥
ରାବଣ ଯେପରି ନେଲା ହରି ସୀତା
ଛଳ କରି ଛଦ୍ମବେଶ ଧରି ।
ଭିକ୍ଷା ମାଗି, ଏକାକୀ ଜାନକୀ ଦେଖି
ଯୋଗୀବେଶୀ ନେଲା ଅପହରି
ଚନ୍ଦ୍ରାଲୋକେ ଅବଗାହି, ଦେଖି ନିଜ
ଜ୍ୟୋସ୍ନାମୟ ଶରୀର ଉଜ୍ଜ୍ୱଳ
ଦୁର୍ବୁଦ୍ଧି ମାନବ ଯେହ୍ନେ ଭାବେ ମନେ
ସେ ଅଟଇ ସେହି ଚନ୍ଦ୍ରତୁଲ୍ୟ ॥
ମୃତ୍ୟୁ ଯଦି ଆଗେ ଆସେ ଅନାହୂତ
ମଧୁ ଲୋଭେ ମଧୁବ୍ରତ ଯାଇଁ
ଚମ୍ପା ଫୁଲ ବାସ ତଳେ ଘାରି ହେଇ
ଅଜାଣତେ ମରିଥାଏ ସେହି ॥
ସେପରି ଆସିଲ ତୁମେ ମୋହଗ୍ରସ୍ତ
ପ୍ରଦୀପର ଜଳନ୍ତା ଅନଳେ

ଶରୀର ଦେଇ ଝାସ ପତଙ୍ଗ ସମ
ଆପଣାକୁ ଭୁଲି ଅକାତରେ ॥"

"ହେ ତପୀ! ଯାଚକ, ଭିକ୍ଷୁକ! ତୁହି ଆପଣାକୁ ନ ଭାବ ଅତୁଲ୍ୟ।
ରାଜକୀୟ ଛଦ୍ମ ବେଶ ଧରି ଭ୍ରାନ୍ତ ପଶିଛ ରାଣୀ ମହଲ ॥"

■

॥ ୩୦୭ ॥

ଚିତ୍ତୋର କ୍ଷିତୀଶ ଭାଷନ୍ତି
"ଏହା ଅବଶ୍ୟ ସତ୍ୟ
ତୁମେତ ଚନ୍ଦ୍ରମା ଶୀତଳ
ମୁହିଁ ସୂର୍ଯ୍ୟ ଉତ୍ତପ୍ତ ॥
ତୁମେ ମୋର ଛାୟା, ତୁମର
ନାହିଁ ସ୍ୱକୀୟ ଜ୍ୟୋତି
ସୂର୍ଯ୍ୟର କଳାରେ ଶୋଭିତ
ତୁମ୍ଭେ ନିର୍ମଳ ଅତି ॥
ଚଳିତ ନ ଯାଏ ମଧୁପ
ଚମ୍ପା ଫୁଲ ସୁଗନ୍ଧେ
ମାଳତୀ ପୁଷ୍ପରେ ବିସର୍ଜି
ଦିଏ ପ୍ରାଣ ଆନନ୍ଦେ ॥
ତୁମ ପାଇଁ ମୁହିଁ ପତଙ୍ଗ
ସମ ସ୍ୱଦେଶ ତେଜି
ପ୍ରବେଶିଲି ସିଂହଳ ଦ୍ୱୀପେ
ଯୋଗ ସଙ୍କଳ୍ପ ହେଜି ॥
ଶ୍ରୀ ଲିଙ୍ଗ ମନ୍ଦିରେ ଶିବଙ୍କୁ
କରି ସେବା ପ୍ରାର୍ଥନା
ଅନ୍ନ ତେଜି ବାୟୁ ସେବନେ
କଲି ତପ ଧାରଣା ॥
ଶିବ ଦୟାବଳେ ଅଟଇ

ଦୃଢ଼ ମୋ ପ୍ରୀତି ସୂତ୍ର।
ମୁକ୍ତ ନୁହେଁ ଏହା ବନ୍ଧନ
ଦୁଇ ଲୋକ ନିମିତ୍ତ ॥
କିନ୍ତୁ ତୁ ନିର୍ମମ ନିର୍ଦ୍ଦୟ
ତୋର ମୋର ମଧ୍ୟରେ
ଭେଦ ରଖି ରହିଛୁ କିମ୍ବା
ଭୁଲି ରୂପ ମଦରେ।"

"ପ୍ରେମରେ ମଜ୍ଜି ତୋର ଆରୋହିଲି ଆକାଶ ଦୁର୍ଗ ସୂର୍ଯ୍ୟସମ।
ନ ହୋଇ ଶୀତଳ ତୁହି ପଦ୍ମାବତୀ ପୂର୍ଣ୍ଣକର ମନସ୍କାମ ॥"

॥ ୩୦୮ ॥

ପୁଚ୍ଛେ ପୁନର୍ବାର ରାଣୀ ପଦ୍ମାବତୀ
"ଆପଣେ ଭାବୁ ତପୀ ମହାନ ଅତି।
ତୋ ହୃଦେ ଅନୁରାଗ ଥିଲେ ବି ରହି
ଅନୁରକ୍ତି ବିହୀନେ ଶୁଷ୍କ ଅଟଇ ॥
ଗୈରିକ ବସ୍ତ୍ର ଆବୃତ କଲେ ଅଙ୍ଗ
ସିଦ୍ଧ କି ସେ ହୋଇବ ତପୀ ପୁଙ୍ଗବ ?
ବିରହ ବହ୍ନି ଜାଳେ ଜଳିଲେ ଅଙ୍ଗ
ଅନୁରକ୍ତି ଆସିବ, ନୋହି ବିଭଙ୍ଗ।
ଯେପରି ସୂର୍ଯ୍ୟ, ଚନ୍ଦ୍ର ପ୍ରୀତି ପରଶେ
ରକ୍ତ ରାଗେ ରଞ୍ଜିତ ଉଷା ପ୍ରଦୋଷେ ॥
ଶୋଣିତ ଆଭା ସାଥେ ହୋଇ ଉତ୍ତପ୍ତ
ଜଗତେ ପ୍ରତିଦିନ କରେ ସନ୍ତପ୍ତ ॥
ପ୍ରଦୀପ ବତୀ ତୁଲ୍ୟ ଅନ୍ତରେ ଜଳି
ଲୋହିତ ଆଭା ବାହ୍ୟେ ଅନ୍ତରେ ମରି।
ବିରହ ଦାହ ବଳେ ହୋଇ ଅଙ୍ଗାର
ରକ୍ତିମ ରାଗେ ଶୋଭେ ସେ ଦିବାକର ॥

ମଞ୍ଜିଷ୍ଠା ପରିଧାନେ ଲେପନ୍ତେ ଅଙ୍ଗେ
ଅନ୍ତ ଜୀବନ ଯାକେ ଥାଏ ସୁରଙ୍ଗେ ।
ଅଙ୍ଗାର ସମ ପଳାଶର ବୃନ୍ତରେ
ପ୍ରସ୍ଫୁଟିତ କିଂଶୁକେ ରକ୍ତ ରାଗରେ ॥
ତାମ୍ବୂଳ ପତ୍ରେ ଗୁଆ, ଖଇର ରଖି
ବର୍ଣ୍ଣ ଉଜୁଟେ ନାହିଁ ଦେଖ ପରଖି
ଚୂର୍ଣ୍ଣ ମିଳାନ୍ତେ ସିନା ଦିଶିବ ବର୍ଣ୍ଣ
ଗାଢ଼ ଲୋହିତ ବର୍ଣ୍ଣେ ଦିଶେ ଶୋଭନ ॥"

"ଚୂନ ପରି ଚୂର୍ଣ୍ଣ ହୋଇ ମିଶିବାର ଭାବନା ନ ରଖେ ଯେ ଜନ ମନେ ।
ଜୀବନ ଯୌବନ ଦେଲେ ବି ସମର୍ପି ଗାଢ଼ ପ୍ରୀତି ଭାବ ଅନୁଭବ ନ ଜାଣେ ॥"

॥ ୩୦୯ ॥

ଭାଷନ୍ତି ନରେଶ ହୋଇ ବିଚଳିତ
"ହେ ନାରୀ ରମଣୀ ମଣି !
ଯେହେତୁ ମୋ ଦେହେ ତୋ ସ୍ନେହ ରହିଛି
ସହିଲି ସମସ୍ତ ଶୁଣି ॥
ତୋ ପ୍ରୀତିରେ ଜଡ଼ି ପାନପତ୍ର ପରି
ଫଳିତ ପୀତାଭ ହେଲି
ସେ ସର୍ବ ଅବସ୍ଥା ସହିଲି କେସନେ
କହେ ତୋତେ ମୁକ୍ତକରି ॥
ତୋ ପାନ ପେଟିରେ ପେଣ୍ଡି ପାନ ଠାରୁ
ସୁନାରଶ ପାନ ଯାଏ
ବୟାନରେ ତୋର ସମସ୍ତ ଶ୍ରବଣେ
ମନ ମୋର ଦୁଃଖ ହୁଏ ॥
ସଂସାରରେ ତୋର ବହୁ ଖ୍ୟାତି ଶୁଣି
ହେଲି ତୋ ପ୍ରେମେ ପାଗଳ
ଯୋଗୀ ହୋଇ ଧୂଳି ପ୍ରଲେପିଲି ଦେହେ

ଯେହ୍ନେ ଗୌଡ଼ନା ତାମ୍ବୂଳ ॥
କରଭଞ୍ଜୀ ବଲ୍ଲୀ ପରି, ବଇରାଗୀ
କେନ୍ଦରାର ବାଇ ସୁରେ
ପୁଣି ମୋ ଶରୀର ବିଦଗ୍ଧ କରିଲି
ଭୁଞ୍ଜୌନା ବଲ୍ଲୀ ରୀତିରେ ॥
ଯେପରି ଅଙ୍କୁରେ ନେବତି ତାମ୍ବୂଳ
ଆଦ୍ୟ ଆଷାଢ଼ ପ୍ରପାତେ
ସେପରି ବିରହ ବହ୍ନି ମୁଁ ସୃଜିଲି
ମୋ ତନୁ ତନ୍ତ୍ରେ ଗୁପତେ ॥
ପ୍ରୀତି ରଙ୍ଗେ ଗୋଳି ମିଶ୍ରଣ କରି ମୁଁ
ଦଗ୍ଧ ପ୍ରାଣ ଓତପ୍ରୋତେ
ସମସ୍ତ ଶରୀରୁ ରକ୍ତ ଶୁଖିଗଲା
ସୁପାରି ଚୂର୍ଣ୍ଣ ସଦୃଶେ ॥
ମସ୍ତକେ ଉଷ୍ଣୀଷ ପରିଧାନେ ଦିଶେ
କରତେ କର୍ତ୍ତନ ରେଖା
ସର୍ବ ଅବୟବ ଦଗ୍ଧୀଭୂତ କରେ
ବିୟୋଗ ପାବକ ଶିଖା ॥
କନ୍ଦର୍ପ ଅନଳେ ଦଗ୍ଧ ହେବ ଅସ୍ଥି
ଚୂନ ସମ ହେଲା ତହିଁ
ଏ ସମ ଦହନ, ସହିଛି ଯେ ଜନ
ଅନୁଭବି ଜାଣେ ରହି ॥"

ରକ୍ତ ପିପାସୁ ଯେହ୍ନେ ଅନୁଭବି ନ ପାରଇ ଅନ୍ୟର ବ୍ୟଥା ବେଦନା ।
ହୃଦୟରେ ତାର କେବେ ହେଁ ନ ଜାଗେ ଅନ୍ୟ ଲାଗି ସହାନୁଭୂତି କରୁଣା ॥

ଟିପ୍ପଣୀ: ପେଣ୍ଡି, ସୁନାରଣ ଗୌଡ଼ନା, ବଡ଼ୌନା, କରଭଞ୍ଜୀ, ଭୁଞ୍ଜୌନା, ନେବତି- ଏଗୁଡ଼ିକ ବିଭିନ୍ନ କିସମର ପାନ ।

॥ ୩୧୦ ॥

ଭାଷେ ପଦ୍ମାବତୀ, "ଶୁଣ ମୋ ଭାରତୀ
ହେ ତପୀ, ଯୋଗୀ ଭିକାରି
ବିଭିନ୍ନ ପ୍ରକାର, ପ୍ରକୃତିର ଯୋଗୀ
ସଂସାରେ ଅଛନ୍ତି ପୂରି ॥
ଯେପରି ଆକାଶେ, ସ୍ୱାତୀ ନକ୍ଷତ୍ରର
ଉଦୟେ ବରଷା ବିନ୍ଦୁ
ସମୁଦ୍ରେ ପଡ଼ିଲେ, କ୍ଷାର ହୋଇଯାଏ
ଅପାର ଅଥଳ ସିନ୍ଧୁ ॥
ଶୁକ୍ତି ମୁଖେ ପଡ଼ି, ମୁଦି ହୋଇଯାଏ
ମୋତି ରୂପ ଜ୍ୟୋତି ଧରି
ପୃଥ୍ୱୀରେ ପଡ଼ିଲେ 'କଚର' ହୁଏ ସେ
କଳା ହଳଦି ବିଚାରି ॥
କଦଳୀରେ ମିଶି, କର୍ପୂର ବାସରେ
ମୋହିଦିଏ ସର୍ବଜନ।
ମେରୁରେ ପଡ଼ିଲେ, ଅମୃତ ହୁଏ ସେ
ନାଗ ମୁଖେ ବିଷ ଦାନ ॥
ଯୋଗୀ ଓ ମଧୁପେ ବିଶ୍ୱାସ କରିବା
ନୁହେଁ ଉଚିତ ବିଚାର
ଆପଣାର ଖାଦ୍ୟ, କଉତୁକ ସାରି
ଏମାନେ ହୁଅନ୍ତି ପର ॥
ପ୍ରଥମେ ଏମାନେ ଗୃହସ୍ଥ ହୁଅନ୍ତି
ପରେ ଉଦାସୀନ ହୋଇ
ଅନ୍ତ କାଳେ ପୁଣି ପ୍ରାଣ ସଙ୍କଟରେ
ତୁମକୁ ପକାନ୍ତି ନେଇ ॥
ସେ ଜନ ସସ୍ନେହେ, ଏକନିଷ୍ଠ ହୁଏ
ସେ ସିନା ବିଶ୍ୱାସଯୋଗ୍ୟ
ନିଷ୍ଠିତ ଭାବେ ସେ ହୋଇବ ତୁମର

ସହଦେଶୀ ହୋଇଥିବ ॥
ଯୋଗୀ, ଭିକାରି ଓ ଭ୍ରମର ତିନିଙ୍କୁ
ଦୂରୁ କରିବ ଜୁହାର
ନ ହେଲେ ନିଶ୍ଚିତ ବିପଦ ତୁମର
ଚିତ୍ତ କରିବ ଅସ୍ଥିର ॥"

॥ ୩୧୧ ॥

କହିଲେ ନରେଶ "ରତନ ଶିଳାରେ
ସର୍ବତ୍ର ନଥାଏ ଜ୍ୟୋତି
ସର୍ବତ୍ର ଜଳରେ, ଶାମୁକା ମଧ୍ୟରେ
ନ ଥାଏ ଦୁର୍ଲ୍ଲଭ ମୋତି ॥
ସମସ୍ତ ପାଦପେ ଚନ୍ଦନ ବୃକ୍ଷର
ନ ମିଳେ କାହିଁ ସନ୍ଧାନ,
ସମସ୍ତ ଶରୀରେ ବିରହର ଜ୍ୱାଳା
ନ ଦିଏ ମୀନକେତନ ॥
ଯାହାର ଶରୀରେ ବିରହ ଅନଳ
ଜଳିଛି, ସେ ତହିଁ ଜଳି
ସର୍ବଦା ତହିଁରେ ହୋଇଛି ଦହନ
ତଥାପି ଯାଇନି ଭୁଲି ॥
ଆକାଶେ ଭାସ୍କର ଜଳରେ କମଳ
ଦୁହିଁଙ୍କ ପ୍ରୀତି ଅଭେଦ
ସତେକି ସେମାନେ ରହିଛନ୍ତି ଜଡ଼ି
ପ୍ରୀତିରେ ନ ଆଣି ଖେଦ ॥
ଯୋଗୀ ଓ ଭ୍ରମର ହେଲେ ହେଁ ଅସ୍ଥିର
ପ୍ରୀତିର ପରଶ ପାଇଁ
ଏକାନ୍ତେ ନ ରହି ବୁଲନ୍ତି ସର୍ବଦା
ପ୍ରୀତିର ପାଗଳ ହୋଇ ॥

ସ୍ୱାତୀର ବିନ୍ଦୁକୁ ଚାତକ ଯେପରି
ପାରେନା କଦାପି ତେଜି
ଜୀବନେ ତୁମକୁ ପାଇଛି କେବଳ
ନ ଯିବି କାହିଁ ବରଜି ॥
ଚମ୍ପାରେ ପ୍ରୀତି ହିଁ ଥିଲେ ବି ଅଧିକ
ମାଳତୀ ଫୁଲକୁ ପାଇ
କଦାପି ମଧୁପ ଯାଏ ନାହିଁ ତେଜି
ଅନ୍ୟ ପୁଷ୍ପ ପ୍ରୀତି ପାଇଁ ॥"

ତିଳ ତିଳ କରି ଜୀବନ ନିଗାଡ଼ି ମାଳତୀ ପାଇଁ।
କଦାପି ଅଳିଟି ଯାଏ ନାହିଁ ଫେରି ଜୀବନ ନେଇ ॥

॥ ୩୧୨ ॥

ପ୍ରଣୟେ ଚତୁରୀ କହେ ସେ ଆତୁରୀ
ପ୍ରଣୟିନୀ ପଦ୍ମାବତୀ
"ରାଜପୁତ୍ର ବୋଲି କରିବି ସ୍ୱୀକାର
(ଯଦି) ପଶାଖେଳି ଯିବୁ ଜିତି ॥
ଯେତେ ଯାକେ ଅସଫଳ ରହିଥିବୁ
ମୋର ଚତୁର୍ଦ୍ଦିଗେ ଘୂରି ॥
କଚେ ପୁଅ ବାର ଦାଉଁରେ କ୍ରୀଡ଼ାର
ଏଇ ଅଭିନୟକରି
ଦ୍ୟୂତ କ୍ରୀଡ଼ା ପକ୍କା ପୁଅ ବାର ଦାନେ
ଦୂରେ ଯିବୁ ଅପସରି ॥
ନିବର୍ତ୍ତି କ୍ରୀଡ଼ାରୁ ଚାଲି ଯିବୁ ତୁହି
ହେ ବିଦେଶୀ! ତୋ ଦେଶରେ।"
ଇଙ୍ଗିତରେ ପୁଣି କୁହନ୍ତି କୁମାରୀ
"ଶୁଣ ତୁ ତାପସ ବାରେ-
ଆଠ ନ ପକାଇ ଅଷ୍ଟାଦଶ କଥା

କହୁଛ କିମ୍ପାଇ ତପୀ
ଅକାରଣେ ତୁମେ ଦକ୍ଷତା ପ୍ରମାଣ
କରୁଅଛ ପୁନରପି ॥
ସପ୍ତଦଶ ଆଉ ଷୋଡ଼ଶ ଦାନକୁ
ଖେଳଇ ଦକ୍ଷ ଖେଳାଳି
ମୋ ସାଥେ ରହିବ ପ୍ରୀତି ସଦା ସତ୍ୟ
ସତ୍ୟ ପଣ ରକ୍ଷାକରି ॥
ଏକାଦଶ ଦାଉଁ ପାରିଲେ ପକାଅ
ଗୋଟିତ ମରିବ ନାହିଁ
ଦୁଇ ଦାନ ତମ ମନରେ ରହିଛି
ଦୁହିଁଙ୍କି ପାଇବା ପାଇଁ ॥
ନବରସେ ମୋର ମନେ ଅଛି ପୂରି
ତୁମ ପ୍ରୀତିରେ ଖେଳୁଛି ।
ତୁମ ହୃଦେ କିନ୍ତୁ ଦଶର ଭାବନା
ବାସନାରେ ପୂରି ଅଛି ॥"
ପରୋକ୍ଷରେ ଏଥି କହେ ରାଜକନ୍ୟା
ପାଞ୍ଚ ଜ୍ଞାନେନ୍ଦ୍ରିୟ ସାଥେ
ପଞ୍ଚ କର୍ମେନ୍ଦ୍ରିୟ ବାସନା ସଞ୍ଚରେ
ଉପଭୋଗ ପାଇଁ ମୋତେ ॥
କୁଟିଳତା ଯାର ମାନସେ ରହିଛି
ଦାଉଁରେ ତିର୍ଯକ୍ ଖେଳି
ଦାଉଁରେ ପକାଇ ତିନି ସଂଖ୍ୟା ଗୋଟି
ତୃତୀୟ ବ୍ୟକ୍ତିର ପାଳି ॥
ସେ ଲାଗି ବିଚ୍ଛେଦ ଘଟିବ ନିଶ୍ଚିତ
ଯୁଗ୍ମ ଗୋଟି ହେବ ଭିନ୍ନ
ସେଇ ବିରହକୁ କିଏ ବା ସହିବ
ଉଜାଡ଼ି ସାରା ଜୀବନ ?"

॥ ୩୧୩ ॥

କହୁଛନ୍ତି ରତ୍ନସେନ, "ହେ ରମଣୀ! ଶୁଣ ମୋ ବଚନ
ଅତୀବ ସତ୍ୟ ନିଶ୍ଚିତ, ଯାହା ମୁହିଁ କରୁଛି ବୟାନ ॥
ପୁରୁଷ ଶପଥ ବାକ୍ୟ କଦାଚନ ନ ହୁଅଇ ଆନ
ତନୁ, ମନ, ଚିତ୍ତ ସାଥେ, ଯେହ୍ନେ ମୁହିଁ ତୁମଠୁ ଅଭିନ୍ନ ॥
ପଶା ଗୋଟିପରି, ମୁହିଁ ମରିଲେ ବି, ତୁମ ପାଶେ ରହି
ଏ କ୍ରୀଡ଼ା କୌତୁକ ପାଇଁ ଶିର ବାଜି ରଖିଥିଲି ମୁହିଁ ॥
ଜିତିଲୁ ତୁ, ହାରିଛି ମୁଁ, ତଥାପି ମୁଁ ଯିବି ନାହିଁ ଫେରି
ତୋ ପାଶରୁ ପରାଜୟ, ମଣିବି ମୁଁ ଗୌରବ ମୋହରି ॥
ସମର୍ପି ତୋ ପାଦେ ମୋର, ଆରମ୍ଭରୁ ଖେଳିଛି ଏ ଖେଳ
ତୋ ପ୍ରେମେ ମୁଁ ଅନୁରକ୍ତ, ତୁ ଜିତିଲୁ, ବିଜେତା ମୁଁ ତୋର ॥
ତୋର ମୋର ଏ ଯୁଗଳ ମଧ୍ୟରେ ବା କିଏ ଆଉ ଅଛି
ସହଜେ କେ ଭାଙ୍ଗି ଦେବ, ଆମର ଏ ବିଦେହ ଗଣ୍ଠିକି ?
ଯୋଗବଳେ ଯେ ଉପାୟେ ଆସିଛି ମୁଁ ଏହି ଶିବଲୋକ
ଗୋଟି ପରି ମରିଲେବି, ପାରି ହେବି ସମସ୍ତ ସଙ୍କଟ ॥"

"ଏବେ ଆମେ ଦୁହେଁ ସିନା ସୁବର୍ଣ୍ଣ ସଙ୍ଗେ ସୋହାଗା ଯେପରି ।
ଏକ ଆଞ୍ଚେ ଦହି ହୋଇ ଅଛୁ ଶୁଦ୍ଧ ସୁବର୍ଣ୍ଣର ରଙ୍ଗ ଧରି ॥"

॥ ୩୧୪ ॥

ସତ୍ୟନିଷ୍ଠ ବାକ୍ୟ ଶୁଣି ବିଦେଶୀର
ହସି ଲୋଟିଯାଏ ରାଜ ଦୁହିତା
"ଆହେ ପରଦେଶୀ! ନିଶ୍ଚୟ ମୋ ପ୍ରୀତି
ଅନୁରକ୍ତ ହେଲୁ, ତୋ ସତ୍ୟ ନିଷ୍ଠା ।
କମଳିନୀ ରୂପେ, ଗନ୍ଧ ଲୋଭେ ଜଡ଼ି
ମର୍ମଦାହ ସହେ ଯେ ଷଟ୍‌ପଦ
କାଳେ ତା' ଅବଶ୍ୟ ରସଭୋଗୀ ହୁଏ
ଅଭିନ୍ନ ନ ହୋଇ, ଯେ ଅନୁରକ୍ତ ॥

ହୀରାମଣି ଶୁକ, ତୋର ସଂଯୋଜକ
ଏ ଦେଶେ ଆଣିଲି, ବିଶ୍ୱାସ କରି
ଶ୍ରୀ ଶିବ ମଣ୍ଡପେ, ତୋ ରୂପ ମାଧୁରୀ
ପ୍ରଥମ ଦେଖାରେ ହେଲି ମୁଁ ଘାରି ॥
ଯୋଗବଳେ ଜିତି ସିଦ୍ଧ ଗୋଟିକାକୁ
ରଖିଥିଲୁ ପାଶେ ଅତି ଗୋପନେ
ଭୁକ୍ତି ଦେବି ବୋଲି, ନିରେଖିଲି ତୋତେ
ଚାରି ଚକ୍ଷୁ ଯେବେ ହେଲା ମିଳନେ ॥
ମୋ ନେତ୍ର କମଳେ ମଧୁବ୍ରତ ହୋଇ
ସିଦ୍ଧ ଗୋଟି ଲାଗି ଗୋପନେ ରହି
ଅତି ଶୋଭାବନ ତୋ ରୂପ ମଧୁପ
ମୋ ନୟନ ମୋହି, ନ ଯାଏ କାହିଁ ॥
ଶେଷେ ଶିବ କୃପାବରେ ତୁ ପାଇଲୁ
ଯେଉଁ ଶତଦଳ-ଦଳ ନିବାସ
ନିଶ୍ଚିତ ତା'ରସ ଭୋଗିବ ସେ ଅଳି
ପ୍ରୀତି ଭରା ଅଙ୍ଗେ ଭରି ଉଚ୍ଛ୍ୱାସ ॥"

॥ ୩୧୫ ॥

(ପୁଣି) କହିଲା ସେ ରାଜକୁମାରୀ, "ଥିଲା କି
ମୋହିନୀ ତୋର ତନୁରେ।
ଦେଖିଲି ଯେବେଠୁ ବିରହ ବେଦନା
ଘାରିଲା ମୋର ଅନ୍ତରେ।
ସଲିଳ ବିନାରେ ସଫରି ବିକଳେ
ହେଲା ପରି ମୁହିଁ ହେଲି
ପ୍ରଦୀପର ବତୀ ସେମାନେ ଜଳି ମୁଁ
ବିରହରେ ଦଗ୍ଧ ହେଲି ॥
ତୋ ମୁଖ ଚନ୍ଦ୍ରକୁ ଚାତକିନୀ ପରି
ଦେଖୁଥିଲି ମୁଁ ଗଗନେ

ସ୍ୱାତୀ ବିନ୍ଦୁ ପାଇଁ ଶାମୁକା ସମାନ
ରହିଥିଲି ତୋର ଧ୍ୟାନେ ॥
ପିକ ବଧୂ ସମ ଶାଖେ ଶାଖେ ବୁଲି
ଅନୁସରି ଥିଲି ତୋତେ
ସକଳ ସନ୍ତାପ ବିରହ ଜ୍ୱଳନ
ଘାରି ରହିଥିଲା ମୋତେ ॥
ହୃଦୟେ ମୋ ପ୍ରୀତି ଉଭାସିତ ହେତୁ
ତୋ ଚିତ୍ତ ପାବକ ଜଳି
ପ୍ରଜ୍ୱଳିତ ହୋଇ ଦଗ୍ଧୀଭୂତ କଲା
ସୁବର୍ଣ୍ଣ ବିଗ୍ରହ ଭଳି ॥
ହୀରା ସିନା ତେଜେ ଚମତ୍କୃତ କରେ
ପ୍ରଖର ସୂର୍ଯ୍ୟ କିରଣେ
ନ ହେଲେ ତ ତାହା ପଥର ଖଣ୍ଡିଏ
(ରହିଛି) ଧରିତ୍ରୀ ତଳେ ଗୋପନେ ॥
ଉଦୟେ ଆଦିତ୍ୟ, ପ୍ରଫୁଲ୍ଲିତ ପଦ୍ମ
ଷଟ୍‌ପଦ ଆସେ ପାଶେ
ତେବେ ସେ ସୁବାସେ ଭରି ଯାଏ ସିନା
ଅଳି ବିନା ନାହିଁ ବାସେ ॥"
ମୋର ତନୁ ମନ ଧ୍ୟାନ ଯଉବନ
ସମର୍ପି ମୁଁ ଦେବି ତୋର ପାଦେ
ମୋ ଅନ୍ତରେ ତୋ ଅନ୍ତର ହେଉ ସମାହିତ
ତୃପ୍ତିଦାନେ ସକଳ ବିଷାଦେ ॥

"ମୋର ତନୁ, ମନ, ଧ୍ୟାନ, ଯଉବନ, ଦେବି ମୁଁ ସମର୍ପି ତୋର ପାଦେ।
ମୋ ଅନ୍ତରେ ହେଉ ତୋ ଅନ୍ତର ସମାହିତ, ତୃପ୍ତିଦାନେ ସକଳ ବିଷାଦେ ॥"

■

॥ ୩୧୬ ॥

ଏ ସତ୍ୟ କଥନେ ଦୁହେଁ ପରିଣାମେ ହୋଇଲେ ମିଥୁନ

ଗଲେ ଗଳା ହୃଦେ ବାନ୍ଧି ସୋହାଗରେ ମିଳିଛି ସୁବର୍ଣ୍ଣ ॥
ବୈରାଗୀରୁ ଭୋଗୀ ହେଲା ଷଡ଼ରସ ଜାଣିଥିବା ଚତୁର ବିନୋଦ
ମାଳତୀ ଫୁଲରେ ଅଳି ଗନ୍ଧ ମୋଦେ ତହୁଁ ହେଲା ଅବରୁଦ୍ଧ ॥
ଅବା ଚମ୍ପା ପାଦପେ ଅବନତ କରି ଅବହେଳେ
କଲେ ସେ ସୁରତି କ୍ରୀଡ଼ା ଆଲିଙ୍ଗନ ମିଥୁନ ପ୍ରୀତିରେ ॥
କି ଅବା ଭ୍ରମର ଭେଦି କଳିକାକୁ କଲା ପ୍ରଫୁଲ୍ଲିତ
ଅର୍ଜୁନ ବା ଲକ୍ଷ୍ୟ ଭେଦ କରିଥିଲା ମତ୍ସ୍ୟ ବୃକ୍ଷୁ ମଧ୍ୟସ୍ଥିତ ।
ଜଡ଼ଉତ ପଦକ କି ଖଞ୍ଜିଛି ବିନ୍ଧାଣୀ ସୁବର୍ଣ୍ଣର କଢ଼ି ମଳା ମଧ୍ୟେ
ସ୍ଥିତ ।
ଜ୍ୟୋତି ଉଜ୍ଜ୍ୱଳି ଦିଶେ ଚମକିତେ ଜାନୁ ତଳେ ଅଙ୍ଗ ଅବୟବେ
କି ଅବା ଅଦୃଶ୍ୟ ସୂତ୍ରେ ମୋତି ମାଳ ଅଛି ଗୁନ୍ଥା ହୋଇ,
ତା ଉରଜ ପରେ ପତି ନଖକ୍ଷତ ନାରଙ୍ଗ ଫଳେ
ଶୁକ ଚଞ୍ଚୁମୂଳେ ଯେମନ୍ତ ମାରଇ ॥
ଅଧରୁ ଶୋଷିଲା ପୁଣି ସେ ନାୟକ ରସାଳ ରସ ଅମୃତକୁ
ତୃପ୍ତିକରି ସର୍ବତନୁ ବିରହର ଅଗ୍ନି ନିର୍ବାପିତ
ଆପଣାକୁ ବେପଥୁ କମ୍ପନ ଅଟେ ଅତନୁର ଉଲ୍ଲାସେ ଜଡ଼ିତ ॥
ସରସୀ ଜଳେ କ୍ରୀଡ଼ାରତ ହଂସ ସମ କରନ୍ତି କୂଜନ
ବାରମ୍ବାର ଅବଗାହୀ ରସ ତତ୍ତ୍ୱେ ସେ ପ୍ରେମୀ ଯୁଗଳ
ଦୃଢ଼ତମ ବାହୁବନ୍ଧେ ପରସ୍ପରେ କରି ଆଲିଙ୍ଗନ
ମେଦ ଚୂଆ ବାସେ ବାୟୁ ସୁଗନ୍ଧିତ
ଖେଳି ବୁଲେ ସେ ବାସଇ ମନ୍ଦିରେ
ଏ ସୁଖର ଅନୁଭବ ସେ ଜାଣେ ଯେ ରମଣ କରି
ଏ ସମ ପଦ୍ମିନୀ ନାରୀ ଆପଣାର ରମଣ ସୁଖରେ ॥

॥ ୩୧୭ ॥

ଚତୁର ରମଣୀ ସେତ, ବୁଝିଗଲା, ପତି ସୁଖ ଦୃଢ଼ ଆଲିଙ୍ଗନ
ପ୍ରଥମ ସଂଯାତ ଲଜ୍ଜା ଅପହରି ସେ ରଚିଲା ନିଧୁବନ କ୍ରୀଡ଼ା
ଦୃଢ଼ କରି ସୁକୋମଳ ତା ବାହୁ ବନ୍ଧନ ॥

ମଦନ କ୍ରୀଡ଼ାରେ ମାତି, ରମଣୀର ମୋକ୍ଷ ସିନା ତହିଁରେ ପ୍ରତ୍ୟକ୍ଷ
ସ୍ୱାମୀର ଗଳେ ଚନ୍ଦନ ସମ ଲେପି ହେଲା ତହିଁ ଭୁଲାଇ ସନ୍ତାପ ॥
ବକ୍ଷୋଜ ଦନ୍ତାଘାତେ ରନ୍‌ସେନେ ପାଏ ଆତ୍ମ ତୃପ୍ତି ।
ଦ୍ରାକ୍ଷା ସମ ତା ଅଧରୁ ପାନ କରେ, ମଦିରାରେ ଆପେ ଯାଏ ଲୋଟି ॥
ସେ ନାରୀ କୋମଳ ଅଙ୍ଗ ସୁଶୋଭନ ବସନ୍ତ କି ମଦମତ୍ତ ହୁଅଇ ମାନସେ
ରସନା କୁହଇ ତାର ପ୍ରିୟ ! ପ୍ରିୟ ! ଅତନୁର ଉଚ୍ଛ୍ୱସିତ ଆବେଗ ପ୍ରକାଶେ ।
ଧୀରେ ଧୀରେ ତୁଟିଯାଏ କଟୀ ବାସ,
କଳିକା ପାଖୁଡ଼ା ଖୋଲିଯାଏ ବସନ୍ତର ଆଗମନେ
ତେଜ ପୁଞ୍ଜ ଅବରୋଧି ମୁକ୍ତା ସମ ରହେ ଅତି ରଙ୍ଗ ॥
ସନ୍ତାପିତ ବିରହର ସର୍ବଜ୍ୱାଳା କରି ନିର୍ବାପିତ
ସେ ନାରୀ ତନୁରେ ଭରିଦିଏ ତୃପ୍ତି
ଉନ୍ମାଦିତ ଯୌବନର ଦର୍ପ କ୍ଷଣେ କରି ପରାହତ ॥

॥ ୩୧୮ ॥

ମଧୁ ଶଯ୍ୟା କାମ ଯୁଦ୍ଧ କ୍ଷେତ୍ରେ ଯୁଦ୍ଧ ରତ ରାମ ଓ ରାବଣ
ସେ ରାମା ରମଣ, ରତି କ୍ରୀଡ଼ା କଉତୁକ ଗାଥାର ବର୍ଣ୍ଣନ ॥
ମଦନର ପଞ୍ଚବାଣେ, ତନୁ ଭେଦି ବିରହ ବ୍ୟାକୁଳ ରଣେ
କାନ୍ତ କାମିନୀର କଉତୁକ ଉଚ୍ଛ୍ୱାସେ, ସୁପାତି ଧ୍ୱଂସିଲା କ୍ଷଣେ ॥
ଲଙ୍କା-କଟୀପରେ ବିଜୟୀ ପତିର ସ୍ୱର୍ଣ୍ଣ ଲଙ୍କାର ଉପମା
ନାରୀ ଅଙ୍ଗଛିନ୍ନ କରେ ସଙ୍ଗ ସ୍ୱପତି ରତି ଯାଚନା ॥
ନାସିକା ବସଣି, ତଳେ ପଡ଼େ ପୁଣି ପାଦ କଟୀ ଅଳଙ୍କାର
ବକ୍ଷୋଜ କାଞ୍ଚୁଲି ତଳେ ଗଲାଛିଡ଼ି, ଯେତେ ଷୋଡ଼ଶ ଶୃଙ୍ଗାର ॥
ପାଦର ପାହୁଡ଼, କଟୀ ଚନ୍ଦ୍ରହାର ରନ୍‌ସେନ ଅଙ୍ଗେଲାଗି
ଗାଢ଼ ଆଲିଙ୍ଗନ ବେଳେ ପୋଛି ଦେଲେ ଅଙ୍ଗୁ ତିଳକ ଚନ୍ଦନ ଛବି ॥
କାନ୍ତ ରତି ରସେ ବିରହ ବିରସେ ଭୟଗଲା ଅପସରି
ମତ୍ତ ବସନ୍ତର, ପୁଷ୍ପ ବିଭୂଷିତ ତନୁଶ୍ରୀ ହରଣ କରି ॥
ବହୁ ସୁଗନ୍ଧିତ ବିଭୂଷଣ ପୁଷ୍ପ ବିଭୂଷିତା ରମଣୀର
କନ୍ଦର୍ପ ବିଳାସେ, ବିଳାସି ରମଣ କ୍ଷଣକେ କଲା ଅସାର ॥

ଚନ୍ଦନ, କର୍ପୁର, କୁଙ୍କୁମ, କେଶର, ଅରଗଜା, ମେଧାବାସ
ଚତୁର ବିନୋଦ ହୋଇ ମତ୍ତଗଜ ପରି ଅଙ୍ଗେ ବୋଳି ସେ ସୁବାସ ॥
ରମଣୀୟ ଯେତେ ରମଣୀର ଶିରୀ ଲାବଣ୍ୟ ଶୃଙ୍ଗାର
ସୁକୋମଳ ଶୋଭା ରୂପବତୀ ଅଙ୍ଗ
ସକଳ ବିନାଶ କରି କନ୍ଦର୍ପ ବିଳାସେ
ଦୃଢ଼ ବାହୁବନ୍ଧେ ପ୍ରମତ୍ତ ମତ୍ତ ମାତଙ୍ଗ ॥

॥ ୩୧୯ ॥

ବିନୟେ କୁହଇ ପଦ୍ମା, "ପ୍ରିୟତମ ଶୁଣ ମୋ ବଚନ
କାମିନୀ ସୁରା ସୁରେଇ, କାନ୍ତ ସିନା ସାର ପାତ୍ର ସମ।
ପ୍ରିୟର ଆଦେଶ ମୋର ଶିରୋଧାର୍ଯ୍ୟ
କଦାଚ ମୁଁ ନକରି ବିରୋଧ
ପ୍ରୀତିର ମଦିରା ପିଅ ଅଳ୍ପ ଅଳ୍ପ
ଆପଣାର ହରି ଅବସାଦ।
ଦ୍ରାକ୍ଷା ଫଳ ଥରେ ମାତ୍ର ଚର୍ବଣରେ
ସେ ମଦିରା ପାନେ ହୁଅ ପ୍ରୀତ।
ସଚେତନେ ପାନ କଲେ
ଲୋକରେ ସେ ନହୁଏ ନିନ୍ଦିତ।
ବାରମ୍ବାର ପାନ କଲେ
ଅସମ୍ଭାଳ ହୁଏ ସେହି ଜନ
ଥରେ ମାତ୍ର ପାନ କରି, ଜ୍ୟୋସ୍ନା ସ୍ନାତ
ପୁଲକିତ କର ତୋ ବଦନ।
ପୁଷ୍ପସମ କୋମଳ ମୋ ଅଙ୍ଗ
ସମ୍ଭୋଗ କରି ଅଧରୁ ଅଧରେ ନିଅସ୍ୱାଦ।
ମୋ ଜୀବନ ଯୌବନ ସଙ୍ଗକରି
ତୁମ ଇଚ୍ଛା କର ଉପଭୋଗ।
ଅସ୍ୱୀକାର ନ କରିବି ତବଇଚ୍ଛା
ଭଲ-ମନ୍ଦ ହେଉ ବା ମୋହର"

ତୁମର ଏ ଅଭିନବ ଅନୁଭବ ହେଉ ବା ନହେଉ
ତୁମେ ହିଁ ଆନନ୍ଦ ପାଅ-ଏକ ମାତ୍ର ଇଚ୍ଛା ମୋ ମନର।"

॥ ୩୨୦ ॥

ଉତ୍ତରେ କୁହଇ ପ୍ରେମୀ- "ଶୁଣ ! ଶୁଣ ମୋର ପ୍ରିୟବତୀ !
ପ୍ରେମର ମଦିରା ପାନେ, ହୃଦୟରୁ ହରି ନିଏ
ମହାଭୟ ଜୀବନର ଭୀତି ॥
ପ୍ରେମରେ ଉନ୍ମତ୍ତ ପ୍ରେମୀ, ଏ ଆନନ୍ଦେ ଅସଂଯତା କାହିଁ ?
ଥକି ଗଲେ ଭୂମି ଛୁଏଁ, ମଦ ମତ୍ତେ ଜ୍ଞାନ ବୁଝେ ନାହିଁ ॥
ଅର୍ଥ ହେଉ ବିନିମୟ, ହେଉ ପଛେ ଧନ କ୍ଷୟ
ନାଶ ହେଉ ସକଳ ସମ୍ପତ୍ତି, ନିଶ୍ଚେ ନିସ୍ତରିବି ॥
ପାନୀୟ ମୋ ନ ତେଜିବି, ଏ ଆନନ୍ଦେ
ମଜ୍ଜି ରହି ପ୍ରାଣ ତେଜିଲେବି ॥
ପ୍ରେମିକର ଅବଶ ଦେହ, ଅବୟବ
ରସ ସିକ୍ତ ପୁନର୍ବାର ଉଠଇ ପଲ୍ଲବି ॥
ନିଶୀଥ ହୁଅନ୍ତେ ଶେଷ, ପ୍ରଭାତର
ଶୀତଳ ବାୟୁ-ସଲିଳେ ସଂଯୋଗୀ
ନିସଂଶୟେ ଦିଅ ତେଣୁ, ପାନ ପାତ୍ର ଭରି ଗୋ ପ୍ରେୟସୀ।
ବାରମ୍ବାର ମାଗିବବା କିଏ, ଏ ଅମୃତ ତତ୍ତ୍ୱେ ଗଲେ ମିଶି ॥"
ପ୍ରେମିକ ଜାୟସୀ କହେ ଏ ପ୍ରୀତି ମଧୁଧାରା
ଏ ଅପୂର୍ବେ ସ୍ୱାଦ ଯାହା ଅନ୍ୟ କେହି ନ ପାଇଛି ପୂର୍ବେ
ପୁନର୍ବାର ସେହି ଜନ ଏ ଆନନ୍ଦ କରିବ ଯାଚନା
ଏ ଅମୃତ ସ୍ୱାଦରସ ଚାଖିବାକୁ ଚରକ ସୌଭାଗ୍ୟେ ॥

॥ ୩୨୧ ॥

ବିଭାବରୀ ଶେଷେ, ପ୍ରଭାତ ଆବେଶେ
ଉଷାରୁଣ ରବି କିରଣ ଜାଳେ
ପଲଙ୍କ ସୁପାତି, ତେଜି ଗଲେ ସୂର୍ଯ୍ୟ

ତାରାଗଣ ତୁଲ୍ୟ ସଜନୀ କୁଳେ ॥
ସେ କେଳି ମନ୍ଦିରେ, କୌତୁକେ ଦେଖନ୍ତି
ଅଚେତେ ଶୋଇଛି ରାଜ ଦୁଲାଳୀ
ଗୁଣ୍ଡୁଚି ସମାନ ଦିଶଇ ବଦନ
ଚଳହୀନ ହସ୍ତ ପଦ ଆବୋରି ॥
ବଳୟ କଙ୍କଣ, ଅଙ୍ଗ ଆଭୂଷଣ
ଭାଙ୍ଗିରୁଜି ତୁଟି ପଡ଼ିଛି ତଳେ
ଅଳକ ଲୋଟିଛି, ବକ୍ଷୋଜ ନିକଟେ
ନାଗକି ଚାହିଁଛି ନାରଙ୍ଗ ଫଳେ ॥
ହାର କି ଲହରେ, ହୃଦ ପରିସରେ
ଛନ୍ଦି ହୋଇ ମିଳି ଯାଉଛି ଆସି
ଯମୁନା ସଙ୍ଗମେ ସୁରତରଙ୍ଗିଣୀ
ଏକତ୍ର ହୁଏ ବା ମନେହେଉଛି ॥
ନାଭି ରୋମାବଳୀ, ଦିଶଇ ତ୍ରିବଳୀ
ପ୍ରୟାଗେ ମିଳିତ ଗଙ୍ଗା ଯମୁନା
କୃଷ୍ଣ ବେଣୀ ତହିଁ ମିଶି ବହି ଯାଏ
ତ୍ରିବେଣୀ ସଙ୍ଗମେ ତା ଜଳ କଣା ॥
ସୁଗଭୀର ନାଭି 'କାଶୀ କୁଣ୍ଡ' ନାମେ
ଲୋକେ ସୁବିଦିତ ଏ ନାମ ତୀର୍ଥ
ସେ ଲାଗି ଦେବତା ଶିର ତହିଁ କାଟି
ମୃତ୍ୟୁ କାମନାରେ ହୁଏ ପ୍ରସ୍ତୁତ ॥

ସେ ଲାଗି ଦୋଷ ତହିଁ ନ ନିଅନ୍ତି ଅନ୍ୟେ।
କୌତୁକେ ଦେଖନ୍ତି ତହିଁ ସଖୀଗଣେ ॥

॥ ୩୨୨ ॥

ହସି ସଜନୀଏ ଜଗାନ୍ତି କୁମାରୀ
"ପଦ୍ମିନୀ ରାଣୀ ଉଠ ଶଯ୍ୟାତେଜି"
ସୂର୍ଯ୍ୟ ଉଠିଲେଣି ଶୁଣି କମଳିନୀ
ମଧୁପ କିମ୍ପାଇଁ ନ ଆସେ ଆଜି ॥
ବାସି ହୋଇ ଦିଶେ, ମଳିନ ବଦନ
ନିଶି ଅନିଦ୍ରାରେ ନେତ୍ର ମଳିନ
ପ୍ରଫୁଲ୍ଲ କମଳ, ନୁହେଁ ପରିମଳ
ଘନ ଶ୍ୟାମଳ କି ଅଙ୍ଗ ବରନ ॥
ତାର ଚିତ୍ତ ମନ ହେଉଛି ଏସନ
ହରିଣୀ ଭୁଲିକି ବନେ ବୁଲୁଛି
ଚେତି ଚାହିଁଲେ ବି, ବୁଝି ନାହିଁ କିଛି
ଆନ ମନା ହୋଇ ଶେଯେ ପଡ଼ିଛି ॥
ଉଦିତ ଶରିରେ, ରାହୁ ଗ୍ରାସିଲାକି
ତାରା ତୁଲ୍ୟ ହାର ବଳୟ ତୁଟି
ବାସି ଶଯ୍ୟାପରେ ବିଛାଡ଼ି ପଡ଼ିଛି
ଅସଜଡ଼ା କେଶ ପଡ଼ିଛି ଲୋଟି ॥
ମନେ ଆସେ ଅବା କମଳ ଓଲଟି
ଫୁଲର କେଶର ଦିଶୁଛି ରହି
ଯଉବନ ତେଜ, ହରାଇ ନିରସ
ଝରି ପଡ଼ିଛି କି ଭୂତଳେ ତହିଁ ॥
ମନେ ହୁଏ ଭାବି, ଇନ୍ଦ୍ର ପୂଜା ଲାଗି
ଲତିକା ଆପଣା ଫୁଲ ଉଜାଡ଼ି
ମୃଦୁଳ ବାସନା ରଖିଲା ଗୋପନେ
ପବନେ ବି ବାସ ନ ଥିଲା ହରି ॥
ଅବା ଷଟ୍‌ପଦ ସ୍ନେହ ବଶେ ଅନ୍ଧ ହୋଇ ଶତଦଳ ଯାଇଛି ମିଳି।
ଅମୃତ ଆସିବ ପିଇ ସେ ଆକଣ୍ଠ ଗୋପନ କଳିକା ଯାଇଛି ମଉଳି ॥

॥ ୩୨୩ ॥

ଅନୁଭବି ନାରୀ ଥିଲା ପରିବାରି
ସଜନୀ ମେଳରୁ ପୁଛିଲା ଜାଣି
କୁମୁଦିନୀ ଗଣ ଚନ୍ଦ୍ରମାକୁ ଚାହିଁ
ଚତୁରୀ କୁହନ୍ତି ଚତୁର ବାଣୀ ॥
"କହ ଲୋ ପଦ୍ମିନୀ ଫୁଲ ସମ ପୁଣି
ଥିଲା ତୋ ଜୀବନ କୋମଳ ଅଙ୍ଗ
ଗଳା ହୃଦ ହାର ହେଉଥିଲା ଗରୁ
କିପରି ସହିଲୁ ପ୍ରିୟ ଆସଙ୍ଗ ॥
ତୋର ମୁଖଶିରୀ ଦିବସ ଶର୍ବରୀ
ଶୋଭନୀୟ ଅତି ହେ ରୂପବତୀ
କହ କି କାରଣ ଦିଶଇ ମଳିନ
ସତ କହ ଶୁଣି ଆମ ଭାରତୀ ॥
ତାମ୍ବୂଳ ରସରେ, ତୋ ଅଧର ଥରେ
ଅଧରେ ତାମ୍ବୂଳ ନ ପାରୁ ସହି
ପ୍ରିୟର ଅଧର-ଅମୃତ ରସକି
ତୋ ଅଧରୁ ରସ ଦେଲା ଶୁଖାଇ ॥
ତୋର କ୍ଷୀଣ କଟୀ ପାଦ ଛୁଇଁଲେଟି
ହେବ ଅବନତ ତୁ ଭାବୁ ମନେ
ସ୍ୱାମୀ ଅଙ୍ଗଭାର, ରମଣ କାଳର
କିପରି ନ ତୁଟି, ଅଛି ତେସନେ ॥
ତୁ ଥିଲୁ ଚନ୍ଦନ, ତୋ ପତି ପବନ
ସମ, କରିଥିଲେ ତୋର ସଙ୍ଗତି
ଚତୁଃସମ ଲେପ ହେଲା ହତବାସ
ସବୁ ଅଙ୍ଗବାସ ଦେଲାକି ପୋଛି ॥
ସର୍ବ ଅରଗଜା-ମରଗଜା ହେଲା
ତନୁ ଶ୍ରୀ ଏ ତୋର କି ନାରଖାର

ଲଳିତ କୋମଳ, ତୋ ନେତ୍ର ଯୁଗଳ
ବିବର୍ଣ୍ଣ ଦିଶେ କି ପୀତ କମଳ ॥"

କରନ୍ତି ସଙ୍ଗିନୀଗଣ ଅନୁଯୋଗ କୌତୁକେ ହରଷେ।
ଆଦ୍ୟ ମିଳନର ସଙ୍ଗ ସ୍ୱାମୀପାଶୁ କଲୁ ଅନୁଭବ-
ଅନୁଭୂତି ନିଶୀଥ ରାହାସେ ॥

॥ ୩୨୪ ॥

ପଦ୍ମାବତୀ ଭାଷେ, "ଶୁଣ ସଜନୀଏ
ସତ୍ୟ ମୁଁ କହୁଛି ମୋ ଅନୁଭୂତି
ସୁକୁମାର ଅଙ୍ଗ, ମୋର ସଙ୍ଗେ ସଙ୍ଗ
ମୋ ପତି କେସନେ କଲେ ସଙ୍ଗତି ॥
ପୁଷ୍ପର ତନୁରେ କ୍ରୀଡ଼ନ୍ତି ମଧୁପ
ଦେଖି ମରମରେ କୁମାରୀ କାଳେ
ଦେଖିଥିଲି, ତେଣୁ ଭୟେ ମୁଁ ଥରିଲି
ସ୍ୱାମୀ ପାଶେ ଦେଖି ମୋ ତନୁଥରେ ॥
ତାର ଆଲିଙ୍ଗନେ, ବୁଝିଲି ମରମେ
ପ୍ରୀତିର ଗହନ ଗୋପନ ଭାବ-
ପ୍ରିୟ ପତି ପାଇ, ସକଳ ଜାଣିଲି
କାମିନୀ ଜନ୍ମର ଏ ଅନୁଭବ ॥
ଏବେ ମୁଁ ଜାଣିଲି, ପତିସମ ପ୍ରିୟ
ଅନ୍ୟଥା ଜଗତେ ନାହାନ୍ତି କେହି
ମୋ ଦେହେ ଜାଗିଲା ଗଭୀର ଆବେଗ
ମୋ ମଙ୍ଗଳ ପାଇଁ ଭାବିଲି ମୁହିଁ ॥
ସୂର୍ଯ୍ୟର ପ୍ରକାଶେ, ଯେପରି ବିକଶେ
ପ୍ରଫୁଲ୍ଲିତ ପଦ୍ମ କୋମଳ କଳି
ମୋ ତନୁରେ ଲାଗି ତା ମଧୁପରଶ
ମୋ ମଙ୍ଗଳେ ସବୁ ସମର୍ପି ଦେଲି ॥

ମନେ ହେତୁ କଲି, ଭଲ ମନ୍ଦ ଭୁଲି
ମୋ ସ୍ୱାମୀର ଭାବ ମୋର ସୌଭାଗ୍ୟ
ଅତନୁର ତନୁ କ୍ରୀଡ଼ାରେ ନାଶିଲେ
ଦୁଃସହ ବିରହ କରି ସମ୍ଭୋଗ ॥
ଅଗସ୍ତି ଯେପରି ସିନ୍ଧୁ ଚଳୁ କଲେ
କ୍ଷଣକେ ମୋ ତନୁ ଶୋଷଣେ ସର୍ବ
ଆଶୁ ଅନୁଭବି ଥିଲି ମୋ ତନୁରେ
ବାରିଧି ତରଙ୍ଗ କରେ ସଂଯୋଗ।"

"ମାତ୍ର ମୋ ପତିର କ୍ରୀଡ଼ା, ଅତି ମୋଦ ଅତି ରସାଣିତ।
ସେ ଲାଗି ମୁଁ କରିନାହିଁ ମୋ ଇଛାର ସଂଯୋଗ କିଞ୍ଚିତ।"

॥ ୩୨୫ ॥

ବାର ବାର ପୁଣି କହଇ ପଦ୍ମିନୀ
ଚାହିଁ ସଖୀଗଣେ ଅତି ଆଦରେ
"ଶୃଙ୍ଗାର ମୋର ଯା, ଦୂର ହୋଇଗଲା
କେବଳ ମୋ ସ୍ୱାମୀ ଦିଶନ୍ତି ମୋରେ ॥
ମୋର ତନୁ ମନ ଅନ୍ତର ଗହନୁ
ନୁହନ୍ତି ସେ ଭିନ୍ନ ଜାଣଇ ମୁହିଁ।
ମୋ ଅଧରେ ଯେଉଁ ରସ ଲାଗିଅଛି
ମୋ ପତି ଅଧର ଅମୃତ ରସ
ମୋ ଅଧରୁ ରସ ହରିଲେ ସେ ପୁଣି
କହି ଚାଟୁ ବାକ୍ୟ ବୋଧି ଅଶେଷ ॥
ମଧୁର ଲଳିତ ତା ବାକ୍ୟେ ମୋହିତ
ମୋ ହୃଦ ପାତ୍ର ଦେଲି ବଢ଼ାଇ
ସୁବର୍ଣ୍ଣ ମୋଦକ ଯୁଗଳ ଉରଜେ
ହରଷେ ଅଧରେ ଚାଖିଲେ ରହି।
ଅତନୁ କ୍ରୀଡ଼ାର ରସ ତତ୍ତ୍ୱ ଜାଣି

ଦୃଢ଼ତମ ବାହୁବନ୍ଧନେ ବାନ୍ଧି
ପାଦେ ଜାନୁ ଛନ୍ଦି, ଜାନୁ ଜାନୁ ସନ୍ଧି
କଟୀ ତଟେ କଟି ହୃଦୟେ ଛନ୍ଦି ॥
ମୋ ହୃଦୟ ପରେ, ମୁଖେ ମୁଖ ଦେଇ
ହୋଇଲା ଏକତ୍ର ଚୁମ୍ବିତ ଅଙ୍ଗ
ଉଚ୍ଛ୍ୱସିତ ରତି ରମଣେ ଯୁଗଳ
ଦେହ ଏକା ହେଲା ନୋହି ବିଭେଦ ॥
ଜୀବନ ଯୌବନ ତନୁ ମନ ପ୍ରାଣ
ଦୁଜା ନୁହେଁ କେବେ କାନ୍ତ କାମିନୀ
ତେଜ ପୁଞ୍ଜଭାରେ, ସମ୍ଭୋଗ ବେଭାରି
ଉଲ୍ଲାସୁ ବିଭେଦ ନୁହନ୍ତି ପୁଣି ॥"

"ସଖିରେ ! ରୂପ ବେଶ ଭାଷା କରିଲି ଦୂର
ଅବଶ ନୋହିଲା ଅବସାଦେ ଅଙ୍ଗ ବଦଳିଲା ତନୁ
ଶୁଷ୍କ କାଷ୍ଠସମ ହୋଇ ନିସ୍ତାର ॥"

॥ ୩୨୬ ॥

ପରିହାସେ ସଖୀ ଗଣ ସମ୍ବୋଧିଣ କୁହନ୍ତି "ପଦ୍ମିନୀ !
ମ୍ଳାନ ଦିଶୁ, କାନ୍ତ ସାଙ୍ଗ ରାତ୍ରି ଜାଗି ପୁଣି-
ଲୋହିତ ଲୋଚନ ମଳିନ ଦିଶେ ନିଦ୍ରାବିହୀନେ
ସୋନଜର୍ଦ୍ଦ ପୀତ ପୁଷ୍ପ ପରି ଦିଶେ ଦେହ,
ତୋ ଦେହ ଉଦ୍ୟାନ ॥
ତୋ ମଧୁପର ନଖ ଯେତେ, ରସ ତାର
ଝରିଛି ନିଗାଡ଼ି, ତୋ ତନୁର କାନ୍ତି ଅପହରି ॥
ତୋ ଅଧରେ ତାମ୍ବୂଳ ରସେ ତୋ ଅଧର
ହୋଇ ରସ ସିକ୍ତ,
ମୋଡ଼ି ହୋଇ ରହିଛି କୁନ୍ତଳ ଫାଶପରି
ହୋଇ ଶଯ୍ୟାଗତ ॥

ରାୟମୁନି, ରକ୍ତମୁଖୀ ଥିଲୁ ସଖୀକୁସୁମ କଳିକା
କାନ୍ତ ସୁଖ ଲାଗି, ଜୁଇ ଫୁଲ ପରି ହେଲୁ ଫିକା ॥
ତୋ ଶୃଙ୍ଗାର ଜୁର କରି ତୁ ଶୃଙ୍ଗାର ହାରଫୁଲ ସମ।
ଶିଥିଳ ଶେଫାଳି ଫୁଲ ପରି ତୋ ଅଙ୍ଗ
ଦିଶଇ ତେସନ ॥
ସୁବାଞ୍ଛିତ ଫଳ ଭୋଗେ ସୁଖୀ ତିହି,
ପୁଣି କର ଅଙ୍ଗ ଅରଚନା ॥
ଅଳସ କରନା ସଖୀ, ନବ ରୂପେ ହୋଇ ବିଭୂଷଣ
ସ୍ୱାମୀର ସନ୍ତୋଷ ଲାଗି, ଅନଳସେ କର
ସ୍ୱାମୀ ସେବା ଆୟୋଜନେ ॥
ଯେପରି ବସନ୍ତ ଋତୁ ଫଳ, ପୁଷ୍ପେ କରେ ଶୋଭାବନ
ସୁବିପୁଳା, ବିଶ୍ୱମ୍ଭରା ଅଙ୍ଗେ, ସେହିପରି
ତୋ ଦେହ ଉଦ୍ୟାନ,
କୁନ୍ଦ, ଯୂଇ, ମଲ୍ଲିକା ବସନ୍ତର ବର୍ଣ୍ଣିଳ ଚେତନ।
ତୋ ପତି ସଙ୍ଗତେ ସୁଖ ଦେଇ ତତେ,
ପୁଷ୍ପ, ଫଳେ, କାମନା ସକଳ।
ସଖୀଗଣେ ତୋ ଶୁଭ ବାଞ୍ଛା
କରେ ନିରନ୍ତର ॥”

॥ ୩୨୭ ॥

ପରିଚାରୀମାନେ ଚଞ୍ଚଳେ ସେକ୍ଷଣେ
ଚମ୍ପାବତୀ ଆଗେ କହିଲେ ମିଳି
“ମାଆ ଗୋ ତୋ ସୂତା ଶେଯେ ପଡ଼ିଥିଲା
ତେଜହୀନ ତନୁ ଅଚେତ ଭଳି ॥
ଚନ୍ଦନ ପଙ୍କିର ଚୋଲି ଛିନ୍ନ ଚୀର
ପଲଙ୍କରୁ ଝୁଲୁଥିଲା ଶେଯରୁ
କରର କଙ୍କଣ-ଚୂଡ଼ି ତୁଟି ଚୂର୍ଣ୍ଣ
ହୋଇ ପଡ଼ିଥିଲା ଅଙ୍ଗ ସାଜରୁ ॥

ଆଜି ଯେ କୁସୁମ ଅତି ଅନୁପମ
ରସ ରୂପେ ଭରି ଥିଲା ଉଜ୍ଜ୍ୱଳ
ମଉଳି ଦିଶୁଛି ବିବର୍ଣ୍ଣ ପୀତାଭ
ତେଜହୀନ ହୋଇ ଝରି ଭୂ ତଳ ॥"
ରାଣୀ ଚମ୍ପାବତୀ ଶ୍ରବଣେ ନୃପତି
ପଦ୍ମିନୀ ନାରୀଙ୍କ ଗହଣେ ଯାଇ
କନ୍ୟାକୁ ସକଳେ ଦେଖନ୍ତି ହରଷେ
ରୁପା ସମ ରୂପ ହଜିଲା କାହିଁ।
କାନ୍ତ ସଙ୍ଗେ ରମି ସ୍ୱର୍ଣ୍ଣ ଆଭା ଦିଶେ
ହଳଦିଆ ବର୍ଣ୍ଣ ଦଳିତ ହୋଇ
କେ ଅବା ଛିଞ୍ଚାଡ଼ି ଦେଇଛି କି ସତେ
ଦେଖି ଚମ୍ପାବତୀ ଉଷତ ହୋଇ ॥
ଦୁହିତାକୁ କୋଳେ ଆଲିଙ୍ଗନ କରି
ସାଉଁଳନ୍ତି କେଶ ସିନ୍ଦୂର ମଥା।
ଜନନୀ ଅନ୍ତର ପରିତୃପ୍ତ ହୁଏ
କଲ୍ୟାଣ କରନ୍ତି ଆଦରି ସୂତା ॥

■

॥ ୩୨୮ ॥

ସୁନୀଳ ଗଗନେ ଯେହ୍ନେ
ଶଶୀ ପାଶେ ତାରକା ମଣ୍ଡଳୀ
ଅନ୍ତଃପୁରେ ରମଣୀଏ ତେସନ
ଘେରି ରହିଥିଲେ ପଦ୍ମିନୀ ନାରୀ ॥
ସକଳେ ବୋଲନ୍ତି ଆହା
ସୁକୁମାରୀ ଏ ରାଜଦୁଲାଳୀ
ପ୍ରେମୀ ସୂର୍ଯ୍ୟର ସହସ୍ର କିରଣେ
ଚନ୍ଦ୍ରମା କି ପଡ଼ିଚି ମଉଳି ॥
ରାହୁ ଗ୍ରାସେ ଭୀତ ମାନ ସୁକୁମାରୀ
କ୍ଷୀଣ କଟୀ ଅତି

ତଥାପି ତା ଅଙ୍ଗ ଯଷ୍ଟି ତେଜୋଦୀପ୍ତ-
ନିଶ୍ଚିତ ରହିଛି ।
ପଦ୍ମାବତୀ ଅଙ୍ଗ ଛୁଇଁ ବନ୍ଦନା କରିଲେ
ମଣି ମୁକ୍ତା ଥାଳ ପୂର୍ଣ୍ଣ କରି
ରାଣୀ ଚମ୍ପାବତୀ ଦେଲେ, କନ୍ୟାର କଲ୍ୟାଣେ
ସନ୍ନ୍ୟାସୀଙ୍କୁ ବିତରଣ କରି ॥
ତଦନନ୍ତେ ସଜନୀଏ ଚତୁଃସମ ଲେପି
ପଦ୍ମା ସର୍ବ ଅପଘନେ
ସ୍ନାନାନ୍ତେ ସଜାଇ ଅନୁପମ ନୂତନ ଭୂଷଣେ
ଚମକିଲା ଶତ ଗୁଣେ ଚତୁର୍ଦ୍ଦଶୀ ଚନ୍ଦ୍ର କି ଗଗନେ ॥

ନବ ନବରୂପେ, ରୂପ ପ୍ରକାଶିଲା ଜ୍ୟୋସ୍ନାମୟୀ ଶଶୀ ।
ସହସ୍ର କଳାର ସୂର୍ଯ୍ୟ ଅସ୍ତ ହୋଇଗଲା କାହିଁ ଛପି ॥

॥ ୩୨୯ ॥

ବୁଣାକାର ଦେଲେ ନବ ବସ୍ତ୍ରର ସମ୍ଭାର
ସଜାଡ଼ି ରଖନ୍ତି ସଖୀ ବସନ ବିସ୍ତର ॥
ଶାଢ଼ୀ, ଲହଙ୍ଗା, ପଟୋର ଫୁନ୍ଦିଆ ସଜାଡ଼ି
ପଣ୍ଡୁଆ, ଗୁଜରାତି ଛପା ଶାଢ଼ୀ (ବକ୍ଷୋଜ) କାଞ୍ଚୁଲି ।
ଚନ୍ଦନ ପଟ୍ଟ, କ୍ଷୀରୋଦକ, ଫାଣ୍ଡିଆ ଉତ୍ତରୀ
ବାଂଶ ପୋଲ ଝୀନ ବସ୍ତ୍ର ଚିତ୍ରାଙ୍କନ କରି ॥
ଅତି ସୁଚାରୁ ବସନ ମେଘ ବର୍ଣ୍ଣ ବାସେ
ଦୋଳାୟିତ ମୋତିଝରା ଶୋଭାମୟ ଦିଶେ ॥
ତଥିପରେ ସୁବର୍ଣ୍ଣ ଜଳେ ହୋଇଛି ଧୌତ
ଦୀପ୍ତି ତାର ଶତଗୁଣେ ଦିଶେ କାନ୍ତିଯୁକ୍ତ ॥
ସିଂହଳ ଦ୍ୱୀପର ଚୀର ଚିତ୍ରକଳା ନେତ୍ରେ
ଧନ୍ୟକରି ଦିଏ ଜନେ ଚକ୍ଷୁର ପଲକେ ॥
ପେମଚାଓ ତୋରି ଆଉ ବିଦର୍ଭ ବସନ

ସପ୍ତ ବର୍ଣ୍ଣେ ବର୍ଣ୍ଣିଲ ସେ, କରହେ ଶ୍ରବଣ ॥
ଶ୍ୟାମ, ଶ୍ୱେତ, ନୀଳ, ପୀତ, ରକ୍ତାଭ ସୁଚାରୁ
ଧୂମିଳ, ଅରୁଣ ବର୍ଣ୍ଣ, କୃଷ୍ଣ ବର୍ଣ୍ଣ ଗେରୁ
ବାଉଁଶ ପଗର ମଧ୍ୟେ ସଯତନେ ରହେ
ସେ ସମ ଝୀନ ବସନ ନେତ୍ର ଝଲସାଏ ॥
ବହୁଦେଶ ପରିଧାନ ଏକତ୍ରିତ କରି
ସଜନୀଏ ସମ୍ପାଦିଲେ କରିବେ ବିଚାରି।
ରାଜସୂତା ମନଲାଖି ସକଳ ଶୃଙ୍ଗାର
କରିବେ ଅଙ୍ଗ ବେଷ୍ଟନ ସାଜି ପୁନର୍ବାର ॥

■

॥ ୩୩୦ ॥

ଅଷ୍ଟଖମ୍ଭ ସଭାଗୃହେ ସୁସଜ୍ଜିତ ରତ୍ନ ସିଂହାସନେ
ସଭାମଧ୍ୟେ ବସି ରତ୍ନସେନ ପ୍ରସନ୍ନ ବଦନେ।
ଚିତ୍ତୋରର ଯେତେ ସାଥୀ, ସର୍ବେ ଯୋଡ଼ ହସ୍ତେ କଲେ ନମ
ବୋଲନ୍ତି- "ହେ ରାଜା! ତୁମ୍ଭ ଯୋଗୁ ହେଲୁ ସିନା ଧନ୍ୟ ॥
ଏ କେଉଁ ଦେଶ! କିଏ ଅବା ଆମେ? ତୁମରି ଶାସନେ
ସ୍ପର୍ଶ କରି ଏହି ମାଟି ସର୍ବେ ଦେଖିଲୁ ନୟନେ।
ତୁମରି ଦୟାରୁ ପ୍ରାପ୍ତି ହେଲା ଯେତେ ଭୋଗ ଓ ବିଳାସ,
ମୁଖେ ଆମ ନାହିଁ ଭାଷା, ବର୍ଣ୍ଣିବାକୁ ହେ ନରେଶ!
ତବ ଶ୍ରୀମୁଖ ଦେଖି ଦୁଃଖ ଗଲା ନେତ୍ର ହେଲା ପ୍ରଶାନ୍ତି
କ୍ଷୁଧା, ତୃଷ୍ଣା ଶାନ୍ତ ହେଲା, ହେଲା ନବ କଳେବର ପ୍ରାପ୍ତି,
ଆମର ସମସ୍ତ ସତ୍ତା ପୁନର୍ବାର ହୋଇଲା ନବୀନ
ହେ ରାଜା! ସକଳ କାର୍ଯ୍ୟ ଦେଖି ତୃପ୍ତ କଲୁ ମନ ॥

■

॥ ୩୩୧ ॥

ସାଥୀଙ୍କ କଥନ ଶୁଣି ରତ୍ନସେନ
 କୁହନ୍ତି ସହାସ୍ୟ ମୁଖେ
"ଆପଣାର ଭୋଗ, କାମ ସିଦ୍ଧି ପାଇଁ

ମୁଁ ରଚିଲି କଉତୁକେ।
ଆପଣାକୁ ରଖି ଗୁରୁ ପଦବୀରେ
ତୁମକୁ କରିଲି ଶିଷ୍ୟ
ମୋର ପୁରୁଷାର୍ଥ ଦେଖିଲତ ତୁମେ
ଭୋଗ ସିଦ୍ଧି ସବିଶେଷ ॥
ଯାହା ଲାଗି ତୁମେ କଲ ତପ ସିଦ୍ଧ
ଭୋଗି ହୁଅ ତାହା ସମ
ମନରୁ ବୈରାଗୀ ପଣକୁ ତେଜ ହେ
ଆଚରି ଗୃହସ୍ଥ ଧର୍ମ ॥"
ରାଜ ଆଜ୍ଞା ଶୁଣି ସମସ୍ତ ସନ୍ନ୍ୟାସୀ
ମାଗୁଣି କରନ୍ତି ପୁଣି
"ଷୋଳ ସହସ୍ର ପଦ୍ମିନୀ ରମଣୀଙ୍କୁ
ଦାନ ଦିଅ ନୃପମଣି।"
'ଅସ୍ତୁ' କହି ଭୁକ, ଦେଲେ ସେ ଅଧିକ
ମାତଙ୍ଗ ଅଶ୍ୱ ଅନେକ
ଧବଳ ପ୍ରାସାଦ, ଭୋଜ୍ୟ, ଭୂସମ୍ପଦ
କାହିଁ ଊଣା ନୋହି ଏକ ॥
କରହେ ଗୃହସ୍ଥୀ, ହୁଅ ଲକ୍ଷପତି
ଗୃହେ ନରପତି ପଣେ
ପଦ୍ମିନୀ କାମିନୀ, କାନ୍ତ ପଣେ ରମି
ସୁଖୀ ହେଲେ ସାଧୁ ଗଣେ ॥
ଏହିପରି ଆପଣାର ସାଥୀଗଣେ
ନବ ଦେଶ ନବ ସାଜେ
ରତ୍ନସେନ ତହିଁ ରାଜ୍ୟ ସୁଶାସନେ
ମଗ୍ନ ହେଲେ ରାଜକାର୍ଯ୍ୟେ ॥

॥ ୩୩୨ ॥

ସଜନୀମାନଙ୍କୁ ଡାକି ପଦ୍ମାବତୀ
ହାର ଓ ଝୀନ ପତନୀ
ଅଙ୍ଗେ ପିନ୍ଧାଇଲା ସୀମନ୍ତେ ସିନ୍ଦୂର
ଆରକ୍ତ ଶୋଭାକୁ କିଣି ॥
ତାପରେ ତନୁରେ ଚନ୍ଦନ ଅଗୁରୁ
ଚତୁଃସମକୁ ପ୍ରଲେପି
ନୂତନ ରୂପରେ ଦେଖି ସଜନୀଙ୍କୁ
ଆନନ୍ଦିତ ପଦ୍ମାବତୀ ॥
ସେମାନେ ଦିଶଇ ପଦ୍ମ ପୁଷ୍ପେ ଘେରି
ଫୁଟିଛନ୍ତି କୁମୁଦିନୀ
ଅଥବା ଗଗନେ ଚନ୍ଦ୍ରମାକୁ ଘେରି
ଉଦିଛି ତାରକା ଶ୍ରେଣୀ ॥
କୁହନ୍ତି ସେମାନେ "ଧନ୍ୟ ତୋର ପତି
ଧନ୍ୟ ତୁହି ପଦ୍ମାବତୀ
ଦ୍ୱାଦଶ ଭୂଷଣେ ଷୋଡ଼ଶ ଶୃଙ୍ଗାରେ
ଦିଶୁ ଅନୁପମ ଅତି ॥
ତଥାପି ଚନ୍ଦ୍ରରେ କଳଙ୍କ ରହିଛି
ତୁ ପଦ୍ମା କଳଙ୍କହୀନ
ନିଶିରେ ସେ ଶଶୀ ରାହୁକୁ ପୂଜୁଛି
ତୁ କିନ୍ତୁ ସଂସାରେ ଧନ୍ୟ ॥"
ତାପରେ ସେମାନେ ବୀଣା ଓ ମୁରଜା
ବଜାନ୍ତି ସହର୍ଷ ମନେ
ଦିବସେ ବିତାଇ ଦିଅନ୍ତି ସଜନୀ
ଆନନ୍ଦ ସଙ୍ଗୀତ ଗାନେ ॥

॥ ୩୩୩ ॥

ଦିନ ଶେଷେ ଶଶୀ ଭଳି ଉଦିତ ପଦ୍ମିନୀ
ପତିରେ ଦେଖି ନ ତେଜଇ ସେହୁ ଅବନୀ ॥
କାର୍ତ୍ତିକ ପୂର୍ଣ୍ଣିମା ଶଶୀ ସମାନ ପଦ୍ମିନୀ
ଉଜ୍ଜ୍ୱଳେ ଭରଇ ଜ୍ୟୋତ୍ସ୍ନା ସକଳ ଧରଣୀ
ତୋଳନ୍ତି ଭୁଜ ରାଜନ ପରଶେ ଚନ୍ଦ୍ରମା
ମରମେ ଜାଣିଲା ରାଣୀ, ନାରୀ ତିଳୋତ୍ତମା ।
ଅପାଙ୍ଗେ କନ୍ଦର୍ପ ଶର ମାରଇ ନୟନୁ
ବଚନ ଭାଷଇ ଦମ୍ଭେ, ସାଜି ପୁଷ୍ପତନୁ ।
"ହେ ପ୍ରିୟ ! ପିତାଙ୍କ ଶପଥ କରି, କରେ ପଣ
କଦାପି କରିବି ନାହିଁ ମୁକ୍ତ ଯେ ବନ୍ଧନ ।
ଅଦ୍ୟ ତୁମେ ମୋ ସାଥିରେ ରାବଣ ସମାନ
ରାମାକୁ ପାଇବା ଲାଗି କରିବ ସଂଗ୍ରାମ ॥
ଆପଣେ ସାଜିଛି ତନୁ ଷୋଡ଼ଶ ଶୃଙ୍ଗାରେ
ଗଜପତି ଅଟେ ମୋର ସୈନ୍ୟ ଚାଳିବାରେ ।
ମୋର ପଟ୍ଟ ଉତ୍ତରୀୟ ବିଜୟ କେତନ
ମୋ ନୟନ ସିନ୍ଧୁ-ତୀର ସଂଗ୍ରାମର ସ୍ଥାନ ॥
ନାସିକା କୃପାଣ ଧରି ରଣ ମଧ୍ୟେ ରହି
ପ୍ରଲୁବ୍ଧ କରି ଜିତିବି, ମୁକ୍ତି ନ ଦେବଇଁ ॥
ଏ ଯୋଗୁ ସମକକ୍ଷ କେ ଜଗତେ ହୋଇବ
ପଦ୍ମିନୀ ରାଣୀ ମୁଁ ଭୋଗୀ, ସୌଭାଗ୍ୟ ଜଡ଼ିତ
ତୁ କି ମୋର ତୁଳନୀୟ ? ତୋ ଯୋଗ୍ୟ ତାପସ
ସଙ୍ଗେ ସିନା ସମକକ୍ଷ ହେବୁ ବା ପ୍ରତ୍ୟକ୍ଷ ॥"

॥ ୩୩୪ ॥

ଉତ୍ତରନ୍ତି ରାଏ ନୋହି ବିଚଳିତ
"ବୀର ମୁହିଁ ଜିଣି ରୂପ ଶୃଙ୍ଗାର
ଯୋଗୀ ହୋଇଲେ ବି, ସୁଖ ଭୋଗ ଜିଣି

ଏ ମୋର ପ୍ରବଳ ଜିଗୀଷା ଭାର ॥
ଏଥି ଶତ୍ରୁବଳ ମଧ୍ୟେ ମୁଁ ରହିଛି
କାମ କଟକରେ ତୁମରି ପାଶେ,
କୋପ ନ କରି ମୁଁ ବଇରୀ ଜିତିଛି
ତାଙ୍କ ମନ ବଳ ଜିତିଲି ଶେଷେ।
ତୁମରି ଅଧର ସୁଧା ରସେ ରସି
ମୋ ଅଧର ତୃଷା ଦେଲି ନିବାରି
ଧରି କରେ ଅସୀ ବିରହ ବିନାଶି
କୁଞ୍ଜରେ ଧରି ମୁଁ ହେଲି କେଶରୀ ॥
ହରି ! ହରି ! କହି ପଳାଏ ହସ୍ତିନୀ
ଅବଶେଷେ ହେଲା ସେ ହତବଳ
ଏ କଟକ ଜିଣି, କଲି ହତଶିରୀ
ଚୂର୍ଣ୍ଣ କରି ରୂପ ବିଭବ ତାର ॥
କରୀ କୁମ୍ଭ ସ୍ଥଳେ ଆଘାତେ ହରିଲି
କୁଚ କଳସକୁ ହସ୍ତରେ ଧରି
ଏ ଯୁଗଳ ଯୁଦ୍ଧେ ବିଜୟୀ ହେଲି ମୁଁ
ଏ ପ୍ରୀତି ରାଜ୍ୟର ରଖିଲି ଶିରୀ।
ମଧ୍ୟସ୍ଥ ହୋଇ ମୁଁ ପୁଣି ଭିନ୍ନ ହେଲି
ରସା ଷଡ଼ଋତୁ ରସଜ ଲାଗି
ଯୁଗଳ ମିଳନ କରି ଋତୁ ରାଗ
ରୂପ ରଙ୍ଗ ବଇଭବ ମଜ୍ଜିଲି ॥"

॥ ୩୩୫ ॥

ନୂତନ ଏ ଋତୁରାଜ ବସନ୍ତର, ରୂପସୀ ଧରିତ୍ରୀ
 ମୃଦୁ ମୃଦୁ ମଳୟ ଅନୀଳେ
ନବ କିଶଳୟ ଶାଖେ ପଲ୍ଲବିତ ଦ୍ରୁମ ଶାଖେ ଶାଖେ
 ପିକ ବଧୂ ପଞ୍ଚମ ଧ୍ୱନିରେ
ପୁଷ୍ପିତ କୁସୁମ କଳି ସୁବାସରେ ଗୁଞ୍ଜନେ ମଧୁପ

ବୁଲି ବୁଲି କରେ ମଧୁପାନ,
ଏ ମଧୁ ମାଧବ ମାସେ ପୃଥିବୀର ସୁବିପୁଳା ତନୁ
ଅଭିନବ ରୂପେ ଶୋଭମାନ ॥
ଧବଳ ପ୍ରାସାଦେ ତେଣୁ ରାଣୀ ପଦ୍ମା ଉନ୍ମାଦିତ ମନେ
ସିନ୍ଦୂରେ ଭରି ସିନ୍ଥା ଆରକ୍ତେ
ରେଶମୀ ସୁଝୀନ ଚୀର ପରିଧାନେ ନବରୂପ ସାଜେ
ଶୃଙ୍ଗାରେ ଜ୍ୱଳେ ରୂପ ନିରତେ ॥
ଗଜଦନ୍ତ ପଲଙ୍କରେ ସୁପାତିର ଶୁଭ୍ରତମ ଶଯ୍ୟା
ଚନ୍ଦନ ଅଗୁରୁ ଗନ୍ଧେ ଭାସେ
ପଦ୍ମିନୀ ଦେହ ଉଦ୍ୟାନେ ପୁଷ୍ପରେ ସୂର୍ଯ୍ୟହିଁ ମଧୁପ
ରମେ ଶଶୀ ରବି ତପ୍ତ ବେଶେ ॥
ଫଗୁଣ ଉତ୍ସବେ ମାତି ବିରହର ହୋଲି ଜଳିଯାଏ
ଦୀପ୍ତ ସୂର୍ଯ୍ୟ ରକ୍ଷ ନିମିଳିତ
ରୂପଶିରୀ ଅଣାୟତ୍ତ ଆଭୂଷଣ ତୁଟି ଚୂର୍ଣ୍ଣହୁଏ
ଅତି କାମ କ୍ରୀଡ଼ା ଯହିଁ ଉଚ୍ଛ୍ୱସିତ ।

ବସନ୍ତ ବାସରେ ଯାର କାନ୍ତ ସାଥେ ଥାଏ ତା କାମିନୀ
ସେ ଭୋଗେ ସ୍ୱର୍ଗୀୟ ସୁଖ, ବିଯୋଗିନୀ ହୁଅଇ ଆକୁଳ
ଭବନ-କାନନ ସମ ମଣେ ବିରହିଣୀ
ଚନ୍ଦନ ପ୍ରଲେପ ଲାଗେ ଅପଘନେ ଯେସନେ ଗରଳ ।

॥ ୩୩୬ ॥

ଅତୁଲ୍ୟ ସୁନ୍ଦରୀ ଦେବୀ ବସୁନ୍ଧରୀ
ସିଂହଳର ତନୁ ଶୋଭା
ଜ୍ୟେଷ୍ଠ ଓ ଆଷାଢ଼ ଉତ୍ତପ୍ତ ଶୀତଳ
ରସବତୀ ସେ ବସୁଧା ॥
ସ୍ୱାମୀ ସଙ୍ଗେ ଥିଲେ, ଏଇ ଧରିତ୍ରୀରେ
ଦୁର୍ବହ ଗ୍ରୀଷ୍ମ ଯାତନା-

ଅନୁଭୂତ ନୁହେଁ କାନ୍ତ ସଙ୍ଗେ ଥିଲେ
କାମିନୀଙ୍କୁ ରୌଦ୍ର କଣା ॥
ସ୍ୱାମୀ ସଙ୍ଗ ହେତୁ ତନ୍ୱୀ ରମଣୀଏ
ଅପଘନ ସୁଶୋଭିତ
ସୁରଭିତ କରି ସୁଗନ୍ଧିତ ସାରେ
କସ୍ତୁରୀରେ ପ୍ରଲେପିତ ॥
ରାଣୀ ପଦ୍ମାବତୀ ଶରୀର ସେଲାଗି
ସ୍ନିଗ୍ଧ, ଶୀତଳ ସୁନ୍ଦର
ରତ୍ନସେନ ଯହିଁ ପାଶେ ପାଶେ ରହି
ବିରହ କରନ୍ତି ଦୂର ॥
ଅଧର ତାମ୍ବୂଳ ରସ ସିକ୍ତ ଥିଲା
ଭୀମସେନୀ କର୍ପୂରରେ
ସୁରଭିତ ଥିଲା ଚନ୍ଦନ ପ୍ରଲେପେ
ବେଣୀ ଚେର ସୁବାସରେ ॥
ଅତୀବ ଶୀତଳ କକ୍ଷଟି ତାଙ୍କର
ଶୟନ ଆଳସ୍ୟ ପାଇଁ
ଅଗୁରୁ ବାସର ବସ୍ତ୍ର ଆଚ୍ଛାଦିତ
ରେଶମୀ ପରଦା ଝୁଲଇ ॥
ସେଇ କକ୍ଷ ମଧ୍ୟେ, ପଲଙ୍କ ଶେଯରେ
ବିଛାଇ ଶୁଭ୍ର ଚାଦର
ଯୁଗଳ ଦମ୍ପତି, ସୁଖ ଉପଯୋଗୀ
ଯାପୁଥିଲେ ଋତୁ କାଳ ॥
ସିଂହଳ ଧରିତ୍ରୀ ଋତୁମତୀ ପୁଣି
ହେଉଥିଲା ରସବତୀ
ଯହିଁ ଭାଗ୍ୟବାନ ପ୍ରଜାଏ କାଟନ୍ତି
ଷଡ଼ ଋତୁ ଭୋଗେ ମାତି ॥
ସକଳେ ସେହି ଦେଶେ ଡାଳିମ୍ବ ଦ୍ରାକ୍ଷା,
ସହକାର ରସ ଭୋଗୀ
ଶୁକ ବିହଗ ଯେ ସେ ଲାଗି ସବୁଜ

ଅଙ୍ଗେ ପକ୍ୱ ଫଳ ଖାଇ
ରକ୍ତଚଞ୍ଚୁ ସାଥେ ଶ୍ୟାମଳ ବରଣ
ଅଙ୍ଗ ଶୋଭା ଥିଲେ ପାଇ ॥

॥ ୩୩୭ ॥

ବର୍ଷା ଋତୁ ରସବତୀ ଅତି ସୁଖଦାୟୀ
ଯଦ୍ୟପି କାମିନୀ ସଙ୍ଗେ କାନ୍ତ ତାର ଥାଇ
ଶ୍ରାବଣ ଭାଦ୍ରବ ସହ ଦୁଇମାସ ଧରି
ସୁଖ କ୍ରୀଡ଼ା କଉତୁକେ, ରସା ଉଠେ ପୂରି ॥
ଗଗନେ ଶୁଭେ ଅମ୍ବୁଜ ଦମ୍ଭୋଳି ନିନାଦ
ଚପଳା ଚମକେ ସାଥେ କୁଳିଶ ଶବଦ
ବରଷେ ବର୍ଷୁଳ ମେଘ ବାରି ପଡ଼େ ଝରି
କାମିନୀଏ କାନ୍ତ କଣ୍ଠେ ଭୟେ ଥାନ୍ତି ଜଡ଼ି ॥
ଭେକ ଓ ଡାହୁକ ଡାକେ, ଡାକେ ନୀଳକଣ୍ଠ
କାହିଁ ଶାଖା ଗହଳରେ ପିକବଧୂ ଗୀତ ॥
ସୁନୀଳ ଗଗନେ ଦିଶେ, ପ୍ରଭାତେ ପ୍ରଦୋଷେ
ବକାଳିକା, ମାଳିକାର ଗମନ ଦିଗନ୍ତେ ॥
ଊର୍ଦ୍ଧ୍ୱେ ସୌଧ ମଣ୍ଡପରେ ପଦ୍ମାବତୀ ସହ
ସୁଖେ ନିବସନ୍ତି ନୃପ ରତ୍ନସେନ ରାୟ ॥
ଚତୁର୍ଦ୍ଦିଗୁ ବର୍ଷା ବିନ୍ଦୁ ସୁଶୀତଳ ବାରି
ମୁଖ ଶିରେ ପରଶଇ ଆହ୍ଲାଦିତ କରି ॥
ଶୁଭ୍ର ଶଯ୍ୟାପରେ, ମଲ୍ଲୀ ପୁଷ୍ପ ସମାହାର
ଶ୍ୟାମଳ ସୁନ୍ଦର ଧରା ଦିଶେ ପରିମଳ ॥
ପଦ୍ମାବତୀ ହୃଦେ ଜାଗେ ଶୀତଳ ଲହରି
ତନୁମନ ଘାରିଦିଏ ପୁଲକିତ କରି ॥
ସାମାନ୍ୟ ଭାବନ୍ତି ରାଣୀ ପବନ ପରଶ
ଅଜାଣତେ ବୁଝନ୍ତି ବା ଗୋପନ ରହସ୍ୟ ॥

ସୁଶୀତଳ ସମୀର ସେ, ମୃଦୁ ମନ୍ଦ ପରଶ ତାହାର
ପୃଥ୍ୱୀର ପ୍ରାଣୀ ପାଇଁ ସ୍ୱର୍ଗ ସୁଖ ଆଶା ସେ ଅନିର୍ବାର ॥

॥ ୩୩୮ ॥

ଅତି ହିଁ ସୁନ୍ଦର ଏ ଶରତ ଋତୁ
　　କାର୍ତ୍ତିକ ପୂର୍ଣ୍ଣିମା ପରି
ଉଜ୍ୱଳ ଦିଶଇ ପଦ୍ମିନୀ ସୁନ୍ଦରୀ,
　　ଷୋଳ କଳା ଚନ୍ଦ୍ର ସରି ॥
ନଭେ ମେଘମାଳା ଛାୟା ଧୂପ ସାଥେ
　　ବାଦଲ ଉଡ଼ାଇ ନିଏ
ଅମ୍ବର, ଅବନୀ, ଦଶଦିଗ ଭରି
　　ସୁନିର୍ମଳ ଦିଶୁଥାଏ ॥
ଏ ସମୟେ ରାଣୀ ପଦ୍ମିନୀ ଶରୀର
　　ଏକ ଏକ କଳା ଭରି
ଚତୁର୍ଦ୍ଦଶୀ ଚାନ୍ଦପରି ଉଚ୍ଛୁଳଇ
　　ଜ୍ୟୋତ୍ସ୍ନାପୂତ ବିଭାବରୀ ॥
ଚନ୍ଦ୍ରିକା ସଦୃଶ ଜ୍ୟୋତ୍ସ୍ନାମୟୀ ପଦ୍ମା
　　ଭୂପତି ଧରି ଅଙ୍କରେ
ହଂସୁଲି ସୁପାତି, ଶୁଭ୍ର ଶଯ୍ୟାପରେ
　　ପୁଷ୍ପ ବିଛା ପଲଙ୍କରେ ॥
କରନ୍ତି ବିହାର ଧରଣୀ ସୁନ୍ଦର
　　ସୁବର୍ଣ୍ଣ ଆଭା କି ଦିଶେ
ପ୍ରତି ଶାଖା ଦଳେ ପୁଷ୍ପିତ କୁସୁମ
　　ସମୀରେ ଦୋହଲି ହସେ ॥
ପ୍ରିୟାର ନୟନେ ଅଞ୍ଜନ ଦିଶଇ
　　ଖଞ୍ଜନ ବିହଗ ଠାଣି
ସହର୍ଷ ସାରସ ପରି ଯୁଗଳ କି

ପଦ୍ମା, ସୂର୍ଯ୍ୟ ନୃପମଣି ॥
ବିହରନ୍ତି, ଦୁଇତୀରେ ଛୁଇଁ ଯାଇ
ନୀଳ ସରସୀ ସଲିଳେ
କୂଜନ୍ତି କେଳି କୂଜନେ କୁତୁହଳେ
ଜଳ ଲହରୀ ଗହଳେ ॥

ଶରତ ଋତୁରେ ଯାହାର, କାନ୍ତ ପାଶେ ଥାଏ ରହି
ସେ କାନ୍ତ କାମିନୀ ଅମର୍ତ୍ତ୍ୟ ସୁଖକୁ ଉପଭୋଗି ସେ ଜାଣଇ
ଉଚ୍ଛ୍ୱସିତ ଆବେଗରେ ଆହ୍ଲାଦିତ ପ୍ରିୟ ପ୍ରିୟା ସାଥେ
ପରସ୍ପର ଆଲିଙ୍ଗନେ, ସୁଖ ସ୍ପର୍ଶେ ଜଡ଼ିତ ନିରତେ ॥

॥ ୩୩୯ ॥

ସଂବତ୍ସରେ ଦୁଇମାସ, ପୁଷ ମାର୍ଗଶୀର
ଶିଶିର ଋତୁ ଏ ଦୁଇ, ଉକ୍ତି ଜାୟସୀର।
ଶୀତର ସ୍ପର୍ଶ ମାତ୍ର ନାହିଁ ସିଂହଳ ଦ୍ୱୀପେ
ପତି ପତ୍ନୀ ସଙ୍ଗେ ଥିଲେ, ଏକାନ୍ତେ ସମୀପେ
ହିମ କରେ ଶୀତ ଅବନୀ ଅମ୍ବର ଘାରି
କାମିନୀ କାନ୍ତରେ ଜଡ଼ିଦିଏ ଏକ କରି ॥
ବିସର୍ଜଇ ଅଙ୍ଗେ ଅଙ୍ଗ କରି ସଙ୍ଗ ଦାନେ
ତନୁ ମନ ପ୍ରାଣେ ଏକତ୍ରିତ ସେ ମିଥୁନେ
ସୃଜେ ରାମା ରମଣର ସଂଯୋଗ ନିଶ୍ଚିତ
ହୃଦେ ହୃଦୟ, ଅଧରେ ଅଧର ସଂଯୁକ୍ତ ॥
ଛନ୍ଦିତ ଚରଣ ଛନ୍ଦେ କଟୀ ବନ୍ଧନରେ
ଚନ୍ଦନ ପ୍ରଲେପ କରି କାମ ପୀଡ଼ନରେ।
ଅନଙ୍ଗ ଅଙ୍ଗେ ଆବଦ୍ଧ ହୋଇ ଏକ ସତ୍ତା
ପ୍ରବଳ ଜିଗୀଷା ଭରେ ଅମର ମତ୍ତତା ॥
କଣ୍ଠହାର ମଧ୍ୟୁ ଛିଡ଼ ଦଳିତ ଶଯ୍ୟାରେ
ଚତୁଃସମ ସୁବାସିତ ଖେଳେ ଆଳୟରେ ॥

ଏସମ ରତ୍ନ ନରେଶ ରାଣୀ ପଦ୍ମାବତୀ
କାମେ ଅବିରତ ରଙ୍ଗେ ଯୌବନ ରମନ୍ତି ॥
ମନେ ଭାବନ୍ତି ଯୁଗଳେ ଏ ବିଶାଳ ଧରା
ସୁଖ ସୌଭାଗ୍ୟ ଭରିଛି ସୃଜନ ପସରା ॥
ରତି ସୁଖ ସାରେ ରସେ ମତ୍ତ ଏ ଯୁଗଳ
ତ୍ରାସେ ଦୂରେ ଅପସରେ ବିରହ ଦୁସ୍ତର ॥
ବହୁରସ ବନ୍ଧେ ବନ୍ଧା ଦମ୍ପତି ଯୁଗଳ
କ୍ଳାନ୍ତି ନ ଆସେ, କ୍ରୀଡ଼ନ୍ତି ରହି ପୁନର୍ବାର ॥
ରାଜହଂସ ଯୁଗଳ କି ଖେଳେ ସରୋବରେ
କଳ କୂଜନେ ଦୋଳନ୍ତି ରହି ଲହରୀରେ ॥

ଶୀତ ଯାଏ ଦୂରେ, ରାତ୍ରୀ ଅବସରେ ଚକ୍ରବାକ ଯେହ୍ନେ ତେଜି ଚକୋରୀ,
ନଦୀ କୂଳୁ ଦୂରେ ଦୂରେ ଅପସରେ ସମୀରେ ଭାଷଇ ଅଶ୍ରୁ କାକଳି।

॥ ୩୪୦ ॥

ମାଘ-ଫଗୁଣର ଏ ଋତୁ ହେମନ୍ତ
ଅତି ସୁଖକାରୀ ହୋଇ
ଯେ ସ୍ଥାନେ ଥାଆନ୍ତି ପତିପତ୍ନୀ ସାଥେ
ଶୀତ ସୁଖ ଆଣେ ତହିଁ ।
ଏ ସମୟେ ଶୋଭା ସିଂହଳ ଦେଶର
ହୁଏ ମନୋହର ଅତି
ଶୀତ ବସ୍ତ୍ର ସଙ୍ଗେ ଚାଦର ଅଙ୍ଗରେ
ପୁଣି ଦଙ୍ଗଲା ପିନ୍ଧନ୍ତି ॥
କାନ୍ତ କାମିନୀରେ ସହର୍ଷ ମିଥୁନେ
ଶୀତ ତହିଁ ନ ପଶଇ
କାଣ୍ଡଶର ଦେଖି ବାୟସ ଯେସନେ
ପ୍ରାଣ ଭୟରେ ପଳାଇ ॥
ଏ ସମ ଋତୁରେ ରତ୍ନସେନ ସଙ୍ଗେ

ପଦ୍ମିନୀ ସୁଖ ବିଳସେ
ଶୀତ ନ ଲାଗଇ ତାଙ୍କ ଅପଘନେ
ଅପସରେ ମନ ଦୁଃଖେ ॥
ଆକାଶକୁ ଚାହିଁ ଶୀତ କହୁଥାଇ
"ହେ ବାସବ, କୃପାକରି
ଶୁଣ ମୋ ବଚନ, ଏ ଦେଶୁ ପଦ୍ମିନୀ
ମତେ କଲା ଦେଶାନ୍ତରୀ ॥
ଏବେ ରତ୍ନସେନ ସଙ୍ଗତେ ବିହରି
ଅନ୍ତର କରେ ସେ ମତେ
ତାର ଶଯ୍ୟା ସଙ୍ଗୀ ଅଦ୍ୟାବଧି ଥିଲି
ରହି ସର୍ବଦା ସଙ୍ଗତେ ।
ଦର୍ଶନ ନ ମିଳେ ଏବେ କିନ୍ତୁ ତାର
ମତେ ଦେଇ ଅପସାରି
ଶଶୀ ସୂର୍ଯ୍ୟ ପ୍ରେମ ବିହାର କରନ୍ତି
ହେମନ୍ତ ଶୀତ ନିବାରି ॥"

ଇନ୍ଦ୍ର କହୁଛନ୍ତି, "ଶୁଣ ଏହାର କାରଣ ।
କେଉଁ ସ୍ଥାନେ କା' ଆଦର, କା'ର ପ୍ରତ୍ୟାଖ୍ୟାନ ॥"

॥ ୩୪୧ ॥

ଚିତ୍ତୋର ଗଡ଼ର ରାଣୀ ନାଗମତୀ ଅଶ୍ରୁସିକ୍ତ ନେତ୍ରେ
ଦୂରନ୍ତରେ ଦୃଷ୍ଟି ରଖେ ରତ୍ନସେନ ଆଗମନ ପଥେ ॥
ଦୁର୍ଗର ଭୂପାଳ ଦୁର୍ଗେ ବାହୁଡ଼ିବେ, କରଇ ପ୍ରତୀକ୍ଷା
ଶ୍ମଶାନ ସମ ସ୍ୱରାଜ୍ୟେ ପୂର୍ବ ପରି କରି ଆତ୍ମରକ୍ଷା ॥
ଦିବାନିଶି ଅନୁସରି ବିତିଯାଏ ପ୍ରଭାତ ପ୍ରଦୋଷ
ନିଶୀଥ ଦିବସ ହୁଏ, ଅବିରାମ ଘୂରି ଅବିରତ ॥
ହୀରାମଣି ଶୁକ ପକ୍ଷୀ ଛଳ କରି ସିଂହଳକୁ ଗଲା
ସ୍ୱାମୀ ତାର ରତ୍ନସେନ, ରାଜ୍ୟ ତାର ଶ୍ମଶାନ ହୋଇଲା ॥

ପତି ସାଥେ ଅଜାଣତେ ଜୀବ ତାର ନେଲା ଅପହରି
ଇତିହାସ ପୁରାଣରେ ଆଖ୍ୟା ତେଣୁ ବୟାନେ ବାଚାଳି ॥
"ମହାଭାରତର ଯେତେ ଦେବ ଆଉ ରାଜା କଲେ ଛଳ
ଉପେନ୍ଦ୍ର ଛଳିଲେ ବଳିଦାନ ଛଳେ ତ୍ରିପାଦ ଭୂମିର ॥
ପାତାଳେ ଥାପିଲେ ବଳୀ, ସ୍ୱର୍ଗ ରାଜ୍ୟେ ରଖି ଇନ୍ଦ୍ରପଦ
ଦେବତା ମାନବ ସଦା ଛଳ କରି ହରନ୍ତି ସମ୍ପଦ ॥
ଛଦ୍ମ ବେଶେ ରାଜା କର୍ଣ୍ଣ ଶିକ୍ଷା କରେ ବ୍ରହ୍ମାସ୍ତ୍ର କୌଶଳ
ଶିଷ୍ୟ କରେ ପର୍ଶୁରାମ, ଅବଗତେ ହେଲା ସେ ନିଷ୍ଫଳ ॥
ବଙ୍ଗଳାର ମହାରାଜା ଗୋପୀଚନ୍ଦ୍ର ରାଜ୍ୟ ତେଜି ଯୋଗୀ
ଜଳନ୍ଧର ପାଦ ଯୋଗୀ ଛଳନାରେ ହେଲେ ବଇରାଗୀ ॥
ଇତିହାସ ତାର ସାକ୍ଷୀ, କଂସ ପୁଣି କପଟେ ଅସୁର
ପେଷି ଥିଲା ଗୋପପୁରେ, ରାମ କୃଷ୍ଣ କରନ୍ତେ ସଂହାର ॥
କପଟ ରଚି କରିଲା ଧନୁଯାତ୍ରା, ଗୋପରୁ ଅକ୍ରୂର
ହରିଲା ରାମ କୃଷ୍ଣଙ୍କୁ ଷୋଳସସ୍ର ଗୋପୀଏ ଆତୁର ॥
ଅଶ୍ରୁମୁଖି ଗୋପର ତରୁଣୀଗଣ କରିଲେ ପ୍ରତୀକ୍ଷା
ଅନ୍ତେ କାଳକୁ ଚାହିଁ ରାମ କୃଷ୍ଣ ପାଇବାକୁ ଦେଖା ॥
ଭିକ୍ଷୁକ ବ୍ରାହ୍ମଣ ବେଶେ ବାସବ ବି ଆଚରିଲେ ଛଳ
କବଚ କୁଣ୍ଡଳ ହରି କର୍ଣ୍ଣ ଅଙ୍ଗୁ, ପାର୍ଥେ ଦେଲେ ବଳ ॥
ଆରେ ଶୁକ ରୂପ ବ୍ୟାଧ ! ମୋ ସାରସ ସ୍ୱାମୀ ବଧକରି
ଯୁଗଳ ବନ୍ଧନ କଲୁ ଅକାରଣ, ଥାଅ ହେତୁ କରି ॥
ବିରହେ ହଂସୀକୁ ମାରୁ କଇତବେ କଲୁ ହତ୍ୟାଘୋର
ତେସନେ ହେବୁ ତୁ ଦଗ୍ଧ ଯୁଗେ ଯୁଗେ ନପାଇ ନିସ୍ତାର ॥"

ରାଣୀ ନାଗମତୀ କାନ୍ଦେ, ଯାଉଥାଏ ବିତି ଦିବସ ଶର୍ବରୀ
ପଞ୍ଜୀରେ ରହିଛି ଜୀବ, ନ ଫେରନ୍ତି ଦୁର୍ଗର ନରେଶ ଛଳନାର ଜାଲୁ ନିସ୍ତରି ।

■

।। ୩୪୨ ।।

ସଖିଏ ଦେଖନ୍ତି, ଦହି ହୋଇ କାମଳ ବିଷାଣେ
ମହାଦେଈ, ଭୂତଳ ଶୟନେ
ଆହା ଆହା କହି ଗୁଣି ମୌନେ ରହୁଅଛି
ପ୍ରାଣ ଅବା ତେଜିବ ତକ୍ଷଣେ ।।
କ୍ଷଣକେ ଉଦର ଭେଦି ସେ ସାୟକ ଲେଉଟଇ ଖରେ
ଚେତନା ତନୁର ଆସେ ବହଇ ନିଶ୍ୱାସ
ସଲିଳ ସିଞ୍ଚନେ ପୁଣି ସେ ଅସ୍ଥିର ହୁଏ
ଦାରୁଣ ବିରହ ଦାହେ ଉଠେ ଦୀର୍ଘ ଶ୍ୱାସ ।।
ପାଗଳୀ ପରାଏ ଭାଷେ, " ମୋ ପ୍ରିୟକୁ ଦିଅ ମୋର ପାଶେ
ବିରହିଣୀ ଗଗନକୁ ଚାହିଁ କରେ ଅଳି,
ଭାଷାଶୂନ୍ୟ ହୁଏ ବାଣୀ ମୃତକ ସମାନ
ସଜନୀ ତୋଳିଧରି ପ୍ରବୋଧନ୍ତି ମିଳି ।।

।। ୩୪୩ ।।

ସହାନୁଭୂତିରେ ସଖିଏ କୁହନ୍ତି
"ଶୁଣ ଆଗୋ ମହାଦେଈ
ବିପଦ କାଳରେ ଧୈର୍ଯ୍ୟ ଧରିଥିଲେ
ପୁଣି ସମ୍ପଦ ମିଳଇ ।।
ଧୈର୍ଯ୍ୟ ଧରି, ଦେହ ମନ କରି ଥୟ
ସୁରକ୍ଷିତ କର ପ୍ରାଣ
ଅବଶ୍ୟ ସୁଦିନ ଆସିବ ଗୋ ରାଣୀ
ଦୁଃଖ ହେବ ଅବସାନ ।।
ମଧୁପ ପଦ୍ମ ପରାଗେ ରହିଲେ ବି
ଫେରି ମାଳତୀ ପୁଷ୍ପକୁ
ସମୟେ ସୁମରି ସ୍ନେହ ମାଳତୀର
ପ୍ରୀତି ଭରେ ରସେ ତାକୁ ।।
ସ୍ୱାତୀବିନ୍ଦୁ ପିଇବାକୁ ଚାତକିନୀ

ଚାହିଁଥାଏ ଆକାଶରେ
ପାନେ ବାରି ବିନ୍ଦୁ, ତୃପତି ପାଏ ସେ
ଜାଣେନା ଆନ ସଲିଳେ ॥
ପ୍ରୀତି ଭରେ ପୁଣି ପୃଥିବୀ ଦେଖଇ
ପ୍ରଶାନ୍ତ ନଭ ମୁଖରେ
ଅବନୀ ଅମ୍ବର ହୁଅନ୍ତି ଯୁଗଳ
ଶ୍ୟାମଳ ଶସ୍ୟ କେଦାରେ ॥
ଧରଣୀ ଦାରୁଣ ଗ୍ରୀଷ୍ମେ ଦଗ୍ଧହୁଏ
ପୁଣି ଫଳ ପୁଷ୍ପ ଭରି
(ନବ) ବସନ୍ତେ ଧରିତ୍ରୀ ସୁଷମା ଦିଶଇ
ରୂପ ରସେ ନାରୀ ପରି ॥
ଧୈର୍ଯ୍ୟ ଧରି ତୋର ଅମୂଲ୍ୟ ଜୀବନ,
ରଖ ପ୍ରିୟତମ ପାଇଁ ।
ଶୂନ୍ୟ ସରସୀ ଜଳ, ବାରିରେ ଯେହ୍ନେ
ପୂରି ତଟ ଉଚ୍ଛୁଳଇ ॥
ପୁଣି ସରୋବରେ ଫେରନ୍ତି ସାରସ
ମିଥୁନ କ୍ରୀଡ଼ାରେ ମତି
କଳ କୂଜନରେ ସରସୀ ଜଳରେ
ଦୋଳାୟିତ ତାଙ୍କ ଗତି ॥
ବିରହୀ ସ୍ୱଜନ, ଆପଣା ଭବନ
ଫେରି ବହୁଦିନ ପରେ
ଆପଣା ପ୍ରେୟସୀ ପ୍ରୀତି ଭରେ ରସି
ନିବିଡ଼ ଆଶ୍ଳେଷ କରେ ॥"

ରୁକ୍ଷ ମୃଗଶୀରା ଦଗ୍ଧଦାହ ହେଲେ ଅବନୀ ତଳ
ବର୍ଷଣ ମୁଖୀ ଆର୍ଦ୍ରା ନକ୍ଷତ୍ର ବାରିପାତେ ହୁଅନ୍ତି ଶୀତଳ ।

॥ ୩୪୪ ॥

"ଆଷାଢ଼ ଆକାଶେ ବର୍ଷା ଜମି ଆସେ
ଆତୁରେ ଅବନୀ ଚାହେଁ
ଧୂମାଳ ବାଦଲ, ଶୁଭ୍ର ଓ ଶ୍ୟାମଳ
ଅମ୍ବୁଦ ସଇନୀ ଯାଏ ॥
ସାରସ ମରାଳୀ ଦୂର ଦିଗନ୍ତରେ
ସୁନୀଳ ଗଗନ ପଥେ
ଗମିବାରୁ ଦିଶେ ଧ୍ୱଜା କି ଉଡ଼ଇ
ବାରିଦ ବିମାନ ସାଥେ ॥
ଅଶନି ସଙ୍ଘାତେ ଗମ୍ଭୀର ନିନାଦ
ଧରଣୀ ଅମ୍ବର କମ୍ପେ
ବିଦ୍ୟୁତ ଝଲକେ କୃପାଣର ସମ
ପ୍ରସରି ଦୂର ଦିଗନ୍ତେ ॥
ଭେକ ଓ ମୟୂର, ପପିହା, କୋକିଳ
ଶରବ୍ୟ କରନ୍ତି ମୋତେ
ଏକାକିନୀ ଭୟେ ହୁଏ ମୃତ ସମ
କାମ କନ୍ଦର୍ପ ତପତେ ॥
ଆର୍ଦ୍ରା ନକ୍ଷତ୍ରର ସଂଯୋଗେ ବାରିଦ
ଶର ବିନ୍ଧେ ବସୁଧାରେ
ବୀଜ ଅଙ୍କୁରିତ ହେବ ପୃଥିବୀରେ
ଶସ୍ୟ ଶ୍ୟାମଳ କେଦାରେ ॥
କିନ୍ତୁ ପ୍ରିୟ ବିନା କେ ମୋତେ ସୋହାଗେ
ଆଶ୍ୱାସିବ ଅଙ୍କେ ଧରି
ଘନ ଗହଳରେ ବରଷେ ଆଶାର
ହେ କାନ୍ତ ରଖ ଉଦ୍ଧରି ।
ପୁଷ୍ୟା ନକ୍ଷତ୍ର ମୋ ଶିର ପୀଡ଼ା କରେ
ଗୃହ ଶୂନ୍ୟ ସ୍ୱାମୀ ବିନା
ଉଚ୍ଛ୍ୱସିତ କରି ମୋ ଜୀବନ ଯୌବନ

ନାଶିବ କାମ ବେଦନା ॥
ଏ ବରଷା କାଳ ଅତି ନିଦାରୁଣ
ନିବାସେ ମୋ ପ୍ରିୟ ନାହିଁ
ଯାର ପାଶେ ଅଛି, କାନ୍ତ ତା' କାମିନୀ
(ତା) ଉଲ୍ଲାସ କହି ନୁହଁଇ ॥"

॥ ୩୪୫ ॥

ଅବିରତ ଧାରା, ଶ୍ରାବଣ ଅସରା
ବସୁମତୀ ଉଠେ ପୂରି
ରାଣୀ କାନ୍ଦି କହେ, "ମୋ ଶରୀର ଶୁଖୀ
କ୍ରମେ ଯାଉ ଅଛି ଝରି ॥
ପୁନର୍ବସୁ ତାରା ଉଦିତ ହୋଇଛି
ମୋ ସ୍ୱାମୀ ମୋ ପାଶେ ନାହିଁ
ପାଗଳୀ ହୋଇ ମୁଁ ରୋଦନ କରୁଛି
ନୟନୁ ରକ୍ତ ଝରଇ ॥
ସେ ରୁଧିର ଦିଶେ, ସାଧବ ବୋହୂ କି
ମେଳ କରି ଭୂମିପରେ
ରଙ୍ଗେ ଚାଲୁଥାନ୍ତି, ସେ ରୂପେ ଝରୁଛି
ମୋ ନେତ୍ର ବନଭୂମିରେ ॥
ମୋର ସଖି ଯୁଥେ, ସ୍ୱ ପ୍ରିୟ ସଙ୍ଗତେ
କ୍ରୀଡ଼ନ୍ତି ହରଷ ମନେ
କୁସୁମି ରଙ୍ଗର ଚୋଲା ପିନ୍ଧା ବାସ
ଅଙ୍ଗେ ପିନ୍ଧି ସୁଯତନେ ॥
ଶ୍ୟାମଳ ଏ ଧରା, ଅତି ସୁଶୋଭନ
ମୋ ହୃଦ ଦୋହଲେ ରହି
ବିରହ କଷଣ, ଝୁଲାଏ ଏପରି
ବାରମ୍ବାର ଧକ୍କା ଦେଇ ॥

ଗଭୀର ଅଥଳ ଜଳେ ଭୂମି ପଥ
ଅଗମ୍ୟ ହୁଏ ଗମନ
ତା ମଧ୍ୟେ ପଡ଼ି ମୁଁ ବାଇ ମକ୍ଷିକା କି
ଭଣ ଭଣି କରେ ସ୍ୱନ ॥
ଚଉଦିଗେ ଜଳ, ନ ଦିଶଇ କୂଳ
ସେ ଜଳେ ମୋ ଜୀବ ନାବ।
କିଏ ବା ବାହିବ, ମୋର କାନ୍ତ ବିନା
ରହେ ତେଣୁ ଏକଠାବ ॥
ପର୍ବତ, ସମୁଦ୍ର, ଶିଳା ବନଖଣ୍ଡ
ଆମ ମଧ୍ୟେ ବିରାଜିଛି
ହେ କାନ୍ତ ! କିପରି ଲଂଘିବି ମୁଁ ତାହା
ପାଦେ ମୋ ନାହିଁ ଶକତି ॥"

"ଅଥବା ମୋ ପକ୍ଷ ନାହିଁ, ଉଡ଼ିଯିବି ଆକାଶ ପଥରେ।
ହେ ପ୍ରିୟ ତୁମ ପାଶେ, ମିଳିବାକୁ ଦୂର ଦୂରାନ୍ତରେ ॥"

॥ ୩୪୬ ॥

"ଭାଦ୍ରବର ରାତି ଘନତମ ଅତି
ଦାରୁଣ, ସହି ନ ପାରେ
ବର୍ଷନ୍ତି ଅମ୍ବୁଦେ ନମି ମହୀ ହୃଦେ
ଅଜସ୍ର ଜଳ ଧାରାରେ ॥
ମୋ କାନ୍ତ ବିଦେଶୀ, ଶୂନ୍ୟ ଗୃହେ ଅଛି
ଏକାକୀ କାମିନୀ ମୁହିଁ
ମୋ ଶଯ୍ୟା ନାଗୁଣୀ ରୂପେ, ଦଂଶେ ଜାଣି
ଏକାକିନୀ ମତେ ପାଇ ॥
ଏ ଅନ୍ଧାରେ ରହି ହୃଦ ଦିଏ ଦହି
ତମସାରେ ମୋ ନୟନ
ଘନ ଅନ୍ଧକାରେ କି ଅବା ନିରେଖେ

ଅକାରଣେ ଅନୁକ୍ଷଣ ॥
କ୍ଷଣିକା କଟାକ୍ଷେ ବାରିଦ ଧମକେ
ଶବଦ ଗୁରୁ ଗମ୍ଭୀର
ତଥି ପରେ ଗ୍ରାସେ କନ୍ଦର୍ପର ତ୍ରାସେ
ମରୁଛି ମୁଁ ଅନିର୍ବାର ॥
ଅବିରତ ଧାରା ଭାଦ୍ରବ ଅସରା
ଭରିଦିଏ ଧରଣୀରେ
ଖପର ଛାତରୁ ଜଳ ଧାରାପରି
ନେତ୍ରୁ ଅଶ୍ରୁଜଳ ଝରେ ॥
ମଘା ନକ୍ଷତ୍ରର ଅଜସ୍ର ଅସରା
ଭରିଦିଏ ବସୁନ୍ଧରା
ଅର୍କ ଜବସରେ ଝାଡ଼ ପରି ଶୁଷ୍କ
ହୁଏ ମୋ ଶରୀର ସାରା ॥
ସଲିଳ ସ୍ରୋତରେ ଧରା ଗଲା ଭରି
ଜଳ ସ୍ଥଳ ଏକ କରି
ପ୍ରଶାନ୍ତ ଆକାଶ ବସୁଧା ସହିତ
ସରିତେ ଶୋଭଇ ପୂରି ॥
ହେ କାନ୍ତ ! ହେ ପ୍ରିୟ ! ହୁଏ ମୁଁ ଅଥୟ
ମୋ ଯୌବନ ଜଳେ ଭାଷି
ଆକଣ୍ଠ ଜଳରେ ହୁଏ ନିମଜ୍ଜିତ
ଉଦ୍ଧର ତୁ ନାଥ ଆସି ।"

॥ ୩୪୭ ॥

"ଆଶ୍ୱିନ ଆଗମେ ଶୁଖଇ ସଲିଳ
ବରଷାର ଘନ ଧାରା
ଭୂମିଜ ଅୟନ, ସୁଗମ ହୁଅଇ
ଧରା ସୁଷମାରେ ଭରା ॥
ଦୂର ଦେଶେ ରହି, ଏବେ ବି ମୋ ସ୍ୱାମୀ

ଫେରି ନାହାନ୍ତି ଉଆସେ
ହେ କାନ୍ତ ଆସଗୋ ତୋ ସଙ୍ଗତି ଫଳେ
ପଲ୍ଲବିବି ମୁଁ ନିମିଷେ ॥
ଅପରେ ଦେଇଛୁ ତୋ ପ୍ରୀତି ମାନସ
ଆଦ୍ୟ ସ୍ନେହ ତୋର ଭାଳି
ପୁନର୍ବାର ସ୍ନେହ କର ପୂର୍ବ ପରି
ହେ ସ୍ୱାମୀ କରୁଣା କରି ॥
ଅଗସ୍ତି ନକ୍ଷତ୍ର ଉଦ ଧରିତ୍ରୀରେ
ସୁଗମ ଗମନ ପଥ
ଗଗନ ଅୟନେ ଅପସରି ଯାଏ
ଘନତମ ବାରି ପାତ ॥
ହସ୍ତିକ ଅଗ୍ରତେ ଚଳନ୍ତି ଗର୍ଜିଣ
ସଂଗ୍ରାମକୁ ଯିବା ପାଇଁ
ତୁରଙ୍ଗେ ଆରୋହୀ ତୁରନ୍ତେ ରାଜେନ୍ଦ୍ର
ଚଳିଯାନ୍ତି ସାଥୀ ହୋଇ ॥
ତେଣୁ ଝରିପଡ଼େ କଦବା କେମିତି
ଉଚ୍ଛୁଳି ବାରି ଅସରା
ସୁଶୋଭିତ କରି ଶ୍ୟାମଳ ବରଣୀ
ରୂପସୀ ଏ ବସୁନ୍ଧରା ॥
ଚିତ୍ରାନକ୍ଷତ୍ରରେ ମୀନ ରାଶି ମଧ୍ୟେ
ରବି ଛନ୍ତି ଉଚ୍ଚେ ରହି
ଶୁଭେ କଳକଣ୍ଠ ସାଥେ ପଞ୍ଚମତାନରେ
(ଉଠେ) ପିକବଧୂ ଗୀତ ଗାଇ ॥
ଏବେ ସ୍ୱାତୀ ବିନ୍ଦୁ ଚାତକ ମୁଖରେ
ପଡ଼ି ତୃଷା ନିବାରଇ
ସମୁଦ୍ର ଶୁକ୍ତିରେ ମୁଖରେ ପଡ଼ିଲେ
ବିନ୍ଦୁ ଯାଏ ମୁକ୍ତା ହୋଇ ॥
ପୂର୍ଣ୍ଣ ସରୋବରେ ସାରସ ଯୁଗଳେ
କ୍ରୀଡ଼ନ୍ତି କେଳି କୂଜନେ

ଧରଣୀରେ ଶୋଭା ନିରେଖେ ବିହଗ
    ଖଞ୍ଜନ ନୟନ କୋଣେ ॥
କାଶତଣ୍ଡୀ ଫୁଲେ ହସଇ ଧରିତ୍ରୀ
    ସୂର୍ଯ୍ୟ ତେଜ ଯେଣୁ ଖର
ହେ ବାନ୍ଧବ ମୋତେ ବରଜି ରହିଲୁ
    ଅନଙ୍ଗେ ଜଳେ ଶରୀର ॥
ବିରହ-ହସ୍ତିନୀ ଶଲ୍ୟ ବିଷାଣରେ
    ମୋ ଅପଘନ ଦଳିତ
ଚୂରି ଚୂରି ହରିନିଏ ତନୁ ଶିରୀ
    ମୋତେ କରି ଅଣାୟତ୍ତ ॥
ହେ କାନ୍ତ ମୋ ପାଶେ ତୁ ଆସ, କୁଞ୍ଜରେ
    ଯେସନେ ନାଶେ ମୃଗେଶ
ଅତର୍କିତେ ଆସି ଦିଅ ତାରେ ନାଶି
    ଦୟାରେ ମୋ ଜୀବରଖ ॥"

"ହେ ପ୍ରିୟ ! ନିର୍ଦ୍ଦୟ ନୋହି ବିନାଶିବୁ ବିରହ ହସ୍ତିନୀ
ଗଜ ସଙ୍ଗେ ସିଂହସମ, ନିସ୍ତାରିଣ ତୋର ବିଯୋଗିନୀ ॥"

॥ ୩୪୮ ॥

ରାସ ପୂର୍ଣ୍ଣିମାର ଚନ୍ଦ୍ରର ଆଲୋକ
    ଧରଣୀ ଶୀତଳ ହୁଏ
ନାଗମତୀ କହେ, "ମୋର ଏ ବିରହ
    ଜ୍ୱାଳା ମୋ ତନୁ ଜଳାଏ ॥
ଚତୁର୍ଦ୍ଦଶୀ କଳା ଜ୍ୟୋତ୍ସ୍ନା ଝରିଯାଏ
    ଭରି ଗଗନ ଅବନୀ
ସୁଖଦ ଶୀତଳ ସମ୍ମୋହନ ଚାହେଁ
    ବିମୋହିତ ସର୍ବ ପ୍ରାଣୀ ॥
ମତେ କିନ୍ତୁ ଲାଗେ ଜଳେ ଏ ଚାନ୍ଦିନୀ

ମୋ ଦେହ ଶଯ୍ୟା ସହିତ
ରାହୁ ଗ୍ରାସି ଦିଏ ମୋ ବିରହୀ ମନ
କରି ତମ ଘନୀଭୂତ ॥
ହେ ନିର୍ମମ କାନ୍ତ ! ଆସ ମୋ ଭବନେ
ଦୀପାବଳୀ ପର୍ବ ପାଳି
ମୋ ସଙ୍ଗିନୀଗଣ ପାଳନ୍ତି ଉଲ୍ଲାସେ
ଝୁମୁରୀ ସଙ୍ଗୀତ ବୋଲି ॥
ଦୀପ ଜାଳି ସର୍ବେ ପାଳନ୍ତି ଭବନେ
ଚଉଦିଗ ମୋ' ଅନ୍ଧାର
ବାନ୍ଧବ ବିହୀନ ମୋ ଶୂନ୍ୟ ଭବନ
ଦ୍ୱିତୀୟେ ସପତ୍ନୀ କାଳ ॥
ମୋ ସଜନୀଗଣ ଆପଣାର ପ୍ରିୟ
ସାଥେ ଖେଳନ୍ତି ଅନେକ
ପ୍ରିୟ ବିନା ମୁହିଁ କି ଖେଳ ଖେଳିବି ?
ହୋଲି ଜାଳିବି ନିଶ୍ଚିତ ॥"
"ମୋ ଶିରେ ଅନଳ ଜାଳି ମନାଇବି ପର୍ବ।
ଏକାନ୍ତ ଏ ଶୂନ୍ୟ ଗୃହେ ହୋଲିର ଉତ୍ସବ ॥"

॥ ୩୪୯ ॥

"ମାର୍ଗଶୀର ମାସ ଦିନ କ୍ଷୀଣ ହୁଏ
ରାତ୍ରୀ ହୁଏ ସୁଗଭୀର
ବିଚ୍ଛେଦ ଜନିତ କାମଶରପୀଡ଼ା
ବେପଥୁ ସାଥେ ଶୀତର ॥
ଅବଳା ତନୁଶ୍ରୀ କ୍ରମେ ଯାଏ ଶୁଖି
ଦିବସ ପରି ନିଊନ
ମୁହିଁ ବିଯୋଗିନୀ ବିରହ ଜ୍ୱଳନେ
ଜଳୁଅଛି ଅନୁକ୍ଷଣ ॥
ଏକାକିନୀ ରହି ସଦା ଜଳୁଥାଇ

ଯେସନେ ପ୍ରଦୀପ ବତି
ଅନ୍ତର୍ଦାହେ ଜଳି, କ୍ରମେ ଯାଏ ସରି
ଭସ୍ମ ସାରେ ମହୀ ଲୋଟି ॥
ମୋ ସଜନୀକୁଳ ବିଭିନ୍ନ ରଙ୍ଗର
ଶୀତ ଚେଳ ପରିଧାନେ
ସ୍ୱାମୀ ସଙ୍ଗେ ରସି ହୁଅନ୍ତି ମୋଦିତ
ହସା ପରିହାସ ଗାନେ ॥
ମୋ ସ୍ୱାମୀ ନାହାନ୍ତି ରୂପ ରଙ୍ଗେ ମାତି
ଖେଳିବାକୁ କଉତୁକେ
ମୋର ରୂପ ରଙ୍ଗ ଘେନି ନିଜ ସାଥେ
ମୋ ସ୍ୱାମୀ ଗଲେ ବିଦେଶେ ॥
ମୋ ପତି ଫେରିଲେ ରୂପ ରସ ସାଥେ
କମିବ ଶୀତ କମ୍ପନ
ଅପସରି ଯିବ ଯଉବନ ଜ୍ୱାଳା
ଘେନି ସ୍ୱାମୀ ଆଲିଙ୍ଗନ ॥
ମୋ ପ୍ରିୟ ଅଗ୍ରତେ ସନ୍ଦେଶ ତୁରନ୍ତେ
ଦିଅ ହେ ଭ୍ରମର, କାକ।
କଦାପି ବିଳମ୍ବ ନ କରିବେ ସ୍ୱାମୀ
ଆସିବେ ପାଶେ ନିଶ୍ଚିତ ॥"

"ମୋ ଅଙ୍ଗ ବିରହ ଅଗ୍ନି ଜ୍ୱଳନର ଧାସେ
ମଧୁପ, ବାୟସ ହେଲେ କୃଷ୍ଣ ବର୍ଣ୍ଣ
ଜ୍ୱଳନ ଦହନ ତ୍ରାସେ।"

॥ ୩୫୦ ॥

"ପୌଷମାସ ଶୀତେ ମୋ ଅଙ୍ଗ ନିରତେ
 କମ୍ପୁଅଛି ଥର ଥର
ତପନ ତାପବି ହିମାଳ ନ ସହେ
 ଗମନ୍ତି ଲଙ୍କା ଦିଶାର ॥
ବିରହ, ହେମାଳ ଦୁହେଁ ହୋଇ ମେଳ
 ଦହନ୍ତି ମୋର ଜୀବନ
ପାଶେ ଥିଲେ ପତି ତାଙ୍କ ହୃଷଦ ଲାଖି
 ଶୀତରୁ ପ୍ରଆନ୍ତି ତ୍ରାଣ ॥
ସେତ ବହୁଦୂରେ ମୋ ଶ୍ୱେତ ଶେଯରେ
 ହିମ ହୁଏ ତେଣୁ ଅତି
ନିମଜ୍ଜିତ ହୋଇ ରହିଅଛି ମୁହିଁ
 ଅସରନ୍ତି ଦିବାରାତି ॥
ରାତ୍ରି ବିଚ୍ଛେଦ ସହିଥିଲେ ମଧ୍ୟ
 ସାରଙ୍ଗ ଯୁଗଳ ସୁଖେ
କ୍ରୀଡ଼ନ୍ତି ଉଲ୍ଲାସେ ସୂର୍ଯ୍ୟ ଯିବା ଯାକେ
 ଦୂର ଅସ୍ତାଚଳ ଶିଖେ ॥
ପିକବଧୂ ପରି ପ୍ରିୟ ପ୍ରିୟ ବୋଲି
 ଥକି ମୁଁ ଗଲିଣି ରହି
କୁହୁ କୁହୁ କରି ଏକାକିନୀ ନାରୀ
 ବିରହ ନପାରେ ସହି ॥
ବିରହ ଛଞ୍ଚାଣ ଖୁମ୍ପି ଖୁମ୍ପି ପ୍ରାଣ
 ଜୀବନ୍ତେ ଚର୍ବଣ କରେ
ରକ୍ତ ଶୁଖିଯାଏ, ଅସ୍ଥି ଫମ୍ପା ହୁଏ
 ହେ ପ୍ରିୟ ଆସ ସତ୍ୱରେ ॥
ବିରହିଣୀ ତବ ସାରସ ବିହଗୀ
 ଜୀବନ୍ତେ ଗଲାଣି ମରି
ଏବେ ପ୍ରିୟ ଆସି, ନିଅ ତୁ ସାଉଁଟି
 ତା ପକ୍ଷ ଏକତ୍ର କରି ॥"

॥ ୩୫୧ ॥

"ଏବେ ମାଘ ମାସ ଧରିତ୍ରୀରେ ଆସେ
ହିମ ପଡ଼େ ଝର ଝର
ତୁଳା ବସନରେ ଯେତେ ଛାଇ ହେଲେ
ସେତେ ଶୀତେ ଥର ଥର।
ହେ ନାଥ' ତୁ ଆସ ସତ୍ୱରେ ମୋ ପାଶ
ପ୍ରଚଣ୍ଡ ମାର୍ତ୍ତଣ୍ଡ ଜାଳେ
ମାଘର ହେମାଳ ତୋ ତନୁ ତାପରେ
ମୋ ତନୁ ତେଜିବ ହେଲେ ॥
ଏହି ମାଘ ମାସେ ଶ୍ରୀପଞ୍ଚମୀ ଆସେ
ଘେନି ମଧୁ ଆଗମନୀ
ରସବତୀ ରସା ମୋ ଯୌବନ ଫୁଲେ
ତହିଁ ମଧୁପ ବିନ୍ଧାଣୀ ॥
ମାଘ ବରଷାର ହିମ ଜଳ ପରି
ମୋ ନେତ୍ରୁ ବହଇ ନୀର
ସେ ପୁଣି ଏ ମୋର ବସନେ ଲାଗିଲେ
ଜଳଇ କିବା ଅଳନ ॥
କାହା ପାଇଁ ନାଥ, ବେଶ ବିନ୍ୟାସିବି
ରେଶମୀ ବସନେ ସାଜି
ହାର ଗଳୁ ସିନା ଗଳି ପଡୁଅଛି
କ୍ଷୀଣ ତନୁ ଗଳା ଲାଗି ॥
ଏ ତନୁ ମଦନ ଦହନେ ହେଲାଣି
ତୃଣ ପରି ଦୋହଲାଇ
ମଦନ ଅନଳ ଦିବସ ନିଶିରେ
ଅବିରତ ଜଳୁଥାଇ" ॥

ତଥାପି ଏ କାମାନଳ ନୁହଁଇ ସନ୍ତୋଷ।
ପବନ ପାଲଟି ନେବ ଉଡ଼ାଇଣ ଉଷ୍ମ ଅବଶେଷ ॥

■

॥ ୩୫୨ ॥

ଫଗୁଣ ପବନ କହେ ଅନୁକ୍ଷଣ
    ଭଉଁରୀରେ ଖେଳି ଖେଳି
ଶୀତ ଚାରିଗୁଣେ ଲାଗେ ମୋ ଶରୀରେ
    ବିରହ ସଙ୍ଗତେ ମିଳି ।
ବୃକ୍ଷେ ଝରାପତ୍ର ହେଲାପରି ପୀତ
    ଅଙ୍ଗ ମୋ ଦିଶେ ବିବର୍ଣ୍ଣ
ହେ କାନ୍ତ ତୋ ବିନା ଅସମ୍ଭବ ସିନା
    ମୋର ଜୀବନ ରକ୍ଷଣ ।
ଲତା, ଗୁଳ୍ମ, ଦ୍ରୁମ ଦିଶେ ପତ୍ରହୀନ
    ଝର ପତ୍ର ତଳୁ ଘେନି
ଖେଳଇ ସମୀର ଭଉଁରୀରେ ମେଳ
    ଶୁଭେ ମର୍ମରିତ ଧ୍ୱନୀ ।
ପୁଷ୍ପ ଫଳ ଥିବା, ଦ୍ରୁମାଦିର ଶାଖା
    ପତ୍ରହୀନ ଦିଶୁ ଅଛି
ମାତ୍ର ବନସ୍ପତି (ଯହିଁ) ପଲ୍ଲବିତ ହେଇ
    କୋମଳ ପତ୍ରେ ମଣ୍ଡୁଛି ।
ଦର୍ଶନେ ତାହାକୁ, ଦବିଯାଏ ବୁକୁ
    ହୁଅଇ ମନ ବିବ୍ରତ
ଭାବେ କାନ୍ତସଙ୍ଗ ପାଇ ମୋର ଅଙ୍ଗ
    ହେବ ପୁଣି ଅଙ୍କୁରିତ ॥
ମୋ ସଜନୀଗଣ ପାଳନ୍ତି ଫଗୁଣ
    ବେଶଭୂଷା ଆୟୋଜନେ
ଚାଁଚର ସଙ୍ଗୀତ ଗାଇ ସ୍ୱାମୀ ସାତେ
    ମଜ୍ଜନ୍ତି ପର୍ବପାଳନେ ॥
ସଜନୀଙ୍କ ସୁଖ ଦେଖିଲେ ବିମୁଖ
    ହୋଲିର ଜ୍ୱଳନ ଶିଖା
ମୋ ଦେହେ ସଞ୍ଚରି ଯାଉଅଛି ଜଳି

ବିଚ୍ଛେଦ ଅନଳ ନିଶା ॥
ତୋ ବିଚ୍ଛେଦେ ଜଳି, ଯାଏ ମୁଁ ମଉଳି
ତୋ ଆଶ୍ୱାସ ପାଏ ନାହିଁ
କେତେ ଜଳୁଥିବି ଅସରା କାଳକୁ
ଆସିବାକୁ ପାଶେ ତୁହି ॥
ସେହି ଜ୍ୱଳନରେ ଭସ୍ମ ହୋଇ କାଳେ
ଅନିଳ ଉଡ଼ାଇ ନେଉ
ମୋ ପ୍ରିୟ କାନ୍ତର ଚଳନ ମାର୍ଗରେ
ଭସ୍ମ ରେଣୁ ଝରି ଯାଉ ॥
ମୋ କାନ୍ତ ପଦର ପରଶ, ସମୀର
ମୋ ଭସ୍ମ ଉଡ଼ାଇ ନିଅ
ତା ପାଦେ ପରଶ ପାଇହେବ ସୁଖୀ
କର ମତେ ବିନିମୟ ॥"

॥ ୩୫୩ ॥

"ଚଇତାଳି ବାଆ ପରଶେ ଧରାକୁ
ଉଚ୍ଚାଟ ସକଳ ମନେ
ଯହିଁ ଦେଖ ତହିଁ ଗୀତ ବାଇଦର
ଶବଦ ଶୁଭଇ କାନେ।
ଏ ମୋର ସଂସାର ଉଜୁଡ଼ି ଯାଇଛି
ତୋ ବିନୁ ଏକାକୀ ମୁହିଁ
ପଞ୍ଚ ପ୍ରାଣ ମୋର ପଞ୍ଚ କାମ ଶରେ
ମଦନ ଦେଉଛି ଦହି ॥
ଦୂର ବନ ଭୂମି ତାରୁ ଲତା ଦ୍ରୁମେ
ମୋ ଆଖି ଅଶ୍ରୁଳ ହେଇ
ରକ୍ତ ଅଶ୍ରୁ ହୋଇ ଲୋହିତ ବରଣେ
ପଲ୍ଲବେ ଭରିଛି ରହି ॥
ପଳାଶର ବଣ, ମଞ୍ଜିଷ୍ଠା ଗହଣ

ଆରକ୍ତିମ ଦିଶେ ଝଳି
ଫଳ ଧରି ଆସେ, ମୁକୁଳିତ ଦ୍ରୁମେ
ଲତା ବିତାନ ଗହଳି ॥
ମାଳତୀ ଫୁଲରେ ପୁଣି ରସି ବସେ
ଫେରି ଆସି ବା ମଧୁପ
ଫୁଲକୁ ଦେଖିଲେ ମୋ ଦେହେ କଣ୍ଟକ
ପୀଡ଼ା କରଇ ଅନେକ ॥
ନାରଙ୍ଗ ଶାଖାରେ ରସ ଭରି ଯାଏ
ଯଉବନ ଫଳ ହୋଇ
ମୀନକେତନର ଶରେ ଅପଘନ
ସୁପ୍ତ କାମ ଉଠେ ଚେଇଁ ॥
ମୋ କାମ କଷଣ, ଅଳୀକ ନମାନ
ମୋ ଶୂନ୍ୟ ଭବନେ ଆସ
ଲୋଟଣୀ ପାରାଟି ଦୂର ଆକାଶରୁ
ଲେଉଟେ ଧରା ଯେମନ୍ତ ॥
ହେ ଶ୍ରୀମନ୍ତ ନାଥ, ଆସତୁ ତ୍ୱରିତ
ଆବଦ୍ଧ କାମେ ଯୁବତୀ
ତୋର ବିନା କିଏ ହୋଇବ ପ୍ରିୟ
ଏ ମୋର ବିରହ ତାତି ॥"

॥ ୩୫୪ ॥

"ଆସେ ବଇଶାଖ ଧରଣୀ ବିବଶ
ପ୍ରଖର ତପନ ଜାଳେ
ତପ୍ତ ରେଣୁ ଘୂରେ ତପତ ସମୀରେ
ଅମ୍ବରେ ଅବନୀ ତଳେ ॥
ଚନ୍ଦନୀ ବସନ କାଞ୍ଚି ଦାମ ସ୍ତନ-
ଯୁଗଳ ଉଠଇ ଜଳି
ତନୁ ମନ ମୋର କରଇ ଅସ୍ଥିର

ତାପଜ ନୁହେଁ ନିବାରି ॥
ହେବାକୁ ଶୀତଳ ଗମନ୍ତି ମିହିର
ଉତ୍ତରାୟଣକୁ ଗତି
ସୂର୍ଯ୍ୟଙ୍କ ବିମାନ ଚଳେ ଅବିରାମ
ବିରହ ବ୍ରଜାଗ୍ନି ଲେପି ॥
ଏ ବିରହ କାୟା ବଜ୍ରାଗ୍ନିର ଛାୟା
ସ୍ୱରୂପେ ହେ ପ୍ରିୟ ଆସି
ଅଙ୍ଗାର ସମାନ ଜଳେ ଅପଘନ
ବିରହ ଦିଅ ବିନାଶି ॥
ତପ୍ତକୁଣ୍ଡ ପରି ଜଳୁଛି ମୁଁ ପୋଡ଼ି
ଯେତେ ଭାଜୁଥିବ ମୋତେ
ତୁମ ପାରୁଶରୁ ତୁମର ଦୁଆରୁ
ଫେରିବିନି କଦାଚିତେ ॥
ହାଣ୍ଡିରୁ ଯେସନେ ରେଣୁ କଦାଚନେ
ତେଜ ଯାଇପାରେ ନାହିଁ
ତେସନେ ହେ ପ୍ରିୟ, ନ ପାରିବି ଗମି
ତୁମ ସାନିଧ୍ୟୁ ଦୂରେଇ ॥
ପ୍ରଚଣ୍ଡ ସୂର୍ଯ୍ୟର ତାପେ ସରୋବର
ଶୁଷ୍କ ହୁଏ ଦୁଇ ଭାଗେ
ସେପରି ମୋ ହୃଦ ହେଉଛି ଦି'ଭାଗ
ବିଚ୍ଛେଦ ଅନଳ ସଙ୍ଗେ ॥
ତବ ଦୃଷ୍ଟିପାତ-ସଲିଳ ପ୍ରପାତେ
ଝରାଇ ହେ ପ୍ରିୟତମ
ଦିଅ ତାରେ ଯୋଡ଼ି ଅନୁଗ୍ରହ କରି
ହୃଷଦ କରି ଆଲିଙ୍ଗନ ॥
ମାନସରବର ପୁଷ୍ପିତ କମଳ
ପରି ମୁଁ ଥିଲି ଅତୀତେ
ତବ ଅଦର୍ଶନେ ସେ ଭୂମି ଅୟନେ
ଜୀବିତ ଅଛି କିଞ୍ଚିତେ ॥

ହେ ହୃଦୟେଶ୍ୱର ଆସ ହେ ସତ୍ୱର
   କୃପା କର ଜଳ ଦାନେ
ସେ ଜଳେ ନିଶ୍ଚିତ ହେବ ପଲ୍ଲବିତ
   ତନୁ ଯୌବନ ଜୀବନେ ॥"

॥ ୩୫୫ ॥

"ଝଡ଼ ଝଞ୍ଜା ବହେ ଏ ଜ୍ୟେଷ୍ଠ ମାସରେ
   ଘୂରଇ ଆବର୍ତ୍ତ କରି
ଚତୁର୍ଦ୍ଦିଗେ ବ୍ୟାପି ତପନ ଅନିଳ
   ତପ୍ତ ହୁଏ ବସୁନ୍ଧରୀ।
ଦୂରେ ମୃଗତୃଷ୍ଣା ନୀଳ ଜଳ ଦେଖି
   ପଥିକ ହୁଏ ବାଉଳା
ଭ୍ରାନ୍ତି ବୁଝି ମନେ ଆସଇ ବିମନେ
   ଭ୍ରାନ୍ତ ପାନ୍ଥ ତୃଷାତୁରା ॥
ଏ ଝଡ଼ ଝଞ୍ଜାର ଭୀଷଣ ଅନଳ
   ଭୟେ ନ ଦେଖେ ମୋ ନେତ୍ର
ବେଳ ଜାଣି କିବା ମୋ ବିରହ ଅଗ୍ନି
   ଗର୍ଜି ହୁଏ ହନୁମନ୍ତ ॥
ଲଙ୍କାଗଡ଼ ସହ ମୋ ଶରୀର ଦାହି
   ପଲଙ୍କ ସହିତେ ଜାଳି
ପ୍ରିୟତମ ବିନା ଶୂନ୍ୟ ମୋ ମନ୍ଦିର
   ମୋ ଘର ଯାଏ ଉଜୁଡ଼ି ॥
ଏ ଦହନେ ଦହି କାଳିନ୍ଦୀ ସରିତା
   ଶ୍ୟାମ ବର୍ଣ୍ଣ ପାଲଟିଛି
ଏ କଟନ ଝଞ୍ଜା ଅତି ହି ଦାରୁଣ
   ମୋ ଅଙ୍ଗ ଶୁଷ୍କ କରୁଛି ॥
ଏ ମଦନ କାମ ବାୟସ ସ୍ୱରୂପେ
   ଖୁମ୍ପି ଖୁମ୍ପି ଖାଏ ମାଂସ

ମାଂସ ଅବଶେଷେ ଅସ୍ଥି ଖାଉଅଛି
    ହେ କାନ୍ତ ସତ୍ୱରେ ଆସ ॥
ତବ ଦରଶନେ କାକ ଭୀତମନେ
    ଛାଡ଼ିଯିବ ସୁନିଶ୍ଚିତ
ଅପଘନୁ ମୋର ବିରହ ଅନଳ
    ହୋଇଯିବ ନିର୍ବାପିତ ॥
ପର୍ବତ ପାହାଡ଼ ନଦ ନଦୀ ଝର
    ଶଶୀ ଦିବାକର ସହ
ଅମ୍ବରେ ଅମ୍ବୁଜ ଘୂର୍ଣ୍ଣି ଝଡ଼ ତେଜ
    ଅନଳେ ସହନ୍ତି ଦାହ ॥
କବି ଜାୟସୀ କୁହନ୍ତି, ପ୍ରଶଂସାର ଯୋଗ୍ୟ ଅତି
    ଏ ସତୀ ରମଣୀ
ପ୍ରତୀକ୍ଷା କରିଛି ରହି ଅସହ୍ୟ ବେଦନା ସହି
    ସ୍ୱାମୀର ସରଣୀ ।

॥ ୩୫୬ ॥

"ଜ୍ୟେଷ୍ଠ ଆଷାଢ଼ରେ ଅସହ୍ୟ ଉତ୍ତାପେ
    ପ୍ରାଚୀନ ଗୃହର ଛାତ
ପରି ମୋ ଶରୀର ହୁଏ ହନ୍ତସନ୍ତ
    କ୍ରମେ ହୁଏ ଅଶକତ ॥
ମୋର ତନୁ ତୃଣ ପରି ଶୁଷ୍କ ହୁଏ
    ଶୀର୍ଣ୍ଣକରି ତା ଶକତି
ଏ ଛପର ଆଡ଼ି କ୍ଷୀଣ ହେବା ହେତୁ
    ମସ୍ତକେ ପଡୁଛି ଖସି ॥
ବିଯୋଗିନୀ ଜାୟା, ଜଳି ଯାଏ କାୟା
    ବିରହ ଅନଳେ ଜଳି
ରଶିର ବନ୍ଧନ କ୍ଷୀଣ ହୁଏ ଯେଣୁ
    ହୁଗୁଳି ପଡ଼େ ଅର୍ଗଳି ॥

ଛପର ବନ୍ଧନ ଯହିଁ ହୁଏ କ୍ଷୀଣ
ବତା କଥା ହେ କହିବ
ମୋର ସ୍ଥିତି କିଛି ରହୁନାହିଁ ସ୍ଥିର
କିଏ ବା ମତେ ଚାହିଁବ ॥
ରଶିର ଶକତି ସରି ଆସିବାରୁ
ହୁଗୁଳି ଯାଏ ବନ୍ଧନ
ମୋ ଶରୀର ପ୍ରାଣ, ହୁଏ ଅତି କ୍ଷୀଣ
ସମ୍ଭାଳି ନୁହେଁ ଜୀବନ ॥
ଏ ସଙ୍କଟ ବେଳେ କେ ହେବ ସହାୟ
ମୋର ବନ୍ଧୁ କେହି ନାହିଁ
ଆଡ଼ି ବତା ନାହିଁ, କିପରି ତିଷ୍ଠିବ
ଖମ୍ବ ବିନା ସ୍ଥିର ହୋଇ ॥
ସାହା ବା ସାନ୍ତ୍ୱନା ବିନା ମୁହିଁ ସିନା
ନେତ୍ର ଝରେ ଅବିରତ
କଟା ବୃକ୍ଷ ଗଣ୍ଡିପରି ମୁଁ ରହିଛି
ଅଚଳ ହୋଇ ନିରତ ॥
ନେତ୍ର ଅଶ୍ରୁ ଜଳେ ଛାତ ଛିଦ୍ର ଗଳେ
ଜଳ ଝରେ ଅବିରତ
ଛାୟା ବିନା ତାହା ହୁଏ ଛିନ୍ନ ଭିନ୍ନ
ଜଳେ ବୁଡ଼ି ସନ୍ତାପିତ ॥
ଲୋଚନ ଲୋତକେ ମୋ ଶରୀର ହୁଏ
ତବ ଛାୟାବିନା ସିକ୍ତ
ଛାୟା ଦାନ ଦେଇ ଫେଡ଼ ଏ ସଙ୍କଟ
କରି ଜଳରୁ ବିମୁକ୍ତ ॥
ଛାତ ଛିଦ୍ର ଯୋଗୁ ଅଶ୍ରୁଝରି ଝରି
ଆର୍ଦ୍ରଭୂମି ଭାଗ ଭାଗ
ମୋ ଶରୀର ଅଶ୍ରୁଜଳେ ଭାସି ଭାସି
ଜର୍ଜର କରେ ଅନଙ୍ଗ ॥
ଆଉ ସେ ବାଉଁଶ କାହୁଁବା ଆସିବ

ନୂତନ ଛାତ ଓ ତାଟ
ତବ ବିନା କାନ୍ତ ନବ ସାଜ ହେଲେ
ସବୁ ସୁନା ନିରର୍ଥକ ॥
ହେ ପ୍ରିୟ ଅନ୍ୟର ଛପର ତେଜ ତୁ
ସ୍ୱଦେଶକୁ ଫେରି ଆସ
ପୁନର୍ବାର ପୂର୍ବ ପରି ପ୍ରୀତି ଭରି
ମତେ ଦେଇ ଜୀବନ୍ୟାସ ।”

॥ ୩୫୭ ॥

ଊର୍ଦ୍ଧ୍ୱଶ୍ୱାସେ ରାଣୀ ଶେଯୁ ଫୁଲି ଉଠେ
ପୁଣି ଲୋଟଇ ମହୀରେ
ଶ୍ୱାସେ ଅବରୋଧ କିଛି କ୍ଷଣ ଲାଗି
ପୁଣି ଊର୍ଦ୍ଧ୍ୱଶ୍ୱାସ ଛାଡ଼େ ॥
ଖେଦ ଓ କଷଣ ତିଳ ତିଳ କରି
ପ୍ରହରୁ ପ୍ରହରେ ଜମି
ମୁହୂର୍ତ୍ତ ଲାଗଇ ସହସ୍ର ଯାମ କି
ସମ୍ୱତ୍ସର ଅତିକ୍ରମି ॥
ସତୃଷ୍ଣ ନୟନେ ନିରେଖି ଅୟନେ
ଦୁଃଖ ତାପେ ପ୍ରତୀକ୍ଷାରେ
ତଥାପି ତା ସ୍ୱାମୀ ଶ୍ରୀକୃଷ୍ଣ ମୁରାରି
ନଫେରନ୍ତି ଶୂନ୍ୟ ପୁରେ ॥
ତନୁ କ୍ଷୀଣ କରେ ଗଳିତ ରକ୍ତରେ
କ୍ରମେ ଅଙ୍ଗୁ ମାଂସ ଶୂନ୍ୟ
ଆହା ଆହା କରି, ରକ୍ତ ପରି ଝରି
ଅଶ୍ରୁଳ ତା ନେତ୍ର କୋଣ ॥
ଭାଷଇ କଥନେ ଅଶ୍ରୁ ରୋଦନେ
ହେ ପ୍ରିୟ ! ତୋର ମୁଁ ଦାସୀ
ପଦ ସେବା ଦିଅ କର ଅନୁଗ୍ରହ

ଏ ଶୂନ୍ୟ ଗୃହେ ପ୍ରବେଶି ॥
ସନ୍ତାପ ଅଶ୍ରୁରେ ସେ ବର ରମଣୀ
କରେ ଯେତେ ଅନୁରୋଧ
ବନ୍ଧୁ କୁଟୁମ୍ବରେ ସହାନୁଭୂତିରେ
ନ ଦିଅନ୍ତି କେହି ବୋଧ ॥
ଅବଶେଷେ ଗୃହ ତେଜି ଯାଏ ବାଳା
ବନସ୍ତେ ମୟୂରୀ ପରି
ଜୀବଜନ୍ତୁ ଯୁଥେ, ପୁଚ୍ଛିବା ନିମନ୍ତେ
ବିହଙ୍ଗ କୂଳେ ବିଚାରି ॥

॥ ୩୫୮ ॥

ସ୍ୱାମୀର ସନ୍ଧାନ କରି ଅନ୍ୱେଷଣ
ମୟୂରୀ ସମାନ ହୋଇ
ଗମେ ବନ ପଥେ ଗହନ ପାଦପେ
ନାଗମତୀ କଷ୍ଟ ପାଇ ॥
ସପତଣୀ ପାଇଁ ଏତେ ଦୁଃଖ ପାଇ
କଲା ସେହି ବନବାସ
ବିହଙ୍ଗମ ଯୁଥେ ପୁଚ୍ଛଇ ଆରତେ
ଭୋଳା ସ୍ୱାମୀର ସନ୍ଦେଶ ॥
"ମୟୂରୀର ପରି ଫାଶେ ବନ୍ଦୀ କରି
ଅଙ୍ଗେ ମାରି କାମବାଣ।
ମତେ କଲେ ପତି ଏସମ ଅନୀତି
ଖରବାଣ ବିହଙ୍ଗମ ॥
ଶୁଣ ଆରେ କାକ, ଏବେ ବି ମୋ କାନ୍ତ
ଫେରିଲେ ହେବି ମୁଁ ସୁଖୀ
ତାଙ୍କ ପଥ ଚାହିଁ ଥକ୍କିଗଲି ମୁହିଁ
ହେଲି ମୁଁ ହରଡ଼ପକ୍ଷୀ ॥
କିପରି ପ୍ରାପତ ହେବି ପାରାବତ

ଯେ ହେବ ବାର୍ତ୍ତା ବହକ"
ଭାବି ଅପଘନ ହୋଇଲା ବିବର୍ଣ୍ଣ
ପଣ୍ଡୁକ ପକ୍ଷୀର ସଦୃଶ ॥
"ରେ ପଣ୍ଡୁକ ପକ୍ଷୀ, କହତୁ ପତିଙ୍କି
ତାଙ୍କ ମନେ ରୋଷ ରଖି
ଚିତ୍ତ ରୁକ୍ଷ ପକ୍ଷୀ କଲେବି, ତା ବିନେ
ଅନ୍ୟକୁ ନାହିଁ ନିରେଖି ॥
ଆରେ ରେ ବତକ ଗମିବୁ ସଳଖ
ଜଣା ତୁ ପତି ଅଗ୍ରତେ
ଧୂସରୀତ ବର୍ଣ୍ଣ ଲଓ୍ୱା ବିହଙ୍ଗମ
ମିଳାଅ ମୋ ପ୍ରିୟ ସାଥେ ॥
ପ୍ରିୟକୁ ମିଳାଇ ଗଉରବ ପାଇ
ଗୈରୟା ପକ୍ଷୀତୁ ହୁଅ
କୁହୁ କୁହୁ ସ୍ୱନେ କୋକିଳ ଯେସନେ
କାନ୍ଦୁଛି ମୁଁ ଅହରହ ॥
ତିତିରିକୁ ଧରି ଜଳ ହଂସରାଳି
ଯାଅ ତୁ ସ୍ୱାମୀ ସମୀପ
ବିଶଦେ ବୁଝାଇ ଭାଷିବୁ ମନାଇଁ
ପ୍ରିୟ ଫେରିବେ ସ୍ୱଦେଶ ॥"
କୁକୁଭ ବିହଗ, ସାଜିଛି ବିରହ
ଅଙ୍ଗ ମାଂସ କରେ ଖିନ୍ନ
ସନ୍ଦେଶ ବାହକ ଯେଉଁ ପକ୍ଷୀ ହୁଏ
ନ ସହେ ବହ୍ନି ଜ୍ୱଳନ ॥
ଯେଉଁ ଶାଖା ଦ୍ରୁମେ, ବାର୍ତ୍ତାବହ ଗମେ
ସେ ହୁଅଇ ପତ୍ରଶୂନ୍ୟ
ଏ ମହା ଅରଣ୍ୟ ଅଚିରେ ହେବ ବା
ଚିତ୍ତୋର ଗଡ଼ ଶ୍ମଶାନ ॥

■

॥ ୩୫୯ ॥

ପିକ ବଧୂ ସମ ରୋଦେ ଅବିରାମ
    ଅଶ୍ରୁଝରେ ରକ୍ତ ପରି
ସତେ ବା ନୟନୁ ଗୁଞ୍ଜାଫଳ ଝରେ
    ବନଭୂମି ଦିଏ ଭରି ॥
ତା ତନୁ, ନୟନ କଲେ ବି କ୍ରନ୍ଦନ
    କାଇଁଚର ମୁଖ ସମ
ଘନ କୃଷ୍ଣବର୍ଣ୍ଣ ତା ମୁଖବରନ
    ନ ଲଭି କାନ୍ତ ଦର୍ଶନ ।
ଯହିଁ ହୁଏ ଉଭା, ରକ୍ତ ଅଶ୍ରୁ ସଦା
    ଜମିଯାଏ ଜୀବ ସତ୍ତା
ସେ ଗୁଞ୍ଜା କାନ୍ଦଇ ପ୍ରିୟ ପ୍ରିୟ କହି
    ନ ଦେଖି ପ୍ରିୟ ବାରତା ॥
କିଂଶୁକ ବୃକ୍ଷର ପତ୍ର ଝରିଗଲା
    ରୋଦନ ଶବଦ ଶୁଣି
ପୁଣି ଅଶ୍ରୁ ରକ୍ତେ ପୁଷ୍ପିତ ପଳାଶ
    ଲୋହିତ ସେ ବନଭୂମି ।
ରକ୍ତେ ବିମ୍ବଫଳ, ପୋଟଳ ଫଳର
    ବର୍ଣ୍ଣ ହେଲା ଆରକ୍ତିମ
ଗୋଧୂମ ହୃଦୟ ଫାଟି ତୁଟିଯାଏ
    ରକ୍ତେ ବୁଡ଼ି ଅକାରଣ ॥
ସର୍ବ ବନସ୍ଥଳୀ ହେଲେ ବି ଏପରି
    ନ ଜାଣିଲେ ରତ୍ନସେନ
ସନ୍ଦେଶ କେ ନେବ କେଉଁ ଜୀବ ଯିବ
    ସିଂହଳ କରି ଗମନ ॥
ନିରାଶରେ ଅତି କହେ ନାଗମତୀ
    "ସିଂହଳେ ନାହିଁ ଏମନ୍ତ

ପପିହା କୋଇଲି ବିହଗ କାକଳି
କଳକଣ୍ଠ ସୁଲଳିତ ॥"

ବର୍ଷା ଋତୁ ନାହିଁ ତହିଁ, ନାହିଁ ଶୀତ ହେମନ୍ତ ବସନ୍ତ ।
ଅନୁଭବି ଅଙ୍ଗେ ଯାହା ଫେରିବାକୁ ସ୍ୱଦେଶ ତୁରନ୍ତ ॥

॥ ୩୬୦ ॥

କେତେ ଅଶ୍ରୁଢାଳି କାନ୍ଦଇ ସେ ନାରୀ
କେହି ସହାନୁଭୂତିରେ
ନୋହି ଦ୍ରବୀଭୂତ ନ ବଢ଼ାନ୍ତି ହସ୍ତ
ସାନ୍ତ୍ୱନା ଦେବାକୁ ତା'ରେ ॥
କେଉଁ ପାନ୍ଥ ପକ୍ଷୀ କରୁଥିଲା ଗତି
ଦୂରଦିଗନ୍ତ ଆକାଶେ
ଖେଚର ବିହଗ, ଚଳଇ ନିଃଶଙ୍କ
ଏକାକୀ, ଅର୍ଦ୍ଧ ନିଶୀଥେ ॥
ଦେଖିବ ଅତର୍କିତେ ପୁଚ୍ଛଇ ଆଗତେ
"ହେ ନାରୀ କିମ୍ପା ତୁ ଏଥି
ଏକାକୀ ରୋଦନ କରୁ ଅକାରଣ
ଅଶୟନେ ଯାପି ନିଶି ।
ବିହଙ୍ଗମ ଯୁଥେ ଯାପନ୍ତି ଆରତେ
ଦାହେ ହୋଇ ସନ୍ତାପିତ
କି ଦୁଃଖ ତୋହର ଦୁଃଖ ଦୁର୍ଦ୍ଦିନର
ବଢୁଅଛି ଅବିରତ ॥"
କହେ ସେ ରମଣୀ "କିପରି କାମିନୀ
ସ୍ୱପନେ ଯାପିବ ନିଶି ॥
ସିଂହଳ ଦ୍ୱୀପକୁ ଗଲେ ତପୀ ହୋଇ
ନଫେରି ଆପଣା ଦେଶେ
ସେଦିନୁ ସନ୍ଦେଶ ନ ପାଇ ନିରାଶ

ହୋଇ ରହିଛି ଅବଶେ ॥
ମୋ ସ୍ୱାମୀଙ୍କୁ ସ୍ୱାତୀ ନକ୍ଷତ୍ର ସଦୃଶ
ଚାହିଁଛି ମୁଁ ଶୁକ୍ତି ହୋଇ
କେତେ ସାଧୁସନ୍ଥ ପୁଛି ମୁଁ ଉଦନ୍ତ
ଥକି ଗଲିଣି ମୁଁ ରହି ॥
ମୋର ଚଉଦିଗ ଘନ ଅନ୍ଧକାର
କେହି ମୋର ସାହା ନାହିଁ
ତୁ ହେବୁ କି ମୋର ସନ୍ଦେଶ ବାହକ
ମୋ ଦୁଃଖ ତାରିବା ପାଇଁ ॥"
"ଯଦି ତୁ ଶ୍ରବଣ କରୁ, ବିରହ ଅନଳେ।
ଜଳୁଛି ମୁଁ ଦିବା ରାତ୍ରି, ରକ୍ତ ଅଶ୍ରୁଜଳେ ॥"

॥ ୩୬୧ ॥

"ରେ ବହଗ ଭାଇ, ଦୁଃଖ ସିନା ସେଇ
ଶୁଣିବାକୁ ଉପଯୁକ୍ତ
ଅନ୍ୟର କଦନ ଶୁଣି ଯା'ର ମନ
ଅନୁଭବେ ତା'ର ଚିତ୍ତ ॥
କିଏ କହେ ଭୀମ, ଦେବାକୁ ଶରଣ
ଦଙ୍ଗବକୁ କରେ ମିତ୍ର
ଆପଣା ଜୀବନ ବଳି ଦେବା ପାଇଁ
ସଂଗ୍ରାମେ ହୋଇବ ରତ ॥
ସିଂହଳ ଦ୍ୱୀପକୁ କିଏ ଘେନି ଯିବ
ମୋ ସ୍ୱାମୀ ଲାଗି ସନ୍ଦେଶ
ମୁଁ ବିୟୋଗିନୀ କିନ୍ନରୀ ବୀଣା ହୋଇ
ସନ୍ତାପେ ହୁଏ ନିରାଶ ॥
ବାଇ ତହିଁ ଶିଙ୍ଗା କରନ୍ତି ଯାଚନା
ପ୍ରେମିକାକୁ ସେ ଦେଶରେ
ମୁହିଁ ଭସ୍ମ ହୋଇ ହେବାକୁ ବିଭୂତି

ଭାବୁଛି ତାଙ୍କ ଶରୀରେ ॥
ସେ କିନ୍ତୁ ବିଭୂତି ନ ନିଅନ୍ତି ପୋଛି
ବାର୍ତ୍ତା କେ ଦେବ ପ୍ରିୟକୁ
ଦେବ ଯିଏ ବାର୍ତ୍ତା-ତା ପାଦ ପାଦୁକା
ହୋଇ ପୂଜିବି ତାହାଙ୍କୁ ॥
ମୋ ପ୍ରିୟର ଗୁଣ ଗୁଣି ଅବିରାମ
ମୁଁ ତାଙ୍କର ଜପମାଳା
ହେଲେ ବି ନଆସି ହୋଇ ପରଦେଶୀ
ମତେ କଲେ ଅବହେଳା ॥
ଏବେବି ନ ଦେଖି ଚର୍ମଗଲା ଶୁଖି
ଉପଚାରୀ ଆସ୍ଥାନର
ଚର୍ମାସନ ହେଲା ମୋ ଅଙ୍ଗର ଚର୍ମ
ତାଙ୍କଠୁ ନୋହି ଅନ୍ତର ॥
ଏ କାମଜ ଶର କୋରି କୋରି ମୋର
ହୃଦ କଲା ଭୁକ୍ତି ଥାଳ
ପବନ ଅଶନ କରି ମୋ ଜୀବନ
ଜୀବିତ ହେଲି ଅସାର ॥
ଅସ୍ଥିର ମୋର ଶୁଷ୍କ, ବାଦ୍ୟ ଉପଯୁକ୍ତ
ହୋଇଛି କିନ୍ନରୀ ବୀଣା
ଧମନୀର ତନ୍ତୁ ହୋଇବ ଗୁଞ୍ଜିତ
ବିଳପି ମୋର ବେଦନା ॥
ଏ ମୋର ଶରୀର, ଲୋମ କୂପୁଁ ତାର
ଉଚ୍ଛୁଳେ ବୀଣାର ଧ୍ୱନି
ବିରହ ବେଦନା ଭରିଯାଏ ତେଣୁ
ଆବୃତ କରି ଅବନୀ ॥”

“ଗମନ କର ବିହଗ ! କରନା ବିଳମ୍ବ ।
ତୁରନ୍ତ ଆସିବେ ସ୍ୱାମୀ ପାଇଲେ ସମ୍ବାଦ ॥

॥ ୩୬୨ ॥

ରତ୍ନସେନଙ୍କର ମାତାଙ୍କର ନାମ
  ସୁବିଦିତ ସରସ୍ୱତୀ
ଗୋପୀଚନ୍ଦ୍ରଙ୍କର ମାତାଙ୍କର ନାମ
  ଥିଲା ଯେହ୍ନେ ମୈନାବତୀ ॥
ବୃଦ୍ଧା ଥିଲେ ଅନ୍ଧ, ପୁତ୍ରର ବିଚ୍ଛେଦ
  ନ ସହି ଦିବସ ନିଶି
ସର୍ବଦା ବିଳାପ କରୁଥିଲେ ମାତ
  ପୁତ୍ର ନାମ ମୁଖେ ଘୋଷି ॥
ଭୂତଳ ଆଲୋଡ଼ି ଥିଲେ ଅନୁସରି
  ସ୍ୱପୁତ୍ର ଗଲା ବରଜି
ସତେ କି ଆପଣା ଯୌବନ ରତ୍ନଟି
  ଦରାଣ୍ଡି ଆଣିବେ ଖୋଜି ॥
କୁହନ୍ତି କଥନେ ମୋର ଯଉବନ
  ପୁତ୍ର ନେଲା ସଙ୍ଗେ ତାର
ନିରାଶ୍ରୟ ହୋଇ ଅପର ହସ୍ତକୁ
  ମୋ ଚାହିଁବା ହେଲା ସାର ॥
ହେ ମୋର ନନ୍ଦନ, ଅଛୁ କେଉଁ ସ୍ଥାନେ
  ଆଶା ଯଷ୍ଟି ହୋଇ ମୋର
ଫେରିଆ ଆପଣା ବୃଦ୍ଧା ମାତା ପାଶେ
  ମୋ ନେତ୍ର ସାର୍ଥକ କର ॥
ପ୍ରଦୀପ ଜ୍ୱଳନ ସାର୍ଥକ ଲକ୍ଷଣ
  କରିଥାଏ ଦୀପ ଜ୍ୟୋତି
ପୁତ୍ରହୀନ ଦୃଷ୍ଟି ଅନ୍ଧକାରେ ଲୋଟି
  ହୋଇଥାଏ ଆତ୍ମ ଘାତୀ ॥
ମୋ ପୁତ୍ର ଶ୍ରବଣ କୁମାରକୁ ପାଶେ
  କିଏ ଆଣିଦେବ ମତେ
ତାର ପଦସେବା କରୁଥିବି ମୁହିଁ

ମୋ ଜୀବନ ଅସ୍ତମିତେ ।
ବାହୁଙ୍ଗିରେ ମତେ ବୋହି ଚାଲୁଥିଲୁ
ଶ୍ରବଣ କୁମାର ପରି
ଏବେ ବୃକ୍ଷ ଡାଳେ ଓହଳାଇ ରଖି
କାହିଁ ଗଲୁ ତୁ ବାହାରି
ଶ୍ରବଣ ଶ୍ରବଣ ଡାକି ଅନୁକ୍ଷଣ
ମରୁଛି ତୃଷାର୍ତ୍ତ ମୁହିଁ
ତୋ ବିନା କାହାର ଜଳଦାନେ ମୋର
ମୋ ତୃଷା ମେଣ୍ଟିବ ନାହିଁ ॥"

ଯଦିବା ମୋ ମୃତ୍ୟୁ ପରେ ଦଶରଥ କରିବେ ସଂସ୍କାର ।
ତୋ ବିନା ମୁଁ ତୃଷାତୁର ରହିଥିବି ଚିର କାଳ ॥

■

॥ ୩୬୩ ॥

ନାଗମତୀ ପାଖୁ ଗଲା ବାର୍ତ୍ତାବହ
ବିହଗ ଅଚିରେ
ସିଂହଳ ଦ୍ୱୀପକୁ ଯାଏ ଉଡ଼ି ଉଡ଼ି
ଆକାଶ ପଥରେ ॥
ଉଡ଼ାଣ ଲାଗିଲା ଯଦି ବିରହାଗ୍ନି
ହୋଇଲା ଉଦ୍ଦୀପ୍ତ
ସେ ଦାହେ ତା ଦେହ କଳା, କଳାମେଘ
ଅମ୍ବରେ ଉଦିତ ॥
ଅଗ୍ନିକଣା ତହୁଁ ଉଡ଼ି ଗଗନର
ନକ୍ଷତ୍ରକୁ ଛୁଇଁ
ଉଲ୍‌କା ହୋଇ ପଡ଼େ ଧରିତ୍ରୀରେ
ବନ ପ୍ରାନ୍ତ ଭୂଇଁ ॥
ଯେଉଁ ମାର୍ଗଦେଇ ଯାଏ ସେ ବିହଗ
ସେ ପଥ ପଦାର୍ଥ

ଦାହ ଧାସେ ରାହୁ କେତୁ ଜଳେ ଲଙ୍କା
    ହୁଏ ଭସ୍ମୀଭୂତ ॥
କିଏ ବା ହରିବ ତାପ, ବିଯୋଗିନୀ
    ନାରୀର ସନ୍ତାପ
ଯେଉଁ ସରଣୀରେ ଅନୁସରେ ପକ୍ଷୀ
    (ସେ ଧରଣୀ) ଭୋଗେ ଅଭିଶାପ ॥
ସେ ଦାହର ଅଗ୍ନି କଣା ହିମାଂଶୁର
    ଅଙ୍ଗେ ଯାଏ ପଡ଼ି
ସେ ଅଂଶ କଳଙ୍କ ରୂପେ ଶଶାଙ୍କର
    ଅଙ୍ଗେ ଗଲା ଜଡ଼ି ॥
ପ୍ରବେଶି ସମୁଦ୍ର ତୀରେ ଚିତ୍କାରିଣ
    କାନ୍ଦେ ସେ ଖେଚର
ଜଳ ଜନ୍ତୁ ମଲେ ଦାହେ, ଖାର ହେଲା
    ପାରାବାର ନୀର ॥
ସିଂହଳ ଦ୍ୱୀପ ନିକଟ ସମୁଦ୍ରର
    ତୀର ଉଚ୍ଚ ବୃକ୍ଷେ
ପରିଶେଷେ ପହଞ୍ଚିଲା (ପକ୍ଷୀ) ଥକ୍କା ମାରି
    ଶ୍ରାନ୍ତ ମନେ ଦେଖେ ॥

ଯେ ପର୍ଯ୍ୟନ୍ତ ବାର୍ତ୍ତା ନ ଦେଇଛି ପକ୍ଷୀ, ସେ ପର୍ଯ୍ୟନ୍ତ କ୍ଷୁଧା ତୃଷା ।
ଅନୁଭବେ ନାହିଁ, ରାଜାର ସାକ୍ଷାତେ, ପୂରିବ ତା'ର ପିପାସା ॥

॥ ୩୬୪ ॥

ରତ୍ନସେନ ରାଜା ଆଖେଟ ସାରି
    ଫେରୁଥିଲେ ଶ୍ରାନ୍ତ ହୋଇ
ଦଇବ ସଂଯୋଗେ ସମୁଦ୍ର ତୀରର
    ଉଚ୍ଚ ବୃକ୍ଷ ଦେଖି ତହିଁ ॥
ଅତି ଉଚ୍ଚତମ ସେ ବୃକ୍ଷ ଗହଳ

ଛାୟା ଘେରା ସୁଶୀତଳ
ତୁରଗୁ ଓହ୍ଲାଇ, ସେ ବୃକ୍ଷର ତଳେ
ଏକାନ୍ତେ ବସେ ଭୂପାଳ ॥
ଦୂରେ ସାଥୀ ଲୋକ କରୁଥିଲେ କ୍ରୀଡ଼ା
ଏକାକୀ ରହି ମଉନ
ଶୁଣିଲେ ଶ୍ରବଣେ ସେ ବୃକ୍ଷ ଗହନେ
ବିହଗ କୁଳ କୂଜନ ॥
ପକ୍ଷୀ ଯୁଥ ଭାଷା, ବୁଝୁଥିଲେ ରାଜା
ଶୁଣିଲେ ଶ୍ରବଣ ଡେରି
ଆଗନ୍ତୁକ ପକ୍ଷୀ, ଦେଖି ବିହଙ୍ଗମେ
ପୁଚ୍ଛନ୍ତି ଆଦର କରି ॥
"ହେ ମିତ୍ର! ତୋ ଅଙ୍ଗ କିମ୍ପା କଳା ହେଲା
ଦଗ୍‌ଧ ହେଲୁ (ତୁ) କିମ୍ପାଇଁ?"
ଉତ୍ତରେ ପତତ୍ରୀ, "ଦୁଇ ମାସ ବିତି-
ଗଲାଣି ଶୁଣରେ ଭାଇ ॥
ଉଡ଼ି ଉଡ଼ି ଯାଇ ପହଞ୍ଚିଲି ଦିନେ
ଜମ୍ବୁ ଦ୍ୱୀପ ସନ୍ନିକଟେ,
ସେ ଦେଶେ ନଗରୀ ଦେଖିଲି ଯା ନାମ
ଚିତ୍ତୋର ଗଡ଼ ପ୍ରକଟେ ॥
ସିଂହଳ ଦ୍ୱୀପକୁ ଯୋଗୀ ହୋଇଗଲା
ଚିତ୍ତୋର ଗଡ଼ ନରେଶ
ବାରତା ନ ପାଇ ନାଗମତୀ ରାଣୀ
ଝୁରଇ ରାତ୍ର ଦିବସ ॥
ତା ବିରହ ବାର୍ତ୍ତା ବାହକ ହେବାରୁ
ମୋ ଦଶା ହେଲା ଏପରି
ବିରହ ଅନଳ ଜ୍ୱାଳାରେ ମୋ ଅଙ୍ଗ
ଶୁଣ କହେ ହେତୁ କରି ॥"

।। ୩୬୫ ।।

"ଯେ ଦିନୁ ଗଲେଣି (ସେ) ରାଜ୍ୟ ତେଜି ରାଜା
    ଯୋଗୀ ହୋଇ ସିଂହଳକୁ
ଶ୍ମଶାନ ପରାଏ ଲାଗେ ଚଉଦିଗ
    ଥାଏ ଚାହିଁ ଗଗନକୁ ।।
ନାଗମତୀ ରାଣୀ ଥିଲା ରାଜା ପ୍ରିୟା
    କରି ତାରେ ବିଯୋଗିନୀ
ଫେରନ୍ତା ବାରତା ସେ ରାଣୀ, ନ ପାଇ
    କାନ୍ଦେ ଦିବସ ରଜନୀ ।।
ଝୁରି ଝୁରି ରାଣୀ କଳା କାଠ ଦିଶେ
    ବିରହ ଅନଳେ ଜଳି
ହୁଏତ ସେ ଦାହେ ଜଳୁଥିବ ସଦା
    କେ ନେବ ସନ୍ତାପ ହରି ?
ପାଟ ଦେଇ କାନ୍ଦେ କୁହୁଳି କୁହୁଳି
    ଅଶ୍ରୁ ତା ଉଲ୍‌କା ହୋଇ
ସକଳ ପଦାର୍ଥ ସେ କ୍ଷଣକ ଦାହେ
    ଦହେ ବସୁମତୀ ଛୁଇଁ ।।
ତା ବିରହ ଅଗ୍ନିକଣା ଉଡ଼ି ଯହିଁ ପଡ଼େ
    ସେ ଜଳଇ ଅନୁକ୍ଷଣ
ଧରିତ୍ରୀ ଶୋଭାକୁ ବିନାଶି ସେ ଜାଳେ
    ଛୁଇଁ ଅନନ୍ତ ଗଗନ ।।
ଏ ଅନଳ ଦାହ ଯାତନାରୁ ତାକୁ
    କେ କରିବ ପ୍ରଶମନ
ଜୀବ ଯିବ ତାର ହୃଦୟ ଫୁଟିବ
    କେ ତାରିବ ତାର ପ୍ରାଣ
ମୋ ଜୀବନ ଘେନି ଆସିଛି ଏ ସ୍ଥାନେ
    ମୋ ଅଙ୍ଗ କଳା ନିରେଖି
ପରିହାସ ତୁମେ କରୁଛ ଅଜ୍ଞାତେ

ଆରେ ଜଳଚର ପକ୍ଷୀ ॥
ଭାବିଛ ଅନ୍ତରେ ଏ ଭୀମ ସାଗରେ
ସ୍ପର୍ଶିବ ନାହିଁ ସେ ବହ୍ନି
କଣା ମାତ୍ର ତହିଁ ଯିବ ଭସ୍ମ ହୋଇ
ସବୁ ଜଳ ଜନ୍ତୁ ପ୍ରାଣୀ ॥"

॥ ୩୬୬ ॥

ଚିତ୍ତୋରର ନାମ ଶୁଣି ରତ୍ନସେନ
ପୁଚ୍ଛନ୍ତି ବିସ୍ମିତ ହୋଇ
"ହେ ଭଗବାନ ! ନାଗମତୀ ନାମ
କିଏ କହେ ବୃକ୍ଷେ ଥାଇ ॥
କିଏ ଆଗନ୍ତୁକ ମିତ୍ର ମତେ ଭାବ
ଦେବ, ଦାନବ ବିହଗ
ବ୍ରହ୍ମା ରୁଦ୍ର ରାଣ ତୋ ସତ୍ୟ କଥନ
ଶୁଣି ସନ୍ଦେହ ତୁଟିବ ॥
ନାଗମତୀକୁ ତୁ ସାକ୍ଷାତ କରିଛୁ
କେଉଁ ସ୍ଥାନେ କେଉଁପରି
ତା' ବିରହ ବାର୍ତ୍ତା ଯାହା ବଖାଣିଲୁ
ତା' ମୃତ୍ୟୁ ବର୍ଣ୍ଣନା ଭଳି ॥
ମୁଁ ସେହି ରାଜା ଯୋଗୀ ହୋଇଅଛି
ମୋ ପାଇଁ ସେ ବିଯୋଗିନୀ
ଅନଙ୍ଗ ଜ୍ୱଳନେ ଅଙ୍ଗ ଜଳେ ସଦା
ଜାଳି ଦିବସ ରଜନୀ ॥
ଯେପରି ତା ପାଇଁ ଦୁଃଖ ମୁଁ ଭୋଗୁଛି
ମର୍ମଦେହେ ସଂଗୋପନେ
ମହ ହୁଏ ପକ୍ଷ ଥିଲେ ମୁଁ ଆଗତ
ଉଡ଼ି ପ୍ରିୟାର ଭବନେ ॥

ମୋ ଯୁଗଳ ନେତ୍ରେ ସେ ଦୂର ଦିଗନ୍ତ
ଅୟନେ ରହିଛି ଚାହିଁ
କିନ୍ତୁ କେହି କେବେ ନ ଆସନ୍ତି ଏଥି
ସନ୍ଦେଶ ବାହକ ହୋଇ ॥”

॥ ୩୬୭ ॥

ଉତ୍ତରେ କହେ ବିହଗ, "ନାଗମତୀ ବିରହ ସନ୍ତାପ
ଯେତେ ଶୁଣୁଥିବୁ ସେତେ, ବଢୁଥିବ ନୋହି ଅବଶେଷ।
ଯୋଗ ସାଧି ହେଲୁ ଦେଶାନ୍ତରୀ ବିଯୋଗିନୀ କରି ରାଣୀ
ଯୋଗ କ'ଣ ନ ଜାଣିଲୁ ରାଜା ଅଯୋଗୀ ହେଲୁ ଅଜ୍ଞାନୀ।
ଦକ୍ଷିଣ ଦିଶେ ଶ୍ରୀମୁଖେ ଶଙ୍ଖଫୁଙ୍କି ହୁଏ ଶୁଭକାମ
ସେହିପରି ଶିଙ୍ଗା ଧ୍ୱନିର ଶବଦେ ସର୍ବ ଶୁଭ ହୁଅଇ ଆଗମ।
ତେଲି ଶାଳେ ବାମେ ଘୂରେ ବଳଦର ପଲ ଯେଉଁପରି
ଭ୍ରମରେ ପଡ଼ି ତୁ ରାଜା ବାମପନ୍ଥୀ ତନ୍ତ୍ର ମନ୍ତ୍ରେ ଜଡ଼ି।
ତୁରଗ, ତରଣୀ, ରଥ ଦକ୍ଷିଣର ଦିଶା ଅନୁସରେ
କୁରାଳ, ଚକ୍ର ଯେସନେ ବାମେ ଘୂରି, ରହିଲୁ ନିଶ୍ଚଳେ।
ମୁଁ ବିହଗ, ନୁହେଁ ତୁମ ପରି ଉଡ଼ି ଶୂନ୍ୟ ଚଲା ପଥେ
ଏ ବିଶ୍ୱର ମୂଳ ତତ୍ତ୍ୱ ବୋଧି (ଏ) ଦ୍ୱୀପେ ଆସିଛି ପ୍ରତ୍ୟକ୍ଷେ।
ଦକ୍ଷିଣ ଆବର୍ତ୍ତେ ଘୂରି ସୂର୍ଯ୍ୟ ଚନ୍ଦ୍ର ତାରକା ସମୂହ
ଉଜ୍ଜ୍ୱଳ ଦିଶନ୍ତି ସର୍ବେ ଏ ଅନନ୍ତ ଗଗନେ ଉଦୟ।

ଭାଷନ୍ତି ଜାୟସୀ, ଯେ ଦିନୁ ମୁଁ ବାମ ଚକ୍ଷୁ, ଶ୍ରବଣ ତେଜିଲି
ସେ ଦିନୁ ମୋ ଦକ୍ଷ ଚକ୍ଷୁ କର୍ଣ୍ଣେ ବିଭୂପ୍ରେମ ତତ୍ତ୍ୱେ ଜଡ଼ିଗଲି।
ଦକ୍ଷ ଭାଗେ, ଅନୁଭବୀ ବିଭୂ-ପ୍ରେମ ତତ୍ତ୍ୱର ଯା ସାର
ପପିହା ବିହଗ କଣ୍ଠେ ପ୍ରିୟ ପ୍ରିୟ, ଶୁଣେ ବାରମ୍ବାର ॥

॥ ୩୬୮ ॥

"ଆଦ୍ୟ ଧ୍ରୁବତାରା ଦକ୍ଷ ଭାଗେ ବୁଲି
ସୁମେରୁକୁ ପ୍ରଦକ୍ଷିଣ
ଉଡ଼ି ଶୂନ୍ୟପଥୁ ଗମନେ ଚିତ୍ତୋର
ରାଜ୍ୟ ଦିଶଇ ଶ୍ମଶାନ।
ଦୁର୍ଗ ଶୀର୍ଷ ଦେଶୁ ଉହୁଙ୍କି ଦେଖିଲି
ମନ୍ଦିର ଓ ମୁଖଶାଳା
ରାଣୀ ଅନ୍ତଃପୁର, ଉଦ୍ୟାନ ଉଆସ
ସର୍ବତ୍ର ଶ୍ମଶାନ ଲୀଳା।
ତୋର ବୃଦ୍ଧମାତା କରେ ସଦା ଚିନ୍ତା
ଲୋତକ ଲୋଚନୁ ଢାଳି
ମୋ ପୁତ୍ର ଶ୍ରବଣ ଗଲା କେଉଁ ବନ
ତୃଷାରେ ମୁଁ ଯାଏ ମରି
ଏ ବୃକ୍ଷ ଶାଖାରେ କାନ୍ଧ ଭାର ରଖି,
ଶୁଣେନି ତା ପାଦ ଶବ୍ଦ
ଭଗୀରଥ ପରି ଯାଅ ତୁହି ଫେରି
କର ମୋକ୍ଷ କାମ ଯୋଗ।"

"ଅଦ୍ୟପି ତୋର ସେ ପଥ ଚାହିଁ ଅଛି ତିଳ ସ୍ୱର୍ଣ୍ଣଦାନ
ମାତାର ମୋକ୍ଷର କାରଣ ହୁଅ ତୁ ହୋଇ କଳୁଷ ବିହୀନ ॥"

॥ ୩୬୯ ॥

"ଅପାର ବିରହ ଦୁଃଖରେ ଜଳୁଛି
ଚିତ୍ତୋର ଗଡ଼ର ରାଣୀ
ଯା ବିରହାନଳ ଦାରୁଣ ଶିଖାରେ
ଜଳେ ଅମ୍ବର ଅବନୀ ॥
ନଗର, ମନ୍ଦିର, ମୁଖଶାଳା, ଦ୍ୱାର
ଶୂନ୍ୟ ଶ୍ମଶାନ ସମାନ

ପ୍ରଭୁ କୃପା କରି ନକରୁ ଏପରି
    ରାଜ୍ୟ ପୁରୁଷ ବିହୀନ ॥
ତୋ ପରି ରାଜେନ୍ଦ୍ର, କାମାକ୍ଷା ଆସିଲା
    ମନ୍ତ୍ର ଯନ୍ତ୍ର ଭ୍ରମ ଛଳେ
ଯୋଗ ନ ସାଧିଣ ବିଯୋଗୀ ହୋଇଲା
    ପର ଦେଶ ପାଳିବାରେ ॥
ତୋ ସତୀ ସୁନ୍ଦରୀ ବାଳା ତୋତେ ଝୁରି
    ମୃତ ତୁଲ୍ୟ ଅଛି ରହି।
'ନାଗ' ପାଲଟିଛି, ନାଗମତୀ ରାଣୀ
    ବଞ୍ଚିଛି ପବନ ପିଇ ॥
ଚିଲ ପକ୍ଷୀକୁ ସେ ବିକଳେ କୁହଇ
    ଘେନି ଯା ମୋ ସ୍ୱାମୀ ପାଶେ
ମାଂସ ହୀନ ଅସ୍ଥି ଆହାର ଯୋଗ୍ୟକି
    କାରେ ଅବା ତାହା ରୁଚେ ?
ଏବେ ନାଗମତୀ, 'ନାଗ' ରୂପ ଦେଖି
    ବିରହ ହୋଇ ମୟୂର
ଗ୍ରାସିବାକୁ ଧାଏଁ, ମାର୍ଜାର ହୋଇତୁ
    ଶୀଘ୍ର ତାହାକୁ ସଂହାର ॥
ମାଂସ ଗଳିଯାଏ ବିରହ ନିଆଁରେ
    ଧାସ ଜାଳେ ଅବଶେଷ
ଜଡ଼ି ବୁଟି ନେଇ ଅପହର ରୋଗ
    ତୋ ପ୍ରୀତିରେ ପରିତୋଷ ॥
ତାର ଦୁଃଖ ମୁହିଁ ସହି ନ ପାରିଲି
    ଭେଟିଲି ଯେ ବନଦେଶ
ଏବେ ସେ ଅରଣ୍ୟେ ନ ଫେରିବି ମୁହିଁ
    ତେଜି ମୋ ନୀଳ ନିବାସ ॥
ଏ ଦ୍ୱୀପ ସମୁଦ୍ର ତୀରକୁ ଆସିଲି
    ତଥାପି ସେ ଅଗ୍ନି ଦାହ
ମୋ ହୃଦୟ ଜାଳେ ତା ଦୁଃଖ ଅନଳ
    ମୋ ଦେହ କରି ଅଥୟ।"

॥ ୩୭୦ ॥

"ହେ ରାଜା! ଅପାର ବିରହ ଅନଳେ
ନାଗମତୀ ହୃଦ ଦହେ
ଉଚ୍ଛୁଳି ଜଳିଲେ, ସେ ଅନଳ ଧୂମେ
ମେଘରେ କାଳିମା ହୁଏ।
ରାହୁ କେତୁ ଧାସେ, ହୁଅନ୍ତି ଅଥୟ,
ଜଳେ ସୂର୍ଯ୍ୟ ଗ୍ରହ ଋକ୍ଷ।
ଉଲ୍‌କା ପାତ ହୋଇ, ଧରିତ୍ରୀ ଜଳଇ
ବିଧ୍ୱସ୍ତ କରି ସର୍ବତ୍ର ॥
ଉଜ୍ଜ୍ୱଳ ଚନ୍ଦ୍ରମା ଦିଶେ ଅଧାହୋଇ
କ୍ଷୟ ଆକାଶର ପଥେ
ପୁଣି ସେ ଦାବାଗ୍ନି ଜାଳିଦିଏ, ହେଲେ
ପଳାଶ ଶୋଣିତ ଦିଶେ ॥
ତାର ଦୀର୍ଘଶ୍ୱାସ ବିଷେ ତାତି ଉଠେ
ପର୍ବତ ଗିରି କନ୍ଦର
ଧୂମ ଦାହେ ତାତି, ତପ୍ତ ହୋଇ ଜଳେ
ଜ୍ୱଳନ୍ତେ ହୁଏ ଅଙ୍ଗାର ॥
ସେ ଧାସେ ଜଳଇ, ପତଙ୍ଗ ମଧୁପ
ନାଗ ଓ କୋଇଲି କୁଆ
କଜଳପାତି ବି କଳା ପଡ଼ିଯାଏ
ନସହି ଧାସର ଜ୍ୱାଳା ॥
ତାର ଦଗ୍ଧ ଶ୍ୱାସେ ପକ୍ଷୀ ଉଡ଼ିଗଲେ
ସମସ୍ତେ ଜୀବନ ଘେନି
ମୁଁ ଫେରି ଆସିଲି ଏ ସମୁଦ୍ର ତଟେ
ଶୀତଳି ବିରହ ଅଗ୍ନି ॥
ଏ ସମୁଦ୍ର ଜଳ, ଧାସେ ତା କେବଳ
ଜଳ ଜଳେ ଖାର ହୋଇ
ଆକାଶମଣ୍ଡଳ ଘାରି ଧୂମଛାୟା,
ଆବୃତ କରିଲା ମହୀ ॥"

॥ ୩୭୧ ॥

ବିନୟ ବଚନେ କୁହନ୍ତି ନରେଶ
"ହେ ସ୍ୱର୍ଗଦୂତ ତୁ ମୋ ପାଶେ ଆସ
ସକଳ ସନ୍ଦେହ ବିମୋଚନ କରି
ମୋ ମନୁ ଆଶଙ୍କା କର ବିନାଶ।"
କହେ ବନଚର ବିହଗ ସତ୍ୱର
"ଗୃହସ୍ଥ ଲୋକ ତୁ ଉଦାସୀ ହୋଇ
ହୋଇ ବୀତସ୍ପୃହ କଲୁ କାଳକ୍ଷୟ
ତୋ ପରି ଅଜ୍ଞାନ ନଥିବେ କେହି ॥
ତୋ ପରି ଅଜ୍ଞାନ ପ୍ରାଣୀ ପାଶେ ସତ
କାକ ଓ କୋକିଳ ରହେ ସମାନ
ତୁ କାହିଁକି ବୁଝିବୁ ପ୍ରୀତିର ଦରଦ
ରୂପଲୋଭୀ ହୋଇ ଧରୁ ଜୀବନ
ତୁ ଯହିଁ ଆସୀନ ବିଷ ବୀଜ କଣ
ସେ ସ୍ଥାନେ ରହିଛି ହୋଇ ଗୋପନ ॥
ଏଣୁ ହରିତ ପକ୍ଷୀ ଛୁଏ ନା ଧରିତ୍ରୀ
ସଦା ଉଡ଼ି ବୁଲେ ବନ ଅରଣ୍ୟ
ମୁଁ ମଧ୍ୟ ବିୟୋଗୀ ସର୍ବଦା ନିଃସଙ୍ଗୀ
ଫେରିଯିବି ମୁହିଁ ନିଜ ନିବାସ
ଜୀବନର ଘଟ ଛିଦ୍ରେ ଜଳ ନଷ୍ଟ
ହୁଏ ପ୍ରତିଦିନ ନୋହି ପ୍ରକଟ ॥
ଜୀବନର ଦିନ ନ ହୁଏ ଗଣନ
ବରଂଚ ନିଶ୍ୱାସ ଯାଏ ପ୍ରସରି ॥
କ୍ଷଣ କରେ କ୍ଷୟ, ଯା ରୁହେ ଅକ୍ଷୟ
ଅପର କ୍ଷଣରେ ଯାଏ ନିଃସରି ॥
ମୁହିଁ ଯେ ପର୍ଯ୍ୟନ୍ତ ରହିଛି ବିମୁକ୍ତ
ପିଞ୍ଜରାରେ ହେବି ନାହିଁ ଆବଦ୍ଧ
ତେଣୁ ବିନ୍ଧ୍ୟାଚଳ ଫେରିବି ଚଞ୍ଚଳ
ମୋ ନୀଡ଼ ନିବାସେ ହୋଇ ଆମୋଦ ॥"

॥ ୩୭୨ ॥

ସନ୍ଦେଶ ବାହକ ପକ୍ଷୀ ପାରାବତ
   ଦିଗନ୍ତେ ଗଲା ଉଭାଇ
ପରୋକ୍ଷରେ ଅବା ସିଂହଳ ଦେଶରେ
   ଗଲା ସେ ଅନଳ ଦେଇ ॥
ଅତି ଉଚ୍ଚନାଦେ ଡାକନ୍ତି ନରେଶ
   କେ ଶୁଣିବ ଅବା ଡାକ
ଶୂନ୍ୟ ପ୍ରତିଧ୍ୱନି ଫେରି ଫେରି ଆସେ
   ରାଜନ ହୁଏ ଚିନ୍ତିତ ॥
ଫେରନ୍ତି ନରେଶ, ଚିନ୍ତିତ ମନରେ
   ଦୂରେ ଉଡ଼ିଗଲା ପକ୍ଷୀ
ପିଣ୍ଡ ମାତ୍ର ଘେନି ଫେରନ୍ତି ରାଜେନ୍ଦ୍ର
   ସିଂହଳ ପଥ ବିଲୋକି ॥
ଭାବନ୍ତି ମଉନେ, ଥୟ କରି ମନେ
   "ମୁଁ ଅବା ଦିନେ ଏପରି
ଯିବି ଜୀବ ତେଜି କ୍ଷଣକରେ ନାହିଁ
   ଶୂନ୍ୟ କରି ରାଜପୁରୀ ॥
ପ୍ରାଣ ଥାଉଁ ଥାଉଁ ଅବଶ୍ୟ ମୁଁ ଯିବି
   ଚିତ୍ତୋରକୁ ପୁନର୍ବାର"
ନାଗମତୀ ନାଗ ପରି ଦଂଶୁଅଛି
   ସେ ଲାଗି ରାଜ୍ୟ ଅସ୍ଥିର ॥
କେତକୀ ପାଶରୁ ଫେରିବା ମଧୁପ
   ଉଡ଼ିଯିବ ଅନ୍ୟ ବନେ
ଉଆସେ ପଦ୍ମିନୀ ମଧୁବୋଲା କଥା
   ଉଲ୍ଲାସ ନ ଆଣେ ମନେ ॥
କେବଳ ଚିତ୍ତୋର ଚିନ୍ତା ଏକ ଧରି
   ଆନମନା ନରନାଥ
ପଦ୍ମିନୀର ପଦ୍ମମୁଖ ଶୁଖିଯାଏ
   ଚକିତେ ଭାବେ ଏକାନ୍ତ ॥

।। ୩୭୩ ।।

"ଭୋଗ ଭାଗ୍ୟ ଭୁଞ୍ଜି ସୁଖୀ ଥିଲି ମୁହିଁ
ସମ୍ବତ୍ସର ଗଲା ପୂରି ।
ସନ୍ଦେଶ ବାହକ ପାରାବତ ବାର୍ତ୍ତା
(ମୋ) ପ୍ରାଣ ନେଲା ଅପହରି ।।
ଚିତ୍ତୋର ରାଜ୍ୟକୁ ଫେରିବି ନିଶ୍ଚିତ
ଅନ୍ୟଥା ନାହିଁ ମୋ ଗତି"
ଭାବନାରେ ରାଜା ହୁଏ ଉଦାସୀନ
ସ୍ଥିର ରହୁନାହିଁ ମତି ।।
ଉଆସେ ରାଜାଙ୍କୁ ଆନମନା ଦେଖି
ପଦ୍ମିନୀର ପଦ୍ମ ମୁଖ
ମଉଳି ଯାଉଛି ପିକ ମଧୁବାଣୀ
ଚିତ୍ତ ନ କରେ ଉଚ୍ଚାଟ ।।
ସେ ଲାଗି ପଦ୍ମିନୀ, ମନେ ବ୍ୟଥା ଘେନି
କହଇ ସଜନୀ ଆଗେ
"ଯୋଗୀ ଓ ମଧୁପ, ପବନର ଭାବ
ସମଗତି କରେ ଭବେ ।।
କଦାପି ସେ ଏକ ସ୍ଥାନେ ନ ରହନ୍ତି
ଅନ୍ୟ ପାଇଁ ହେଲେ ମନ
ଶତ ବାଧା, ଅନୁରୋଧ, ଆତ୍ମଦାନ
ନକରେ ତାଙ୍କୁ ବନ୍ଧନ ।।"
ଏ ବାର୍ତ୍ତା ଶ୍ରବଣେ ବୋଧନ୍ତି ଶ୍ୱଶୁର
ଜାମାତାକୁ ସମାଦରେ
"ପୁନର୍ବାର କିମ୍ପା ତେଜି ସିଂହଳକୁ
ଯିବ ଚିତ୍ତୋର ନଗରେ ।
ମୋ ନୟନ ମଣି, ଆରେ ରତ୍ନସେନ
କିମ୍ପା ତୁ ଉଦାସ ଆଜି
ବିଶାଳ କୈଳାସ ଭବ୍ୟ ବଇଭବ
ଯିବୁ ତୁ କିମ୍ପା ବରଜି ।

ଜମ୍ବୁ ଦ୍ୱୀପ ଗଲେ, ନୟନମଣି ମୋ
    ରାଜ୍ୟ ପାଳିବ କେସନ ?"
କହି ମଉନ ହେଲେ ଗନ୍ଧର୍ବସେନ
    ଏ ରାଜ୍ୟ ହୋଇବ ଶୂନ୍ୟ ।

।। ୩୭୪ ।।

କର ଯୁଗଳ, ଯୋଡ଼ି କରେ ମିନତି
ଜାମାତା ରତ୍ନସେନ ଦୁଃଖିତେ ଅତି ।।
"ଶୁଣ ମୋ ଭାଗ୍ୟ ଦାଦା-ସିଂହଳ ସ୍ୱାମୀ
ତୋ ଦେବା, ଭବ୍ୟ ଭୋଗ ଦିବସ-ଯାମି
ଭୋଗିଲି ମୋ ଜୀବନେ, ମୋ ଜୀବଦାତା
କାଚକୁ ସ୍ୱର୍ଣ୍ଣ କଲା ତୋ ଅନୁକମ୍ପା ।।
ଯେ ଦିନୁ ଜ୍ୟୋତି ମତେ କଲୁ ତୁ ଦାନ
ସେଦିନୁ ଜ୍ୟୋତିଷ୍ମାନ (ମୁଁ) ରାଏ ରତନ ।।
ତୁ ଦେବ, ଗଙ୍ଗା ଜଳ, ମୁଁ କ୍ଷୀଣ ସ୍ରୋତା
ତୋ ସଙ୍ଗେ ସିନ୍ଧୁ ଜଳେ ହେଲି ପୁନୀତା ।।
ତୋ ବାକ୍ୟେ ଏ ସିଂହଳ ହେଲି ରାଜେନ୍ଦ୍ର
ତୁଚ୍ଛ କୁଳାଭିମାନେ ପାଳକ ପଦ ।।
ସପ୍ତ ସିନ୍ଧୁର ଘାଟେ, ତୁ ଅଟୁ ଉଚ୍ଚ
ସର୍ବ ରାଜେନ୍ଦ୍ର ଶିର, ତୋ ପାଦେ ତୁଚ୍ଛ ।।
ତୋ ସିଂହାସନେ କରେ କୋଟି ପ୍ରଣତି
ମୋ ଦେଶେ ଫେରିବାକୁ ଦିଅ ସ୍ୱୀକୃତି ।।"

।। ୩୭୫ ।।

"ହେ ସ୍ୱାମୀ ! ମୋର ମିନତି ଶୁଣ ବାରେ
    କରି ଅନୁଗ୍ରହ
ଜୀବଥିଲେ ଲୋଭ ରହେ, ଏ ଶରୀର
    ହେବା ଯାଏ କ୍ଷୟ ।।

ସଂସାରର ଦ୍ୱନ୍ଦ୍ୱ କେତେ ମନେ ଚିନ୍ତା
    କରୁଛି ମୁଁ ସଦା-
ରାଜକାର୍ଯ୍ୟେ, ଭୂମି ସମ୍ପତ୍ତିରେ ଶତ୍ରୁ
    ନ ଦିଅନ୍ତି ବାଧା ॥
ନିଜ ଭାଇ ଘର ଶତ୍ରୁ, ଶତ ଗୁଣେ
    ଅତି ଭୟଙ୍କର
ନିଜ ବଂଶ ନିଜେ ମାରି, ରାଜପଣ
    କରେ ଅଧିକାର ॥
ଆଜି ବି ପାଇଲି ବାର୍ତ୍ତା, ବାର୍ତ୍ତାବହ
    ପାରାବତ ପକ୍ଷୀ
ରାଜ୍ୟର ସଙ୍କେତ ଦେଇ ପ୍ରଜାଗଣେ
    ପେଶିଥିଲେ ଏଥି ॥
ଦୁର୍ଗତି ରାଜ୍ୟରେ ମୋର ଘୋଟିଅଛି
    ଅମା ଅନ୍ଧକାରେ
ଅନେକ ନକ୍ଷତ୍ରଗଣେ ଉଦିଛନ୍ତି
    ଅମାସ୍ୟା ଅମ୍ବରେ ॥
ଚନ୍ଦ୍ରକରି ପେସ ମତେ, ହେ ରାଜନ!
    ମୋ ରାଜ୍ୟ ପାଇଁକି
ସୂର୍ଯ୍ୟସମ ସୁଲତାନ, ଦିଲ୍ଲୀ ତେଜି
    ଉଦିତ ହେବ କି ?
ମୋ ରାଜ୍ୟର ଆକାଶରେ ଚନ୍ଦ୍ର ତହିଁ
    ହୋଇବ ବିଲୋପ
ହେ ରାଜନ! ଧୀର ଚିତ୍ତେ ସୁବିଚାର
    ନ କରିଣ କୋପ ॥
ସେ ଲାଗି ମାଗେ ମାଗୁଣି ହେ ରାଜନ
    ସିଂହଳ ନରେଶ
ତୋ ପାଦ କମଳେ ମୋର ଶିର ରହୁ
    ସଦା ଅବନତ ॥

ଯାବତ ଚନ୍ଦ୍ର, ଦିନେଶ ଉଦିତ ସେ
    କାଳ ଅନୁସରି
ତାବତ ତୁ ରାଜ୍ୟ କର ଭୋ ସ୍ୱାମୀ
    ସିଂହଳ କେଶରୀ ।।"

।। ୩୭୬ ।।

ସର୍ବ ସଭାସଦ ଶୁଣି ଏ ସମ୍ବାଦ
    ଏକ ହେଲା ସହମତ
ବୁଝାଇ କୁହନ୍ତି, ଗନ୍ଧର୍ବସେନଙ୍କୁ
    ରାଜସଭା ବିଜ୍ଞପାତ୍ର ।
"ଜାମାତା ବିନତି, ରଖ ହେ ଭୂପତି
    ଏ ବଡ଼ ବିଷମ କଥା
ଭାଇ ଶତ୍ରୁ ହେଲେ, ଅଚିରେ ହୋଇବ
    ଧ୍ୱଂସ ହେଲା ଲଙ୍କା ଯଥା ।
କ୍ଷୁଦ୍ର ଚାରା ରୋପି, ପାଣି ସିଞ୍ଚିକରି
    ଶୁଖିବାକୁ ଦିଅ ନାହିଁ
ପତ୍ର ଶାଖା କରି, ଶୋଭିବ ଯେପରି
    ଯତ୍ନ କର ନରସାଇଁ ।
ସଯତ୍ନେ ସଳିତା ଜଳଇ ଯେସନେ
    ଅନିଳଠୁ ଦୂରେ ରହି
ସେପରି ରଖିଛ, ଜାମାତାଙ୍କୁ ଦେବ-
    ଭବ୍ୟ-ବିଳାସ ଯୋଗାଇ ।
ସହଜେ ବିଦେଶୀ ରହିଛି ବା କାହିଁ
    ପର ରାଜ୍ୟ ପାଳିବାକୁ
ଆପଣା ରାଜ୍ୟର ଭାଇ ଓ ଭଗାରି
    ଅଯଥା ଦୁଃଖ ଦେବାକୁ ।
ଏ ସମୟେ ତାଙ୍କୁ ରଖିବା ଆବଦ୍ଧ
    ଉଚିତ ନୁହେଁ ଆମ୍ଭର

ଆଶିଷ ଦିଅନ୍ତୁ ହେ ଦେବ ଗୋସାଇଁ
ଜୀବ ଥିଲେ ପୁନର୍ବାର
ସେ ଦୁହେଁ ଫେରିବେ ସିଂହଳ ଦେଶକୁ
ସୁମତି ଦିଅ ଗୋସାଇଁ
ପୁନର୍ବାର ରାଜ୍ୟ ପାଳିବେ ଏ ଦେଶେ
ହେ ସ୍ୱାମୀ ତୋ ଆଜ୍ଞା ପାଇଁ।"
ସକଳ ସଂସଦ ସହମତ ରାଜା
ଶୁଣି ହେଲେ ସନମତ
ସକଳ ସମ୍ପଦ ସଜାଡ଼ିବା ଲାଗି
ଦାସେ ହେଲେ ଏକତ୍ରିତ।

ସର୍ବେ ମନାସନ୍ତି ଶୁଭ ହେଉ ଯାତ୍ରା, ଗଣେଶ ସ୍ମରଣ କର।
ବିଧାତା ସର୍ବଦା ମଙ୍ଗଳ କରନ୍ତୁ, ପ୍ରଜା କରନ୍ତି ବିଚାର ॥

॥ ୩୭୭ ॥

ପ୍ରମତ୍ତ ନୃପତିର ଉଦାସ ମନ
ଦେଖି ଚକିତେ ବାମା କହେ ବଚନ ॥
ବିନୟେ ବୋଧି କହେ କରେ ମିନତି
"ସ୍ୱାମୀ ମୁଁ କମଳିନୀ ପୁଷ୍ପ ମହତୀ ॥
ନତେଜି ଯାଅ ମତେ ଏକାକୀ କରି
ସେ କୃଶ କୁନ୍ଦ ପୁଷ୍ପ ନୁହେଁ କୁମାରୀ ॥
ସେ ବି ନୁହେଁ ମଲ୍ଲିକା ମାଳତୀ ଫୁଲ
ଅନୂଢ଼ା କନ୍ୟା ମୁହିଁ, ମୋ ସମତୁଲ ॥
ଏ ପୁଷ୍ପ କଦମ୍ବ ତୋ ଚାରଣ ତଳେ
ଚମ୍ପା ସୁମନେ ଅର୍ଘ୍ୟ ଦେବ ପ୍ରୀତିରେ ॥
ସେବତୀ ପୁଷ୍ପ ଅବା ସେବାର ଅର୍ଘ୍ୟ
ଅର୍ଘ୍ୟ ନିବେଦି ପଦେ ସେବା କରିବ ॥
ଏ ମୋର ହୃଦ ଦେଶେ ଶୃଙ୍ଗାର ହାର

ପୁଷ୍ପ କଳିକା ଶୋଭା ଦିଶେ ସୁନ୍ଦର ॥
ମୁଁ ରୂପବତୀ 'ରସା' ମଧୁ ମାଧବୀ
ଋତୁରାଜ ଉତ୍ସବେ ରହିଛି ଜାଗି ॥
କୁସୁମ ସାଥେ ରଚି ଅବିର ଧୂଳି
ଅତୀବ ସୁଷମାରେ ଦିଏ ବିତରି ॥
ସୁଦର୍ଶନ ପୁଷ୍ପ ଓ କୁବ୍ଜକ ପୁଷ୍ପେ
ଉତ୍ସବେ ମାତି କହେ ନିମଜ୍ଜି ଆଗେ ॥
ସୁଦର୍ଶନ ପୁଷ୍ପ ହିଁ ଦେବ ସଙ୍ଗୀତ
କୁବ୍ଜକ ପୁଷ୍ପେ କୌତୁକେ ଗାଏ (ମୁଁ) ଗୀତ ॥
ଅବଶ୍ୟ ହୋଇ ବିମୁଗ୍ଧ ସଂଯତ ବାକ୍ୟେ
ମୁଚୁକୁନ୍ଦ କୁସୁମେ ସାଜେ ଅଧିକେ ॥
ମୋର ଏ ବକାବଳୀ ପୁଷ୍ପ କଥନ
ହେ ପ୍ରିୟତମ ହୃଦେ କର ଗ୍ରହଣ ॥
ମନରେ ତବ ଯୁଇ, ଜାଇ କୁସୁମେ
ଅଯଥା ଘେନ ନାହିଁ ମତି ବିଭ୍ରମେ ॥
ନାଗମତୀ ନାଗର କେଶର ଫୁଲ
ମୋ ମ ପୂଜା ଅର୍ଘ୍ୟ ନହେବ ତୁଲ ॥
ମୁଁ ସତ୍ୟେ ରହି ଶତବର୍ଗ କୁସୁମ
ସମର୍ପି ମୋରେ ପଦେ ଗଲି ଶରଣ ॥
ଏବେ 'କରନା' ପୁଷ୍ପ କରି ଗ୍ରହଣ
ଆପଣଶ ସୁବିଚାର କର ପ୍ରଦାନ ॥
କେତକୀ ଫୁଲ (ସେ) ନାରୀ କରେ ମୋହିତ
ହେ ସ୍ୱାମୀ ତୋ ମନରେ ତା ଯୁକ୍ତିତର୍କ ॥
କଣ୍ଟକ ସମ ଯାହା ପ୍ରେମୀ ହୃଦୟ
କଦାପି ରସ ସିକ୍ତ ନକର ପ୍ରିୟ ।
ମୋର ଏ ଅନୁନୟ ଚିତ୍ରକୁଟରେ
ନିଶ୍ଚିତ ଯିବି ମୁହିଁ ଚିତୋର ଗଡ଼େ ॥
ଅବଶ୍ୟ ପ୍ରାଣ ବଳି ଦେବି ଯଜ୍ଞରେ
ନିର୍ଭୟେ ମୃତ୍ୟୁ ବରି ନେବି ଆଦରେ ॥"

ବହୁପୁଷ୍ପ ଧରି ବୋଧେ ସେ କୁମାରୀ ଯେ ହେତୁ ପୁଷ୍ପେ ଉତ୍ପଳ
ସରସୀ ସଳିଳେ ପୁଷ୍ପିତ କମଳ ବସୁମତୀ କଣ୍ଠ ହାର ।

।। ୩୭୮ ।।

ଶୁଣିଲା ଯେବେ ପଦ୍ମାବତୀ ରାଣୀ
ଶାଶୁ ଘର ଯିବା ବାର୍ତ୍ତା
ଅଶ୍ରୁ କଣ୍ଠ ରୋଧେ ମଥା ପିଟିଦିଏ
ଦୁଃଖ ଭୟେ ସେ ପୀଡ଼ିତା ।
ଏ ଭବ୍ୟ ଭବନ କଇଲାସ ପୁର
ଛାଡ଼ି ଯିବି ସେ ସୁଦୂରେ
ସଙ୍ଗ ସଙ୍ଗିନୀଙ୍କ ସୁଖ ସଙ୍ଗ ମେଳ
ବରଜି ଯିବ ସକଳେ ।।
ଜନମ କାଳରୁ ଲେଖା ହୋଇଥିଲା
ଏ ଦୁଃଖ ଲଲାଟ ପଟେ
କିପରି ଜାଣିବ ଭବିଷ୍ୟତ କଥା
ଥିଲା ଯାହା ଅପ୍ରକଟ ।।
କି ନିଷ୍ଠୁର ପିତା ବାଲ୍ୟ ଚପଳତା
ଆପେ ସେ ଗଲା ପାସୋରି
"ବିଭା ଦେଇ ମତେ ବିଚ୍ଛେଦ କରେ କି
ଦୁଃଖରେ ନିଃସଙ୍ଗ କରି ।
ପିତା ଗୃହ ଭୋଗ ସକଳ ପଦାର୍ଥ
ଘାରୁଅଛି ମତେ ମୋହ"
ତରୁଣୀ ପଦ୍ମିନୀ ମନେ ହୁଏ ଗୁଣି
ବହି ହୃଦୟରେ କୋହ ।।
ଗୋଟି ଗୋଟି ଛୁଇଁ, ଦେଖଇ ସମ୍ଭାର
ବୁଲଇ ସକଳ ପୁର
ଯେତେ ଦେଖୁଥାଇ ତହିଁକି ବଢ଼ଇ
ମନରେ ଆଦର ଦାର ।

ଏତେଦିନ ଥିଲା ପିତାର ଭବନେ
  ସୁଖ ସଉଭାଗ୍ୟ ଭରେ
ସକଳ ସଜନୀ ପାଶକୁ ହକାରି
  କହେ ଦୁଃଖ ଆବେଗରେ ।
ସାଙ୍ଗ ସଙ୍ଗିନୀଏ ସମସ୍ତେ ମିଳିଲେ
  ପଦ୍ମିନୀ ଚଉପାଶରେ
ପୁଚ୍ଛନ୍ତି "କିମ୍ପାଇ ହକାରିଲ ସହି
  ସକଳ ସଙ୍ଗିନୀ ଦଳେ ?"

॥ ୩୭୯ ॥

ପଦ୍ମିନୀ ଆଦେଶେ ମିଳି ଏକସାଥେ
  ସଙ୍ଗିନୀ ଦଳେ
ସର୍ବେ ଉଦ୍‌ବେଗେ, ଠୁଳ ହେଲେ ଆସି
  ଦିବ୍ୟ ମହଲେ ॥
ନୟନରୁ ବନ, ନିବାରି ବହନ
  କହେ ନଳିନୀ
"ଶୁଣଲୋ ସକଳ ସଜନୀଏ ମୋର
  ମରମ ବାଣୀ ।
ଶୁଣିଲେ ତୁମରି ହୃଦ ବିଦାରିବ
  ଦୁଃଖର ବାର୍ତ୍ତା ।
ମୋ ଶ୍ୱଶୁର ଗୃହେ ବିଦା କରିଦେବ
  ନିଷ୍ଠୁର ପିତା ॥
ସେ ପଥେ ଗଲେଣି ଯେତେ ଅଣଫେରା
  (ସେ) ଦୂର ସରଣୀ
ସେ ଗଡ଼କୁ ଅଛି ଘେରି ସାତସିନ୍ଧୁ
  ପର୍ବତ ଶ୍ରେଣୀ ॥
କିପରି ଅଗମ୍ୟ ଯିବେ ମୋ ଖବର
  (ନ) ଜାଣିବ କିଛି

ଦୁଃଖେ ବା ସୁଖରେ ଅଛି କି ଅବା ମୁଁ
ପ୍ରାଣେ ବଞ୍ଚିଛି ॥
ସେ ଲାଗି ଗୋ ଆସ ଆଜି ସ୍ନେହଶୀଳା
ସଙ୍ଗିନୀ ଦଳ
ମନ ଭୁଲାଇ ଖେଳିବା କେବେ ପୁଣି
ହେବ କି ମେଳ ॥
ନିଅ ମୋର ଉପହାର, ନିଅ ମୋର
ସ୍ନେହାଲିଙ୍ଗନ
ଏ ଜନ୍ମର ସ୍ନେହ ଭୁଲି ନ ଯାଉ ଗୋ
ତୁମରି ମନ ॥"

"ସ୍ୱାମୀ ମୋର ସାଥେ ଘେନି ଯାଏ ମୁଁ କି ତାହା ନିବାରି ପାରିବି
ସ୍ୱାମୀ ଆଜ୍ଞା ଉଚିତ ପାଳିବା, ମୋ ସନ୍ତକ ସର୍ବେ ନିଅ ଆଜି ॥"

॥ ୩୮୦ ॥

ପଦ୍ମିନୀ ରୋଦନ ଦେଖି ସଖୀଗଣ
କାନ୍ଦନ୍ତି ଅତି ଅଧୀରେ
ସଜନୀଏ ମିଳି ବୋଧନ୍ତି ବିଚାରି
"ଶୁଣ ରାଜସୂତା ବାରେ ॥
ରାଜାର ଦୁହିତା ହେଲେ ବି ଅଗତ୍ୟା
ତେଜିବ ପିତୃ ସଦନ
ଶ୍ୱଶୁର ଆଳୟ ଶୁଭ ଅତିଶୟ
ସେ ସ୍ଥାନେ କଲେ ଗମନ ॥
ଆମେ ପରାଧୀନ ରହିବୁ କେସନ
ଆଦରି ପିତା ଭବନ
ଏ ସ୍ଥାନେ ଜନମ କରିବା ଗମନ
ସୁନିଶ୍ଚିତ ଏଥି ଜାଣ ॥
ହେଲେ ବି ଈଶ୍ୱର କଲେ ଅବିଚାର

ତୁମ ସଖୀ ହେବା ପାଇଁ
ଆମକୁ ସର୍ଜିଲେ, ତୁମ ଅଭାବରେ
ସଜନୀଏ ଥିବେ କାହିଁ ?
ଗୋଟିଏ ଗହମ ଦାନା ପରି ଆମ-
ସକଳକୁ ପଣ୍ୟ କରି
ନିର୍ବାସନ ଦଣ୍ଡେ ଦଣ୍ଡିତ କରିଲେ
ପିତା ଘରୁ ବିଦାକରି ।
ଗୋଧୂମର ହୃଦ ହୋଇଲା ଦି'ଭାଗ
ଦୟା ନ ଆସିଲା ତିଳେ
ଧିକ ଏ ଜନମ ତେଜିଲେ ଆମ୍ଭଙ୍କୁ
ଖାଦ୍ୟ ଲାଗି ଅବହେଳେ ॥
ହେ ରାଜଦୁଲାଳୀ ଆମେ ସର୍ବେ ମିଳି
ରହିଛୁ ଅତିଥିପରି
ଏ ରାଜ ମନ୍ଦିରୁ ଯିବୁ ଶ୍ୱଶୁ ଗୃହେ
ଅଧିକ ଶୁଭ ବିଚାରି ॥
ଆମ ପିତୃକୂଳ ଭାବନ୍ତି ସକଳେ
ଶ୍ୱଶୁ ଗୃହ ଆମ୍ଭ ପାଇଁ
ହେବ ଅତ୍ୟଧିକ ମଙ୍ଗଳଦାୟକ,
ଜନମିଲୁ ଯିବା ପାଇଁ ।"
"ଆଗମନ ଗମନରେ ଆମ୍ଭର ଜୀବନ
(ସେ) ଗନ୍ତବ୍ୟ ପଥକୁ ରୋଧିବ କିଏ ଶକ୍ତିମାନ ?"

॥ ୩୮୧ ॥

ଭାଷନ୍ତି ସକଳ ସଜନୀ "ତୁହି ସିନା ବାଳିକା
କାନ୍ତ ତୋର ସାରା ଜଗତେ ଚକ୍ରବର୍ତ୍ତୀ ସେ ଏକା ॥
ତାଙ୍କ ପାଇଁ ଗର୍ବ, ରୋଷ ହିଁ ସର୍ବଶୋଭ ନିୟତ
ଫଳ ପୁଷ୍ପ ବୃକ୍ଷ ରୁଚିର ତାର ପାଦେ ନମିତ ॥
ସେ ଯଦି ଚାହିଁବେ, ତୋଳିବେ, ମନେ ହେବେ ଆନନ୍ଦ

ତାଙ୍କ ଆଦେଶ ପାଳୁଥିବୁ, କେବେ ନକରି ଛନ୍ଦ ॥
ଯଥାସାଧ୍ୟ ସେବା ଅର୍ଚ୍ଚନା କରି ମନବଚନେ
ଅନ୍ତରେ ଶାନ୍ତି ତୁ ପାଇବୁ ତାଙ୍କ କରୁଣା ଦାନେ ॥
ଦେଖ ବଟ ବୃକ୍ଷ ପିପ୍ପଳ, ଉଚ୍ଚେ ବଢ଼ାଇ ଶିର
ମହାଦ୍ରୁମ ବନସ୍ପତି ସେ, ଗର୍ବେ ହେଲେ ବିସ୍ତାର ॥
ବିରକ୍ତ, କ୍ରୋଧିତ ସ୍ୱାମୀର କୃପା ନ ହେଲା ତହିଁ
କ୍ଷୁଦ୍ର ଫଳ ଘେନି ଝୁଲିଲେ, ସର୍ବେ ହସନ୍ତି ଚାହିଁ ॥
ଅଥଚ କଖାରୁ ଲତାଟି ବଡ଼ ପତ୍ର ଗହଳେ
ବସୁମତୀ କୋଳେ ଲୋଟଇ, ମଥା ପୋତି ନିରୋଳେ ॥
ତାରେ ଦୟାକରି ଦେଲେ ସେ ବଡ଼ ଫଳ ଆକୃତି
ସରଳ ନମିତ ଗୁଣୀ ଯେ, ଲଭେ ବିଭୁ ବିଭୂତି ॥
ରସାଳ ଦ୍ରୁମଟି ଉନ୍ନତ, ନମେ ଫଳ ସହିତ
ରସେ ତାର ଥାଏ ଅମୃତ, ଜୀବ ଭକ୍ଷି ତୃପତ ॥
ପ୍ରିୟପାତ୍ର ଅଟେ ସେହି ତ, ମାନେ କର୍ତ୍ତା ଆଦେଶ
ସେବାରତ ଥାଏ ସର୍ବଦା, ଗର୍ବ ନ ରଖି ଲେଶ ॥
ସେହି ସିନା ପ୍ରିୟତମା ସେ, ପ୍ରିୟ ଲାଗି ଜୀବନ
ସମର୍ପଣ କରି ଉଲ୍ଲାସେ, କରେ କାଳ ଯାପନ ॥
ଗଣକ ଡକାଇ ଦେଖ ଗୋ ପୋଥି ପତ୍ର ତନଖି
କେଉଁ ଦିନ ଶୁଭ ଯାତ୍ରାର ବେଳ ଲାଗିବ ଆସି ॥"
ଯାତ୍ରା ଶୂନ ଅବା ଯୋଗିନୀ ଚକ୍ର ସମ୍ମୁଖେ ଥିଲେ
ଯାତ୍ରା ନ କରିବା ଉତ୍ତମ, ଶାସ୍ତ୍ରେ ଜ୍ୟୋତିଷ ବୋଲେ ॥"

॥ ୩୮୨ ॥

ବୋଲନ୍ତି ସଖିଏ "ଜ୍ୟୋତିଷ ଶାସ୍ତ୍ରର
    ମାନିଲେ ବିଧି ବିଧାନ
ଯାତ୍ରା କାଳେ ଯାତ୍ରୀ ଶୁଭ ଅନୁକୂଳେ
    କାଟଇ ରିଷ୍ଟ ତକ୍ଷଣ।
ପଶ୍ଚିମକୁ ରବି, ଶୁକ୍ରେ ଯାତ୍ରା କଲେ

ରାହୁ ଜଗିଥାଏ ତହିଁ
ଦକ୍ଷିଣକୁ ବୃହସ୍ପତି ବାରେ ଗଲେ
ଲଙ୍କା ଦାହ କଷ୍ଟ ପାଇ ॥
ସୋମ, ଶନିବାରେ ପୂର୍ବେ ଦିଗେ ଯାତ୍ରା
କରିବ ନାହିଁ କଦାପି
ମଙ୍ଗଳ ବୁଧରେ ଉତ୍ତର ଦିଶାରେ
କାଳ ବସିଥାଏ ଜଗି ॥
ତଥାପି ଅକାଳ ଯାତ୍ରାରେ ଶାସ୍ତ୍ରରେ
ଯିବାକୁ ରହିଛି ବିଧି
ସେ ବିଧି ମାନିଲେ ଅବଧି କଟିବ
କାର୍ଯ୍ୟ ହୋଇବଟି ସିଦ୍ଧି ॥
ଭେଷଜ ଅଟଇ ଜ୍ୟୋତିଷ ଶାସ୍ତ୍ରର
ପାଳନ କର ସତ୍ତ୍ୱର
ଯାତ୍ରାର ରିଷ୍ଟାଦି କାଟିବେ ସକଳେ
ମାନି ସର୍ବେ ଯାତ୍ରା କର ॥
ଉତ୍ତରକୁ ଯାତ୍ରା ସମୟେ ମଙ୍ଗଳେ
ଧନିଆ କରି ଚର୍ବଣ
ସୋମବାରେ ଯାତ୍ରା କଲେ ପୂର୍ବକୁ
ନିରେଖି ଯାଅ ଦର୍ପଣ ॥
ଶୁକ୍ରବାରେ ଯାତ୍ରା କଲେ ପଶ୍ଚିମକୁ
ମୁଖେ ସୋରିଷ ଚୋବାଇ
ବୃହସ୍ପତି ବାରେ ଦକ୍ଷିଣକୁ ଗଲେ
ମୁଖେ ଗୁଡ଼ ଥିବ ଖାଇ ॥
ଆଦିତ୍ୟ ବାରେ ପଶ୍ଚିମକୁ ଗଲେ
ମୁଖେ ଛିଡ଼ାଅ ବିଡ଼ଙ୍ଗ
ଦକ୍ଷିଣକୁ ଯଦି ଯିବ ବୁଧବାରେ
ଦଧି ଭୋଜନ କରିବ ॥
ଏହାତ ଔଷଧି, ଅନ୍ୟ ଦ୍ରବ୍ୟ କିଛି
ନ ଖୋଜିବ ଯାତ୍ରା କାଳେ

ଏବେ ଯୋଗିନୀର କଥା ମନେରଖି
ଯାତ୍ରା କରିବ ବିଧିରେ।"

ଏଏକ ସ୍ଥାନେ କେବେ ନରହେ ଯୋଗିନୀ ସ୍ଥାନାନ୍ତର ଚଳୁଥାଏ।
ଚନ୍ଦ୍ରବି ମାସକ ତିରିଶ ଦିନରେ ଅଷ୍ଟଦିଗେ ଭ୍ରମୁଥାଏ ॥

॥ ୩୮୩ ॥

"ମାସର ଦ୍ୱାଦଶ, ଉନତ୍ରିଂଶ ଆଉ ଚତୁର୍ଥ ତିଥି ବାସରେ
ସପ୍ତବିଂଶ ତିଥି ଯୋଗରେ ଯୋଗିନୀ ପଶ୍ଚିମରେ ବାସ କରେ
ଏଣୁ ହେ ବିଜ୍ଞ ଜନେ ହୋଇ ଅଜ୍ଞ ପଶ୍ଚିମକୁ ଯାତ୍ରା ନ କରି
ନିଜ କର୍ମ ବଳେ ଆସ ଅବହେଳେ ମରଣ ମୁଖୁ ଉଦ୍ଧରି ॥
ନବମ, ଷୋଡ଼ଶ, ଚତୁର୍ବିଂଶ ପୁଣି ପ୍ରଥମ ତିଥି ସଙ୍ଗତେ
ପୂର୍ବ ଦକ୍ଷିଣ ଦିଶାରେ ଯୋଗିନୀ ଭ୍ରମୁଥାଏ ଅନୁବ୍ରତେ
ପୂର୍ବ ଦକ୍ଷିଣ ଦିଗକୁ ସେ ସୁଜନେ ସେଦିନ ବର୍ଜନ କର
ଆପଣାର ଜୀବନ ଜୀବିକା ପାଇଁ କରନାହିଁ ଅନୁକୂଳ ॥
ତିନି, ଏକାଦଶ, ଷଡ଼ବିଂଶ, ଆଉ ଅଷ୍ଟାଦଶ ତିଥିବାରେ
ଯୋଗିନୀ ଦକ୍ଷିଣେ ବସିଛି ଅନେଇ ନ ଯାଅ ସେହି ପଥରେ ॥
ପଞ୍ଚବିଂଶ, ସପ୍ତଦଶ ଓ ଦ୍ୱିତୀୟ ଦଶମ ତିଥି ସମୟେ
ଦକ୍ଷିଣ ପଶ୍ଚିମେ ଥିବାରୁ ଯୋଗିନୀ, ନ ଯାଅ ଜୀବନ ଭୟେ ॥
ତ୍ରୟବିଂଶ, ତ୍ରିଂଶ, ଅଷ୍ଟ, ପଞ୍ଚଦଶ ପୂର୍ବ ଦିଗେ ସମ୍ମୁଖରେ
ଥାଏ ସେ ଯୋଗିନୀ, ନ ଗମ ସାଧବେ, ସେ ଦିଗୁ ଫେର ସତ୍ୱରେ
ବିଂଶ, ଅଷ୍ଟବିଂଶ, ତ୍ରୟୋଦଶ, ପଞ୍ଚ ଉତ୍ତର ପଶ୍ଚିମ କୋଣେ
ରହଇ ଯୋଗିନୀ ନ ଯାଅରେ ପାନ୍ଥ ଉତ୍ତର ପଶ୍ଚିମ ସ୍ଥାନେ।
ଦ୍ୱାବିଂଶ, ଚର୍ତୁବିଂଶ, ଉନତ୍ରିଂଶ ଓ ସପ୍ତମ ତିଥି କାଳରେ
ଉତ୍ତର ଦିଗନ୍ତେ ଥାଏ ସେ ଯୋଗିନୀ, ସେ ଦିଗୁ ଫେର ସକଳେ ॥
ଏକବିଂଶ, ଷଷ୍ଠ ତିଥିରେ ଯୋଗିନୀ ଉତ୍ତର ପୂର୍ବ ଦିଗନ୍ତେ
ରହିଥାଏ ଚାହିଁ, ସେ ମରଣ ପଥୁ ଫେର ହେ ପାନ୍ଥ ତୁରନ୍ତେ ॥
ସ୍ୱକାର୍ଯ୍ୟ ସାଧନ କର ବିଜ୍ଞଜନ ଗଣନା କରି ନିୟତ
ଯୋଗିନୀ ଚକ୍ରରୁ ହୁଅ ସୁରକ୍ଷିତ, ଜ୍ୟୋତିଷ ଶାସ୍ତ୍ର କଥିତ।"

॥ ୩୮୪ ॥

ଶୁଭେ ଘନ କଳ ରୋଳ ଆଗେ ବହି ଚାଲ
ପ୍ରସ୍ଥାନ କରନ୍ତି ରତ୍ନସେନ ମହୀପାଳ ।
ବିଳମ୍ବ କରିବା ଆମ୍ଭର ନୁହଁଇ ଉଚିତ
କାଳ ଅପେକ୍ଷା ନକରେ କାରେ କଦାଚିତ ॥
ବିମାନ ଆରୋହୀ ବସେ ପଦ୍ମାବତୀ ରାଣୀ
ମିଳନ ପରେ ସକଳେ ମାଗିଛି ମେଲାଣି ॥
ଯେ କାଳ ପାଇଁକି ଶଙ୍କା ଥିଲା ବାଳା ମନେ
ତାହାକୁ ପ୍ରତ୍ୟକ୍ଷେ ଦେଖେ ଅଶ୍ରୁଳ ନୟନେ ॥
ମାତା ପିତା ଭାଇବନ୍ଧୁ ରୋଦନ୍ତି ସକଳେ
କାନ୍ତ ସଙ୍ଗେ ଗମେ କାନ୍ତା କେ ରୋଧିବ ବଳେ ॥
ସମସ୍ତ ସିଂହଳବାସୀ କାନ୍ଦୁଛନ୍ତି ଚାହିଁ
ସ୍ୱ ସ୍ଥାନେ ଗମନ୍ତି ରାଜା ବାଜଣା ବଜାଇ ॥
ରାବଣ ସଦୃଶ ରାଜ୍ୟ ତେଜି ପଦ୍ମିନୀ ଆଜି ଯାଏ
ରାଜା ହେଉ ବିଭୀଷଣ ଅନ୍ୟ ଅବା କିଏ ॥
ଲାଭ କ୍ଷତି ନାହିଁ ତାର, ସଖୀଙ୍କି ବରଜି
ପ୍ରିୟ ତ ସଙ୍ଗତେ ଯାଏ ଚିରଦିନ ଲାଗି ।
ଅତ୍ୟନ୍ତ ନିଷ୍ଠୁର ସତ୍ୟ, ଛାଡ଼ି ମାୟା ମୋହ
ସଂସାରୁ ଯିବାକୁ ହେବ, କାଳେ ସୁନିଶ୍ଚୟ॥
ସୁବର୍ଣ୍ଣ ସଦୃଶ ଅଙ୍ଗୁ ପଦ୍ମିନୀ ବାଳାର
ତିଳେ ହେଲେ ମାଂସ ନେତ୍ରେ ନ ହେଲା ଗୋଚର ॥
କଷଟି ପାଷାଣେ କଷି ରତ୍ନସେନ ସ୍ୱାମୀ
ତା'ପାଦେ ରଖୁ, ଅବା କରି ଶଯ୍ୟା ସଙ୍ଗିନୀ ॥

■

॥ ୩୮୫ ॥

କେତେ ଦୂର ଗଲେ ରାଜଗୃହ ଲୋକେ
ଯତନେ ଛାଡ଼ିଲେ ଦୂରେ
ରତ୍ନସେନ ସାଥେ କନ୍ୟା ବିଦାକରି
ବାହୁଡ଼ିଲେ ସିଂହଳରେ ॥
ସଙ୍ଗତରେ ଗଲା ଗୁଣ, ଅବିଗୁଣ
ଯାହା ଅର୍ଜିଥିଲେ ଘେନି
ତା'ସାଥିରେ ଦେଲେ ବିପୁଳ ଯୌତୁକ
ସେ ଗନ୍ଧର୍ବ ସେନ ପୁଣି ॥
ସହସ୍ର ସେବିକା, ପଦ୍ମାବତୀ ଲାଗି
ସହସ୍ର ଶିବିକା ଭରି
ପଦ୍ମିନୀ ରମଣୀ ସିଂହଳ ସୁନ୍ଦରୀ
ଗମନ୍ତି ଗହଳ କରି ॥
ଜାମାତାଙ୍କୁ ଦେଲେ ନରପତି ଆଣି
ସହସ୍ର ପେଟି ଭରାଇ
ମଣି ମାଣିକ୍ୟ ରତନ ହୀରାରେ
ମୋତି ପ୍ରବାଳ ଦେଇ ॥
ସହସ୍ର ସିନ୍ଦୁକ ଭରିଲେ ନୃପତି
ପାଟ ପିତାମ୍ବରୀ ମାନ
ସୁଝୀନ ବସନ ସ୍ୱର୍ଣ୍ଣ ଆଭରଣ,
ଶୃଙ୍ଗାର ପଦାର୍ଥମାନ ॥
ସିଂହଳର ସସ୍ର ହସ୍ତୀ, ହୟ ପୁଣି
ସହସ୍ର ଯବାନ ସହ
ସେବାୟତମାନେ ପରଖି ରଖନ୍ତି
ଅମୂଲ୍ୟ ରତ୍ନ ସମୂହ ॥
ଲକ୍ଷେ ଲୋକ ବସି ଗଣି ବିଚାରିଲେ
ଗଣି ନୁହେଁ ଅପ୍ରମିତ

ଅର୍ବୁଦ, ବୃନ୍ଦ ବା ପଦ୍ମ, ଶଙ୍ଖ ମୂଲ୍ୟ
ସାକ୍ଷୀ ନୁହଁଇ ଗଣିତ ।
ସକଳ ସମ୍ପଦ ଦିଅନ୍ତି ନରେଶ, ସିଂହଳ ଭଣ୍ଡାରୁ ଆଣି ।
ଦେଖଣାହାରିଏ ହୋଇଲେ ଚକିତ, ନ ପାରନ୍ତି ମନେ ଗୁଣି ॥

■

॥ ୩୮୬ ॥

ଯୌତୁକ ଦ୍ରବ୍ୟ, ଦେଖି ସରବ
ସଗର୍ବେ ରତ୍ନସେନ
ଭାବନ୍ତି ମନେ "ମୋର ସମାନ
ନ ଥିବ କା'ର ଧନ ॥
ସ୍ୱଦେଶେ ଗଲେ, ମୋ ସମତୁଲ
କେହି ନଥିବ ତହିଁ"
ବିଷୟ ଯହିଁ ଗର୍ବ ଆସଇ
ଗର୍ବରୁ ଲୋଭ ହୋଇ ॥
ବିଷରେ ବିଷ କରେ ବିନାଶ
କରଇ ସତ୍ୟ ଭ୍ରଷ୍ଟ
ଯେ ସ୍ଥାନେ ଲୋଭ, ପାପ ସମ୍ଭବ
କରେ ସକଳ ନଷ୍ଟ ॥
ସାରା ଜୀବନେ ଧନ ରକ୍ଷଣେ
ମୃତ୍ୟୁ ଲଭଇ ଶେଷେ
ସଞ୍ଚିତ ଧନ ମତି ବିଭ୍ରମ
କରଇ ଅବଶେଷେ ॥
ସକଳ ସିଦ୍ଧ, ଦେଖନ୍ତି ନିତ୍ୟ
ପାବକ ସମ ଦ୍ରବ୍ୟ
ସେଥିରେ କେହି ଜ୍ୱଳନ୍ତି ରହି
କରେ କେ ଉପଭୋଗ ॥
ଧନ ସମ୍ପଦ କା ଲାଗି ଚନ୍ଦ୍ର-
ସମ ଶୀତଳ ଲାଗେ

କେ ଅବସୋସେ ରାହୁର ଗ୍ରାସେ
    କରାଳ ମୃତ୍ୟୁ ଭୋଗେ ॥
ଧନର ବଳ, କା'ରେ ଗରଳ
    କା ଲାଗି ସ୍ୱର୍ଗ ସୁଧା
(ତେଣୁ) ଗର୍ବିତ ରୂପ ସେ ଅନ୍ଧ କୂପ
    ଘାରିଲା ଲୋଭ କ୍ଷୁଧା ।

ଏ ସମୟେ ପାରାବାର ବ୍ରାହ୍ମଣ ବେଶରେ ।
ଉଭା ହେଲେ ଆସି ତ୍ୱରା ରାଜା ଅଗ୍ରତରେ ॥

॥ ୩୮୭ ॥

ଯେତେ ବେଳେ ରତ୍ନସେନ, ଦ୍ରବ୍ୟ ଥାଟ ସମ୍ଭାର ସହିତ
ପଦ୍ମାବତୀ ସଙ୍ଗେ ଘେନି, ପ୍ରବେଶିଲେ ସମୁଦ୍ର ତୀରରେ,
ସହସା ସମୁଦ୍ର ଛଦ୍ମେ ବିପ୍ରରୂପେ ହେଲେ ତଥାଗତ
ଯାଚନା କରନ୍ତି, କିଛି ଦ୍ରବ୍ୟ ପାଇଁ, ଅତି ବିନୟରେ ॥
"ହେ ରାଜନ! ଦାନ ଦେଲେ ପୁଣ୍ୟ ବଢ଼େ ପାପ ଯାଏ କ୍ଷୟ
ଜୀବ ମୋକ୍ଷ ପାଏ, ବିଧାତାର ବିଧି, କଟେ କର୍ମ ଦୋଷ ।
ମୂଳ ପୁଣ୍ୟ ରହିଥାଏ, ଦାନ ଫଳ ନୁହେଁ ଅପଚୟ
ସଲୀଳ ତୀରେ ଦେଲେ ଦାନ ସମୁଦ୍ରେ (ବା) ପୁଷ୍କରେ ବିଶେଷ ॥
ଦାନେ କର୍ଣ୍ଣ ନିସ୍ତାରିଲେ, ଇହଲୋକ ପରଲୋକ ପାଇଁ
ଯଶ, ମୋକ୍ଷ ଏକାଧାରେ, ଦେଖି ମୁଗ୍ଧ ସମସ୍ତ ଜଗତ
ସୁମେରୁ ରହିଲା ଉଚ୍ଚେ, ତୁଙ୍ଗ ଶିର ଗଗନକୁ ଛୁଇଁ
କୁବେର ଯେ ଦ୍ରବ୍ୟ ଭାରେ କ୍ରମେ ଜଳେ ହେଲା ଦ୍ରବୀଭୂତ ॥
ରାବଣ ନଦେଲା ଦାନ, ସ୍ୱର୍ଣ୍ଣ ଲଙ୍କା କ୍ଷଣେ ଗଲା ଜଳି
ସଞ୍ଚିତ ପଦାର୍ଥ ଚୋରନିଏ, ଜଳି ହୁଏ ଭସ୍ମୀଭୂତ
ତୋର ଏ ସମ୍ପଦ, ଯେତେ ଚାଳିଶ ଭାଗରୁ ଭାଗେ ଦାନ କର
ନିଶ୍ଚିନ୍ତେ ଗମିବୁ ଦେଶେ, ବିପଦରୁ ବର୍ତ୍ତିବୁ ସତତ ॥"

ଟିପ୍ପଣୀ:- ଚାଳିଶ ଭାଗ-ଇସଲାମ ଧର୍ମ ଶାସ୍ତ୍ରାନୁସାରେ ୪୦ଭାଗରୁ ଏକ ଭାଗ ଦାନ ଲାଗି ଉଦ୍ଦିଷ୍ଟ ହେବା ଉଚିତ । (ଜକାତ୍)

॥ ୩୮୮ ॥

ବ୍ରାହ୍ମଣର ଯାଚନା ଶୁଣି କ୍ରୋଧିତ ନୃପତି
"ହେଲୁ କି ପାଗଳ ଦ୍ୱିଜ ଧନେ ରଖିମତି
ଧନ ଯାର ପାଶେ ଅଛି ସେ ପୁରୁଷ ଧନ୍ୟ
ସକଳେ କରନ୍ତି ତାକୁ ମହତ୍ତ୍ୱ ପ୍ରଦାନ ॥
ଧନ ଥିଲେ ଧର୍ମ କର୍ମ ରାଜ୍ୟ ଅଟି ତାର
ଚେତନା ବୁଦ୍ଧି ଉଦୟେ ବଳବନ୍ତ ନର ॥
ସ୍ୱର୍ଗ, ମର୍ତ୍ତ୍ୟ ଜୟ କରି କୈଳାସ ବିଭବ
ଦ୍ରବ୍ୟ ସମ୍ପଦରେ ସିନା ସକଳ ଲଭିବ ॥
ଧନ ଥିଲେ ଅପ୍ସରାଏ ହେବେ ତବ ଦାସୀ
ଗୁଣହୀନ ଗୁଣୀଭାବେ ସୁଗୁଣେ ବିକଶି ॥
କୁଜା ହୁଏ ରୂପବାନ ଧନଥିଲେ ପାଶେ
ଧନବାନ ମଣିପରି ସମୁଜ୍ଜ୍ୱଳ ଦିଶେ ॥
ଦ୍ରବ୍ୟ ଗୁଣ ଜ୍ଞାନେ ଏତେ କେଉଁ ସୁପୁରୁଷ
ଧନ ଦାନେ ଆପଣାର କରେ ସର୍ବନାଶ ॥"
ଉତ୍ତରେ ଭାଷନ୍ତି ଦ୍ୱିଜ "ରେ ଲୋଭି ରାଜନ!
ଧନ ରୂପି ଶତ୍ରୁକୁ ତୁ ନକର ଗୋପନ ॥"

"ପେଟିରେ ଆବଦ୍ଧ କରିଲେ ନାଗକୁ ଗୃହେ ସଯତନ କରି।
କଦାପି ସେ ତୋର, ନ ହେବ ରେ ମୂର୍ଖ ସମୟେ ଦେବ ସଂହାରି।"

॥ ୩୮୯ ॥

ଜଳଯାନ ବାହି ସଗର୍ବେ ରାଜା ରତନସେନ
ଅର୍ଦ୍ଧ ସିନ୍ଧୁ ଲଙ୍ଘି ନ ପାରି ହେଲେ ଭୟେ ଆଚ୍ଛନ୍ନ ॥
ସାମୁଦ୍ରିକ ଝଡ଼ ଝଞ୍ଜାର ଘୋର କରାଳ କାୟା
ଉଚ୍ଛଳ କଲ୍ଲୋଳ ତରଙ୍ଗେ କରେ ଆବୃତ ତାହା ॥
ସାନ୍ଦ୍ର ଘନ ଘୋର ତିମିର, ପ୍ରଭଞ୍ଜନ ସହିତେ
ଶିଳା ଖଣ୍ଡ ଫିଙ୍ଗେ ଅମ୍ବରେ ଝଡ଼ ପ୍ରବଳ ବାତେ ॥

ଯା ପାଇଁ ଦୁର୍ଦ୍ଦିନ ଆସଇ ହୁଏ ବିବେକହୀନ
ଦିଗଭ୍ରଷ୍ଟ ହୋଇ ବୋଇତ ଗମେ ଲଙ୍କା ଅୟନ ॥
ଏହିପରି ଭାର ବହନ କରି ନହେଲେ ପାର
ନାବ କର୍ଣ୍ଣଧାର ଗର୍ବ ହିଁ ଜାଣ ହେଲା ଅସାର ॥
ସଂସାରେ ଦ୍ରବ୍ୟର ଭାରକୁ କେହି ନାହିଁ ସମ୍ଭାଳି
ଯେ କରେ ଧନକୁ ସଞ୍ଚିତ, ପରେ ହୁଅଇ ଭାଳି ॥
ଚଞ୍ଚୁ ମୁନେ ଧରି ପାଷାଣେ ପକ୍ଷୀ ଉଡ଼େ କି ନଭେ
ମମତ୍ୱ ରହିଲେ ଦ୍ରବ୍ୟରେ ମଜ୍ଜେ ଜଳ ଗରଭେ ॥
ବିଷୟ ସମ୍ପତ୍ତି ସମୂହ ଥାଇଁ ଅଜ୍ଞାନ ଜନେ
ଆପଣାକୁ ଗର୍ବେ ଭୁଲନ୍ତି, ରହି ନ ପାରି କ୍ଷଣେ ॥

ମମ ମମ କହି ନ ପାରଇ ଦୋହି ଧନର ଲାଳସା ଲୋଭ
ଗର୍ବ ରହେ ନାହିଁ, ବିସର୍ଜି ରହଇ ସମୁଦ୍ର ସଲିଳେ ସର୍ବ।

॥ ୩୯୦ ॥

ଲଙ୍କା ଅଧିପତି ବିଭୀଷଣ ଦାସ
 ଦୈବ ଯୋଗେ ସିନ୍ଧୁ ତୀରେ
ଆସିଥିଲା ମୀନ ମାରିବାକୁ ତହିଁ,
 ଦେଖନ୍ତି ସର୍ବେ ତାହାରେ ॥
କୃଷ୍ଣ ବର୍ଣ୍ଣର ସେ ଦାନବ କୈବର୍ତ୍ତ
 ଘନ କଳା ମେଘ ପରି
ପଞ୍ଚଶିର ଦଶ ବାହୁ ସହିତରେ
 ସେ ସ୍ଥାନେ ଆସଇ ଚଳି ॥
ଲଙ୍କା ଧ୍ୱଂସ ବେଳେ ଦଗ୍ଧ ହୋଇ ହେଲେ
 ଜଳି ହେଲା ଅଙ୍ଗ କଳା
ସେଦିନୁ ଦୈତ୍ୟ ଥିଲା ବା ଅଭୁକ୍ତ
 ତା ଭାଗ୍ୟ ଉଦୟ ହେଲା ॥
ନିଶ୍ୱାସ ସଙ୍ଗତେ ତା ମୁଖୁ ନିର୍ଗତେ

ଧୂମାୟିତ ରୁଦ୍ଧ ଶ୍ୱାସ
କହିଲେ ବଚନ ଉଠେ ଅଗ୍ନିକଣା
ମୁଖରୁ ହୋଇ ନିଃସୃତ ॥
ବାୟୁଭରେ ଉଡୁଥିଲା ମସ୍ତକରୁ
ଖାଙ୍କର କେଶ ମୁକୁଳା
ସତେକି ଚାମର ହୁଏ ଦୋଳାୟିତ
ଚାଳନ୍ତେ ଚରଣ ତ୍ୱରା ॥
ଦୀର୍ଘ ଦନ୍ତ ପଂକ୍ତି ଓଷ୍ଠ ଅନ୍ତରାଳୁ
ତୁଣ୍ଡୁ ବାହାରେ ଲମ୍ବିଛି
ଭୀଷଣ କରାଳ ହୋଇ ମହାକାଳ
ଗ୍ରାସିବାକୁ କି ଚାହିଁଛି ॥
ଭଲ୍ଲୁକ ସଦୃଶ ଶରୀରକୁ ଦେଖି
ଭାଲୁ ବି ହେବ ଶଙ୍କିତ
ଧାଇଁ ଅବା ଗିଳି ଦେବ ସତ୍ୱରେ
ସେ ଚାଣ୍ଡାଳ ଲଙ୍କା ଦୈତ୍ୟ ॥
ବିଘୂର୍ଣ୍ଣିତ କରି ରକ୍ତବର୍ଣ୍ଣ ନେତ୍ର
ଧରିତ୍ରୀରେ ପାଦ ରଖି
ପରଶେ ତା ଶିର ସୁନୀଳ ଅମ୍ବର
ସେ ସ୍ଥାନେ ଆସିଲା ଲକ୍ଷି ॥
ସଭୟେ ସରବେ ଦେଖନ୍ତି ନୀରବେ
ସତେ କି ସହସ୍ର ହସ୍ତେ
ଅସମୟେ ଚାହିଁ ପ୍ରାଣ ଦେବ ନାଶି
ସହସ୍ରବାହୁ ଆଘାତେ ।
ସୂର୍ଯ୍ୟ ଚନ୍ଦ୍ର ତାରା ନକ୍ଷତ୍ର ପୂର୍ଣ୍ଣ ନୀଳ ଗଗନେ ।
ରାହୁଭଳି ଗ୍ରାସି ଦେବକି ଦୈତ୍ୟ ଆସି ସେ ସ୍ଥାନେ ॥

॥ ୩୯୧ ॥

ଭାସି ଯାଉଥାଏ ସହସ୍ର ବୋଇତ
ଉଲ୍ଲୋଳ ଉଦଧି ଜଳେ
ସହସ୍ର ନାବିକ ବୁଦ୍ଧି ଅପହରି
ଦକ୍ଷିଣ ଦିଗକୁ ଚଳେ ॥
ଦୂରୁ ଦେଖି ଦୈତ୍ୟ ଲଙ୍କାର କୈବର୍ତ୍ତ
ହସଇ ମନରେ ଭାଳି
"ବିନା ପରିଶ୍ରମେ ଉଦର ଭରିବି
ମୁହିଁ ଅଜଗର ପରି ॥
ଏ କାମିନୀ ଘେନି ବିଭୀଷଣେ ଦେବି
କରିବ ଲଙ୍କାର ରାଣୀ
ରାବଣକୁ ଅବା ସୀତା ମିଳିଯିବ
ଲଙ୍କାର ରାଜୁତି ପୁଣି ॥
ପୁନର୍ବାର ହସି କରିବ ରାଜୁତି
ଲଙ୍କା ହେବ ପୂର୍ବ ପରି
ମନରୁ ତେଜିବ ସକଳ ଆଶଙ୍କା
ପ୍ରଜାକୁଳ ଦୁଃଖ ହରି ॥
ଯୁଦ୍ଧ ଯିବ ସରି ରାମ ଯିବେ ହାରି
ରାମାୟଣ ହେବ ଶେଷ !"
କରୁଛି କଳ୍ପନା ଗୋପନେ ମନରେ
ଆପଣେ ହୋଇ ଉଲ୍ଲାସ ॥
ଥଣ୍ଟିଆ ବଗଟି ଦାବି ଦାବି ପାଦ
ଯାଏ ଯେହ୍ନେ ମୀନ ପାଶେ
ତେସନେ ଦଇତ ମିଳିଲା କପଟେ
ଯାଇ ନୃପତିର ପାଶେ ॥
ନମ ନମ କରି କୁଶଳ ପୁଛଇ
"ହେ ମିତ୍ର ! ପଥ କି ଭୁଲି
ଏ ତୀରେ ଲାଗିବା ପାଇଁବା ଆସିଲ

ଶୁଭାଶୁଭ ନ ବିଚାରି।
ସମୁଦ୍ର ଘାଟରେ ଲଗାଇଛ ଯାନ
ସକଳ ସମ୍ଭାର ଯାକ ?
ମୁଁ ତୁମର ହେବି ପଥ ପ୍ରଦର୍ଶକ,
ହେବି ବିଶ୍ୱାସୀ ସେବକ ॥"

ଏ ଭବେ ବିଶ୍ୱାସ ଘାତକ, ଅନ୍ୟରେ ଦେଇ ଆଶ୍ୱାସ।
ସେବକ ସାଜି ସେ ଅଚିରେ ପ୍ରାଣ କରେ ନାଶ ॥

■

॥ ୩୯୭ ॥

ବିପଦ ପଡ଼ିଲେ ପ୍ରାଣୀର
ବୁଦ୍ଧି ହୁଏ ବିଭ୍ରମ
ମଧୁବୋଲା ବାଣୀ ଶ୍ରବଣେ
ଅବା ପାଏ ଜୀବନ।
ରାକ୍ଷସକୁ ରାଜା କୁହନ୍ତି
"ହୁଅ ମାର୍ଗ ଦର୍ଶକ
ସହସ୍ର ନାବିକ ମଧ୍ୟରେ
ହୁଅ ମୁଖ ନାବିକ ॥
ଆନ୍ଦୋଳିତ ହୁଏ ପୃଥିବୀ
ମାର୍ଗ ଦେଖା ସତ୍ୱର
ସମୁଦ୍ର ତୀରରେ ଲଗାଇ
ରଖ ପ୍ରାଣ ସକଳ ॥"
ବଚନ ଦିଅନ୍ତି ନରେଶ
"କୂଳେ ଲାଗିଲେ ଯାନ
ନବ ନଗ ବାହୁ ବଳୟ
ତୋରେ କରିବି ଦାନ ॥
କର୍ଣ୍ଣକୁ ରତନ କୁଣ୍ଡଳ
ଚୋଡ଼ର ବସାଇ ତୋତେ

ତୋ ଆଶା କରିବି ପୂରଣ
    ଯାହା ମାଗିବୁ ଯେତେ ॥
ତୋ ଅଙ୍ଗେ ରାକ୍ଷସ ଲକ୍ଷଣ
    ସର୍ବ ହୋଇବ ଗୋପ୍ୟ"
ପାନ ବିଡ଼ା ଦେଇ ସମ୍ମତି
    ସାଥେ କଲେ ଆହୁତ ॥

ଭ୍ରାନ୍ତି ବସେ ଭୂପ ମନକୁ ଅପ୍ରାପ୍ୟ ଥିଲା, ଅଜ୍ଞାତ ଜ୍ଞାନ।
ଖାଦ୍ୟ ଲୋଭେ ବକ ସାଜିବ ସେବକ, ନେବାକୁ ମୀନ ଜୀବନ ॥

॥ ୩୯୩ ॥

ଭାଷଇ ଦାନବ "ଶୁଣ ମୋର ସ୍ୱାମୀ!
    ଉତ୍ତମ ସେବକ ଜାତି
ହୁଅନ୍ତି ଦାନବ, ପଥଚ୍ୟୁତ ଲୋକଙ୍କର
    ମାର୍ଗ ଦର୍ଶକ ହୁଅନ୍ତି।
ରାମ ଯେତେବେଳେ ଲଙ୍କା ଜାଳିଦେଲେ
    ରାବଣେ ନକରି ତ୍ୟାଗ
ହୁତାଶନେ ଜଳି ହେଲି କୃଷ୍ଣକାଳି,
    ଅଙ୍ଗ ମୋର କଳା ମେଘ ॥
ଯେ ସ୍ଥାନେ ଶ୍ରୀରାମ ସେତୁ ବାନ୍ଧିଥିଲେ
    ତା ପାଶେ ତୁମକୁ ନେବି
ବିଳମ୍ବ ନ କରି ଦାନ ଦେଲେ ସ୍ୱାମୀ
    ଅବିଳମ୍ବେ ତହିଁ ଯିବି ॥"
ପ୍ରସନ୍ନ ମନରେ ପାନବିଡ଼ା ଦାନ
    ନଗଣ୍ୟ ହେଲେ ବି ତାହା-
ଅଟେ ମୂଲ୍ୟବାନ ଶ୍ରମ ପରେ ଦାନ
    ପାରିଶ୍ରମିକ ତ ଏହା ॥"
ଦାନ ଦେବା କାଳେ, ପ୍ରଦୀପ ଲିଭିଲା,

ଆସିଲା ଝଡ଼ ସହସା
ଚତୁର୍ଦ୍ଦିଗ ଭରି ନଷ୍ଟଭ୍ରଷ୍ଟ କରି
ଅନ୍ଧକୂପ କଲା ରସା ॥

॥ ୩୯୪ ॥

ସମୁଦ୍ର ମଧରେ ପ୍ରଖର ସ୍ରୋତରେ
ପାତାଳର ଦ୍ୱାର ଦେଶେ
ଆବର୍ତ୍ତରେ ଘୁରି ଆସୁଥିଲା ଫେରି
ମୃତ୍ୟୁ କରାଳ ବେଶେ ॥
ସେ ସ୍ଥାନେ ବୁଲ କି ଯମର କଟାରି
ଯେ ସ୍ଥାନେ ମହୀ ରାବଣ
ପୂର୍ବେ ଥିଲା ମରି, ଅସ୍ଥିତାର ପଡ଼ି
ଦିଶେ ପାହାଡ଼ ସମାନ ॥
ଯେ ସ୍ଥାନେ ଥିଲା ତା ମେରୁଦଣ୍ଡ ପଡ଼ି
ଦିଶଇ ସେତୁ ସଦୃଶ
ସର୍ବଜଳ ଯାନ ବାହିନେଲା ତହିଁ
ଛଳ କରି ସେ ରାକ୍ଷସ ॥
ଘେନି ସେହି ସ୍ଥୂଳ ବୋଇତ ସକଳ
ତେଜିଲା ଦାନବ ବଳି
କୁମ୍ଭକାର ଚକ୍ର ପରି ଘୂରେ ତହିଁ
ସକଳ ବୋଇତ ବୁଡ଼ି ।
ଗର୍ଜିଣ ଭୂପାଳ କହନ୍ତି "ରେ କାଳ
ବାତୁଳ ତୁହି ରାକ୍ଷସ !
ଛଳ ଛନ୍ଦ କରି, ଆଣିଲୁ ଏସ୍ଥଳେ
କରିବାକୁ ମତେ ନାଶ ।"

ସେତୁ ବନ୍ଧ ଦିଶେ ଅଗ୍ରତେ କିଆଁ ନ ନେଲୁ ତହିଁ
ଏ କାଳ ଚକ୍ରର ଆବର୍ତ୍ତେ ମାରୁ ପ୍ରତ୍ୟକ୍ଷ ତୁହିଁ ॥

॥ ୩୯୫ ॥

ସମୁଦ୍ର ମଧ୍ୟରେ ପାତାଳର ପାଣି
    ଉଛୁଳେ ଊର୍ଦ୍ଧ୍ୱକୁ ଛୁଇଁ
ପାତାଳ ବିବର ବୁଲି ଆବର୍ତ୍ତରେ
    ତରଙ୍ଗେ ଆସୁଛି ତହିଁ ।
ଆବର୍ତ୍ତରେ ପଡ଼ି ଯାନ ଯାଏ ବୁଡ଼ି
    ଦେଖି କହନ୍ତି ଭୂପତି
"ଆରେ ରେ ରାକ୍ଷସ ! କଲୁ ସତ୍ୟାନାଶ
    ବାତୁଳ ହେଲା ତୋ ମତି ॥"
ବାତୁଳ ଶବଦ ଶ୍ରବଣେ ଦାନବ
    ହସେ ବିକରାଳ ହସ
ସେ ହର୍ଷ ଉତ୍ସାହେ ନିର୍ବିବାଦେ ଖସେ
    ଭୂମି ପରେ କି ଆକାଶ ॥
କହଇ ରାକ୍ଷସ, "ଶୁଣ ତୁ ଭୂପେଶ !
    ମୁହିଁ କି ତୁହି ବାତୁଳ
ଅଦ୍ୟାବଧି ତୁହି ରହିଛୁ ଅଜ୍ଞାତ
    ମୁଁ ତୋର ଜୀବନ କାଳ ॥
ଯାହାକୁ ପାଗଳ କହିଥାଏ ନର
    ସେ ମଧ୍ୟ ଖାଦ୍ୟ ଲୋଭରେ
ଚତୁରତା ସହ ଖାଦ୍ୟ ଆହରଣେ
    ବୁଲୁଥାଏ ଚାରିଆଡ଼େ ॥
ଭୂମିରେ ଥାଇବି ପତଙ୍ଗଟି ମଧ୍ୟ
    ପାଗଳ ପରାଏ ହୋଇ
ଚତୁରତା କରି ଭୂମିପରୁ ଧରି
    ପିପୀଲିକା ଦିଏ ଖାଇ ॥
ମୁଁ ଆଣିଛି ତୋତେ କରିବି ଭକ୍ଷଣ
    ଭୁଲାଇ ଅମାର୍ଗେ ଧରି
ତଥାପି ଅଜ୍ଞାତ କିପରି ରହିଛୁ

କିଛି ନବୁଝିବା ପରି।
ଦୂରେ ଯାହା ଦେଖୁ ସେତୁ ବନ୍ଧ ବୋଲି
ସେ ନୁହେଁ ରାମଙ୍କ ସେତୁ।
ମହୀରାବଣର ଅଟେ ସେ କଙ୍କାଳ
ପ୍ରାଣ ନେବ କାଳ କେତୁ ॥
ଏଥୁ ସ୍ୱର୍ଗହେବ ଅତି ସନ୍ନିକଟ
ଗୃହ ହେବ ବହୁଦୂର
ଅନୁଶୋଚନାରେ ହସ୍ତ ମଳୁଥିବୁ
ବଚନ କରିବୁ ସ୍ଥିର ॥
ସେ ମହୀରାବଣ ଧନ ଆହରଣ
କରୁଥିଲା ପ୍ରତିକ୍ଷଣ
ପାହାଡ଼ ସମାନ ଅସ୍ଥି ବରଜିଣ
ଚଳିଲା ଯମ ଭୁବନ"।

ସ୍ୱର୍ଗ ଯିବା ପାଇଁ ପ୍ରସ୍ତୁତ ହୁଅ ହେ ନରରାଣ।
ଅନୁତାପ କାହିଁ କରିବୁ, ତୁ ତ ବାତୁଳ ସମ ॥

॥ ୩୯୬ ॥

ଜଳ ଆବର୍ତ୍ତରେ ପଡ଼ି ସର୍ବଯାନ
ଘୂରନ୍ତି ଚକ୍ର ସମାନ
ସଫଳ ଆଶାରେ ସେ କ୍ରୂର ରାକ୍ଷସ
ଉଲ୍ଲାସେ କରେ ନର୍ତ୍ତନ ॥
ହୟ ହସ୍ତୀ ତୁଲେ ମଜ୍ଜିଲେ ସଲିଳେ
ସମସ୍ତ ନାବିକଗଣ
ମାଂସ ଲୋଭେ ପକ୍ଷୀ ଖେଚରେ ଉଡ଼ନ୍ତି
ଗହଳ କରି ଗଗନ ॥
ଏସନ ସମୟେ ଆସିଲା ନିର୍ଭୟେ
ସାମୁଦ୍ରିକ ରାଜପକ୍ଷୀ

ତା ପକ୍ଷ କମ୍ପିଲେ ପର୍ବତ ଦୋହଲେ
ଶିଖର ଯିବ କି ତୁଟି ॥
ସେ ଦର୍ପି ରାକ୍ଷସେ ଦେଖି ନଭୁ ଖସେ
ପୃଥୁଳ ବାରଣ ଭାବି
ପଞ୍ଝା ନଖେ ଝାମ୍ପି ଉଡ୍ଡୀୟାନ ପକ୍ଷୀ
ଗଲା ସେ ଗଗନ ଭେଦି ॥
ତା ପକ୍ଷ ପବନେ ତୀବ୍ର ହୋଇ ଘୂରେ
ସଲିଳ ଚକ୍ର ଆବର୍ତ୍ତ
ସର୍ବ ଜଳଯାନ ହେଲା ଜଳେ ମଗ୍ନ
ଛିନ୍ନ ହୋଇ ଅତ୍ର ତତ୍ର ॥
ରାଜାରାଣୀ ନାବ ହେଲା ଦୁଇ ଭାଗ
ଭାସି ଗଲେ ଦୁଇ ଦିଗେ
ସଂଯୋଗ ବିଚ୍ଛେଦ ଭୋଗିବାକୁ ଦୈବ
ନିକ୍ଷେପିଲା ଭିନ୍ନ ଦିଗେ ।

ଅଜାଣତେ ଦୁହେଁ ଭାସିଲେ ସିନ୍ଧୁ ଅଥଳ ଜଳେ ।
ବିପରୀତ ଦିଗେ ଯୁଗଳେ ବହୁ ପ୍ରବାହ ନୀରେ ॥

॥ ୩୯୭ ॥

ମୂର୍ଚ୍ଛିତେ ଭାସୁଛି ପଦ୍ମାବତୀ ରାଣୀ
ଦେହେ ତାର ଜ୍ଞାନ ନାହିଁ
କିଏ ବା ତାହାକୁ କାଠ ଫଳକରେ
ଥାପି ଦେଇ ଅଛି ତହିଁ ।
ଆଜନ୍ମରୁ ଯେଉଁ ସୁକୁମାରୀ କନ୍ୟା
ସହିନି ସମୀର ଧକ୍କା
ଏବେ ତା ଉପରେ ଦୁଃଖର ବାରିଧି
ପ୍ରତିଘାତେ ଦିଏ ଶଙ୍କା ॥
ସମୁଦ୍ର କୂଳରେ ସଜନୀ ମେଳରେ

ଖେଳୁଥିଲେ ସିନ୍ଧୁ ସୁତା
ସେ କାଠ ଫଳକ ଲାଗିଲା ସେ ତୀରେ
ଧରି ସେ ରାଜ ବନିତା ॥
କହୁଛନ୍ତି ଲକ୍ଷ୍ମୀ, "ଶୁଣ ଲୋ ସଜନୀ !
ସେ କାଷ୍ଠ ଫଳକେ ଶୋଇ
ନାରୀ ମୂର୍ତ୍ତିଟିଏ ଚେତା ଶୂନ୍ୟ ହୋଇ
ତହିଁରେ ପଡ଼ିଛି ରହି ॥"
ଅନ୍ତର୍ଗତେ ଲକ୍ଷ୍ମୀ ଜାଣିଲେ ମନରେ
ସେ ପୁଷ୍ପ ମଉଳି ନାହିଁ
ସମୀରେ ତାହାର ବାସ ପ୍ରସରୁଛି
ଶରୀରେ ଜୀବନ ଥାଇ ॥
ପ୍ରେମର ରଙ୍ଗରେ ଦିଶୁଛି ସୁଷମ
ସାଧବ ବୋହୂ ପ୍ରାୟେକ
ଦଧି ସିନ୍ଧୁ ସ୍ରୋତେ ଭାସି ଆସିଲେବି
ବର୍ଣ୍ଣ ନୋହିଛି ବିଲୋପ ।

ଲକ୍ଷ୍ମୀଙ୍କର ଯାହା ପ୍ରତି କୃପା ଦୃଷ୍ଟି ଅଛି
ଶୁଷ୍କ ତରୁ ହେଲେ ମଧ୍ୟ ସଦା ପଲ୍ଲବିଛି ॥

॥ ୩୯୮ ॥

ଛିନ୍ନ ଛତ୍ର ଝଡ଼ ସଂଘାତେ
ଦୁହେଁ ହୋଇ ବିଚ୍ୟୁତ
ସେ ଘନ ତିମିରେ କେ କାହିଁ-
ଗଲେ ହୋଇ ଅଜ୍ଞାତ ॥
ନିୟତିର ଦେଖ ସଂଯୋଗ
ତୀରେ ସିନ୍ଧୁ ଦୁଲଣୀ
ଦୂରୁ ନିରୀକ୍ଷଣେ କୁହନ୍ତି
ସଜନୀଙ୍କୁ ସେକ୍ଷଣି ॥

"କାଠ ଫଳକରେ କେ ଭାସି-
ଯାଏ କେ ନାରୀ ତହିଁ
ବତିଶ ଲକ୍ଷଣ ଯୁକ୍ତ ଏ,
ଅଛି ଅଚେତ ହୋଇ ॥
ସଯତନେ ରଖ ସଜନୀ
ଜୀବ ନ ଯାଉ ତେଜି
କାଗଜ ସୂକ୍ଷ୍ମ ପିତୁଳି
ଝଡ଼େ ଆସିଛି ହଜି ॥
ସାଗର ଜଳରେ ଭାସି ବି
ରୂପ ରଙ୍ଗ ଅକ୍ଷତ
ସସ୍ନେହେ କୋଳରେ ନିବେଶି
ଲକ୍ଷ୍ମୀ ହେଲେ ଚିନ୍ତିତ ॥
ଏକ ପ୍ରହର ଅତୀତେ
ଚେତି ଭାଷଇ "ପ୍ରିୟ"।
ତୃଷାତୁରେ ଜଳ ଯାଚନା
କରେ ହୋଇ ଅଥୟ ॥
ଜଳ ଦେଇ ମୁଖ ଧଉତ
କରି ସକଳ ସଖି
ପଦ୍ମିନୀକୁ ଘେରି ଦିଶନ୍ତି
କୁମୁଦିନୀ ଦଳକି !
ପୁଚ୍ଛନ୍ତି ସାଗର ଦୁଲଣୀ
"ମୁହିଁ ତୋ ପରି ନାରୀ
ବିନା ସଙ୍କୋଚରେ କହତୁ
ତୋର ଦୁଃଖ କିପରି ?"

ତୋର ରୂପ ଦେଖି ମୁହିଁ ହେଲି ତୃପ୍ତି କେଉଁ ଦେଶର ତୁ କାହା ରମଣୀ
ତୋର ନାମ ଗୁଣ, କର ତୁ ବୟାନ ମୋ ମନୁ ସନ୍ଦେହ ନେବାର ପୁଣି।

॥ ୩୯୯ ॥

ଧୀରେ ତନୁ ତଳେ ଚେତନା ସଞ୍ଚରେ
ଖୋଲେ ପଦ୍ମିନୀ ନୟନ
ଚତୁର୍ଦ୍ଦିଗେ ତାର, ସମୁଦ୍ର ପନ୍ତାର
ନ ଦେଖେ ବନ୍ଧୁ ସ୍ୱଜନ
"ମୁଁ କିଏ" କହି ମନରେ ଭାବଇ
"ତୁମେ ମାନେ ଅବା କିଏ ?
କୁମୁଦିନୀ ସଖୀ ଗଲେ ଅବା କାହିଁ
ମୁଁ ଅଛି କାହା ଆଶ୍ରୟେ ?
ଜଗତର ମଣି, ମୋର ପ୍ରିୟ ପୁଣି
ସୁମେରୁ ସଦୃଶ କରି
ସୃଜିଥିଲେ ଈଶ, ସେ କିମ୍ବା ଅଦୃଶ୍ୟ
କିଏ ନେଲା ଅପହରି ॥
ତାଙ୍କର ପ୍ରୀତିରେ ମଜ୍ଜିଛି ଅନ୍ତରେ
ରହିଛି ନ ଭୁଲି କ୍ଷଣେ
ସକ୍ଷମ ନୁହେଁ ମୁଁ, ଗୁପ୍ତ ରଖିବାକୁ
ପତି ସ୍ନେହ ଅନୁପମେ ॥
ତବ ବିଚ୍ଛେଦରେ ସହି ମୁଁ ନ ପାରେ
ହେ ସ୍ୱାମୀ କିଏ ନିମର୍ମ
ଏ କୋମଳ କଳି ବୃନ୍ତୁ ଛିନ୍ନ କରି
ସାଗରେ କଲା ପ୍ରଦାନ" ॥
ବିରହ ଅନିଳେ ପତ୍ରଟି ମଉଳି ଶାଖାରୁ ହୋଇ ବିଚ୍ୟୁତ ।
ଭୂତଳେ ପତିତ ହେଲେ କି ସେ ପତ୍ର ଯୋଖିବ ଶାଖା ସହିତ ?

॥ ୪୦୦ ॥

ଲକ୍ଷ୍ମୀଙ୍କ ସଖୀଏ ତାଙ୍କୁ ଦିଅନ୍ତି ଉତ୍ତର
"ତୁମ୍ଭ ସ୍ୱାମୀଙ୍କୁ ଜାଣିନୁ ଆମ୍ଭେ ସଖୀକୁଳ ॥
କାଷ୍ଠ ଫଳକରେ ପଡ଼ି ସମୁଦ୍ରରେ ଭାସି

ତୁମ୍ଭଙ୍କୁ ଆଣିଲୁ ଆମ୍ଭେ ସ୍ରୋତରୁ ଆକର୍ଷି ॥
ଏ ବାର୍ତ୍ତା ଶ୍ରବଣେ ଜ୍ଞାତ ହୋଇଲା ପଦ୍ମିନୀ
ବିଚ୍ଛେଦ ହୋଇଛି ତାର ପ୍ରିୟ ପାଶୁ ପୁଣି ॥
ପୁନର୍ବାର ଚେତା ଶୂନ୍ୟ ହେଲା ତତକ୍ଷଣ
ଚେତା ହୀନ ଅଙ୍ଗ ତାର ଦିଶଇ ଯେସନ ॥
ସୁରେଇ ଗ୍ରୀବା ଭାଙ୍ଗି କେ ରଖିଛି ଭୂମିରେ
ଅଥବା ବତକ ଗଳା କାଟିଛି ଅଚିରେ ॥
କ୍ଷଣେ ଚେତାପାଏ ପୁଣି ଚେତା ହାରେ କ୍ଷଣେ
ତନୁରେ ଚନ୍ଦନ ବେଶ ଦିଶଇ ବିବର୍ଣ୍ଣେ ॥
ବାତୁଳ ପ୍ରଳାପ କରି କହେ ସେ ବଚନ
"ଅବିଳମ୍ବେ ମତେ ଦିଅ ଭସାଇ ସେ ସ୍ଥାନ ॥
ଯେ ଘାଟେ ଜଳ ନିଧିର ତରଙ୍ଗ ପ୍ରବାହେ
ମୋ ସ୍ୱାମୀ ଅଛନ୍ତି ରହି ନିଅଗୋ ସଦୟେ ॥
ସେ ସ୍ଥାନେ ମୋ ପାଇଁ ଚିତା କର ଆୟୋଜନ
ମରିବି ନିଶ୍ଚିତ ମୁହିଁ, କର ଅଗ୍ନିଦାନ ॥
ଜୀବିତ ଅବସ୍ଥା ଯହିଁ ସାରଙ୍ଗ ଯୁଗଳ
ହେ ଧାତା ବିଚ୍ଛେଦ କରୁ ଶର ମାରି ତୋର ॥
ସେ ତୀରରେ କର ମୋତେ ଅନଳେ ଦହନ
ଅବିଳମ୍ବେ ଦଗ୍ଧ ହେଉ ଏ ମୋର ଜୀବନ" ॥

"ଜଗତେ ଜାଣିବେ ପ୍ରିୟ ଲାଗି ମୁହିଁ ଜଳିଲି ଚିତା ଅନଳେ
ସେହିପରି ମୁହିଁ ପ୍ରିୟତମ ପାଇଁ ଝାସିବି ଅଙ୍ଗ ଅଗ୍ନିରେ।"

॥ ୪୦୧ ॥

"ମୋ ଶରୀର ସିନା ସମୁଦ୍ର ସମାନ,
ତହିଁ ଦୃଷ୍ଟିପାତ କରି
ମୋ ହୃଦ ରତ୍ନକୁ ଦର୍ଶନ କରେ ମୁଁ
ମନ ନୟନ ନିହାରି ॥

ମୋ ହୃଦ ଆଦର୍ଶେ ପ୍ରତିବିମ୍ବ ଦିଶେ
    ପରଶି ପାରେନା କରେ
ସେ ମୋର ନେତ୍ରରେ ଅଛନ୍ତି ନିକଟେ
    ପ୍ରବେଶି ତହିଁ ନ ପାରେ ॥
ମୋର ହୃଦ ଦେଶେ ଥିଲେ ବି ମୋ ପାଶ
    କିଏ କରିବ ଯୁଗଳ
ଭାବିଲେ ମରମେ, ଆସଇ ଲୋଚନେ
    ଝରୁଥିବା ଅଶ୍ରୁ ଜଳ ॥
ମୋ ଶ୍ୱାସ ପ୍ରଶ୍ୱାସ ରାତ୍ରୀ କି ଦିବସ
    ଚଳନ୍ତି ସ୍ୱାମୀଙ୍କ ପାଶେ
ସେ ସ୍ଥାନୁ ସନ୍ଦେଶ ନ ଆଣନ୍ତି ସେତ
    ମଉନ ରହି ବିବଶେ ॥
ହୋଇଛି ମୋ ଦୃଷ୍ଟି କଉଡ଼ିଆ ପକ୍ଷୀ
    ଦେଖେ ଚତୁର୍ଦ୍ଦିଗ ଘୂରି
ସାଗର ଉଲ୍ଲୋଳେ ଭାସିଲେ ରତନ
    ତୋଳିବ ସେ ଝାମ୍ପମାରି ॥
ତା ନୁହେଁ ସଫଳ, ମୋ ମନ ଭ୍ରମର
    ପଦ୍ମେ ଅଛି ସମର୍ପଣ
କଲେ ବି ସର୍ବଦା ହୋଇ ମରଜୀବା
    ଧରି ନପାରେ ରତନ ॥
ଆରେ ମୋ ଜୀବନ, ହେଲୁ ତୁଚ୍ଛହୀନ
    ତୋ ଧର୍ମ ପାଳିଲୁ ନାହିଁ
ଜ୍ୱଳନ୍ତ ଅନଳେ ଜଳିଲେ ଲଭିବୁ
    କି ଅବା ରତନ ସାଇଁ ॥"

"ତେବେ ଏ ଜୀବନ ଜାଳିବି ଭସ୍ମ ହେଉ ପ୍ରକଟ।
ଅବିଳମ୍ବେ ତନୁ ଜାଳିବି, ନଷ୍ଟ ହେଉ ଏ ଘଟ ॥"

॥ ୪୦୨ ॥

ଏତେ କହି ବାଣୀ କାଢ଼ିଲା ଓଢ଼ଣି
 ସତୀ ହେବା ଅଭିଳାଷେ
ମେଘ ଭଳି ତାର କେଶରୁ ଚପଳା
 ପ୍ରସରି ଗଲା ଆକାଶେ ॥
ସୀମନ୍ତ ସିନ୍ଦୂର ସଂଯୋଗି କେ ତାର
 ଜାଳିଛି ତହିଁ ଅନଳ
ସୀମନ୍ତୁ ବିଛାଡ଼ି ମୋତି ଯାଏ ଝରି
 ଲୋତକ ବିନ୍ଦୁ ଅଶ୍ରୁର ॥
ବାରିଦର ବାରି ଜଳକଣା ପରି
 ଝରିପଡ଼େ ମୋତିମାଳା
ସୁବର୍ଣ୍ଣ ଅନଳେ ଉଦ୍ଦୀପ୍ତ ପରାଏ
 ରୂପ ଯୌବନ ଦିଶିଲା ॥
ଅତି ହିଁ ବିକଳେ ମାଗନ୍ତେ ଅନଳ
 ନ ଦିଅନ୍ତି କେହି ଆଣି
ତା କ୍ରନ୍ଦନ ରୋଳେ ଶ୍ରବଣେ ପଥର
 ତରଳି ହୋଇବ ପାଣି ॥
ଦୁଃଖରେ ନିମଜ୍ଜି ସୁବର୍ଣ୍ଣ ତା କଟି
 ରାବଣ ବିନା କେ ଆସି
ରାବଣ ରୂପୀ ସେ ରତ୍ନସେନ ସିନା
 ପାରିବ ଦୁଃଖ ବିନାଶି ॥
ତା ଆକୁଳ କ୍ରନ୍ଦନେ ପିକବଧୂ ବନେ
 କୁହୁରେ କରି ରୋଦନ
ସହାନୁଭୂତିରେ କେ ନିବାରି ପାରେ
 ଅଦର୍ଶନେ ରତ୍ନସେନ ॥

ପ୍ରିୟତମ ରୂପ ବୃକ୍ଷରେ କନକଲତା ପରି।
ଜଡ଼ିତ ଥିଲା ସେ, କାହାନ୍ତି ମନେ ଭାବେ ବିଚାରି ॥

॥ ୪୦୩ ॥

ପଦ୍ମାବତୀ ପ୍ରାଣ ଦୁଃଖଦ କଷଣେ
କୁହନ୍ତି ଲକ୍ଷଣା ଶୁଣି
"ହେ ମୋର ଭଗିନୀ ଶୁଣ ମୋର ବାଣୀ
ତୋ ପତି ଜୀବିତ ଜାଣି,
ମୋ ସମ ଭାବତୁ ନିଜକୁ, ମୋ ପିତା
ସମୁଦ୍ରର ତୁହି ସୁତା
ମୋ ସାଥେ ରହିବୁ ମୋ ପିତା ଭବନେ
ତୋ ମନୁ ନିବାରି ଚିନ୍ତା ॥
ମୋ ପିତାଙ୍କୁ ମୁଁ କରିବି ବିନତି
ଶୁଣାଇ ତୋ ଦୁଃଖ କଷ୍ଟ
ସକଳ ସାଗର ସନ୍ଧାନ କରିବେ
ନିରେଖି ସରବ ଘାଟ ॥
ଏ ମୋର ସାକ୍ଷାତ ପାଏ ସେ ଶ୍ରୀମନ୍ତ
ସିଂହାସନ କରେ ଭୋଗ
ବହୁ ଧନ ଧାନ୍ୟ ପାଇ ସସମ୍ମାନେ
ଲଭେ ଶାଶ୍ୱତ ସମ୍ଭୋଗ ॥"
ବହୁତ ସାନ୍ତ୍ୱନା ଦେଇ ଆଶ୍ୱାସନା
ପ୍ରାସାଦେ ରଖନ୍ତି ଆଣି
ପଦ୍ମାବତୀ କିଛି ଗ୍ରହଣ ନକରେ
ଖାଦ୍ୟ ଅଥବା ପାଣି ॥
କହଇ ପଦ୍ମିନୀ "ଶୁଣ କମଳିନୀ
ସ୍ୱାମୀ ଯାର ସଙ୍ଗେ ନାହିଁ
କ୍ଷୁଧା, ତୃଷା, ନିଦ୍ରା ନ ଥାଏ ତାଦେହେ
ସ୍ୱାମୀ ପଥ ସଦାଚାହିଁ ॥
ମୋର ପ୍ରିୟ ସାଥେ ମିଳାଅ ତ୍ୱରିତେ
ପଶ୍ଚାତେ ମୋ ପ୍ରାଣ ନାଶ"
ଲକ୍ଷ୍ମୀଙ୍କୁ ବିନତି କରି ପଦ୍ମାବତୀ

ରହେ ସଦା ଉପବାସ ॥
ତହୁଁ ସିନ୍ଧୁ କନ୍ୟା ପିତାଙ୍କୁ ଯାଚନା
କରନ୍ତି ମିନତି ଭରେ
ପଦ୍ମିନୀର ଦୁଃଖ ସମସ୍ତ ଶ୍ରବଣେ
କୁହନ୍ତି ସିନ୍ଧୁ ଗମ୍ଭୀରେ ॥

"ଅଦ୍ୟାବଧି ରତ୍ନସେନ ରହିଛି ମୋ ଘାଟେ।
ଆସନ୍ତା ଦିବସେ ତାରେ ସମର୍ପିବି ତୋତେ ॥"

॥ ୪୦୪ ॥

ସ୍ରୋତ ପ୍ରବାହରେ ଭାସି ଭାସି ଗଲେ
ଲାଗିଲେ ନାହିଁ ରାଜନ
ଚତୁର୍ଦ୍ଦିଗ ଶୂନ୍ୟ କାକଟିଏ ମଧ୍ୟ କାହିଁ
ନ ଦେଖେ ତାଙ୍କ ନୟନ ॥
ରତ୍ନ କର୍ପୂରର ଲଣ୍ଡା ପାହାଡ଼ଟି
ଥିଲା ତହିଁ ଏକ ମାତ୍ର
ତହିଁରେ ଆରୋହୀ ଦେଖନ୍ତି ରାଜେନ୍ଦ୍ର
ବିଶାଳ ସିନ୍ଧୁ ସୈକତ ॥
ଭାବନ୍ତି ରାଜନ "ହେଲା ଅନ୍ତର୍ଦ୍ଧାନ
ସୁଖ ସୌଭାଗ୍ୟ ସମସ୍ତ
ରାବଣ ରାତ୍ରୀ ନିବାସ ସଦୃଶ
ଗର୍ବେ ହେଲା ଅବଲୁପ୍ତ ॥
ଚିତ୍ତୋରର ସର୍ବ ବିଭବ ମଧ୍ୟରୁ
କେ କଲ ମତେ ବଞ୍ଚିତ।
ମୋ ରତ୍ନ ଭଣ୍ଡାର ସର୍ବ ସୈନ୍ୟ ଦଳ
ନ ରହିଲା କିଞ୍ଚିତ ॥
ବାଲକା ଘୋଟକ, ସିଂହଳୀ ହସ୍ତିକ,
ଯେତେ ସେବାକାରୀ ଜନ।

ସକଳ ସମ୍ପଦ, ହେଲା ଅନ୍ତର୍ହିତ,
ଗର୍ବ କରି ହେଲି ହୀନ ॥
ଜୀବନଠୁ ବଳି ପଦ୍ମାବତୀ ନାରୀ,
ସେ କାହିଁ ହେଲା ଅଦୃଶ୍ୟ
ସହସ୍ର ସିଂହଳୀ ନାରୀ ପରିବାରି
ସକଳ ହେଲା ବିନାଶ ॥
ମୋର ଗର୍ବ ଦମ୍ଭ ସମସ୍ତ ହରିଲା
ମୋର ମୋର କହିବାରେ
ସମସ୍ତ ସମ୍ପଦ କଲା ଅବରୋଧ
ଜୀବନକୁ ନିର୍ବିଚାରେ ॥"

ଉଚ୍ଚ ସ୍ୱରେ କାନ୍ଦେ ରାଜେନ୍ଦ୍ର, ଚତୁର୍ଦ୍ଦିଗ ଉଚ୍ଛୁଳେ।
ଜଳନିଧି ଲଣ୍ଡା ପାହାଡ଼େ ଧ୍ୱନି ତରଙ୍ଗ ଖେଳେ ॥

॥ ୪୦୫ ॥

ଏକାନ୍ତେ ରତ୍ନସେନ ଭାବନ୍ତି ମନେ
"ଭ୍ରମର ଚମ୍ପା ସଙ୍ଗ ହେବ କେସନେ ?"
ଏହି ମହାଭାବନା ମନରେ ପଶି
ତାଙ୍କ ମୃତ୍ୟୁ ଚିନ୍ତାକୁ ଦିଏ ପ୍ରକାଶି ॥
ମନେ ଭାବି କୁହନ୍ତି ସେ ନରସାଇଁ
"ଯା ହେଲା ସଙ୍କଟ, ହେଲା ବା କିମ୍ପାଇ ॥
ପଦ୍ମିନୀ ଅଛି କାହିଁ ତାର କୁଶଳ
ଜାଣନ୍ତେ ଅନ୍ୱେଷିବି ମୁହିଁ ତ୍ରିପୁର ॥
ସରିତେ ଯିବି କୁଦି, ପାବକେ ପଶି
ସୁମେରୁ ଶିଖେ ଯିବି, ପୁଷ୍କରେ ପଶି ॥
ଏପରି ଗୁରୁ କାହୁଁ ହେବି ପ୍ରାପତ
ସନ୍ଧାନ ଦେବ ତାର, କରି ଆଶ୍ୱସ୍ତ ॥
ଦିଗ ବିହୀନ ଏଇ ଉଦଧି ଜଳେ

ପଡ଼ି ସାହାରା ମାଗେ, ଅଦୃଶ୍ୟ କାରେ ॥
ସୀତା ଅପହରଣ, ରାମ ରାବଣ
ହନୁ ସହାୟେ ସିନା ହେଲା ସଂଗ୍ରାମ ॥
ଶ୍ରୀରାମ ସଙ୍ଗେ ସୀତା ହେଲା ମିଳନ
ଅଯୋଧ୍ୟା ପୁନର୍ବାର ଗମିଲେ ରାମ ॥
ମୋର ସହାୟ କେହି ନାହାନ୍ତି ଏଥି
ପଦ୍ମା ସନ୍ଧାନ ଦେବ, ଶୁଣି ବିନତି ॥"

ପ୍ରେମିକ ଭ୍ରମର ପୁଷ୍ପିତ କମଳ ସଙ୍ଗତି କଳ୍ପନା କରି
ଅବଶେଷେ ଆଶା ହୋଇଲା ନିରାଶା ବ୍ୟର୍ଥ ଅବସୋସେ ଘରି ।

॥ ୪୦୬ ॥

କହେ ରତ୍ନସେନ, "କାହାକୁ ଆହ୍ୱାନ
କରିବି ଏ ସ୍ଥାନେ ମୁହିଁ
କିଏ ମୋର ମିତ୍ର ମୋ କାର୍ଯ୍ୟ ନିମିତ୍ତ
ଆସିବ ପ୍ରସ୍ତୁତ ହୋଇ ॥
କା' ଅଙ୍ଗେ ସାମର୍ଥ୍ୟ ରହିଛି ଯଥାର୍ଥେ
କରିବ ସିନ୍ଧୁ ମନ୍ଥନ
କା' ଶକ୍ତି ବଳେଣ ଉଦ୍ଧରିବି ଆଣି
ପଦ୍ମିନୀ ରୂପୀ ରତନ ॥
ସେ ସମୟ ଶକ୍ତି ମନ୍ଥନେ ଉଦଧି
ବ୍ରହ୍ମା ବିଷ୍ଣୁ ଶିବ କାହିଁ
ସୁମେରୁ ବାସୁକି ଦଣ୍ଡ ରଶି ଶକ୍ତି
ସଞ୍ଚିତ ରହିଛି କାହିଁ ?
କାର୍ଯ୍ୟ ସିଦ୍ଧି ଲାଗି ଉଦ୍‌ଯୋଗ କରିବି
ବାକ୍ୟେ କି କାର୍ଯ୍ୟ ସମ୍ଭବ
ନିଜ ପ୍ରାଣପାତେ, ମନ୍ଥନେ ନିରତେ
ସିଦ୍ଧି ତହୁଁ ପ୍ରାପ୍ତ ହେବ ॥

ସିଧା ଅଙ୍ଗୁଳିରେ ଘିଅ କି ବାହାରେ
ସମୁଦ୍ରେ ନ ଦେଲେ ଚାପ
ଅବଧି ଅପହରି, ପଦ୍ମିନୀ (କୁ) ଧରି
ଉଭା ହେବ ମୋ ସମୀପ ॥
ଗଳାର୍ଦ୍ଧ କରିଛି ଜଳ ନିଧି ଇଚ୍ଛି
ପଦ୍ମିନୀ ରତ୍ନକୁ ମୋର
ଦୁର୍ବହ ମନ୍ଥନେ, ଆସିବ ବହନେ
ଅଥବା ମୋ ରତ୍ନସାର ॥"

ଘନ କାଦମ୍ବିନୀ କବଳୁ ଇନ୍ଦୁ କରି ମୁକ୍ତ ।
କେ କରିବ ବିଶ୍ୱ ଜଗତ ଶୁଭ୍ର ଜ୍ୟୋତ୍ସ୍ନା ସ୍ନାତ ॥

॥ ୪୦୭ ॥

ରତ୍ନସେନ ଯୋଡ଼ ହସ୍ତେ ବିନୟରେ କହନ୍ତି, "ହେ ସ୍ୱାମୀ !
ତମେ ସିନା ସର୍ଜିଛ ଅଗାଧ ଏ ଜଳଧି ଅପାର
ସେ ସିନ୍ଧୁ ଜଳେ ସ୍ଥାପିଲ ଧରିତ୍ରୀକୁ, ଧରେ ବିଶ୍ୱ ଭାର
ତୁମ ସୁବିଚାରେ ଏ ସଂସାର ଗୁରୁ ନୁହେଁ ବହୁ ଏ ଅବନୀ ॥
ଛାତ ପରି ସ୍ଥାପି ଅଛ ଅନ୍ତରୀକ୍ଷେ ବିଶାଳ ଆକାଶ
ଆଶ୍ରା ନାହିଁ, ନାହିଁ ଖମ୍ବ, ଶେଣୀ ଅବା କାଷ୍ଠର ବିନ୍ୟାସ ॥
ସଂଯୋଜକ ନାହିଁ କାହିଁ ଅଦ୍ଭୁତ ଏ କରଣୀ ତୋହର
ଆଶ୍ଚର୍ଯ୍ୟ ଚକିତ ସର୍ବେ, ପାଶେ ଥାଇ ହେଉ ଅଗୋଚର ॥
ଚନ୍ଦ୍ର, ସୂର୍ଯ୍ୟ, ଗ୍ରହ, ଋକ୍ଷ, ଅନ୍ତରୀକ୍ଷେ ତୋ ନିର୍ଦ୍ଦେଶ ମାନି
ଭୟଭୀତେ ନିୟମିତ ଚଳିଥାନ୍ତି ଦିବସ ରଜନୀ ॥
ସକଳ ଶାସନ ଶାସ୍ତ୍ର ତୋ ହସ୍ତର ଅଙ୍ଗୁଳି ଇଙ୍ଗିତେ
ଜନମ ଜୀବନ ଲୟ, ସୃଜି ପୁଣି ରହୁ ତୁ ଗୁପତେ ॥
ବ୍ୟୋମ, ବହ୍ନି, ବାୟୁ, ବାରି ଗନ୍ଧ ମେଦ ବିଶ୍ୱ ବସୁନ୍ଧରା
ସର୍ବେ ଭୀତ ସଶଙ୍କିତେ କର୍ମରତ ନୋହି ବିଶୃଙ୍ଖଳା ॥
ଯେ ତୋର ଶରଣ ବିନା ଅନ୍ୟ ପାଦେ କରଇ ଆଶ୍ରୟ

ସେ ଅଟେ ବାଚାଳ, ଅନ୍ଧ ମୂର୍ଖ ପୁଣି ହୁଏ ନିରାଶ୍ରୟ ॥
ଅକ୍ଷମ ମୁଁ ଚର୍ମ ନେତ୍ରେ ଦେଖିବାକୁ ପୃଷ୍ଠ ଦେଶ ମୋର
ତୁ କିନ୍ତୁ ରଖିଛୁ ଦୃଷ୍ଟି ଘଟେ ଘଟେ ସମସ୍ତ ପ୍ରାଣୀର ॥
ତୁମେ ହିଁ ସୃଜିଛ ଦେବ ସମୀରରୁ, ସଲିଳ, ଲଳୀକୁ-
ଅନଳ କରିତ ଜାତ, ଅଗ୍ନିରୁ ଏ ପୃଥ୍ୱୀ ଜାତ କଲୁ ॥
ଏ ସୃଷ୍ଟିର ଲୀଳା ରଚନାରେ ତୋ ଅନ୍ତ ପାଇବି ବା କାହିଁ
ମୋ ମିନତି ଘେନ ସହୃଦୟେ, କ୍ଷମା କର ହେ ସୃଜନ ସାଇଁ ॥

ଟିପ୍ପଣୀ: ଏହି ଛନ୍ଦରେ ସୃଷ୍ଟିର ଉତ୍ପତ୍ତି ଓ ଧାରଣ ସମ୍ବନ୍ଧୀୟ ନିଜର ବିଚାର ବ୍ୟକ୍ତ କରିଛନ୍ତି ଏହା କୋରାନର ବିଚାର ଧାରା ସହିତ ମେଳ ଖାଉଛି।

॥ ୪୦୮ ॥

"ତୁହିତ ଈଶ୍ୱର ଗଢ଼ିଛୁ ଅପାର
ଘଟ ମଧ୍ୟେ ଜୀବ ଦେଇ
ସକଳ ବିଚ୍ଛେଦ ସଂଯୋଗ କରୁଛୁ
ତତେ ବା କିଏ ଜାଣଇ !
ଚଉଦ ଭୁବନ ସୃଜନ ମରଣ
ସକଳ ତୋହରି ହସ୍ତେ
ରୋମ ମୂଳଟିଏ ଉପୁଡ଼ି ପଡ଼ିଲେ୍
ପୁଣି ଉପୁଜଇ କେତେ ॥
ସାରସ ବିହଗ ପରି ମୁଁ ପୃଥ୍ୱୀରେ
ରହିବି କେହ୍ନେ ଏକାକୀ
ଏକ ଗଲେ ମରି ଅନ୍ୟଟି ମରଇ
ପ୍ରାଣ ନପାରଇ ରଖି।
ଏବେ ମୁଁ ଅଧୈର୍ଯ୍ୟ, ଜୀବନ ଅସହ୍ୟ
ଆୟୁଷ ସରିଲା ଭାବି
ଏ କଷଣ ତାପେ ଶୁଷ୍କ ହୋଇ କିବା
ଜଳି କରି ମୁଁ ମରିବି ॥

ଶରୀରୁ ମସ୍ତକ ଛେଦ ମୁଁ କରିବି
ଦୁଃଖରୁ ହେବି ନିସ୍ତାର
ପଦ୍ମାବତୀ ନାମ ଜୀବ ଯିବା ଯାକେ
ବୋଲୁଥିବି ବାରମ୍ବାର ॥
ହେ କର୍ତ୍ତା ! ତୁ ଆମ୍ଭ ଦୁହିଁଙ୍କୁ ଏକତ୍ର
କରିଦିଅ ଦୟାକରି
ମିଳନ ପରେ ମୋ ପ୍ରିୟତମା ତୁଲେ
ସୁଖେ ମୁଁ ନିଦ୍ରା ନଗଲି ॥"

"ଏଭଳି କଷଣ ଭୋଗି ଯାଏ ମୁହିଁ, ଆଶଙ୍କା ଆସଇ ମନେ।
ଭବିଷ୍ୟ ମିଳନେ ବିଚ୍ଛେଦ ନ ଘଟୁ ମୃତ୍ୟୁ ପରେ ମୋ ଜୀବନେ ॥"

ଟିପ୍ପଣୀ:- ଏହି ଛନ୍ଦରେ ଜାୟସୀ ମନୁଷ୍ୟର ନିର୍ମାଣ ସମ୍ପନ୍ଧରେ ନିଜର ବିଚାର ପ୍ରାରମ୍ଭିକ ପଂକ୍ତିରେ ଦର୍ଶାଇଛନ୍ତି। ଏହା କୋରାନ୍‌ର ବିଚାର ଧାରା ସହିତ ମେଳଖାଏ।

॥ ୪୦୯ ॥

ଈଶ୍ୱର ମିନତି ସମାପି ଭୂପତି
ସେ ସ୍ଥାନୁ ଚଳି ବହନ
ଉଦଧି ମଧ୍ୟକୁ କରିଲେ ପ୍ରୟାଣ
ଧୈର୍ଯ୍ୟ ହୀନ ରତ୍ନସେନ।
ଗଲା ପାଶେ ଅସି ପରଶି ତଡ଼ତି
ଆତ୍ମଘାତେ ଇଚ୍ଛାକରି
ନିରେଖି ସମୁଦ୍ର ମନ କରି ବୋଧ
କଲୁଷ ଅଛି ନିବାରି ॥
ବିପ୍ର ବେଶ ଧରି ଶୀଘ୍ରେ ଗଲ ଚଳି
ରାଜା ଅଗ୍ରେ ହେଲେ ଉଭା
ସ୍ୱହସ୍ତେ ବୈଶାଖୀ ଦ୍ୱାଦଶ ତିଳକ
ଭାଲେ ମଣ୍ଡିଅଛି ଶୋଭା ॥
କର୍ଣ୍ଣରେ କୁଣ୍ଡଳ, ପାଦୁକା ରତ୍ନର

ଆବେଷ୍ଟି ବେନି ଚରଣ
ପରିଧାନେ ଧୋତି, ସୁବର୍ଣ୍ଣର ପତ୍ରି
ବାସତଳେ ଶୋଭମାନ ॥
ସମ୍ମୁଖକୁ ଆସି ଆଶୀର୍ବାଦ ରଚି
ସମ୍ବୋଧି ପୁଚ୍ଛନ୍ତି ବାଣୀ
"ଆତ୍ମଘାତ କିମ୍ପା କରୁ ତୁହି ବତ୍ସ
କି ଲଜ୍ଜା ଘାରିଛି ପୁଣି ?
ଗଳାରୁ କୃପାଣ କାଢ଼ ତୁ ବନହ
କିମ୍ପାଇ ଇଚ୍ଛୁ ମରଣ
ସତ୍ୟ କରି କହ, ସକଳ ସନ୍ଦେହ
ମୋ ମନୁ ହେଉ ମୋଚନ ॥"

"ତୁହିକି ହୋଇଛୁ ଅଜ୍ଞାତ, ମହା ପାତକ ଦୋଷ।
ଆତ୍ମଘାତୀ ପ୍ରାଣୀ ଲଭଇ, ଏହାଶ୍ରୁତି ନିର୍ଦ୍ଦେଶ ॥"

॥ ୪୧୦ ॥

କହେ ରତ୍ନସେନ, କର ହେ ଶ୍ରବଣ
"ହେ ବିପ୍ର ! କହେ ସେ କଥା
ସେ କଥା ବୟାନେ, ଜୀବ ଯେହ୍ନେ ଯାଏ
ନ କରେ ଘଟେ ପ୍ରତୀକ୍ଷା।
ଜମ୍ବୁ ଦ୍ୱୀପ ରାଜା, ଯେ କର୍ମ କଲି ମୁଁ
ଅନୁଚିତ ସେ ସାଧନ
ସେ କର୍ମର ଲାଗି ତେଜି ମୁଁ ଯାଉଛି
ବାଧ୍ୟ ହୋଇ ଏ ଜୀବନ ॥
ପ୍ରାଣ ବାଜି ରଖି, ବିଭା ହେଲି ମୁହିଁ
ସିଂହଳ ରାଜକୁମାରୀ
ବହୁ ଗଜ ବାଜି, ରତ୍ନ, ଗଜ, ମୋତି
ଦାସୀ, ସଖୀ ପରିବାରୀ ॥

ସହସ୍ର ଯୋଦ୍ଧାଙ୍କୁ ସଙ୍ଗତେ ଦେଲା ସେ
ସହସ୍ର ପଦ୍ମିନୀ ନାରୀ
କନ୍ୟାର ଅଯତ୍ନ ନହେବ ଯେମନ୍ତ
ସେବନ୍ତି ସେ ପରିବାରୀ ॥
ହୀରା, ନୀଳା, ମୋତି ନଗ ଓ ସମ୍ପଦ
ପ୍ରାଣସମ ପ୍ରିୟତମା
ସହସ୍ର ପ୍ରକାର ଜଳଯାନ ସହ
ଧନ ଅମାପ ପାଉଣା ॥
(ଏତେ) ଅସୁମାରୀ ଧନ ନ ଥିବ କା ପାଶେ
ଯାହା ପାଇଥିଲି ମୁହିଁ
ଅମୂଲ୍ୟ ରତନ ହରିଥିଲା ପ୍ରାଣ
ପଦ୍ମାବତୀ କନ୍ୟା ପାଇଁ।"

"ଏ ଜଳଧି ଉଦରେ, ମୋ ପ୍ରାଣ ପ୍ରତିମା ସଙ୍ଗେ ବୁଡ଼ିଛି ସମ୍ଭାର।
ଅଦୋଷେ ଏ ସିନ୍ଧୁ ହରିଛି ପଦ୍ମିନୀ, ମୋ ପ୍ରାଣ ହରୁ ଏଥିରେ ॥"

॥ ୪୧୧ ॥

ଛଦ୍ମ ବେଶୀ ବିପ୍ର ଜଳଧି ହସନ୍ତି
ଶ୍ରବଣେ ରାଜା କଥନ
"କହି ମୋର ମୋର, ମଜ୍ଜିଛି ସଂସାର
ନ ତେଜି ମାୟାବନ୍ଧନ ॥
ଏ ସମସ୍ତ ଦ୍ରବ୍ୟ ଯଦି ତୋ ବିଭବ
ଦୁଃଖୀ କି ହୁଅନ୍ତୁ ତୁହି
ଅନୁଶୋଚନାରେ ମକ୍ଷିକା ବି ମରେ,
ଶିର ପିଟେ ରହି ରହି ॥
ମାତ୍ର ତୋ ମାନସେ ଭାବ ସୁବିଚାରେ,
ଏ ଦ୍ରବ୍ୟ କାହାର ଧନ
ସଂସାରୀ ଜନର ହସ୍ତରେ କଦାପି

ମାୟା ନହୁଏ ବନ୍ଧନ ॥
ଶିର ପିଟି କେତେ କାନ୍ଦନ୍ତି ଜଗତେ
କାହିଁ ନୁହେଁ ମାୟା ସ୍ଥିର
ତୋର ହୃଦ ଚକ୍ଷୁ ଫେଡ଼ି ନ ଚାହିଁଲୁ
ଏ ଭାବ କରି ବିଚାର ॥
ମାୟା ଯଦି କାର ବନ୍ଧନେ ସ୍ୱୀକାର
କରନ୍ତି, ତପସ୍ୱୀ ଯୋଗୀ
ଆଦ୍ୟରୁ ସେମାନେ ଭୋଗନ୍ତେ ଆନନ୍ଦେ,
ରାଜା କି ପାରନ୍ତା ଭୋଗି ॥
ହୀରା, ନୀଳା, ମୋତି ମାଣିକ୍ୟ, ପ୍ରବାଳ,
ସମସ୍ତ ଜଳଧି ଧନ
ଜ୍ଞାନୀମାନେ ଦ୍ରବ୍ୟ ନ କରି ସଞ୍ଚିତ,
ସଞ୍ଚିତ କରନ୍ତି ଜ୍ଞାନ ॥
ମାୟା ଯନ୍ତ୍ରଣାରେ ତୁ ହେଲୁ ଜଡ଼ିତ
ରହିଛୁ ହୋଇ ଅଜ୍ଞାନ
ପର ବଶ ହୋଇ ପରଧନେ କିମ୍ପା
ତୁହି ବଳାଇଲୁ ମନ ?
ଜଳଜାତ ଦ୍ରବ୍ୟ ସ୍କନ୍ଧ ଭାର ସମ
ଅସହ୍ୟ ହୁଏ ବହନେ
ଏଣୁ ଉପେକ୍ଷିତ କରିବା ସଙ୍ଗତ
ସଦାକାଳେ ପରଧନେ ॥
ତୋ ସମ୍ପଦ ସର୍ବ, ନଷ୍ଟ କଲା ଗର୍ବ,
ତୋ ପ୍ରାଣ ଅଛି କୁଶଳେ
ତୋର ଏ ଶରୀର ଦେଲା ଯେ ଈଶ୍ୱର
ଇଚ୍ଛାକଲେ ନେବ ବଳେ" ॥
ଧନ ଜନ ଲକ୍ଷ୍ମୀ ଯାହାକି ସର୍ଜି ଅଛି ବିଚାରି ।
ନେଲେ ଅପହରି, କି ଲାଭ ପ୍ରାଣୀ ଶୋଚନା କରି ॥

॥ ୪୧୨ ॥

କୁହନ୍ତି ରାଜନ "ହେ ବିପ୍ର ! ତୁ ଶୁଣ !
ଯାହା ଭାଷିଲ ତାହା ସତ୍ୟ ପ୍ରମାଣ ॥
ଆଦ୍ୟରୁ ପଦ୍ମା ମତେ ହେଉ ପ୍ରାପତ
ତା ପରେ ସାଧିବି ଯା ମୋ ଲାଗି ହିତ ॥
ଅତୀବ କଷ୍ଟଲବ୍ଧ ତପସ୍ୟା ଫଳ ?
ପାଇ କି ହାରି ଦିଏ ତାପସ ତାର ?
ଯଦିକେ ତପଚାରୀ ଦିଏ ହଜାଇ
ତାର ସନ୍ଧାନ କରେ ସକଳ ଠାଇଁ ॥
ସେ ତାର ସନ୍ଧାନରେ ବୁଲେ ଏକାନ୍ତେ
ହରାଇଥିବା ଦ୍ରବ୍ୟ ଆସିବ ହସ୍ତେ ॥
ଆପଣା ପତ୍ନୀକୁ ଯେ ନଦିଏ ସୁଖ
ମୃତ୍ୟୁ ପରେ ତା ସ୍ୱାମୀ ଭାବେ ଅଧିକ ॥
ପଦ୍ମିନୀ ପରି ନାରୀ ବିରଳ ଭବେ
ତା ସଙ୍ଗେ ମିଳନ ବି ବିରଳ ଲାଗେ ॥
ଧନ ବିଳାସ ମୋର କରି ହରଣ
ଏ ସିନ୍ଧୁ ମତେ ଯାହା ଦେଲା କଷଣ,
ସ୍ୱଦେହ ନାଶ କରି ଏ ହତ୍ୟା ଦୋଷ
ସମୁଦ୍ରେ ହତ୍ୟା ଦୋଷ ଦେବି ଉଚିତ ॥
ମୋ ରତ୍ନ ହଜିଛି, ମୁଁ ନେବି ସନ୍ଧାନ
ଯିବି କୈଳାସେ ନ୍ୟାୟ କରି ଯାଚନ ॥

ଅଦୋଷେ ଉଦଧି ଦଣ୍ଡିଛି ଅବଧି ମୋ ଜୀବନ କରି କ୍ଷୟ ।
ସ୍ୱର୍ଗପୁରେ ରହି ତା ସାଙ୍ଗେ ଲଢ଼ିବି, ଅବଶ୍ୟ ପାଇବି ନ୍ୟାୟ ॥

॥ ୪୧୩ ॥

ପୁନର୍ବାର ବିପ୍ର ହସନ୍ତି ଅଧିକ
"ମୃତ ତୁ ହେଲୁ କିପରି ?
ପ୍ରେତ ଅବା କାହିଁ ଅଗ୍ରେ ଉଭା ହୋଇ
ବଚନ କହେ ଧିକ୍କାରି ।
ଯେହୁ ହୁଏ ମୃତ, ସଂସାରୁ ସମସ୍ତ
ମୋହ ମାୟା ଥାଏ ତେଜି
ସେ ମୃତ ମାନବ ପ୍ରସ୍ତୁତ କି ହେବ
ପୁନର୍ବାର ମୃତ୍ୟୁ ଲାଗି ?
ପରଲୋକ ଗତ ହୋଇଥାଏ ଯେ'ତ
ତା ଦେହ ନ ବୁଡ଼େ ଜଳେ
ଜଳ ପ୍ରବାହରେ ଭାସି ଯାଏ ଶବ
ଲାଗଇ ଅଜଣା ତୀରେ ॥
ଦଶରଥ ପୁତ୍ର ଭଳି ତୁ ପାଗଳ
ଜୁଟିଛୁ ମୋର କପାଳେ,
ସୀତା ବିଚ୍ଛେଦରେ ଢାଳୁଥିଲେ ଅଶ୍ରୁ
ନିଃସଙ୍ଗ ହୋଇ ଏ ତୀରେ ॥
ଐଶ୍ୱରିକ ସତ୍ତା ଭୁଲିଲେ ନିଜର
ହେଲେ ସେହୁ ମୃତ ପରି
ମୃତ୍ୟୁ ଆଲିଙ୍ଗନ ଶୀତଳ ପରଶେ
ନିଃସଙ୍ଗତା ଗଲା ଘାରି ॥
ସୀତା ସଙ୍ଗେ ରାମ ପୁନର୍ମିଳନରେ
ପାଇଲେ ଶକତି ଫେରି
ନିଃସଙ୍ଗ ଜୀବନ ହେଲା ଅବସାନ
ହତାଶାରୁ ଗଲେ ତରି ॥
ତୁ ମଧ୍ୟ ସେପରି ମୃତ ହୁଅ ବସ୍ତ
ଆଶା ଯଷ୍ଟି ଧରି ମୋର
ଚକ୍ଷୁ କରି ବନ୍ଦ ସୁମର ଗୋବିନ୍ଦ

କରିବି ତତେ ଉଦ୍ଧାର ॥"
ସୁପ୍ରୀତି ପାଗଲ ରାଜ ରତ୍ନସେନ
ତହିଁରେ ହେଲେ ସମ୍ମତ
ବନ୍ଦ କରେ ନେତ୍ର ଯିବାକୁ ତ୍ବରିତ
ପଦ୍ମାବତୀଙ୍କର ପାଶ ॥
ପଲକ ମାତ୍ରକେ ଉଦଧି ରାଜନ
ରତ୍ନସେନେ ନେଇ ସାଥେ
ପହଞ୍ଚିଲେ ଯାଇ ମୁହୂର୍ତ୍ତକ ମଧ୍ୟେ
ପଦ୍ମାବତୀର ଘାଟେ ॥

■

॥ ୪୧୪ ॥

ସିନ୍ଧୁତଟେ ପଡ଼ି ପଦ୍ମାବତୀ ଦିଶେ
ଅଶୋକ ବନରେ ଯେପରି ସୀତା
ଅଶ୍ରୁମୁଖୀ ହୋଇ ବସିଛନ୍ତି ରହି
ଶିଥିଳ ଶରୀରେ ନାହିଁତ ଚେତା ॥
କୋମଳ ଲତାର ଅଙ୍ଗ ଉଠେ ନାହିଁ
କୁଚ ଫଳଭାରେ ହୋଇ ନମିତ
ତହିଁକି କପାଳେ ଚୂର୍ଣ୍ଣିତ କୁନ୍ତଳ
କୃଷ୍ଣ ନାଗୁଣୀକୁ ଦଂଶେ ସତତ ॥
ମୃଣାଳ ସଦୃଶ କଟୀ ଅଛି ରହି
ଅର୍ଦ୍ଧ ଚନ୍ଦ୍ର ସମ ରହିଛି ପଡ଼ି
କନକ ଲତାକି ଦୁଇଭାଗ ହୋଇ
ସ୍ବର୍ଣ୍ଣସୂତ୍ର ଫାଳ ଦିଶେ ଯେପରି ॥
କାହିଁ ବା ରହିଛି ପ୍ରିୟତମ ତାର
ସୋହାଗ କରିଣ ନେବ ଆଦରି
ଶୁଷ୍କ ଅପଘନ ହେଲେ ବି ମଳିନ
ସୁବାସ ରହିଛି ତା ପୂର୍ବପରି ॥
ପ୍ରିୟ ବିଚ୍ଛେଦରେ ଢାଳି ଅଶ୍ରୁଜଳ

ଭରିଛି ଆକାଶ ସାଗର ଧରା
ସେଇ ଜଳେ ବୁଡି ରୁଦ୍ଧ ଶ୍ୱାସ ହୁଏ
ଅବିଳମ୍ବେ ପ୍ରାଣ ତେଜିବ ପରା ॥
ମୁକେ ପ୍ରିୟ ! ପ୍ରିୟ ! କହି ଚାତକିନୀ
ପରାଏ ଚାହିଁଛି ସ୍ୱାତୀ ବିନ୍ଦୁକୁ
ପ୍ରିୟତମ ବାରି ପଡ଼ିବକି ଝରି
ଆର୍ଦ୍ର କରି ତାର ଶୁଷ୍କ ମୁଖକୁ ॥

॥ ୪୧୫ ॥

ଅତି ଆବେଗରେ ନୃପବର ଗଲେ
ପଦ୍ମିନୀ ଅବଶେ ପଡ଼ିଛି ଯହିଁ
ଲକ୍ଷ୍ମୀ ପାଶେ ଥିଲେ ମନେ ବିଚାରିଲେ
ରାଜାର ସତ୍ୟତା ପରଖ ପାଇଁ ॥
ପ୍ରେମିକ ମଧୁପ କମଳ ଦଳରୁ
ବାନ୍ଧିହେବ ଅବା ମାଳତୀ ଫୁଲେ
ଲକ୍ଷ୍ମୀ ଛଳନାରେ ପ୍ରତିଛାୟା ରୂପେ
ଉଭା ହେଲେ ଆସି ନାରୀ ରୂପରେ ॥
ସେ ଛାୟା କାମିନୀ, ଗନ୍ଧହୀନ ତନ୍ୱୀ
ଅପଘନେ ନାହିଁ ପଦ୍ମସୁରଭି
କ୍ଷଣକ ନରେଶ ଆନନେ ଆଡ଼ରେ
ରହିଲେ ଅନ୍ୟ କେ ରମଣୀ ଭାବି ॥
ସେ ଛାୟା ସୁନ୍ଦରୀ ଅନୁରାଗ କରି
କହେ "ମୁଁ ହେ ପ୍ରିୟ, ପଦ୍ମିନୀ ରାଣୀ
ଅକଳେ କିମ୍ପାଇ ଫିଙ୍ଗି ଦେଲ ମତେ
ସମୁଦ୍ର ଜୁଆର ଯହିଁ ଉଜାଣି ॥
ସେ ଲାଗି ନିଶ୍ଚିତ ପ୍ରାଣ ଦେବି ସତ୍ୟ
ଏ ସିନ୍ଧୁ ସଲିଳେ ରହିବି ପଡ଼ି

ଆସ ପ୍ରିୟ ମୋର ଘେନ ମୋ ଆଦର
ଏ ଭାଗ୍ୟ ମୋର ଆସିଲା ଫେରି ॥"

"ଆଡ଼ କରି ମତେ ଗମନ କରନା", କହେ ରାଜା ପୁଣି "କିଏ ତୁ ନାରୀ ?
ବିଶ୍ୱାସେ ତୋହର ପଦ୍ମ ବାସ ନାହିଁ ଅକାରଣ କିମ୍ପା ଛଳୁ ଏପରି ?"

॥ ୪୧୬ ॥

ରତ୍ନସେନ କୁହନ୍ତି "ମୁହିଁ ଅବଶ୍ୟ
ସେହି ମଧୁପ ଭୋଜରାଜ ସଦୃଶ ॥
ମାଲତୀ ପୁଷ୍ପ ସମ ଥିଲେ ରମଣୀ
ଭ୍ରମର ସମ ପ୍ରିୟ ଆସିବ ଜାଣି ॥
ମାତଲୀ ପୁଷ୍ପଗନ୍ଧ ନାହିଁ ତୋ ପାଶେ
ଆସିବ ଅଳି ଅବା କେଉଁ ଲାଳସେ ?
ଗନ୍ଧହୀନ ମାଳତୀ ତୁ ଅଟୁ ନାରୀ
ମଧୁଲିଟ୍ ତୋ ପାଶେ ଯିବ କିପରି ?
ଆତ୍ମହରା ହୁଏ ମୁଁ ମାଳତୀ ଗନ୍ଧରେ
ଅନ୍ୟ ପୁଷ୍ପ ସୁରଭି ବାନ୍ଧି ନପାରେ ॥
କେବେ ତା ମଧୁଗନ୍ଧ ମଳୟେ ଧରି
ମୋ ଅଙ୍ଗେ ଦେବ ଅବା ପ୍ରାଣ ସଞ୍ଚରି ॥
ମାଳତୀ ବୃକ୍ଷେ କଣ୍ଟକ ଅଛି କି ନାହିଁ
ଶୋଚନା କରେ ନାହିଁ ମଧୁପ ସେହି ॥"

ଆକୁଣ୍ଠେ ଦିଅଇ ପ୍ରୀତିର ପରଶ ସମ୍ମୁଖେ ଅସ୍ତ୍ର ବି ଥିଲେ।
ପୃଷ୍ଠଭଙ୍ଗ କେବେ ଦିଏନି ଦ୍ୱିରେଫ ମୃତ୍ୟୁକୁ ଭୟ ନ କରେ ॥

॥ ୪୧୭ ॥

(ହସି) କୁହନ୍ତି ସିନ୍ଧୁ ସୂତା "ଶୁଣ ନରେଶ !
ତୋ ସତ୍ୟ ନିଷ୍ଠା ଦେଖି ହୋଇଲି ତୋଷ ॥

ଭ୍ରମର ତୁ ରହିଛୁ ମାଳତୀ ଆଶେ"
କହି ସେ ଘେନିଗଲା ପଦ୍ମିନୀ ପାଶେ ॥
"ଶୁଣ କମଳିନୀ ତୁ ସାଧିଲୁ ତପ
ସିଦ୍ଧି ପରେ ଜଳ ପାନେ ହୁଅ ତୃପ୍ତ ॥
ତୋ ସୂର୍ଯ୍ୟ ପ୍ରେମୀ ଥିଲା ଜଳରେ ଛପି
ସିନ୍ଧୁ ଘାଟରୁ ତାରେ ଖୋଜି ଆଣିଛି ॥
ରାଜକୁମାର ସେ, ତା ଦୀପ୍ତ ଲଲାଟ
ମଣି ସମ, ଦନ୍ତ ପଂକ୍ତି ଅବା ହୀରକ ॥
ନେତ୍ର ତା ଦିଶେ ମୋତି ଅଶ୍ରୁରେ ଭରା
ତା କଟୀ, ବକ୍ଷ ଜିତେ କେଶରୀ ପରା ॥
ଦମୟନ୍ତୀ ବିହୁନେ ନଳ ଯେପରି
ଖୋଜି ବୁଲୁଥିଲେ ବିରହରେ ଘାରି।
ସେପରି ଖୋଜେ ରତ୍ନ, ସାରା ସଂସାର
ତୋ ବିଚ୍ଛେଦେ ପ୍ରାଣହୀନ ତା ଶରୀର।
ତୁ ଯେହ୍ନେ କୋଟିକରେ ଗୋଟିଏ ହୀରା
ତୋର ଲାଗି ସେ ଯୋଗ୍ୟ ରତନ ପରା ॥

ଅଳି ମାଳତୀ ଦୁହେଁ ହେଇ ମିଳିତ।
ମଜ୍ଜିରହ ପ୍ରୀତିରେ ହୋଇ ଆନନ୍ଦ ॥"

॥ ୪୧୮ ॥

କଣ୍ଠର ହାର ମଧ୍ୟ ପଦକ ପରି
ଯେ ଥିଲା ଭୂତଳେ ପଡ଼ି
ରତନ ନରେଶ ନାମ ଶୁଣି ଯୋଷା
ଚାହିଁଲା ନୟନ ମେଲି ॥
ଆଦିତ୍ୟ କି ଉଦେ, ହୋଇଲା ପୂରବେ
ବିକଶେ କମଳ କଳି
ପରସ୍ପର ମୁଖ ଦେଖନ୍ତି ଆବେଗେ

ନିରେଖି, ଉଲ୍ଲାସେ ଭରି ॥
ମାଳତୀ ଫୁଲକୁ, ଦେଖିଲା ମଧୁପ
ଭୁଲିଲା ସକଳ ଦୁଃଖ
ଅଗ୍ନି ଦଗ୍ଧ ସୁବର୍ଣ୍ଣ ସମ ଦିଶନ୍ତି,
ସେ ଦୁହେଁ ହର୍ଷେ ଉଦ୍ଦୀପ୍ତ ॥
ଅଥବା ରୌଦ୍ରରେ, ଶୀତ ଗଲା ଦୂରେ
କାନ୍ତ କାନ୍ତା ଯୁଗ୍ମ ଦେଖି
ଚକିତ ହୋଇଲେ ଦେଖଣାହାରିଏ
ସତେକି ସେ ରାଣୀ ଶଶୀ ॥
ସାଦରେ ପତିର ପଦ କମଳରେ
ପଙ୍କଜ ନେତ୍ର ବିଛାଇ
ଶ୍ରୀ ଚରଣ ଧୂଳି ଶିରେ ଲେପି ପଦ୍ମା
ରହିଲା ମଉନ ହୋଇ ॥

॥ ୪୧୯ ॥

ଅତିଥି ହୋଇଲେ ସିନ୍ଧୁ-ସୂତା ପାଶେ
ସ୍ୱଦେଶେ ଗମନ ପାଇଁ
ମେଲାଣି ମାଗନ୍ତି ଚିତ୍ତୋର ନରେଶ
ଅତ୍ୟନ୍ତ ବିନୟୀ ହୋଇ ॥
ସନ୍ତୋଷେ ସମୁଦ୍ର ଆଶିଷ କରନ୍ତି
ନୃପ ଶିରେ ହସ୍ତ ରଖି
ଅତି ଭାଗ୍ୟବାନ ରତ୍ନସେନ ରାଏ
ନତଶିରେ ପ୍ରଣମନ୍ତି ॥
ସିନ୍ଧୁପତି ପଦେ, ନମନ୍ତି ସଶ୍ରଦ୍ଧେ
ରାଜଲକ୍ଷ୍ମୀ ପଦ୍ମାବତୀ
ଗଳ ଲଗ୍ନା ହୋଇ ପଦ୍ମିନୀ ବକ୍ଷରେ
ଶ୍ରୀ ଦେବି ହର୍ଷିତ ଅତି ॥

ଆଲିଙ୍ଗନ କରି ବୋଲନ୍ତି କମଳା
    "ତୋର ମୋର ସ୍ନେହ ପଣ
ସର୍ବଦା ରହୁ ଗୋ ସ୍ମୃତିରେ ଆମର
    ମନେ ହୋଇ ସଂଗୋପନ ॥"
ପରମ ଆଦରେ ପାନ ବିଡ଼ା କରେ
    ଦିଅନ୍ତି ଆଦରେ ରଖି
ସନ୍ତକ ସମୁଦ୍ର ଦିଅନ୍ତି ସାଦରେ
    ହେବେ ଯେହ୍ନେ ଚିର ସୁଖୀ ।।
ବହୁ ରତ୍ନ, ହୀରା, ବିଦ୍ରୁମ ମାଣିକ୍ୟ
    ସାଥିରେ ଦୁର୍ଲ୍ଲଭ ଦ୍ରବ୍ୟ
ଦେଖି ଶୁଣି କେହି ନଥିବେ ସଂସାରେ
    ସେ ନଗ ବସ୍ତୁର ଭାବ ।
ପ୍ରଥମଟି ହେଲା ସୁଧା ଦିବ୍ୟସାର
    ଦ୍ୱିତୀୟେ ଦିବ୍ୟ ସାରସ
ତୃତୀୟଟି ହେଲା ଖେଚର ବିହଗ
    ଚତୁର୍ଥ ବ୍ୟାଘ୍ର ଶାବକ ॥
ପଞ୍ଚମ ଅଟଇ ପରଶ ପଥର
    ଯେ ଦ୍ରବ୍ୟ ସ୍ପରଶ କରି
ହସ୍ତ ରଖି ଦେଲେ ସୁବର୍ଣ୍ଣ ପାଲଟି
    ଦେବ ଆଚମ୍ୱିତ କରି ॥
ନିସ୍ତେଜ ହୋଇବ ଚକ୍ଷୁର ପଲକ
    ବହୁରତ୍ନ 'ନଗ' ସାଥେ
ନାବିକ ସକଳ ତ୍ୱରିତ ବାହିଲେ
    ପୁରୀ ମହୋଦଧି ପଥେ ॥
ତରୁଣ ତୁରଗେ ଗମିଲେ ଦମ୍ପତି
    ସମୁଦ୍ର କୂଳରେ ମିଳି
ସିନ୍ଧୁପତି, ସିନ୍ଧୁସୂତା ପଦେ ନମି
    ସ୍ୱଦେଶ ଗମନେ ଚଳି ॥

ବାହୁଡ଼ିଲେ ସର୍ବେ ଆପଣା ସ୍ୱଦେଶେ
ନଉକା ନାବିକ ଦଳ
ପୁରୀ ବାରିଧିର କୂଳେ ପହଞ୍ଚିଲେ
ଚିତ୍ତୋରର ମହୀପାଳ ॥

॥ ୪୨୦ ॥

ଶ୍ରୀକ୍ଷେତ୍ରେ ମନ୍ଦିର ବେଢ଼ା ପରିକ୍ରମା
କରୁଥିଲେ ରତ୍ନସେନ
ଦେଖିଲେ ତହିଁ ସେ ହେଉଛି ବିକ୍ରୟ
ଅବଢ଼ା, ଅନ୍ନ ବ୍ୟଞ୍ଜନ ॥
କ୍ଷୁଧାରେ ନରେଶ ହୁଅନ୍ତି ଅବଶ
କୁହନ୍ତି "ହେ ପଦ୍ମାବତୀ !
ଖାଦ୍ୟ କ୍ରୟ ଲାଗି ନୁହେଁ ମୁଁ ସକ୍ଷମ
ଧନହୀନ କ୍ଷିତି ପତି ॥
ଭାଗ୍ୟବାନ ନରେ ମିଳିଥାଏ ସବୁ
ଅଭାଗା ରାଜା ବି ହେଲେ
ଦରିଦ୍ର ଭିକ୍ଷୁକ ପରି ଦିଶୁଥାଏ
ଶିରେ ବି ମୁକୁଟ ଥିଲେ ॥
ସୁଦଶା ହୁଅନ୍ତେ, ଆର୍ଦ୍ରତା ପରଶେ
ପଦାର୍ଥ ହୁଏ ବର୍ଦ୍ଧିତ
ମାନବ ଜୀବନେ, ସୁଦଶା ମିଳନେ
ଗର୍ବରେ ହୁଏ ଉଦ୍ଧତ ॥
ସୁଦଶା ବିହୀନ ପ୍ରାଣୀର ଧିଷଣା
ହୁଏ ହତଶ୍ରୀ ନମିତ
ସୁଦଶାରେ ଲୋକେ ନିଦ୍ରା ଘାରେ ନାହିଁ,
ରହେ ହତଭାଗା ସୁପ୍ତ ॥
ଭାଗ୍ୟବାନ ଲୋକ ହୁଏ ଜ୍ୟୋତିଷ୍ମାନ
ବିବେକ ବୁଦ୍ଧି ସହିତ

ଅଭାଗା ପ୍ରାଣୀର ନସ୍କୁରେ ବଚନ
ଘୁଙ୍ଗା ପରି ରହେ ସେତ ॥
ଭାଗ୍ୟବାନ ପ୍ରାଣୀ ଅଟଇ ସ୍ୱାଧୀନ
ତା ବାକ୍ୟେ ଦିଏ ଗୁରୁତ୍ୱ
ଭାଗ୍ୟହୀନ ଲୋକ କ୍ଷୁଧାର୍ତ୍ତ ହୁଅଇ
ଭୋଜନେ ସଦା ଚିନ୍ତିତ ॥
କପାଳ ଲିଖନେ, ଧନୀ ହେଲେ ଧନେ
ସଗର୍ବେ ଫୁଲାଏ ଛାତି
ବାତୁଳ ବୋଲାଏ ରାଜା ରଙ୍ଗ ହେଲେ
ଅଯଥା ଲଭେ ଦୁର୍ଗତି ॥
ବନସ୍ପତି ଦ୍ରୁମେ, ଅତି ଶୋଭନୀୟ
ଶ୍ୟାମଳ ପତ୍ର ଗହଳ
ପତ୍ର ଯଦି ତରୁ ଶାଖେ ଶୁଷ୍କ ଦିଶେ
ନେତ୍ରେ ଦିଶେ କଦାକାର ॥"

କ୍ଷୁଧା ତୃଷା ବଳେ ରହିଲେ ଭୂପ ହୋଇ ମଉନ।
ପଦ୍ମା ପ୍ରବୋଧି କୁହନ୍ତି, "କର ମୋ ବାକ୍ୟ ଶ୍ରବଣ ॥"

॥ ୪୨୧ ॥

ଭାଷେ ପଦ୍ମାବତୀ, "ଶୁଣ ପ୍ରାଣ ପତି !
ମୋ ବାକ୍ୟ କର ମନନ
ଜୀବନ ଗଲେ ଧନେ କି ପ୍ରୟୋଜନ
ଜୀବ ରଖେ ସିନା ଅନ୍ନ ॥
ଦ୍ରବ୍ୟ ଧନ ଥିଲେ, ସଞ୍ଚିତ ଧନେ କି
ପ୍ରାଣ କି ରହିବ ଭଲେ
ସେ ଯାଏ ଉଭାଇ, କ୍ଷଣକେ ହେ ନାଥ
ଫେରେ ନାହିଁ ସିନ୍ଦୁକରେ ॥
ଆପଣା ପଣତେ, ଗଣ୍ଠି କରି ଯେତେ

ରଖିଥିଲେ କିଛି ଧନ
ଅତି ଅସମୟେ ହୁଏ ସେ ସହାୟ
ଦୁର୍ଗତି ହୁଏ ବିଲୀନ ॥
ମାନବ ଅଙ୍ଗରେ ରହିଥାନ୍ତା ଯଦି
ବିହଙ୍ଗମ ପକ୍ଷ ମାନ
ଆକାଶ ପୃଥିବୀ ବୁଲି ମନ ଇଚ୍ଛା
ଘୂରୁଥାନ୍ତା ପ୍ରତିକ୍ଷଣ ॥
ପକ୍ଷାଘାତ ହେଲେ ରହିଥାଏ ପଡ଼ି
ଧରିତ୍ରୀରେ ମୁଖ ପୋତି
ସେ ଲାଗି ବିପଦେ ନୋହି ବିଚଳିତ
ଗଣ୍ଠିଧନ ହେବ ସାଥି ॥
ମୋ ହସ୍ତରେ ଦେଲେ, ଲକ୍ଷ୍ମୀପାନ ବିଡ଼ା
ସାଥିରେ 'ନଗ' ପଞ୍ଚମ
ସାର୍ଥକ ଦୁର୍ଲ୍ଲଭ ଦାନ ଦେଲେ ମତେ
ହେବା ପାଇଁ ଭାଗ୍ୟବାନ ॥
ଆବଶ୍ୟକ ମତେ ସେ ନଗ ପ୍ରସାଦେ
ଖଣ୍ଡିବା ଆମ ଦୁର୍ଗତି
ସେ ଧନେ ଅଚିରେ ବିନିମୟ କରି
ଆଣିଲେ ସୌଭାଗ୍ୟ ଲକ୍ଷ୍ମୀ ॥
ପୁନର୍ବାର ରାଜା ହେଲେ ଭାଗ୍ୟବନ୍ତ
ପଦ୍ମାବତୀ କନ୍ୟା ଯୋଗେ
ସସୈନ୍ୟ ଚଳିଲେ ଗର୍ବ ଗଉରବେ
ରାଜୋଚିତ ବଇଭବେ ॥

■

॥ ୪୨୨ ॥

କୁଳୀନ ଚୌହାନ ବଂଶର ମଣ୍ଡନ
ନନ୍ଦନ ରତନ ସେନ
ସିଂହଳ ଦେଶରୁ ବରି ଆଣିଅଛି

ରାଜ କନ୍ୟା ନୃପରାଣ ॥
ଭୀମ ଭୟଙ୍କର ସପତ ସାଗର
ସପ୍ତଗିରି ପରିସର
ପଉରୁଷ ବଳେ ସିଦ୍ଧି ଲାଭ କଲେ
ଜମ୍ବୁ ଦ୍ୱୀପ ମହୀପାଳ ॥
ସହସ୍ର ହୟ, ହସ୍ତୀ ସହସ୍ରେକ
ବାଦ୍ୟ ନାଦେ ପ୍ରଜା କୁଳ
ସୈନ୍ୟ ଗହଣରେ ନୃପତି ବନ୍ଦନା
କରନ୍ତି ପ୍ରଜା ସକଳ ॥
ବିଜୟ ଗର୍ବରେ ମତ୍ତ ହୋଇ ନୃପ
ଗର୍ଜ୍ଜଇ ଇନ୍ଦ୍ର ସମାନ
ରୂପସୀ ପଦ୍ମିନୀ ରୂପ ଗଉରବେ
ଦେଖୁଛି ଫେଡ଼ି ନୟନ ॥
ହାନ୍ଦୋଳାରେ କନ୍ୟା ଦେଖୁଛି ପରଖି
ଅବନୀ ଅମ୍ବର ଦୁଇ
ରାଜ ପ୍ରାସାଦର ଦୂର ରୂପାନ୍ତରେ
ନେତ୍ର ଆଣେ ପାଲଟାଇ ॥
ଅହମିକା ଭରେ ରାଜାହିଁ ପ୍ରମତ୍ତ
ଭୁଲିଛି ତୁଚ୍ଛ ଦୈନ୍ୟତା
ଶୁଭ ଦୃଷ୍ଟି ଶୂନ୍ୟ ଫେରିଛି ମରତେ
ଆବୃତ ହୋଇ ଅଜ୍ଞାନୀ ॥
ଯୁଗ ଯୁଗ ବାରି ଦୁଃଖ ସହିଲେ ବି
କ୍ଷଣିକ ସୁଖ ସମ୍ମୋହେ
ଈଶ୍ୱର ସତ୍ତାକୁ ଭୁଲିଛି ଦୁର୍ମତି
ବିଳାସ ବ୍ୟସନ ମୋହେ ॥
ଅସାର ସଂସାର ସୁଖକୁ ବରଜି
ଆତ୍ମା ରାମରେ ସଙ୍ଗତି
କରନ୍ତି ସୁବିଜ୍ଞ, ତାପସ ସନ୍ନ୍ୟାସୀ
ବ୍ୟସନେ ମତ୍ତ ନୁହଁନ୍ତି ॥

ଦୁର୍ମଦର ଚିତ୍ତ ନୁହେଁ ସୁସଂଯତ
ଅହମିକାର ଅଜ୍ଞାନେ
ତେଲିଆ କନ୍ଦରେ ପାରଦ ରଖିଲେ
ନ ବଦଳେ କଦାଚନେ ॥
ଭାଷନ୍ତି ଜାୟସୀ ଶୁଣ ଶିଷ୍ୟ, ନୀତି
ଦୁଷ୍କର୍ମ କର ବର୍ଜନ
ଈଶ ତତ୍ତ୍ୱଜ୍ଞାନ ଶିଳାରେ ମନକୁ
ଘର୍ଷଣେ କର ବିଲୀନ ॥
ଜ୍ଞାନ ଜ୍ୟୋତିର୍ମୟ ଅବଶ୍ୟ ଉଦୟ
ହେବ ଶରୀରେ ସଞ୍ଚରି
ଅଜ୍ଞାନ ତମସା ଅଭ୍ୟାସ ବଳରେ
ଦୂରେ ଯିବ ଅପସରି ॥

ଟିପ୍ପଣୀ:- ଜାୟସୀ ଏହି ଛନ୍ଦରେ ମନ ଦୁର୍ଦ୍ଦମନୀୟତା କଥା ଉଲ୍ଲେଖ କରିଛନ୍ତି ଏବଂ ଏହା ଜ୍ଞାନୋଦୟ ଦ୍ୱାରା ପ୍ରମାଣିତ ହେବ ବୋଲି ନିଜର ସିଦ୍ଧାନ୍ତ ବ୍ୟକ୍ତ କରିଛନ୍ତି।

॥ ୪୨୩ ॥

ଫେରୁଛନ୍ତି ଗଡ଼େ ନୃପତି, ଶ୍ରବଣେ
ପାଟରାଣୀ ନାଗମତୀ
ଅପଘନୁ କ୍ରମେ, କମି କମି ଆସେ
ଦୁର୍ବହ ବିରହ ତାତି ॥
ନାଗମତୀ ଅଙ୍ଗୁ ନାଗର ନିର୍ମୋକ
ଖସିଯାଏ ଦୀପ୍ତି ଭରି
ଦୁଃଖଜ ଜୀବନ ପୂର୍ଣ୍ଣ ହୋଇ ଉଠେ
ଅଙ୍ଗ ଆରକ୍ତିମ କରି ॥
ସାଧବ ବୋହୂର ପଂକ୍ତି କି ମହୀର
ଆର୍ଦ୍ର ଭୂମି କରେ ଶୋଭା
ପ୍ରଥମ ଆଷାଢ଼ ବର୍ଷା ଜଳେ ଯେହ୍ନେ
ଶ୍ୟାମଳ ଅବନୀ ଆଭା ॥

ନିଦାଘ ଅନଳେ ଦ୍ରୁମ ଲତା ତରୁ
ମୃତ ବନାନୀର ଅଙ୍ଗ
ସଜୀବେ ପଲ୍ଲବି ଉଠଇ ପଲକେ
ଶ୍ୟାମଳ ଘନ ତରଙ୍ଗ ।
ନାଗମତୀ ଅଙ୍ଗ ସୁଶୋଭନ ଦିଶେ
ଅଙ୍ଗ କି ପୁଷ୍ପିତ କଳି
କନ୍ଦର୍ପ କାମୁକ ଶର ଯୋଖି ଅବା
ସମ୍ମୋହି ଯାଏ ସଞ୍ଚରି ।
ସଜନୀ ସମୂହେ କୁହନ୍ତି ହରଷେ
"ତୋର ମୁଖ ଚନ୍ଦ୍ର ପରି
ରାହୁ କବଳରୁ ହୋଇଲା କି ମୁକ୍ତ
ଖେଳଇ ଜ୍ୟୋତ୍ସ୍ନା ଲହରୀ ।"

॥ ୪୨୪ ॥

କହେ ନାଗମତୀ, "ଶୁଣ ଲୋ ସଜନୀ
ଦାରୁଣ ନିଦାଘ ତପ୍ତ ଅନିଳ
ମୋର ଅପଘନେ ଲାଗି ଜଳୁଥିଲା
ଆଜି ଏ ସମୀର ଲାଗେ ଶୀତଳ ॥
ପହିଲି ବରଷା ପରଶିଲେ ମହୀ
ଯେସନେ ଉଲ୍ଲସେ ଉଠେ ଧରିତ୍ରୀ
ସେପରି ମୋ ସ୍ୱାମୀ ଆଗମନ ଶୁଣି
ମୋ ଅଙ୍ଗ ଉଲ୍ଲସୀ ଉଚ୍ଛନ୍ନ ଅତି ॥
ପ୍ରିୟ ଦୂର ଦେଶେ ଗମନ ସମୟେ
ଶୂନ୍ୟ ଗୃହେ ପଡ଼ିଥିଲି ଅଜ୍ଞାନ
ଦ୍ୱାଦଶ ମାସର ବର୍ଷା, ଶୀତ, ରୌଦ୍ର
ଦଗ୍ଧ କରୁଥିଲା ମୋର ଯୌବନ ॥
ଆଶୁ ମିଳନର ଗଙ୍ଗାର ପ୍ରବାହେ
ଲଙ୍ଘି ଯାଏ କୂଳ ସାଗର ପାଇଁ

ଦୁଃଖ ତାତି ଦଗ୍ଧ-ବିରହ ସନ୍ତାପ
ଉଚ୍ଛଳ ସ୍ରୋତରେ ନିଏ ଭସାଇ ॥
ବିରହ ରାହୁର ଗ୍ରାସରୁ ମୁକୁଳି
ମୋ ମୁଖ ଚନ୍ଦ୍ରମା ଉଜ୍ଜ୍ୱଳ ଦିଶେ
ବାମ ଅଙ୍ଗ ମୋର ଭୁଜ କମ୍ପି ଉଠେ
ଆବେଗେ ପ୍ରିୟର ମିଳନ ଆଶେ" ॥
ଏ ସମୟେ ଆସି, ଭାଟ କହେ "ଦେବୀ
ନୃପତି ଗଡ଼କୁ କଲେ ପ୍ରବେଶ"
ପାଟ ସିଂହାସନ ସଜାଇବା ଲାଗି
ତତ୍ପର ହୋଇଲେ ସଖି ସମସ୍ତ ॥

॥ ୪୨୫ ॥

ଚିତ୍ତୋର ଗଡ଼ର ପ୍ରଜାଏ ଶୁଣିଲେ
ରାଜା ଆସି ପ୍ରବେଶିଲେ ସ୍ୱରାଜ୍ୟେ
ଆନନ୍ଦ ଉଲ୍ଲାସେ ମଗ୍ନ ହେଲେ ସର୍ବେ
ସାମନ୍ତ ଭୂପତି ପ୍ରଜା ସମାଜେ ॥
ନରେନ୍ଦ୍ର ଯେପରି ପୁରୁଷାର୍ଥ କରି
ଫେରିଛନ୍ତି ରାଜା ସୈନ୍ୟ ଗହଣେ
ହୟ, ହସ୍ତୀ, ରଥ, ବାଦ୍ୟେ, ବାଜଣାରେ
ଆକାଶ ଅବନୀ ପୂରିଲା କ୍ଷଣେ ॥
ଗଜ ତୁରଙ୍ଗମ ସୈନ୍ୟ ସମାଗମ
ତ୍ୱରିତ ଗତିରେ ଯେ ଧୂଳି ଉଡ଼େ
ସେ ରେଣୁ ପୂରିଲା ପାଦଚଲା ପଥେ
ସରସୀ ଭରାଇ ସକଳ ପୁରେ ॥
ଯେସନେ ଆକାଶେ, ଆଷାଢ଼ ବଉଦ
ସାଜି ହୋଇ ଆସେ ଘନ ଅନ୍ଧାରେ
ଛତ୍ର ଦେଖି ସାରା ଜଗତରେ ଛାୟା
ଘେରିଯାଏ ପୂରି ଦଶଦିଶରେ ॥

ହସ୍ତୀ ଗଜକୁଳ, ବରଷା, ବାଦଲ
ଛାୟା ହେଲା ଏକ ଜଗତ ଘେରି
ସୈନିକ ସକଳେ, ସକଳ ପ୍ରଜାଏ
ସଗୌରବେ ଆସି ହୁଅନ୍ତି ମେଳି ॥
ଦ୍ୱାଦଶ ମାସର ଫେରିଗଲା ଜ୍ୟେଷ୍ଠ
ଆଷାଢ଼ ଘନାଇ ମେଘ ବରଷେ
ଦୂର୍ବାଦଳ ହସେ ବନସ୍ପତି ଦ୍ରୁମେ
ନବ ଅଙ୍କୁରିତ କଳି ବିକଶେ ॥
ଅନ୍ତରୀକ୍ଷ ଧରା ମିଳନେ ହରଷେ
କୋଇଲି କୁହୁରେ ଦର୍ଦ୍ଦୁର ସ୍ୱର
ଅନେକ କାକଳି ବିହଗ କୁଳର
ଚନ୍ଦ୍ରିକା ଖେଳାଇ ନୃତ୍ୟେ ମୟୂର ॥
ରାଜାର ଦର୍ଶନ ପିପାସା ସବୁରି
ଭାଇ ବନ୍ଧୁ ପ୍ରୀତି ବାନ୍ଧବ ଯେତେ
ଗଙ୍ଗାର ପ୍ରବାହ ପରି ରାଜଦ୍ୱାରେ
ସକଳେ ମିଳନ୍ତି ଯେ ଯାହା ସାଥେ ॥

॥ ୪୨୬ ॥

ପଟୁଆର ସାଥେ ପ୍ରବେଶିଲେ ରାଜା ପ୍ରାସାଦେ ଆସି
ସେ ମାର୍ଗେ ତୋରଣ, କୁମ୍ଭ ବସିଥିଲା ଶୁଭ ମନାସି ॥
ହସି ହସି ରାଜା ମାତାଙ୍କୁ ପ୍ରଣମି ଲଗାଇ ଗଳେ
ଶ୍ରୀରାମ କି ଆସି ମାତା କୌଶଲ୍ୟାଙ୍କ ପାଶେ ମିଳିଲେ ॥
ମଙ୍ଗଳ ମନାସି ମଠ ଓ ମନ୍ଦିରେ ହେଲା ଆରତି
ପୂଜା ଅରଚନା ଦାନ ଓ ଦକ୍ଷିଣା ମାତା ଦିଅନ୍ତି ॥
ବାରିଦ ମଧ୍ୟରୁ ସହସା ମାର୍ତ୍ତଣ୍ଡ ଯେମନ୍ତ ଜଳେ
ବିମାନେ ପଦ୍ମିନୀ ଦେଖି ନାଗମତୀ ଈର୍ଷା ଅନଳେ-
ଜଳିଲା, ଯେମନ୍ତ ଘନ ଛାୟା ତଳ ହେଲା ଆଲୋକ
ନାଗମତୀ ମର୍ମସ୍ଥଳେ କି ଜଳିଲା ଈର୍ଷା ପାବକ ॥

ସପତଣୀ କଥା ଅସହ୍ୟ ହୋଇ ବି ଜାଣି ରତନ
ଅନ୍ୟ ପ୍ରାସାଦରେ ରଖିଲେ ପଦ୍ମିନୀ ନିବାସ ସ୍ଥାନ ॥
ସକଳ ମୁଖରୁ ଶୁଭେ ଏକ କଥା କି ଶୋଭନୀୟ
ସିଂହଳ କନ୍ୟାର ରୂପ ଅନୁପମ ଅତୁଳନୀୟ ॥
ବିଷ ପ୍ରସୂନରୁ ସୁବାସ ଝରୁଛି ଦିଗନ୍ତ ପୂରି
ତୁଣ୍ଡ ବାଇଦର ଶବଦ ଶୁଭିଲା ଦେଶୁ ଉଚ୍ଛୁଳି ॥
ହେମ କୂଟ ଆଉ ଧବଳ ପର୍ବତ ଗଜନୀ ଜିଣି
ଅତି ରୂପବତୀ ନିସର୍ଗ କନ୍ୟା ସଂସାର ମଣି ॥
ଯେଉଁ କନ୍ୟା ଲାଗି, ଜାୟା, ଜାତି, ମାତା, ରାଜ୍ୟ ପାଟକ।
ତେଜିଥିଲେ, ତାହାରୋ ଆଣି ସାଥେ ଫେରିଲେ କଟକ ॥

ଟିପ୍ପଣୀ: ହେମକୂଟ ଏବଂ ଶ୍ୱେତ ପର୍ବତ (ଧବଳ)। ଏହା ମତ୍ସ୍ୟ ପୁରାଣରୁ ଉଦ୍ଧୃତ। ଅଲ୍‌ବାରୁଣୀ ଏହା ଲେଖିଛନ୍ତି ଯେ ମେରୁର ଚତୁଃପାର୍ଶ୍ୱରେ ବଡ଼ ବଡ଼ ପର୍ବତ ରହିଛି। ସେଗୁଡ଼ିକର ନାମ ହେଲା- ହିମବନ୍ତ, ହେମକୂଟ, ନିଖଧ, ନୀଳ, ଶ୍ୱେତ ଏବଂ ଶୃଙ୍ଗବନ୍ତ।

॥ ୪୨୭ ॥

ଦିନକର ହସ କୋଳାହଳ ସାରି
    ଅସ୍ତ ହେଲେ ଦିନମଣି
ବରୁଣୀ ରାଣୀର ରଙ୍ଗ ପାଟଶାଢ଼ି
    ପାଲଟିଲା ନିଶୀଥିନି ॥
ରାଜା ଗଲେ ନାଗମତୀ ଅନ୍ତଃପୁରେ
    ଉଦ୍ଦାମ, ଉନ୍ନତ ମନେ
ମୁଖ ଆଡ଼କରି ବସେ ନାଗମତୀ
    ସ୍ୱାମୀ ପାଶେ ଅଭିମାନେ ॥
"ଗ୍ରୀଷମ ତାତିରେ, ତପତ ଅନିଳେ
    ଶୁଷ୍କ ବୃକ୍ଷେ ତେଜ କାହିଁ
ସେ ଫେରି ଆସିଣ ଶୀତଳ ସମୀରେ

କାହାର ଭରସା ପାଇ ॥
ଯୋଗୀ ହୋଇଗଲ ଅନ୍ୟ ନାରୀ ପାଇଁ
ଶୁଖି ହେଲି ହତ ଶିରୀ
ବାହୁ ପ୍ରସାରିଣ କାରେ ଆଲିଙ୍ଗନ
କରିବକି ମନ ଭରି ॥
ଅନ୍ୟନାରୀ ସଙ୍ଗ କରି ଉପଭୋଗ
ଉଦ୍ଦୀପ୍ତ ଦିଶେ ବଦନ
ଶ୍ରୀମୁଖେ ଚମକି ଯାଏ ବିଦ୍ୟୁ ଖେଳି
ମୋ ମୁଖ ଦିଶେ ମଳିନ ॥
ତବ ମୁଖ ଶିରୀ ବିଜୁଳି ପ୍ରସରି
ହସ ପଡୁଅଛି ଝରି
ମୋ ମୁଖୁ ବିରସେ, ନେତ୍ରରୁ ବରଷେ
ବଉଦର ଘନ ବାରି ॥"

॥ ୪୨୮ ॥

ମଧୁ ବାକ୍ୟେ ବୋଧି, କୁହନ୍ତି ଭୂପତି
ଦାରୁଣ ସତ୍ୟ କଥନ
"ନାଗମତୀ ତୁମେ କହିଛ ଗୋ ସତ୍ୟ
ମନୁ ତେଜ ଅଭିମାନ ॥
ତୁମେ ମୋର ପ୍ରଥମ ବିବାହୀ
ପାଟରାଣୀ ନାଗମତି
ମୋ ବିରହ ସହି ଦହି ହେଲ ତୁମେ
ମୋ ପାଇଁ ଜୀବିତ ସତୀ ॥
କୃଷ୍ଣ ଲାଗି ରାଧା ବିରହେ ଜଳିଲେ
ବହୁଦିନ ପରେ ମିଳି
ଆପଣା ବିରହ, ଦୁର୍ବହ ବେଦନା
ସବୁ ଯାଇଥିଲେ ଭୁଲି ॥

ବହୁଦିନ ପରେ ପୁଣି ପ୍ରବାସିଏ
ଆପଣା ଗୃହକୁ ଆସି
ସ୍ୱପତ୍ନୀ ସହିତେ କ୍ରୀଡ଼ନ୍ତି ମଧୁରେ
ସକଳ ବିରହ ନାଶି ॥
ସଂସାର ଜାଣଇ ଲୌହ ଓ ପାଷାଣ
ଯୁଗଳେ କଠିନ ଅତି
ତଥାପି ସେମାନେ କେବେ କେବେ ମିଳି
ସ୍ପର୍ଶେ କରନ୍ତି ସଙ୍ଗତି ॥
ଜାହ୍ନବୀର ଜଳ ହେଲେ ହେଁ ଧବଳ,
ତହୁଁ ମଧୁର ଅଧିକ
ସୁଗଭୀର, ଜଳ, ନୀଳ ଯମୁନାରେ
ଅଙ୍ଗକୁ ଶୁଭ ଦାୟକ ॥
ଦାରୁଣ ରୌଦ୍ରରେ ଜଳି ଶୁଷ୍କଦ୍ରୁମ
ପୁଣି ପଲ୍ଲବିତ ହୁଏ
ବର୍ଷାର ନିବିଡ଼ ଆଲିଙ୍ଗନ ପାଇ
ପତ୍ର ପୁଷ୍ପେ ଶୋଭା ପାଏ ॥
ତୁ ମୋର ପ୍ରୀତିର ପାଗଳୀ ପ୍ରତିମା !"
ଚାଟୁବାକ୍ୟ କଥା କହି
ଗଳେ ଭୁଜ ଭିଡ଼ି କଲେ ଆଲିଙ୍ଗନ
ଗାଢ଼ ପ୍ରୀତି ଚୁମ୍ବେ ମୋହି ॥
ବିରହ ବହ୍ନିରେ ଜଳୁଥିବା ଅଙ୍ଗ
ପ୍ରୀତିରେ ବାରି ସଞ୍ଚାରି
କ୍ଷଣକେ ଶରୀର ଉଦ୍ୟାନେ ଡାଳିମ୍ବ-
ଦନ୍ତ, - ଦ୍ରାକ୍ଷା ଓଷ୍ଠ ଧରି
କୁଚ ଜମ୍ଭିରର ଫଳେ, ଫଳି ଉଠେ
ପଲ୍ଲବିତ ତନୁ ଭରି ।
ସମସ୍ତ ଶରୀର ଉଦ୍ୟାନେ ଶୁଭିଲା
ଅନେକ ପକ୍ଷୀ କାକଳି ॥
ପରିପୂର୍ଣ୍ଣ କରି କଲେ ଉପଭୋଗ

ଉତ୍ତପ୍ତ ତନୁର ବହ୍ନି
ସୁସ୍ଥିର ମନରେ ପୁଚ୍ଛନ୍ତି ପ୍ରଶନ
ନାଗମତୀ ପାଟରାଣୀ ॥

॥ ୪୨୯ ॥

ମିଳନର ପରେ ହସି କହେ ବାରେ
ପୁଚ୍ଛଇ ସେ ନାଗମତୀ-
"କୁହ ମୋର ପ୍ରିୟ କା ସାଥେ ରମିଲ
ସେ ଦେଶ ରମଣୀ ପ୍ରୀତି ॥
କେଉଁ ପରି ଅବା ପାଇଲ ତୃପତି
କେ ନାରୀ କଲା ଅବଶ
ମୋ ତୁଲ୍ୟ କାହାର ବାହୁ ବନ୍ଧନରେ
ଚୁମ୍ବନେ ଲଭିଲ ତୋଷ !
ଯେତେ ଅନୁପମ ହେଲେ ହେଁ ପଦ୍ମିନୀ
ମୋ ସାଥେ କାହିଁ ତୁଳନା
ଶ୍ରୀରାଧାର ପାଶେ ଛାୟା ପରି ସିନା
ଚନ୍ଦ୍ରାବଳୀ ଗୋପାଙ୍ଗନା ॥
ମଧୁପ-ପୁରୁଷ, ନ ହୁଅନ୍ତି ତୋଷ
ଏକାସ୍ଥାନେ ରତ ରସେ
ଦ୍ରାକ୍ଷା ରସେ କାହୁଁ ହୋଇବ ସନ୍ତୋଷ
ଘୂରି ବୁଲେ ମଧୁ ଆଶେ ॥
ପ୍ରେମର ମହତ୍ତ୍ୱ ଅଜ୍ଞାତ, ହେ କାନ୍ତ
ମୋ ପାଶେ ହୋଇ ମିଳିତ
ତଥାପି ସେ ବିଷ ପ୍ରସୂନର ଗନ୍ଧେ
ହୁଅ ତୁମେ ଆକୁଳିତ ॥
ଅତି ପ୍ରଫୁଲ୍ଲିତ ନାଗେଶ୍ୱରୀ ପୁଷ୍ପ
ତା ସୁବାସେ ନୁହଁ ତୋଷ
ଗଜେନ୍ଦ୍ର ଅଙ୍ଗରେ ସୁବାସ ପ୍ରଲେପ

ଯେହ୍ନେ ଲାଗଇ ବିରସ ॥
ଧୂଳି ସ୍ନାତେ ସେହୁ ତୃପତି ଲଭଇ
ରେଣୁରେ ଅବଗାହନ
ସଲିଳ ସମାନ ସୈକତ ସ୍ନାନରେ
ସନ୍ତୋଷ ସେ ଗଜାନନ ॥
ମୋ ପାରୁଶେ ଥାଇ ସୁଖୀ ନୁହଁ ତୁମେ
ଶ୍ରୀ ମୁଖୁ ପଡୁଛି ଜଣା
ପଦ୍ମିନୀର ସଙ୍ଗ ସୁଖଦାୟୀ ହେବ
ମୋ ପାଶେ ପଡୁଛି ଊଣା ॥"

ଟିପ୍ପଣୀ:- "ବିଷ ପ୍ରସୂନର ଗନ୍ଧ" ପଦ୍ମଫୁଲର ନାଡ଼ର ଗନ୍ଧ ଯାହା ପାଣିରେ ବୁଡ଼ି ରହିବା ହେତୁ ବାହାରେ।

॥ ୪୩୦ ॥

ନିଶା ଅବସାନେ ପୂର୍ବାଶା କରେ ଉଷା ମଣ୍ଡନ
ଗୋପନେ ଭୂପତି ଚଳନ୍ତି ପଦ୍ମାବତୀ ସଦନ ॥
ଉଦିତ ସୂର୍ଯ୍ୟର ଆଲୋକେ ପଦ୍ମା ଦିଶେ ମଳିନ
ସାରା ବିଭାବରୀ ସରିଛି, ଦୁଃଖେ କରି ରୋଦନ ॥
ଭାନୁ ଉଦେ ହେଲେ ଦେଖିବି, ବନ-ନୟନୁ ଝରି
ଭୂପତିତ ହୋଇ ପଡ଼େ କି ନଭୁ ତାରକା ବଳି ॥
ଅଭିମାନେ କାନ୍ଦି କୁହଇ "କାହିଁ ଯାପିଲ ଯାମ
ଯାଅ ନାଗମତୀ ପୁରୀକୁ, ତହିଁ କର ବିଶ୍ରାମ ॥
ଅତି ସ୍ନେହେ କରି ବରିଲ, ଅନ୍ଧକୂପେ ନିକ୍ଷେପି
ଶୁଷ୍କ ବଲ୍ଲୀ କରି ମୁକୁଳ, ପ୍ରୀତି ସଲିଳ ସିଞ୍ଚି ॥
ଅନ୍ଧକୂପୁ କାଢ଼େ ମୋ ନେତ୍ର-ଘଟ ଲୋତକ ଜଳ
କ୍ଷଣେ ଭରିଗଲେ ଉଝାଳି, ପୂରି ଭରେ ସଲିଳ ॥"
କଇଁ କଇଁ କନ୍ୟା କାନ୍ଦଇ, ଅଭିମାନେ ଅଧିକ
ନିଶି ଅଶୟନେ ରକ୍ତାଭ ଦିଶେ ନେତ୍ର ଗୋଲକ ॥

"ନାଗମତୀ ସୁଖ ସୌଭାଗ୍ୟ ହେଲା ନିଶୀଥ ଭରି
ମୋ ନେତ୍ର ଘଡ଼ାରେ ଉଦକ ଭରି ହୁଏ ଉଚ୍ଛୁଳି ॥
ଘଟ ଶେଷ ହେଲେ ଭରଇ ଚକ୍ଷୁ ଲୋତକ ଜଳେ
ଉଜାଡ଼େ ଉଚ୍ଛୁଳେ ସତତ-ଘନ ବିଭାବରୀରେ ॥
ଉଷା ଆଗମନେ ମଧୁପ ଉଡ଼ି ପୁଷ୍ପ ଉଦ୍ୟାନ
ନିଶି ଅଶୟନେ ଲୋଚନ ଦିଶେ ରଙ୍ଗ ଅରୁଣ ॥
ହେ କାନ୍ତ ତୁମରି ପ୍ରୀତିରେ ମଜ୍ଜିଏ ପଙ୍କଜିନୀ
ପଙ୍କ ସମପଡ଼ି ଥିବ ଏ ପ୍ରୀତି ଭୁଲି ଯିବନି ॥"

॥ ୪୩୧ ॥

ଭାଷେ ନରମଣି "ଶୁଣ ଲୋ ପଦ୍ମିନୀ
ତୁ ମୋର ଜୀବ ଜୀବନ
ପ୍ରାଣଠାରୁ ପ୍ରିୟ ଜଗତରେ କହ
କିଏ ଅଛି ମୂଲ୍ୟବାନ !
ପୁଷ୍ପିତ ତୁ ମମ ମାଳତୀ କୁସୁମ
ମୋ ହୃଦୟ ସରୋବରେ
ମୁଁ ତହିଁ ଭ୍ରମର ହେଉଛି ଅଧୀର
ସୁଗନ୍ଧର ଆସକ୍ତିରେ ॥
ମାଳତୀ କୁସୁମ ଗନ୍ଧେ ହୋଇ ଲୀନ
ମଧୁପ ଯାଏ ନା ତେଜି
ଅନ୍ୟ କୁସୁମର ନଥାଏ ଆଦର
ସର୍ବଥା ଥାଏ ବରଜି ॥"
କହେ ପଦ୍ମାବତୀ ଶୁଣ ହେ ଭୂପତି
"ମୁଁ ରୂପ ଗୁଣେ ଉଜ୍ଜ୍ୱଳ ।
ଏ କଥା ଅସତ୍ୟ ନୁହେଁ ନରନାଥ
(ମୁଁ) ସିଂହଳ ଦ୍ୱୀପ କମଳ ।
ମୋର ସୁଗନ୍ଧରେ ହୋଇ ଆମୋଦିତ
ଆସନ୍ତି ବହୁ ଭ୍ରମର

ଜମ୍ବୁ ଦ୍ୱୀପ ନାରୀ ଜାମୁ ଭଳି କାଳି
ନାଗୁଣୀ କି ସମତୁଲ ?
ସୁଗନ୍ଧ ନିର୍ମଳ ସର୍ବଦା ଉଜ୍ଜ୍ୱଳ
ମୁଁ ପଦ୍ମା ମନ ହାରିଣୀ
କୃଷ୍ଣ ବର୍ଣ୍ଣ ଘୋର ସଦା ଭୟଙ୍କର
ସେ ପରା କଳା ନାଗୁଣୀ ॥
ମୋ ରୂପ ସୁଗନ୍ଧେ ଆମୋଦିତ ମଦେ
ଆସନ୍ତି ବହୁ ମଧୁପ
ସେ କଳା ନାଗୁଣୀ ଦର୍ଶନେ ମାନବ
ଗମନ୍ତି ହୋଇ ଶଙ୍କିତ ॥
ପୁଷ୍ପଲିଟ୍ ପୁଂସ ଦୃଷ୍ଟି ଦେଖେ ମୁହିଁ
ସେ ମାର୍ଗେ କରେ ଗମନ
ତାର ଚିତ୍ତ ମନେ ରହେ ସଂଗୋପନେ
ପ୍ରୀତିରେ ଭରି ପରାଣ ॥
ଉଚ୍ଚତର ଲୋକ ନୀଚ ସ୍ୱଭାବର
ମନୁଷ୍ୟେ ନକରେ ସାଥି
ସେଥିପାଇଁ ନର ସର୍ବ ସଜ୍ଜନର
ହୁଏ ସଦା ପରିପନ୍ଥୀ ॥"
ସେ କଳା ନାଗୁଣୀ ଅଙ୍ଗରେ ଅଙ୍ଗ ହେଲେ ମିଳିତ।
ବିଷାକ୍ତ ହୋଇବ ମାନବ, ହେବ ବ୍ୟାଧି ପୀଡ଼ିତ ॥

॥ ୪୩୨ ॥

ସୁଖଦ ପ୍ରୀତିରେ ସ୍ୱାମୀ ସଙ୍ଗ ପରେ
ଉଲ୍ଲସିତ ନାଗମତୀ
ଅଙ୍ଗ ଉପବନେ ଫୁଲ ଫଳ ହସେ
ପଲ୍ଲବିତ ଘନ ଅତି ॥
ଦାରୁଣ ରୌଦ୍ରରେ ଦିନମଣି ଯେବେ
ଜ୍ୟେଷ୍ଠେ ଜାଳିଥିଲେ ଧରା

ଦଗ୍ଧିଭୂତ ହେଲା ଦ୍ରୁମ ଲତା ଗୁଳ୍ମ
ଶ୍ମଶାନ ବସୁଧା ହେଲା ॥
ଆଷାଢ଼ ବର୍ଷୁକ ବାରିପାତ ଫଳେ
ମଞ୍ଜରିତ ଲତା ପତ୍ର
ଫଳ ପୁଷ୍ପେ ଶାଖେ ଉପବନ ହସେ
ସୁସ୍ୱାଦୁ ଫଳ ଅମୃତ ॥
ଶୁକ, ସାରି ଯୁଥ ଗହଳ କରନ୍ତି
ଫେରି ଅନେକ ବିହଗ,
ଉଚ୍ଛୁଳା ସରସୀ ସଲିଳେ କ୍ରୀଡ଼ନ୍ତି
ଗାଏ କୁହୁ କୁହୁ ପିକ
ପାରାବତ ଘୂରେ ଘୁମୁ ଘୁମୁ ହୋଇ
କାଆ କାଆ ଡାକେ କାକ ॥
ଶୂନ୍ୟ ବଗିଚାରୁ ଯାଇଥିବା ପକ୍ଷୀ
ସର୍ବେ ଆସୁଛନ୍ତି ଫେରି
କେବଳ ପେଚକ ବୃକ୍ଷ କୋଟରରେ
ବସିଛି ତପସ୍ୱୀ ପରି ॥
ଉଜ୍ଜ୍ୱଳ ଆଲୋକ ସହି ନ ପାରଇ
ସହେ ନାହିଁ କଳରୋଳ
କେଉଁଠୁ ଖୋଜୁଛି ଲତାର ଗହଳ
କାହିଁ ଅଛି ଅନ୍ଧକାର ॥
ଆଦିତ୍ୟ ଉଦିଲେ ଫୁଲ ବାରି ବୁଲେ
ହସି ହସି ନାଗମତୀ
ସଖି ତୁଲେ ପୁଷ୍ପ ଚୟନ କରନ୍ତି
ସ୍ୱାମୀଗଳେ ଦେବ ଗୁନ୍ଥି ॥

।। ୪୩୩ ।।

ଅତି ଶୋଭାମୟ ଅନେକ ଫୁଲରେ ସରସ କରି
ରାଣୀ ବଗିଚାରେ ବହୁ ଫୁଲ ଫଳ ରହିଛି ଭରି ।।
ପ୍ରଭାତ ପରଶେ, ସଖୀ ସହଚରୀ ସଙ୍ଗତେ ଘେନି
କଥା କଉତୁକେ ନାଗମତୀ ରାଣୀ କହେ ବଖାଣି ।।
ସେହି ଉପବନେ ବୁଲୁଥିଲେ ତହିଁ ପଦ୍ମିନୀ ଦୂତୀ
ଯୁଇ, ଜାଇ ନାମେ ଦୁଇ ସହଚରୀ ତହିଁ ଶୁଣନ୍ତି ।।
ପାଟ ମହାରାଣୀ ଆନନ୍ଦ ଉଲ୍ଲାସ ନ ପାରି ସହି
ଈର୍ଷାୟିତ ହୋଇ ପଦ୍ମା ପାଶେ ଯାଇ ଦେଲେ ବୁଝାଇ ।।
"ଶୁଣ ପଦ୍ମାବତୀ!" କହୁଛନ୍ତି ଦୂତୀ ବିରସ ମନେ
"ନାଗମତୀ ରାଣୀ ଭ୍ରମୀ ସହିତ, ପୁଷ୍ପ ଉଦ୍ୟାନେ,
ସଖୀ ମେଳେ ହସି, ଉଲ୍ଲାସେ ଉଚ୍ଛ୍ୱସି କରେ ବୟାନ
ବକାବଳୀ ପୁଷ୍ପ ବଚନିକା ଶୁଣି, ହେଲୁ ବିମନ ।।
ତୁମ ବିରୁଦ୍ଧରେ, ବହୁତର ବାକ୍ୟେ କରି କନ୍ଦଳ
ନୃତ୍ୟ ରତା ସଖୀ ତୁଳେ ଗୁନ୍ଥୁଛନ୍ତି ଶୃଙ୍ଗାରହାର ।।
ତାଙ୍କ ସଜନୀଏ ଉଖାରି କୁହନ୍ତି ଏ ରାଣୀ ବାଗ
ଏ ନାଗ କେଶର, ସମୀରେ ଦୋହଲେ ହୋଇ ସରାଗ ।।
ପୁଷ୍କର ପୁଷ୍ପର ଦୟନୀୟ ଦଶା ଦେଖିଲେ ସହୀ
ନିଜ ପରିବେଶ ଛାଡ଼ି ସେ ଏକାକୀ, ହେଉଛି ଦହି ।।
ସରସୀ ସରିତ, ସିନା ତା ମହତ ଶୁଷ୍କ ବସୁଧା ।।
ନିଃସଙ୍ଗ ଅଙ୍ଗ ତା ବିବର୍ଣ୍ଣ ଦିଶୁଛି ମରମ ବ୍ୟଥା ।।
ଏହି ଉପବନେ ସେବତୀ (ସେବକୀ) ଗୋଲାପ ମିଳିତ ହୋଇ
ପାଟ ମହାଦେଈ ସେବାରେ ସର୍ବଦା ଅଛନ୍ତି ରହି ।।
ପ୍ରତିବାଦ କରି, ରହିଲୁ ସରମେ, କରନା ବାଦ୍ୟ
ବୀଣାପରି ଯା'ର ଝଙ୍କାର ଶୁଣିଲୁ ହୋଇ ସ୍ତବଧ ।।
ଅତି କମନୀୟ ଦରଦୀ କଣ୍ଠରେ ସ୍ୱାମୀକୁ ମୋହି
କ୍ଷଣକେ ନରେଶ ହେଲେ ତାର ବଶ, ଦେଖିଲୁ ତହିଁ ।।"
ଏହିପରି ଯା'କୁ ଦଇବ ସହାୟ, ନିୟତି ବଳେ
ସୁଖ ସଉଭାଗ୍ୟ ମିଳଇ ତାହାକୁ ଏହି ସଂସାରେ।

॥ ୪୩୪ ॥

ଗୋପନେ ମନରେ କୋପ ଉପୁଜିଲା, ଶୁଣି ସେ କଥା
ନାଗମତୀ ବାଗେ, ପ୍ରବେଶିଲା ପଦ୍ମା ସତ୍ୱରେ ତଥା ॥
ଅତି କୋମଳରେ କହେ ସେ ବଚନ "ଶୁଣ ଗୋ ରାଣୀ
ତୁମ ଏ ଉଦ୍ୟାନ, ଅତି ସୁଶୋଭନ, ପାରୁଛି ଜାଣି ॥
ଏ ଫୁଲ ବାରିରେ ନାଗକେଶର ଓ ମାଳତୀ ଜାଣି ॥
ମଧ୍ୟ ସ୍ଥଳେ ତା'ର ଖଟା ଫଳ ଗଛ କିମ୍ପା ରୋପିଲ ?
ଶଙ୍ଖଦ୍ରାବ ଦ୍ରୁମ, ଅମଳ ପାଦପ, ନୁହେଁ ଉଚିତ
ପଦ୍ମିନୀ ନାଗମତୀ ସମ୍ପର୍କ ନିତ୍ୟ ହେବ ଆହତ ॥
ସେ ଲାଗି କମଳି ପ୍ରୀତି ପାଇଁ ଆସିଥିବା ମଧୁପ
'କରିଲ' ବୃକ୍ଷର ଛାୟା ଶ୍ୟାମଳରେ ଭୁଲିଲା ପଥ ॥
ନାଗମତି ପ୍ରୀତି ଆଦରି ଭୋଗିଲା, ପାସୋରି ଚିତ୍ତ
ନାଗମତୀ କମ୍ର କୋମଳ କଥାରେ ହେଲା ବିବଶ ॥
ତେନ୍ତୁଳିର ତୁଲ୍ୟ ଖଟା ତୋ ସ୍ୱଭାବ, ମନେ କଲ୍ମଷ
ମୋ ପରି ସୁମିଷ୍ଟ ନାରଙ୍ଗ ଗଛର ଛାୟା ବି ତୋତେ ॥
ଶାନ୍ତି ଦିଏ ନାହିଁ, ଶତ୍ରୁ ପରି ତେଣୁ, ଦେଖୁ ତୁ ମୋତେ
ତେଣୁ ମନେ ମନେ ବିଚାର କରି ତୁ ଭାବିଲୁ ଥରେ
ପ୍ରଥମେ ପୁଷ୍ପ କି ଫଳ ହୁଏ ବୃକ୍ଷେ, ଏ ଧରିତ୍ରୀରେ ॥
ଯହିଁ ମଧୁ ଫଳେ ଶୋଭିତ ସହକାର ପାଦପ
ତହିଁ ନିର୍ବିଚାରେ ରୋପିଛ କଳା ଜାମୁ ବିଟପ ॥"

॥ ୪୩୫ ॥

କହେ ନାଗମତୀ "ଯାହା ତୁ କହିଲୁ
    ସତ ନିଶ୍ଚିତେ
ଜାମୁ କୋଳି ଅଟେ ଅତି ପ୍ରିୟତମ
    ଏ ଜମ୍ବୁ ଦ୍ୱୀପେ ॥

ଜମ୍ବୁଦ୍ୱୀପ ରାଜା ମୋ ସ୍ୱାମୀ, ମୁହିଁ
ଏ ଦେଶ କନ୍ୟା
ଜାମ୍ବୁ କସ୍ତୁରୀର କମ୍ର କାଳିମାରେ
ରାଣୀ ଅନନ୍ୟା ॥
ରସାଳ ଫଳଟି ହେଲେ ବି ମଧୁର
ରୋମ ବହୁଳ
ଜମ୍ବୁଦ୍ୱୀପ କନ୍ୟା ଶ୍ୟାମଳୀ ହେଲେବି
ପ୍ରିୟ ରାଜାର ॥
ଏ ଲାଗି ତେନ୍ତୁଳି ହେଲେ ହେଁ ଅମଳ
ଏ ସ୍ଥାନେ ରୋପି
ନମ୍ର ହୋଇ ସଦା, ଝୁଲି ରହିଥାଏ
ଛାୟା ଅରପି ॥
ତୁହି ସରସୀ ନଳିନୀ ରହିଥାଉ
ଜଳ ଭିତରେ
ଜଳ ଭରିଗଲେ ସଲିଳୁ ଉଠୁ ତୁ
ଅତି ଗର୍ବରେ ॥
ଗର୍ବରେ ଭୁଲିଛୁ ସ୍ୱସ୍ଥାନ ମହତ
ଏ ଦେଶେ ଆସି
ନିଖାରି କହୁଛୁ ଦୋଷ ମୋର ଯାହା
ଉଦ୍ୟାନେ ପଶି ॥
ବଦରୀ ଫଳ ତୁ ଶତ୍ରୁତା ରହିଛି
ତୋ ହୃଦେ ଅତି
ନାଗ କେଶରକୁ ଦେଖି ଯୁଇ ଜାଇ
ମରିଲେ ଲୋଟି ॥
ତୁ ସିନା ବଦରୀ ଫଳ ତୋର ଅଟେ
ଦୁଇଟି ଶାଖା
ଘର୍ଷଣ ଫଳରେ ଉଠଇ ଅନଳ
ଟେକି ତା ଶିଖା ॥

ନାଗମତୀ କହେ, ଏ ଅର୍ଥେ ବୁଝାଇ
ସ୍ୱସ୍ଥାନ ଭୁଲି
ଶତ୍ରୁତା କରୁଛୁ, ନମିଳି ମୋ ସାଥେ
ଦେଶେ ମୋହରି ॥"

"ରସାଳ ନାରଙ୍ଗୀ ଫୁଲ ଫଳ ଏଥି ନ ଥିଲେ ନାହିଁ।
ସଦାକାଳେ ଏହି ଜାମୁ ଫଳ ଗଛ ଭରି ଶୋଭଇ ॥"

॥ ୪୩୬ ॥

ପଦ୍ମିନୀ କହଇ "ତୁମ ଉଦ୍ୟାନରୁ
କି ଫଳ ନେବି ମୁଁ ତୋଳି
ଯହିଁ କଟୁତିକ୍ତ ବାକ୍ୟରେ ଭରିଛି
ନିମ୍ବ ବୃକ୍ଷ ଫଳ ଭଳି ॥
କୁଟିଳ କଣ୍ଟକ ଏ ବଦରି ବୃକ୍ଷ
ତୁମ ପରି ଅବିକଳ
କେନ୍ଦୁ ଓ କଇଥ ଯାହା ନିରର୍ଥକ
ତୁମ ସାଦୃଶ୍ୟର ମେଳ ॥
ନାରଙ୍ଗୀ ଓ ଦ୍ରାକ୍ଷାଶୂନ୍ୟ ଏ ବଗିଚା
ନିରେଖି ଶୁକ ଓ ସାରି
ଅବଶ୍ୟ ମରିବେ କ୍ଷୁଧା ନ ସହିବେ
ଅସମୟେ ପ୍ରାଣ ହାରି ॥
ତୁରଞ୍ଜ, ଜମ୍ବିର ଭଳି ଅମ୍ଳ ଫଳ
ତୋ ବାକ୍ୟେ ସୂଚାଉ ଅଛି
ଲାଉ ଓ କାକୁଡ଼ି ଅସ୍ୱାଦୁ ବିବର୍ଣ୍ଣ
ତୋ ଭାଷା ଭଳି ଲାଗୁଛି ॥
ପଦ୍ମ ହୃଦ ଦେଶ ହେଲେ ବି ଲୋମଶ
କେଶର ଶୋଭେ ତହିଁରେ
ନାଗେଶ୍ୱର ଫୁଲ କେଶର କଦାପି

ତା ତୁଲ୍ୟ ନୁହେଁ ମହୀରେ ॥
ବିବର୍ଣ୍ଣ କେଶର ଗନ୍ଧହୀନ ତୋର
ରହିଛି ଦୁର୍ଗୁଣ ଭରି
ଉଦୁମ୍ବର ଫଳ ଅନ୍ତରେ କେବଳ
କ୍ଷୁଦ୍ର କୀଟ ଥିବା ପରି ॥
ବରଫଳ ପରି ତୁଚ୍ଛ ନିରର୍ଥକ
ଭାଷା କହୁ ତୁ କିମ୍ପାଇ
ଏ ଉପବନରେ ସର୍ବ ଫଳପୁଷ୍ପ
ଅକାରଣ ମୋର ପାଇଁ।"
"ଆରେ ବନ୍ଧ୍ୟା ନାରୀ ! ବାଟିକା ଆଦରି ରହିଥାଏ ସ୍ଥାନେ ପଡ଼ି।
ମୋ ସାଥେ କଳହ କରି ଅପଚୟ ସମୟ ଦିଅନା ସାରି ॥"

॥ ୪୩୭ ॥

ନାଗମତୀ କହେ, "ଶୁଣ ପଦ୍ମାବତୀ !
ମୋ ଉଦ୍ୟାନେ ଯଦି ଅଛି
କଣ୍ଟାଫଳ ଆଉ ବରଫଳ ବୃକ୍ଷ
ବଡ଼ପଣ ମୋ କହୁଛି ॥
ତୋ ପରି ମୁଁ ନୁହେଁ ପଦ୍ମଫୁଲ ମଞ୍ଜି
ଅତି ହୀନ ତୁଚ୍ଛ ଦ୍ରବ୍ୟ
ମୋ ବଚନ କଟୁ ହେଲେ ବି ପରଖ
ଶୀତଳ ଛାୟା ପଲ୍ଲବ ॥
ତୁରଞ୍ଜୀ, ଜମ୍ବୀର ଅମ୍ଳର ଗୁଣକୁ
ଥିଲେ ବି ମୋ ଦେହେ ରହି
ମୋ ସ୍ୱାମୀ ଜାଣନ୍ତି, ଅନୁଭବ କରି
ସ୍ପର୍ଶ ମୋ ଶୀତଳ ଛାଇ ॥
ନିମ୍ବ ତିକ୍ତ ହେଲେ, ଛାୟା ବି ତାହାର
ସୁଶୀତଳ ସୁଗଭୀର
ମୋ ନାରଙ୍ଗ ଆଉ ଦ୍ରାକ୍ଷା ମଧୁଭାବ

ଅନୁଭବି ସ୍ୱାମୀ ତାର ॥
ତୋ ପରି ମୁଁ ତାକୁ ଦେଖାଇ ହୁଏନା
ଲେମ୍ବୁ ଜାମୁକୋଳି ପରି
ତୁଚ୍ଛ ଓ ନୀରସ ହେଲେ ବି ତୋ ସାଥେ
କରିନି ଈର୍ଷାରେ କଳି ॥
ଏ ତୋର କଥାକୁ ବେଖାତିର କରେ,
କ୍ଷତି ଲାଭ ମାନେ ନାହିଁ
ଫଳହୀନ ହେଲେ ପାଦପ କି ତାରେ
ପଥର ମାରନ୍ତି କେହି ?
ଫଳନ୍ତି ପାଦପ ନମ୍ର ହୋଇ ରହେ
ଫଳ ଭାରେ ଅବନତ
ମୋ ଗୁଣ ନିରେଖି ଡାଳିମ୍ବ ହୃଦୟ
ଫୁଟାଇ ମରେ ନିରତ ॥
ଜାଇଫଳ, ଗୁଆ, ଲବଙ୍ଗ ସହିତେ
ମୋ ଗୁଣେ ହାରି ସରବେ
ମରିଚ ପରାଏ କଟୁ ହୋଇ ମରେ
ତେଜି ବାସ ସଉରଭେ ॥
ମୁଁ ସେଇ ତାମ୍ବୂଳ କା ପାଶେ ମୋହର
ରଙ୍ଗ ନାହିଁ ମୋର ସମ
ଏ ଗୁଣ ବିହୀନ ହୁଅନ୍ତି ଯେ ଜନ
ମରନ୍ତି ହୋଇ ବିଚୂର୍ଣ୍ଣ ॥
ତୁହି କମଳିନୀ ଲଜ୍ଜା ନାହୁଁ ଜାଣି
କହୁ ବଡ଼ବଡ଼ କଥା
ଜଳ ମଧ୍ୟୁ ମଥା ଟେକି କଥା କହୁ
ବରଜି ସ୍ୱସ୍ଥାନ ସତ୍ତା ॥"

"ମୁହିଁ ରାଣୀ, ମୋର ପ୍ରିୟ ରାଜା କରେ ରାଜତ୍ୱ ।
ତୁ ଯୋଗିନୀ, ଯୋଗୀବର ପାଇ ହେଉ ଉଦ୍ଧତ ॥"

॥ ୪୩୮ ॥

"ମାନ ସରୋବର କେତକୀର ସମ ପଦ୍ମିନୀ ମୁହିଁ
ମୋ ସେବାରତ ହଂସ ଓ ଭ୍ରମର ସର୍ବଦା ରହି ॥
ଦଇବ କରିଛି ସୁଯୋଗ୍ୟ ଶିବ ପୂଜା ସଂଯୋଗୀ
ମାନବେ ନିଅନ୍ତି ମନ୍ଦିରେ ପୂଜା ଅର୍ଚ୍ଚନା ଲାଗି ॥
କୋଟି ଲାବଣ୍ୟନିଧି ପଦ୍ମା ଜଗତେ ମୁଁ ବିଖ୍ୟାତ
ତୁ ଭରି ରହିଛୁ ଗରଳେ ନାଗମଣି ବିଶେଷ ॥
କମଳ କଳିକା ମୋ ନାମ, ତୁଲ୍ୟ ମୋ ସାଥେ ତୁହି
ମାନ କେବେ ନହେବୁ, ରୂପ ଗୁଣ ତୋର କାହିଁ ?
ସଂସାର ସକଳ ନାଗଙ୍କୁ ତୁହି ସତ୍କାର କରି
କଳାନାଗୁଣୀ ତୁ ହୋଇଛୁ ଗରଳେ ଅଧିକାରୀ ॥
ତୁ ହେଲୁ କାଉ ଓ କୋଇଲି, କଳା କଜଳପାତି
ମୁଁ ଅଟେ ହଂସିନୀ, ହଂସର ଯୋଡ଼ି ହୋଇଛି ସାଥି ॥
ତୁ ଅଟୁ କାଚର ପ୍ରତିମା, ମୋତି ପ୍ରତିମା ମୁହିଁ
ତୋର ମୋର ଯୋଡ଼ି ସେ ଲାଗି କେବେ ସମାନ ନୋହି ॥
ମୁଁ ଅଟେ ସୁବର୍ଣ୍ଣ, ମୋ ମଧ୍ୟେ 'ନଗ' ରତନସେନ
ରହିଛନ୍ତି ତନୁ ମରମେ, ଅପରୂପ ରାଜନ ॥
ମୁଁ ସିନା ଦିବସ ତୁ ଅଟୁ ଘନ ନିଶି ଅନ୍ଧାର
ମୋ ସମାନ ନ ହେବୁ ତୁ ମନେ କରି ଅହଙ୍କାର ॥
ମୁଁ ହୀରା ହେଲେ ତୁ ପାନ୍ନା ହିଁ, ନୁହେଁ ଶୁଭ ସଂଯୋଗ
ମୁଁ ଅଟେ ଚନ୍ଦ୍ରମା, ତୁ ରାହୁ ଗ୍ରହ ହୋଇଅଛୁ ଯୋଗ ॥
ଯେ ସ୍ଥାନେ ତୁ ଉଭା ହୋଇବୁ କାଳି ଲାଗିବ ତହିଁ
ସେ ଲାଗି ନ ବସେ ପାଶେ, ଥାଏ ମୁହିଁ ଦୂରେ ରହି ॥

॥ ୪୩୯ ॥

ପରିହାସେ ତୁଚ୍ଛ କରି କହେ ନାଗମତୀ,
"ସହସ୍ର ଗୁବାକ ବୀଜ ତୋ ହୃଦୟେ ରଖି।
ସୁପାରି ଡାଲାରେ ତୋର ଅନେକ କଠିନ

ଗୁବାକ ବୀଜ, ପଦ୍ମିନୀ କରିଛୁ ଧାରଣ ॥
ଅଥଚ ସେ ସବୁ ମଞ୍ଜି, ଲୁଚାଇ ନରଖି
ସତେ କରୁ ଅବା ଚେଷ୍ଟା ପ୍ରକାଶ ପାଇଁକି ॥
ଲଜ୍ଜାହୀନ ପଣ ତୋର ବସ୍ତ୍ରହୀନ କରି
ଅଙ୍ଗ ତୋ ପ୍ରକଟ କରୁ ଆବୃତ ନକରି ॥
ପୁଷ୍ପର ପାଖୁଡ଼ା ଯେଣୁ ତୋ ବକ୍ଷର ଚୋଲି
ସୂର୍ଯ୍ୟର କିରଣ ଦେଖି ଦେଉ ତାକୁ ଖୋଲି ॥
ତୋର ପୁଷ୍ପଦଳ ଚୋଲି, ଦିଶେ ରକ୍ତ ବର୍ଣ୍ଣ
ଗର୍ଭରେ ପୀତାଭ ରଙ୍ଗ, ଦିଶେ ରସହୀନ ॥
ଲଜ୍ଜାହୀନ ରସହୀନ ବିବର୍ଣ୍ଣ ତୋ ଅଙ୍ଗ
ଜାଳି ପୋଡ଼ି ଦେବାକୁ ମୋ ମନେ ଆସେ କ୍ରୋଧ ॥
ପରକୀୟା ପ୍ରୀତି ତୋର ପଡ଼ିଯାଏ ଜଣା
ଚୁମ୍ବିତ ଅଳିରୁ ଆସି ସୂର୍ଯ୍ୟରେ କାମନା ॥
ସମସ୍ତ ଯାମିନୀ ଯାପି ନାଗମତୀ ପାଶେ
ପ୍ରଭାତେ ଆସନ୍ତି ସୂର୍ଯ୍ୟ* "ତୋ ପ୍ରୀତି ପରଶେ ॥
ତୃଷାରେ ମରୁ ତୁ ରହି ବିଭାବରୀ ଶେଷେ
ବାସିପ୍ରୀତି ଭୋଗ କରୁ ଲଜ୍ଜା ନାହିଁ ତୋତେ ॥
ସଲିଳ ଶଯ୍ୟାରେ ରହି ରୋଦନେ ବିତାଉ
ତଥାପି ତୁ ମୋର ତୁଲ୍ୟ ହେବୁ ମନେ ଚାହୁଁ ॥
ପଦ୍ମ ପତ୍ରରେ ଶିଶିର, ତୋ ନୟନ ବାରି
ଜଗତ ଦେଖଇ ହସି, ଲୋଚନ ପ୍ରସାରି ॥
ରବି କରଜାଳ ତୋତେ ମିଛେ ପ୍ରୀତି ଦିଏ
ରଜକ ସଦୃଶ ଲହରୀ (ତୋ) କଳ୍ମଷ ଧୁଏ ॥
ନିରର୍ଥକ ଲହରୀ ଓ ସ୍ପର୍ଶହୀନ ଅଙ୍ଗ
ତପ୍ତ କିରଣେ ଉଁଷାଏ ସ୍ତ୍ରୀ ଲୋକର ସଙ୍ଗ ॥
ଯେ କେବଳ କରେ ତପ୍ତ, କରେ ନାହିଁ ସଙ୍ଗ
କେବଳ ଉତ୍ତପ୍ତ କରେ, ମରିଚି ତରଙ୍ଗ ॥"

ବିଷ ପ୍ରସୂନର ସାଥେ ବିଷ ନାଗମତୀ।
କାହା ରୂପେ ମୁଗ୍ଧ ହୁଏ ଲୋକଙ୍କର ମତି ॥

*ରତ୍ନସେନଙ୍କୁ ସୂର୍ଯ୍ୟ କୁହା ହୋଇଛି।

॥ ୪୪୦ ॥

ପଦ୍ମିନୀ କହଇ, "ଶୁଣ ନାଗମତୀ
        ଯାହା କହିଲ ତା ସତ
ମୁହିଁ କମଳିନୀ, ସୂର୍ଯ୍ୟ ପ୍ରିୟ ମୋର
        ଦୁହେଁ ପ୍ରୀତି ବିଜଡ଼ିତ ॥
ପ୍ରିୟ ଯଦି ମୋର ଅନ୍ତରତମ
        ତା କିଆଁ ହୋଇବ ଚୋରି
ଏ କି ଅବିଚାର କଥା କହୁ ତୁମେ
        ମନରେ ବିଚାର କରି ॥
ପ୍ରଭାତେ ଶୃଙ୍ଗାର ସାରି ରୂପ ଦେଖେ
        ଆକାଶ ଆଦର୍ଶେ ମୋର
ଆଦିତ୍ୟ ଆଲୋକେ ବିକଶିତ ହୁଏ
        ଏ ମୋର କଳି କମଳ ॥
ତୁଚ୍ଛାରେ ତୁ ଖାଲି ଆକାଶକୁ ଚାହିଁ
        ଜଳି ପୋଡ଼ି ମରୁଥାଉ
ସେ ମୋ ଅନୁରକ୍ତ ମୁଁ ତା ଅନୁରକ୍ତା
        ପ୍ରଭାତେ ତୁ ଅନ୍ତ ହେଉ ॥
ପଦ୍ମବୀଜ ମାଳା ହେଲେ ହେଁ କଠିନ
        ରୁଦ୍ରଙ୍କୁ କରି ଅର୍ପଣ
କ୍ଷତି ତ ନ ଥାଏ, ମାନବ ଜୀବନେ,
        ଆପଣାକୁ ମଣେ ଧନ୍ୟ ॥
ଦିବସରେ ଦିଶା ନିର୍ମଳ ଦିଶଇ
        ନିଶିରେ ନ ଦିଶେ କିଛି
ତୁ ଡିମ୍ବିରି ଫଳ, ତୋ ଗର୍ଭେ ପୂରିଛି
        ଛୋଟ ଛୋଟ କେତେ ମାଛି ॥
ସେହି ପିପୀଳିକା ଦେହେ ପର ହେଲେ
        ମରୁଥାନ୍ତି ପଥେ ପଡ଼ି
ପର ଦୋଷ ତୋତେ ଦେଖି କହିଆସେ

ଆପଣାକୁ ଯାଉ ଭୁଲି ॥
ଜଳ ଲହରୀକୁ କହୁଛୁ ରଜକ,
ସେ ରଜକ ଧୌତ କରି
ବିଷଗୁଣ ମୋର ନିବାରଣ କରେ
ମୁଖେ ଦିଏ ସୁଧାଶିରୀ ॥
ତୁ କିନ୍ତୁ ନାଗୁଣୀ ଯାହାକୁ ଦଂଶିବୁ
କ୍ଷଣକେ ଯିବ ସେ ମରି
ତପନ ତାପଜ ମରିଚି ମାଳାରେ
ସେ ଯିବ କ୍ଷଣକେ ଜଳି ॥"

ଆତପ ସନ୍ତାପେ ସନ୍ତାପିତ ହେବେ ଯେତେ ଜୀବ ସଂସାରର।
ଅବଶ୍ୟ ବଞ୍ଚିବେ କିନ୍ତୁ ନବର୍ତ୍ତିବେ ଖାଇ ତୋର ହଳାହଳ ॥

॥ ୪୪୧ ॥

ନାଗମତୀ କହେ "ଶୁଣ ଲୋ ପଦ୍ମିନୀ!
ସୂର୍ଯ୍ୟ ଉଦୟରେ ହେଉ ଉଜ୍ଜ୍ୱଳା,
ପ୍ରଚଣ୍ଡ ତପନ ତାପଜ ଦାହରେ
ସଲିଳ ଶୁଖିଲେ ତୋ ମୂଳ ମଳା ॥
ଗଲେ ଶୁଖି ଜଳ ତୋ ମାନ ମହତ
ସବୁ ସରିଯିବ କ୍ଷଣକେ କାହିଁ
ହରାଇ ବସିବୁ ତୋ ମାନ ମର୍ଯ୍ୟାଦା
ଏ ତୋର ଚାତୁରୀ ରହିବ ନାହିଁ ॥
ତୋର ନେତ୍ର ଦଳେ ଅସଂଖ୍ୟ ମଧୁପ
ଘେରି ରହିଛନ୍ତି ବିଷରେ ଘାରି
ମାଛ ଓ କଚ୍ଛପ ବକ ଭେକ ଆଦି
ଜଳଚର କେତେ ସାଥିରେ ଧରି ॥
କେତେ ଜଳରଙ୍କା, ଡାହୁକ, ସାରସ
ତୋ ବିଷ ଜଳରେ ଦୂଷିତ ହୋଇ

ସହସ୍ର ବାର ବି ଧୋଇ ତାର ମଧ୍ଯୁ
ବିଷର ଦୁର୍ଗନ୍ଧ ଯାଏ ନା ଧୋଇ।
ତୁ ଯଦି ଉଜ୍ଜ୍ୱଳ ଚନ୍ଦ୍ରମା ହୋଇଲୁ
କଳଙ୍କ ତୋ ଦେହେ ରହିଛି ଲାଗି
ତୋତେ ଗ୍ରହଣରେ ଡମ ଛୁଇଁ ଥାଏ
ଋଣ ପରିଶୋଧ ସେ ଥାଏ ମାଗି ॥
ତୋର ମୋର ମଧ୍ୟେ ଦିବସ ନିଶିର
ଫରକ, ବିଚାରି ରଖ ତୁ ମନେ।
ରାହୁ ଯୋଗୁ ଚନ୍ଦ୍ର ଅପଘାତେ ମରେ
ଏ ବଚନ ତୋର ଶୁଣିଛି ଦିନେ ॥
ମୋ ସ୍ୱାମୀଙ୍କୁ ମୁହିଁ କି ବାକ୍ୟ କହିବି
ତୋ ପରି ଜଳନ୍ତା ଅଙ୍ଗାର ଆଣି।
ମୋର ଅପଘନେ ଅଛନ୍ତି ଜଳାଇ
ତୋତେ ମୁଁ ସେ ଲାଗି ପାରୁନି ଜିଣି ॥
ତେଣୁ ମୁଁ ମାନୁଛି, ମୁଁ ହାରି ଯାଇଛି
ତୁ ଜିତି ଯାଇଛୁ ଜଳ ନିବାସୀ
ଜୀବନ ଯାକ ମୁଁ ଜଳୁଥିବି ଦାହେ
ମୋ ସ୍ୱାମୀର କ୍ରୀଡ଼ା ଅଙ୍ଗାରେ ପଶି ॥"

ମୋର ସ୍ୱାମୀଙ୍କର ବିମନ ମତେ ଦେଇଛି ଜାଳି।
ତୋ ପରି ଅଙ୍ଗାର କୁଢ଼ାଇଛି ଆଣି ମୋ ତନୁ ଭରି ॥

ଟିପ୍ପଣୀ:- ଡମ ଛୁଇଁଥାଏ- ଡମ ସମାଜରେ ଅସ୍ପୃଶ୍ୟ ଜାତି ଭାବରେ ପରିଗଣିତ। ଚନ୍ଦ୍ର ଗ୍ରହଣ ସମୟରେ ଡମକୁ ଦାନ ଦେବାର ବିଧି ରହିଛି। କାରଣ ଚନ୍ଦ୍ର ରାହୁର ଋଣୀ। ରାହୁ ତରଫରୁ ଡମ ଉକ୍ତ ଋଣ ଆଦାୟ କରି ଚନ୍ଦ୍ରକୁ ମୁକ୍ତ କରିଥାଏ।

॥ ୪୪୨ ॥

ପଦ୍ମାବତୀ କହେ, "ଏକାକୀ ତୋତେ ଜିଣି ମୁଁ ନାହିଁ।
ଜଗତ ଯାକର ଶୃଙ୍ଗାର ସାର ଜିତିଛି ମୁହିଁ ॥
ଏକେ ଏକେ କରି କହିବି କେତେ ଶ୍ରବଣେ ଶୁଣି
ମୋପରି ହେବାକୁ ମନ ତୋ ହେବ ହେ ମହାରାଣୀ!!
ମୋ ମୁଖ ସୌନ୍ଦର୍ଯ୍ୟ ଜିତିଛି ସ୍ୱର୍ଗ ବିଧୁ ବଦନ
ସହସ୍ର ମୟୂଖେ ଉଚ୍ଛ୍ୱସୀ ଭରି ମୋ ଅପଘନ ॥
କେଶଗୁଚ୍ଛ ମୋର ଜିତିଛି, କଳା ନାଗୁଣୀ ଜ୍ୟୋତି
ମୃଗନେତ୍ରୁ ହରି ଇକ୍ଷଣ, ଜିଣି ପିକ ପଞ୍ଚମ ଗୀତି ॥
ଭ୍ରୁରୁ ମୋର ଦିଶେ ପାର୍ଥକି, ଧନୁ ଧରି ଆକର୍ଷି
ତିଳ ପୁଷ୍ପ ପରି ନାସ ମୋ, ଶୁକ ନାସାକୁ ଜିତି ॥
ଶୁକ୍ର ତାରାଟିକୁ ଜିତିଲି ନାସା ବେସର କରି
କୁକ୍କୁଟ ଓ ନଟ ମୟୂର ଗ୍ରୀବା ଆଣିଲି ହରି।
ଦନ୍ତ ପଂକ୍ତି ଜ୍ୟୋତି ବିଦ୍ୟୁତ ଜିତେ ଯାଏ ଚମକି
ଆଦିତ୍ୟ ଉଦିତେ ରକ୍ତାଭ ଆଭା (ମୋ) ଅଧର ଲିପି।
କେଶରୀ କଟୀକୁ ଜିଣିଲି ସିଂହ କଟୀ ଏ ମୋର
ମରାଳୀରେ ଗତି ହରିଲି, ପାଦ ଗତିରେ ମୋର ॥
ଚନ୍ଦନ ବନର ମଳୟ ଜିତି ପରଶେ ଅଙ୍ଗେ
ପୁଷ୍ପର ସୌରଭେ ଶରୀରୁ ଭାଷେ ବାୟୁ ତରଙ୍ଗେ ॥"

"ମୋ ପରି ହେବାକୁ ତୋ ଆଶା, ଲୁବ୍ଧ ହେଉ କଳାନାଗୁଣୀ।
ବୃଥାରେ ଝଗଡ଼ି ମରୁଛୁ ତୁହି, ମୋର ସାଥିରେ ଜାଣି ॥"

॥ ୪୪୩ ॥

କହେ ନାଗମତୀ, "ଅପର ବସ୍ତୁର
ସାର ଦ୍ରବ୍ୟ ଚୋରି କରି
କି ଗର୍ବେ ଫୁଲୁଛୁ ପଦ୍ମାବତୀ ତୁହି
ସରମ ଗଲୁ ପାସୋରି।

ସେମାନେ ଯଦିବା ଇଚ୍ଛା କରି ଆସି
ଏ ସ୍ଥାନେ ହେବେ ମିଳିତ
ତୋତେ ଅପଘାତେ, ହରିବେ ସମସ୍ତେ
ଯେଝା ଦ୍ରବ୍ୟ ଅନୁମତ।
ଜମ୍ବୁ ଦ୍ୱୀପ କନ୍ୟା ତୋ ତହୁଁ ଅଧିକ
ଆପଣା ଗୌରବେ ରହି
ଶୁଭ୍ର ବସନ ମୁଁ କରି ପରିଧାନ
ଶୁଭ ନେତ୍ରରେ ଦେଖଇ।
ଚକ୍ରବାକୀ ସମ ପ୍ରିୟପ୍ରିୟ କହେ
ଆକାଶ ପଥ ନିହାରି।
କୁସୁମ କଳିକା ନାଗ କେଶର ମୁଁ
ଶ୍ୟାମଳୀ ତନ୍ୱୀ ସୁନ୍ଦରୀ।
ନାସିକା ମୋହର ଖଡ୍‌ଗ ସମାନ,
ଧ୍ରୁବତାରା ମୋତି ସମ
ନାସିକା ବେସର ମଧ୍ୟ ଦୀପ୍ତି ଭରି
ଦିଶୁଥାଏ ଅନୁପମ ॥
ମୋର ଭ୍ରୂଲତାରେ ସମକକ୍ଷ ନୋହି
ଶକ୍ରଚାପ ଲୁଚେ ହେଳେ
ହୀରାପରି ଜ୍ୟୋତି ଶ୍ୟାମ ଦନ୍ତପଂକ୍ତି
ହାସ୍ୟେ ବିଦ୍ୟୁ ଲାଜେ ମରେ ॥
ପ୍ରବାଳ ଅଧର ରଙ୍ଗ ରସେ ଭରା
ଅମୃତ ସମ ଶୀତଳ
ପ୍ରଭାତ ରବିର ଅରୁଣ ଲାଲିମା
ଦିଶେ ସୁନ୍ଦର ରୁଚିର ॥
ଗଜ ଗମନୀ ମୁଁ ଗର୍ବେ ଭରିରହେ
କଟୀ ମୋ ବରଟା ପରି
ନାଗ କେଶରର ସୌରଭ ସର୍ବଦା
ମୋ ଅଙ୍ଗୁ ଯାଏ ପ୍ରସରି ॥
ମୁଁ ତନୁ ଶ୍ୟାମଳୀତନ୍ୱୀ ବରନାରୀ

ସ୍ୱାମୀର ପ୍ରୀତି ଭାଜନ
ଗୌର ବର୍ଣ୍ଣ ବିଭା କେଉଁ ରମଣୀ ବା
ମୋ ସଙ୍ଗେ ହେବ ସମାନ ॥
ନାଗ କେଶରର ସୁରଭି ସାଥିରେ
ଶୀତଳ ସମୀର ପାନେ
ଆପଣା ଗୌରବେ ଖେଳୁଥାଏ ନିତ୍ୟ
ସମୀରରେ ଅନୁକ୍ଷଣେ ॥
ଯେବେ ମୁଁ ଚାହିଁବି କେଶଧରି ତଳେ
ଲୋଟାଇ ମାରିବି କ୍ଷଣେ
ଅନୁରକ୍ତା ହୋଇ ଥିବୁ ପଦ୍ମା ମୋର
ବଞ୍ଚିବୁ ତୁହି ଜୀବନେ ॥"
ଜାମୁ କୋଳି ବଳେ ବେଳ ବୁଡ଼ିଯାଏ
ବାରୁଣୀ ଆଗମ କାଳେ
ଦିବସ ଶର୍ବରୀ ପାଲଟେ ପଲକେ
ଅସ୍ତଗିରି ଅନ୍ତରାଳେ" ॥

ଅପମାନ, ଅଭିମାନ ନ ସହେ ପଦ୍ମିନୀ ।
ଶତସିଂହ ବଳଧରି ଉଠେ ଶିର ଝୁଣି ॥

॥ ୪୪୪ ॥

ନାଗୁଣୀ ପରାଏ ଉଠିଲା ପଦ୍ମିନୀ
ବିଦ୍ରୂପ ଉତ୍ତରେ, ଉଠିଲା କମ୍ପି
ନାଗବନ୍ଧ କରି ବାନ୍ଧିଲା ନିବିଡ଼େ
ନାଗମତୀ ଅଙ୍ଗେ ପଡ଼ିଲା ଝାମ୍ପି ॥
ପରସ୍ପରେ ଦୁହେଁ ହେଲେ ଛନ୍ଦା ଛନ୍ଦି
ବର୍ଣ୍ଣିବ କିଏ ସେ ଯୁଦ୍ଧର ରୀତି
ଯୌବନ ମଦରେ ମତ୍ତ ହସ୍ତୀ ନିଏ
କେ କାହିଁ କାହାକୁ କରିବ ଭୀତି ॥

ଆଖଡ଼ା ଗୃହେ କି ଅପ୍ସରାଏ ମିଳି
କରନ୍ତି ଆପଣା ବଳ କର୍ଷଣ
ଭୁଜେ ଭୁଜ ଭିଡ଼ି ହୃଦୟେ ହୃଦୟ
ଘନ କଠିନ ସେ ଦିଶେ ବନ୍ଧନ ॥
ଛାତିରେ ଛାତିକି କୁଚ ଯୁଗ ଲାଗି
କଦାପି ନ ହେଲା ତଳେ ନମିତ
ନବୀନ ବୟସୀ ମତ୍ତ ଗଜ ପରି
ଲଢ଼ି କୁମ୍ଭ ସ୍ଥଳେ କଲେ ଆଘାତ ॥
ଚାରି ଦନ୍ତ ଅବା ହେଲା ଏକତ୍ରିତ
ଅସମ୍ଭାଳ ହୋଇ ଲଢ଼ି ସତତ
ସ୍ୱର୍ଗେ ଦେବତାଏ ନିରେଖି ହୋଇଲେ
ଅଚେତନ ରହି ନୋହି ଆଗତ ॥
ଅମର ନିକରେ ଦେଖନ୍ତି ସ୍ୱର୍ଗରେ
ଅପଘନେ ଘାରେ ମୀନକେତନ
କିଏ ବା ଆସିବ ମଧ୍ୟସ୍ଥ ପଣର
ନିବାରି ଦେବାକୁ ସେ ଘନ ରଣ ॥

ଦିବା ବିଭାବରୀ ବାରୁଣୀ ଉଷା ।
ଦୁହିଁଙ୍କୁ ଘାରିଛି ଅସୂୟା ନିଶା ॥

॥ ୪୪୫ ॥

ତୁନି ତୁନି କଥା, ପବନ ଦେବତା
କହିଲେ ରାଜାଙ୍କ କାନେ ଶୁଣାଇ
"ଶୁଣ ହେ ନରେଶ! ଘଟଣା ବିଶେଷ
କ୍ରୋଧେ ଯୁଝୁଛନ୍ତି ତୋ ନାରୀ ଦୁଇ ॥
ସେ ମଲେ ତୁ କାହୁଁ ପାଇବୁ ଏପରି
ଦୁର୍ଲ୍ଲଭ ଗୁଣର ଦୁଇ ରମଣୀ
ସତ୍ୱରେ ଗମନ କରତୁ ଉଦ୍ୟାନେ

ଯହିଁ ଯୁଦ୍ଧ ରତ ତୋର କାମିନୀ ॥”
ତତ୍‌କ୍ଷଣେ ରାଜେନ୍ଦ୍ର, ପ୍ରବେଶି ବାଟିକା
ପ୍ରବୋଧି ଯୁଗଳେ କରିଲେ ଶାନ୍ତ
ରତ୍ନସେନ ହସି, କୁହନ୍ତି, “ପ୍ରେୟସୀ
ପ୍ରିୟବତୀ ତୁମେ ମୋର ଏକାନ୍ତ ॥
ଆପଣା କାନ୍ତର ଶ୍ରଦ୍ଧା ମନୋଭାବ
ଯେ କାମିନୀ ବୁଝେ ଏକାନ୍ତ କରି
ସେ କାହିଁ ଯୁଝିବେ, ନ ବୁଝି ଅଯଥା
ଗ୍ରାମୀଣ ଇତର ରମଣୀ ପରି ॥
କେବେ ବା ଯାମିନୀ, କେବେ ବା ଦିବସ
ଏ ବିଷୟ କେବା ଚିନ୍ତେ ମନରେ
ତୁମେ ମୋର ସିନା ଦିବା ବିଭାବରୀ
ଜଗତ ସୃଜନ ତତ୍ତ୍ୱ ସଂସାରେ ॥
ତୁମେ ଦୁହେଁ ସିନା ପ୍ରିୟ ଅଙ୍ଗ ରଙ୍ଗ
ନ ଯୁଝି କରଗୋ ପ୍ରିୟର ସେବା ॥
ଗଙ୍ଗା ଓ ଯମୁନା ଶୁଭ୍ର ଓ ଶ୍ୟାମଳୀ
ପ୍ରିୟ ସେବାକରି ସୌଭାଗୀ ହେବା ॥
କିବା ଶରୀରର ଇଡ଼ା ଓ ପିଙ୍ଗଳା
ପ୍ରଭୁ ଇଚ୍ଛା ଯୋଗୁ ହେଇ ମିଳିତ
ମିଳି ମିଶି ଏବେ କରି ବିଭୁ ସେବା
ସୁଖ ସଉଭାଗ୍ୟେ ରୁହ ସତତ ॥
ଜାୟସୀ କୁହନ୍ତି ବିଭୁଇଚ୍ଛା ଯୋଗୁ
ସହଯୋଗ ତବ କଲି ସର୍ଜନା
ସହଯୋଗୀ ହୋଇ କର ପ୍ରଭୁ ସେବା
ସୁଖେ ରହିଥାଅ ନୋହି ବିମନା ॥

ଟିପ୍ପଣୀ:- ଉକ୍ତ ଛନ୍ଦରେ ଜାୟସୀ ବିଭିନ୍ନ ସାଧନ ମାର୍ଗୀଙ୍କୁ ପରସ୍ପର ଦ୍ୱନ୍ଦ୍ୱ ପରମେଶ୍ୱରଙ୍କ ସେବାରେ ରତ ରହିବାକୁ ଉପଦେଶ ଦେଇଛନ୍ତି ।

॥ ୪୪୬ ॥

ଚେତନ ରାଘବ ସିଂହଳୁ ଆସିଛି
ଜମ୍ବୁଦ୍ୱୀପ ରାଜା ରାଜ୍ୟସଭାକୁ
ସମାବେଶ ଯହିଁ ଅନେକ ପଣ୍ଡିତ
ସେ ଶ୍ରେଷ୍ଠ ହୋଇବ ଜିତି ସଭିଙ୍କୁ ॥
ବ୍ୟାସଙ୍କ ସଦୃଶ, ଥିଲା କବି ଶ୍ରେଷ୍ଠ
ପଣ୍ଡିତ କି ସତେ ସେ ସହଦେବ
ସଭାସ୍ଥ ସକଳ ପଣ୍ଡିତ କବିଙ୍କ
ଶିରୋମଣି ପରା ସେହି ରାଘବ ॥
ଚିନ୍ତନେ ସେ ଥିଲା ମେଧାବୀ ଅତୁଲ୍ୟ
ଭେଦେ ଥିଲା ଖଳନାୟକ ବୀର
ସଙ୍ଗୀତ ଶ୍ରବଣେ, ନାଦ ବେଦ ଶୁଣି
ସଭାସଦ ସୁଖେ ଚାଳନ୍ତି ଶିର ॥
ବେଦର ରହସ୍ୟ ଶ୍ରବଣେ ତା ପାଶୁ
ଶ୍ରୋତା ଲୁପ୍ତ ହୁଏ ସତତେ ମଜ୍ଜି
ଯୋଗ ସମାଧିର ବୟାନ ଶ୍ରବଣେ
ଯୋଗୀଏ ଭାବନ୍ତି ସନ୍ନ୍ୟାସୀ ହେବି ॥
ବୀର ଶ୍ରେଷ୍ଠ ସେହି କ୍ରୋଧକୁ ବିନାଶେ
ମନ ଓ ଇନ୍ଦ୍ରିୟ କରି ସଂଯତ
ଶୃଙ୍ଗାର ତାହାକୁ ବୋଲନ୍ତି ବା ଯାକୁ
ସମାଜରେ ହୋଇଥାଏ ଆହାତ ॥
ବେଦ ରହସ୍ୟକୁ ଭେଦି ଥାଏ ଅବା
ବରରୁଚି, ଭୋଜରାଜ ସଭାରେ
ଚାରିବେଦ, ନ୍ୟାୟ ପୁରାଣ ମୀମାଂସା
ଷଡ଼ ବେଦାନ୍ତ ଓ ଧର୍ମଶାସ୍ତ୍ରରେ ॥
ଚେତନ ଯେ ଥିଲା ଚତୁର୍ଦ୍ଦଶ ବିଦ୍ୟା
ଅଳଙ୍କୃତ ହୋଇ ସ୍ୱଦେହ ପରେ

ସେ ପାଇଁ ରାଜନ ରାଏ ରତ୍ନସେନ
ସୁଯୋଗ୍ୟ ପଣ୍ଡିତ ରାଜସଭାରେ ॥
ଧନ୍ୟ ସେ ରାଜା ଧନ୍ୟ ସେ ଦେଶ, ଯା'ର ସଭାସଦ।
ବିଦ୍ୱାନଗଣେ ମଣ୍ଡିଥାନ୍ତି ନ ଥିଲେ ମତଭେଦ ॥

॥ ୪୪୭ ॥

ଭାଗ୍ୟର ଲେଖନ, କେ କରିବ ଆନ
ମୂର୍ଖ ବା ପଣ୍ଡିତ ଭୁଞ୍ଜନ୍ତି ଯାହା
ସେ ବଚନ ଦିନେ ସତ୍ୟ ପରିଣତ
ରାଘବ ଚେତନ ଭାଗ୍ୟରୋ ତାହା ॥
ସଭା ମଧ୍ୟେ ଦିନେ ରାଜନ ପୁଚ୍ଛନ୍ତି
ଦ୍ୱିତୀୟା ସଂଯୋଗ ତିଥି ଦିବସ
ସହସା କହଇ ରାଘବ ଚେତନ
ଅଦ୍ୟ ହେବ ତାହା ସଂଯୋଗବଶ ॥
ପଣ୍ଡିତ ଗଣକେ, କୁହନ୍ତି ଅଧିକେ
ଆଜି ନୁହେଁ କାଲି ଦ୍ୱିତୀୟା ତିଥି
ଆମର ଗଣନା, ମିଥ୍ୟା ପ୍ରକଟିଲେ
ଧର୍ମ ଶାସ୍ତ୍ର ମିଥ୍ୟା, ଏ ଶାସ୍ତ୍ର ନୀତି ॥
ଦୁହିଁଙ୍କି ନିରେଖି କୁହନ୍ତି ନରେଶ
"କିଏ ମିଥ୍ୟାବାଦୀ, କା ବାକ୍ୟ ସତ"।
ସନ୍ଧ୍ୟାକାଶେ ଉଦେ ଦ୍ୱିତୀୟା ଚନ୍ଦ୍ରମା
ସଭାସଦ ଗଣେ କରି ଚକିତ ॥
ତନ୍ତ୍ର ମନ୍ତ୍ର ସାଧି, ଯକ୍ଷିଣୀ ପୂଜଇ,
କ୍ଷଣକେ ସକଳ ଚକ୍ଷୁ ପରଳେ
ବାନ୍ଧିଲା କୁହୁକେ, ଦ୍ୱିତୀୟା ଚନ୍ଦ୍ରକୁ
ସମସ୍ତେ ଦେଖନ୍ତି ଆକାଶ କୋଳେ ॥
ପଣ ରଖି କହେ ଚେତନ ସଗର୍ବେ
"ମିଥ୍ୟାବାକ୍ୟ ହେଲେ ତେଜିବି ରାଜ୍ୟ

ଏ ବାକ୍ୟେ ଦି'ପକ୍ଷ, ଗର୍ବ ହେବ ହତ
    ସେ ହେବ, ନିଶ୍ଚିତ ସଭା ତେଜିବ ॥"
କହନ୍ତି ଜାୟସୀ, ଧର୍ମ ପଥ ତେଜି
    ଯେ ଯା, ଅମାର୍ଗେ, ସେ ଅବିବେକୀ
ଧର୍ମ ପଥ କେବେ ନ ଭୁଲେ ମାନବ
    ମାନବ ଜନ୍ମର ସାର୍ଥକ ଏଥି ॥

॥ ୪୪୮ ॥

ଗଣକ ପଣ୍ଡିତେ କୁହନ୍ତି, "ହେ ରାଜା!
    ଆମ୍ଭ ବାକ୍ୟ ବୃଥା କରି
ଅଗସ୍ତି ପରାଏ ଶୋଷିଲା ରାଘବ
    ଅଥଳ ସମୁଦ୍ର ବାରି ॥
ହେ ରାୟେ ଆମ୍ଭର ଆଶୀର୍ବାଦ ନିଅ
    କହିନୁ ଆମ୍ଭେ ଅଳୀକ
ଅସମ୍ଭବ କଥା, ସମ୍ଭବ କରିଛି
    ଚେତନ ତନ୍ତ୍ର ସାଧକ ॥
ଯାହା ଶାସ୍ତ୍ର କହେ ଗଣନାରେ ଆମ୍ଭେ
    କହିଲୁ ତିଥି ପ୍ରତ୍ୟକ୍ଷ
କାଚ କି କାଞ୍ଚନ, ସୀସା କି ସୁବର୍ଣ୍ଣ
    ପରୀକ୍ଷେଣ ଜାଣି ରଖ ॥
ଯଦିଚ ବିଗତ ଦିବସ କାଲିର
    (ଥିଲା ଦ୍ୱିତୀୟା ଚନ୍ଦ୍ରମା ତିଥି
(ଆଜି) ତୃତୀୟା ତିଥିର ଉଜ୍ଜ୍ୱଳତା କିମ୍ପା
    ନ ଦିଶେ ଉଦିତ ଶଶୀ ॥
ବାଜିକର ହୋଇ ରାଘବ ଚେତନ
    ଇନ୍ଦ୍ରଜାଲ କୁହୁକରେ
ସଭାଗୃହ ସଭ୍ୟ ଚକ୍ଷୁ ବନ୍ଧନରେ
    ତିଥିବାର ଆନ କରେ ॥

କାମରୂପ ଯାଇ ସାଧିଅଛି ତନ୍ତ୍ର
ତନୁ ରୂପ ପାଲଟାଇ
କ୍ଷଣକେ କରଇ ଓଲଟପାଲଟ
କାଉଁରୀ କାଠି ଛୁଆଁଇ ॥
ଗୁରୁ ତାର ଅଟେ ଲୋନା ଚମାରୁଣୀ
ଯକ୍ଷିଣୀ ଅର୍ଚ୍ଚନା ବଳେ
'କୁହୁ' ଦିବସରେ ଦେଖାଇ ପାରୁଛି
ଦ୍ୱିତୀୟା ଚନ୍ଦ୍ର ତିଥିରେ ॥
ଭବିଷ୍ୟେ ନିଶ୍ଚିତ ରାଜା ପାଇଁ ବିଘ୍ନ
କରି ପାରେ ତନ୍ତ୍ର ବଳେ
ଚନ୍ଦ୍ର ପାଇଁ ରାହୁ ଆଣି ସଂଯୋଗିବ
ଗ୍ରାସି ରାଜାଙ୍କୁ କୌଶଳେ ॥
ଭାନୁମତି ପେଡ଼ି ଖେଳେ ଯାଦୁକର
ଛଳିଥିଲା ଭୋଜ ରାଜା
ଏସମ କୁହୁକୀ, ଅବିବେକ ଲୋକ
ଗୁଣୀଙ୍କୁ ତେଜିବ ସଭା ॥
ନିଶ୍ଚିତ ଭବିଷ୍ୟେ ରାହୁଗ୍ରହ ବାନ୍ଧି
ବିଘ୍ନ କରିବ ରାଜାର
ତନ୍ତ୍ର ମନ୍ତ୍ର ଯନ୍ତ୍ର ଗୁଣିଆ ଲୋକଙ୍କ
ସଭା ନୁହେଁ ଶୁଭଙ୍କର ॥
ଭାନୁମତୀ ପେଡ଼ି ଯାଦୁରେ ଏପରି
ଛଳରେ ଶିକାର ହୋଇ
ଭୋଜରାଜ ସମ ରାଜନ ସନ୍ତାପେ
ବିବେକ ଥିଲେ ହଜାଇ ॥"
ଗର୍ବ, ଦର୍ପ, ଦମ୍ଭ ଥିଲେ ବିଦ୍ୱାନର ଅନର୍ଥ କରେ।
ଅବିବେକି ପଣେ ଆପଣା ସମ୍ମାନ ହରାଏ କ୍ଷଣେ ॥

॥ ୪୪୯ ॥

ଆପଣାକୁ ସ୍ୱର୍ଣ୍ଣନିଭ ପ୍ରଥମରୁ କହି
ରାଜାଙ୍କୁ ମୋହିତ କଥା, ଚେତନ ଶୁଣାଇ ॥
ସେ ଏବେ ପିତ୍ତଳ ସମ ହୋଇଲା ପ୍ରମାଣ
ରାଜାଙ୍କର ଚକ୍ଷୁଶୂଳ ହେଲା ତତକ୍ଷଣ ॥
"ମୃତ୍ୟୁଦଣ୍ଡ ଦେବି ଅବା କରି ଦେଶାନ୍ତର"
ଆଦେଶ ଦିଅନ୍ତି ନୃପ ସଭାରେ ସତ୍ୱର ॥
ଅତି କ୍ରୋଧେ କହେ ଗର୍ଜି, ରାଘବ ଚେତନ
ନିଶ୍ଚିତ ସେ ସୁପଣ୍ଡିତ, ବେଦେ ଅଛି ଜ୍ଞାନ ॥
ସେହିତ ପ୍ରକୃତ କବି, ପ୍ରେମ ତତ୍ତ୍ୱେ ରସି
ବୟାନ କରେ ଯେ ସତ୍ୟ, ଅସତ୍ୟ ନଲେଖି ॥
ଫିଟ୍‌କିରି ସଦୃଶ ରତ୍ନେ, ମୁଁ କଲି ସେବା
ଦାରିଦ୍ର୍ୟ ଘୁଞ୍ଚିବ କେହ୍ନେ, ରତ୍ନେ ନାହିଁ ବିଭା ॥
ଯେ କବି କରଇ ଇଚ୍ଛା ହେବାକୁ ଧନିକ
ସେ ବାତୁଳ, ବୃଥା ଆଶାକରେ ଅବିବେକ ॥
ଯାହାର ସାରଦା ଇଷ୍ଟ, ଲକ୍ଷ୍ମୀ କେଉଁପରି
ତା ଗୃହେ ଆସିବେ ଲକ୍ଷ୍ମୀ ଶୋଚନା ନକରି ॥
ଯେ କବି ବରିଷ୍ଠ ହୁଏ, ତା ବୁଦ୍ଧି କି ହରି
ଦାରିଦ୍ର୍ୟ ସଙ୍ଗତି କରେ ଦିବା ବିଭାବରୀ ॥
ଯେପରି କୁସୁମ ସଙ୍ଗେ ରହିଛି କଣ୍ଟକ
କୁସୁମ ତୋଳିଲେ ହସ୍ତେ, କଣ୍ଟକ ଫୁଟିବ ॥
ଈଶ୍ୱର କବିର ଗୁରୁ, ଶ୍ରୀଗୁରୁ ଆଶ୍ରିତ
ସର୍ବଦା ରହିବ ଶିଷ୍ୟ, ନୋହି ଅନୁତପ୍ତ ॥
ଯେପରି ଶୁକ୍ତିର ମୁଖ, ମୁକ୍ତ କରି ନଭେ
ସ୍ୱାତୀ ନକ୍ଷତ୍ର ବିନ୍ଦୁକୁ ଧରଇ ଗରଭେ ॥
କବିହିଁ ସାଧକ, ସେହି ରତ୍ନ ସାଥେ ନିଧି
ଜୀବନ ମୁର୍ଚ୍ଛଇ ଖୋଜି, ଅତଳ ବାରିଧି ॥

॥ ୪୫୦ ॥

ଶୁଣିଲା ଯେ କ୍ଷଣି ପଦ୍ମାବତୀ ରାଣୀ
　　ରାଜା ଦୂର କଲେ ରାଘବ ଗୁଣୀ
ତା'ମନେ ଖଟକା ଲାଗିଲା ଏପରି
　　"ଭଲ କଲେ ନାହିଁ ମଣିମା ମଣି ॥
ଯଦି ସେ ରାଘବ କରିଲା ସଂଯୋଗ
　　ଅମା ଦିବସରେ ଦ୍ୱିତୀୟା ତିଥି
ସେ କି ତା ସୂର୍ଯ୍ୟକୁ ବନ୍ଦୀ ନକରିବ
　　ଯକ୍ଷିଣୀ ଅର୍ଚ୍ଚନା କରି ଅନୀତି ॥
କବିର ରସନା ଖଡ୍ଗପରି ସିନା
　　ତାପଜରେ ତପୀ ପାଲଟେ ପବି
କେତେବେଳେ ପୁଣି ଶୀତଳ ଜଳରେ
　　ହିମ ହୋଇ ଜଳେ ଯାଆନ୍ତି ଦ୍ରବି ॥
ଅପଶବ୍ଦ କବି ଭାଷାରେ ନ ଲେଖେ
　　ଅସତ୍ୟ ନ ଭାଷେ ତାର ବୟାନ
ବହୁ କଷ୍ଟେ ସେହି ହୁଏ ଯଶୋବନ୍ତ
　　ଅଳ୍ପ ଦୋଷେ ଦୋଷୀ ତାର ଜୀବନ ॥"
ଭବିଷ୍ୟତ କଷ୍ଟ କଥା ମନେ ଭାଳି
　　ହକାରିଲେ ରାଣୀ ରାଘବ କବି
"ରାଜାଙ୍କର ସୂର୍ଯ୍ୟ ଗ୍ରହ ବିଘ୍ନ ଅଛି
　　ନିବାରଣ କର ମଙ୍ଗଳଭାବି।"
ବ୍ରାହ୍ମଣ ସହଜେ ଅତି ଲୋଭୀ, ଦୁଜେ
　　ଦକ୍ଷିଣା ପାଇଁକି ସ୍ୱର୍ଗେ ପ୍ରବେଶି
ସେ ଲାଗି ରାଘବ ରାଜାଙ୍କ ପ୍ରାସାଦ
　　ପାରୁଶେ ମିଳିଲା ସତ୍ୱରେ ଆସି ॥
ପୂର୍ବରୁ ସେ କେବେ ଭାବି ତ ନ ଥିଲା
　　ଆକାଶ ସମାନ ସଉଧ ପରେ

ଦାମିନୀ ସମାନ ଝଟକୁଛି ରହି
ପଦ୍ମାବତୀ ରାଣୀ ଆକାଶରେ ॥
ଆପଣା ଭାଗ୍ୟକୁ ରାଣୀ କଲା ବିପର୍ଯ୍ୟୟ
ସ୍ୱାମୀର ଆଜ୍ଞାକୁ ଲଘିଲା ନିଶ୍ଚୟ ॥

■

॥ ୪୫୧ ॥

ଗବାକ୍ଷ ସମ୍ମୁଖେ ଆସନ୍ତେ ରାଣୀ
ଆଶୀର୍ବାଦ ଦିଏ ରାଘବ ଗୁଣୀ ॥
ସୁଦୂର ଗଗନ ଚନ୍ଦ୍ରମା ଦେଖି
ଚେତନ ନିରେଖେ, ଯେହ୍ନେ ଚାତକୀ ॥
ଶଶୀ କି ଭୂଷିତ ନକ୍ଷତ୍ର ମାଳା
ଆଲୋକିତ କରି ହୁଏ ଉଚ୍ଛୁଳା,
ଉଦ୍ଦୀପ୍ତ ଦୀପ୍ତି ଯା ଭୂତକୁ ସ୍ୱର୍ଗ
କର କଙ୍କଣରେ ଜଡ଼ିତ ନଗ ॥
ତହିଁରୁ ଏକକ କଙ୍କଣ ଘେନି
କକ୍ଷରୁ ନିମ୍ନକୁ ଅବନୀ ତଳେ
ପଡ଼ନ୍ତେ, ଗଳାରୁ ଉତାରେ ରାଣୀ
କଣ୍ଠ ରତ୍ନହାର ଛିଡ଼େ ସତ୍ୱରେ ॥
ସେ ବେଳେ ସତେକି ଦିଶେ ନୟନେ
ଚନ୍ଦ୍ର ସହ ତାରା ଧରା ପରଶେ
ଅଥବା ଅନ୍ଧାର ଭରି ଗହନେ
ରବି ରଶ୍ମି ସାଥେ ଅବନୀ ଖସେ ॥
ସେ ବେଳେ ଚପଳ ଚିତ୍ତେ 'ଚେତନ'
ଚମକି ଉର୍ଦ୍ଧ୍ୱକୁ ରହିଲା ଚାହିଁ
ଯେବେଳେ ଭୂମିରେ ପଡ଼େ କଙ୍କଣ
(ସତେକି) ଜଗତ ଆଲୋକେ ଭରିଲା ତହିଁ ॥
ସେ ଦାମିନୀ ଆଘାତରେ ହରାଇ ଚେତା
ଭୂତଳେ ପଡ଼ିଲା ଦ୍ୱିଜ ମୃତକ ଯଥା ॥

।। ୪୫୨ ।।

ହସିଲା ପଦ୍ମିନୀ, ଗବାକ୍ଷ ସେକ୍ଷଣି
 ବନ୍ଦ କରି ମନେ ଭାବେ
"ମରିବ ଯଦିତ ବ୍ରାହ୍ମଣ ଚେତନ
 ଲାଗିବ ଦୋଷ ମୋ ଅଙ୍ଗେ।"
ସହଚରୀ ଗଣ ପାଶରେ ପ୍ରବେଶି
 ତାହାରେ ଦେଖନ୍ତି ଚାହିଁ।
ଚେତନ ହୋଇଛି ପଡ଼ି ଅଚେତନ
 ସେ ସ୍ଥାନେ ଆଦରି ଭୂଇଁ।
କେଉଁ ସଖୀ କହେ, "ଭୂତ ଗ୍ରାସିଲାକି
 ଏକଥା ନ ହୁଏ ଜାଣି"
ଅନ୍ୟ କିଏ କହେ "ସନ୍ନିପାତ ଅଟେ
 କମ୍ପଇ ଶରୀର ପୁଣି।"
କିଏ କହେ ପୁଣି ମୃଗୀ ବାତ ପରି
 ଶରୀରୁ ପଡୁଛି ଜଣା
ଅନ୍ୟ କିଏ କହେ ପେଟ ଫାମ୍ପିବାରୁ
 ଉଦରୁ ବାୟୁ ଯାଏନା ।।
ରାଘବ ଚେତନ ପଡ଼ି ଅଚେତନ
 ବଢ଼ାଏ ସବୁରି ଚିନ୍ତା
ଯେତେ ପ୍ରକାରରେ କହିଲେ ଝଙ୍କାଇ
 ବ୍ରାହ୍ମଣର ଚେତା ଆସେନା ।।
ସଖୀମାନେ ମିଳି ବସାଇ ତାହାକୁ
 ଶୀତଳ ଛାୟାର ତଳେ
ପୁଛନ୍ତି "ତୋ ଅଙ୍ଗେ କି ପୀଡ଼ା ଲାଗିଛି
 ଆମ୍ଭଙ୍କୁ କହତୁ ବାରେ ।।
କାହାକୁ ଦେଖିଲୁ ଚମକି ତୁ ଅବା
 ତୋ ଦେହେ ଭୂତ ପଶିଲା

ଖୁଆଇଲା କିଏ ଅସାର ପଦାର୍ଥ
କି ଅବା ସର୍ପ ଦଂଶିଲା ।
ଆରେ ହେ ଚେତନ ! କହତୁ ବଚନ
ଏ ତୋହର ଅଙ୍ଗ କିମ୍ପା-
ଶିହିରି ଉଠୁଛି, ଏପରି କମ୍ପୁଛି
ଶରୀର, ନକରି ଶଙ୍କା ।"

କର୍ମରେ କି ଅଛି ଲେଖା ନପାରିଲା ଜାଣି ।
ଭବିଷ୍ୟତ ଅନ୍ଧକାର ଜାଣେନା ଅଜ୍ଞାନୀ ॥

॥ ୪୫୩ ॥

ଚେତା ହେଲା ଅଚେତନ ଦେହ
କିନ୍ତୁ ମୁଖେ ନ ଆସେ ବଚନ ।
ବୋକା ପରି ଚାହିଁ ଏକ ଲୟେ
କାନ୍ଦି ଉଠେ ସହସା ଚେତନ ।
ଆବଦ୍ଧ ଗବାକ୍ଷେ (ଚାହିଁ) ମଥା ପିଟେ
କ୍ଷୀଣ ସ୍ୱରେ କାନ୍ଦଇ ସେ ଭୋଳା
କପାଳରୋ ଯାଇଛି କି ସେ ହାରି-
ମୁଷ୍ଟି ବନ୍ଧେ ବାହୁ ଟେକୁଥିଲା ।
ଏପରି ବାତୁଳ ମୂକ (ପରି) ରହି
କିଛି ନ ଶୁଣେ, ନ କୁହେ କିଛି
ହାରିଦେଲା ବା ସତେ ଜୀବନ
ପୁଣି ମୁଷ୍ଟିବନ୍ଧ, ବାହୁଟେକି
କେବେ କହୁଥାଏ ଉଚ୍ଚ ସ୍ୱରେ
ସହସା ସ୍ଫୁରେ ମୁଖୁ ବଚନ
"ଲୁଟି ଗଲି ମୁଁ ଚିତ୍ତୋର ଗଡ଼େ ॥
କାହା ପାଶେ ମୋ ଦୁଃଖ କହିବି
କାହାର ପାରୁଶେ ଅବା ଯିବି

କେ ମୋତେ ସଙ୍କଟୁ ଉଦ୍ଧାରିବ
କିପରି ଜୀବନେ ମୁଁ ବଞ୍ଚିବି !
ଅଟଇ ଏ ରାଜା ହତ୍ୟାକାରୀ,
ଦୀପ୍ତି ମତି ଏଇ ତାକୁ ପାଶେ
ଆପଣେ ରଖିଛି, କେହି ତାକୁ
ଜିଣି ନ ପାରନ୍ତି କେଉଁମତେ ॥
କା ଅଗ୍ରତେ ଆପତ୍ତି ନ କରି
ଏ ରାଜ୍ୟେ ସର୍ବେ ଅଛନ୍ତି ରହି
ତାକୁ ପଣେ ଜିଣିଛି ସଭିଙ୍କୁ,
ମୋ ଦୃଷ୍ଟି ଶକ୍ତି ହରିଲା ସେହି ।
ମୋ ଗଳାରେ ବାନ୍ଧି କେଶଗୁଚ୍ଛ
ତାର, ମୋ ପ୍ରାଣ ନିଏ ସେ ହରି
ଭିକ୍ଷୁ ଯହିଁ ନ ରହେ ଜୀବନେ
ଆନ ବା ବଞ୍ଚିବ କେଉଁ ପରି ?"

॥ ୪୫୪ ॥

ପୁଣି ସେ ଚେତନ କହେ ଆପେ ଆପେ
　　ବୁଝାଇ ମନକୁ ତାର
"ଦକ୍ଷିଣା ଦେବାର ଆଳେ ପ୍ରାଣ ସେହୁ
　　ଅପହରି ନେଲା ମୋର ॥
ଜଗତ ମଧ୍ୟରେ ଶଶୀ ସୂର୍ଯ୍ୟ ଜ୍ୟୋତି
　　ପ୍ରକାଶ କରନ୍ତି ରହି
ତା ଠାରୁ ବଳି ବା ଦୀପ୍ତି କାହା ତୁଳେ
　　ଉପମା ଦେବି ଭାବଇ ॥
ଯଦି ସୂର୍ଯ୍ୟ, ଚନ୍ଦ୍ର ତାରା ଜ୍ୟୋତି କିଛି
　　କରନ୍ତେ ନିଜେ ଗ୍ରହଣ
ତେବେ ଏ ଧରିତ୍ରୀ ହୁଅନ୍ତା ଉଜ୍ଜ୍ୱଳ
　　ଦିବା ନିଶି ତମହୀନ ॥

ସେହି ନେତ୍ର ମୋର ଭିଖାରି ନେତ୍ରରୁ
ହରିଲା ଜ୍ୟୋତି ଲକ୍ଷଣ
ମୋ ନୟନ ତୀରେ ତାର ବିଷବାଣ
ରହିଛି ଆଗୁଳି ପ୍ରାଣ ॥
ସେ ଲାଗି ଅବନମିତ ନ ହୁଅଇ
ଏ ମୋର ଚକ୍ଷୁ କଦାପି
ଲଗୀ କଳଙ୍କ ରେଖା ସେହି ପଥେ
ଜୀବନ ଯିବ ଯଦ୍ୟପି ।
ହୃଦୟ ମୋ ହା ହା କାର ଫାଟେ
ନ ଯାଏ ଜୀବ ତଥାପି
ଶୁଷ୍କ ସରୋବର ଯେହ୍ନେ ସେ ବିଦୀର୍ଣ୍ଣ
ପ୍ରଚଣ୍ଡ ରୌଦ୍ରରେ ତପୀ ॥"

ପଦ୍ମିନୀ ରୂପ ଅନଳେ ଜଳିଲା ବ୍ରାହ୍ମଣ ।
କିଏ ସେ କରିବ ଶାନ୍ତ ଏ ତପ୍ତ ଜ୍ୱଳନ ॥

॥ ୪୫୫ ॥

ସଖିଏ ଭାଷନ୍ତି ପୁଣ- "ହେ ଚେତନ ଶୁଣ !
କିମ୍ପାଇ ମୃତ୍ୟୁ କୁ ତୁହି କରୁଛୁ ଆହ୍ୱାନ ?
କେ ଯଦି ଚାହୁଁଛି ମୃତ୍ୟୁ ଯଦି ହୁଏ ପ୍ରାପ୍ତି
ତାହାରେ ନିସ୍ତରେ, ନିଶ୍ଚିତ ମୃତରେ ତୃପ୍ତି ॥
ଜ୍ଞାନେ ତାକୁ ଉପଲବ୍ଧ କରିଛି ଯେ ଜନ
ହୃଦେ ଧ୍ୟାନ କରି ତାରେ ରହିଛି ମଉନ ॥
ତା ରୂପ ବର୍ଣ୍ଣନା କେହି ନ ପାରିବେ ବର୍ଣ୍ଣି
ଯେ ତାକୁ ଚିହ୍ନିଛି, ସେହି ମୃତ୍ୟୁ ଅଛି ଜିଣି ॥
ପ୍ରତ୍ୟକ୍ଷ ଦର୍ଶନ ତାର ଲଭିଛି ଯେ ଜନ,
ପୁନର୍ବାର ଅଙ୍ଗେ ତା'ର ପାଇନି ଜୀବନ ॥
ତୋ ପରି ଅନେକ ଲଭି ଦର୍ଶନ ତାହାର

ମୋହିତ ହୋଇ ମରନ୍ତି ତଳେ ପିଟି ଶିର ॥
ଶିର ଅବନତ କରି ତା ପଦେ ଅନେକ
ଉତ୍ତର ନ ଦେଇ ହରେ ଜୀବନ ପ୍ରତ୍ୟକ୍ଷ ॥
ଜଳି ଜଳି ଭସ୍ମ ହେବୁରେ ଦ୍ୱିଜ ଚେତନ
ଆମ୍ଭ ଗୀର ଶ୍ରବଣରେ ହୁଅ ସଚେତନ ॥
କେ ମାନବ ମୃତ୍ୟୁ ଯାଚି ନ ପାଏ କଦାପି
ମାଗୁଣି ନ କରି ପୁଣି କେ ମୃତ୍ୟୁ ବରିଛି ॥
ମୃତ୍ୟୁ ଭୟ ଯାର ନାହିଁ ସେ ଜାଣେ ତା ଶକ୍ତି
ମୃତ୍ୟୁ ଯନ୍ତ୍ରଣାରେ ପଡ଼ି ହରାଇଛି ଧୃତି ॥

॥ ୪୫୬ ॥

ସଖୀ ଗହଣରେ ଯତନ ଆଦରେ
 ଚେତନା ଆସିଲା ଫେରି
ସହସା ବସିଲା ଦୃଢ଼ ମନ କରି
 ଆପଣା ମନେ ବିଚାରି ॥
"ପୁନରାୟ ନ ଆସିବି ଏଥି ମୁହିଁ
 ଏ ଦୁଃଖ ସହିବି ନାହିଁ
କାନ୍ଦି କାନ୍ଦି ଯହୁଁ ଫେରି ଯାଉଅଛି
 ପ୍ରାଣ ବଞ୍ଚାଇବା ପାଇଁ ॥
ସନ୍ତୋଷରେ ମୁହିଁ ଯହିଁ ଭିକ୍ଷା ନେବି
 ସୁଖୀ ଜନ୍ମଭରି ହେବି
କଙ୍କଣ ଯୋଡ଼ିର ଅନ୍ୟଟି ପାଇଲେ
 ଦରିଦ୍ରତା ନ ଭୋଗିବି ॥
ସତ୍ୱର ଏ ସ୍ଥାନୁ ଯିବି ମୁହିଁ ଦୂର
 ଦିଲ୍ଲୀ ନଗରୀ ଦର୍ଶନେ
ତୁର୍କ ସମ୍ରାଟ ସୂର୍ଯ୍ୟ ଆଲ୍ଲାଦ୍ଦିନର
 ରାଜ ଦ୍ୱାରେ ସଂଗୋପନ ॥
ଟଙ୍କା ଶାଳେ ଯହିଁ ତରଳେ ସୁବର୍ଣ୍ଣ

ଶୁଦ୍ଧ ଦିନାର ଛାଞ୍ଚରେ
ଗଢ଼ା ହୁଏ, ଶୁଣାଇବି ସୁଲତାନେ
ପଦ୍ମା ଗାଥା ମୁଁ ସତ୍ୱରେ ॥
ସେ ବାରତା ଶୁଣି ଦିଲ୍ଲୀଶ୍ୱର, ହୋଇ
ରୁଦ୍ର, ସୂର୍ଯ୍ୟର ସମାନ
ପଲକରେ ହରିନବ ପଦ୍ମାବତୀ
(କରି) ଚିତ୍ତୋରକୁ ଆକ୍ରମଣ ॥"

କମଳିନୀ ରତ୍ନ ଭୁଞ୍ଜିବ ସେ ତୁରକ ଦିଲ୍ଲୀ ସମ୍ରାଟ।
କପଟ ଜାଲରେ ପଡ଼ି ହନ୍ତସନ୍ତ ହେବ ରତନରାଟ ॥

॥ ୪୫୭ ॥

ସେ ଖଳନାୟକ ହେଲା ଅବିବେକ
ମିଳିଲା ଦିଲ୍ଲୀ ନଗରେ
ଜଗତ ଯାକର ବଇଭବ ସାର
ଯହିଁ ଠୁଳ ଏକାଧାରେ ॥
ସେ ରାଜସେବାରେ ଅବିରତ ଟାଳେ
ସସୈନ୍ୟ ଛତିଶ ଲକ୍ଷ
କୋଡ଼ିଏ ସହସ୍ର ମଦମତ୍ତ ହସ୍ତୀ
ରହନ୍ତି ଦ୍ୱାର ରକ୍ଷକ ॥
ଯେତେ ଦୂର ଦିଶେ ସୂର୍ଯ୍ୟାବଲୋକନ
ସେତେ ଧରିତ୍ରୀ ସମ୍ରାଟ
ଚତୁର୍ଦ୍ଦିଗ ରାଜା ବଳ ପୌରୁଷ
ବୀର ପଣେ ଯେତେ ରାଟ ॥
ମଥାର ମୁକୁଟ କରି ଅବନତ
ଥିଲେ ବି ଦର୍ଶନ ଲାଗି
ଦର୍ଶନ ଦୁର୍ଲ୍ଲଭ, ହୁଏନା ସୁଲଭ

ଲୋକ ଗହଳ ବରଜି ॥
ରାଘବ ଚେତନ ମନେ ଭାବୁଥିଲା
ପ୍ରାଣ ବଞ୍ଚାଇବା ପାଇଁ
ଶଙ୍କିତ ମନେ ତା ଆଶା ମରୁଥିଲା
ଅତି ସଙ୍କୁଚିତ ହୋଇ ॥
"ସମ୍ରାଟରେ ଯହିଁ ପ୍ରଣମିବା ପାଇଁ
ଅଛନ୍ତି ବହୁ ନୃପତି
ଅପେକ୍ଷା ନିରତ, ଶୁଷ୍କ ଓ ନୀରସ
ଅବଶ ସକଳ ମତି।
ତହିଁ ମୋର ଜୀବ ପଦ୍ମିନୀ ପ୍ରସଙ୍ଗ
ଦେବାକୁ କେମ୍ନେ ସମ୍ଭବ।
(ଯହିଁ) ଅମୀର, ଫକୀର, ଉଚ୍ଚ ନୀଚ ନର
ସମବେତ ଅଭିନବ।
ସେ ଗହନ ଭିଡ଼େ ପ୍ରବେଶି ମୁଁ ଅଭାଗା
(ଯହିଁ) ଦର୍ଶନ ନାହିଁ ନିଶ୍ଚୟ।
ଅଶ୍ୱ ଖୁରାତଳେ ଧୂଳିସାତ ହେବି,
ହେବି ରେଣୁରେ ବିଲୟ ॥"

ହତୋତ୍ସାହେ ଭାବି ରହେ ସେ ଗର୍ବୀ ବ୍ରାହ୍ମଣ।
ଆଶୀର୍ବାଦ ଛଳେ କରେ ଦିଲ୍ଲୀ ଜୟଗାନ ॥

॥ ୪୫୮ ॥

ସମ୍ରାଟ ଆଲ୍ଲାଉଦ୍ଦିନ ଦିଲ୍ଲୀର ବାଦଶା
ବହୁ ଅଭିଜ୍ଞତା ତାର ଜଗତ ଜିଣନ୍ତା ॥
ଆକାଶ ପାତାଳ ଠାରୁ ଉଚ୍ଚନୀଚ ଯେତେ
ନଖ ଦର୍ପଣରେ ତା'ର ଦିଶନ୍ତି ସମସ୍ତେ ॥
ଆପଣେ ବହୁତ ଗୁଣେ, ହୋଇ ସୁସଂଯତ
ରାଜ୍ୟର ଶୁଭ ଅଶୁଭ, ଗୁପ୍ତେ ହୁଏ ଜ୍ଞାତ ॥

ଉଚ୍ଚ ସିଂହାସନର ସେ ଶୀର୍ଷ ଭାବେ ରହି
ସକଳ ସୁଚିରେ ଭାବି, କାର୍ଯ୍ୟ ସମ୍ପାଦଇ ॥
ନିଶୀଥ ସମୟେ ଯାଏ ଛଦ୍ମବେଶ ଧରି
କେବେ କେଉଁ ରୂପଧରେ, ଯୋଗୀ ଓ ଭିକାରୀ ॥
ଗୁପ୍ତଚର ରାଜ୍ୟେ ରଖେ, ଶୁଣେ ଦୂତ ମୁଖେ
ସହସା ଏକଇ ଦିନ ଶୁଣିଲା ପ୍ରତ୍ୟକ୍ଷେ,
କହେ ସେ ନିଶି ଦର୍ଶକ, "ହେ ଜଗତ ସାଇଁ!
ଗୋଟିଏ ବ୍ରାହ୍ମଣ ତବ ରାଜଦ୍ୱାରେ ଥାଇ,
ଆଶୀର୍ବାଦ କରି, କହେ ଉଚ୍ଚ ସ୍ୱରେ ଡାକି
"ହେ ଦିଲ୍ଲୀବାଦଶା, ! ତୋର ଛତ୍ର ଛାୟା ରଖି
ସର୍ବଦା ଜଗତ ପାଳୁ, ବିଧାତା କରୁଣା
ଦୀର୍ଘତମ ଆୟୁଭୋଗ, ରଖି ଯଶବାନା ॥"
ହସ୍ତେ ତା କଙ୍କଣ ପଟେ, ରତନେ ଜଡ଼ିତ
ଚମକାଏ ଚଉଦିଗ, କରି ଆଲୋକିତ ॥

॥ ୪୫୯ ॥

ଭିକ୍ଷୁକ ନାମକୁ ଶ୍ରବଣ ମାତ୍ରକେ
  ଦୟା ପରବଶ ହୋଇ
କହିଲେ ବାଦଶା ସେହି ବିଦେଶୀକୁ
  ମୋ ପାଶକୁ ଆଣ ଯାଇ ॥
"ମୁଁ ପୁଣି ଗମନ କରିବି ବିଦେଶ
  ନ ଜାଣେ କେଉଁ ପଥରେ
କିଏ ବା ଜାଣିଛି କେଉଁ ମାର୍ଗେ ଯିବି
  କି ଭଳି କେଉଁ ବେଶରେ ॥
ଦିଲ୍ଲୀ କଥା ଭାବି ମୁଁ ଚିନ୍ତିବି ଅତି
  ମର୍ତ୍ତ୍ୟର ଏ ଶ୍ରେଷ୍ଠ ସ୍ଥାନ
ଗୋରସ ମଧ୍ୟରେ ସର ଯେଉଁ ପରି
  ମିଶ୍ରିତ ରହିଛି ଘନ ॥

ସର ଦହି କରି ମନ୍ଥନ କରିଲେ
ଲବଣୀ ହୋଇବ ଜାତ
ଲବଣୀରୁ ଘୃତ କାଢ଼ି ନେଲା ପରେ
ସେ ଦହି ହୋଇବ ତୁଚ୍ଛ ॥
ଦିଲ୍ଲୀ ନଗରୀକୁ କେତେ ଜନ ଆସି
ଗର୍ବ ଅହଙ୍କାର କରି
ସୁଖ ସମ୍ଭୋଗରେ ଜୀବନ ଯାପିଲେ
ଅବଶେଷେ ଗଲେ ମରି ॥
କର୍ମକୁଣ୍ଠ ହୋଇ ରହିଲେ ମାନବ
କୁଶଳ ନୋହିବ ତାର
ଦହି ମଧୁ ସର ନ ମନ୍ଥିଲେ କେବେ
ଘୃତ କି ହେବ ବାହାର ?
ସ୍ୱର୍ଣ୍ଣ ଲଙ୍କା ରାବଣର ଭସ୍ମ ହେଲା
ଯୌବନ କି ଚିରଦିନ
ଅଙ୍ଗେ ରହିଥିବ, କାର୍ଯ୍ୟ କରି ସୁଖେ
ରହେ ସେ କର୍ମଠ ଜନ ॥
ହେଉ ସେ ବ୍ରାହ୍ମଣ ଅବା ଭାଟ ଜାତି
ତହିଁ କି ନାହିଁ ବାରଣ
ଭିକ୍ଷୁକକୁ ଆଣ ମୋ ସନ୍ନିଧାନ
କରୁ ସେ ମତେ ପ୍ରଣାମ ॥"

ଦର୍ଶନେ ଜୁହାର କରେ ଯାଇ ରାଜଦ୍ୱାରେ ।
ଆପଣାକୁ ଭାଗ୍ୟବାନ ମଣେ ସେ ଅନ୍ତରେ ॥

॥ ୪୬୦ ॥

ଆଶା ଆଶ୍ୱାସନା ପାଇ କହେ
ବିପ୍ର ବାଦଶା ପାଶେ
"ଆଦିତ୍ୟ ଉଦିତ ହୁଏ ଯେତେ-

ଦିନ ପୂର୍ବ ଆକାଶେ।
ସେତେଦିନ ମସ୍ତକରେ ରାଜ-
ଛତ୍ର ବିରାଜୁ ରାଜା!"
ହସ୍ତର କଙ୍କଣ ଦ୍ୱିଜ ହସ୍ତେ
ଦେଖି ପୁଚ୍ଛେ ବାଦଶା ॥
"ଭିକ୍ଷୁକ ତୁହି ହସ୍ତେ କଙ୍କଣ
ତୋର ଆସିଲା କାହୁଁ?
ନକରି ଗୋପନ ବୁଝାଇ ତୁ
କହ ସନ୍ଦେହ ଯାଉ।"
ଦ୍ୱିଜ କହେ "ହେ ରାଜା ଦକ୍ଷିଣା
ରୂପେ ଚିତ୍ତୋର ଗଡ଼େ
ଆକାଶ ପ୍ରାସାଦୁ ପଦ୍ମାବତୀ
ଦାନ ଗବାକ୍ଷ ଦ୍ୱାରେ-
ଦେଇଛି ଦକ୍ଷିଣା (ତା) ରୂପ ବିଷ
ମୋର ଶରୀରେ ଘାରି
କ୍ଷଣକେ ମୋ ପ୍ରାଣ, ନିର୍ବିଚାରେ
ନେଲା ଅଚେତ କରି ॥
ତାର ସମ ରୂପସୀ ରମଣୀ
କାହିଁ ନାହିଁ ଜଗତେ
ଦିଶିବ ମଳିନ ଚନ୍ଦ୍ର ସୂର୍ଯ୍ୟ
ବହ୍ନି ତାର ସଙ୍ଗତେ।
ପଦ୍ମିନୀ ରମଣୀ ଅପହରି-
ଆଣି, ସେ ରତ୍ନ ସେନ
ଆକାଶ ସଉଧେ ରଖିଅଛି
କରି ତାରେ ବନ୍ଧନ ॥"
ଜଗତର ମଣି, ସେ ଚାରି କାମିନୀ ତା ଅଙ୍ଗ ସୁବାସେ।
ଅସଂଖ୍ୟ ମଧୁପ, ଭ୍ରମନ୍ତି ତା' ପାଶେ, ମଧୁ ଲୋଲୁପେ।

■

॥ ୪୬୧ ॥

ବିହସି ବାଦଶା ତକ୍ଷଣେ ପୁଣି ଭାବନ୍ତି ମନେ
କାଚ ପାଇବାର ଯୋଗ୍ୟ ଯେ ଯଦି ପାଏ କାଞ୍ଚନେ,
ଅବଶ୍ୟ ସେ ତା'ର ପ୍ରଶଂସା କରେ ସୁମେରୁ ତୁଲେ
ଉଚ୍ଚ ଶୀର୍ଷେ ତୁଲ୍ୟ କରିବ, ମଧୁ ବଚନ ଛଳେ।
"ତୋର ଏ ଅଳୀକ ରସନା ନେବି ତୋ ମୁଖୁ କାଢ଼ି
ଭିକ୍ଷୁକ ତୁ କହ ଯା ସତ୍ୟ, ନୋହି ଜୀବନେ ଚଳି ॥"
ସଂସାରେ ଏପରି କେ ନାରୀ, ଶଶୀ ସୂର୍ଯ୍ୟରୁ ଜିତି
ବଳି ପଡ଼ିଛି ତା ସୁଷମା, ଏହି ପଦ୍ମିନୀ ଜାତି ॥
ଏପରି ପଦ୍ମିନୀ ସୁନ୍ଦରୀ ମୋର ପ୍ରାସାଦ ଯୋଗ୍ୟ
ସାତ ଦ୍ୱୀପୁ ଦିବ୍ୟ ରମଣୀ କରେ ମୁଁ ଉପଭୋଗ।
ସୂର୍ଯ୍ୟ ମୁଁ, ଦିଲ୍ଲୀର ବାଦଶା, ମୋର ଦାସୀରୁ ଜଣେ
ତା ରୂପ ଦେଖିଲେ ତୁ ହେବୁ, ଜଳେ ଲବଣ ଯେହ୍ନେ।
ଚର୍ତୁଖଣ୍ଡ ଧରିତ୍ରୀରେ ଛତ୍ରପତି ମୁହିଁ ବାଦଶା
ସୂର୍ଯ୍ୟ ସମ ଦୀପ୍ତ ଦାରୁଣ, ଯହିଁ ନତୁଟେ ତୃଷା ॥"

"ପଦ୍ମିନୀ ରମଣୀ ନିଶ୍ଚିତ ମୋର ମହଲେ ଥିବ।
ଅପ୍ସରା ନିନ୍ଦିତ ରୂପସୀ, ସେତ କୈଳାସ ଯୋଗ୍ୟ ॥"

॥ ୪୬୨ ॥

ରାଘବ କହଇ "ତୁ ଶୀର୍ଷ ଅଟୁ ନୃପତି
ଭାରତର ଛତ୍ରପତି ଅତୁଲ୍ୟ ପ୍ରତାପୀ ॥
ମୁଁ ଭିକ୍ଷୁ ବ୍ରାହ୍ମଣ ବୁଲେ ଦିଗରୁ ଦିଗନ୍ତେ
ଉଦୟାଚଳରୁ ଅସ୍ତଗିରି ଦିଗ ପଥେ ॥
ତୋ ସମ ସମର୍ଥ ରାଜା ଧର୍ମାତ୍ମା ଉଦାର
ମୋ ନେତ୍ରର ଅଗୋଚର ସାରା ପୃଥିବୀର ॥
ଶକ୍ତି ବା କାହାର ଅଛି ରସନା ଆଦରି
ତୋ ନାମେ ଅଖ୍ୟାତି ଦେବ ଅପବାଦ ଭରି ॥

କିନ୍ତୁ ସଂସାରର ସାର ଚତୁର୍ଥ ପଦାର୍ଥ
ଏ ଜମ୍ବୁ ଦ୍ୱୀପେ ଲଭିବାକୁ ହେବ ଅସମର୍ଥ ॥
ସେ ହେଲା ପଦ୍ମିନୀ, ସୁଧା, ହଂସ ଓ ଶାର୍ଦ୍ଦୂଳ ॥
ସିଂହଳ ଦ୍ୱୀପର ମୁହିଁ ରାଘବ ଚେତନ
ସେ ଦେଶ ବାର୍ତ୍ତା କହିବି ନକରି ଗୋପନ ॥
ଯଦ୍ୟପି ପାଇବି ଆଜ୍ଞା ଶ୍ରୀମୁଖରୁ ତବ
ଚତୁର୍ନାରୀ ଜାତିଙ୍କର ଭାଷିବି ସ୍ୱଭାବ ॥
ହସ୍ତିନୀ, ଚିତ୍ରିଣୀ, ପୁଣି ସିଂହିନୀ ରମଣୀ
ଜମ୍ବୁ ଦ୍ୱୀପରେ ଅଛନ୍ତି ଜାଣ ନୃପମଣି ॥"

(କିନ୍ତୁ) ତା ପଦ୍ମିନୀ ସମ ରମଣୀ ସଂସାରେ ଜନମିବେ ନାହିଁ କାହିଁ।
ଚତୁର୍ପାଶେ ଜାଗି ବୁଲନ୍ତି ଭ୍ରମର ପଦ୍ମବାସେ ମତ୍ତ ହୋଇ ॥

॥ ୪୬୩ ॥

"ଆଦ୍ୟେ ମୁଁ କରଇ ହସ୍ତିନୀ ରମଣୀ
ରୂପ ଓ ଗୁଣ ବର୍ଣ୍ଣନା
ହସ୍ତିନୀ ପ୍ରାୟେକ ପ୍ରକୃତି ତାହାର
କିଛି ବି ନଥାଏ ଊଣା ॥
ହସ୍ତ ପଦ ତାର ସୌଷ୍ଠବ ସୁନ୍ଦର
ତାର ଅତି କ୍ଷୁଦ୍ର ଗ୍ରୀବା
ପୃଥୁଳ କଟୀ ତା ବକ୍ଷ ସଙ୍କୁଚିତ
ତହିଁରେ ବକ୍ଷୋଜ ଶୋଭା ॥
କରି କୁମ୍ଭ ସ୍ଥଳ ପରି ବକ୍ଷ ସ୍ଥଳ
ମତ୍ତଗଜ ପରି ଗତି
ଶୃଙ୍ଗାରେ ଭୂଷିତ ବାହୁଭୁଜ ତୋଳି
ରତି ରମଣେ ଆସକ୍ତି ॥
ନୟନ ଚାହାଣୀ ଅତି କ୍ଷୀଣ ପୁଣି
ମନେ ସଦା ଗୁରୁତମ

ସତେ କି ଅପରେ ଧରିବ ଆକର୍ଷି
ବଧିବ ଦାନବୀ ସମ ॥
ସ୍ୱପତିରେ ତାର ମନ ନମାନଇ
ବିଟପ ପୁରୁଷେ ମନ
ଲଜ୍ଜାଭୟ ତାର କାହାକୁ ନଥାଏ
ଭୋଜନେ ତୃପ୍ତି ତା ପ୍ରାଣ ।
ଶରୀରେ ବହଇ ମଦ ମତ୍ତ ବାରି
ଦୁର୍ବିନୀତ ଏ ରମଣୀ
ଅଙ୍କୁଶ ଯେପରି ଗଜେନ୍ଦ୍ରକୁ ରଖେ
କୂଳ ମାନ ରଖ ଜାଣି ।”
ହସ୍ତିନୀ ପ୍ରକୃତି ଏ ନାରୀ ଯଦି ବର ହେ ନର ।
ଅଙ୍କୁଶେ ନିବାରି ସ୍ୱବଶେ ରଖିବ କୂଳ ମନ ଆଚାର ॥

॥ ୪୬୪ ॥

"ଏବେ ମୁଁ ମଣିମା ସିଂହିନୀ ରମଣୀ
ରୂପକୁ ବୟାନ କରେ
ଅଳ୍ପା ହାରୀ ବାଳା, ହେଲେ ବି ଶରୀରେ
ସମଧିକ ବଳ ଧରେ ॥
ଉନ୍ନତ ବକ୍ଷ ତା ସୁଶୋଭନ ଦିଶେ
କ୍ଷୀଣ କଟୀ ଗର୍ବେ ମତ୍ତ
ଲଜ୍ଜା ଭୟ ଶୂନ୍ୟ, ଅତି କ୍ରୋଧି ହେତୁ
କ୍ରୋଧରେ ଭୁଲେ ମହତ ॥
ରୋଷ ଗୁଣ ହେତୁ, ସ୍ୱାମୀ ନିର୍ଯ୍ୟାତନା
ଦେବାକୁ ମଣଇ ସୁଖ
ଯୁଗ କୋଳ ଗାତ୍ରେ, ରୋମ ବହୁଳତା
ରୂପ ସଜ୍ଜାରେ ଉତ୍ସୁକ ॥
ଅନ୍ୟର ଶୃଙ୍ଗାର ଦେଖିଲେ ତାହାର
ଈର୍ଷା କରିଥାଏ ମନେ

ଉଦର ଭରାଇ, ବହୁ ମାଂସ ଭୋଜୀ
ତୃପ୍ତ ହୁଏ ସେ ଭୋଜନେ ॥
ବିଷ ଗନ୍ଧ ତାର ମୁଖୁ ପ୍ରସରଇ
ସିଂହ ସମ କରେ ଗତି
ନତମୁଖୀ ହୋଇ, ଅଗ୍ରତେ ନ ଦେଖେ
ସ୍ୱାମୀରେ ନଥାଏ ପ୍ରୀତି ॥
ସ୍ୱାମୀ ସହବାସେ, କରଇ ଆକ୍ରୋଶେ
ବକ୍ଷ କ୍ଷତେ ଉର ଦେଶ
ସମସ୍ତ ପ୍ରକାର ସିଂହୀ ଗୁଣ ନେଇ
ଏ ଯୋଷା କରେ ନିବାସ ॥"
"ହେ ବାଦଶା ! ଏହିପରି, ହସ୍ତିନୀ, ସିଂହିନୀ।
ତୃତୀୟ କାମିନୀ ନାମ ସୁନ୍ଦରୀ ଚିତ୍ରିଣୀ ॥"

■

॥ ୪୬୫ ॥

"ତୃତୀୟ ପ୍ରକାର ଲକ୍ଷଣ ନାରୀର
କରିବି ମୁହିଁ ବର୍ଣ୍ଣନ
ଚତୁରୀ ସୁନ୍ଦରୀ ରୂପବତୀ ବାମା
ପ୍ରୀତି ରସେ ପରିପୂର୍ଣ୍ଣ ॥
ଶୁଚି ଓ ସୁରୁଚି ସୁଲଳିତ ଅତି
ସୁନିର୍ମଳ ସ୍ନେହ ମୁଖୀ
ଅପ୍ସରା ସଦୃଶ ନୃତ୍ୟ ଗୀତ ପ୍ରିୟ
ରୋଷ ଶୂନ୍ୟ ସଦା ସୁଖୀ ॥
ଏଭଳି ରମଣୀ ସଙ୍ଗେ ସୁଖୀ ହୁଏ
ସର୍ବଦା ସୌଭାଗ୍ୟବାନ
ଆପଣା ପତିକୁ ସର୍ବଦା ସସ୍ନେହେ
ସେ ବାଳା ଦିଏ ସମ୍ମାନ ॥
ଏ ଅବଳା କେବେ ପର ପୁରୁଷକୁ
ଭାବି ନ ପାରଇ ମନେ

କମଳ ସଦୃଶ ଅଙ୍ଗ ଗୌର ବର୍ଣ୍ଣ
ସୁରମ୍ୟ ଦିଶେ ଦର୍ଶନେ ॥
ହଂସ ମିଥୁନର ଗତି ତା ଚରଣେ
ଗମନେ ଶୋଭେ ଧରିତ୍ରୀ
ଗୋ କ୍ଷୀର ମିଷ୍ଟାନ୍ନେ ଅଳପ ଭୋଜନେ
ମନେ ପାଏ ପରିତୃପ୍ତି ॥
ପଦ୍ମିନୀ କନ୍ୟାର ଷୋଡ଼ଶ କଳାରୁ
ଦୁଇ କଳା ଏ ନିଊନ
ପଦ୍ମ ପରି ବର୍ଣ୍ଣ ହେଲେ ହେଁ ବଦନ
ପଦ୍ମ ସୁବାସ ବିହୀନ।
ଚିତ୍ରିଣୀ କନ୍ୟାର ଅଙ୍ଗ ଅବୟବ
ପଦ୍ମ ସୁମନ ସଦୃଶେ
(କିନ୍ତୁ) ତାର ଅପଘନ ଅଟେ ବାସହୀନ
ପ୍ରସରେ ନାହିଁ ସୁବାସେ ॥
ପଦ୍ମିନୀ କନ୍ୟାର ଅଙ୍ଗରୁ ସ୍ଫୁରେ ଚନ୍ଦନ ବାସ।
ମଧୁପେ ଭ୍ରମନ୍ତି ଆତୁରେ ବୁଲି ତା ଚତୁଃପାର୍ଶ୍ୱ ॥

॥ ୪୬୬ ॥

"ପଦ୍ମିନୀ ରମଣୀଗଣ ମୁଁ କହୁଛି ଶୁଣ ଶ୍ରବଣେ
ପଦ୍ମଗନ୍ଧ ଭରି, ସର୍ଜିଲା ବିଧାତା ତା ଅପଘନେ ॥
ଉତ୍ପଳ ବର୍ଣ୍ଣର ଉଜ୍ଜ୍ୱଳ କାନ୍ତି ତା ତନୁ ଲଳିତେ
ଅମୃତ ମିଶାଇ ନିର୍ମାଣଇ ମଧୁ ମାଧୁରୀ ସାଥେ ॥
ତା ତନୁ ସୁଗନ୍ଧେ ହୋଇ ବିମୋହିତ ମଧୁପ ଗଣେ
ଚତୁର୍ଦ୍ଦିଗେ କରି ମଣ୍ଡଳ, ବୁଲନ୍ତି ଆକୁଳ ପ୍ରାଣେ ॥
ଅତି ଉଚ୍ଚ ନୁହେଁ, ନୁହେଁ ଅତି ଦୀର୍ଘ, ନୁହେଁ ବାମନ
ସୌଷ୍ଠବ ଅଙ୍ଗ ତା ଶୋଭନୀୟ ଦିଶେ, ଚିର ଅମ୍ଳାନ ॥
ତନ୍ୱୀ ତରୁଣୀ ସେ, ଦିଶେନା ପୃଥୁଳ, ଘନ ଅଧିକ
ଚାରି ଅଙ୍ଗ ଦୀର୍ଘ, କ୍ଷୀଣ ଚାରି ଦିଶେ, ଚାରି କନିଷ୍ଠ ॥

ମୁଖଚନ୍ଦ୍ର ଦେଖି, ପ୍ରଲୋଭିତ ସର୍ବେ, ମରମେ ଅତି
ମରାଳ ଗତିରେ ଧରାପଦ ପାତେ, ଶୋଭିତ କ୍ଷିତି ॥
ଷୋଳ କଳା ଭରି ଗଢ଼ିଛି ବିଧାତା ପଦ୍ମିନୀ ଜାତି
ଅତି ସୁଖଦାୟୀ ରମଣୀ, ଭୋଜନେ ନ ଥାଏ ମତି ॥
ସୁକୁମାରୀ ଅତି, ଗୋରସେ ତାହାର ରୁଚି ଥାଏନା
ତାମ୍ବୂଳ, ପୁଷ୍ପର ଭୋଜନରେ ଜୀବ ଧରିଛି ବାମା ॥
ଶ୍ରବଣେ ଆଲ୍ଲାଦ୍ଦିନ କୁହନ୍ତି, "ଷୋଳ କଳା ସୁଗୁଣ
ଶୃଙ୍ଗାର ସହିତେ ସକଳ, ତୁହି କର ବୟାନ ॥"
ଏପରି ରମଣୀ ଦେଖିଛ କି କାହିଁ ତବ ନୟନେ
ଷୋଳ କଳା ଭରି ଗଢ଼ିଛି ରମଣୀ ବିଧି ବିଧାନେ ॥

॥ ୪୬୭ ॥

"ଦୀର୍ଘ କେଶ ପାଶ ସଘନ, ଦିଶେ ନିତମ୍ବ ଜିଣି
କର ପଲ୍ଲବର ଅଙ୍ଗୁଳି ଦୀର୍ଘ ସୁସଞ୍ଚ ପୁଣି ॥
ସୁଲୋଚନା ଦୀର୍ଘ ନୟନା, ଦୀର୍ଘେ ରହିଛି ଗ୍ରୀବା
ତ୍ରିକାଳି ରେଖା ହିଁ ତହିଁକି ମନ କରଇ ଲୋଭା ॥
କ୍ଷୁଦ୍ର ଦନ୍ତ ପଂକ୍ତି ଚମକେ ତାର ସୁଧା ଅଧରେ
ଲଘୁ ହୋଇ କୁଚ ଯୁଗଳ ଉଚ୍ଚ ଜମ୍ବୀର ଫଳେ ॥
ଲଲାଟ ଦ୍ୱିତୀୟା ଶଶୀକି ଉଦେ ହୋଇଛି ତହିଁ
ନାଭି ସୁଗଭୀର ସୁବାସେ ଚନ୍ଦନ କି ବାସଇ ॥
ତୀକ୍ଷ୍ଣ ଅସିଧାର ନାସିକା, କଟୀ ଜିଣି କେଶରୀ
ପ୍ରବାଳ ରକ୍ତିମ ଅଧର, କ୍ଷୀଣ କୁକ୍ଷୀ କେ ବାରି !
ଦର୍ପଣ ସମ କି ଦିଶଇ ଭରା ଶୁଭ୍ର କପୋଳ
ନିତମ୍ବ ତାହାର ସୁନ୍ଦର ମନ ମୋହିତକର ॥
ଭୁଜ ହସ୍ତପଦ୍ମ ଅତି ସୁଠାମ ଗଜଗମନୀ
ଷୋଳ କଳା ରୂପ ଶୃଙ୍ଗାର ଦେଖି ଅମର ଶ୍ରେଣୀ,
ଚାଟୁକାର ସମ କରନ୍ତି ସ୍ତୁତି ଗଗନେ ଥାଇ
ବିଶ୍ୱ ବିମୋହିନୀ ରମଣୀ ରୂପ ଲାବଣ୍ୟ ଚାହିଁ ॥"

॥ ୪୬୮ ॥

"ଏ ସମ ପଦ୍ମିନୀ ନାରୀ ଚିତ୍ତୋର ଗଡ଼ରେ
ରହିଛି ରତନ ସେନ ରାଜା ଅନ୍ତଃପୁରେ ॥
ଦ୍ୱାଦଶ ବର୍ଣ୍ଣର ଶୁଦ୍ଧ ସୁବର୍ଣ୍ଣ ସମାନ
ବିକଚ ପଦ୍ମ ସଦୃଶ ଶରୀର ବରନ ॥
(ମାତ୍ର) ସୁବର୍ଣ୍ଣ କଠିନ ପୁନଃ ସୁବାସ ବିହୀନ
ତା ଅଙ୍ଗ ସୁବାସ ବାୟୁ କରି ବିଚରଣ,
ଗଭୀର ବନ ବୃକ୍ଷରେ ପରଶନ ଛଳେ
ମଳୟ ଚନ୍ଦନେ ବାସେ ସେ ଦ୍ରୁମ ଅଚିରେ ॥
କେଉଁ ଲାବଣ୍ୟ ମୃତ୍ତିକା ଧରି ବିଶ୍ୱସ୍ରଷ୍ଟା
ନିର୍ମାଣିଲେ ତା ସୁତନୁ, ମୋହିନୀ ସ୍ୱରୂପ ॥
ବହୁ ଶିଳ୍ପୀ ଚିତ୍ରକର ପ୍ରତିଛବି ତାର
ତା ତୁଲ୍ୟ ସମାନ ନୋହି, ହେଲେ ଅସଫଳ ॥
କର୍ପୂର ଗୌର ତା ଅଙ୍ଗ, ଅସ୍ଥି ମୁକ୍ତା ସମ
ମୁକ୍ତାରୁ ଅଧିକ ଦୀପ୍ତି ଦେଖଇ ନୟନ ॥
ଅୟସକାନ୍ତ ମଣିପରି ରୂପ ଉଜ୍ଜ୍ୱଳ
ସମ୍ମୁଖେ ନଦେଖଇ ନେତ୍ର, ହୁଏ ସଜଳ ॥"

"ଅପହରି ଆଣି ଦେବ ନଳିନୀ ପ୍ରତିମା।
ତବ ଯୋଗ୍ୟ ଅଟେ ସିନା ସେହି ମନୋରମା ॥"

॥ ୪୬୯ ॥

"କି କାଳ ମୁହୂର୍ତ୍ତେ ଗଲି ଅଜାଣତେ
ଧବଳ ପ୍ରସାଦ ପୁରେ
ନିମ୍ନରୁ ଉର୍ଦ୍ଧ୍ୱକୁ ଚାହିଁ ମୁଁ ଦେଖିଲି
ଉଭା ସେ ଗବାକ୍ଷ ଦ୍ୱାରେ ॥
ତା ମୃଗ ନୟନେ ହସିଲେ ସେ କ୍ଷଣେ
ମନେ ମୋ ଲାଗେ ପ୍ରତୀତି

ତା ହାସ୍ୟ ଆନନୁ ଝରେ କି ଗଗନୁ
ଅସଂଖ୍ୟ ତାରକା ଜ୍ୟୋତି ॥
ଅଥବା ରାତିରେ ଫୁଟି ଝରିଲାକି
ଫୁଲଝରି ଭୂମି ପରେ
ଅବା ଘନ ନିଶି ଭାଦ୍ରବ ମାସରେ
ବାରିଦେ ବିଜୁଳି ଖେଳେ ॥
ଅଥବା ବରଷା ନିଶି ଅନ୍ଧକାରେ
ଅସଂଖ୍ୟ ଜ୍ୟୋତିରିଙ୍ଗଣେ
ଭରିଗଲା ସାରା ଜଗତ ଅଚଳା
ଜ୍ୟୋତି ପୁଞ୍ଜ ବିକିରଣ ॥
କଟାକ୍ଷରେ ତାର ରଖିଛି ଜହର
ଚକିତେ ଚାହିଁବା କ୍ଷଣି
ନାଗୁଣୀ ପରାଏ ଦଂଶିଦେଲା ମତେ
ତାର ପୃଷ୍ଠ ପଟବେଣୀ ॥
ଭ୍ରୂଲତାରେ ତାର କନ୍ଦର୍ପ ସାୟକ
ତିଳ ଚିହ୍ନ ଚିବୁକରେ
ତକ୍ଷଣେ ଇକ୍ଷେଣ ଶର ବିଦ୍ଧ କଲା
ମୋ ହୃଦୟ ଅଭ୍ୟନ୍ତରେ ॥
ଦଂଶିଲା ନାଗୁଣି ମୋ ବଇରୀ ଜାଣି
ବାଚାଳେ ହସିଲି କ୍ଷଣେ
କିଏ ବା ଅଛଇ ଜାଙ୍ଗଳିକ ତହିଁ
ବିଷ ହରା ମନ୍ତ୍ର ଜାଣେ !"

"ଯହିଁ ଶଙ୍କିତେ ରହିଛି ଦୂରେ ମୟୂରୀ ଚକିତେ ।
କେ ହେବ ମୋ ଜୀବ ଦାୟକ, ମୁହିଁ ରହିଲି ଅଚେତେ ॥"

॥ ୪୭୦ ॥

"କବରୀ ଖୋଲିଲେ ଘୋଟେ ଅନ୍ଧକାର
ଜଗତ ଜାଳେ ପ୍ରଦୀପ
ମୁକ୍ତ କେଶ ଯେବେ ଲୋଟିଯାଏ ତଳେ
ଅନ୍ଧାରେ ବିଲୀନ ଦୀପ ॥
ମଳୟ ବୃକ୍ଷ ମଧ୍ୟେ ଲୋଟି ଶୋଇଛି
ଅଳସ ଭାଙ୍ଗେ ଭୁଜଙ୍ଗ
ଚନ୍ଦନ ସୁବାସେ ବିଦ୍ଧ ହୁଏ ତାର
ଦେହେ ଥରାଇ ତା ଅଙ୍ଗ ॥
ପବନ ପରଶେ ବିଷଧର ଥରି
ଉଠି ଭାଙ୍ଗଇ ଲହରୀ
ଭିଡ଼ି ମୋଡ଼ି ଦେହ ମାଳତୀ ଲତାରେ
ଶୋଇଛି ନାଗୁଣୀ ପରି ॥
ଅଥବା ଯମୁନା ଜଳରୁ ଉଠଇ
ତରଙ୍ଗ, ଖେଳେ ଭଉଁରୀ
ଘାରିଯାଏ ଦେହ ମନ ଦରଶନେ
ତାର, ଚିତ୍ତ ଯାଏ ହରି ॥
ତାର ଅଙ୍ଗ ବାସେ ଭୁଞ୍ଜନ୍ତି ଭ୍ରମର
ଘେରି ଚଉପାଶେ ତାର
ସତେକି ଅଗ୍ରତେ ତାର କିଏ ଅବା
ଢଳାଏ କଳା ଚାମର ॥
ବାନ୍ଧିଲେ କେଶରେ ଝୀନବସ୍ତ୍ର, ଘୋଟେ
ଅନ୍ଧାର ତା ଚଉପାଶେ
କ୍ଷଣକେ କ୍ଷଣିକା ପରି ସେ ଚମକେ
ମୁଖ ଦିଶେ ହୃଦାକାଶେ ॥"

"ଏପରି ଦେଖି ମୁଁ ହୋଇଛି ଚକିତ, କିମ୍ପା ଦେଖିଲି ସେ କଳା କେଶ।
ଭାବି ଭାବି ଥରି ଉଠେ ଛାତି କରି ମୋର ଦେହକୁ ଅବଶ ॥"

॥ ୪୭୧ ॥

"ସୀମନ୍ତ ସିନ୍ଦୂର ଅତି ମନୋହର ଲାଗେ କି ମନେ
ବସନ୍ତ ଆସିଛି ଆରକ୍ତ ବିଭବେ ବସୁଧା ବନେ ॥
ପତ୍ରାବଳୀକରି ସାଜିଥିଲା ଯାହା ପଟି ବନ୍ଧନେ
ବହୁ ପୁଷ୍ପେ ମଣ୍ଡି ଦିଶଇ ତା ଘନ କେଶ ଗହନେ ॥
ବକାଳୀ ମାଳାକି ଦୂର ଚକ୍ରବାଳ କରନ୍ତି ଗତି
କପୋଳେ ନିପୁଣେ ସଜାଇଛ ଚିତ୍ର ଆଙ୍କିବା ରୀତି ॥
ସମସ୍ତ ନିରେଖି ମନେ ହୁଏ ଅବା ଶାରଦା ଧାର
ଯମୁନାର କୃଷ୍ଣ ସଳିଳେ ଦୋଳା, ଲହରୀ ତାର ॥
ସୀମନ୍ତ ଦି ପାଶେ ମଣ୍ଡିହେଇ ଥିବା ପୁଷ୍ପ ବିଭବ
ଭାଗୀରଥୀ ନୀରେ ଦୋଳାୟିତ କିବା ଶୁଭ୍ର ତରଙ୍ଗ ॥
ସୀମନ୍ତ ସିନ୍ଦୂର ଦେଖି ମନେ ହୁଏ ବର୍ଷାଋତୁରେ
ସିକ୍ତ ଭୂମିରେ କି ସାଧବ ବୋହୂଏ ଚାଲନ୍ତି ମେଳେ ॥
ସେ ସିନ୍ଦୂର ରାଗେ, ଦେବେ ଅନୁରାଗେ ମତି ବିଭ୍ରମେ
ଉଦେ ହେଲେ ସୂର୍ଯ୍ୟ ଉଷା ଓ ପ୍ରଦୋଷେ ରଙ୍ଗ ଗଗନେ ॥
ପୁଷ୍ପ ସୁମଣ୍ଡିତ ବେଣୀ ଦେଖି ନେତ୍ରେ ଲାଗେ ମରମେ
କାଳିନ୍ଦୀ ଯମୁନା କୃଷ୍ଣ ବେଣୀ ପୁଷ୍ପେ ସାଜିଛି ଘନେ ॥
ସୀମନ୍ତ ସିନ୍ଦୂର ଭରିଦେଇ ଅତି ଉଲ୍ଲାସ ଭରେ
ଇନ୍ଦୁ ମୁଖ ଶିରୀ ଅର୍ଚ୍ଚନା କରୁଛି ଧରିତ୍ରୀ ପରେ ॥"

"ଯେତେ ମୁଁ ବର୍ଣ୍ଣିବି ତାଠାରୁ ଅଧିକ ତା ରୂପଗୁଣ।
ତବ ଯୋଗ୍ୟ ସିନା ଅଟଇ ସେହି ନାରୀ ରତନ ॥"

■

॥ ୪୭୨ ॥

"ସେ ନାରୀ ଲଲାଟେ ଦ୍ୱିତୀୟା ଚନ୍ଦ୍ର କି
ଉଦେ ହୋଇଅଛି ତା' ଶିର ଭାଲେ
ଚନ୍ଦ୍ରମୌଳି ଶିବ ତା' ପଦେ ନମନ୍ତେ
ଉଦ୍ଦୀପ୍ତେ ଦ୍ୱିତୀୟା ଉଦେ ଅମ୍ବରେ ॥

ଯେ ଚାନ୍ଦେ ଜଗତ ନମନ କରଇ
ଆଶୀର୍ବାଦ କରେ ଆନନ୍ଦ ମନେ
ପୂର୍ଣ୍ଣିମା ଚନ୍ଦ୍ର କି ତା ତୁଲ୍ୟ ନହୋଇ
ଲାଜେ ଛପି ଯାଏ ଅମା ଗହନେ ॥
ଶିରରେ ତିଳକ ବିନ୍ଦୁ ଯେବେ ଦିଏ
ଚୁନି ବଳୟରେ ସଜାଇ ଥାଇ
ସେ ଦିଶେ ଚନ୍ଦ୍ରମା ଚାରିଦିଗେ କିବା
କୃତ୍ତିକା ନକ୍ଷତ୍ର ମାଳା ଦୋଳଇ ॥
ତା ସୀମନ୍ତ ଦେଖି ମନେ ହୁଏ ଅବା
ରାହୁ କରତରେ କାଟିଛି ଧାର
ଅଥବା ନକ୍ଷତ୍ରମାଳା ଚନ୍ଦ୍ରମାରେ
ସଂଯୋଗ କରିଛି ଅନଳ ଜାଳ ॥
ସେ ଲଲାଟ ରେଖା ପରଶମଣିକୁ
ଦର୍ଶନରେ ଯାଏ ସେ ଜ୍ୟୋତି ଝଳି
ଜ୍ୟୋତିଷ୍ମାନ ହୋଇ ଚକ୍ଷୁ ଝଲସାଏ
ଦ୍ରବ୍ୟ ସ୍ୱର୍ଣ୍ଣ ହୁଏ ସ୍ପର୍ଶେ ତାହାରି ॥
ରତ୍ନ ଶିରେ ଯେତେ ଖଞ୍ଜିଥିଲା ତହିଁ
ମନେ ହୁଏ ରାତ୍ରୀ ଆକାଶୁ ଝରି
ତାର ଚଉପାଶେ ଫିଟି ପଡ଼ିଅଛି
ଦେଖି ଆନନ୍ଦିତ ଅନ୍ତର ଭରି ॥
ଚନ୍ଦ୍ର ସୂର୍ଯ୍ୟ ସେହି ଲଲାଟ ଦୀପ୍ତିରେ
ସ୍ୱଚ୍ଛ ସମୁଜ୍ଜ୍ୱଳ ଦିଶନ୍ତି ଅତି
ଉଭାସିତ ହେଇ ଗତି କରେ ନଭେ
ଉଦୟାଚଳୁ ଅସ୍ତାଚଳେ ନିତି ॥

ଚନ୍ଦ୍ର ସୂର୍ଯ୍ୟ ସେ ଲଲାଟର ହୋଇ ନ ପାରି ସମକକ୍ଷ।
ତପ୍ତ ହୋଇ ଜଳି ପୋଡୁଥାନ୍ତି ଦେଖେ ଜଗତ ॥

।। ୪୭୩ ।।

"ଧନୁ ପରି ବକ୍ର ଭ୍ରୂଲତା ଅଗ୍ରେ
ତୀକ୍ଷ୍ଣ ତୀର ଲାଗିଥାଏ ଅଶେଷ
ଇନ୍ଦୁ ସଦୃଶ ଲଲାଟ ମୁଠିରେ
ଧରି ଘୂରାଏ ସେ ଚକ୍ଷୁ ଧନୁଷ।
କେଉଁ ଯୁବାଜନ ଦେଖି ନିର୍ଦ୍ଦୟେ
ଚକ୍ଷୁ ଚାଳି ଲୋମ ଶର ସମୂହେ
ବରଇ ସେ ପୂରବନିତା ତହିଁ
ଅଚେତ ଅବଶେ ହୋଇ ସେ ରହେ।
ତା'ର ଦୃଷ୍ଟି ପିତୁଳିର ନଟନେ
ତୁଙ୍ଗ ଶିଖରୀ ହୁଏ ଆନତ ।
ତା' ଗତି ପଥ କିଏ ସେ ରୋଧିବ
ସଦା ସ୍ୱାଧୀନେ ସେ ହୁଏ ଚାଳିତ।
ଯହିଁ ରଘୁବଂଶ ସୁତ ଶ୍ରୀରାମ
ଲଙ୍କା ଜିତିଥିଲା ହୋଇ ବିଜୟେ
ସେ ସାୟକ ହେଲା ପରାହତ
ତାର ଦୃଷ୍ଟି ନୃତ୍ୟ ଦେଖି ବିସ୍ମୟେ ।।
ପାର୍ଥ ସାୟକ ଯେ ମତ୍ସ୍ୟ ଭେଦନେ
ଲକ୍ଷ ଭେଦ କରିଥିଲା କ୍ଷଣକେ
ସେତ ଅଚଳେ ରହିଲା ସେ ସ୍ଥାନେ
ତାଠାରୁ ଜଗତେ ଅଛି ବଳି କେ ।।
ମୁହିଁ କିମ୍ବା ସେ, ଧନୁରେ ଦେଖିଲି
ଶତ ଆଘାତେ ମୁଁ ପାଏ ଯାତନା
କେମନ୍ତେ ବଞ୍ଚିବି ଜୀବନେ ମୁହିଁ
କରିତ ନପାରେ ତାର କଳନା ।।
ଧନୁ ତୀର ତା ଗଳାକି ପ୍ରସରି
ମୋ ଦେହ ଶିରା ପ୍ରଶିରା ଧମନୀ
ମୋର କଦନ ପ୍ରତିଲୋମେ ଘାରି

ଆଘାତ କରଇ ରହି ଏକ୍ଷଣି ॥
ସେଇ ବିଷ ବିଶିଖର ଆଘାତେ
ବ୍ୟଥା ଦିଏ ଶଲ୍ୟ ସମ ଶରୀରେ
ପ୍ରତି ଅସ୍ଥିଖଣ୍ଡ ଛିଦ୍ର କରୁଛି
ଅବା ମରଣ ବରିବି ଅଚିରେ ॥"

ତ୍ରୈଲୋକେ ଦୁର୍ଲ୍ଲଭ ସେହି ପଦ୍ମିନୀ ନାରୀ।
ଛଳେ ବଳେ ଆଣ ତାରେ ଶତ୍ରୁ ନିବାରି ॥

॥ ୪୭୪ ॥

"ହେ ବାଦଶା ! ତାର ନୟନ କମଳ
ପଦ୍ମ ପୁଷ୍ପ ପାଖୁଡ଼ାରେ
କେଉଁ ଚିତ୍ରକାର ଦେଇଛି ଆଙ୍କିବା
ବେଢ଼ିଛନ୍ତି ମଧୁକରେ ॥
ସେ ନାରୀ ଚକ୍ଷୁରେ ରକ୍ତାଭ ତରଙ୍ଗୁ
ଉଠେକି ରକ୍ତ ମାଣିକ
ସେ ଶଶୀମୁଖର ନେତ୍ରେ ନାଚୁଛିକି
ଖଞ୍ଜନ ପକ୍ଷୀ ଯୋଡ଼ିକ ॥
ତାର ନୟନର ଦୋଳନ ଗତିରେ
ଶ୍ରବଣ ଯାଏ ଚମକି
କର୍ଣ୍ଣ କୁହରରେ କରେକି ମନ୍ତ୍ରଣା
ସତେକି ଅସ୍ଥିର ଯୋଗୀ ॥
ଶୁଭ୍ର ଗୋଲାକାର ମଧ୍ୟରେ ଶ୍ୟାମଳ
ଚପଳ ଲଳିତ ଡୋଳା
କ୍ଷଣେ ହେଁ ସୁସ୍ଥିର ରହେନାହିଁ ପୁଣି
ଲୋଳ ବର୍ତ୍ତୁଳ ଅଧିରା ॥
ଦେବ ଗନ୍ଧର୍ବ ଓ ମାନବ ମାତ୍ରକେ
କରନ୍ତି ପ୍ରଶଂସା ଅତି

ତୋଷାମଦ କରି ସେ ଲାଗି ଗର୍ବରେ
ପଡ଼ଇ ତା ପାଦଗତି ॥
ନେତ୍ର ଚକ୍ରତାର ଘୂରୁଛି ଅପାର
ସମୁଦ୍ର ଜଳ ଭଉଁରୀ
ଅବଲୋକି ଲୋକେ ପଡ଼ନ୍ତି ତହିଁରେ
ଦୋଳିରେ, ଦୋଳାନ ପରି ॥"

କ୍ଷଣ ମାତ୍ର ଦେଖି ଯାତନା ମୋହର ଅଙ୍ଗୁ ନୋହୁଛି ନିବାରି ।
ରମ୍ୟ ସେ ରମଣୀ ରୂପର ଗରଳେ ମୁହିଁ ହେଉଅଛି ଘାରି ॥

॥ ୪୭୫ ॥

"ସେ ବର ରମଣୀ ପଦ୍ମାବତୀ ରାଣୀ
ଶୁକ ଖଡ୍ଗ ନାସା ଜିଣି ।
ବୀର ଓ ଶୃଙ୍ଗାର ରସକୁ ଆପଣେ
କରାୟତ୍ତେ ଅଛି ଆଣି ॥
ରାମ ରୂପୀ ତାର ମୁଖ ଚନ୍ଦ୍ରମାରେ
କୃପାଣ ସମ ନାସିକା ।
ହସ୍ତେ ଅସିର ଧରି ଜିଣିବ ବଇରୀ
ରାବଣ ସଙ୍ଗତେ ଏକା ॥
ଏଣୁ ଲାଗୁଥାଏ ପ୍ରଣୟ ଯୁଦ୍ଧରେ
ନାସିକା ହିଁ ସେତୁବନ୍ଧ
ଦୁଇ ଚକ୍ଷୁ ପରା ସିନ୍ଧୁରେ ରଚନ୍ତି
ସୁରମ୍ୟ ଜଳ ତରଙ୍ଗ ॥
ନାସିକା ତାହାର ତିଳ ପୁଷ୍ପପରି
ଯହିଁ ସୁଗନ୍ଧିତ କରି
ବିଧାତା ତା ମଧ୍ୟେ ସୁବାସ ଭରିଛି
ସମୀରେ ଯାଏ ପ୍ରସରି ॥
ନାସାର ବେସର କରନା ପୁଷ୍ପଟି

ଶାରଦୀୟ ଚନ୍ଦ୍ର ପାଖେ
ଅଗସ୍ତି ତାରାକି ଉଦିତ ହୋଇଛି
(ଦିଶେ) ତା ଠାରୁ ବଳି ଅଧିକେ ॥
ନକ୍ଷତ୍ର ମଣ୍ଡଳୀ ଯା ପାରୁଶେ ମିଳି
କରନ୍ତି ପ୍ରତିଯୋଗିତା
ମାତ୍ର ତା ପାଶକୁ ନ ଯାଇ ରୁହନ୍ତି
ହେବେ କାହିଁ ସମାନ ତା ॥
କିଏ ବା ବିନ୍ଧାଣି କରିଛି ନିର୍ମାଣି
ନାସାର ସୁବର୍ଣ୍ଣ ଫୁଲ
ସମସ୍ତ କୁସୁମ ହେବାକୁ ତା ସମ
ନୁହଁନ୍ତି ତା ସମତୁଲ ।
ନାସାରେ ସେ ପୁଷ୍ପ ବିଭୂଷଣେ ସିନା
ପ୍ରସରେ ସୁଗନ୍ଧ ଅତି
ସେହି ଗନ୍ଧ ସାର ଗର୍ବରୁ ସକଳେ
ପୁଷ୍ପକ ତହିଁ ବାସୁଛନ୍ତି ।”

॥ ୪୭୬ ॥

“ପାନ ପତ୍ର ପରି ପତଳା ଅଧର
ରକ୍ତ ରାଗେ ସୁରୁଚିର
ତାମ୍ବୂଳ ଚର୍ବଣେ ପୁଷ୍ପିତ କି ତହିଁ
ଗୋଲାପ ଗୁଚ୍ଛ ଶୋଭାର ॥
ମାଣିକ ଭଳି ତାର ସୁଧା ଅଧରେ
ଦନ୍ତାବଳି ରତ୍ନ ପରି
ବଚନ ଭାଷିଲେ ଲାଗଇ ଶ୍ରବଣେ
ଖଣ୍ଡ ଶାକରଠୁ ବଳି ॥
ତା ଅଧର କିବା କୁଶେ କି ଚିରିଛି
ଦି'ଭାଗେ ଶୋଭନ କରି ।
ତହୁଁ ଝରି ଆସେ ସିକ୍ତ ପାନ ରସ

ଅମୃତ ପରାଏ ଝରି ॥
ସ୍ମିତ ମୁଖେ ତାର ବିକଶିତ କିବା
ପୁଷ୍ପିତ ପୁଷ୍ପର ଶୋଭା
ଚୂର୍ଣ୍ଣ କୁନ୍ତଳେ ତା ନାଗୁଣୀ ପରାଏ୍
ତହିଁରେ ଝୁଲନ୍ତି ଅବା ॥
ଆସନ୍ତି ଆସବେ ପାନ କରିବାକୁ
ବିମଣ୍ଡି ଗଣ୍ଡ ମଣ୍ଡଳେ
ସେ ନାଗୁଣୀ ଦଳେ ନିବେଶି ଯେ ପ୍ରେମୀ
ବୁଦ୍ଧିମାନ କଉଶଳେ,
ଚତୁର ବିନୋଦ ଲଭି ସୁଧା ମୋଦ
ନିଶ୍ଚିତେ ଲଭିବ ରସ
ରସଗ୍ରାହୀ ତା ଅଧର ସୁଧା
ଲଭି ତୋଷିବ ମାନସ ॥"

॥ ୪୭୭ ॥

"ତା ଦନ୍ତପଂକ୍ତିରେ ଗାଢ଼ ହୋଇ ଦିଶେ
ତାମ୍ବୂଳ ବୋଳ
ପଦ୍ମ ପୁଷ୍ପ ମୁଖେ ବେଢ଼ିଛନ୍ତି ଅବା
ଭ୍ରମର ଦଳ ॥
ସାରି ସାରି ରଦ ଦିଶେକି ନିବଦ୍ଧ
ଡାଳିମ୍ବ ଦାନା
ତହିଁ କି ଶୋଭୁଛି ବଣ ମକା ଫଳ
ସୁଷମା ସିନା ॥
ତା ହାସ୍ୟ ଚମକେ ହୀରା ନୀଳା ସମ
ଦଶନ କାନ୍ତି
ଶ୍ୟାମ ଶ୍ୱେତ ବର୍ଣ୍ଣ ଛାମୁ ଦାନ୍ତ କିବା
ବିଦ୍ୟୁତ ଜ୍ୟୋତି ॥
ରତ୍ନସେନ ପ୍ରେମ ରସେ ସିକ୍ତ ହୋଇ

ଦିଶେ ମଳିନ
ତା ନାମେ ସାର୍ଥକ କେବଳ ସେହି ସେ
  ପଦ୍ମ ନଳିନ ॥
କିମ୍ବା ମୁଁ ଦେଖିଲି ତା ନେତ୍ର ଜ୍ୟୋତି କି
  ଏ ମୋର ଆଖି
କ୍ଷୀଣ କରିଗଲା ଅନ୍ତରେ ପ୍ରବେଶି
  ହୃଦେ ନିବେଶି ॥
ସେ ଜ୍ୟୋତିରେ ମୋର ହୃଦ ଆଲୋକିତ
  ଜ୍ୟୋତି ଦର୍ଶନେ ।
ଜଗତ ମୋ ଅଗ୍ରେ ଅନ୍ଧକାର ଦିଶେ
  କାନ୍ତି ବିହୀନେ ॥
ଜ୍ୟୋତି ସେ ଜଗତେ ପ୍ରକଟଇ ଅବା
  ହେଉ ବା ଗୁପ୍ତ ।
ମୋତେ ସେ ବାତୁଳ କରୁଛି, ହୃଦ ମୋ
  କରି ଉଦ୍ଦୀପ୍ତ ॥

॥ ୪୭୮ ॥

"ଶୁଣ ଦିଲ୍ଲୀ ଶାହା ତ ଜିହ୍ୱା ବର୍ଣ୍ଣନା
  ଯାହା ଶ୍ରବଣରେ ଶୁଣି
ମନ ହୁଏ ଅତି ଅନୁରକ୍ତ ତାର
  ରସନା ସୁଧା କଥନୀ ।
ତା ସୁଧା ବଚନେ, ଶୁଷ୍କ ବୃକ୍ଷ ହୁଏ
  କ୍ଷଣକରେ ଅଙ୍କୁରିତ
ପତ୍ର ପୁଷ୍ପ ପରି ଶରୀର ବିକଶେ
  ଅପଘନ ପ୍ରେମ ସିକ୍ତ ॥
ତା ଅମୃତ ବଚନେ ସ୍ୱାତୀବିନ୍ଦୁ ପରି
  ଶ୍ରବଣ ଶୁକ୍ତିରେ ପଡ଼ି
ଅନ୍ତର ଗହନେ ଅନୁଭବି ଜାଣେ

ଦୀପ୍ତି ଜାଳେ ମୁକ୍ତା ପରି ॥
ତା ବଚନ ରସେ, ପ୍ରାଣବାତ ମିଶେ
ଅଙ୍ଗ ଉପାଙ୍ଗ ଆହାର
ଶୁଣିଲେ ସେ ବୋଲି ହୋଇଯାଏ ସ୍ଥିର
ଚପଳ ହରିଣୀ ଦଳ ॥
କଣ୍ଠ ଉଚ୍ଚାରିତ ଧ୍ୱନିରେ ମୋହିତ
ଶାରଦା ରହନ୍ତି ଭୁଲି
ବୀଣାପାଣି ମୁଖ ହୁଅଇ ନିର୍ବାକ
ବେଦ ଶାସ୍ତ୍ରକୁ ବିସ୍ମରି ॥
ଧନ୍ୟ ସେ ପ୍ରେମିକ (ତା) କଥା ରସ ସୁଧା
ପାନେ ମତ୍ତ ରହେ ସଦା
ମନେ ଶାନ୍ତି ପାଏ, ପ୍ରେମେ ମନ୍ତ୍ର ଧାଏଁ
ତା ପାଦେ କରଇ ସେବା ॥
ଚନ୍ଦ୍ର ସୂର୍ଯ୍ୟ ରୁଦ୍ର ଦୈବତ ସମେତ
ଉଷତେ କରନ୍ତି ପୂଜା
ସମସ୍ତ ଜଗତ ହୁଏ ସ୍ତମ୍ଭୀଭୂତ
ସେ ଧ୍ୱନିର ନାହିଁ ଦୁଜା ॥"

॥ ୪୭୯ ॥

"ଶୁଣ ହେ ବାଦଶା ! ସେହିବର ଯୋଷା
ଶ୍ରବଣର ଆଭୂଷଣ
ଦ୍ୱାଦଶ ବର୍ଣ୍ଣର ଶୁଦ୍ଧ ସୁବର୍ଣ୍ଣର
ନେତ୍ର କରେ ବିମୋହନ ॥
ସିଂହଳ ସୁନାରୀ ସୁରୁଚିର କରି
ନିର୍ମାଣି କର୍ଣ୍ଣ କୁଣ୍ଡଳ
ସୂର୍ଯ୍ୟ ଚନ୍ଦ୍ର ସମ ଉଦ୍ଦୀପ୍ତ ଦିଶଇ
କାନ୍ତି କରେ ଝଲମଲ ॥
ରବି ଶଶୀ ଦୁହେଁ କର୍ଣ୍ଣ ଦୁଇ ପାଶେ

ଦୀପ୍ତିରେ ଉଠନ୍ତି ଜଳି
ନକ୍ଷତ୍ର ସଦୃଶ ମଣି ଓ ମାଣିକ୍ୟ
ତହିଁରେ ରହିଛି ଭରି ॥
ନିବୀଡ ମେଘରେ ଆବୃତ କରିଲେ
ସେ ବିଭୂଷଣ ଦୁଇ
ଛପି ନ ରହନ୍ତି ଅଧିକେ ଦିଶନ୍ତି
ଶ୍ରୁତି ମୂଳ ଉଚ୍ଛୁଳାଇ ॥
କର୍ଣ୍ଣ ମୂଳେ ରହି ମନ୍ତ୍ରଣା ଦିଅନ୍ତି
ଶୁକ୍ର ଶନି ମନ୍ତ୍ରୀ ଦୁଇ
ବଚନ ଭାଷିଲେ ଥରି ଉଠନ୍ତି ସେ
କାଳେ ତା ନୟନ ଯାଇ ॥
ସ୍ପର୍ଶ କରି ଶ୍ରୁତି ଶୁଣି ଯିବ ନିତି
ସେ ଲାଗି କର୍ଣ୍ଣ ବେଷ୍ଟନୀ
ମାନସେ ଭାବନ୍ତି ନେତ୍ର କରିଗତି
ମନ୍ତ୍ରଣା ନ କରୁ ପୁଣି ॥
କର୍ଣ୍ଣ ଖୁଣ୍ଟି ଭୂଷା ଖଞ୍ଜିଲେ କର୍ଣ୍ଣରେ
ଦିଶେ ଧ୍ରୁବତାରା ସମ
ଖୁଣ୍ଟିଆ ଭୂଷଣେ ଲାଗେକି ଗଗନୁ
ଖସିଛି ନକ୍ଷତ୍ର ଗଣ ॥
କୃତ୍ତିକା ନକ୍ଷତ୍ରମାଳା କି ସଙ୍ଗତେ
ଆକାଶୁ ପଡୁଛି ଝରି
ଅଙ୍ଗେ ଅଙ୍ଗ ଭୂଷା, ଭୂଷିତା ଅଙ୍ଗନା
ଅତି ଅନୁପମ କରି ॥
ବେଦ ପୁରାଣାଦି ସକଳ ଗ୍ରନ୍ଥକୁ
ଶ୍ରୁତି ପଟେ ଶୁଣି ଶୁଣି
ସକଳ ମୁଖସ୍ଥ କରିଛି କାମିନୀ
କର୍ଣ୍ଣ ହିଁ ରହିଛି ବାଣୀ ॥
ଦେଇଛନ୍ତି ବିହି ଶ୍ରୁତି ପଟ ଦୁଇ
ଶ୍ରବଣ ଯୁଗଳ ଜାଣି
ରସ ଓ ବିନୋଦେ ରଙ୍ଗ ରସ ମୋଦେ
ସୁଶୋଭିତ ସେ କାମିନୀ ॥”

॥ ୪୮୦ ॥

"ତା କପୋଳ ଖଣ୍ଡ ଅତୀବ ସୁନ୍ଦର
ନାରଙ୍ଗୀ ରଙ୍ଗର ଶୋଭା ଦିଶଇ
କୁସୁମ ପରାଗେ ପୀୟୂଷ ମିଶାଇ
କନ୍ଦୁକ ସମାନ ଗଢ଼ିଛି ବିହି ॥
ବାମ ପାରୁଶରେ ତିଳ ଚିହ୍ନ ଦିଶେ
ବିରହ ବହ୍ନିକି କରେ ସଂଘାତ
ଦେଖି ଯୁବା ଜନ ମୁଗ୍ଧ ହେଇଯାଏ
ଜଳି ଜଳି ଯାଏ ତାର ମାନସ ॥
ସେ ଲାଗି ବାମକୁ ଚାହିଁବା କଦାପି
ଯୁବା ପୁରୁଷର ନୁହେଁ ଉଚିତ ॥
ଭ୍ରମର ପରାଏ ଦିଶେ ସେହି ତିଳ
ପଦ୍ମ ପୁଷ୍ପେ ରସି ହେଲା ଅଚେତ ॥
ବିସର୍ଜିତ ପ୍ରାଣ ଫେରିଆସେ ନାହିଁ
ଅନ୍ୟ ପୁଷ୍ପ ପାଇଁ ଯିବାକୁ ବନେ
ସେ ତିଳ ନିରେଖି ମନଗଲା ଲାଖି
ତିଳ ପରି ଦେଖେ ସାରା ଭୁବନେ ॥
ତା ଚୂର୍ଣ୍ଣ ଅଳକ କପୋଳେ ଖେଳଇ
ଯେସନେ ବୃକ୍ଷର ଶାଖା ଆଦରି
ରସାଳ ମଞ୍ଜରୀ ଖେଳୁଥାଏ ଯେହ୍ନେ
ଚପଳ ସମୀରେ ତିଳେ ନ ଝରି ॥
ଚୂର୍ଣ୍ଣ କେଶ ପାଶ ସର୍ପିଣୀ ଦଳକି
ତହିଁକି କପୋଳେ ଆସନ୍ତି ଘେରି
ତା ମୟୂର ଗ୍ରୀବା ସ୍କନ୍ଧେ ହେଇ ଉଭା
ରକ୍ଷା କରେ ବାମା ଭୟ ନିବାରି ॥
ଅସ୍ପର୍ଶ ସେ ଥିବ ସ୍ପର୍ଶ ନ କରିବ
କେହିବା କିପରି ଛୁଇଁବ ଯାଇ
କୁଚ ପର୍ବତର ଅନ୍ତରାଳେ ଯେଣୁ
ରହିଛି ଆବୃତ ଅଚିନ୍ତା ହୋଇ ॥"

॥ ୪୮୧ ॥

"ସେ ନାରୀ ଗ୍ରୀବା ଦିଶେ ମୟୂର ସମ
କୁନ୍ଦିଲା କୁନ୍ଦକାର କରି ସୁଷମ ॥
ପଦ୍ମିନୀ ରୂପକଳ ବହୁ ପ୍ରକାରେ
ବର୍ଣ୍ଣିବି ହେ ବାଦଶା ! ଶୁଣ ତୁ ସ୍ଥିରେ ॥
ଅମାନିଆ ଅଶ୍ୱକୁ ସହସା ବଳେ
ଧରିଲେ ଯେଉଁପରି ଗ୍ରୀବା ପ୍ରସାରେ
ସେ ବାମା ଗ୍ରୀବା ସେହିପରି ଦିଶଇ
ନମିତ ହୋଇ ପୁଣି ଦିଏ ଲମ୍ବାଇ ॥
ଲୋଟଣୀ ପାରା ଯେହ୍ନେ ଖସେ ଶୂନ୍ୟରୁ
ଶୁଭ୍ର ସୁନ୍ଦର ଗ୍ରୀବା ଦିଶେ ସୁଚାରୁ
ସେପରି ଦିଶେ ତାର ଶୁଭଗ ଗ୍ରୀବା
ତହିଁ କି ଆଉ କିଛି ଉପମା ଦେବା ॥
କୁକ୍କୁଟ ଡାକେ ଯେହ୍ନେ ଟେକି ମୁକୁଟ
ଉଚ୍ଚେ ପ୍ରସାରି କରେ ଗ୍ରୀବା ପ୍ରକଟ
ଭରଣେ ପାନ ପାତ୍ର ସୁରେଇ ଯେହ୍ନେ
ନମିତେ ସୁରା ଢାଳେ ଦିଶେ ତେସନେ ॥
(କାରଣ) ନୟନ ଜଡ଼ ହୁଏ ଦର୍ଶନ ମାତ୍ରେ
ଯୁବା ପୁରୁଷ ଜୀବ ଥିବ କି ଗାତ୍ରେ
ସୂର୍ଯ୍ୟକାନ୍ତ ମଣିଟି ଶୁଭ୍ର ନିର୍ମଳ
ତା ଗ୍ରୀବା ତଟ ଦିଶେ ସ୍ୱଚ୍ଛ ଧବଳ ॥
ପାନ ରସ ପିବନ୍ତେ ଦିଶଇ ତାହା
ଦୁର୍ଲ୍ଲଭ କରି ବିହି ଗଢ଼ିଛି ଯାହା
ସ୍ୱର୍ଣ୍ଣ ମୃଣାଳ ପରେ ଖଞ୍ଜି ପ୍ରସୂନ
ବିଶ୍ୱସୃକ୍ ସର୍ଜିଛି ତା ଅପଘନ ॥
ଚୂର୍ଣ୍ଣ ଅଳକ ଦାମ ନାଗୁଣୀ ପରି
ବକ୍ଷେ ତା ଉଚ୍ଚ କୁଚେ ଥାଆନ୍ତି ବେଢ଼ି ॥

ଚତୁର ପ୍ରେମିକ ଯେ ପ୍ରସାରି ହସ୍ତ
ସ୍ପର୍ଶିବ ସେ ଗ୍ରୀବାକୁ କରି ଆଶ୍ଳେଷ
ରସ ବିନୋଦେ ରସି ହେବ ତାହାର
ଆପଣା ବଶେ ରଖି ରମଣୀ ବର ॥"

॥ ୪୮୨ ॥

"ସୁବର୍ଣ୍ଣର ଦଣ୍ଡ ପରି ବିରାଜଇ
ତା ବାହୁ ଯୁଗଳ ଦୁଇ
ମୃଣାଳ ଦଣ୍ଡକୁ ଦ୍ୱିଭାଗ କରିବା
ଖଞ୍ଜି ଅଛି ଓଲଟାଇ ॥
କର ପଦ୍ମ ତାର ଝୁଲିଛି ତଳକୁ
ଉପରେ ରହିଛି ଭୁଜ
ସତେକି କମଳ ହସ୍ତ ପଦ୍ମ ଦୁଇ
ଦି'ଭାଗେ କରିଛି ସାଜ ॥
ଚନ୍ଦନ ଦ୍ରୁମର ମଞ୍ଜରେ ନିର୍ମାଣି
ସୁଠାମ ସୁନ୍ଦର କରି
ମଳୟ ସମୀରେ କମଳ ସୁବାସ
ସମୀରେ ଯାଏ ପ୍ରସରି ॥
କର ପଲ୍ଲବର ମୁଦ୍ରିକା ମୋତିରେ
ଦିଶୁଛି ମଞ୍ଜିଷ୍ଠା ଆଭା
ବନ ଗୁଞ୍ଜାଫଳ ଏକତ୍ର ହୋଇକି
ଦ୍ୱିଗୁଣିତ କରେ ବିଭା ॥
ତା ହସ୍ତ ପଙ୍କଜ ଦିଶେ ବା ଯେମନ୍ତ
ରକ୍ତ ସୁରଞ୍ଜିତ ହୋଇ
ତା ଯୁବା ହୃଦୟେ ବିଦାରି କାମିନୀ
ରଖିଛି ପାଶେ ନ ଦେଇ ॥
ତା ହସ୍ତ ପଲ୍ଲବୁ ଅଙ୍ଗୁରୀୟ ଦିଶେ
ରତନ ନଗେ ଜଡ଼ିତ

ନେତ୍ରେ ବା ଦିଶଇ ଆତତାୟୀ ତାରା
 ମଣ୍ଡକେ ଶଶୀ ବେଷ୍ଟିତ ॥
ବାହୁ ବଳୟ ତା ଦିଶେ ହସ୍ତ ପଦ୍ମ
 ଶୋଭାରେ ବର୍ଣ୍ଣନାତୀତ
ହସ୍ତର କଙ୍କଣ ଅଟେ ତା ପ୍ରମାଣ
 ଦର୍ପଣ ସମ ନିହିତ ॥
ସମ୍ମୁଖରେ ତବ ଏକଇ କଙ୍କଣ
 ଯାହାକି ଅଟେ ପ୍ରମାଣ
ତା ହସ୍ତ କମଳ ସାଥେ ବାହୁ ଯୁଗ
 କରଇ ସାକ୍ଷୀ ଦର୍ପଣ ॥"

॥ ୪୮୩ ॥

"ହୃଦ ଦେଶ ତାରଥାଳା କି,
 ରାଜେ ତିଥି ଉପରେ
ଯୁଗ୍ମ ଗିନା ପରି ତା ମଧ୍ୟେ
 କୁଚ ନୟନ ହରେ ॥
ବେଲ, ନାରୀକେଳ ଶ୍ରୀଫଳ
 ସମ କୁଚ ବିରାଜେ
ଥାପି ଦେଇଛି କି ଦୃଷ୍ଟିରେ
 କାମ ସୁଖ ସରଜେ ॥
ଅଥବା ସେ କୁଚ ବିରାଜେ
 ଦୁଇ ନରେନ୍ଦ୍ର ସମ
ଶିରେ ତାର ପାଗ ଲାଗିଛି
 ନେତ୍ରେ ଦିଶଇ ଶ୍ୟାମ ॥
ଅଥବା ଦୁଇଟି ଲଟୁକି
 ନାଚେ ନର୍ତ୍ତନେ ଘୂରି
ଖେଳାଳି ହସ୍ତକୁ ନ ଆସେ
 କ୍ରୀଡ଼ା ରୀତି ଆଚରି ॥

ପୁରି ସମ ତାର କୁକ୍ଷୀ ହିଁ
ସଦା ରହିଛି ଫୁଲି
ପୁଷ୍ପ ତାମ୍ବୁଲ ଯା ଆହାର
ଅତି କୋମଳ କରି ॥
ତୁନ୍ଦ ତନୁ ରୁହେ ବିରାଜି
ଦୁଇ ଦେଶ ଦିପାଶେ
ଶିରିଆ ଓ ରୁମା ନିବାସ
ନେତ୍ରେ ଶୋଭନ ଦିଶେ ॥
ପୁଣି କୁଚ ପରେ ଦୋଳୁଛି
ଚୂର୍ଣ୍ଣ ଚିକୁର ଦାମ
ହେଙ୍ଗୁରୀ ସାଥେ ଯା କ୍ରୀଡ଼ନ୍ତି
ଚୌଗାନ ତା ନାମ ॥
ଭୁଜ ଦୁଇ ଉର୍ଦ୍ଧ୍ୱେ ଉଛିତ
କୁଚ ଶରଣ ମାଗି
ଅଳକ ଯାମ ଚରଣରେ
ସଦା ରହିଛି ଲାଗି ॥
ତେଣୁ କେହି ତାଙ୍କୁ ଆନତ
କରି ପାରିବେ ନାହିଁ
ଯୌବନ ମଦେ ସେ ଉଦ୍ଧତ
ନତ ହୁଅନ୍ତି ନାହିଁ ॥
ପ୍ରୀତି ବସେ ଯେଉଁ ପ୍ରେମିକ
ଯଦି କରେ ଆୟତ୍ତ
ସେ ସିନା ଭୋଗିବ ଜୀବନ
ସ୍ୱାଦୁ ଅପରାହତ ॥”

■

॥ ୪୮୪ ॥

"ଭୃଙ୍ଗୀ କୀଟ ପରି ତାର କଟି ଦେଶ
ଯୋଡ଼ା କି ଅଯୋଡ଼ା ନହୁଏ ଜାଣି ।
(ଅବା) ନଳିନୀ ଦିଭାଗ ହୋଇ ମଝି ତନ୍ତୁ-
ପରି କଟି ତାର ସୂକ୍ଷ୍ମ ବନ୍ଧନୀ ॥
ଗବାକ୍ଷ ସେ ପାଶେ ଫେରିଗଲା ପଥେ
ଦେଖିଲି ମୁଁ ତାକୁ କ୍ଷଣିକ ପାଇଁ ।
ଇନ୍ଦ୍ରପୁରୀର କି ବିଶେଷ ଅପ୍ସରା
ଚାଲିଗଲା ଅବା କ୍ଷଣିକା ହୋଇ ।
ମୋର ହୃଦଖଣ୍ଡ ନେଲା ସେ ଚୋରାଇ
ଲେଉଟାଇ ନାହିଁ ଯାଇଛି ହଜି
ତା ଗତି ସୁଷମା ଭାବି ଭାବି ମନ
ତିଳେ ହେଁ ତାହାକୁ ପାରୁନି ତେଜି ॥
ସେ ଭାବ ସୁଷମା ଆଖିରୁ ନ ଯାଏ
କିନ୍ନରୀ ସରମେ ଲୁଚିଲେ କାହିଁ
କଦାପି ମୋ ଆଖି ନ ଦେଖିଲା ଆଉ
ଅପ୍ରକଟେ ଗଲେ ତା ପାଖୁ ରହି ।
ଗତି ତାର ଦେଖି ରାଜହଂସ ଦଳ
ମାନସରୋବରେ ଗଲେ ବାହୁଡ଼ି
ଲଜ୍ଜିତ ଗଜେନ୍ଦ୍ର ଅପମାନ ପାଇ
ଶିର ପରେ ଢାଳି ହୁଅଇ ଧୂଳି ॥
ଉଦୟାଚଳରୁ ଅସ୍ତାଚଳ ଯାଏ
ଭ୍ରମିଛି ଦେଖିନି ଏପରି ନାରୀ
ମର୍ତ୍ତ୍ୟ ମଣ୍ଡଳରେ ନାହିଁ ଏ ଲଳନା
ବ୍ରହ୍ମ ମଣ୍ଡଳରେ ଥିବ ବା ରହି ॥
ଗବାକ୍ଷ ମାର୍ଗରେ ଯାହା ମୁଁ ଦେଖିଲି
ତାହା ତବ ପାଶେ କଲି କୀର୍ତ୍ତନ
ଅପ୍ରକଟେ ଯାହା ରହିଲା ଦୃଷ୍ଟିରୁ
ନ ପାରିବି ତାହା କରି ବର୍ଣ୍ଣନ ॥"

॥ ୪୮୫ ॥

"ସୁକୁମାରୀ ରାଜକନ୍ୟା ସେ ଲଳନା
କିପରି ବର୍ଣ୍ଣିବି ତା ସୂକ୍ଷ୍ମ ଭାବ
ପୁଷ୍ପର ପରଶେ ତା ଅଙ୍ଗ ପୀଡ଼ଇ
ଶ୍ରୀମୁଖେ ଫୁଟାଇ ଅସହ୍ୟ ଭାବ ॥
କୁସୁମ ଦଳରେ ତଳ୍ପ ସୁପାତି ତା
ଛିନ୍ନ ନୋହି ପୁଷ୍ପ ଥିଲେ ଅକ୍ଷୁଣ୍ଣ
ବ୍ୟଥା ବ୍ୟାକୁଳିତ ପୀଡ଼ିତ ଶରୀରେ
ନିଦ୍ରା ନ ଘାରଇ ନେତ୍ର ନଳିନ ॥
କ୍ଷୀର, ଶାକର ବା ଘୃତାଦିରେ ମନ
ଅରୁଚି ରହଇ ଭୋଜନ ବିନା
ତାମ୍ବୂଳ ଆହାରେ ଜୀବନ ଧରିଛି
ପାନରୁ ଶିରାଦି ଫିଙ୍ଗନ୍ତି ସିନା ।
ତାର ଅଧରରେ କ୍ଷତ ହବା ଭୟେ
ସଖିଏ କରନ୍ତି ସଦା ଯତନ
ଉର୍ଣ୍ଣନାଭୀ ସୂକ୍ଷ୍ମ ତନ୍ତୁ ଜାଲପରି
ଅତି ଝିନ ପରିଧାନ ବସନ ॥
ତା ମଧ୍ୟ ଅଙ୍ଗରେ ଆଞ୍ଜୁଡ଼ି ପଡ଼ଇ
ପୀଡ଼ା କରୁଥାଇ ପୁଣି ଅଧିକ
ଅତି ସୁକୁମାରୀ ନ ଥିବା କାହିଁଟି
କୋଟିରେ ଗୋଟିଏ ଥିବ ବା ଏକ ॥
ସେ ରମଣୀ ପଦ ପଲଙ୍କ ଉପରେ
ଅବା ନ୍ୟସ୍ତଥାଏ ପୀଢ଼ା ଉପରେ
କେବେ ବା ଧରିତ୍ରୀ ମଣ୍ଡିଲେ ତା ପଦ
ନେତ ବସ୍ତ୍ର ବିଛା ହୁଏ ଭୂତଳେ ॥
ଦୃଷ୍ଟିରେ ସେ ନାରୀ ପଡ଼ିଲେ କଦାପି
କ୍ଷଣେ ହିଁ ନୟନୁ, କରନା ଦୂର
ସର୍ବଦା ସତର୍କେ ରଖିବ ମାନସେ

ପାଶରୁ ନକରି କ୍ଷଣେ ଅନ୍ତର।
ଏପରି ପ୍ରଲୁବ୍ଧ ପ୍ରେମିକ ଭୋଗିବ
ସର୍ବ ସୁଲକ୍ଷଣୀ ଏ ଭାଗ୍ୟ ଲକ୍ଷ୍ମୀ
ଅମିର ବା ହେଉ, ହେଉ ସେ ଫକିର
କି ଅବା ଫରକ ଯାଏନା କମି ॥"

ସର୍ବ ଶୋଭା ସାର ଏକତ୍ର କରି ସେ ସର୍ଜିଲେ ରମ୍ୟ ରମଣୀ।
ଲାବଣ୍ୟ ସଲିଳେ ସ୍ନାନ କରି ବିଧି ବିରଚିଲେ କମଳିନୀ ॥

॥ ୪୮୬ ॥

ରାଘବ ଚେତନ କଲା ଯା ବର୍ଣ୍ଣନ
ଶ୍ରବଣେ ଶୁଣି ବାଦଶା
ଅଚେତନ ହୋଇ ପଡ଼ିଲେ ଭୂମିରେ
ଚେତନା ହୀନ ସହସା ॥
ମାନସ ପଟରେ ତହିଁ ସେ ଦେଖିଲେ
ପଦ୍ମିନୀ ରୂପ ମାଧୁରୀ
କ୍ଷଣକେ ଦର୍ଶନ ଦେଇ ଉଭାଇଲା
ଆସିଲାନି ପାଶେ ଫେରି ॥
ଆପଣା ଭବନେ ରଖିଥିଲେ ଭାବି
ପଦ୍ମିନୀ ସୁନ୍ଦରୀ ନାରୀ
ପଲକେ ପାଲଟି ହେଲେ କୁମୁଦିନୀ
କେ ନୁହେଁ ପଦ୍ମିନୀ ସରି ॥
ମାଳତୀ ଫୁଲକି ପୁଷ୍ପିତ ମାନସେ
ତହିଁରେ ଭ୍ରମର ସମ
ତା ପ୍ରେମରେ ମଜ୍ଜି ନ ବଳିଲା ମନ
ଆନ ପୁଷ୍ପେ କଦାଚନ ॥
ଜୀବନ ତାହାର ଅସହ୍ୟ ହେଉଛି
ବିଷାକ୍ତ ଲାଗେ ସକଳ

ପଦ୍ମିନୀ ବ୍ୟତୀତ ସର୍ବ ଅନାସକ୍ତ
ବିରହ କନ୍ଦର୍ପ ଜାଳ ॥
ଶଶୀ ପାଇଁ ସୂର୍ଯ୍ୟ ଅନୁରକ୍ତ ସଦା
ତାରକା ମଣ୍ଡଳ ତେଜି
କହନ୍ତି, "ମୁଁ ସୁର, ମଧୁପ ବାଦଶା
ସଂସାର ଯିବି ବରଜି ॥
ଚିତ୍ତୋର ଦୁର୍ଗକୁ ଧ୍ୱଂସ କରିବି ମୁଁ
ଆଣିବି ପଦ୍ମ କୁସୁମ
ମାନସରୋବରେ ଥିଲେ ବି କମଳ
ଯିବି ମୁଁ ଭ୍ରମର ସମ ॥
ଯହିଁ ଅଛି ପଦ୍ମା, ସେ ଦୁର୍ଗର ବାର୍ତ୍ତା
କହ ତନ୍ନ ତନ୍ନ କରି
ଶୁଣି ମୁଁ ହରିବି ପଦ୍ମିନୀ କୌଶଳେ
ଚିତ୍ତୋର ବିଧ୍ୱଂସ କରି ॥"
କଠୋର ସଂକଳ୍ପ କରେ ଦିଲ୍ଲୀର ବାଦଶା।
ସତେ ବା ଆଣିବେ ହରି ପଦ୍ମିନୀ ସହସା ॥

॥ ୪୮୭ ॥

କହେ ସେ ରାଘବ, "ଶୁଣ ସାହା ସର୍ବ !
ଚିତ୍ତୋର ଗୌରବ ମୁଁ ଅଛି ଜାଣି
ଚେତାବନୀ ଦେଇ, କହେ ମୁଁ ବୁଝାଇ
ପଞ୍ଚରତ୍ନ ଅଛି ସେ ଦୁର୍ଗେ ପୁଣି।
ଚିତ୍ତୋର ଅଧିପ ରତ୍ନସେନ ନୃପ
ଦେଇଥିଲେ ବାରା ନିଧି ବିଚାରି
ବନ୍ଧୁପଣେ ପ୍ରୀତି ପଞ୍ଚରତ୍ନ ନିଧି
ବିପଦୁ ତାରିବେ ଉଦ୍ଧାର କରି ॥
ପ୍ରଥମ ନଗଟି ଶୁଭ୍ର ହଂସ ଯାହା
ମୋତି ସଦା କରିଥାଏ ଆହାର

ଦିଗୁଣେ ଦିଅଇ, ଭଣ୍ଡାର ଭରାଇ
ବହୁ ମୂଲ୍ୟ ରତ୍ନ ଦ୍ରବ୍ୟ ଆବର ॥
ଦ୍ୱିତୀୟେ ହେଉଚି ପୀୟୂଷ କଳଶ
ସର୍ପ ଦଂଶନ ବା ରୋଗ ବିଶେଷ ।
ସକଳ ଭେଷଜ ରୂପେ ପରିହରେ
ଜୀବନ ଲଭନ୍ତି ପ୍ରାଣୀ ଅଶେଷ ।
ତୃତୀୟ ନଗ ଯା ପରଶ ପାଷାଣ
ପରଶେ ଲୌହକୁ କରେ ସୁବର୍ଣ୍ଣ
ଯେ ଦ୍ରବ୍ୟ ଛୁଇଁବ ସ୍ୱର୍ଣ୍ଣ ପାଲଟିବ
ବିମୁଗ୍ଧ କରିବ ମାନବ ପ୍ରାଣ ॥
ଅଦ୍ଭୁତ ଶାର୍ଦ୍ଦୂଳ ଚତୁର୍ଥ, ଯେ କରେ
ବନ ହସ୍ତୀ ଦଳେ କ୍ଷଣକେ ଧରି
ସଗର୍ବେ ଆଣଇ ଅଣାୟତ କରି
ସହସ୍ର ଗଜେନ୍ଦ୍ର ବନୁ ଉଦ୍ଧରି ॥
ପଞ୍ଚମ ବୋଲାଏ ସିନ୍ଧୁରାଜ ପକ୍ଷୀ
ଅଟେ ଯା ସାଦୃଶ ଛଞ୍ଚାଣ ସମ
ବନେ ମୃଗଦଳ, ଚମରୀ ଗୋ ପଲ
ସକଳେ କରଇ ସେ ଆକ୍ରମଣ ॥
ଚକ୍ରପରି ଘୂରି ଦେଖଇ ଗଗନୁ
ଛଞ୍ଚାଣ ତୁଲ୍ୟ ସେ ଆକାଶୁ ଖସି
ଧରିତ୍ରୀରେ ଚରୁଥିବା ଜୀବଜନ୍ତୁ
ଚଞ୍ଚୁମୁନେ କ୍ଷୀଣ କରେ ଆକର୍ଷି ।"

॥ ୪୮୮ ॥

ବାଦଶା ପ୍ରଦାନ କଲେ ରାଘବ ବ୍ରାହ୍ମଣେ
ପାନ ବିଡ଼ା ସହ ନବବସ୍ତ୍ର ଆଭରଣେ
ତିନିକୋଟି ରତ୍ନ ଖଞ୍ଜି କଙ୍କଣର ଯୋଡ଼ି
ସମର୍ପିଲେ ବ୍ରାହ୍ମଣରେ ନୂଆ କରି ଗଢ଼ି ॥

ଦଶ ହସ୍ତୀ ଶତ ହୟ, ଜୀବନ ସୁଖରେ
ବିତାଇବା ପାଇଁ ଦେଲେ ଅନ୍ନଦାନ ତୁଲେ ॥
ବ୍ରାହ୍ମଣକୁ ବୋଧ ଦେଇ କହନ୍ତି ଭବିଷ୍ୟ
"ପଦ୍ମିନୀ ପାଇବି ଯେବେ, ଦେବି ମୁଁ ଅବଶ୍ୟ
ଚିତ୍ତୋର ଦୁର୍ଗେ ତୋତେ କରିବି ନରେଶ
ପଦ୍ମିନୀ ଆଣିବି ହରି, କରି ଦୁର୍ଗ ଧ୍ୱଂସ ॥
କରଗତ କରିବି, ଅଗ୍ରେ ସେହି ପଞ୍ଚରତ୍ନ
ଛିନ୍ନ ଅଙ୍ଗୁରୀୟ ମୁହିଁ ଦ୍ୱିତୀୟେ ନିଶ୍ଚିତ
କରିବି, ଏ ପଞ୍ଚରତ୍ନ ଯହିଁଥିଲା ଜଡ଼ି
ସେ ରତ୍ନ ଭୂପ ଜୀବନ କ୍ଷଣକେ ବିଦାରି ॥"
ପୁରୁଷ ସିଂହ ସରଜା ଦୂତ ରୂପେ ବରି
ଲେଖନୀ ପତ୍ରିକା ଦେଲେ, ସଯତନ କରି ॥
ସିଂହ ଆରୋହୀ ଚଳିଲା ପୁରୁଷ ପୁଙ୍ଗବ
ସର୍ପର ଚାବୁକ ଧରି, ମତ୍ତ ହସ୍ତୀଭାବ ॥
ସହସା ପ୍ରବେଶ ଦୁର୍ଗେ, ରତ୍ନସେନ ପାଶେ
ପତ୍ର ଦିଏ ବାଦଶାର, ବହୁ ମଧୁ ଭାଷେ ।
ପ୍ରଥମେ ଯା ଲେଖିଥିଲା, ପଶ୍ଚାତେ ଆଦେଶ
ଆଶ୍ଚର୍ଯ୍ୟ ଚକିତ ହୋଇ ପଢ଼ନ୍ତି ନରେଶ ।
"ସିଂହଳ ରାଜକୁମାରୀ ପଦ୍ମିନୀ ସୁନ୍ଦରୀ
ପରେ ଅନୁରକ୍ତ ଶାହା, ଦିଅ ତ୍ୱରା କରି ॥"

ବିସ୍ମିତ ହୋଇଲେ ରାଜା ରତ୍ନସେନ "ଏକି ଅଲୌକିକ କଥା !
କି ସାହସେ ମାଗେ ଅନ୍ୟର ଘରଣୀ ଲଜ୍ଜିତ ନ ହୋଇ ବାଦଶା ॥"

■

॥ ୪୮୯ ॥

ପତ୍ର ପାଠେ ରାଜା ଗର୍ଜନ କରନ୍ତି
ରତ୍ନସେନ ଇନ୍ଦ୍ର ସମ
"କେଉଁ ବୀରପଣ ଦେଖାଉ କେଶରୀ

(ମୋ) ଶାର୍ଦ୍ଦୂଳ ନେବ ତୋ ପ୍ରାଣ ॥
ଦିଲ୍ଲୀଶ୍ୱର ହେଉ, ହେଉବା ମଘବା
ରଙ୍କ କି ରାଜପୁରୁଷ
କେହି ନ ଚାହାଁନ୍ତି ଅନ୍ୟର ରମଣୀ
ଯା ଗୃହେ ଯା'ର ନିବାସ ॥
ସେ ହେଉ ଦିଲ୍ଲୀଶ ଅବା ଗୃହବାସ
ତା ପାଇଁ ସେ ବଡ଼ ସିନା
ସ୍ୱର୍ଗରେ ବାସବ ଅପ୍ସରା ବିହରେ
ମର୍ତ୍ତ୍ୟ ଲୋକଙ୍କ ଅଜଣା ॥
କାହାର ଘରଣୀ କେ'କରେ ମାଗୁଣି
ଏତ ଆଚମ୍ବିତ କଥା
ହସନ୍ତି ଜଗତ, ମଥା ଅବନତ,
ବେଲଜ୍ଜା ନକରେ ଚିନ୍ତା ॥
କଂସକୁ ଜିତିଲେ କୃଷ୍ଣ ସିନା ବଳେ
ଗୋପୀକା ଦେଲେକି ନେଇ
ଯେତେ ବଡ଼ ହେଲେ କି ଅଛି ତହିଁରେ
ପର ରମଣୀରେ ବାଇ ॥
ମୁହିଁ ସୁରବର ନ କରେ ଚାତର
ସୂର୍ଯ୍ୟ ସମ ଆକାଶରେ
କେବେ ଯିବି ଚଳି ପାତାଳରେ ମିଳି
ବୀର କି କାହାକୁ ଡରେ !
ଅପାର ସମୁଦ୍ର ଅଗାଧ ଜଳରେ
ତୃଷା ନ ମେଣ୍ଟିଲା ଯା'ର
ଶିଶିର ବୁନ୍ଦାରେ ଶୋଷ କି ମରିବ
ବୃଥା ଉପହାସ ସାର ॥"

"ସାତ ସମୁଦ୍ର ପାରିହୋଇ ଆଣୁ ସିଂହଳ ପଦ୍ମିନୀ ନାରୀ।
ବଡ଼ ପଣ ସିନା ରହିବ ତାହାର, ରହିଥିବ ବାହାଦୁରି ॥"

॥ ୪୯୦ ॥

ସରଜା କହିଲା, "ହେ ରାଜା ! କଦାପି
ବୃଥା ନ କର ବିରୋଧ
ବୁଝିଶୁଝି କାମ ସମାଧାନ କଲେ
ଦୁଇ ପକ୍ଷେ ରହେ ଭାବ ॥
ଜାଣି ଶୁଣି ମତେ ମରଣ ମୁହଁକୁ
ପେଷିଛି ଦିଲ୍ଲୀ ବାଦଶା
ମୋର ମୃତ୍ୟୁ ଅଗ୍ନି କଣାରେ ଜଳିବ
ତୋ ମୃତ୍ୟୁ କରାଳ ଦଶା ॥
ଯଦିବା ପ୍ରସ୍ତାବ ଗରୁ ଲାଗେ ତତେ,
ସେ ଗୁରୁ ଭାର ସମ୍ଭାଳି
ତୋତେ ହିଁ ବାଦଶା ପ୍ରଶ୍ନର ଉତ୍ତର
ଦେବାକୁ ପଡ଼ିବ ଭାଳି ॥
ନ କହ ଏପରି କୁବାକ୍ୟ ତାହାକୁ,
ସେ ଯଦି କରେ ସଂଗ୍ରାମ
ହଇଗୋଳ ହେବ ଜଗତେ କେବଳ
ତୋ ଦୁର୍ଗ ହେବ ଶ୍ମଶାନ ॥
ଆକାଶରେ ସୂର୍ଯ୍ୟ ଉଦୟ ହେବାକୁ
ଲାଗେନା ଅଧିକ କ୍ଷଣ
ମଧ୍ୟାହ୍ନ ପ୍ରଖର ରୌଦ୍ରରେ ତପନ
ଧ୍ୱଂସ କରିବ ସାଧନ ॥
ଉତ୍ତପ୍ତ ହୋଇବ ଅମ୍ବର ଅବନୀ
ବୀର ଫୁତ୍କାରେ ତହିଁ
ପର୍ବତ ଶିଖରୀ ମିଶି ହେବ ଧୂଳି
ତୋ ଦୁର୍ଗ ତିଷ୍ଠିବ କାହିଁ ॥
ପୁଣି ତା ହୁଙ୍କାରେ ସୁମେରୁ ପର୍ବତ
ମିଳାଏ ପାତାଳେ ତଳେ
ସେଇ ଶୂରବୀର ଯେ ପଥେ ଗମଇ

ରହେ କ୍ଷିତି ସମତୁଲେ ।।
ରତ୍ନ ପାରାବାର ଅଗାଧ ଅଥଳ
ବାରି କ୍ଷଣେ ହୁଏ ଶୁଷ୍କ
ତୋ ଦୁର୍ଗ ଚିତ୍ତୋର ତା'ଠୁ କି ଉର୍ଦ୍ଧ୍ୱରେ
ପଲକେ ହୋଇବ ସ୍ତୂପ ।।
ପ୍ରଚଣ୍ଡ ଉନ୍ମତ୍ତ ବୃଷଭ ପରି ତୁ
ବାଦଶାରେ କରୁ ବାଦ
ଚିତ୍ତୋର ଗଡ଼ରେ ବସି ତୁ ଭୁଞ୍ଜୁଥା
ଶାହା ଦେବା ବଇଭବ ।।
ଚନ୍ଦେରୀ ଦୁର୍ଗକୁ ଅଧିକାର କରି
ସୁଖେ ରହ ଚିରଦିନ
ଅଜ୍ଞାନେ କିମ୍ପାଇ କରୁଛୁ କଳହ
ନ ଜାଣି ବାଦଶା ପଣ ।।"

।। ୪୯୧ ।।

"ଶୂନ୍ୟ ଚିତ୍ତୋରରେ କି ଅବା ରହିଲା
ଚନ୍ଦେରୀ ଚାହେଁନା ମୁହିଁ
ଗୃହ ପାଇଁ ମୋର ଏ ଜୀବନ ଯାଉ
ଗୃହିଣୀ ନ ଦେବି ରହି ।।
ବୈରାଗୀ କେବଳ ଗୃହ ଦେଇ ପାରେ
ଅନ୍ୟ କିଏ ଦେବ ନାହିଁ
ନପୁଂସକ ଭବେ ହୋଇଥାଏ ଯେବା
ସେ ଅବା ପାରିବ ଦେଇ ।।
ରଣ ଗମ୍ଭୀର ମୁଁ ହମୀର ପରି,
ବଇରୀ କବଳେ ବନ୍ଦି
ହେବା ବହୁ ପୂର୍ବୁ ସ୍ୱ ହସ୍ତରେ ନିଜ
ଶିର ପାରିଥିଲେ ଛେଦି ।
ମୁହିଁ ରତ୍ନସେନ ବାଜି ରଖି ପ୍ରାଣ

ଯାଇ ସିଂହଳ ଦ୍ୱୀପରେ
ରାଧା ଭେଦ କରି ଅର୍ଜ୍ଜୁନ ସମ
ସୈରନ୍ଧ୍ରି ଆଣିଲି ଘରେ।
ମାରୁତି ସମ ମୁଁ ଗୁରୁଭାର ବୋହି
ପୁରୁଷାର୍ଥ କରି ଯାରେ
ଶ୍ରୀରାମଙ୍କ ପରି ସେତୁ ବାନ୍ଧ ବାନ୍ଧି,
ଲଭିଲି ଲଙ୍କାରୁ ତାରେ ॥
ବିକ୍ରମଙ୍କ ପରି ଜୀବନକୁ ଚାଳି
କଲି ଅସାଧ୍ୟ ସାଧନ
ପୁରୁଷ ସିଂହ ମୁଁ, ପଣ ରଖିଗଲି
ଲଙ୍କାଗଡ଼ (ମୁହିଁ) ରତ୍ନସେନ ॥
ମୋ ମୁଖ ମୁଛରେ ହାତ ଦବା ଲାଗି
କିଏ ବା ହେବ ସକ୍ଷମ।
ଯଦି ତୋର ସ୍ୱାମୀ ଚାହୁଁଛି ଏପରି
ଅବଶ୍ୟ ସେ ହୀନ ମନ ॥
ଚାହୁଁଛି ସେ ଯଦି ଧନରତ୍ନ ଦେବି
ମୁହିଁ ଅକୁଣ୍ଠିତ ମନେ
ଅକୁଣ୍ଠିତ ଚିତ୍ତେ ସେବା ବି କରିବି
ତାର ପଦେ ଦାସ ପଣେ ॥
ଯଦି ସେ ପଦ୍ମିନୀ ପାଇଁ ଲାଳାୟିତ
ସିଂହଳୁ ଆଣୁ ପଦ୍ମିନୀ
ଚିତ୍ତୋର ଦୁର୍ଗର ପଦ୍ମିନୀ କଦାପି
ନ ପାଇବ ତୁ ଥା ଜାଣି।"

ବୀର ଶ୍ରେଷ୍ଠ ରତ୍ନସେନ କ୍ଷେତ୍ରୀ ଚୂଡ଼ାମଣି।
କଦାପି ନ ମଣେ ଶ୍ରେୟ ଦେବାକୁ ଘରଣୀ ॥

ଟିପ୍ପଣୀ: ରଣଥମ୍ବର ପତି-ହମୀର, ହମୀର ଶତ୍ରୁ ପାଖରୁ ପରାଜିତ ହେବା ପରେ, ବନ୍ଦି ହେବା ପୂର୍ବରୁ ନିଜର ଶିର ନିଜେ କାଟି ପକେଇଥିଲେ।

॥ ୪୯୨ ॥

ସରଜା କହେ "ହେ ରାଜା!
    ତୁ କିମ୍ବା ହେଉ ଗର୍ବିତ
ସାରା ସଂସାରରେ ଶାହା
    ଦିଲ୍ଲୀଶ୍ୱର ହିଁ ସମ୍ରାଟ ॥
ତା ଲାଗି ସିଂହଳ ଦ୍ୱୀପ
    ଯିବା ନୁହେଁ ବହୁଦୂର
ତୁ ସିନା ମନରେ ଭାବୁ
    ତୋହର ଗଡ଼ ଚିତ୍ତୋର ॥
ଉଦୟଗଡ଼ ଛିଡାଇ
    ଜେମାଙ୍କୁ ଆଣିଲା ବଳେ
ସେ କନ୍ୟାମାନେ ସରାଗେ
    ଅଛନ୍ତି ତା ଅନ୍ତପୁରେ ॥
ସେ ଇଚ୍ଛା କରିଲେ ତୋର
    ଗଡ଼ ଓ ଦୌଲତ ସହ
ପଦ୍ମିନୀ ନାରୀ ହରିବ
    କିଏ ବା ରୋଧିବ କହ ॥
ତୋ ଶିରୁ ମାଟି ଝାଡ଼ି ଦେ,
    ପରେ ସେ ମୃତ୍ତିକା ତଳେ
ପୋତି ହେବୁ ତୁ ପଲକେ
    ପଡ଼ିଣ ତାର କବଳେ ॥
ଅଗ୍ରେ ତା ପଦ ସେବିବୁ
    କରି ତୁ ନତ ମସ୍ତକ
ନହେଲେ ଧ୍ୱଂସ ହୋଇବୁ
    ତୋ ଭସ୍ମ ରଖି ସନ୍ତକ ।
ସ୍ତ୍ରୀ ବା ପୁରୁଷ ହେଉ ସେ,
    ଉଚିତ କରିବା ସେବା

ପଦ୍ମିନୀ ନାରୀ କେତେକ,
  ତାହାର ଜୀବନେ ଅବା।"

ପଦ୍ମିନୀ ବା କି ଅଧିକ ? ନାରୀ ବା ପୁରୁଷ
ସକଳେ ବାଦଶାର ସେବା କରି ପାଉଛନ୍ତି ଯଶ ॥

ଟିପ୍ପଣୀ: ଛିତାଇ- ଦେବଗିରି ରାଜକନ୍ୟା।

॥ ୪୯୩ ॥

ରତନ ନରେଶ କହେ, "ଆରେ ଦୂତ !
କହତୁ ବାଦଶା ପାଶେ
କଦାପି ନଦେବି ତାର ଇଚ୍ଛାକୃତ
ଯାଚନା କରେ ଯା ଆଶେ ॥
ଯଦ୍ୟପି ତା ଆଶା କରିବ ପୂରଣ
ସିକନ୍ଦର ସମ ସେହି
ଯେପରି ସେ ଗୁଣି ସୁଧାଫଳ ପାଇଁ
କଜଳୀ ବଣକୁ ଯାଇ
ଯୁଦ୍ଧ କରି ଶେଷେ ବିବ୍ରତ ହୋଇଲା
ମନସ୍ତାପେ ଗଲା ରହି ॥
ପତଙ୍ଗ ପରାଏ ଜଳିଗଲା ସେହି
ଅଗ୍ନିଗିରି ଶିଖେ ପଡ଼ି
ଆକାଶ ଉତ୍ତପ୍ତ ତାମ୍ର ବର୍ଣ୍ଣ ଭାରେ
ବିଶ୍ୱଜୟୀ ଗଲା ହାରି।
ଏ ଚିତ୍ତୋର ଗଡ଼ ଅଗ୍ନିର ପାହାଡ଼
ସୂର୍ଯ୍ୟ ଯଦି ସ୍ପର୍ଶ କରେ
ତପ୍ତ ହୋଇ ମୃତ ହୁଏ, ଜଳିଯାଏ
ପାଲଟି ଅଙ୍ଗାର କୁଢ଼େ।
ସିକନ୍ଦର ସମ ଯଦି ଅଟେ ସେହି

ପଞ୍ଚନଗ ମୋ ପାଶରୁ
ଘେନି ଚଳି ଯାଉ ଯାହା ଆଣିଥିଲି
ମୁହିଁ ସମୁଦ୍ର ଗର୍ଭରୁ ॥
ଦେବଗିରି ଯାଇ ଛଳରେ ବାଦଶା
ଛିଡାଇ ରାଣୀକୁ ହରି
ନେଲା ନିଜ ରାଜ୍ୟେ, ନିର୍ଲ୍ଲଜ ଦିଲ୍ଲୀଶ
ପୁରୁଷାର୍ଥ କି ଏପରି ?
ଏ ବାରତା ପାଇ ଅଛି ମୁଁ ପ୍ରସ୍ତୁତ
ଅଛି ଯୁଦ୍ଧର ସାମର୍ଥ୍ୟ
ଆଲ୍ଲାଉଦ୍ଦିନକୁ କହ, ଆକ୍ରମଣ
ଲାଗି ହେଉ ଉପସ୍ଥିତ ॥"

"ପରାଜିତ କରୁ ମତେ ତୁର୍କୀ ସୁଲତାନ।
କଦାପି ମୁଁ ନ ତେଜିବି ବଂଶ ଅଭିମାନ ॥"

ଟିପ୍ପଣୀ: କଜଳୀ ବଣ- ସିକନ୍ଦର ପଶ୍ଚିମ ଭାରତରୁ ହିଁ ପ୍ରତ୍ୟାବର୍ତ୍ତନ କରିଥିଲେ। ସିକନ୍ଦର କଜଳୀ ବନରୁ ଅସଫଳ ହୋଇ ଫେରିଆସିବା ବୋଧହୁଏ ଲୋକ କଥାରେ ପ୍ରଚଳିତ ଏହି କାରଣରୁ।

॥ ୪୯୪ ॥

ଫେରିଲା ସରଜା-କହଇ "ବାଦଶା !
 ଯେତେ ବି କହିଲି ମୁହିଁ
ସର୍ବ ପ୍ରବୋଧନା କଲା ବିଡ଼ମ୍ବନା (ତାରେ)
 ମତ୍ତ ଗର୍ବେ ନରସାଇଁ।
ଥରେ ଯେ ଅନଳେ ହୋଇଛି ଦହନ
 ସେ ଅଗ୍ନିରେ ହେବ ଶେଷ
ଭସ୍ମ କୁଢ଼ ତାର ରହିବ ସନ୍ତକ
 ନ ରହିବ ଅବଶେଷ ॥
ନିର୍ବାପିତ କେବେ ନୋହିବ ସେ ଅଗ୍ନି

ସେ ଭୂପ ଗର୍ବିତ ପଣ
ସେ ପାବକେ ଜାଳି ଦିଅ ତାରେ ଦଳି
କରି ଶୀଘ୍ର ଆକ୍ରମଣ ॥”
ଏ ବାକ୍ୟ ଶ୍ରବଣେ ଜ୍ୟେଷ୍ଠ ମାସ ଯେହ୍ନେ
ପ୍ରଚଣ୍ଡ ରୌଦ୍ର ପ୍ରତାପେ
ମାର୍ତ୍ତଣ୍ଡ ପରାଏ ଜଳିଲେ ଦିଲ୍ଲୀଶ
ରୋଷ କଷାୟିତ ନେତ୍ରେ ॥
ଯେଉଁ ଦିଗେ ଦୃଷ୍ଟି ନିକ୍ଷେପିଲେ ଶାହା
ସେ ଦିଗ ଉଠିଲା ଜଳି
"କାହା ବଳରେ ସେ ହିନ୍ଦୁ ନରପତି
ମୋ ସାଥେ କରୁଛି କଳି ॥
ମୁହିଁ ତ ଈଶ୍ୱର ଭବ ଅଧୀଶ୍ୱର
ନୁହେଁ କାହିଁ ପରାଜିତ
ଏବେ ଗଗନର ଦୈବତ ନିକର
ମୋ କ୍ରୋଧୁ ହେବନି ମୁକ୍ତ ॥
ଏ ଅନଳ ମୁଖେ ଭରିବ ଯେ ଜନ
ହେଲେ ଇହ ପରଗତ
ଦୁଇଲୋକ ପାଇଁ ନେବ ଏ ପାବକ
ମୁକ୍ତ ନୋହି କଦାଚିତ ॥
ରଣଥମ୍ବରରେ ଜଳିଲା ଯେପରି
ଏ ଅଗ୍ନି ପ୍ରଖର ହେଇ
ଚିତ୍ତୋର ଦୁର୍ଗକୁ ଜାଳିବ ପାବକ
ଅତି ଉଗ୍ରତର ହୋଇ” ॥

ନିର୍ବାପିତ ହେବ ନାହିଁ ଏ ଅଗ୍ନି କଦାପି ତିଳେ।
ସ୍ୱଇଚ୍ଛାରେ ଯେଣୁ ନରେଶ ବିପଦୁ ଡାକି ନେଲେ ॥

॥ ୪୯୫ ॥

ତକ୍ଷଣେ ଦିଲ୍ଲୀଶ ଦିଅନ୍ତି ଆଦେଶ
ଚଉଦିଗେ ପତ୍ର ଲେଖି
ଏକତ୍ର ହେବାକୁ ଯେଉଁଠି ଯେ ଅଛି
ଅମୀର ଯୋଦ୍ଧାଙ୍କୁ ଡାକି ॥
ନାଗରା ପିଟିଲା ଚାର ଚଉଦିଗେ
ଶୁଣି ସେ ଶବଦ କାନେ
ଶଙ୍କିତ ହୋଇଲେ ସ୍ୱରଗେ ବାସବ
ବାସୁକୀ ଘୁଞ୍ଚିଲା କ୍ଷଣେ ॥
ସାରା ବସୁନ୍ଧରା ଦୋହଲିଲା ପରା
କୂର୍ମ ପୃଷ୍ଠ ଗଲା ଦବି
ସାଗର ମନ୍ଥନେ ହେଲା କି ପ୍ରଳୟ
ଆଶୁ ଭବିଷ୍ୟତ ଲାଗି ॥
ସକଳ ସଂସାର ଜାଣିଲା ବାଦଶା
ଯୁଦ୍ଧ କଲେ ଆଗୁଁ ସାର
ଚିତ୍ତୋର ଗଡ଼ର ତିନି କୋଶ ଧରି
ସୁଲତାନ ସେନା ଦଳ ॥
ଉପରେ ଆକାଶ ଭରି ଉଠି ଆସେ
ରକ୍ତ ବର୍ଣ୍ଣ ମେଘ ଘୋଟି
ଯେ ଯେଉଁଠି ଥିଲେ ଆସି ମିଳିଗଲେ
ପଦାତି ହୟ ଓ ହାତୀ ॥
ଓଟ ଓ ଖଚ୍ଚର, ସାଥେ ସେନା ଦଳ
କ୍ଷୁଧିତ ଶାର୍ଦ୍ଦୂଳ ପରି
ଗମନ୍ତି ଆଗକୁ ଉଦ୍ଧତ ଗତିରେ
ଶୁଭେ ଘନ ଘୋର ରଡ଼ି ॥
ଆକାଶ ଅବନୀ ଥରି ଉଠୁଥିଲା ଦେଖି ଯୁଦ୍ଧ ଅଭିଯାନ ॥
ଅନୀତି, ଅସତ୍ୟ, ଅବିବେକୀ ହୋଇ ତୁର୍କ କରେ ବଡ଼ପଣ ॥

॥ ୪୯୬ ॥

ସୁଲତାନୀ ସେନା ଚଳନ୍ତି ଅଗ୍ରତେ
ହୟ ଅନେକ ପ୍ରକାର
କାହିଁ ବା ପ୍ରଖର କାହିଁ ବକ୍ରାକାର
କଙ୍କଣ ଦେଶ ଅଶ୍ୱର ॥
କଳା, ନୀଳ, ଖଙ୍ଗ, କୁମୈତି, ଘୁରଙ୍ଗ
ସନେବି, ବୋର୍ଦ୍ଧୁର, କେବି
କେତେ ପ୍ରକାରର ରଙ୍ଗରେ ବିଭୋର
ଦେଖିଲେ ଲାଗିବ ଛବି ॥
ଅଙ୍ଗରେ କବଚ ଅବଲୁକ, ଅଗଜ
ଶିରାଜୀ, ଚୌଧର, ଚାଲ, ସମନ୍ଦ
ପୁଣି କେତେ ପ୍ରକାରର ହୟ ସେତ
ଖର୍ମୁଜ, ନୁକରା, ପଞ୍ଚକଲ୍ୟାଣ, ସଞ୍ଜାବ ॥

ଜର୍ଦା, ଅଗରାନ, ବୋଲସିର, ଯେତେ ରହନ୍ତି ତୁରଙ୍ଗଦଳ ।
ମୁସ୍କି, ହିରମିଞ୍ଜି, ଇରାକୀ ଓ ତୁର୍କୀ, ଭୋଥାର, ବୁଲାକୀ ମାଳ ॥

■

॥ ୪୯୭ ॥

ସୁଗଠିତ କରି ହସ୍ତୀକଙ୍କୁ ଅଗ୍ରେ
ଲୌହ ଗଜ କବଚେ କରି ମଣ୍ଡନ
ପଲାସୀ ଅଗ୍ରତେ ମଦ ମତ୍ତ ଗଜେ
ଧାବନ୍ତି ବେଗେ କରି ଘୋର ଗର୍ଜନ ॥
କୃଷ୍ଣ ବର୍ଣ୍ଣ ମେଘୁ ଅଧିକ ସେ ଶ୍ୟାମ
ଦିଶୁଥାନ୍ତି ସମସ୍ତ ଗଜେନ୍ଦ୍ର ଯୁଥ
ଅତି ଉଚ୍ଚତମ ତାଙ୍କ ପୃଷ୍ଠ ଭାଗ
ସ୍ପର୍ଶେ ଗଗନ କି ଲାଗେ ବିଚିତ୍ର ॥
ଭାଦ୍ରବ ରାତ୍ରରେ ଘନ ଅନ୍ଧକାର
ସୂଚି ଭେଦ୍ୟ କଜ୍ଜ୍ୱଳ ବର୍ଣ୍ଣେ ଆବୃତ

ଲକ୍ଷେକ ମାତଙ୍ଗ ଧରାଧର ଅଙ୍ଗ-
ବହି ଅବା ଅଗ୍ରେ ହୁଅନ୍ତି ଧାବିତ ॥
ଯୂଥ ଦୀର୍ଘତାରେ ଆକାଶ ଊର୍ଦ୍ଧ୍ୱକି
ଭାଙ୍ଗି ପଡୁଅଛି କି ଧରିତ୍ରୀ ଗର୍ଭ
ପାଦଭାରେ ପୃଥ୍ୱୀ ଦବିଯାଏ ପୁଣି
ଗତିରେ କ୍ଷିତିରେ ଭୂ କମ୍ପନଜାତ ॥
ଗଜ ତା ଗତିରେ ଭୂମି କମ୍ପୁଥିଲା
ପାଦ ପାତେ ତଳୁ ଝରଇ ସଲିଳ
ମଥିତ ଜଗତ, ପାତାଳେ ବାସୁକୀ
କ୍ଷଣେ ଥରିଯାଏ ସେ ହୋଇ ଚପଳ ॥
ମଦ ମତ୍ତଗଜ ଧାବନ୍ତି ସରବେ
ମଦ ବାରି ଗନ୍ଧେ ସେ ହୁଅନ୍ତି ଲୁବ୍ଧ
ଇତଃସ୍ତ ହୋଇ ଭ୍ରମନ୍ତି କ୍ଷଣକେ
ସଂଘବଦ୍ଧ ସେ ହୋଇ ଚଳନ୍ତି ସର୍ବ ॥
ବସୁଧାକୁ ପୃଷ୍ଠେ ଧରିଥିବା କୂର୍ମ
କ୍ଷଣେ ସେ ଦ୍ରବିଗଲା ଶଙ୍କିତ ମନେ
ସମସ୍ତ ଜଗତ ଭୟେ ଆକୁଳିତ
ଅସମୟେ ଅବା ପ୍ରଳୟ ମଣେ ॥

॥ ୪୯୮ ॥

ସୁଲତାନଙ୍କର ସହାୟତା ଲାଗି
    ଖଲିଫା ସହ ଅମୀର
ଖୁରସାନ ସାଥେ ହେରାତ ପ୍ରଦେଶୁ
    ପ୍ରବେଶିଲେ ମୀରଦଳ।
ବଙ୍ଗ, ଉମରାଓ, ରୁମ, ଶାମ ଦେଶୁ
    ଆସିଗଲେ ସୁଲତାନ
କାଶ୍ମୀର, ଠଟ୍‌ଠା ସୁଲତାନ ସହ
    ସକଳ ମୁସଲମାନ।

ପାଣ୍ଡୁ ଓ ବିଦର୍ଭ ଗୁଜରାଟେ ଥିବା
ଆସିଲେ ସମସ୍ତ ତୁର୍କୀ
ଉତ୍କଳରୁ ମଧ୍ୟ ହସ୍ତୀକ ସହିତେ
ମିଶିଲେ ବହୁ ଭୂପତି ।
କାମରୂପ ଆଉ କାମତା ପଣ୍ଡୁଆ
ଦେବଗିରି, ଉଦେଗିରି
ଏ ସ୍ଥାନୁ ମିଳିଲେ ଯେତେ ମୀରମାନେ
କୁମାୟୁଁ, ଖାସିଆ ଧରି ।
ମଗରର ଲୋକେ ଗିରି ଅଞ୍ଚଳରୁ
ଆସିଲେ ଦଳକୁ ଦଳ
ହେମଗିରି, ତେଲେଙ୍ଗାନା ଓ ଗଜନୀ
ହେଲେ ତହୁଁ ସମତୁଲ ।

ସପ୍ତଦୀପ ନବଖଣ୍ଡ ମେଦିନୀ ସମସ୍ତ ଯୋଦ୍ଧା ।
ବାଦଶା ଅଗ୍ରତେ ହୋଇଲେ ଏକତ୍ର, ନ ଥିଲା ବାଧା ॥

॥ ୪୯୯ ॥

ଧନ୍ୟ ବାଦଶା, ସଙ୍ଗଠିତ (ଯା) ନିର୍ଦ୍ଦେଶେ
ଏ ସଂସାର କବଳିତ
ସେହି କରେ ଏକା ସକଳ ସୈନ୍ୟଙ୍କୁ
ଏକ ସ୍ଥାନେ ସମବେତ ॥
ରଣବାଦ୍ୟ ନାଦ ଶ୍ରବଣେ ସମସ୍ତ
ସେନାପତି ଯୋଦ୍ଧା ବୀର
ପ୍ରସ୍ତୁତ ହୋଇଲେ କ୍ଷଣକ ମାତ୍ରକେ
ବିଳମ୍ବ ନକରି ବେଳ ॥
ସେନାଙ୍କ ସହିତ ଲକ୍ଷ ଲକ୍ଷ ବୀର
ଅମୀର ଥିଲେ ଅନେକ
ସଙ୍ଗତେ ତାଙ୍କର ଯାନ୍ତ୍ରିକ କମାଣ

ଖନ୍ଦଗୀ ଥିଲା ଅଧିକ ॥
ଜେବା ଖୋଲି, ରାଗ, ପିନ୍ଧିଲେ ଶରୀରେ
ଲେଜିମ ଧରି ହସ୍ତରେ
ଇରାକୀ ଅଶ୍ୱର ଉପରେ ସବାର
(ହେଲେ) ଯୋଦ୍ଧାଗଣ ତତ୍‌ପରେ ॥
ସେମାନଙ୍କ ପାଖେ ଅଶ୍ୱର କବଚ
ପଖର ଝଟକୁ ଥିଲା
ବିଭିନ୍ନ ବର୍ଣ୍ଣିଳ ରଙ୍ଗ ଓ ପଂକ୍ତିରେ
ସେନା ଯାତ୍ରା ଆରମ୍ଭିଲା ॥
ସମସ୍ତଙ୍କ ଭାଷା ଥିଲା ଭିନ୍ନ ଭିନ୍ନ
ସର୍ବେ ତାହା ବୁଝୁଥିଲେ
ଧନ୍ୟ ବିଶ୍ୱକର୍ତ୍ତା ଭାଷାର ଭଣ୍ଡାର
ଗୁଣାବଳୀ ସୃଷ୍ଟିକଲେ ॥

ଏକ ସୈନ୍ୟଦଳ ଲମ୍ବିଛି, ସପ୍ତକୋଶ ଆବୃତ।
ଶେଷାନ୍ତେ, ସେ ଦଳ ପଶ୍ଚାତୁ ଅନ୍ୟ ହୁଏ ସଂଜାତ ॥

ଟିପ୍ପଣୀ: (୧) ଖନ୍ଦଗୀ- ଏକପ୍ରକାର ଲମ୍ବାତୀର ଯାହା ଯନ୍ତ୍ର କମାଣରେ ବ୍ୟବହୃତ ହେଉଥିଲା। (୨) ରାଗ- ଗୋଡ଼ର କବଚ (୩) ଲେଜିମ-ଏକପ୍ରକାର ଧନୁ (୪) ପଖର- ଅଶ୍ୱ କବଚ।

॥ ୫୦୦ ॥

ସେ ଯୁଦ୍ଧ ବାଜଣା ଘନ ଘଟା ଘୋର
ଅମ୍ବର ଅବନୀ ଥରେ
ଗଡ଼େ ଗଡ଼ପତି କମ୍ପନ୍ତି ସଭୟେ
ଜୀବନ ନାହିଁ ଶରୀରେ ॥
ସରବେ ହୃଦୟେ ହସ୍ତ ରଖି ଭୟେ
ନିର୍ବାକ ରୁହନ୍ତି ବସି

କାହିଁକି ବାଦଶା କରେ ଯୁଦ୍ଧ ଯାତ୍ରା
କାହାର ସର୍ବସ୍ୱ ନାଶି ॥
ଲାଗିଲା ଯେପରି ମନ୍ଥନ ଘଟରୁ
ଦହିଗଲା ତଳେ ଢାଳି
ଉଦୟ ଗିରିରୁ ଏପରି ଆସନ୍ତି
ସୈନ୍ୟ ଶିବିର ଉଚ୍ଛୁଳି ॥
ଜୁନାଗଡ଼, ଚମ୍ପାନର ଓ ଚନ୍ଦେରୀ
ମାଣ୍ଡବ ଗଡ଼ ସହିତେ
ଗ୍ୱାଲିଅର ରାଜ୍ୟେ ହୁଏ ହଟ୍ଟଗୋଳ
ରୁହନ୍ତି ଭୀତ ଶଙ୍କିତେ ॥
କଳିଞ୍ଜର ଭୀତ ଅଜୟ ଗିରିରୁ
ଧାବନ୍ତି ବିଷାଦ ହୋଇ
ସୈନ୍ୟ ଶିବିରର ପତ୍ତା ନ ଦିଶିଲା
ଗୋପନେ ରହିଲେ କାହିଁ ॥
ବାନ୍ଧବ ଗଡ଼ ଜୀବ, ମାନବ ସର୍ବେ
କମ୍ପନ୍ତି ଭୀତି ବିସ୍ମୟେ
ରୋହତାସ ଗଡ଼ ବିଜୟ ଗିରିର
ସର୍ବେ ଶଙ୍କାକୁଳ ଭୟେ ॥
ଉଦୟ ଗିରିର କମ୍ପୁଥାଏ ଅଙ୍ଗ
ଦେବଗିରି ତ୍ରାସେ ରହେ
ଛିତାଇର ରାଜକନ୍ୟା ଅପହରି
ହରିବ କାହାକୁ ଏବେ ॥
ସର୍ବଗଡ଼ ଆଉ ଗଡ଼ପତି ଯେତେ
ନରପତି ସହିତରେ
ତାଳପତ୍ର ପରି କମ୍ପୁଥାନ୍ତି ଭୟେ
ଭାବନ୍ତି ନିଜ ମନରେ ॥
ବାଦଶାର ଛତ୍ର କାହାର ଉଦ୍ଦେଶ୍ୟେ
ସୈନ୍ୟ ବାହିନୀ ପ୍ରସାରି
ଗମନ୍ତି ଅଗ୍ରତେ, ମସ୍ତକ କାହାର

ସୈନ୍ୟ ବାହିନୀ ପ୍ରସାରି
ଗମନ୍ତି ଅଗ୍ରତେ, ମସ୍ତକ କାହାର
କରିବ ଭସ୍ମ, ସଂହାରି ॥

ଏପରି ଭାବନ୍ତି ସର୍ବେ ଶଙ୍କିତ ମନରେ।
ଜାଣି ନ ପାରନ୍ତି ତେଣୁ କମ୍ପନ୍ତି ଭୟରେ ॥

॥ ୫୦୧ ॥

କୁମ୍ଭଲନେର ଓ ଚିତ୍ତୋର ଗଡ଼ରେ
ଏସନ ରଣର ସଜ୍ଜା
ହୋଇଲା ସତେକି ଯେପରି ସୁମେରୁ
ଅଚଳେ ହୋଇଛି ଭଜା ॥
ଦୂତ ଯାଇ କହେ "ଦୁର୍ଗ ନେବା ପାଇଁ
ଛଳ କରି ଆସେ ଶାହା
ସର୍ବ ହିନ୍ଦୁରାଜା କର ସତ୍ୟ ଏକ
ସାଥେ ହେବ ମୋର ସାହା ॥
ସମୁଦ୍ର ସମାନ ମାଡ଼ି ଆସୁଛନ୍ତି
ତୁରକ କୁଚ ବାହିନୀ
ଏ ସବୁ ରୋଧିବା ନୁହଇଁ ସମ୍ଭବ
ଅସତ୍ୟ ଛଳିବା ଜାଣି ॥
ତଥାପି ହୋଇ ମୁଁ ବଦ୍ଧ ପରିକର
ବନ୍ଧ ପରି ଅବରୋଧି
ରଖିବା ପାଇଁ କି ନେଇଛି ଦାୟିତ୍ୱ
ଶେଷ ପରିଣାମ ଭାବି ॥
ପଳାୟନ ପନ୍ଥା କିଏ ବା ଧରିବ
ଜାତି ବଂଶ ଅଭିମାନ
ସକଳେ ମୋ ସାଙ୍ଗେ ବରଣୀୟ ହୁଅ
ରଖ ଚିତ୍ତୋର ସମ୍ମାନ ॥

ତୁରକ ଯୁଦ୍ଧରେ ହାରିଯିବା ଯଦି
ତହିଁକି ଶୋଚନା ନାହିଁ
ସତୀ ଯୁବତୀଏ ସ୍ୱାମୀ ସଙ୍ଗ ବିନା
କ୍ଷଣେ କାହିଁ ରହି ନାହିଁ ॥
ତାମ୍ବୂଳ ସଙ୍ଗତେ ଚୂନ ଓ ସୁପାରି
ଖଇର ମିଳିଲା ପରି
ସମସ୍ତ ଭୂପାଳ ହୁଅ ଏକ ମେଳ
ହିନ୍ଦୁତ୍ୱକୁ ରକ୍ଷା କରି ॥
ଦୂତ ମୁଖୁଁ ଶୁଣି ଆସ ନରମଣି
ଚିତ୍ତୋର ଦୁର୍ଗକୁ ମୋର
ଯୁଦ୍ଧର କରାଳ ବିଭୀଷିକା ନେଇ
ଆସନ୍ତି ତୁରକ ଦଳ ॥"

॥ ୫୦୨ ॥

ଚିତ୍ତୋର ନରେଶ ପେଷିଲେ ସନ୍ଦେଶ
ବାଦଶାଙ୍କ ଅନୁଗତ
ଯେତେ ହିନ୍ଦୁ ରାଜା ଥିଲେ ସମସ୍ତଙ୍କୁ
ସଂଗ୍ରାମେ କଲେ ଆହୂତ ॥
"ଦିଲ୍ଲୀ ବାଦଶାର ଅନୁଗତ ଯେତେ
ହିନ୍ଦୁ ରାଜା ସର୍ବେ ମିଳି
ସର୍ବେଶ୍ୱର ଶୁଣ ଆମ୍ଭର ଏ ଗିର
କରୁ ଯାହା ନିଉଛାଳି ॥
ଚିତ୍ତୋର ଅଟଇ ହିନ୍ଦୁମାନଙ୍କର
ମାତୃସମା ମହିୟସୀ
ଶ୍ରେଷ୍ଠ ରାଜା ତହିଁ ରତ୍ନସେନ ରାଏ
ମାତୃ ରକ୍ଷଣେ ସାହସୀ ॥
ଜହର ବ୍ରତ କା ରହେ ଦୁର୍ଗ ମଧ୍ୟେ
ହିନ୍ଦୁ ହିଁ ପତଙ୍ଗ ସମ

ଯହିଁ ସେ ଦେଖନ୍ତି ଯୁଦ୍ଧର ଅନଳ
ତହିଁ ପଡ଼ି ଦିଏ ପ୍ରାଣ ॥
ଯଦି ତୋର ଦୟା ହେବ ଚିତ୍ତୋରକୁ
ଯିବୁ ଶୀତଳିବୁ ଅଙ୍ଗ
କରି ସମର୍ଥିତ କରିବୁ ଆଦେଶ
ଦେବୁ ପାନ ବିଡ଼ା ଆଗ ॥
ଆମ୍ଭେ ଯିବୁ ତହିଁ ମରିବୁ ସକଳେ
ହିନ୍ଦୁତ୍ୱ ରକ୍ଷଣ ପାଇଁ
ହିନ୍ଦୁତ୍ୱ ରକ୍ଷଣ ପାଇଁ
ହିନ୍ଦୁର ଅସ୍ତିତ୍ୱ ରଖନ୍ତି ଭୂପାଳ
ହିନ୍ଦୁ ରାଜା ନର ସାଇଁ ॥"
ସାନନ୍ଦେ ବାଦଶା ପାନବିଡ଼ା ଦେଲେ
ଆଦେଶିଲେ "ତ୍ରି ଦିବସ
ସମୟ ଦେଉଛି, ସମ୍ବାଦ ପାଇବି
କରିବି ସଂଗ୍ରାମ ଶେଷ ॥"

ସର୍ବ କ୍ଷେତ୍ରୀ କୁଳ ନୁହନ୍ତି କାତର ମୃତ୍ୟୁ ବରିବାକୁ ରଣେ
ବାଦଶା ପାଶରୁ ମେଲାଣି ମାଗି କ୍ଷେତ୍ରୀୟେ ଚଳିଲେ ସଂଗ୍ରାମେ ॥

॥ ୫୦୩ ॥

କ୍ଷତ୍ରିୟ ପ୍ରବର ରଣ ରଙ୍କବୀର
ପୃଷ୍ଠେ ବିଶାଳ ବାହିନୀ
ରଥୀ ମହାରଥୀ ପଦାତିକ ଦଳ
ହୟ ହସ୍ତୀ ଖର ଘେନି ॥
ହିନ୍ଦୁରାଜା, ମହାରାଜା, ସେନାପତି
ଗଜପତି, ଦୁର୍ଗପତି
ଛତ୍ରପତି, ଅଶ୍ୱପତି ଓ ସାମନ୍ତ
ଠାକୁର ବଂଶ, ଭୂପତି ॥

କ୍ଷତ୍ର, ପଞ୍ଚବାନ, ଅଗ୍ରବାଲ, ବଘେଲ
ଚୌହାନ, ଚନ୍ଦେରୀ କୁଳ
ଶାହାରବାର ଓ ପରିହାର ପରି
କୁଳୀନ କ୍ଷତ୍ରୀୟ ବର ॥
ମଲ୍ଲହଂସ ବଂଶ, ଠାକୁର ରାଜେଶ
ତୋମର, ବୈଶ୍ୟ, ପ୍ରବାର
ସହସ୍ର ଧ୍ୱଜାର ସସମ୍ମାନ ସାଥେ
ଚଳନ୍ତି ଚିତ୍ତୋର ଗଡ଼ ॥
ପଟ୍ଟହ, ଟମକ, ଭେରୀ, ତୂରୀ, ଶଙ୍ଖ
ଶିଙ୍ଗାଧ୍ୱନି ପ୍ରତିଧ୍ୱନି
ଅଗ୍ରତେ ବାଦକ ଚଳନ୍ତି ପଶ୍ଚାତେ
ବିପୁଳ ହିନ୍ଦୁ ସଇନି ॥
ଚନ୍ଦନ ସିନ୍ଦୂର ବିମଣ୍ଡିତ ସର୍ବେ
ବିଜୟ କେତନ ଧରି
ପ୍ରବେଶି ନମିଲେ ଚିତ୍ତୋର ନରେଶେ
ନତ ଶିରେ କ୍ରମ କରି ॥
ଅମ୍ବର ଧରିତ୍ରୀ ଯଶେ ଯେ ଭରିଛି
କ୍ଷତ୍ରି କୁଳ ମହାଶୂରୀ
ଭୂଧର କି ତହୁଁ ଗରୁ ହେବ ଊର୍ଦ୍ଧ୍ୱେ
ବାଜି ରଖେ ପ୍ରାଣ ବଳି ॥
ଯେତେ ଭୟଙ୍କର ସଂଗ୍ରାମ କରାଳ
ଜୀବନ ଜଞ୍ଜାଳ ହେଲେ
ସ୍କନ୍ଧେ ବୋହିବାର ଜାଣେ ସେ କୌଶଳ
ଶରୀରେ ଜୀବନ ଥିଲେ ॥

ମୃତ୍ୟୁର କରାଳ ଶିରେ ଯେ ଉଡ଼ିବ ଯଶ ସମୀରେ ସତତ
ଜଳି ଭସ୍ମ ହେବ, ଛିନ୍ନ ଭିନ୍ନ ଅଙ୍ଗ ଧୂଳି ପାଲଟିବ ମାଟି ସହିତ।

॥ ୫୦୪ ॥

ଚିତ୍ତୋର ଗଡ଼ରେ ସର୍ବତ୍ର ରହିଛି
ଅସ୍ତ୍ର ଶସ୍ତ୍ର ସୁରକ୍ଷିତ
ଯେତେ ବେଳେ ଯେଉଁ ଦ୍ରବ୍ୟ ଆବଶ୍ୟକ
ତକ୍ଷଣେ ହେବ ପ୍ରାପତ ॥
ତିଂଶ ବର୍ଷତଳେ ଲାଗିଲେ ବି ଯୁଦ୍ଧ
ସମସ୍ତ ମିଳିବ ତହିଁ
ପ୍ରଥମରୁ ଦୁର୍ଗ ଥିଲା ତହିଁ ବକ୍ର
ଅଧିକ କଲେ ବଢ଼ାଇ ॥
ସୁଚାରୁ ମଣ୍ଡିତ ଚିତ୍ରଲେଖା ମାନ
ଲତା, ଗୁଳ୍ମ, ତରୁ, ଶାଖା
ସୁଚିତ୍ରିତ କଲେ ମୁଖ୍ୟ ଶିଳ୍ପୀମାନେ
ସମସ୍ତ ଦୁର୍ଗ ପରିଖା ॥
ଏକ ଏକ ସ୍ତରେ ଚୌଖଣ୍ଡି ନିର୍ମାଣି
ତୋପ ଖଞ୍ଜିଲେ ସଜାଇ
ସୁରକ୍ଷା ଉଦ୍ଦେଶ୍ୟେ ବିଭିନ୍ନ ବିଭାଗେ
ସମ୍ପାଦିଲେ ଦୃଷ୍ଟିଦେଇ ॥
ଏପରିକି ପିପିଲିକା ଗଳି ଯିବା
ନ ଥିଲା ସମ୍ଭବ ତହିଁ
ଶତ୍ରୁ ପକ୍ଷ ଯୋଦ୍ଧା ଆସିବ କି ଏବା
ପ୍ରାଣ ବଳି ଦବା ପାଇଁ ॥
ପ୍ରତ୍ୟେକ ଗମ୍ବୁଜେ ଧାନୁକୀ ବସନ୍ତି
ସଦା ନିରୀକ୍ଷକ ହେଇ
ଅଙ୍ଗୁଳି ପ୍ରମାଣେ ଭୂମି ନ ଦିଶଇ
ତୋପ ଖଞ୍ଜିଦେଲେ ନେଇ ॥
ସେ ତୋପ ଫୁଟିଲେ ମନେ ହେଉଥିଲା
ବସୁଧା ହେବ ଦି ଭାଗ
ମଧ୍ୟ ବୁରୁଜରେ ବସି ରହିଛନ୍ତି
ବୈଜୟନ୍ତ ଦଳ ଭାଗ ॥

ବାଜନ୍ତେ ସଘନେ ଢୋଲ ଓ ତବଲା
ଉଚ୍ଚ ସ୍ୱରେ ଡାକେ ଭେରୀ
ଏହି ପରି ଦୁର୍ଗ ଆକାଶ ସ୍ପର୍ଶିକି
ରହିବ ସୁମେରୁ ପରି ॥
ବଇରୀ ପାଇଁକି ଏ ଲାଗେ ଯେପରି
ଅପାର ବାରିଧି ବାରି
ସହସ୍ର ଜାହ୍ନବୀ ସ୍ରୋତ ହେଲେ ମଧ
ସିନ୍ଧୁ ଗର୍ଭେ ଯିବ ଭରି ॥

॥ ୫୦୫ ॥

କୂଟ କଇତବ ଯୁଦ୍ଧ ଯାତ୍ରା ଦେଖି ବାଦଶାଙ୍କର।
ଅମରେ ବାସବ ପାତାଳେ ବାସୁକୀ ଭୀତେ ଅସ୍ଥିର ॥
ନବଲକ୍ଷ ହୟ ହସ୍ତୀ ସମୂହର ଏ ଯୁଦ୍ଧେ ଆଗତ।
କାବଚିକ ସର୍ବେ ସାଞ୍ଜୁ, କବଚରେ ଥିଲେ ଆବୃତ ॥
ଗିରି ଶିଖରକୁ ଗତି କରିଥିଲେ ସେମାନେ ସର୍ବେ।
ସତେବା ଦୁର୍ଗକୁ ଘେରି ଚଢୁଛନ୍ତି ସକଳେ ଗର୍ବେ ॥
ଘନ ଅରଣ୍ୟର ପାଦପେ ଓପାଡ଼ି ଶୁଣ୍ଢରେ ଧରି,
ଗମନ୍ତି ଭ୍ରୂକ୍ଷେପ ନକରି ହସ୍ତିକ ଦୂରେ ସଞ୍ଚରି ॥
ବିଂଶ ସହସ୍ର ଦୁନ୍ଦୁଭିର ରୋଳେ ବା ଆକାଶ ଛିଡ଼ି।
ପଡୁଛି କି ତଳେ ଭୂତଳ ଆବୋରି ଲାଗେ ସେରପି ॥
ଧ୍ୱଜା ଓ ଢାଲରେ ସୁସଜ୍ଜିତ ଦୀର୍ଘ ସୈନ୍ୟବାହିନୀ।
ଗମନ୍ତି ସଦର୍ପେ ଆବୋରି ଗଗନ ହିନ୍ଦୁ ସେନାନୀ ॥
ଗଜତା ମାନଙ୍କ ସହସ୍ର ପଂକ୍ତିରେ ପାଦ ପଡ଼ନ୍ତେ।
ଆକାଶ ଫାଟେକି ପୃଥ୍ୱୀ ଦବିଯାଏ ପାତାଳ ଗତେ ॥
ଦ୍ରୁମ ମୂଳୁ ତାଡ଼ି ମସ୍ତକରୁ ଝାଡ଼ି ଶୁଣ୍ଢରେ ଭରି।
ଚଳନ୍ତି ଗଜତା ହୋଇ ମଦମତ୍ତ ଉଦର ଭରି ॥
କିଏ ବା କାହାକୁ ସମ୍ଭାଳିବ ତହିଁ କରି ଆବଦ୍ଧ
ଅବନୀ ଅମ୍ବର କମ୍ପିତ କେବଳ ମଣି ବିପଦ ॥

॥ ୫୦୬ ॥

ସେନାଙ୍କ ଅଗ୍ରତେ ଗୁଳି ଭରା ତୋପ
ଗମନ୍ତେ କମ୍ପେ ଅବନୀ
ତୋପ ରଥ ଚକ୍ର ଗଢ଼ା ହୋଇଥିଲା
କୁଳିଶେ ତୁଲେ ନିର୍ମାଣି ॥
ସୁବର୍ଣ୍ଣ ରଥଟି ଦୀପ୍ତିରେ ଝଟକି
ଦିଶଇ ନେତ୍ର ଅଗ୍ରତେ
ବିଷମ କମାଣେ ଅଷ୍ଟଧାତୁ ଗୋଳା
ଶବଦ କରେ ନିରତେ ॥
ଶତ ଶତ ମହଣର ବାରୁଦରେ
ଭରା ଥିବାରୁ ତହିଁରେ
ଚତୁର୍ଦ୍ଦିଗେ ଫିଙ୍ଗି ଗୋଳା ବର୍ଷୁଥିଲା
ଗତି କରନ୍ତେ ପଥରେ ॥
ସେ ଲାଗି ଭୂଧର ଶତ ଚୂର୍ଣ୍ଣ ହୋଇ
ପଡୁଥିଲା ଭୂମି ପରେ
ଅପର କି ଦ୍ରବ୍ୟ ତା' ଗତି ରୋଧିବ
ଅଛି କିବା ବସୁଧାରେ ॥
ସମସ୍ତ କମାଣ ସୁପ୍ତ ହେବା ପରି
ରହିଥାନ୍ତି ରଥେ ପଡ଼ି
ଶତ୍ରୁର ଆଭାସ ପାଇଲା ମାତ୍ରକେ
ବର୍ଷି ଉଠନ୍ତି ଉଚ୍ଛୁଳି ॥
ସମସ୍ତ ସଂସାର ଯୁଦ୍ଧେ ମଜ୍ଜିଲେବି
ଯିବ ତା ସମ୍ମୁଖେ ହାରି
ରସନା ଚାଲିଲେ ଭୂମିକମ୍ପ ହୁଏ
କ୍ଷଣକେ ସର୍ବ ସଂହାରି ॥
ସହସ୍ର ସହସ୍ର ହସ୍ତିକ ଚାଲନ୍ତି
ସେ ରଥ ପଥେ ଅପଥେ
ତଥାପି ସକଳ କମାଣ ରଥରେ

ନ ଦୋଳନ୍ତି କଦାଚିତେ ॥
ଉଚ୍ଚ ନୀଚ ଭୂମି କାନନ କାନ୍ତାର
ଗୋଚର ପତିତ ଭୂମି
କ୍ଷଣକେ ସକଳ ସମତୁଲ କରି
ଗମନ୍ତି କମାଣ ଶ୍ରେଣୀ ॥

ଏପରି ଭୀଷଣ, ଦୁର୍ବାର, ଭୟଙ୍କର କମାଣ
ନାରୀ ରୂପେ କବି ଯା'ରେ କରିଅଛନ୍ତି ବର୍ଣ୍ଣନ ॥

॥ ୫୦୭ ॥

ତୋପ ଲଳନାର ଅଳଙ୍କୃତ ବେଶ
କରୁଛି ବର୍ଣ୍ଣନା ମୁହିଁ,
ବୀର ଓ ଶୃଙ୍ଗାରେ ପରିପାଟୀ ହୋଇ
ପ୍ରତୀକ୍ଷା କରେ ସେ ରହି ॥
ଜଞ୍ଜିର ତାରରେ ନାରୀଙ୍କର ଶିର
ଅଳକା ହୋଇଛି ସେହି
ଯାହାକୁ ସେ ନାରୀ ଆପଣା ଗଳାରେ
କଣ୍ଠ ହାର କରିଥାଇ ॥
ଗୋଳା ବାରୁଦର ମଦ୍ୟ ପାନ କରି
ରହିଥାନ୍ତି ସଦାମତ୍ତ
ନିଶ୍ୱାସ ତେଜିଲେ ଅନଳ ବରଷେ
ଦେଖି ସର୍ବେ ଭୀତ ତ୍ରସ୍ତ ॥
ତାଙ୍କ ଶିର ପରେ ଅଗ୍ନି ସଂଯୋଗ କି
ମଥାରେ ସିନ୍ଦୂର ପରି
ରଥ ଚକ୍ର ସର୍ବ ପାଦର ପାହୁଡ଼
ଝଟକେ ରୁପାର ଭଳି ॥
ବକ୍ଷପରେ ଖଞ୍ଜା ବର୍ତ୍ତୁଳ ଯୁଗଳ
ଶୋଭଇ କୁଚ ଯେମନ୍ତ

ଦୋଳାୟିତ ଧ୍ୱଜା ଯଶେ ତ ତାଙ୍କର
ଦୋଲୁଥାଏ ଅବିରତ ॥
ରସନା ବିହୀନ ମୁଖ ଗହ୍ୱରତା
ରହିଥାଏ ସଦା ମୁକ୍ତ
ଭାଷିଲେ ବଚନ ଉଠେ ଅଗ୍ନି କଣା
ଲଙ୍କା କରେ ଭସ୍ମୀଭୂତ ॥
କଣ୍ଠ ହାର କରି ଗଳା ଅଳଙ୍କାର
ଜଞ୍ଜିର ସର୍ବଦା ବାନ୍ଧି
ଯେତକ ହସ୍ତିକ ଟାଣନ୍ତି ସେ ରଥ
ଦ୍ରବିଯାଏ ଗଳ ସନ୍ଧି ॥
ଏହିପରି ବୀର ଶୃଙ୍ଗାର ରସରେ
ଏ ନାରୀ ଅତି ଗର୍ବିତ
ନାମ ତାର "ଶତ୍ରୁ ଶାଳ" ପୁଣି ଅନ୍ୟ
"ଗଡ଼ ଭଞ୍ଜନ" ନାମିତ ।
ସେ ଅଶ୍ୱ ଗଗନେ ଗମନ୍ତି ସଘନେ
ନ ଦିଶେ କା'ର ଲାଙ୍ଗୁଳ
ସଂଲଗ୍ନ ତୋପର ବଳିତାଟିମାନ
ସତେକି ତିଳକ ସମ ॥
ବଜ୍ର ଭଳି ଦିଶେ ତିଳକର ବର୍ଣ୍ଣ
କଠିନ ଅତି ନିର୍ଦ୍ଦୟ
ସେମାନଙ୍କ ଦୃଷ୍ଟି ଯେଉଁ ଦିଗେ ପଡ଼େ
ରଚଇ ଖଣ୍ଡ ପ୍ରଳୟ ॥
ହସିଲେ ବର୍ଷଇ ଗୋଳା ବୃଷ୍ଟିହୋଇ
ଏସନ ଦୁର୍ଦ୍ଧର୍ଷ ନାରୀ
ଦୁର୍ମୁଖ କର୍କଶା ନୁହନ୍ତି କା ଯୋଷା
ଅଥବା ପ୍ରୀତି ବଲ୍ଲରୀ ॥

॥ ୫୦୮ ॥

ଯେଉଁ ପଥେ ଗମେ କମାଣ ରମଣୀ
ଜଳି ଯାଏ ସେ ଅୟନ
ପୁଣି ହିଁ ଯେ କାଳେ, ଊର୍ଦ୍ଧ୍ୱେ ଉଠି ଅଗ୍ନି
ଭୂଧର କରଇ ଚୂର୍ଣ୍ଣ ॥
ସେ ଦିଗେ ବନର ପଳାଶ ବୃକ୍ଷ ବା
ଦଗ୍ଧ ନ ହୋନ୍ତା କିପରି ?
ସେ ଅନଳେ ଜଳି ଗଣ୍ଡା ହସ୍ତୀ ଯୁଥ
ଯାଇଛନ୍ତି କଳା ପଡ଼ି ॥
ଗୟଳ ଓ ନୀଳ ଗାଭି ମୃଗ ଦଳ
ଅନ୍ୟ ପଶୁଗଣ ଯେତେ
ଘନ ଅଟବୀରେ ସେ ଅଗ୍ନି ଧାସରେ
କୃଷ୍ଣ ବର୍ଣ୍ଣ ହୋଇ କେତେ ॥
କାକ ଓ କୋକିଳ ନାଗ ଓ ଭ୍ରମର
ସମସ୍ତେ ସେ ଦାହେ ଦହି
ଅନ୍ୟ କେତେ ଜୀବ ଜଳି ହେଲେ କ୍ଳୀବ
କଳନାରେ ନୁହେଁ କହି ॥
ପାରାବାର ଜଳି, ଜଳ ହେଲା କ୍ଷାରି
ସୂର୍ଯ୍ୟ ସୁତା ଶ୍ୟାମ ବର୍ଣ୍ଣ
ସୂର୍ଯ୍ୟ ଚନ୍ଦ୍ର ରାହୁ ଜଳିଲେ ନିମିଷେ
ଲଙ୍କା ହୋଇଲା ଦହନ ॥
ଧରିତ୍ରୀ ଜଳୁଛି ଗଗନ ଭୂମିରୁ
ନିର୍ବାପିତ ନୁହେଁ ଅଗ୍ନି
ମନେ ହେଉଥିଲା ଦଙ୍ଗଲ ଯୁଦ୍ଧରେ
ସାଢ଼େ ତିନି ବଜ୍ର ଆଣି ।
ଏତ ଅତି ଭୟଙ୍କର ଅତୀବ ଦୁସ୍ତର
ମନେହୁଏ ପୃଥ୍ୱୀ ଅବା ଯିବ ରସାତଳ ॥

॥ ୫୦୯ ॥

ସେହି ସୈନ୍ୟ ଦଳ ଚଳନେ ଅମ୍ବର
ଅବନୀ ଦୋଳୁଛି ରହି
ପାତାଳ କମ୍ପିତ, ଧରିତ୍ରୀ ଶଙ୍କିତ
ଅଗଣିତ ସୈନ୍ୟ ବହି ॥
ପାହାଡ଼ ପର୍ବତ, ହୋଇ ଚୂର୍ଣ୍ଣୀଭୂତ
ଧୂଳିରେ ନଭ ନ ଦିଶେ
ସେଲାଗି ପୃଥିବୀ ସାତ ଖଣ୍ଡ ତୁଟି
(ହେଲା) ଛଖଣ୍ଡ କରମ ବଶେ ॥
ସେ ରେଣୁ ଉର୍ଦ୍ଧ୍ୱକୁ କରି ଆଚ୍ଛାଦିତ
ବ୍ରହ୍ମାଣ୍ଡ ହୋଇଲା ଆଠ
ବାସବ ତହିଁରେ ଅଶ୍ୱଙ୍କ ସହିତ
ସ୍ୱ ସୈନ୍ୟ କରେ ଚାଳିତ ॥
ସେ ମାର୍ଗରେ ଯହିଁ ଗତି କରୁଥିଲା
ଗଜରାଜ ଐରାବତ
ଅବଧି ସେ ପଥ - ଦୃଷ୍ଟିରେ ଜଗତ
ଦେଖି ହୁଏ ସଚକିତ ॥
ଘନେ ରହିଥିଲା ଯେ ସ୍ଥାନେ ଯେ ରଜ
ହରିଶ୍ଚନ୍ଦ୍ରର ଆଳୟ
ଏବେ ବି ଜଗତେ ଦେଖନ୍ତି ଆକାଶେ
ମନରେ ହୋଇ ବିସ୍ମୟ ॥
ସେ ରେଣୁ ଯେପରି ଘନ ହେଇଥିଲା
ସୂର୍ଯ୍ୟ ଲୁପ୍ତ ସେ ଅନ୍ଧାରେ
ଦିବସ ନିଶୀଥ ଜାଳିଲେ ପ୍ରଦୀପ
ଜନଗଣ ପୃଥିବୀରେ ॥
ସିକନ୍ଦର ଯେବେ କଜରୀ ବଣକୁ ଗମନ ସମୟେ ଏ ସମତମ-
ହୋଇଥିଲା ଘନ, ସେ ଅନ୍ଧାର ଲାଗି,
ହସ୍ତ ରେଖା ନିରେଖିବା ହେଲା ବିଷମ ॥

॥ ୫୧୦ ॥

ଅତର୍କିତ ରାତି ଆସେ ଚିତ୍ତୋରରେ
ସୂର୍ଯ୍ୟ ଅସ୍ତ ଅସ୍ତାଚଳେ
ଦିବସ ବିହଗ ଚରା ତେଜି ଗଲେ
ଆପଣାର ତରୁ ନୀଡ଼େ ॥
ପୂର୍ବ ଦିଗ ଶଶୀ ଉଦିତ ଦେଖନ୍ତି
ଖେଚରରେ ବିହଙ୍ଗମ
ଉଠନ୍ତି ଗଗନେ ଦୂର ଚକ୍ରବାଳେ
ଖାଦ୍ୟ କରି ଅନ୍ୱେଷଣ ॥
ବିଚ୍ଛେଦ ସହିଲେ ସାରଙ୍ଗ ଯୁଗଳ
ନଦୀ କୂଳରୁ ବାହୁଡ଼ି
ପଥ ପ୍ରାନ୍ତ ପାନ୍ଥ ଖୋଜେ ପାନ୍ଥଶାଳା
ଅନ୍ଧକାରେ ପଥ ହୁଡ଼ି ॥
ପଙ୍କଜ ଝରିଲା ସରସୀ ସଲିଳେ
ପୁଷ୍ପିତ କୁମୁଦ ଦଳ ।
ଅନ୍ଧକାରେ ସର୍ବେ ହୁଅନ୍ତି ଆକୁଳ
ପଶୁ ପକ୍ଷୀ ଜୀବ କୂଳ ॥
ଯେତେ ଅଗ୍ରମାସୀ ସୈନିକର ଦଳ
ତୃଷାର୍ତ୍ତେ ପିଅନ୍ତି ଜଳ ।
ପଶ୍ଚାତ ଫଉଜେ ସଲିଳ ମିଳେନା
ଧୂଳି କରିଲେ ଆହାର ॥
ଧରିତ୍ରୀ ଜଳିଲା, ସିନ୍ଧୁ ଶୁଖିଗଲା
କାନନ ପାଦପ ଶୂନ୍ୟ ।
ପାହାଡ଼ ପର୍ବତ ଗିରି ଚୂର୍ଣ୍ଣ ହୋଇ
ଭୂତଳେ ହୋଇଲା ଲୀନ ॥
ହସ୍ତିକ ଯେଉଁଠି ରହନ୍ତି ମଉନ
ପିପିଲିକା କଥା ଭାବି,
ବୃହତ ବସ୍ତୁର ସତ୍ତା ଯହିଁ ନାହିଁ
କ୍ଷୁଦ୍ର ଜୀବେ କି ବର୍ଣ୍ଣିବି ॥

ବାସ୍ତୁ ହରା ଯେତେ ଖୋଜନ୍ତି ଗୃହକୁ
ଧୂଳି ତଳେ ହସ୍ତ ଚାଳି
ସର୍ବ ଭସ୍ମୀଭୂତ ପାଇବେ କେମନ୍ତ
ଆପଣା ବାସ ଅଣ୍ଡାଳି ॥
ନୂତନ ପ୍ରକାରେ ଗୃହ ନିର୍ମାଣିବେ
ପୁଣି ରଚିବେ ସଂସାର ।
ଏହିପରି ସିନା ଆଶାର ଦୁନିଆ
ଭାଙ୍ଗେ ଗଢ଼େ ବାରମ୍ବାର ॥

॥ ୫୧୧ ॥

ଦିଲ୍ଲୀଶ୍ୱର ସୈନ୍ୟ କଟକ ସହିତେ
ଚିତ୍ତୋର ଦୁର୍ଗ ଅଗ୍ରତେ
ରାହୁ ସମ ଶାହା ରୁଦ୍ର ବେଶେ ଆସି
ଗର୍ଭେ କ୍ଷେପିବା ନିମିତ୍ତେ ॥
ରତ୍ନସେନ ରାଜା ସେନାପତି ସହ
ଦେଖନ୍ତି ପ୍ରାସାଦେ ଚଢ଼ି
ଲୌହ ସାଞ୍ଜୁ ପିନ୍ଧା ବିଶାଳ ବାହିନୀ
ଆସନ୍ତି ଦୁର୍ଗକୁ ମାଡ଼ି ॥
ପ୍ରକାଣ୍ଡ ପ୍ରକାଣ୍ଡ ଗଜେନ୍ଦ୍ର ହସ୍ତିକ
ଆସନ୍ତେ ଦିଶେ ଏସନ
ଘନ ଘୋରତମ ଶ୍ୟାମଳ ନୀରଦ
କ୍ଷିତି କଲା ଆଚ୍ଛାଦନ ॥
ସାନ୍ଦ୍ର ଘନ କୃଷ୍ଣ ଧୂମ୍ର ଅନ୍ଧକାର
ଚଉଦିଗେ ଘେରି ଦିଶେ
କୃପାଣ କେବଳ ଦାମିନୀ ସଦୃଶ
ଚମକି ଗଗନେ ମିଶେ ॥

ଢାଲ ଓ ଧ୍ୱଜାରେ ଆକାଶ ଆବୃତ
ଊର୍ଦ୍ଧ୍ୱ, ଅର୍ଦ୍ଧ ପୃଷ୍ଠଭାଗ
କିଛି ଜାଣି ନୋହେ, ରାତ୍ରୀ ଜମିଆସେ
ନ ଦିଶଇ ସ୍ଥଳ ଭାଗ ॥
ପୁର ନାରୀ ସହ ପ୍ରାସାଦ ଶୀର୍ଷରୁ
ରାଣୀଏ ଦେଖନ୍ତି ଲୀଳା
ପୁନଶ୍ଚ କୁହନ୍ତି, " ଧନ୍ୟ ତୁ ବାଦଶା !
ଧନ୍ୟ ତୋ ଐଶ୍ୱର୍ଯ୍ୟ ଖେଳା
ଆବେଗେ କୁହନ୍ତି "ଧନ୍ୟ ରତ୍ନସେନ
ଯା ଲାଗି ଶାହା ଆଗତ
ଆସନ୍ତି ଚିତ୍ତୋର ଦୁର୍ଗ ସମ୍ମୁଖକୁ
ସଂଗ୍ରାମେ ହେବାକୁ ରତ ॥"
ସେ କଟକ ଧୂଳି ଉଡ଼େ ଘନ କରି
ଅନ୍ଧ କୂପେ କରି ପୂର୍ଣ୍ଣ
ପଲ୍ୱଳ, ସରସୀ, ପୁଷ୍କରିଣୀ, ଖାତ
ଦିଶଇ ସର୍ବ ସମାନ ।
ସେ ରଜକଣା ଯା ହୋଇଥିଲା ଘନ
ପ୍ରାସାଦ ଆବୃତ କରି
ରୋଷ ଶାଳଗୃହ ବେଷ୍ଟିତ କରିଲା
ନୟନେ ନ ହୁଏ ବାରି ।

ବିଶାଳ ବାହିନୀ ଦେଖି ତୁରକ ସଇନ ।
ଧୃତି ନ ତୁଟାଇ ଅପେକ୍ଷା କରେ ରତ୍ନସେନ ॥

॥ ୫୧୨ ॥

ନରେଶ କୁହନ୍ତି " ଯୁଦ୍ଧର ସାମଗ୍ରୀ
ସବୁ ଅଛି ସୁରକ୍ଷିତ ।
ସର୍ବ ଶୃଙ୍ଖଳିତ କରିଥିଲେ ମଧ୍ୟ
ନ ବୁଝି ପାରେ କିଞ୍ଚିତ ॥

କେବଳ ଆସନ୍ନ ମୃତ୍ୟୁ କି ଚକ୍ଷୁରେ
ନୃତ୍ୟ କରେ ପ୍ରତିକ୍ଷଣ
ସେ ଲାଗି ସକଳେ ପ୍ରସ୍ତୁତ ରୁହ ହେ
ସଂଗ୍ରାମେ ତେଜିବା ପ୍ରାଣ।"
ଆଦେଶ ମାତ୍ରକେ ବାଜିଲା ଶ୍ରବଣେ
ରଣ ବାଦ୍ୟର ବାଜଣଶ
ବହୁ ପ୍ରକାରରେ ଉଚ୍ଛୁଳି କମ୍ପଇ
ଯୁଦ୍ଧ ପ୍ରସ୍ତୁତି ଘୋଷଣା ॥
କ୍ରୋଧ ବଶେ ସର୍ବ ରାଜା ସେନାପତି
ସାମନ୍ତ ସକଳ ମିଳି
ପୟରେ କବଚ, ଶରୀରେ କବଚ
ଶୀର୍ଷକ ମସ୍ତକେ ଭରି ॥
ଅଶ୍ୱୀୟ ସଗର୍ବେ ହ୍ରେଷାରାବ କଲେ
ଊର୍ଦ୍ଧ୍ୱେ କି ମରୁତ ଚଳେ
ପୃଷ୍ଠେ ତା ସବାର, ଦୃଷ୍ଟି ଅଗୋଚର
ଗତି ପ୍ରଖରତା ବଳେ।
ସେ ଉଚ୍ଚ ଅଶ୍ୱର ରୂପ ବର୍ଣ୍ଣନାରେ
ହେଉଛି ମୁହିଁ ଅକ୍ଷମ
ଦି ପଇରି ଆରୋହୀ ଉଠନ୍ତି ପୃଷ୍ଠରେ
ସକଳ ସଇସ ଗଣ ॥
ଶିରେ ଲୌହ ସାଞ୍ଜୁ ପରିଧାନେ ଅଶ୍ୱେ
ରୌଦ୍ର ତାପଜ ନ ସହି
ଛାୟା ଅନୁଗତ ହେଉଥାନ୍ତି ସର୍ବେ
ଶିର ଝାଡ଼ି ଛାୟା ପାଇଁ।
ଚାମର ସଦୃଶ ଲାଙ୍ଗୁଳ ଚାଳନ୍ତି
ଟଇଆ ଗଳାରେ ଥାଏ
ଶୁଭ୍ର ଗଜ ଝାମ୍ପ ବାନ୍ଧିଥିଲେ ଅଶ୍ୱେ
ଦେଖନ୍ତି ସର୍ବେ ସଭୟେ ॥

॥ ୫୧୩ ॥

ରାଏ ରତ୍ନସେନଙ୍କ ତଙ୍ଗ ମାନ
ବର୍ଣ୍ଣନା କରିବାକୁ ନୁହେଁ ସକ୍ଷମ।
ବାସବ ରଥୁ ଅବା ଆଣି ସେ ଅଶ୍ୱ
ରାଜ ଦ୍ୱାରେ ରଖିଲା ରାଜେନ୍ଦ୍ର ପାଶ।
ସମସ୍ତ ରାଜ୍ୟ ଘୂରି ଆସି ନିମିଷେ
ଧନ୍ୟ ସବାରି ଯେହୁ ତା ପରେ ବସେ !
ତାର ସମାନ ନୁହେଁ ବାଲକା ବାଜି
ସମନ୍ଦ ଅଶ୍ୱ ନୁହେଁ ସମାନ ସାଜି ॥
ସ୍ୱ ପୁଚ୍ଛ ମସ୍ତକରେ ଲଗାଏ ଧରି
ଆପଣାକୁ ଧନ୍ୟ ମନେ ବା କରି ॥
ଅତି ଲାବଣ୍ୟମୟ ବିଭିନ୍ନ ରଙ୍ଗେ
ଅଙ୍ଗେ କବଚ ପିନ୍ଧିଥିଲେ ତୁରଙ୍ଗେ ॥
ଜୀନ ସୁବର୍ଣ୍ଣେ ହୋଇଥିଲା ଗଠିତ
ମସ୍ତକ 'ଶିରି' ସ୍କନ୍ଧେ ରାଜେ ମାଣିକ୍ୟ ॥
ଚଉରାଶୀ ଘୁଙ୍ଗୁରେ ଅଶ୍ୱେ ମଣ୍ଡିତ
ଗମନ୍ତେ ଶବ୍ଦ ସହ ହୁଏ ଦୋଳିତ ॥
ଅଶ୍ୱାରୋହୀ ସଇସ ସେ ଯୋଦ୍ଧାମାନେ
ହୀରା, ନୀଳା, ରତ୍ନର ବସ୍ତ୍ର ମଣ୍ଡନେ ॥
ସାଜନ୍ତି ଯୋଦ୍ଧା ସହ ସୈନ୍ଧବ ପରେ
(ବସନ୍ତେ) ଦେଖନ୍ତି ଚଉଦିଗ ଗର୍ବିତ ଭରେ ॥
ଶିରେ ସିନ୍ଦୂର ଟୋପା ଚନ୍ଦନ ଅଙ୍ଗେ
ପ୍ରଲେପି, ଯୁଦ୍ଧ ଯାତ୍ରା ଗମନ୍ତି ରଙ୍ଗେ ॥
କବି କୁହନ୍ତି ଭାବି ଭବିଷ୍ୟେ ଲାଗି
ଯେ ଯେତେ ବର୍ଣ୍ଣେ ରୂପେ ହେଲେ ବି ସାଜି ॥
ନିଶ୍ଚେ ଅନ୍ତେ ହେବ ଭୂତଳେ ଲୀନ
ଧରଣୀ ଗର୍ଭେ ରହି ଧୂଳି ସମାନ ॥
କବି ତା ଭାଷାରେ ଭବିଷ୍ୟତ ଭାଳେ ଯେତେ ମତ୍ତଗର୍ବ ଯୋଦ୍ଧା।
କରାଳ ସଂଗ୍ରାମ କରି ଅବଶେଷ ମରିବେ ବରି ବସୁଧା ॥

॥ ୫୧୪ ॥

ରତ୍ନସେନଙ୍କର ରାଜଦ୍ୱାର ମଣ୍ଡି
ହସ୍ତିକ ସଜ୍ଜିତ ହୋଇ
ଆକାଶ ଆବୃତ କରନ୍ତି ପଂକ୍ତିରେ
ଉନ୍ମତ୍ତ କରିଏ ତହିଁ ॥
ବିଭିନ୍ନ ବର୍ଣ୍ଣର ଶ୍ୱେତ, ପୀତ, ନୀଳ
ଲୋହିତ, ଶ୍ୟାମଳ, କୃଷ୍ଣ
ମଦ ମତ୍ତ ହୋଇ ଦୋଳୁ ଥିଲେ ରହି
କରି ଦୃଷ୍ଟି ଆକର୍ଷଣ ॥
ସେମାନଙ୍କ ଅଙ୍ଗ କବଚ ସମୂହ
ଲୌହେ ଥିଲେ ବି ନିର୍ମିତ
ଦର୍ପଣ ସମାନେ ଦୀପ୍ତି ଚମକଇ
ନେତ୍ର କରି ବିମୋହିତ ॥
ଲାଗୁଥିଲା ଅବା ପର୍ବତ ଉପରେ
ଗଗନ ହୋଇଛି ସ୍ଥିତ
ଶିର ଓ ଶୁଣ୍ଢରେ କବଚ ଆରୋପି
ଚରଣେ କଡ଼ା ବେଷ୍ଟିତ ॥
ଦନ୍ତାଗ୍ର ସକଳ ସୁବର୍ଣ୍ଣ ଛାଉଣୀ
ମନୋରମ ଦିଶେ ନେତ୍ରେ
ସେହି ଦନ୍ତେ ପଡ଼ି ପର୍ବତ ଓପାଡ଼ି
ଦେଉଥିଲେ ଲୀଳା ମାତ୍ରେ ॥
ଅବରୋଧି ପଥ ନ ରହନ୍ତି କେହି
ଶୁଣ୍ଢରେ ତାଡ଼ନ୍ତି ଧରି
ଏପରି ବହୁଳ ସିଂହଳ ହସ୍ତିକେ
ରାଜଦ୍ୱାରେ ଥିଲେ ଭରି ॥
ଗମନ ଗତିରେ ଗଜତାମାନଙ୍କ
କୂର୍ମ ପୃଷ୍ଠ ଦ୍ରବୀଭୂତ
ପୃଷ୍ଠରେ ତାଙ୍କର ସୁବର୍ଣ୍ଣ ମଞ୍ଜୁଷା

ଚାମର, ଢାଲେ ଆବୃତ
ମଞ୍ଜୁଷା ଗର୍ଭେ ବସି ରହିଥିଲେ
ଆୟୁଧୀୟ ବୀରଗଣ
ଭାଲ ଅସ୍ତ୍ରଧାରୀ ଆବର ସେ ସଙ୍ଗେ
ବସିଥିଲେ ପ୍ରତିକ୍ଷଣ ॥

■

॥ ୫୧୫ ॥

ହସ୍ତିକ, ଅଶ୍ୱୀୟ ବଳ ସାଜି ସଙ୍ଗେ
ରଥୀ ମହାରଥୀ ପଦାତି ଦଳ
ରଣ ବାଦ୍ୟ ବାଜେ, ଦୁନ୍ଦୁଭି ଶବଦେ
ନରେଶ ଗମନ୍ତି ସଂଗ୍ରାମ ସ୍ଥଳ ॥
ପଶ୍ଚାତେ ଅଚଳ ଧ୍ୱଜା ଚଳିଯାଏ
ପ୍ରାଣ ପାତେ ଯହିଁ ଉଡ଼େ ସେ ବାନା
ବାସବଙ୍କ ସମ ଚିତ୍ତୋର ଭୂଦେବ
ଚଳନ୍ତି ଅଗ୍ରତେ ସଜ୍ଜିତ ସେନା ॥
ରଥାରୂଢ଼ ସେନା ଅଗ୍ରତେ ଚଳୁଛି
ଜୈତ୍ର କେତନ ହିନ୍ଦୁର ସମ୍ମାନ
ପଶ୍ଚାତେ ଚଳନ୍ତି ଅଗଣିତ ହିନ୍ଦୁ
ରାଜା ମହାରାଜା ସାମନ୍ତଗଣ ॥
କିରୀଟୀ ଛତ୍ରରେ ମୂର୍ଦ୍ଧା ଶୋଭାପାଏ
ପରମ ଉତ୍ସାହେ ଚଳନ୍ତି ରାଏ
ସକଳ ବିଭବ ଘେନିଣ ସଙ୍ଗତେ
ଜୀବନ ସଂଗ୍ରାମେ କରେ ବିଜୟେ ॥
ଅମରେ ଯେପରି ମଘବା ସହିତ
ସାଥୀ ହୋଇଥାନ୍ତି ସକଳ ଯୋଦ୍ଧା
ସମ୍ମିଳିତ ହୋଇ ଚଳନ୍ତି ସାଥିରେ
ହିନ୍ଦୁ ଗୌରବର ସର୍ବେ ପୁରଧା ॥
ଅଥବା ନକ୍ଷତ୍ର ଗହଣେ ଚନ୍ଦ୍ରମା

ନିଶି ଅନ୍ଧକାର ତମସା ଭେଦି
ସୂର୍ଯ୍ୟ ସେନାଙ୍କର ବିଶାଳ ବାହିନୀ
ପ୍ରବେଶି ସମ୍ମୁଖେ ହେଲା ବିବାଦି ॥
ସୂର୍ଯ୍ୟ ଚିତ୍ତୋରରେ ଉଦିତ ପୂର୍ବରୁ
ରତ୍ନସେନ ରାଏ ଦୁର୍ଗ ବରଜି
ରକ୍ଷ ମଣ୍ଡଳିତ ସଦୃଶ ଯୋଦ୍ଧାଏ
ଆସନ୍ତି ମାନସେ ବିଜୟ ହେଜି ॥
ଅଙ୍ଗୁଳି ପ୍ରମାଣେ ବସୁଧା ଉପରେ
ଅଦୃଶ୍ୟ ହୋଇଲା ସ୍ଥାନ ଯେତେକ
ରାଜାଙ୍କର ସୈନ୍ୟ ସଜ୍ଜା ଦେଖି ଲୋକେ
ବିସ୍ମିତ ହୋଇଲେ, ହେଲେ ଚକିତ ॥

ଜନ ସାଧାରଣେ କୁହନ୍ତି ଆପଣେ ସୂର୍ଯ୍ୟ ସଙ୍ଗେ ଚନ୍ଦ୍ର ଯୁଦ୍ଧ।
ଆରମ୍ଭ ହୋଇଲେ ବି ହେବ ଅବସ୍ଥା ଲୋକେ ଭୋଗିବେ ପ୍ରମାଦ ॥

॥ ୫୧୬ ॥

ଦୁର୍ଗର ବାହାରେ ରାଜା ସୈନ୍ୟ ତୁଲେ
ହୋଇଥିଲେ ଉପସ୍ଥିତ
ଅପର ପାର୍ଶ୍ୱରୁ ତୁର୍କ ଅଗ୍ର ସୈନ୍ୟ
ପ୍ରବେଶିଲେ ଅପ୍ରମିତ ॥
ପଶ୍ଚାତ ଭାଗରେ ସୈନ୍ୟ ଦଳ ଥିଲେ
ପରିସର ଦଶ କୋଶ
ବିଂଶ ସହସ୍ର ହସ୍ତୀ ସଙ୍ଗେ ଶାହା
(କଲେ) ମଣ୍ଡଳ ଗଡ଼େ ପ୍ରବେଶ ॥
ଦୁଇ ପକ୍ଷ ସୈନ୍ୟ ସଗର୍ବେ ଗର୍ଜନ
କରି ରଣେ ବଳେ ପଶେ।
ସମାନ ଗତିରେ ତୁର୍କୀ ହିନ୍ଦୁ ଯୋଦ୍ଧା
ଭେଟିଲେ ଉଭୟେ ଶେଷେ ॥

ଦଧି ଓ ଉଦଧି ସମବାରା ନିଧି
ସଦୃଶ ଦିଶନ୍ତି ନେତ୍ରେ
ମେରୁ ଓ କିଷ୍କିନ୍ଧ୍ୟା ପର୍ବତ ପରାଏ
ଦୁହିଁ କି ସମାନ ଗୋତ୍ରେ ॥
କ୍ରୋଧଭରେ ଗର୍ଜି ଦୁଇପକ୍ଷ ଯୋଦ୍ଧା
ଅଗ୍ରତେ ଆସନ୍ତି ଚଳି ।
ପରସ୍ପରେ ହସ୍ତୀ ଚଳାନ୍ତି ରୋଷରେ
(ଶୁଭେ) ମେଘ ଗର୍ଜନରୁ ବଳି ॥
ହସ୍ତିକ ମସ୍ତକେ ମାହୁନ୍ତଙ୍କ ହସ୍ତେ
ଚମକେ ଅଙ୍କୁଶ ଧାର
ବିଦ୍ୟୁତ ସମାନ କ୍ଷଣକେ ଚମକି
ପୁଣି କି କମ୍ପେ ଅମ୍ବର ॥
ଦଳେ ପ୍ରତି ଦଳେ ଯୁଝନ୍ତି ଆକର୍ଷି
ବଜ୍ର ସମାନ ଉଭୟେ
ହିନ୍ଦୁ ତୁରକର ବିବାଦ କରାଳ
ବଜ୍ରସମ ନୋହି କ୍ଷୟେ ॥

ରଣେ ସର୍ବେ ବୀର ହେଲେ ବି ତତ୍ପର, ତୁର୍କୀ ସଇନ ।
କମାଣ ସମ୍ମୁଖେ କଦାପି ନିଜକୁ ନମଣେ ହୀନ ॥

॥ ୫୧୭ ॥

ମୁଖା ମୁଖି ହୋଇ ପରସ୍ପର ଦଳେ
ଗର୍ଜନ୍ତି ପ୍ରଚଣ୍ଡେ ଗଜେନ୍ଦ୍ର ପଂକ୍ତି
ପର୍ବତେ ପର୍ବତେ ଲଢ଼ନ୍ତି କି ରହି
କେହି ବି ପଶ୍ଚାତେ ନ ଆସେ ଘୁଞ୍ଚି ॥
ଭଗ୍ନ ଶୁଣ୍ଢ ଘାତେ ହୋଇ ଭୂପତିତେ
ମାଟି ତଳେ ପଡ଼ି ହୁଅନ୍ତି ଲୀନ
ମତ୍ତହସ୍ତୀ ପଦେ ସେ ବେଳେ ପର୍ବତେ

ପଡ଼ିଲେ କ୍ଷଣକେ ହୋଇବ ଚୂର୍ଣ୍ଣ ॥
କେଉଁ କାଗ ଶୁଣ୍ଡେ ଗର୍ଜିଣ ପ୍ରଚଣ୍ଡେ
ସବାରିକୁ କରେ ପାଦେ ଦଳିତ
ଅଥବା ସବାରୀ ଗର୍ଜି ସିଂହ ଭଳି
ଗଜେନ୍ଦ୍ରକୁ କରେ ଶସ୍ତ୍ରେ ନିହତ ॥
ହସ୍ତିକ ଦର୍ପରେ ଆକାଶ କି ଥରେ
ଘର୍ମାକ୍ତ ହୁଅଇ କ୍ଷଣକୁ କ୍ଷଣ
ଲୋହିତ ରଞ୍ଜିତ ଧରିତ୍ରୀ ସମସ୍ତ
ସିକ୍ତ ହୋଇ କ୍ରମେ ହୁଏ ବିଲୀନ ॥
କେ ହସ୍ତୀ ଉଦ୍‌ଭ୍ରାନ୍ତ ମାନେ ନା ମାହୁନ୍ତ
ସମ୍ଭାଳେ ମାହୁନ୍ତ ଅଙ୍କୁଶେ ଭୁଷି
ସଂଯତ ହୋଇଣ ରହେ ସେ ବାରଣ
ସର୍ବଦା ତାହାକୁ ରଖେ ଆକର୍ଷି ॥
ବର୍ଷୁକ ବାରିଦ ପରି ଏ ନୀରଦ
ଅଙ୍ଗୁପଡ଼େ ରକ୍ତ ଭିଝାଇ କ୍ଷିତି
ଆର୍ଦ୍ର ହୋଇଯାଏ ସମସ୍ତ ମେଦିନୀ
ଶୋଣିତ ନିମ୍ନଗା ପ୍ରସାରେ ଗତି ॥

ପଙ୍କ ଯେଉଁ ପରି ସଲୀଳେ କ୍ରମେ ହୁଏ ବିଲୀନ ।
ପଙ୍କିଳ ହୁଅଇ ହସ୍ତିକ ଅଙ୍ଗ ତହିଁରେ ଲୀନ ॥

॥ ୫୧୮ ॥

ସାଢ଼େ ତିନି ବଜ୍ର, ବଜ୍ରରୁ ଅଧିକ
ଚତୁର୍ଗୁଣ ଥିଲା ସେ ବଜ୍ରରଣ
ଦଙ୍ଗବ କୃଷ୍ଣର ସଂଗ୍ରାମରୁ ବଳି
ତୁର୍କୀ ସେନାଙ୍କର ଯନ୍ତ୍ର କମାଣ ॥
କୃପାଣେ କୃପାଣୁ ସଂଘର୍ଷେ କୃଶାନୁ
ପୃଥ୍ୱୀ ଜାଳି ଅବା ଆକାଶେ ମିଶେ

ସେ ଯୁଦ୍ଧ କରାଳ ବଢ଼େ ଅସମ୍ଭାଳ
ଘନ ଘୋରତମ ନୟନ ଗ୍ରାସେ ॥
ଖଡ୍ଗର ଚମକ ବିଦ୍ୟୁତରୁ ବେଶୀ
ଚମତ୍କୃତ କରି ଭୂତଳେ ଗଡ଼ି
ଦୁଇ ପକ୍ଷ ସୈନ୍ୟ ଗର୍ଜିଲେ ସମାନ
କୃପାଣ ଚାଳନ୍ତି ହୋଇ କୁପିତ ॥
ଶ୍ରାବଣ ଭାଦ୍ରର ବର୍ଷା ପରି ଝରି
ପଡୁଥିଲା ବର୍ଚ୍ଛା ଅପରିମିତ ।
କୌନ୍ତିକ ଆଘାତେ ତରବାରି ଖସେ
ଦୁର୍ଗରୁ ଚାଲିଛି ଗୋଳା ବର୍ଷଣ ॥
ବର୍ଷୁକ ମେଘରୁ କରକା ପଡ଼େକି
ସେ ଘାତେ ମରନ୍ତି ସଂଗ୍ରାମୀ ଗଣ ॥
ଯେ ଯୋଦ୍ଧା ନିହତ ମୃତ୍ୟୁ କବଳିତ
କି ଭାଷାରେ ତାକୁ ବର୍ଣ୍ଣିବି ମୁହିଁ
ଅପ୍ସରାଏ ମିଳି ନିଅନ୍ତି ଆଦରି
ଶିବ ଲୋକେ ସୁଖେ ରହନ୍ତି ତହିଁ ॥
ଏ ଯୁଦ୍ଧେ ସଂଗ୍ରାମୀ ଆପଣାର ସ୍ୱାମୀ
କାର୍ଯ୍ୟ ନିର୍ବାହଣେ ବରଇ ମୃତ୍ୟୁ
ସତ୍ୟର ରକ୍ଷଣେ ଆରକ୍ତ ଆନନେ
ଶୌର୍ଯ୍ୟବନ୍ତ ସେହି ବିଶ୍ୱାସ ହେତୁ ॥

ମୃତ୍ୟୁ ଭୟେ ପଳାୟନ କଲେ ଯେତେ ବୀର ।
ତାଙ୍କ କଳା ମୁଖେ ଦେଖି ହସଇ ସଂସାର ॥

■

॥ ୫୧୯ ॥

ଭୀମ ଭୟଙ୍କର ଏଭଳି ସମର
 ହିନ୍ଦୁ ତୁରକର କଦାପି କେହି
ଦେଖି ନଥିବେ କେହି ସାରା ସଂସାରରେ
 ସେ ଯୁଦ୍ଧେ ମଜ୍ଜିଛି ଚିତ୍ତୋର ମହୀ ॥
ଉଭୟ ପକ୍ଷର ଅସ୍ତ୍ର ଶସ୍ତ୍ର ଶରେ
 ଖଣ୍ଡ ବିଖଣ୍ଡିତ ହସ୍ତ, କବନ୍ଧ
ରକ୍ତନଦୀ ଭରା ପ୍ରଖର ସ୍ରୋତରେ
 ଧରିତ୍ରୀ ଭରିଲା ମୃତକ ଅଙ୍ଗ ॥
ମାଂସ ଲୋଭେ ପକ୍ଷୀ ଅଗଣିତ ଆସି
 ଆକାଶ ମାର୍ଗରେ ଦେଖନ୍ତି ରହି
ଆନନ୍ଦ ଉଲ୍ଲାସେ ସମସ୍ତେ ଏକତ୍ର
 କାହା ସଙ୍ଗେ କଳି ନକରେ କେହି ॥
ଚିଲ, ଗୃଧ୍ର ପୁଣି ବାୟସ ସମାଜ
 ବିବାହ ମଣ୍ଡପେ ହୁଅନ୍ତି ମେଳ
କୁହନ୍ତି ସକଳେ, "ଧନ୍ୟ ତୁ ବାଦଶା !
 କେତେ ଜନ୍ମ ଲାଗି ଦେଲୁ ଆହାର !"
ମାର୍ଜାର କୁକ୍କୁର, ତରକ୍ଷୁ, ଜମ୍ବୁକ
 ସର୍ବେ ଉଲ୍ଲସିତେ କରନ୍ତି ନାଦ
ଚୌଷଠି ଯୋଗିନୀ ଖର୍ପରେ ପିବନ୍ତି
 ବୀର ଯୋଦ୍ଧାଙ୍କର ରୁଧିର ମଦ।
ବିବାହ ମଣ୍ଡପେ ବାଜିଲା ମହୁରୀ
 ଜୀବ କୁଳ କହେ ଉଲ୍ଲାସେ ହସି
"ଆମ୍ଭ ଇଚ୍ଛାକୃତ ଭୋଜ୍ୟ ମିଳିଗଲା
 ବାଦଶା ସୈନ୍ୟଙ୍କ ବିବାହେ ଆସି ॥"
ଭାଷନ୍ତି ଜାୟସୀ ଭାଷାରେ ଆରୋପି
 ଯେଉଁମାନେ ଅନ୍ୟ ମାଂସ ଭକ୍ଷଣେ
ଆହ୍ଲାଦିତ ମନେ ଭୁଞ୍ଜୁଥିଲେ ଦିନେ

ତାହାଙ୍କୁ ଭକ୍ଷନ୍ତି ଏବେ ସେମାନେ ॥
କେ ହେଲେ ମୃତ କେ ନ ବରିଲେ ସାଥେ
ଆପଣା ଶରୀର ସଙ୍ଗରେ ଧରି
ଶକ୍ତିବାନ ବୀରେ ପୋଷୁଥିଲେ ଅଙ୍ଗ
ଅଜ୍ଞାତେ ଅନ୍ୟର ହୋଇ ବଇରୀ ॥
ଏ ତୁଚ୍ଛ ଶରୀର ମାଟିରେ ମିଶିବ
ଏହି ସତ୍ୟ ଜ୍ଞାନ ହୋଇବ ତାର
ଅପର ପୁରରେ ତା କର୍ମ ପ୍ରମାଣ
କି କର୍ମ ସାଧିଚି ହେବ ବିଚାର ॥

॥ ୫୨୦ ॥

ହେଲେ ଧୂର୍ଜଟି କ୍ରୋଧେ ରତ୍ନ ନରେଶ
ସଦମ୍ଭେ ଆପଣା ଛତ୍ର ନିବେଶି
ବାଦଶାର ଛତ୍ର ସମ୍ମୁଖେ ରଖନ୍ତେ
ଶ୍ରବଣେ ବାଦଶା କୁପିତ ଅତି ॥
ଆପଣା ହସ୍ତିକ ଅଗ୍ରେ ଚଳାଇଲେ
ସମ୍ବୋଧି କୁହନ୍ତି, "ରେ ରତ୍ନସେନ!
ସୂର୍ଯ୍ୟ ମୁହିଁ ମୋର ସହସ୍ର କଳାରେ
ଉଦେ ହୋଇ ତୋର ଘେନିବି ପ୍ରାଣ ॥
ଜଗତରେ ଯେହ୍ନେ ନ ରହିବ ଆଉ
ଏ ତୋର ସଦମ୍ଭ ଛତ୍ରର ଛାୟା
ସହସ୍ର ଜାଳାରେ ପ୍ରସାରି ନିଜକୁ
ଲୁପ୍ତ କରି ସର୍ବ ନକ୍ଷତ୍ର କାୟା ॥"
ଆଲ୍ଲାଉଦ୍ଦିନର ସଶସ୍ତ୍ର ସେନାଏ
ସାଞ୍ଜୁ ପରିଧାନେ ଦର୍ପଣ ପରି
ଚମକିତ କରି ସକଳ ଦିଗକୁ
ଶତ୍ରୁ ସୈନ୍ୟ ପରେ ଆସନ୍ତି ଘେରି ॥
ଜଳନ୍ତା ପର୍ବତ ପରି ଘେରିଗଲେ

ରୋଷ ଭରେ ତହିଁ ଉନ୍ମତ୍ତ ସର୍ବେ
ସୈନ୍ୟ ଅଙ୍ଗେ ସାଜେ ସୂର୍ଯ୍ୟ ପ୍ରତିଛାୟା
ଝଟକି ଦିଶଇ ଆପଣା ଗର୍ବେ ॥
କୃପାଣ ଉଞ୍ଚାଇ ରେ ରେ କାର କରି
କୁହନ୍ତି ସେମାନେ କ୍ରୋଧିତ ହୋଇ-
"ହେ ଚନ୍ଦ୍ର! ତୋର ଏ କମଳ ସମାନ
କୋମଳ ହସ୍ତରେ ସମ୍ଭାଳ ତୁହି!"
ତୁର୍କୀ ଫଉଜର ମଧ୍ୟରୁ ଉଠିଲା
ଝିକି ମିକି ଶିଳା ପ୍ରସ୍ତର ଖଣ୍ଡ
ଗଡ଼ ନରେଶଙ୍କ ଲୌହ (ଭଳି) ସୈନ୍ୟ ପରେ
ସମ୍ମୁଖ ସଂଘର୍ଷେ ହେଲା ପ୍ରଚଣ୍ଡ ॥

ଶିଳାର ସଂଘାତେ ହେଲା ଅଗ୍ନିଜାତ, ସେ ବହ୍ନି ଉଠିଲା ଜଳି।
କାର୍ପାସ ସଦୃଶ ଜଳିଲା କ୍ଷଣକେ ରଣ ଅନଳ ପ୍ରସରି ॥

॥ ୫୨୧ ॥

ରତ୍ନସେନ ନୃପ ଦୁର୍ଗର ଅଧିପ
ମାନସେ ଲଜ୍ଜିତ ଅତି
କୁମୁଦିନୀ ତୁଲ୍ୟ ମଉଳି ପଡ଼ିଲା
ସୂର୍ଯ୍ୟ ତାପେ ମୁଖ ଜ୍ୟୋତି ॥
ନିଶୀଥରେ ଚନ୍ଦ୍ର ସାଥେ ମଣ୍ଡଳିତ
ନକ୍ଷତ୍ର ମଣ୍ଡଳୀ ଯେତେ
ଆଦିତ୍ୟ ଉଦ୍ଦୀପ୍ତ ପ୍ରଖର ରଶ୍ମିରେ
ଲୁପ୍ତ ଦୁର୍ଗ ଅନ୍ତର୍ଗତେ ॥
ଭାଳିଲେ ନରେଶ ସ୍ୱର୍ଗେ ଯା ନିବାସ
ସେ କାହିଁ ଦୁର୍ଗ ବାହାରେ
ଅନୁଚିତ ଅଟେ, ଯୁଦ୍ଧ ଆରମ୍ଭିବ
କହି ଚଳିଲେ ସତ୍ୱରେ ॥

ଶଙ୍କିତ ମାନସେ ବିଚାରନ୍ତି ଆପେ
ଶାହା ହସ୍ତେ ହେବ ବନ୍ଦି
ଦୁର୍ଗ ବି ଶାହାର ହସ୍ତଗତ ହେବ
ହିନ୍ଦୁତ୍ୱ (ର) ହେବ ସମାଧି ॥
ସ୍ୱର୍ଗେ ଗଡ଼ ପତି ବାସବ ପରି ସେ
ଦୁର୍ଗେ ରହିବା ଉଚିତ।
ଦୁର୍ଗର ବାହାରେ ରହି ରଣ କରେ
ସର୍ବଧା ଏ ଅନୁଚିତ ॥
ପ୍ରଦୋଷେ ବି ଯାଇ ସୂର୍ଯ୍ୟର ସମ୍ମୁଖେ
ଉଭା ହେବା ଇଚ୍ଛା ନାହିଁ।
ନକ୍ଷତ୍ର ବେଷ୍ଟିତ ହୋଇ ନୃପ ଶ୍ରେଷ୍ଠ
ଅନ୍ତରାଳେ ଗଲେ ରହି ॥
ପ୍ରଭାତ ସମୟେ ଆଦିତ୍ୟ ଉଦୟେ
ରାଜ୍ୟ ବାହାରେ ଫଉଜ
ଲୁପ୍ତ ଚନ୍ଦ୍ର ଦେଖି ଗଡ଼ ମଣ୍ଡଳକୁ
ଆବୋରିଲା ସୂର୍ଯ୍ୟ ତେଜ ॥

କ୍ରମେ ହୁଏ ଅସହାୟ ରତ୍ନସେନ ରାୟ।
ଅନ୍ୟଥା କାର୍ଯ୍ୟ କରଣେ ଭାବନ୍ତି ଉପାୟ ॥

॥ ୫୨୨ ॥

ଅପରାଜେୟ ସେ ବାଦଶାର ସୈନ୍ୟ
ପରାଜୟ ନାହିଁ ଜାଣେ।
ଅପାର ଉଦଧି ଗଭୀର କଲ୍ଲୋଲୁ
ତରଙ୍ଗ ଉଠେ ଯେସନେ ॥
ନେତ୍ରେ ସିନା ତୁମେ ଦେଖି ପରଖିବ
ଅଗଣିତ ଗଣି ନୁହେଁ
ଲହରୀ ପରାଏ ଉଠି ଊର୍ଦ୍ଧ୍ୱେ ରହି
ପୁଣି ହୁଅନ୍ତି ବିଲୟେ ॥

ଅପାର ସୈନ୍ୟରୁ କେତେକ ତହିଁରୁ
ଉଡ଼ାନ୍ତି ବିଜୟ ବାନା
ଅନ୍ୟ କେତେ ଯୋଦ୍ଧା ଯୁଦ୍ଧରେ ମରନ୍ତି
ତାହାର ନାହିଁ କଳନା ॥
ଯେତେ ମଲେ ସେତେ ସେ ସ୍ଥାନ ସଇନେ
ରହନ୍ତି ଅମାପ ରହି ।
ପ୍ରତିଦିନ ପୁଣି ନବ ଯୋଦ୍ଧା ସାଜେ
ଶାହା ତାଙ୍କୁ ସାଜୁଥାଇ ॥
ଯେସନେ ପାଦପ ଫଳ ଶୂନ୍ୟ ହେଲେ
ନୂତନ ଶାଖାରେ କଳି
ଅସଂଖ୍ୟ ପୁଷ୍ପର ବୃନ୍ତ ସୁରୁଚିର
ମନ୍ଦ ବାତେ ଖେଳେ ଦୋଳି ॥
ଯେତେ ଯେତେ ସୈନ୍ୟ ଆସି ମିଶୁଥିଲେ
ସମସ୍ତେ ଯୁଝନ୍ତି ରୋଷେ
ସମସ୍ତେ ଅମୀର ଖଲିଫା ସହିତେ
ଭାଗ ବିଭାଗ ବିଶେଷେ ॥
ଦୁର୍ଗ ଚତୁଃପାର୍ଶ୍ୱେ ବେଷ୍ଟିତ ରୁହନ୍ତି
ହେବେ ସଂଗ୍ରାମ ସଂଯୋଗି
ଦୁର୍ଗ ଯେହ୍ନେ ପଡ଼ିଗଲା ଅଗ୍ନିଦାହେ
ଅଣାୟତ୍ତେ ଯୁଦ୍ଧ ଲାଗି
ସୂର୍ଯ୍ୟ ହେଲେ ସିନା ଗ୍ରହଣ ସଦୃଶ
ଚନ୍ଦ୍ର ହେଲେ ରାହୁଗ୍ରସ୍ତ
ନକ୍ଷତ୍ର ସାମନ୍ତେ ଅଦୃଶ୍ୟ ଆକାଶେ
ଚନ୍ଦ୍ର ହେଲେ ଅବଲୁପ୍ତ ॥

ପୁନର୍ବାର ଆକାଶରେ ସଙ୍ଗଠିତ ହୁଅନ୍ତି ସଂଗ୍ରାମୀ ।
ତାରାପତି ଭୂପତି ସେ ଧୃତି ତାର ଯାଏନାହିଁ କମି ॥

॥ ୫୨୩ ॥

ଏହିପରି ମହାଯୁଦ୍ଧ ମଧ୍ୟେ
ଦିନ ଗଲା ଅସ୍ତଗିରି ଗଲେଣି ଆଦିତ୍ୟ।
ବାଦଶା ବିଶ୍ରାମ କଲେ,
କ୍ରୋଧେ କିନ୍ତୁ ଯୁଦ୍ଧରତ ତୁରକ କଟକ ॥
ସଂଧ୍ୟାକାଶେ ଉଦେ ଚନ୍ଦ୍ର,
ମଣ୍ଡଳି ନକ୍ଷତ୍ର-ସାମନ୍ତ
ଦୁର୍ଗାକାଶ ଶୀର୍ଷ ଦେଶେ
ଜଳି ଉଠେ ଅସଂଖ୍ୟ ପ୍ରଦୀପ ॥
ତୀକ୍ଷ୍ଣ ଶର ଏକ ସାଥେ ନିପତିତେ
ଉଲ୍‌କା ପରି ସେ ତାରକା ଦଳ
ପାଲଟି ପଡ଼ନ୍ତି ତଳେ
କାନ୍ତି ତାର ନ ଲିଭେ ତତ୍‌କ୍ଷଣ
ଯୁଝନ୍ତି ସତ୍ୟ ରକ୍ଷଣେ ॥
ଅବଶେଷେ ପ୍ରାଣେ ହୋଇ ହତ,
ଦୁର୍ଗ ଶୀର୍ଷୁ ପଡ଼େ ଯେତେ
ଶିଳାଖଣ୍ଡ, ପାଷାଣୁ ପାଷାଣେ
ଘର୍ଷଣେ ଉଠଇ ଜଳି
ପ୍ରଚଣ୍ଡ ସେ ଅନଳର ଶିଖା
ଜଳାଇ ମାରଇ ଯେତେ
ଦୁର୍ଗ ଶୀର୍ଷୁ ଜଳନ୍ତା ଅଙ୍ଗାର
ଜଳି ଜଳି ପଡ଼େ ତଳେ
ଜାଳି ଦିଏ ଯେତକ ଯୋଦ୍ଧାରେ
ଅପରାଜେୟ ତୁରୁକ,
କେବେହେଲେ ଶେଷ ନାହିଁ ତାର
ସାରା ରାତି ଯାଏ ବିତି
କ୍ଳାନ୍ତ ନୁହେଁ ତୁରୁକ ଯୁଦ୍ଧରେ ॥

॥ ୫୨୪ ॥

ବିଧାତା ଦେଇଛି ତାରେ କରି ପୂର୍ଣ୍ଣ
ସହସ୍ର କଳାରେ
ଅତ୍ୟନ୍ତ କୁପିତ ମନେ ସୈନ୍ୟ ଘେରି-
ରଖି ଚତୁର୍ଦ୍ଦିଶା
କୋଟି କୋଟି ତୀକ୍ଷ୍ଣ ଶର ଏକସାଥେ
ପେଷନ୍ତି ସମରେ,
ଯେଉଁ ସ୍ଥାନେ ଶର ବାଜେ ରନ୍ଧ୍ରକରେ
ରହେ ସେ ଅଦେଖା ॥
ଆକାଶର ତାରା ପରି ଶର ସବୁ ଦୁର୍ଗ
ଶିରି ପରେ ଦିଶେ
ଅଥବା ଝିଙ୍କ ଶରୀର ସମ ଦିଶୁଥାଏ
ବିଶିଖ ସମସ୍ତ
କି ଅବା କ୍ରୋଧିତ ତାର୍ଯ୍ୟ ଡେଣା ମେଲି
ରଖିଲା ନିମିଷେ
ଓରଙ୍ଗା ସେବକ ଜାତି, ଶତ୍ରୁ ଘାତ ସହ୍ୟକରି
କର୍ମଠ ବଳିଷ୍ଠ ॥
ଧନ୍ୟ ରତ୍ନସେନ ସେ ଦୁର୍ଗ ନିର୍ମାଣ ବକ୍ରେ
କରିଛି ନିର୍ମାଣ
ଅଭେଦ୍ୟ ରହିଲା ଦୁର୍ଗ ନଟଳିଲା, ଶାହା
ହେଲେ ମ୍ରିୟମାଣ ॥

■

॥ ୫୨୫ ॥

ଜିଦ୍‌ଖୋର ସେ ବାଦଶା, ଅତି ଉଗ୍ର କୂଟ ନୀତି ଭାବି
ଦୁର୍ଗ ଚଉଦିଗେ ସୈନ୍ୟ ଘେରି ରଖେ କରି ପ୍ରତିରୋଧ
ଖାସିଆ, ମଗର ଜାତି ପାର୍ବତୀୟ ଲୋକରେ ନିଯୋଗି
ସୁଡ଼ଙ୍ଗ ଖୋଳିଲା ଜାଣି ଦୁର୍ଗଦଳ ପ୍ରତିଟି ସଉଧ ॥

ମଞ୍ଚା ବାନ୍ଧି ତା ଉପରେ ବାରୁଦରେ ଭରି ତୋପମାନ
ନିବାସି ସଯତନେ ଏକ ମୁଖେ ବିନ୍ଧେ ଏକ ଲକ୍ଷେ
ଗୋଳା ବରଷଣ କରେ
ହବ୍‌ସି, ରୁମିଜାତି ଲୋକେ କଲେ ସଙ୍ଗଦାନ
ତୋପ ଚାଳି ଜାଣନ୍ତି କୁଶଳେ ॥
ସେ ଜନ ସହାୟ ହେଲେ ବାଦଶା ସପକ୍ଷେ
ଅଷ୍ଟ ଧାତୁରେ ନିର୍ମାଣ ତୋପ ଗୋଳା ଓଜନ ମହଣେ
ଏକ ସଙ୍ଗେ ତୋପ ଗର୍ଜେ, ଦୁର୍ଗ ଶୀର୍ଷେ ଆକାଶ ମାର୍ଗରେ
ପାହାଡ଼ ପର୍ବତ ଗିରି ଚୂର୍ଣ୍ଣକରେ ଧୂଳିର ସମାନେ
ପ୍ରଚଣ୍ଡ ପର୍ବତ ଗିରି ଚୂର୍ଣ୍ଣକରେ ଧୂଳିର ସମାନେ
ପ୍ରଚଣ୍ଡ ଘୋର ଗର୍ଜନେ ଫାଟେ ପୃଥ୍ୱୀ ଦୁର୍ଗର ଭବନେ
ପ୍ରାଚୀର ତୋରଣ ତୁଟେ ଗମ୍ବୁଜ ଓ ମୀନାର ଫଳକ
ଜଳି ଉଠେ ବାରମ୍ବାର ଅଗ୍ନିଦାହ ଗଡ଼ ଚତୁର୍ଦ୍ଦିଗେ
କୃଷ୍ଣ ଶୀଳା ପାଲଟିଲା କ୍ଷଣକରେ ଯେହ୍ନେ ଲଙ୍କାର କଟକ
ବିଧାତାର ବିଧି ଯଦି ଭାଗ୍ୟ ରଚେ ଚିତ୍ତୋର ଗଡ଼ର ॥
ପରମେଷ୍ଠି ସୃଷ୍ଟି କରିଛି ଯଦ୍ୟପି ରାବଣ ମରିବ ଜଳି
ସେ କିମ୍ବା ଅମର ହୋଇ ବା ରହିବ ସୃଜନକୁ ଅବହେଳି ॥

॥ ୫୨୬ ॥

ଏଣେ ରାଜା ଦୁର୍ଗ ପରିସର ମଧ୍ୟେ
ଗୋଳା ବାରୁଦରେ
ଯେତେ ଯାହା ଭାଙ୍ଗି ଗଲା ତୁଟିଥିଲା
ଛିଦ୍ର କରିଥିଲା
ଦକ୍ଷ ଶିଳ୍ପୀ ସଜାଇଲେ ସେସବୁକୁ
ବହୁ କାରିଗରେ ॥
ତୋରଣ ସମୂହ ଯେତେ ଯେତେ ଖମ୍ବ,
ଗମ୍ବୁଜ, ମୀନାର
ନୂତନ ରୂପେ ସଜାନ୍ତି କେତେ ଶିଳ୍ପୀ

କେତେ ଚିତ୍ରକାର ॥
ଦୁର୍ଗର ଯେତେକ ଗୃହ ବକ୍ର କରି
ଦୃଢ଼ତମ କରି
ଚିତ୍ରର ଆଲେଖ୍ୟ ଯେତେ ପୂର୍ବଠାରୁ
କଲେ ମନୋହର
ସକଳ କରନ୍ତି ପୂର୍ଣ୍ଣ ସୁଯତନେ
ଚିତ୍ର କଳା ଭରି ॥
ବାରିଦୁ ପଡୁଛି ବାରି ଶତ ଶତ
ମହଣ ବଜ୍ରର
ଜଳନ୍ତା ଲୌହ ପିଣ୍ଡ ବର୍ଷେ, କରକା
ସମ ଧରିତ୍ରୀର
ବାରିଦରୁ ଯେହ୍ନେ ବଜ୍ର ଖସି ପଡ଼େ
ଆକାଶ ମାର୍ଗରୁ
ଖଣ୍ଡ ବିଖଣ୍ଡିତ କରେ ଯହିଁ ପଡ଼େ
ଦୁର୍ବହ ସେ ଗରୁ ॥
ହୟ, ହାତୀ ଜୀବଜନ୍ତୁ ମଣିଷର
ଆୟୁ ହୁଏ କ୍ଷୟ
ଜନେ ଭୟଭୀତ, ମନରେ ଆତଙ୍କ
ଆସିଲା (କି) ପ୍ରଳୟ ॥
ନିମ୍ନରେ ଅମାପ ଶତ୍ରୁ ଆକାଶରେ
ଦୁର୍ଜ୍ଜୟ ଦୁର୍ଗେଶ
ଅସମ୍ଭବ ଯୁଦ୍ଧ ଲାଗେ ସାଢ଼େ ତିନି
ବଜ୍ର ପରିବର୍ତ୍ତେ
ଏକ ଏକ ଦଙ୍ଗଲ ପାଇ ଶତଗୁଣା
ବଜ୍ରର ଆକ୍ଷେପ
ଏ ଜ୍ୱାଳା ସହିବ ନାହିଁ ଏ ଜଗତ
(ହେବ) ଜୀବ ଶୂନ୍ୟ ମର୍ତ୍ତ୍ୟ ॥
ଏ ଅନଳ କରିବ କେ ନିର୍ବାପିତ ? ହେବ ସମ୍ମୁଖୀନ
ଏ ଅନନ୍ତ ବସୁଧା ଜୀବନେ କରି ସଂରକ୍ଷଣ ॥

॥ ୫୨୭ ॥

ରାଜା ରତ୍ନସେନ ଥିଲେ ହେଁ ପ୍ରବୀଣ
ଶୌର୍ଯ୍ୟ ବୀର୍ଯ୍ୟ ପଉରୁଷେ
ସତ୍ୟ ନିଷ୍ଠା ପାଇଁ ଭାବେ ନର ସାଇଁ
"(ମୁଁ) ହାରି ନାହିଁ ଶତ୍ରୁ ପାଶେ ॥"
ସେ ଲାଗି ପ୍ରେରଣା ପାଇବାକୁ ରାଣା
(କରେ) ନୃତ୍ୟ ଗୀତ ଆୟୋଜନେ
ପରମ ଉତ୍ସାହେ ଲାଗିଲେ ସରବେ
ରାଜା ଆଜ୍ଞା ପରମାଣେ ॥
ବାଜିଲା ପଖଉ଼ ତା ସାଥେ ଆଉଝ
ସୁର ମଣ୍ଡଳର ବୀଣା
ରବାବ, ସାରଙ୍ଗୀ, ବାଜେ ହୋଇ ସଙ୍ଗୀ
ମନୋହର ମନ ଜିଣା ॥
ବୀଣା ଓ ପୀନାକ (ବାଜେ) ହୋଇ ଏକ ମୁଖ
କୁମାଇଚ ଇମରତି
ନାଗେଶ୍ୱରୀ ତୁରୀ, ଉପାଙ୍ଗ, ମହୁରୀ
ଚାଙ୍ଗୁ ସଙ୍ଗତେ ବଇଁଶୀ ॥
ହୁଡ଼ୁକ ଓ ଝାଞ୍ଜ, ଡଫଲି ମୃଦଙ୍ଗ
ତନ୍ତ୍ର, ବିତନ୍ତ୍ର, ଶିଖର
ଉତ୍ସାହ, ଉଲ୍ଲାସେ, ବାଦ୍ୟ ସଙ୍ଗେ ଭାସେ
ଧନ୍‌ତାଲ ର ଝଙ୍କାର ॥
ଅତି ସୁଷମିତ ହୋଇଛି ଶୋଭିତ
ନୃତ୍ୟାଙ୍ଗନ ମନୋହର
ପାଞ୍ଚ ପାତ୍ରେ ତହିଁ, ନବ ନବ ରସେ
ନୃତ୍ୟ ତାଳେ ହେବେ ଭୋଳ ॥

■

॥ ୫୨୮ ॥

ବିଜୟ ନଗର କୃତି କଳାକାର
ଗାଇଲେ ସେ ସ୍ଥାନେ ଲଳିତ ସୁରେ
ନୃତ୍ୟ ତାଳେତାଳେ ଛନ୍ଦ ରାଗିଣୀରେ
ଗାଇଲେ ସଙ୍ଗୀତ ଆହ୍ଲାଦ ଭରେ ॥
ପହିଳେ ଗାଇଲେ ଭୈରବ ରାଗରେ
ମାଲ୍‌କୋଶ ଗାଇ ଦ୍ୱିତୀୟ ବାର
ତୃତୀୟ ଥରକୁ ହିନ୍ଦୋଳ ରାଗରେ
ଚତୁର୍ଥ ଥରକୁ ମେଘ ମହ୍ଲାର ॥
ରାଗଶ୍ରୀ ଗାଇଲେ ପଞ୍ଚମ ବାରରେ
ଷଷ୍ଠ ବାରେ ଗାଏ ଦୀପକ ରାଗ
ଯା ଲାଗି ଜଳିଲା ପ୍ରଦୀପ ସମୂହେ
ଦେଖନ୍ତି ସକଳେ ହୋଇ ସରାଗ ॥
ଷଷ୍ଠ ରାଗ ପରେ ଛତିଶ ରାଗିଣୀ
କୋମଳେ ଗାଆନ୍ତି ଗୁଣିଏ ତହିଁ
ତଳେ ରହି ତୁର୍କୀ ଅମାପ ସଇନୀ
ଧନୁ ତୀରେ ଯୋଖି ଦେଖନ୍ତି ରହି ॥
ଅତି ସୁଲଳିତ ଦରଦୀ ସଙ୍ଗୀତେ
ପାତରେ ନାଚନ୍ତି ଛନ୍ଦ ତାଳରେ
ସେ ଗୀତ ଶବଦ ତୀର ସମ ଭେଦ
କରଇ ସୈନିକ ଶ୍ରବଣ ବିଜେ
ଶିରେ ମାରି ହସ୍ତେ ହୁଅନ୍ତି ନିସତ
ମର୍ମ ବିଦାରିଣ ଭାବନ୍ତି ସର୍ବେ
"ହେ ଗାୟକେ ଶୁଣ ନୃତ୍ୟ ବେହେରଣ
ଆମ୍ଭର ହୃଦୟ ଦହଇ ସତେ
ଆମ୍ଭର ଲୋଚନ କରନ୍ତା ମୋଚନ
ଆମ୍ଭ କାମ କଷ୍ଟ ନିଅନ୍ତା ସୁସଙ୍ଗ
ହୁଅନ୍ତା ସୁରଙ୍ଗ ଉଲ୍ଲାସ ଭରି ॥"
ଏହିପରି କଉଶଳେ ଭାବିଛି ନୃପତି
ଅବସନ୍ନ ହେବେ ଯୋଦ୍ଧା ତେଜି ରଣନୀତି ॥

॥ ୫୨୯ ॥

ନର୍ତ୍ତକୀ ଯେବେଳେ ନାଚୁଥିଲେ ତାଳେ
ବାଦଶାଙ୍କୁ ପୃଷ୍ଠ ଆଡ଼ାଳ କରି
ସମ୍ମୁଖେ ବାଦଶା ଦେଖିଲେ, ସହସା
କ୍ରୋଧେ ଗର୍ଜିହେଲେ କେଶରୀପରି ॥
କେତେକ୍ଷଣ ଅବା ଚାହିଁବ କୁରଙ୍ଗ
ସୁଧାକରୁ ସୁଧା ପାଇବା ପାଇଁ
ନୃତ୍ୟ ଛନ୍ଦ ତାଳେ ଗୀତି ମାଧୁରୀରେ
ଉଡ଼ାଳେ ରହନ୍ତି ସେ ନର ସାଇଁ ॥
ଛନ୍ଦେ କେତେକ୍ଷଣ ଶିର ଥିବ ଉର୍ଦ୍ଧ୍ୱେ
ବାଦଶା ଆଦେଶେ ନିକ୍ଷେପନ୍ତି ଶର
ଏକ ଲକ୍ଷ ବାଣ ଉର୍ଦ୍ଧ୍ୱକୁ ଉଡ଼ିଲା
ଲକ୍ଷ ନ ଭେଦିଲା ପଡ଼ି ଭୂ ତଳ ॥
ରାଜ ଗୃହ ଅବା ନୃତ୍ୟଶାଳା ଗୃହ
ଅର୍ଦ୍ଧ ପଥୁ ଶର ଆସିଲା ଫେରି
କନୌଜ ମାଲିକ ଜାହାଙ୍ଗୀର ରାଜା
ବାଣ ନିକ୍ଷେପିଲା ନୃତ୍ୟ ଦେହଳୀ ॥
ସେ ଶରେ ନିହତ ନର୍ତ୍ତକୀ ସହିତ
ଗାୟକେ ବାଦକେ ପଡ଼ିଲେ ଟଳି
ନୃତ୍ୟ ତାଳ ବାଦ୍ୟ ହେଲା ନିଶବଦ
ସୁଲଳିତ ତାନ ଗଲା ମଉଳି ॥
ପାଦର ନୂପୁର ହୋଇଗଲା ସ୍ଥିର
ସଙ୍ଗୀତ ଝଙ୍କାର ହୁଏ ବିଲୀନ
ଉଲ୍ଲାସେ ଉଚ୍ଛ୍ୱାସେ କରତାଳି ଦେଲେ
ନିଷ୍ଠୁର ଦିଲ୍ଲୀଶ ତୁର୍କୀ ସଇନ ॥
ଦଶ ଲକ୍ଷ ଲୋକେ ସେ ଗଡ଼ ସଜାଇ
ସୁଶୋଭିତ କରିଥିଲେ ରାଜନ
କୋଟିଏ ପ୍ରହରୀ ଜଗି ରହିଥିଲେ

ଚିତ୍ତୋର ଗଡ଼ର ମୁଖ୍ୟ ତୋରଣ ॥
ଲଳିତ କୋମଳ କରୁଣ ଧ୍ୱନି କି
ବାଦଶା ହୃଦୟ ଭେଦି ନପାରେ
ବଜ୍ର ଯହିଁ ପଡ଼େ ଭୂତଳ ବିବରେ
ପୁଷ୍ପ ସମୀର କି ସମୀରେ ଥରେ ॥

■

॥ ୫୩୦ ॥

ଏ ଦୃଶ୍ୟ ଦେଖିବା ପରେ ସେ ଗୃହକୁ କରି ପରିତ୍ୟାଗ
ଊର୍ଦ୍ଧ୍ୱକୁ ଗମନ୍ତି ରାଜା-ଦୀର୍ଘତମ ଆକାଶ ଦୁର୍ଗକୁ
ବାଦଶା ଲାଗି ସୁଯୋଗ, ଦୃଢ଼ ଭାବେ ଘେରିଲା ଚୌଦିଗ,
ରାମଚନ୍ଦ୍ର ବାନ୍ଧି ଥିଲେ ସେତୁବନ୍ଧ ଯେହ୍ନେ ସମୁଦ୍ରକୁ ॥
ଅନନ୍ତା ଅଚଳା ପୃଥ୍ୱୀ ସହିପାରେ ନାହିଁ ବନ୍ଧ ଭାର।
କପି ସୈନ୍ୟ ସଦୃଶ ସେ ଚତୁର୍ଦ୍ଦିଗୁ ଆଣି ଶ୍ୱେତ ଶିଳା,
ସ୍ତରପରେ ସ୍ତର ଖଞ୍ଜି ଦୃଢ଼ ବନ୍ଧେ ବାନ୍ଧିଲେ ସତ୍ୱର ॥
ସେ ବନ୍ଧେ ଖୋଦିତ ଥିଲା କମନୀୟ କମ୍ର ଚିତ୍ର କଳା ॥
ଅସଂଖ୍ୟ ଶିଢ଼ିର ପାବଚ୍ଛ ପଡ଼ିଗଲା ଦୁର୍ଗର ସମ୍ମୁଖେ
ଦୃଢ଼ କରି ଶକ୍ତ ମଞ୍ଚା ନିବନ୍ଧନେ ତୋପ ସଂରକ୍ଷଣେ
ସେ ପାବଚ୍ଛେ ଚଢ଼ି ଉଚ୍ଚେ ଗଜ ଯୂଥ ଗମିଲେ ଊର୍ଦ୍ଧ୍ୱକୁ
ଅସହାୟ କରି ଦୁର୍ଗପତି, ଦୁର୍ଗ ପ୍ରସାର ପରଖେ ॥
ବନ୍ଧ କ୍ରମେ ଆଚ୍ଛାଦିଲା ଚତୁର୍ଦ୍ଦିଗ ଦୁର୍ଗ ପରିଧିକୁ
ଘେରି ଘେରି ଗଲେ ସର୍ବେ ସେ ଦୁର୍ଗର ସ୍କନ୍ଧ ଉପରକୁ,
ଚନ୍ଦ୍ରକୁ ଆବୃତ କଲା ରାହୁପରି ସେ ଦମ୍ଭୀ ବାଦଶା,
ରାହୁପରି ଗିଳିଯାଏ କଣ୍ଠ ଯାକେ, ଘେରି ଚତୁର୍ଦ୍ଦିଗ
ହତୋତ୍ସାହ କରି ଦୁର୍ଗପତି, ଦୁର୍ଗ ପତନ ବ୍ୟବସ୍ଥା
ପ୍ରବଳ ଉତ୍ସାହରେ ତୁରକୀ ଫଉଜ ରହିଲେ ସଜାଗ ॥

■

॥ ୫୩୧ ॥

ମନ୍ତ୍ରଣା ସଭାରେ ସର୍ବ ସଂପଦକୁ
ବୋଲୁଛନ୍ତି ରତ୍ନସେନ
"ଏବେ ମୋର କିଛି ବୁଦ୍ଧି ନସ୍ଫୁରଇ
ଦୂରଦୃଷ୍ଟି ହୁଏ ଲୀନ ॥
ଗଡ଼ ଚତୁର୍ଦ୍ଦିଗ ବନ୍ଧରେ ଆବୃତ
କଲେଣି ତୁରକୀ ସଇନ
ଆମ୍ଭ ଶିର ପରେ ଯେଉଁ ଗୁରୁଭାର
କରିବି ମୁଁ ସମାପନ ॥
ଅଗ୍ନି ଆରୋପଣ କରିଲେ ତା ମଧ୍ୟୁ
ଅଗ୍ନି ହିଁ ହେବ ସଂଯାତ
ଏବେ ବା ମନ୍ତ୍ରଣା କରିଲେ କି ହେବ
ଫଗୁ ଖେଳିବା ନିଶ୍ଚିତ ॥
ନୃତ୍ୟ ଗୀତ ପର୍ବ ଆୟୋଜନ କରି
ସେ ସର୍ବ ହେଲା ବିଫଳ
ଏବେ ମସ୍ତକରେ ମୃତ୍ୟୁର ତିଳକ
ଉତ୍ସବ ପାଳନ କର ॥
ଶତ୍ରୁ ସଙ୍ଗେ ଲଢ଼ି ମୃତ୍ୟୁ ବରିବାକୁ
ଶପଥ ନେଇଛୁ ଆମେ
ଏବେ ସେ ଶପଥ କରିବା ପାଳନ
ଶତ୍ରୁ ସଙ୍ଗେ ଲଢ଼ି ରଣେ" ॥
ମଳୟ ଗିରିର ଚନ୍ଦନ ଅଗୁର
ଆନୀତ ହୋଇଲା ତହିଁ
ଜହର ବ୍ରତର ଆୟୋଜନ ହେଲା
ରାଣୀ ନିବାସରେ ଯାଇଁ ॥
ଯେ ରାଣୀ ହୃଦୟେ ରହିଛି ସତୀତ୍ୱ
ସେ ଯିବ ସ୍ୱାମୀ ସଙ୍ଗତେ

ପୁରୁଷ ପୁଙ୍ଗବ କୃପାଣ କରରେ
ଚନ୍ଦନ ବୋଳନ୍ତି ମାଥେ

ରମଣୀଏ ମୃତ୍ୟୁ ବରଣେ ସଂକଳ୍ପକରି
ସୀମନ୍ତେ ସିନ୍ଦୂର ଭରିଲେ ସଯତନେ ଆଦରି ॥

॥ ୫୩୨ ॥

କାଳ ବକ୍ଷେ କ୍ରମେ ଅଷ୍ଟବର୍ଷ ପୂର୍ଣ୍ଣେ
ତିଳେ ନୋହେଁ ସମାଧାନ
ଧନ୍ୟ ସେ ଦିଲ୍ଲୀଶ ଅଥବା ନରେନ୍ଦ୍ର
ଦୁର୍ଗାଧୀଶ ରତ୍ନସେନ ॥
ଚିତ୍ତୋରେ ପ୍ରବେଶି ଶାହା ଥିଲେ ରୋପି
ରସାଳ ଚୂତ ବଗିଚା
ଫଳ ଫଳି ଝଡ଼ି ବିତେ ଅଷ୍ଟବର୍ଷ
ପୂରିଲା ନାହିଁ ଜୀଗିଷା ॥
ବାଦଶା ମନରେ କରନ୍ତି ବିଚାର
"ଦୁର୍ଗକୁ କରିଲେ ଧ୍ୱଂସ
ପଦ୍ମିନୀ ସହିତେ ଜହର ଚିତାରେ
କ୍ଷଣକେ ହବ ବିନାଶ ॥
ମୋ ହୃଦୟେ ତାର ଚିତା ଜଳୁଥିବ
କେବେ ହେଁ ଲିଭିବ ନାହିଁ"
କିଂ କର୍ତ୍ତବ୍ୟ ବିମୂଢ଼ ହେଲେ ତକ୍ଷଣେ
ଧୈର୍ଯ୍ୟ ଅସମ୍ଭାଳ ହୋଇ ॥
ଅକସ୍ମାତେ ଆସେ ଦିଲ୍ଲୀର ସଚିବ
ଲେଖା ଅନୁରୋଧ ପତ୍ର
ଚିନ୍ତିତ ଅବସ୍ଥା ଦ୍ୱିଗୁଣିତ କରି
ପତ୍ର ହେଲା ହସ୍ତଗତ ॥

"ଚିତ୍ତୋରେ ରହିଲା ଜିଦ୍‌ଖୋର ଶାହା
ଅଷ୍ଟ ସମ୍ବତ୍ସର ଧରି
ଏଠି ଶତ୍ରୁକୁଳ ପଶ୍ଚିମ ଦିଗରୁ
ଦିଲ୍ଲୀକୁ ଆସନ୍ତି ଘେରି ॥
ଯେପଥେ ସାମାନ୍ୟ କୁଶ ନ କଅଁଳେ
ସେ ପଥ ଅନ୍ଧାର କରି,
ବାବୁଲ, ବଦରି ବୃକ୍ଷର ଗହଳ
ଅନ୍ଧକାର କରେ ବଢ଼ି ॥
ହେ ଶାହା ! ସତ୍ୱରେ ଆସହେ ଦିଲ୍ଲୀଶ
ଉଦୟ ଆଦିତ୍ୟ ସମ
ପ୍ରଚଣ୍ଡ ରୌଦ୍ରେ ବିନାଶ କ୍ଷଣକେ
ଏ ଅନ୍ଧ ତମସା ଘନ ॥
ପତ୍ର ପାପ୍ତି ମାତ୍ରେ ଆସ ଅତର୍କିତେ
କ୍ଷମା କରି ଅନୁରୋଧ
ଆସିବା ପଥକୁ ଚାହିଁ ବସିଅଛୁ
ସକଳ ସଚିବ ବୃନ୍ଦ ॥"

॥ ୫୩୩ ॥

ପତ୍ର ପଠନେ ଶହା ହେଲେ ଚିନ୍ତିତ
ଦୋଛକି ପଥେ ଏବେ ହେଲେ ପଥିକ ॥
ପଦ୍ମିନୀ ତୃଷା କେବେ ହୋଇବ ଶାନ୍ତ
ବାଞ୍ଛିତ ଫଳ ଥିଲେ ସେ ଅନୁରକ୍ତ
ସ୍ୱରାଜ୍ୟ ପାଇଁ ଚିନ୍ତା, ପଦ୍ମିନୀ ଚିନ୍ତା
ସର୍ବଦା ଜଳେ ହୃଦେ ହରାଇ ଆଶା ॥
"କୂଟ କପଟେ ଜିତି ଦୁର୍ଗ ନରେଶ
ପଦ୍ମିନୀକୁ କରିବି ମୁଁ ହସ୍ତଗତ ॥"
ମନରେ ଭାଳି କଲେ କପଟ ବୁଦ୍ଧି
"ମିତ୍ର ପଣେ କରିବି ବଇରୀ ସାଧି

ରାଜା ସଙ୍ଗତେ ମିତ୍ର ହୋଇବି ଛଳେ
ହୀରା ଯେସନେ କାଟେ ଟାଣ ପଥରେ ॥
ହୀରା ତ ଶିଳା ଖଣ୍ଡେ ଭେଦଇ ଶିଳା
ସେପରି ଛନ୍ଦ କରି ରଚିବି ଲୀଳା
ଭୂପତି ସଙ୍ଗେ ମିତ୍ର ହେବି ନିଶ୍ଚିତ
ଦୁର୍ଗ ସହିତେ ପଦ୍ମା ହେବ ଆଶ୍ରିତ" ॥
ସରଜା ହାତେ ଦେଲା ଗୋପନେ ରଖି
ପାନ ବିଡ଼ା ମଇତ୍ର ପଣ ପରଖି ॥
ଗୋପନେ କହିଦେଲା ବୁଝାଇ ସର୍ବ
"କରି ଦୁର୍ଗ ପାଳନ ନିର୍ଭୟେ ରହ ॥
ଚନ୍ଦେରୀ ଦୁର୍ଗ ମଧ୍ୟ କର ଶାସନ
ମୁହିଁ କରୁଛି ଏବେ ଦିଲ୍ଲୀ ପ୍ରସ୍ଥାନ ॥
ନିମନ୍ତ୍ରଣ ଯଦି କରୁ ଆସିବି ମୁହିଁ
ତୋର ଦୁର୍ଗ ଦ୍ୱାର ମୁଁ ଦେଖିବି ଯାଇ ॥
କେବଳ ପଞ୍ଚରତ୍ନ ସମୁଦ୍ର ନିଧି
ପଞ୍ଚ ନଗକୁ ଦେବୁକରି ସୁବୁଦ୍ଧି
ଆମ୍ଭର ମିତ୍ର ପଣ ରହୁ ଅତୁଟ
ଦେଇ ମୁଁ ପାନ ବିଡ଼ା କହୁଛି ସତ ॥"

ଛତ୍ର ପତି ମାୟାଜାଲ କରିଲା ବିସ୍ତାର
ସତ୍ୟନିଷ୍ଠ ରାଜା ନିଶ୍ଚୟ ଭୋଗିବ କୁଫଳ ॥

॥ ୫୩୪ ॥

ଆରୋହି କେଶରୀ, ଗଲା ପୁଣି ଫେରି
ସରଜା ବାଦଶା ପାଶୁ,
କହଇ ବୁଝାଇ, ରତ୍ନସେନେ ଯାଇ
"ଯୁଦ୍ଧକୁ କିମ୍ପାଇଁ ଇଚ୍ଛୁ ?
ସାରା ପୃଥିବୀର ଛତ୍ରପତି ଯିଏ

ଚାହିଁଲେ ମାରିବ ତତେ।
ଅଥବା ତାହାର ଦୟାରେ ବଞ୍ଚିବୁ
ଗଡ଼ ପତି ହୋଇ ସତେ!
ପିଞ୍ଜରା ଆବଦ୍ଧ କରିଛି ତତେ ସେ
ନିରସ୍ତ୍ର ବିହଗ ପରି
କେବଳ ତାହାର ସେବା ତୁ କରିଲେ
ଜୀବନରୁ ଯିବୁ ତରି ॥
ଯେ ଯାଏ ତୋ ମୁଖେ ରହିଛି ରସନା,
ଦୁର୍ଗ ଦ୍ୱାର କରି ମୁକ୍ତ
ଅତୀବ ବିନୟେ କର ତାର ସେବା
ଗଡ଼କୁ କରି ସ୍ୱାଗତ ॥
ନତୁବା ତୋହର ରସନା ଓପାଡ଼ି
ଘେନିବ ତୋହର ପ୍ରାଣ
କିପରି ତାହାରେ ସ୍ୱାଗତ କରିବୁ
କହି ବିନୟ ବଚନ?
ହମୀର ପରାଏ ଦଶା ଭୋଗିବାକୁ
ଯଦି ତୁ କରିଛୁ ଇଚ୍ଛା,
ଗଡ଼ ଧ୍ୱଂସ କରି ରାଜ୍ୟ ନବ ହରି,
ନ ରଖ ଜୀବନେ ଆଶା" !!

"ଏଣୁ ବାଦଶାର ପଶ ତୁ ଶରଣ
ନ ଉଜାଡ଼ି ନିଜ ଘର ଧନ ମାନ ॥"

ଟିପ୍ପଣୀ: ହମୀର- ରଣଥମ୍ଭର ନରେଶ। ଆଲ୍ଲାଉଦ୍ଦିନ ସହ ଯୁଦ୍ଧରେ ନିଜ ପ୍ରାଣ ଦେଇଥିଲେ।

॥ ୫୩୫ ॥

ନିରେଖି ସରଜାରେ ଭାଷନ୍ତି ରାଜା
"ହମୀର ରାଜା କଥା କହୁ ସରଜା
ସେ ଥିଲା ଯଶସ୍କର ଦେଶ ଜାତିର
ପ୍ରାଣ ପାତେ ଗଲା ଅମର ପୁର ॥
ତା ସମକକ୍ଷ ମୁହିଁ ନୁହଁଇ ସତ
ଭୋଜ, ବିକ୍ରମ ଠାରୁ ମୁହିଁ ମହତ୍ତ ॥
ମୋ ଦୁର୍ଗେ ରହିଅଛି ଅନ୍ନ ସଲିଳ
ଷଷ୍ଠିତମ ବର୍ଷକୁ ରହିଛି ସ୍ଥିର ॥
ଗିରି ନିର୍ଝର ଅଛି ଝରୁଛି ପାଣି
ଚିନ୍ତାରେ ନ ରହିବେ ତୃଷିତ ପ୍ରାଣୀ ॥
ତା ସତ୍ତ୍ୱେ ଯଦି ଦୁର୍ଗ ହୁଏ ପତନ
ମୃତ୍ୟୁ ପର୍ଯ୍ୟନ୍ତ ମୁହିଁ କରିବି ରଣ ॥
ଷୋଳ ସହସ୍ର ଲକ୍ଷ ଯୁବା ସହିତ
ମୋହର ଯୁଦ୍ଧ ଲାଗି ସର୍ବେ ସମର୍ଥ ॥
ଅନଳେ ଝାସ ଦିଏ ଯେହ୍ନେ ପତଙ୍ଗ
ରାଜ କୁମାରେ ରାଜା ତେହ୍ନେ ନିଶଙ୍କ ॥
ଯେଦିନ ଯିବ ଦୁର୍ଗ, ନମି ଭୂତଳେ
ଋତୁ ସଙ୍ଗୀତ ଗାଇ ଆନନ୍ଦ ଭରେ
ଖେଳିବୁ ରକ୍ତେ ହୋଲି ପ୍ରାଣ ବିସର୍ଜି
ହୋଇବୁ କାଳଜୟୀ ଯଶ ଅରଜି ॥
ଅସି ଆଘାତେ ଅଙ୍ଗ ହୋଇବ ଛିନ୍ନ
ରକ୍ତରେ ମିଶି ହେବ ଦୁର୍ଗେ ବିଲୀନ ॥
ଯେ ନିଜ ଗୃହିଣୀରେ ଅନ୍ୟକୁ ଦେଇ
ଆପେ ବଞ୍ଚୁଛି ସୁଖ ଭୋଗିବା ପାଇଁ
ସେପରି ନପୁଂସକ କେବା ଅଛଇ
ସେ ସମ ହୀନ ପୁଂସ ଏ ଦୁର୍ଗେ ନାହିଁ ॥
ଏବେ ଜହର ଚିତା ସାଜିବି ଏଥି

ସ୍ୱାମୀ ସଙ୍ଗତେ ନାରୀ ହେବାକୁ ସତୀ
ରକ୍ତ ଆହବେ ଯେବେ ଶମିବ ବହ୍ନି
ଭସ୍ମ ରହିବ ଶେଷ ଜୀବନ ଘେନି ॥

"ସେଇ ଭସ୍ମରାଶି ନେବ ଯେବା ଆସି ମନ ଇଚ୍ଛା ପୂର୍ଣ୍ଣ କରି।
ଜୀବନ୍ତେ ମୋ ଅଙ୍ଗ ସ୍ପର୍ଶ ନ ପାରିବ ବଇରୀର ତରବାରି ॥"

॥ ୫୩୬ ॥

କହିଲା ସରଜା "ବାଦଶାର ସେବା
ଯେହୁ ନପାରିବ କରି
ସେ ଅବଶ୍ୟ ହେବ ଜଳି ଭସ୍ମୀଭୂତ
ଜୀବନର ଆଶାଛାଡ଼ି।
ବହୁ ଅନ୍ନଜଳ ରଖିବି ସମ୍ବଳ
କେତେ ଜନ ତୋହ ପରି
ଲଙ୍କାର ରାବଣ ପରି ଅସମୟେ
ଅନଳରେ ଗଲେ ଜଳି ॥
ଯେଦିନ ବାଦଶା ଦୁର୍ଗ ରାସ୍ତା ଘାଟ
କରିଦେବ ଅବରୋଧ
ଅନ୍ନଜଳ କାହୁଁ ଭୁଞ୍ଜିବେ ତୋ ଜନେ,
ଭୁଞ୍ଜିବେ ମୃତ୍ୟୁ ଆସ୍ୱାଦ ॥
ତୁ ସିନା ଭାବୁଛୁ ତୋ ଗିରି ନିର୍ଝର
ସଲିଳ ଦେଉଛି ଭରି
ଆଶୁ ଭବିଷ୍ୟତ ଚିନ୍ତି ସେ ପର୍ବତ
ନେତ୍ରୁ ଢାଳେ ଅଶ୍ରୁ ବାରି ॥
ଯଦ୍ୟପି ବାଦଶା ରୋଷ ବସେ କରେ
ତୋର ଦୁର୍ଗ ଭୂପତିତ
ସେ ଲାଗି ଚିନ୍ତିତ ହୁଏ ସେ ପର୍ବତ
ତୋ ଦମ୍ଭ ହେବ ଦ୍ରବିତ ॥

କିନ୍ତୁ ତୋ ବିନାଶ ଭାବୁଛୁ ଅସତ୍ୟ
ଆସନ୍ତା କାଲିକି ଦୁର୍ଗ
ହେଲେ ଦ୍ରବୀଭୂତ ଦମ୍ଭ ହେବ ଚ୍ୟୁତ
(ଏବେ) ସମୟ କରି ଲାଘବ ॥
ତୋର ଉପଚାରେ କର ସୁଖୀ ତାରେ
ଅନ୍ୟ ଅବିଗୁଣ ତୋର
କ୍ଷମା କରିପାରେ, ଭାବ ତୁ ଅନ୍ତରେ
ଚଳତା ପାଶେ ସତ୍ୱର ॥
ଯେତେ ସର୍ତ୍ତ ତାର କର ତୁ ସ୍ୱୀକାର
(ଭେଟି) ପଞ୍ଚ ରତ୍ନର ବିଭବ
ତାର କରୁଣାରେ ବିନାଶ ତୋହର
ନିଶ୍ଚୟ ଲାଘବ ହେବ।"

ସତ୍ୟନିଷ୍ଠ ନରପତି ମିତ୍ର ଭାବ ବରି
ଆପଣା ହସ୍ତେ ଜିହ୍ୱା ଛେଦେ ନ ବିଚାରି ॥

॥ ୫୩୭ ॥

ରାଜା ପୁଣି କହେ, "ଶୁଣ ତୁ ସରଜା !
ବାଦଶା ହିଁ ବଳବାନ
ସେ ଯଦି ଚାହିଁବ ବିଧ୍ୱଂସ କରିବ
ସେଥି ନୁହେଁ ସନ୍ଦିହାନ ॥
ପଞ୍ଚରତ୍ନ ସହ ସମସ୍ତ ଭଣ୍ଡାର
ତାରେ ଦେବାକୁ ପ୍ରସ୍ତୁତ
ନହେଲେ କି ସିକନ୍ଦର ପାଶୁ ଶେଷେ
ଦାରା ହୋଇ ପାରେ ମୁକ୍ତ ॥
ତାହାରି ଆଦେଶେ ମସ୍ତକ ମୋହର
ରହିବ କି ହେବ ଛିନ୍ନ

(କିନ୍ତୁ) ବିନା ଶପଥରେ ଦେବି ନାହିଁ ରତ୍ନ
(ଅଟେ) ସତ୍ ବାକ୍ୟ ମୋ ପ୍ରମାଣ ॥
ମଧୁର ବାକ୍ୟରେ ବୁଝାଏ ସରଜା
"ବୋଇତ ବଣିକ ଭଉଁରୀ ବଳୟେ
ଆପଣାର ମୁଣ୍ଡ ପାତି
ଶରଣ ମାଗିଲେ, ମୂର୍ଖ ସେ ଅଧମ
ପାଇବ ମରଣ ଗତି ॥
ବାଦଶାର ବାକ୍ୟ ପର୍ବତରୁ ଗରୁ
ଅଟେ ଅଟଳ, ଅଚ୍ୟୁତ,
ଭବିଷ୍ୟତ ଲାଗି ନ ହୁଅ ଚିନ୍ତିତ
(ସେ) ଅବଶ୍ୟ ନବ ଶପଥ ॥"
ସତ୍ୟନିଷ୍ଠ ରାଜାତିଳେ ନ ବୁଝିଲା
ତାର ଛଳ ମଧୁ ବାକ୍ୟ
ସରଜା କପଟ ନବୁଝି ପାରିଲା
ବିଷ କୁମ୍ଭ ପୟ ମୁଖ ॥

ରତ୍ନସେନ ରାଜା ଭଳିଗଲା, ନ ବୁଝିଲା ଛନ୍ଦ କପଟ
ସରଜାରେ ଦେଇ ସେ ବିଦାୟ ବରଗିଲା ଆପଣା ଦୂତ ॥

॥ ୫୩୮ ॥

ବିଶ୍ୱାସେ ପିହିତ ରତ୍ନସେନ ଚିତ୍ତ
ଶାହା ଶପଥକୁ ମଣିଲା ସତ
ବିଶ୍ୱାସରେ ବିଷ ପିଇଲା ନିଶ୍ଚିତ
ଆଶୁ ଭବିଷ୍ୟତ ଥିଲା ଅଜ୍ଞାତ ॥
ଚିତ୍ତୋର ଭୂପାଳ ସତ୍ୟରେ ଅଟଳ
ବାଦଶାର ଛଳ କୂଟ ଜାଲରେ,
ଛନ୍ଦି ହୋଇ ଦୂତ ହାତରେ ଅମୃତ
ଭାଗ୍ୟଲକ୍ଷ୍ମୀ ଦାନ ଦେଲା ବାଟାଳେ ॥

ସ୍ୱର୍ଣ୍ଣ ପିଞ୍ଜରାରେ ହଂସ ରଖିଦିଏ
ସ୍ୱର୍ଣ୍ଣଦଣ୍ଡ ପରେ ଖେଚର ବାଜ
ରୁପା କୋଠରିରେ ଶାର୍ଦ୍ଦୂଳ ନିରୋଧି
ଅମୃତ କଳସ କରିଲା ସଜ ॥
ପଞ୍ଚ ଦିବ୍ୟ ଦ୍ରବ୍ୟ ସମୁଦ୍ର ସନ୍ତକ
ଉପହାର ଘେନି ସୁବିଜ୍ଞ ଚାର,
ବାଦଶା ଅଗ୍ରତେ ରଖଇ ସେ ଯତନେ
କର ଯୋଡ଼ି ତହିଁ କରେ ଜୁହାର ॥
"କଳସ ବାୟସ ରାଜ ରତ୍ନସେନ
ଚିତ୍ତୋର ତୀର୍ଥରୁ ଦେଇଛି ଭେଟି,
ହେ ଭାରତ ବ୍ୟୋମବିହାରୀ ଆଦିତ୍ୟ
ତବ ଶ୍ରୀଚରଣେ ପ୍ରଣାମ କୋଟି ॥
ତବ କ୍ରୋଧାନଳ ଜାଳିଦିଏ ଯେହ୍ନେ
ସାରା ଜଗତର ଜୀବ ଜୀବନ
(ତବ) କୃପା ଛାୟା ତଳେ ବଢ଼ଇ ଅଚିରେ
ପ୍ରାଣ ସଞ୍ଚରିତ ଶୀତଳ ପ୍ରାଣ ॥
ନବ ଖଣ୍ଡ ମହୀ ଭାନୁ ଉଦେ ରହି
କାହିଁ ନ ରହଇ କାଳିମା ତିଳେ
ଦିନକର ଜାଳେ ରହି ବି ନପାରେ,
ତୋର ପ୍ରତିକୂଳ ନବ ଖଣ୍ଡରେ ॥
ଶର୍ବରୀ ବିଲୟେ ଉଷାର ଅନୟେ
ଉଦେ ଦିନନାଥ, ଅସଂଖ୍ୟ କାକ
ଉଚ୍ଚେ ରବ କରି କହନ୍ତି ବିଚାରି
ଆମ କଳା ବର୍ଣ୍ଣ ନହୁଏ ଶ୍ୱେତ ॥"

ସତ୍ୟସନ୍ଧ ନରପତି କରି ଭ୍ରମ ମତି
ଆପଣାକୁ କାକ ଭାବି କରନ୍ତି ବିନତି ॥

॥ ୫୩୯ ॥

ଦୂତର ବିନତି ସମ୍ବାଦ ଶ୍ରବଣେ
ଭାଷନ୍ତି "ଶୁଣରେ ଚାର !
ଆପଣାର ଅଙ୍ଗେ ପ୍ରଲେପିଲେ ପଙ୍କ
କୃଷ୍ଣ ବାୟସ ନିକର ॥
ମୋର ଧନୁତୀର ସମ୍ମୁଖେ ସକଳ
ପକ୍ଷୀଏ ନତ ମସ୍ତକ
ବାୟସ ସମୂହ ପୃଷ୍ଠ ପଟ ଦେଇ
ପଳାୟନେ ହେଲେ ଦକ୍ଷ ॥
ଏବେ ବି ସେମାନେ ମୋ ଶାୟକ ପାଶୁ
ଗମନ୍ତି ହୋଇ ସତ୍ବର
ଏଭଳି ପକ୍ଷୀଙ୍କ ମାନସ ବିଚାରେ
ଭରସା କିବା ମୋହର ॥
ଯଦ୍ୟପି ସେମାନେ ମୋ ଶର ସମ୍ମୁଖେ
ହୋଇଥାନ୍ତେ ସମ୍ମୁଖୀନ
ବଗ କିମ୍ବା ଶ୍ବେତ ହୁଅନ୍ତେ ଅନେକ
ସେ କିମ୍ବା କଜଳ ବର୍ଣ୍ଣ ॥
ସେସବୁ ବାୟସ ନିଜ ପକ୍ଷ ମାନ
ନ କରି ନିଜେ ଧବଳ
ଅନ୍ୟ ବିହଗର ଧବଳ ରୂପକୁ
ଦେଖି ହୁଅନ୍ତି ଆକୁଳ ॥
ନାଗ ଆଉ କାକ ଯୁଗଳେ ତ ବକ୍ର
ସତର୍କେ ଥାଆନ୍ତି ରହି
ନିଜ ଅବିଗୁଣେ ରହନ୍ତି ସେମାନେ
କଜଳ ରୂପକୁ ନେଇ ॥
ସେମାନଙ୍କ ବର୍ଣ୍ଣ କୃଷ୍ଣ ଓ ମଳିନ
ସମ୍ଭବ ନୁହେଁ ଧଉତ

ସହସ୍ରେକ ବାର ଧଉତେ ଗଜେନ୍ଦ୍ର
ପଙ୍କରୁ ନ ହୁଏ ଶ୍ୱେତ ॥"

ଦୂତର ସମ୍ମୁଖେ ଶାହା କହେ ତୁଚ୍ଛ କରି
କ୍ଷତ୍ରିୟ କୁଳ ତିଳକେ କଳଙ୍କିତ କରି ॥

ଟିପ୍ପଣୀ:- ଏହି ଛନ୍ଦରେ, ଯେଉଁ ହିନ୍ଦୁ ଶାସକମାନେ ସୁଲତାନଙ୍କର ବଶ୍ୟତା ସ୍ୱୀକାର କଲେ ନାହିଁ ସେମାନଙ୍କ ବାୟସ ଅର୍ଥାତ୍ କାଉ ରୂପେ ଅଭିହିତ କରାଯାଇଛି। ଯେଉଁମାନେ ବଶ୍ୟତା ସ୍ୱୀକାର କଲେ, ସେମାନଙ୍କୁ ବଗ ବୋଲି କୁହାଯାଇଛି।

॥ ୫୪୦ ॥

"ଯଦ୍ୟପି ଆସିଲେ ପ୍ରଣାମ କରିବ
ସେବାରେ ମୋ ହେବ ରତ।
ନିରୀକ୍ଷଣ କରି ଦେଖିବି ମୁଁ ତାରେ
ସେ କୃଷ୍ଣ ଅବା କି ଶ୍ୱେତ ॥
ଶରଣାଗତିକୁ ଆଶ୍ରୟ ଯେ କରେ
ତାର କି ମୃତ୍ୟୁର ଭୟ
ସତ୍ୟରେ ଅଟଳ ଥବ ଯାର ମତି
ସେ ତ ସଦା ନିର୍ଭୟ ॥
କାଲି ଯିବ ଭାନୁ ତାର ସଦନକୁ
କପଟ ଥିଲେ ତା ମନେ
ତା ଅଗ୍ରତେ ରଖି ଧନୁ ତୀର ତାର
ଚାହୁଁଥିବ ପ୍ରତିକ୍ଷଣେ ॥"
ପ୍ରୀତି କଟାକ୍ଷରେ ଚାହିଁଲେ ବାଦଶା
ପାନ ବିଡ଼ା ଦେଲେ ଆଣି,
ରାଜାଙ୍କ ପାରୁଶେ ଜଣାଇଲା ଚାର
"ବିଜେ ହେବେ ଦିନମଣି ॥

ତମ ସ୍ୱଇଚ୍ଛାରେ ପରିଚର୍ଯ୍ୟା କରି
ସେବା କର ଦିଲ୍ଲୀଶ୍ୱର
ଶ୍ରଦ୍ଧା ସେବା ଫଳେ, ପ୍ରୀତି କୃପା ମିଳେ
ଦୃଢ଼ ହୁଏ ପ୍ରୀତି ଡୋର ॥
ଭରାଜଲ ଯାନ କରେ ଅଭିଯାନ
ରଶି ଗୁଣେ ଟାଣି ହୋଇ
ତବ ସେବା ଗୁଣେ ସନ୍ତୋଷ ପରାଣେ
ଲଭିବେ ଭାରତ ସାଇଁ ॥"
ରାଜା ଆଦେଶିଲେ ସର୍ବ ସୁପ୍ରକାରେ
କର ସୁଖାଦ୍ୟ ରନ୍ଧନ
ହେବ ରସସିକ୍ତ, ଗୁଣରେ ଅଧିକ
ପରିତୋଷ କରି ମନ ॥

॥ ୫୪୧ ॥

ଭୋଜି ରନ୍ଧା ପାଇଁ ହୋଇଲେ ତତ୍ପର
ଯାହା ହେବ ପ୍ରୟୋଜନ
ଆଦେଶ ସକଳ ସେବାକାରୀ ଦଳ
ଆଣନ୍ତି ସେ ଦ୍ରବ୍ୟମାନ ॥
କ୍ଷୁଦ୍ର ଓ ବୃହତ ଛାଗ ଆଉ ମେଷ
ବଣରୁ ଶଶକ ମାନ
ମେଦଭରାଜନ୍ତୁ ଏକତ୍ର କରନ୍ତି
ନିର୍ଦ୍ଦୟ ଘାତକଗଣ ॥
ଅନେକ ସମ୍ବର ନୀଳଗାଈପଲ
ପାଦପ କୁକ୍କୁଟ ଯେତେ
ମାଂସଳ ବିହଗ କରିଲେ ଏକତ୍ର
କେକୀ ନର୍ତ୍ତକୀ ସହିତେ ॥
ମିରିଗ, ଠେକୁଆ, ଗୌନା ଅରଣ୍ୟର
ଲାଗୁନା, ଚିତଲ, ଝିଁଖ

ତିତିର, ବଟର, ଲେଓ୍ୱା, ସାରସ
ଗୁଣ୍ଡୁରି, କାଣ୍ଠିଆ ବଗ ॥
କପୋତ, ମୟୂର, ପଣ୍ଡୁକ ଓ ଖେହା
ଅରଣ୍ୟ କୁକ୍କୁଟ ଯାକ
ଚକୋର, କେଓ୍ୱ, ପିଛେ, ପାଣିକୁଆ
ନକଟେ ପୁଣି ଡାହୁକ ॥
ମିଲାର, ଲେଦି, ଓ ସୋନ ଯେତେଥିଲେ
ମାଂସଳ ବୃହତ ଜନ୍ତୁ
ବାଛି ବାଛି ସବୁ ଧରିଲେ ବଣରୁ
ବାଦଶା ସ୍ୱାଗତ ହେତୁ ॥
ଯେ ଥିଲେ ଦୁର୍ବଳ ବର୍ତ୍ତିଲେ କେବଳ
ଅରଣ୍ୟେ ହେଲେ ଆଶ୍ରିତ
ନିର୍ଭୟେ ଚରିଲେ ବନଭୂମି ପରେ
ରହିଲେ ବିପଦ ମୁକ୍ତ ॥
ସବୁ ଜୀବଜନ୍ତୁ ପକ୍ଷୀଏ ସକଳେ
ଏକତ୍ର ବଧ ଭୂମିରେ
ରକ୍ତ ଅଶ୍ରୁ ହୋଇ ଝରେ ଅହରହ
(ଯେବେ) ଛୁରିକା ଚଳେ ଶରୀରେ ॥

ସେମାନେ ସରବେ ଜାଣି ଅନୁଭବେ ମନରେ ଭାବିଲେ, "ଯତନ କରି ପାଳିଲୁ ଶରୀର ମାଂସ ନେଲେ ପର, ମରିଲୁ ସକଳେ ଜୀବନ ହାରି ॥"

॥ ୫୪୨ ॥

ନଦୀ ସରୋବରୁ ଧରାହେଲା ମାଛ
ବଡ଼ ବନେ ରୋହୀ ଭାକୁର ମୀନ
ମୋୟ, ସଂଘ, ସିଲଙ୍ଗ ଓ ଟେଙ୍ଗନି
ଖୋଜି ଖୋଜି ଆଣୁଥିଲେ ବହନ ॥
ଶିଙ୍ଘି, ମାଗୁର ଓ ଚରକ ଚାଙ୍ଗଲା
ପରହାଂସି ମରାହେଲେ ଯଥେଷ୍ଟ

ଦରାଣ୍ଡି ଦରାଣ୍ଡି କଇବର୍ତ୍ତ ଦଳେ
ଧରୁଥିଲେ ଦୟା ନାହିଁ କିଞ୍ଚିତ ॥
ଅତୀବ ନିଷ୍ଠୁର କେଉଟ ବାପୁଡ଼ା
ଜାଲ ଘେରି ଧରେ ବିଭିନ୍ନ ମୀନ
ଏ ତ ଜଳଜୀବ, ଜଳ ବିହୁନରେ
କିପରି ବା ରଖି ପାରେ ଜୀବନ !
କୁହନ୍ତି ଜାୟସୀ ମନୁଷ୍ୟ ଜୀବନ
ଜଳ ମୀନ ପରି ଚରନ୍ତି ଚାରା
ମୃତ୍ୟୁ ଜାଲେ ପଡ଼ି ମରନ୍ତି ଅଚିରେ
ତ୍ରାହି ତାଙ୍କୁ କିଏ କରିବ ପରା ॥
ମୃତ୍ତିକା ଭକ୍ଷଣେ ଯଦି ମତ୍ସ୍ୟ ମାନେ
ନବଞ୍ଚନ୍ତି - ତେବେ ବିଳାସୀ ନରେ
ସୁଖ ସହ ଭୋଗେ, ଇନ୍ଦ୍ରିୟ ବିଭବେ
କିପରି ବଞ୍ଚିବି ଏହି ସଂସାରେ ?
ବିଶାଳ ଜଗତ, ଜୀବ ଅଗଣିତ
ପାଳିତ ହୁଅନ୍ତି ମରିବା ପାଇଁ
ମାୟା ମରୀଚିକା ପଛେ ଧାଇଁଥାନ୍ତି
ଏଥିରୁ କେ ତାଙ୍କୁ କରିବ ତ୍ରାହି ॥
ସଂସାର-ସରସୀ ଜଳେ ରହି ଜୀବ
କାହିଁ କେତେ ମୁକ୍ତି ପାଇଛି କହ
ଯନ୍ତ୍ରଣାର ଫାସ ଲଗାଇ ଗଳାରେ
ରକ୍ତ ନିଗାଡୁଛି ସେ ଅହରହ ॥
ଆପଣା କର୍ତ୍ତବ୍ୟ ଭୁଲି ସେ ଯାଇଛି
ଇନ୍ଦ୍ରିୟ ସୁଖରେ ହୋଇ ପ୍ରମତ୍ତ
ଭବ ସିନ୍ଧୁ ଜଳେ ମୃତ୍ୟୁ ଜାଲେ ଛନ୍ଦି
ଅବଶେଷେ ହୁଏ ଅଣଆୟତ୍ତ ।
ସଂସାରେ ଯେତେ ସ୍ନେହ, ପ୍ରୀତି ମୋହ ସେ ସିନା ମୃଷା
ପ୍ରତ୍ୟକ୍ଷ୍ୟେ ଏ ଜ୍ଞାନ ଜାଣିଲେ ବି ଜୀବ, ରହେ ଅବୁଝା ॥

॥ ୫୪୩ ॥

ପେସା ହେବା ଲାଗି ଗହମ ଆସିଲା
ଚକିରେ ପେଷିଲେ କରିବେ ଅଟା
ପରିଚାରି ହାତେ ଗହମ ଭାବିଲା
"ବଢ଼େ ଦୁଃଖ ମୋର କରମ ଫଟା ॥"
ଆଦ୍ୟରେ ପଖାଳି, ପରିଷ୍କାର କରି
ତା ଉଜ୍ଜ୍ୱଳ ମୁଖ ଉଠିଲା ଫୁଟି
ଧବଳ ହରିତ ଗହମର ସ୍ତୂପ
ଧଉତ ଫଳେ ହେଲା ଉଜ୍ଜ୍ୱଳ ଅତି ॥
ଚକିରେ ପେଷିଲେ କନାରେ ଛାଣିଲେ
କଡ଼େଇରେ ଛାଣି କଲେ ରନ୍ଧନ
ଛଣା ହେଲା ପୁରି, ଲହୁଣୀ ଠୁ ବଳି
ରସନାରେ ଲାଗି ମିଳାଏ ଜାଣ ॥
ଲୁଚି ଓ କଚୁରୀ, ମିଠେଇ, ସୋହାରି
ଘିଅ ସରସର ଛୁଇଁଲେ ଝରେ
ଭୟ କରୁଥିଲେ ସୂପକାର ଦଳେ
ଯତ୍ନେ ରଖିଥିଲେ ସଜାଇ ତାରେ ॥
ରସନା ଜାଣେକି, ଯେ ଖାଏ ସେ ଜାଣେ
କେତେ ସ୍ୱାଦୁ ଭରା ସେ ଦ୍ରବ୍ୟରସ
ଜିହ୍ୱାରେ ପଡ଼ିଲେ, ଗଳେ ଗଳିଯାଏ
ଅନୁଭବ କରେ ଖାଦ୍ୟ ରସିକ ॥
ସେ ମିଷ୍ଟାନ୍ନ କଥା କି ଅବା କହିବି
ତା ନାମ ମଧୁର ଲାଗେ ଶ୍ରବଣେ।
ଭକ୍ଷିଲେ ତାହାକୁ ହୃଦ ଶାନ୍ତି ହେଲେ
ତଥାପି ତା ଆଶା ଅଧିକ ଆଣେ ॥

॥ ୫୪୪ ॥

ରୋଷଘରେ ସୂପକାରେ ରଖୁଥିଲେ
ଚାଉଳ ସଜାଇ ରଖି
ବିଭିନ୍ନ ପ୍ରକାର ଚାଉଳ ବର୍ଣ୍ଣନା
ଅସମ୍ଭବ ଲାଗେ ଦେଖି ॥
ଭିନ୍ନ ଭିନ୍ନ କେତେ ଚାଉଳ ସୁବାସ
କେତେ ଗନ୍ଧେ ବାସୁଥାଇ
ଗୋଟି ଗୋଟି କରି କେତେ ପରଖିବ
ଭିନ୍ନ ଭିନ୍ନ ନାମ ଥାଇ।
ରାୟଭୋଗ ପୁଣି ଝିନଓ୍ୱା, ରୁଦଓ୍ୱା
ଲେଞ୍ଜୁରୀ, ଦାଉଦ ଖାଁନି
ରତସାରୀ, ମଧୁକର ଓ ଦେହୁଲା
ଜୀରାସାରି, କାଜର ରାନୀ ॥
ଘୃତକାନ୍ଦୌ ପୁଣି କୁମାର ବିଳାସ
ରାମରାଶି ସର୍ବାଧିକ
ସୁବାସିତ ଥିଲା, ପାଚକର
ଅନ୍ନ ରନ୍ଧନେ ପ୍ରସ୍ତୁତ ॥
ଦୀର୍ଘ ସେ ଚାଉଳ, ଭିନ୍ନ ପ୍ରଜାତିର
ଉତ୍କୃଷ୍ଟ ତାହାର ବାସ
ସଗୁନୀ, ବେଗରୀ, ପାଢ଼ିନି ଚାଉଳ
ପାଚନେ ବଢ଼େ ସୁବାସ ॥
ତାହା ସଙ୍ଗେ ପୁଣି ରନ୍ଧା ହେଲା ଆସି
ଗଢ଼ହନ, ଜଢ଼ହନ
ସଂସାର ତିଳକ, ଖଣ୍ଡଚିଲା ମଧ
ସାଥେ ରଖି ବଢ଼ହନ ॥
ରନ୍ଧା ହେଉଥିଲା ହଂସା ଭଉଁରୀ ବି
ବକାବଳୀ ଓ କେତକୀ

ରାଜହଂସ ଅନ୍ନ ସୁଗନ୍ଧ ସୁବାସେ
ପବନେ ଉଠେ ମହକି ॥

ଏହିପରି ଷୋଳ ସହସ୍ର ଜାତିର ଚାଉଳର ରନ୍ଧା ବାସେ
ଛାଡ଼ି ଫୁଲ ସଙ୍ଗ, ମହୁମାଛି ଭୃଙ୍ଗ ଘୂରୁଥିଲେ ଚତୁଃପାର୍ଶ୍ୱେ ॥

॥ ୫୪୫ ॥

ମାଂସ ରାନ୍ଧିବାକୁ ସଜ ହେଲେ ଏବେ
ରୋଷଶାଳେ ସୂପକାର
ଛେଦା, କଟା, ପେଷଣେ ଅଥବା
ମାଂସ ବହୁତ ପ୍ରକାରେ ॥
ପେଷାବଟା ହୋଇ ମାଂସରେ ମସଲା
ସଯତ୍ନେ ହେଲା ମିଶ୍ରଣ
ସୁବାସିତ କେତେ ମସଲା ବିଶେଷ
ଘାଣ୍ଟି ରଖିଲେ ବହନ ॥
ମହକ ଘୃତରେ ବଘରା ହୋଇଲା
କେଶର ଗୁଣ୍ଡ ମିଶାଇ,
ସିଦ୍ଧ ମାଂସ ହଣ୍ଡାମାନଙ୍କରେ ଦେଲେ
ସୈନ୍ଧବ ଲବଣ ନେଇ ॥
କନ୍ଦମୂଳ କାଟି ତହିଁରେ ମିଶିଲା
ମାଂସ ସଙ୍ଗେ ସିଦ୍ଧ ହୋଇ
ପାନମଧୁରୀ, ଧନିଆ, ଜୀରାଗୁଣ୍ଡ
ମିଶାଇ ଦେବାରୁ, ତହିଁ,
ଶତଗୁଣ ହୋଇ ମହକି ଉଠିଲା,
ଲୋକେ କଲେ ବାହାବାହା
ଭୋଜନ ରସିକେ ଭୁଞ୍ଜିଲେ ଜାଣିବେ
କିପରି ଲାଗୁଛି ତାହା ॥

କଳସୀ ପାଣିରେ ଜାଳି କଲେ ସିଦ୍ଧ
ସୁରୁଆ, ମାଂସର ଝୋଳ
ଗୁଆଘିଅ ଦେଇ ବଘାରି ରଖିଲେ
ପ୍ରମୁଖ ରନ୍ଧନ ସାର ॥
ଖଣ୍ଡ ଖଣ୍ଡ ହୋଇ କଟା ମାଂସ ନେଇ
ବଡ଼ ବଡ଼ ହଣ୍ଡା ମଧ୍ୟେ
ଉପଯୋଗୀ ଛାଗମାଂସ ସିଦ୍ଧ ହେଲା
କଡ଼ାରେ କଷିଲା ବାଦେ ॥
ଏହି ସୁବାସିତ ଯତ୍ନେ ସିଦ୍ଧ ମାଂସ
ଖାଇବ ଯେ ହେବ ତୃପ୍ତ
ସିଂହ ପରି ଦେହେ ବଳ ସଞ୍ଚରିବ
ଗର୍ଜନେ ହେବ ଉନ୍ମତ୍ତ ॥

ଖାଦ୍ୟ ରସିକର ପ୍ରାଣେ ଲାଳସା ଭରି ଶତଗୁଣେ
ଖାଦ୍ୟର ରଖନ୍ତି ସମ୍ଭାର କୁଶଳୀ ଯେତେ ସୂପକାର ଗଣେ ॥

॥ ୫୪୬ ॥

ଲବଙ୍ଗ ମରିଚ ଆଦି ମସଲାକୁ
ମାଂସରେ ମିଶାଇ ତହିଁ
ଘିଅରେ ଛାଣିଲେ ସମୋସା ପାଚକେ
ଅତି ସଯତନେ ରହି ॥
ବାକି ବଟା ମାଂସ କରିଲେ ଗଠନ
ଡାଳିମ୍ବ, ଆମ୍ବ, କଦଳୀ
ତୁରଞ୍ଜୀ, ଜମ୍ବୀର, ତରଭୁଜ, ଖୀରା
ବେଲ ଓ ଶ୍ରୀଫଳ କରି ॥
ବଟହର, କଟହର ଓ ମୁନାକ୍କା
ଖଜୁରୀ ସହ କମଳା
ଦକ୍ଷ ସୂପକାରେ ଗଠନ କରିଲେ

ଆକୃତିରେ ଚାରୁକଳା ॥
ବର୍ଣ୍ଣ ଓ ସ୍ୱାଦରେ ସମାନ ସେ ଥିଲା
ଉଦ୍ୟାନର ଫଳ ପରି
ସିର୍କାରେ ଭିଜାଇ ରଖିଥିବା ହେତୁ
ସେ ଦିଶେ ସତେଜ ଭଳି ॥
ଏପରି ନିପୁଣ କଳାର ରସାଣେ
କମଳ ପୁଷ୍ପଟି ତହିଁ
ସରସୀ ସଲିଳେ ଫୁଟି ବା ହସୁଛି
ସୂର୍ଯ୍ୟ କିରଣରେ ରହି ॥
ଯଦିବା ସମସ୍ତ କଳା ସମ୍ପାଦିଛି
ମାଂସକୁ ସମ୍ବଳ କରି
ସବୁ ରସମୟ ରହସ୍ୟରେ ପୂର୍ଣ୍ଣ
ଧନ୍ୟତାର କାରିଗରୀ ॥
ସତେବା ଉଦ୍ୟାନ ଅଶ୍ରୁରେ ଝୁରୁଛି
"(ଆମ) ରସ, ବର୍ଣ୍ଣ, ଗୁଣ ନେଇ
ସବୁତ ପାଚକେ ଅପହରି ନେଲେ
ରହିବୁ ଅଲୋଡ଼ା ହୋଇ ॥"

ଅନ୍ୟକୁ ଶ୍ରୀହୀନ ତୁଚ୍ଛ କରି ଉପହାସ
ଏ ଜଗତେ ଲୋକମାନେ ହୁଅନ୍ତି ଉଲ୍ଲାସ ॥

॥ ୫୪୭ ॥

ଏବେ ମାଛ ପାଳି ଆସିଲା, ପାଚକେ
କଟା ମାଛ ଖଣ୍ଡ ଧୋଇ ଦହିରେ,
ଜଳରେ ଧୋଇଲେ ଟାଣି ଚାରିଥର
ଯତନେ ନିଗାଡ଼ି ତହିଁ ରଖିଲେ ॥
ସୋରିଷ ତେଲରେ ଧନିଆ ମସଲା
କଡ଼େଇ କରି ଛୁଙ୍କ ସଙ୍ଗତେ

ପୁଣି ଆଉବାରେ ସୁବାସିତ କରି
ବଘାରି ରଖିଲେ ଯତନେ କେତେ ॥
ବିଭିନ୍ନ ପ୍ରକାର ମାଛ ଘୃତେ ଭାଜି
ତହିଁରେ ଆମ୍ବୁଲ ଥିଲେ ମିଶାଇ,
ସେ ମାଛ ଉପରେ ସୁସ୍ୱାଦୁ ମସଲା
ଆଣି ସଯତନେ ଦେଲେ ବିଛାଇ ॥
ରସନା ଉପରେ ରଖି ସମାଦରେ
ସେ ସିନା ଜାଣିବ ତାହାର ସ୍ୱାଦ
ନୟନେ ଦେଖିଲେ କିଏ ବା ବୁଝିବ
ଦେଖା ଚଖା ସଙ୍ଗେ କି ମେଳ ଥିବ ॥
ପୁଣି ଛଣା ହେଲା ଛୋଟ ମାଛ ଖଣ୍ଡ,
ଅଣ୍ଡା ଛଣା ହୋଇ ରହିଲା ଭିନ୍ନେ
ସଦ୍ୟମରା ଘୃତ ମଡ଼ାଇଲେ ନେଇ
ଥଣ୍ଡା କରି ରଖିଦେଲେ ଯତନେ ।
ଭୁର୍ସୁଙ୍ଗ ପତରେ ବଘରା ହୋଇଲା
କେଶର, ଲବଙ୍ଗ ଉପରେ ତାର
ମରିଚ ତା ସଙ୍ଗେ ଉପରେ ପଡ଼ିଲା
ସୁବାସିତ କଲେ ଦେଇ କର୍ପୁର
ବର୍ତ୍ତନେ ସୁରୁଆ ଭରି ରହିଥିଲା
ହାତଯିବ ଯହିଁ ସମ୍ପୂର୍ଣ୍ଣ ବୁଡ଼ି
ଏହିପରି ଖାଦ୍ୟ ଖାଇ ବୟୋବୃଦ୍ଧ
ନିଶ୍ଚିତେ ଯୌବନ ପାଇବ ଫେରି ॥

॥ ୫୪୮ ॥

ମାଛ ରନ୍ଧା ହେଲା, ମାଂସ ରନ୍ଧା ହେଲା
ଆସିଲା ପରିବା ପାଳି
ଦକ୍ଷତା ଦେଖାଇ ରାନ୍ଧିଲେ ପାଚକେ
କଖାରୁ ଭଳିକି ଭଳି ॥

ପାହାଡ଼ୀ ଲାଉର ରାନ୍ଧଣା କରନ୍ତି
ଅତି ହୁସିଆର ହୋଇ
ଛୋଟ ଛୋଟ କାଟି ଛୁଙ୍କ ଲଗାଇଲେ
ପାହାଡ଼ୀ ଲାଉର ରାଇ ॥
ଅରବି ପାଇଁକି ଅରିହନ ଆଣିଲେ
ଝୋଳ ଦିଏ ଗାଢ଼ କରି
ଯହିଁରେ ଯେପରି ଗାଢ଼ ହେବାଭଳି
ପକାଏ ନଜର କରି ॥
ଜହ୍ନି ଓ ଛିଙ୍ଗୁଡ଼ା, ଭେଣ୍ଡି ଛଣା ହେଲା
ଛୁଙ୍କ ଦେଇ ରଖାହେଲା
ପୋଟଳ, କୁନ୍ଦୁରୀ, ମାତ୍ରା ଅନୁସରି
ଭାଜି ଚୁର୍ ଚୁର୍ କଲା ॥
ପିତା ଅଂଶ କାଢ଼ି, କଲରା ଛାଣିଲେ
ଅଦା ଖଟା ତହିଁ ଭରି
ଶିମ୍ବ, ଶାଗ ରାନ୍ଧି ରଖିଲେ ଯତନେ
ଛୁଙ୍କ କରି ବାସ ଢାଳି ॥
ବିଭିନ୍ନ ନାମର ଯେତେ ତରକାରି
ଭିନ୍ନ ଭିନ୍ନ ରଖାହେଲା
ସର୍ବୋପରି ତହିଁ ସୁବାସ ମିଶ୍ରଣେ
ମହ ମହ ମହକିଲା ॥

ଏ ଭୋଜ୍ୟ ପଦାର୍ଥ ହୋଇଲା ପ୍ରସ୍ତୁତ ବାଦଶା ହୋଇବେ ତୁଷ୍ଟ
କେଉଁ ଦ୍ରବ୍ୟ ଲାଗି ରୁଚିହୁଏ ଯଦି ହୋଇବେ ତହିଁ ଆକୃଷ୍ଟ ॥

ଟିପ୍ପଣୀ- ଅରିହନ- ତରକାରୀ ଝୋଳ ଗାଢ଼ କରିବାନିମିତ୍ତ ବେସନ।

॥ ୫୪୯ ॥

କେଉଁଠି ଚାଲିଛି ତିଆରି ଚଞ୍ଚଳେ
ପିଠା, ପଣା, ଅନହୋଳି
ଆଗ କଡ଼େଇରେ ଥିଲା ଯେତେ ଘିଅ
(ବରା) ଛଣା ହେଲା କେତେ ଭଳି ॥
ଅଦା ଲଙ୍କା ଦେଇ ପିଠା ଗଢ଼ା ହେଲା
ଲାଗିଥିଲେ ଯେତେ ଲୋକ
ଖଣ୍ଡସାରୀ ଦେଇ ମିଠା ପିଠା ପୁଣି
ତିଆରି କଲେ ଅନେକ ॥
ମୁଗ ପିଠା କରି ଦେଲେ ତହିଁ ଭରି
ଲଙ୍କା ଗୁଣ୍ଡ ଆବଶ୍ୟକ
ମୁଗ-ବରା ଆଉ ଗୁଡ଼-ବରା ହେଲା
ସଜାଡ଼ି ରଜନ୍ତି ଥାକ ॥
ମେଥି ବଡ଼ି ସାଙ୍ଗେ ସିରିକା ପକାଇ
ଖିରସାରେ ମିଶାଇଲେ
ସୁମିଷ୍ଟ ମହୀରେ ଜିରା ଦେଇ ସାରି
ବଡ଼ି ପକାଇ ରଖିଲେ ॥
ମୁଖରେ ପଡ଼ିଲେ ସତେକି ଲବଣି
କ୍ଷଣକେ ମିଳାଇ ଯାଏ
ବେସନେ ତିଆରି ଖଣ୍ଡୁରି ପିଠାରେ
ଆମଚୂର ପଡ଼ିଥାଏ ।
ତହିଁରେ ଲବଙ୍ଗ ଅଳେଇଚ ରଖି
ସଜାଡ଼ି ରଖିଲେ ନେଇ
କଡ଼ି, ଡୁମକୌରୀ, ଖଣ୍ଡବାନୀ କରି
ବଡ଼ି ପକାଇଲେ ତହିଁ ॥
ଅରବୀ ଲଗାଇ ରିକବଛ କଲେ
ଲଙ୍କା, ହିଙ୍ଗୁ, ଅଦା (ଛୁଙ୍କ) ଦେଇ

କାଠ ହାଣ୍ଡି ଭରି ରଖିଲେ ଯତନେ,
ଚଉଦିଗ ମହକଇ ॥

ଟିପ୍ପଣୀ: ଡୁମକୌରୀ- ଏକ ପ୍ରକାର ଭିଜା ହୋଇଥିବା ପକୁଡ଼ି।
ରିକବଛ- ଏକ ସ୍ୱତନ୍ତ୍ର ପ୍ରଣାଳୀରେ ପ୍ରସ୍ତୁତ ପିଠା।

॥ ୫୫୦ ॥

ଅନ୍ନ ରନ୍ଧାହେବା ସ୍ଥାନରେ ପହଞ୍ଚି
କେ ଦେଖିବ ଦେଖ ଆସି
ଦେଖିଲେ ତୁମର ହୃଦବୋଧ ହେବ
ଆଖି ଯିବ ତହିଁ ଲାଖି ॥
ଖେଚୁଡ଼ି ହୋଇଛି ସିଦ୍ଧ, ତହିଁ ଦେଇ
ଚିରୌଞ୍ଜି ଓ ଖୁରହରୀ
ସୁରୁଚି, କୋମଳ ଦିଶେ ମନୋହର
ଦେଖି ମନ ଯାଏ ଭରି ॥
ସୁବାସିତ ଘୃତ 'ପେଠା' ହୋଇ ପାଗ
ସଯତନେ ଥିଲା ରହି
ପଡ଼ିଗଲେ ଆସ୍ୟେ ଅମୃତ ସରସେ
କଣ୍ଠ ତଳେ ଯିବ ବହି ॥
ଚୁମ୍ବକ ଲୁହାର କଡ଼େଇରେ ଘାଣ୍ଟି
ଖୁଆରେ ହାଲୁଆ ହେଲା
ଘିଅ ସରସର ସୁବାସରେ ଭରା
ସର୍ବ ମନ ମୋହିନେଲା ॥
ସୁବାସିତ ଦ୍ରବ୍ୟେ କରିଣ ଏକତ୍ରି
ଶ୍ରୀଖଣ୍ଡ ତିଆରି କଲେ ହେଲା
ସରଭରା ଦହି, କଲେ ସେ ବସାଇ
ସଯତନେ ରଖା ହେଲା
ଦହିର ମୋଦକ, ଚଟଣୀ ପ୍ରକାର

ତହିଁ ସମକକ୍ଷ କରି
ମିଷ୍ଟାନ୍ନ ବର୍ଣ୍ଣନ ନୁହଇ କଳନ
ମିଳାଏ ତୁଣ୍ଡରେ ପଡ଼ି ॥
ମୋତିଚୂର ଲଡ୍ଡୁ, ମୁରକୁରି, ବୁନ୍ଦି
ପେରାକ, ପାମ୍ପଡ଼, ମାଠି
ତୁରହୁରୀ ସାଥେ ଆହୁରି ଅନେକ
ସଜାଡ଼ି କଲେ ଏକାଠି ॥
ଜାଉର ତିଆରି କଲେ ସୂପକାର
ପଛିୟାଉରି ମିଠାଇ
ଭୋଜନ ଶେଷରେ, କ୍ରମ ଅନୁସାରେ
ପରଷିବେ ପତ୍ରେ ନେଇ ॥
ଧନ୍ୟ ସାହୁକାର ଗୁଡ଼ିଆ ବେପାର
ଭଳିକି ଭଳି ମିଷ୍ଟାନ୍ନ
ଦକ୍ଷ କାରିଗରି କଳା କଉଶଳ
ଦେଖି, ଚାଖି, ଜାଣେ ଜନ ॥

ବିବିଧ ପ୍ରକାରେ ସଜାଡ଼ି ରଖିଲେ ସୂପକାର ପରିଚାରେ
ଯାହା ଚାହୁଁଥିବେ ବାଦଶାର ଲୋକେ ମିଳୁଥିବ ସେ ପ୍ରକାରେ ॥

॥ ୫୫୧ ॥

ପୂର୍ବର ବର୍ଣ୍ଣିତ ରନ୍ଧନ ସମସ୍ତ
ଜଳରେ ହୋଇଛି ଶେଷ
ଜଳ ବିନୁ କାହୁଁ ସମ୍ଭବ ହୋଇବ
ସୁସ୍ୱାଦୁ ଦ୍ରବ୍ୟ ବିଶେଷ ॥
ଜଳହିଁ କେବଳ ଶରୀରରେ ରହି
ଜୀବନ କରେ ରକ୍ଷଣ
ଦଧି, ଦୁଧ, ଘୃତ ସହ ନବନୀତ
ଜଳ ତହିଁ ବର୍ତ୍ତମାନ ॥

ଜଳ ହିଁ ଅମୃତ, ଶରୀର ସହିତ
ରହି ପ୍ରାଣ ରକ୍ଷା କରେ
ସଲିଳ ଜ୍ୟୋତିରୁ ସମ୍ଭବିଛି ତହିଁ
ମଣି, ମୁକୁତା ନିକରେ ॥
ଜଳ ହିଁ ସୃଷ୍ଟିର ଜୀବନ ଆଧାର
ଜୀବ ତତ୍ତ୍ୱେ ଅଛି ରହି
ସେ ପାଇଁ ସଲିଳ ସ୍ପର୍ଶ କଲେ ଜୀବ
ନିର୍ମଳତା ଗୁଣ ପାଇ ॥
ଏଥିପାଇଁ ଜଳ ଗର୍ବରେ ଉଚ୍ଛଳ
କେବେ ମଧ୍ୟ ହୋଇ ନାହିଁ
ହୋଇ ନତଶିର ଗତି କରେ ନୀର
ନିମ୍ନଗା ନାମ ବହଇ ॥
ଭାଷନ୍ତି ଜାୟସୀ ସୁଗଭୀର ଅତି
ଯେଉଁ ଜଳ ଗତି କରେ
ଅନ୍ତେ ପାରାବାରେ ମିଶଇ ସତ୍ୱରେ
ଈଶ ଶକ୍ତି ଲାଭକରେ
ଯଥା ଯେଉଁ ନର ଅତି ସୁଗମ୍ଭୀର
ହୁଏ ସେ ବ୍ରହ୍ମେ ବିଲୀନ
ଦାମ୍ଭିକ ମାନବ କରି ଦମ୍ଭଗର୍ବ
ଅନ୍ତଃସାର ହୁଏ ଶୂନ୍ୟ ॥
ଏପରି ଯେ ପାତ୍ର ଯେହ୍ନୁ ଜଳମଗ୍ନ
ଗୁରୁଭାର ଲଭିଥାଏ
ଶୂନ୍ୟପାତ୍ର ମାତ୍ର ଦୁନ୍ଦୁଭି ସମାନେ
ଝଞ୍ଜା ଶବ୍ଦ କରୁଥାଏ ॥

॥ ୫୫୨ ॥

ସୂର୍ଯ୍ୟ ଉଦୟରେ ଗଡ଼େ ଆସିଗଲେ
ଭାରତ ଆକାଶ ଭାସ୍କର ଶାହା
ପଦ୍ମିନୀ ପ୍ରାପ୍ତିରେ ପଥ ପ୍ରଦର୍ଶକ
ସରଜା ଅଗ୍ରତେ ଦେଖାଏ ରାହା ॥
ରାଘବ ଚେତନ ରହେ ସଚେତନ
ଶାହାଙ୍କ ସମ୍ମୁଖେ ରଥ ଅଗ୍ରତେ
ତୁଙ୍ଗ ଶିଖରୀ କି ସ୍ମରଣ କରୁଛି
ଆକାଶ ଛୁଇଁ ବା ବିମାନ ସତେ ॥
ଗଗନେ କି ଅବା ଗମନ କରନ୍ତି
ଉଦୀୟାନ ସୂର୍ଯ୍ୟ ସିଂହ ଦୁଆରେ
ସପ୍ତଖଣ୍ଡ ନଭ ପରିବ୍ୟାପ୍ତ କରି
ସପ୍ତଦ୍ୱାର ମୁକ୍ତହେଲା ସତ୍ୱରେ
ସପ୍ତଦ୍ୱାରେ ମୂର୍ତ୍ତି ସଜା ହୋଇଥିଲେ
ଆଙ୍କିଛି କି ଚିତ୍ରକର ତୂଳି
ସକଳ ପ୍ରତିମା କରଯୋଡ଼ି ଅବା
ସ୍ୱାଗତ କରନ୍ତି ଆତିଥ୍ୟ ଭାଳି ॥
ମୁଖ୍ୟ ଦ୍ୱାରଙ୍କର ମୁଖମଣ୍ଡଳ କି
ସତେକି ନିର୍ମଳ ହେଲା ସହସା
ଉଦିତ ଆଦିତ୍ୟ ସମ ସେ ସମ୍ରାଟ
(ଯେଣୁ) ପଦଧୂଳି ତହିଁ ଦେଲେ ବାଦଶା ॥
ପ୍ରତି ମୁଖ୍ୟଦ୍ୱାରେ ଲକ୍ଷେ ଦ୍ୱାରରକ୍ଷୀ
ନତ ଶିରେ କଲେ ଅଭିବାଦନ
ହସ୍ତ ଯୋଡ଼ି କରି ସ୍ୱାଗତ ଜଣାନ୍ତି
ସେଠାରେ ଏକତ୍ର ସମସ୍ତ ଜନ ॥
କ୍ଷତ୍ରିୟର ଆଭିଜାତ୍ୟ ଦର୍ଶାଇଲେ କରି ମିତ୍ର ଭାବ
ସତ୍ୟ ଧର୍ମ ପାଳେ ରାଜା ରିପୁଭାବ କାହିଁ ସମ୍ଭବିବ ॥

॥ ୫୫୩ ॥

ସତ୍ୟବ୍ରତ ରାଜା ରତ୍ନସେନ ରାଏ
ସତ୍ୟ ହିଁ ତାହାର ବଳ
ସତ୍ୟରେ ଶପଥ କରି କରେ କୃତ୍ୟ
ନିତ୍ୟ ନିମିତ୍ତ ସକଳ ॥
ରାଜଲକ୍ଷ୍ମୀ ତାର ସଦା ତୁଷ୍ଟଥିଲେ
ଅମରାବତୀର ପୁର
ସତେକି ମରତେ ରହୁଛି ନିରତେ
ଦୁର୍ଗ ଐଶ୍ୱର୍ଯ୍ୟ, ଆଚାର ॥
ତେଣୁ ନରପତି ଫେଡ଼ିଲା ସଂସ୍କୃତି
ସପ୍ତଖଣ୍ଡ ଦୁର୍ଗ ଦ୍ୱାରେ
ମୁଖ୍ୟ ସପ୍ତଦ୍ୱାରେ ସୁବର୍ଣ୍ଣ କପାଟ
ମୁକ୍ତ କଲା ନିର୍ଭୟରେ
ସମୟ ଜଣାଇ ବାଜୁଥିଲା ତହିଁ
ଘଣ୍ଟା ଶବ୍ଦ ନିୟନ୍ତ୍ରିତ ॥
ସାତଟି ରଙ୍ଗରେ ରଙ୍ଗ ବିଭବର
ଉତ୍ସ ଥିଲା ତହିଁ ରହି
ଉର୍ଦ୍ଧ୍ୱେ ଆରୋହଣ ଲାଗିଥିଲା ଯହିଁ
ଚକ୍ର ସମ ଶିଡ଼ି ତହିଁ ॥
ଶିଡ଼ିର ପାବଛ ଅତି ଥିଲା ସ୍ୱଚ୍ଛ
ସଜ୍ଜିତ ପାବଛ ସର୍ବ
ଅବସର ଲାଗି ସ୍ଥାନେ ସ୍ଥାନେ ଥିଲା
ସୁଦୀର୍ଘ ସ୍ଥାନ ବିଭାଗ ॥
ଆକାଶ ନିଶୁଣି, ଆସିଛି କି ଜାଣି
ସତ୍ୟ ସିଦ୍ଧ ରାଜା ପାଇଁ
ଚନ୍ଦନ ପାଦପ ତଳେ ତହିଁ ଅଛି
ସୁଧାକାଣ୍ଡ ରଖା ହୋଇ ॥
ଡାଳିମ୍ବ ଦ୍ରାକ୍ଷାର ବାଟିକା ରହିଛି

ପଥିକ ଗନ୍ତବ୍ୟ ପଥେ
ଯେ ଚାହିଁବ ଯେତେ, କ୍ଷୁଧା ତୋଷି ହେବ
ବାରଣ ନାହିଁ କିଞ୍ଚିତେ ॥
ସିଂହାସନ ଆଉ ସ୍ୱର୍ଣ୍ଣ ରାଜଛତ୍ର
ସୁସଜ୍ଜିତ ଥିଲା ତହିଁ
ମୁଖ୍ୟ ଦ୍ୱାରରେ ବାଦଶା ପ୍ରବେଶନ୍ତେ
ସ୍ୱାଗତିଲେ ନର ସାଇଁ ॥
ଛତ୍ର ସହ ରାଜା ଅଗ୍ରତେ ଆସିଲେ
ସ୍ୱାଗତ କଲେ ହରଷେ
ଚଢ଼ି ଗଡ଼ ପରେ ବାଦଶା ଦେଖନ୍ତି
ମନରେ ଭାଳନ୍ତି ସତେ ॥
ବ୍ରହ୍ମାଣ୍ଡ ଯାକ କି, ନମୋ ନମ କରି
ଲୋଟେ ତାଙ୍କ ପଦ ପ୍ରାନ୍ତେ
ସ୍ୱର୍ଗର ମଘବା ପରି ମୁହିଁ ଅଟେ
ଉର୍ଦ୍ଧ୍ୱତମ ଏ ମରତେ ॥
ଶାହା ସେ ଦୁର୍ଗର ସାଜସଜ୍ଜା ଦେଖି
ଭାଳୁଛନ୍ତି ମନେ ମନେ
ରାଜନ ତାହାଙ୍କୁ କହିବା ଉଚିତ
ରାଜ୍ୟ ଯାହାର ଏସନେ !!
ବିଶ୍ୱାସେ ଅଟଳ, ରାଜା ମନୋବଳ
ଅତିହିଁ ଭାବ ପ୍ରବଣ
ସୁଲତାନ ସେବା କରଇ, ବାସବ
ଯେହ୍ନେ ପୂଜେ ନାରାୟଣ ।

ଛଳ କଉଶଳେ ଶାହା ବିଛାଇଛି ଜାଲ
ଅଜ୍ଞାତେ ବୁଝେନା ରାଜା ଭବିଷ୍ୟତ କାଳ ॥

॥ ୫୫୪ ॥

ଗୁରୁ ଗୋରଖ ପଦ ହୃଦୟେ ଧ୍ୟାଇ
ନିର୍ଭୟ, ଭୟ ଶୂନ୍ୟ ସେ ନରସାଇଁ
ସତ୍ୟରେ ଅଛି ଯାର ଅଟଳ ମନ
ଅସୂୟାଶୂନ୍ୟ ରାଜା, ନୁହେଁ କୃପଣ ॥
ମର୍ତ୍ତ୍ୟରେ ଅମର୍ତ୍ତ୍ୟରେ ସମ୍ପଦ ଭଳି
ଗୋପନ ଗଣ୍ଠା ତାର ଦିଏ ସେ ଖୋଲି ॥
ସୁଲତାନ୍ ଦୁର୍ଗ ଶୀର୍ଷେ ଆରୋହୀ ଉଛେ
ଚିତ୍ତୋର ରାଜ୍ୟ ଶୋଭା ଦେଖନ୍ତି ହର୍ଷେ ॥
ଭାବନ୍ତି ଶାହା ଏ ନୁହେଁ ସାନ
ଏ ରାଜପୁରୀ ଅଟେ ସ୍ୱର୍ଗ ସମାନ ॥
ପଲ୍ୱଳ ସରୋବର ସରସୀ ଜଳ
ନିର୍ମଳ ଜଳ ପୂର୍ଣ୍ଣ ଦିଶେ ବିରଳ ॥
ଫଳ ଭାରେ ଆନତ ରସାଳ ବାଗ
କୂପ, ବାମ୍ପୀ ମନ୍ଦିର ପାଶେ ସରବ ॥
ମଣ୍ଡପ, ବେଦୀ ପଂକ୍ତି ଧାଡ଼ିକି ଧାଡ଼ି
ପୂଜା ବିଧି ସକଳ ଭଳିକି ଭଳି ॥
ଚଉଦିଗେ ବିଶାଳ ଜନବସତି
ସହର୍ଷେ ଯେଝା କାର୍ଯ୍ୟ ନିର୍ବାହେ ମତି ॥
ସ୍ୱର୍ଣ୍ଣ ମନ୍ଦିରେ ଜଡ଼ି ମଣିମାଣିକ
ନୟନ ହରୁଥିଲା ଦେଖିବା ଲୋକ ॥
ମଣିମାଣିକ ପଥେ ରହିଛି ପଡ଼ି
ଗୋଟାଇ ନ ନିଅନ୍ତି କେ ପଥଚାରୀ ॥
ସଦା ସର୍ବଦା ବାଜେ ତୁରୀ ମାଦଳ
ମଣି ଆଲୋକେ ଦିଶେ ପଥ ଉଜ୍ଜ୍ୱଳ ॥
ପ୍ରତି ଗୃହ ପାର୍ଶ୍ୱେ ପୁଷ୍ପ ଉଦ୍ୟାନ
ବହୁ ଚିତ୍ରେ ଶୋଭିତ ସେ ଗୃହ ମାନ ॥

ଖେଳନ୍ତି କାହିଁ ଯୁବା ଗୋଟି ଓ ପଶା
କାହାକୁ ଘାରି ଅଛି ସଙ୍ଗୀତ ନିଶା ॥
ଏପରି ସୁଖ ଶାନ୍ତି ସନ୍ତୋଷ ପାଇଁ
ଭାଳନ୍ତି ମନେ ମନେ ଭାରତ ସାଇଁ ॥
"କି ଅବା ରୋଧି ନାହିଁ ମୁଁ ଦୁର୍ଗ ଦ୍ୱାର
ଜାଣନ୍ତି ନାହିଁ ଶାହା ଏ ସତ୍ୟ ଖେଳ ॥"
ସତ୍ୟ ବିଶ୍ୱାସ ରାଜା ଗୁରୁ ସେବାରେ
ଦାମ୍ପତ୍ୟ ସୁଖ ଭୋଗ କରେ ସୃଷ୍ଟିରେ ॥

ଅହଙ୍କାରୀ ମନେ ଦୁର୍ଜୟ ନିଶା
ପଦ୍ମିନୀ ହରଣେ କରିଣ ଇଚ୍ଛା ॥

॥ ୫୫୫ ॥

ତନ୍ନ ତନ୍ନ କରି ଦେଖୁଥିଲେ ବୁଲି
କ୍ରମ ଅନୁସାରେ ସପତ ଦୁର୍ଗେ
ପରିଶେଷେ ଭବ୍ୟ ଦିବ୍ୟ ଦୁର୍ଗ ତହିଁ
ଦେଖି ସଚକିତେ ଚାହାନ୍ତି ଅଗ୍ରେ ॥
ସେ ତ ପଦ୍ମାବତୀ ଧବଳ ପ୍ରାସାଦ
ସ୍ୱର୍ଗ କି ପରଶେ ତାହାର ଶିର
ଘେରି ଚତୁର୍ଦ୍ଦିଗେ ନିର୍ମଳ ସଲିଳ
ସରୋବର ପୂର୍ଣ୍ଣ ଗଡ଼ ଖାଇର ॥
ମଧ୍ୟେ ଅବସ୍ଥିତ, ହୋଇଛି ନିର୍ମିତ
ସ୍ୱର୍ଣ୍ଣ ସାଥେ ଲାଗି ରତ୍ନ ସମୂହ
ସୁ ଉଚ୍ଚ ପ୍ରାସାଦ ମନେ ଆଣେ ମୁଦ
ରତ୍ନ ବିଭୂଷିତ ପଦ୍ମିନୀ ଗୃହ ॥
ନଳିନୀରେ ପୂର୍ଣ୍ଣ ଥିଲା ସେ ସରସୀ
ଦେଖି ମନେ ମନେ ହୋଇଲେ ମୁଗ୍ଧ

ମୁଖ୍ୟ ଦ୍ୱାରେ ଉଭା ହୋଇଥିଲେ ତହିଁ
ଦୁଇ ଲକ୍ଷ ଯୁବା ପ୍ରତୀକ୍ଷା ରତ ॥
ମୁଖ୍ୟ ଦ୍ୱାରେ ଦୁଇ ପାଶେ ଦୁଇ ସିଂହ
ପ୍ରସ୍ତରରେ ଗଢ଼ା ଥିଲା ଏପରି
କ୍ରୋଧରେ ସେମାନେ ଗର୍ଜୁଥିଲେ ଯେହ୍ନେ
ଦେଖିଲେ କ୍ଷଣକେ ଦେବେ ବିଦାରି ॥
ବହୁ ଚିତ୍ରକଳା କାରୁକାର୍ଯ୍ୟ ଭରା
ଥିଲା ଶୋଭନୀୟ ସେ ଦ୍ୱାର ମୁଖ୍ୟ
ବହୁ ରତ୍ନେ ଖଞ୍ଜା ନିରେଖି ବାଦଶା
ଭାବନ୍ତି ମନେ କି ଏ ଶିବଲୋକ !
ଅତି ମନୋହର ସୁରୁଚି ସୁନ୍ଦର
ଏ ରାଣୀ ମହଲେ ଥିବ ଯେ ରାଣୀ
ଅମର୍ତ୍ତ୍ୟା ରୂପସୀ ସେହି ରୂପବତୀ
ଭାବି ମନେ ଶାହା ହୁଅନ୍ତି ଗୁଣି ॥

ମିତ୍ରପଣେ ଆସିଅଛି ଶାହା ଛଳ କରି ।
ଅଜ୍ଞାତେ ଆଦରେ ରାଜା ଭବିଷ୍ୟ ପାସୋରି ॥

॥ ୫୫୬ ॥

ସତ୍ୟସନ୍ଧ ରାଜା ସତ୍ୟର ଶପଥେ
ସତ୍ୟର କେତନ ଧରି
ଆତ୍ମଜ୍ଞାନ, ସର୍ବଜ୍ଞାନ, ସତ୍ୟତାର
ପରିମାପକ ବିଚାରି ॥
ତେଣୁ ସପ୍ତଖଣ୍ଡ ଗୋପନ ପ୍ରଚଣ୍ଡ
ସିଂହଦ୍ୱାରୁ ଶେଷ ଯାକେ
ଅତୀବ ବିଶ୍ୱାସେ ମୁକ୍ତ କରିଲେ ସେ
ଭାରତ ଭାସ୍କର ପାଶେ ॥
ବୁଲୁବୁଲୁ ଶାହା ପହଞ୍ଚିଲେ ଯାହା

ତାଙ୍କ ପାଇଁ ସୁସଜ୍ଜିତ,
ସୁବର୍ଣ୍ଣ ଆସ୍ଥାନ ପରେ ରଖିଥିଲା
ଆରକ୍ତ ବସ୍ତ୍ର ଆବୃତ ॥
ସେଠାରେ ବାଦଶା ହରାଇଲେ ଦିଶା
ସୁଶୀତଳ ଛାୟା ଦେଖି
ସେଇ ଅଗଣାରେ ବସି ଉଲ୍ଲାସରେ
ଚତୁର୍ଦ୍ଦିଗକୁ ନିରେଖି ॥
ସତେକି ମାଧୁରୀ ମଧୁ ମାଧବର
ଋତୁମତୀ ଶୋଭାମୟୀ
ରୂପବତୀ ଧରା ରଖିଛି ଅସରା
ସ୍ୱର୍ଣ୍ଣ ବିଭା ପ୍ରସାରାଇ ॥
ମଧ୍ୟ ଭାଗେ ତା'ର ସ୍ୱର୍ଣ୍ଣ ସିଂହାସନ
ଅପୂର୍ବ ଶୋଭା ମଣ୍ଡିତ
ବାଦଶାଙ୍କ ପାଇଁ ଅଛି ଯତ୍ନେ ରହି
ପ୍ରତୀକ୍ଷାରେ ଅବିରତ ॥
(ତହିଁ) ଚଉଦିଗେ ପୁଷ୍ପ ବିକଚ ବାଟିକା
ପୁଷ୍ପଭାରେ ଅବନତ
କାହିଁ ପୁଷ୍ପଝରି ବୃନ୍ତେ ଦିଶେ ଫଳ
ଦେଖି ଶାହା ପୁଲକିତ ॥
ଯେଉଁ ଦିଗେ ଦୃଷ୍ଟି ଦେଉଥିଲେ ଶାହା
ଦର୍ପଣରେ ପ୍ରତିବିମ୍ବ
ଆପଣାରେ ଦେଖି ହେଉଥିଲେ ସୁଖୀ
ମନେ ଆଣି ଗର୍ବ ଦମ୍ଭ ॥
ପାର୍ଶ୍ୱେ ସ୍ୱର୍ଣ୍ଣ ସିଂହାସନ ଆରୋହଣେ
ହୃଦୟେ ବଢୁଛି ଆଶା
କେଉଁଠି ପଦ୍ମିନୀ! ମନ ନିଏ ଟାଣି
କମଳିନୀ-ଜଳ ତୃଷା ॥
ସାଙ୍ଗ ସଙ୍ଗିନୀଏ ହାସ ହାବ ଭାବେ
ଜଡ଼ିତ ନୋହିଲା ମନ

ଅପେକ୍ଷାରେ ରହି କମଳିନୀ ପାଇଁ
ଉପେକ୍ଷା କଲେ ବହନ ॥
ପ୍ରେମର ରସିକ ବାଦଶା ଅଧିକ
ହେଉ ଅଛି ଅହରହ
ଚନ୍ଦ୍ରର ଚକୋର ଚିତ୍ତ ଯହିଁ ଭୋଳ
ସୂର୍ଯ୍ୟ କି ତାହାର ମୋହ ॥

ଅଜ୍ଞାନେ ଅଗ୍ନିରେ ରାଜା ଦିଏ ଘୃତାହୁତି
ପାଷାଣ୍ଡ ବାଦଶା ହୃଦେ ଜଳେ ପଦ୍ମା ସତୀ ॥

॥ ୫୫୭ ॥

ଶ୍ରଦ୍ଧାବାନ ସିନା ପାଇଥାଏ ଜ୍ଞାନ
ସତ୍ୟରେ ଯାହାର ପ୍ରୀତି
ସତ୍ୟ ପାଳି ରାଜା ଶାହାଙ୍କୁ ସେବନ୍ତି
ସେ ଯେ ତାହାଙ୍କ ଅତିଥି ॥
ନଟ, ନାଟକ, ବାଦ୍ୟ, ଗାୟକ, ଭାଟ
ଅଭିନୟ ସାଜ କରି
ଉଲ୍ଲାସ ଦେବାକୁ ଅତିଥିଙ୍କ ମନେ
ସେବୁଥିଲେ କର ଯୋଡ଼ି ॥
ପ୍ରେମରେ ପାଗଳ, ସୂର୍ଯ୍ୟ ଦିଲ୍ଲୀଶ୍ୱର
ସନ୍ତୋଷ ନୁହଇଁ ମନ
ପ୍ରେମର ପ୍ରଚଣ୍ଡ ତପନ ତାପରେ
ତପୁଥିଲେ ପ୍ରତିକ୍ଷଣ ॥
ଯଦିବା ରାଜାଙ୍କ, ତୋଷାମଦ ଭାଷା
ଶୁଣୁଥିଲେ ଛଳ କରି
ଅନ୍ତରେ ପଦ୍ମିନୀ ଦେଖିବା ଆଶାରେ
ପ୍ରାଣ ଉଠୁଥିଲା ଜଳି ॥

ସୁଉଚ୍ଚ ପ୍ରାସାଦେ ଥିଲେ ରାଣୀ ପଦ୍ମା
ସଖୀ ସଜନୀଙ୍କ ମେଳେ
ରୂପର ଗର୍ବରେ ଚାହିଁ ସେ ନ ଥିଲେ
ତଳକୁ ନତ ଦୃଷ୍ଟିରେ ॥
ଶାହା କିବା ଥିଲେ କାଷ୍ଠର ପ୍ରତିମା
ଯନ୍ତ୍ରୀ ହସ୍ତେ ନୃତ୍ୟକାର
ସେ ଲାଗି ତାହାଙ୍କୁ ନୃତ୍ୟ କଉତୁକ
ବୀଣା ବାଦ୍ୟର ଝଙ୍କାର,
ଗୀତର ଆସର ଲାଗୁଥିଲା ସବୁ
ଅର୍ଥହୀନ ଅକାରଣ,
ବିରହ ଅନଳେ ଜଳି ଯାଉଥିଲେ
ପଦ୍ମିନୀ ପ୍ରୀତିରେ ପ୍ରାଣ ॥
ଯନ୍ତ୍ରର ସୂତ୍ରକୁ ପଦ୍ମା ପଦ୍ମହସ୍ତ
ଅହରହ ଟାଣୁଥିଲେ
ତନୁ ମନ ପ୍ରାଣ ସହିତେ ବାଦଶା
ଗୋପନରେ ମରୁଥିଲା ॥

ବିଷ କୁମ୍ଭ ପୟୋମୁଖ ସାଜିଛି ବାଦଶା
ଲୋକରେ ସାଜିଛି ସାଧୁ ପରନାରୀ ଆଶା ॥

■

॥ ୫୫୮ ॥

ରାଜାର ଉତ୍ସାହେ ଉତ୍ସାହିତ ନୁହେଁ
ସୁଲତାନ ବାଦଶାହା
ଜାଣି ପାରିଛନ୍ତି, ରାଜାର ବିଶ୍ୱାସୀ
ଗୋରା ଓ ବାଦଲ ତାହା ॥
ରାଜାର ବିଶ୍ୱାସୀ, ଦି'ବାହୁ ସଦୃଶ
ଥିଲେ ରାଜପୁତ୍ର ଦୁଇ

ରାଜାଙ୍କ ଶ୍ରବଣେ କୁହନ୍ତି ଗୋପନେ
ମନେ ସଶଙ୍କିତ ହୋଇ ॥
"ବିବେକୀ ଯଦିଚ ନ ହୁଏ ସଚେତ
ତେବେ ଅସମ୍ଭବ ଭାବେ
ସମ୍ଭବ ହୋଇବ ଅପହରଣକୁ
ରୋଧି ନ ପାରିବ କେବେ ॥
କରିବା ବିଶ୍ୱାସ ତୁରକମାନଙ୍କୁ
କେବେ ହେଁ ନୁହେଁ ଉଚିତ।
ମୁଖରେ ଅମୃତ ହୃଦେ ହଳାହଳ
ଅନ୍ତର ଛଳେ ଆବୃତ ॥
ହେ ରାଜା! କଦାପି ସେମାନଙ୍କ ସାଥେ
କ୍ଷୀର ନୀର ପରି ମିଶି
ଅବଶେଷେ, ଅବସୋସ ହେବ ସାର
ଗହନ ବିପଦେ ପଶି ॥
ରାଜା ସହିତରେ କବଳିତ କରି
ଧରି ନେବ ଦିଲ୍ଲୀଶ୍ୱର
ମୂଳ ସହିତରେ ସକଳ ସାମନ୍ତ
ହସ୍ତଗତ ହେବ ତାର ॥
ଦୁର୍ମଦ ବାଦଶା ଛନ୍ଦ କଉଶଳେ
କୁଟିଳ କଣ୍ଟକ ପରି
ଗ୍ରାହ ପରି ସଦା ସୁପ୍ତ ରହିଥାଏ
ଦେଖନ୍ତେ ଦିଏ ବିଦାରି ॥
ବାଦଶା ଚତୁର କୌଶଳ କରିଛି
ମଧୁରତା କଥା ଶୁଣି
ଭୁଲି ଯାଅନାହିଁ ହେ ପ୍ରଭୁ ଆମ୍ଭର
ନିଜ ବଂଶ ଅଭିମାନୀ ॥
ବଳି କି ବାମନ ଛଳ କରିଥିଲେ
ତ୍ରିପାଦ ବସୁଧା ମାଗି
ବାଦଶା ସେପରି କରୁଛି କପଟ

ବନ୍ଧନ କରିବା ଲାଗି ॥
ଅବିଳମ୍ବେ ଏଥୁ ହୁଅନ୍ତୁ ନିବୃତ୍ତ
ନିସନ୍ଦେହେ ଆମେ ଜାଣି
ଛଳନାକାରୀର କୂଟ କପଟରେ
କହୁଛି ମଧୁର ବାଣୀ" ॥

ହିତ କଥା ସବୁ ଅହିତ ମଣଇ ଚିତ୍ତୋର ଭୂପ
ଚଳିଲେ ହିତୈଷୀ ହୋଇ ଅବିଶ୍ୱାସୀ ରାଜା ପଡ଼େ ଅନ୍ଧକୂପ ॥

॥ ୫୫୯ ॥

ବିଶ୍ୱାସୀ ହେଲେ ବି ଅପ୍ରିୟ ସତ୍ୟକୁ
ଗ୍ରହଣ ନକରି ପାରି
ଗୋରା ବାଦଲଙ୍କୁ କୁହନ୍ତି ରାଜନ
"ଏତ ଅନୁଚିତ ଭାରି !
ଅସାଧୁ ଭେଟିଲେ ସାଧୁର ସଙ୍ଗତେ
ହୋଇଥାଏ ତାର ଭଲ
ପରିଶେଷେ ସିଏ ସାଧୁ ସଙ୍ଗ ପାଇ
ହୋଇଥାଏ ଉଚ୍ଚଶିର ॥
ଶତ୍ରୁ ଯଦି କେହି ବିଷ ଦେଇ ଥାଇ
ତୁମେ ତାକୁ ଦିଅ ଲୁଣ
ସେ ଲୁଣ ତାହାକୁ ଦେବ ପାଲଟାଇ
ବିଷ ପିହିତ ବିଶାଣ ॥
ବିଷ ଦେଲେ ତାରେ, ବିଷ ସେ ଖାଇବ
ବିଷଧର ସର୍ପହୋଇ
(ମାତ୍ର) ଲବଣ ଦାନରେ, ଲବଣ ହୋଇବ
ତ୍ୱରିତେ ଯିବ ମିଳେଇ ॥
କୃପାଣ ଧରିଲେ, ଧରିବ କୃପାଣ
ଜଳିବ କ୍ରୋଧରେ ରହି

ଲବଣ ପାଇଲେ ଶିର ନତ କରେ
ସେହୁ ଉପକାର ପାଇ ॥
ପାଣ୍ଡବମାନଙ୍କୁ ବିଷ ଦେଇଥିଲେ
କଉରବେ ଛଳ କରି
ଆପଣା ଛଳରେ ସର୍ବେ ହତ ହେଲେ
କେହି ନ ପାରିଲେ ତରି ॥
ଯେପରି ଆପଣା କ୍ରୂର ବୁଦ୍ଧି ବଳେ
ସିଂହ ହରଇ ଜୀବ
ବୁଦ୍ଧି ଭ୍ରଷ୍ଟ ହୋଇ ପରେ ସେ ପିଞ୍ଜରେ
ଯେସନେ ହେଲା ଆବଦ୍ଧ ॥
ନିଷ୍କପଟେ ଯେହୁ ଆଚରେ କପଟ
ଅବଶେଷେ ପଡ଼ି ତହିଁ
ସେ ସଙ୍କଟୁ କେବେ ନ ଉଦ୍ଧରେ ଲବେ
ଅନ୍ତେ ଜୀବନ ତେଜଇ ॥"
ଲବଣ ସିଦ୍ଧାନ୍ତ ଶୁଣି ରାଜାଙ୍କର
ବିଷାଦେ କ୍ରୋଧିତ ହୋଇ
ସତେକି ଲବଣ ଜଳରେ ପଡ଼ିଲା
ତାଙ୍କ ବାକ୍ୟ ଗଲା ଧୋଇ ॥
ଫେରିଲେ ସେମାନେ ନିଜ ଗୃହ ପଥେ
ରାଜାଙ୍କୁ ଛାଡ଼ି ଏକାକୀ
ସତେକି କେଶରୀ ଅସଫଳ ହୋଇ
ପଶ୍ଚାତକୁ ଗଲା ଘୁଞ୍ଚି ॥

ଟିପ୍ପଣୀ: ପିଞ୍ଜରେ ଯେସନେ ହେଲା ଆବଦ୍ଧ ପିଞ୍ଜରାବଦ୍ଧ: ସିଂହ, ଗରିବ ବ୍ରାହ୍ମଣ ଦ୍ୱାରା ଉନ୍ମୁକ୍ତ ହେବା ପରେ ବ୍ରାହ୍ମଣକୁ ଖାଇବାର ଇଚ୍ଛା ପୋଷଣ କରିବା ଏବଂ ପୁନର୍ବାର ଚତୁରତା ବଳରେ ପିଞ୍ଜରାରେ ଆବଦ୍ଧ ହେବା କଥା ଉପଲକ୍ଷ କରାହୋଇଛି ।

॥ ୫୬୦ ॥

ବାଦଶାର ମନ ହେବାକୁ ପ୍ରସନ୍ନ
ରାଏ ରତ୍ନସେନ ଯାଇ
ଷୋଳ ସହସ୍ର ସରସ ପରିଚାରି
ଉଆସେ ଯେ ଥିଲେ ରହି,
ତା ମଧ୍ୟରୁ ଗରୁ ଚଉରାଶି ନାରୀ
ସୁନ୍ଦରୀ ସୁମୁଖୀ ଦାସୀ
ବାଛି ବାଛି ନେଲେ ବିଭିନ୍ନ ରଙ୍ଗରେ
ଅଙ୍ଗ ବାସେ ସାଜି ରଖି ॥
ମନେହୁଏ ଦେଖି ସାଧବ ବୋହୂକି
ରଙ୍ଗ ସରସର ହୋଇ
ଚାଲନ୍ତି ଭୂମିରେ। ଅଥବା ପିଞ୍ଜରୁ
ରାଇମୁନିଆ ଉଡ଼ଇ ॥
ସେମାନେ ସରବେ ନହୁଲି ବୟସୀ
ତୀକ୍ଷ୍ଣ ଶର ପରି ଦୃଷ୍ଟି
ଭ୍ରୂଲତା ଧନୁରେ, ସେ ଯୁବା ଗଣରେ
ଶର କରୁଥିଲେ ବୃଷ୍ଟି ॥
କଟାକ୍ଷେ ତାଙ୍କର ଚିତ୍ତ ହରଣର
ସମସ୍ତ ସାମର୍ଥ୍ୟ ଥାଇ
ଜଳ ଘାଟେ ଯେତେ ଭୃଙ୍ଗ ଏକତ୍ର
ଆହତ କରନ୍ତି ସେହି ॥
ଇନ୍ଦ୍ରଲୋକ ଅବା ଅପ୍ସରା ସକଳେ
ମର୍ତ୍ତ୍ୟକୁ ଛନ୍ତି ଓହ୍ଲାଇ
ବର୍ଣ୍ଣରେ ସେମାନେ ଏକକୁ ଆରେକ
ମନୋରମ ଦିଶୁଥାଇ ॥
ବାଦଶାଙ୍କୁ ଘେରି ମଣ୍ଡଳିତ କରି
ଉଭା ହେଲେ ଦଳେ ଦଳେ
ଚକିତେ ବାଦଶା ପୁଛନ୍ତି ରାଘବେ
"ପଦ୍ମିନୀ କିଏ ଏଥିରେ?"

॥ ୫୬୧ ॥

ରାଘବ ଚେତନ ଯେ ଖଳ ନାୟକ
ଅବିବେକୀ ସେହି, ବୁଦ୍ଧି ସଦା ବକ୍ର !
ସେ ବୁଝାଇ କହେ "ହେ ପୃଥିବୀ ପତି
ଦୀର୍ଘ ଜୀବୀ ହୁଅ ନ ଆସୁ ବିପତ୍ତି ॥
ଅଗ୍ରତେ ଯେ ଦେଖୁଛ ପୁଷ୍ପ ଉଦ୍ୟାନ
ସେ କାହିଁ ପଦ୍ମିନୀର ସଙ୍ଗେ ସମାନ ॥
ଶୋଭନୀୟ ଯେତେ ଏ ପୁଷ୍ପ ସମ୍ଭାର
ଏ ସର୍ବେ ପଦ୍ମାବତୀ ଦାସୀ ମାତର ॥
ଏମାନଙ୍କ ମଧ୍ୟେ ନାହିଁ ସେ କେତକୀ
ଯା ପାଶେ ସଦା ଭୃଙ୍ଗ ଥାଏ ଅଟକି ॥
ପଦ୍ମିନୀ ହୀରା ହେଲେ ଏମାନେ ମୋତି
ପଦ୍ମିନୀ ପ୍ରଦୀପର ଏ ନୁହେଁ ଜ୍ୟୋତି ॥
ଯା ଜ୍ୟୋତି ଜଳନରେ ପତଙ୍ଗ ସମ
ତୁମେ ଜଳୁଛ ସଦା ହୋଇ ଅଜ୍ଞାନ ॥
ଏମାନେ ଚନ୍ଦ୍ରମାର ପରିଚାରିକା
ଏ ସର୍ବ ତାରକାଏ, ସେ ଶଶୀ ଏକା ॥
ଯାହାକୁ ଦେଖି ସର୍ବେ ଚେତନା ହୀନ
ହୋଇ ପଡ଼ନ୍ତି ତଳେ ଶବ ସମାନ ॥
ସେ ଏଥି ନାହିଁ ସୂର୍ଯ୍ୟ ନ ଚାହିଁ ଉର୍ଦ୍ଧ୍ୱେ
କଦାପି ଶଶୀ ତହିଁ ନ ହେବ ଉଦେ ॥"
ବାଦଶା ଶୁଣି ଏହା ମନେ ବିଚାରି
ନତ ନୟନ କଲେ ଭୂମି ଆବୋରି ॥
"ଏ ପର ଗୃହେ ମୁହିଁ ଅଟେ ଅତିଥି
ଉଚିତ ନୁହେଁ ଉର୍ଦ୍ଧ୍ୱେ ଦେବାକୁ ଦୃଷ୍ଟି ॥
ଅର୍ଜ୍ଜୁନ କରିଥିଲେ ଶଫରୀ ଭେଦ
ଜଳରେ ପ୍ରତିଛାୟା ଚକ୍ଷୁ ନିବଦ୍ଧ ॥

ପାର୍ଥ ଲଭିଲେ କନ୍ୟା ସମ୍ପଦ ସାଥେ
ଏଣୁ ଦେଖିବି ତାରେ ମୁକୁର ମଧ୍ୟେ ॥
ତା ପ୍ରତିବିମ୍ବ ଦେଖି ଦର୍ଶନ କରି
ଅଚିରେ ଲଭିବି ମୁଁ ଦୁର୍ଲ୍ଲଭ ବାଳି ॥
ତପ୍ତ ହେଉଛି ବୀଜ ଧରିତ୍ରୀ ପରେ
ବିରହ ଅଗ୍ନି ଶୁଷ୍କ କରେ ତାହାରେ ॥
କେ ଜାଣେ କମଳିନୀ ପଦ୍ମ ନୟନ
ମୋ ପାଇଁ ଅନୁକମ୍ପା କରିବ ଦାନ ॥
ବର୍ଷଣ ମୁଖି ମେଘ ପଡ଼ିବ ନଇଁ
ନବରୂପେ ଅଙ୍କୁରି ଉଠିବି ମୁହିଁ ॥
ମୋ ତନୁ ମନ ପ୍ରାଣ ହେବ ଶୀତଳ
ପଦ୍ମିନୀ ମୋର, ମୁହିଁ ଅଟେ ତାହାର ॥"

॥ ୫୬୨ ॥

ବାଦଶାଙ୍କୁ ଘେରି ଚଉପାଶେ ବୁଲି
ଅତିଥିମାନଙ୍କ ସେବାରେ ରତ,
ସେ ସେବିକା ଦଳେ, ଅତିଥି ସକଳେ
ସୁଚାରୁ ଭାବରେ କଲେ ନିୟତ ॥
ଶିବଲୋକ ଅବା ଇନ୍ଦ୍ରଙ୍କର ସେବା
କରନ୍ତି କିନ୍ନରୀ, ସୁର ସୁନ୍ଦରୀ
କେ' ଉଦକ ଘଟ, କେ ଆଣେ ପରାତ
କେ ଅତିଥି ହସ୍ତ ଧୁଅନ୍ତି ଧରି ॥
କେ ପତ୍ର ବିଛାନ୍ତି କେ ଦ୍ରବ୍ୟ ସଜାନ୍ତି
ଯୋଡ଼ା ମାତ୍ର ଅବା କେ ପରଶନ୍ତି
ବାଉନ ପ୍ରକାର ବ୍ୟଞ୍ଜନ ପରଶେ
ପ୍ରତିଥର ବସ୍ତ୍ର ପାଲଟି ଆସି ॥
ଲଳିତ ସୁନ୍ଦର ଅଧିକ ଦିଶନ୍ତି
ନିରେଖୀ ବାଦଶା ଚକିତ ଅତି ॥

ପ୍ରତିଥର ବେଶ ବସ୍ତ୍ର ଆଭରଣ
ଦ୍ୱିତୀୟ ଥରକୁ ଦିଶଇ ଭିନ୍ନେ
ସୌନ୍ଦର୍ଯ୍ୟ ଅଧିକ ଫୁଟି ଦିଶୁଥିଲା
ଘୂରୁଛନ୍ତି ସତେ ଅପ୍ସରାମାନେ
ଆଚାର ଚଟଣୀ, ମୁଷ୍ଟି ଭରି ଆଣି
ଖାଦ୍ୟ ଦ୍ରବ୍ୟ ପାଖେ ଦେଇ ପରଶି
କଦବା କେମିତି, ନିୟମରେ ତ୍ରୁଟି
ଚିତ୍ତୋର ନରେଶ ଦେଖନ୍ତି ଆସି ॥

ନିର୍ଭୁଲ କରନ୍ତି ବିଚାର- ମଣ୍ଡଳ ଅଧିପ ସେ ରତ୍ନସେନ।
ସର୍ବ ପଚାରନ୍ତି, ତ୍ରୁଟି ଅପସାରି ରାଜ ଆଜ୍ଞାପାଳି କରନ୍ତି ମାନ ॥

॥ ୫୬୩ ॥

ସୁରୁଚି ସମ୍ପନ୍ନ ସିଦ୍ଧ ଖାଦ୍ୟ ଦ୍ରବ୍ୟ ନରୁଚିଲା କିଛି
ଯଦିବା ନକ୍ଷତ୍ର ଯୁଥ ପରି ଦାସୀ କରୁଥିଲେ ସେବା
ଆଲ୍ଲାଦ୍ଦିନ-ସୂର୍ଯ୍ୟରେ, ସେ ସକଳ ଲାଗିଲା ଅରୁଚି
ପଦ୍ମିନୀ-ଚନ୍ଦ୍ରମା ବିନୁ ସୂର୍ଯ୍ୟରେ କେହୁ ତୋଷିବ ଅବା ॥
ପ୍ରତିଟି ବ୍ୟଞ୍ଜନ ଦେଲେ ସଯତନେ ପରଶି ଥାଳିରେ
ପଦ୍ମିନୀ-ବ୍ୟଞ୍ଜନ ବିନା, ତୃପ୍ତି ତାଙ୍କୁ ନମିଳିଲା ଥରେ ॥
ସକଳ-ବ୍ୟଞ୍ଜନ ଲାଗେ ଲବଣାକ୍ତ ଲୁଣ ନାହିଁ ତିଳେ
ସ୍ୱାଦ ରସହୀନ ଲାଗେ ସେ ରନ୍ଧନ ଶାହା ଶ୍ରୀମୁଖରେ ॥
ବାରମ୍ବାର ପରଶନ୍ତି ସଖୀକୂଳ ହୋଇ ଅସ୍ତବ୍ୟସ୍ତ
ମାଛର ବ୍ୟଞ୍ଜନ, ଲାଗେ କଣ୍ଟାପୂର୍ଣ୍ଣ ହସ୍ତେ ପରଶିଲେ
ପଦ୍ମାବତୀ ପାଶେ ଯେଣୁ ଅଟେ ଅପହଞ୍ଚ ତାଙ୍କ ହସ୍ତ
ପଦ୍ମିନୀ ପ୍ରାପତି ମୋହ ବାଦଶାର ଏଣୁ ବଢ଼ିଚାଲେ ॥
ଶାହାଙ୍କର ମନ ଘାରି ରହିଥିଲା କମଳ ଦଣ୍ଡରେ
ପଦ୍ମିନୀର ଅଙ୍ଗ ଯଷ୍ଟି, ସେ ଲାଗି ସେ କାଷ୍ଠ ହାଣ୍ଡି ଭରି
ସକଳ ବ୍ୟଞ୍ଜନ ହେଲା ଅକାରଣ ନଲାଗି ଅଧରେ,

ସେ ଅଧର ଲାଗି ସିନା-ପଦ୍ମାବତୀ ସିନ୍ଧୁ ସୁଧା ସରି ॥
ଚାହୁଁଥିବା ଭୋଜ୍ୟ ଦ୍ରବ୍ୟ ତାଙ୍କ ଲାଗି ନଥିଲା ସେ ସ୍ଥାନେ
ରସହୀନ ଲାଗୁଥିଲା ବିଷ ପରି ଲାଗେ ପଞ୍ଚାମୃତ
ଏତେ ଶ୍ରଦ୍ଧା ସଯତନେ ରନ୍ଧା ଭୋଜ୍ୟ ବ୍ୟର୍ଥ, ଆସ୍ୱାଦନେ,
ବିନିଦ୍ର ରଜନୀ ସତ୍ତ୍ୱେ ସେବାୟତେ ନହେଲେ କୃତାର୍ଥ ॥
ସିଂହ ନିଜ ସିଂହାସନେ ରହି ସ୍ଥିତ କଲେ ବି ଗର୍ଜନ
ସୁକୋମଳ ଶସ୍ୟ କାହିଁ କଦାଚନ ନକରେ ଆହାର
ନ ମିଳିଛି ଯେତେ ଯାଏ ମୃଗ ମାଂସ ସ୍ୱାଦ ଆସ୍ୱାଦନ
ଭିନ୍ନ ଖାଦ୍ୟ ପ୍ରାପ୍ତିରେ ବି ପଶୁରାଜା ନଭରେ ଉଦର ॥
ଅଥର୍ବ ଆଶାରେ ଚାହେଁ, ବାଦଶାହା ଭୋଜ୍ୟ ସାଙ୍ଗ କରି
ବିରକ୍ତିର ଗୋପ୍ୟ ଭାବ, ଫୁଟି ଉଠେ ଶ୍ରୀମୁଖେ ତାଙ୍କରି ॥

॥ ୫୬୪ ॥

ଭୋଜନ ସମାପ୍ତ ଜାଣିଲେ ସମସ୍ତ,
ଦାସୀ କୁଳ ହେତୁ କରି
କଳସୀରେ ଭରି ସୁଧା ସମ ବାରି
ଉଭା ହେଲେ ତାଙ୍କୁ ଘେରି ॥
ଜଳହିଁ ଅମୃତ ରହିଛି ସଞ୍ଚିତ
ସୁବାସିତ କର୍ପୂରରେ
କିନ୍ତୁ ଶାହା ତାକୁ ପାନ ନକରିଲେ
ପଦ୍ମିନୀ-ତୃଷା-ଆକୁଳେ ॥
ମନେ ଭାବୁଥିଲେ "ପଦ୍ମିନୀ ରୂପର
ଜଳ ମତେ କେହି ଦେଲେ
ଏ ପ୍ରାଣ ମୋହର ବଞ୍ଚିବ ନିଶ୍ଚିତ
ମୋ ନେତ୍ରେ ଦର୍ଶନ କଲେ ॥
ଚାତକ ବିହଗ, ସ୍ୱାତୀ ବିନ୍ଦୁ ଜଳେ
ତୃପ୍ତ ହୋଇ ରହିଥାଏ
ମଘା ନକ୍ଷତ୍ରର ବର୍ଷୁକ ବାରିଦ

ତାର କି ତୃଷା ମେଣ୍ଟାଏ ! !
ଲୋଟା ଓ ପରାତ ଧରି ସେବିକାଏ
ଆସିଗଲେ ପୁନର୍ବାର
ବାଦଶାଙ୍କ ହସ୍ତ ଧୌତ କରିଲେ,
(କିନ୍ତୁ) ଦର୍ଶନ ନାହିଁ ପଦ୍ମାର ॥
ପଦ୍ମିନୀ ପ୍ରେମରେ ପ୍ରଲୁବ୍ଧ ବାଦଶା
ବିରହ ସ୍ମରି ମନରେ
ନିଜ ହସ୍ତ ନିଜେ ମର୍ଦ୍ଦନ କରନ୍ତି
ଦୀର୍ଘ ଶ୍ୱାସ ସହିତରେ ॥
ନିଜ ମନେ ମନେ ବିଧାତା ସୁମରି
କୁହନ୍ତି ଜଗତ ପତି
ପ୍ରେମ ଯାହାଲାଗି ଉଦ୍ରେକ ହୋଇଛି
ସେ ସୂତ୍ର ନଯାଉ ଛିଡ଼ି ॥

ହସ୍ତକୁ ନିର୍ମଳ କରି ନମସ୍କାର, ଦୀର୍ଘ ଶ୍ୱାସେ ଗଲେ ବସି
ଯାଚନା କରନ୍ତି, ଆଶା ମୋ ପୂରଣ କର ଆହେ ବିଶ୍ୱପତି ॥

॥ ୫୬୫ ॥

ଭୋଜନ ଶେଷରେ ଆଣିଦେଲେ ଖଣ୍ଡ ପାଣି
ପରଶିଲେ ତହୁଁ ସୁବାସିତ ଦ୍ରବ୍ୟ ଘେନି ।
କୁଙ୍କୁମ ବର୍ଣ୍ଣର ଅରଗଜା, ତା ସୌରଭେ
ଭରିଯାଏ ଚଉଦିଗ ସୁରଭି ମହକେ ॥
ଅମୂଲ୍ୟ ରତ୍ନରେ ଭରି ଶତ ଗୋଟି ଥାଳି
ଚରଣେ ସମର୍ପି ରାଜା ମଥାନତ କରି
ଗଳ ବସ୍ତ୍ର ହୋଇ ରାଜା କରନ୍ତି ମିନତି
"ହେ ଜଗତ ସୂର୍ଯ୍ୟ ! ମତେ ହିମ ଲାଗେ ଅତି ॥
କେତେ ଅବିଗୁଣେ ଭରା ଏ ଜୀବନ ମୋର
ରୋମାଞ୍ଚ ହୁଅଇ ଜାତ, କମ୍ପୁଛି ଶରୀର ॥

ଦିଗ ବିଦିଗେ ତୁମର ତପ୍ତ ରଶ୍ମି ଜାଳେ,
ହୁଅଇ ଉତ୍ତପ୍ତ ଅତି, ଶୀତ ଯାଏ ଖରେ
ତୁମର ଦୃଷ୍ଟିରେ କାହିଁ ଅମା ନରହଇ
ହସୁଥାଏ କମଳିନୀ ତପ୍ତ ରୌଦ୍ରେ ଥାଇ ॥
ସେ ଲାଗି ସୂର୍ଯ୍ୟର ତେଜ ଅତି ହିଁ ନିର୍ମଳ
ସେ ସୂର୍ଯ୍ୟ ଦର୍ଶନ ମାତ୍ରେ ଦର୍ଶକ ଉଜ୍ଜ୍ୱଳ ॥
କିନ୍ତୁ ଏହି ରତ୍ନସେନ ଶରୀରୁ କଲ୍ମଷ
ନଯାଇ ରହିଛି କିମ୍ବା ଅନ୍ଧକାର ଦୋଷ ॥
ଆହେ ସୂର୍ଯ୍ୟ ତୁମେ ତାରେ ସୁଦୃଷ୍ଟି ପରଶି
ପ୍ରାତଃ ସମ ଉଜ୍ଜ୍ୱଳ କର ତମ ନାଶି" ॥
ସରଳ ବିଶ୍ୱାସୀ ରାଜା, ସତ୍ୟ ପ୍ରୀତି ପାଳି
ଅତିହିଁ ବିନୟୀ ଭାବେ କରେ ନିଉଛାଳି ॥

ଯାର ଅନ୍ତରାଳେ ଭବିଷ୍ୟତ ହସୁଛି ନିୟତି
ମାନବ କରୁଣାରେ କେହି କି ପାଇଛି ମୁକତି ?

■

॥ ୪୭୬ ॥

ରାଜାର ସରଳ ବିନୟ ବଚନେ
ବିହସିଲେ ବାଦଶାହା
ଛଳପୂର୍ଣ୍ଣ ମନ ଷୋଳକଳା ପୂର୍ଣ୍ଣ
ଉଦ୍ଦୀପ୍ତ ସୂର୍ଯ୍ୟର ଛାୟା ॥
ନିମ୍ବ ଫଳ ପରେ ମଧୁ ବାକ୍ୟ ବୋଳି,
ମଧୁର ବଚନ କହି
ପ୍ରଚଣ୍ଡ ମାର୍ତ୍ତଣ୍ଡ ଖୋଲନ୍ତି ସୁତୁଣ୍ଡ
ଅନୁକମ୍ପା ମନେ ବହି ॥
"ରାଜା ତୁ ଅବଶ୍ୟ ଶୀତ ପ୍ରପୀଡ଼ିତ
ଯେଣୁ ଥିଲୁ ବୁଦ୍ଧିହୀନ
ଦୃଷ୍ଟି ମୋର ଏବେ ପଡ଼ିଛି ତୋ'ପରେ

ହିମ, ଅମା ହେବ ଲୀନ।
ସୂର୍ଯ୍ୟ ସେବାରତ, ହେଲା ଯେ ନିୟତ
ହିମ ଅନ୍ଧକାର ନାହିଁ
ଆପଣା ରାଜ୍ୟ ତୁ ଏବେ ପରିପାଳ
ମୋ ସେବାରେ ରତଥାଇ ॥
ଦେଉଛି ମୁଁ ତୋତେ ଦେବଗଡ଼ ଆଉ
ମାଣ୍ଡବ ରାଜ୍ୟ ସନ୍ତୋଷେ
ପୁରୁଷର ବାକ୍ୟ, ଶିଳା ଖଣ୍ଡେ ଲେଖାଁ
ଲିଭେ ନାହିଁ କଦାଚିତେ ॥
ପୁଂସର ବଚନ, ହେଲେ ଅଘଟନ
ଧ୍ରୁବ ଓ ସୁମେରୁ ଟଳେ।"
ଦେଲେ ଉପହାର ଅନେକ ପ୍ରକାର
ପଦ୍ମା ଲଭିବା ଆଶାରେ ॥
ପ୍ରଲୋଭନ ଦେଇ, ମୂଳ ନେବା ପାଇଁ
ଛଳ କରୁଥିଲେ ଶାହା
ବସାଇ ପାଶରେ କାନ୍ଧେ ହସ୍ତଭାରେ
ଦୁହ୍ନଦର ପ୍ରତିକ୍ରିୟା ॥
ହସି ହସି ପୁଣି ପାନ ଦେଲେ ଆଣି
କପଟୀ କୁଟିଳ ଭାବ
ସରଳ ସ୍ୱଭାବ ପ୍ରଚଣ୍ଡ ଗୌରବ
ତାହା ରାଜା କି ବୁଝିବ ?

ଅତିରିକ୍ତ ବନ୍ଧୁ ଅତି ମିତ୍ର ଭାବରେ
ଛଳ କଉଶଳ କଇତବ ରାଜା ବୁଝି ନପାରେ ॥

॥ ୫୬୭ ॥

ବନ୍ଧୁପଣେ ପାନ ଦେଲେ ସୁଲତାନ
ମଧୁର କୁଟିଳ ଛଳ
ବୁଝି ନ ପାରିଲେ ହିନ୍ଦୁର ଗୌରବ
ଆର୍ଯ୍ୟ ରାଜା ମହୀପାଳ
ବସି ସୁଖାସନେ ଭୋଜ୍ୟ ସମାପନେ
କୁହନ୍ତି, "ହେ ରାଜା ଶୁଣ !
ଯେ ପର୍ଯ୍ୟନ୍ତ ଘର୍ମ ରହିଛି ଶିରରେ
କରିବା ଆମ୍ଭେ ବିଶ୍ରାମ" ॥
ସତରଞ୍ଜ ଖେଳ ଖେଳିବା ପାଇଁକି
ଆଦେଶିଲେ ଦିଲ୍ଲୀଶ୍ୱର
ଖେଳରେ ବସିଲେ ସୂର୍ଯ୍ୟ ଛତ୍ରପତି
ଚିତ୍ତୋର ରାଜ୍ୟ ଭୂପାଳ ॥
ପିକଦାନି ଥିଲା ଥୁକିବାକୁ ପିକ
ମନେ ଭାବି ଖୁସି ହୋଇ
ପଦ୍ମିନୀର ରୂପ ଦେଖିବେ କିଞ୍ଚିତ
ଦର୍ପଣଟିଏ ଦେଲେ ଥୋଇ ॥
ଶାହା ମନେ ମନେ ଭାବନ୍ତି ଗୋପନେ
"ଯଦି ସୂର୍ଯ୍ୟ ଅବଲୋକି
ଆସିବ ଚନ୍ଦ୍ରମା, ମୁକ୍ତ ବାତାୟନେ
ଦେଖିବ ନିଶ୍ଚେ ମୋ ଦୃଷ୍ଟି ॥"
କ୍ରୀଡ଼ାସିନା ଚାଲିଥିଲା କ୍ରୀଡ଼ା ସ୍ଥାନେ
ଦର୍ପଣରେ କେନ୍ଦ୍ରୀଭୂତ
ଶାହାଙ୍କର ଦୃଷ୍ଟି ପଡୁଥିଲା ଗୋପ୍ୟ
ଆଦର୍ଶରେ ଅନୁବ୍ରତ ॥
ପ୍ରୀତି ଲୁବ୍ଧମନ ସତରଞ୍ଜ ସୈନ୍ୟ
ପରି ଆଗେ ଗତିକରେ।
ମାତ୍ର ମାରିବାକୁ ବେଳ ପଡ଼ିଗଲେ

ତିର୍ଯ୍ୟକ ଗତିରେ ମାରେ ॥
ଆପଣାର ଅଶ୍ୱ ଚଳାଇଲେ ଶାହା
ଫରଜି ବନ୍ଧନ ପାଇଁ
ଖେଳ ପାଲି ପରେ ସେ ସ୍ଥାନ ଗୋଟିକ
ଚାଲାଖିରେ ଗଲେ ପାଇ ॥
ନରେଶ ନିଜର ହାତୀ ଚଳାଇଲେ
ଫରଜି ବନ୍ଦିର ଗୋଟି
ରକ୍ଷା କରିବାକୁ କହିଲେ ଶାହାଙ୍କୁ
(ଶାହା) ପଛକୁ ଆସିଲେ ହଟି ॥
ମହାରାଜା ପୁଣି ନିଜ ହାତ ଚାଳି
ସୂର୍ଯ୍ୟଙ୍କର ହାତୀ ସାଥେ
ମୁହାଁମୁହିଁ ହେଲେ ଚଉଦନ୍ତ ହୋଇ
ବାଦଶା ହାତୀର ଦାନ୍ତେ ॥
ରାଜା ଚାହୁଁଥିଲେ ନିଜ ହାତୀ ମରୁ
ଖେଳ ହେଇଯାଉ ବୁର୍ଦ
କାରଣ ରାଜାଙ୍କ ରାଜା ଗୋଟି ସହ
ଦୁଇ ଗୋଟି ଥିଲା ମାତ୍ର ॥
ଚାହୁଁଥିଲେ ଶାହା, ଗୋଟି ତାଙ୍କ ମରୁ
ସାହାଯ୍ୟକାରୀ ଗୋଟିକୁ
ଏପରି ଖେଳର ଆନନ୍ଦ ଦୁହିଁଙ୍କୁ
ହୋଇଥାନ୍ତା ଭୋଗିବାକୁ ॥

ଦ୍ୟୂତ କ୍ରୀଡ଼ା ଛଳେ ପାଣ୍ଡବେ ରାଜ୍ୟୁ କରିବେ ବାହାର
ସେପରି ଛଳନା ବାଦଶା ଖେଳେ କଲା ବିସ୍ତାର ॥

ଟିପ୍ପଣୀ: ବୁର୍ଦ: ସତରଞ୍ଜ ଖେଳର ଏକ ପ୍ରକାର ସ୍ଥିତି ଯେଉଁଥିରେ ଖେଳାଳୀ ପାଖରେ କେବଳ ବାଦଶା ଗୋଟିଟି ବଞ୍ଚିଥାଏ।

॥ ୫୬୮ ॥

ସୁଲତାନଙ୍କର ଅତିଥି ସତ୍କାର
ସାରି ସର୍ବ ପରିଚାରି
ପଦ୍ମିନୀ ପାରୁଶେ କହନ୍ତି ଉତ୍ସାହେ
ଆକାଶ ମହଲେ ଫେରି ॥
"ହେ ଶଶୀ ପଦ୍ମିନୀ ଶୁଣିଥିଲୁ ଆମେ
ଦିଲ୍ଲୀ ସୁଲତାନ କଥା
ସ୍ୱଚକ୍ଷୁରେ ଏବେ ଦର୍ଶନ କରିଲୁ
ଶୁଣ ଗୋ ତାଙ୍କ ବାରତା ॥
ଛତ୍ରପତି ସେ ତ ଜଗତ ଯାକର
ଛତ୍ର ତାଙ୍କ ଉର୍ଦ୍ଧ୍ୱତମ
ସୂର୍ଯ୍ୟ ସମ ସେହୁ ଉଜ୍ଜ୍ୱଳ ଉତ୍ତପ୍ତ
ରୂପବନ୍ତ ମନୋରମ ॥
ତାଙ୍କ ସୁଶାସନ ଜଗତ ଭୋଗୁଛି
ସୁଖ ଶାନ୍ତି ପାଇ ମନେ
ସିଂହାସନେ ବସି ହୋଇ ପରାକ୍ରମୀ
ଗର୍ବ ଦମ୍ଭେ ଅଭିମାନେ ॥
ତାଙ୍କ ସମ୍ମୁଖରେ ନହୁଅନ୍ତି ଉଭା
ନତଶିରେ ପ୍ରଣମନ୍ତି
ଲଲାଟେ ତାଙ୍କର ମଣି ଜଳୁଅଛି
ରୂପ ଗୁଣେ ଶ୍ରେଷ୍ଠ ଅତି ॥
ସର୍ବରୂପବାନ ପୂଜନ୍ତି ତାହାଙ୍କୁ
ଦେଖିଲୁ ପ୍ରତ୍ୟକ୍ଷେ ଆମେ
ସର୍ବ ଆଦର୍ଶରେ ଆଦର୍ଶ ସେହି ତ
ଜାଣିଲୁ ଆମ୍ଭେ ମରମେ ॥
ଆମେ ତ ଅଜ୍ଞାତ ସକଳ ଆଦର୍ଶ
ହେ ପରଶ ! ପଦ୍ମାବତୀ
ସ୍ୱୟଂ ତୁ ପରଖ, କି ଭଳି ସୁବର୍ଣ୍ଣ

ଦିଲ୍ଲୀଶ୍ୱର ଅଧିପତି ॥
ସେ ତ ଦିଲ୍ଲୀଶ୍ୱର କିମ୍ପାଇଁ ଚିତ୍ତୋର
ଆସିଛି ହୋଇ ଅତିଥି
ପ୍ରତ୍ୟକ୍ଷ କର ତୁ ନ ରହୁ ଶୋଚନା
ପଶ୍ଚାତକୁ ଭାବିଚିନ୍ତି ।"

କୌତୂହଳେ କ୍ଷଣେମାତ୍ର କରି ଦୃଷ୍ଟିପାତ
ପଦ୍ମିନୀ ଆଣିଲା ଡାକି ତା ଅଭିସମ୍ପାତ ॥

॥ ୫୬୯ ॥

କୁମୁଦିନୀଗଣ ନକ୍ଷତ୍ରର ସମ
ଉଦିଲେ ରାଣୀ ମହଲେ
କମଳିନୀ ପାଶେ ଉଲ୍ଲାସ ଉସ୍ସେ
କୁହନ୍ତି ବୁଝାଇ ଖରେ ॥
ଦିଲ୍ଲୀ ଛତ୍ରପତି ଆସିଛନ୍ତି ଏଥି
ଉଦ୍ଦୀପ୍ତ ଭାସ୍କର ସମ
ପ୍ରଖର ରଶ୍ମିରେ ଲାଗନ୍ତି ଉତ୍ତପ୍ତ
ରୂପବନ୍ତ ଅନୁପମ ॥
କୌତୁହଳ ବସେ ପ୍ରାସାଦ ସୁଉଚ୍ଚେ
ମୁକ୍ତ ବାତାୟନ ଦ୍ୱାରେ
ପଲକେ ସୂର୍ଯ୍ୟଙ୍କୁ ନିରେଖି ଫେରିଲେ
ଆପଣା ଉଆସେ ହେଲେ ॥
ବାଦଶା ପଲକେ ବିଦ୍ୟୁତ କି ସତେ
ସେ ମୁକୁରେ ପ୍ରତିଛାୟା
ଅବଲୋକି, ସ୍ପର୍ଶ ପାଇ ଅପଘନେ
ଅଜ୍ଞାନେ ରହିଲା କାୟା ॥
କ୍ଷଣକ ପାଇଁକି ଅମରାବତୀ କି
ଆସିଛି ଧରିତ୍ରୀ ତଳେ,

ହତ ହୁଏ ତହିଁ ସହାୟକ ଗୋଟି
ହରାଇ ବାଦଶା ହେଲେ ॥
କ୍ରୀଡ଼ା ସାଙ୍ଗ ହେଲା, ରହସ୍ୟ କି ହେଲା
ନଜାଣିଲେ ନରସାଇଁ
ତାଙ୍କ ରମଣୀର ବିକ୍ଷେ ଘାରିହେଲେ
ବାଦଶା ହୃଦୟ ଦହି ॥
"ସମୀର ବିହୀନେ ଶରୀର କମ୍ପିଲା
ଅତର୍କିତେ ଆସେ କାଳ
ରାଘବ ଚେତନ କୁଚକ୍ରୀ କେତନ
ଛଳରେ କହେ କେବଳ ॥
"ସୁପାରି ଚର୍ବଣେ, ଶାହା ଅପଘନେ
ବେପଥୁ ହୋଇଛି ଜାତ"
କୋମଳ ଶଯ୍ୟାରେ ଶଯ୍ୟାଗତ ହେଲେ
ନିଶୀଥ ହେଲା ପ୍ରଭାତ ॥
ଉଦିତ ଆଦିତ୍ୟ ସମ ଉଦେ ହେଲେ
ଆଲ୍ଲାଉଦ୍ଦିନ ଦିନେଶ
ପଦ୍ମାବତୀ ଶୂନ୍ୟ ହୃଦେ ଉଦେ ହେଲା
କମଳିନୀ ରୂପ ବିକ୍ଷ ॥
ସରଳ ହୃଦୟ ପଦ୍ମିନୀ ବାନ୍ଧବ
ଅଜ୍ଞାତ ରହିଲା ଏହା
ଆଶୁ ଭବିଷ୍ୟତ କେ ଅବା ଜାଣିବ
ଦୁହୃଦ ଶାହାର ମାୟା ।

ବାଦଶା ତୃଷ୍ଣା ଅନଳେ ଜଳୁଛି ପଦ୍ମିନୀ
ଶାହାକୁ ପ୍ରବୋଧି କହେ ରଘବ ଶକୁନି ॥

॥ ୫୭୦ ॥

ସୁସ୍ୱାଦୁ ଭୋଜନ କରେ ଯେଉଁଜନ
ତା ସ୍ୱାଦୁ ସେ ଅନୁଭବେ।
ମାଳତୀ ଫୁଲରେ ବାସେ ଅନୁଭବୀ
ନଯାଏ ସେ ଅନ୍ୟ ପୁଷ୍ପେ ॥
କମଳିନୀ ମୁଖ ଲାବଣ୍ୟ ପ୍ରତିମା
ଦେଖା ଦେଇ ଲୁଚିଗଲା
ସୂର୍ଯ୍ୟ ତହିଁ ତେଜ ଯୋଗୀ ତପସ୍ୱୀର
ଭାବାବେଶେ ରହିଥିଲା ॥
ଦୁଃସାଧ୍ୟ ସାଧନ ସାଧ୍ୟ କଲା ଅବା
ଭାବୁଛନ୍ତି ମନେ ମନେ
ରାଘବ ଚେତନ ଭାବି ମନେ ମନେ
ମିଳେ ସୂର୍ଯ୍ୟ ସନ୍ନିଧାନେ ॥
ଜାଣିଲା, ତକ୍ଷଣେ, ଶଶୀର ଦର୍ଶନେ
ବିଷେ ଶାହା ଘାରି ହୋଇ
ଅଚେତନ ପରି, ଚେତନା ହରାଇ
ଅଛନ୍ତି ଶଯ୍ୟାରେ ଶୋଇ ॥
ପାଶେ ଲାଗି ଯାଇ କହିଲା ବୁଝାଇ
"ହେ ଜଗତ ଛତ୍ରପତି
ନିଶ୍ଚିତେ ପଦ୍ମିନୀ ଦୃଶ୍ୟରେ ଦେଖିଛ
ଅଳିକ ନୁହଁଇ ଏଥି ॥
ତୁମ ଛତ୍ର ଯେଣୁ ଆକାଶରୁ ଉଚ୍ଚ
ସିଂହାସନ ତନୁ ଗିରି
ଅମର ନିକର ପୃଷ୍ଠେ ଧରିଛନ୍ତି
ମନ କାହିଁ ଯାଏ ଚଳି ॥
ତବ ଦୃଷ୍ଟି ତଳେ ବ୍ୟୋମ ବସୁନ୍ଧରା
କୃପା କଣାରେ ପଲ୍ଲବୀ
ଉଠେ ଶୁଷ୍କବୃକ୍ଷ, କ୍ରୋଧେ ସିନ୍ଧୁ ଶୁଖେ

ଜଳି ଉଠଇ ପୃଥିବୀ ॥
ସମସ୍ତ ସଂସାର ହୁଏ ନତ ଶିର
ସମସ୍ତ ପ୍ରାଣୀ ଜୀବନ
ତୁମ ହସ୍ତ ପଦ୍ମେ ରହି ଅଛି ସଦା
କି ଭାବେ ଆଜି ବିମନ ॥
ସେ ଲାଗି ଦିବସେ ହୁଏ ନାହିଁ ନିଦ୍ରା
ରାତ୍ରୀ ଉଜାଗରେ ଯାଏ,
ଆଜି କିମ୍ବା ତୁମ ନିଦ୍ରା ନ ତୁଟଇ
ମଧ୍ୟାହ୍ନ ସୂର୍ଯ୍ୟ ଉଦୟେ ॥"

ଛଳେ, ବଳେ, କଉଶଳେ ଜିଣିଛି ବସୁଧା
ପଦ୍ମିନୀକୁ ପାଇବାକୁ ନାହିଁ କିଛି ବାଧା ॥

■

॥ ୫୭୧ ॥

ରାଘବ କଥିତ ପ୍ରଶ୍ନରେ ମୋହିତ
ହେଲେ ଅତୀବ ବାଦଶା
ପୁଲକିତ ହେଲା ତନୁ ମନ ପ୍ରାଣ
ବଖାଣିଲେ ସ୍ୱପ୍ନ ନିଶା ॥
"କେ ଇନ୍ଦ୍ର ଜାଲିକ, ଭାନୁମତୀ ପେଡ଼ି
ଫେଡ଼ିଲା, କାଉଁରୀ କାଠି,
କାହାର ସୁନାର କାଉଁରୀ ପରଶ
ମୋ ତନୁରେ ଗଲା ମିଶି ॥
ପୁଣି ସେ କୁହୁକ କଲା ଅବିବେକ
(ମନେ) ସୁନା ଛବି ରଚନାରେ
ତୂଳି ରୂପ ତାର ହାତେ ହାତେ ଦେଇଥିଲା
ଛଳନା ସୃଜନ କରେ ॥
ଦେଖିଲି ସରସୀ ମଧ୍ୟେ ରହିଅଛି

ଘନ ରସ ସୁନିର୍ମଳ
ତନୁ ମନ ମୋର ଭରିଲା ପୁଲକେ
ପୁଣି ଦେଖେ ଶୂନ୍ୟ ଜଳ ॥
ଅମ୍ବର ବିପୁଳ ପ୍ରଶାନ୍ତ ଅନନ୍ତ
କ୍ଷିତିରେ ଥିଲା ଆବୋରି
କ୍ଷଣକରେ ପୁଣି ବିଚ୍ୟୁତ ଦେଖିଲି
ଏ ହେଲା କହ କିପରି ?
ତହିଁ ରହିଥିଲା ସୁଉଚ୍ଚ ମଣ୍ଡପ
ଛୁଇଁ ବା ଦେବି ଏକ୍ଷଣି
ହାତ ନପାଇଲା ତହିଁ କି ମୋହର
କା'ର କୁହୁକ ସୃଜନୀ ॥
ପୁଣି ମୁହିଁ ଦେଖେ ଗୋଟିଏ ମନ୍ଦିର
ମଧ୍ୟରେ ଦେବୀ ମୂରତି
ନୟନେ ଦିଶଇ ସଜୀବ ସେ ସିନା
ଜୀବହୀନ ସେ ଦେହଟି ॥
ସେ ଦିଶଇ କିନ୍ତୁ ଭିନ୍ନ ଅନ୍ୟଠାରୁ
ଅଚେତନ ପରି ନିଶ୍ଚିତ
ସତେକି ତାହାର ସ୍ପର୍ଶ କଲା ହସ୍ତ
ରହିଲା ମୋର ଅଦୃଶ୍ୟ ॥
ସେ ଚତୁର୍ଦ୍ଦଶୀର ଚନ୍ଦ୍ରମା ପାରୁଶେ
ରହିଛି ମୋର ଜୀବନ
ମୋ ବିଚ୍ଛେଦ ରୂପ ତମସା ନିଶିରେ
ପାଇବି ତାରେ କେସନ !!
ସେହି କମଳିନୀ ନିଶୀଥ ଆକାଶେ
ପୁଷ୍ପିତ ହୋଇଲା କ୍ଷଣେ
ଅପସରିଗଲା କ୍ଷଣିକା ଯେସନେ
ମୋ ମନେ ରହି ଗୋପନେ ॥
ଭ୍ରମର ସଦୃଶ ହେଲି ମୁହିଁ ବିଷ
ପଦ୍ମ କୋଷ ମଧ୍ୟେ ରହି ॥

କିପରି ବର୍ଣ୍ଣିବି ଏ ବନ୍ଧନ ଫେଡ଼ି
ଗୁରୁଭାର ନୁହେଁ ସହି" ॥

ଚେତନ ବାକ୍ୟରେ ଭୁଲେ ଦୁର୍ମତି ବାଦଶା
ପ୍ରତିଭରେ ପୁଲକିତ, ଉଠେ ଆଶା ॥

॥ ୫୭୨ ॥

"ଶୁଣତୁ ରାଘବ ମୁଁ କହୁଛି ସର୍ବ
ମନ ଦେଇ ତୁହି ଶୁଣ
ମୋ ଅଗ୍ରତେ ବାଳା ଆସି ଉଭାହେଲା
କ୍ଷଣିକ କ୍ଷଣିକା ସମ ॥
ମୁଁ ଥିଲି ଅବାକ ହୋଇ ଅବିବେକ
ନିମିଷେ ନିରୋଳେ ଚାହିଁ
ମୋ ଚିତ୍ତରେ ତାର ଚିତ୍ର ଆଙ୍କି ଦେଇ
ପ୍ରାଣ ହରିନେଲା ସେହି ॥
ସିଂହକଟୀ ବାଳା ଥିଲା ସେ ଅବଳା
ହସ୍ତୀ କୁମ୍ଭ ସ୍ଥଳ ପରି
ଥିଲା ତା ବକ୍ଷୋଜ ଅତି ହିଁ ସୁରତ
ନୟନ ନୁହେଁ ନିବାରି ॥
ଆଚ୍ଛାଦିତ ଆଭୂଷଣେ ରହିଥିଲା
ଅଙ୍କୁଶ କି ନାଗ ସମ
ମୟୂରର ଗ୍ରୀବା ମାହୁନ୍ତ ପ୍ରାୟେକ
ତଥିପରେ ଅନୁପମ ॥
ତହିଁରେ ଶ୍ରୀମୁଖ କମଳ ସଦୃଶ
ଫୁଟିଥିଲା ତାହା ଦେଖି
ଚୂର୍ଣ୍ଣ କୁନ୍ତଳର ନୀଳ ଲହରୀରେ
ବାସ କି ଉଠେ ଚହଟି ॥

ଯୁଗଳ ନେତ୍ରର ମଧ୍ୟେ ଶୁକ ପକ୍ଷୀ
ପରି ନାସା ଥିଲା ରହି
ନାସିକା ଉପରେ ଦ୍ୱିତୀୟା ଚନ୍ଦ୍ର କି
ଭ୍ରୂଲତା ରୂପରେ ଥାଇ ॥
ଏପରି ହରିଣୀ ମନମୋର କିଣି
ଚପଳେ ଗଲାକି ଛପି
ବିଷାଦ ଭରିଲା ମନ ଦେହ ପ୍ରାଣେ
ଦୁଃଖ ଦହେ ପୁନରପି ॥
ତା ଗମନ କାଳେ ସମ୍ମୁଖ ଚନ୍ଦ୍ରରେ
ନାଗ ପରିଥିଲା ବେଣୀ
ଚନ୍ଦ୍ରମୁଖୀ ଲାଗି ଉତ୍ସାହ ବଦଳେ
ନିରାଶ ବିଷାଦ ଆଣି ॥
ଅତି ସୁଉଚ୍ଚରେ ତା ଦର୍ଶନ ପାଇ
ଆଶ୍ଚର୍ଯ୍ୟ ଚକିତ ହୋଇ
ମୋ ଦୃଷ୍ଟି ଛୁଇଁଲା, ତା ଅଙ୍ଗ ପରଶ,
ହସ୍ତ ପରଶିଲା ନାହିଁ ॥
ହେ ରାଘବ ! ଯଦି ମନ ପୂରିଥାନ୍ତା
ମନେ ରହନ୍ତା କି ଆଶା
ଯଦି ତୁ ପାରିବୁ କରିବୁ ସାହାଯ୍ୟ
ପୂରାଇବୁ ମନ ବାଞ୍ଛା ॥"
କୂଟ କପଟର ଛଳେ ଗନ୍ତାଘର
ଈର୍ଷାଳୁ ରାଘବ ପାଇଁ
ଶତ ଗୁଣ ଗର୍ବେ ଫୁଲି ଉଠୁଥିଲା
ବାଦଶା କାରୁଣ୍ୟ ପାଇଁ ॥

॥ ୫୭୩ ॥

କୁଟିଳ ରାଘବ ଶୁଣି ସେହି ବାଣୀ
ବାଦଶା ପାଦ ତଳେ ଲୋଟେ ଧରଣୀ ॥
"ହେ ଶାହା! ଜଗତ ପାଳ ଯୁଗ ଯୁଗ
ଯାବତ ଚନ୍ଦ୍ର ସୂର୍ଯ୍ୟ ହୁଅନ୍ତି ଭୋଗ ॥
ତାହାର ରୂପକଳା କଲ ବର୍ଣ୍ଣନ
ଶ୍ରବଣେ, ଜାଣିଲି ମୁଁ ନାରୀ ରତନ ॥
ଦେଖିଛ ଦର୍ପଣରେ ତା ପ୍ରତିବିମ୍ବ
କେଶରୀ କଟୀ, କୁଚ ବାରଣ କୁମ୍ଭ ॥
ମୟୂର ଗ୍ରୀବା ନାଗ ଆଭୂଷଣକୁ
ମନ ଜିଣିଲା ତବ ଚିରଦିନକୁ ॥
(ତା) ମୁଖ ଚନ୍ଦ୍ର ଖଞ୍ଜନ ପକ୍ଷୀ ନୟନ
ମଧ୍ୟରେ ଶୁକ ନାସା ଦିଶେ ଶୋଭନ" ॥
ମଧ୍ୟେ ଶୁକ ନାସା କି ବସିଛି ମାଡ଼ି
ଭ୍ରୂଲତା ଧନୁ ପରି ରହିଛି ଜଡ଼ି ॥
ଦ୍ୱିତୀୟା ଚନ୍ଦ୍ର ପରି ଲଲାଟ ରେଖା
ଦେହ ସୁବାସ ଭାଷେ ସମୀରେ ଯଥା ॥
ସେ ରାଣୀ ପ୍ରିୟବତୀ ପାଟ ମହିଷୀ
ସୂର୍ଯ୍ୟ ଦର୍ଶନ କରି ଅଛନ୍ତି ଶଶୀ ॥
ଚପଳ ହରିଣୀ ସେ ଚପଳ ମତି
ସେ ଲାଗି ଛପିଗଲା ଛଟକେ ଆସି ॥
ନାଗ ପରି ଯାହା ଦେଖିଲ ପୃଷ୍ଠେ
ସେ ତାର କୃଷ୍ଣ ବେଣୀ, ଦୋହଲି ଦିଶେ ॥
ଯେଉଁ ଦୀପକ କଥା କହିଲ ଶାହା
ସେ ଅଟେ ତବ ଚିତ୍ତ ମୋହିତ ଯାହା ॥
ପ୍ରତ୍ୟକ୍ଷେ ଦେଖି ନାହଁ, ଦର୍ପଣେ ଦେଖି
ନିଷ୍ପ୍ରାଣ ସମ ରୂପ, ଭାବ ତହିଁକି ॥

ନିଶ୍ଚିତ ସେ ଦୁର୍ଲ୍ଲଭ ରୂପ ଦର୍ଶନ
କରିଛ ହେ ବାଦଶା ନ ଭାବ ଭିନ୍ନ ॥
ଏଥର କର ଚିନ୍ତା କିପରି ଭାବେ
ଉପଭୋଗ କରିବ, ରସି ସ୍ୱଭାବେ ॥
ଚୂର୍ଣ୍ଣ କୁନ୍ତଳ ଗୁଚ୍ଛ ଦୂରକୁ ରଖି
ଅଧରୁ ସୁଧାପାନେ ଲଭିବେ ଶାନ୍ତି ॥
ଏଣୁ ସେ ଉପାୟ କର ଚିନ୍ତନ
ଚତୁର ପ୍ରେମିକର ଯାହା ଲକ୍ଷଣ ॥"

॥ ୫୭୪ ॥

ମନ୍ତ୍ରଣା ସରିଲା, ଗୋପ୍ୟ ରହିଗଲା
କୁଚକ୍ରୀ ରାଘବ ପାଶେ
ବିମାନ ପାଇଁକି ଆଦେଶିଲେ ସୂର୍ଯ୍ୟ
ବାହୁଡ଼ି ଯିବେ ସ୍ୱଦେଶେ ॥
ଯାତ୍ରାର ନିଷ୍ପତ୍ତି, ସବୁ ସରିଅଛି
ପାଦ ବଢ଼ାଏ ପଥିକ
ବାହୁଡ଼ିବା ଲାଗି ଯା ଚିତ୍ତ ଚଞ୍ଚଳ
ସେ କି ସ୍ଥିରେ ରହିଥିବ ॥
ବିପଥରେ ଗଲେ ଲକ୍ଷ ଭ୍ରଷ୍ଟ ହେବ
ଯନ୍ତ୍ରଣା ହିଁ ଭୋଗୁଥିବ
ଗନ୍ତବ୍ୟ ପଥରେ ଗତି କଲେ ସିନା
ପଥ ପ୍ରାନ୍ତେ ପହଞ୍ଚିବ ॥
ନୀତି ତ କହୁଛି ବଳେ ଅବା ଛଳେ
ଶତ୍ରୁକୁ ଜିଣିବ ହେଲେ
ପଥୁ କଣ୍ଟା କାଢ଼ି ସୁଗମ କରିବ
ପୁଷ୍ପ ସମ୍ପାଦିବ ଭାରେ ॥
ସ୍ନେହ ବୋଳା ମଧୁ ବଚନେ ରାଜାର
ହୃଦ ହୁଏ ପ୍ରଫୁଲ୍ଲିତ ॥

ରାଜାଙ୍କ କାନ୍ଧରେ ବାହୁ ବନ୍ଧନରେ
ବାଦଶା ଗମନେ ରତ ॥
ଘିଅ ମହୁ ଦେଇ ରାଜାଙ୍କୁ ପ୍ରବୋଧି
ସରଳ ବିଶ୍ୱାସେ ଦୃଢ଼
ବିଦାୟ ଦେବାକୁ ଗମନ୍ତେ ଆଗକୁ
ଚିତ୍ତୋର ଭୂପାଳ ମୂଢ଼ ॥
ମଧୁ ଗୁଡ଼ ଖାଇ ବିଷେ ଘାରି ହୋଇ
ମରୁଥିବା ଲୋକ ପରି
ମଧୁର କଥାରେ ସିକ୍ତ ଛଳନାରେ
ଘାରିକେ ନ ଯାଏ ମରି ॥
ଅମୃତ ଭୁଞ୍ଜାଇ ଶତ୍ରୁଙ୍କୁ ମାରିବା
ଯଦ୍ୟପି ହେବ ସହଜ
ତହିଁକି ଜହର ପ୍ରୟୋଗ କରିବା
ପ୍ରୟୋଜନେ କିସ କାର୍ଯ୍ୟ ! !

॥ ୫୭୫ ॥

ଏ ଭବ ନଦୀରୁ ପାରି ହେବା ପାଇଁ
ପଝାରି ଆସନ୍ତି କେତେ
ଆପଣା ପ୍ରୟାସେ ଜଳ ସ୍ରୋତେ ଭାସି
ମରନ୍ତି ସଦା ନିରତେ ॥
ଚତୁର ଲୋକଟି ଚତୁରତା ବଳେ
ବିପତ୍ତିରୁ ଯାଏ ତରି
ଅନ୍ଧ ବିଶ୍ୱାସରେ ସରଳ ଲୋକଟି
ମୃତ୍ୟୁ ଆଣିଥାଏ ବରି ॥
ବାଦଶାର ଭାଷା ଛଳେ ସୁମଧୁର
ଶ୍ରବଣେ ରତନ ସେନ
ବ୍ୟାଧି ଗ୍ରସ୍ତ ହୋଇ ଅତି ସ୍ନେହ ଭରେ
କ୍ରମେ ହେଲା ମତି ଭ୍ରମ ॥

କାରଣ ସ୍ୱରୂପ ଚିତ୍ତୋର କୈଳାସ
ତେଜିଲେ ସେ ସ୍ନେହ ଭରେ
ପକାନ୍ତେ ଚରଣ କରିଲେ ବରଣ
ବାଦଶା ଘନ ମାୟାରେ ॥
ଯେଉଁଥି ପାଇଁକି ଚିତ୍ତୋର ଗଡ଼କୁ
ଆକ୍ରମଣ କଲେ ଶାହା
ଛଳ କରି ସିନା ପାଇଲେ ମୁଠାରେ
ଅତି ସହଜରେ ତାହା ॥
ଶତ୍ରୁକୁ ଆବଦ୍ଧ କରି କାରାଗାରେ
ମୁକ୍ତ ଯେ କରେ ବନ୍ଧନ
ନିଜ ପାଇଁ ସିନା ବରି ଆଣିଥାଏ
ମହା ମୃତ୍ୟୁ ଅକାରଣ ॥
ଚାରା ମୁଖେ ଦେଇ ମୀନକୁ ଯେପରି
ଧରନ୍ତି ଧୀବର ଗଣ
କଚ୍ଛପ ସଲିକୁ ନିବର୍ତ୍ତି ଆସିଲେ
ଧରା ପଡ଼େ ଶକ୍ତିହୀନ ॥
ମୃଗକୁ ଯେସନେ ବନ୍ଦି କଲେ ଜାଲେ
ଭୂମି ନପାରେ ଉଖାରି
ମନ୍ତ୍ରେ ବଶ କରି ନାଗକୁ ଯେପରି
ପେଡ଼ିରେ ରଖନ୍ତି ଭରି ॥
ସେହିପରି ରତ୍ନସେନଙ୍କୁ ବାଦଶା
ଛଳ କଉଶଳ ବଳେ
ବେଡ଼ି ପିନ୍ଧାଇଣ ହସ୍ତ ପଦ ବାନ୍ଧି
ପିଞ୍ଜରେ ଆବଦ୍ଧ କଲେ ॥

ଅତି ରୂପବତୀ ହେତୁ ସୀତା ସତୀ ରାବଣ କଲା ହରଣ
ଥିବାରୁ ସରଳ ଅତି, ବାଦଶା ବନ୍ଦି କଲା ରତ୍ନସେନ ॥

॥ ୫୭୬ ॥

ରାଜା ରତ୍ନସେନ ପାଦରେ କଠିନ
ବେଢ଼ି, ଗଳାରେ ଶିକୁଳି
ହସ୍ତେ ହାତକଡ଼ି, କାଠର ପଞ୍ଜୁରି
ମଧ୍ୟେ ରଖିଲେ ବିଚାରି ॥
ଶତ୍ରୁକୁ ଏପରି ନମିଳୁ ଦୁଃଖ
ଅତର୍କିତ ଅପମାନ
ହସ୍ତରେ କୃପାଣ ସମ୍ମୁଖେ ଭୀଷଣ
ଯୁଦ୍ଧେ ଯେ ଇଚ୍ଛେ ମରଣ ॥
ରାଜା ବନ୍ଦି ହେବା ତକ୍ଷଣେ କି ଅବା
ବିନା ମେଘେ ବଜ୍ର ଖସି
ଚତୁର୍ଦ୍ଦିଗେ ଖେଳିଗଲା ଏ ସମ୍ବାଦ
ବିଜୁଳି ବେଗରେ ବ୍ୟାପି ॥
ସତେ କି ଯେପରି ବାମନ ରୂପରେ
ପ୍ରଭୁ ଛଳିଲେ ବଳିକି
ଅକସ୍ମାତେ ଅବା ତିନି ପାଦ ଦେଖି
ବଳି ଚାହିଁଲା ଥମକି ॥
ଦୁର୍ଦ୍ଦାନ୍ତ ସିଂହ କି ପିଞ୍ଜରା ଆବଦ୍ଧ
ହେଲା ଅକସ୍ମାତେ ପଶି
ଦଶ ସ୍କନ୍ଧ ଦଶ ଶିର ଛିନ୍ନ କଲେ
ରାଘବ ଶାୟକେ ନାଶି ॥
ଅଥବା ଗୋପରେ ଅଘଟଣ କଲେ
ଲୋକେ ଦେଖି ଆଚମ୍ବିତ
ହ୍ରଦରେ କାଳି କି ଦମନ କରିଲେ
ଶିଶୁ କୃଷ୍ଣ ଜଗନ୍ନାଥ ॥
ଆଜି କଂସାସୁର ପ୍ରାଣ ଗଲା ଅବା
ମୀନ ଅବତାରେ ହରି

ବେଦ ଉଦ୍ଧାରିଲେ ସୃଷ୍ଟି ରକ୍ଷା କଲେ
ଶଙ୍ଖାସୁର ପ୍ରାଣେ ମାରି ॥
ପାଣ୍ଡବ ମାନଙ୍କୁ ଜତୁଗୃହେ ଅବା
ବନ୍ଦି କଲା ଦୁର୍ଯ୍ୟୋଧନ
ଆଜି ଅବା ଚୀର ଦୁଃଶାସନ ବାହୁ
ବଳେ ହେଲା ଉତ୍ପାଟନ ॥
ବଳିକି ବାମନ ପୁନର୍ବାର ଅବା
ପାତାଳେ ଦେଲେ ସ୍ୱସ୍ଥାନ
ଚିତ୍ତୋର ଗଡ଼ରେ ପ୍ରଚଣ୍ଡ ମାର୍ତ୍ତଣ୍ଡ
ଦିବସେ ହୋଇଲେ ଲୀନ ॥

॥ ୫୭୭ ॥

ଏବେ ରତ୍ନସେନ ଆଲ୍ଲାଉଦ୍ଦିନର
ବନ୍ଧନେ ଅଛନ୍ତି ରହି
ସୁଲେମାନ ହସ୍ତେ, ଯେଉଁ ପରି ଜୀନ
ଦୁଃଖେ ଥିଲା ବନ୍ଦି ହୋଇ ॥
ପରିଣାମ ରୂପେ ସର୍ବ ହିନ୍ଦୁ ରାଜା
ମାନ୍ୟତା ହେଲା ମଳିନ
ବନ୍ଦି କରି ଗଡ଼ ରାଜାଙ୍କୁ ବାଦଶା
ଦିଲ୍ଲୀକୁ କଲେ ଗମନ ॥
ଯେଉଁଠାରେ ଯେତେ ଦିଲ୍ଲୀ ଶାହାଙ୍କର
ହିନ୍ଦୁ ରାଜା ଶତ୍ରୁ ଥିଲେ
ଖୁରସାନ ଆଉ ହୀରାତ ସକଳେ
ଭୟେ ଅଭିଭୂତ ହେଲେ ॥
ବିଦର୍ଭ ଶଙ୍କିତେ ଭାବଇ ମାନସେ
ପୂର୍ବେ ଶାହା ଏହିପରି
କରିଥିଲା ବନ୍ଦୀ ଛଳ କଉଶଳେ
ନିର୍ଦ୍ଦୟ ହୃଦୟ କରି ।

ବିନ୍ଧ୍ୟ ପର୍ବତରୁ ଶ୍ୱେତଗିରି ଧରି
ସଙ୍ଗତେ ଉଦୟ ଗିରି
ସୃଷ୍ଟି ପ୍ରକମ୍ପିତ ହେଲାକି ସ୍ତମ୍ଭିତ
ଅବନୀ ସଂହାର କରି ॥
ପୂର୍ଣ୍ଣ ଷୋଳକଳା ହୋଇଲେ ମାର୍ତ୍ତଣ୍ଡ
ତୁଷାର ହୋଇଲା ଜଳ
ବିଦ୍ରୋହୀମାନଙ୍କୁ ଦମନ କରିଲେ
ଦଣ୍ଡପତି ତଦନ୍ତର ॥
ସେମାନେ ଆସିଲେ ସର୍ବେ ନତ ହେଲେ
ବାଦଶାଙ୍କ ପଦତଳେ
ଅହଙ୍କାରୀ ବାଦଶାର ଜୈତ୍ର କେତୁ
ଉଡ଼ିଲା ଅବନୀ ପରେ ॥
ଶାହାଙ୍କ ଦୁନ୍ଦୁଭି ନିନାଦ ପୃଥିବୀ
ସର୍ବତ୍ର ହେଲା ପୂରିତ
ଧରିତ୍ରୀ ଉତୁରି ଗଲାକି ସ୍ୱର୍ଗକୁ
ଦେବଙ୍କୁ କରି ଦୁର୍ଗତ ॥
କମ୍ପି ବସୁନ୍ଧରା ସ୍ଥିର ହୋଇଗଲା
ଦିଲ୍ଲୀ ଫେରି ଦିଲ୍ଲୀଶ୍ୱର
ସୁଖ ସିଂହାସନେ ବସିଲେ ସ୍ୱସ୍ଥାନେ
ମୂର୍ତ୍ତିମାନ ଅହଙ୍କାର ॥
ଯେମାନେ ବିଦ୍ରୋହୀ ଥିଲେ ଅବା କାହିଁ
ସର୍ବେ ନତଶିର ହୋଇ
ଅହମିକା ପୂର୍ଣ୍ଣ ବାଦଶା ପଦରେ
ଗଲେ ନତ ଶିରେ ରହି ॥
କ୍ଷତ୍ରି କୁଳ ଶିରୋମଣି ରାଜା ରତ୍ନସେନ
ବନ୍ଧନେ ସର୍ବ କ୍ଷତ୍ରି କୁଳ ପାଏ ଅପମାନ ॥

ଟିପ୍ପଣୀ: ସୁଲେମାନ-ଜୀନ- କଥିତ ଅଛି ଯେ ପ୍ରସିଦ୍ଧ ୟୁହୁଦୀ ରାଜା ସୁଲେମାନ କେତେଗୁଡ଼ିଏ ଜୀନଙ୍କୁ ନିଜର ବସ କରି ରଖିଥିଲେ ଏବଂ ସେମାନଙ୍କ ଦ୍ୱାରା ବିଭିନ୍ନ ପ୍ରକାର ଅଲୌକିକ କାର୍ଯ୍ୟ କରାଉଥିଲେ ॥

॥ ୫୭୮ ॥

ଦେବୋପମ ରାଜା ବିଚ୍ଛେଦ ପରଜା
କାନ୍ଦୁଥିଲେ ଯେତେବେଳେ
ଦିଲ୍ଲୀ ବନ୍ଦିଗୃହେ ଜହ୍ଲାଦ ହସ୍ତରେ
ରାଜାଙ୍କୁ ସମର୍ପି ଦେଲେ ।
ସେଇ କାରାଗାରେ କେହି ଆଶାକଲେ
ଜଳ, ପବନ ତୃଷାରେ
କାହାକୁ ନମିଳେ ପବନ ବା ପାଣି
ସର୍ବେ ନିରାଶାରେ ଥିଲେ ।
କାରଣ ସେ ଗୃହେ ଦୁର୍ଦ୍ଦାନ୍ତ ଜହ୍ଲାଦ
ଛିଦ୍ର ବି ନଥିଲା ରଖି
କେଉଁ ପଥେ କିଏ ଦେବ ବା ଗୋପନେ
ଦୟାରେ ସଲିଳ ଟେକି ॥
ନରେଶ ନିରାଶେ ଜଳ ମାଗନ୍ତେ ସେ
ନିଆଁ ଧରି ଆସିଗଲା
ତାଙ୍କରି ମସ୍ତକେ ମୁଦ୍‌ଗର ପାହାର
ସହିତେ ନିଆଁ ଗୁଞ୍ଜିଲା ॥
ଆହୁରି କଠୋର ବଚନେ କହିଲା
"ଯାହା ତୁ ପାଣି ପବନ-
ଖାଇ ବଞ୍ଚିଥିଲୁ- ସେ ତ କି ତୁ ପାପୀ
ଭାବି ତୁଷ୍ଟକର ମନ ॥
ଏବେ ତୋତେ ଆଣି ପାଣି ବା ପବନ
କିଏ ସେ ଏ ସ୍ଥାନେ ଦେବେ
ଗଡ଼େ ଥିବା ବେଳେ ହେ ପାପୀ ତୁ କିମ୍ପା
ନଭାବିଲୁ ଏହା ଲବେ ॥
ତୋ ମସ୍ତକ ପରେ ବାଦଶା ବସିଛି
ଡାକିବ ସେ ଯେତେବେଳେ
ସେତେବେଳେ ତୋତେ ଆସିବାକୁ ହେବ

ଭାବି ନଥିଲୁ କି ଥରେ ॥
ଯେଣୁ ଏହିପରି କାର୍ଯ୍ୟ ସମ୍ପାଦିଲୁ
ଅନୁଶୋଚନା କିମ୍ପାଇ
ଏଥିରୁ ତୁ ଆଉ ବର୍ତ୍ତି ନ ପାରିବୁ
ବନ୍ଦିଶାଳେ ଥିବୁ ରହି ॥
ଏ ବନ୍ଦିଶାଳାରେ ପାଣି ପବନର
ଯିଏ ବା ଆଣିବ ବହି
ସେହି ଶତ୍ରୁ ହେବ, ଗଡ଼େ ରହି ରାଜା
ନିଦ୍ରାରେ ପଡ଼ିଲୁ ଶୋଇ ॥
ସୁଲତାନର ଅପାର ଶକ୍ତିକୁ ତୁ
ତିଳେତ ବୁଝିଲୁ ନାହିଁ ॥
ମାଛ ପରି ଧରା ହେଇ ତୁ ଆସିଲୁ
ସଲିଳ ବିହୀନ ହୋଇ ॥
ଜଳ ତୁ ମାଗିଲେ ଅନଳ ମିଳିବ
ଅନଳ ଭୁଞ୍ଜି ରହିବୁ ॥
ଦୁର୍ଦ୍ଦାନ୍ତ ଦୁର୍ମଦ ଜହ୍ଲାଦ ବଚନ
କଟୁ ଅନେକ ଜଳିବୁ ॥"
ଦୁର୍ଜନ ଜହ୍ଲାଦ ଯାହା କରେ ସମ୍ଭାଷଣ
ସତ୍ୟକୁ ସୁମରି ରାଜା ରହନ୍ତି ମଉନ ॥

॥ ୫୭୯ ॥

ସହସା ଦୁଇଟି ଦୁର୍ଦ୍ଦାନ୍ତ ପୁରୁଷ
ପ୍ରବେଶିଲେ ସେହି କକ୍ଷେ
ଜୀବନ୍ତ ମନୁଷ୍ୟ ଜଳୁଥିବା ନେଇ
ଦେଖାଇ ରାଜା ପ୍ରତ୍ୟକ୍ଷେ ॥
"ମୃତ୍ୟୁପୁରୀ ତୁହି କେବେ ଦେଖି ନାହୁଁ,
ଯମ ଆଳୟ ଯେ ଏହି"
ଯହିଁ ପଡ଼ି ଅଛି ଅସ୍ଥି ଖଣ୍ଡ ସବୁ

କହନ୍ତି ତାରେ ଦେଖାଇ ॥
"ଏହି ପରି ତୋର ଅବସ୍ଥା ହୋଇବ
ଜାଣି ରଖ ମନେ ତୋର
ଅର୍ପଣ ନକଲେ ପଦ୍ମାବତୀକୁ ତୁ
ଭୋଗିବୁ ଦୁର୍ଦ୍ଦଶା ଘୋର ॥
ବାଦଶାଙ୍କ କିମ୍ବା ସେବା ନ କରିଲୁ
ପଦ୍ମାବତୀ ରାଣୀ ଦେଇ
ତୋହପରି ଯେତେ ଅମାନିଆ ଲୋକ
ସେମାନଙ୍କୁ ସେଥିପାଇଁ,
ଗର୍ତ୍ତର ଗର୍ଭରେ ନିକ୍ଷେପ କରନ୍ତି,
ସେମାନେ ନ ପାଇ ରାହା,
ଚିରଦିନ ପାଇଁ ଭୁଲି ସେ ଯାଆନ୍ତି
ଆନନ୍ଦ ଉଲ୍ଲାସ ଯାହା ॥
ବାକ୍ୟବାଣ ମାରି ବାଦଶାକୁ ତୁହି
କ୍ରୋଧିତ କଲୁ ଏପରି,
ତାର ଫଳାଫଳ ଭୋଗିବୁ ଯେ ତୁହି
ରହିଥିବୁ ଯମପୁରୀ ॥
ଯେତେ ଉଗ୍ର ରୋଷ କରିଛୁ ନରେଶ,
ବାଦଶା କରିବ କ୍ଷମା,
ପଦ୍ମାବତୀକୁ ତୁ ସମର୍ପଣ କଲେ
ମୁକ୍ତି ତୁ ପାଇବୁ ସିନା ॥"

ଅଟଳ ସତ୍ୟକୁ କଣ୍ଠରୋଧ କରି ଶାହା ନେଲା ଅପହରି
ସରଳ ରାଜାର କଠୋର ସତ୍ୟକୁ କେବେ ନ ପାରିବ ଟାଳି ॥

॥ ୫୮୦ ॥

ଦୁର୍ଦ୍ଦାନ୍ତ କରାଳ ଘୋର ବଜ୍ରପରି ନିଷ୍ଠୁର ଯା ଛାତି,
ନିର୍ଦ୍ଦୟ, ନିଷ୍ପ୍ରାଣ ଲୋକ, ବାରମ୍ଵାର ସେ କାରାଗୃହରେ
ପଦ୍ମାବତୀ ସମର୍ପିବା କଥା ଯେତେ ପ୍ରଶ୍ନ କଲେ ଆସି
ନିରାଶି ନରେଶ ଥିଲେ ମୌନ ରହି, ଉତ୍ତର ନ ଦେଲେ ॥
କରୁଥିଲେ ମୃତ୍ୟୁ ଚିନ୍ତା, ସେ ଲାଗି ବି ପ୍ରସ୍ତୁତ ରହିଲେ,
ନପାଇ ଉତ୍ତର ତହୁଁ, କ୍ରୋଧେ ଜଳି ଜର୍ଜରିତ ହୋଇ,
ରଖିଲେ ରାଜାଙ୍କୁ ନେଇ ବାସଗୃହେ, ଯା ଥିଲା ଭୂତଳେ
ଅନ୍ଧାର ଗୃହରେ ବନ୍ଦି ନିଦ୍ରା ତେଜି ଜ୍ଞାନ ଥାଏ ପାଇ ॥
ନବ ଲକ୍ଷ ବାର, ମୃତ୍ୟୁ ମୁଖେ କଷ୍ଟ ଅନୁଭବ ତାର
ବନ୍ଦି ଗୃହ ଥିଲା ଅତୀବ ସଂକୀର୍ଣ୍ଣ ଅନ୍ଧକାର ପୂର୍ଣ୍ଣ,
ଥରେ ମାତ୍ର ରାଜା ତହିଁ ଲେଉଟାଇ ନପାରିଲେ କର
ସରୀସୃପ ଓ ବୃଶ୍ଚିକା ତା ମଧ୍ୟକୁ ଛାଡ଼ନ୍ତି ନିଷ୍ଠୁର ॥
'ଡମବାଙ୍କା' ଅସ୍ତ୍ର ଧରି ରାଜାଙ୍କୁ ସେ କରୁଥିଲେ ଖିନ୍ନ
ତପ୍ତ ଲୌହ ଚିମୁଟାରେ ଚେଙ୍କ ଦେଇ, ଦେଉଥାନ୍ତି ଦୁଃଖ
ପର୍ବତ ପାଷାଣ, ନସହି ପାରିବେ ଏଭଳି କଷଣ
ସେ ଯାତନା ସହି ରାଜା ରତ୍ନସେନ ସ୍ତବ୍ଧ ଓ ନିର୍ବାକ ॥
ମଥାରେ ଯାର ଦୁଃଖ ସେ ତ ସହିବ ନୀରବେ
କିଏ କ'ଣ କହେ ବା ନ କହେ, ଯାଏ କିଛି ଆସେ ନାହିଁ
ଦୁଃଖ ସିନା ବଜ୍ର ପରି ଅଟେ ଗୁରୁ, ଅସହ୍ୟ ଅତିହିଁ
କେବଳ ଯେ ଦୁଃଖୀ, ସେହି ଅନୁଭବ କରି ସର୍ବସହି ॥

ଯାହାପରେ ଅସହ୍ୟ ଯେ ଦୁଃଖ ଭାର ହେଉଛି ସର୍ବଦା
ଅନ୍ୟ କେ ଦେଖେ ଯଦି ଦୂରୁ କାହୁଁ ବୁଝିବ ସେ ବ୍ୟଥା ॥

॥ ୫୮୧ ॥

ଏଣେ ପଦ୍ମାବତୀ ଦୁର୍ଗରେ ଏକାକୀ
ଉହଳ ବିକଳ ହୋଇ
ସ୍ୱାମୀଙ୍କର ପଥ ଫେରି ଆସିବାକୁ
ଅଶ୍ରୁ ମୁଖେ ଅଛି ଚାହିଁ ॥
ସଲିଳ ବିହୀନ କମଳ ପାଖୁଡ଼ା
ଶୁଖି ଶୁଖି ଯାଏ ଯେହ୍ନେ
ସେପରି ପଦ୍ମିନୀ ଶୁଖି ଝରି ଅଛି
ଭାବୁଅଛି ମନେମନେ ॥
"ମୋର ପ୍ରିୟତମ, ପ୍ରୀତିରେ ନିପୁଣ
ତାଙ୍କ ସ୍ନେହେ ବନ୍ଧା ମୁହିଁ
ଅଥଚ ଏକାକୀ, କରି ମତେ ଦୁଃଖୀ
ଦିଲ୍ଲୀରେ ବସିଲେ ଯାଇଁ ॥
ସେ ଦେଶ ଏପରି ଅଣଲେଉଟା ଯେ
ଯେ ଗଲେ ସେ ଆସେ ନାହିଁ
କାହାକୁ ପୁଛିବି ମୋ ସ୍ୱାମୀ ବାରତା
କିଏ ମତେ ଦେବ କହି ॥
ମୋ ପ୍ରିୟ ଗମନ କରିଲେ ଯେଦେଶେ
ସେ ଦେଶ ଅତି ଅଗମ୍ୟ
ସେ ଦେଶେ ଗମିଲେ ଫେରି ଆସିବାକୁ
ପଦ ହୁଅଇ ଅକ୍ଷମ ॥
କୂପରୁ ଯେସନେ ଢାଳ କାଢ଼େ ପାଣି
ଢଳି ଯାଉଥାଏ ପଡ଼ି
ସେ ପରି ଝରୁଛି ନୟନୁ ମୋହର
ଅବିରତ ଅଶ୍ରୁବାରି ॥
ହେ ପ୍ରିୟ ! ତୋ ବିନୁ ଶୁଷ୍କ ରଜ୍ଜୁପରି
ହେଲି ମୁହିଁ କ୍ଷୀଣ ତନୁ
କୂପରେ ପଡ଼ି ମୁଁ ହୁଏ ରୁଦ୍ଧ ଶ୍ୱାସ

ଉଦ୍ଧାର କର ହେ ଏଣୁ ॥
ଘଡ଼ି ଘଡ଼ି ହୋଇ ପ୍ରାଣ ମୋ ଯାଉଛି
ଫେରୁ ଅଛି ଘଡ଼ି ଘଡ଼ି
ମୋ ହୃଦେ ଜଳୁଛି ଅନେକ ଦହନ
ତା ସାଥେ ଯାଏ ମୁଁ ଜଳି ॥"

"ବନ୍ଧୁ ପଣ ଯଶ ଭୁଲାଇ ନରେଶ ଫେରିବେ ମୋର ମନ୍ଦିରେ"
ଅଜ୍ଞାତେ ପଦ୍ମିନୀ ନେତ୍ରେ ଭରେ ଅଶ୍ରୁ ସ୍ୱାମୀ ପଥ ପ୍ରତୀକ୍ଷାରେ ॥

■

॥ ୫୮୨ ॥

ପୁଣି ପଦ୍ମାବତୀ ବାହୁନି କାନ୍ଦନ୍ତି
ସ୍ୱାମୀ ସଙ୍ଗ ରୂପ ଗୁଣ
ସକଳ ସୁଗୁଣେ ଯେ ଥିଲେ ମଣ୍ଡିତ
ଗମ୍ଭୀର ସିନ୍ଧୁ ସମାନ ॥
"ହୃଦୟ ସରସୀ (ମୋ) ଯାଉଅଛି ଶୁଖି
ଫାଟି ପଡ଼େ ମାଟିତଳ
ଦେଇ ଏ ବିଚ୍ଛେଦ ହେଲ ଅପସୃତ
ବିରହ ବହ୍ନି କରାଳ ॥
ମୋ ହୃଦ ସରସୀ ତେଜିଗଲ କିମ୍ପା
ସଙ୍ଗତେ ନଘେନି ମତେ
ତୁମରି ପ୍ରସ୍ଥାନେ କେହି ପକ୍ଷୀ ଯୂଥ
ନ ଆସନ୍ତି ସର ମଧ୍ୟେ ॥
ତୁମ ସଙ୍ଗତରେ ଯେତେ ପକ୍ଷୀ କୁଳେ
ସରସୀ ସଲିଳେ ଖେଳି
ଦିବସ ଯାମିନୀ କରୁଥିଲେ କ୍ରୀଡ଼ା
କେତେ କଳରବ କରି ॥
ସେ ବିହଗ ଯୂଥ ଦୂରେ ଅନ୍ତର୍ହିତ

ନୀର ଶୁଖି ଦିଶେ ମାଟି
କମଳ ପାଖୁଡ଼ା ଶୁଖି ଝରିଗଲା
ଧୂଳି ମାଟି ସଙ୍ଗେ ମିଶି ॥
ମୋ ସୁବର୍ଣ୍ଣ ତନୁ ବିରହ ରେଣୁରେ
ମିଶି ଘୂରେ ଚଉଦିଗେ
ବିରହ ସମୀର ବହେ ଖରତର
ସେ ଧୂଳି ଉଡ଼ିବ ଲବେ ॥
ହେ ପ୍ରିୟ ମୋହର ଦୟା ମୋତେ କର
ବାରେ ଆସ ତମେ ଫେରି
ସାଉଁଟି ନେବାକୁ କନକ ଶରୀର
ଭସ୍ମୀଭୂତ ଥିବା ଧୂଳି ॥
ତୁମେ ଆସ ପ୍ରିୟ ସଞ୍ଜୀବନୀ ଦିଅ
ସଲିଳ ସରିତେ ସିଞ୍ଚି
ଏ ଜୀବନ ଆସୁ ଫେରି ଅପଘନେ
ତବ ସଙ୍ଗମେ ବିରଚି ॥
ମତେ କୃପା କର ହେ ହୃଦୟେଶ୍ୱର
ତବ କୃପାର ଯାଚନା
ନବ ତନୁ ମନପ୍ରାଣ ଦେଇ ତୋଷୁ
ଅପୂର୍ଣ୍ଣ ନୋହୁ କାମନା" ॥

ସ୍ୱାମୀ ଗୁଣ ସ୍ମୃତି ଝୁରି ରୋଦଇ ପଦ୍ମିନୀ
ମହଲେ ଶୁଭଇ ତାର ଧ୍ୱନି ପ୍ରତିଧ୍ୱନି ॥

॥ ୫୮୩ ॥

ସୁମରି ସୁମରି କହେ ବରନାରୀ
"ହେ ପ୍ରିୟ ମୋ ନେତ୍ର ଶୁକ୍ତି
ଛିନ୍ନ ଭିନ୍ନ ହୋଇ ଖସି ପଡୁଅଛି
ଅଶ୍ରୁ ପ୍ରବାହରେ ମିଶି ॥

କଣ୍ଠ ଭୂଷଣରେ ତୁମର ପଦ୍ମିନୀ
ଶୋଭୁଥିଲା ହୀରାପରି
କଉଡ଼ି ପରିକା ସେ ହୀରା ଝୁଲାଇ
ଯାଇଛି ଜ୍ୟୋତି ମଉଳି ॥
ହେ ମୋର ରତନ ଘେନି ଗଲ ସଙ୍ଗେ
ସେ ହୀରାର ଜ୍ୟୋତି ହରି
କାଞ୍ଚନ ପ୍ରତିମା ତେଜହୀନ ହେଲା
କାଚର ପିତୁଳି ପରି ॥
ଦୁଃଖ ସାଗରରେ ନିମଜ୍ଜିତ ହୋଇ
ବୁଡ଼ି ଯାଉଛି ତଳକୁ
ତୁମ ବିନା ମତେ କିଏ ଉଧାରିବ
ଆଣିବ ସିନ୍ଧୁକୂଳକୁ ॥
ମୋହର ହୃଦୟ ବିରହ ଭୂଧର
ଚାପି ରଖିଛି ନିରତେ
ଏ ମୋର ଯୌବନ ଜଳ ନପାରିବ
ସମ୍ଭାଳି ତା କଦାଚିତେ ॥
ସେ ଜଳେ ରହିଛି ଯେ ବହ୍ନି ଗୁପତେ
ତାକୁ କେ ପାରିବ ସହି
କେବଳ ବିରହୀ ମୋ ସ୍ୱାମୀ ତୁମେ ହିଁ
ପାରିବ ବିରହ ନେଇ ॥
ପ୍ରବଳ ସେ ଅଗ୍ନି ଶିଳା ଖଣ୍ଡ ଜାଳେ
ଚୂର୍ଣ୍ଣ କରି ନିରନ୍ତରେ
ତେଣୁ ମୁଁ ଖୋଜୁଛି ତୁମକୁ ସଂସାରେ
ପାଇବି କେଉଁ ସ୍ଥାନରେ ॥
ହେ ମୋ ପ୍ରିୟତମ ବୁଲି କେଉଁ ସ୍ଥାନ
ତୁମକୁ ପାଇବି ମୁହିଁ
ସେ ପ୍ରବଳ ବହ୍ନି କରି ନିର୍ବାପିତ
ଜୀବନ ବଞ୍ଚାଅ ତୁହି ॥

କେଉଁଠାରେ ଅବା ପାଇବି ତୁମକୁ
ତୁମେ ମୋର ଅନ୍ତର୍ଯ୍ୟାମୀ
ମୋ ହୃଦର ମଧ୍ୟେ ରହିଛ ସନ୍ନିଧେ
ବୃଥାରେ ମରୁଛି ଭ୍ରମି ।।"

।। ୫୮୪ ।।

ବେଳ ଜାଣି ସିନା ଶତ୍ରୁ ସାଧିଥାନ୍ତି
ଚତୁର କୁଟିଳ ଲୋକ
ବିରାଡ଼ି ଭାଗ୍ୟକୁ ଶିକା ବି ଛିଡ଼ିଲା
ବୋଧିବାକୁ ପାଟି ସୁଖ ।।
କୁମ୍ଭଳନେରର ରାଜା ଦେବପାଳ
ଚିତ୍ତୋରର ଶତ୍ରୁ ଥିଲା
ତୁଣ୍ଡ ବାଇଦରୁ ସେ ଶୁଣିଲା ରାଜା
ରତ୍ନସେନ ବନ୍ଦି ହେଲା ।।
ପୂର୍ବ ଶତ୍ରୁତାକୁ ମନେ ମନେ ଭାଳି
ଯାହା ତା ହୃଦରେ ଫୁଟି
ଶଲ୍ୟ ତୀର ପରି ବିନ୍ଧୁଥିଲା ତହିଁ
କେବେବି ନଥିଲା ତୁଟି ।।
ମନେ ମନେ ଭାଳେ ରାୟ ଦେବପାଳ,
"ଏ ଶଲ୍ୟ ବେଦନା ଯିବ
ସେଇଦିନ, ଯେଦିନ, ଚିତ୍ତୋର ରାଣୀ
ପଦ୍ମା ତା ପାଶେ ଆସିବ ।।"
ସେ ରାଜ୍ୟରେ ଥିଲା କୁଟିଳା ଜଟିଳା
ବୃଦ୍ଧା କୁମୁଦିନୀ ଦୂତୀ
ମନ୍ତର ଯନ୍ତର ଗୁଣି ଗାରେଡ଼ିରେ
ଭରା ଝୁଲା ତାର ସାଥି ।।
ସେ ବୃଦ୍ଧା ବ୍ରାହ୍ମଣୀ, ଦେବପାଳ ଜାଣି
ପାଶେ ଡାକେ ବିଶ୍ୱାସରେ

କହିଲା, "ତୋହର ଭରସାରେ ମୁହିଁ
ଏ ସାହସ କଲି ବାରେ ॥
ସେ ଆକାଶ ଚନ୍ଦ୍ର ତୁ ଜଳ କୁମୁଦ
ତେଣୁ ତୋ ହୃଦୟଗତ ॥
ଛଳ କଉଶଳେ ତାକୁ ତୁ ଆଣିବୁ
ତୋ କଥାରେ କରି ବଶ
ସେ ରୂପ ସଂସାର ମୋହିନୀ ମଣି ଯେ
ନାମ ତାର ପଦ୍ମାବତୀ
ମିଳାଇଲେ ମୋତେ କୋଟି ସ୍ୱର୍ଣ୍ଣ ମୁଦ୍ରା
ତୋ ହାତେ ଦେବି ମୁଁ ଟେକି ॥"
କାମୁକ ଲମ୍ପଟ କୁଚକ୍ରୀ ଚରିତ୍ର
କୁମ୍ଭଲନେର ନରେଶ
ଅବଳା ନାରୀର ଅବେଳ ଜାଣିବି
ଚାହିଁ ବସିଥିଲା ବାଟ ॥

ଶାର୍ଦ୍ଦୂଳ ଅଭାବେ ବନେ ନାଚେ ଯେହ୍ନେ ମୃଗ ।
ଶତ୍ରୁ ଦେବପାଳ ମନେ ଜାଗିଲା ସୁଯୋଗ ॥

॥ ୫୮୫ ॥

ଛାତିକି ଫୁଲାଇ କହେ କୁମୁଦିନୀ
"ଶୁଣ ରାଜା ଦେବପାଳ
ମାନବ କି ଛାର ଦେବତା ନିକର
ମନ୍ତ୍ରେ ବଶ ହେବ ମୋର ॥
କାମାକ୍ଷା ଦେଶର, ଲୋନା ଚମାରୁଣି
ପରି ମୋ ମନ୍ତ୍ରରେ ବଶ
କିଏ ବା ନୋହିବ, ବିଷଧର ସର୍ପ
ନାଚନ୍ତି ହୋଇ ଅବଶ ॥
ସେ ବିଷଧରଙ୍କୁ ପେଡ଼ି ଭରିବାକୁ

ସକ୍ଷମ ହୁଅନ୍ତି ସେହି
ମୋ ମନ୍ତ୍ର ପ୍ରଭାବେ ବୃକ୍ଷ ବି ଗମିବେ
ମାନବ ପ୍ରକାରେ ହୋଇ ॥
ନଦୀ ଥମକିବ ଉଜାଣି ବୋହିବ
ଓଲଟି ଜଳ ଲହରୀ
ମୋ ମନ୍ତ୍ର ପ୍ରଭାବେ ପର୍ବତ ହଲିବେ
ବିଜ୍ଞ ମୁଖୁ ବାଣୀ ହରି ॥
ମନ୍ତ୍ର ପ୍ରଭାବରେ ହୋଇଯିବ ସ୍ଥିର
ହେବ ସଚକିତ ଶୁଣି
ଅନ୍ଧ, କାଲା, ଘୁଙ୍ଗା କଥା କେ ପଚାରେ
କେଉଁ ମଣିଷରେ ଗଣି ॥
ଦେବତା ଯେଉଁଠି ବଶ ହେଉଛନ୍ତି
କିଏ ବା ହେବ ଅଜଣା
ମୋର ମନ୍ତ୍ର ଶକ୍ତି ଅଟେ ଅକଳନ୍ତି
କରିବ କିଏ କଳନା ॥
ପଦ୍ମାବତୀ ରାଣୀ କେତେ ବା ମାତର
ମୋ ପ୍ରତିଜ୍ଞା ଥାଅ ଶୁଣି
ଆଖି ପିଛୁଳାକେ ବଶ କରିନେବି
ସତ୍ୟ ବାକ୍ୟ ଥାଅ ଜାଣି ॥"

କହୁଛନ୍ତି କବି "ସତ୍ୟ ନିଷ୍ଠା ଯାର ସୁମେରୁ ପରି ଅଚଳ
ଲଘିବାକୁ ତାକୁ ବିଚକ୍ଷଣ ସୃଷ୍ଟି ହୋଇ ନପାରେ ସଫଳ ॥"

॥ ୫୮୬ ॥

ଦୂତୀ କୁମୁଦିନୀ ଖାଦ୍ୟ ଭାର ଘେନି
ଯିବାକୁ ଚିତ୍ତୋର ଗଡ଼
ମୋତିଚୂର ଲଡୁ କ୍ଷୀର ଲଡୁ ମାଁଠ
ପେରାକ, ଫେଣି ପାମ୍ପଡ଼ ॥

ସକଳ ପଦାର୍ଥ ଭରି ଯଥାଯଥ
ଆପଣା ବେଶ ପାଲଟି
ବୃଦ୍ଧ ବୟସରେ ଯଉବନ ଆସେ
ଅପଘନେ ଗଲା ଘୋଟି ॥
କନାରେ ଗୁଡ଼ାଇ ସଯନେ୍ ରଖିଲା
ତ୍ରିବାର ପ୍ରତିଜ୍ଞା କରି
ଅଛୁଆଁ ପୁରିକୁ ଭରିଣ ଡାଲାରେ
ପାଦ ବଢ଼ାଏ ଚତୁରୀ ॥
ମାତ୍ର ତାର ଏଇ ବୃଦ୍ଧ ବୟସରେ
ଆଉ ବା ସାମର୍ଥ୍ୟ କାହିଁ
ଯଉବନ ବଳ ବ୍ୟବସାୟ ପାଇଁ
ଯେପରି ଯାହାର ଥାଇ ॥
ଶକ୍ତିହୀନ ସିନା ଶରୀର ହୋଇବ
ବାର୍ଦ୍ଧକ୍ୟ ଆସିଲେ ଘଟେ
ମନ କେବେ ହେଲେ ବୃଦ୍ଧ ନ ହୁଅଇ
ଲାଳସା କେବେ ନତୁଟେ ॥
ଯେଉଁ ରୂପ ଦେଖି ଜଗତ ମୋହିତ
ସେ ଗର୍ବ ଏବେ ବା କାହିଁ
ଏହା ଅଟେ ସିନା ସ୍ରଷ୍ଟାର ସୃଜନ
ରହସ୍ୟ ହୋଇଛି ରହି ॥
ତୀକ୍ଷ୍ଣ ଦୃଷ୍ଟି ହଜେ, ଲାବଣ୍ୟ ନରହେ
ମଦମତ୍ତ ହସ୍ତୀ ଚାଲି
ସବୁ ହଜିଯିବ ବାର୍ଦ୍ଧକ୍ୟ ଘାରିବ
ଯଉବନ ଯିବ ଢଳି ॥
କବି ମହମ୍ମଦ କହୁଛନ୍ତି ମୋଦ
ମନରେ ଭାବନା ଭରି
ଖୋଜି ଖୋଜି ବୃଦ୍ଧ କଟୀ ନତ ହୁଏ
ତଥାପି ଖୋଜେ ଅଣ୍ଡାଳି ॥

ଯଉବନ ରତ୍ନ କାଳେ ଥିବ ପଡ଼ି
ପଥରେ ପଥୁକୀ ପଥେ
ପାଇଗଲେ ବାରେ ଜରାର ସନ୍ତାପ
ଭୁଲିଯିବ ଆପେ ଆପେ ॥

॥ ୫୮୭ ॥

ସେ ଚତୁରୀ ମଣି, କୁମୁଦ ବ୍ରାହ୍ମଣୀ
ଯୋହନ, ମୋହନ ମନ୍ତ୍ରେ
ଜପି ଜପି ରାଜଦ୍ୱାରେ ପହଞ୍ଚିଲା
ପୁଛି ବୁଝି ନେଲା ଖରେ ॥
ପଦ୍ମାବତୀ ଅନ୍ତଃପୁରେ ପ୍ରବେଶିଲା
ମୁଖ୍ୟ ଦ୍ୱାର ଦେଇ ଆସି
ଚନ୍ଦ୍ରର ପ୍ରାଏକ ଦୀପ୍ତି ଭରାଦିଶେ
ତା ମୁଖରେ ଶୋଭା ରାଶି ॥
ତହିଁ ତାର ଖାଦ୍ୟ ପସରା ମେଲିଲା
ଆବେଗରେ ଗଲା ଧାଇଁ
ଦି'ବାହୁ ପ୍ରସାରି ଜଳ ଭରି ନେତ୍ରେ
ଆଲିଙ୍ଗନ କଲା ଯାଇ ॥
"ହେ ରାଜ କୁମାରୀ! ତୁହି ସୁକୁମାରୀ
ତୁହି ଚିହ୍ନି ନାହୁଁ ମତେ
ମୁହିଁ ସିଂହଳର ବ୍ରାହ୍ମଣ କୁମାରୀ
କୁମୁଦିନୀ ନାମ ଅଟେ ॥
'ବେଣୀ ଦୁବେ' ମୋର ପିତାଙ୍କର ନାମ
ଗନ୍ଧର୍ବ ସେନ ରାଜାର
ରାଜପୁରୋହିତ ହୋଇଥିଲେ ରହି
ତୁ ଥିଲୁ କନ୍ୟା ରାଜାର ॥
ତୋ ବାଲ୍ୟକାଳରେ ସିଂହଳ ଦେଶରେ
କ୍ଷୀର ପିଆଇଛି ତୋତେ

କୁମ୍ଭଲନେରରେ ବସାଇଲି ଘର
ଚିହ୍ନିବୁ କିପରି ମତେ ॥
ଶୁଣିଲି ଆସିତୁ ଚିତ୍ତୋର ରହିଛୁ,
ପୂର୍ବ ସ୍ନେହ ମନେ କରି
ଦେଖିବାକୁ ତୋତେ ବଳିଲା ମୋ ମନ
ଭେଟିବାକୁ ଆସିଗଲି ॥"

॥ ୫୮୮ ॥

ଅସହ୍ୟ ଦୁଃଖରେ କାନ୍ଦୁଥିବା ବେଳେ
ସହାନଭୂତିରେ କେହି
ଯଦି କୁହେ କିଛି, ନିଶ୍ଚିତ ଭାବରେ
ଦୁଃଖ ବଢ଼େ ତୀବ୍ର ହୋଇ ॥
ମୁକୁଦିନୀ ମୁଖୁ ଏ ସର୍ବ ବଚନ
ସତ୍ୟ ମଣେ ପଦ୍ମାବତୀ
ଅବଶ୍ୟ ଏ ନାରୀ ମୋ ପିତା ଦେଶର,
କୁଣ୍ଢାଇ କାନ୍ଦିଲା ଅତି ॥
ତା ନେତ୍ର ଆକାଶ ସୂର୍ଯ୍ୟ ବିନା ଘନ
ଅନ୍ଧକାରେ ଥିଲା ପୂର୍ଣ୍ଣ
ତା ମୁଖ ମଣ୍ଡଳୁ ଖସୁଥିଲା ଅଶ୍ରୁ
ସତେ ଅବା ତାରାଗଣ ॥
କହେ କୁମୁଦିନୀ "ତୋହରି ସୂର୍ଯ୍ୟକୁ
ଗ୍ରହଣ କରିଛି ଗ୍ରାସ
ଅନ୍ଧକାରେ ଘାରି ତୋହରି ଜଗତ
କରେ ତୋର ସର୍ବନାଶ ॥
କେତେଦିନ ତୁହି କାନ୍ଦୁଥିବୁ ଝୁରି
ନକ୍ଷତ୍ରର ଅଶ୍ରୁ ବାରି
କିମ୍ପାଇଁ ତୋ ପିତା ଜନ୍ମ ଦେଲେ ତୋତେ
କନ୍ୟାରୂପେ ଅବତାରି ॥

ଜନମୁ ନମାରି ଦୁଃଖ ଭୋଗିବାକୁ
ଚିତ୍ତୋର ଗଡ଼କୁ ଦେଲେ
ତାର ଆଗମନେ ସ୍ୱାମୀ ତ ତୋହର
ବନ୍ଦିଶାଳେ ବନ୍ଦି ହେଲେ ॥
ଆଜନ୍ମ ଦୁଃଖର ପାହାଡ଼ ବୋହିତୁ
ଯଦି କାନ୍ଦୁ ଅନବର୍ତ୍ତ
ତୋଦେହରେ କାନ୍ତି ମଳିନ ପଡ଼ିବ
ଜୀବନଟା ଯିବ ବ୍ୟର୍ଥ ॥
ଦେଖେ ମୁଁ ତୋହର ସ୍ୱାମୀହୀନ ଘର
ନାହିଁ କେ ଶୂନ୍ୟ ମନ୍ଦିରେ
ବନ୍ଦି ଗୃହେ ତୋର ସ୍ୱାମୀ ଥିଲେ ମଧ
ତୋ ଜୀବ ଅଛି ଶରୀରେ ॥
ହେ ଶଶୀ ! ତୁ ଯେଉଁ ନକ୍ଷତ୍ରର ଅଶ୍ରୁ
ନେତ୍ରୁ ଦେଉଛୁ ନିଗାଡ଼ି
ତୋ ଚକୋର ନେତ୍ର ରକ୍ତ ବର୍ଣ୍ଣ ଦିଶେ
ସେ ଲାଗି କାନ୍ଦେ ଚକୋରୀ ।
ସେହି କାରଣରୁ କୋକିଳ ମୟୂର
ଚାତକ ସଙ୍ଗତେ ରହି
ଏବେ ବି ସେମାନେ ଢାଳନ୍ତି ଲୋତକ
ତୋ କଷ୍ଟ ନପାରେ ସହି ॥"

ସାମାନ୍ୟ ରମଣୀ ଭାବିଛି କୁମୁଦ ସତେକି ଏ ପଦ୍ମା ରାଣୀ
ଛଳ କରି ତାକୁ କହୁଛି ଭୁଲାଇ ତା ମନ ନେବାକୁ ଜିଣି ॥

॥ ୫୮୯ ॥

କେତେ ଛନ୍ଦ ମନ୍ଦ, ଜାଣେ ସେ କୁମୁଦ
ବୁଢ଼ିଆଣୀ ଜାଲ ପରି
ଜାଲ ସେ ବିଛାଇ, ମଧ୍ୟେ ଅଛି ରହି

ତନ୍ତୁ ଜାଲ ରୂପଧରି ॥
ପଦ୍ମାବତୀକୁ ସେ କୁଣ୍ଢାଇ କାନ୍ଦିଲା
ସତେ କି ତା ଦୁଃଖେ ଦୁଃଖୀ
ପୁଣି କ୍ଷଣେ ପରେ ରୁପାମୁଦ୍ରା ନେଇ
ମୁହଁ ଧୋଇ ଦେଲା ପୋଛି।
କହିଲା ବୁଝାଇ "ଆଲୋ ପଦ୍ମା ତୁହି
ରୂପ ଆକାଶର ଚନ୍ଦ୍ର!
ଉଜ୍ଜ୍ୱଳ ପଣକୁ କରନା ପଦ୍ମିନୀ
ଘନ ତିମିରେ ଆବୃତ ॥
ତୋର ଏ କ୍ରନ୍ଦନ କରୁଛି ମନ୍ଥନ
କୋକିଳ, ଚକୋର ମନ
ସେ କଜ୍ଜ୍ୱଳ ମୁଖ, ନେତ୍ର ତାହାଙ୍କର
ହେଲାଣି ଧୂମ୍ର ବରଣ ॥"
ଯେତେ ଯାହା କଲେ ନ ତୁଟାଇ ଭଲେ
ଲେଖିଛି ବିହି ଲଲାଟେ,
ବିଧାତା ଲେଖନୀ କେ ପାରିବ ଜିଣି
ମଥା ଯେ ପଥରେ ପିଟେ ॥"
ଯେତେ ପ୍ରକାରରେ ବୁଝାଇଲେ, ତିଳେ
ନ ବୁଝିଲା ସେ କାମିନୀ
ସମସ୍ତ ପ୍ରକାର ଶୃଙ୍ଗାର କୁସୁମ
ଶୁଖି ଝରୁଛି ଅବନୀ ॥
ସମସ୍ତ ପ୍ରକାର ସୁଝୀନ ବସନ
ମଳିନ ସିନ୍ଦୂର ଶିରୀ
ଯେଉଁ ରୂପ ସାଜେ ସାଜିଥିଲା ଅଙ୍ଗ
ସେ ଯାଏ ନୀରବେ ଝରି ॥
ଏ ଜନ୍ମରେ ଆଉ ପୂର୍ବ ଅପରୂପ ପାଇବନି କେବେ ସ୍ୱାମୀ ସଙ୍ଗତେ
ସ୍ୱାମୀ ଗତ ପ୍ରାଣ ହୁଏ ଅକାରଣ, ସୁମରି, ଝରୁଛି ଅଶ୍ରୁ ନିରତେ ॥

॥ ୫୯୦ ॥

ପୁଣି ଅନ୍ୟ ଫନ୍ଦି ପାତିଲା ସେ ଛନ୍ଦି
ପଦ୍ମାବତୀ ମନ ହରିବା ପାଇଁ
ଖାଦ୍ୟ ପସରାକୁ ଖୋଲିଲା ତା ଆଗେ
ଅନୁରୋଧ କରେ ଖାଇବା ପାଇଁ ॥
ରାଜ କନ୍ୟା ମନ ନ ଚାହେଁ ସାମାନ୍ୟ
ଖାଇବାକୁ ପୁରି କଲା ସେ ମନା
କହିଲା "ସ୍ୱାମୀର ସମ ବେଦନାରେ
ଭୋଗୁ ଅଛି ମୁହିଁ ସଦା ଯାତନା ॥
ପାନ ଫୁଲ ଖାଦ୍ୟ କିଛି ନ ରୁଚଇ
ଏସବୁ ଭୋଜନ ଅନ୍ୟକୁ ଦେବୁ
ଫୁଲ ଲାଗେ କଣ୍ଟା ଫୁଟେ କି ହାତରେ
ସ୍ପର୍ଶ ମୁଁ ନ କରି, ତେଜୁଛି ସବୁ ॥
ଯେଉଁ ହସ୍ତ ମୋର ପ୍ରସାରିତ ଥିଲା
ସୁଖ, ସଉଭାଗ୍ୟ ସ୍ୱାମୀ ସଙ୍ଗରେ
ସେ ହସ୍ତ ଏକ୍ଷଣି ସଙ୍କୁଚିତ କରି
ଖାଦ୍ୟ ଗ୍ରହଣ ମୁଁ ନ କରେ ବାରେ ॥
ମୋ ପ୍ରିୟ ସ୍ୱାମୀର ରଙ୍ଗରେ ମିଳି ମୁଁ
ମୋ ହସ୍ତ ହୋଇଛି ରକ୍ତିମ ଅତି
ମାଞ୍ଜୁଆତି ରଙ୍ଗେ ରଖିଲେ ମୁକୁତା
ଗୁଞ୍ଜି ଫଳ ପରି ଦେଖିବ ଆଖି ॥
ତୁଚ୍ଛ ଚକ୍ଷୁ ମୋର ଅଶୁଭ ହୋଇଲା
ଦୃଷ୍ଟିପାତେ ବନ୍ଦି ସେ କାରାଗାରେ
ଗଲେ ସିନା ସ୍ୱାମୀ, ରଖି ନ ପାରିଲି
ଝୁରି ମରୁଛି ମୁଁ ବିଚ୍ଛେଦ ଭରେ
ମୁଁ ପୁଣି ସେ ହାତେ ଛୁଇଁବି କିପରି
ଭୋଜ୍ୟ ଯାହା ସବୁ ଅରୁଚି ଲାଗେ ।

ଗୁଡ଼ ପିତା, ମୋର ମୁଖକୁ ଲାଗିବ
ଘିଅ ରୁକ୍ଷହେବ ରସନା ଯୋଗେ" ॥

ଯେଉଁ ପ୍ରିୟ ସାଙ୍ଗ ମିଳନର ସୁଖ ପାଉଥିଲି, ସେ ସୁଖ ସାରି ତାଙ୍କ ସହିତେ,
ମୋର ସର୍ବ ସୁଖ, କ୍ଷୁଧା ସହିତରେ ସ୍ୱାମୀ ଘେନି ଗଲେ ଆପଣା ସାଥେ ॥"

॥ ୫୯୧ ॥

କମଳିନୀ ପାଶେ ରହେ କୁମୁଦିନୀ
ସୂର୍ଯ୍ୟ ସିନା ତା ବଇରୀ
କମଳ ସାଥିରେ ହସି ହସି ଛଳେ
ପ୍ରବୋଧିଲା ସ୍ନେହ ଭରି ॥
ଦିବସେ ରହେ ସେ ଶଙ୍କିତ ମନରେ
ରାତ୍ରେ ପ୍ରଫୁଲ୍ଲିତ ଅତି
ପଦ୍ମିନୀ ସଙ୍ଗତେ ପ୍ରଫୁଲ୍ଲିତ ଚିତ୍ତେ
କହେ କଥା, ପାହେ ରାତି ॥
"ତୁ କିମ୍ବା ରହିଛୁ ଶୁଷ୍କ ବଲ୍ଲରୀର
ରସହୀନ ପୁଷ୍ପପରି
ତୁ କମଳ କଳି ମୃଣାଳ ଉପରେ
ପୁଷ୍ପିତେ ଖେଳନ୍ତୁ ଦୋଳି ॥
ତୋ ଶତ୍ରୁ ମଳିନ ଶୁଷ୍କ ହେଇ ମରୁ
ଅଥବା ଯାଉ ସଂସାରୁ
ପୂର୍ଣ୍ଣ ବଇଭବ ଯଉବନ ଜଳେ
ତୁ କିମ୍ବା ତୃଷାରେ ମରୁ ॥
ବିଧାତା ସର୍ଜିଛି ମାନବ ଶରୀର
ତାମ୍ବୂଳ ବ୍ରତତୀ ସମ
ସଲିଳ ସିଞ୍ଚିଲେ ପଲ୍ଲବିତ ହୁଏ
ସେ ବଲ୍ଲରୀ ଅନୁପମ ॥

ପୁଷ୍ପ ଓ ତାମ୍ବୂଳେ ସୁଶୋଭିତ ହୋଇ
ସିଂହାସନେ ସୁଖେ ବସି
ପୁଷ୍ପର ଦୋଳାରେ ଦୋଳାୟିତ ହେବୁ
ଚିନ୍ତା ନ କରିବୁ ଶଶୀ ॥
ବସ୍ତ୍ର ଆଭୁଷଣେ ସୁମଣ୍ଡିତ ହୋଇ
କେଶର ବିନ୍ୟାସ କର
ଜୀବନେ ଯୌବନ ଦଶଦିନ ପାଇଁ
କେବଳ ସୁଖେ ବିହର ॥"

॥ ୫୯୨ ॥

ହସି କୁମୁଦିନୀ ଯଉବନ କଥା
କହିବାରୁ ପୁନର୍ବାର
ଝାଉଁଳି ପଡ଼ିଲା କ୍ଷଣକେ ପଦ୍ମିନୀ
ମନ ନ ରହିଲା ସ୍ଥିର ॥
କହେ ସେ ପଦ୍ମିନୀ, "ଶୁଣ କୁମୁଦିନୀ
ଯେ ସ୍ୱାମୀ ସଙ୍ଗ ଛାୟାରେ
ସୁଖେ ଯଉବନ ଭୁଞ୍ଜି ରହି ଅଛି
ସେ କଥା କହ ତାହାରେ ॥
ଯେ ଗୃହର ଛାତ ଯାଇଛି ଉଜୁଡ଼ି
କେ ଦେବ ତାକୁ ସଜାଡ଼ି
ମୋର ସ୍ୱାମୀ ରତ୍ନସେନଙ୍କୁ ମୋ ସଙ୍ଗୁ
ନେଇଛନ୍ତି ଅପହରି
ଏତେ ତୁ କାହାର ସିଂହାସନ ଅବା
ଝୁଲା କଥା କହୁ ଛଳି ?
ସ୍ୱାମୀ ତ ମୋହର ବନ୍ଦି ଘରେ ପଡ଼ି
ସହେ ଅକଥ୍ୟ କଷଣ
ପ୍ରାସାଦେ ପଲଙ୍କେ ପହୁଡ଼ିବ କିଏ
କହୁ କେତେ ବିଡ଼ମ୍ବନା ॥

ଯେ ଦିନୁ ମୋ ସ୍ୱାମୀ ଗଲେଣି, ସେଦିନୁ
ଘର ଅନ୍ଧକାର କରି
ସେ ଦିନୁ ମୋ ରୂପ ଶୃଙ୍ଗାର ଯାଇଛି
ତାଙ୍କ ପଥ ଅନୁସରି ॥
ମୋ ଅଙ୍ଗ ବଲ୍ଲରୀ ପ୍ରସ୍ଫୁଟିତ ହେବ
ସେ ଦିନ ଜାଣିବି ମୁହିଁ,
ଯେ ଦିନ ମୋ ସ୍ୱାମୀ ଗୃହକୁ ଫେରିବେ
ସଲିଳ ସିଞ୍ଚିବା ପାଇଁ।
ଏଇ ବସନ୍ତରେ ମୋ ସ୍ୱାମୀ ଫେରିଲେ
ଶୁଷ୍କ ପୁଷ୍ପ ପଲ୍ଲବିବ
ସିନ୍ଦୂରର ରେଖା ସୀମନ୍ତେ ମୋହର
ପୁନର୍ବାର ଝଟକିବ ॥"

■

॥ ୫୯୩ ॥

ସେ ଏକ ନିର୍ଲ୍ଲଜୀ ପାରୁଛି ସରଜି
କେତେ ରଙ୍ଗ କଥା କହି
ଭାବୁଛି ନିରତେ, କହି କେତେ ମତେ
ପଦ୍ମା ମନ ନେବା ପାଇଁ ॥
ପୁଣି କୂଟ କଥା କହେ ସେ ଅଯଥା
"ହେ ବାଳିକା ଶୁଣ ବାରେ
ଯୌବନ ତୋହର ରହିଛି ଉଚ୍ଛୁଳି
ପ୍ରିୟ ମଧ୍ୟ ତାର ମିଳେ ॥
ପୁରୁଷ ଯେପରି ସେପରି କେଶରୀ
କାହାର ନୁହେଁ ନିଜର
ଆପଣାର ସ୍ୱାର୍ଥ- ସ୍ୱାଦ ମାଂସ ଲଭି
ପୁଣି ଅନ୍ୟକୁ ଆଦର ॥
ଯୌବନ ସଲିଳ ଶୁଖି ଶୁଖି ଯାଏ
ଶେଷେ ଭୃଙ୍ଗ ଉଡ଼ିଯାଏ

ପ୍ରକାଶି ଉଠଇ, ଶ୍ୱେତ ହଂସ ପଂକ୍ତି
ଶୁଭ୍ର କେଶ ପାଲଟାଏ ॥
ଯେତେ ଦିନ ଯାଏ ସରୋବର ପୂର୍ଣ୍ଣ
ସଲିଳରେ ସମତୁଲ
ତୀରରେ ତାହାର କେତେ ବିହଙ୍ଗମେ
କରୁଥାନ୍ତି କଳରୋଳ"
ପରିଶୁଷ୍କ ହେଲେ ସରୋବର ଜଳ
ଚଳ ଚଞ୍ଚଳ ବିହଗେ
ନ ଆସନ୍ତି କେବେ ବିହରିବା ପାଇଁ
ସରସୀରେ ଅନୁରାଗେ ॥
ଯେତେ ଦିନ ଯାଏ ନାରୀ ଅଙ୍ଗେ ଅଛି
କାଳିନ୍ଦୀର ନୀଳ ଜଳ
ସେତେ ଦିନ ଯାଏ ବିଳାସ କରିବ
ଯୌବନ ଭରା ଉଚ୍ଛଳ ॥
ପରେ ସେହି ହୁଏ ଶ୍ୱେତ ଜାହ୍ନବୀର
ଶୁଭ୍ର ପାବନୀର ଧାରା
ମୃତ୍ୟୁ ରୂପ ମହାସାଗରେ ମିଶଇ
ହୋଇ ସେହି ଦିଗହରା ॥
ଯେଣୁ ପୁଷ୍ପ ପରି ତୋର ଅପଘନେ
କୃଷ୍ଣ ବେଣୀ ଯଉବନ
ଅଛି ଯେତେଦିନ, କର ତୁ ବିଳାସ
ସୁଖ କର ନିଜ ମନ ॥
ଅଙ୍ଗେ ଯଉବନ ରଙ୍ଗ ଥିବା ଯାକେ
ଅନ୍ୟକୁ ମଣେ ସେ ତୁଚ୍ଛ
(ଏ) ଯଉବନ ଛଳକରି ଘେନି ଯିବ
କାମଶର ରଙ୍ଗ ଗୁଚ୍ଛ ॥
ଧନୁପରି ହୋଇ କଟୀ ନଇଁ ଥିବ
ସେହି ଶେଷେ ଜିଣିଯିବ ।

ଏତିକି ମାତର ଲାଭ ହେବ ତୋର
ମରଣ ଶେଷେ ଗ୍ରାସିବ ॥"
ସ୍ୱାମୀର ବରିହେ ଯେହ୍ନୁ ଜଳୁଛି ରମଣୀ
ଛଳ କରି କି ସାହସେ କହେ କୁମୁଦିନୀ ॥

॥ ୫୯୪ ॥

ଚତୁରୀ ବ୍ରାହ୍ମଣୀ କାଟେ ଅବା ଆଣି
କତୁରୀ ସେ ପଦ୍ମା ମନ
"ଏ ତୋର ଯୌବନ ସମୁନ୍ନତ ସ୍ତନ
(ଘେନି) ଜରା କରିବ ପ୍ରସ୍ଥାନ ॥
ଯୌବନ ବିହୁନେ ସର୍ବତ୍ର ମଣିଷ
ହୁଏ ଶକ୍ତିହୀନ ସ୍ଥାଣୁ
ଖୋଜିଲେ ଯୌବନ ମିଳେନାହିଁ ଜାଣ
ରହେନି ବନ ଗମନୁ ॥
ଯେଉଁ ବନବାସେ ଯାଏ ସେ ନିରାଶେ
କଦାପି ଫେରି ନ ଆସେ
ଯେଉଁ କେଶ ଏବେ କୃଷ୍ଣ କାନ୍ତି ନେଇ
ଭ୍ରମର ପରି ବିଳସେ ॥
ବଗ ପକ୍ଷୀ ପରି କେଶ ଶୁଭ୍ର ହେବ
କେହି ନ ଚାହିଁବେ ଶେଷେ
ଏ ସଂସାର ସାରା ହସିବେ ନିରେଖି
ନ ଆସିବେ ତୋର ପାଶେ ॥
ଶିମିଳି ଫଳକୁ ଭକ୍ଷିବାକୁ କେବେ
ଆଶାୟୀ ହୁଅନା ମନେ।
ଫଳ ଫାଟି ଗଲେ ପସ୍ତେଇବୁ ଭଲେ
ଅନୁଶୋଚନା ଗହନେ ॥
ଜ୍ୟୋତିର୍ମୟୀ ତୁହି ଏ ବିଶ୍ୱ ସଂସାରେ
ଲଳିତ ଯୌବନ ଭାରେ

ବେଳ ହୁଁ ନ କଲେ ଯୌବନ ସମ୍ଭୋଗ
ସ୍ମୃତି ହେବ କାଳାନ୍ତରେ ॥
ମୋ କଥା ଟିକିଏ ମାନ ଲୋ କିଶୋରୀ
ଏ ଭୋଗ ବିଳାସ ବେଳ
ବେଳ ଚାଲିଗଲେ ବୃଦ୍ଧାବସ୍ଥା ହେଲେ
କିଏ ବା ହେବ କାହାର ?
ପାଦପ ପଲ୍ଲବେ, ହୋଇଥାଏ ସର୍ବେ
ରାଗ ରଞ୍ଜିତ ସୁନ୍ଦର
ଏ ତୋର ଯୌବନ ଉପଭୋଗ କର
କରି ସୁଖ ଉପଚାର ॥
ଯେତେଦିନ ପାରୁ ଯୌବନ ସମ୍ଭାରେ
ରଚ ତୁ ଜୀବନ ରଙ୍ଗ
ପତ୍ର ପୀତ ହେଲେ ଯଉବନ ବ୍ୟର୍ଥ
ଏଣୁ କର ତୁହି ଭୋଗ ॥"

ଛଳିବା କଥା ସେ ବୁଝି ତ ନ ଥିଲା ଛଳନା
କେବେ ତ ଜାଣିତ ନ ଥିଲା ବୁଝିବା ପାରିବ କାହୁଁ ।
ପଦ୍ମାର ମରମେ ସନ୍ଦେହ ଘାରୁଛି,
କୁମୁଦିନୀ କଥା ସନ୍ଦେହ ଆଣୁଛି ଏ କଥା କିଏ ବା ସହୁ ॥"

॥ ୫୯୫ ॥

ଦାରୁଣ ଦୁଃଖରେ ପଦ୍ମା ସ୍ୱାମୀ କଷ୍ଟ ଭାଳି
ସତେକି ସେ ଅନ୍ଧ କୂପୁ ଆସିବେ ଉଦ୍ଧରି !
ତହିଁକି ଏ ବିପରୀତ କହେ କୁମୁଦିନୀ
ଚମକି ଉଠିଲା କ୍ଷଣେ ପଦ୍ମା ବିଯୋଗିନୀ ॥
ମର୍ମ ଦାହେ ଜଳି ଯାଏ ପଦ୍ମା ଅପଘନ
କ୍ରୋଧଭରେ କହେ ତାରେ "କହୁ (କିବା) ଅଘଟନ ॥

ବିହିର ସୃଜନ ଏହି ଯୌବନ ରଙ୍ଗକୁ
ମୋ ଅସ୍ଥି ଜଳାଏ ତେଣୁ ଜାଳିବି ମୁଁ ତାରେ
ସ୍ୱାମୀର ବିଚ୍ଛେଦ ଯେହୁ ଅନ୍ୟ ପୁରୁଷରେ
ଆପଣେ ସମର୍ପି ଦିଏ ଜାଳିବି ମୁଁ ତାରେ।
ଜୀବନ ଯୌବନ ରଙ୍ଗ, (ସେ) ଜଳାଇ ପୁରୁଷ
ଦି ନାବେ ଯେ ଗୋଡ଼ ଦିଏ ମରଣ ଅବଶ୍ୟ ॥
ପ୍ରିୟର ପ୍ରୀତିରେ ମୋର ହୃଦୟ ପୂରୁଛି
ସୁଖ ସୌଭାଗ୍ୟ ତାହାର, ତା ପାଇଁ ରହିଛି ॥
ଅଳୀକ ସେହି ଅନଳ, ପୋଡ଼ି ଜଳି ଯାଉ
ଯାହା ଯୋଗୁ ସ୍ୱାମୀ ସ୍ମୃତି ମନୁ ପୋଛିଥାଉ ॥
ଧିକ ସେ ଭ୍ରମର କେଶ, ଧିକ କଳା ରୂପ
ଯା ଲାଗି ନାରୀ ଜୀବନୁ ଲିଭେ ପ୍ରିୟ ସ୍ୱପ୍ନ ॥
ଯଦିଚ ଏ ଜୀବନରେ ନ ହେବ ମିଳନ
ଅବଶ୍ୟ ପରଲୋକରେ ମିଳିବୁ ଦି'ଜଣ ॥
ମୋ ଯୌବନ ସେହିଠାରେ ଯହିଁ ରତ୍ନସେନ
ଯୌବନ ଜୀବନ ତାରେ ଦେବି ବଳିଦାନ ॥
ଭର୍ତ୍ତୃହରି ବିଚ୍ଛେଦରେ ପିଙ୍ଗଳା ଜୀବନ
ଦେହ ତେଜ ଗଲା ସ୍ୱାମୀ, ମୁହିଁ ହୀନିମାନ ॥
ମୋ ପ୍ରିୟ ବିରହେ ମୁହିଁ ଏବେବି ବଞ୍ଚିଛି
ଧିକ ମୁଁ ରମଣୀ ମଧ୍ୟେ ପାପ ଆଚରିଛି ॥"
ଏହିପରି ବାକ୍ୟ କହି ଧିକାରି ନିଜକୁ
ମୌନ ରହେ କମଳିନୀ ଚାହିଁ ଧରିତ୍ରୀକୁ ॥

॥ ୫୯୬ ॥

ଧୂର୍ତ୍ତ କୁମୁଦିନୀ କହିଲା ସେକ୍ଷଣି
"ସେ କିବା ରନ୍ଧନ ପାତ୍ର
ଯହିଁରେ ପାଚନ ନହୋଇଛି କେବେ
ଦୁଇଟି ଭିନ୍ନ ପଦାର୍ଥ ॥

ଯାହାର ରସନା ପରଖି ନ ଜାଣେ
କେ ମଧୁର କେ ଆମ୍ବିଳ
ଯତନେ ସମ୍ଭାଦି ଜାଣିଥିଲେ ସିନା
ସମ୍ଭୋଗିବ ଯୁବାକାଳ ॥
ଭ୍ରମର ଯେପରି ବହୁ ପୁଷ୍ପ ଗନ୍ଧ
ସୁବାସେ ମୋହିତ ହୁଏ
ପୁଷ୍ପ ହିଁ ତେସନ ବହୁ ପୁଷ୍ପଲିହେ
ସୁବାସରେ ମୋହିଥାଏ ॥
ଅନ୍ୟ ଯୁବା ସ୍ପର୍ଶ ସୁଖଦ ସମ୍ଭୋଗ
ଅଜ୍ଞାତେ ରହିଛୁ ତୁହି
ଯେ ତାହା ପାଇଛି ସେ ସିନା ଜାଣିଛି
କେତେ ସେହି ସୁଖଦାୟୀ ॥
ଏକ ପୋଷରେ ଯେ ତୃପ୍ତି ନାହିଁ ଆସେ
ଆଞ୍ଜୁଳାରେ ଦୁଇ ପୋଷ
ପାନ କଲେ ସିନା ତାହାର ମଧୁର
ପ୍ରାଣେ ଆଣିବ ସନ୍ତୋଷ ॥
ଯୌବନ ସମୁଦ୍ର ତରଙ୍ଗରେ ତୋର
ବ୍ୟର୍ଥ ହୋଇଯିବା ଦେଖି
ଅସ୍ତାଚଳେ ରବି ଅସ୍ତମିତ ହେବ
ପ୍ରତୀକ୍ଷା କେବଳ ସାକ୍ଷୀ ॥
ତୁ ସିନା ଚାହିଁଛୁ ଅସ୍ତରାଗେ ଯାଉ
ତୋର ଉଚ୍ଛଳ ଯୌବନ
ତୋ ଭ୍ରୂରୁ ଶାୟକ ଦେଖିଲେ ମୋ ହୃଦେ
ବିନ୍ଧୁଛି କି ବିଷ ବାଣ ॥"

"ତୁ ଯଦି ସନ୍ତୋଷେ ଦିଅନ୍ତୁ ସମ୍ମତି ଦେବି ମୁଁ ଆଣି ଭ୍ରମର ।
ବିଅର୍ଥେ ନଯାଉ ଯଉବନ ତୋର ସୁଖେ ରହି ତୁ ବିହର ॥"

॥ ୫୯୭ ॥

"ତୁ ମୋର ନୁହଁ ଧାତ୍ରୀ ଶତ୍ରୁ ତୁ ଅଟୁ
ଭୁଲାଇ କଥା ମୁଖେ କଳା ଲେପୁଛି ॥
ଜଗତେ ନିର୍ମଳ ଜଳ ଲଭେ ଖ୍ୟାତି
ମଳି ପଡ଼ିଲେ ଯାଏ କଳା ପାଲଟି ॥
ଯେଉଁଠାରେ ଧର୍ମର ଥାଏ ଗରିମା
ପାପ କର୍ମେ ଧର୍ମରେ ଲାଗେ କାଳିମା ॥
ସୁବର୍ଣ୍ଣେ ସୀସା ଯେହ୍ନେ ମିଶିଲେ ଦିଶେ
ଦୃଷ୍ଟି କଟୁ ହୁଅଇ ସ୍ୱର୍ଣ୍ଣ ନିମିଷେ ॥
ଚନ୍ଦ୍ରରେ ଲାଗି ଅଛି ଯେଉଁ କଳଙ୍କ
ସେଇ କଳଙ୍କ ମୋର ଦେହେ ବିଲେପ ॥
ଶୁଭ୍ର ବସନେ ଯଦି ଲାଗଇ କଳା
ଯେତେ ପୋଛିଲେ ତହିଁ ନଦିଶେ ଧଳା ॥
ସେଇ କଳଙ୍କ ମୋର ଦେହେ ଲଗାଇ
ମୋର ଜୀବନ ପ୍ରାଣ ଦେବୁ ହଜାଇ ॥
ମୋ ସ୍ୱାମୀ ସୂର୍ଯ୍ୟ ଷୋଳ କଳାରେ ପୂର୍ଣ୍ଣ
ଭ୍ରମର ସେହି ମୋର ନୁହେଁ ଅଭିନ୍ନ ॥
ଅନ୍ୟ ମଧୁପ ଗଣେ ଭରା କଳୁଷ
ତାଙ୍କର ଲୋଲୁପ ଦୃଷ୍ଟି ଅଟେ ବିଷ ॥
କମଳିନୀ ସୂର୍ଯ୍ୟଙ୍କୁ ଭ୍ରମର ଜାଣି
ପ୍ରୀତିରେ ଦୃଷ୍ଟି ରଖେ ମାନସେ ପୁଣି ॥
ଚନ୍ଦନ ସୁବାସରେ ନ ଲାଗେ ମାଛି
ସୁନିର୍ମଳ ସମୁଦ୍ର ପରି ମୋ ପତି ॥
ତାଙ୍କ ସମାନ ଗୁରୁ ଗମ୍ଭୀର ହୋଇ
ଅନ୍ୟ କେ ନୁହେଁ ତୁଲ୍ୟ ଜାଣିଛି ମୁହିଁ ॥
ଯଦିବା କରେ ଚେଷ୍ଟା ହେବ ନିଶ୍ଚିହ୍ନ
ସମୁଦ୍ର ଫେଣ ପରି ହେବ ବିଲୀନ ॥"

ଅପର ପୁରୁଷେ ସତୀ ନ ଆଣେ ମନରେ
ସ୍ୱାମୀର ଅମୀୟ ପ୍ରୀତି ପାଇଛି ଯେ ଥରେ ॥

॥ ୫୯୮ ॥

କୁମୁଦିନୀ କହେ " ତୁ ଶୁଣ ପଦ୍ମିନୀ !
କାଳିମା ହୀନ ହୋଇ କେ ଅଛି ପୁଣି ।
ସେହି ଦିବ୍ୟ କାଳିମା ତୋ ନେତ୍ରେ ରହି
କଜ୍ଜଳ ବୋଲି ଯାହା ସକଳେ କହି ॥
ସେହି ତ ଶୃଙ୍ଗାରର ଅଟେ ଗରିମା
ପୁଣି ସେ କପାଳରେ ତିଳ ଲାଞ୍ଛନା ॥
ଯା ଦେହେ ରହିଥାଇ କାଳିମା ରେଖା
ଲାବଣ୍ୟବତୀ ବୋଲି ସେ ହୁଏ ଲେଖା ॥
ନୟନେ କଳା ଡୋଳା ଥିବାରୁ ରହି
ନିର୍ମଳେ ଜଗତକୁ ପ୍ରାଣୀ ଦେଖଇ ॥
ସକଳ ଜୀବ ନେତ୍ରେ କାଳିମା ଅଛି
କିଏ ବି ରହି ନାହିଁ ତାକୁ ମୁରୁଛି ॥
ଶୋଭେ ଯେ କୃଷ୍ଣ ବୃନ୍ତ କୁଚ ଅଗ୍ରରେ
ପଦ୍ମରେ ମଧୁପ କି ଚୁମ୍ବନ କରେ ॥
କୁନ୍ତଳେ କୃଷ୍ଣ ରଙ୍ଗ ଭ୍ରୂଲତା ପରେ
ଧନୁ ପରି ଚିତ୍ରିତ, ମୋହିତ କରେ ॥
କାଳିମା ବିନା ଦନ୍ତ ଶୋଭା ନ ପାଏ
ନଶୋଭେ ଶୁଭ୍ର ବସ୍ତ୍ର (ଯହିଁ) କଳା ନଥାଏ ॥
ପ୍ରତିଛାୟା ବି ନାହିଁ ଏ ପରି ପିଣ୍ଡ
କେଉଁଠି କହ ଅଛି, ବସୁଧା ଖଣ୍ଡ ॥
ଦେବପାଳ ରାଜାର ଏ କୃଷ୍ଣ କଳା,
ଥିବାରୁ ସେହୁ ଛତ୍ରପତି ହୋଇଲା ॥
ଏଣୁ କୁମ୍ଭଲନେର ଯିଏ ବି ଯାଉ
ଚିତ୍ତୋର ଗଡ଼ କଥା ଭୁଲିବ ସେହୁ ॥"

କଳଙ୍କ ଅସତ୍ୟ ଭାବ ଯା ପ୍ରୀତିରେ ନାହିଁ,
ଅଲକ୍ଷିତେ କୁମୁଦିନୀ କହୁଛି ଭୁଲାଇ ॥

॥ ୫୯୯ ॥

ଅତର୍କିତେ ଅଦ୍ଭୁତ ବାରତା ଶୁଣି
ଡୋଳା ବୁଲାଇ ନେତ୍ରେ, କୁହନ୍ତି ରାଣୀ ॥
"ଦେବପାଳ ମୋ ପ୍ରିୟ ସ୍ୱାମୀଙ୍କ ଶତ୍ରୁ
ରୋମନ୍ଥନେ ତା ସ୍ମୃତି ଆସିଲା ହେତୁ ॥
ମୋ ପତି ସିଂହ ସମ ଅତି ବିଷମ
ଭାଲୁ ଦେବପାଳ କି ତା ସଙ୍ଗେ ସମ ?
ରାଘବ ଚେତନ ପରି ଅଙ୍ଗ ତାର
ପାପ କଳୁଷ ବିଷେ ଭରା ଶରୀର ॥
ତୁ ଅଟୁ ବାରନାରୀ ତାର ବାରତା
ମତେ କହି ଭୁଲାଉ ଛଳନା କଥା ॥
ସୋଣ ଭଦ୍ର ପରି ଗମ୍ଭୀର ମୋ ପତି
ହୋଇଛି ପଥର ମୁଁ ତହିଁରେ ପଡ଼ି ।
ଯାହାର ପ୍ରିୟ ଗରୁ ଏପରି ଅଟେ
ବିଚଳିତ ମନ ତା ନୁହେଁ କପଟେ ॥"
ଇସାରା ମାତ୍ରେ ତହିଁ ଶତେକ ଦାସୀ
ମାରନ୍ତି ସେ କୁଟିଳା ନାରୀକୁ ମିଶି ॥
କୁଟା ଖଣ୍ଡିକ ପରି ହେଲା ସେ ନାରୀ
ତା ନାକ କାନ କାଟି ଲେପିଲେ କାଳି ॥
ରୋଷ ଭରେ ତଡ଼ିଲେ, ଦାଣ୍ଡ ଦୁଆରେ
ଚାହୁଁ ଚାହୁଁ ପଲକେ, ପଳାଏ ଖରେ ॥
ମେରୁ ସମାନ ଯାର ମନ ଅଟଳ
ଛଳ କପଟେ ସତ୍ୟ ରକ୍ଷକ ତାର ॥
କହୁଛନ୍ତି ଜାୟସୀ ଯାହାକୁ ଯହିଁ
ବିଧି ସୃଜନ କଲା, ଭାର ସମ୍ଭାଇ

ତାକୁ ପବନେ ଫୁଙ୍କି କେ ଉଡ଼ାଇବ !
ମେରୁ ଗିରି ଅଚଳେ ଜଗ ତିଷ୍ଠିବ !

॥ ୬୦୦ ॥

ସେ ସ୍ୱାମୀ ସୋହାଗିନୀ ପଦ୍ମିନୀ ରାଣୀ
ସତ୍ୟ ସୁମରି କରେ ଛତ୍ର ନିର୍ମାଣି ॥
ଅନ୍ନ ଜଳରେ ତୋଷି ଅତିଥି ମନ
ଫେଡ଼ିବ ପ୍ରିୟତମ ବନ୍ଦି କଷଣ ॥
ସେ ପୁଣ୍ୟ ଲାଭେ କରେ ବହୁ ଯତନ
ଜୀବ ଯୌବନ ତନୁ ହେଉଛି କ୍ଷୀଣ ॥
ଗୋରସ ଅନ୍ନ ଜଳେ ତୋଷି ବିଦେଶୀ
ପୁଛନ୍ତି ସ୍ୱାମୀଙ୍କର କୁଶଳ ନିତି ॥
"କିଏ ବା ଜାଣିଅଛ, ସ୍ୱାମୀ କୁଶଳ ?"
ନ ପାରନ୍ତି କେ କହି ତାର ଉତ୍ତର ॥
ଏପରି ଦାନ ଧର୍ମ କଲେ ସର୍ବଦା
ବିଧାତା କୃପା ତାରେ କରିବେ ଅବା ॥
ବାଦଶା ଏ ବାରତା ସମୟେ ଶୁଣି
ପଦ୍ମିନୀ ଆଶେ କଲେ କପଟ ପୁଣି ॥
ଅଭିନେତ୍ରୀ ଗୋଟିଏ ଆଖଡ଼ା ଘରୁ
ଯୋଗିନୀ ଅଭିନୟ ଛଳରେ କରୁ ॥
କରଇ ଶିଙ୍ଗା ଧ୍ୱନୀ, କେନ୍ଦେରା ଧରି
କରୁଣ ସ୍ୱରେ ଗାନ ଗାଏ ସୁମରି ॥
"ବିମୋହିତ କରିବୁ ମୋର ବିରହେ
ଆଣିବୁ ମୋ ପାଖକୁ ଭୁଲାଇ ସ୍ନେହେ ॥"
ଆଜ୍ଞା ମାତ୍ରେକେ ସେହୁ ଚିତ୍ତୋର ଗଡ଼,
ମନ ମୋହିନୀ ବେଶେ ଚଳିଲା ଖର ॥
ସିଦ୍ଧ (ସେ) ହୋଇଛି ପରକାୟା ପ୍ରବେଶେ
ଚିତ୍ତୋର ଯାତ୍ରା କଲା ଅତି ସାହାସେ ॥
ଭାବଇ ଏ କୌତୁକ କ୍ରୀଡ଼ା ବିଶେଷେ
ଛନ୍ଦରେ ପଦ୍ମିନୀକୁ ଆଣିବ ନିଶ୍ଚେ ॥
    ପୁନର୍ବାର ଛଳ କପଟ ଆଚରିଲା ବାଦଶା
ସତୀ ନାରୀ ଧୂର୍ତ୍ତା ଟଳିଲେ ପୂର୍ଣ୍ଣ ହେବ ତା ଆଶା ॥

॥ ୬୦୧ ॥

ଭିକ୍ଷା ମାଗି ମାଗି ଯୋଗିନୀ ବେଶରେ
ପ୍ରବେଶିଲା ରାଜଦ୍ୱାରେ
ତାର ଆଗମନ ବାରତା କହିଲେ
ପରିଚାରି ପଦ୍ମିନୀରେ ॥
"ତା କାରୁଣ୍ୟ ଗୀତି ମନରେ ପ୍ରତୀତି
ସେ ଜଣେ ବିରହୀ ନାରୀ
ପରିପୂର୍ଣ୍ଣ ତାର ଲଳିତ ଯୌବନ
ଅଛି ଅପଘନେ ପୂରି ॥
ତା ଛିନ୍ନ ବସନ କରି ଛିନ୍ନ ଛିନ୍ନ
କନ୍ଥାରେ ଆବୋରି ଅଙ୍ଗ
ବିରହର ଭସ୍ମ ଲେପନେ ଭରିଛି
ସେ ବିରହୀର ବୈରାଗ ॥
ଶିରେ ଜଟା ଭାର ଚିହ୍ନ ବୈରାଗ୍ୟର
ସ୍କନ୍ଧରେ ଚର୍ମ ଆବୃତ
କଣ୍ଠେ ଜପମାଳା ଧରି ସେ ଅବଳା
କାରୁଣ୍ୟ କରେ ନିରତ ॥
ତନୁ ଦିଶେ ତାର ତ୍ରିଶୂଳ ପ୍ରାଏକ
କର୍ଣ୍ଣ ମୁଦ୍ରାରେ ଶୋଭିତ
ପ୍ରିୟର ସ୍ମୃତି ହିଁ ହସ୍ତରେ ଧରିଛି
ଦଣ୍ଡରେ କରି ନିହିତ ॥
ଶିରେ ନାହିଁ ଛତ୍ର ପାଦୁକା ରହିତ
ଚରଣ ଚାଲିଲେ ଜଳେ
ଶିଙ୍ଗାର ବାଦନେ ଗୋଲକ ଧନ୍ଦାକି
ଦେଖାଇ ଚାଲେ ସକଳେ ॥
ଯେ ସ୍ଥାନେ ଚରଣ ରଖେ ତପସ୍ୱିନୀ
ସେ ସ୍ଥାନେ ଜଳେ ଅନଳ

ବିରହ ଗୀତିକା ଗାଏ ତାର ବୀଣା
ନୟନ କରି ବିଶାଳ ॥

"ସତେକି ତା ପ୍ରିୟରେ ପାରିବ ଦେଖି
ଦିଗ ବିଦିଗେ ତେଣୁ ଚାହେଁ ନିରେଖି ॥"

॥ ୬୦୨ ॥

ଦାସୀ ମୁଖୁଁ ଶୁଣି ଆଦେଶିଲେ ରାଣୀ
"ଆଣ ତାଙ୍କୁ ବେଗେ ଯାଇ!"
ନିଶ୍ଚିନ୍ତେ ଯୋଗିନୀ ମହଲେ ପ୍ରବେଶେ
ନିର୍ଭୟ ମନରେ ହୋଇ ॥
ଯୁବା ବୟସର ଅଟେ ସେ ଯୁବତୀ
ଧରିଛି ଯୋଗିନୀ ବେଶ
ପୁଛେ କମଳିନୀ "କହ ହେ ତରୁଣୀ
କେଉଁ ଦେଶୁ ଆସିଅଛ ?
ଅଳପ ବୟସେ ଯୋଗିନୀର ବେଶ
କିମ୍ପାଇଁ ଧରିଛ କୁହ
କି ଦୁଃଖ ଭୋଗିଲ, ବିପତ୍ତି ପଡ଼ିଲା
ଛାଡ଼ିଲା ସଂସାର ମୋହ ॥"
ସେ କୁହେ ବୁଝାଇ, "କେହି ବୁଝେ ନାହିଁ
ବିରହର ଦୁଃଖ କଥା ॥
କେବଳ ସେ ଜାଣେ, ଜୀବନ ବିହୁନେ
ଏଇ ନିଦାରୁଣ କଥା ॥
ମୋର ପ୍ରିୟ ଗଲେ କାହିଁ, ନ ଫେରିଲେ,
ଯୌବନ, ଶରୀର, ପ୍ରାଣ
ନିରର୍ଥକ ହେଲା, ଧୂଳିରେ ମିଶିଲା
ସବୁହେଲା ଅକାରଣ ॥
ମୋ ପାଟ ଶାଢ଼ିର ଓଢ଼ଣି ଛିଣ୍ଡାଇ

ପିନ୍ଧି ଅଛି କନ୍ଥାକରି
ଫେରି ପାଇବାକୁ ହଜିଲା ପତିଙ୍କ
ଏହି ମାର୍ଗ ଅଛି ଧରି ॥
ମୋର ପ୍ରିୟ ଲାଗି ବୁଲି ଚତୁର୍ଦ୍ଦିଗେ
ହେଲାଣି ମୋ ମୁଣ୍ଡେ ଜଟା
ମୋ ଶୀର ଶୃଙ୍ଗାର କା ପାଇଁ କରିବି
କରମ ମୋହର ଫଟା ॥
ମୋ ହୃଦ ଭିତରେ ମୋ ପ୍ରିୟ ନିବାସ
ତଥାପି ମୁଁ ଖୋଜି ମରେ
ସାରା ଜଗତରେ ତାହାଙ୍କୁ ନଦେଖେ
ପଚାରିବି ମୁଁ କାହାରେ ?
ଶୂନ୍ୟ ଦିଶେ କ୍ଷିତି ନ ଆସେ ପ୍ରତୀତି
ଖୋଜି ଖୋଜି ବୁଲୁଥିବି
ଲଭିଲେ ତାହାଙ୍କୁ- ଏ ଜୀବନ ଶାନ୍ତି
ମନୁ ସନ୍ତାପ ତେଜିବି ॥"

ଅସତୀ ନାରୀ ସେ ଅଭିନୟ କରେ ସତୀ ମନ ଟାଳିବାରେ ।
କରୀନ୍ଦ୍ର ଗର୍ଜନେ ବ୍ୟାଧ ଧରେ ଯେହ୍ନେ ହରିଣୀକୁ ଅବହେଳେ ॥

॥ ୬୦୩ ॥

"କର୍ଣ୍ଣ ଛେଦି ମୁହିଁ ମୁଦ୍ରା ଲଗାଇଲି
ଶ୍ରବଣେ ଆବଦ୍ଧ କରି
ଅନାହତ ନାଦ କର୍ଣ୍ଣ ବିଳେ ଶୁଣେ
ସର୍ବଦା ଦିବା ଶର୍ବରୀ ॥
ମୋର ଅଜାଣତେ ସେ ଗଲେ ଗୁପତେ
ନ ଫେରନ୍ତି ମୋର ପାଶେ
ଶିଙ୍ଗା ବଜାଇ ମୁଁ ନେଉଛି ନିଶ୍ୱାସ
ମରେ ଝୁରି ଦୀର୍ଘ ଶ୍ୱାସେ ॥

କରୁଣ ଧ୍ୱନିରେ କେନ୍ଦେରା ବଜାଏ
ତାଙ୍କ ଗୁଣକୁ ସୁମରି
କିଏ ତାଙ୍କ ମାର୍ଗ ମତେ ଦେଖାଇବ
ମୋ ଜୀବନେ ଆଶା ଭରି ॥
ପାଦୁକା ତୁଟିଲା, ପାଦ ପୋଡ଼ିଯାଏ
ଯହିଁ ପଡ଼େ ଶୂନ୍ୟ ପାଦ
ତହିଁ ଜଳି ଯାଏ ମନ ମରେ ନାହିଁ
ଯୌବନ ନ ତେଜେ ଅଙ୍ଗ ॥
ପ୍ରୟାଗେ ଭ୍ରମିଲି ନ ପାଇଲି ତାଙ୍କୁ
ନିରାଶେ କରତେ ଶିର
କ୍ଷତ କରି ତହିଁ ପ୍ରତିଜ୍ଞା ମୁଁ କଲି
ପ୍ରାଣ ଉତ୍ସର୍ଗିବି ମୋର ॥
ବାରଣାସୀ ଯାଇ କାୟା ମୁଁ ଜାଳିଲି
ଶ୍ରାଦ୍ଧ ଦେଲି ଗୟା ନୀରେ
ଜଗନ୍ନାଥ ପାଶେ ମାଗୁଣି ଜଣାଇ
ସ୍ନାନ କଲି ଦ୍ୱାରକାରେ ॥
ତପ୍ତ ଲୌହ ଦାଗ ଦାଗିଲି ଶରୀରେ
କେଦାରଶ୍ୱରେ ପ୍ରବେଶି
ତଥାପି ପ୍ରିୟଙ୍କ ଦର୍ଶନ ନଲଭି
ଭାଳୁଛି ଦିବସ ନିଶି ॥

"ସ୍ୱର୍ଗ ଦ୍ୱାରୁ ଫେରି ଅଯୋଧ୍ୟା ଖୋଜିଲି ନ ପାଇ କାହିଁ
ଦର୍ଶନ ତାଙ୍କର ପାଇବି କିପରି ଜୀବନେ ରହି ॥"

॥ ୬୦୪ ॥

"ଭ୍ରମି ବି ଆସିଲି ବନ ମଣ୍ଡଳ ମୁଁ
ଭ୍ରମି ହେଲି ଅଶକତ
ଅଠର ଗଣ୍ଡାର ସ୍ରୋତସ୍ୱତୀ କୂଳେ

ତଟର ଯେତେ ବୃତ୍ତାନ୍ତ
କେହି ନକହିଲେ ମୋ ସ୍ୱାମୀ ବାରତା
ଚୌଷଠି ତୀର୍ଥେ ସ୍ନାହାନ
ସର୍ବ ସ୍ଥାନେ ତାଙ୍କ ନାମ ଗୁଣି କହି
ନ ପାଇଲି ମୁଁ ସନ୍ଧାନ ॥
ଦିଲ୍ଲୀର ସମସ୍ତ ତୁର୍କ ବସ୍ତି ଖୋଜି
ନ ପାଇଲି ତହିଁ କାହିଁ
ସୁଲତାନଙ୍କର ବନ୍ଦି ଗୃହେ ଯାଇ
ତହିଁରେ ଭ୍ରମି ଦେଖଇ ॥
ପ୍ରଖର ରୌଦ୍ରରେ ଛାୟା ମିଳେ ନାହିଁ
ତୃଷାରେ ନମିଳେ ଜଳ
କାରାଗୃହେ ରହି ଦୁଃଖ ପାଉଛନ୍ତି
ଚିତ୍ତୋରର ମହୀପାଳ ॥
ଏ ସମସ୍ତ ନିଷ୍ଫଳର ଅନ୍ୱେଷଣେ
କିବା ମୂଲ୍ୟ ଅଛି ତାର
ଶେଷେ ନିରାଶାରେ ପରିଣତ ହେଲେ
ତହିଁରେ କି ଲାଭ କାର ॥
ଏହି ଦୁଃଖେ ଦୁଃଖୀ ହେବାରୁ ନିବୃତ୍ତି
ଗୃହ ତ୍ୟାଗି ମୁଁ ଆସିଲି
ଶୁକଦେବ ପରି ବାଲ୍ୟକାଳୁ ଆଉ
ସଂସାରକୁ ନଫେରିଲି ॥
ସେହି ବନ୍ଦି ଗୃହେ ଅନେକ ରାଜନ
ବନ୍ଦି ହୋଇ ରହିଥିଲେ,
ତତଲା ଲୁହାରେ ଦାଗୀ ହୋଇ ସର୍ବେ
ଦୁଃଖ କଷ୍ଟ ଭୋଗୁଥିଲେ ॥
ଯୋଗିନୀ ବୋଲିଣ ଜାଣି ରତ୍ନସେନ
ପ୍ରଣାମ କରିଲେ ମତେ
କହିଲେ ଉତ୍ତରେ "ଏ ଦିଲ୍ଲୀ ନଗରୀ
ହୁଗୁଳା ନୁହେଁ କିଞ୍ଚିତେ ॥

ଏହି କାରାଗାର, ଅତୀବ କଠୋର
ବନ୍ଧଦ୍ୱାର ନୁହେଁ ଖୋଲି
କିପରି ଏଥିରୁ ଉଦ୍ଧାର ପାଇବି
ଜୀବ ରହିବ ମୋହରି ॥"
"ତାଙ୍କର ଏପରି ଦାରୁଣ ଯନ୍ତ୍ରଣା
ଅନୁଭବି ମୋର ପ୍ରାଣ
ଏବେ ସୁଦ୍ଧା ମୋର ଶରୀର ନିଷ୍ଫଳ
ଲାଗେ ସଦା ଜୀବହୀନ ॥
ସେ ନାରୀ କିପରି ଜୀବନ ଧରିଛି
ସ୍ୱାମୀ ଯାର ଏହିପରି
ଜୀବନେ ଜୀବନ୍ତ ଦଗ୍ଧ ହେଉଅଛି
ଅନିଶ୍ଚିତ କାଳ ଧରି ॥

ନିଜେ ବରହିଣୀ କହିନେଲା ଜିଣି ସମଦୁଃଖୀ ମହାସତୀ
"କାରାଗୃହେ ତୋର ପତି ରହିଛନ୍ତି ଯାତନା ପାଆନ୍ତି ଅତି ॥"

■

॥ ୬୦୫ ॥

ଶୁଣି ଅଭିନେତ୍ରୀ କୁଟିଳ ଭାରତୀ
ପଦ୍ମାବତୀ ବିଯୋଗିନୀ
ହୃଦୟେ ଅନଳେ ପଡ଼ିଲା କି ଘୃତ
ଶତ ଶିଖା ଜାଳି ବହ୍ନି ॥

ସନ୍ତପ୍ତ ହୃଦୟ ଆବେଗେ ଅଥୟ
ପଡ଼େ ଯୋଗିନୀର ପାଦେ
ତାର ଅନ୍ତର୍ବହ୍ନି ଜଳଇ ପ୍ରଚଣ୍ଡେ
ଝଲସେ ଯୋଗିନୀ ମୁଖେ ॥
"ମୋ ନେତ୍ରେ ତୋ ପାଦ ପରଶ ଯୋଗିନୀ
ମୋ ପ୍ରିୟ ଛନ୍ତି ଯେ ସ୍ଥାନ

ସେଥିକୁ ମତେ ତୁ ସଙ୍ଗେ ଘେନି ଯାଅ
ବ୍ୟଥା ହେବ ଅବସାନ ॥
ଯେ ସ୍ଥାନେ ଦର୍ଶନ କଲୁ ମୋ ପ୍ରିୟଙ୍କୁ
ସେ ସ୍ଥାନକୁ ମୁହିଁ ଯିବି ।
ସେ ସ୍ଥାନେ ମୋହର ପ୍ରାଣ ବଳିଦେଇ
ଜୀବ ସାର୍ଥକ କରିବି ॥
ମୋ ସ୍ୱାମୀ ସନ୍ଧାନ ଦେଲୁ ତୁ ଯୋଗିନୀ
ସେ ଲାଗି କରେ ଅର୍ପଣ
ସତ୍ୟ ଧର୍ମ ମୋର ସକଳ ଜୀବନୁ,
ଶିଷ୍ୟତ୍ୱ କରି ଗ୍ରହଣ ॥
ମୋ ସମ ବାଚାଳୀ ନାରୀର ତୁ ହେଲୁ
ସଦା ପଥ ପ୍ରଦର୍ଶକ
କୃପା କର ମତେ, ସଙ୍ଗେ ଘେନି ଯାଅ
ଜୀବନ କରି ସାର୍ଥକ" ॥
ଦାସୀ ମାନେ ଆସି ବୁଝାଇ କୁହନ୍ତି
"ଧର ନା ଯୋଗିନୀ ବେଶ
ଗୁରୁଠାରୁ ମନ୍ତ୍ର ଉପଦେଶ ନେଲେ
ଗୋପନେ ରଖ ଅବଶ୍ୟ" ॥

ସ୍ୱାମୀ ଗୃହ ଛାଡ଼ି ନ ହୁଅ ଯୋଗିନୀ
ଗୁରୁ ମନ୍ତ୍ର ଗୋପ୍ୟ ରଖି ରହି ଥାଅ ରାଣୀ ॥

॥ ୬୦୬ ॥

ଦାସୀ ମାନେ ଆସି କରନ୍ତି ମିନତି
"ଯୋଗିନୀ ନ ହୁଅ ରାଣୀ
ତମେ ଯଦି ଚାହଁ ଭିକ୍ଷା ମାଗି ଯାଅ
ନାଟକ ନକର ପୁଣି ॥
ଏପରି ସୁଆଙ୍ଗ ରଚିଲେ ପଦ୍ମିନୀ

ସ୍ୱାମୀ କି ପାଇବ ନାହିଁ
ଯେଉଁ ବିଚ୍ଛେଦର ବେଦନା ସହିଛ
ତୁମରି ବିଧାନ ସେହି ॥
ନାରୀକି ତା ସ୍ୱାମୀ ଯେପରି ରଖିବ
ସେ ପରି ହେବା ଉଚିତ
ଗୃହସ୍ଥୀରେ ଥାଇ ନହେବ ଚଞ୍ଚଳ
ହେବ ଉଦାସୀନ ଚିତ୍ତ ॥
ପଣତ କାନିକୁ ସଜାଇ ରଖିବ
ଭିକ୍ଷା ପାତ୍ର ସମକରି
ଶ୍ୱାସ କୁ ନିଜର ଶିଙ୍ଗା ବନାଇବ
ସ୍ୱାମୀ ନାମକୁ ସୁମରି ॥
ପ୍ରେମ ବିହ୍ୱଳତା କରେ ବା ଅବଶ
ତାର ଅପଘନ ଭରି
ବିରହ ବେଦନା ଅସହ୍ୟ ହେତୁରୁ
କେଶ ହେବ ଜଟ ପରି
ଫେରନ୍ତା ପଥକୁ ଚାହିଁଥିବ ତାର
ସର୍ବଦା ନେତ୍ର ପ୍ରସାରି
ପରିଧାନ ବସ୍ତ୍ର କନ୍ଥା ହେଇପାରେ
ଶରୀର ଚର୍ମ ଆବୋରି ॥
ଆକାଶ ତା ଶିରେ ଛତ୍ର ହୋଇଥିବ
ତାହାର ଚର୍ମ ଅବନୀ
ଅନୁରକ୍ତ ଭାବ ଅଙ୍ଗେ ପ୍ରକଟିବ
ସକଳ ସୁଷମା ଘେନି ॥
ସ୍ୱାମୀ ସ୍ମୃତି ତାର ଜପ ମାଳା ହେବ
କେନ୍ଦେରାର ସ୍ୱର ଧରି
ପଞ୍ଚଭୂତ ଅଙ୍ଗ ଭସ୍ମ ହୋଇଯିବ
ଭସ୍ମ ବିଲେପିତ କରି ॥
ପ୍ରିୟର ବଚନ କର୍ଣ୍ଣରେ କୁଣ୍ଡଳ
ପାଦୁକା ବିହୀନ ହୋଇ

ପାଦ ପଡୁଥିବ ଅବନୀ ଉପରେ
କଠଉ ସ୍ୱରୂପ ନେଇ ॥
ଗୋରା ବାଦଲଙ୍କ ପାଶକୁ ହେ ରାଣୀ
କ୍ଷଣକ ପାଇଁକି ଯାଇ
ପରାମର୍ଶ ନିଅ ଗୋପନେ ତାଙ୍କଠୁ
ତୁମେ ହସ୍ତଦଣ୍ଡ ନେଇ ॥"

ପ୍ରବୋଧ କହନ୍ତି ସକଳ ଦାସୀ ସ୍ୱାମୀ ମହତ
ଗୋରା ବାଦଲକୁ ଗୋପନେ କହି ତୁ ରଖ ମହତ ॥

■

॥ ୬୦୭ ॥

ଗୃହସ୍ଥ ଗୃହ ବିଧି ସକଳ ସିଦ୍ଧି
ସଚତୁରୀ ଦାସୀଏ ଦେଲେ ପ୍ରବୋଧି ।
ପ୍ରଶମିତ କଲେ ରାଣୀଙ୍କ ହୃଦୟ
ବ୍ୟଥା ବେଦନା ଭରା ଦୁଃଖ ବିରହ ॥
ଗୋରା ବାଦଲ ପାଶେ ଚଳିଲେ ରାଣୀ
ପାଦୁକାହୀନ ପାଦେ ସେ କମଳିନୀ ।
ଚରଣ, ଭୂମି ପରେ ଗମନ ହେତୁ
ହୋଇଲା କ୍ଷତ, ହେଲା ଫୋଟକା ଘାତୁ ॥
ରାଣୀଙ୍କ ଆଗମନ ବାରତା ଶୁଣି
ଦୁଇ କ୍ଷତ୍ରିୟ ବୀର ଗଲେ ତକ୍ଷଣି ॥
ଅତ୍ୟନ୍ତ ଉଦ୍‌ବେଗେ ନମିତ ଶିରେ
କେଶ ଜାଲେ ଝାଡ଼ନ୍ତି ରାଣୀ ପାଦରେ ॥
କଲେ ସେ ଅନୁରୋଧ ବସିବା ପାଇଁ
ସୁବର୍ଣ୍ଣ ଆସ୍ଥାନକୁ ଅଗ୍ରତେ ଥୋଇ ॥
"ହେ ରାଣୀ ସେବକର ଗୃହ ମଧ୍ୟରେ
କିମ୍ପା ଚରଣ ତବ ଥାପିଲ ଖରେ ?"
ବିରହ ବେଦନାରେ ନ ବସେ ଦେବୀ

ଚାମର ଚାଳି ନୁହେଁ କୁହନ୍ତି ଭାବି ॥
"ଗଙ୍ଗା ପ୍ରବାହେ ଆଜି ବହେ ଉଜାଣି
ସେବକ ଦ୍ୱାରେ କିମ୍ପା ଆସନ୍ତି ରାଣୀ !
ତୁମ୍ଭ ଛତ୍ର ଛାୟାରେ ଆମ୍ଭ ମସ୍ତକ
ହେ ରାଣୀ ଆଜ୍ଞା ଦିଅ ! କରୁ ସେବକ ॥
ଏ ଅନୁଚିତ କର୍ମ କଲ କିମ୍ପାଇ
ଅଶୋଭନୀୟ ଏହା ତୁମରି ପାଇଁ ॥"
"ଅବିଳମ୍ବେ ଆଦେଶ କର ଆମ୍ଭରେ
(ଏ) ଜୀବନ ଉତ୍ସର୍ଗିତ ତୁମ ପଦରେ ॥"

॥ ୬୦୮ ॥

କାନ୍ଦି କାନ୍ଦି କୁହନ୍ତି ଚିତ୍ତୋର ରାଣୀ
ବିଷଣ୍ଣ ମୁଖେ ତାଙ୍କ ନ ଆସେ ବାଣୀ ॥
ରକ୍ତ ବର୍ଣ୍ଣ ଦିଶଇ ସଜଳ ନେତ୍ର
ଲୋତକେ ରକ୍ତ ବର୍ଣ୍ଣ ସକଳ ବିମ୍ବ ॥
ଉଚ୍ଛଳ ବାରାନିଧି ତରଙ୍ଗ ତୀରେ
ମାଣିକ୍ୟ ଭରିଦିଏ ବେଳା ଭୂମିରେ ॥
(ସେ) ଉଚ୍ଛ୍ୱସି କାନ୍ଦିବାରୁ ନେତ୍ରୁ ରୁଧିର
ମାଣିକ୍ୟ ସମ ଝରୁଥିଲା କ୍ଷିତିର ॥
ପଦ୍ମିନୀ କହେ "ଦୁହେଁ ଶୁଣ ମୋ ବାଣୀ
ରତ୍ନସେନଙ୍କ ପାଇଁ ମୋର ଭାଳେଣି ॥
ତାଙ୍କରି ଅନୁରାଗେ ଏ ମୋର ନେତ୍ର
ଉତ୍ସର୍ଗୀକୃତ କରି ଅଛି ନିଶ୍ଚିତ ॥
ତିଳତିଳ କରି ମୋ ତନୁ ଶୋଣିତ
ସହିତ କାଢ଼ିବି ମୋ କମଳ ନେତ୍ର ॥
ରକ୍ତହୀନ କରିବି ଏ ମୋର ଅଙ୍ଗ
ସତ୍ୟ ତେଜରେ କରି ମୁଖ ସଂଯୋଗ ॥
ତାଙ୍କ ବିଚ୍ଛେଦ ବ୍ୟଥା ବହି ଅଙ୍ଗରେ

ଏ ମୋର ପ୍ରାଣ ବଳି ଦେବି ଭୂମିରେ ॥"
ଶ୍ରାବଣର ଧାରା ପରି (ତା) ଅଶ୍ରୁ ସରିତ
ତନୁରେ ମିଶି ଦିଶେ ବର୍ଣ୍ଣ ହରିତ ॥
ଲମ୍ବିତ କେଶ ରାଶି ଭୁଜଙ୍ଗ ତୁଲ୍ୟ
ମସ୍ତକେ କ୍ରୀଡ଼ା କରେ ହୋଇ ବାତୁଳ ॥
ମନେ ଆସଇ ଭ୍ରମ ଅଶ୍ରୁ ସମ୍ପାତେ
ତାପସୀ ରମଣୀ ବା ଉଭା ଅଗ୍ରତେ ॥
ଅଗଣିତ ସାଧବ ବୋହୂ ପ୍ରକାରେ
ରକ୍ତ ଅଶ୍ରୁ ଝରଇ ଭୂମି ଉପରେ ॥
ତଥାପି ବନ୍ଦ ନୁହେଁ ଝରଣା ଅଶ୍ରୁ
ପଥ ଚିହ୍ନିବା କଷ୍ଟ ହୁଏ ସେହେତୁ ॥
ସତେବା ଭାଦ୍ରବରେ ବର୍ଷା ବହୁଳ
ହୋଇଛି ଧରିତ୍ରୀରେ ବରଷା କାଳ ॥

॥ ୬୦୯ ॥

କହନ୍ତି ଅଧିରେ, ପଦ୍ମିନୀ ଉତ୍ତରେ
"ହେ ଗୋରା-ବାଦଲ ବୀର
ତୁମେ ଦୁହେଁ ମୋର ସମସ୍ତ ରାଜ୍ୟର
ସ୍ତମ୍ଭ ପରି ଅଟ ଦୃଢ଼ ॥

ମହାଭାରତର, ଯୁଦ୍ଧ ଯୋଦ୍ଧା କର
ତୁମେ ଦୁହେଁ ମହାରଥୀ।
ଚିତ୍ତୋର ଦୁର୍ଗର ରତ୍ନରାଏଙ୍କର
ହରିବ ତୁମେ ବିପତ୍ତି ॥

ମୋର ଦୁଃଖ-ବୃକ୍ଷ ବଢୁଛି ଅମାପ
ମୂଳ ତା ପାତାଳ ତଳେ
ଶିର ତା ଆକାଶ ପରଶି ଲାଗେ କି
ଅନ୍ତରୀକ୍ଷ ଲାଗିବାରେ ॥

ତାର ଅନ୍ଧ ଛାୟା ଘନ ହୋଇଲାଣି
ଘେରି ସମସ୍ତ ଅବନୀ
ବିରହ ଲତିକା ତା କଟୀ ବେଢ଼ଣ
କଣ୍ଟକିତ କରିଲାଣି ॥
ଜୀବନ ଅରଣ୍ୟେ ଖଜୁରୀ ଗଛର
ପରି କଣ୍ଟକିତ ବୃକ୍ଷ
ଦୁଃଖର ପାଦପ ବଢ଼ି ଉଠୁଅଛି
ଘାରି ପୃଥିବୀର ବକ୍ଷ ॥
ଏହି ଦୁଃଖ ବନ କ୍ଷିତିକୁ ଘାରିଣ
ସାଗର ଦେଲାଣି ପୋତି
ସେ ଦୁଃଖର ଭାରେ ସମୁଦ୍ର କଉଡ଼ି
ହୃଦୟ ଗଲାଣି ଫାଟି ॥
ଖଜୁରୀ ମଞ୍ଜିର ହୃଦ ବିଦାରିଛି,
ପଥର ହୃଦୟ ମୋର
ନ ଫାଟି ରହିଛି, ଯିବି ସେହି ସ୍ଥାନେ
ଯହିଁଛନ୍ତି ପତି ମୋର ॥
ସେ ବନ୍ଦି ଗୃହରେ ଯିବି ନିଶ୍ଚିତରେ
ନିଜେ ହେବି ବନ୍ଦି ତହିଁ
ମୁକ୍ତ ମୁଁ କରିବି ପତିଙ୍କୁ ମୋହର
ନିଜ ପ୍ରାଣ ବଳିଦେଇ ॥
ଗ୍ରାସିଛି ଗ୍ରହଣ, ସୂର୍ଯ୍ୟ ରତ୍ନସେନ
ଚିତ୍ତୋର କରି ଅନ୍ଧାର,
ଏଣୁ କମଳିନୀ ବସି ନ ପାରିବ
ପାଟ ବସ୍ତ୍ରର ଉପର ॥
ପଥିକ ହେବି ମୁଁ ଏକଇ ପଥର
ଯୋଗିନୀ ବେଶରେ ମୁହିଁ
ଯେଉଁ ପଥେ ମୋର ଯାଇଛନ୍ତି କାନ୍ତ
ହେବ ପଥ ମୋର ସେହି ॥"

॥ ୬୧୦ ॥

ରାଣୀଙ୍କ ବଚନେ ଗୋରା ଓ ବାଦଲ
ହୋଇଲେ ଦୟାର୍ଦ୍ର ଚିତ୍ତ
ସହାନୁଭୂତିରେ ଯେ ଅଶ୍ରୁଝରିଲା
ଅଙ୍ଗ ହେଲା ଆପ୍ଳୁତ ॥
କହିଲେ ସେମାନେ "ରାଜା ତ ଆମ୍ଭର
ବାରଣ ଶୁଣିଲେ ନାହିଁ,
ସେ ଲାଗି ଆମର କ୍ରୋଧ ଜାତ ହେଲା
ଫେରି ଗଲୁ ଆମେ ଦୁଇ ॥
ବୁଝାଇ କହିଲୁ ତାହାଙ୍କୁ ଗୋପନେ
ତୁର୍କି ସଙ୍ଗେ କି ବନ୍ଧୁତା !
ଛଳ କରି ସେହୁ କାର୍ଯ୍ୟ ସମ୍ପାଦିବେ
ଅବୋଧ ସେ କୂଟକଥା ॥
ରାଜାଙ୍କର ଯୁକ୍ତି, ଶାସ୍ତ୍ର, ଧର୍ମ, ସୂକ୍ତି
ଶୁଣି ମନେ ରୋଷ ବହି
ଆମ୍ଭେ ଦୁହେଁ ସେହି ସ୍ଥାନ ବରଜିଲୁ
ସେ କଥା ନପାରି ସହି ॥
ଥିବାଯାକେ ପ୍ରାଣ ଶରୀରେ ଆମ୍ଭର
ବିଦ୍ରୋହୀ ତାଙ୍କର ନୋହୁ
ତୁମେ କିମ୍ପା ଭାବ ଯୋଗିନୀ ହୋଇବ
ସ୍ୱାମୀ ବର୍ତ୍ତି ଥାଉ ଥାଉ !!
ଯେତେବେଳେ ଘନ ସୁନୀଳ ଅମ୍ବରେ
ଅଗସ୍ତି ତାରା ଉଦିବ
ଆଉ ପୁଣି ନଭେ, ହସ୍ତା ନକ୍ଷତ୍ରର
ମେଘ ଗର୍ଜନ କରିବ ॥
ଧରିତ୍ରୀ ଉପରୁ ବର୍ଷାଜଳ ଶୁଖି
ସୁଗମ ହେବ ଅୟନ
ସେତେବେଳେ ରାଜା ଫେରିବେ ଚିତ୍ତୋର

ତୁଟାଇ କାରା ବନ୍ଧନ ॥
ଯେକାଳେ ଅଗସ୍ତି ଦୃଷ୍ଟି ଦେବେ ପାତି
ସେ ବେଳେ କି ବର୍ଷାଥିବ !
ସେତେବେଳେ ଅଶ୍ୱମାନଙ୍କ ପୃଷ୍ଠରେ
କବଚ ବନ୍ଧା ହୋଇବ ॥
ରାହୁ-ଆଲ୍ଲାଦ୍ଦିନକୁ ବିଦ୍ଧ କରିବୁ
ସୂର୍ଯ୍ୟଙ୍କୁ କରିବୁ ମୁକ୍ତ
ତୁମ ଦୁଃଖ ଭାର ହେବ ଶେଷ ତାର
କରିବୁ ରାଜାଭିଷେକ।
ସୂର୍ଯ୍ୟ ହିଁ ଆମର ରାଜା ରତ୍ନସେନ
ତୁମେ ଶରତର ଜହ୍ନ
ଦୁଃଖର ଅଙ୍କୁର ନିର୍ମୂଳ କରିବୁ
ହେବ ଦୁହିଁଙ୍କ ମିଳନ ॥
ଜୀବନ ଦୁଃଖର ହେବ ଅବସାନ
ସୁଖ ଆସି ପୁନର୍ବାର
ନୂତନ ପ୍ରଭାତେ ସୂର୍ଯ୍ୟର କିରଣେ
ଘୁଞ୍ଚିବ ନିଶି ଅନ୍ଧାର ॥"

॥ ୬୧୧ ॥

ବୋଲନ୍ତି ପଦ୍ମିନୀ ତହୁଁ "ବୀରମଣି ଶୁଣ !
ପାନ ଗୁଆ ଦେଲି କରେ, କର ହେ ଗ୍ରହଣ ॥
ଯୁଗଳ ଉପମା ତୁମ କିପରି ମୁଁ ଦେବି ?
ତୁମ ସମକକ୍ଷ ବୀର ନଥିବେ ସମ୍ଭବି ॥
ତୁମ ଭଳି ସାମନ୍ତଙ୍କ କେବା ସମକକ୍ଷ
ବୀର ପଣେ ଧରିତ୍ରୀରେ ନୁହନ୍ତି ସମର୍ଥ ॥
ହନୁମାନ, ଅଙ୍ଗଦଙ୍କ ପରି ତୁମ ଯୋଡ଼ି
ବୀର ଜାଜା ବଳଶାଳୀ ଜଗଦ୍ଦେବ ପରି ॥

ମୁଷ୍ଟିକ, ମଲ୍ଲକଦେବ ସମକକ୍ଷ ବୀର
ଭାରତର ଅର୍ଜ୍ଜୁନ, ଯୋଦ୍ଧା ଭୀମ ଭୂପାଳ ॥
ସେତୁ ବନ୍ଧ ସମୁଦ୍ରରେ ବାନ୍ଧି ନଳ, ନୀଳ
ସେହିପରି ମହାରଥି ତୁମେ ହିଁ କେବଳ ॥
ଅନ୍ୟ ବିପତ୍ତିର ଭାର, କ୍ଷଣେ ଅପହରି
ତୁମେ ହିଁ ପ୍ରଥିତଯଶା ପର ଉପକାରୀ ॥
ତୁମେ ବୀର ପର୍ଶୁରାମ ଆଉ ବୀର କର୍ଣ୍ଣ
ତୁମେ ହିଁ ରତ୍ନସେନଙ୍କ ଫେଡ଼ିବ ବନ୍ଧନ ॥
ହେ ଗୋରା, ବାଦଲ! ତୁମେ ନିଶ୍ଚିତ ମୋହର,
ଲୋଡ଼ିଯିବି ମୁଁ ସାହାଯ୍ୟ କିମ୍ପାଇଁ ଅନ୍ୟର ॥
ମୁକ୍ତ କଲା ବନ୍ଧନରୁ ମାରୁତି ଶ୍ରୀରାମ
ତୁମେ ବନ୍ଦି ଘରୁ କର ମୁକ୍ତ ରତ୍ନସେନ ॥
ଜତୁ ଗୃହେ ଯେଉଁପରି ପୁରୁଷାର୍ଥ ସହ
ମାତା ଭ୍ରାତା ଉଦ୍ଧାରିଲେ ଦ୍ୱିତୀୟ କୌନ୍ତେୟ,
କର ମତେ ଉଦ୍ଧାର ଜଳନ୍ତା ପ୍ରାସାଦୁ
ତରି ଯିବ ଏ ଚିତ୍ତୋର ରାଜ୍ୟ ଧ୍ୱଂସ ମୁଖୁ ॥"

■

ଟିପ୍ପଣୀ:

ଜାଜା- ହମୀରଙ୍କର ଜଣେ ସାମନ୍ତ ଯିଏ ହମୀର-ଆଲ୍ଲାଉଦ୍ଦିନଙ୍କ ଯୁଦ୍ଧରେ ଆଲ୍ଲାଉଦ୍ଦିନ ସହ ବୀରତାର ସହିତ ଲଢ଼ି ନିଜର ପ୍ରାଣ ଦେଇଥିଲେ।

ଜଗଦେବ- ଗୁର୍ଜର ନରେଶ ସିଦ୍ଧରାଜାଙ୍କର ସାମନ୍ତ ଥିଲେ। ରାଜ୍ୟର ରକ୍ଷା ନିମିତ୍ତ ସିଏ ନିଜର ପୁତ୍ରର ଜୀବନ ମଧ୍ୟ ଉତ୍ସର୍ଗ କରିଥିଲେ।

ମଲ୍ଲକଦେବ- ଅମୀର ଖସ୍ରୁ ତାରୀଖେ-ଏ-ଅଲାଇ ଏବଂ "ଆଶିକା" ରେ "ମଲକ ଦେବ"ଙ୍କ ଉଲ୍ଲେଖ କରିଛନ୍ତି। ସମ୍ଭବତଃ ମଲ୍ଲକଦେବ ଓ ମଲକ ଦେବ ଏକା ବ୍ୟକ୍ତି।

॥ ୬୧୨ ॥

ପାନ ଗୁଆ ସହିତରେ କରିଣ ଗ୍ରହଣ,
ଯେସନେ ବରିଥିଲେ ଅଙ୍ଗଦ, ହନୁମାନ,
କହିଲେ "ହେ ରାଣୀ! ଆମ୍ଭ ବଚନ ନିଶ୍ଚିତ
ସୁଖାସନେ ବସାଇବୁ, ଶିରେ ଧରି ଛତ୍ର ॥
ଯୁଗ ଯୁଗ ଧରି ରାଣୀ, ରାଜା ରତ୍ନସେନ
ସୌଭାଗ୍ୟ କରିବେ ଭୋଗ ପାଳି ପ୍ରଜାଗଣ!
ଭୂମି ପରେ କଷ୍ଟପାଏ ଚରଣ କମଳ,
ସୁଖାସନେ ଯାଅ ବସି ରାଜ ପ୍ରାସାଦର ॥
ମହଲେ ପ୍ରସ୍ଥାନ କର ନକର ବିଳମ୍ବ ॥"
ରତ୍ନସେନ ନାମ ଶୁଣି କମଳିନୀ ହୃଦ-
କେଶର ପ୍ରଲେପି ଦେଲା, ଦେଇ ଆଶ୍ୱାସନା,
ଶରୀରେ ପଶିଲା ଜୀବ, ପାଇଲା ଚେତନା ॥
ରାତ୍ରି କାଳେ ସୂର୍ଯ୍ୟ ଦେଖି ଲାଗିଲା ଉସତ
କାଳିମା ହୋଇଲା ଦୂର, କରି ଆଲୋକିତ ॥
ଦ୍ୱିତୀୟା ଚନ୍ଦ୍ର ସଦୃଶ ଲଲାଟ ଝଲସେ
ସୁଖାସନେ ବସି, ରାଣୀ ଗଲେ ଗୃହବାସେ
କୁମୁଦିନୀ ଗଣେ ଆଉ ତାରକା ମଣ୍ଡଳୀ
ସଖୀ ସହଚରୀ ସହ, ମିଳି ପରିଚାରି,
ଚାମର ମସ୍ତକେ ଢାଳି ପ୍ରାସାଦକୁ ଗଲେ
ଦ୍ୱିତୀୟା ଚନ୍ଦ୍ର ନିରେଖି ଧରି ମସ୍ତକରେ
ମହାଦେବ ଗଲେ ଚଳି କଇଳାସ ପୁରୀ
ସେଦିନୁ ଚନ୍ଦ୍ରଶେଖର ବୋଲନ୍ତି ତ୍ରିଶୂଳୀ ॥
ତତ୍ପରେ ଦାସୀ ସମୂହେ, ପଦ୍ମା ପଦ୍ମପାଦ
ପିଢ଼ାରେ ସଯତ୍ନେ ରଖି, ପାଇଲେ ଆନନ୍ଦ ॥
ବିଶ୍ୱାସେ ରହିଲେ ରାଣୀ ଚାପି ଦୁଃଖ ଭାର
ନିଶ୍ଚିତେ ଫେରିବେ ରାଜା ଚିତ୍ତୋର ଗଡ଼ର ॥

ଟିପ୍ପଣୀ: ସୁଖାସନ- ଏକ ପ୍ରକାର ପାଲିଙ୍କି ଗାଡ଼ି।

॥ ୬୧୩ ॥

ବାଦଲର ଯୁଦ୍ଧ ଯାତ୍ରା ଦାରୁଣ ବାରତା
ଗୃହରେ ପ୍ରସରି ଗଲା, ବାଦଲର ମାତା,
ଯଶୋବତୀ ନାମ ତାର, ପୁତ୍ର ପାଶେ ଆସି
ସସ୍ନେହେ ସଞ୍ଚାଳେ ହସ୍ତ, କୁହଇ ସମ୍ଭାଷି ॥
"ତୋ ପାଦ ଧରଇ ପୁତ୍ର, ତୁ ବାଳକ ମାତ୍ର,
ନିଷ୍ଠୁର ବାଦଶା ଛତ୍ର, ରାଜଇ ସର୍ବତ୍ର
ହମୀର ତାହାରେ ଯୁଦ୍ଧେ ନ ପାରିଲେ ଜିଣି
କେସନେ ଯୁଝିବୁ ତାରେ ବାଳୁତ ସଇନୀ !
ଯାହାର ଛତିଶ ଲକ୍ଷ ରହିଛି ଘୋଟକ
ବିଂଶ ସହସ୍ର ଗଜେନ୍ଦ୍ର ଗର୍ଜନ୍ତି ନିୟତ ॥
ଏ ଥାଟ ଏକତ୍ର ହେଲେ ସତେ ବା ଆକାଶ
ଘନ ଘୋର କୃଷ୍ଣ ମେଘେ ହେବ ଆଚ୍ଛାଦିତ ॥
ଯେ ଖଡ୍ଗ ଚମକୁଥିବ, ବିନ୍ଦୁ ଚମକିବ
ମେଘ ଗର୍ଜନ୍ନୁ ବଳିବ ତହିଁ ଯୁଦ୍ଧ ନାଦ ॥
ଯେଉଁ ଶଲ୍ୟ, ତୀର ବୃଷ୍ଟି ହେବ ତଦୁପରେ
ବର୍ଷୁକ ମେଘ କି ବର୍ଷା କରେ ବସୁଧାରେ ॥
ତୋର ଧୈର୍ଯ୍ୟ ତୁଟିଯିବ, ହେବୁ ବିଚଳିତ
ଯୁଦ୍ଧ କୁ ନ ଯାଅ ବାବୁ ! ତୁ ବାଳକ ମାତ୍ର ॥
ଯେ ସ୍ଥାନେ ରଥି ମହାରଥି ହୁଅନ୍ତି ଦଳିତ
ସେହି ରଣେ ଯିବାକୁ ତୁ ମଣୁଛୁ ଉଚିତ ?
ଅଦ୍ୟ ତୋର ନବ ବଧୂ ଗୃହେ ପ୍ରବେଶିବ"
ଆନନ୍ଦେ ସମ୍ଭୋଗ ସୁଖ, ଯୁଦ୍ଧେ ଯିବା ତ୍ୟାଗ ॥
ଆଶଙ୍କା ଭୟ ବିପଦ ଭରି ହୃଦୟରେ
ପୁତ୍ରକୁ ପ୍ରବୋଧି ମାତା ରହେ ମୌନ ଭରେ ॥

ଟିପ୍ପଣୀ: ଶଲ୍ୟ ଏକ ପ୍ରକାର ବର୍ଚ୍ଛା

।। ୬୧୪ ।।

ମାତାର ସସ୍ନେହ ବାଣୀ ନ ଶୁଣିଲା ପୁତ୍ର
ଗୋପନେ ନରଖେ ଭାବ, ବୋଲ ଯା ଉଚିତ।
"ମୁଁ ନୁହେଁ ବାଲୁତ ସୁତ ରଣ ରଙ୍ଗ ସିଂହ
ମୋ ଗର୍ଜନେ ଭୟଭୀତ ଉନ୍ମତ୍ତ ମାତଙ୍ଗ ।।
କେଶରୀ ରହେନା ଲୁଚି ଗହ୍ୱରେ ତାହାର
ଏହା ମୁହିଁ ସମ୍ମୁଖୀନ ହେବି ବାଦଶାର
ସେତେବେଳେ ମୋ ଗର୍ଜନ ସିଂହର ଶାବକ
ଜାଣିବ ବାଦଶା, ହେବ ଯୁଦ୍ଧରୁ ବିମୁଖ
କ୍ରୋଧରେ ଥାପିଲେ ଯେସନେ ଅଙ୍ଗଦ ବୀର
ରଖିଲେ ପାଦର ଭାର ହୋଇ ସେ ଅଟଳ,
ତେସନେ ରୋକିବି ମୁହିଁ ମୋର ବାହୁବଳେ
ଛତିଶ ଲକ୍ଷ ସେନା, ବାଦଶା ବାହିନୀରେ ।।
ମଦ ମତ୍ତ ହସ୍ତୀ, ଅବା ଶତ୍ରୁର ସଇନ
କିଏ ଅଛି କହ ହେବ ମୋର ସମ୍ମୁଖୀନ ।।
ତାହାର ମସ୍ତକକୁ ମୁଁ କରି ଦ୍ୱିଖଣ୍ଡିତ
ଓପାଡ଼ିବି ମୁଖୁ ତାର ଯେତେ ଅଛି ଦାନ୍ତ ।।
ଶ୍ରୀକୃଷ୍ଣ, କଂସ ପ୍ରେରିତ ଶକଟାସୁରକୁ
ହତ୍ୟା କରି ରକ୍ଷା କଲେ ବିପନ୍ନ ବ୍ରଜକୁ ।।
ବଲ୍ଲଭ-ଭୀମ, ଦୁର୍ଯ୍ୟୋଧନ କଲା ନିହତ
ଶତ୍ରୁମାରି ଶାହା ପାଶେ ହେବି ପରିଚିତ ।।
ମାରୁତି ତୁଲ୍ୟ ମୋ ଜଙ୍ଘ କରି ସବଳିତ
ସମୁଦ୍ର ଲଙ୍ଘିବି, କରି ମୋ ସ୍ୱାମୀଙ୍କୁ ମୁକ୍ତ ।।
ତୁମେ ଯଶୋବତୀ ମାତା ଯଶୋଦା ପ୍ରାଏକ
ତୁମର ପୁତ୍ର କାହ୍ନୁକୁ ନଭାବ ବାଳକ ।।
ବଳି ସଦୃଶ ବନ୍ଦି, ମୋ ରାଜା ରତ୍ନସେନ
ପାତାଳେ ଯିବି ମୁଁ, ଛିନ୍ନ କରିବି ବନ୍ଧନ ।।"
"ବୀର ପ୍ରସବିନୀ ମାତା ନ ହୁଅ କାତର
ସ୍ନେହ ବଶେ ଭୁଲି ଯାଉ ବୀର ପୁତ୍ରେ ତୋର ।।"

॥ ୬୧୫ ॥

ଯୁଦ୍ଧ ଯାତ୍ରା ଲାଗି ଯେବେ ସଜହୋଇ
କରୁଥିଲା ଅନୁକୂଳ
ନବ ବିବାହିତ ପତ୍ନୀ ସେ ସମୟେ
ପ୍ରବେଶିଲା ଗୃହେ ତାର ॥
ନବ ବିବାହିତା ରୀତି ଅନୁସାରେ
ଚନ୍ଦ୍ର ବଦନୀ ରମଣୀ,
ବହ୍ନି ଶୃଙ୍ଗାରରେ ସାଜି ଅପଘନ
ଉଭା ହେଲା ସେ ତରୁଣୀ ॥
ସୀମନ୍ତରେ ତାର ମୁକ୍ତା ମାଳ ଦେଇ
ସିନ୍ଦୂରେ କରି ଜଡ଼ିତ,
ଜୁଡ଼ା ସାଜିଥିଲା, କୃଷ୍ଣ କଳାକେଶେ
ମୟୂର ଚିତ୍ରେ ଅଙ୍କିତ ॥
ଧନୁ ପରି ଭ୍ରୂଲତାର ତଳେ ଶର-
ମାରିବକି ଥିଲା ଧରି,
ନୟନେ କଜ୍ଜ୍ୱଳ ଗତିରେ ଚପଳ
ଦୃଷ୍ଟି କରି ଶର ଚାଳି ॥
କୃତ୍ତିକା ନକ୍ଷତ୍ର ସଦୃଶ ମାଣିକ
ମାଳାରେ କରି ଜଡ଼ିତ
ସାଜିଛି ତିଳକ, ହାରିବ ଦର୍ଶକ
ପ୍ରାଣ, ହୋଇ ମୁଗ୍ଧଚିତ୍ତ ॥
ତା କର୍ଣ୍ଣ ଯୁଗଳେ ମଣିର କୁଣ୍ଡଳ
ଦୋଳୁଥିଲା ରହିରହି
କି ଅବା ସ୍ୱାମୀର ଯୁଦ୍ଧ ଗମନରେ
ମଥା ପିଟୁଥିଲେ ସେହି
କଳାବେଣୀ ତାର ନାଗୁଣୀ ସଦୃଶ
ବକ୍ଷଦେଶେ ରହି ଜଡ଼ି
ଝଟକାଉଥିଲା, ଚଉଦିଗ ତାର,

ମନ ନେଉଥିଲା ହରି ॥
ସମସ୍ତ ଶୃଙ୍ଗାର ବୋଝ ହେଲା ତାର,
ସ୍ୱାମୀ ନରହିବେ ସାଥେ,
ହତାଶେ ଆପଣା ସଖୀଙ୍କୁ ବୋଲଇ
"କିଏ ସେ ରଖିବ ମୋତେ ?
ନବ ବିବାହିତା ଅଟେ ମୁଁ ବନିତା
କରିଲି ଗୃହ ପ୍ରବେଶ
ସ୍ୱାମୀ ତ ମୋହର କରିଦେଇ ପର
ଯାତ୍ରା କରିଲେ ବିଦେଶ ॥"
"ହେ ସଖୀ, ସଜନୀ ଏ କିପରି ମୋ ହୃଦ ବିଚ୍ଛେଦ ଅଗ୍ନି,
ହେବ ନିର୍ବାପିତ, କି ଉପାୟେ ମୋର ପାହିବ ରଜନୀ ?"

॥ ୬୧୬ ॥

ଓଢ଼ଣା ଉତାରି ମନେ ମାନ କରି
ବାଦଲ ଅଗ୍ରତେ ବଧୂ
ଦୃଷ୍ଟି ତୀକ୍ଷ୍ଣ କରି କହେ ବା ବିଚାରି
ବିନତି କରୁଛି ଆଦ୍ୟ ॥
ପଣତ ଶାଢ଼ିର, ହସ୍ତେ ମୋଡ଼ି ମୋଡ଼ି
କ୍ଷଣେ ରହିଲା ଅନାଇ
ତା ପ୍ରତି କାନ୍ତର ଦୃଷ୍ଟି ହେଲା ଦୂର
ପୃଷ୍ଠ ଆଡ଼ କରିଦେଇ ॥
ସ୍ମିତ ହାସ ତାର ନ କରିଲା ଦୂର
ବାଦଲ ମନରେ ରୋଷ
ଯୁଦ୍ଧ ଯାତ୍ରା ତାର ହୋଇବ ଅସାର
ମନ ହେବ ବିଚଳିତ ॥
"ମୋ କାନ୍ତର ମନ କାମିନୀ ବିହୀନ
ନହେଲେ କି ପୃଷ୍ଠ କରି
(ମୋ) ଦୃଷ୍ଟି ଭେଦ କରି ଗଲାକି ବାହାରି

ଶଲ୍ୟ ପୁଣି ସେହିପରି ॥
ମୋ ବକ୍ଷୋଜ ତୁମ୍ଭି, କାନ୍ତ ପୃଷ୍ଠ ଚୁମ୍ଭି
ସେ ତୀର ଦେବି ନିବାରି
ଉଲ୍ଲାସେ କରିବି, ସ୍ୱାମୀ ସ୍ନେହ ଭାବି
କ୍ଷଣିକ ଆନନ୍ଦେ ଭରି ॥
ଯଦି ମୁଁ ମଉନେ ରହିବି ଗୋପନେ
ମନେ ଲଜ୍ଜା ଅନୁଭବି,
କାନ୍ତ ମତେ ତେଜି ରଣେ ଯିବେ ହଜି
ଅନୁଶୋଚନା ସହିବି ॥
ଲଜ୍ଜା ତେଜି ଯଦି ବୋଲିବି ତାହାରେ
କହି ନିର୍ଲ୍ଲଜ ଚତୁରୀ
ହେବି ମୁଁ ଅଥୟ ଦୂରେ ଯିବେ ପ୍ରିୟ
ରମଣୀ ଛାର ବିଚାରି ॥
ଏ କୌତୁକ ଖେଳ, ଉପାୟ ଉଭୟ
ମୋ ଲାଗି କଷ୍ଟଦାୟକ
ମୁଁ ଛାର ତରୁଣୀ ହେଉଥିବି ଗୁଣି
ମର୍ମଦାହେ ହୋଇ ମୂକ ॥”

॥ ୬୧୭ ॥

ସ୍ୱାମୀର ସଙ୍ଗ ସୁଖ ଭାବି ଆଶାରେ
ହତ ମାନସେ ବଧୂ ପୁଣି ବିଚାରେ
“ମାନ ନରଖି ପ୍ରିୟ ସମରେ ଗଲେ
କିପରି ପ୍ରିୟତମେ ବାନ୍ଧିବି ଭଲେ ॥
ଯୋଡ଼ ହସ୍ତେ କହିବି ବିନୟ କରି
ନତେଜି ଯାଅ ପ୍ରିୟ ବନ୍ଧନ ଡୋରୀ ॥
ଯେ ଲଜ୍ଜା ବଶେ ଯଦି ନକରେ ଏହା
ଏ ଲଜ୍ଜା ଯୋଗୁ ମୁହିଁ ହେବି ଦୋରେହା ॥
ତାପରେ କାନ୍ତ କଟୀ ଧରି କାମିନୀ

ସବିନୟେ ଭାଷଇ ଅନ୍ତର ବାଣୀ।
ସ୍ତ୍ରୀ ବିନୟ ବଚନ ସ୍ୱାମୀ ମନରେ
ଅବହେଳିତ କରି ନଯାଏ ଦୂରେ
ଆଜି ମୁଁ ତବ ପାଶେ ନୂତନ ରୂପେ
ପ୍ରଥମ ପାଦ ସ୍ପର୍ଶେ ମିଳି ଏକାନ୍ତେ ॥
କାମିନୀ କାନ୍ତଙ୍କର ମିଳନ ଲାଗି
ଆସଇ କନ୍ୟା ପିତୃ ଆଳୟ ତେଜି ॥
ଯଦିଚ ସେ ରମଣୀ ରମଣ ସାଥେ
ମିଳିତ ନହୋଇଲା ବାସର ରାତ୍ରେ
କେତେ ସୁଖଦ ଆଶା ମନରେ ରଖି
ନବୀନ ବାଳ ବଧୂ ଆସିଛି ଏଥି ॥
ଯଦି ସେ ଭ୍ରମର ରସର ଗ୍ରାହକ
ସୁଗନ୍ଧ କେତକୀକୁ କରଇ ତ୍ୟାଗ,
ହେ ପ୍ରିୟ ଏ ତରୁଣୀତ ତବ ଚରଣେ
ବିନତି କରି କହେ ନ ଯାଅ ରଣେ ॥
ମୁଁ ତୁମ୍ଭ ଅର୍ଦ୍ଧାଙ୍ଗିନୀ କର ଗ୍ରହଣ
ଏ ପଦ୍ମପାଦ ତ୍ୟାଗେ ନୁହେଁ ସକ୍ଷମ ॥

ବାଲିବନ୍ଧେ ବାନ୍ଧିବ କି ସାଗର ଜୁଆର !
ଯୁଦ୍ଧଯାତ୍ରୀ ଜାଣେ ନାହିଁ ରମଣୀ ଆଦର ॥

॥ ୬୧୮ ॥

ବାଦଲ କୁହଇ ବୁଝାଇ ତାହାରେ
ନବ ବଧୂ ରମଣୀକୁ
ଯୁଦ୍ଧ ଯାତ୍ରା କାଳେ ସାଜେ ନାହିଁ କେବେ
ରମଣୀର ସ୍ନେହ ପ୍ରୀତି ॥
"ତୁ ଯେହ୍ନେ ଆସିଛୁ ଏ ମୋର ଆଳୟେ
ନବ ବଧୂ ରୂପେ ଆଜି

ମୁଁ ତେଣ୍ଣେ ଯାଉଛି ସ୍ୱାମୀଙ୍କି ବରିବି
ଏ ଯୁଦ୍ଧ ସମ୍ଭାର ସାଜି ॥
(ମୋ) କଟୀ ପୃଷ୍ଠଛାଡ଼, ଅଗମ୍ୟ ଅୟନେ
ଯିବି ମୁଁ ଦୂର ଗହନେ
କାହିଁ ମର୍ମନ୍ତୁଦ ପଡ଼ିବ ଆପଦ
ନ ହେବି ମୁଁ ଭୀତ ମନେ ॥
ଯେ ପର୍ଯ୍ୟନ୍ତ ସ୍ୱାମୀ ମୁକ୍ତ ନକରିଛି
ସେ ପର୍ଯ୍ୟନ୍ତ ମୋର ମନେ
ବୀରର ଉତ୍ସାହ, ଭରେ ଅପଘନେ
ଶୃଙ୍ଗାର ରସ ବିହୀନେ ॥
ନବୀନ ଯୁବତୀ କିବା ବସୁମତୀ
(ମେ) ଖଡ୍ଗ ଅଗ୍ରତେ ଦାସୀ
ତାଙ୍କୁ ଯେ ଜିତିବ ସଦା ରହିଥିବ
ତାଙ୍କ ଚରଣ ନିବାସୀ ॥
ଯେ ହସ୍ତେ କୃପାଣ, କରେ ମୁଷ୍ଟିଟାଣ
ନୁହନ୍ତି କେହି ସମର୍ଥ
ଅବନା ବନିତା ହରିବ ତା ହସ୍ତୁ
କରି ତାରେ ଅଣାୟତ୍ତ ॥
ପୁରୁଷତ୍ୱ ହୀନ, ପୁରୁଷର ମୁଖ
ଶ୍ମଶ୍ରୁ ହୀନ ମୁଛହୀନ
ଯେବେଳେ ମୁକ୍ତ ମୁଁ କରିବି ସ୍ୱାମୀଙ୍କୁ
ମୁଛ ଗୁଛ ତେଜୀୟାନ ॥
ଘନ ମୁଛ ଗୁଛେ ରହିଛି ଆବଦ୍ଧ
କା ପାଶେ ନୋହି ଶଙ୍କିତ
ପ୍ରାଣ ବଳି ଦେବି, ମୁଁ ଅନୁଭବିବି
ସର୍ବେ କରି ପରାହତ ॥
ପୁରୁଷର ବାକ୍ୟ ଅଟେ ହସ୍ତୀ ଦନ୍ତ,
କଚ୍ଛପର ଗ୍ରୀବା ଭଳି
ଭିତରେ ନପଶେ, ପ୍ରାଣଗଲେ ପଛେ

ଶତ ବିପଦକୁ ଟାଳି ॥
ତୁ ଅଟୁ ଅବଳା, ମୁଗ୍ଧ ବୁଦ୍ଧିବାଳା
ଯେ ଜାଣେ, ସେ କଥା ଜାଣେ
ବୀର ରସ ଯହିଁ, ପୁରୁଷ ସିଂହର
ଶୃଙ୍ଗାର ନାହିଁ ସେ ସ୍ଥାନେ ॥"

॥ ୬୧୯ ॥

କହେ ସେ ଚତୁରୀ ପ୍ରୀତିରେ ଆତୁରି
"ପ୍ରିୟ ଶୁଣ ମୋର ବାଣୀ,
ତବ ଯୁଦ୍ଧ ପାଇଁ ଶୃଙ୍ଗାର ରଚିଛି
ମୋ ସାଜେ ରଣ ରଙ୍ଗିନୀ ॥
ମୋର ଯଉବନ ଅଟେ ଯୁଦ୍ଧ ସ୍ଥାନ
ସମ୍ମୁଖେ ସାଜିଛି ରହି
ବିରହ ମୋହର କବଚ ଆବୃତ
କାମ ବଢ଼େ ତୀବ୍ର ହୋଇ ॥
ମୋ ଶିର ସୀମନ୍ତ ସିନ୍ଦୂର ମଣ୍ଡିତ
ବୀର ରସେ ହୋଇ ସିକ୍ତ
ଖଡ୍ଗ ସମ ଉଭା ରହିଛି ସମ୍ମୁଖେ
ଭ୍ରୂଲତା ଧନୁରେ ନେତ୍ର ॥
ଶର ପରି ଚକ୍ଷୁ ଅଗ୍ରତେ ରହିଛି
କଜ୍ଜ୍ୱଳର ଗୁଣ ନେଇ
ଚକ୍ଷୁ ପ୍ଲକ୍ଷ କେଶ ବିଶେ ହୋଇ ସିକ୍ତ
ବିନ୍ଧିବାକୁ ଅଛି ଚାହିଁ ॥
କଟାକ୍ଷରେ ତାକୁ ଶାଣିତ କରିଛି,
ନଖ ମୋର ବର୍ଚ୍ଛା, ଭାଲ
ଯୁଝିବା ସମୟେ ଝଟକିବ କାନ୍ତି
ଜଳି ଚକ୍ଷୁର ମଶାଲ ॥

ଅଳକ ଫାଶରେ ଗଳା ତବ ବାନ୍ଧି
ଅଧରେ ଅଧର ଦେଇ
ଯୁଦ୍ଧ ରଚିବାକୁ ରହିଛି ମୁଁ ପ୍ରିୟ
ବଦନ ତୁମର ଚାହିଁ ॥
ମୋହର ବକ୍ଷୋଜ, ତୁମରି କୋପରେ
କରି ଦିଅ ଛିନ୍ନ ଭିନ୍ନ
ମଦମତ୍ତ ହସ୍ତୀ ମସ୍ତକ ସ୍ୱରୂପ
ରଖିବି ତମ ଅଗ୍ରେଣ ॥
ତୁମେ ରୋଷଭରେ କର ହେ ସଂହାର
ବିରହ ଦଳକୁ ମୋର
କ୍ଷଣକେ ବିଧ୍ୱଂସି, ରକ୍ଷାକର ଆସି
ନିଜ ପଳାୟିତ ପ୍ରାଣ ॥
ପ୍ରଥମେ ମୋ ସଙ୍ଗେ ସମରେ ଜିଣିଲେ
ପରେ କର ସ୍ୱାମୀ ରକ୍ଷା
ଜଗତେ ତୁମେ ହିଁ ହୋଇବ ପ୍ରଖ୍ୟାତ
ହେବାକୁ ପ୍ରଥିତଯଶା ॥"

କ୍ଷତ୍ରିୟ ଯୋଦ୍ଧାର ଯୁଦ୍ଧ ଯାତ୍ରାକାଳେ ପ୍ରୀତି ଭାବ ଆସେ ନାହିଁ
ହୃଦ ଉଦ୍‌ବେଳିତ ଶତ୍ରୁକୁ ଜିତିବା ସଦା ରଣରଙ୍ଗ ସେହି ॥

■

॥ ୬୨୦ ॥

କଉତୁକ କୂଟେ, ଚେଷ୍ଟି ବହୁମତେ
ସ୍ୱାମୀକୁ ନପାରିଲା ରଖି ଆୟତ୍ତେ ।
ନିରାଶ ଅଗ୍ନି ଜଳେ ପ୍ରିୟା ହୃଦୟେ
ସେ ଧୂମ ବାଷ୍ପାକାରେ ନେତ୍ରେ ଉଦୟେ ।
ଧୂସର ମେଘୁ ଅଶ୍ରୁ ବାରି ଝରଇ
ସଞ୍ଚରି ଅପଘନେ ଯାଏ ସେ ବହି
ପିନ୍ଧିବା ବସନ ଭିଜେ, ଗଳା ହାର ।
ଭିଜିଲା ବକ୍ଷ ଚୋଲି ଯହିଁ ସ୍ୱାମୀର

ପାଇ ନଥିଲା ସ୍ପର୍ଶ ରୁକ୍ଷ ହସ୍ତର
ଭିଜିଗଲା ତାହାର ଚୂର୍ଣ୍ଣ କୁନ୍ତଳ,
ମଣ୍ଡିତ ବିଭୂଷଣ ତା ବକ୍ଷୋଜର ॥
ଚକ୍ଷୁ କଜ୍ଜଳ ଲିଭେ ନୟନ ଜଳେ
ନିଷ୍ଠୁର ପତି ହୃଦ ନ ଦ୍ରବେ ତିଳେ
ପ୍ରିୟା ହୃଦୟେ ଦେଇ ଅପାର ବ୍ୟଥା
ସକଳ ସୁଖ ତେଜି (ଚଳେ) ସମରେ ଭର୍ତ୍ତା ॥
କଲେ ସେ ଯୁଦ୍ଧ ଯାତ୍ରା ନିଷ୍ଠୁର ହୋଇ
କ୍ରନ୍ଦନେ କିବା ଲାଭ, କି ମୂଲ୍ୟ ତହିଁ ॥
କ୍ଷୋଳ ଶୃଙ୍ଗାର ଧୂଳି ସାଥେ ମିଶାଇ
ସ୍ପର୍ଶ ବି କଲେ ନାହିଁ ଥରକ ପାଇଁ ॥
ଯୁଦ୍ଧ ଭୂମିରେ ଗଲେ, କିବା ନିଶ୍ଚିତ
ଫେରିବେ କି ଗୃହେ ନ ହୋଇ ମୃତ ॥
ତେଣୁ ସେ ନବବଧୂ ସତୀ ଭୂଷଣ
ଚିତାରେ ଝାସ ଲାଗି କଲା ଧାରଣ ॥

॥ ୬୨୧ ॥

ବାଦଲ ଗୋରା କଲେ ମନ୍ତ୍ରଣା
ରଖିଲେ ଗୁପ୍ତ ଭାବ
"ସୁବୁଦ୍ଧି ବଳେ, କରିବା ହେଳେ
ତୁର୍କି ସେନାଙ୍କ ଠାବ ॥
ବୁଦ୍ଧିରେ ସିନା ଅବଳା ହୀନା
ପ୍ରମାଦ ସହେ ରହି
ପୁଂସ ବଚନ ନୋହିବ ଆନ
ପ୍ରାଣ ପାତନେ ତହିଁ।
ରମଣୀ ସମ କରିଲେ କାମ
ନୌଶାବା ଯେଉଁ ପରି

ସିକନ୍ଦର ସାଥେ ଯୁଦ୍ଧ ପୂର୍ବୁ
ବନ୍ଦିରେ ଗଲା ପଡ଼ି ॥
ଯେ ନୁହେଁ ସଜାଗ (ସେ) ପଡ଼େ ଆଗ
ଦୂରଦର୍ଶିତା ହାରି
ବିଶାଳ ତୁଙ୍ଗ ମତ୍ତ ମାତଙ୍ଗ
ବୁଦ୍ଧି ନଥାଏ କଳି
ମାନବ ତାରେ ବନ୍ଧନ କରେ
ପୁଣି ଅଙ୍କୁଶେ ପଡ଼ି
ବୁଦ୍ଧି ବଳରେ ମସ୍ତକ ପରେ
ଛତ୍ର ଉଡ଼ାଏ ଧରି ॥
ସ୍ୱର୍ଣ୍ଣ ଶତଧା ହେଲେ ବିଚ୍ଛିନ୍ନ
ଯୋଡ଼ଇ ସ୍ୱର୍ଣ୍ଣକାର
ମୃତ୍ତିକା ପାତ୍ର ଭାଙ୍ଗିଲେ ମାତ୍ର
ନଯୋଡ଼େ କୁମ୍ଭକାର ॥
ପୁଷ୍ପରେ ପୁଷ୍ପ ହୁଏ ସୁଦୃଶ୍ୟ
ଗୁଚ୍ଛନେ ମନୋରମ
କଣ୍ଟେ କଣ୍ଟକେ ଛନ୍ଦ କପଟେ
ଯେସାକୁ ତେସା ଦାନ ॥
ବଳଶାଳୀର ବିଷ ଅନଳେ
ଦେବତା ଅବା ଜନ
କ୍ଷଣକେ ପଡ଼ି ଯାଆନ୍ତି ଜଳି
ଜୀବନ ଅକାରଣ ॥
ଯେପରି ତୁର୍କି କଲେ ଚାଲାଖି
ସେପରି ଛଳ କରି
ରାଜା ଆମର କରି ଉଦ୍ଧାର
ଚିତ୍ତୋରେ ଯିବା ଫେରି ॥”

॥ ୬୨୨ ॥

ଏପରି ବୁଦ୍ଧି କରିଲେ ସାଧି
ପାରିବେ ଶତ୍ରୁ ହେଲେ
ଗୋପନ କରି ରଖିଲେ ମନେ
କିଏ ବା ଜାଣି ପାରେ ॥
ପଦ୍ମାବତୀର ବିମାନ ଶକ୍ତ
ଗୁପ୍ତ ଭାବରେ ତହିଁ
କମାରଟିଏ ଦେଲେ ବସାଇ
ବିଶ୍ୱାସୀ ଅତି ସେହି ॥
ସୂର୍ଯ୍ୟ ଯେପରି ଦେଖି ନ ପାରି
କରିବେ ଅନ୍ଧକାର
ବିଶ୍ୱାସୀ ଜନ କଲେ ବ୍ୟଜନ
ଚାମର ଅନିର୍ବାର ॥
ବିମାନ ଯେତେ, ସମ୍ଭାର ସେତେ
ମୁକ୍ତା ମଣିମାଣିକ
ଚକିତ କରି ନୟନ ହରି
ଜନେ ହେଲେ ମୋହିତ ॥
ରଙ୍ଗ ବସ୍ତ୍ରରେ ସମୀର ଦୋଳେ
ଗୋରା ବାଦଲ ସଙ୍ଗେ
ରାଣୀ ପଦ୍ମିନୀ ବିମାନେ ପୁଣି
ଚଳନ୍ତି ଅନୁରାଗେ ॥
ଜଡ଼ିତ ଥିଲା ସେଇ ବିମାନେ
ହୀରା ନୀଳା ପଥର
ଶୋଭା ସମ୍ପଦେ ହରିଲା ମୋତେ
ସ୍ୱର୍ଗେ ଦେବ ନିକର ॥
ଷୋଳ ସହସ୍ର ବିମାନ ଟାଣେ
ବତିଶ ସସ୍ର ଅଶ୍ୱ
ରାଜାଙ୍କୁ ରାଣୀ କାରାରୁ ଆଣି

ଦୁର୍ଗେ କରିବେ ବାସ ॥
ଚକିତେ ଦେବେ କହନ୍ତି ସର୍ବେ
ଷୋଳ ସହସ୍ର ସଖୀ
ବିମାନ ସାଥେ ଗମନ୍ତି ପଥେ
ଶୂନ୍ୟ ମହଲ ଦେଖି ॥
କମଳ ଶୂନ୍ୟ, କୁମୁଦ ଗଣ
ବଲ୍ଲରୀ ସେ ତ ଲତା
ଚାରୁ ଚରଣେ କରନ୍ତି ଗତି
ହୋଇ ଅମର ମତ୍ତା ॥

ଚଳିଲେ ସରବେ ମତ୍ତ ଗରବେ ଗୋପନେ ପଣ କରି
ଚିତ୍ତୋର ନରେଶେ କରିବେ ମୁକ୍ତ ବନ୍ଦିଶାଳୁ ଉଦ୍ଧରି ॥

॥ ୬୨୩ ॥

ବନ୍ଦି ଗୃହ କାରା ରକ୍ଷକ ପାଶରେ
ଅଗ୍ରେ ପ୍ରବେଶିଣ ଗୋରା
ଦଶଲକ୍ଷ ମୁଦ୍ରା ତା ହାତେ ଗୁଞ୍ଜାଇ
ଚରଣ ଧରି କହିଲା
"ବାଦଶାଙ୍କ ପାଶେ କର ନିବେଦନ
ଏବେ ରାଣୀ ପଦ୍ମାବତୀ
ପ୍ରବେଶି ଅଛନ୍ତି, କର ତ୍ୱରା ଗତି
ଶାହା ଆଜ୍ଞା ମାଗୁଛନ୍ତି ॥
ତାଙ୍କ ପାଶେ ଅଛି ଚିତ୍ତୋର ଦୁର୍ଗର
ଚାବି ଗୁଚ୍ଛ ଦେବେ ନେଇ
ଘଡ଼ିକ ସକାଶେ ସ୍ୱାମୀଙ୍କୁ ଦେଖିବେ
ତାଙ୍କୁ ରାଜ୍ୟ ଭାର ଦେଇ ॥
କ୍ଷଣକ ପାଇଁକି କରିବେ ସାକ୍ଷାତ
ସ୍ୱାମୀଙ୍କ ଦର୍ଶନ କରି

ପଶ୍ଚାତେ ଗମିବେ ଦିଲ୍ଲୀ ଦରବାରେ
ରାଜାଙ୍କୁ ଅନ୍ତର କରି ॥”
ଯେତେ ସୁଲତାନୀ ଜଗୁଆଳି ଥିଲେ
ସଲିଳର ସମ ହୋଇ
ଉତ୍କୋଚରେ ମଦେ ହେଲେ ଲାଳାୟିତ
ବାକ୍ୟ ମୁଖୁ ନସ୍ଫୁରଇ ॥
ଯେ ଯାହା କରଇ ତାହାକୁ ଆଦେଶ
କରିଥାଏ ସେ ଅବଶ୍ୟ ॥
କୃତଜ୍ଞତା ଭାରେ ନଇଁବ ମସ୍ତକ
କରି ନପାରିଲେ କାର୍ଯ୍ୟ
ମସ୍ତକ ମୁଣ୍ଡାଇ, ହନ୍ତସନ୍ତ ହେବ
ସମ୍ଭାଳି ନପାରି ବୋଝ ।

॥ ୬୨୪ ॥

ଲାଞ୍ଚ ସରିତାର ସଲିଳେ, ଲୋଭରେ
ଯେ ହସ୍ତ ପଖାଳି ଥାଏ
ଘୋଟିଯାଏ ମୃଷା, ନ ମେଣ୍ଟଇ ତୃଷା
ସତ୍ୟ ଦୂରେ ଛପିଯାଏ ॥
ସେ ସ୍ଥାନେ ସେ କାର୍ଯ୍ୟ ଚାଲଇ ସତତ
ତହିଁ କର୍ମଚାରୀଗଣ
ନିଜ ସ୍ୱାମୀ କାର୍ଯ୍ୟ କରି ବିଘଟଣ
କରନ୍ତି ସ୍ୱାର୍ଥ ସାଧନ ॥
ପ୍ରହରୀମାନଙ୍କ ଭଳିଗଲା ମନ,
ଘୃତ ସମ ସୁକୋମଳ
ଉତ୍କୋଚ ଦ୍ରବ୍ୟକୁ ଗଣ୍ଠିରେ ବାନ୍ଧିଲେ
ହୋଇଲେ ମତ୍ତ ବିହ୍ୱଳ ॥
ଯାଞ୍ଚ ନକରିଲେ ଚଉଦୋଳା ସବୁ
ନିଶ୍ଚିନ୍ତେ କଲେ ପ୍ରସ୍ଥାନ

ଶିରନତ କରି ଶାହାଙ୍କୁ କହିଲେ
ପଦ୍ମିନୀର ଆଗମନ ॥
"ଚିତ୍ତୋର ଦୁର୍ଗରୁ ଆସିଛନ୍ତି ରାଣୀ
ହେ ସୂର୍ଯ୍ୟ! ଜଗତ ପତି
ତୁମ୍ଭ ଶଶୀ ସୁଧା ପଦ୍ମିନୀ ସଙ୍ଗତେ
ଅଛନ୍ତି ସଜନୀ ଦାସୀ ॥
ଷୋଡ଼ଶ ତାରକା ମଣ୍ଡଳୀ ସହିତେ
ଷୋଳଶହ, ଚଉଦୋଳା,
ଚଢ଼ି ଆସିଛନ୍ତି ଦାସୀ ସହଚରୀ
ତହିଁ ରଚିଛନ୍ତି ମେଳା।
କିନ୍ତୁ ଚିତ୍ତୋରର ଗନ୍ତାଘର ଚାବି
ରହିଛି ପଦ୍ମିନୀ ପାଶେ
ସ୍ୱାମୀଙ୍କୁ ସାକ୍ଷାତ କରି ଭଣ୍ଡାରର
ଚାବି ଦେବେ ତାଙ୍କ ହସ୍ତେ ॥"
ଯୁଗଳ ପାଣିରେ କରନ୍ତି ମାଗୁଣି
ବାଦଶାଙ୍କ ଅନୁମତି
"ସ୍ୱାମୀଙ୍କର ସାଥେ ଘଡ଼ିକ ସାକ୍ଷାତେ
ତାହାଙ୍କୁ ସମର୍ପି ଦେବି ॥
ଇହଲୋକ ଆଉ ପରଲୋକେ ଯିଏ
ପ୍ରିୟତମ ମୋର ସାଥୀ
ଆଦ୍ୟରୁ ତାହାଙ୍କୁ ଦର୍ଶନ କରିବି
ଧର୍ମକୁ କରିବି ସାକ୍ଷୀ ॥
ଅନୁମତି ଅନୁମୋଦନ କରିଲେ
ଯିବି ମୁଁ ବନ୍ଦି ଦର୍ଶନେ
ଅବଶେଷେ ଯିବି ବାଦଶାଙ୍କ ଦିବ୍ୟ
କୈଳାସପୁର ଭବନେ ॥"

ସ୍ୱପ୍ନରେ ଭାସି ବାଦଶା ମଣିଲା ବିଶ୍ୱାସ
ଅନାଗତ ଭବିଷ୍ୟତ ରହିଲା ଅଜ୍ଞାତ ॥

■

॥ ୬୨୫ ॥

ଆଜ୍ଞାଦେଲେ ଶାହା, "ଘଡ଼ିକ କେତେ ବା
ଯାଉ ତା ପାଶେ ପଦ୍ମିନୀ
ଚିର ଦିନ ଲାଗି ସେ ହେବ ମୋହର
ଦିଲ୍ଲୀଶ୍ୱର ପ୍ରଣୟିନୀ!"
ଆଶା ଭାଗ୍ୟ ଘଡ଼ା ଅପୂର୍ଣ୍ଣ ଯା ଥିଲା
ଜଳେ ପୂର୍ଣ୍ଣ ହେଲା ଶେଷେ
ବିମାନ ପେଷିଲେ ଚଉଦୋଳା ସାଥେ
ସ୍ୱାମୀ କରାଗୃହ ପାଶେ ॥
ଚଉଦୋଳା ମେଳେ ସ୍ଥାନ ଭରିଗଲା
ଅନ୍ଧାର ଜଗତ କରି
ପଦ୍ମିନୀ ସ୍ଥାନରେ କମାର ଯେ ଥିଲା
କାଟିଲା ରାଜାଙ୍କ ବେଡ଼ି ॥
ନତଶିର ହୋଇ ଜୁହାର ସେ କଲା
ରାଜା ହେଲେ ବନ୍ଦି ମୁକ୍ତ
ଅଶ୍ୱ ଆରୋହଣ କରିଲେ ତକ୍ଷଣ
ଗର୍ଜିଣ ସିଂହ ସଦୃଶ ॥
ଗୋରା ଓ ବାଦଲ ଧରି ଅସି ହସ୍ତେ
ରହିଲେ ହୋଇ ସତର୍କେ
ଚଉଦୋଳା ମଧ୍ୟୁ ଯୋଦ୍ଧାଏ ବାହାରି
ଆରୂଢ଼ ହେଲେ ଘୋଟକେ ॥
ଦ୍ରୁତଗାମୀ ଅଶ୍ୱ ଅଟନ୍ତି ସମସ୍ତ
ମସ୍ତକ ଆକାଶ ଛୁଏଁ
ଅତୀବ ଚଞ୍ଚଳ, ଲଗାମ ତାଙ୍କର
ସମ୍ଭାଳି ପାରିବ କିଏ ?
ଜୀବନକୁ ବାଜି ରଖି ଅବା ଯେହୁ
ଅସି କରିବ ଚାଳନା
ସେଇ ଦକ୍ଷ ଲୋକ ସହସ୍ର ଯୋଦ୍ଧାଙ୍କୁ

ପଲକେ ମାରିବ ସିନା ॥
ନୁହନ୍ତି ଏମାନେ ପଦ୍ମିନୀ ଅଥବା
ତାଙ୍କ ସହଚରୀ ଦାସୀ
ପ୍ରଚଣ୍ଡ କ୍ରୋଧରେ ଗର୍ଜିଲେ ବାଦଶା
ପୁଣି କହନ୍ତି ନିରାଶି ॥
"ରାହୁ ପରି ଗ୍ରାସ କରିଲୁ ଯାହାଙ୍କୁ
ଆମେ ସବୁ ଛଳକରି ॥
ଏହି ରାଜପୁତେ ପଶ୍ଚାତୁ ଆମ୍ଭଙ୍କୁ
ଗ୍ରାସନ୍ତି ରାହୁଙ୍କ ପରି ॥"

॥ ୬୨୬ ॥

ସେ ସୈନ୍ୟ ସାମନ୍ତ, ରାଜାଙ୍କୁ ତୁରନ୍ତ
ଧରି ହେଲେ ଧାବମାନ
ମୃଗେନ୍ଦ୍ର ମୁଖରୁ ମୃଗ ବର୍ତ୍ତି କରେ
ଚିତ୍ତୋରକୁ ଆଗମନ ॥
ବିପଦ ଘୋଷଣା ସଙ୍କେତ ଧ୍ୱନିରେ
ତୁର୍କୀଗଣ ସମବେତ
ଚତୁର୍ଦ୍ଦିଗ ଘେରିଗଲା ଅନ୍ଧକାର
ଦିନକର ହେଲେ ଅସ୍ତ ॥
ବୁଲିପଡ଼ି କହେ ବାଦଲ ଗୋରାକୁ
"କୌଣସି ପ୍ରକାରେ ହେଉ
ପାଇଅଛୁ ମୁକ୍ତି ପୁନର୍ବାର ଏବେ
ଗ୍ରସ୍ତ ହେବା ଚାହୁଁ ଚାହୁଁ ॥
ସୂର୍ଯ୍ୟଙ୍କ କିରଣ କମି ତ ଗଲାଣି
ହେଲା କ୍ରୀଡ଼ନକ ବେଳ
ଏ ରଣ କ୍ଷେତ୍ରରୁ ଲେଉଟି ନଯିବି
ଯୁଦ୍ଧ ହେବ ଘୋରତର ॥
ହେ ଗୋରା! ରାଜାଙ୍କୁ ଘେନି ଯାଅ ରାଜ୍ୟେ

ଖେଳିବି ମୁଁ ଏ କନ୍ଦୁକ
ବାଦଶା ସଙ୍ଗରେ ଏକାକୀ ଲଢ଼ିବି
ହେବି ପ୍ରତିଦ୍ୱନ୍ଦୀ ତାଙ୍କ ॥
ଯେତେବେଳେ ମୁହିଁ ଜିଣିବି ବାଦଶା,
ତା ବହ୍ଲ ହସ୍ତେ ଧରିଣ
କନ୍ଦୁକ ତାହାର ହସ୍ତୁ ଘେନିଯିବି
ସାର୍ଥକ କରି ମୋ ନାମ ॥
ମୋ କୃପାଣକୁ ହାତେ ବହ୍ଲ ମୁଁ କରିବି
ମଥାକୁ କରି କନ୍ଦୁକ
କରିବି ମୁଁ କ୍ରୀଡ଼ା ବାଦଶାର ସାଥେ
ଜଗତେ ହେବ ବିଖ୍ୟାତ ॥
ତା'ହସ୍ତୁ କନ୍ଦୁକ କରି ମୁଁ ବାହାର
ହସ୍ତଗତ ନେବି କରି
ପରଖି ଦେଖିବି ଚୌଗାନ ଖେଳ
ଖେଳେ ସେହୁ କେଉଁପରି ॥"

ଟିପ୍ପଣୀ: ଚୌଗାନ- ମଧ୍ୟଯୁଗୀୟ ବଲ ଏବଂ ବ୍ୟାଟ (ବଲ୍‌ହା)ର ଏକ ପ୍ରକାର ଖେଳ ଏହା ଘୋଡ଼ାରେ ବସି ଖେଳାଯାଏ, ଖେଳ ପଡ଼ିଆର ଦୁଇପଟେ କୁରିଆଁ (ଗୋଲ ପୋଷ୍ଟ) ଥାଏ ତାହାକୁ ହାଲ କୁହାଯାଏ। ବିପକ୍ଷରେ ଗୋଲ ପୋଷ୍ଟରେ ବଲ ମାରି ପୂରାଇଲେ ହାଲ ହେଉଥିଲା ଏବଂ ସମସ୍ତଙ୍କର ସୂଚନା ନିମିତ୍ତ ତୁରୀ ବଜାଇ ଜଣାଇ ଦିଆ ଯାଉଥିଲା। ଏହା ଆଧୁନିକ ଯୁଗର ପୋଲୋ ସହ ତୁଳନୀୟ।

॥ ୬୨୭ ॥

ସ୍ନେହେ ସାଉଁଳିଲା ଗୋରା ବାଦଲକୁ
କୋଳାଗ୍ରତ କରି କହେ
"ହେ ବାଦଲ! ତୁହି ରାଜାଙ୍କୁ ଆଗେଇ
ଯାତ୍ରା କର ଦୁର୍ଗ ଯାଏ।
ସ୍ୱାର୍ଥ ଲାଗି ଯଦି ଆବଶ୍ୟକ ହୁଏ

ପିତା ମୃତ୍ୟୁ ବରିଥାଏ
ସନ୍ତାନ ମସ୍ତକ ମୃତ୍ୟୁ କବଳରୁ
ପିତା ହିଁ ଦୂରେଇ ଦିଏ ॥
ପୂର୍ଣ୍ଣ କରି ମୋର ଜୀବନ ଜଞ୍ଜାଳ
ସୁଖ ଉପଭୋଗ କରି
ସମ୍ପୂର୍ଣ୍ଣ ସାରିଛି, ସୌଭାଗ୍ୟ ସୁଖଦ
ଯଦି ନିଏ ମୃତ୍ୟୁ ହରି ॥
ସେଥିପାଇଁ ନାହିଁ ମୋ ଅନୁଶୋଚନା
ଯୁଦ୍ଧେ ବଇରୀ ସଂହାରି,
ଅବଶେଷେ ଯଦି ମୃତ୍ୟୁକୁ ଆଦରେ
ଦୁଃଖ ନକରିବୁ ଭାଳି ॥"
ସହସ୍ର ସୈନ୍ୟଙ୍କୁ ରଖି ଗୋର ପାଶେ
ଅନ୍ୟ ସକଳ ସେନାଙ୍କୁ
ରାଜାଙ୍କୁ ଅଗ୍ରତେ ଚଳାଇ ଚଳିଲା
ବାଦଲ ନିଜ ରାଜ୍ୟକୁ ॥
ଗୋରା ମନେ ଆସେ ପ୍ରବଳ ଉତ୍ସାହ
ଆପଣା ସୈନ୍ୟ ନିରେଖି
ଲେଉଟି ଫେରିଲା ରଣ ଭୂମି ମଧ୍ୟେ
ବୀରଗଣ ସଙ୍ଗେ ରଖି ॥
ଚତୁର୍ଦ୍ଦିଗ ତୁର୍କୀ ସେନା ପ୍ରବେଶନ୍ତି
ରେଣୁ ପଟଳ ପ୍ରଲେପି
ଦିବସରେ ତେଣୁ ଘନ ଅନ୍ଧକାର
ଚତୁର୍ଦ୍ଦିଗେ ଗଲା ବ୍ୟାପି ॥

■

॥ ୬୨୮ ॥

ଜୀବନ ସଂଘର୍ଷର କ୍ରୀଡ଼ା ପ୍ରାନ୍ତରେ
କନ୍ଦୁକ କ୍ରୀଡ଼ା ନିରେଖ
କ୍ରୀଡ଼ନକେ କାର ହାଲ ବା ହୋଇବ

କ୍ଷଣେ ଭାବି ଅବଲୋକ ।
ପଦ୍ମାବତୀ ରାଣୀ ଜିତି ସାରିଛନ୍ତି
ପ୍ରଥମ ଖେଳର ବାଜି
ଯଉବନ ଅଶ୍ୱ ଆରୋହଣ କରି
ଚତୁରୀ କ୍ରୀଡ଼କ ସାଜି ॥
ଆପଣା କୁନ୍ତଳ ଚୌଗାନର ବହ୍ଲ
ବକ୍ଷୋଜ କନ୍ଦୁକ କରି
ହୃଦ-କ୍ରୀଡ଼ା ସ୍ଥାନେ ଚତୁରୀ ତରୁଣୀ
ଜିତିଲା ବାଜି ନ ହାରି ॥
ଏ ଖେଳରେ ହାଲ ସେ ସିନା କରିବ
ଯେ ମଥା-କନ୍ଦୁକ ଘେନି
ବକ୍ଷୋଜ ମଧ୍ୟରେ ଅଗ୍ରେ ଚଳି ଯାଇ
ରହିବ ସେହି ଅଗ୍ରଣୀ ॥
କୁଟୀର ଦୁଇଟି ଯା ମଧ୍ୟେ କନ୍ଦୁକ
ଧରି ହେବ ଅଗ୍ରସର
ଅଲଙ୍ଘ୍ୟ ପର୍ବତ ସଦୃଶ ଦିଶଇ
ଶରୀରରେ ନାହିଁ ବଳ
ଦୃଶ୍ୟ ପଟଳରେ ନିକଟେ ଦିଶଇ
ଛୁଇଁ ପାରିବ କି ସତେ
ପହଞ୍ଚିବା ଲାଗି ସମର୍ଥ ନଲାଗେ
ରହି ଅଛି ଦୂରେ କେତେ !!!
ନାରାଚ ପରି ସେ ଦୁଇ ଉଭା ହୋଇ
ହୃଦେ ଅଛି ଶଲ୍ୟ ପରି
କିଏ ଅଛ କାହିଁ ମନେ ଦୟା ବହି
ହୃଦରୁ ଦିଅନ୍ତା କାଢ଼ି ॥
ସେ ବାଣ ଯାହାର ହୃଦୟେ ବିରାଜେ
ତାକୁ ବନ୍ଧ କରେ ନାହିଁ ॥
ଯେ ତାକୁ ବାହାର କରିବାକୁ ଲାଗେ
ବିନ୍ଧ ହୋଇଥାଏ ସେହି ॥

ମହମ୍ମଦ ଏଣୁ କରନ୍ତି ମନ୍ତବ୍ୟ
ମନେ ତୁମେ ରଖିଥାଅ
ପ୍ରେମରସ କ୍ରୀଡ଼ା, ଚୌଗାନ କ୍ରୀଡ଼ାରେ,
ଅବସ୍ଥା ଅଟେ ଦୁରୂହ ॥
ନପାରିବ ଯଦି ଶିରକୁ ନିଜର
କନ୍ଦୁକର ପରି କରି
କ୍ରୀଡ଼ା ଅଙ୍ଗନରେ ହୋଇବ ନିଷ୍ଫଳ
'ହାଲ' ନ ପାରିବ କରି ॥

■

॥ ୬୨୯ ॥

ଯୁଦ୍ଧ ଭୂମିରେ ଶତ୍ରୁ ଘେରରେ
ଏକାକୀ ଅଛି ଗୋରା
ଅଛନ୍ତି ଘେରି ତୁର୍କୀ ଫଉଜ
ସୁଲତାନର ଚେଲା ॥
ମାନିଲା ନାହିଁ ଏକାକୀ ରହି
କହଇ ଉଚେକ୍‌ଚ ଡାକି
ଗର୍ଜନ କରି କେଶରୀ ପରି
"ଖେଳିବି ବାଜି ରଖି ॥
ଶତ୍ରୁ ସଇନ କରି ନିଧନ
କରିବି ବିସର୍ଜନ
ଏ ପ୍ରାଣ ମୋର କ୍ଷତ୍ରୀ ପ୍ରବର
ରଖିବି ଅଭିମାନ ॥
ଘୂରିବ ନାହିଁ ଅଶ୍ୱ ଲଗାମ
ହଟିବି ନାହିଁ ତିଳେ।
ସୋହେଲ ଭଳି, ବାସବେ ଛଳି
ଯୁଝିବି ବଇରୀ ତୁଲେ।
ବର୍ଷୁକ ମେଘ ଥମକି ଯିବ
ଆକାଶୁ ଚାହିଁ ମତେ।

ସହସ୍ର ଫଣା ବାସୁକୀ ପରି
ଭାବେ ମୁଁ ଆଜି ମତେ ॥
ମଘବା ବେଶେ ସହସ୍ର ନେତ୍ରେ
ଦେଖେ ମୁଁ ଶତ୍ରୁ ସୈନ୍ୟ
ଚତୁର୍ଭୁଜ ମୁଁ ହୋଇଛି ଆଜି
ପ୍ରତ୍ୟକ୍ଷ ନାରାୟଣ ॥
ମଥୁରା ରାଜା କଂସ ବି ଆଜ
ହୋଇବ ଭୟଭୀତ
ଅନ୍ୟ ରାଜାରେ କିଏ ସେ ଗଣେ
ଅତି ସାମାନ୍ୟ ସେ ତ !
ଭୀମସେନ ମୁଁ ହୋଇଛି ଆଜି
ଦାଙ୍ଗବେ ରକ୍ଷା କରି
ମାରୁତି ପରି, ଯମ କର୍ତ୍ତରୀ
ଭୂପତିତ ମୁଁ କରି ॥
ଆଜି ମୁଁ ମୋର, ସ୍ୱାମୀଙ୍କୁ ଘୋର
ସଙ୍କଟୁ ପାରିକରି
ସମୁଦ୍ରେ ବନ୍ଧ ବାନ୍ଧିଛି ରହି
ନଳ, ନୀଳଙ୍କ ପରି ॥
ବାଦଶାଙ୍କର ବିଶାଳ ସୈନ୍ୟ
ତୁର୍କି ମାନଙ୍କୁ ଘେରି
ସୁମେରୁ ସମ ରହି ଅଚଳ
ଭାଙ୍ଗୁଛି ଶତ୍ରୁଶିରି ॥
ଅଭିମନ୍ୟୁକୁ ଘେରିଛି ଆଜି
ସପ୍ତରଥିର ମେଳ,
ବିପୁଳ ସେନା ସୁଲତାନର
ଛଳ, ବଳ, କୌଶଳ ॥”

।। ୬୩୦ ।।

କ୍ଷତ୍ରୀ ପ୍ରବର ରଣ ହୁଙ୍କାର
ଶବଦ କାନେ ଶୁଣି,
ଚତୁର୍ଦ୍ଦିଗରୁ ଆସିଲେ ଗରୁ
ବିପୁଳ ସୁଲତାନୀ ।।
କୃଷ୍ଣ ମେଘର ବାଦଲ ପରି
ଆସିଲେ ସୈନ୍ୟ ଘେରି
ବିଦ୍ୟୁତ୍ ଦୀପ୍ତି ସମ ଝଲକେ
କୃପାଣ ତରବାରି ।।
ସମର ସ୍ଥାନେ, ସ୍ୱ ଅଭିମାନେ
କ୍ଷତ୍ରିୟ ଆଜି ଦେବ
ପୃଷ୍ଠ ଦେଖାଇ ନଥିଲେ ଯାଇ
ଆଭିଜାତ୍ୟ ଗରବ ।।
ସେପରି ତୁର୍କୀ, ବଇରୀ ବାଦୀ
ଆସିଲେ ଯୁଦ୍ଧେ ମାଡ଼ି
ହସ୍ତର ମୁଷ୍ଟି ଧରିଛି ସତେ
ହୀରକ ତରବାରି ।।
ବର୍ଷା ପରି ସେ ବୃଷ୍ଟି ତୀରର
ପଡ଼େକି ମେଘୁ ଝରି
ଚମକଇ ଶଲ୍ୟ ବିଦ୍ୟୁତ୍ ସମ
ମନେ ଭୀତି ସଞ୍ଚାରି ।।
ତାଙ୍କର ବାଣ ଚକ୍ର ସମାନ
କଠିନ ଥିଲା ଅତି
ବାସୁକୀ ମଧ୍ୟ ହେଲା ଶଙ୍କିତ
ମସ୍ତକେ ପଡ଼ିବ ଯଦି !
ଝଙ୍କୃତ ଭାଲେ, ମଘବା ଭାଳେ
ଭୟେ ହୋଇ ବିହ୍ୱଳ
ହିନ୍ଦୁ ଭାବି ଯଦି ଦେବ ମାରି

ଭେଦିବ ବକ୍ଷେ ମୋର।
ସମସ୍ତ ସାଥୀ, ଏକତ୍ର ରଖି
ବ୍ୟୂହ ରଚିଲା ଗୋରା
ମତ୍ତଗଜ, ଲାଗନ୍ତି ସମସ୍ତ
ଶୁଣ୍ଢ ବିହୀନ ପରା !
ଐକ୍ୟ ସୈନ୍ୟ କଲେ ଆହ୍ୱାନ
ତୁର୍କି ଯୋଦ୍ଧାଙ୍କୁ ଦେଖି
ସମର ପାଇଁ ଗଲେ ଧସାଇ
କ୍ଷତ୍ରୀ ଗୌରବ ରଖି ॥
ଏ ଯୁଦ୍ଧ କ୍ଷେତ୍ରେ ହେଲା ବିକ୍ଷିପ୍ତ
ମସ୍ତକ, ଶିରସ୍ତ୍ରାଣ
ଗଣ୍ଡି, ବଖତର ଆଉ କୁଣ୍ଡି
ସମସ୍ତ ହେଲା ଛିନ୍ନ ॥
ସ୍କନ୍ଧ ବିହୀନ ଘୋଟକମାନ
ଶୁଣ୍ଢ ହରାଇ ହସ୍ତୀ
ରଣ ପ୍ରାଙ୍ଗଣେ ଅସଂଖ୍ୟ ଗଣେ
ମୃତ୍ୟୁ କରିଲେ ପ୍ରାପ୍ତି ॥
ମାନବ ଯୁଦ୍ଧେ ବଡ଼ ବିପଦ
ନହୁଏ ଜାଣି କିଛି
ସହସ୍ର ସେନା କରି ଆପଣା
ଗୋରା କି ଯିବ ବଞ୍ଚି ॥
ଟିପ୍ପଣୀ:- ବଖତର୍- କବଚ, କୁଣ୍ଡି - ଲୁହାଟୋପି

॥ ୬୩୧ ॥

ସୁଲତାନୀ ସେନା ମାଡ଼ି ଆସୁଥିଲେ
ଯେହ୍ନେ ଉଗ୍ର ପୂର୍ବ ମେଘ
ଲୌହ ସାଞ୍ଜୁ ସର୍ବେ ଶରୀରେ ଆବୃତ
ଦିଶୁଥିଲା କଳାରଙ୍ଗ ॥

ସେନାଙ୍କ ଶରୀରେ ତିଳେ ହେଲେ ସ୍ଥାନ
ଶୂନ୍ୟ ନଦିଶଇ କାହିଁ,
ତୀକ୍ଷ୍ଣ ଫଉଲାଦି ତରବାରୀ ସର୍ବେ
ଧରି ଉଭାହେଲେ ତହିଁ ॥
ସତେକି ଦାମିନୀ ଦୀପ୍ତି ଚମକୁଛି
ଖଡ୍ଗ ତୀକ୍ଷ୍ଣଧାର ଅସି
ସୁବର୍ଣ୍ଣ ରଙ୍ଗର ଗଜବେଲ ଖଡ୍ଗ
ପ୍ରାଣ ମାଗି, ଦିଏ ନାଶି ॥
ଯମର କଟାରି ସତେକି ଘୂରୁଛି
ବିପକ୍ଷର ପ୍ରାଣ ଘେନି
ସ୍ୱର୍ଗ ଚଳିଯିବ, ଉଲ୍ଲାସ ଉଦ୍ଦାମେ
ତେଜି ବିଶାଳ ମେଦିନୀ ॥
ଶଲ୍ୟ ମୁଖେ ଗୋପ୍ୟ ରହିଛି ଗରଳ
ପରଶେ ନେବ ପରାଣ
ଅବଲୋକି ଗୋରା ଅତ୍ୟନ୍ତ କୁପିତ
ପ୍ରବେଶିଲା ରଣାଙ୍ଗନା।
ଅଙ୍ଗଦ ପରାଏ ପାଦ ଥାପେ ଦମ୍ଭେ
ଶ୍ରେଷ୍ଠ ବୀର ସୁପୁରୁଷ
ପଛ ଘୁଞ୍ଚା କେବେ ପ୍ରାଣ ପାତ ପାଇଁ
ମରମେ ନ ଆସେ ତ୍ରାସ ॥
ସେହି କାଳଜୟୀ, ରଣାଙ୍ଗନେ, ବୀର
ଯୁଗଳ କରି କୃପାଣ
ଧରି କ୍ରୀଡ଼ା କରେ। ସମର ଭୂମିରେ
ସ୍ୱାମୀ ସେବା ପରାୟଣ ॥
ପରିଶେଷେ ଦିଏ ଆପଣା ପ୍ରାଣକୁ
ନକରେ ଅନୁଶୋଚନା
ସ୍ୱାମୀର ସେବକ ବୀର ରଣରଙ୍ଗ
ବୀର ଶ୍ରେଷ୍ଠ ମହାମନା।

।। ୬୩୨ ।।

ସମର ଅଙ୍ଗନ ଅଶ୍ବ ସଞ୍ଚାଳନ
ସେ କରୁଣ କ୍ଷଣ ପାଇଁ
ମର୍ମନ୍ତୁଦ କର୍ମ ହୃଦ ବିଦାରିବ
ବାକ୍ୟ ମୁଖୁ ସ୍ଫୁରୁ ନାହିଁ ।।
ଘୋର ଘନ ଯୁଦ୍ଧେ ଘୋଡ଼ାଟାପୁ ଶବ୍ଦ
ଲଗାମ ତ ନାହିଁ ଗଲେ
ଉନ୍ମତ୍ତ ହସ୍ତିକ ଚଳିଲେ ଅଗ୍ରତେ
ମେଘ କି ଘନ ଅମ୍ବରେ ।।
ଗୋରାହିଁ ବଳବନ୍ତ ସୈନ୍ୟ ସମ୍ମୁଖସ୍ଥ
ଉଭା ହେଲା ଦମ୍ଭ ଧରି
ସହସ୍ର ସେନାନୀ ପ୍ରାଣ ପାତ ମାନି
ରହିଲେ ଅଚଳ ପରି ।।
ବିପୁଳ ସଇନୀ ବାଦଶା ବାହିନୀ
ସମ୍ମୁଖେ କେତେ ସମୟ
କିପରି ତିଷ୍ଠିବେ ସହସ୍ର ଯୋଦ୍ଧାଏ
ବଳି ପଡ଼ିବେ ନିଶ୍ଚୟ ।।
ଗୋରାର ସମ୍ମୁଖେ ଗଲେ ପ୍ରାଣଘାତେ
ବୀର ଶ୍ରେଷ୍ଠ କ୍ଷତ୍ରୀଗଣ
ବୀରଙ୍କ ଅଗ୍ରତେ ମୃତ୍ୟୁ ହେବା ସତ୍ତ୍ୱେ
ନଫେରେ ଅଶ୍ୱ ଲଗାମ ।।
ଜଳନ୍ତା ବହ୍ନିରେ ପତଙ୍ଗ ସଦୃଶ
ଏକଟଳେ, ଅନ୍ୟଜଣେ
ମସ୍ତକ କାହାର ଚୂର୍ଣ୍ଣ ହେଉଥିଲା
ଗଣ୍ଡି ମୁଣ୍ଡ ନିମ୍ନ ସ୍ଥାନେ ।।
କବନ୍ଧ ଯାଉଛି କିଛି ଦୂର ପଥ
ଭୂମି ଲୋଟେ କାରଶିର
ରକ୍ତାକ୍ତ ଶରୀରେ କେ ବୁଲେ ପାଗଳ

ଧୂଳି ଭରା କା ଶରୀର।
ଆବୃତ କରଇ, ଫାଶୁ ଅବା ବୋଲି
ସମାଧି ବସିଛି ଯୋଗୀ
ସର୍ବେ ଏହିପରି ମୃତ୍ୟୁ ମୁଖେ ପଡ଼ି
ରଣାଙ୍ଗନେ ଗଲେ ହଜି ॥
ଗୋରା ଏକ ମାତ୍ରକ ହୋଇ ବଞ୍ଚିତ
ନାରାଚ ଘାତରୁ ତରି
କ୍ଷତ୍ରିୟ ଗୌରବ, ବଇରୀ ସାଧିବା
ରଣ ସ୍ଥଳେ ସ୍ଥିର ବଳୀ ॥
ମୃତ୍ୟୁର କରାଳ ଫାଶ ଯମରାଜ ପରି
ସକଳେ କରିବ ଗ୍ରାସ ଏକାକୀ ସଙ୍ଘାରି ॥

॥ ୬୩୩ ॥

ଆପଣା ସୈନ୍ୟର ମରଣ ନିରେଖି
ବୁଝିଲା ନିଜ ଅନ୍ତରେ
ଶେଷ କାଳତାର ଆସି ପ୍ରବେଶିଛି
ପବିତ୍ର ସମର ସ୍ଥଳେ ॥
ଶେଷ ନେତ୍ରେ ଚାହିଁ ହର୍ଯ୍ୟକ୍ଷ ସମାନ
ସମ୍ମୁଖ ଯୁଦ୍ଧରେ ପଶି
ଅଗଣିତ ଶତ୍ରୁ ସୈନ୍ୟଙ୍କ ସମ୍ମୁଖେ
ନହୁଏ ପଶ୍ଚାତ ପନ୍ଥୀ ॥
ବାରଣ ଯୂଥଙ୍କୁ ଚତୁର କେଶରୀ
ଛିନ୍ନ ଭିନ୍ନ କଲା ପରି
କ୍ରୋଧେ ପ୍ରଜ୍ୱଳିତ , ଆଘାତେ ନିରତ
ଅସ୍ତ୍ରାଘାତେ ଦିଏ ମାରି ॥
ଅଶ୍ୱ ସହିତରେ ଅଶ୍ୱରୋହୀ ମରେ
ଗଡ଼େ କଟା ଶିର ଲୋଟି,
ରକ୍ତ ଝରୁଥାଏ, କିଏ ବା ତହିଁରେ

ଫଗୁ ଖେଳେ ଅଛି ମାତି ॥
ଅଥବା କିଏ ସେ ମଞ୍ଜିଷ୍ଠା କଳସ
ଢାଳି ଦେଇଛି ଭୂମିରେ
ଫଗୁ ଖେଳି ଖେଳି ସିନ୍ଦୂର ଛିଞ୍ଚିଣ
ଚାଞ୍ଚର ଗାଏ ସୁସ୍ୱରେ।
ତା ଅସ୍ତ୍ର ଅଗ୍ନିରେ, ଅଶ୍ୱହସ୍ତୀ ସବୁ
ଯଦିବା ଆସନ୍ତି ତହିଁ
ରୁଧିରେ ତାଙ୍କର ଉଠୁଥିଲା ବହ୍ନି
ପଡ଼ନ୍ତି ସମର ଭୂଇଁ ॥
ଯୁଗଳ କରେଣ କରବାଳ ଧରି
କ୍ଷତ୍ରୀବର କରେ ରଣ
ବଜ୍ରରୁ କଠିନ, ପ୍ରହାରେ ତା ଶତ୍ରୁ
ପାଏ ନାହିଁ ପରିତ୍ରାଣ ॥
ପୁଣି ସେ ବାଦଶା ଆଦେଶ କରେ ତା
"ଗୋରାକୁ ସକଳେ ବାନ୍ଧି,
ବନ୍ଦି କର! ତେଣେ କରେ ପଳାୟନ
ରତ୍ନ ସାଥେ ପଦ୍ମାବତୀ ॥"
ଅହଙ୍କାର ବଳ ଦର୍ପରେ କ୍ରୋଧ କରେ ବାଦଶା
ତଥାପି ହୃଦେ ସେ ରଖିଛି ପଦ୍ମାବତୀର ଆଶା ॥

॥ ୬୩୪ ॥

ବାଦଶା ଆହ୍ୱାନେ, ତୁର୍କି ସଇନ
ପ୍ରାଣେ ଉତ୍ସାହ ଭରି
ଉଠିଲେ ସର୍ବେ ନୂତନ ଗୌରବେ
ଏ ତ ଶତ୍ରୁ-ବଇରୀ ॥
ବାରଣ ଯୂଥ ହୋଇବ କି ଶକ୍ତ
କ୍ରୋଧିତ ସିଂହ ପାଶେ
ଯେ ଦିଗେ ସେ ପାଏ ସେ ଦିଗେ ଖାଏ

ନ ଦେଖଇ ପଶ୍ଚାତେ ॥
ଆସୁଥିଲେ ଘେରି ତୁର୍କି ବାହିନୀ
ଏକ ବଇରୀ ବୀର
ମାରିବାକୁ ସର୍ବେ, ଦୁର୍ଦ୍ଧର୍ଷ ରବେ
"ଧରି ତାହାକୁ ମାର!"
ସେ ଦିଏ ଯବାବ ବାହୁ ବଳରେ
ମାରି ଶତ ସଇନ
ଯଦ୍ୟପି ତ ଏକା, ସେ ରଣ ରଙ୍କା
ତଥାପି ଶଙ୍କାହୀନ
ଏଥର ଗୋରା ମନରେ ଭାବିଲା
"ମୃତ୍ୟୁ ମୋ ସୁନିଶ୍ଚିତ
ଜଗଦ୍ଦେବ ଓ ଜଜା ମଧ୍ୟ ଦିନେ
ରଣେ ହୋଇଲେ ହତ ॥
ତାଙ୍କର ଯଶ, ଗାଉଛି ଜଗତ
ସେପରି ଯଶ ରଖି
ଏକାକୀ ମୁହିଁ ଅସଂଖ୍ୟ ସୈନ୍ୟଙ୍କ
ସାଗର ଦେବି ମନ୍ଥି ॥
ସଂସାରେ କିଏ ଚିର ଦିନ ଅବା
ରହିଛି ଦେହ ଧରି
ନଭାବ ଏକଥା ଏକାନ୍ତ ଗୋରା
କ୍ଷତ୍ରିୟ ପଣେ ଭାରି ॥
କେଶରୀର ନିଶ, ଧରିବା ଆଶ
କିଏ ବା ଭାଳେ ମନେ
ଜୀବିତ ରହିଲେ କେହି ନପାରେ,
ସିଂହରେ କେ କି ଜିଣେ ?
ଯଦି ଅବା ସିଂହ ମୃତ୍ୟୁ ଲଭିବ
ଶବକୁ ତାର ଧରି
ଯେ ଚାହିଁବ ସେ, ଶରୀର ତାହାର
ନେଇପାରେ ଘୋଷାଡ଼ି ॥

ସମ୍ମୁଖକୁ ଦୃଷ୍ଟି ସର୍ବଦା ରଖି
ମୃଗେନ୍ଦ୍ର କରେ ଗତି
କେବେ ହେଲେ ସେହି ପଛକୁ ଚାହିଁ
ନ ଫେରାଏ ତା ଦୃଷ୍ଟି ॥
ଯେଉଁଭଳି ଛଳେ ସ୍ୱାମୀଙ୍କୁ ମୋହର
କରିଲା ତୁର୍କି ବନ୍ଦି
ଗୋରାର ଦେହେ ଲାଗିଲା କାଳିମା
ଧୋଇ ନାହିଁ ଅବଧି ॥
ନିଜ ରକ୍ତରେ ଯେତେ ବେଳ ଯାକେ
ନକରିଛି ଧଉତ
ସେତେବେଳେ ଯାକେ ଯୋଗ୍ୟ ନହେବି
ଦେଖାଇବାକୁ ମୁଖ ॥
କହିଲା ଚାହିଁ ସମର ଭୂଇଁରେ
ସମର୍ପି ଦେବି ପ୍ରାଣ
ପ୍ରଭୁଙ୍କ ମୋର ମାନ ମୁଁ ରଖିବି
ବରିଛି ସ୍ୱର୍ଗ ସ୍ଥାନ ॥"
ଏକାକୀ ସେ କ୍ଷେତ୍ରୀ ବୀର ଗୋରା ରଣରଙ୍ଗ
ଅଭିମନ୍ୟୁ ପରି ଯୁଝେ ଉଚ୍ଛ୍ୱାସେ ହୋଇ ନିଃଶଙ୍କ ॥

॥ ୬୩୫ ॥

ସୁଲତାନ ସେନା ବିଶାଳ ବାହିନୀ
ଏକାନ୍ତ କ୍ଷେତ୍ରୀ ଯୋଦ୍ଧାକୁ
ଲଜ୍ଜାହୀନ ହୋଇ ବେଢ଼ି ଆସୁଥିଲେ
ଅସ୍ତ୍ର ଶସ୍ତ୍ରେ ମାରିବାକୁ ॥
ସରଜା ସେ ବୀର ସିଂହ ପୃଷ୍ଠ ବସି
ଉଠିଲା ଗର୍ଜନ କରି
ମଲ୍ଲଯୁଦ୍ଧ ବୀର ଖ୍ୟାତି ଥିଲା ତାର
ଗୋରା ପାଶେ ଆସେ ମାଡ଼ି ॥

ମୀର ହମ୍‌ଜା, ଅଲ୍ଲୀ ତା ଦୁଇସାଥୀ,
ସାହାଯ୍ୟ କରନ୍ତି ତାରେ
କୁପିତ ଆୟୁବ ରୋଷ ନେତ୍ରେ ଚାହିଁ
ପାଶ୍ଚାତ ଭାଗୁ ଆବୋରେ ॥
ବୀରତ୍ୱ ତାହାର ରାମ ଲକ୍ଷ୍ମଣଙ୍କୁ
ଟପି ଯାଇଥିଲା ଉର୍ଦ୍ଧ୍ୱେ
ତାୟା ଓ ସଲାର ସଙ୍ଗତେ ତାହାର
ସାହାଯ୍ୟ କରନ୍ତି ହାଦେ ॥
ପାଣ୍ଡବ, କୌରବମାନଙ୍କ ପରି ସେ
ଥିଲେ ଅତି ହୃଷ୍ଟପୃଷ୍ଟ
ବନ୍ଦି କରିଥିଲେ ଲିଘୋର ଦେବଙ୍କୁ
ଯୁଦ୍ଧରେ କରି ପରାସ୍ତ ॥
ଏହିପରି ମଲ୍ଲ କିଏ ଅଛି ଆଉ
ଜଗତେ ତା ପରି ବାଦୀ
ରଣାଙ୍ଗନେ ମଧ୍ୟେ, ସମ୍ମୁଖ ଯୁଦ୍ଧରେ
କେ ହେବ ତା ପ୍ରତିବାଦୀ ?
ସେ ବୀର ସାରଜା ସିଂହ ବିକ୍ରମରେ
ଗୋରା ସିଂହ ପାଶେ ଗଲା
ଉଠାଇ କଟାରି ମାରିଲା ଉଦରେ
ଅନ୍ତ ଫୁଟି ବାହାରିଲା ॥
ହୁଙ୍କାର ଶବଦ କ୍ଷଣିକ ପାଇଁକି
ପ୍ରତିଧ୍ୱନି ହେଲା ତହିଁ
ପୁରୁଷ ପୁଙ୍ଗବ ବୀର ଶ୍ରେଷ୍ଠ କ୍ଷେତ୍ରୀ
ଭୂତଳେ ପଡ଼ିଲା ଶୋଇ ॥
କହୁଛନ୍ତି କବି ଧନ୍ୟ ତୁହି ଗୋରା
ତୁ ରଣ କ୍ଷେତ୍ରର ରାଜା,
ଗୁର୍ଜର ନରେଶ ଭୀମ ଚାଲୁକ୍ୟଙ୍କ
ପରି ଅଟେ ତୋ ବୀରତା ॥
ତୁହି ଆପଣାର ଅନ୍ତଃସାର ଘେନି

କରୁ ଅଶ୍ୱ ଆରୋହଣ
ସମସ୍ତ ସଂସାରେ ଯଶସ୍କର ହୋଇ
ବିରାଜିବୁ ଚିରଦିନ ॥

ଟିପ୍ପଣୀ: ମୀର ହମ୍‌ଜା- ପ୍ରସିଦ୍ଧ ଯୋଦ୍ଧା। ତାଙ୍କର ବୀରତାର କାହାଣୀ ମଧ୍ୟଯୁଗୀୟ ମୁସଲମାନଙ୍କ ମଧ୍ୟରେ ପ୍ରଚଳିତ ଥିଲା। ଅଲ୍ଲୀହଜରତ ମହମ୍ମଦଙ୍କ ଜାମାତା ଏବଂ ଚତୁର୍ଥ ଖଲିଫା। ଜାୟସୀ ତାଙ୍କୁ ସିଂହ ସଦୃଶ ବଳୀୟାନ ବୋଲି କହିଛନ୍ତି। ସଲାର- ପଥ ପ୍ରଦର୍ଶକ, ଆୟୁବ - ଧର୍ମାତ୍ମା ଓ କଷ୍ଟ ସହିଷ୍ଣୁ ଥିଲେ।

॥ ୬୩୬ ॥

ମନରେ ଭାବଇ ଗୋରା, "ପରିଶେଷ ଭୂମି ଶଯ୍ୟା ମୋର
ବିପୁଳ ଅନନ୍ତ ପୃଥିବୀ ତାର କୋଳେ ଧରିବ ମୋ ଶିର,
ରେଣୁ କଣା ଭରିଯିବ, ଆଚ୍ଛାଦିତ କରି ଅବୟବ,
ତେଣୁ ଖୋଜି ଖେଳିବି ମୁଁ ରଣାଙ୍ଗନେ ହୋଇଣ ଉନ୍ମାଦ ॥"
ଗର୍ଜି ଉଠି ସିଂହ ପରି, ସମ୍ମୁଖୀନ ହେଲା ସରଜାର
ଉଠାଇ କଟାରି ସରଜା ପ୍ରହାର କରେ ପୁନର୍ବାର ॥
ପ୍ରତ୍ୟାକ୍ରମଣ କରେ ଗୋରା, ବଜ୍ର ସମ ଖଡ୍ଗ ପ୍ରହାରେ,
ବିଚ୍ଛୁରିତ ହେଲା ଅଗ୍ନି, ସେ ଦୃଢ଼ କଟାରି ସଂଘର୍ଷରେ,
ଲାଗେ ସତେ ଅବା ହେଲା ବଜ୍ର ସଙ୍ଗେ ବଜ୍ରର ସଂଘାତ
ଶଙ୍କିତ ହେଲେ ଭୟେ ସର୍ବେ, ହେଲା କି ଶୂନ୍ୟୁ ବଜ୍ରପାତ !!
ଗୋରାର ଦ୍ୱିତୀୟ ଆଘାତ ସରଜାର କୁଲାହ ପରେ
ଅଚିରେ ସମ୍ଭାଳେ ସରଜା, ଢାଲକୁ ରଖି ସମ୍ମୁଖରେ ॥
ସ୍କନ୍ଧରେ ଆଘାତ କରିଲା ଗୋରା, ତା ତୃତୀୟ ପ୍ରୟାସ,
ହୋଇଲା ବିଫଳ ଯେଣୁ ଆବୋରି ଥିଲା ଗୁର୍ଜ କବଚ ॥
ଗୋରାର ପ୍ରଚଣ୍ଡ ଆଘାତେ ଉଠିଲା ଜଳି ଅଗ୍ନିଶିଖା,
ସେ ଅନଳ ଗ୍ରାସିବ କି ସରକାରେ, କରେ କିଏ ରକ୍ଷା ?
ହତୋତ୍ସାହେ ଜଣେ କେହି ନ ଆସିଲେ ସରଜାର ସାଥେ
ସକଳେ ରହିଲେ ସ୍ତବ୍ଧ ସ୍ଥାଣୁ ହୋଇ, ସରଜା ପାଶ୍ୱାତେ ॥

।। ୬୩୭ ।।

ତତ୍ପରେ ଉଠିଲା ଗର୍ଜି ବଳିଆର ସେ ଦୁଷ୍ଟ ସରଜା,
ପ୍ରଚଣ୍ଡ ବେଗରେ ଗୁର୍ଜ, କ୍ରୋଧରେ ମାରେ ଦୁର୍ବିନୀତ,
ସତେକି ପଡ଼ିଲା ବଜ୍ର, ତା ସମାନ ନାହିଁ ତୁର୍କୀ ଯୋଦ୍ଧା
ସେ ବଜ୍ର ପ୍ରହାରେ ଗୋରା ସାଜ ହେଲା ଖଣ୍ଡ ବିଖଣ୍ଡିତ
ସତେକି ସୁମେରୁ ସାଥେ ଆକାଶ ବା ପଡ଼େ ରସାତଳେ,
ଅମ୍ବର ପାତାଳ ଭେଦି ବ୍ୟାପିଗଲା ସେ ହବ୍ୟ ବାହାନ
ଚକ୍ଷୁର ତାରକା ଅବା ଗଲା ହଜି, ସାରା ସଂସାରରେ
ବ୍ୟାପିଗଲା କଳରୋଳ। କୃପାଣକୁ କଲା ଆସ୍ଫାଳନ
ଭାବିଲେ ସମସ୍ତେ, ଆସିଲା ପ୍ରଳୟ, ଅବନୀ ଅମ୍ବରେ
କରି ଏକାକାର, କୋଷରୁ ଖଡ୍ଗ ଯେବେ କଲା ମୁକ୍ତ
ସରଜା ଶାର୍ଦ୍ଦୂଳ, ପ୍ରହାରିଲା ଘୋର ବେଗେ ଗୋରାପରେ,
ଅଶ୍ୱସାଥେ ତା ଶରୀର ନିମିଷକେ କଲା ଦ୍ୱିଖଣ୍ଡିତ ।।
କ୍ଷିତି ହେଲା ଦ୍ୱିଖଣ୍ଡିତ, ଶେଷ ନାଗ କଲା ଫଣା ନତ
ବଳିଆର ଗୋରା, ଶାର୍ଦ୍ଦୂଳ ସରଜା ସାଥେ ସମକକ୍ଷ
ନପାରିଲା ହୋଇ ଯଦିବା ଥିଲା ଲଢ଼ି ସିଂହ ସମାନ।
ରଣକ୍ଷେତ୍ରେ ଟଳି ପଡ଼ି, ଆପଣାର ଶିର କରି ଛେଦ
ପେଷି ସ୍ୱାମୀ ପାଶେ ଦେଲା ସେହି ଆନୁଗତ୍ୟର ପ୍ରମାଣ,
କେଉଁପରି ସ୍ୱାମୀର ସେବାରେ ସମର୍ପିଲା ନିଜ ପ୍ରାଣ ।।
ରାଜାଙ୍କୁ ସୁରକ୍ଷା ଦେଇ ଘେନିଗଲା ବାଦଲ ଚିତ୍ତୋର
ପ୍ରବେଶିଲେ ରତ୍ନସେନ ସୈନ୍ୟ ସାଥେ ଗଡ଼ର ଭିତର ।।

।। ୬୩୮ ।।

ସେ ରାଣୀ ପଦ୍ମିନୀ ରୂପୀ କମଳିନୀ
ମଉଳି ଥିଲା ସେ ଝରି
ସୁଖ ସଉଭାଗ୍ୟ ବାରତା ଶ୍ରବଣେ
ସେ ପୁଣି ଉଠେ କଅଁଳି ।।
ସୁଖ ସରୋବର, ସଲିଳେ ପୁରିଲା

ତା ହୃଦୟ ନିମଜ୍ଜିତ
ନିଦାଘ ଶେଷରେ ଆଦ୍ରା ନକ୍ଷତ୍ରରେ
ପଦ୍ମ ବନ ଉଲ୍ଲସିତ ॥
ସେପରି ସୌଭାଗ୍ୟ, ସୁଖ ଆଦରରେ
ଆସେ ଉଦିତ ସୂର୍ଯ୍ୟର
ପ୍ରକାଶେ, ଉଚ୍ଛ୍ୱସି ଅଙ୍ଗଲତା ତାର
ହେଲା ବିକଶି କମଳ ॥
ତା ଅଙ୍ଗ ଲତିକା ପ୍ରସାରିତ କରି
ସଜାଇ ପତ୍ର ରଖିଲା
ଅବା ବିଶ୍ୱସୃକ୍, ପଦ୍ମ ପତ୍ର ଛତ୍ର
ତା ମସ୍ତକେ ସମ୍ପାଦିଲା ॥
ସତେ ଅବା ହେଲା ତହିଁ ସୂର୍ଯ୍ୟୋଦୟ,
ଖେଳି ସୁବର୍ଣ୍ଣ ସମ୍ଭାର,
ଅପସରି ବିଭାବରି, ଫୁଟି ଉଠେ
ଦିବାଲୋକ ପୁନର୍ବାର ॥
ଅସ୍ତୁ ଅସ୍ତୁ ଶବ୍ଦ ଶୁଣି ଚତୁର୍ଦ୍ଦିଗ
କଳ ରୋଳେ ଗଲା ବ୍ୟାପି,
ସେନାଙ୍କ ସହିତେ ଅମାତ୍ୟ ସଚିବେ
ରାଜାଙ୍କୁ ଗଲେ ପାଛୋଟି ॥
ମଧ୍ୟେ କମଳିନୀ ରଖି କୁମୁଦିନୀ
ଗଣ ହେଲେ ଉଲ୍ଲସିତ
ରାହୁ ଗ୍ରାସୁ ମୁକ୍ତ ହେଲେ ଦିନନାଥ
ମିଳନେ ଶଶୀ ସହିତ ॥
ଶୁଣି ଏ ବାରତା, ପାଟ ସିଂହାସନ
ମନ୍ଦିରେ ସଜ୍ଜିତ କରି
ବହୁ ବାଦ୍ୟ ରୋଳେ, ଉଠିଲା କଲ୍ଲୋଳ
ଚିତ୍ତୋର ଦୁର୍ଗ ଆବୋରି ॥

॥ ୬୩୯ ॥

ତଦନନ୍ତେ ସୁନ୍ଦରୀ ପଦ୍ମିନୀ ନାରୀ
ସୀମନ୍ତେ ସିନ୍ଦୂର ଭରି
ରତ୍ନସେନ ସୂର୍ଯ୍ୟେ ଆରତି କରିବେ
ପୁରକୁ ସ୍ୱାଗତ କରି ॥
ତାରକା ମଣ୍ଡଳୀ ସଖୀ ସହଚରୀ
ଦାସୀ ପରିଚାରି ସାଥେ
ଅନ୍ତପୁରବାସୀ ଯେତେ ଥିଲେ ରାଣୀ
ଚଳିଲେ ତାଙ୍କ ସଙ୍ଗତେ ॥
ଦେଖି ସେମାନଙ୍କ ରୂପର ସମ୍ଭାର
ବାସନ୍ତିକା ରୂପବତୀ
ମନେହେଉଥିଲା ସୁଷମା ଶୃଙ୍ଗାରେ
ବିଶ୍ୱକୁ କରେ ଆରତି ॥
ଅଥବା ଶ୍ରାବଣ ମାସେ ବସୁଧାରେ
ଚାଲନ୍ତି ସାଧବ ବୋହୂ
ଧାଡ଼ି ଧାଡ଼ି ହୋଇ ମନ ମୋହିନେଇ
ଭ୍ରମନ୍ତି ଆନନ୍ଦେ ସେହୁ ॥
ପଞ୍ଚତୁରୀ ବାଜେ ଆନନ୍ଦ ଉତ୍ସବେ
ଆରକ୍ତିମ ପୁରବାସୀ
ରାଜା ଆଗମନେ ପୁଲକିତ ସର୍ବେ
ପ୍ରଜାକୂଳ ହେଲେ ଖୁସି ।
ସୂର୍ଯ୍ୟ ସମ ରାଜା ଉଦିତ ହୁଅନ୍ତେ
ମରୀଚୀ ମାଳା ସଞ୍ଚରି
ରାଣୀ କମଳିନୀ ମୁଖ କମଳକୁ
ପୂର୍ଣ୍ଣ ବିକଶିତ କରି ॥
ଉଲ୍ଲସିତ ହୋଇ ଶିର ନତ କରେ
ଶ୍ରୀ ଚରଣେ ରାଜାଙ୍କର
ସେ ବିକଚ ପଦ୍ମ ଆଦରେ ହସ୍ତରେ
ସ୍ୱାମୀ ନିବେଶିଲେ ଶିର ॥

ମୃଦଙ୍ଗ, ମୁରଜ, ଦୁନ୍ଦୁଭି ଓ ଢୋଲ
ବାଦ୍ୟ ବଜାଇ ଆନନ୍ଦେ
ସ୍ୱର୍ଗ ପୁରେ ଇନ୍ଦ୍ରଙ୍କର ବାଦ୍ୟଶବ୍ଦ
ଲଜ୍ଜିତ ହୋଇଲା ହାଦେ ॥
ସିନ୍ଦୂର ତାମ୍ବୂଳ ବହୁବର୍ଣ୍ଣ ଫୁଲ
ସଜନୀମାନଙ୍କ ତୁଲେ
ପଦ୍ମାବତୀ ପ୍ରିୟଙ୍କର ପାଦପଦ୍ମ
ପୂଜା କଲେ ପ୍ରୀତିଭରେ ॥
ରାଜା ବିନିମୟ କରିଲେ ହୃଦୟ
ସ୍ନେହ ଭରେ ସ୍ପର୍ଶ କରି
ପଦ୍ମିନୀ ମସ୍ତକେ ପୁଷ୍ପରଖି ରାଜା
ସମାପନେ ପୂଜା ସାରି ॥

କରାଳ ମୃତ୍ୟୁ କବଳରୁ ରକ୍ଷା କଲେ ଗୋରା ଓ ବାଦଲ
ସତ୍ୟ ନିଷ୍ଠ ରାଜାଙ୍କୁ ସେ ବୁଝାଇଲେ ଶାହା ପ୍ରୀତି ଛଳ ॥

॥ ୬୪୦ ॥

ପ୍ରିୟବତୀ କହେ, ପ୍ରିୟତମେ ଚାହିଁ
"ତବ ପଦ ଯୁଗ ରଖି
କି ଦ୍ରବ୍ୟେ ପୂଜିବି ହେ ମୋର ପ୍ରାଣେଶ
ସକଳ ତବ ବିଭୂତି ॥
ଲଜ୍ଜା ପାଇ ମୁହିଁ, ସେ ଦ୍ରବ୍ୟ ଦୂରେଇ
ଯାବତ ଥିବ ଜୀବନ
ଏ ମୋର ଯୌବନ, ତନୁ ମନ ଦ୍ରବ୍ୟ
କରେ ଆରତି ପୂଜନ ॥
ତୁମରି ଗମନ ଅୟନେ କରିଛି
ଉତ୍ସର୍ଗ ମୋର ପରାଣ
ସେ ଅୟନେ ମୋର ନେତ୍ର ବିସ୍ତାରିଛି
ସେ ପଥେ ରଖ ଚରଣ ॥

ମୋ ଅବଲୋକନେ ପଥେ ଥାଉ ସଦା
ସେ ପଦ ପଙ୍କଜ ଦୁଇ
ତବ ପଦଧୂଳି ଝାଡୁଥିବି ମୋର
ନେତ୍ରେ, ଅପଲକ ଥାଇ ॥
ମୋ ଚକ୍ଷୁର ପକ୍ଷ୍ମେ କ୍ଷୁଦ୍ର କ୍ଷୁଦ୍ର କେଶେ
କରିବି ପଦନିର୍ମଳ
ମୋ ନେତ୍ର ଅୟନେ ଗତିକରି ତୁମେ
ପ୍ରବେଶ ହୃଦ ମନ୍ଦିର ॥
ସିଂହାସନେ ବସି ନବ ପାଟ ଛତ୍ର
ଟେକି ରଖ ଶିର ପରେ
ସକଳ ସମ୍ପଦ ତୁମେ ଅଟ ମମ
ହୃଦୟର ଅଧିକାରେ ॥
ମୋର ଅପଘନେ ତୁମେ ହିଁ ଜୀବନ,
ଜୀବ ଆଜ୍ଞା ପାଳେ କାୟା,
ସେପରି ମୁଁ ତବ ଆଦେଶ ପାଳିବି
ନ କରି ଅଳୀକ ମାୟା ॥
ଯେତେ ଦିନ ସୂର୍ଯ୍ୟେ ପ୍ରଖର ରଶ୍ମିରେ
ରହିଛି ଗଗନୁ ଚାହିଁ
ସେତେଦିନ ପଦ୍ମ ବିକଚ କାନ୍ତିରେ
ସୁଖଛତ୍ରେ ଥିବ ରହି ॥
ନତୁବା ସରସୀ ପୂର୍ଣ୍ଣ ସଲିଳରେ
ନଳିନୀ ଲତାର ପତ୍ର
ମଉଳି ଝରିବ ଧୀର ତରଙ୍ଗରେ
ମୃଣାଳ ମୂଳ ସହିତ ॥”
ଉଲ୍ଲାସରେ ଅତି ବ୍ୟକ୍ତ କଲେ ପ୍ରୀତି
ସ୍ୱାମୀଙ୍କ ସୁଖ ମନାସୀ,
ଆରତି ପାଇଁକି ହେଲେ ଆଗଭର
ପତି ହିଁ ପ୍ରାଣର ଗତି ॥

॥ ୬୪୧ ॥

ରାଜା ପାଦପଦ୍ମେ ହସ୍ତ ଦେଇ କଲେ
ସ୍ୱର୍ଗ ସୁଖ ଅନୁଭୂତି
ତାପରେ ବାଦଲ ଭୁଜ ଦଣ୍ଡ ଦୁଇ
ସ୍ପର୍ଶ କରିଲେ ଆରତି ॥
ବାଦଲ ଘୋଟକ ପଶ୍ଚାତ ଖୁରାକୁ
କଲେ ରାଣୀ ସମ୍ମାନିତ
ପୁଣି ଅଗ୍ରଖୁରା ଆକର୍ଷିଲେ କ୍ଷଣେ
ମନେ ହୋଇ ଆନନ୍ଦିତ ॥
ସମ୍ବୋଧି ବାଦଲେ କହନ୍ତି ଆଦରେ
"ହେ ବାଦଲ ଗୋରା ତୁମେ
ମୋ ସ୍ୱାମୀଙ୍କୁ ରକ୍ଷା କରି ଅଛ ଦୁହେଁ,
ବସାଇଛ ସିଂହାସନେ ॥
ଏ ମଥା ସିନ୍ଦୂର, ଏ ଟୀକା ମୋହର
ଅଙ୍କୁଶ ସମ ଝୁଲାଇ
ରଖିଥିଲା ବିଧି, ମୋ ଆଶା ନିରୋଧି
ତୁମେ ହିଁ ସ୍ଥାପିଲ ତହିଁ ॥
ନିଜ ଜୀବନକୁ କରି ବିପର୍ଯ୍ୟସ୍ତ
ଖେଳିଲ ଉଦ୍ଦଣ୍ଡ ଖେଳ
ମୋ ଜୀବନକୁ ତୁମେ ଶରୀରେ ସଞ୍ଚରି
ଫେଡ଼ିଲ ସ୍ୱାମୀ ଶୃଙ୍ଖଳ ॥
ମହାରାଜାଙ୍କର ଚାମର ଛତ୍ରକୁ
ରଖିଲ ସୁରକ୍ଷା କରି
ମୋ କ୍ଷୁଦ୍ର ଶିଞ୍ଜିନୀ ଶବ୍ଦ ଝଙ୍କାରକୁ
ଦେଲ ପ୍ରତିଧ୍ୱନି କରି ॥
ମାରୁତି ପରାଏ ରଥ ଧ୍ୱଜେ ରହି
ରକ୍ଷା କଲ ଦୁର୍ଗ ସ୍ୱାମୀ
ସେ ଲାଗି ଚିତ୍ତୋର ରାଜେନ୍ଦ୍ର ଦୁର୍ଗରେ
ଫେରିଲେ ଜୀବନ ଘେନି ॥"

ତତ୍ପରେ ରାଜାଙ୍କୁ ହସ୍ତୀ ପୃଷ୍ଠେ ରଖି
ନେତ୍ର ବସ୍ତ୍ରର ପାହାଡ଼
ଝିନ ପାଟବସ୍ତ୍ର ପଥରେ ସଜାଇ
ରାଜାଙ୍କୁ ଆଣିଲେ ତ୍ୱରିତ ॥
ଆଗମନୀ ବାଦ୍ୟ ବାଜିଲା ଗହଳେ
ସଜ୍ଜିତ ମାତଙ୍ଗେ ବସି
ରାଜବାଟୀ ଗୃହେ ବିଜେ କଲେ ରାଏ
କାରାଗାରୁ ପାଇ ମୁକ୍ତି ॥
ଆନନ୍ଦ ଉଲ୍ଲାସେ ମଜ୍ଜିଲେ ପ୍ରଜାଏ
ସୁଖେ ରାଜ ସିଂହାସନେ,
ବସିଲେ ଦୁର୍ଗେଶ ରାଜା ରତ୍ନସେନ
ପରିପୂର୍ଣ୍ଣ ସୁଖାସନେ ॥

ସତ୍ୟ ଧର୍ମ ଲାଗି ବିଜୟୀ ହୋଇଛି ସତ୍ୟନିଷ୍ଠ ରତ୍ନସେନ
ଗୋରା ବାଦଲର ନିବାରଣ ସତ୍ତ୍ୱେ ସହିଲେ କଷ୍ଟ ଦାରୁଣ ॥

॥ ୬୪୨ ॥

କ୍ରମେ ବିଭାବରୀ ଆସିଗଲା ଘେରି
ପ୍ରଦୋଷ ଗମନ ପଥେ
ଦୁର୍ବହ ଦୁର୍ଦ୍ଦଶା ବନ୍ଦି ଗୃହୁ ଫେରି
(ରାଜା) ସୁଖେ ଶଯ୍ୟାଗତ କକ୍ଷେ ॥
ଶୁକ୍ତି ହସ୍ତେ ଧରି ମରଜୀବ ପରି
ସିନ୍ଧୁ ମଧ୍ୟୁ ଆସି ଫେରି
ସ୍ୱପନ୍ତୀ କି କରେ ଦୃଢ଼ ଆଲିଙ୍ଗନ
ରାଜନ କଲେ ସେପରି ॥
ରତ୍ନସେନ ଦୃଢ଼େ ଜଡ଼ାଇ ଧରନ୍ତି
ପଦ୍ମିନୀକୁ ବକ୍ଷପରେ
ଆପଣା କଷ୍ଟର କରାଳ ବେଦନା

ବୁଝାଇ କୁହନ୍ତି ଧୀରେ
କହନ୍ତି ନରେଶ, "ଶୁଣ ଗୋ ବାଳିଶ
ସେ କଷ୍ଟ ମନେ ସୁମରି
ଚକିତ ମୁଁ ହୁଏ, ଏ ଶରୀର କେହ୍ନେ
ରଖିଥିଲା ଜୀବ ଧରି ॥
ସେଇ ସୁଲତାନୀ ଗୋପନ କରଣୀ
ନ ବୁଝି ହୋଇଲି ବନ୍ଦି
ସେ କଥା ସୁମରି ପ୍ରାଣ ମୋର ସରି
ଅନ୍ଧ ଗୃହେ ଅବରୁଦ୍ଧି ॥
ଭୂତଳ କୋଠରୀ ସାନ୍ଦ୍ର ଅନ୍ଧକାରେ
ପକାଇଲେ ମତେ ଧରି
ପାଣି ଓ ପବନ ଥିଲା ହିଁ ସ୍ୱପନ
ଏକାକୀ ଜୀବନେ ଜଡ଼ି ॥
ଡମ ମାନେ ଆସି ଧରି ଷଣ୍ଡୁଆସି
ଅଗ୍ନିରେ ଉତ୍ତପ୍ତ କରି
କ୍ଷଣେ କ୍ଷଣେ ଆସି ମୋ ଅଙ୍ଗେ ଚେଙ୍କନ୍ତି
ନିର୍ଦ୍ଦୟ ହୃଦୟ ଧରି ॥
ଡମ ଛୁରୀ ଧରି କରୁଥିଲେ କ୍ଷତ
ଅଙ୍ଗ ଅବୟବ ସାରା
ସନ୍ତପ୍ତ ହୃଦୟେ ବିକଳ କରୁଣେ
ହେଉଥିଲି ଆତ୍ମହରା ॥
ଭୁଜଙ୍ଗ ବୃଶ୍ଚିକ ଥିଲେ ମୋର ସଙ୍ଗ
ତହିଁ କ୍ଷଣେ ପ୍ରତିକ୍ଷଣେ
ତାଙ୍କର ଦଂଶନ, ଥିଲା ମୋ ଭୋଜନ
ଜୀବନ ଯନ୍ତ୍ରଣା ପ୍ରାଣେ ॥
ତୁମ ସହିତରେ ମିଳନ ଆଶାରେ
ରହିଲି ଜୀବନ ଧରି
ସେ ଲାଗି ଦଇବ ଘଟାଇଲା ଆଣି
ଅଶେଷ କରୁଣା କରି ॥

ଯଦି ମୋର ଆଶା ଥାଆନ୍ତା ନିରାଶା
ଜୀବନେ କି ବର୍ତ୍ତିଥାନ୍ତି
ପୁନର୍ମିଳନ ବା ହୋଇଥାନ୍ତା କାହୁଁ
କେବଳ ମାନସେ ଭ୍ରାନ୍ତି ॥"

॥ ୬୪୩ ॥

କହେ ପଦ୍ମାବତୀ ବିଚ୍ଛେଦ କାହାଣୀ
ଦୁଃଖ ଦୁର୍ଦ୍ଦଶା ସୁମରି
ହୃଦୟ ବିରହ କରାଳ ବହ୍ନିରେ
ଜ୍ୱଳନ କହେ ବିସ୍ତାରି ॥
"ହେ ପ୍ରିୟ ମୋହର ତୁମେ ଏହିପରି
ସିନ୍ଧୁ ଜଳ ଚକ୍ରେ ପଡ଼ି
ଜୀବନ ତରଣୀ ଦିଗହରା ହୋଇ
ପଥରୁ ଗଲା ସେ ହୁଡ଼ି ॥
ସରୋବରରେ ଛାଡ଼ି ତବ କମଳିନୀ
ତୁମେ ଚାଲିଯିବା ବେଳେ
ସରସୀ ସଲିଳେ ଥିଲା ସେ ଉଚ୍ଛୁଳି
ହଂସ ଖେଳୁଥିଲା ନୀରେ ॥
ଛାଡ଼ି ଚାଲିଗଲ ତୁମରି ବିହୁନେ
ଶୁଖିଲା ସରସୀ ଜଳ
ଉଡ଼ିଗଲେ ଦୂରେ ସେ ହଂସ ନିମିଷେ
ତେଜି ଶୁଷ୍କ ସରୋବର ॥
ସୂର୍ଯ୍ୟ ସମ ମିତ୍ର ସେ ଥିଲେ ମୋ ସାଥୀ
ପାଲଟି ବଇରୀ ହେଲେ
ଏସନ ସଙ୍କଟ ଘଡ଼ିରେ ପୁରୁଣି
ପତ୍ର ନ ରହିଲା ଜଳେ ॥
ସେମାନଙ୍କ ଛତ୍ର ବିହୀନ ମୋ ପ୍ରାଣ
ରୌଦ୍ର ତାପେ ଗଲାମରି

ଜଳର ବିହୁନେ ହୁଅଇ ଯେସନ
ମୀନ ଛଟପଟ ପରି ॥
ବିରହ ବେଦନା ହୋଇଣ ବାୟସ
ଶରୀର ଉପରେ ବସି
ଚଞ୍ଚୁର ଆଘାତେ କରି ଖିନ୍ନ ଭିନ୍ନ
ଦେଲା ସେ ଯନ୍ତ୍ରଣା ଆସି ॥
ହେଲେ ସେ ଆଘାତେ ଅପଘନ ମୋର
ପୀଡ଼ା ନ ଜାଣେ କିଞ୍ଚିତେ
ଯେପରି ତୁମର ବନ୍ଦିର ଖବର
ହୃଦେ ବିଦାରିଲା ମତେ ॥
କହିଲି କାକରେ "ମତେ ଘେନି ଯାରେ
ଯେ ସ୍ଥାନେ ଛନ୍ତି ମୋ ପ୍ରିୟ
ଯେବେ ସେ ଦେଖିବେ, ତପ୍ତରେ ଭକ୍ଷିବୁ
କରି ରକ୍ତ ମାଂସ କ୍ଷୟ ॥
ହେଲେ ମୁଁ ଅଭାଗୀ ଅସ୍ପର୍ଶ ପକ୍ଷୀ ବି
ବାୟସ ଶକୁନ ଯେତେ
ନ ନେଇ ମୋ ପ୍ରାଣ ରଖିଲେ ଜୀବନ
କେବେ ହେଁ ନ ଭକ୍ଷି ମତେ ॥
ଏ ପଶ୍ଚାତ୍ତାପ ହୃଦୟ ବିଦାରେ,
ତବ ସାଥେ କାରା ଗୃହେ
କିମ୍ପାଇଁ ବନ୍ଦିନୀ ନ ହୋଇ ରହିଲି
ହତଭାଗୀ ମୁହିଁ ପ୍ରିୟେ!"

ଅଙ୍ଗେ ନିଭାଇବା କଥା ନ କହ ଗୋ ରାଣୀ
ଅଜ୍ଞାତେ ହରାଇ ଦେବୁ ତୋ ପରଶମଣି ॥

॥ ୬୪୪ ॥

ପୁଣି ପତିର ହୃଦୟେ ଜଡ଼ି
କହେ ପଦ୍ମିନୀ କଥା
"ବିଧିର କି ଅବା ଅବିଧି କଥା
ଥିଲା ମୋ ଭାଗ୍ୟେ ଲେଖା ॥
ବୋଝ ଉପରେ ନଳିତା ବିଡ଼ା
ପରି ଲଦିଲା ସେଇ
ଦୁଃଖର ଗିରି ପଡ଼ିଲା ମାଡ଼ି
ଆବୋରି ଗଡ଼ ଭୂଇଁ ॥
କୁମ୍ଭଲନର ଦେବପାଳର
ଦୂତୀ ଗୋଟିଏ ଆସି
ଅତି ସୁହୃଦ ପରାଏ ମତେ
କହିଲା ପାଶେ ବସି ॥
କହିଲା ଦୂତୀ ସେ ପ୍ରାଣଘାତୀ
ଶୈଶବ ତୋର ସଙ୍ଗେ
ମୁଁ ଥିଲି ସଖୀ ତୋ ଦୁଃଖ ଦେଖି
ହୃଦୟେ ଦୁଃଖ ଲାଗେ ॥
ଆସଲୋ ଲତା, ହେବୁ ବନିତା
ଭ୍ରମର ଦେବପାଳ
ସେ ଦେବ ତୋତେ ସରଗ ସୁଧା
ଭୁଲାଇ ଦୁଃଖ ଭାର ॥
ସତ୍ୟର ସିନା ସର୍ବଦା ଜୟ
ଜାଗିଲା ମୋର ମନେ
କଥାରେ ଥିଲା ତାର ଜହର
ଛୁଇଁଲା ନାହିଁ ପ୍ରାଣେ ॥
କହିଲି ତାରେ ସତ୍ୟରେ ଥିଲେ
ନିର୍ଭୟ ହୁଏ ମନ
ସେ ଯଦି ଅଳି ଆସନ୍ତା ଉଡ଼ି
ଦେଖିଲେ ପୁଷ୍ପ ବନ ॥

ସଂଯତ କଲି ଆତ୍ମା ମୋହର
ଦେହର ପଞ୍ଚଭୂତ
ନୋହି ଅସ୍ଥିର ହେଲି ମୁଁ ସ୍ଥିର
କରି ହୃଦୟ ବୋଧ ॥
ବିକଚ ପୁଷ୍ପେ ବାସରଭ ସେ
ଗୋପନେ ଥାଏ ରହି
ସେ ଗନ୍ଧ ବହି ପ୍ରସରି ଗଲେ
ସୁବାସେ ମନ ମୋହି ॥
ଯେପରି ମଠେ ରହେ ଘନିଷ୍ଠେ
ସ୍ୱଚ୍ଛ ସଲିଳ ଭରି
କ୍ଷୀରରେ ଯେହ୍ନେ ରହେ ନବନୀତ
ଘୃତ ଗୁପତେ ପୂରି ॥
କାଷ୍ଠରେ ପୁଣି ରହିଛି ବହ୍ନି
ଦୃଷ୍ଟିର ଅଗୋଚର
ଅତି ନିକଟେ ରହେ ନିରତେ
ଘଟରେ ଘଟେଶ୍ୱର ॥"
ନିରାଟ ସତ୍ୟ କରାଳ କଷ୍ଟ
କହଇ ସୁକୁମାରୀ
ଫଳେ ଅହିତ ଆଶୁ ଭବିଷ୍ୟ
ଜାଣେନା ହେତୁ କରି ॥

॥ ୬୪୫ ॥

ଦେବପାଳ ନାମ ଶୁଣି ନୃପତିର
କ୍ରୋଧ ହେଲା ଅପ୍ରମିତ
ଶୟନ ଶଯ୍ୟାକୁ ତେଜିଲେ ଭୂପେଶ
ସୁଖ ନିଦ୍ରା ଦୂରୀଭୂତ ॥
"ଦର୍ଦ୍ଦୁର ହୋଇ ସେ କମଳ ପୃଷ୍ଠକୁ

କିପରି କରିଲା ଆଶା
ଚେମିଣି ଯେପରି ସୂର୍ଯ୍ୟଙ୍କୁ ନଦେଖି
ହୁଅଇ ଯେହ୍ନେ ନିରାଶା ॥
ପେଚକ ପରାଏ ଅନ୍ଧାରେ ରହିଛି
ରବି କରଜାଳେ ଡରି
ନର୍ତ୍ତକ ମୟୂର ନୃତ୍ୟକୁ ନିରେଖି
କୁକ୍କୁଟ ନାଚିଲା ପରି ॥
ତୁର୍କୀମାନେ ଦୁର୍ଗେ ପ୍ରବେଶିବା ଆଗୁ
ମୁଁ ତାକୁ ବଧିବି ପ୍ରାଣେ
ତେବେ ସିନା ମୁହିଁ ଚିତ୍ତୋର ଦୁର୍ଗର
ଭୂପେଶ ହେବି ପ୍ରମାଣେ ॥”
ଅନିଦ୍ରାରେ ତାଙ୍କ ପାହିଲା ରଜନୀ
ପ୍ରତ୍ୟୁଷରୁ ଦୁର୍ଗ ଛାଡ଼ି
କୁମ୍ଭଲନେରର ରାଜ୍ୟେ ପହଞ୍ଚିଲେ
କ୍ରୋଧେ ମୁଷ୍ଟି ବନ୍ଧ କରି ॥
ଦେବପାଳ ଗଡ଼ ଅତ୍ୟନ୍ତ ଅଗମ୍ୟ
ଥିଲା ବକ୍ର ଭାବ ହୋଇ
ପ୍ରବେଶିକା ମାର୍ଗ ନୁହେଁ ସମତଳ
ତହିଁ ପ୍ରବେଶିବା ପାଇଁ ॥
ଦୁର୍ଗ ଆରୋହଣ କରି ଦେଖିବାକୁ
ଥିଲା ଚକ୍ଷୁ ଅନ୍ତରାଳ
ତେଣୁ ନୃପତିଙ୍କୁ ଅତର୍କିତ ଭାବେ
ଟାଣି ନେଲା ତହିଁ କାଳ ॥
ସେନାଙ୍କ ସହିତେ ଦେବପାଳ ତହିଁ
ପ୍ରବେଶିଲା ରାଜା ଆଗେ
ଲୌହ ଅସ୍ତ୍ରଧରି ସଂଗ୍ରାମ କରିଲେ
ଅତ୍ୟନ୍ତ କ୍ରୋଧିତ ଭାବେ ॥
ସେଇ ରଣସ୍ଥଳେ ଏ ଯୁଦ୍ଧ ସଂଗ୍ରାମ
ହୋଇଥାନ୍ତା ସମାପନ

ଦୁହିଁଙ୍କ ମଧ୍ୟରୁ ଜଣେ ଅବା କେହି
ହାରିଥାନ୍ତା ନିଜ ପ୍ରାଣ ॥

କ୍ଷେତ୍ରୀକୂଳ ତିଳକ ସେ ରାଜା ରତ୍ନସେନ
ବଂଶ ଅଭିମାନେ କରେ ଯୁଦ୍ଧକୁ ଗମନ ॥

॥ ୭୪୬ ॥

ଦର୍ପି ଦେବପାଳ ହୋଇ ଅବତୀର୍ଣ୍ଣ
ରୋଷ ତୀବ୍ର କଣ୍ଠେ କହେ
"ଆଜି ଏ ସମର ହେବ ପରସ୍ପର
ବୀର ଅବା କିଏ ନୁହେଁ!"
ଗର୍ଜନ କରି ସେ ଦେଲା ସାଙ୍ଗ ମାରି
ଆଘାତ ସଜୋରେ କରି
ବିଷର ପ୍ରଲେପ ତୀକ୍ଷ୍ଣ ସାଙ୍ଗ ମୁଖେ
ରଖିଥିଲା ପୂର୍ବୁ ଭରି ॥
ମୃତ୍ୟୁର ସମନ କଲେ ଆଗମନ
କେ ଅବା ପାରିବ ଲୁଚି।
ତା ପଥ ନିରୋଧ କରିବ କା ସାଧ
ହେଲେ ବି ଭବ ବିରଞ୍ଚି ॥
ସଲଖେ ସେ ସାଙ୍ଗ ଭେଦିଲା ଶ୍ରୀଅଙ୍ଗ
ରତ୍ନସେନ ରାଜାଙ୍କର
ନାଭି ଭେଦ କରି ପଶ୍ଚାତେ ବାହାରି
ଡାକି ମୃତ୍ୟୁ ଭୟଙ୍କର ॥
ଧରି ରତ୍ନସେନ କରାଳ କୃପାଣ
ଆଘାତ କରିଲେ ତାରେ
ଦେବପାଳ ଶିର କବନ୍ଧୁ ଖସିଣ
ଲୋଟିଗଲା ଭୂମିପରେ ॥
ଶ୍ରେଷ୍ଠ ବୀରପଣେ ବିଜେତା ହୋଇଲେ
ମହାରାଜା ରତ୍ନସେନ

ଅଶ୍ୱ ପୃଷ୍ଠେ ବାନ୍ଧି ଦେବପାଳ ଶିର
ଦୂର୍ଗେ କଲେ ଆଗମନ ॥
ସତ୍ୟ ପରି ସ୍ଥିର ଯେଉଁ ଅବଳାକୁ
ଛଳେ ରହିଥିଲା ଛକି
ଉପଯୁକ୍ତ ତାର ଦଣ୍ଡ ସେ ପାଇଲା
ଧର୍ମ ଥିଲା ଯେଣୁ ସାକ୍ଷୀ ॥
ଯଦିବା ରାଜନ ଫେରିଲେ ଯୁଦ୍ଧରୁ
ବିଜୟର ବାନା ଧରି
ଆୟୁଷ ତାଙ୍କର ହେଉଥିଲା କ୍ଷୟ
ଶରୀରରେ ବିଷ ଘାରି ॥
ବିଷାକ୍ତ ସାଙ୍ଗର ଆଘାତ ସଜୋର
ଥିଲା ଯାହା ବଜ୍ର ପରି
ସମଗ୍ର ଅଙ୍ଗରେ କ୍ରମେ ବ୍ୟାପିଗଲା
ଶରୀର ଅବଶ କରି ॥
ନିଷ୍ପନ୍ଦ ହୋଇଲା କ୍ରମଶଃ ରସନା
ନ ସ୍ଫୁରିଲା ଆଉ ବାକ୍ୟ
ତକ୍ଷଣେ ଶରୀରୁ ପ୍ରାଣ ଚାଲିଗଲା
ପଥରେ ହିଁ ମୃତ୍ୟୁ ଯୋଗ ॥
ବୁଦ୍ଧି ଓ ଚେତନା ବିଲୁପ୍ତ ହୋଇଲା
ଜୀବନ ନାହିଁ ଶରୀରେ
ଅଶ୍ୱହସ୍ତୀ ଆଉ କି ଉପଯୋଗକୁ
ରଖିଲେ ବସୁଧା ପରେ ॥
ଖଟରେ ଶାୟିତ, ଦୁର୍ଗେ ଉପନୀତ
ଶବ କି ହୋଇଲା ଶିବ
ଯେତିକି ସମୟ ଥିଲା ଅସମୟ
ତେଜି ପ୍ରୀତି ଅଭିନବ ॥

ଦର୍ପି ଦେବପାଳ ଦର୍ପ କରି ଚୂର୍ଣ୍ଣ ରତ୍ନସେନ ମହୀପାଳ
ଶତ୍ରୁର ଗରଳ କରି ପାନ ପ୍ରାଣ ତେଜି ପଡ଼ିଲେ ଭୂତଳ ॥

॥ ୬୪୭ ॥

କର୍ମର ଫଳ ଏ ଜଗତ
କର୍ମ ସରିଲେ ହୁଏ ହତ ॥
ସେଦିନର ସେହି ମୃତ୍ୟୁ ଅଭିନୟ
ଦେଖିଥିବ ଯେ ନୟନେ
ଯା ଥିଲା ଜୀବଦ୍ଦଶା ରତ୍ନସେନର
ରାଜୋଚିତ ଅପଘନେ ॥
ତାପରେ ଜୀବର ସମସ୍ତ ଆଶାର
ଦୁର୍ବହ ଜୀବନ ଧରି
ଯମର ଚାବୁକ ସଞ୍ଚାଳନ ଦେଖି
ପ୍ରାଣ ଗଲା ଅଙ୍ଗୁଛାଡ଼ି ॥
କୁଟୁମ୍ବ ସମେତ ଭାଇବନ୍ଧୁ ମିତ୍ର
ଜାୟା, ଜାତି ପରିବାର
ଧନ, ଦ୍ରବ୍ୟ, ଆଉ ସକଳ ବୈଭବ
ଶୂନ୍ୟ ଦମ୍ଭ ଅହଙ୍କାର,
ଏ ସକଳ ତେଜି, ଜୀବ ଯାଏ ହଜି
ଲୋକ ଲୋକାନ୍ତରେ କାହିଁ
କଦାପି ପଶ୍ଚାତେ, ଦେଖେ ନାହିଁ ଭବେ
ଏ ମାୟା ଶୟନେ ଚାହିଁ ॥
ଦିବ୍ୟ ଭବ ଭୁକ୍ତି, ଉପଭୋଗେ ମାତି
ସେତିକି ମାତ୍ର ଜୀବନ
ଶେଷ ହେଲେ ତାହା ସର୍ବ ଅର୍ଥହୀନ
ଆଶକ୍ତି ଆଶା ଗହନ ॥
ହିତୈଷୀ ସେମାନେ, ସୁହୃଦ ସେମାନେ
ଶତ୍ରୁ ମିତ୍ର ଏକ ହୋଇ
ମୃତକଙ୍କୁ ଘେନି କୋକେଇ ଶୟନେ
ଶ୍ମଶାନେ ନିଅନ୍ତି ବୋହି ॥
ଏବେ ରାଜ୍ୟ ଛାଡ଼ି ଚାଲିଗଲେ ରାଜା

ପଥର ଭିକାରୀ ପରି
ଜୁଆଡ଼ି ପରି ସେ, ହରାଇ ସର୍ବସ୍ୱ
ଗଲେ ହସ୍ତ ଝାଡ଼ି ଝୁଡ଼ି ॥
ଯେ ପର୍ଯ୍ୟନ୍ତ ଥିଲା ଶରୀରେ ଜୀବନ
ରତ୍ନସେନ ନାମ ବହି
ଜୀବନ ବିହୀନ ନାମ କି କାରଣ
କଉଡ଼ି କି ଯୋଗ୍ୟ ନୋହି ॥
ମୃତ୍ୟୁ କାଳେ ରାଜା ବାଦଲ ହସ୍ତରେ
କଲେ ଗଡ଼ ସମର୍ପଣ
ସାମନ୍ତ ସମସ୍ତ ଯୁବରାଜ ଶିରେ
ତିଳକେ ଦେଲେ ପ୍ରମାଣ ॥
ଯେତେବେଳେ ଲଙ୍କା ଦେଇ ଅଛି ତେଜି
ମହାବଳୀ ବିଭୀଷଣ
କିବା ଯାଏ ଆସେ ଯେ ନେବ ତାହାରେ
ସର୍ବ ଅଟେ ଅର୍ଥହୀନ ॥

ବାଦଲ ମସ୍ତକେ ରାଜ ତିଳକ ଦେଇଥିଲେ ରତ୍ନସେନ
କାଳ କବଳେ କବଳିତ ପୂର୍ବୁ ହେଲେ ଶ୍ରେଷ୍ଠ ବୀରେ ଗଣ୍ୟ ॥

॥ ୬୪୮ ॥

ପଦ୍ମାବତୀ ରାଣୀ କରି ପରିଧାନ
ନବ ପାଟ ବସ୍ତ୍ର ଅଙ୍ଗେ
ସହଗାମୀ ହେଲେ ସତୀ ହେବାଲାଗି
ଜଳି ସ୍ୱାମୀଙ୍କର ସଙ୍ଗେ ॥
ସୂର୍ଯ୍ୟ ଅସ୍ତମିତେ ପଦ୍ମା ଲାଗି ସତେ
ନିଶୀଥ ଆସିଲା ଘାରି
ପତି ବିୟୋଗରେ ପୂର୍ଣ୍ଣିମାର ଶଶୀ
ହେଲେ ଅମାବାସ୍ୟା ରାତ୍ରି ॥
କବରୀ ଫିଟାଇ ଦେବାରୁ ଲୋଟାଇ

ମୁକ୍ତା ପଂକ୍ତି ଶିର ପରୁ
ନକ୍ଷତ୍ର ମାଳା କି ଝରି ପଡ଼େ ତଳେ
ଦୂର ଆକାଶ ପଥରୁ
ସିନ୍ଦୂର ସୀମନ୍ତେ ଭରିବାରୁ , ପ୍ରତେ
ଅମାବାସ୍ୟା ଅନ୍ଧକାରେ
ବନ ଅନ୍ତରାଳେ ଜଳେ କି ଅନଳ
ଉଠଇ ଶିଖା ପ୍ରଖରେ
କହେ ପଦ୍ମାବତୀ "ପ୍ରିୟତମ ମୋର
ଏ ଦିନକୁ ଥିଲି ଚାହିଁ,
ତବଗଳା ମୋର ବାହୁ ଛନ୍ଦେ ଛନ୍ଦି
ସହଗାମୀ ହେବାପାଇଁ ॥
ସାରସ ଯୁଗଳ କଦାପି ଜୀବନେ
ହୁଅନ୍ତି ନାହିଁ ବିଚ୍ଛିନ୍ନ
ଏକକ ମୃତ୍ୟୁରେ ଏକାନ୍ତେ ନରହି
ଆନଟି ତେଜେ ଜୀବନ ॥
ତୁମରି ବିହୁନେ ଏକାନ୍ତେ କିପରି
ରଖିବି ମୋର ଜୀବନ
ତବ ଅବୟବେ ମୋ ଅଙ୍ଗ ସମର୍ପି
ପାବକେ ହୋଇବି ଲୀନ ॥
ପୁନର୍ବାର ମୁହିଁ ମର୍ତ୍ତ୍ୟ ମଣ୍ଡଳରେ
ନହୁଏ ଯେହ୍ନେ ଜନମ,
ଅନଳେ ପତଙ୍ଗ ଜଳଇ ଯେସନ
ତେସନେ ଜାଳି ଜୀବନ,
ତୁମ ଚତୁର୍ଦ୍ଦିଗେ ପ୍ରଦକ୍ଷିଣ କରି
ନିଜକୁ ସମର୍ପି ଦେବି
ତୁମର ଗଳାକୁ କରି ଆଲିଙ୍ଗନ
ଅନଳରେ ଭସ୍ମ ହେବି ॥"

ସୂର୍ଯ୍ୟ ଅସ୍ତ ପଦ୍ମ ବୁଜିବ ନୟନ
ସ୍ୱାମୀ ସଙ୍ଗ ବିନୁ ସତୀ ନରଖେ ଜୀବନ ॥

॥ ୬୪୯ ॥

ଯେ କେହି ସିଂହାସନେ ହେଲେ ଆରୂଢ଼
ଅଥବା ରାଜ୍ୟ ପାଳେ ଶାସକ ଦୃଢ଼,
ସେ ସ୍ୱର୍ଣ୍ଣ ଆସନରେ ବସିବା ପରି,
ଶେଷେ ମରଣ ଶଯ୍ୟା ଥାଏ ଆଦରି ॥
ତେସନେ ନାଗମତୀ, ପଦ୍ମିନୀ ରାଣୀ
ସତ୍ୟ ନିଷ୍ଠାରେ ଥିଲେ, ରାଜ ଘରଣୀ ॥
ଯୁଗଳ ଦୁଇନାରୀ, ସତୀ ବରତ
ପାଳିଲେ, ସ୍ୱାମୀ ସ୍ନେହେ, ମୃତ୍ୟୁ ନିମିତ୍ତ
ବସିଲେ ସେହି ରତ୍ନସେନ ସମୀପ
ନୟନେ ଦେଖିଲେ ଦୁହେଁ ଶିବଲୋକ !
ଚନ୍ଦନ ସାଥେ ବାସେ ଅଗୁର ଗନ୍ଧ
ଚିତା ସଜାଇ ଲୋକେ, ବଜାଇ ବାଦ୍ୟ
ଶବ ସଂସ୍କାର ଲାଗି ହେଲେ ପ୍ରସ୍ତୁତ
ଅହ୍ୟ ବାଦ୍ୟ ନିନାଦେ କମ୍ପେ ଜଗତ ॥
ଶୟନେ ଚିତାପରେ ସେ ନାରୀ ଦୁଇ
ପଲକେ ପହୁଡ଼ିଲେ ପତିଙ୍କୁ ନେଇ
ପ୍ରଥମ ବାର ବାଜି ଥିଲା ବାଜଣା
ଶୁଭ ବିବାହ ଛନ୍ଦେ, ଦୁଇ ଲଳନା,
ଦ୍ୱିତୀୟ ବାର ସ୍ୱାମୀ ବିଚ୍ଛେଦ ଦୁଃଖ
ସାଥେ, ଶୂନ୍ୟ ନିଃସଙ୍ଗ ଜୀବନ ଶେଷ ॥
ଯେଉଁ ସତୀ ନାରୀ କାନ୍ତ ବିରହରେ
ଝାସନ୍ତି ଜୀବନ ସ୍ୱାମୀ ଚିତାପରେ,
ପତିବ୍ରତା ଗୁଣେ ସେ ହର୍ଷ ପୂର୍ବକ
ମୃତ୍ୟୁ ଅନ୍ତେ ଲଭିବ ସ୍ୱାମୀ ସଙ୍ଗତ ॥
କହନ୍ତି ଦୁଇ ରାଣୀ "ଦିବା ସମୟେ,
ହୋଇଲେ ସୂର୍ଯ୍ୟ ଅସ୍ତ କି ଅସମୟେ
ସଙ୍ଗତେ ଅସ୍ତ ହେଲା ନିଶୀଥ ଶଶୀ,

ନୃତ୍ୟ କରିବୁ ଆମେ ପ୍ରାଣ ବିସର୍ଜି ॥
ଏ ବହ୍ନି ଆମ ପାଇଁ ହିମ ଶୀତଳ,
କରିବୁ ବିସର୍ଜନ ପ୍ରାଣ ଉଚ୍ଛଳ ॥"

ସପ୍ତବାର ପ୍ରଦକ୍ଷିଣ ବିବାହ ବେଦୀରେ
ସପ୍ତବାର ପ୍ରଦକ୍ଷିଣ ଚିତା ହୋମାନଳେ ॥

॥ ୬୫୦ ॥

ବହୁଦାନ ପୁଣ୍ୟ କରି ସମାପନ
ପରିଶେଷେ ନୀରବରେ
ସ୍ୱାମୀ ଚତୁଃପାର୍ଶ୍ୱେ କଲେ ପ୍ରଦକ୍ଷିଣ
କ୍ରମାନ୍ୱୟେ ସପ୍ତବାରେ ॥
ଆଦ୍ୟରେ ଅତୀତେ ବିବାହ ବେଦୀରେ
କରିଥିଲେ ପ୍ରଦକ୍ଷିଣ
ଅଧୁନା ସେ କିନ୍ତୁ ସ୍ୱାମୀଙ୍କ ସହିତ
କରିବେ ମହାପ୍ରୟାଣ ॥
ହିତୈଷୀ ସରବେ କୋକେଇକୁ ନେଇ
ଚିତାରେ କଲେ ସ୍ଥାପନ
ଦୁଇ ପାଶେ ନାରୀ ପତିଙ୍କୁ ଆଦରି
ତହିଁରେ କଲେ ଶୟନ ॥
ଜୀବିତାବସ୍ଥାରେ ଦୁହିଁଙ୍କ ଆଶ୍ଳେଷ
କରିଥିଲ ପ୍ରିୟ ସ୍ୱାମୀ
ଏବେ ମୃତ୍ୟୁ ପରେ ତୁମ ସଙ୍ଗତରେ
ହେବୁ ଆମେ ସହଗାମୀ ॥
ବିବାହ ବନ୍ଧନେ ଯେଉଁ ଗଇଁଠାଳ
ପଣତରେ ବାନ୍ଧି ଥିଲ
ଇହକାଳ ପରକାଳ ପାଇଁ ତାହା
ରହିଥିବ ଚିରକାଳ ॥

ନଶ୍ୱର ଜଗତେ କିଏ ବା ରହିବ
ଦିନେ ସବୁ ହେବ ଶେଷ
ଆମେ କିନ୍ତୁ ଇହ, ପର ଜଗତରେ
ରହିବୁ ତୁମ ସଙ୍ଗତ ॥"
ତତ୍ପରେ ସେମାନେ ଅଗ୍ନି ସଂଯୋଗରେ
କ୍ଷଣେ ହେଲେ ଭସ୍ମୀଭୂତ
କିନ୍ତୁ ତନୁ ଦେହେ ଅଙ୍ଗଅବୟବ
ସ୍ଥିର ଥିଲା ସୁନିଶ୍ଚିତ ॥
ସେମାନେ ପ୍ରିୟର ଅନୁରାଗୀ ହୋଇ
ସଂସାରୁ କଲେ ପ୍ରୟାଣ
ସେବେଳେ ସମ୍ପୂର୍ଣ୍ଣ ବିଶାଳ ଗଗନ
ହୋଇଲା ଲୋହିତ ବର୍ଣ୍ଣ ॥

ସତୀର ମହତ୍ତ୍ୱେ ଅଶ୍ମଳ ଶୋଣିତେ ଭରି ଗଗନ ଧରିତ୍ରୀ।
ପତି ପତ୍ନୀ ଆତ୍ମା ଚିତାର ଅନଳେ ଶିବାଳୟେ କଲେ ଗତି ॥

॥ ୬୫୧ ॥

ରାଣୀ ଦୁହିଁଙ୍କର ଦେହାନ୍ତ ପରେ
ବାଦଶା ଚିତ୍ତୋର ଦୁର୍ଗ
ପ୍ରବେଶିଲେ ଯାଇ ସୈନ୍ୟଙ୍କ ସହିତ
କରି ଗଡ଼ ଅବରୋଧ ॥
ସେତେବେଳେ ଭସ୍ମ ହୋଇ ସାରିଥିଲେ
ରାମ ସୀତା ଚିତାନଳେ,
ପ୍ରବେଶି ବାଦଶା ସମସ୍ତ ଘଟଣା
ଶୁଣି ମନେ ବିଚାରିଲେ
"ଯାହା ନହେବାକୁ କରୁଥିଲି ମୁହିଁ
ସର୍ବଦା ଦୃଢ଼ ପ୍ରୟାସ,
ଅନ୍ତିମେ ସେ ସତ୍ୟେ ପରିଣଥ ହେଲା

ଆଉ କିବା ଅଛି ଶେଷ ॥"
ଧୂଳି ମୁଷ୍ଟି କରି ଉଡ଼ାଇଲେ ଶାହା
ପୃଥିବୀ କି ମିଥ୍ୟା କହି
"ମୃତ୍ୟୁ କବରରେ ଧୂଳି ନପଡ଼ିଲେ
ତୃଷ୍ଣା କା'ର ମରେ ନାହିଁ ॥"
ସମସ୍ତ ସେନାଏ ବାନ୍ଧିଲେ ଘାଟିକୁ
ଯେତେ ଥିଲା ଯେଉଁ ସ୍ଥାନେ
ସୈନ୍ୟ ଚାଳନାରେ ତୁର୍କୀ ହେଲେ ମତ୍ତ
କ୍ଷେତ୍ରୀ ନାଶିବାକୁ ରଣେ ॥
ଭୟଙ୍କର ରଣେ କ୍ଷତ୍ରିୟ ସମେତ
ବାଦଲ ହେଲା ନିହତ
ସତୀ ବ୍ରତ ପାଳି ଜଳିଲେ ନାରୀଏ
ବୀର ମଲେ ଅଗଣିତ ॥
ଗଡ଼ ଭାଙ୍ଗି ଦେଲେ ଅହଙ୍କାରୀ ଶାହା
ଇସଲାମୀୟ ଶାସକ
କଳଙ୍କ ଯାହାର ଯୁଗ ଯୁଗାନ୍ତର
ରହିଲା ହୋଇ ସନ୍ତକ ।

ତୁର୍କୀ ସୁଲତାନ ଗର୍ବ କରି ଚୂର୍ଣ୍ଣ ରତ୍ନସେନ କାଳଜୟୀ
କ୍ଷତ୍ରିୟ କୁଳର ଉଚ୍ଛେଦ କଲେ ବି ବାଦଶା ସଂସାରେ ନିନ୍ଦିତ ହୋଇ ॥

॥ ୬୫୨ ॥

କବି ମହମ୍ମଦ ଜାୟସୀଙ୍କ ହୃଦ
ଏ କାବ୍ୟ ରଚନା କରି
ସକଳ ଶ୍ରବଣେ ଶୁଣାଇ ଯତନେ
ପ୍ରେମର ବେଦନା ଭରି ॥
ନିଜ ରକ୍ତେ ରଞ୍ଜି ଲେଖିଥିଲେ ସେ ତ
ପ୍ରୀତି ବିରହ ବେଦନା

ଅନୁଭବ ସିଦ୍ଧ ଅଙ୍ଗେ ଅନୁଭବ
  ଅଶ୍ରୁରେ କରି ଭରଣା ॥
ଜାୟସୀ ଯେଭଳି ଭାବ ଅନୁରାଗେ
  ଲେଖିଛନ୍ତି ଏ କବିତା
ଯୁଗ ଯୁଗ ଧରି ରହିବ ସନ୍ତକ
  ଭିଜି ଯିବ ଚକ୍ଷୁପତା ।
ଅଛନ୍ତି ବା କାହିଁ ସତ୍ୟନିଷ୍ଠ ରାଜା
  ହିନ୍ଦୁ ଶ୍ରେଷ୍ଠ ରତ୍ନସେନ
ହୀରାମଣି ପରି ଶୁକ ପକ୍ଷୀ କାହିଁ
  ବୁଦ୍ଧିମାନ ବିହଙ୍ଗମ ॥
କାହାନ୍ତି ସୁଲତାନ ଆଲ୍ଲାଉଦ୍ଦିନ
  ଖଳ ରାଘବ ଚେତନ
କରିଥିଲା ଯେହୁ ବାଦଶା ଅଗ୍ରତେ
  ପଦ୍ମିନୀ ରୂପ ବର୍ଣ୍ଣନ ॥
ଅବା ରୂପବତୀ ରାଣୀ ପଦ୍ମାବତୀ
  ରହିଛନ୍ତି କେଉଁ ସ୍ଥାନେ
ସୃଜନରେ କେହି ନୁହଁ ଚିରସ୍ଥାୟୀ
  ରୂପ ବଂଶ ଅଭିମାନେ ॥
ଅବଶେଷେ ରହେ କେବଳ କାହାଣୀ
  ଲୋକମୁଖେ କାବ୍ୟ ଗୁଣେ
ସୁଶୋଭିତ ପୁଷ୍ପ ଶୁଖି ଝରିଯାଏ
  ଗନ୍ଧ ବହେ ସମୀରଣେ ॥
ସଂସାରରେ କିଏ ଯଶ ବିକେନାହିଁ
  ମୂଲ୍ୟାୟନ କରେ ନାହିଁ
ଭାବ ଅନୁରାଗେ ହୃଦେ ବିଚାରିଲେ
  ତାର ମୂଲ୍ୟ ହେବ ସେହି ॥
ଏ ପ୍ରୀତି କାହାଣୀ ଯାର ମନ ଜିଣି
  କରିଥିବ ବିହ୍ୱଳିତ
ସଜଳ ନୟନେ ଦିପଦ କଥାରେ

ସ୍ମରିବ ତା'ରେ ସେହି ତ ॥
ଜାୟସୀ କଥିତ ଶ୍ରୁତି ସୁଲଳିତ
ପଦ୍ମାବତ ଦୃଶ୍ୟାବଳି
ସତେକି ପ୍ରତ୍ୟକ୍ଷେ ଦେଖନ୍ତି ଦର୍ଶକେ
ଶ୍ରବଣେ ସେ କଥା ଭାଳି ॥

ଉଦିତ ହୋଇଛି ଯେହୁ ହୁଏ ସେ ବିଲୟ।
ଏହି ତ ବିଧିର ବିଧି ନୁହେଁ ଲଙ୍ଘନୀୟ ॥

॥ ୬୫୩ ॥

କହେ ଜାୟସୀ ମହମ୍ମଦ
ବୃଦ୍ଧ ଅବସ୍ଥା ଉପନୀତ ॥
ବିଗତ ମୋର ଯଉବନ
ଶରୀରୁ ଶକ୍ତି ହେଲା କ୍ଷୀଣ ॥
ଦୃଷ୍ଟିକୁ ଗଲା କ୍ଷୀଣ କରି
ଅଶ୍ରୁରେ ଲୋଚନକୁ ଭରି ॥
ମୁଖ ମୋ ହେଲା ଦନ୍ତହୀନ
ମୁଖ ମଣ୍ଡଳେ ବାକି ଚର୍ମ ॥
ଅଶୁଦ୍ଧ ହେଲା ଉଚ୍ଚାରଣ
କରି ଅରୁଚି ବାକ୍ୟ ପୂର୍ଣ୍ଣ ॥
ହୃଦରେ ବୁଦ୍ଧି ନରହିଲା
ବାଚାଳତାରେ ଭରିଗଲା ॥
ଗର୍ବକୁ ଖର୍ବ କରିଗଲା
ଶିରକୁ ନତ କରିଦେଲା ॥
ଶ୍ରବଣେ ନ ଶୁଣେ ବାରତା
ଉଚ୍ଚ ସ୍ୱରରେ ଶୁଣେ କଥା ॥
ଶରୀର ହେଲା ବ୍ୟାଧି ଘର
ଶୁଖିଲା ମସ୍ତିଷ୍କର ସାର ॥

ଜରା ଆଗତ ହେଲେ ଘଟେ
କାଶ କୁସୁମ ଶିରେ ଲୋଟେ ।।
କେଶର କୃଷ୍ଣ ବର୍ଣ୍ଣ ଗଲା
ମସ୍ତକ କାଶତଣ୍ଡୀ ହେଲା ।।
ବିଗତ ମୋର ଯଉବନ
ବଞ୍ଚିଛ ମୃତକ ସମାନ ।।
ଯେ ଯାକେ ଅଛି ଯଉବନ
ବଞ୍ଚିଛି ଜାଣ ଯେତେଦିନ ।।
ବିଗତ ଯେବେ ହେବ ତାହା
ଧରିବ ମୃତ୍ୟୁପୁରୀ ତାହା ।।
ସହସା କାଳ ଆକର୍ଷଣେ
ଚଳେ ସେ ଶମନ ସଦନେ ।।
ଏତ ବିଧାତା ବିଧି ଭବେ
ଜନ୍ମିଲେ ଅବଶ୍ୟ ମରିବେ ।।
ସହଜେ ଚତୁର୍ଥ ବୟସ
ଆଶା ତ ମନରେ ଅଶେଷ ।।
ସେ ଲାଗି କରେ ଅଭିମାନ
ସର୍ବଦା ଖୋଜଇ ସମ୍ମାନ ।।
ଅନ୍ୟର କଲୁ ଯଦି ଆଶ୍ରା
ମରଣ କେବଳ ଭରସା ।।
ସର୍ବଦା ମଥା ସେ ହଲାଇ
ହତାଶେ ମଥା ପିଟୁଥାଇ ।।
ସତେ ବା ଭାବୁଥାଏ ସେ ତ
"ତମେ ତ ବୃଦ୍ଧ ସମ୍ମାନିତ"
ନିଜକୁ ପ୍ରଶ୍ନ କରୁଥାଏ
"ଏ ଆଶୀର୍ବାଦ ଦେଲା କିଏ" !!

ଏଥୁ ହୋଇଲା କାବ୍ୟ ଶେଷ
ସୁଜନେ ନଧରିବ ଦୋଷ ।।

BLACK EAGLE BOOKS

www.blackeaglebooks.org
info@blackeaglebooks.org

Black Eagle Books, an independent publisher, was founded as a nonprofit organization in April, 2019. It is our mission to connect and engage the Indian diaspora and the world at large with the best of works of world literature published on a collaborative platform, with special emphasis on foregrounding Contemporary Classics and New Writing.

www.ingramcontent.com/pod-product-compliance
Lightning Source LLC
Chambersburg PA
CBHW022220090526
44585CB00013BB/443
9781645607601